殷商甲骨文本訓 上

YINSHANG JIAGUWEN BENXUN

華强 著

全國百佳圖書出版單位
時代出版傳媒股份有限公司
黄山書社

圖書在版編目(CIP)數據

殷商甲骨文本訓/華强著. —合肥：黄山書社, 2014.11
ISBN 978-7-5461-4852-6

Ⅰ.①殷… Ⅱ.①華… Ⅲ.①甲骨文-研究 Ⅳ.①K877.14

中國版本圖書館 CIP 數據核字(2014)第 272091 號

出 品 人　任耕耘
責任編輯　周振華
裝幀設計　錢志剛
出版發行　時代出版傳媒股份有限公司(http://www.press-mart.com)
　　　　　黄山書社(http://www.hspress.cn)
地址郵編　安徽省合肥市蜀山區翡翠路 1118 號出版傳媒廣場 7 層 230071
印　　刷　合肥鋭達印務有限責任公司
版　　次　2015 年 1 月第 1 版
印　　次　2015 年 1 月第 1 次印刷
開　　本　787mm × 1092mm　1/16
字　　數　1300 千
印　　張　55.75
書　　號　ISBN 978-7-5461-4852-6
定　　價　168.00 元

服務熱線　0551-63533706

銷售熱線　0551-63533761

官方直營書店(http://hsssbook.taobao.com)

序

前人找著的衹是一個甲骨文字後來有“可能”演化成的那個漢字；而我苦苦尋找的是一個甲骨文字它在先商社會中賴以產生的歷史原型，它的本義，它的注音。我研究甲骨文怎樣出生，而他們研究的是甲骨文字如何成長，這是兩種不同的研究範式和研究方向。甲骨文字的本義不是靠拆字拆出來的，也不是靠聰明和靈感猜出來的，更不能是因爲某個甲骨文本字看起來很像後來的金文、戰國古文、籀文或者小篆的某個字，就斷定它就是後來的那一個漢字。殷商甲骨文系統的產生是源于殷商以前中國漫漫遠古的文化積淀，有著殷商之前的中國遠古人類生存和生產的悠遠和宏大的歷史背景。在甲骨文系統產生之後至今的三千多年中，這些殷商甲骨文體系賴以被創造的生存、生活、生產、戰爭、宗教、神學、心理、哲學的歷史存在，有些一直延續到今天，有些已經隨著歷史的進步和變遷而消亡。我們今天破譯甲骨文字的本字、注音及其本義，就是要力求找到，或者挖掘出，或者復原出這些甲骨文字的原始造字的依據——本義、注音、字形以及它們在遠古世界中的來源。

殷商甲骨文是目前存世最早的漢文字系統。既然是文字系统，它就應該具備形、音、義三重屬性，一個漢字的本訓必定應該包含對該字本義、注音和造字的全面探究。《説文》:“訓，説教也。”作爲一種關于文字的説教，本訓的定義就是最原始的義訓、音訓和形訓三者的有機結合。

所謂義訓就是揭示該字的本義，如《爾雅》者是也；所謂音訓就是找到該字造字中所蘊藏的注音依據（在夏商周三代則可能是同音假借或者强勢方言的發音），《説文》凡“也”字之上與聲韻有關者是也；所謂形訓就是造字，就是緊扣既定本義的聲符注音和意符造字的方式，甲骨文之象形、會意、右文造字者，商周金文之形聲、轉注造字者均是也；所謂本訓即義訓、音訓和形訓三者的統一，本書是也。

殷商甲骨文系統中的有些字其實早在夏代甚至夏以前就已經被創造出來了，這一點從殷商甲骨文系統中有些文字是基于夏方言區的造字注音便可以知曉，衹是我們尚未發現夏代文字完整的文字系統而已。或者説這些比殷商甲骨文系統更古老的文字系統還埋藏在遼闊大地中等待我們去發現、發掘並復活它們。

甲骨文有靈，亦當驚知己于千古矣！

目　録

附錄：遠古史背景考證

破譯甲骨文：倉

在甲骨文中，口和凵可以同義互換，所以圖一、圖二中的兩個字都是甲骨文倉。倉字，從亼從半扇門從口（凵）。根據我的論證，亼爲殷商時代的茅草屋頂；口（凵）爲半地穴式土坑。現在要解決的是兩者之間的半扇門代表什麽？其實在這裏倉字省略了另外的半扇門，它可以是兩扇門，也可以是甲骨文爿字。這個甲骨文倉是右文造字，其中的聲符兼意符圖一是窗，圖二是爿。兩者之間的關係是非固定意符。因爲殷商方言[①]没有舌上音，所以倉、爿、窗的音訓均爲 cang。

圖一
甲骨文：倉

卜辭："丙戌卜。亘貞：倉侯虎其御。"（存 1・667）[②]

卜辭："貞：勿令倉侯歸。"（佚 400）

從相關卜辭看，應該有一個叫作倉方或者倉的小國，按照我對各方國的考證，這個倉方應該是專業技能和殷商糧食的倉儲有關的一個小國。從甲骨文倉的造字看，彼時的"倉"是半地穴式的，上面是稻草蓋成的圓錐形尖頂。依據我國農村的儲糧習慣，這個倉也可以是臨時的糧倉，一般選擇在高地上以便于排水：這樣的糧倉下部爲艿條繞成的圓柱體，在儲滿糧食以後上部用稻草做成圓錐形的封頂。

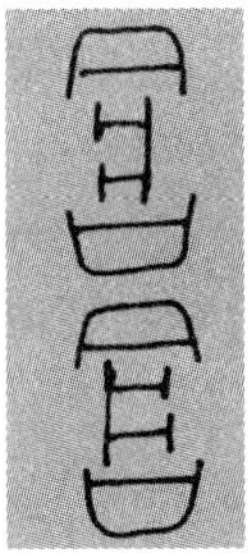
圖二
甲骨文：倉

《説文》："倉，穀藏也。倉黄取而藏之，故謂之倉。從食省，口象倉形。"戰國時代有一個奇字"倉"，中間就是兩扇被鎖著的（關閉的）門，一隻手作關門之狀。

先秦發音倉爲清母，藏爲從母，兩字發音相近。所以許慎所説的"倉黄取而藏之"值得懷疑。倉者，藏也。倉是儲藏糧食的建築可能更符合甲骨文造字的動機。和"倉

---

① 鄂東豫南方言：湖北荆山、雲夢澤以東經河南南陽東至光山、固始、杞县止的方言區域。

豫北豫東方言：殷商百姓居住地方言。北起洹河兩岸，南至河南商丘的方言區域。

本書的鄂東豫南方言和豫北豫東方言采用當地現在依然流行的方言發音。

夏方言：夏代大禹疆域内的方言。分爲嵩山以南即鄂北豫南方言區域和嵩山以北的夏代夏桀被滅之前的夏的京畿三鄩地區的方言。前者我稱之爲夏南方言，後者稱之爲夏北方言。兩地方言聲韻、聲調都有不同，夏方言采自甲骨文字的内在造字注音結構，在使用中有構擬或者推演的成分。

商方言：商代大邑商範圍内的方言。其餘地區因受强勢夏方言影響暫未采用。用于給甲骨文字注音的方言應是殷商正宗的方言。周滅商以後商人的廟和社都在商丘之宋國，故宋國方言應與大邑商方言相同或接近。商方言采自甲骨文字的内在造字注音結構，在使用中有構擬或者推演的成分。

② 本書的卜辭引文均引自各家參考書目（見後附），故引文中對同一條卜辭有各家不同的破譯的，出于對學者們的尊重，本書基本按原文保留。少數卜辭因爲我對甲骨文字的破譯和各家觀點有不同見解的，采用了我自己的破譯。請讀者在閱讀本書時注意區别。

皇”兩字的關係不大。

如果這個倉字去掉中間的門，這個建築就成爲像殷商民居一樣的半地穴式民居了。當然如果用民居作爲糧倉也是可以的，但是儲藏量太小。倉字中間有門，說明在茅草房頂和半地穴之間有一個門高度的空間，這樣糧食的儲藏量可以增加一倍到兩倍以上。倉在地面上有了門，就可以方便地進出糧倉取用糧食了。門既然不是固定在草房頂上，就應該是固定在土牆上的。或許在造字的過程中土牆作爲造字元素顯得多餘，被造字者所省略。倉字蘊藏的信息、考古發現的沿著半地穴邊緣的礎洞遺存和武丁夢求傅說的史實告訴我們，殷商時代已經有了茅草屋頂，以土築牆，半地穴的民居了。因爲這種民居的地面以上部分很難考證，我們衹能在這個甲骨文倉字中看到殷商造字者爲我們留下的一點珍貴的遠古圖畫。

值得一提的是這種糧倉可能是平民一家一户的糧倉而不是王室的糧倉。我考證過，商王室的糧倉叫亳，從亭從麥（或從丰）。殷商考古發掘出的青銅器方彝，正是殷商王朝的糧倉——亳——的模型：上面是可以分離的五脊四面坡的屋頂，下面是長方的柱形倉體，有些方彝的下面還有散熱排氣孔。按照正常推理，這個糧倉應該有兩扇可以開啓的門。周代禮器有六種彝，沒有任何一種類似殷商的方彝。《周禮》中的六彝分別是：雞彝、鳥彝、黃彝、虎彝、蟲彝和斝彝。

在甲骨文中，如果一扇門和下面的地穴的口（凵）結合，便是启字。所以可以作這樣的推斷，殷商普通人家的糧倉有可能是夜不閉户的，因爲殷商時的糧食豐富，人們的道德水平較高，加之法律嚴苛，所以糧倉沒有被偷的危險。但是我們從戰國時的奇字的倉看到，戰國時代的糧倉是以手關閉的，因爲那是一個戰亂年代。所以，許慎在《說文》中說的“倉黃取而藏之”也許是有他的道理的。

【甲骨文字本義小結】

倉的本義：殷商時家庭的儲藏室，主要儲藏糧食。名詞。

音訓：古無舌頭和舌上音之分。殷商發音爲 can。從床從凵，床凵切。會意造字。

破譯甲骨文：啓　启　晵

圖一　甲骨文：啓

圖二　甲骨文：启

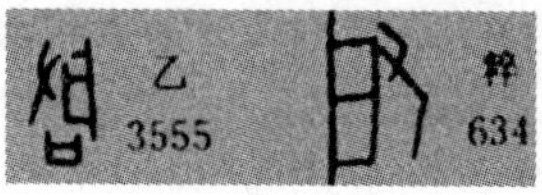

圖三　甲骨文：晵

在殷商甲骨文系統中有三個启的近義字。這就是上圖的啓、启、晵。這三個甲骨文字的本義都有打開房門的意思。但是具體針對的情況各有不同。《說文》：“晵，雨而晝姓也。”意思是下雨在天亮前停止了，雲開日出。許慎的這個定義和甲骨文本字要表達的信息有較大的歧義。甲骨文晵，從日從手，開門之意。這是有特定含義的。這個晵字是晚商甲骨文表達白天時間系統中的一個字。殷商時代還沒有準確的計時系統，所以憑藉太陽所處的位置來計算白天時間，這個時間系統是由十二個文字組成的，從早到晚分别是：昕，昔，東，啓，旦，昱，杲，昃，杳，昏，冥，晦（通毁）。

啓是早晨起床時間。從字形上看，從日，説明正是太陽昇起照射門户時，人們起床後打開家門。啓的本義是日出開門的時辰。啓的第二重意義是天門已開。殷商人認爲天上是有一扇門的，早晨天亮或者下雨或者久陰放晴時天門都是打開的，天亮是天門裏放出白晝的亮光，下雨是天門出水。所以和下雨下雪有關的很多甲骨文字都是從倒山字，這個倒山字就是天門的意思，和都邑的大門是一樣的（見甲骨文“京”）。如：

卜辭：“辛未卜。内。翌壬申啓。壬終日霧。”占辭：次日天晴，臨晚起霧。

卜辭：“翌（壬）申不其啓。”（合 13140）驗辭：壬申日不晴。

启的本義是：門開著。《説文》“启，開也。”正是延續了甲骨文的這個本義。這個字的從門從口可能引起異議。正如甲骨文啓字一樣，這裏的口是可以省略的。對于啓，省略了其中的口並不影響本義的表達和理解。對启來説，這個口不能省略，因爲省略以後，甲骨文启字的本義就會成爲“一扇門”的意思。而不能準確地表達“启，開也”的本義。

在启和啓中，口代表的是家中的半地穴。人是在家中對外開門的。半地穴式的民居的門一般開在地穴的地表高度之上。這正是啓字的會意之處。這一點當我們考證了第三個啓字以後就可以明白了。

啓，是一個動詞。本義是用手打開門。因爲從手從門會意即可以表達這個本義，所以在甲骨文中的啓字可以有下面的口，也可以没有下面的口字。這個啓字是启的動詞形式。而启需要强調的衹是門是開著的這樣一種狀態（它已經被打開了），是名詞。《説文》：“啓，教也。……《論語》：‘不憤不啓。’”這個解釋已經是由具象進入抽象的“教育”的引申義了。

我在本書中還將考證甲骨文字雨和京之間的關係，説明遠古之人習慣地認爲雨是從天門中流下來的。這一點在卜辭中的啓字的運用中得到了進一步證實。

卜辭：“可……之夕允雨，辛丑啓。”（菁 8）意爲：某日晚真的下雨了，直到辛丑日，一扇天門打開了（天晴了，看見太陽了）。這個解釋最接近許慎爲啓字下的定義“雨而晝姓也”。但是，既然所有的天象都是從天門裏面出來的，天門打開就並不意味著一定是出太陽。關鍵是看天啓之後的天象决定該卜辭辭條要記載的是什麽。例如：“其啓其雨。”（粹 638）是時晴時雨呢？還是天門打開下起雨來呢？這個問題的答案還要等待更多的卜辭辭條問世。而另一條卜辭續 4・23・9“不啓其雨”顯然是説“天没放晴，雨一直在下”的意思。

但是這三個甲骨文字——啓、启、啓——本義卻不是指大門，它是指殷商平民家居的門。所以打開天門僅僅是一種引申義。

【甲骨文字本義小結】

啓的本義：殷商人早晨起床，開門的時間。

启的本義：開著的門。名詞。

啓的本義：打開家門。動詞。

破譯甲骨文：矢　箙

圖一　甲骨文：矢
（第二、第三例是另一種矢）

圖一中三個字的本體都是遠古使用的箭，即矢。三支箭的箭尾都是一樣的呈現交叉狀。因爲遠古的箭尾都是用羽毛製作的，所以這種交叉有兩種理解：一是箭是反復使用的，持續時間較長（一般爲數日），使用時間長了箭尾的羽毛會自然捲曲。二是箭在射出過程中，由于空氣流體力學作用，箭尾的羽毛會向内交叉。不過我們從甲骨文箙字中可以看到，箭箙中的箭就有箭尾交叉的，也有箭尾不交叉的，所以應該以前一種推斷爲是。

夏商時代的箭分爲三段製造：箭頭（箭鏃），箭桿和箭尾。

據《尚書·禹貢》和《史記·夏本紀》記載：大禹之世，箭桿的楛竹是由揚州和荊州進貢，箭尾和旌旄上的羽毛是由淮河邊的徐州進貢的。箭鏃呢？文中没有説，但是有幾個州專門進貢的貢品中有金三品——金、銀、銅礦石（或許是銀、銅、鐵）。這意味著各州没有製造箭鏃的權利。而分州進貢不同的材料在夏商的國都組裝，可以有效防止各州軍事力量的過于强大。

《周禮·司弓矢》："司弓矢掌六弓四弩八矢之法。辨其名物，而掌其守藏與其出入。……凡矢，枉矢、絜矢利火射。用諸守城車戰。殺矢、鍭矢用諸近射田獵。矰矢、茀矢用諸弋射。恒矢、痺矢用諸散射。"説明商周時期的矢有八種之多。不同的矢用途也是不一樣的。根據《周禮》的記載，上圖中例一應該是殺矢、鍭矢之類。而例二例三則應該是用于守城車戰的枉矢、絜矢之類。因此箭鏃上的攜帶物應該是利于火射的棉麻之類的東西，作戰時蘸上油點燃後發射出去。但是這兩種不同的矢應該是兩個不同的甲骨文字，有不同的讀音借以區别。漢字矢的甲骨文本字應該是例一，爲常用矢。兩個甲骨文字的區别主要在箭鏃上。這個例子再次證明甲骨文中的一字一形一義，細節的變化導致本義的變化的造字規律。

《説文》："矢，弓弩矢也。……古者夷牟初作矢。"例二例三本字待破譯。

圖二　甲骨文：箙

戰場上，各人的箭矢都是放在隨身攜帶的箭箙中的。這就牽涉甲骨文的箙字，如圖二。

箭的多少與箙字本義無關。所以這裏的箭矢是非固定意符。我們從圖中可以看到，箭尾有兩種狀態，交叉的和不交叉的，説明這樣兩種箭有新舊之分，但都是意符矢。

《説文》："箙，弩矢箙也。從竹服聲。《周禮》仲秋獻矢箙。"段注："司弓矢曰：中秋獻矢箙。注曰：箙，盛矢器也。以獸皮爲之。按本以竹木爲之。故字從竹。《國語》：

‘檿弧萁服。’韋昭曰：‘萁，木名。服，房也。’《小雅》：‘象弭魚服。’皆假服爲箙。”

原來這箭箙就是箭矢的衣服。周代箭箙用獸皮（或魚皮）製作，但是周以前的箭箙使用木料和竹子製作的。甲骨文的箙看起來是用竹子製作的。必須强調一點的是矢和箙是和相應的弓配套的，因爲不同的弓跨度不一樣長，所以配置的箭矢長度也是不一樣的，箭箙也應与之配套。

《周禮·司弓矢》：“中春獻弓弩，中秋獻矢箙。”原因是中秋以後就漸漸進入冬季，冬狩就要開始了。所以仲秋就要準備好打獵的行頭。

卜辭中的矢字和箙字尚未見用如本義的，從略。

【甲骨文字本義小結】

矢的本義：有金屬箭鏃羽毛箭尾的竹箭。音訓如字。象形造字。

箙的本義：用竹、木製作的盛放箭矢的箭匣。

外部包圍結構意符的音訓爲 fu。右文造字。

破譯甲骨文：兩種不同的弓

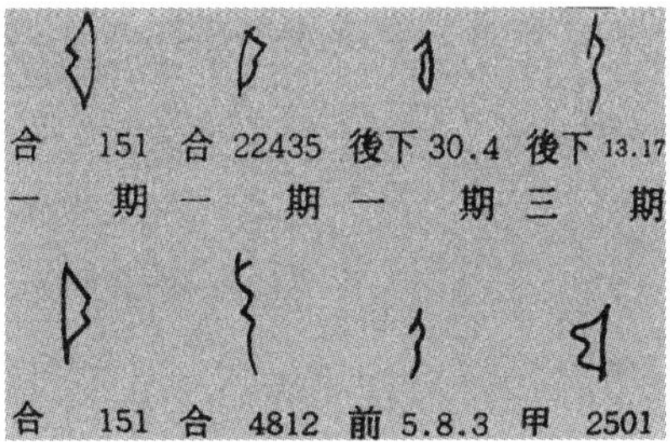

圖一 甲骨文：弓

從任何一本甲骨文工具書中我們都可以查閱到，在甲骨文字中弓字的寫法有兩種。如右圖，上四和下二下三是另一種寫法。兩種寫法的區別是一種弓上有弦，另一種弓上沒有弦。但是在甲骨文中它們都用作部首弓。晚商人在造字時爲什麽要造兩種弓部首呢？這兩種弓部首在使用上有什麽區别呢？據我的研究，這兩種部首是有嚴格區分的，使用中有不同的造字用途。爲了敘述上不至混淆，我稱有弦的弓爲甲弓，没有弦的弓爲乙弓。乙弓實際上是有一小段殘弦的。

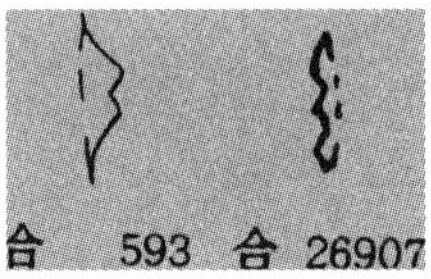

圖二 甲骨文：引

部首甲弓是一張完整的成品的弓，可以直接用于狩獵和作戰。所以在甲骨文中，以甲弓爲部首的字，都和狩獵、作戰有關係。如弓、弘、彈等字均采用甲弓作爲部首。

部首乙弓不是一張完整的弓，不能直接用于狩獵和作戰。所以在甲骨文中，以乙弓爲部首的字，都和弓的製作有關係。如斫（甲骨文從乙弓從斤）、弜、發、疆等字。

甲骨文“引”字（如圖二）。介于這甲、乙兩種弓的部首之間。造字的弓弦是一條虛綫。

從字形上看，“引”字的本義是爲弓安裝上弦。在安裝以前它是乙弓（部首），當安裝好了弦以後，整個弓就完整了，便成爲了甲弓（部首）。“引”字中的虛綫是有其造字含義的。

據此我們可以得出一個普遍性的結論：如果一個甲骨文字從甲弓部首，那麼它的本義應該是和狩獵、作戰有關；如果一個甲骨文字從乙弓部首，那麼它的本義應該是和製作弓有關。現在我們就以這個結論指導以後的有關弓部首的甲骨文本義的考證。

《説文》："弓，以近窮遠，象形。古者揮作弓。"這是指甲弓部首的代表字。《周禮》中有六弓均是指的成品弓，從甲弓部首。

卜辭："己卯卜，貞：彈弓延于丁宗熹。"（前5・8・5）意爲：把弓交給丁。

圖三
甲弘

又如甲骨文"弘"字，如左圖：它有兩種表示方法。學者們爲哪一種纔是"正宗"的甲骨文弘字有争議。其實這衹是弘的兩種不同的表示而已。

圖三表示在成品弓的中部有一個缺口，叫弘；從該字弘的音訓分析，這個缺口應該是一個圓孔如小瓮，所以從公省，意符爲口。

圖四表示在製作弓的時候，圖中所示意的缺口位置叫弘。異曲而同工但造字的視角各有所指。

圖四　乙弘

產生這種差異化表達方式的原因在于，弓的彎曲形象必須從側面纔能够表現，而從這個側面的角度恰恰無法表現正面纔能看到的缺口。而如果采用正面的視角表現缺口的話，整個一張弓就變成了一條竪直的綫，既看不到弓的彎曲，也看不到弦。兩者相比較，還是甲骨文的表現全面而且形象易懂。甲骨文造字的科學性由此可見一斑。

【甲骨文字本義小結】

弓的本義：有兩種。A. 製作完成的弓，有弓弦。B. 正在製作的弓，無弓弦，或爲殘弓。

弘的本義：弓上用于供箭矢射出的圓孔或者缺口。

音訓：從口從弓，口弓切。方言讀若keng，古音通heng，通hong。

破譯甲骨文：撟(發)　弜

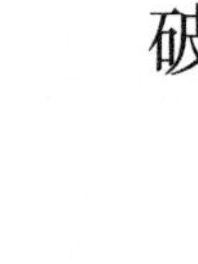

圖一　甲骨文：撟

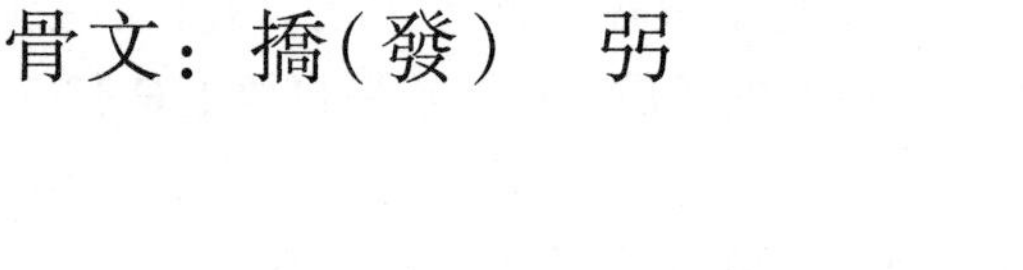

圖二甲骨文：弜

按照我的考證：如果一個甲骨文字從甲弓部首，那麼它的本義應該是和狩獵、作戰有關；如果一個甲骨文字從乙弓部首，那麼它的本義應該是和製作弓有關。所以本文要考證的發和弜都屬于和製作弓有關的甲骨文字。這是前提。

圖一是學者們長期以來所公認的甲骨文發。甲骨文"發"，從一張正在製作的弓，

從兩隻手，從一隻腳。《説文》：“發，射發也。”許慎的意思是射箭。但是甲骨文發所表現的絶不是射箭的本義，因爲它的兩隻手分别抓住了弓的兩端，一隻腳抵在弓的彎曲部位。弓上没有弦，也没有箭矢。這是射箭嗎？完全不是！

《周禮・弓人》：“弓人爲弓，取六材必以其時。六材既聚，巧者和之。”從頭年冬天“析幹”（砍鑿弓體）到次年冬天“奠（定）體”（組裝完成），一張弓需要製作一年多時間。《周禮・弓人》中有整個製作弓的流程，現在已經很難完全讀懂。但是其中有這樣的記載：“夫角之中，恒當弓之畏。畏也者，必橈。橈故欲其堅也。……撟幹欲孰于火而無贏，撟角欲孰于火而無燂。”這裏的橈和撟都是動詞矯正的意思。這些都説明在製作弓體的過程中有一個以上的環節是矯正弓的形狀，有時候還要借助火烤以正其形。我在本文中所要考證的發字和弜字恰好就和這個弓的矯正有聯係。其中一個弓字爲弓的標準器，用來比照新做的弓弩是不是符合標準，故從兩弓字。

我將圖一本字破譯爲撟，甲骨文撟字的動作正是兩隻手扳住弓的兩角，腿頂著弓彎部正在矯正這張弓。所以這個甲骨文字被譯作漢字發可能是一個錯誤，它的甲骨文造字要表達的本義和東漢時漢字發所要表達的本義完全風馬牛不相及。其中的詞義發生了斷裂（或稱轉移）。所以這個甲骨文字不是發，撟字較爲符合它的甲骨文本義。古矯撟通，如矯诏又謂撟诏。《説文》：“矯，揉箭箝也。”其可資參考，對比本文圖一。

關于弜字，因爲兩張弓相重，所以有學者認爲它的本義表示弓力强。《説文》也有：“弜，强也，重也。從二弓。”但是我們看卜辭中常常出現的弜，很多學者卻認爲它用作人名、或者用來限制動詞的副詞使用。例如：

卜辭：“王命弜。”“癸丑，有口于大乙乎射。弜乎射。”（粹 130）

卜辭：“癸酉卜，弜求受禾。”（後下 33・5）

卜辭：“庚寅卜，王弜入戠。”（粹 626）

卜辭：“癸未卜，貞：弜求妣辛。”（京津 4093）

我認爲：上述五例卜辭中，甲骨文弜用“比武”都能够解釋得很通順。而比武這一引申義就來源于弜在甲骨文的本義。

弜是用一個標準的弓在衡量另一隻正在製作的弓。兩弓相比，以保證製作的新弓符合標準。引申爲比。進一步引申爲：比武。這種造字方式我們在甲骨文效字的考證中已經見識了。甲骨文效本義是用尺量度箭桿的長度。

《説文》：“弜，强也。重也。”段注：“重當做緟。……緟。疊也。”許慎收集的兩個本義中，强應該視爲音訓犟，重則正是甲骨文弜的本義：重疊。兩弓重疊的目的是用其中的一張標準弓去衡量新製作的弓是否符合標準。引申義就是：比武。上述卜辭的“王命弜”，“癸丑，有口于大乙乎射。弜乎射”，正是比武的意思。後一例中“弜乎射”就是比賽射箭的意思。

李學勤在釋立兔形典尊銘文“丁卯，口令小臣豐易典弜用乍隮”時，將其中的弜字解釋爲：“小臣豐受命賞賜給典的‘弱’（即弜），讀爲‘弼’，是正弓用的器具。《荀子・臣道》注：‘所以輔正弓弩者也。’”① 後世稱爲警榜。和我的這個關于弜字的本義

① 李學勤著《中國古代文明研究》，華東師範大學出版社 2005 年版，第 110 頁。

解釋是一致的，但是我認爲弜纔是這個甲骨文字的本字。本義是矯正弓弩。唐蘭先生考證該弱字讀爲“弼”①，那應該是甲骨文以後的演化發展。從甲骨文造字規律看，這個字以雙弓結構最能表達該字的甲骨文本義。説這個雙弓造字讀音爲弼證據尚不充分。

我以爲甲骨文中類似弜、比、替、森這樣的由一個意符重複多次的造字其發音有其内在的規定性，但到目前爲止它還是一個謎，故闕如。

【甲骨文字本義小結】

撟（原誤爲發）的本義：製造弓的過程中矯正形體不合標準的弓體。動詞。

音訓：止，夏方言讀 juo 讀若 juo。右文造字，止爲聲符兼意符。

弜的本義：用標準的弓模型比較、以矯正新製作的弓體。引申義：比，比武。動詞。

音訓：弓兩切。讀若 gang，古音通 jiang。會意造字。

破譯甲骨文：弢　斫

弢和斫，這樣兩個字引自上海古籍出版社出版的《古文字類編》。它的甲骨文本字見圖一：

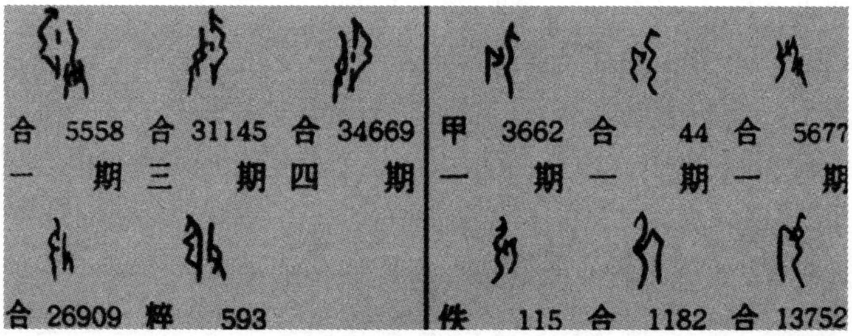

圖一　左圖爲甲骨文弢，從引從手從丨（攴）；右圖爲甲骨文斫，從乙弓從斤

從前文的考證我們可以知道，這兩個甲骨文字和晚商兵器弓的製造有關聯。當然弓未必到晚商纔有，但是系統甲骨文産生于晚商，所以弓和有關弓的系列甲骨文字應該産生于晚商時期。

《説文》中未收入這樣的兩個字，説明在東漢時代這兩個字的本義已經爲其他的漢字所替代，同時也説明在漢武帝時代發明了火藥作爲進攻性武器以後，弓箭作爲一種兵器在戰場上的地位已經弱化。

這兩個字在造字中都采用了無弦的乙弓作爲部首，説明這兩個甲骨文字的本義都和

① 李學勤著《中國古代文明研究》，第 111 頁。

製造弓有關。它們的本義是什麼呢？通過對字形的結構的分析，本義是一目瞭然的。

弢：從引。説明它的本義和給弓繃上弦（弦以牛筋和鹿筋爲之）有關；從手執尺（攴）。説明是在給弓繃上弦時需要量度弦的長度。因爲弦的長度決定了弓的跨度。所以在給不同的規格的弓上弦時，一定要用尺量度弦的長度。在《禮記・弓人》中有細則規定了弓的規格："弓長六尺有六寸。謂之上制。上士服之。弓長六尺有三寸。謂之中制。中士服之。弓長六尺。謂之下制。下士服之。"采用類似造字方法的甲骨文字還有一個效字，本義是測量箭桿的長度。

弤：從斤。斤是斧頭，説明是用斧頭砍斫弓身。從乙弓，説明這是還未給弓上弦的一個工序。甲骨文中所有的弤字，其斧頭的斧刃無一例外地對準弓中部的缺口處，説明這道工序是爲弓身斫制位于弓身中間的缺口，弓上的缺口就是前文提到的甲骨文弘。

【甲骨文字本義小結】

弢的本義：製造弓的工序之一：給弓繃上弦。動詞。左圖下一下二兩字存疑。會意造字。

音訓：從攴從弓，攴弓切。讀若 pen，上古音通 beng，假借爲繃。

弤的本義：製造弓的工序之一：砍鑿弓身。動詞。現存漢字中和這個字最接近的是：斫。

音訓：本字從弓從斤。弓斤切。讀若 xin。

破譯甲骨文：彊　畕　畺　疆

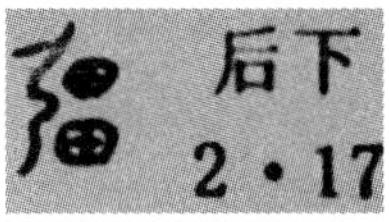

圖一　甲骨文：彊

甲骨文彊（通强）和金文畺、疆本質上是同源的，它們詞性不同，本義有細微差别。這個漢字的發展脈絡非常清晰。甲骨文疆，從無弦的乙弓，從畕。按照對甲骨文弓字本義的理解，它和田地是没有聯係的。但是我考證時引用了《禮記・弓人》的記載，弓是有固定的規格長度的，夏制的弓長六尺。周人就用無弦的殘弓架（廢棄的弓體）測量田地，以後就演化爲一種丈量土地的專用工具——步。見《辭源》弓條下："舊時丈量地畝的工具和計算單位。五尺爲一弓，即一步。三百六十弓爲一里，二百四十方弓爲一畝。"所以這裏甲骨文疆的本義是以弓丈量田畝。從甲骨文疆看來，周承商制應該是有歷史依據的。

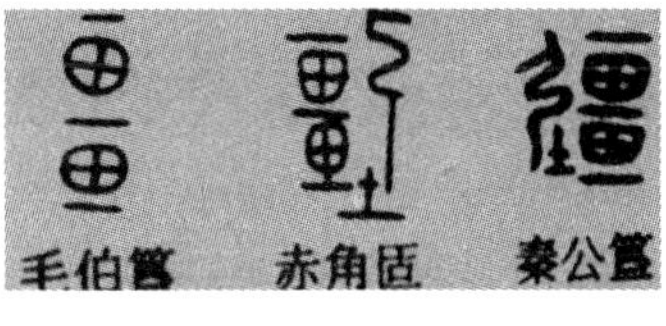

圖二　金文：畺、疆

金文畺的本義就應該是名詞田畝之義。它造字結構中没有丈量的工具，不從弓。而金文疆則是在甲骨文彊的基礎上多出一個土。這裏多出一個土並不意味著本義的改變，而是表示在西周和春秋時代在丈量田畝以前可能進行的祭祀。動土或收割以前先行祭祀土地神，是我國偏遠地區的少數民族至今還有遺存的風俗。"土"在甲骨文和金文中又寫作"⊥"，本義是國社。一國疆土的四至有土封，既代表疆界所至，也代表一方土地神，故有疆土之意。

《説文》："畕，比田也。從二田。"意爲：兩塊田相鄰。名詞。象形。甲骨文"田"本字早期呈不規則形狀，後期呈田字格形。甲骨文中的田爲方框，金文中有圓框出現。

《説文》："畺，界也。從畕三其介畫也。"意爲：三條田界之間的兩塊田。名詞。會意。

《説文》："疆，或從土。疆聲。"意爲：有些疆字加上了土，言外之意是直到東漢時期還有多數疆字是不加土字的。段注："《七月》萬壽無疆。傳曰，疆，竟也。田部曰，界，竟也。然則畺、界義同。"

圖一後下2・17甲骨文中的意符"田"是圓形框，這種意符在卜辭中一般用于表示打獵的陷阱。田地的田多用方框田或者不規則的形狀的田表示。卜辭中的彊爲孤字，從略。

【甲骨文字本義小結】

彊的本義：殷商人用無弦的弓（疑爲殘弓）作爲丈量工具丈量計數田畝。動詞。讀如疆。夏商時聲母分化不全，jiang和qiang音近相通。

畕的本義（金文）：兩塊田相鄰。名詞。讀如疆。

畺的本義（金文）：田界。引申爲邊界，引申爲國界。名詞。讀如疆。

疆的本義（金文）：周人用弓丈量土地。引申爲邊界，疆界，時間界限。

破譯甲骨文：射　彈

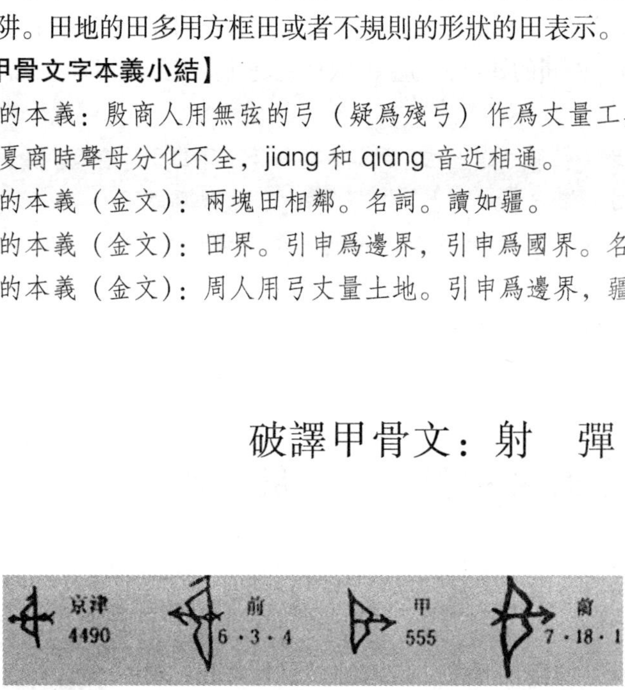

圖一　甲骨文：射

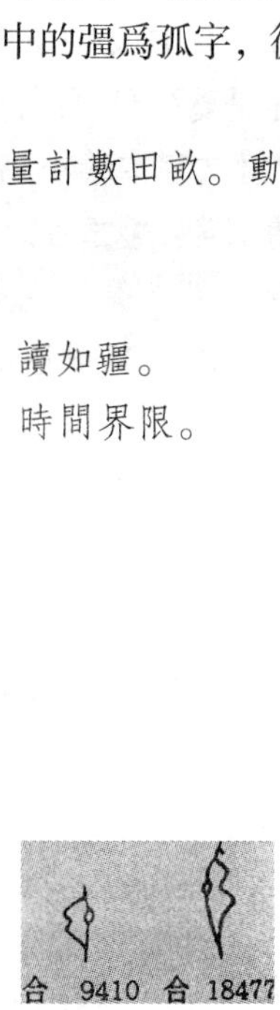

圖二　甲骨文：彈

民間有這樣一則文字游戲，説漢字的射和矮兩個字被顛倒使用了。射，身長爲寸，所以本義應該是矮；而矮字是委任于矢，所以本義應該是射。

其實，射字的歷史來源是：甲骨文射從矢從弓。古文射從矢從身，小篆射纔開始從寸從身。甲骨文射字表示箭在弦上的會意。所以殷商以來射字的本義並没有改變。

《説文》："射，弓弩發于身而中于遠也。從矢從身。"但是在秦統一文字以後的小篆和隸書的射字，就一直是從身從寸的，寸是手的意思。身和寸的會意無法産生射的本義。所以從詞源上看，漢字射還是恢復從身從矢比較符合甲骨文本義。

卜辭："王其射……擒。"（拾6・3）

卜辭："貞：翊己卯，令多射，二月。"（後上30・15）

甲骨文彈字的會意是一顆彈丸在弦上正待發出。彈丸的發射原理和射箭是同樣的，利用弦的彈力將彈丸經過弓上的缺口——弘——射出去。所以：

《説文》："彈，行丸也。從弓單聲。或説彈從弓持丸如此。"段注："《左傳》晋靈公從臺上彈人而觀其避丸也。引申爲凡抨彈糾彈之偁。”所以彈的本義自古至今也沒有大的變化。後世彈弓一詞應該由此而來。但是在卜辭中，這個衆所周知的本義卻受到了挑戰：

卜辭：“癸卯卜，貞：彈鬯百，牛百卅。”（前5・8・4）

卜辭：“癸亥卜，賓，貞：翊丁卯酒，彈牛百于口。”（粹528甲）

上兩例卜辭中的“彈鬯”和“彈牛”用行丸就很不好解釋。郭沫若依據《爾雅・釋天》的“禪，祭也”判定這裏的彈應該是禪，是晚商的一種祭天儀式①。在甲骨文中確實沒有發現和禪字相當的甲骨文字。但是如果我們假定郭沫若的觀點成立，這個彈字就應該是甲骨文禪的本字而不是假借或者轉注。既然是本字，它的會意就應該是祭天的本義。在甲骨文中所有的祭祀用字采用的都是“示”或者“丅”作爲部首。在彈字中用一張弓發射一顆彈丸射酒或者射牛，對于祭天儀式而言，它意味著什麼呢？顯然從本字和本義上都解釋不通，所以上兩例卜辭中的彈字解釋依然存疑，暫付闕如。或許這裏的彈有更加合理的解釋。

在破譯彈字過程中有一點應該注意的：彈在漢字中是一個形聲字，但是甲骨文的彈字見圖二是個會意字從弓從丸。我反復强調過，甲骨文時代還沒有純粹的形聲造字，此其一例。

【甲骨文字本義小結】

射的本義：射箭。動詞。

音訓：從矢從弓，矢弓切。讀若 sen 通 sei。爲方言入聲字。會意造字。今豫南方言仍讀作 sei 入聲。

彈的本義：射彈丸。動詞。

音訓：dan，和 tan 古音相通。從甲骨文單音訓可知，該字作爲聲符用于右文造字應有 dan 音。

破譯甲骨文：辛　避

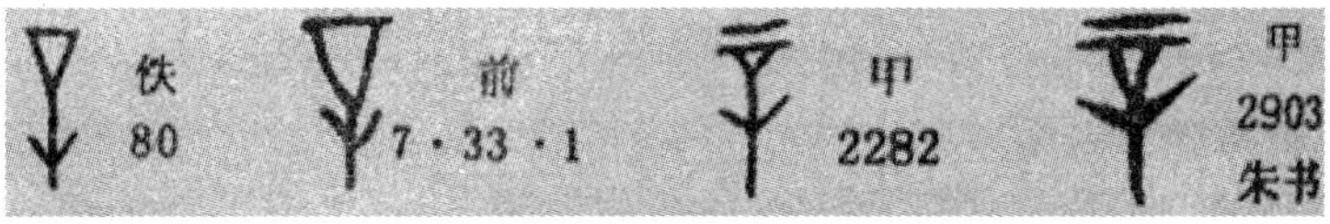

圖一　甲骨文：辛

《甲骨文字集釋》14卷，有吴其昌關于甲骨文“辛”字的解釋：“象斧屬兵器形。《白虎通・五行篇》云：‘辛所以杀傷也。’必兵刑器始能殺傷……”② 于是，甲骨文研

---

① 馬如森著《殷墟甲骨學：帶你走進甲骨文的世界》上海大學出版社2008年版，第184頁。

② 馬如森著《殷墟甲骨學：帶你走進甲骨文的世界》，第516頁引。

究者大多同意上述説法。認定辛是一種刑器。這個辛和位列天干第八位的辛之間是什麼樣的聯係呢？

關於辛字。《説文》給出了另外的兩種説法："辛，秋時万物成而孰。金剛味辛。辛痛即泣出。從一從辛，辛，辠（即罪）也。"

上述幾種説法引導著關于甲骨文辛的本義的認識長期以來陷入一個誤區：辛是一種刑器；辛代表金剛的辛辣之味；辛代表犯罪的罪犯。產生這種誤解的原因在于，辛既然作爲一種刑器是可以殺人的，他作爲一個人同樣也是可以殺人的，尤其是當這個辛是一個商王時，他就執掌著對所有人的生殺予奪的權力。

甲骨文辛正是代表了兩個商王。例一例二代表第二十一位商王小辛；例三例四代表第十五位商王祖辛。他們之間的區别在于祖辛的辛上面多了一横加以區别。盤庚是第二十位商王，所以祖辛是盤庚以前的王，小辛是盤庚以後的王。這裏多出的一横代表天，區分這點很重要。這多出的一横表示造字的小辛可能還健在，但祖辛可能已經昇天。

許慎的"從一從辛，辛，辠（罪）也"，可能是一個誤導。研究甲骨文的學者們經常將這個辛等同于甲骨文辛字，認爲凡屬于辛部首的甲骨文字都和罪犯有關。所以在破譯甲骨文僕、妾等字的本義時，都把它們和戰俘、罪犯相聯係。例如《説文》："妾，有罪女子給事之得接于君者。""僕，給事者。"商周臣妾並提，説明臣和妾未必是待罪之身。作爲商王的家奴妾也可以是臣的妻子和女兒。例如大禹的妻子涂山氏就有妾。又如：

大克鼎銘文："以氒臣妾。"

《左傳・僖十七》："男爲人臣，女爲人妾。"

《説文》段注："春秋云，女爲人妾，妾不聘也。"

我們再舉《吕氏春秋》和《史記》中的商代故事，以殷商王朝本身發生的事情爲例可以證明妾絶不是待罪之身，從而證明辛字在甲骨文時期本義不是兵器、刑器。

《吕氏春秋・當務》："纣之同母三人，其長子曰微子啓，其次曰仲衍，其次曰受德。受德乃纣也，甚少矣。纣母之生微子啓與仲衍也，尚爲妾。已而爲妻而生纣。纣之母欲置微子啓以爲太子，太史據法而争之曰：有妻之子而不可置妾之子。纣故爲后。"

《史記・殷本紀》："帝乙長子爲微子啓，啓母賤，不得嗣。少子辛，辛母正后，故立辛爲嗣。"

辛的本義從商王到刑器，這是天壤之别。所以兩者的本義之間產生巨大分歧就成爲一種必然。仍然用妾字爲例。依"罪犯"之意，可以解釋爲戰俘或者罪犯中被商王臨幸的女人。依"辛是商王"之意，可以解釋爲商王的配偶之一。事實上這個辛字在卜辭中的本義，一般都作商王解，或者作爲天干第八位解，很少和罪犯有聯係。

由此，我引入了另一個甲骨文字作爲佐證。這個字就是甲骨文"避"，如圖二。

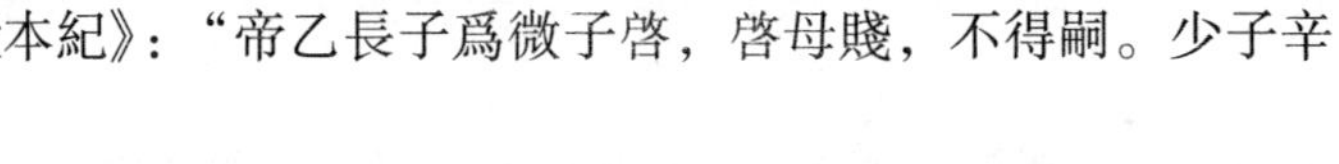

圖二 甲骨文：避

避，從辵從人從辛。比較《説文》“避，回也。從辵辟聲”，我們看到，顯然許慎是把這個避字作爲了形聲字。其實在甲骨文中，這個避字是個標準的會意字。我在前面也已經考證了，甲骨文中的音符首先都是意符。這裏的從辵從人從辛構成一個標準的會意字而不是形聲字。

卜辭：“……令避氏王族。從蜀☐王事。六月……”（前7・38・2）

這個甲骨文避字告訴我們：小辛時代普通百姓在街道上（依據意符“彳”可能是較窄的街道）行走時，如果遇見商王小辛的時候，一定要轉過身去以回避。我們在避字中看到，一個人正背向商王辛，爲什麽？因爲此時小辛正好路過。所以甲骨文避字的本義是回避。《説文》段注：“此回依本義訓轉。俗作迴是也。”這個甲骨文避字的訓詁學意義遠遠超出它的本身，因爲它的本義的確定對所有辛部首的甲骨文字過去的本義都具有顛覆性的作用。也許有一批甲骨文字的本義將由此改寫！

【甲骨文字本義小結】

辛的本義：第十五位商王祖辛；第二十一位商王小辛。專用名詞。

商紂亦謚號辛，但是商紂一代尚無卜辭被確認。

第八位天干。由于第七位天干是小辛前任商王盤庚之庚，所以有必要研究商王與天干之間的聯係。

破譯甲骨文：辛　宰

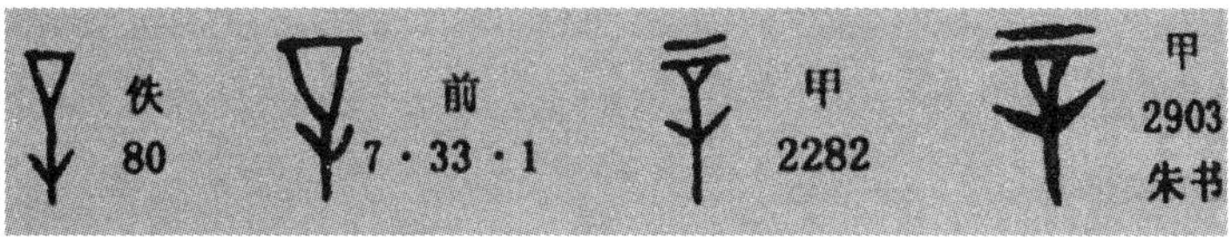

圖一　甲骨文：辛

上文中我考證了甲骨文辛字的兩種形式的表示方法分别代表商代的兩個名字中含有辛字的商王。頭上有横的辛代表的是第十五代商王祖辛；上面没有一横的辛代表的是第二十一代商王小辛（見圖一）。甲骨文中横代表著天，所以從造字的結構上看，祖辛是比小辛更有資格的商王。本文我們進一步考證和第二十一代商王小辛有關的甲骨文宰。如圖二：

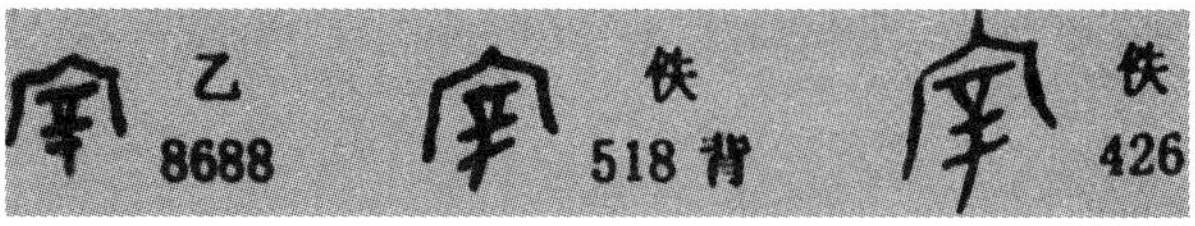

圖二　甲骨文：宰

宰，從宀從辛。但是，請仔細觀察甲骨文宰字，它下面的辛全部都是缺了上面一横的辛。按照我們對上文的考證，它代表的是殷商的商王小辛，也就是繼任盤庚的一代商王。此前的甲骨文專家都是遵從吴其昌所引的辛

“象斧屬兵器形。《白虎通·五行篇》云：‘辛所以殺傷也。’必兵刑器始能殺傷……”①這是個被誤解的前提，從“辛爲兵刃之器”的本義去解釋辛部字，導致了有關甲骨文宰字的多種解釋。《説文》：“宰，辠人在屋下執事者。從宀從辛。辛，辠（罪）也。”吴其昌釋爲：“屋下有辛類兵器，惟辛爲兵刃之器。故宰之義爲宰殺、爲宰割。”②《漢書·宣帝本紀》“本始四年，損膳省宰”，顔師古注曰：“宰爲屠殺也。”③上述例證中，宰均用作宰殺、宰割之義。卜辭中的宰應該最爲接近甲骨文本義：

卜辭：“王錫宰豐……”（佚 518）

卜辭：“其☐方人在宰。”（粹 1196）

兩例卜辭中的甲骨文宰字均不當宰殺、宰割解釋。佚 518 應譯爲：商王賜（授權）管理（主宰）豐地。粹 1196 當譯作：☐方人正在主宰某地（或某國）。

所以甲骨文宰的本義應該是：主宰。

我爲什麼作出這樣的推論呢？因爲甲骨文宰的結構是從宀從辛，宀爲宫殿或者宫室，辛就是商代的第二十一代商王小辛。這個宰字表示小辛當朝，主宰一切。所以這個宰字的甲骨文不從有横的辛（即祖辛），而是從無横的辛（小辛）。原因也很簡單，其一是爲了區别有商一代已經有的幾個名字中有“辛”的商王。原因之二是我們現在看到的甲骨文絶大多數可能都産生于商王盤庚以後。而這個甲骨文“辛”極有可能就是産生于小辛朝或小乙朝。因爲衹有對當朝商王或者前任商王的名諱在造字中纔會出現去掉一點這樣缺筆的避諱手法。

【甲骨文字本義小結】

辛的本義：有横的辛的本義：商代第十五代商王祖辛。

無横的辛的本義：商代二十一代商王小辛。

宰的本義：小辛當朝，主宰一切。會意造字。

音訓：辛下與甲文子形近。辛有 zi 音，如梓，故從子從門。讀若 zi mia 切。音 za，通 zai。

破譯甲骨文：言

圖一 甲骨文：言

甲骨文言，從辛從口。左圖從辛省從口。這個上面缺少一横的辛代表盤庚後的商王小辛。前文我們探討過，這是和當朝商王或者太上皇有關的一個甲骨文字。《説文》：“言，直言曰言，論難曰語。”意思是直接的、暢所欲言的話語叫作言。我們在卜辭中看到，這種暢所欲言當是商王（小辛）所爲：

① 馬如森著《殷墟甲骨學：帶你走進甲骨文的世界》，第 516 頁。

②③ 馬如森著《殷墟甲骨學：帶你走進甲骨文的世界》，第 370 頁。

卜辭："貞：王侑言祖丁足。"（乙 4708）

卜辭："丙子卜，□，貞：乎言□河尞三豭，三羊，卯五牛。"（粹 47 甲）

可見，"言"一般是商王所説的話。系統的甲骨文字大約産生于小辛時期前後，所以用"辛言"代表這個甲骨文言字。既然是商王所言，當然就是直言。所以言從辛從口。注意這個言字是一個獨體字，表示辛和口是一個完整的整體表達。意爲：商王小辛所説的話，即聖旨也。引申爲其餘商王所説的話。

"言"在卜辭中本義已經有了引申的跡象。如：

卜辭："隹……疾言……"（前 5・20・3）意思是説話速度很快。由于此條主語不存（原文有可能是"王疾言"），所以我們很難根據卜辭確定是不是商王正在説話或者説某人説話結巴。但是，這個"言"已經可以用副詞"疾"來修飾限制了，説明它已經引申爲説話的可能。

從甲骨文到《説文》，其間語言文字發展了一千多年，文字本義的分化很快。所以《説文》中的言字本義已經是直言的意思。這個甲骨文"言"的造字中還是保留了"王的話語"的痕跡。這正是甲骨文字作爲殷商歷史檔案的活化石作用。

【甲骨文字本義小結】

言的本義：商王小辛的話語，引申爲後來商王的聖旨口諭。引申義：直言。

音訓：從辛從凵，辛凵切。讀若 xian，豫南方言通 han，古音通 yan。會意造字。

破譯甲骨文：克

圖一甲骨文字克，下部從王，上部從言，王手執戈。從該字的畫面上看，似乎是剛剛打贏了一場戰爭，攻克占領了某個地方。所以王執戈大聲宣告獲勝。左側的甲骨文字下部從人，上部從口，也是以手執戈。雖然這樣兩個字同樣表達了"攻克"之本義，但是，我認爲甲骨文字是一字一形一義的，所以以右側甲骨文爲克字爲準確。《甲骨文編》中釋爲"從人戴胄持戈"是針對左字圖案的解釋，不能很好地解釋右側的甲骨文克字。所以左字存疑，暫付闕如。因爲如果在甲骨文中有一個字表示商的軍隊攻克某地的本義，那麼這個字應該首先是用于商王的。當然，商王未必參加每一場對外的征戰。這個"克"字還啓示我們，小辛一朝是甲骨文造字時期，因爲宰、避、克、言等字都從辛，而且是代表二十一代商王小辛的缺點的辛造字。説明這些甲骨文字正是創造于盤庚之後的小辛一朝。辛在這些甲骨文中代表了權力、權威、國家力量和一言九鼎的王朝的意志。

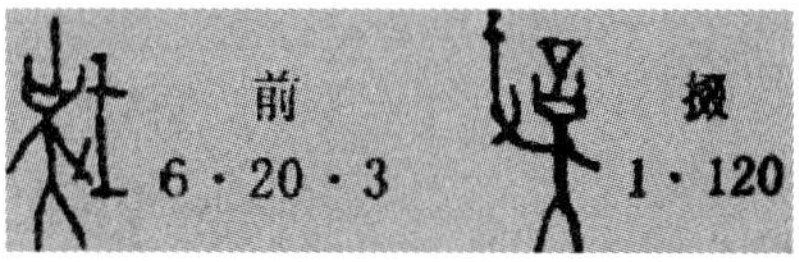

圖一

（右爲甲骨文克，左字存疑）

《説文》："克，肩也。象屋下刻木之形。"這應該不是甲骨文克字的本義。

卜辭："甲戌卜，□，貞：雀壬子□正其方，克。"（乙 5582）應該是戰勝之意。

克字在西周春秋時代的《詩經》中經常被用到：

“析薪如之何？匪斧不克。”（《南山》）

“既克有定，靡人弗勝。”（《正月》）

“既克淮夷，孔淑不逆。”（泮水）

在這些詩句中，克的本義都是沿用了甲骨文克字戰勝、攻克的本義。在此基礎上引申出了克的引申義：可以完成某事，即：能够。這在《詩經》中範例很多，就不再一一枚舉了。

【甲骨文字本義小結】

克的本義：商王宣告戰勝某方，占領某地。引申義：能够。動詞。

音訓：從口從戈，口戈切。讀若 ke。豫南方言爲 kei（入聲）。會意造字。

破譯甲骨文：辟

《説文》“辟，法也。從卩辛。節制其罪也。從口，用法者也。”此條下有段注曰：“辛從辛，辛，罪也。故辛也訓罪。”且拋開許慎的訓詁不説，其後的段注是個標準的以訛傳訛的字訓。辛和辠（通罪）本來是不沾邊的兩個字，經過段玉裁的訓詁，辛就變成了罪的同義詞了。其實無論從甲骨文還是金文看，辟都是從辛的（見圖一和圖二）。特别是甲骨文避、辟、言、宰、克等字辛的頭上都是没有那一點的。説它從辛是没有文字學依據的。訓詁學長期以來把辛作爲一種武器或者作爲罪的代名詞蓋源于此説。這也就是很多含有辛的甲骨文字用兵器、刑器解釋不通的根本原因。如圖一。

圖一　甲骨文：辟

圖二　金文：辟

甲骨文辟，從辛省從卩從口。金文辟，從辛從卩，也有從口的。字的構成歷來没有異議。争議在于對這個字的甲骨文和金文的解釋，即本義。馬如森解釋爲：“從辛，從跪坐之人形。［辛］象斧钺形。……字象用斧刑于人之形。與‘伐’字義近。疑本義是斧刑。”①很多古文字學家都同意這個解釋。

我堅持自己基于甲骨文造字的解釋。首先，甲骨文有一個斧的符號，根據一字一形一義的甲骨文造字規律，不會有第二個代表斧的意符。其次，如果辟是斧刑的話，《説文》大可以説“辟，斧刑也”或者“辟，大辟也”。再其次，從甲骨文造字規律看，如果是斧刑，字面上必定有一個執刑人或者斧柄上有意符“手”。正如甲骨文刖字那樣。而如果這個辟字表示斧刑，造字者這裏要造出一個意符“口”代表什麽意思呢？豈不是

① 馬如森著《殷墟甲骨學：帶你走進甲骨文的世界》，第404頁。

多此一舉？

我認爲，甲骨文辟的本義正是《説文》解釋的“辟，法也”。關鍵在于甲骨文辟的本義是怎樣表現這個“法”的。甲骨文辟，從辛省從卩從口。卩可以解釋爲朝廷宣旨的老人，卩是爺的初文，或者也可以解釋爲待罪之身。我傾向前一種解釋，因爲那個老人是背對著商王小辛的，敢于背對小辛的人是宣命之人而不是受判之囚，所以他不是罪犯。那麼從辛從口就正是解開辟字本義的關鍵：這是商王小辛在開口説話。“朕即法律”，小辛的話就是法。類似的甲骨文造字方法我們在《破譯甲骨文：言》中已經考證了，大家可以參考。至于該造字中的意符卩（通爺）則代表爲小辛宣讀聖旨的老人。

這裏很多人自然會産生疑問：爲什麼商代有三十一位王，爲什麼要用小辛的“辛”來造字而不是其他商王呢？這也正是我追問自己一千遍的問題。答案是：甲骨文系統的形成正是在小辛一朝或者小辛之後的小乙朝。所以在甲骨文系統中凡涉及“辛”的造字，例如避、辟、言、宰、克等字都用了辛爲標志商王權力的部首。因爲當時小辛作爲商王還活著，所以省略了辛字上面的一點，這正是中國漢字最早的避諱現象。甲骨文辟字要表達的本義：小辛的話就是法律。周承商制，所以金文沿用了甲骨文辟的結構，而没有用祖丁和盤庚去替代辟字中的意符辛。此外，甲骨文辛采用的是和“帝”字一樣的帝字頭，也是甲骨文創造于小辛一朝的一個證明。兩字的造字關係是造“帝”字采用了辛字頭而不是造“辛”字采用了帝字頭。

【甲骨文字本義小結】

辟的本義：小辛的話就是法律。引申義：法。名詞。會意造字。

破譯甲骨文：新　析

圖一　甲骨文：新

甲骨文新，從辛從斤；甲骨文析，從木從斤。兩字造字方式完全相同，區别僅僅在于一從辛，一從木。以“新”爲聲符的形聲字薪産生在戰國時代的《上郡守閒戈》。

甲骨文“新”字中的“辛”也是同樣無法用罪來解釋的，也無法用刑器或兵器來解釋。否則這個“新”的本義就衹能解釋爲用斧頭去砍另一種兵器“辛”。這在造字上没有任何必要，在會意上不通。甲骨文“辛”字的本義我在前面已經考證了，上面缺少一横的“辛”代表的是商代二十一代商王小辛，所以這個新字的本義應該是斬殺小辛。因爲小辛不可能用斧刃對準自己，所以衹能解釋爲别人用斧頭斬殺小辛。這一點也可以説明辛首先是一個人名。這是個會意字，小辛的辛首先是意符其次爲聲符。當然，我們不能讓歷史事實來適應這個字，而是需要依據歷史事實證明這個字的造字是有根據的。

晚商歷史上小辛王有没有被刺殺過，現在無從考證。但是《説文》的定義也顯得毫無依據：《説文》“新，取木也。”段注：“取木者，新之本義。引申之爲凡始基之稱。”什麽叫“取木”？如果是判木，則甲骨文有一個判字；如果是伐木，甲骨文裏有一個析字。段玉裁説：“引申之爲凡始基之稱。”就是説新是開始和奠基的意思。那麽刺殺商王小辛也可以是商王小乙或另有篡位者的奠基和開始。但是歷史上關于小辛和小乙的交替記載甚少，如果殷商歷史上確實如許多甲骨文字所暗示的小乙確實刺殺了小辛，殷商史就曾經存在一場宫廷政變。這個甲骨文“新”應爲小乙朝創造的文字。值得注意的是本字的音訓爲 xin 與析同音，説明商王小乙曾經的不義，也藴含著殷商貞人集團對前朝小辛王的忠誠和懷念。

《史記・殷本紀》：“帝盤庚崩，弟小辛立，是爲帝小辛。帝小辛立，殷復衰。百姓思盤庚，迺作《盤庚》三篇。帝小辛崩，弟小乙立，是爲帝小乙。”

今天，我們衹能從“帝小辛立，殷復衰”這七個字中發現小辛可能是個不得人心的商王。但是是不是壞到有人用斧頭去砍他，目前尚無確證。但是小辛的繼任者他的弟弟小乙也未必是好商王，否則《史記》就不會有“帝武丁即位，思復興殷”的記載了。説明小辛和小乙這弟兄倆執政的 43 年中，已經把殷商搞得需要“復興”的地步了。

所以，從甲骨文新字的造字看，有小乙刺殺小辛以便自己登基做商王的可能性。歷史上没有記載，或者相關卜辭還没有被發現，或者還没有被破譯。但是不排除殷商貞人和史官將這一史實保存在甲骨文字中的可能性。因爲在晚商，從占卜到卜辭的解釋、刻寫都是技術性很高的事情，都是由一系列的專業官吏——貞人——來操持、掌握的，連商王自己也未必看得懂甲骨文寫成的卜辭，更不用説新商王小乙了。我對這件事情的懷疑是源于另一個甲骨文字，該字從宀從斤從辛。如圖二：這個甲骨文字本義表述是：在一間宫室中，一柄斧頭結束了商王小辛的性命（本字待定）。

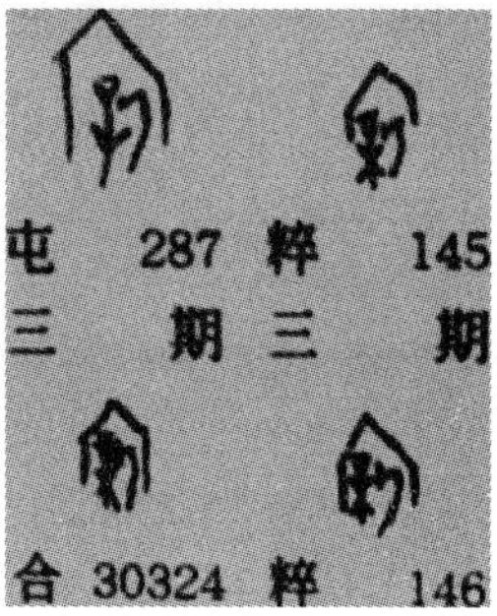

圖二（本字待定）

同樣的歷史暗示還出現在甲骨文“競”字中，甲骨文“競”的造字是兩個兄弟搶一頂皇冠（皇冠用“一”表示，“一”本義即是天的意思）。

如果殷商歷史上小乙確實有刺殺小辛篡位一説，殷商卜辭就隱瞞了一段歷史。這就是曾經有一場宫廷政變。那麽這個甲骨文“新”就是在小乙朝創造的文字。

這件史實雖然有待新的歷史證據出現，但是無論如何，東漢以後關于新的本義是取木的解釋，是站不住脚的。因爲新字不從木，取木之意也不當爲新。而且砍樹通常是不會發生在宫殿裏的。更何况在甲骨文系統中，已經有一個以砍樹爲本義的析字。如圖三：

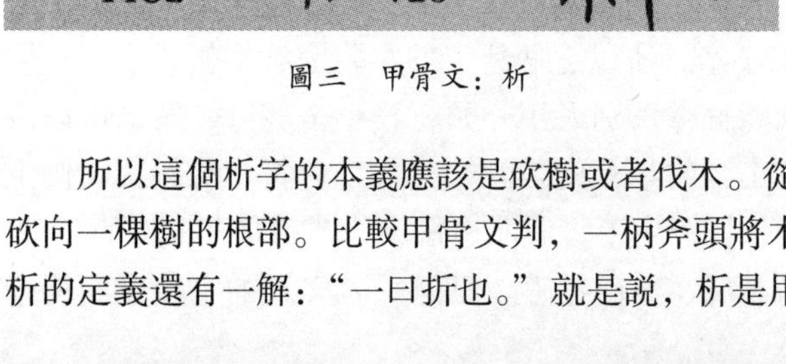

圖三　甲骨文：析

《説文》：“析，破木也。一曰折也。”這裏許慎的定義和甲骨文定義又是有差異的，“破木”的意思是將一段木頭一剖爲兩爿，這在甲骨文中已經有一個判字。

所以這個析字的本義應該是砍樹或者伐木。從甲骨文字面上看，一柄斧頭正從側面砍向一棵樹的根部。比較甲骨文判，一柄斧頭將木劈成斷裂的兩爿。其次，《説文》對析的定義還有一解：“一曰折也。”就是説，析是用斧頭將樹折斷，這當然應該是砍樹而不是劈柴。

卜辭：“東方曰析鳳（同風）。曰劦。”（京津520）析和劦爲同音字。

東風也是側面吹來的風。如果是“破木”，即判，那就應該是自上而下的風。所以從晚商人在卜辭中的這一用法看，析也應該是指砍樹而不是“破木”。而析風正是指早春的刺骨的東風，其引申義與其本義有引申的關係。

【甲骨文字本義小結】

新的本義：刺殺商王小辛。動詞。引申義：新王朝的開始。

音訓：右文造字。辛爲聲符兼意符。

析的本義：砍樹。動詞。會意造字。

破譯甲骨文：手的意符形式（上）

首先考證甲骨文“爪”，這個字一般指“鳥獸的腳或趾甲”。但是在甲骨文中，爪的本義是人手的一種動作：指尖併攏去抓或者掐一樣東西。在甲骨文中這種動作有一個專門的字，如圖一。

圖一

圖二

凡造字中涉及有這個甲骨文部首的字，都和上述本義有關。甲骨文俘。圖二是一隻手“抓住”了一個在路上走失的小孩。類似的部首爪還出現在甲骨文采、遣、奚、柴（燒柴祭天）等字的造字中。注意：上述甲骨文爪部首的字不能用部首攵（反文旁）表示。另外還有一個甲骨文字，如圖三。有幾部工具書認定它是甲骨文孚字。但是我們可以從造字的結構上否認它是甲骨文孚。因爲這個字並不是從爪部首，而是應該從手部首，所以它的本義不是用手抓住小孩，而是愛撫孩子的本義。類似我們今天大人見到孩子用手摸摸他的頭的意思。破譯爲漢字撫尚可。如果破譯爲漢字孚，與其本義有違。

圖三　甲骨文：抚

但是，很多的解釋都偏離了甲骨文造字時這個字的本義。《説文》：“孚，卵孚也。……一曰信也。”“卵，凡物無乳者，卵生。”許慎的本義解釋爲孵的本字。由後半部分的義項“信”産生了孚至今流行的説法是使人信服的意思。這兩種解釋都不是圖二的甲骨文孚的本義。所以這個甲骨文字並不能翻譯爲後來的孚字。

産生這個錯誤的原因是在西周金文中就開始將這個字中的左手演變成爲爪了。春秋古文沿襲了從爪從子的錯誤寫法，直到秦小篆也是這樣定型的。于是約定俗成，直到今天學界依舊認爲這個甲骨文本字是孚字。但我認爲它不是，圖二甲骨文是俘獲的俘。造字時衹有一隻爪作爲意符。後歸入“亻”部首，是爲轉注。

甲骨文字中没有手字。衹有具體的左手和右手這樣兩個字。如甲骨文左字，它的鏡像就是甲骨文右字。左和右作爲部首在甲骨文裏都可以單獨表示手，左和右參與的甲骨文造字一般是動詞。左右同時出現時一般表示人的雙手，例如共，就是拱的本字。本義是拱手和供奉的意思。《説文》："共，同也。"我們一看就知道許慎説的衹是共的引申義。同時也説明共字的本義到了東漢時代已經發生了轉移。

所有的甲骨文造字，凡從左手或者右手的，今天在漢字中一般可以用攵（反文旁）表示，讀若 pu。據此，我們知道在甲骨文造字中，手的動作可以分爲兩種表現方式：用爪表示或者用左手（或右手）表示。有關手的其他意符我將在下文考證。

用爪表示的甲骨文字，手的動作是手指併攏去抓、掐某物；

用手表示的甲骨文字，手的動作是除了爪部首字以外涉及手的其他動作。

圖四（甲 2336）

我們很少看見過晚商人的圖畫，但是在甲骨文中確實存在一些晚商人的圖文字的傑作。例如在董作賓先生的《殷墟文字中之"人猿圖"》一文中就引用了這樣的一例，恰好能够作爲甲骨文中手的兩種造字法的證明：見圖四中的猿手是張開的，而腳正成爪狀。這充分説明了晚商人對手的兩種造字方法的理解和運用。

【甲骨文字本義小結】

爪部首的造字本義：手指併攏去抓、掐某物。用爫表示。

音訓：造字從折從匕，折匕（huɑ）切。讀若 zhuɑ。上古音讀作 zuɑ。

手部首的造字本義：除了爪部首字以外涉及手的其他某些動作，用"攵"表示。

破譯甲骨文：手的意符形式（下）

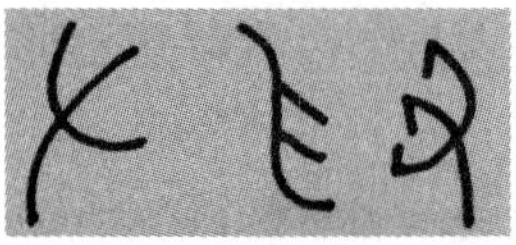
圖一 （例一：張開的手。例二：爪狀的手。例三：扭動狀的手。）

甲骨文的造字是非常科學嚴謹的，本文探討有關意符"手"的造字。根據人手的生理功能，在現實生活中，手的動作形式無非是這樣三種：張開的手，呈爪狀的手，呈扭動狀的手。這是人手的三種基本的性狀，在甲骨文中就有這樣三種有關手的基本意符，這些意符在甲骨文造字中分别代表：廣義的手（即張開的手），呈爪狀的手和呈扭動狀的手。如圖一。

這樣三個手的意符的創造是抓住了人手動作的代表性特點和韻味的。

例一，當手張開時，五指間的距離達到最大程度，和腳趾一樣，這裏用三根指頭代表大拇指、中指和小拇指。段玉裁對爲什麼用三個指頭而不是五個指頭代表手和腳有考證，不再贅述。甲骨文中例一這個意符造字時用來表示手的一般功能，例如左手。在現代漢字中這個意符保留在"扌"旁和"又"部首漢字中，例如漢字"取""曼""受"等字中。三指造字又見甲骨文"力"和"耒"。

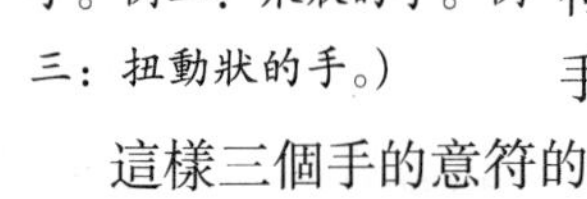
圖二

圖二中左例爲甲骨文朋友的"友"，是兩隻右手（也可以是兩隻左手）朝著同一個方向。兩隻同側的手必然是來自兩個不同的人，兩個人的手的動作一致表示齊心協力的意思，所以這兩個人是朋友關係。圖二右例是甲骨文"共"，這是

由一隻左手和一隻右手組合成的，它表示一個的兩隻手共同完成一個任務。因爲殷商歷史時期的祭祀多是要求雙手供奉祭器及其祭品，戰爭多是以雙手執兵器，所以這個“共”在祭祀和戰鬪有關的甲骨文造字中很多用到這個意符：例如甲骨文祡、戒、尊、奉、兵等字，此外這個意符還出現在需要雙手一起動作的甲骨文秦、索、登、棄、拯等字中。手的這個意符形式的造字功能非常明確，就是使用雙手一起完成某件事情。

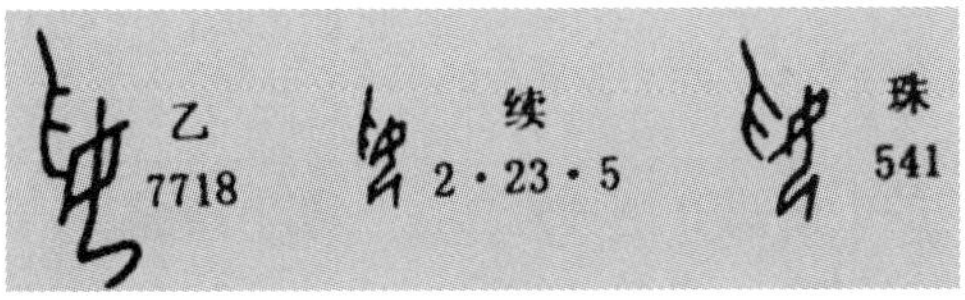

圖三

甲骨文“爪”應該是後來漢字“抓”的初文。當手呈爪狀（見圖一例二）的時候，它的特徵是手指彎曲且指尖距離縮小。所以圖一例二正是“爪”的象形字。這個意符在參與甲骨文造字過程中其本義就是“爪”，就是人手呈爪狀的形態。甲骨文“盥”就是手呈爪狀在皿中的會意。因爲“盥”是洗手的意思，而洗手時手正是呈爪狀的。甲骨文“得”造字從爪從貝，本義爲在路上撿到了貝（錢）；甲骨文“采”從爪從植物嫩葉，本義爲采摘；我破譯的甲骨文“拾”從手從○，手（甲骨文呈爪狀）零切，讀若十。本義爲撿到、拾掇和收拾。這些動詞都和呈爪狀的手的動作有密切聯係。所以在造字時都采用了“爪”作爲意符。同樣，這也可以成爲我們破譯未識字的一個“訣竅”，就是凡采用了這個“呈爪狀的手”的意符的造字，這個甲骨文字就一定和呈爪狀的手這種狀態有關。例如：甲骨文妥（見圖三），從爪從女。很多學者認同《説文》的“妥，安也”。我認爲這個甲骨文“妥”的本義不應該是“安”的意思。卜辭中這個“妥”大多用在商王諸婦或者小臣的名字中。因此我們暫時還無法確定它的本義。但是《説文》“妥，安也”這一定義是“不妥”的。

圖一例三是甲骨文“丑”。這一點大家都没有異議。但是這個“丑”字的造字耐人尋味：總體上看它是一隻手，但是所有手指的前端向内折曲呈虎爪狀。這正是一隻手在扭轉過程中的生理特點。甲骨文“丑”是“扭”的本字。凡使用這個意符創造的甲骨文字一定是和“用手扭轉”的本義相關的。這個甲骨文“丑”的象形同時使我們聯想到甲骨文“貝”，這個“丑”正是“貝”字的一半，當貝殼被用手“扭斷”時就變成了兩個甲骨文“丑”字。

和手有關的動詞在甲骨文系統中是分别的很明確的，這種依據手的不同的動作狀態和生理特點分成三種意符的三分法是很科學的，現代漢字系統的有關手的動詞也基本上是從又，從扌，從攵，從爪的，但是遠没有甲骨文的分類科學和嚴謹。

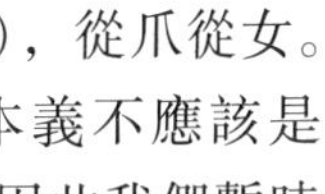
圖四

説到部首“攵”，就不得不談到這個部首“攵”在甲骨文中的起源：圖四是甲骨文學者們公認的“父”（左例）字和“尹”（右例）。這兩個字的共同點是以手執杖；其不同點是“父”字手中所執的是短棒，“尹”字手中所執的是長棒——即權杖。這種造字也是很科學的：短棒衹能用來打打屁股，而權杖是可以立即致人于死地的。在甲骨文系統中，這隻手還可以用來“手執”其他很多工具、農具、兵器等。例如執斧、執戈、執錘、執筆、執匕、執殳、執炬等等。這些本義在後來的漢字系統演化中都可以用一個統一的部首表示，這個部首就是今天的反文旁——攵。因此，原則上漢字系統中部首“攵”涉及的漢字動詞一定都是用手使用工具來完成的。漢字經過幾千年的發展以後，我們今天已經把這一點忘記了。

破譯甲骨文：秦

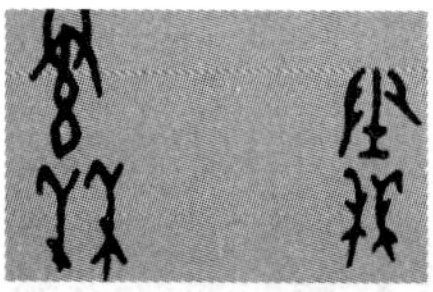

圖一（左卜辭一期，右卜辭三期）

甲骨文字秦在不同時期的卜辭裏有兩種寫法。一期卜辭秦字一律從廾從秝從午；三期卜辭的秦字一律從廾從秝從土。至少在字面上是這樣的。我之所以說“字面上是這樣的”，因爲一期的“從午”和三期的“從土”實際上是爲了幫助大家理解。其實這個甲骨文秦字既不從午，也不從土。這兩個象形的符號衹是我國農村常用的兩種農具。殷商時就已經常用，現在仍然還在使用。

卜辭一期的秦字中的農具叫連枷。用來在曬場上拍打農作物使其脱粒。

卜辭三期的秦字中的農具叫木杵。用來在石臼裏舂搗農作物使其脱粒。

兩種脱粒方法相比較，前一種較省力，但是秫秸上常有不太成熟的黍粒脱不掉。後一種脱粒乾净但是經常有很多碎的秸稈末需要分離。從卜辭一期的秦字到三期的秦字，顯示晚商農業脱粒技術的進步。需要指出的是卜辭三期的秦字省略了最下面的意符臼，因爲使用杵給農作物脱粒時必須在石臼中進行的。這一點在《說文》舂字條目下有解釋：“舂，擣粟也。從廾持杵，臨臼上，午，杵省也。”所以這樣兩種秦字不是異體，而是晚商造字的一種與時俱進。說明在卜辭三期時代，人們已經不用連枷給農作物脱粒了。

在晚商甲骨文中就有秦字，這是不争的事實。秦始建國于雍（今陝西鳳翔），其後，國都多次遷徙，先後遷鄜邑（今陝西洛川）、平陽邑（今陝西寶鷄）、雍（今陝西鳳翔）、櫟陽縣（今陝西臨潼）等地。秦姓除了遠古的舜七友中有秦不虚後代現在無從可考外，以國爲姓和以邑爲姓的秦都是發生于西周的歷史事實，比甲骨文秦字要遲幾百年。

《說文》：“秦，伯益之後所封國。地宜禾，從禾，舂省。”這是說嬴姓後代，出自周孝王給伯益後裔非子的封地秦國，約公元前 800 年左右的西周故事。

甲骨文裏的秦應該是目前存世的最早的秦。從這個會意字可以知道，秦是一個動詞，本義是舂黍脱粒。秦的第一個引申義應該是地名——秦地。即今天陝西鳳翔以西甘肅東南一帶。但是在甲骨文時代就應該有秦地存在，這可以說明夏商周時期秦地是以種植黍爲主的農業地區。見于卜辭：

“弜秦宗于妣庚。”（甲 571）

“……貞：于岳秦。”（後下 39・2）

“戊戌卜，賓，貞：乎取……秦。”（後下 37・8）

秦姓在中國歷史上是曾經是一個大姓，列《百家姓》第 18 位。

【甲骨文字本義小結】

秦的本義：在石臼中用木杵舂黍脱粒。動詞。引申義：秦地。會意造字。

破譯甲骨文：要

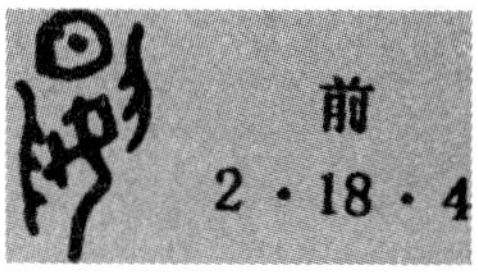

圖一　甲骨文：要

甲骨文字要是一個動詞，其原始字義中含有“搶”的意義成分。

甲骨文要。從日，從雙爪，從女。

從日，説明這是一個白天，是光天化日之下。日同時和下部的女字構成一個女人的完整的形象。日中一點正好代表女子的眼睛。李孝定《甲骨文字集釋》中這個認識我很贊同①。本字中的意符日是共用意符造字，該日字既代表光天化日，又是該女子頭部象形。這種造字爲甲骨文造字常用的方法。同樣方法造字的甲骨文字還有往、逬、元、時等字。

從雙爪，説明是在搶人。有關這一點《説文》的解釋是我不能苟同的。《説文》：“要，身中也。象人要自臼之形。從臼交省聲。”許慎認爲要是腰的本字，所以是一個名詞。本義是人的腰。這是本末顛倒了。這個要字在甲骨文造字中是一個動詞，所以本字是要。以後從搶人的身體部位引申出腰的意義，即指人體中部胯上肋下部分。按照甲骨文造字的規律，如果這兩隻爪是這個女人自己的“自臼之形”，那麼它們就應該和女字聯爲一體，成爲一個獨體字。但是圖中兩隻爪是和女人的身體分離的。所以他們代表另一個人（或另外兩個人）的兩隻手。兩隻手呈爪狀，説明它們正在抓住這個女子。所以可視爲“魔爪”。

從女。女字中缺少兩點，説明這個女子是未婚，準確地説是不在哺乳期的女子。

所以甲骨文要的本義是：在光天化日之下搶人，搶一個未生育的女人，這就是遠古父系氏族時代的搶婚。甲骨文要的造字説明，即使在晚商時代，搶婚習俗依然在民間存在著。

在《易經》裏有著四例搶婚的記載：

《屯》六二：“屯如，邅如，乘馬班如：匪寇，婚媾。”

《屯》六四：“乘馬班如，求婚媾。”

《賁》六四：“賁如，皤如，白馬翰如：匪寇，婚媾。”

《睽》上九：“先張之弧，後説之弧，匪寇，婚媾。”

我在這裏將上述四例搶婚和甲骨文要字，還有一條卜辭作共同比較：

《卜辭》：“要……五十在轡……”（前2・18・4）這是甲骨文裏唯一的要字所在的卜辭。其意義很容易聯想成文：搶婚……出動五十騎（即《易》中“乘馬班如”的意思）。説明那時的人衹要看中一個女子，就可以邀集一批同伙，在光天化日之下騎著馬

① 馬如森著《殷墟甲骨學：帶你走進甲骨文的世界》，第263頁。

去搶。甲骨文要字就正是搶人場面的真實記錄。

這個被搶的女子可以是一個已經懷孕的女人，衹是看不出她肚子裏已經有了孩子（出懷），也一樣搶來作自己的女人。女人的私有是遠古私有制完善的標志之一。因爲女人私有了，女人生產的孩子纔是私有的。這纔是成熟的可持續發展的父系社會。這樣，私有的財產纔可以有人繼承，以致永遠私有。在女人和孩子私有之前的私有制社會都不是真正意義上的私有制社會。原因在于儘管已經存在著生產資料和生活資料的男性占有，但是這時還没有完成對人的再生產的私人占有——即對女人和孩子的私人占有。所以這樣的父系社會是不可持續的。

【甲骨文字本義小結】

要的本義：公開搶劫並占有（外氏族）的女子。動詞。引申義：人的腰部。

音訓思考：殷商甲骨文日和月除了讀若 ri 和 yue，可能已經有了陽（yang）和陰（yin）的發音。故腰的音訓擬爲日（陽）爪切，讀若 yao。方言擬音可能爲 ðao。

破譯甲骨文：行　亞

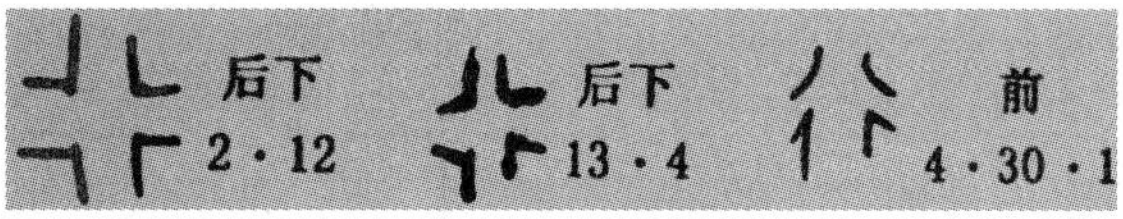

圖一　甲骨文：行

行在《説文》中是一個動詞："行，人之步趨也。從彳從亍。"我們知道在現代漢語中彳亍的意思是小步慢走的樣子。這表明《説文》時代行字的本義已經由甲骨文的大路引申爲走路了。現在我們回到這個字的晚商源頭處，探究它的甲骨文字本義。

我們知道甲骨文凡與行走有關的字，都和腳（即止）有關。但是這個行的甲骨文字是和止無關的一個字。從象形看，甲骨文行的本義是道路的象形。字面上先出現的是一個十字路口，可能有人會認爲甲骨文行字是四方通衢的本義。其實不是。這是爲了本義表達上的需要。因爲如果這個字的字面省略了左右兩個路口，就會變成兩條直綫：| |。這樣的甲骨文字字形既無法明確表示道路，還會由此引發誤會。所以用上圖的象形表達是一種非常科學的方法。字形上使用了四方通衢的象形，實際上這個四方通衢的大道可能殷商人非常熟悉它多指的是大邑商的某個十字路口。根據一字一形一義的造字規律，上圖中的例三存疑。因爲它顯示的不是十字路口，其東西兩側的岔路是斜向的，所以是另一種路口，也可以是指水路即河流。

《詩經》中涉及很多的行字，如"寘彼周行""謂行多露""我獨南行""行道遲遲""攜手同行""行有死人"等。歸納這些行字有兩個基本意義：一是大路，二是行走。從詞義產生及演化規律看，應該是先有大路後有行走，即動詞行走應該是名詞大路的引申義。早于《詩經》的甲骨文行字的象形恰恰證明了這一點。

甲骨文行的本義是大路，道路。行也是甲骨文造字的一個重要部首，當它用作部首參與造字時衹用一半，在甲骨文字衞、律、御、彸、德、達、避（應該是彳字旁）等字中都出現了這種半邊行用爲行部首的字。這個演化路徑後來在《説文》就成爲了雙站人旁：彳。

行的本義是大路，但是甲骨文行也常常用來指水路。當它用于指水路的時候可以加上散點水的意符表示在水上，在有船存在的造字中，這些散點水的意符常常被省略。行字在用于造字時常省略一半，參見甲骨文永和派的破譯。

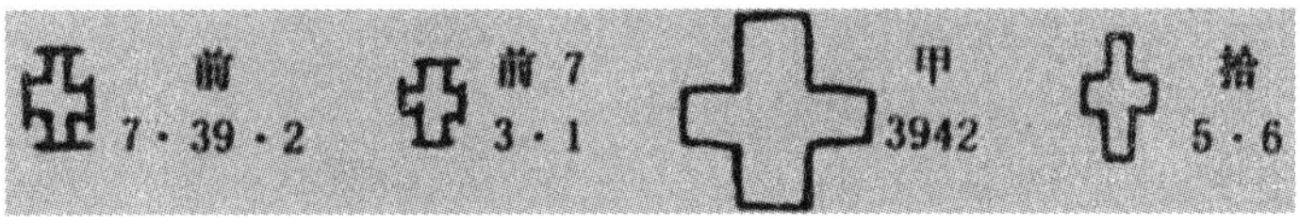

圖二　甲骨文：亞

值得注意的是，當把這個甲骨文的行字的四個路口都封堵住的時候，就産生了一個新的甲骨文字：亞。

對甲骨文字亞的古往今來學者們的解釋試舉七説：

1. 許慎："亞，醜也。象人局背之形。"（《説文》）

2. 清代阮元稱亞爲二弓輔戾之象，認爲亞是兩把背靠背合在一起的弓，是後來的弗或者黻字①。

3. 于省吾："……固象區田一方闕其四角也。"②

4. 丁山指出亞是太陽神的象徵。③

5. 李孝定："殷墟發掘所見殷王陵墓其穴多作亞形。"④

6. 郭沫若、陳夢家、顧實稱亞是一種稱號的圖形，類似簽名畫押。⑤

7. 高鴻縉："象四向屋相連之形，乃古者宫室之制也。"⑥這個説法從宋代薛尚功提出以後，贊成者居多。包括近代人徐桐柏、高田忠周等。

無論他們誰的答案是正確的，都無法使人信服。爲什麽？因爲他們都是基于遠古某種史實的猜測而已，没有拿出令人信服的證據來證實自己的解釋。李孝定説"殷墟發掘所見殷王陵墓其穴多作亞形"，那是因爲商代有率天下而葬的喪葬方式，帝王死後首先必須建造地下的宫殿，這個地下宫殿當然是模仿古代宫殿的規制成爲亞字形。所以李孝定的這個解釋和高鴻縉本質上是一致的。至于爲什麽要建成亞字形宫殿和墳墓。高鴻縉和李孝定都没有論證清楚其中的道理。值得一提的是對遠古史的很多問題的解釋都是這樣：憑藉研究者的權威和一厢情願的主觀認識給以解釋，而不是真正建立在對遠古史料和遠古史實的論證上。

亞這個圖形在我國的石器時代就作爲一個獨立的符號存在，在殷墟卜辭裏更是很常見。例如：

【例一】卜辭："甲子卜。離。貞。亞受年。"（乙 8172）

---

①②③④⑥　馬如森著《殷墟甲骨學：帶你走進甲骨文的世界》，第 510 頁。

⑤　http：//blog. sinan. com. cn/s/blog_ 537aacefo102uwpn. html.

【例二】卜辭："……至……亞祖乙……"（前5·2·5）

【例三】卜辭："……其作亞宗……"（後下27·1）

【例四】卜辭："……卜。貞。多馬亞其口禍。"（前5·6·5）

我們把上面的七種觀點拿來解釋這四例卜辭，這七種觀點在解釋卜辭這個簡單的問題上顯然都不適用。因爲在卜辭裏，亞是一個動詞，而上述七種專家的觀點無一例外地將亞作爲名詞解釋。

前三例中的亞字，都是祈禱的意思：向天（上帝）祈禱，向祖宗祈禱。第四例中缺了一個關鍵字口，但是仍然可以作"祈禱"理解：獻上多匹馬以祈禱免除災禍。

當然"亞"作爲一個獨體象形字，本義一定不是祈禱。它的本義是什麽呢？我認爲亞的本義是表示用來舉行祈禱儀式的地方。高鴻縉解釋爲宫殿是比較接近的答案，但是亞不是普通的宫殿，而是商代統治者專門向上天和祖宗祈禱的特定的宫殿。這個用來祭天祀祖的特定宫殿根據文獻記載，它創始于黄帝。在黄帝時代叫作合宫，夏代叫"世室"，商代叫"重屋"，周代叫作"明堂"（見《孝經·聖治章注》）。也就是説這個亞字可能早在夏代就已經存在了。

巧合的是，這個特定的用來祭天祀祖的宫殿的遠古誕生之時正是"亞"字形符號産生的石器時代。更加巧合的是這個特定的用來祭天祀祖的宫殿的内部結構正是"亞"字形結構。

由黄帝到兩漢的歷史文獻提供了翔實的證據：

《史記正義》引《尚書帝命驗》注："唐虞謂之天府，夏謂之世室，殷謂之重屋，周謂之明堂，皆祀五帝之所也。"①

《漢書·郊祀志》："初，天子封泰山。泰山東北阯，古時有明堂，處險不敞。上欲治明堂奉高帝，未曉其制度。濟南人公玉帶上黄帝時明堂圖，明堂中有四殿，四面無壁，以茅蓋通水，水圜宫垣，爲複道；上有樓，從西南入，名曰崑崙。"

《禮記·明堂位》説："朝諸侯于明堂之位，天子負斧依，南鄉而立。"（依疑是扆之誤。）

《孝經》説："宗祀文王于明堂，以配上帝。上帝謂五時帝太昊之屬。黄帝曰合宫，有虞曰總章，殷曰陽館，周曰明堂。"

關于明堂的亞字形結構除了上面公孫帶的明堂圖爲證以外，更有《禮記·考工記》關于具體建造明堂的結構尺寸的介紹。而周代的帝王也確實是按照季節在明堂的不同的方向的大殿居住並接見各地的諸侯的。

《禮記·月令》："孟春之月……天子居青陽左個……仲春之月……天子居青陽大廟……季春之月……天子居青陽右個……孟夏之月……天子居明堂左個……仲夏之月……天子居明堂太廟……季夏之月……天子居明堂右個……中央土，其日戊己……天子居大廟大室……孟秋之月……天子居總章左個……仲秋之月……天子居總章大廟……季秋之月……天子居總章右個……孟冬之月……天子居玄堂左個……仲冬之月……天子居玄堂大廟……季冬之月……天子居玄堂右個……是月也，日窮于次，月窮于紀，星回于

① 《史記》第一册，中華書局1959年版，第23頁正義。

天，數將幾終，歲且更始。”

遠古明堂的存在得到了現代考古學的證明：一九五七年西安玉祥門外 1.5 公里，發現漢代建築遺址。經發掘地基是圓形土臺，中心建築是方形土臺。分東、西、南、北四堂，每堂有廳堂三間，有圜水溝。出土遺物，有五銖錢、雲紋瓦等，疑爲西漢辟雍遺址，符合秦漢間文獻記載（《考古學報》1957 年第 2 期）。目前國內已有多地重建明堂，可爲參考。

不僅如此，在殷墟洹北發現的十二座商代王者大墓，其中很多都是呈亞字形的。即地下的王者大墓和地上的王者大殿形狀是相同的。這兩者的形狀又是甲骨文行字封住了四個口産生的新字。地下的王者大墓是用土封堵了路口；地上的王者宮殿是用門封堵了路口。唯一行字四通八達。這三者是有規律性可循的。甲骨文造字就是這樣讓人在聯想中記住了所有的新字和關聯字。

當這個名詞亞字用如動詞時，就産生了它的引申義：祈禱。

【甲骨文字本義小結】

行的本義：大路，道路。名詞。引申義：行走。動詞。

亞的本義：一種建築物的俯視象形，亞是一種特定的用來祭天祀祖的宮殿，不同時期有不同的名稱。商代稱爲重屋。引申義：祈禱。

音訓：從一從甲，或從乙從甲，一甲切。讀若 ya。象形造字。

破譯甲骨文：狼　狽

狼狽爲姦是今天常用的一個成語。據説狼的後腿短而狽的前腿短，所以狼和狽就一同出外覓食。狼用前腿，狽用後腿。狽將其前腿搭在狼的身上。這樣可以跑得很快。這個成語用來比喻壞人相互勾結，一起做壞事。

這個成語中所説的狽其實衹是一種傳説。自然界裏並沒有狽這樣一種動物，更沒有狼狽爲姦的實際事例存在。《四部備要・經部・玉篇》有“狽，狼狽”的記載。《集韻》載：“狽，獸名。狼屬也。生子或欠一足二足者。相附而行。離則顛。故猝遽謂之狼狽。”可見關于狽的傳説一開始就有附會的性質。

但是在甲骨文中確有狼和狽兩個字。它們的本義到底是什麽呢？如下圖：

圖一　甲骨文：狼

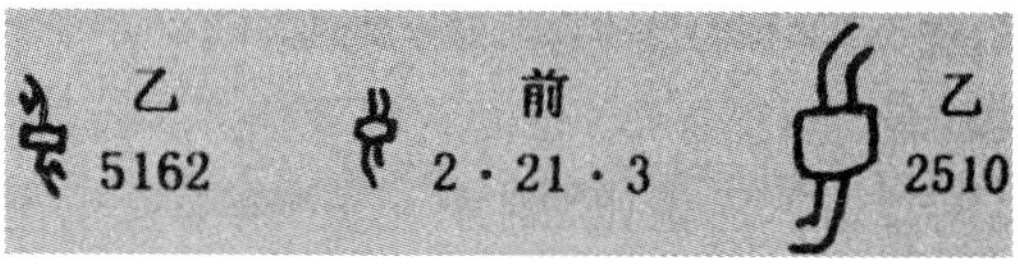

圖二　甲骨文：良（應破譯爲梁）

因爲在甲骨文中犬和豕區別不大，很多學者認爲它們是同一個字。其實犬和豬馴養之初在形象上區别可能確實不大，遠古之人容易混爲一談，所以這裏姑從其説。圖一可以看出，甲骨文狼字的主體是尾巴向上捲曲的犬。左半的意符學者們認爲是甲骨文良字，其實據我的考證這個意符應該破譯爲梁字。所以狼被認定是形聲字，從良從犬，良標聲，見《説文》："狼，似犬。鋭頭白頰，高前廣後。從犬良聲。"

然而，圖一左邊意符真的是甲骨文良字嗎？經過認真比對之後，我發現這個意符不是"良"，衹是有人爲了將這個狼字解釋得更加通順一點而牽强了。圖一的左邊意符"良"有兩個突出特徵：一是口中間有一横；二是上下的四根曲綫是兩兩平行且彎曲的。其實，甲骨文"良"字本身的本字和本義學界也存在著很大的争議。今後我將專門考證。

甲骨文狼字本義當另有所解。我的破譯是：首先它從犬，因爲外形類犬。其次，左半的意符從甲骨文"子"。直譯爲：會吃孩子的狗。這個破譯抓住了狼這種野獸的本質特點。這個狼字是會意字，不是形聲字。殷商甲骨文系統中尚未出現形聲造字。

卜辭："……允狼……"（前6·48·4）直譯爲：是狼。

圖三　甲骨文：狽（右文造字）

甲骨文狽字本義的破譯要困難一點。這不僅因爲它在自然界不存在，還在于它的甲骨文結構就很奇怪。如圖三：這是一隻貝夾住（咬住）了一隻犬的尾巴。在西周的金文中這隻貝被移到了犬的右邊，二者分開以後，理解其本義就變得更加困難了。

貝爲聲符兼意符。讀若 bei。

甲骨文狽在卜辭中是用如動詞的，和犬、馬連用。如：

卜辭："買……狽犡……每。"（粹 1552）

卜辭："狽犬告曰，又大……"（京津 4408）

依據上述卜辭，我們可以把狽理解成爲一種針對馬或者犬的一種動作和行爲。這是一種什麽行爲呢？從上圖可以看出，這種行爲就是把一隻活貝夾在犬的尾巴上。常識告訴我們，這隻貝會緊緊夾住犬的尾巴，而犬會拼命掙扎甩掉這隻貝。

用貝夾在狗的尾巴上看起來很荒唐，令人不能理解。但是這樣的事情在中國農村並不鮮見。母鷄每年至少有一次孵窩期，如果你不想它賴在窩裏影響别的母鷄下蛋，農民有一個土辦法，就是給這隻鷄的鼻孔上横穿一根長的鷄毛，或者在母鷄的尾巴上拴一張紅紙。這隻可憐的鷄就會被嚇得滿世界亂跑。同樣，給散放的小牛犢嘴巴上套一隻專門編織的竹簍防止它吃莊稼，給繞磨轉圈的驢戴上黑眼罩都是一個道理。就是影響並改變它們的行爲。

把一隻活貝夾在犬的尾巴上，可能是爲了馴化狗，使其在不停地掙扎中失去野性。晚商時代正是野生動物逐漸被馴化畜養的時期。《世本》有："胲作服牛……相土作乘馬。"①《左傳·昭二十九》："董父劉累豢龍。"衹是馴服身高八尺的駿馬而已。説明這一階段的動物馴養技術已經比較成熟。狽應該就是一種馴服狗的技術。晚商墓葬常見腰坑殉狗，並出現了狗伴武士作爲殉葬都説明晚商殉狗技術的出現。

---

①（漢）宋衷等注《世本八種》，中華書局 2008 年版，雷學淇校輯本，第 79 頁。

【甲骨文字本義小結】

狼的本義：一種吃小孩的野狗。名詞。音訓另文考證。

狽的本義：一種馴服狗的馴養技術。動詞。右文造字：貝是聲符兼意符。讀作 bei。

破譯甲骨文：犬　豕

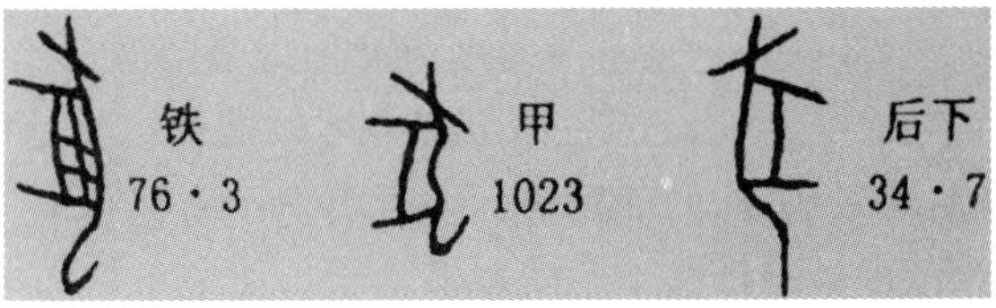

圖二　甲骨文：犬（例三非本字）

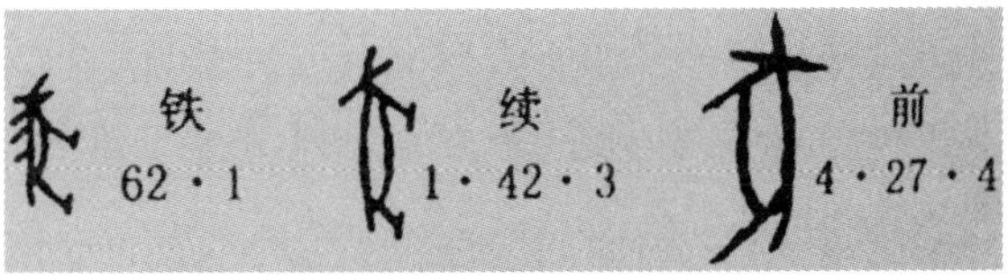

圖一　甲骨文：豕（例一非本字）

動物學告訴我們：家犬和野狼是一科；家豬和野豬是一科。但是在破譯甲骨文本義的研究中，很多學者認爲甲骨文的犬和豕本是同一個字。也有學者根據卜辭中上下文的不同的祭品將犬和豕分成爲兩個甲骨文字。如圖：（甲骨文豕圖例一爲野豬，也是短尾狀。）

比較兩個甲骨文字，我們發現犬和豕之間的區別僅僅在于犬的尾巴長而豕的尾巴短；犬有摇尾乞憐的特點，所以尾巴上捲而豬的尾巴向下且短。重要的是在甲骨文中犬和豬的身體部分完全相同。難道在晚商時期犬和豬真的有那麽相像，僅僅是尾巴上有區别嗎？讓我們再看一看這兩個甲骨文字在卜辭裏的情況：

“辛巳卜，品，貞：薶三犬，尞五犬，五豭，卯四牛，一月。”（前 7・3・3）

“癸未卜，賓，貞：尞犬卯三豕三羊。”（續 1・53・1）

“壬辰卜，王貞：命侯取豕貯涉。”（鐵 62・1）

“豚三，羊、犬三，帝（禘）。”（甲 3634）

卜辭中類似的例子很多，這幾個例子已經够用了。它們能够説明很多的問題：

其一，殷商已經有了豬和狗的人工馴養。否則在祭祀急用時外出捕捉野豬或者野狼，還要滿足一定的數量這都是不可能的。

其二，殷商祭祀時還没有太牢和少牢這樣的祭祀次序：牛——羊——豬。因爲在卜辭中各種用于祭祀的家畜排列次序是不固定的。

其三，犬和豕是有區别的。犬的尾巴上竪且捲，豕則是短尾。所以，以往學者們對甲骨文犬和豕兩字的區分是有依據的。如果有學者質疑卜辭的祭祀中犬和豕爲同一種動物，那麽顯然在卜辭（前 7・3・3）中犬和豭就没有分别的必要，而（續 1・53・1）中犬和豕就更没有分開記録的必要了。到了西周，在《周禮》中就明確設立了兩個官員以管理犬。《周禮・槁人》：“槁人掌豢祭祀之犬。”《周禮・犬人》：“犬人掌犬牲。凡祭祀共犬牲用牷物。”周承商制，可見商代卜辭中的用犬祭祀是有依據的。

其四，卜辭中用于祭祀的猪分成很多種：豕、豚、豭、彘、豩等。卜辭甲 3634 説明，學者們對甲骨文豩字的破譯有誤。見《説文》：“豩，二猪也。豳從此。”因爲在卜辭甲 3634 中，豩是作爲一種祭品祭祀的，説明豩僅有可能是猪的一種：母猪（雙身）或者同一窩的乳猪（猪的複數形式）。

讓我們再從東漢的《説文》裏看這個兩個甲骨文字的發展和繼承關係：

《説文》：“犬，狗之有縣蹏者也。”段注：“有縣蹏謂之犬。叩氣吠謂之狗。皆毛聚居謂之猪。竭尾謂之豕。同明一物異名之所由也。”文中所謂“縣蹏”即是狗在路邊翹腿撒尿之義。

《説文》：“狗，孔子曰：‘狗，叩也。叩氣吠以守。’”

《説文》：“豕，彘也。竭其尾。故謂之豕。”

從《説文》的三個定義中可以推論：狗是在孔子時代（春秋）纔被人們分成爲兩種的：叩氣狂叫的稱爲狗，即看門狗；而翹起後腿撒尿的叫作犬。其實這衹是人爲强調了狗的兩種習性罷了。前者是狗對于環境出現陌生人或者有動静的一種敏感舉動，後者狗在路邊撒尿爲了靠氣味辨别回家的路。

甲骨文中没有發現狗字，衹有犬字。説明晚商時代人們把狗統稱爲（渾言之）犬；孔子時代將狗分爲（析言之）狂叫的狗和撒尿的犬兩種。現代漢語又將狗和犬都作爲了狗的統稱。口語爲狗，書面語爲犬。其實甲骨文犬的筆畫反切就含有狗的發音。甲骨文犬字尾巴上翹的這一筆畫乚，其發音之一就是 gou。也就是説甲骨文中的殷商口語發音即爲狗。

同樣，甲骨文豕是象形字。從丨從∧。其反切注音爲折丨切，殷商口語發音爲 zhu。

很多的甲骨文象形字都有兩個發音，一個是最初造字的口語發音，一個是後來的書面語發音。例如：

豕的甲骨文筆畫反切是猪，後來的書面語爲豕；

犬的甲骨文筆畫反切是狗，後來的書面語爲犬；

目的甲骨文筆畫反切是眼，後來的書面語爲目；

自的甲骨文筆畫反切是鼻，後來的書面語爲自；

舟的甲骨文筆畫反切是船，後來的書面語爲舟；

不的甲骨文筆畫反切是墩，後來的書面語爲不；

且的甲骨文筆畫反切是鷄，後來的書面語爲祖。

但是《説文》原文和段注都提到猪“竭尾謂之豕”。豕者，失也。説明短尾（或者人爲地斷尾）的猪叫作豕。這其中隱含着遠古有爲猪斷尾的習俗，是不是和遠古人類在馴化野猪過程中形成的某些馴化方法有關？這個給猪斷尾的習俗影響非常久遠，至少現在農村很多人買來猪崽以後還在斷尾。這不僅僅是爲了做一個記號吧。暫付闕如，以待史證。

【甲骨文字本義小結】

犬的本義：今天我們所稱的狗，特點是尾巴長且上捲，善吠，靠撒尿以辨别路徑。名詞。

豕的本義：今天我們所稱的猪，特點是斷尾，所以短尾。名詞。音訓另文考證。

［注］兩字字形上區别細微，我們在研究卜辭和甲骨文時應該細心辨認：猪是短尾，狗是捲尾。音訓參見上文正文。

破譯甲骨文：宅

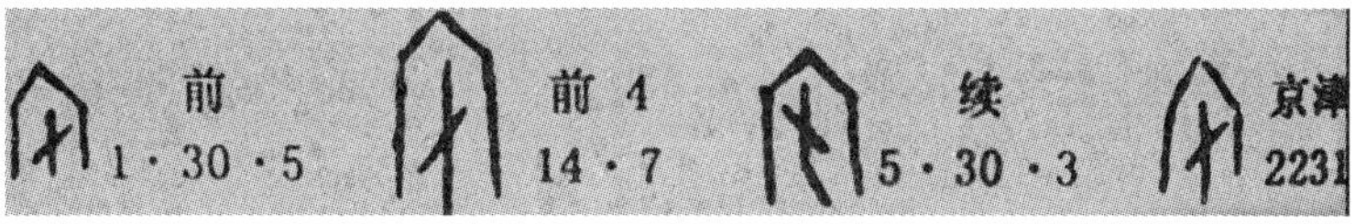

圖一　甲骨文：宅

嚴格地説，圖一中的這個甲骨文字不是現代漢字的宅。因爲這個甲骨文字從宀不從乇。由于已經約定俗成了，我們不妨沿用破譯爲宅。在甲骨文裏，宅字的室内（宀）是一横一斜的兩條直綫。其中竪綫把一扇門分成兩爿。斜綫的本義則涉及我國民間一種傳統的關門用具，叫抵門杠。這是一根粗壯結實的木杠，一端抵在地上的地穴裏，另一端抵在門閂的下方。門外面的人很難打開這樣一扇大門的。這種古老的抵門杠在我國農村一些老宅現在還在使用。從甲骨文宅字看，它早在殷商時期就已經在使用了，可謂歷史久遠。

所以，甲骨文宅的本義是：關門。門内當然就是家。所以引申義爲：家居，住所。

《説文》："宅，所託也。從宀乇聲。"有學者認爲宅古音爲託，屬鐸部，與託部通。其實甲骨文最難以考證的就是發聲。因爲夏商周的中國還是各地各操一種方言的時候，所以漢語音韻學有關夏商時期的發音考證很難作爲甲骨文發音的依據。我們在卜辭中極少發現使用韻語，所以從甲骨文本身也很難依據押韻來得出某個甲骨文字的發音。因此考證在甲骨文字形和注音規律被系統破譯之前，研究甲骨文主要是依靠本義和字形之間的聯係。但是許慎説："宅，所託也。"意思是不錯的，衹是這個定義是宅的引申義——將居家住所的安全託付給了一根抵門杠。

在卜辭中，宅字一般用于家居或者住所之意：

"癸巳卜，賓，貞：叀今二月宅東□。"（前 4·15·1）□字爲宀下加帚，疑爲某婦所居之東室。該字參見《破譯甲骨文　寢》。

"三帚宅新寢□。"（前 1·30·5）

沿用到春秋時代，在《詩經》中，宅的詞義擴大了，但依然代表家居和住所的意思。

《詩經·大雅·崧高》："王命召伯，定申伯之宅。"這裏定宅是確定建設住宅的地址。宅在《詩經》中是常用字，例如："其究安宅"、"乃眷西顧，此維與宅"、"考卜維王，宅是鎬京"、"遂荒徐宅"和"宅殷地芒芒"等。其中宅字均有定居，建宅的意思。

西周文獻把國家建設新都城也叫作建宅邑。《尚書》中常見此類用法：

《尚書·召誥》："惟太保先周公相宅。……太保朝至于洛，卜宅。厥既得卜，則經營。”

《尚書·洛誥》：“公不敢不敬天之休，來相宅。其作周匹休，公既定宅，伻來。來視予卜休恒吉。”

這裏的宅已經是西周的“王宫”的意思了，但是本義還是來自家居。

【甲骨文字本義小結】

宅的本義：家居，住所。名詞。引申義：“凡物所安，皆曰宅。”（段玉裁語）

音訓：從丶從宀。注宀切。讀 zhan，今音 zhai，古音爲 zai，入聲爲 ze。或爲 te。段注：場伯切。即今音 ze，古音爲 te。如許慎所説：“從宀乇聲。”

破譯甲骨文：寢

圖一　甲骨文：寢

圖一中的甲骨文字一般工具書中破譯爲寢。在《古文字類編》中將它破譯爲漢字寑。① 確定它的甲骨文本義就成爲兩個字誰是本字的關鍵所在。

該字從宀從帚，這一點争議不大。宀在甲骨文中作爲一個專用部首指的是王室的豪宅。原因是一般的民衆居住的是半地穴式的草棚，用“亼”表示，而王室大臣們則居住在四壁有乾打壘的“高級草房”裹。因此在甲骨文中凡從宀之字多與王室貴族有關，比如寶、宰、宜、寮、宫、宗等。

該字下部從帚。帚這個甲骨文字本義應該是用竹枝或者鳥羽編製的撣帚或掃帚，供婦女打掃家庭用。其中横置的意符“ ⊢⊣ ”本義爲東西向，是掃帚的運動方向。《説文》：“帚，所以糞也。”段注：支手切。糞即是掃除之義。本字中的宀意爲房屋，意符帚用作北方掃炕用的帚子的本義。所以本字“寢”會意代表的是商王或者配偶睡覺的房屋。

甲骨文研究中有兩種意見：一是假帚爲歸；二是帚是婦的本字。這兩種見解都是爲了將帚字和婦字扯上關係，所以存疑。《説文》：“寑，卧也。”考察卜辭我們發現這個寢字主要有兩個義項：一是商王的寢宫；二是商王之婦（即女性配偶）的住所。

“甲午貞：其命多尹乍王寢。”（戩 23·13）

“于東寢。”（京津 4614）

“三帚宅新寢𡨦。”（前 1·30·5）

後一條卜辭證明了帚是婦的本字。意思是商王的三個配偶（婦）住進了新的寢宫。衣宅就是新寢宫的意思。在卜辭中“帚”用作商王諸婦的地方很多，而用于歸家的地方少見。且甲骨文中另有一歸字，從肉從帚。有官吏們從朝中分肉下朝歸家之意。

---

① 高明、涂白奎編著《古文字類編》（增訂本），上海古籍出版社 2008 年版，第 312 頁。

我認爲：甲骨文中帚，婦，歸三字是共存的，且見于各期卜辭。所以可能是三個本義不同的字。帚的本義爲掃除，引申義爲主婦，王的配偶。

婦的本義，從女從帚，專指商王配偶，爲商王的“屋裏的”。帚爲婦的初文。

歸的本義，官吏從朝廷下朝回家。甲骨文歸造字從肉從𠬪。

那麼寢的本義是什麼呢？宫室中有婦，所以寢字的本義應該與侍寢的婦密切相關，這個婦當然是商王之婦。商王是每天分住在不同配偶的寢宫裏的。所以寢字的本義以商王婦的宅寢爲宜。而卜辭“甲午貞：其命多尹乍王寢”（戩 23・13）中的王寢應該指的是即將爲商王營造的宅寢。而“三帚宅新寢𡧊”（前 1・30・5）則是商王的三位配偶于某一天各自搬進了自己的新居。

【甲骨文字本義小結】

寢的本義：睡覺的地方。名詞。引申爲：商王或配偶的寢宫。

音訓：發音未詳。疑從𠬪聲。

破譯甲骨文：宣

《説文》：“宣，天子宣室也。”意思是宣是天子宮殿中的一間特殊的宮室。爲什麽它叫作宣室呢？《淮南子》及其高誘注裏有兩種解釋：

《淮南子・本經訓》：“帝有桀紂，爲璇室瑶臺象廊玉牀。”高誘注：“璇瑶，石之似玉以飾室臺也。用象牙飾廊殿。以玉爲牀。言淫役也。璇或作旋，瑶或作搖。言室施機關可轉旋也。臺可摇動，極土木之巧也。”

《淮南子・本經訓》：“武王甲卒三千，破紂牧野，殺之于宣室。”高誘注：“宣室，殷宫名。”

可見宣室是夏桀直至商紂時期宫廷裏宫室的一種。有兩種注解：一是以璇石裝潢的宫室；二是其中安裝了可以旋轉的機關，是一種地面可以旋轉的宫室。類似今天的旋轉餐廳。

這兩種説法哪一種最接近夏商的歷史事實呢？我想這個正確答案就在甲骨文宣字中。如圖一。

圖一　甲骨文：宣

宣，從宀從亘，發亘聲。宣在今天看來是一個形聲字。但是我已經考證出，殷商的甲骨文系統還没有純粹的形聲造字。所以這裏宣字中的亘是一個意符。這個意符我們在考證甲骨文洹字已經做了分析，洹字中的意符亘的本義是洹泉自地下湧出之地貌。地理上，洹水從河南林縣的隆慮山向東流曾經潛入地下，在太行山東麓一個叫善應村的地方由地下泉湧而出成爲今天的安陽河。在歷史文獻中這一現象稱爲“重出”。如圖二：

圖二　甲骨文：洹

同樣這個亘作爲意符在甲骨文宣字中也是表達本義爲螺旋或旋渦的本義。就是説，宣室即旋室，是一種可以旋轉的供夏桀商紂享樂的宫室，也可能是室有旋轉式通道的迷宫。高鴻縉認爲：“按此宣揚之宣之本字。從雲氣在天下舒捲自如之象……宣字從宀……乃通光透氣之室也。”這個解釋源于金文的宣字，因爲金文宣（見圖一）中間的雲紋導致高先生作出了上述結論。所以這個結論是值得商榷的。宣室産生于夏末，應該以最早的甲骨文宣的原字追究本義。在甲骨文宣字中並不是從雲紋的，而是從亘，所以衹能解作：迴旋，或者旋轉。

卜辭：“丁巳卜，于南宣占，大吉。”（掇 1 · 459）

這條卜辭透露了一種可能性，就是在殷商的宫殿中可能不止一間宣室。既然有南宣，也就可能有西宣或東宣。

【甲骨文字本義小結】

宣的本義：宣室，夏殷宫殿名。是一種可以旋轉的宫室。音訓：右文造字，讀若 xuan，其中的亘爲聲符兼意符。

音訓：從亘，xuan 通 huan。豫東南方言讀音爲 suan。洹河當音訓爲 suan huo。

破譯甲骨文：棄

圖一

甲骨文：棄（兩字均爲一期卜辭）

棄的本義漢語解釋爲：扔掉；捨去。東漢時本義見《説文》：“棄，捐也。”那麼作爲中國最早的系統文字的甲骨文裏這個棄字的本義是什麼呢？見圖一甲骨文棄。從雙手從其（即畚箕）從子。其中後下 21 · 14 中還有散點表示泪水或嬰兒的啼哭發出的聲音；後下 7 · 13 右側從繫表示繩索。《説文》中保存了這個字的戰國古文形式基本和後下 21 · 14 的寫法一樣，衹是那個正在啼哭的孩子頭是朝下的。

《甲骨文編》裏，羅振玉將該字破譯解釋爲棄[①]。我認爲這是非常貼切的。卜辭中有這樣一個“棄”字説明在晚商早期人類可能就已經存在著棄嬰現象。

棄嬰現象直到上個世紀中晚期在我國農村還時有發現。主要是女嬰、外表殘疾或者

① 馬如森著《殷墟甲骨學：帶你走進甲骨文的世界》，第 297 頁。

患有不治之症的嬰兒，家境過于貧困的家庭也有丢棄男嬰的。

棄嬰一般是將嬰兒裝進一個畚箕裏，送往經常有人路過的野外或者山坡。挖一個土坑，將嬰兒安置在土坑裏。這樣的土坑有兩個目的，一是可以遮擋風寒；二就是一個小型的墳墓。孩子的啼哭聲會引起路過的人們的注意，有願意收養的可以及時發現抱回家。江湖上的船家棄嬰一般是將嬰兒放置在木盆中隨波逐流……

上圖的兩個棄字，本義應該是有區别的。右圖的棄多了一根草繩。這是表示用草繩在畚箕的口編織一張網。甲骨文一期是殷商遷往亳殷之初，亳殷近山丘，這樣做是爲了防止野獸侵襲嬰兒。

1983 年冬天我在皖南某地遇到過一次棄嬰。嬰兒裝在一隻竹畚箕裏，上面蓋著一些稻草，被丢棄在學校旁邊的山坡上。嬰兒的生命力非常旺盛，孩子的啼哭聲引起了上學的學生們的注意，他們發現了這個棄嬰並向當地政府作了匯報。

遺憾的是，在卜辭中，至今還没有發現一條和甲骨文棄字本義相關的辭條。所以這個甲骨文棄字的本字與本義之間的關係還没有當時的卜辭的實證。

通過上面的考證我們發現：棄這個字從被創造之初到現在，幾千年來，它的本義一直没有改變。這個現象在甲骨文字裏並不多見。

【甲骨文字本義小結】

棄的本義：丢棄。動詞。音訓：該字爲右文造字，其爲聲符兼意符。

音訓：右文造字。“其”爲聲符兼意符。讀若 qi。

破譯甲骨文：帚　婦　羽

圖一的兩個甲骨文字按照甲骨文注音規律，它們都應該讀若 fu。

圖一　甲骨文：婦　帚

《説文》：“帚，所以糞也。從又持巾掃冖内。古者少康初作箕帚秫酒。”支手切。

《説文》：“婦，服也。從女持帚灑掃也。注《禮》曰‘士之妃曰婦人’。”房九切。

許慎上述定義説明“帚”和“婦”兩字在東漢發音是完全不同的。但是依據甲骨文造字注音的規律，這樣兩個字在殷商時代應該發音相同或相近。且“帚”是“婦”的初文。既是初文，兩字的發音就應該相同，至少其聲紐和主要元音是相同的。

甲骨文帚：下從不，古、今音聲母分别爲 f 和 b，上從羽彗，韻母爲 u，讀音爲 u。夏方言區亦讀 u。古無 f 紐，該字的當地方言發音近 hu。

甲骨文婦：從女從帚。爲右文造字。帚爲聲符兼意符。女帚會意爲執掃帚的女人。

帚確實爲婦之初文。卜辭中也已經證明了這一點，常見以“帚×”代“婦×”：

卜辭：“甲戌卜。賓。貞：御帚好。”（粹 1228 甲）

甲骨文帚字中常常省略中間的意符“⊢⊣”，甲骨文婦字中的省略意符“帚”的就更多，但是在金文“婦”和“帚”中這個意符很少被省略。這個意符“├┤”在甲骨文造字中代表南北通、東西通，也就是通四方的本義。“帚”應該有掃除四方的意思，但是我一直懷疑這個甲骨文帚字和殷商祭祀有關聯。祭祀中的巫在招徠四方神祇時手中所執的也應該是這樣的一把帚子。在此闕而不論。

圖二　甲骨文：羽

學界一般認定甲骨文“帚”上部從羽：

但是從甲骨文的造字規律看，這兩個甲骨文字雖然形似，但是其本質區別是帚字從單片的羽毛，羽字從雙片的羽毛。

這個字王延林認爲圖二甲骨文字是彗：“本義是掃帚，引申爲掃除。”[①] 許慎《說文》：“彗，掃竹也。”所以許慎爲這個彗字轉注加上了一個竹字頭，寫成了篲。按照許慎的轉注，這個彗字可以歸入竹部首。因爲掃帚都是用竹子編製的。但奇怪的是許慎並未將這個彗字歸在竹部首。對此段玉裁的解釋是：“凡帚柔者用𦬊，施于净處；剛者用竹，施于穢處。”隱隱地批評許慎這個竹字頭加的不合理。這一點段玉裁確實指出了許慎轉注的一個弊病：有些字可以使用不同的部首，加上單一部首的轉注，就會使詞義縮小了。就像這個“彗”字因爲加上了竹字頭，使得用𦬊草編製的彗被排除在外。這對于文字學的造字是草率的，也是不嚴謹的做法。

那麼圖二這個甲骨文字應該破譯爲什麼漢字呢？我認爲本字應該是甲骨文羽。理由是：

第一，甲骨文涉及鳥的字，其尾羽均采用圖二的意符，説明這個字本義是羽狀物。

第二，甲骨文的尾羽，羽毛，掃帚，彗星（民間也叫作掃帚星）的彗尾，其造字形式（格式塔）是相同的。所以它們的象形造字的原理是相通的。

第三，圖二羽字可以視爲“彗”的初文，即彗字上部的雙豐正是甲骨文“羽”訛變而成的。而彗字下部的“手”是一個名詞轉注爲動詞而加上的意符。

第四，漢字彗音訓爲 hui，漢字羽音訓爲 yu。彗、羽兩字均在匣母，古音相通。故彗、羽本爲一字。羽是彗的初文，彗是羽産生訛變後轉爲動詞的漢字形式。

第五，羽即是彗。彗星是一種長著尾羽的天文星象，這一點殷商人可能早已經注意到了，所以甲骨文“羽”也有祭祀的含義。彗星就是“羽星”，就是長著尾巴的會飛的流星。兩個字的本義又一次結合到了一起。彗星就是羽星。

第六，殷商方言中“帚”“婦”“羽”三字的發音韻母均爲 u，其發音分別爲：zhu，fu 和 ru。

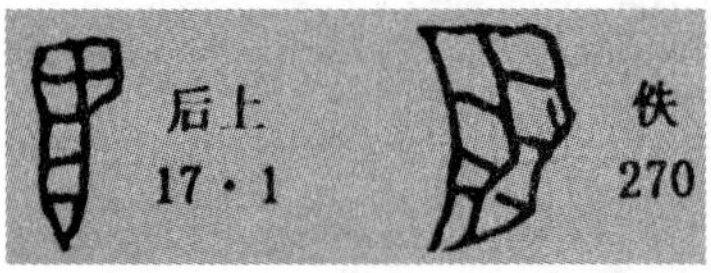

圖三

很多古文字學者認定的甲骨文“羽”是另一個字：

這個甲骨文字恐怕不能破譯爲“羽”，因爲它實在是和羽毛、掃帚、彗尾都相去甚遠。如果我們承認圖三的這個甲骨文是羽，那麼甲骨文昱和翊就都無法解釋。

甲骨文昱，從日從羽，日照羽毛是什麼本義？

---

① 王延林編著《常用古文字字典》，學林出版社 2012 年版，第 177 頁。

圖四　甲骨文：翊

甲骨文翊，從立從羽。人在羽毛邊是什麽本義？

現在我們讓圖二的甲骨文羽字接受卜辭的檢驗：

卜辭："旬有祟。王病首中日。羽禍旬。"（前6・17・7）

卜辭："庚戌卜。貞：羽不作艱。"（粹1245）

卜辭："……于羽。受年……"（粹863）

卜辭："……亥卜。□……今夕……禍在羽。"（續4・17・7）

上述四例卜辭中的"羽"均可作彗星解釋。看來殷商之時發現彗星是一種不祥之兆。至于甲骨文羽字的本義究竟是彗星還是鳥的尾羽，遽難定于一尊。因爲人類發現並觀察彗星在先（堯舜時代就每天有人專門觀察天象），甲骨文造字在後。很難確定這個甲骨文羽字是爲了鳥羽而造字，還是爲了流星而造字。

圖三甲骨文字是"地"，推測應是當時殷商人衆所周知的一塊旱地。

【甲骨文字本義小結】

帚的本義：婦之初文，也是歸之初文。

音訓：從彗從不。彗不切。讀作hu。爲方言音會意造字。

婦的本義：使用掃帚的女人。名詞。右文造字，帚爲意符兼聲符。

音訓fu。見于一期卜辭。

羽的本義：鳥的羽毛。或者是流星。羽、彗本爲一字。漢字"彗"是甲骨文"羽"字的字形訛變爲"雙丰"以後，加上意符"手"轉化爲動詞的。豫南方言發音爲ru。

破譯甲骨文：丹　青

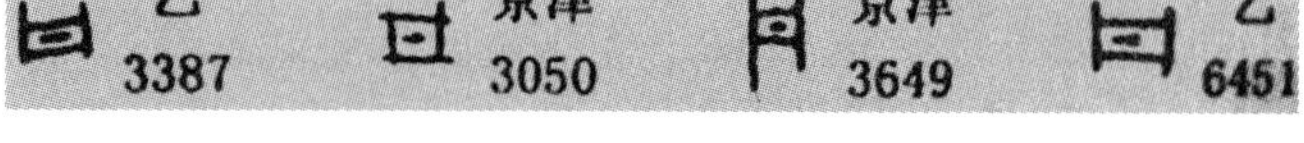

圖一　甲骨文：丹

在甲骨文中，"丹"一直被認爲是一種紅色的石頭。因爲從半坡、仰韶等母系社會遺址出土的彩陶上，紅色是最常見的底色，也是最主要的顔料。那一時期的紅色顔料是一種礦物顔料朱砂，也就是《説文》所定義的："丹，巴越之赤石也。象采丹井，一象丹形。"許慎引用的春秋古文丹字輪廓是圓形而不是像甲骨文的正方形或長方形。

甲骨文"丹"字真的如文字學家們所説是采丹井，或者就是赤石的形狀嗎？在卜辭裏没有答案。因爲卜辭裏衹有一條"己卯卜，王在丹"（京津3649）的記載，這一條中的"丹"字不能説明問題。它可能是指的某個地名。

説丹就是采丹石的井，或者就是赤石（丹石）本身的觀點令人疑竇叢生：

首先，丹石是一種礦物顔料，丹石是不是一定用掘井這種方式來開采呢？我認爲像采煤一樣，露天開采也是合理的。殷商時期的掘井術被普遍用于挖掘生活用水井，所以用它來代表水井也是可以的。再說，即使這個丹字表示的是掘井，誰又能够證明它是爲了挖掘什麼而開挖的呢？掘井的井口或者井架並不能說明它一定就是采丹用的，兩者没有必然聯係。

其次，有學者說該字本義是紅色的礦物顔料——赤石。赤石開采運輸時，一定是方形或者長方形嗎？礦物學告訴我們：没有一種可以用作紅色礦物顔料的礦石是正方晶體或者長方晶體。《山海經》中多處提及紅色染料，名之曰“丹粟”。其下有注，爲紅色染料細粒。說明圖一造字中的方形並非指紅色染料的形狀。夏二里頭遺址考古發現，自二期開始墓内有鋪灑硃砂現象，其大墓尤甚。

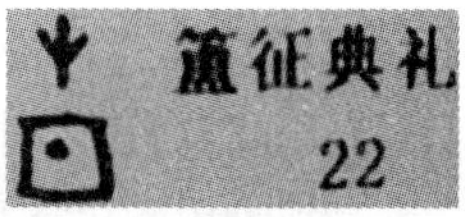

圖二

第三，甲骨文中有一個字證可以有力地否定上述觀點：這個字就是甲骨文青字。如圖二：甲骨文青字上從草，下從丹。我們在青字中看到甲骨文“丹”本字不僅和紅色也和綠色（青色）有關。就是說甲骨文的丹字造字和顔色的色别之間，本質上並没有聯係，而是和顔料的加工有關。

第四，如果這個甲骨文丹字既和紅色相關又和綠色相關，那麽它就不是依據開采環節所創造的甲骨文字。它一定是和顔料製作和加工有關的一個部首。這個丹應該是一個顔料加工的工具，用它既可以加工紅色原料，也可以加工綠色或者其他顔色的顔料。

甲骨文丹字是依據殷商生活的什麽原型創造出來的呢？我在西安的半坡博物館裏找到了答案——丹的客觀原型，它早在我國的母系社會的半坡時期就已經存在。我在這裏發現了這樣一件東西，如圖三所示：

圖三

半坡博物館收藏有三件形狀不同的這樣的石器，這正是母系社會人們用來研磨礦物顔料的碾盤和磨棒。無論是半坡還是仰韶文化的彩陶上，紅色都是重要的底色和圖畫顔料。而青的本義用于綠色。《山海經·南山經》：“有草焉，其狀如韭而青花。其名曰祝餘。”這裏的祝餘就是一種菊花。但從植物形態上看更像蘭花。圖三的碾盘活脱脱就是一個甲骨文的丹字。長方形的石臼，中間是一道研磨赤石和青草用的磨槽。這就是甲骨文丹的造字原型。現代中國農村仍然沿襲使用的外方内圓的石臼就是從傳統的丹發展演化而來的。

殷商也有這樣的用于碾磨礦石顔料的石臼。在婦好墓中就出土過這樣的石臼殘件，出土時殘件上面還附有紅色的顔料粉末。這樣我們就找到了從母系社會直到殷商時期丹的實物原型。

考古學實物證明：“丹”可以用不同石質的材料製作。丹不是采礦井，也不是赤石（丹石）本身。丹是從母系社會到殷商時期都一直沿用的一種常見工具——磨盤（石臼）。它的作用是用來粉碎塊狀物使其變細用作顔料。用它磨丹石得到的是紅色顔料，用它舂青草得到的就是綠色顔料。這就是甲骨文青字爲什麽也從丹的造字依據。與該磨盤配套的還有一根短粗的石質研磨棒。

【甲骨文字本義小結】

丹的本義：一種石器碾盤（石臼），用來把礦石顔料等硬物碾磨成粉末。引申義：紅色。

會意造字。音訓：從點從方，點方切。讀若 dan。

青的本義：在“丹”中舂碎青草所産生的顔色——青色（蒼色）。音訓：從草從丹，草丹切。

會意造字。音訓讀若 can 或 cin，古音通 cang。這個讀音應該是方言發音之“蒼”。

破譯甲骨文：勺* 舀*

勺，民間又叫水舀子，是名詞，舀是勺的動詞形式。這兩個字在甲骨文中已經存在，但是被古今學者們誤讀了。在工具書中，前者被破譯爲氒（讀作絶），後者被破譯爲升。

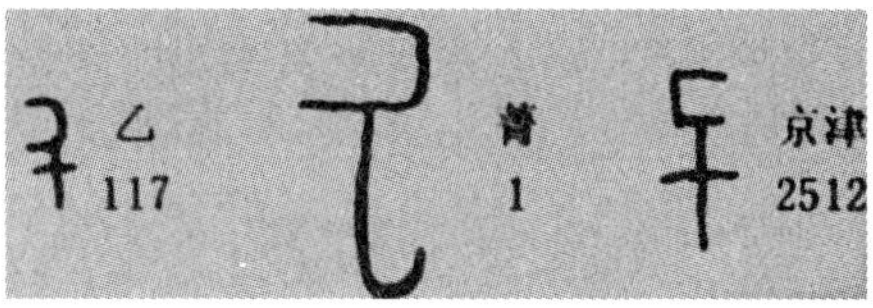

圖一 甲骨文：勺

《説文》：“氒，木本。從氏，大于末，讀若厥。”

《説文》：“升，十龠也。從斗，亦象形。”段玉裁認爲升作爲度量用字是一個假借字。

我們看到《説文》的這兩個定義顯然與上圖中的兩個甲骨文字要表達的本義相去甚遠。但是後世的文字學者都是沿襲了許慎的這兩個定義：

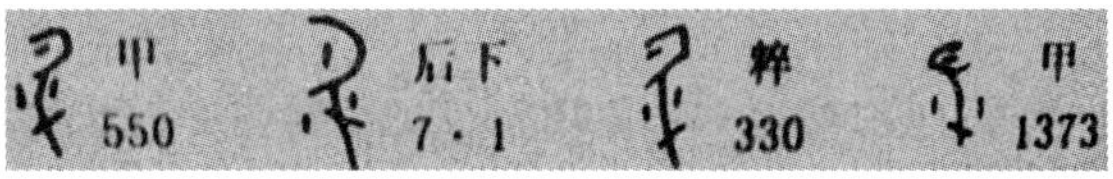

圖二 甲骨文：舀

《金文編》：“《説文》作氒，是知氒爲槩之古文，亦爲厥之古文。”①

馬如森：“此字考釋解説紛紜，暫從象某種工具形。”② 象什麽工具？没有下文。

徐中舒：“讀若厥，其也。表擬測之詞。”③ 其是漢語虚詞，但甲骨文虚詞均有實詞本義。

李孝定：“契文金文則正象斗有柄之形。古升、斗均如此。于文無以爲别，但以點之有無别之：無點者爲斗字……有點者爲升字。”④

問題的核心在于它們是兩個什麽字？如果我們認定圖一是斗字，圖二是升字，就是説這樣兩個字都是度量用字。按照古制：十合爲升，十升爲斗，十斗爲斛。斗應該比升大十倍的體積。兩者在本字上應該借字形以區别。可是我們在上圖中並没有看出這種器

---

① 容庚編著《金文編》，中華書局 1985 年版，第 817 頁。

② 馬如森著《殷墟甲骨學：帶你走進甲骨文的世界》，第 474 頁。

③ 徐中舒主編《甲骨文字典》，四川辭書出版社 2003 年版，第 1357 頁。

④ 于省吾主編《甲骨文言古林》，中華書局 1996 年版，第 3234 頁。

形和體量上的差别，相反我們看到兩者主體幾乎是一樣大的。不同的衹是前者是空的，後者是滿的。這樣的造字决不能表示量器斗和升。

其實認真看一看上面的兩圖就會發現：上面這樣兩個被我破譯爲勺和舀的兩個字之間確實如李孝定先生所説是有内在聯係的：有點爲一個甲骨文字，無點則是另一個甲骨文字。我們來分析一條卜辭：

“……其福新鬯，二升（我見爲勺），一卣，二……”（戩25・10）

可以看出這條卜辭中，二升和一卣、二□並列，説明這個被誤讀爲升的字應該是一個名詞用如量詞。它應該是一個和某種祭祀（福）以及和酒（新鬯）有關的器具的名稱。這個器具從圖一看來，本義應該是勺。見《儀禮・少牢・饋食之禮》：

“司宫摡豆籩勺爵觚觶幾。洗篚于東堂下。勺爵觚觶實于篚。”

“司宫取二勺于篚，洗之，兼執以升。乃啓二尊之蓋冪。……加二勺于二尊，覆之南柄。”

文中勺和豆籩爵觚觶並提，正如上卜辭中勺與卣並提一樣。説明勺是一種器具。“司宫取二勺于篚。洗之。兼執以升”的意思是司宫將兩隻勺洗過後，一並拿著敬上。這裏勺和升的本義出現在同一句文字裏。恰好證明了勺是用來舀酒的器具，而動詞升則是敬上的意思。圖一中正是勺的象形。在金屬勺出現以前，我國農村一直用的是這樣的勺：用半截竹筒安裝上一個長長的竹柄，也有木製的勺。很多地方叫它水舀子。“……加二勺于二尊。覆之南柄”就是將勺的長竹柄向南放置。

商周有一種大祭祀叫縮酒（即勺酒，殷商方言中縮、勺爲同音字），就是用勺舀起鬯酒澆在青茅上過濾掉酒中的糟粕。用這樣得到的清酒祭祀天地祖先。

有學者將勺下部的一横解釋爲手，其實這一横是爲了防止勺在水缸中漂移而加上的一隻竹楔子。有了這隻竹楔子，勺就可以被固定在容器邊沿。圖一第二例中將竹柄煣成彎曲狀目的也是如此。但在造字中這個彎曲狀的手柄是聲符兼意符。

這個甲骨文字在用作動詞的時候，本義就是飲用的意思，見西周大克鼎銘文：“……錫女井，家□田于□，以勺臣妾……”就是賜你一口井在某地，以供你家的臣妾們飲用之意。

圖一爲甲骨文字勺確定以後，圖二中的甲骨文字就很容易破譯了。因爲圖一和圖二的甲骨文字差别僅僅在于圖二比圖一的勺字多了三點，一點在勺内，兩點在勺外。這正是勺在使用中的象形。我考證了這樣的散點是一個非固定意符，可以是三點四點或者五點。這些散點表示淺水或者雨點或者滴瀝狀的水。當用勺在水缸、酒尊裏舀起一勺液體時，就呈現出圖二的意象。所以圖二甲骨文字表示的是一個動詞：舀。

【甲骨文字本義小結】

勺的本義：一種竹木製作的長柄舀水器具。常用于祭祀中舀酒。名詞。

音訓：該字從凹從十，讀若十凹切，古音爲 sao 或 shao。通縮。

舀的本義：用勺從容器裏取液體。動詞。本義音訓暫缺，因爲散點意符發音未定。

［注］圖一中例是另一本字。屬象形造字。其注音聲符爲下部乚，發音爲烏拔切，讀若 wa。勺字的方言讀音。本義相同。

破譯甲骨文：酉　酒

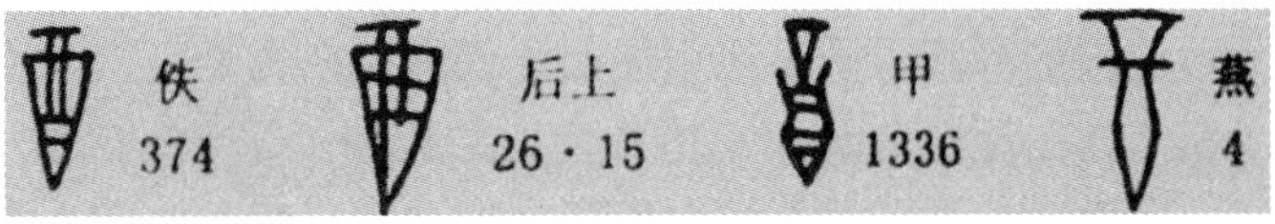

圖一　甲骨文：酉

圖一　甲骨文：酒（例三存疑）

甲骨文酉和酒兩個字的區别在于酒的左邊多了三點水。這種散點式的水作爲部首表示酒已經裝滿了從酒瓶裏濺了出來的意思。造字者的主觀意向是要表達：酉是空瓶；酒是滿瓶。兩者的本義蓋出于此。酉重在器名，酒重在内容物。

上圖中有兩點必須注意：第一是盛酒的酒器是廣口尊。第二點是圖二第三例酉的左邊不是散點而是甲骨文部首水。所以這個字不是甲骨文的酒字，可能它應該另有所指。

值得强調的是這兩個甲骨文字酉和酒，在《説文》時代其本義已經和甲骨文時期完全斷裂：

《説文》："酉，就也。八月黍成，可爲酎酒。……酉爲秋門，萬物已入。一，閉門象也。"

《説文》："酒，就也。所以就人性之善惡。從水從酉。酉亦聲。一曰造也，吉凶所造起也。古者儀狄作酒醪，禹嘗之而美，遂疏儀狄。杜康作秫酒。"

可見《説文》對酉酒兩字本義的注釋都是牽强的，居然歸結于萬物的生長和人性的善惡。説明在東漢時這兩個字的本義已經失傳。但是從許慎的定義中我們知道"酉"和"酒"在東漢時的發音是相同的——"就"也。我之所以認爲甲骨文字是至今依然活著的文字，就是我們可以從甲骨文字本身發掘出它在殷商時代的本訓，從而使它們起死回生。

甲骨文酉的象形是一種酒器：廣口，圓柱形瓶身，尖底，無耳。我在《漢唐論壇》上和考古界的學者們探討過。基本可以認定是山東龍山文化發現的那種廣口尖底尊。這種廣口瓶應該就是殷商時盛酒祭祀的禮器。夏商以前的考古中尖底陶器常見就是兩種：小口雙腹耳尖底瓶和廣口尊。其中的廣口尊被用來造了這樣的兩個字，説明它們確實是與截至殷商的發達的酒文化有密不可分的聯係。甲骨文酉字有些有裝飾性花紋，這是因爲商周祭祀用鬯酒的酒罏外面要刻意裝飾。

甲骨文酒字則是一隻裝滿了酒的廣口尊。説明它在殷商時期已經被用來裝液体了。

深入瞭解這兩個甲骨文字在卜辭中的詞義，我們就會發現在殷商時代，這種容器確實已經被用來裝酒，而且被用于多種祭祀了。

卜辭：“……辰卜。翊丁巳先用三牢羌于酉用。”（佚 199）

卜辭：“丙午。翊甲寅酒鬯御于大甲。羌百羌。卯十牢。”（粹 190）

卜辭：“貞：來辛酉酒王亥。”（粹 76）兩例中的酒都是動詞，即給某人喝酒的意思。

卜辭：“癸亥卜。争。貞：翊辛未。王其酒河。不雨。”（掇 2・195 甲）這裏的酒也是將鬯酒倒入河中的意思。這條河應該是洹河。

卜辭：“在酒盂田受年。”（京都 1932）意思是將酒倒進田裏祈求田地帶來豐收的年景。這裏的酒和盂兩字連用説明了這兩種祭祀是有内在聯係的。我們將在“于”系列甲骨文字的考證中論及。

酒之所以被用作祭祀名稱是一種名詞活用，其間名詞酒的本義發生了轉移。酒當然是給活人飲用的，但是在“視死如生”的商周，要給死去的先王們喝酒，要給帶來災難和豐收的洹河喝酒，甚至給天上的上帝喝酒。在我們今天看來是一種祭祀儀式，在商周人心目中就是誠心誠意地敬酒給他們。不僅敬酒，而且要敬上最好的酒，敬上經過過濾以後最清亮的酒（鬯）。所以把酒説成是一種祭祀名稱這衹是後來人的禮制。對殷商人而言，那是他們和上帝、先王和洹河的一種交流，是他們生活的一個有機組成部分。

【甲骨文字本義小結】

酉的本義：廣口尖底尊，殷商酒器，也是禮器。名詞。

音訓：從一從缶。一缶切。讀若 you。

酒的本義：裝滿酒的廣口尊。名詞。引申義：飲酒。動詞。引申義：一種祭祀。名詞。音訓同上。酉酒發音相通轉。

［注］甲骨文酉和酒的造字意符前期多用廣口尊造字，後期多用無腹耳小口尖底瓶造字。

破譯甲骨文：尊　配

圖一　甲骨文：尊

圖二　甲骨文：配

從甲骨文圖示看，甲骨文“尊”是一雙手同時捧著一隻廣口尊向上舉起。而甲骨文“配”是一隻立地的廣口尊旁邊跪著一位老者。

《説文》：“尊，酒器也。從酋廾以奉之。周禮有六尊：犧尊、象尊、箸尊、壺尊、大尊、山尊。以待祭祀賓客之禮。”許慎説尊是酒器。這是錯誤的。因爲對甲骨文尊的本字分析，它的本字不是名詞而是一個動詞，因爲它從雙手（廾），甲骨文中從雙手的本字一般都是動詞。從小篆字體看有兩種造字，尊下可以使雙手（廾），也可以從單手（寸），兩種均爲動詞。從卜辭看，尊也是用作動詞的：

"甲寅貞：來丁巳尊巘于父丁，俎卅牛。"（後上 27・10）

"丁亥卜。寅。其尊歲三牢。"（粹 232）

"辛亥卜。貞：其衣翊日其止尊于室。"（戩 26・3）

三例中均作敬獻、供奉之意。所以尊在殷商時已經有了禮器的引申義。這是它與小口無腹耳尖底罐用途上的本質差别。甲骨文"尊"的上部也是小口，這個小口在小篆中是采用意符"八"來表示的，八的本義是一頭大一頭小的隧道。同樣小篆"酋"也是從八從西，也是小口瓶的意思。八可以視爲從公省。公者，瓮也。

《説文》："酋，繹酒也。從酉。水半見于上。《禮》有大酋，掌酒官也。"段注曰："繹酒爲日久之酒。繹俗作醳。"許慎的"水半見于上"實際上就是意符"八"。大酋出處不詳。該字音訓爲酉廾切，方言讀作 jun，尊爲精母字，j、z 互通，所以它的古音應該讀作 zun。其中"廾"今讀弄，《説文》段注古音爲"居竦切"。

這個字的造字和注音可能出自夏代大禹之世。《説文》："古者儀狄作酒醪。禹嘗之而美。遂疏儀狄。杜康作秫酒。"所以，該字的音訓可能源于夏人的方言發音。因爲發明酒的同時就應該有了和酒對應的口語和文字。"廾"夏方言爲 gun，通 gong。該讀音至今在安徽安慶、巢湖等地方言中仍在使用。

《説文》："配，酒色也。從酉，己聲。"從甲骨文本字的字形所示，《説文》的這個定義也是錯誤的。這個配字的甲骨文從酉從卩，而這個卩字作爲部首在甲骨文中的作用代表著老人（爷）。這個老人是用來照看酒尊的，可能就在祭祀的現場。因爲圖中例一的"酉"上還冒著酒的香氣。有學者認爲配的本義是貪酒。我認爲這個破譯没有依據。配字中的老人祇是跪在酒尊旁邊，並没有飲酒或者貪酒的會意（參見後文甲骨文飲字）。按照許慎的定義，會不會其中的"酒色"是"酒侍"之誤寫？或者這位長者是在利用他的經驗辨别酒色，經過調配，以供各種不同的祭祀的需要。

"庚寅卜。王餘尞于其配。"（金 553）

"癸卯…争。貞：帝弗□配。"（乙 6718）

配可能是殷商時期專司祭祀用酒的老人，或者説是官名。殷商這個角色已經無從可考，但是周承商制，我們從《周禮》中還能够找到這個司酒官吏的職責所在。

"酒正掌酒之政令。以式法授酒材。"

"酒人掌爲五齊三酒。祭祀則供奉之。"（《周禮》卷五）

"鬯人掌共秬鬯而飾之。"（《周禮》卷十九）饰就是酒尊外面的裝飾（參見甲骨文酉）。

比較甲骨文本字和上述《周禮》的官吏職責，我們可以發現甲骨文配字的本義對應的是指酒人這一職司所在。儘管在殷商時代可能未設酒人這一職位，但是配所司的職責應該是"掌爲五齊三酒。祭祀則供奉之"。

"配"這個漢字現代漢語的義項"分派"應該就是由甲骨文"配"直接引申得到的。原因是甲骨文配的本義就是爲不同的祭祀分派"五齊三酒"。（注："五齊三酒"中五齊係指用不同酒材釀制的酒，"五齊之名。一曰泛齊。二曰醴齊。三曰盎齊。四曰緹齊。五曰沈齊”。三酒是三種經過再加工的調製後的酒，名曰“一曰事酒。二曰昔酒。三曰清酒”。“五齊三酒”各自用在不同的祭祀活動中。參見《周禮》卷五《酒正》。）

配字的音訓也耐人尋味。它的甲骨文是一個會意字，其音訓無論是已酉切還是卩酉切，其發音都應該是：讀若酒。《周禮》中專司這一職責的官員又稱爲“酒人”。本字《說文》中卻讀作 pei，一定有歷史原因。我認爲圖二甲骨文的酒器當視爲“缶”（滂母)，該字爲缶卩（爺）切，上古讀作 pei。（其中的缶采用的是方言注音，揚雄《方言》：“缶謂之瓿甌，其小者謂之瓶。”① 缶的秦晋一帶方言，發音作 pou。）甲骨文注音繼承秦晋發音，這是又一個例證。

通過甲骨文字酉、酒、尊、配這四個字的破譯和考證，我們發現：由于許慎所處的東漢時期，很多商周的祭祀儀式已經在儀式程序和禮器方面進步了，所以殷商時期的很多祭祀情况近乎失傳。由于對于酉的原型有關知識的失傳，導致了酉部首相關係列本字的本義在繼承上已經完全斷裂。《說文》中有關“酉、酒、尊、配”四個字的定義均非本義。這裏我們借助甲骨文本字做了正本清源的工作，希望對今後的甲骨文研究有參考作用。

【甲骨文字本義小結】

尊的本義：敬獻，供奉。動詞。“尊”可能是夏代的造字。

音訓爲酉廾切，方言讀作 jun，尊爲精母字，j、z 互通，所以它的古音應該讀作 zun。

配的本義：專司祭祀用酒的官吏。名詞。引申義：分派。

音訓：該字爲缶卩（爺）切，讀作 pe，古音通 pei。

破譯甲骨文：于

《說文》“亏，于也。象氣之舒亏。從丂從一。一者其氣平也。”

這是許慎的《說文解字》中給于字下的定義。許慎在這個字的定義解釋上産生了雙重的誤導，以致使甲骨文的于字至今已經偏離了甲骨文本義將近 2000 年。許慎的誤導在于：一，本應是“亏，于也”的定義被寫作了“亏，於也。”但是“於”是後起字，與甲骨文沒有關係；二，有關“亏”字的定義是沒有根據的。許慎說亏“象氣之舒亏。從丂從一。一者其氣平也。”其造字的依據是什麼？如果沒有造字依據，那麼它是從什麼地方繼承的？或者演化而來呢？

據《說文》和《康熙字典》，西周時代“于”“亏”兩個字是通用的，發音爲烏鴉的“烏”。下圖一告訴我們“于”是最古老的。兩者發音均爲羽俱切。看來在許慎的東漢以前，經歷了春秋戰國的文字亂世，文字的本義在使用和流傳中很多已經發生了改

① 周祖謨校箋《方言校箋》，中華書局 1993 年版，第 34 頁。

變，加之文字學家們對于無法確定來源和甲骨文、金文本義不清的字有主觀臆斷之嫌疑。因此，從清代開始，古文字學者們已經在《説文》中發現並且質疑了很多許慎爲漢字的本字所下定義並非本訓的情況。

不過這個責任不能由許慎來負。因爲許慎生活的時代距離甲骨文已經過去了1300多年。許慎没有見過甲骨文和卜辭。他所收集的文字資料最早也衹有少量青銅器上的金文、簡書和戰國時期百花齊放的古文和籀書，再就是秦統一文字創造的小篆。僅僅憑著收集的這些東西整理、編纂出《説文》這樣一部小學的煌煌巨著，真是非常不容易的！設想，如果許慎在東漢没有將這些文字收集歸納整理編纂出來，今天我們追溯漢字的源頭是不是到了隸書就會寸步難行了呢？小學著作繼許慎之後，是吕忱、江瓊的《字林》六卷。時間是西晋（514年）。不僅時間上推遲了約500年，《字林》的編排的體例還是模仿許慎的《説文》的。所以許慎爲了在東漢編纂一部《説文》，采用了一些漢字的當時的流行義、引申義，甚至他自己依據能够得到的文獻資料加以臆斷的許氏定義已經非常不易。我們來看于字的甲骨文（圖一）：

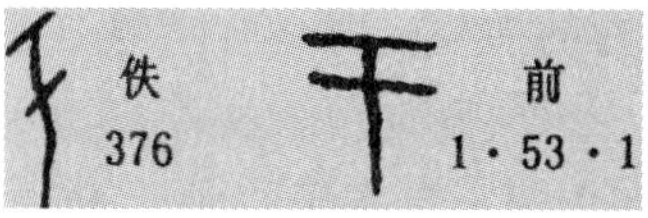

圖一　甲骨文：于（亏）

注意：甲骨文于字這一竪必須是彎曲的，即使“于”作爲造字部首出現在其他甲骨文字中這一竪也是彎曲的，無一例外。這就説明這一竪是有意采用曲筆造字以構成其本義的。這種彎曲的結構使得這一筆畫接近甲骨文乙，即小水流之義。還有該字中的兩横是平行的，而且是一樣長。在甲骨文造字中，曲筆表示動態、流動、運動、柔軟的屬性。例如甲骨文水、條、未、它（蛇）、中、屯、草等字中都使用了彎曲筆的綫條表示。這是一個很重要的造字規律，我們在破譯甲骨文字時要反復用到它。

于。從二從丿。一撇是彎曲的；兩横是平行的，而且是一樣長的。這表明“于”是一種柔軟的可以彎曲的物質。兩横是用來固定一撇的。

在卜辭中，于字經常出現：

卜辭1：“于正（征）京北。”（佚374）

卜辭2：“癸巳卜，貞：既尞。于河于嶽。”（佚146）

卜辭3：“乙未又歲。于祖乙牡卅牢隹萑歲。”（甲2386）

卜辭4：“壴于大乙。”（京都2269）其中的“壴”是一種鼓樂祭祀。

卜辭5：“庚申卜。王貞：其又于母辛。十月。”（戬7·8）

前四例卜辭中，“求于”和“尞于”和“于祖乙”“于母”等都是祭祀的方式。尞是點燃柴堆。其中的重點在“于”不在“尞”和“求”。于河于嶽就是祭河、祭嶽。于祭的方式方法是怎樣的，我們要到整個于部首系列字展開討論後具體描述。在卜辭中，這個字的原始的和正確的寫法是“于”，不是“亏”，當然更不是後來演化出的“於”。

過去有學者認爲這裏的“于”是介詞，這是高估了晚商人的智商了。甲骨文時代連系統的文字都處在不斷地創造中。卜辭在表達上，討伐誰就是“正××”，或者“伐××”。在某地就是“在××”。受到保護就是“××受祐”，没受到保護就是“不××受祐”。“于”是“盂”的初文。盂也是一種祭祀。我們在大盂鼎和小盂鼎銘文中可以看到，每年一度“王祀”過程中，周王“命盂”最多達九次。過去“命盂”兩字一直被學者們理解爲

“命令盂”去做某事，將盂解釋爲周王的某位大臣。其實這個“盂”也是和“于”相關的一種祭祀。兩種祭祀的區別在于：于僅僅使用菁茅，而盂則是將菁茅放置在禮器“皿”或者“鼎”中。由圖一造字可見祭祀時菁茅的尖端向下，是用菁茅的莖幹來過濾鬯酒的。所以甲骨文于字中的一撇是彎曲的，它的本義是一種用于祭祀的草——菁茅。

《詩經・七月》有“三之日于耜，四之日舉趾”的記載，這裏的“于耜”是什麽意思？注家多釋爲“修理翻土的農具”，其實不然。這個“于耜”在《夏小正》中記爲：“正月……農緯厥耒……初歲。祭耒。始用暘（鬯）。”可見于耜就是祭耒的意思，因此“于”和“祭”本義相近。不僅“于”是一種祭祀。而且“于”還是一種用鬯酒獻祭的祭祀。爲什麽要“祭耒”或者“于耜”呢？《夏小正》接著就是“農率均田”，因爲要開始使用耒和耜種田了。

後退一步，即使這個甲骨文“于”是一個介詞，在甲骨文中所有的虚詞都是從實詞演化而來的。虚詞必有實意，這是我對甲骨文虚詞研究的一個原則。

現在回到甲骨文于字。它的本義是什麽？一撇應該代表柔軟的草。兩道一樣長的平行的横綫，就是所謂匭（這種上下的兩横一樣長的造字衹出現在于系列甲骨文的造字中，與其他甲骨文字無涉）。這個與祭祀相關的于字的本義指的是《尚書・禹貢》和《史記・夏本紀》中所説的“包匭青茅”。

于字在甲骨文中造字自成系列；對應這個于系列甲骨文中還有一個“于+反弓”系列。這兩個系列的甲骨文字是對應的非常整齊的。後文將分别考證。

《尚書・禹貢》同。其中“貢”作“厥貢”，“包匭青茅”作“包匭菁茅”。《漢書・地理志》同。所謂匭按照《説文》的定義：“軌。車轍也。”甲骨文于字的兩横正像一道車轍，平行且長度相等。

《史記・夏本紀》：“荆及衡陽爲荆州……貢……包匭青茅……”當然，真正的荆州所貢的青茅除了有“軌”以外，還有包，就是外包裝，叫匣。見《史記・夏本紀》：“鄭玄曰：匭。纏結也。青茅。茅有毛刺者。給宗廟縮酒。重之。故包裹又纏結也（此處詞序當爲：先纏結而後又包裹也）。”《括地志》：“辰州盧溪縣西南三百五十里有包茅山。《武陽記》云：‘山際出包茅。有刺而三脊。因名包茅山。’”包匭青茅簡稱包茅，是專門進貢給朝廷在大型祭祀中縮酒的。縮酒是方言發音，本爲吮酒。關于縮酒我們將在以後破譯甲骨文縮字時詳細考證。

所以于中間的一撇就代表青茅，而上面的兩條平行綫就是捆紮青茅的匭。當時用什麽材料作爲匭已經無從可考。從“于”的象形和纏結後還要儲藏在“包”中運輸看，可能捆紮甚爲細心。春秋時青茅出于的楚地，運輸青茅的時候，先將青茅横向纏結爲若干節，然後放進“包”裏運輸。可見當時對青茅的重視程度。同樣是《尚書・禹貢》中的貢品，梁州的礦石和野獸，雍州的美玉都是用船散貨運輸的（參見《破譯甲骨文：西》）。原因就在于青茅是祭祀用品，爲了表示對上帝、神祇和祖宗的虔誠，青茅是不能受到一點點污染和損耗的。要保證在祭祀時拿出來就立即可以用的。“包”是指《禹貢》時期常用的貢品外包裝。《禹貢》中還有“厥包橘柚錫貢”的記載。

春秋時楚成王因爲没有及時進貢這種“包匭青茅”而差點引來殺身之禍。

《左傳・僖四年》：“四年春，齊侯以諸侯之師侵蔡，蔡潰。遂伐楚。楚子使與師言曰：‘君處北海，寡人處南海，維是風馬牛不相及也。’……管仲對曰：‘……爾共包茅不入，王祭不共，無以縮酒，寡人是征。昭王南征而不復，寡人是問……’”可見耽誤了包茅的進貢是要被討伐的一種罪名。

包匭青茅用于朝廷大社的記載見于《白虎通·社稷》“右論社稷之壇”條注引《獨斷》：“藉以白茅，歸國以立社稷，謂之茅土。”《初學記》引《漢舊事》曰：“天子大社，以五色土爲壇，封諸侯者取以方面土，以白茅授之，各以其施，以立社于其國，故謂之授茅土。”《史記·三王世家》載《春秋大傳》曰：“天子之國有大社，將封者，各以物色，裹以白茅，封以爲舍。”可見包茅是涉及帝王登基，告祭祖宗和溝通天地的重要祭祀纔使用的一種重要祭儀用品。

這種包匭青茅在大型祭祀中的首要用途用途首先是招徠四方神祇所用。《周禮·春官·男巫》男巫“掌望祀、望衍，授號，旁招以茅”，賈公彦疏曰：“旁爲四方（我們在破譯甲骨文字旁時具體考證），此男巫于地官祭此神時則以茅招之于四方也。”意即地官祭神時，男巫手執包茅四面招神以來，請神赴宴。甲骨文中有一字上從于下從止，本義是指一隻腳隨著苞茅奔走四方，應該是男巫招神之意。招神何爲？當然是招呼有關的神祇來此飲酒。亦即《禮記》中所謂的縮酒，又叫作縮酌。

卜辭中的“尞。于河于嶽”是怎樣呢？應該是祈求河流山川的一種祭祀，方法是在河邊或者山間平地燒一堆柴火，將酒澆在青茅——于——上。酒會慢慢地滲入青茅，就像河神和山神飲完了酒。同樣，《周易·晋卦》：“六二：晋如愁如。貞吉。受兹介福。于其王母。”其中的“于”字也是一種祭祀。意思是享受了大的福氣就應該祭祀以感謝母親。從語法上看，“于”在這裏應該是動詞，如果按照介詞去理解，這一卦就很難解釋通順。

【甲骨文字本義小結】

于的本義：夏商周時期的荆州貢品——青茅。用于國王登基等大祭祀，用于招徠並祭祀四方神祇，或用于向山川祈福和天旱祈雨時縮酒祭祀。

音訓：曲筆從乙，乙音通于，古元音 i 和 ü 相通。讀若 yi，通 yu。

盂的本義：將菁茅倒置在禮器皿或鼎中，將鬯酒澆在菁茅根莖上過濾的祭祀。

音訓：右文造字。從于從皿。于爲聲符兼意符。

破譯甲骨文：辨“于”

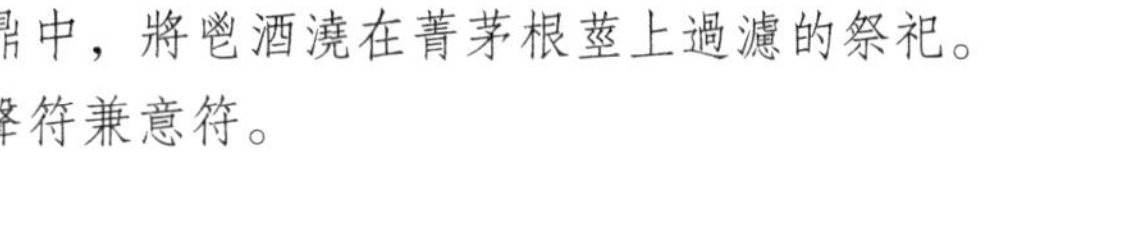

圖一　甲骨文：于（亐）（例三例四非本字）

甲骨文“于”字的破譯是甲骨學中的最難啃的“硬骨頭”之一，至今學術界争議紛紜，没有一個哪怕能够基本達成共識的權威性解釋。問題還不僅如此，關鍵在于：這個甲骨文“于”字的本字和本義在甲骨文系統中所起的作用非常重要。它涉及系統中的雩、盂、邘、丂、夸、縮等十幾個相關甲骨文字本字和本義的確定，同時還涉及甲骨文中以“于”和“縮”代表的兩個系列（部首）的甲骨文字的相關破譯。

圖一中這四個被認爲是甲骨文“于”的本字實際上是兩個本義相關的不同本字，也是不同本義的字。這樣兩個不同的本字同時又是兩個甲骨文部首，分別創造出兩個系列（部首）的甲骨文字。例如，這兩個部首可以和“皿”結合；可以和“大”結合；可以和“雨”結合分別造字。這樣就產生了兩個系列的八個甲骨文字。到目前爲止的甲骨文研究中，這樣兩個系列的甲骨文字一直是被混爲一談的。

試問，甲骨文都是從簡的，如果這兩個字都是“于”的本字，殷商人有什麼必要將其複雜化呢？我考證，甲骨文系統是一字一形一義的，所以例三例四這兩個被加上“反弓”（讀若 se 或 sɑ）的文字一定不是“于”，一定有其特定的本義。當然這兩個甲骨文字依據造字規律，它們的本義之間是有內在的聯係的。同樣，以這兩個甲骨文字爲部首創造出的兩個系列的甲骨文字本義之間也是有內在聯係的。圖一的例一例二是甲骨文“于”，例三例四是甲骨文“縮”。

于，亏，丂這三個字是同音字。它們都同時出現在先秦的文獻中。但是東漢的許慎認爲“于”和“亏”是同一個字，所以它在《説文》中衹收錄了“亏”：

《説文》：“亏，于也。象氣之舒亏。從丂，從一。一者，其氣平之也。”

段玉裁對許慎的這個定義做了考證並加上了長長的一段注解：“‘于’者，古文‘烏’也。烏下云：孔子曰烏亏，呼也。取其助氣。故以爲烏呼。然則以‘于’釋‘亏’亦取其助氣。《釋詁》《毛傳》皆曰亏，于也。凡《詩》《書》用‘亏’字。凡《論語》用‘于’字。蓋‘于’、‘亏’、‘於’三字在周時爲古今字。故《釋詁》《毛傳》以今字釋古字也。凡言于，皆自此之彼之詞。其氣舒于。《檀弓》：‘易則易，于則于。’《論語》：‘有是哉，子之于也。’‘于’皆廣大之義。《左傳》：‘于民生之不易。’杜云：‘于，曰也。’此謂假于爲曰。與《釋詁》‘于，曰也’合。”

這段話説白了就是：《詩經》《尚書》衹用“亏”字，而《論語》則衹用“于”字，所以這兩個字是古今字的關係。象形的“亏”字是古字，後來被寫作了形聲的“于”。但是它們都是語氣助詞，段玉裁認爲這是一個虛詞。

這兩個字是古今字後來在三國人張揖編纂的字典《廣雅》裏被確認：“於，于也。”但是同樣是古字的“于”“亏”兩個字卻還是混爲一談，以致在破譯上圖的甲骨文時並没有將它破譯爲“于”，而是將其破譯爲“亏”。我們從上圖甲骨文造字看，它就是一個“于”字的字形啊。這説明在漢字于、亏、於三字中最古老的本字是：于。所以在我的考證文章中（包括已經出版的《甲骨文比較研究》）中一律使用了“于”作爲于、亏、於三個漢字的繁體字形。其原因就在于它是最古老的本字，這是一種對歷史的撥亂反正和回歸。

李孝定《甲骨文字集釋》：“契文不從丂、一，其字形何以作于，無義可説。卜辭用于與經傳于字同義，皆以示所在。”[1] 李孝定認爲它是個介詞——皆以示所在——也是虛詞。

---

①②徐中舒主編《甲骨文字典》，第510頁。

徐中舒《甲骨文字典》："【釋義】介詞。示所在也。"②

我在經過考證後提出：甲骨文系統中没有專門創造的虚詞，所有的甲骨文虚詞都不是本字，都是從甲骨文實詞中借用並轉化而來的。"于"也不應該例外。"于"其實最早就是一個實詞：

《爾雅・釋詁》："于，曰也。又，往也。"這裏的曰和往都是實詞、動詞。

《詩經・小雅・六月》："王于出征，以佐天子。"這裏的"于"也應該是動詞，見卜辭。

《殷墟甲骨學》："于。從干，或從反弓，象氣流，似'璺'之'弓'。非弓，而是氣流形變，吁本字。"① 馬如森的這個本義是否正確姑且不論，它的破譯思路是正確的。甲骨文"于"是一個動詞。但馬認爲"或從反弓"卻是將于和縮兩字混爲一談了。

卜辭："于正京北。"（佚 374）這裏"于正"就是上文《詩經》所説的"王于出征"。

卜辭："戊子卜。賓。貞：叀今夕用三百羌于丁用。"（合 293）這裏的"于"是動詞，動作對象是丁。

卜辭："庚申卜。王。貞：其又于母辛，十月。"（戩 7・8）這裏"于"的賓語是母辛，説明"于"在這裏是一個動詞。表示一種祭祀。

卜辭："貞：王于劦酒于上甲，入。"（合 1210）句中兩個"于"前一個明顯是動詞。

卜辭："貞：侑于祖乙。""貞：于大甲告。"（合 1472）很多學者認爲這條卜辭中的"侑"是一種祭祀，則"侑于"之"于"就是一個介詞。但是本版恰好有另一條卜辭説明"于大甲"中的"于"應該是一個動詞而非介詞。

卜辭："貞：于黄尹。"（1631）此條完整的卜辭衹此四字。應爲祭祀黄尹之意。

事實上，在卜辭中有很多的符合"祭祀+于+祭祀對象"的詞條，其中的"于"均被視作介詞，因爲它恰好位于某種祭祀和祭祀對象之間。例如：

卜辭："乙亥卜，争，貞：求于咸。十牛。"（前 1・44・2）

其中的"求"如果是殷商的一個人名，那麽"于咸"中咸就是殷商的官員。又：于是盂的初文，殷商時有方國盂方。這裏的盂就是把"于"安放在"皿"中，這會不會是商周時期的一種常見祭祀呢？事實的確是這樣的！西周初期著名的大盂鼎和小盂鼎的銘文就詳細記載了這種"盂祭"的内容和程序。我們在大盂鼎和小盂鼎銘文中可以看到，每年一度"王祀"過程中，周王"命盂"最多達九次。事實上如果你用"某種祭祀"對上面列舉的卜辭中的"于"進行解釋，你就會感到這些卜辭的内容會很通暢。

有學者認爲這裏的"于"是晚商人專門創造出的一個介詞，可能是高估了晚商人的智商了。如果要祭祀某人是不需要藉助介詞來表達的。衹需要"祭祀動詞加賓語"的語法形式即可。即"于××"即可。所以上述卜辭中的"于正""于丁""于母辛""于上甲""于黄尹"就是"祭祀出征""祭祀祖丁""祭祀母辛""祭祀上甲"和"祭祀黄尹"的意思。

① 馬如森著《殷墟甲骨學：帶你走進甲骨文的世界》，第 312 頁。

【甲骨文字本義小結】

于的本義：夏商周時期的荆州貢品——青茅。用于國王登基等大祭祀，招徠並祭祀四方神祇、祭祀山川和天旱祈雨時縮酒用的。引申義：一種使用于草縮酒的常見祭祀形式。類似平時有事相求而請天神护佑。

破譯甲骨文：于* 縮* 夸*

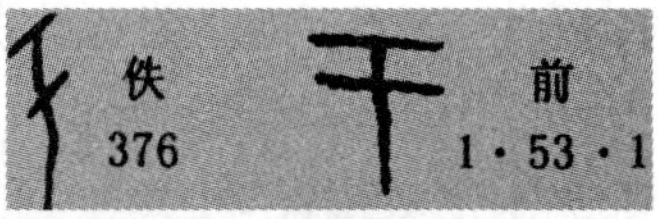

圖一　甲骨文：于

圖二　甲骨文：縮

古文字學者們至今没有找到與漢字“縮”對應的甲骨文和西周金文。縮酒又叫縮酌，屢見于商周文獻，是夏商周三代一種重大的祭祀活動。不僅常用，而且其本義對應的祭祀活動年代非常久遠。這就説明在甲骨文和金文中一定有一個字是用來表達漢字縮的本義的，衹是没有找到而已。

《儀禮》卷第十七中屢次見縮字，如“西縮”“縮執匕”“乃縮執俎以降”等。

《周禮·司彝尊》：“醴齊縮酌。”

《禮記·郊特牲》：“縮酌用茅。明酌也。”

《周禮·天官·甸師注》鄭玄：“束茅立之祭前，沃酒其上，酒滲下去若神飲之，故謂之縮。縮，浚也。”杜預注：“束茅而灌之以酒爲縮酒。”其中“束茅立之祭前”就是于，而“酒滲下去若神飲之”就是“縮酌”表達的本義。

前面我考證了甲骨文于字就是《史記·夏本紀》記載的荆州貢品“包匭青茅”。意思是説荆州進貢的青茅（或菁茅）必須用匭包紮好，然後放在用玄纁色的繩索串著珠子編織而成的筐子裹送到夏都。這説明早在大禹時代就有荆州貢茅的定約。不過是商周繼承了夏的制度而已。縮酒之“縮”正是基于包匭青茅的甲骨文“于”字爲基礎的會意字。《集解》：鄭玄曰：“匭，纏結也。菁茅，茅有毛刺者，給宗廟縮酒。重之，故包裹又纏結也。《括地志》云：‘辰州盧溪縣西南三百五十里有包茅山。’《武陽記》云：‘山際出包茅，有刺而三脊，因名包茅山。’”也就是説，用荆州地區進貢的包茅，用以縮酒祭祀是夏以前就有的祭祀方式。這樣我們就將甲骨文于字和縮字的本字和本義緊緊聯係在一起了。（見圖一、圖二）

《説文》：“莤，禮，祭。束毛加于祼圭，而灌鬯酒，是爲莤。神飲之也。……《春秋傳》曰：‘爾貢苞茅不入，王祭不供，無以莤酒。’一曰：莤，榼上塞也。”

對“一曰：莤，榼上塞也”段注有云：“榼。酒器也。以草窒其上孔爲莤。此别一義。”其實《説文》中兩種解釋實爲同一義。夏商時的這種祭祀叫作盂，使用的草叫作于——即包匭青茅。祭祀時將于草倒置塞滿整個酒器（薦也，即鋪墊），然後將鬯酒澆

* 注：加 * 號表示此字爲作者所破譯，以下同。

在青茅上，使其慢慢滲透下去，這就是許慎説的“神飲之也”。第二種解釋：“一曰莤，榼上塞也。”翻譯成白話就是：另一種説法是，縮，將于草倒置塞滿酒器的意思。段玉裁自以爲是將其解釋爲“以草窒其上孔爲莤”，其實應該是“以草窒其上空爲莤”即填滿酒器的上空。

許慎這個莤字是歸入了部首酉部，説明本字是從酒省，即將酒倒在草上，而不是將草放置在酒器酉上。段注：“所六切。”讀若 su（入聲）。説明該字和縮是同音同義，爲入聲字。這個字是一個方言發音，今天在我國很多地方（例如安徽淮河以南及環巢湖地區）發音都做 suo（入聲）。

事實上，甲骨文于字和甲骨文縮字的關係衹要看一看本字就一目了然了。請看：

甲骨文于字：上面兩横平行，是包匭，中間柔軟的一竪代表青茅。

甲骨文縮字：左側爲包匭青茅，右側的意符反弓爲祭祀過程中縮酒時，鬯酒沿著腰纏有兩道箍的青茅束緩緩滲下的象形。前文我已經考證了：甲骨文字中凡彎曲的筆畫都有動態、流動、運動、柔軟的屬性，這裏縮字中的反弓也不例外。它沿著包匭青茅的凹凸而流動，兩者的凸凹互補，非常吻合。這就充分證明了鬯酒的流體性質。從而反證甲骨文于正是“包匭青茅”的本字。

圖三　甲骨文：夸

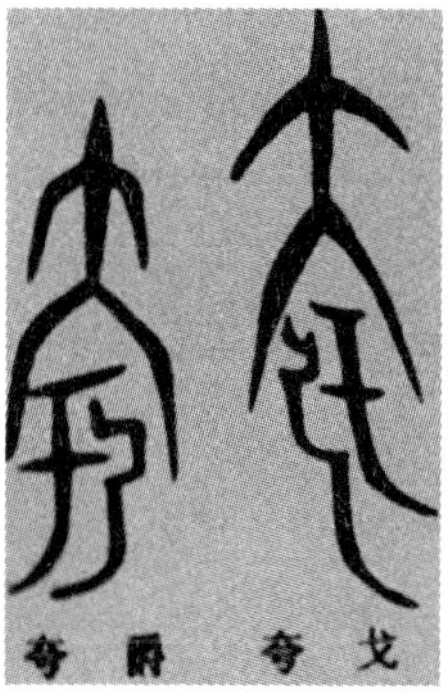

圖四　金文：夸

甲骨文中的這兩個字不是特例，而是屢見不鮮。除了我要在後文中重點考證的盂、雩兩字以外，另有夸字異體兩枚如圖圖三甲骨文夸字從大從包匭青茅（于），圖四金文夸字上從大下從青茅縮酒（造字中的大或可破譯爲“王”）。這些字本身就説明縮酒祭祀是商王親歷親爲的一件大祭祀。《冊府元龜・郊議》記載：“開元十三年四月乙丑，撫州三脊茅生。有上封事者言曰：昔齊桓公九合諸侯，一匡天下。將欲封禪，問于夷吾。夷吾對曰：江淮間三脊茅生，用以縮酒，乃可封禪。其時無茅，桓公大慚而罷。自歷千古，今始一生。昔宣王南征，責楚包茅不入，王祭不供，則是其地。其茅今高一尺，至八月長足，方堪縮酒。特望聖恩，至時令采用，祭泰山。”這是説明“包茅”用于帝王登基大典和祭祀泰山儀式的。

上文中提到的的宣王責楚見于《左傳・僖四年》載：“四年春，齊侯以諸侯之師侵蔡，蔡潰。遂伐楚。楚子使與師言曰：‘君處北海，寡人處南海，維是風馬牛不相及也。’……管仲對曰：‘……爾共包茅不入，王祭不共，無以縮酒，寡人是征。昭王南征而不復，寡人是問……’”這是説明“包茅”用于皇家祭祀——王祭。此外“包茅”還可以用以祭祀山川和祈天賜雨。

以上史證證明：從夏、商直到春秋時期，縮酒祭祀第一是大祭祀，必須是王親歷親爲之；第二是這種祭祀方式也是新王登基封禪所必用；第三王祭祀泰山也是用包茅縮酒祭祀的方式。可見進貢“包匭青茅”對于夏商周三代的統治者是多麼重要的一件大事。用包茅（于）進行縮酒的祭祀方法就叫作“盂”。盂祭的最後一個程序是將尊中所有的酒一次性傾倒在青茅上，稱之雩。

春秋末世及隨後的戰國時期，是孔子所謂的“禮崩樂壞”的亂世。三代的禮儀多數失傳，以致許慎的《説文》中將于字釋爲亏字，相關字的本義也已經面目全非了。

《説文》："縮，亂也。從糸宿聲。一曰蹴也。"這裏的蹴是音訓。縮音 se 通蹴，音 ce。兩字均爲方言入聲。

《説文》："亏（通于，作者注），於也。象氣之舒亏。從丂從一。一者其氣平也。"

《説文》："夸，奢也。從大亏聲。"

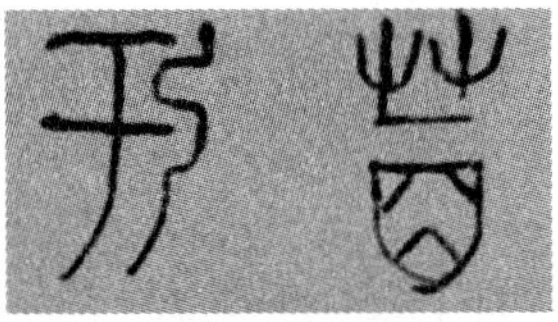

圖五　左爲甲骨文縮　右爲小篆縮

研究一下縮字的演化過程是一個很有意思的事情，甲骨文縮是一個會意造字，從于從反弓，其中的意符反弓爲酒液順著于草邊沿下流的本義。這個字的甲骨文發音爲水于切，讀若 su（入聲），和勺古音、夏商方言均相通。但是小篆的茜從草從酉，這就是用包匭青茅的于（菁茅）縮酒祭祀，這個小篆的茜字雖然是一個會意造字，其發音如果通過意符草和酉的反切來産生則爲從草從酉，讀爲 cu（入聲），通 su，se（入聲）。《説文》段注説"茜……所六切"但是其本字顯示的卻是草酉切。但是這個小篆縮卻蘊含了縮字來源于草和酒的最原始的意義。漢字縮則是形聲造字。像這樣一個本義在歷史演化中用了兩種會意和一種形聲造出三個本字情況不多見。這一現象説明在漢字發展史上曾經經歷過一個各行其是的造字時期。同一本義的造字方法，本字、音訓都各不相同。這一時期大約在春秋開始到秦始皇書同文的小篆爲止。

補充説明一點：我在考證甲骨文"勺"字時指出，縮和勺古音相同，均爲入聲字。所以從訓詁學角度看縮酒也可以叫作勺酒，即用勺子舀鬯酒澆在包匭青茅上。

卜辭："癸酉貞：昱乙亥飲勺于大乙。"（掇 1·415）"勺"字本義當作"縮"解。"飲縮"即"縮飲"，亦即爲《周禮》所謂的"縮酌"，勺是酌的初文。從殷人敬神的角度説是縮，從神享用祭酒的角度看叫酌。該條卜辭中"飲"與"酌"爲同義詞。

最後需要交代一下爲什麽要"縮酒"，即鬯酒需要過濾一下。原因是鬯酒是用糧食釀造的，即使最好的鬯酒也有很多酒糟混雜其中，所以鬯酒是渾濁的液體米酒。在經過菁茅過濾以後就便成爲清亮的"白酒"，夏商周三代的統治者是以這樣的虔誠之心用最好的酒祭祀天上的祖宗和神祇的。在三代人的思維中，這些祖宗和神祇並沒有死，衹是到天上去了。

【甲骨文字本義小結】

于的本義：夏禹時已經有的荆州貢品——包匭青茅。用于大祭祀招徠四方神祇和過濾鬯酒。

縮的本義：以青茅濾酒的祭祀方式。夏商周三代以包匭青茅濾酒，以祭祀上帝諸神和祖先、登基封禪大典以及旅祭泰山。祭祀山川河嶽和四方神祇。

夸的本義：夏、商、周從事縮酒祭祀的人（大祭祀一般為天子本人）。

破譯甲骨文：于部首和部首

殷商甲骨文中有兩個相關聯的部首至今沒有引起學界的重視，而這兩個部首的甲骨文字對于破譯整個甲骨文系統是非常關鍵的。因爲它們是兩類字的造字部首，而這兩類字的本義的準確破譯對今後我們研究商周時期的“于祭”“盂祭”“縮酒”“盂和雩”“舞雩”“雩祭”以及《禮記》所載的“大雩帝”這一系列遠古祭祀和文化現象有直接的關係。讓我從西周的大盂鼎銘文談起：

大盂鼎銘文根據金文拓片現整理並依據我的理解作句讀如下：

“唯九月，王在宗周。命盂。王若曰：丕顯文王，受天有大命。在武王嗣文作邦，辟厥匿，敷有四方。畯正厥民，在雩御事。□酒無敢舔，有祡烝祀無敢□。故天翼臨子，法保先王，敷有四方。我聞殷墜命，唯殷邊侯、甸雩、殷正百辟，率肄于酒，故喪師已。女昧辰有大服，餘唯即朕小學，女勿蔽餘乃辟一人。今我唯即型禀于文王正德，若文王令二三正，今餘唯。命女盂！紹榮敬，雝德經，敏朝夕入諫，享奔走，畏天威，王曰：而，命女盂！型乃嗣祖南公，王曰：盂！乃紹夾死司戎。敏諫罰訟。夙夕紹我一人烝四方。雩。我其遹省先王受民、受疆土，賜汝鬯一卣，□衣、市舄、車、馬，賜于祖南公旗，用狩，賜女邦司四伯，人鬲自馭至于庶人六百又五十又九夫，賜夷司王臣十又三伯，人鬲千又五十夫，□□自厥土，王曰：盂若敬乃正，勿廢朕命。盂用對王休，用作祖南公寶鼎，唯王廿又三祀。”（銘文有爭議，但不影響我對“盂”“雩”兩字的論證。）

在西周史研究中，學者們所認爲西周的康王到穆王時代，有一個臣子很有名，他的名字叫盂。盂之所以這樣出名因爲清道光間在陝西眉縣禮村曾經出土了兩隻鑄造有金文的青銅鼎：一隻叫大盂鼎，另一隻叫小盂鼎。這兩隻鼎是史家研究周代分封制和周王與臣屬關係的重要史料，一向爲史學家所重視。據研究西周金文的學者的解讀，其中大盂鼎的銘文內容爲：周王告誡盂（人名），殷代因酗酒而亡，周代則因戒酒而旺，命盂一定要盡力地輔佐他以敬承文王，武王的德政。這個盂字僅僅出現在大盂鼎和小盂鼎的銘文中，其他西周史料均不見記載，大盂鼎是西周王祀的禮器，它的出土地又恰在西周的王畿附近，所以在西周歷史上究竟有沒有這個叫盂的臣子就令我起了疑心。所以我細細研讀了大盂鼎、小盂鼎銘文。我發現，此前的學者們的解釋可能有誤，盂並不是一個人而是一種祭祀。

整個大盂鼎銘文記載的王祭過程是：王在宗周。命盂……王若曰……今我唯即型禀于文王正德……命女盂……王曰：而，命女盂……王曰：盂……最後是雩。

整個小盂鼎銘文記載的王祭過程是：兩告……兩盂……訊酋……三盂……獻人馘燎周廟……四盂……衆人各就各位……五盂……費伯及諸伯再告……六盂……諸侯、眾

侯、甸、男□□從盂……王呼贊……王七盂……獻犧牲褅周王武王成王……八盂……王贊邦賓……九盂……最後是雩。

比較兩則銘文很容易使人想到：在西周初期的“王祀”中，“盂”是其中的一個程序，而“雩”則是王祀中的最後一道程序——將剩餘的鬯酒一次性澆在祭祀的于草上。大盂鼎的王祀是四“盂”一“雩”。小盂鼎的王祀是九“盂”一“雩”。銘文中的“命女盂”應該譯爲（周王説）“我命令你盂”可見這個“盂”是一個動詞。同樣的“盂祭”還體現在周代的何尊銘文中，它們都是作爲一種祭祀而不是一個人名。現存西周文獻中也未見有關盂的記載。

那麼，“雩”作爲西周初期的一種祭祀有依據嗎？有的！

西周後期以“雩”爲名的祭祀有：舞雩，雩祭，大雩帝等。

《説文》：“雩，夏祭樂于赤帝。以祈甘雨也。”文中的“于”也是一種祭祀儀式。屢見于殷商卜辭。

《左傳・桓公五年》：“龍見而雩。”注：“龍見建巳之月。蒼龍宿之體昏見東方。萬物始盛。待雨而大。故祭天。遠爲百穀祈膏雨。”①

《禮記・月令》：“仲夏之月……命有司爲民祈祀山川百原，乃大雩帝，用盛樂。乃命百縣雩祀百辟卿士有益于民者，以祈穀實。”

《荀子・天論》：“雩而雨。何也？曰：無何也。猶不雩而雨也。”楊注：“雩。求雨之禱也。”②

那麼，“盂”作爲一種祭祀有依據嗎？也有！甲骨文中“盂”的初文是“于”字。

卜辭：“乙亥卜，争，貞：求（即裘）于咸。十牛。”（前 1・44・2）

卜辭：“癸巳卜，貞：既尞于河于嶽。”（佚 146）

《周禮・司巫》：“司巫掌群巫之政令。若國大旱。則帥巫而舞雩。”［注］：“雩。旱祭也。天子于上帝。諸侯于上公之神。鄭司農云：‘魯僖公欲焚巫尪。以其舞雩不得雨。’”③

《説文》：“雩。夏祭樂于赤帝。以祈甘雨也。”文中的“于”即“盂”，是祭祀儀式。

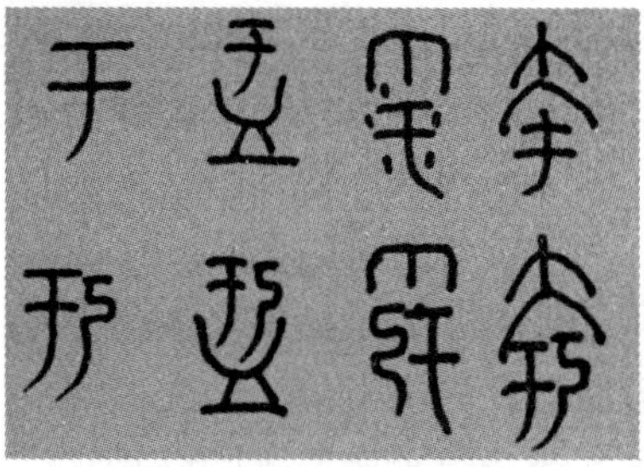

圖一　（作者摹本③）

現在請看本文的核心内容，如圖圖中上排爲于部首字，四個字均從于。圖中下排四個字均從（縮），爲了討論的方便，按照習慣的提法，我稱該部首爲從于從反弓。爲了考證上的方便我特地選擇了這樣四對甲骨文字做了臨摹。其實在殷商甲骨文系統中不止這樣四對，還有第五對，第六對這樣成對的甲骨文字，它們構成兩個對應的甲骨文的系列。從摹本中

---

①《十三經注疏》，中華書局 1980 年版影印（清）阮元刻本，第 1749 頁。

②《諸子集成》第三册，河北人民出版社 1986 年版，第 211 頁。

③ 摹本各字的出處：上左一（乙 6690），左二（甲 1650），左三（乙 971）左四（合 4813）；下左一（佚 426），左二（甲 3939）左三（前 5・39・6），左四（商夸爵）。

我們看到，有一個上字就有一個下字。我認爲這八個字的本義都是互相聯係的。

于的本義：《尚書・禹貢》中的“包匭青茅”，即一種産于楚地的用于祭祀的茅草，它自夏至周都是楚地的貢品。其主要作用是豎立地安置在祭祀用的鼎（或皿）中，以鬯酒滴、灑、淋、澆。殷商的鬯酒以帶殼的糧食（黍、稷、麥粒、水稻）釀造，其質地猶如我們今天的酒釀，其中渾濁多糟粕。所以祭祀時將鬯酒先滴灑淋澆在青茅上，酒糟爲青茅所過濾成爲清亮的酒流入下面的鼎（或皿）中以供上天的先祖享用，參見《破譯甲骨文：于》。意符反弓正是鬯酒沿著于草下流的象形。于的另一個作用是祭祀之初巫手執于茅招徠四方神祇。

卜辭有：“庚申卜。賓。貞：令丨丨泉祭。多貯入于。”（佚 929）這裏的“泉祭”和“多貯入于”是有聯係的。“泉祭”是祭祀泉水，泉祭的形式之一就是在泉水邊或者泉水中進行盂祭。而“多貯入于（草）”正是爲了一連串即將舉行的祭祀大量地貯藏“于”（菁茅）。合体象形造字。

的本義：縮酒。就是鬯酒過濾的過程。甲骨文從于從反弓。反弓和于兩個部首呈凹凸吻合，這正是液體（鬯酒）沿著青茅（于）向下流動的象形。本字爲會意字。所以這個反弓實際上是甲骨文“乙”字所代表的液體（鬯酒）的變形。右文造字。參見《破譯甲骨文：縮》

盂的本義是祭祀。將青茅竪立在鼎中。右文造字。參見《破譯甲骨文：盂》

盂（從反弓）的本義：在鼎中進行縮酒。這是動詞。表示盂祭正在進行中，經過青茅過濾後的鬯酒沿著青茅的邊沿流下鼎中。

雩的本義：以鬯酒滴澆在青茅上以祈雨（没有意符反弓表示的液體鬯酒）。

雩（從反弓）的本義：將鬯酒傾倒在青茅上，經過濾後的清酒沿青茅流動，進入下面的鼎（或皿）中。引申義：像雩酒一樣傾瀉的大暴雨。右文造字。

夸的本義：盂祭的主祭祀人。

夸（從反弓）的本義：盂祭的主祭祀人正在祭祀。本字上從大（亦可以解釋爲王）。原因是這一類祭祀，如于、盂、舞雩、雩祭、大雩帝等等，其中除了大雩帝需要國王親自爲之以外，其餘的几種祭祀不必由國王親自祭祀，普通主祭人也可以。會意造字。

兩兩對應的八個甲骨文字分屬于兩個相關的部首，它們的本義都和殷商時期的祭祀有關。它們使用的祭祀用品都是“包匭青茅”。祭祀的方法都是用青茅縮酒以供奉先祖和神祇。關于青茅縮酒祭祀的民俗學含義，我有一個個人的觀點：這個祭祀在夏朝可能確實如許慎所說：“雩。夏祭樂于赤帝。以祈甘雨也。”就是載歌載舞的同時向青茅上滴澆鬯酒以祈求赤帝（夏人祭祀炎帝，主火）降下甘雨。“于”最早衹是一種祈雨的祭祀，其祭祀對象是炎帝。之所以采用了青茅縮酒的方式不僅是爲了將鬯酒中的糟粕過濾。這裏的青茅的意象是莊稼地裏的青苗。澆酒過濾也是一種意象，暗寓著“青苗需要喝水”這樣的祭祀動機。這個祭祀有一明一暗兩重的意象：明的意象是對炎帝，我們孝敬您喝酒，喝經過青茅過濾的上等鬯酒。暗的意象是炎帝老祖宗，我們的莊稼需要水啊，請您發發慈悲吧。這個“于”祭的對象衹能是炎帝，因爲炎帝是南方之帝。乾旱代表炎帝的發怒和肆虐：

《白虎通・五行》：“炎帝者，太陽也。”

《淮南子・天文篇》：“南方火也。其帝炎帝，其佐朱明，執衡而治夏。”

《淮南子・時則篇》：“南方之極，自北互孫之外，貫顓頊之國。南至委火炎風之野。赤帝祝融之所司者萬二千里。”

上述兩個部首的系列字呈現的一一對應，説明了這樣兩個部首之間的相關性。從上述八個甲骨文字本義綜合分析：凡以“于”爲部首的系列字的本義是和于草（即青茅）操作有關；凡以“于+反弓”爲部首的系列字的本義是和“縮酒”操作有關。兩者之間的區别是祭祀之前和正在祭祀中的關係。兩者之間的區别還在于前者一般用作名詞，後者多是用作動詞。“反弓”正是經過“于”過濾後的鬯酒沿著“于”草束下流的意象。“反弓”的曲折下流與“于”凸凹正相吻合也證明“于”是一種用來“縮酒”的東西。關于縮酒祭祀在“三禮”中多有記載。

何尊銘文中出現的一個特殊現象值得研究者關注。何尊銘文全文一共用了四個于字。“于”在甲骨文金文中的有兩種表示方法。何尊銘文中的四個金文于字采用的均爲後一種表示。同大盂鼎、小盂鼎銘文中的盂（于下從皿）字也不是同一個字。雖然西周金文銘文在鑄鼎鑄尊時應該是采用最簡化的方法，但是在何尊、大盂鼎、小盂鼎銘文中都采用了避簡就繁的做法，令人不解。同時也説明于，盂，，雩等四個字的甲骨文及金文都祇能用在特定祭祀中，其祭祀的場景、祭祀對象和祭祀等級是不一樣的。由金文的區别使用的情況進一步説明它們是四個本義不同的甲骨文字。周承商制，禮制上尤其如此。西周的祭祀尚且分别得這樣清楚，商代的這樣的四個甲骨文字的本義也一定是有本質區别的。

破譯甲骨文：縮字的音訓

圖一　甲骨文：上行爲于系列，下行爲縮系列字

圖一甲骨文是兩個相關的系列字，上行都讀爲于，下行都讀若 suo，方言讀若 se（入聲）。上行音訓 yu 的原因是每個字中都有一個聲符于。下行第一字破譯爲漢字縮，讀若 suo。所以下行四個字都是右文造字，四個字的音訓都是 suo。夏方言讀若 su 或者 se（入聲）。

當然，下行破譯爲漢字縮，也可以破譯爲漢字莤。兩字讀音相同，均爲 suo 或 su。

《説文》：“縮，亂也。從系宿聲。一曰蹴也。”段注：“物不申（伸）曰縮。”蹴是音訓。

《説文》：“莤，《禮記》：‘束茅加于祼圭。而灌鬯酒，是爲莤。象神飲之也。從酉艸。’”

段玉裁認爲這個莤字纔是表述上述本義的本字，而縮因爲和莤音訓均爲所六切，所以段氏認定“縮”衹是一個假借字。由于莤是一個後起字，所以在“三禮”中這個莤的本義專門有一個祭祀名稱寫作縮酒。縮酒就是束茅加在皿中或者鼎中的玉上，將鬯酒慢慢地、分次地倒在束茅上，鬯酒便會沿著束茅流下去。這個意向正是甲骨文縮字的造字（參見圖一下左例）。這裏左側的“于”就是束茅，就是包匭青茅。該字上部一樣長的兩横就是匭——用來束茅的兩道繩索。而右邊的聲符兼意符就是甲骨文及，見圖二。今天我們要還原三代的縮酒是怎樣一種祭祀，首先就必須找到夏商的縮酒祭祀和周代的縮酒禮儀打通，而縮酒和上述兩個系列的甲骨文之間的義訓和音訓的一致就是最爲關鍵的一步。先看音訓：

圖一下行四字讀若 suo 的原因是它們造字中都有一個聲符兼意符的（甲骨文及），這個字的春秋古文本字寫作（古文及）。這個字是從乙字變形得到的，所以應該與水流有關。這種曲線的造字在甲骨文中代表流動、柔軟、飄逸的本義。

《説文》：“，古文及。秦刻石如此。”段注：“及前人也。巨立切。七部。”可見該字在清朝讀作 ji。東漢時的音訓許慎没有記載，那麽東漢以前音訓就更無依據了。我爲什麽將這個甲骨文破譯爲夏方言爲 se（入聲）呢？依據何在？

漢字中至今有些從及的漢字保留了 sa 或者 se 這一音訓。如趿鈒靸馺；又如台灣人將垃圾讀若 la se。我國現在有些地方的方言中也有將拖鞋音訓爲靸（sa 或者 se）鞋的。這都説明漢字“及”曾經有過 sa 或者 se 的入聲發音。

這樣我們將周朝的縮酒通過秦刻石的“及”作爲過渡字體，與甲骨文及便可以聯係起來了。這個字可以有 se 或者 sa 的音訓。上述《説文》中音訓縮的發音爲“一爲蹴也”説明在東漢的方言中縮還有一個 ce（入聲）的讀音。這樣我們就解决了圖一下行甲骨文的音訓爲 sa 或者 se。這個音訓至今在環巢湖、蕪湖一帶依然存在，其本義就是吸吮之意。例如酒席上如果酒杯里的就快溢出的時候，旁邊的人就會催促他“se 一口”。

從義訓上看，圖一的上行從于，于是包匭青茅，所以四個字發音均爲 yu，右三爲甲骨文盂，是艸在皿中；右二爲甲骨文雩，是小雨，因爲縮酒祭祀起初是用少量的鬯酒澆在青茅上；右一甲骨文可以破譯爲夸，從大從于，是商王親自參加盂祭。

圖一下行從縮，縮就是將鬯酒分批次倒在青茅上，所以四個字均爲右文造字，其音訓都是 se（入聲）。右三爲甲骨文縮，右二是大雨如注，本義是鬯酒沿著青茅向下流動的意思。該字破譯爲甲骨文雩。從大盂鼎銘文和小盂鼎銘文可以得知，雩是指祭祀快要結束時，將酒一次性帝全部倒在青茅上，所以引申爲大雨如注。右一是從大從縮，意爲商王在祭祀過程中。其實在造字本義上，甲骨文縮酒之縮、漢字縮和莤是有内在聯係的：

甲骨文縮本義是：鬯酒沿著青茅向下流動，在這個過程中，青茅會吸收酒液，過濾雜質。

甲骨文宿本義是：人依席墊而臥。

漢字莤本義則是：鬯酒依青茅而流下。三字的造字的内在形式（格式塔）是一樣的。

鬯酒流動的樣子在甲骨文中可以用“乙”表示，而及是乙的變形。其實該字的這個聲符兼意符完全可以使用“乙”來造字，之所以采用了新的聲符兼意符，可能是爲了鄭重其事。所以這個聲符及的語用有點專用詞的意思。

破譯甲骨文：盂和雩

圖一

甲骨文盂字。在甲骨文中凡是從皿從示從鼎的字大多是與祭祀禮器相關的。甲骨文盂字上部爲以匭纏結的青茅，下部從圓形的鼎（亦通皿。是像大盂鼎、小盂鼎一樣的器型）。本義是將青茅立于鼎内，整個王祀中這種青茅都是立于鼎内的。上述銘文中所謂“命女盂”就是我“命令你將鬯酒澆在青茅上!”即祭祀之意。王祀的每一次盂都是由不同等級的朝臣或者不同的武將按照戰功獻祭的。

王親自盂祭自晚商就開始見于卜辭的記載：

“在酒盂田受年。”（京都 1932）意思是用鬯酒盂祭田地神祇祈求（或者感謝）他們帶來豐收的年景。這裏的酒和盂連用説明了盂這種祭祀是和酒有著内在聯係的。而甲骨文“盂”字正是將包匭青茅立于祭祀用的鼎或者皿中的會意。鼎是王者禮器，皿是非王者禮器。可見盂祭的適用範圍較廣。

甲骨文 （雩）這個字從甲骨文到金文的結構下面都不從亏。這個字的甲骨文結構是上部從倒山，本義爲天門；中部爲散點水，本義爲淺水或小雨；下部從于，本義是《禹貢》和《史記·夏本紀》所記載的“包匭青茅”。包匭青茅的作用是祭祀。

雩在春秋時期是一種祭祀，據金景芳統計“《春秋》書大雩者，共二十有一”[①]。説明雩在春秋時期是一種常見的祭祀方式。雩究竟是一種什麽樣的祭祀方式呢？它的祭祀對象是誰呢？

《左傳·桓公五年》“經五年……大雩。”注：“傳例曰：書，不時也。失龍見之時。”

“傳五年，秋大雩。書，不時也。凡祀，啓蟄而郊，龍見而雩。”

《春秋公羊傳·桓五注》：“大雩者何？旱祭也。然則何以不言旱？言雩，則旱見；言旱，則雩不見。何以書？記災也。”

這是説雩是一種祈求龍帶來風調雨順的豐收年景的祭祀。每年應該在初夏龍開始出

① 金景芳著《金景芳先秦思想史講義》，天津古籍出版社 2007 年版，第 58 頁。

現的時候舉行雩祭。桓公五年因爲在秋天舉行雩祭，不合時宜，有違禮制，所以被記錄在史。史官之所以在史書中記載“秋大雩”而不寫爲“秋大旱”這是一種史筆。寫作“秋大旱”，則後世人們衹知道桓公五年曾經發生了大旱，而寫作“秋大雩”後世可以知道桓公曾經爲這次大旱破例舉行了隆重的雩祭。這樣就將大旱和大雩都記入了史冊。

《禮記・月令・仲夏》注疏中載有十幾例雩祭。其中既有夏雩，也有春秋冬的雩祭。説明雩祭起初衹是在龍（即龍捲風，見書後附文）出現的夏季舉行祭祀，目的是祈求龍保佑風調雨順，不要發生旱災水災的災情。到了春秋時期，人們已經打破了這一禮制。爲了“臨時抱佛腳”而在發生了旱災以後臨時起意地舉行雩祭以祈求龍行雨解救旱情。同時也就打破了雩祭衹是在每年仲夏“龍見而雩”的慣例。到了東漢時期許慎的《説文》就已經將雩定義爲一種祈雨祭祀了：“雩，夏祭樂于赤帝，以祈甘雨也。從雨于聲。”這裏的樂就是夏代的《九歌》，是一種載歌載舞，樂鼓齊鳴的祭祀活動。

但是，在西周初期的康、昭、穆三代，有確鑿的史料證明雩並非僅僅用于水災和旱災的祭祀，它也是每年祭天禘祖的祭祀儀式中的最後一個程序——將剩餘的鬯酒一次性地祭奠天地祖先，最後宣布賞賜以結束整個祭祀。這和天降大雨暗通款曲。

大盂鼎銘文：“唯九月，王在宗周。命盂。……命女盂！紹榮敬，雝德經，敏朝夕入諫，享奔走，畏天威，王曰：而，命女盂！型乃嗣祖南公，王曰：盂！乃紹夾死司戎。敏諫罰訟。夙夕紹我一人烝四方。雩。我其遹省先王受民、受疆土，賜汝……王曰：盂若敬乃正，勿廢朕命。盂用對王休，用作祖南公寶鼎，唯王廿又三祀。”

小盂鼎銘文：“唯八月既望。……盂以多旗佩。鬼方子□□入三門。告曰：王令盂。……盂。又告曰：□□□□。乎……盂。……令盂。以人馘入門。獻西旅。□□入燎周廟。盂。以□□入三門。即立中廷北向。盂。告。……告成。盂。與諸侯、罘侯、甸、男□□從盂。征既咸。賓即位。贊賓。王呼贊。盂。……王呼□□□令盂。以區入。凡區以品。雩。……唯王廿（或作：卅）又五祀。”

這是西周初期的兩次典型的王室每年一度的大祭祀，分別在周曆的九月和八月。銘文中最後一道程序都是雩。在雩之前有數次盂（兩字同音）。這裏的盂和雩都是祭祀程序。所謂盂是在向上天和祖先彙報政績時一次又一次地獻酒，而雩則是最後將剩餘的鬯酒全部獻上。可見西周初期的雩祭和水災旱災已經没有直接的關係。

甲骨文系統産生于殷商，在殷商時期這個雩字的本義到底是什麽？它又是怎樣在後來的歷史進程中被演化爲一種專門爲了旱災水災而向龍祈求風調雨順的祭祀，繼而發展成爲“臨時抱佛腳”式的祈求免災和救災的祭祀的呢？我認爲這和甲骨文雩字的本義一定是有聯係的。因爲在祭祀禮儀上，周是繼承商制的。

在考證甲骨文雩字的本義以前，有一個問題必須首先澄清的，就是甲骨文雩字直至金文雩字都是從雨從于，而不是周金以後的從雨從亐。從雨從亐是一個歷史的錯誤。同樣將甲骨文于字破譯爲亐也是没有歷史的和古文字學的依據的。

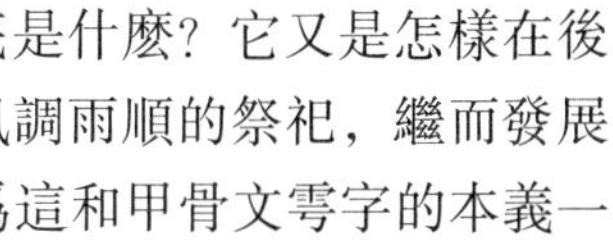

圖二 甲骨文：于

甲骨文于從雙軌從丿。在甲骨文造字中丿表示一種柔軟的物質，在這裏表示草，即青茅。是從大禹時期就由荆州進貢的祭祀用青茅。青茅不是僅僅産于荆州，但是荆州所産的青茅最爲正統。北宋王與之的《周禮訂義》卷七引陸氏曰：

“茅有貢于萬國者，禹貢荆州之土貢，春秋齊侯之責楚是也，有共于甸師者，祭祀共蕭茅是也，然甸師之茅，或入鄉師，或入司巫鄉師之所共者，大祭祀司巫之所共者，凡祭祀也。”① 而在《周禮·男巫》中我們看到這個男巫在祭祀中就用到了這種“茅”來招徠四方神祇。

《周禮·男巫》：“男巫掌望祀。望衍，授號，旁招以茅。”

因爲事關王朝的祭祀，所以在運輸過程中采用“包匭”以確保安好無損。所以甲骨文于，盂，雩，夸等字都和祭祀相關。而且這些字每一個都有兩種表現形式。于的另一種形式是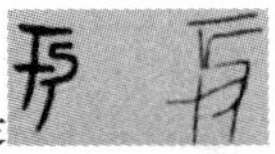，同樣，盂、雩、夸等字都有這樣一個所謂“異體”。其實這兩種看似異體的甲骨文字是兩個不同的本字，都具有不同的本義。以雩爲例，它的兩個互爲異體的甲骨文字如 。這兩個字中的水的含義有所區别。左例字采用了散點水，後一個字是水流，即甲骨文字乙的變形形式。散點水是小水，分散的水，如小雨狀。後一個字是流水，是形成水流的大水。如果前者雩解釋爲將酒滴灑在青茅上的話，後面的雩就是將酒傾倒在青茅上。青茅在這個祭祀過程中是起“縮酒”的作用。商人自己釀造的米酒猶如我們今天的酒釀，是一種略帶渾濁的液體。直接獻給上天或者祖先有不敬之意。所以要將這樣的濁酒經過過濾以後獻給上天和祖先。荆州進貢的青茅就是起過濾作用的。而過濾的過程就叫作縮酒。

雩上部的倒山字在甲骨文造字中表示天門，甲骨文中所有與天氣相關的字都從這個倒山字，如霖、雹、霽、霾等。所以這裏的雩的本義也應該與天氣有關係。（反之，如果一個字的造字没有采用倒山字意符，也就表示該字與天無關。例如甲骨文云。）也就是説甲骨文雩是一個會意字。上圖左側的雩本義是小雨，右側的雩本義是大雨。爲什麽這樣破譯呢？

因爲，從天門裏滴灑出來的散點水像是淋灑在青茅上的酒，這是小雨的象形和會意。

因爲，從天門裏傾倒出來的流水像是傾倒在青茅上的酒，這是大雨的象形和會意。

有人會詰問：爲什麽不是反向思維的結果，滴灑在青茅上的酒象小雨（盂）；傾倒在青茅上的酒象大雨雩呢？這是因爲遠古之人祭祀産生在前，而甲骨文系統的創造在後的原因。所以雖然在西周以後這種祭祀被賦予了更多的統治的含義，但是在盂（分次縮酒）和雩（全部傾倒）的程序中還是保留了祈雨的象徵性的：茅象徵地面的植物；盂象徵小雨：雩象徵傾盆大雨。

【甲骨文字本義小結】

雩的本義：大雨。引申爲祭祀中最後一個程序——將鬯酒全部傾倒在青茅上結束祭祀。

音訓：右文造字。于是聲符兼意符。

漢字本字應該是寫作上從雨，下從于。

① 引自國學网。http：//www. guoxue. com/wk/000628. htrn.

破譯甲骨文：再說“雩”

甲骨文雩的兩種字形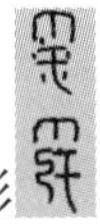和我的“一字一形一義”不相矛盾。因爲這個雩字的兩種字形有程度的不同。兩字字形的相同點在于：兩者都是上從倒山，下從于。兩字字形的差別在于：前者從散點水，後者從乙（這個意符我稱其爲反弓，其音訓爲入聲 se）。

在甲骨文造字中，散點水代表雨點、血滴、酒的液滴等等。當這些散點用一條曲綫連成圓滑的曲綫時，就成爲甲骨文“乙”，本義爲細流、淺湍和小水。而兩者的疊加——散點加乙——就是甲骨文“水”。三者都可以指液體，但是有形態的區別和程度的不同。

我們看上圖的雩。這兩個甲骨文字的造字采取了同一種手法。上字的倒山意思是天門，天門下的散點和于表示一種祭祀，即將鬯酒滴灑在祭祀的青茅上。本義是盂祭中將酒不斷滴灑在青茅上以祈禱上蒼（天門）。該字中的倒山（天門）和散點（雨滴）結合也可以表示一種連續的點狀的大雨。該字中的散點意符有兩重作用：即表示一種祭祀；又表示一種願望。

上圖下字的雩在程度比上字要猛烈。倒山意思是天門我在《破譯甲骨文：京雨》（見后）裏已經做了考證。下部的從乙從于是將鬯酒傾倒在青茅上，這就叫作雩祭，又叫大雩帝。它的祭祀和祈禱的對象是已故上帝，不是上蒼和其他各方神祇。

《禮記・月令》：“仲夏之月……命有司爲民祈祀山川百原，乃大雩帝，用盛樂。乃命百縣雩祀百辟卿士有益于民者，以祈穀實。”鄭玄注：‘陽氣盛而常旱。山川百原，能興雲致雨者也。衆水始所出爲百原，必先祭其本。乃雩。雩，籲嗟求雨之祭也。雩帝，謂爲壇南郊之旁，雩五精之帝，配以先帝也。自鞀鞞至柷敔皆作曰盛樂，他雩用歌舞而已。百辟卿士，古者上公，若勾龍、后稷之類也。《春秋傳》曰龍見而雩，雩之正常以四月。”文中“龍見而雩”的記載見于《左傳・桓公五年》。

這兩個甲骨文字都是右文造字，上下兩個部首均爲意符，“于”是意符兼聲符。

這兩個雩字的造字包含有殷商甲骨文的一個非常重要的語法信息，就是：程度副詞的語法作用可以在甲骨文字本字中使用不同的部首通過造字來實現。這種語法的“副詞內部構成”方式和我們現代漢語副詞的“副詞外部附加”方式有著明顯不同。

在甲骨文和金文文獻中，這兩個字同時用于同一卜辭或者銘文的情況尚未遇見。原因大概在于這兩種不同程度的祭祀不會同時出現在同一個場合。

雩祭祀後如果真的迎來了大雨就需要報之以禮：

“王肅云：‘大雩，求雨之祭也。傳曰龍見而雩，謂四月也。若五月六月大旱，亦用雩，《禮》于五月著雩義也。’晉永和中，中丞啓，雩制在國之南爲壇，祈上帝百辟，舞童八列六十四人，歌《雲漢》詩，皆以孟夏，得雨報太牢。于時博士議，舊有壇，漢、魏各自討尋。《月令》云‘命有司祈祀山川百原，乃大雩’。又云‘乃命百縣雩祀百辟卿士’。則大雩所祭，唯應祭五精之帝而已。勾芒等五神，既是五帝之佐，依鄭玄說，宜配食于庭也。”[①] 文中百原即百源，係指衆多河流的發源。

【甲骨文字本義小結】

雩的本義有兩種。因爲在甲骨文中雩的本字有兩種形式。

1. 從倒山從散點從于的雩：本義是將鬯酒灑在青茅上縮酒，以祈求上帝和先祖保佑。

2. 從倒山從乙從于的雩：本義是將鬯酒一次性傾倒在青茅上縮酒，以祈求上帝和先祖保佑。

音訓：兩字均爲右文造字。于是聲符兼意符。

破譯甲骨文：舞雩

四川省樂山市犍爲縣有舞雩鄉，山東曲阜有舞雩臺。這些名字都是從商周流傳下來的。舞雩常見于先秦文獻記載：

《周禮·司巫》：“掌群巫之政令。若國大旱，則帥巫而舞雩。”

《周禮·女巫》：“掌歲時祓除釁浴。旱暵則舞雩。”

《南齊書·禮上》：“建武二年旱，有司議雩祭依明堂。”

《論語·先進》：“（曾皙曰）暮春者，春服既成，冠者五六人，童子六七人，浴乎沂，風乎舞雩，詠而歸。夫子喟然嘆曰：吾與點也。”

《論語·顔淵》：“樊遲從游于舞雩之下，曰：‘敢問崇德，修慝，辨惑。’子曰……”

《水經注》：“沂水北對稷門，一名高門，一名雩門，門南隔水，有雩壇，壇高三丈，即曾點所浴風舞處也。”

舞雩是西周在每年春天進行的一種祭祀儀式：舞雩祭。其目的是祈求上天降下充分的雨水以保證風調雨順，糧食豐收。雩祭是一種未雨綢繆的祭祀，按照傳統説法，每年過了一定的節氣，再進行雩祭就不靈驗了，同時也違反了禮制。按照上述《周禮》的説法，正常的雩祭是在司巫的領導下由女巫完成的。其活動内容就是跳舞以祈雨。山東曲阜的舞雩臺就是春秋魯國舞雩求雨的雩壇。

甲骨文舞雩和雩是不同的：舞雩是一種求雨的祭祀活動；雩也是一種祭祀，但是卻是祭祀上帝和祖先的，可以是祈雨祭祀，也可以是別的祭祀，例如西周王朝的年祀。參見《破譯甲骨文：盂和雩》

① 《十三經注疏》，第1369頁。

舞雩和雩祭的時間據《左傳·桓公五年》載“龍見而雩”，注：“龍見建巳之月（農曆四月）。蒼龍宿之體昏見東方。萬物始盛。待雨而大。故祭天。遠爲百穀祈膏雨。”不能等到天真正大旱以後再行舞雩和雩祭。《左傳·桓公五年》也褒貶了一次“臨時抱佛腳”的旱災已成定局以後的雩祭。

龍現之時是什麼時候呢？見《説文》：“龍，鱗蟲之長。能幽能明，能細能巨，能短能長。春分而登天，秋分而潛淵。”其實這正是龍捲風出現的季節。

先秦文獻中尚未見夏代舞雩的記載，但是我在甲骨文中發現了這個“舞雩”的會意字，這説明在殷商時期，舞雩就是存在的。西周在禮制上繼承了殷商。舞雩的甲骨文字見圖一。

圖一 甲骨文：舞雩
（左，合 28180，
右，合 31038，
均見于三期卜辭）

在殷商甲骨文系統中，“舞雩”兩個字是由一個上從雨下從舞的甲骨文字表示的。其本義是：舞蹈以祈求得雨。這個甲骨文字的上部的“雨”並非在雨中跳舞，而是通過跳舞以祈求上天下雨。舞雩祭不是一種娱樂活動，而是一種很莊重的祭天儀式。據史書記載，如果祈雨成功，天上果然下了雨。人們是要還願的，這個還願是以進貢“太牢”感謝上蒼。王肅云：“大雩，求雨之祭也。……得雨報太牢。”言而有信，下次再次舞雩祈雨纔會有靈驗。我在這個甲骨文“舞雩”中還看到，殷商時期的舞雩者不是女人而是男人，所以我們可以推斷在殷商時期是男人從事舞雩祭。所謂“陰陽學説”爲統治者接受並利用或許是在殷商被周武王消滅之後的事情。

其實上古時代就有男人舞蹈的記載：

《吕氏春秋·仲夏紀·古樂》：“昔葛天氏之樂，三人操牛尾，投足以歌八闋，一曰載民；二曰玄鳥；三曰遂草木；四曰總禽獸之極；五曰奮五穀；六曰敬天常；七曰建帝功；八曰依天德。”

西周以後，這種祈雨的舞雩儀式已經發展爲在司巫的領道下的一種女巫的群體祭祀：

《周禮·司巫》：“掌群巫之政令。若國大旱則帥巫而舞雩。”

《周禮·女巫》：“掌歲時祓除釁浴。旱暵則舞雩。”

我們在上述“舞雩”的殷商甲骨文中看見的卻是男人“操牛尾”以舞。

【甲骨文字本義小結】

舞雩的本義：殷商男人操牛尾以舞，祈求上蒼賜雨。動詞。

音訓：從雨從牛尾從丈。尾雨切，讀若 wu，舞也。

破譯甲骨文：夏

夏字從造字之初就不可以代表一個季節，因爲夏、商時代没有夏這一季節名稱；金文夏字在它誕生的春秋時代就没有一個標準的“配置”，因爲從金文到簡書夏的寫法五花八門。

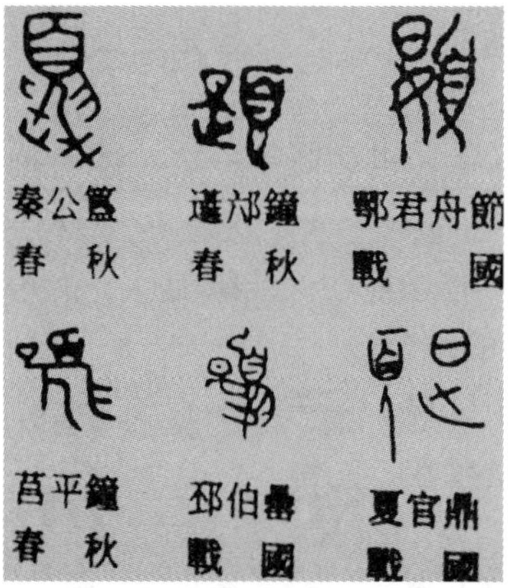

圖一　金文：夏

夏字未見于甲骨文，而始見于春秋時代的金文。它的組成就像是用手腳頭顱等人體組織隨意拼凑成的一個漢字，不細心琢磨和思考是很難看出其中蘊含的深刻的歷史信息的。這些夏字裏面最早也是最爲學界接受的是圖一中左上角秦公簋中的那個夏字，不僅恐怖，而且血腥。這個夏字裏衹有一隻手，兩條腿一個頭顱，但是其中卻藏有兩把刀。顯然這個夏字表示的是一個人，那麽這個人的左臂已經不知去向。兩條腿中右腳自膝下被砍掉了，左腿自大腿以下也被砍掉了。但是，當我們在東漢許慎的《説文》中看見這個夏字的小篆和相關解釋的時候，它已經被演化修復得如此完美，以致作爲華夏子孫的我們爲這個夏字感到幾分自豪了。我認爲小篆的夏字掩蓋了或者説遺忘了一件殘暴而血腥的歷史事實——商湯誅夏桀。

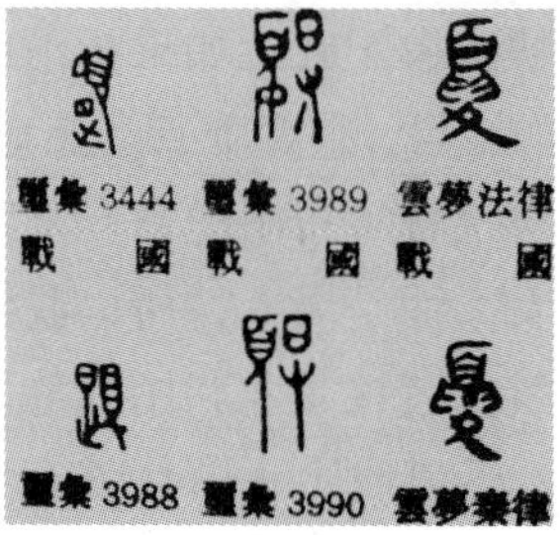

圖二　璽印·簡書：夏

爲小篆夏。《説文》：“夏，中國之人也。從夊從頁從臼，臼，兩手。夊，兩足也。”當然，許慎這裏描述的是小篆的夏字，從這個字的小篆追溯到金文，我們發現圖一的秦公簋中的字可以隸定爲夏。段注：“以别于北方狄，東北貉，南方蠻閩，西方羌，西南焦僥，東方夷也。夏引申之意爲大也。”可見段氏認爲夏代表一個方國。

一個大寫的人字！我們會發出這樣的由衷的讚嘆。但是隨之我們也會産生一個疑問：最早那個恐怖而又血腥的夏字爲什麽被修復、篡改得如此完美了？這種修正是不是掩蓋了一些歷史事實（或者這件歷史事實在東漢時已經被史家們“爲賢者諱”了）？這個夏字的本義到底是什麽？西周人自稱夏的後裔，春秋時代的中國人，也常常有自稱爲夏的，如：

《論語》：“狄夷之有君，不如諸夏之無也。”

《荀子》：“越人安越，楚人安楚，君子安夏。”

《左傳·定公十年》：“孔子曰：‘裔不謀夏，夷不亂華。’”

不過這些自稱爲夏的人大多是西周以後的人，因爲西周人自稱是夏的後裔。商代的統治者絶不會以夏自稱的。因爲他們滅了夏王朝並取而代之成爲中原的主宰力量。

據我的考證，系統化的甲骨文字産生于盤庚之後的小辛小乙朝，秦公簋裏的這個夏字是從晚商甲骨文裏繼承的呢，還是春秋時人們自己創造的呢？現在難有定論。但是，創造這個字的人一定不會無緣無故地造出這樣血腥的一個字來。

這個夏字表示的是一個人，那麽造字中這個人的左臂已經不知去向。造字的右手撑著已經被砍掉了右腳的腿部，左腿自大腿以下也被砍掉了。身邊丢著兩把刀。按照甲骨文的造字規律，刀上應該滴下幾滴血。但金文很少這麽造字。

我的答案是：這個人應該就是夏桀。這個夏字就是夏桀被殺死時的慘狀的記錄。造字者使用這樣一個符號作爲夏桀的專用名詞，在那個時代是通俗易懂的，人人明白的。

所以這個夏字很自然地被引申用來稱呼一個已經漸行漸遠的時代——夏王朝。

《尚書·周書》謂桀之敗，南徙千里，至于不齊，又南徙至于魯。

《淮南子·修務訓》："湯整兵鳴條，困夏南巢，譙以其過，放之歷山。"

《荀子·解蔽篇》："桀死于亭山。"

我們從上述文獻看到。在春秋以後，夏和桀實際上是指同一個人：夏桀。而桀衹是商湯給夏桀的謚號，夏的末代王名叫帝履癸，死後纔被叫作桀的。那麼他死後爲什麼叫作桀呢？見《康熙字典》"桀"條："集韻：巨列切。傑，磔也。……古人稱，桀，黠者。其兇暴若桀也。又謚法：賊人多殺曰桀。"

關于夏桀的凶暴很少有歷史文獻可以證明，所以夏桀成爲了凶暴的代名詞可能有冤屈之處。夏王朝其實是一個很少對外發動戰争的王朝。之所以用這個桀字作爲夏桀的謚號，極有可能就是夏桀的慘死之狀作出的。而秦公簋的這個夏字其實就是對這樣一個慘死者的白描。

今天我們在查閱《説文》"桀"條目時，有一個令人疑惑的現象，就是按照正常部首分類查閱，桀這個字應該或是在舛部，或是在木部。奇怪的是在這兩個部首中都没有桀這個字。在《説文》桀是單列了一個"桀部"，就是説桀的文字起源是單獨的起源。也就是説它可能是來自夏桀的名字，是桀的專用名詞。而上述的造字夏被用來借指一個王朝——桀爲代表的夏王朝。甲骨文系統中没有夏字，可能是夏桀死後因夏桀而得名，此前可能没有夏朝一説。作爲中國歷史上第一個世襲制國家没有名稱是可以理解的。

長期以來，學界在研究夏字本義時很少重視到桀字在古漢語中有一個重要的義項：《辭源》"桀"條下："桀②古代分裂犯人肢體的酷刑。通磔。《説文》：'桀，磔也。'"這個義項的來源是什麼？難道和秦公簋裏的這個金文夏字不是如出一轍嗎？夏，正是夏桀臨終時被施以的一種酷刑——左臂已經不知去向。他的右手撑著已經被砍掉了右腳的腿部，左腿自大腿以下也被砍掉了。夏桀被肢解了。請重視《説文》的這個詞條，它證明桀字在東漢時代還僅僅衹有一個解釋，其本義就是肢解這一酷刑。我認爲它的這一本義正是來自夏桀之死。不是夏桀太殘暴，而是夏桀被殘暴；不是夏桀肢解人，而是夏桀被肢解。這也許正是金文夏字要保留的歷史真相！這一點我可以藉助《山海經》考證。

《山海經·大荒西經》："有壽麻之國……有人無首。操戈盾立。名曰夏耕之尸。故成湯伐夏桀于章山。克之。斬耕厥前。耕既立。無首。走厥咎。乃降于巫山。"

如果以上考證屬實，夏字作爲夏王朝的名稱衹能是在它滅亡以後纔被創造。在此前口口相傳的歷史中，它衹是簡單地被稱作夏或者桀。夏王朝是因夏桀而得名的，這一點會給今天的夏文化研究帶來很多的新思路。

在甲骨文裏，我們没有發現這個夏字。即使發現了，這個夏字也還是對夏桀的專用名詞，並不能證明晚商時代有夏季，從而據此推論出晚商時已經有了春夏秋冬四季曆法的結論。作爲晚商衹有春秋没有冬夏還有另外兩個文獻證明：一是《詩經·豳風·七月》，其中的月份曆法是十月和十二月兩種曆法並行，正是顯現出兩種曆法過渡時期的痕跡。在十月曆法中的季節衹有一種可能，就是每年分爲春秋兩季，每季五個月，而不可能出現一年四季每個季度衹有兩個半月的情況。二是從《夏小正》裏看出夏代實行的是十月曆法。最簡單的證明是在《夏小正》中最長的白天（養日）和最長的黑夜（養夜）分別出現在夏曆的五月和十月。有關考證參見我的相關文章。

【甲骨文字本義小結】

夏始見于金文，殷商甲骨文系統中未見。

夏的金文本義：夏桀。引申義：夏王朝。後夏桀以桀代之。右文造字。

音訓：從頁。頁爲聲符兼意符。讀若 xie，通 xia。

破譯甲骨文：幼子的子

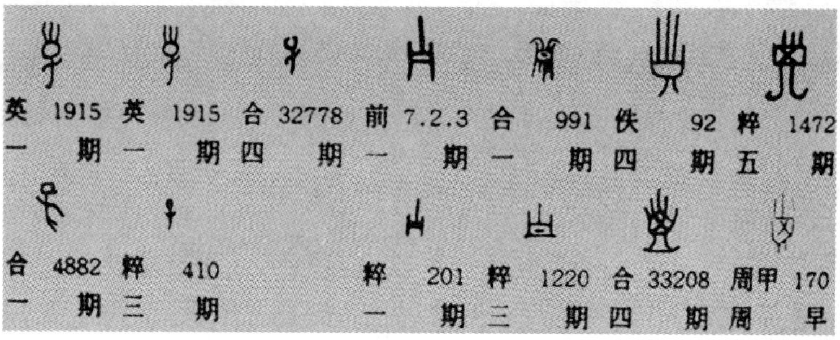

圖一

我在考證中反復强調甲骨文字是一字一形一義的，就是説針對一個本義衹有一個字形，也就意味着一個甲骨文本字衹有一個字形，也衹有一個本義。上圖的子有六個不同的字形，説明上圖中的甲骨文字是六個不同的字。右側三個口中有×（嬰兒囟門）的字是同一個甲骨文字。本文考證這個字。

這個字在春秋古文中的本義就是嬰兒從母親的産道中出生的情形，字中依然保持了口中有×（嬰兒囟門）的寫法。但是到了許慎的《説文》時代，口中的這個×不見了。

《説文》："子，十一月昜氣動。萬物滋。人以爲偁。"按照許慎的本義，這個子應該是一個"昜（通陽）氣初動"的新生兒。但是許慎没有抓住新生兒的典型特徵。甲骨文中這個特徵就表現的特别典型，它在表示嬰兒頭部的口字中有一個×，這是囟門的象形。新生兒出生時在頭頂上都有這樣的囟門。這是因爲嬰兒的頂骨和顱蓋骨尚未接合，所以有前囟門和後囟門。後囟門一般在出生後 3 個月左右閉合，前囟門要到 1 歲半纔閉合。甲骨文子字所標示的衹是新生兒的前囟門，成十字星形。子字中向上的竪綫代表的是頭髮。

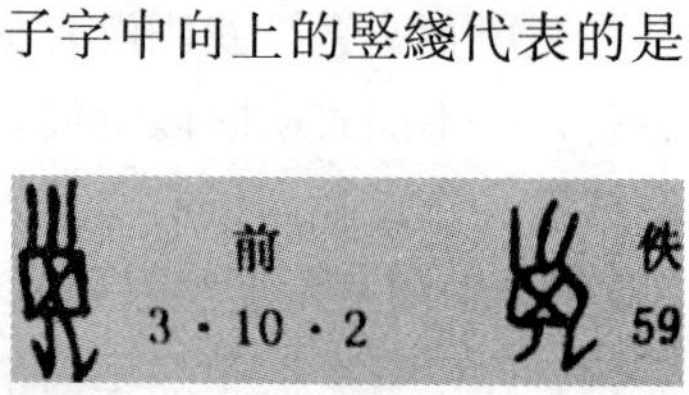

圖二

如圖二，因爲孩子的前後囟門均未閉合，所以生理學上認定這個甲骨文子字的本義衹能是出生三個月以内的新生兒。（圖一左側的子字表現的小兒已經可以手舞足蹈，所以本義是幼兒的另一個階段，其他幾例是否是甲骨文子字有待進一步考證。）

這個子字在卜辭中僅僅出現在作爲地支和作爲人名兩種情況中。所以無法印證其本義。但是將它作爲地支第一位正是隱含了新生的本義。此時正如一個新生兒剛剛出生，也正是一天的開始，“易氣初動”，故子名列十二地支的第一位。可以設想，如果在卜辭中有這樣一個字出現在辭條中，它的本義就應該是“人之初”的意思。

【甲骨文字本義小結】

子的本義：新生嬰兒。引申義：一天的開始，子初。後引申爲農曆十月。象形造字。

破譯甲骨文：一字一形一義

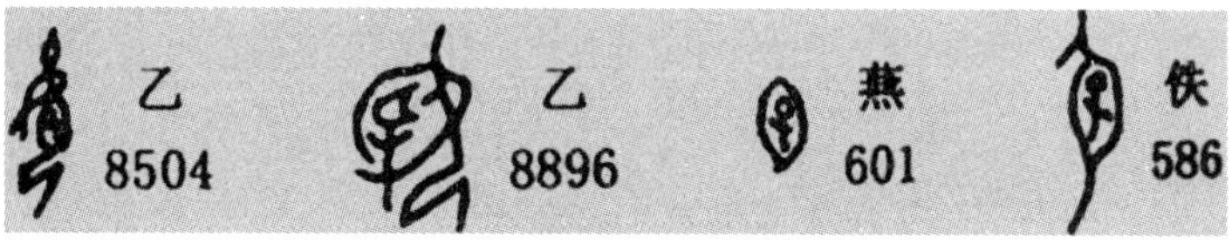

圖一　甲骨文：孕、乳、勹（例四待考）

上圖是某甲骨文著作中列出的甲骨文孕字。之所以把這樣四個字都認定是孕字，因爲它們字形的主體都是由一個人和一個子組成，通過會意認定是女人的懷孕。這是符合許慎《説文》的定義的。

《説文》：“孕，裹子也。從子乃聲。”段注：孕“以正切”。這個反切音和河南南部方言近似。該地方言中孕的發音爲 run。呼孕婦爲“孕姆子”。

按照許慎的説法，孕就是肚子裏包裹着的胎兒的婦女。上圖第一、三、四例均符合這個條件。圖中第二例許多專家學者認定它是動詞乳。哺、乳兩字應是不同時期造字的同義詞，哺字是形聲造字，而乳字是會意造字。我們知道金文中哺育的意思是用“字”來表示的。金文在字形上基本是對甲骨文的繼承。但是金文字和甲骨文哺之間在字形上卻不存在繼承關係。甲骨文“乳”的會意在于那嗷嗷待哺的孩子和母體突出的乳頭；而金文字從宀從子其會意正在于一個家庭的添丁進口。前者强調的是養育，後者强調的是出生。所以我認爲這個婦女哺乳的形象是哺乳的會意。不過它一定不是甲骨文孕字，因爲孩子既然已經哺乳，説明他（她）已經出生，便不再是“裹子也”。所以可以先行排除例二是孕字。

例三是胎盤中包裹著胎兒。表面看似乎符合《説文》中孕的定義。但是它衹是一個沒有母體的胎盤。在我國的遠古時代人們很早就注意到嬰兒是在胎盤裏孕育長大的。他們甚至細緻地瞭解到“十月懷胎”中嬰兒在母體中每一個月的生長特點。《説文》中有這樣一個字叫作“勹”，從勹從人。“勹，覆也，從勹人”。段玉裁認爲這個字是“此當爲抱子抱孫之正字。今俗作抱”。這個解釋錯了，本字的本義正是内中包有胎兒的胎盤，民間俗呼作衣胞，或者也叫作胞衣。在甲骨文造字中，抱子抱孫的抱一定是從意符雙手的。

《淮南子・精神訓》：人“故曰一月而膏，二月而胅，三月而胎，四月而肌，五月而筋，六月而骨，七月而成，八月而動，九月而躁，十月而生。形體已成，五臟乃行。”

在《廣雅》和《文子》中也有類似的記載。

所以例三這個本字並不是嬰兒在孕婦體内的象形，而是嬰兒在胎盤中的象形。關于這一點有一個文獻證據就是周穆王時代的徐偃王的出生記載。

《博物志》：“徐君宫人娠而生卵，以爲不祥，棄之水濱。獨孤母有犬名鵠蒼，獵于水濱，得所棄卵，銜以東歸。獨孤母以爲異，覆暖之，遂孵成兒。生時正偃，故以爲名。”①

上圖例三就是這個肉卵的象形。《説文》：“卵，凡物無乳者卵生。”很明顯，徐偃王出生時由于胎盤羊水没有破，被認爲是一個肉卵，故而視爲災異。所以例三不是甲骨文“孕”。

現在剩下的還有例一和例四。例一是一個婦女肚子裏懷着孩子；例四是一個人肚子裏懷着孩子。很明顯，例一是甲骨文孕的本字，本義是婦女懷孕。

但是例四這個字也很值得推敲一番。因爲它涉及甲骨文造字中側立人的本義是什麽。我們從此前的甲骨文字考證中知道，側立人這個部首一般是用來表示男性的。這裏的例四，即佚586出現了一種本義上的擴大，説明側立人部首也可以表示女性。所以我們可以得出一個可以推而廣之的原則：側立人作爲甲骨文部首表示的是人，其本義可以是男人，也可以是女人，還可以是其他的人。所以這個側立人部首的詞性是中性的。當其肚子裏孕育著胎兒時，這個人就是女性。當在甲骨文“仔”中時，側立人代表的是長輩，可以是男人，也可以是女人。當在甲骨文“依”中，它位于胎盤中間，它代表的就是胎兒。當在甲骨文“儐”中，代表男主人迎賓時，這個側立人就代表男性。這個原則的推定非常重要，因爲在研究有關側立人部首的甲骨文造字時——例如“伐”完全是男人們幹的事情——我們習慣于將甲骨文字中的側立人部首看成是男性。從今以後，這個觀點應該改變了。殷商時期的“婦”“娥”等都是經常率兵討伐敵國的女性。

討論孕字特别要注意的兩點是：一、孕婦是站立姿勢分娩。我們在破譯甲骨文殷字看到，晚商時期剖腹産的孕婦是以站立的姿勢分娩的。現在我們看到順産的産婦也是采取站立姿勢分娩的。甲骨文字是有很嚴格的方向性的，孩子出生時頭朝下便是一個證明。甲骨文育字的本字説明晚商的産婦們很可能就是采取站立姿勢分娩的。二、在分娩過程中，新生兒是從身體後面落地。

我在考證中反復强調甲骨文字是一字一形一義的，就是説針對一個本義衹有一個字形，也就意味着每一個甲骨文本字衹有一個字形，也衹有一個本義。上圖中被學者們認定的孕有四個字形，經過考證我們知道每一個字形都代表一個本字，每一個本字都有屬于自己的一個特定的本義。你看，甲骨文字確實是一種非常科學的文字。

① 袁珂《古神話選釋》，人民文學出版1979年版，第454頁。

【甲骨文字本義小結】

上圖例一：孕的本義：婦女懷孕。音訓從女從人，女人切，讀若run，通yun。會意造字。

上圖例二：乳的本義：婦女哺乳。音訓：右文造字。女爲聲符兼意符，方言發音rü。

上圖例三：勺的本義：内中包裹着胎兒的胎盤（羊水未破）。音訓從勹從人，勹是意符兼聲符。右文造字。讀若bao。

［注］：甲骨文近義詞采用了不同的造字方法，説明它們可能屬于不同時期的造字。

破譯甲骨文：圈字頭部首的甲骨文字

殷商帝王祭祀，太牢指同時獻祭牛、羊、猪三牲。因爲這些犧牲是獻給五帝、先王、社稷神等神的貢品，所以在確定某日祭祀之後，這些犧牲就交由專職官員飼養在專門的地方。從這些犧牲的甲骨文字看，它們是被飼養在專門的牲畜圈裏。周承商制，所以西周以後仍是這樣。

《周禮》："牧人掌牧六牲。而阜蕃其物。"疏："五官各有牛人羊人犬人豕人之等。擇取純毛物者以供牧人。牧人又供與充人芻之三月以祭祀。"

《周禮》："肆師……大祭祀展犧牲繫于牢。"疏："芻之三月。"

可見這些犧牲不僅毛色純正，且在專門的地方餵養三個月以後纔能够祭祀。至于爲什麽祭祀時要用牲，恐怕不僅僅是爲了敬饗五帝。而是爲了藉助活的牲畜帶話給上帝或者先王，請求他們在天上保佑地上的人們，爲他們帶來幸福。所以這些祭祀用的牲畜一般都是在祭祀現場聽完了人們的全部禱告之後被現場宰殺或沉入水中的。這樣它們的靈魂就帶著一個王朝的囑咐昇上天空去彙報去了。這纔是祭祀的根本目的。

《周禮》注："求牛禱于鬼神，祈求福之。"

圖一例一牛圈、例二羊圈、例三馬圈、例四猪圈、例五狗圈

從甲骨文字看，用於祭祀的這一類犧牲行祭前需先飼養於特定的房間裏，故這類犧牲學者們破譯爲漢字牢。飼養祭牛的地方叫牢。因爲犧牲中牛爲長，故而以牢代指其他犧牲。所以"王亥服牛"之所以在遠古史上引發特别關注，恐怕和祭祀也不無關係。但是在甲骨文中牛羊馬都是在特定飼養場所的。圖一中例一爲甲骨文牢，是飼養祭牛的地方；例二是飼養祭羊的地方；例四是甲骨文家，是飼養豕的地方；例五是飼養犬的地

方。這些叫作“某圈”的地方是不是專門用于飼養祭祀用牲的地方還需要進一步考證。在例四例五中我没有使用祭猪和祭狗的字樣，因爲我們有理由相信，例四例五的部首也應該和前三例相同。但是，其中例四和例五的部首上從，該部首可能不僅具備祭祀的本義，其本義也可能比牢要寬泛的多，可能還有猪圈和狗窩的本義。這同時也説明殷商時猪和狗的飼養已經較爲普及。

卜辭 1：“己卯貞：求禾于示壬。三。”（甲 392） 祭祀先王

卜辭 2：“甲辰卜：乙巳其尞于嶽。大。小雨。”（粹 26） 祭祀山嶽

卜辭 3：“侑于大戊。三。”（前 1・7・2） 祭祀先王

卜辭 4：“貞：尞于土。三小。卯二牛。沈十牛”（前 1・24・3） 祭祀社稷

疑問一：從上述引用的卜辭分析，例一的和例三的這兩個甲骨文字經常和祭祀活動連用。説明和都常用於祭祀現場。如果把解釋爲太牢或者大牢，借指牛羊猪三牲的話，則“大”“太”“小”“少”在這幾條卜辭中就是幾個可有可無的甲骨文字。事實上卜辭系統的遣詞都是非常準確的。爲什麼這四個字用得這樣隨意呢？

疑問二：卜辭 1 和卜辭 2 中爲什麼會有和大（即西周之太牢）之分别？

卜辭 3 和卜辭 4 中爲什麼會有和小（即西周之少牢）之分别？

疑問三：卜辭 4 是祭祀山川社稷的祭祀。其中既然已經用“三小”祭祀，爲什麼又有“卯二牛。沈十牛”的獻祭？爲什麼是次要的祭牲羊在前，而重要的祭牲牛卻在後？“卯二牛”是殺兩條牛，以血獻祭地神；“沈十牛”是將牛沉入河流，以獻祭河神。這裏的祭祀用牲的次序不符合既定的商周祭祀禮儀。

《禮記・王制》：“天子社稷皆大牢，諸侯社稷皆少牢。大夫士宗廟之祭，有田則祭，無田則薦。”

《本草綱目・獸・牛》：“《周禮》謂之大牢。牢乃豢畜之室，牛牢大，羊牢小，故皆得牢名。”依據這個記載，我開始懷疑：將這個甲骨文字破譯爲漢字牢是不是達詁？能不能直接破譯爲圈呢？

《大戴禮記》：“大夫之祭牲，羊曰少牢。”孔廣森補注：“少牢，舉羊以賅豕。”

《禮記・王制》：“天子社稷皆太牢，諸侯社稷皆少牢。”

《左傳・襄公二十二年》：“祭以特羊，殷以少牢。”杜預注：“四時祀以一羊，三年盛祭以羊、豕。殷，盛也。”也就是説，通常的祭祀是祇用羊祭祀，而少牢則是羊猪並用。推而廣之就是説牢是祇用牛祭祀，而太牢纔是牛羊猪並用的大祭祀。就本字的破譯而言，西周時期確實是稱作太牢或者少牢的。但是殷商甲骨文的能否破譯爲漢字牢呢？在繼續研究以考證這些甲骨文的音訓時，問題出現了轉機。圖一到圖五這五個殷商甲骨文字它們的發音在殷商時期並不是 lao 而是 quan。

圖二左爲甲骨文泉，外面的部首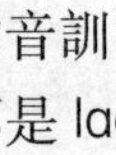和圖一到圖五的甲骨文字的部首完全相同。該

圖二　甲骨文：泉、禊

部首本義表示的是一個地理空間範圍。這一點和上述五字相結合考證，這一共六個字應該是同音字，音訓均爲 quan。上述圖一甲骨文爲牛圈；圖二爲羊圈；圖三爲馬圈；圖四爲猪圈；圖五爲狗圈。則圖六爲泉，水圈也。它們共同的注音都應該是 quan，它們都是右文造字。其聲符兼意符是部首，讀若 quan。

圖二的右字涉及祭祀，從泉從示，這是一個會意造字，所以采用了反切註音。該字本義表示在水泉中祭祀，後世用漢字禊表示。無獨有偶，這個字從泉從示，其音訓反切爲 qi，古音通 xi。這一音訓的潛通啓示我們後世民間的三月三上巳節的臨泉濯足曲水流觴等修禊事的習俗應該就是源自殷商西周時期的祭祀泉水的古老習俗。禊是形聲造字，當出現在西周之後，而該字在殷商甲骨文中應爲從泉從示，讀作 qi（音訓通 xi）。屬于不同時期的這樣兩個字采用的是兩種不同的造字方法，前者是會意造字，後者是形聲造字，所以它們的本字的字形差别很大。

圖一至圖五的五個字音訓的讀音作 quan，殷商的甲骨文圈和西周以後注音稱作牢本義是相互聯係的。許慎《説文》：“牢，閑養牛馬圈也。”也就是説殷商的圈和西周的牢是同義詞，衹是發音不同而已。我們從甲骨文中看到殷商時期畜養牛羊馬猪犬等牲畜的地方都被叫作圈。西周叫作牢，可能是方言不同所導致。

【甲骨文字本義小結】

牢的本義：西周的帝王獻祭給五帝和諸天神的祭牛。名詞。注音爲 lao。用如動詞：祭祀。

太牢：殷商帝王獻祭給五帝和諸天神的牛、羊、猪三牲組合。名詞。用如動詞：祭祀。

的本義：僅指殷商帝王獻給五帝和諸天神的祭牛。名詞。

用如動詞：祭祀。音訓讀作 quan。

太或者大：殷商帝王獻給五帝和諸天神的牛羊猪三牲組合。這是最高級的祭祀禮儀。音訓讀作 da quan。卜辭中未見小的説法。

的本義：僅指殷商王朝或諸侯獻祭給五帝和諸天神的祭羊。名詞。用如動詞：祭祀。

少：殷商諸侯獻祭給五帝和天神的羊、豕兩牲組合。名詞。用如動詞：祭祀。

少在甲骨文中又可寫作小。音訓讀作 xiao quan。

破譯甲骨文：孫

圖一 甲骨文：孫

甲骨文字孫，從子從系。這是一個會意字。子表示人的後代，可以是兒子，也可以是兒子的兒子……但本字中子的寫法本義是宗長子。系是一根搓製的麻繩（或絲綿繩）。麻繩是用草或者麻或者絲綿手工搓製的，搓製麻繩時要一邊搓一邊續草，這樣的麻繩纔會綿延不斷，很長很長。所以在孫這個字中，系是一個非固定意符——可以是兩個節，也可以是三個或者更多的節。這裏用麻繩來代表一個家族的綿延。麻繩上的每一個紐結就代表一代人。所以這個字的造字中運用了一個修辭的比喻手法造字。造字中下端有緒的爲草繩，無緒的爲絲綿繩，本義不變。甲骨文本字的造字較特殊是一種特殊的會意造字。

注意在孫字中的系是一頭没有結的，表示將子孫綿延繼續繁衍下去……

在《説文》中，孫不是歸在子部，而是歸在系部。可見它要强調的不是得子得孫，而是綿延不斷的本義。“孫，子之子曰孫。從系子。系，續也。”許慎在這裏將其詞義縮小爲孫子，即子之子。這應該是東漢時人們對孫字流行的解釋。

卜辭：“……卜。……孫……受祐。”（京津 4768）

卜辭：“弗孫兹。”（前 7・15・2）

卜辭：“多子孫田。”（後下 14・7）

卜辭：“帝弗孫其……”（燕 732）

在前文中，我考證了弗的本義是用藤條、杞柳、桑條、竹絲等編織筐篚竹籃。是一個動詞。所以在上述卜辭中弗有“安排”“打算”的本義。

【甲骨文字本義小結】

孫的本義：氏族子孫綿延不絶。動詞。用如名詞爲後世子孫。不限指第三代。

音訓：從巳從繩，巳繩切，讀若 sen，通 sun。

從絲從不，不音訓爲 den。絲不切，讀若 sen，通 sun。

［注］嚴格地説上圖中例二爲甲骨文“孫”的規範寫法，餘三例不規範。因爲甲骨文上下端有緒爲繩，無緒爲絲。緒可表子孫綿延之義。然例一、例三、例四從絲從子，絲有兩節，是否表示第三代之“孫子”之孫？存疑。

破譯甲骨文：系

圖一　甲骨文：系

這裏羅列了四個甲骨文字。它們的本義都應該與繩索有關。例一例四是同一個字；例二例三是另一個字。這兩個字的區别在于後一個字從手（爪），是一個動詞。而前一個字不從手，所以是名詞。不從手的是一個象形字，從手了就是會意字。籀文的系字没有上面一横這個綱，但是就甲骨文系字的本義而言，這一横是不應該缺少的。在現代漢字系中，這一横依然保留著，延續了系字從甲骨文到現代的歷史脈絡，但遺憾的是它原先在甲骨文中彎曲的筆畫表示柔軟的本質，漢字中的“一”已經没有這種柔軟的質感了。

名詞+手（或爪）就産生了動詞形式。這是甲骨文字造字的常用方法，也是甲骨文作爲初文演繹出新字的常用方法之一。

從例一例四的象形字看，是三根麻繩總成一束，上部的總的繩索叫作綱。同樣，作爲它的動詞形式，是在綱上繫有三根繩子，用手抓住綱就可以將三根繩子提起來。所以系的本義應該是將若干根繩子繫在一起的意思。有了手或爪就是將“系”提起來的意思。

《説文》：“系，繫也。從系，丿聲。……籀文系，從爪絲。”許慎這裏説的系（從系丿聲）是例一例四這一種寫法的系，意思是三根繩子繫在一起。籀文的系（從爪絲）應該是例二例三寫法的系。這是兩種不同詞性的系字，意思是手提著一系三根繩子。許慎將這樣兩個字合二爲一了。直到今天這兩個字依然是合二爲一的，既是名詞又是動詞。不過現代漢字如果要更加準確地表達甲骨文系字的本義就應該寫成：從一，一之下從絲，而不是從糸。因爲圖一的甲骨文系字含有兩根以上的繩索。

卜辭：“乙未。酒系品上甲十報乙三報丙三……”（粹 112）

卜辭：“乙亥卜。賓。貞：翊乙亥。酒系易日。乙亥酒允易日。”（前 7・4・1）

卜辭：“甲戌卜。王曰貞：勿告于帝丁不系。”（粹 376）

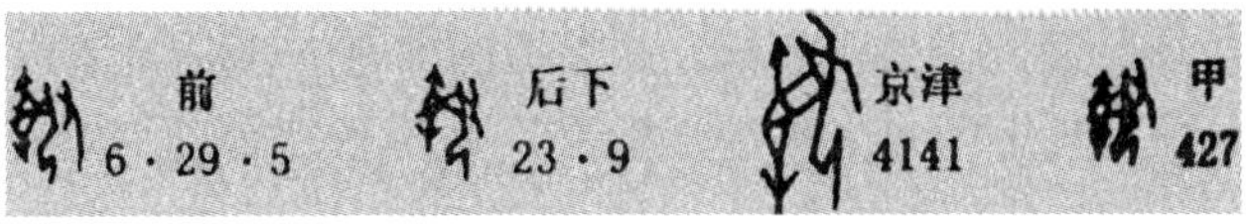

圖二　甲骨文：報

在卜辭中酒系兩字連用按照系的本義應該是説不止一尊的酒，而是一系列酒。“乙未。酒系品上甲十報乙三報丙三……”（粹 112）意思是獻酒給上甲十尊，帝乙三尊，帝丙三尊。這裏的報字本義爲獻俘，引申爲獻祭酒。也可能兩者同時進行。

卜辭：“乙亥卜。賓。貞：翊乙亥。酒系易日。乙亥酒允易日。”（前 7・4・1）其中的系已經有了祭祀祈求的引申義，易日本義爲祈禱天氣變化，結果在乙亥日天氣果然變了。

卜辭："甲戌卜。王曰貞：勿告于帝丁不系。"（粹376）這裏王對龜卜的貞詞："勿告于帝丁不系。"就是宰牲告于帝丁，不用獻祭酒了。

《周禮》有："鬯人。掌共秬鬯而飾之。"説明酒尊的裝飾和酒品的數量和繩索應該有一定的聯係。因爲没有更加詳細的資料，這裏姑且闕而不論。

【甲骨文字本義小結】

系的本義：若干根繩索總繫成一束稱系。名詞。以手攬之亦曰系。動詞。這兩種不同的詞性在殷商的甲骨文中是有區別的。表現爲前者不從手，是象形字；後者從手，是會意字。音訓：從絲從一，絲一切，讀若xi。發音可能源于殷商的北方方言。

破譯甲骨文：冋　丘

考證甲骨文冋首先必須和另一個甲骨文字區別開來——囧。這兩個字發音完全相同，但本義卻大相徑庭，相去甚遠。兩個字的區别在于一個下面封口的囧，是盟字的本字。其本義是結盟的意思；另一個就是本文要考證的冋，它的下面是不封口的。

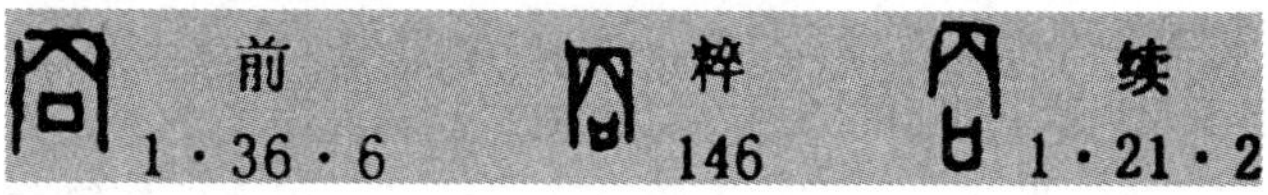

圖一　甲骨文：冋

這個甲骨文冋字的上部的部首我在考證甲骨文商字時已經論證它從倒丘，即它是甲骨文丘字的倒寫，本義是墳墓，也有學者釋此甲骨文字爲穴。兩義相通。

圖二　甲骨文：丘

甲骨文丘字是兩座小山的象形，中間的間隔表示兩山之間的空間。甲骨文囧字的上部部首是倒丘：兩個三角及方框外的部分表示土壤，中間的空間代表墓穴的空間。

甲骨文冋字從倒丘從口。關于倒丘我們已經論證了。那麽口又表示什麽呢？它和整個冋字的本義有什麽關聯呢？口是嘴巴，是面臨墳墓祭悼已故先王時，那些後世殷商君王的嘴巴。

《説文》"冋，言之訥也。從口從内。"許慎的這個定義是對的，不過後半的"從口從内"的内字值得商榷。如果這個内字本義是墳墓内，那就十分貼切和準確。但是這個倒丘作爲甲骨文字被歷代的文字學家們破譯爲漢字丙。甲骨文内字和丙子字形基本相同，但是由于甲骨文是一字一形一義的，所以兩者之間如果字形完全相同，它們就應該是同一個甲骨文字。如果兩者分别有自己的本義，它們就一定有不同的甲骨文字形。甲骨文中有一個字可能是内字，即一期卜辭的前4·28·3，它從宀從人。本義應該解作人在家中。但是以往的學者們爲什麽要分爲兩個字呢？這個倒丘是内字、穴字還是丙字我們留待後文討論。

訥是說話遲鈍的意思。結合冏字的本義，爲什麽殷商的君王面臨墳墓的時候說話會遲鈍呢？應該說這是一種臨喪時的心境，一種禮制規定的態度，而不是大腦反應慢導致說話遲鈍。

卜辭："若冏祖乙。劦王受祐。"（粹 146）意思是好像在祖乙的墓前，語言變得遲鈍了。這實際上是商王對于已故先王的一種恭敬有加的態度。這種臨已故先王墓地而冏的態度，漸漸發展成爲全體中國人的一種行爲規範。

《孝經》："孝子之喪親也，哭不偯，禮無容，言不文，服美不安，聞樂不樂，食旨不甘。"

所以，甲骨文冏的本義是商王弔唁已故先王的時候在墓地的一種表現：是經過慎重地考慮以後說話，所以語言遲緩的表現。這個冏字在現代漢語中有光和明亮兩個義項，和甲骨文冏字的本義大不一樣，詞義已經發生了轉移。但是至少在春秋時它的本義没有變，因爲我們在《論語·里仁》裏還讀到孔子的名言："君子欲訥于言而敏于行。"

【甲骨文字本義小結】

冏的本義：商王臨喪祭時說話遲緩的樣子。名詞。

音訓：冏今讀若 jiong，方言爲從丘從口，丘口切，讀若 qiu，類似今天口語中"糗事"之"糗"的發音。

破譯甲骨文：目　臣

目：眼睛。目不轉睛、有目共睹。

臣：君主制國家官員的統稱。

以上詞條引自商務印書館出版的《新華詞典》。

圖一　甲骨文：目（方言讀眼）

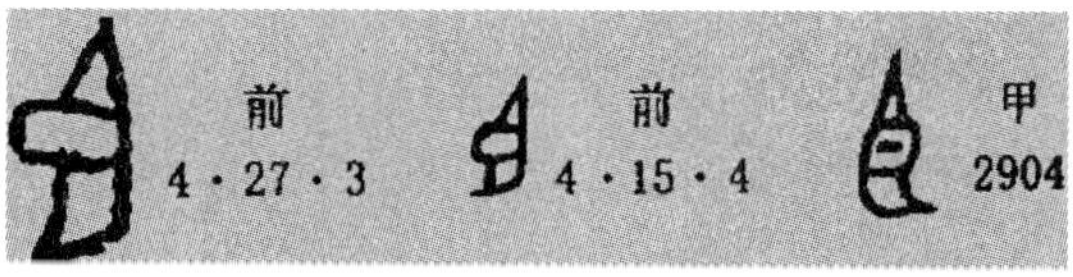

圖二　甲骨文：臣

在現代漢語中，目和臣這樣兩個字似乎是風馬牛不相及的。我把它們放在一起考證是因爲這兩個字的甲骨文出于同一來源——人的眼睛。

在甲骨文中，目和臣都是象形字，都是人的眼睛的象形。所以它們都有一個共同的來源。這就是"近取諸身，遠取諸物"的典型。注意在這兩個字中間的圓圈都代表眼珠，但是有的有一點，有的卻没有一點。是不是没有一點的代表盲人，有一點的代表正常人？我查閱了一些工具書，凡有點的眼睛均爲左眼。但是像甲骨文相、望、監、見、省這樣的漢字目部首中都没有點。所以這樣的一個點應該是被用利器戳瞎以後留下的疤痕。就是說目字（眼睛）上有一點的是被戳瞎的眼睛。這一點作爲一個甲骨文研究課題是值得下工夫深入推敲的。在圖一中的三隻眼睛第一隻是瞎眼。圖二中的第三隻也是瞎眼。看來是罪臣或者戰俘的可能性較大。

在甲骨文中目和臣在最大不同在于：目是正常人的眼睛，横向。臣是不正常的眼睛，竪向。我們來看一看卜辭能給我們什麽樣的啓示：

卜辭："癸巳卜。轂。貞：子漁疾目。福告于父乙。"（佚 524）

卜辭："……御王目于妣己。"（乙 4720）妣己爲祖乙配偶。

卜辭："貞：蟲小臣命衆黍，一月。"（前 4・30・2）

卜辭："……五豐臣在祖乙宗。"（粹 12）

從卜辭的詞條中大致可以瞭解到，目是眼睛。"目"字的筆畫反切發音爲 yan。子漁的眼睛有疾病，于是就向父乙禱告。臣呢，是殷商的一種官職。小臣就是很小的官職。蟲作爲小臣就可以命令大家去種黍。

《説文》："目，人眼。象形。重童（瞳）子也。"

《説文》："臣，牽也。事君也。象屈服之形。"

許慎的定義説明，這兩個字的區別産生于殷商甲骨文初創時期。這個問題就變得簡單了。殷商人爲什麽要將甲骨文目竪起來用作商王的臣子的甲骨文臣字呢?

觀察甲骨文臣，我們發現它的眼角向上，這正是甲骨文造字者的良苦用心所在。因爲人的眼睛可以很準確地用綫條表達，但是眼睛向什麽方向看卻很難用綫條來表達。比如仔細看、遠看、觀察、向上看就很難表現出來。我們應該敬佩殷商時代的甲骨文造字者，他們居然用一種明白易懂的方法全都做到了。

臣的本義是唯上。臣子的眼睛是衹能向上看的，上面是誰？商王！所謂"普天之下，莫非王臣"。臣子都是唯上的，這既是義務，也是要求。這裏把眼睛刻畫成眼角向上並非臣子眼睛每天都目不轉睛地盯着商王，而是唯商王之命是從的意思。造字者僅僅是把目字旋轉了九十度就達到了這個目的。這一旋轉活生生地描繪出臣子扭曲的心態。這種利用本字旋轉産生新的本字是甲骨文獨特的造字方法之一。

【甲骨文字本義小結】

目的本義：人的眼睛。名詞。音訓：從圓從厂。圓厂切，讀若 yan。圓爲眼珠，厂爲石崖，示眉骨凹陷處。

臣的本義：商王之臣子。名詞。音訓：依據《説文》"臣。牽也"這一音訓，臣的發音應是牽的同音或者近音字，而不是今天的發音 chen。其反切下字應爲眼，反切上字無考。但上古音清母、從母、邪母中 c 聲和 q 聲互通很常見。讀若 qian。

破譯甲骨文：泪

東漢時代還没有泪這個漢字，所以許慎的《説文解字》雖然是第一部按照部首編排的字典，其中並没有泪這個漢字。漢字泪最早見于《漢印徵》。泪當然可以當作是淚的簡化字，但是甲骨文的泪是一個會意字，而漢字淚確實一個形聲字。前者從目從水；後者從戾從水，戾亦聲。就是説漢字泪在明朝還是被當作漢字淚的一個不規範的簡化字。但是這個淚字也没有收入《説文》。夏地方言中，淚讀若 li。

其實“泪”在漢字史上要遠遠早于“淚”，因爲早在甲骨文中就有這個字了，如圖：

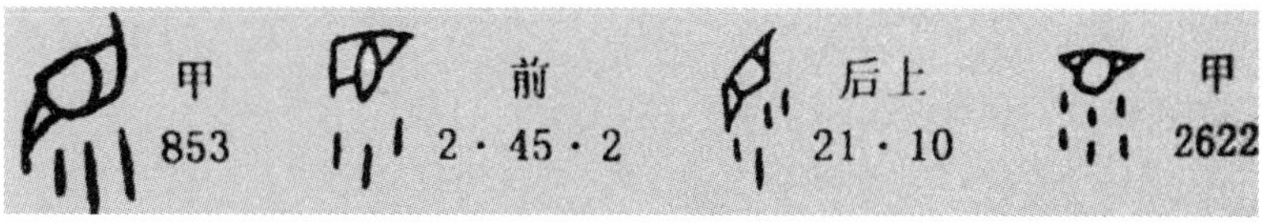

圖一　甲骨文：泪（淚）

甲骨文泪是一個會意字，從目從水。但是這個水是散點的水，因爲眼泪是一滴一滴的。按照甲骨文的造字規律，這個甲骨文字就應該破譯爲泪。在當地方言中這個淚字，發音爲 li（輕聲）但是在《説文》中與這個泪（淚）本義相符的卻是另外三個形聲字：

《説文》：“泗，泗水……從水泗聲。”

《説文》：“泣，無聲出涕者曰泣。”段注：“……據小徐本……哭下曰。哀聲也。其出涕不待言。其無聲出涕者爲泣。此哭泣之別也。”

《説文》：“涕，泣也。”段注：“按泣也二字，當作目液也。轉寫之誤也。毛傳皆云自目出曰涕。”

這三個辭條説明，早在東周時代甲骨文的泪字就已經被涕字或者泣字所代替。但甲骨文本字似以泗表示眼泪最符合造字注音。其中的四個散點代表聲符 si。而四的象形很容易聯想到目。

但是在甲骨文中確實有這個泪字。郭沫若就認爲：“余謂此當係涕之古字，象目垂涕之形。”涕和泣都是標準的形聲造字，我已經考證了甲骨文是形聲字開始濫觴的時代，没有純粹的形聲字。也就是説，從春秋戰國到明朝的兩千多年裏，這個殷商人用會意造字法創造的泪的本字竟然没有在市面上“流通”，它神秘地失蹤了。而代替它的涕和泣則是用形聲造字法另外創造的。這種一個會意字的本字字形被另一形聲字所取代在漢字發展史上是罕見的。類似的造字有一個甲骨文縮酒的“縮”，它的甲骨文是一個右文造字，小篆是會意字，漢字是純粹的形聲字。

有關這個甲骨文泪字的卜辭一直没有很通順的解釋：

卜辭：“其又妣丙泪大乙。酉彡王受祐。”（甲 1609）

卜辭：“其侑丙兄泪子癸。”（甲 680）

我認爲這兩條卜辭中的泪都當做“無聲地哭泣”解釋。按照這個解釋：第一條記載的是上歷史上妣丙哭她的丈夫商湯的史實；第二條是丙兄哭子癸。這樣，問題就迎刃而解了。但是，按照過去文字學家的解釋，這個甲骨文字爲眔，就是我們今天説的及。如果按照及來解釋上面兩條卜辭：前一條是祭祀妣丙及大乙；後一條是祭祀丙兄及子癸，四個人都死了。兩種破譯的意思相差很大。

【甲骨文字本義小結】

泪的本義：無聲地哭泣。動詞。引申爲泪水。名詞。疑爲泗之初文。

音訓：泪發音無據。泗從散點從目，右文造字，讀若 si。

破譯甲骨文：品　區

我通過比較研究甲骨文字的本義。同一個部首或符號出現在不同的甲骨文字中，這些部首和符號内涵的本義應該是相同或相近的。所以一個部首或者符號應該對結構中含有相同部首或符號的一類甲骨文字普遍適用，形成相互之間的轉注關係。在以往的甲骨文字研究中有這樣的情況，有些學者的破譯對解釋某一個字是通順的，但是對于相同部首的其他類字就解釋不通了。原因就在于這些學者衹是孤立地、静止地、片面地看待某個符號，就字論字，就符號論符號，當這些符號出現在其他的甲骨文字中時就不能自圓其説了。舉一個例子：

圖一　甲骨文：品

甲骨文品從三口。《説文》："品，衆庶也。從三口。"許慎的本義是衆人之義。我們把這個甲骨文品作爲一個整體的部首，在甲骨文中恰恰出現了另一個結構中也含有意符品的甲骨文字。

圖二　甲骨文：區

《説文》中許慎的定義是："區，踦區。藏匿也。從品在匸中。品，衆也。"文中的踦是一隻腳的意思。所以許氏"區"的定義譯爲現代意思就是：區是用于藏匿或者儲藏物品用的一個單獨的區域。爲了和品發生關係，許慎加了三個字："品，衆也。"其實如果前者的品如許慎所説解釋爲"衆人"的話，這裏的區的本義和品的本義就是毫無關聯的。

我認爲，造字者一定是將品作爲一個整體符號運用在甲骨文區字的造字中的。所以在各個相關結構中含有品的甲骨文字中，本義應該是一樣的。至于這些字被創造出來之後的詞性發生變化或者引申和活用是另外一回事。所以甲骨文區中的品，應該和甲骨文品字有共同的本義。這個本義是什麼呢？它能够同時滿足區和品兩個字的破譯嗎？

區這個甲骨文字在後來的西周又産生了兩個形聲字：歐、敺。在《説文》中有一個形聲字甌。其中歐是打擊的意思，敺是驅趕的意思，而甌則是漢代以前盛食的瓦盆。區是這樣三個字的初文。應該説區的本義和衆人是没有什麼關係的。而品從三口的口，和人的嘴巴也是没有關係的。

我在前面的考證中論證了甲骨文口字是一個非固定的意符，它在造字的結構中的用作不同的本義，例如星星、城邑、水井、嘴巴、容器、地穴和其他物品。人的嘴巴衹是口字諸多本義中的一種。不能因爲它從三口，就是三個人，繼而認定它代表衆人的本義。衆人的本義在甲骨文中已經有了一個衆字。在卜辭中涉及衆人的地方一般用衆表示。例如："……巳卜。賓。貞：上甲和衆唐。"（前2·45·2）殷商時代的甲骨文字是一字一義的，由于字的數量不够，尚且存在大量的假借字。所以還没有奢侈到使用兩個不同的本字來表示同一個本義的地步。甲骨文字的研究結果也可以證明這一點。

所以甲骨文區的本義就是露天存放物品的區域。而這些口就是容器，或者物品。而品的本義就是泛指物品。卜辭中在祭祀場合常見"酒系品"或者"酒品"連用，這些祭祀用的"品"就是一罎一罎的酒。它們在露天存放的區域就是區。每個區都有呈直角狀（L）的兩堵圍墻，就像在甲骨文區字中表現的那樣。我這樣説是有依據的，在甲骨文矦字中也有這樣的圍墻，呈 L 狀。矦，從 L 從矢，是露天的練習射箭或者比武的場所。

所以，甲骨文品字的本義就衹能够定義爲：物品。是露天堆放或者排列在一起的物品。最後我們把有關品和區這兩個甲骨文字經過我考證的本義運用在卜辭的解釋中，看看能不能通暢而準確地詮釋卜辭。

卜辭："貞：王其狩區。"（乙6404）意爲：王的狩獵區域。應該是露天區域。

卜辭："弜區□。"（甲584）意爲：比武區域。

卜辭："丑卜。……其……區。"含義不明。

卜辭："乙未。酒係品上甲十報乙三報丙三……"（粹112）意爲：排列的祭祀用酒樽。

卜辭："辛酉卜。貞：王賓品。亡尤。"（前5·35·4）含義未詳。

【甲骨文字本義小結】

品的本義：堆放或者排列的物品。名詞。音訓待考。

區的本義：（供祭祀、狩獵、比武）用直角形圍墻圈定的露天區域。名詞。

破譯甲骨文：簧　龢(和)

現代漢字的簧和龢差别很大，幾乎没有任何聯係。其實這兩個字的甲骨文本字的聯係也不大。既然殷商時代的造字之初和現在它們都没有什麽聯係，爲什麽要把這樣兩個字放在一起來考證呢？答案是：這兩個字在殷商以後的西周金文中是緊密聯係在一起的。就是説它們倆在歷史長河中是分分合合，先分再合又分開的。爲什麽會這樣呢？

我們從女媧説起。簧是中國最古老的樂器之一，笙和簧片據説都是女媧發明的。我認爲笙簧應該是遠古一種通訊工具。用于母系氏族社會召喚或者通知族群有關人員的一種聯係用的工具，並非一種樂器。

《世本》“女媧作笙簧”，王謨輯本注：“明堂位疏、風俗通書鈔並引《世本》‘女媧作簧’。”① 當然，有些《世本》的輯本也有説“巫咸作笙”的。總之，笙簧的發明是在新石器時代以前。同時對于古老的笙而言，和簧是分不開的。簧是簧片，在甲骨文簧字中有兩個簧片：

圖一　甲骨文：簧

圖二　甲骨文：龢（和）

這個甲骨文字被很多文字學家（如郭沫若）認定是龠，説它是像笙一樣的編管樂器。其實這個甲骨文字不能是龠，衹能叫簧。首先我們知道在殷商時已經有了簧這種樂器；其次從本字的造字看這是一個會意字，從環（甲骨文中環音通黄），從雙簧片。第三，如果我們將它定義爲龠的本字，就牽涉其他甲骨文字的本義確定起來比較困難。這個“其他的甲骨文字”就是龢。如圖二。

甲骨文龢，從龠從禾。如果我們認定圖一中的甲骨文是龠的話，圖二的甲骨文就不從龠。應該表述爲：龢。從亼從冊（柵欄）從禾。這種造字的結構表述很原始，很樸素。圖二第三例的口代表半地穴式民居的地穴，而例一例二的亼代表半地穴式民居的草屋頂，這樣兩個符號在甲骨文造字中是等值的——其本義相同——代表殷商平民居住的半地穴式民居。這個和字在現代漢語中寫作：龢。

甲骨文龢是一個右文造字，其中的“禾”是聲符兼意符。讀若 he。

甲骨文龢的本義很直接明瞭：有吃有住就是龢。這裏的冊，是柵欄的象形。我們從半坡遺址可以看到，半坡時代的半地穴式民居爲了抵擋北方的寒風都在屋外建有一道或者兩道柵欄狀的擋風墻，墻上糊上厚厚的泥巴。有吃有住，這就是現代漢字“和”的原始的本義。這是一個針對殷商平民生活的造字。早期甲骨文有一個字可以看作龠，這就是一期卜辭裏的：按照甲骨文造字規律，這個龠字的本義應該是柵欄的别字。如果上部從宀，則可以視爲王族儲藏樂器的倉庫。但是它不從宀，而是從亼。亼是窮人专属的半地穴式的草房的屋頂，窮人應該是享受不到樂器的。

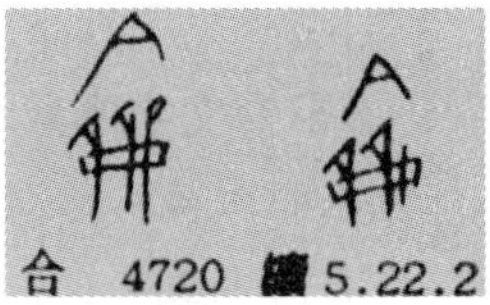

圖三

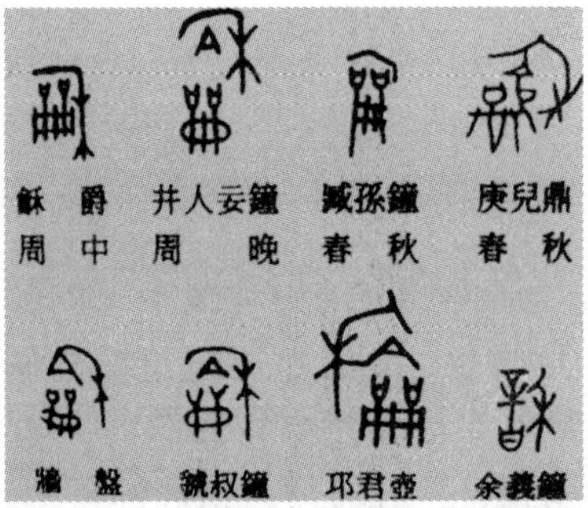

圖四　金文：和（下行右一非本字）

奇怪的是，在西周王朝繼承了甲骨文以後，這個龢字變了，不僅變得和簧息息相關，而且變得非常富于精神内涵。西周人對和的理解似乎是進了一大步：

我們看到在周金中龢字都是有屋頂的，上行第一第三例没有亼，但它是將禾字上面的一撇彎曲成屋頂的象形來表達這個意思的。另一個大變化是甲骨文龢字中的從冊（柵欄），在周金中都被有簧片的簧字取而代之了。這表明對于現代漢字的“和”在周人心目中的理解進了一步：有吃有住有音樂（或者有祭祀）。

① （漢）宋衷等注《世本八種》，王謨輯本，第35頁。

《集韻》："龢，一曰小笙。十三管也。"樂器徹底取代了柵欄。用笙簧取代柵欄也並非没有造字依據，因爲笙簧和柵欄的形式（格式塔）是相同的，都是若干的竪直木棍或竹管編製的。

到了東漢和字的定義就和現代漢語比較接近了：

《説文》："和，調也。"這裏的調讀若條。是現代漢語使之協調的意思。你看甲骨文龢和金文龢的造字，在民居和莊稼之間用柵欄分隔開，這樣就省卻了很多是非。例如家禽家畜偷吃了别人的莊稼。

有一條關于甲骨文龢字的耐人尋味的卜辭："……巳卜。賓。貞：上甲龢衆唐……"我們知道，上甲（微）和唐（商湯）是商代兩個著名的王。自上甲微到商湯之間持續六代七王一直保持了强勢，終于在商湯時代滅桀，開始了商朝盛世。這裏的"上甲龢衆唐"可能就是記載了上甲微開創了直至商湯的和諧穩定的商前的安居樂業，衣食無憂的盛世的意思。所以"龢"的本義應該在殷商就有調和、協調的含義。

從卜辭中簧的使用情况看，它經常和用于祭祀的"彡"連用，這可以證明"簧"的作用不在娱樂而在祭祀：

卜辭："乙巳卜。旅。貞：王賓戔甲。彡簧□。"（粹 226）

卜辭："戊戌卜。旅。貞：王賓父丁。彡簧亡禍。"（佚 397）

【甲骨文字本義小結】

簧的本義：我國最早的哨器之一——笙簧。名詞。

音訓：從双環。右文造字。○是聲符兼意符。讀若 huan，通 huang。

龢的本義：殷商平民的理想生活——吃住無憂。名詞。

音訓：右文造字。禾是聲符兼意符。

破譯甲骨文：單　獸

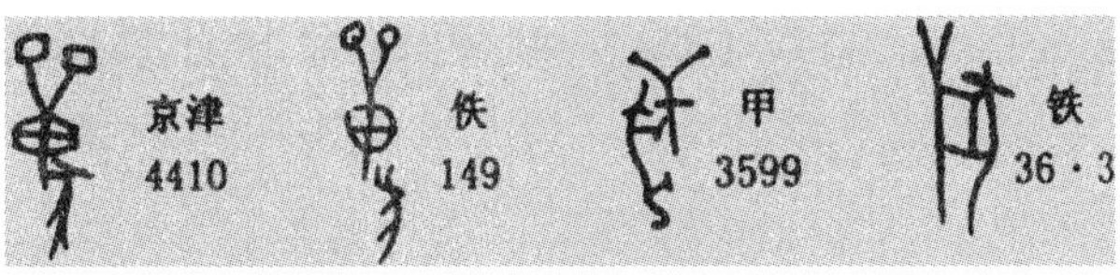

圖一　甲骨文：獸

《説文》"獸，守備者。從獸從犬。"段注："以疊韻爲訓。能守能備。如虎豹在山是也。"意思有點模糊。許慎的意思是，獸就是狩獵者守候的對象——野獸，所以從獸（捕捉對象）從犬（或從狼）。段玉裁的意思是，許慎用守備這個疊韻詞解釋獸字。當然，他倆説的都是小篆以後的獸字。甲骨文的"獸"他們没見過，所以也無從解釋。

從圖一的甲骨文獸字分析：其中例一例二爲甲骨文獸，名詞。從單從犬（或從狼）；例三例四是甲骨文，筆者的觀點可以破譯爲"狩"，從 Y（即干）從犬（或從狼）。

甲骨文"狼"和"犬"的區别就是動物學狼和犬的區别：尾巴上竪是犬，下垂是狼。這一點在造字的音訓上是有依據的。

按照甲骨文字一字一形一義的觀點，圖一中應該是兩個不同本義的甲骨文字。例三例四是一隻野獸正沿著小路走到了一個三岔路口，是一個會意字。意符“Y（即干）”是一種狩獵用的繩索，前段繫有野獸愛吃的誘餌。狩獵時，狩獵者就守著這根繫有誘餌的繩索等待野獸的到來。衹要抽動繩索，野獸就會跟蹤誘餌向前直到掉進陷阱。例一例二的獸字很明顯本義要複雜的多，因爲在獸的象形符號左側出現了一個複雜的象形符號。這個象形符號被歷來的文字學家們破譯爲單，這個單就是全套陷阱的象形——圓形的陷坑、繫有誘餌的繩索。兩個字被定義爲獸和狩是符合甲骨文造字規律和漢字發展規律的，關鍵在于對獸和狩兩個甲骨文字本義的破譯。

例一例二的獸的本義是布設好全套的陷阱等待的來者。例三例四是手執繩索以待野獸。

爲什麽我們説甲骨文“單”的本義是全套的陷阱呢？

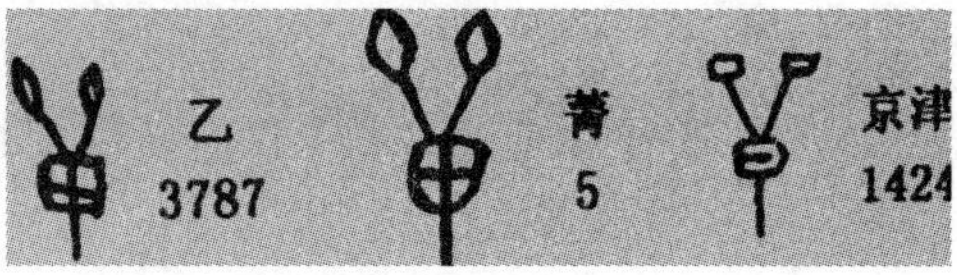

圖二　甲骨文：單

單的主體是Y，一條三岔的繩索，亦可解釋爲三岔路口。但是這條三岔路的繩索上出現了一個大的圓形，這個大圓和中間的一横一竪正好構成了一個甲骨文田字，這個田正是遠古狩獵的初文。單字的另外兩條繩索前端各出現了一個小的圓圈（或菱形，或正方形，或橢圓形），這是一個非固定意符。關于這個單的本義，破譯者大多認定是一件東西：捕鳥器、捕獸器、武器（干）、武器（盾）。許慎的解釋就更加離譜，《説文》：“單，大也。從吅早。吅亦聲。”郭沫若認定卜辭中的南單就是商紂王自焚之地的鹿臺。就是説這個鹿臺可能是商紂王狩獵野鹿的地方。總之，一切都期待這個單字的本義的確定。

單的本義應該與捕獸有關，這没有疑問。單的本義還應該和一條三岔繩索有關，而且還應該和一個大圈兩個小圈有關。從卜辭裏我們可以看到單經常和方位詞連用，而且卜辭中還有東單、西單、南單等地名：

卜辭：“……采。各雲自北。西單雹。鳥星三月……”（前 7・26・3）

卜辭：“庚辰卜。争。貞：爰南單。”（乙 3787）

遠古人類最常用的捕獵方式就是陷阱。在選擇好的野獸經常出没的地方挖一個陷阱。陷阱一般爲圓形深坑。坑口用樹枝或草交叉遮蓋（即上述圓框田的象形）。在路上放一些肉作爲誘餌。當野獸吃完了路上的誘餌之後會發現前面路上還有兩塊肉，于是一步一步地走向陷阱。單的造字使用圓環意符，而田、地造字使用的是正方形意符。

我認爲，“單”字中間的Y形的繩索就是爲了用誘餌引誘野獸進入陷阱的狩獵工具。中間的交叉點上的圓圈就是人們預先設置好的陷阱。上面的兩個小圓（非固定意符）就是誘餌。這個單字的會意正是一個陷阱守望者的眼中的看到的場景。

甲骨文“單”的發音應該是膳。理由是殷商東南西三單以外是挖設陷阱捕獵野獸的區域。單者，膳也。《周禮・膳夫》：“膳饈之膳，牲肉也。”獲取牲肉的地方叫作單。

當單和獸結合以後形成的新的甲骨文字本義應該是挖設陷阱捕捉野獸——上圖例一例二中的甲骨文字。小篆用犬代替了甲骨文中的各種野獸，這個犬代表的是所有被捕捉的野獸而絶非獵犬。所以犬在這個字中也是一個非固定意符：可以是狼、野猪、虎、豹、熊、羆等各種野獸。事實上，甲骨文犬和狼區別甚微。而圖一中的例三例四兩字在三叉繩上省略了陷阱和誘餌，所以它應該是“狩”。圖一四個甲骨文字均從意符犬，殷商方言發音爲gou，獸字發音爲shou，狩字發音爲shou。韻母相同，反切下字爲犬（即狗）。

按照我對甲骨文獸字本義的破譯，它應該是一個動詞。事實上，在卜辭中，獸總是用作動詞的：

卜辭：“貞：王其田獸。亡災。”（甲1656）句中田作陷阱解。

卜辭：“甲申卜。□。貞：王涉獸。”（前4·1·1）意爲：王過河狩獵。

卜辭：“……丑。貞：王獸祖乙。”（佚118）意爲：王獵獸以祭祖乙。引申義。

【甲骨文字本義小結】

單的本義：遠古人爲捕捉野獸所設的陷阱。會意造字。名詞。從□□從丫。

獸的本義：用陷阱捕捉野獸。會意造字。從丫從狗。動詞。字中的犬（亦可作狼）代表各種野獸。獸狩通假，音訓闕疑。

破譯甲骨文：被混淆的“田”

田：①耕種的土地。②田官。……⑥打獵。通畋。（《辭源》）

田：①打獵。②農田。③耕種。（《古漢語常用字字典》）

這兩種排序誰是符合人類的歷史事實的呢？當然是後一種。因爲遠古人類是先有打獵後有耕種的。所以本義必然首先是打獵。

在破譯甲骨文單時，我考證過狩獵者布設的陷阱就是一個圓框田，所以單的本義是遠古人爲捕捉野獸所設的陷阱。而意符圓框田在甲骨文中本義就是陷阱的象形。挖設陷阱目的是狩獵野獸。值得注意的是甲骨文的圓框的田字在卜辭中從來不被用作田地的田字。

甲骨文田地的田在早期使用方格田，這種方框的四格田卻可以用作狩獵的畋（甲骨文畋本義無狩獵的意思）的通假字。後來逐漸産生了多格田字（圖一）。《説文》中“畋”無狩獵之意。

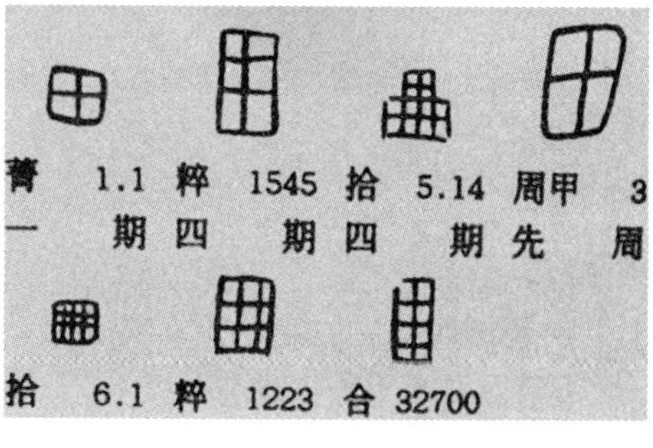

圖一　甲骨文（四格田和多格田）

卜辭：“壬申卜。貞：王田□。往來無災。獲白鹿一母㲋三。”（前2·29·3）

卜辭：“壬子卜。貞：王田于斿。往來無災。兹□獲麋十一。”（前2·26·7）

這是引自上海古籍出版社出版的《古文字類編》一書的甲骨文田字[①]。這種觀點在學界已經獲得普遍的認同。在其他的甲骨文工具書——例如徐無聞的《甲金篆隸大字

① 高明、涂白奎編著《古文字類編》（增訂本），第838頁。

典》——中甲骨文田字都是這樣選取的[1]。此外，甲骨文中還有一個不規則形狀的多格田字。也是多格的田字組合，但是呈不規則形狀，如圖二：疑爲甲骨文旱地或山地之地。

我認爲：圖中選取的甲骨文實際上並收了三種田字：四格田和多格田，不規則田。這是三種不同的田字。殷商的卜辭是需要一刀一刀在甲骨文上刻寫出來的，所以應該是本著越簡化越好的原則。那麼這樣一個田字居然形式多樣，煩瑣多變，這應該不是造字者的初衷。原因衹有一個，這些字都是必要的，非創造不可的字。否則，一個方格田就可以取代所有複雜的甲骨文的田字。既然是非創造不可的字，它們就一定是有著不同本義、發音和本字的不同的甲骨文字。

圖二　甲骨文：地

圖一中上一上四是四格田，其餘的都是多格田，多格田其實就是幾個田的組合，所以疑爲即卜辭中的“多田”。音訓多田切即讀若甸，所以甲骨文甸字應該就是這個多格田，圖一中除例一例四以外都是。甸爲多田兩字的合音合文，本字也是由多田組合而成的。甸是規劃好的整齊的水田。我們從圖一中看見可如粹 1223 所示的西周井田的雛形。圖二爲不規則田。音訓爲田且切，亦即田鷄切，讀若地。通假甲骨文第。圖一的田和甸都是水田，圖二的地是規劃水田以後多出的邊角旱地或山地。

卜辭：“王其省田。不遘大雨。”（粹 1002）四格田。

卜辭：“辛卯卜：甲午求禾田三牛。”（人 2982）四格田。

卜辭：“……以多田亞任……”（粹 1545）多格田。

卜辭：“丁卯王卜，貞……餘其從多田于多伯正盂方伯□……”（甲 2416）多格田。

卜辭：“今地受黍。”（粹 878）不規則田，即地。

卜辭：“辛亥卜：地用于下乙。”（乙 5327）不規則田，即地。

卜辭：“甲寅卜，□貞：第乙卯易日。”（乙 6385）不規則田，通假第。

卜辭：“癸未卜。貞：第戊子王往逐□。”（佚 389）不規則田，通假第。

卜辭：“癸未卜：第丁亥兄丁一牛。六月用。”（林 1・14・5）不規則田，通假第。

卜辭：“乙亥卜。賓貞：第乙亥酒系易日。乙亥酒允易日。”（前 7・4・1）本條爲驗辭。

上述後四條通假字“第”係指自占卜之日起的未來某日，猶如今天所說“第×日”。

【甲骨文字本義小結】

圓框田本義：狩獵挖設的陷阱。名詞。

方格田本義：水田。名詞。

音訓：土宀切，讀若 tian。通假字：打獵之田。

多格田本義：多田合音爲甸。多田組合爲甲骨文多格田。卜辭中“多田”爲多甸

① 徐無聞主編《甲金篆隸大字典》，四川辭書出版社 1991 年版，第 955 頁。

之意。

地的本義：規劃水田後剩下的邊角旱地，或山地。

音訓：田鷄（且）切，讀若 di。通假字：第。

［注］甲骨文畋本義爲農耕中平整水田之意，並無打獵的本義和引申義。

破譯甲骨文：畋　男　耒（力）

圖一

在甲骨文中四格田和多格田這兩種形式是分別作爲不同的部首使用在造字過程中的。四格田爲部首的甲骨文字有：畋、男、疇、畯、疆、畺、彊、畕等；多格田有㬎、翊（兩字音近，本字造型存疑，應從多格田）。多格田的造字功能是大面積的田疇。

上文《破譯甲骨文：被混淆的“田”》中我辨析了圓框田應該是殷商人爲捕捉野獸而設的陷阱。現在來看甲骨文畋字，初文爲四格田。

這個字的造型是從方框的四格田從攴。其中丨被解釋爲工具或農具，這沒有異議。是手執棍棒平整土地之意。《説文》曰：“畋，平田也。從攴田。”關于平田，其實祗要對農村農事瞭解一點的人就會知道，就是用農具將土地（主要是指栽種水稻之前的水田）平整好。

卜辭：“……辰卜。車允畋貝今生……”（乙 324）

上條卜辭應該是解作在像水田一樣的淺灘淤泥中尋找貝類（或蚌類）。但是我在卜辭中又發現了新的問題。有這樣一條卜辭：

卜辭：“乙未□（疑爲卜字）：女老畋。”（乙 428）

圖中的意符田顯然是平田之意。所以這個甲骨文字應該和農作活動有關係。《尚書·多方》有“今爾尚宅爾宅，畋爾田”，也證明這個甲骨文“畋”字夏商之際指的正是農耕中的平田（殷商地域也叫作耖田）——在栽插水稻秧苗之前用農具將水田平整成水平狀。因爲殷商平田使用人工且不需要重體力勞動，所以“女老”也可以參加平田的勞動。

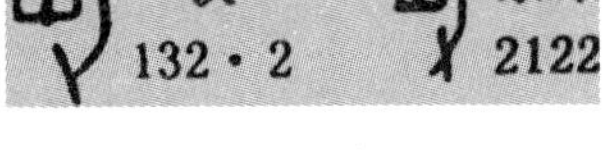

圖二　甲骨文：男

這也是一個涉及到四格田爲部首的甲骨文字。看起來是符合殷商前的史實的。這個甲骨文男字從四格田從耒，所以將其解釋爲——田地和一張耒的會意。傳統的解釋是從田從耒（訓爲力），所以在田地裏用耒翻土者爲男。該字音訓爲耒田切，讀若 lan 或 nan。

請注意這個耒原是夏商翻土用的一種農具。後來改進爲農具犁。在江西新干大洋洲墓中已經出土了青銅的三角犁頭。耒和犁的繼承關係説明耒和犁的夏商方言發音可能是同音字。它們的發音都讀若 li。

《説文》:“男，丈夫也。從田從力。言男用力于田也。”這説明在許慎的東漢時代，農業在國民經濟中的地位已經占據了主要的地位。意符力、耒、犁三者之間的音訓表明這三者之間是有内在聯係的。

在《説文》裏，甲骨文耒的本字是直接定義爲力的：“力，筋也。象人筋之形。治功曰力，能圉大災。”就是説許慎認爲金文的耒是人筋的象形。因爲遠古的翻土和犁田都是由健壯的男子擔任的，女人也從事農業，但是一般是平整土地之類的輕體力活。

圖三　甲骨文：耒（訓爲力）

我贊成這個字就是甲骨文和金文耒的象形。它的本義的生活原型耒是遠古時代的一種人力從事的農耕器具——進化爲翻土的犁。

但是甲骨文“耒”和“力”相通也許來自兩個字其實原本是一個字。按照許慎的定義，力是“象人筋之形”，其實當我們用力的時候，手背上就會出現這個類似“耒”和“力”的“人筋之形”。

圖四
金文：耒

木製的雙齒耒就叫作耜。

《易・傳》:“庖羲氏没，神農氏作。斫木爲耜，煣木爲耒。耒耜之利，以教天下。蓋取諸益。”

《淮南子》:“古者剡耜而耕，摩蜃而耨，木鉤而樵，抱甀而汲，民勞而利薄。”

可見“耒”作爲農具使用時代很早。商代的木耒衹有一個木製的齒，後來有了兩齒的木耜，此時尚用人力耕田。而到了周代已經進化成爲金屬的三角犁鏵了。需要一人執耜兩人拉耜。這一點從甲骨文和金文的耒字裏可以看出差别。這一段耒耜發展史在《周禮・匠人》中有詳細的記載。兩人拉耜的耕作在《説文》中有一個字叫作耦：“耦，耒廣五寸爲伐。二伐爲耦。”

正是因爲用耒、耜、犁進行耕作是一件很需要體力的農活，所以我相信它是男人纔能駕馭的。此外，還有一個發聲的證據：耒（lei）和力（li 入聲）殷商的發聲接近，耒和犁殷商發音也很相近。巧合的是當人手用力時，手背上會出現如金文“耒”形狀一樣的筋的凸起。所以從金文耒的造字看，可能已經被假借爲“力”了。

【甲骨文字本義小結】

畋的本義：在栽插水稻秧苗之前用農具將水田平整成水平狀。動詞。

音訓：從田從攴。田既是聲符也是意符。本字爲右文造字。

男的本義：會意字。從事農耕的人——男人。名詞。

音訓：耒（力）田切，讀若 lan 或 nan。

耒的本義：象形字。木製的犁，靠人力挖土或翻田。名詞。引申爲：力。

音訓：乀一切。讀若 li。古音通 lei。殷商方言中“力”發音爲 li（入聲）。

破譯甲骨文：狄

圖一　甲骨文：狄

殷商時期，我國的氏族居住地相對固定，這就是東夷西戎南蠻（也成南苗）北狄。居住在我國北方的主要是北狄。上圖的這個甲骨文字被古文字界定義爲狄的本字。問題出在這個甲骨文狄字爲什麼采用了這樣奇特的造字。該字從大從且從狗。從狗的原因是蒙古族傳説中這隻創世紀的公狼因爲崇拜而避諱，蒙古人稱之爲“黄狗”或“天狗”。其實這個甲骨文“狄”的造字意符從狼或者從狗都不影響，因爲該造字的注音意符是大（人也）和且（男性或雄性生殖器）。

《説文》：“狄，赤狄。本犬種。狄之爲言淫辟也。從犬亦省聲。”這個定義在提倡民族團結和平等的今天看起來有點種族歧視。但是狄在夏、商之際的民族傳説裏確實與犬相關，準確地説是與狼相關。因爲家犬是從野狼經過馴化後蓄養的，所以在遠古視兩者實爲同類。

不過，在甲骨文的狄字中的確是從狼從人。關于甲骨文狼與犬的區别，我已經進行了考證：狼、犬和豕三個甲骨文字在字形上極爲相似，但是它們的尾巴可以區别三者，狼的尾巴長而且平，有時下垂；犬的尾巴上捲善于摇尾乞憐；豕的尾巴短且直。三者外形幾乎相同，在殷商甲骨文中犬和狼分的不是特别清楚，時見混用。從家畜馴化史看，狗是野狼馴化而來。殷商卜辭中有很多從野外捕捉小野獸的記載。

甲骨文狄字右側的動物尾巴長而且平，所以狄從狼從人。注意，這是一頭牡狼（雄性），從生殖器可以看出。例一更爲明顯，從丄，即雄性生殖器。狄就是殷商人對匈奴民族的稱呼。它可能源于一個匈奴民族的創世紀傳説：“俗云匈奴單于生二女，姿容甚美，國人皆以爲神，單于曰：‘吾有此女，安可配人，將以與天。’乃于國北無人之地，築高臺，置二女其上，曰：‘請天自迎之。’經三年，其母欲迎，單于曰：‘不可，未徹之間耳。’復一年，乃有一老狼，晝夜守臺嗥呼，因穿臺下爲空穴，經時不去。其小女曰：‘吾父處我于此，欲以與天，而今狼來，或神物天使之然。’將下就之，其姊大驚曰：‘此是畜生，無乃辱父母也！’妹不從，下爲狼妻而産子。後遂滋繁成國，故其人好引聲長歌，又似狼嗥。”（《魏書·蠕蠕匈奴徒河高車列傳》）

無論在我國的内蒙古還是在蒙古國，無論是遠古的匈奴、突厥還是元朝的成吉思汗，它們都是稱狼爲“蒼狼”“天狗”或者“黄狗”，都存在著狼崇拜。這崇拜的原因就是他們的創世紀傳説中是人與狼的後代。在蒙古族史書《蒙古秘史》中使蒙古族聖母阿蘭豁阿懷孕從而誕生了蒙古遠古氏族的天狗正是一頭狼。蒙古國國家中央圖書館館長阿吉木有論文集《天狗》專門探討這個課題。（該書已經由長江文藝出版社翻譯出版，書名爲《藍色蒙古的蒼狼》。)

因爲文字最初是針對方言口語的記載而創造的，所以有什麼樣的傳説就有什麼樣的記載。反映在造字上也是這樣的。所以匈奴在我國歷史上又有蒼狼帝國（氐國）的稱謂。殷商以後，由于流放和戰亂，民族遷徙是一種常態，所以現在在我國南方一些民族中也有對狼或者犬的崇拜，例如畲族。但是具體到甲骨文的狄字，我們可以理解爲殷商人在造字中記錄了域外民族的歷史。

狄與人獸混交無關。

【甲骨文字本義小結】

狄的本義：殷商時期居住在殷商北方的少數民族。音訓：從大從且。爲大鷄切，讀若 di。

［注］且的殷商口語發音 ji。

破譯甲骨文：小　少

殷商甲骨文中很少有形容詞，但是我發現小和少是兩個比較常用的甲骨文的形容詞。它們是不是可以代表甲骨文字的本字中就有形容詞這個詞性存在呢？我們不要急于下這個結論，而是要仔細地考證一下這樣兩個字的本字在殷商甲骨文中是不是確實存在。也許它們是某一個甲骨文名詞的形容詞用法？也許它們根本就是一個字的不同表現形式？要考證它們的甲骨文本義就要從《説文》開始溯源。

《説文》：“小，物之微也。從八。丨見而分之。”按照許慎的定義，小與大相對應，是一個東西被丨分割到很微小的地步。許慎解釋的不是甲骨文小而是小篆的小字。這使我們聯想到我國古代“一尺之棰，日取其半，永世不竭”這一古老的哲學和邏輯學的命題。

《説文》：“少，不多也。從小。丿聲。”少與多相對應。許慎解釋的不是甲骨文少而是小篆的少字。

圖一　甲骨文：小

我們看到，在東漢時期，小和少這兩個漢字的意義是非常明確，不容混淆的。現在讓我們向前追溯一千三百年，看一看殷商時期的甲骨文中它們的字形和本義：

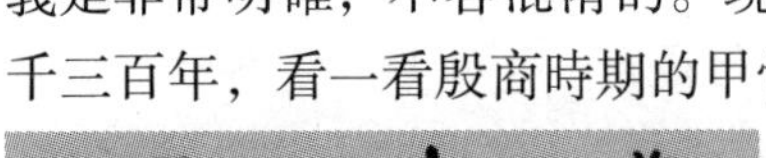

圖二　甲骨文：少

按照以往古文字學家的破譯，圖一、圖二中三點的爲小字，四點的爲少字。看見這樣兩個字以後，人們必然會産生一個疑問是：少字爲什麼比小字要多一點？從這兩個字的本義看，既然本義是少，那就應該比小字少一點纔合情合理啊。圖中還告訴我們，許慎關于這兩個字的本義的解釋是與殷商造字之初不相符合的。因爲小字中間不從丨，而少字下部也不從丿。《説文》的小和少的詞源考證與甲骨文造字不符，衹能理解爲後起的解釋，或者是許慎的杜撰。該字段注曰：“故古少小互訓通用。”段玉裁未見過甲骨文，現在我們看到的“少”“小”兩字其實早在殷商時就已經通用了。現在讓我們看一看小和少這兩個字在卜辭中的運用：

卜辭："丁至庚。其茾贊小雨。"（粹 1004）

卜辭："小甲。"（前 1・7・1）卜辭中少甲、小甲互見。

卜辭："其今日雨少不。"（拾 7・15）卜辭中小雨、少雨互見，但本義待仔細甄别。

卜辭："丙午卜。今日其雨？大采雨。自北延□少雨。"（乙 16）

卜辭："少牛。"（前 4・55・3）卜辭中小牛、少牛互見。

卜辭："庚申卜。扶命少臣取……鳥。"（甲 2904）卜辭中小臣、少臣互見。

在卜辭中我們看到，在很多場合小和少這兩個字是可以通用的。也就是説，甲骨文小和少很可能在造字之初是同一個字。但是這種推測在卜辭中有證據嗎？有的。如圖三。

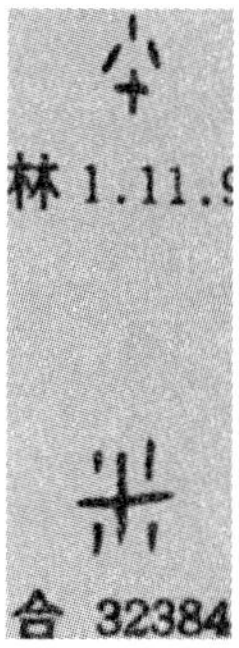

圖三

圖中的甲骨文字是第八世商王小甲兩個字的合文。他的名字可以寫作小甲兩字合文（三點），也可以寫作少甲兩字合文（四點）。這難道不能説明問題嗎？誰敢斗膽篡改君王的名字呢？從這樣兩種字形的字均被用于商王小甲的名字我們可以判定，這個字在殷商時的本義是小，不是少。商王名稱中涉及甲的有上甲微、太甲、小甲、河亶甲、沃甲、陽甲和祖甲。惟太甲（大甲）與小甲連用也説明小的本義是與大相對而言。所以甲骨文小字的本義確實是"物之微也"，而"少。不多也"是運用中的引申義。

我分析涉及水的甲骨文部首字，發現其中水有三種表示方法。其中一種就是用非固定意符散點的水表示小雨、小水、淺水的本義。這個散點的水可以用三個點、四個點、五個點來表示。甲骨文字淮、汙、汰、沐、沚、泉等都是運用這個散點的水部首造字的。就是説當小字在用作水的部首之一時，它代表的是散點的水滴，代表的是雨很小，水很少的意思。同時也説明本文開始圖中的小和少確實在殷商甲骨文中是同一個字。當它們被用在造字中是可以作爲水的三種部首之一：代表小雨、小水和淺水之意。

以往的古文字學家們將三點的甲骨文定義爲小的本字；將四點的甲骨文定義爲少字。設想一下：如果有一個甲骨文字有五個點，這個字應該是什麽本字？什麽本義？

我考證了甲骨文的水有三種表示方法，其中如果水很小，很淺，是用部首散點的水表示的。這個散點的水就是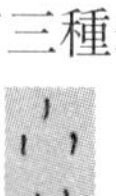。

我稱之爲甲骨文水部首丙本義爲淺水。它和子結合成爲汙，本義是幼兒戲水；它和止結合成爲沚，本義是水下淺灘；它和人（大）結合成爲汰，本義應該是人在淺水中，即洗澡。那麽，它和木結合成爲沐，本義應該是什麽呢？應該是雨水淋樹的意思。《説文》："沐，濯髮也。"應該是引申義；而《詩經・泂酌》的"可以濯罍"，就應該是洗滌，引申義。泉水的泉字，也從這個丙種的部首水，因爲泉水在發源地總是淺水，淺水下是淺灘。它和隹結合就構成甲骨文淮字，意思就是《夏小正》的"玄雉入于淮爲蜃"的意思。淮水產玄雉的五彩長尾，自大禹以後就是徐州的貢品。

《史記・夏本記》："海岱及淮維徐州……貢維五色土，羽畎夏狄……浮于淮、泗，通于河。"夏狄是一種雉，尾巴用來作旌旄。大禹王朝的旌旄就是由徐州進貢的。因爲淮河兩岸盛產夏狄（隹也），因爲淮河是進貢夏狄（隹）的通道，所以大禹將其命名爲淮。類似記載也見于《尚書・禹貢》。

在甲骨文中，用來表示小水、淺水、散點水的這個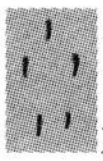是一個非固定意符，可以是三點，可以是四點，也可以是五點。當它是三點的時候，被專家們認定是甲骨文小的本字；當它是四點的時候，被專家們認定是甲骨文少的本字。其實三點四點五點的水，都是同一個意符，用來表示小水、淺水和散點水的意思，其本義就是水很少，水很淺，雨很小的意思。這個本義引申到其他現象就可以表示小和少的意思，詞性也就活用爲形容詞了。到了東漢的許慎時代，小和少在長期的使用過程中，已經脱穎而出成爲專門的形容詞了。

但是在殷商卜辭中，小和少的界限並不是很清楚的，上述三個有關符號在卜辭中常常互換使用。甚至在同一個甲骨文字中出現了使用三點、四點和五點的情況。其本義大多用在小雨的意思：

卜辭："丁至庚。其冓贊小雨。"（粹 1004）

卜辭："其今日雨少不。"（拾 7・15）

卜辭："丙午卜。今日其雨。大采雨。自北延□少雨。"（乙 16）

我們可以和下一條卜辭進行比較：

卜辭："乙酉卜。大。貞：及兹二月有大雨。"（前 3・19・2）

少小古爲一字。這個觀點是對的。但是王襄先生没有找到它的根源在什麼地方。它的根源就在它們是一個非固定意符，類似三點、四點和五點等散點的水都用來表示同一個本義：小水，淺水，散水。

在引申爲形容詞小的意義上，它可以表示小動物（少牛），小人物（少臣，小精臣），也用于商王前綴如小甲（前 1・7・1），小乙（前 1・17・1）等等。

散點的水作爲一個非固定意符推而廣之可以用于很多本義是散點狀的物質的造字。在殷商甲骨文系統中這個散點的意符可以用來表示很多的本義，例如：小水，水滴，血滴、雨點，米麥稷黍的顆粒，作物的種子，散發的氣味，發出的聲音以及屎尿等等。所以這個散點意符又是一個多義的意符。在破譯甲骨文字的過程中需要仔細辨明它的本義所指。

散點意符同時也作爲聲符兼意符參與甲骨文造字。散點作爲聲符兼意符的造字中的點數是固定不變的，即它的點數不是任意的，不能亂用。如甲骨文米一定是六點，谷（俗）衹能是四點，而小甲的小衹能是三點或四點。散點符號在作爲聲符時一般是作聲母居多。三點的小和四點的少聲紐均爲 S，所以可以互用。

如果一個甲骨文字出現了點數不一的散點意符，這個甲骨文造字中散點意符就是意符，不作聲符。

【甲骨文字本義小結】

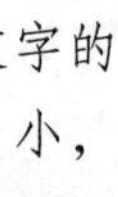、小、少的本義：三者都表示同一個本義，即小水、淺水、散水、小雨的意思。小的本義爲零星小雨，落在地面上即成小水，小水成流即爲淺水。三個字符是同一個甲骨文字的非固定意符，在參與甲骨文造字時所起的作用是等值的，一樣的。名詞。引申義：小，少。形容詞。這是一脈相承的字義演變。

［注］關于散點意符的發音目前尚無可考。但是存在這樣一種可能，依據甲骨文字一字一形一義的原則不同點數的散點意符，很可能發音是不同的。當這些發音不同的散點意符參與造字時，可以産生不同的反切注音。目前這還衹是一種設想。

破譯甲骨文：遂　逐

我已經考證了甲骨文逐字的本義是追逐野獸，它的甲骨文字象形是一隻右腳跟在野獸的後面。造字的原理明白易懂。逐是右文造字，其中的豕是意符兼聲符，所以它的發音爲豬。本文主要是要考證甲骨文遂字。

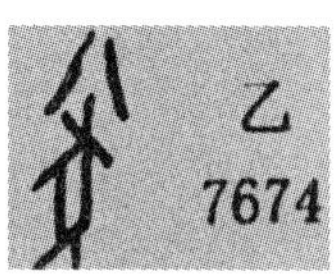

圖一　甲骨文：遂

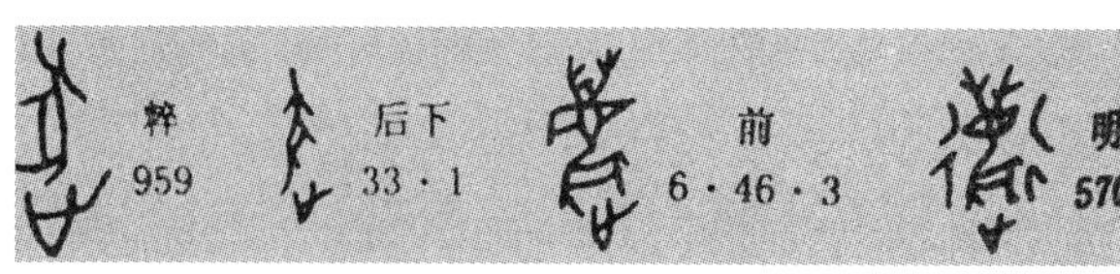

圖二　甲骨文：逐

從甲骨文遂的字面上看，是一頭野獸（非固定意符）鑽進了一條越來越窄的路口，終于被追趕走向了末路，其命運可想而知。

圖一這個甲骨文是漢字遂、隧二字的初文。《説文》："遂，從意也。從八豖聲。"許慎的定義是對的，人終于如自己的意願將野獸或者家畜趕進了胡同、巷子、隧道等狹窄的地方。但是許慎没有解釋清楚這個"從意"，後面的"從八豖聲"也没有追根尋源。以致一直到清朝的段玉裁注解《説文》時依然將這個從八解釋爲："有所從則有所背。故從八。"説明段玉裁也没有搞清楚許慎的定義到底是什麽意思。許慎的"從意"就是如意的意思，是人終于將獸制服了，並没有段玉裁所注解的"有所從則有所背"的含義。許慎的"從八豖聲"意思是遂字上從八下從豖。段玉裁硬是要將八的本義去扣遂的本義，所以曲解了。當然，他們兩人都没有解釋清楚遂的本義之所以然。關于本字的音訓，許慎説"從八豖聲"。按照甲骨文會意造字的注音，這個字應該是從豖從八，爲豖八切，讀若殺。

這裏的八是隧道和胡同的象形。甲骨文突字從犬從穴也是相同的造字方法，原理是一樣的。遂在春秋以後分化出隧道的隧，如：

《左傳・隱公元年》："公入而賦：'大隧之中，其樂也融融。'姜出而賦：'大隧之外，其樂也洩洩。'遂爲母子如初。"

《莊子・天地篇》"方將爲圃畦，鑿遂而入井，抱瓮而出灌……"

一期卜辭有一條理解上有歧義的辭條：

卜辭："辛卯卜。争。貞：遂獲。"（乙 7674）

這是指用追趕野獸（或家畜）的方式，最終捕獲了這頭野獸（或家畜）。這裏的

“遂”不能作“終于”解。原因就在于遂在甲骨文中是一個動詞。

【甲骨文字本義小結】

遂的本義：把野獸逼進隘巷或隧道以捕獲它。動詞。

音訓擬音讀若殺（入聲）。

逐的本義：追逐野獸或家畜。動詞。

音訓：右文造字。豕爲聲符兼意符。

豕殷商方言中發音爲zhu，通猪。

破譯甲骨文：無一字無出處

經過長期的研究以後，我得出這樣一個結論：甲骨文字無一字無出處。本文謹列舉一個系列甲骨文字爲例。類似的系列甲骨文字的孳乳派生現象在殷商甲骨文系統中還有很多。

這個系列是：己，杞，夷，弗，茀，第，拂。其中最後的第（見于《廣雅》）和拂（見于武威簡）在甲骨文中没有發現，但是與本系列字孳乳相關，所以列出于此。這個系列的甲骨文字初文始于己。它的字形孳乳分化出一個系列的甲骨文字；它的本義和這一系列的甲骨文字的本義有密切的聯係；但是由于涉及一個很長的文字進化的歷史時期和一個廣大的方言地理範圍，這個系列字的發音情況很難嚴密考證。

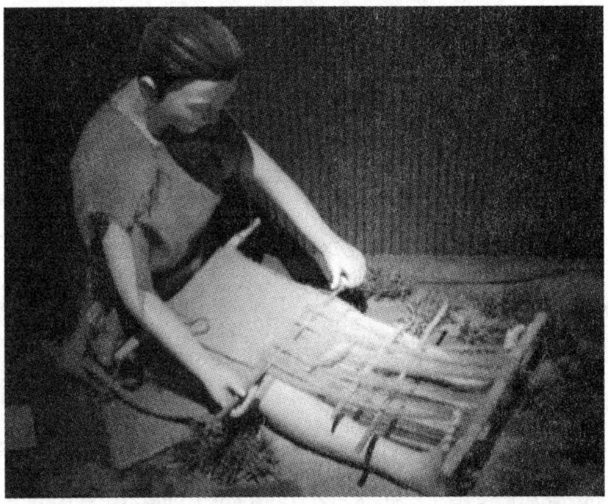

圖一　半坡博物館：遠古編織復原圖

甲骨文”己”的本義是杞柳，名詞。己是杞的初文。是東夷（今山東境内）盛産的一種用于編織筐篚等生産、生活用具的植物——杞柳。

甲骨文”弗”的本義是編織，即用杞柳編製筐篚之意。引申爲紡織。動詞。弗是拂的初文。

金文夷的本義：殷商東方之居民，又稱人方，是殷商東方敵國人方。西周以後稱夷方。所以夷是金文。西周柳鼎中的夷字從己從矢。這正是最典型地記録了西周中期，今山東地方居民的特點。一是善射；一是種植杞柳編織生活生産用具。夷、已音通。

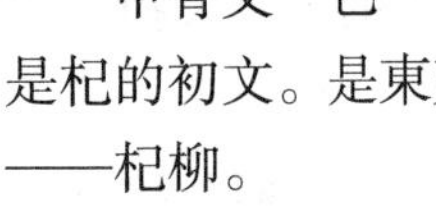

圖二　甲骨文：茀

茀從林從己。其甲骨文象形是疾風穿過樹林。茀字在《廣雅》中寫作第，從竹從己。它被列入釋器篇。説明當時人們認爲這個第是一種器具：“第，箭也。”如果我們依照甲骨文茀的本義孳乳派生出的第的竹箭應該不是它的本義。這尚有待新的古文字證據。因爲

《廣雅》中的笰也衹是一個孤證。《説文》:“弗，道多草不可行。”的定義與甲骨文會意不符。郭沫若認爲茀矢是竹箭的觀點也值得商榷。因爲在甲骨文茀中，林中穿越的形象衹能是會意爲彎曲盤旋的風的形象或者是蛇的形象。茀和笰一從林一從竹，在造字原理上是相通的。茀的本義如果可以解作疾風穿過樹林的話，笰的本義就應該是疾風穿過竹林，在這個本義上引申出竹箭的引申義是符合詞義發展規律的。卜辭“茀”衹一見，用作貞人名。

拂曉的拂不見甲骨文，也不見金文，它最早見于武威簡。《説文》:“拂，過擊也。”徐鍇曰:“擊而過之也。”[①]《禮記·曲禮》“進几杖者拂之”，疏:“拂去塵埃也。”[②] 根據這個本義，拂曉就是太陽掠過（亦即拂過）東方的地平綫的時刻。

根據拂的本義，它的本字弗應該就有“過之”的意思。因爲編織和紡織的過程中手要時時拂過編織物，其織梭也是在經綫之間來回穿梭的。所以我認爲茀的本義是疾風穿越（拂過）樹林，笰的本義是疾風穿越（拂過）竹林和這一個系列的字的字義孳乳是相一致的。

【甲骨文字本義小結】

己的本義：是杞柳，名詞。己是杞的初文。本字爲杞柳的象形。

弗的本義：編織，引申爲紡織。動詞。弗是拂的初文。

茀的本義：疾風穿越（拂過）樹林。動詞。轉注造字。

笰的本義：疾風穿越（拂過）竹林。動詞。引申義：竹箭。轉注造字。

拂的本義：（風）拂而過之某處。動詞。轉注造字。

拂曉本義：陽光出現在東方的地平綫。動詞。與甲骨文“昕”同義。

夷（金文）的本義是夷方。殷商東方敵國人方。周以後稱夷方。

破譯甲骨文：春　暮　蒿　艿　苴

《説文》中收錄了這樣的一個部首的小篆體漢字，茻部：

“，衆草也。從四屮凡茻之屬皆從茻。讀若與冈同。”段注:“按經傳草莽字。當用此。……模朗切。十部。”這個部首在甲骨文中也可以從四木。與漢字莽同字同音。

茻是一個很重要的部首。小篆的暮、莽、葬等字都是以茻爲造字部首的。茻這個部首與甲骨文的造字也一脈相承，這就爲我們研究甲骨文的相關係列字提供了一條明晰的歷史發展脈絡。在甲骨文中没有發現茻這個字，但是以茻爲部首的所創造的甲骨文字並不少見，如圖一、圖二、圖三和圖四。

① （清）段玉裁注《説文解字注》，成都古籍書店 1981 年影印，第 644 頁。

② 《十三經注疏》，第 1229 頁。

圖一　甲骨文：春

圖二　甲骨文：暮

圖三　甲骨文：蒿

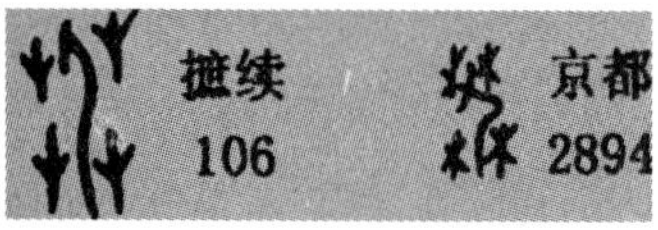

圖四　甲骨文：艿

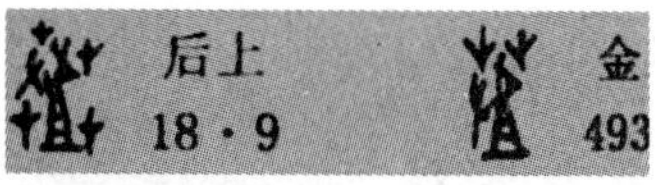

圖五　甲骨文：莔

甲骨文造字有一個基本規則：以一個意符的重複表示很多的意思。這裏草的重複，木的重複就是這個規律的運用。假設甲骨文中發現了茻這個字，它的本字和本義應該和小篆茻基本相同且一脈相承。因爲我們從上面五個甲骨文字的結構和本義的關係看，茻的本義都表示草莽（或林莽）的意思。

春的本義：春天的陽光普照大地，青草和樹木間，新草在發芽。音訓：右文造字。讀若屯。屯爲聲符兼意符。

暮的本義：傍晚，太陽落進了草叢或樹叢裏，這是黄昏時刻。莫爲聲符兼意符。音訓：莽日切（方言）。

蒿的本義：甲骨文高是殷商時的井亭，蒿就是井亭四周的蒿屬植物。這裏需要説明一點的是，村邑的水井一般遠離家居，所以周圍纔會有蒿草叢生。可從四木。造字中"高"爲聲符兼意符。右文造字。

艿的本義：《玉篇》解艿以舊草不芟新草又生曰艿。（見段注）我的觀點認爲：艿是人于草莽中行路遲滯。因爲它從茻從乃，茻爲草莽，乃的本義是説話措辭之難。兩者結合的會意應該是人于草莽中行路遲滯艱難。造字中"乃"爲聲符兼意符。右文造字。

莔的本義：這個字至今爲止的研究無達詁。本字結構中從茻從且從手會意應該與"草叢中的祖墳"或者"荒野祭祖"有關。卜辭中僅一例作方國名解——莔方。這裏暫付闕如。該字殷商方言發音爲雞。莔音訓 ji。右文造字。

茻作爲一個部首的造字功能一直持續到《説文》時代。許慎在《説文》茻部收録了這樣的幾個字對我們研究古文字很有啓發性。以下《説文》爲小篆。

《説文》："暮，日且冥也。從日在茻中。"這裏小篆暮與甲骨文暮本義相同。

《説文》："莽，南昌謂犬善逐兔草中爲莽。從犬茻。"甲骨文所無。南昌方言新字。

《説文》："葬，臧也。從死在茻中。一其中所以薦之。《易》曰：古者葬，厚衣之以薪。"關于甲骨文死和葬兩個字我已考證它們是"爲死者守靈"之本義，不是安葬的本義。現在在《説文》中找到了依據，小篆的葬字是在草莽之中有一個死字，死字的下面有一横。其本義爲將死者安置在草莽之中，下面的一横是草墊的象形。就是説當把死者的亡靈安置在草莽之中時，纔算是安葬了死者。然後再蓋上樹枝、茅草叫作樹，如果蓋上泥土就叫封。

【甲骨文字本義小結】

春的本義：春日普照大地，草木間新草正在發芽。

暮的本義：太陽落進了草叢裏，黄昏時刻。

蒿的本義：蒿就是井亭四周的蒿屬植物。

芀的本義：我的觀點認爲：芀是人于草莽中行路遲滯艱難。

苴的本義：這個字至今爲止的研究没有達詁。暫付闕如。

破譯甲骨文：鳥　隹

《説文》：“鳥，長尾禽之總名也。象形。鳥之足似匕，從匕。”

《説文》：“隹，鳥之短尾總名也。象形。”

以上引用了東漢許慎的關于漢字鳥和隹的定義。按照這個定義，鳥和隹都是飛禽分類的總名：鳥是所有長尾禽的總名；隹是短尾禽的總名。我們知道，甲骨文出土是十九世紀末的事情，東漢的許慎没有見過甲骨文。《説文》一書中也没有提及甲骨文字。

區别甲骨文隹和鳥有一個簡單的方法，這個方法源自這兩個甲骨文字的音訓。凡是造字中含有意符“日”（少數圓環中間没有一點）和“爪”的就是鳥；凡是造字意符中含有“止”而不含意符“日”的就是甲骨文隹。

鳥和隹這兩個字在甲骨文中就已經存在。它們的本義是否如許慎所説是兩類飛禽的總名呢？我認爲不是。爲什麽我得出這樣的結論呢？我們來看圖一甲骨文隹：

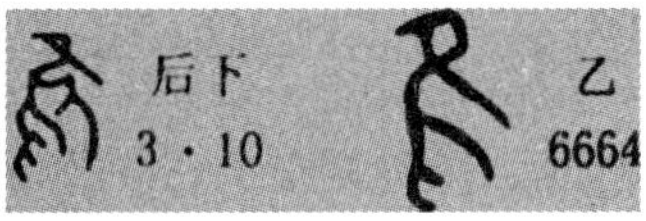

圖一　甲骨文：隹

從甲骨文隹字看，它是飛禽無疑。但是不是短尾飛禽的總名呢？應該不是。這是爲什麽呢？按照許慎的定義，雉應該是短尾飛禽。《説文》中有關于雉的記載：“雉，有十四種：盧諸雉、鷂雉、卜雉、鷩雉、秩秩海雉、翟山雉、翰雉、卓雉。伊雒而南曰翬，江淮而南曰摇，南方曰□，東方曰甾。北方曰稀，西方曰蹲。從隹，矢聲。”這十四種雉雖然我們無法確切知道它是長尾還是短尾，但是我們知道有些雉是長尾的。例如：

《史記・夏本記》：“海岱及淮維徐州……貢維五色土，羽畎夏狄……浮于淮、泗，通于河。”夏狄是一種雉，尾巴用來作旌旄。大禹王朝的旌旄就是由徐州進貢的。因爲淮河兩岸盛産夏狄（翟也），因爲淮河是進貢夏狄（翟）的通道，所以大禹將其命名爲淮。類似記載也見于《尚書・禹貢》。

我認爲，作爲旌旄的雉尾一定是長尾而不是短尾的。所以淮河兩岸出産的夏狄就應該是長尾雉。雉的本字也可能正由于它是徐州的貢品而來——因爲需要捕捉雉以獲取它的五彩長尾，所以用矢去射它。因此我們可以得出結論：雉。從矢從隹。甲骨文中隹的本義不是短尾飛禽的總名。此外東漢以前的漢字鷄的繁寫有兩種寫法：雞和鷄。有趣的是對應這兩種寫法都有相對的鷄可以自圓其説。公鷄是長尾的，從鷄；而母鷄是短尾的，從雞。

甲骨文隹會不會就是甲骨文雉的初文呢？再看甲骨文鳥，如圖二。

卜辭：“貞：戛不我。其來百鳥。”（掇2・142）這一條卜辭可以證明，從百鳥之説可知，甲骨文鳥字就是當時所有飛禽的總名，無論是長尾的還是短尾的，都叫作鳥。從

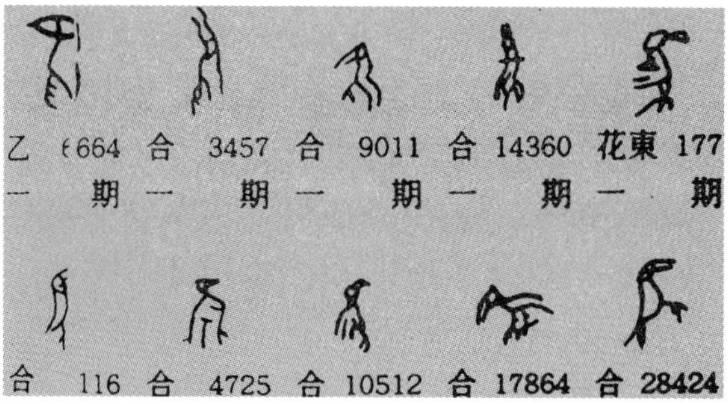

圖二　甲骨文：鳥（圖中凡造字中有意符⊙爲鳥）

而它從反面證明了甲骨文隹不是短尾飛禽的總名。所以許慎的關于鳥和隹的定義是東漢時期許慎收集到的流行用法。這一點是與漢字的發展規律相一致的：漢字的發展是一個本字逐漸分化，本義逐漸細化的過程。

卜辭："……鳥星……"（乙6664）中鳥星是什麽星？如果它是像鳥一樣會飛，那它就是流星；如果它是像鳥一樣的形象，那就有可能和南方朱雀星象相關。

《尚書·堯典》："日中星鳥，以殷仲春。"孔穎達疏："鳥。南方朱雀七宿。殷。正也。春分之昏。鳥星畢現。"可見鳥宿不是一顆會飛的星，而是具有朱雀（鳳凰）形狀的一群星星的形狀，常見于南方。

卜辭中還有一個有趣的現象就是卜辭中出現了"帝鳥"和"帝隹"的提法。如：

"貞：帝鳥。三羊。三豕。三犬。"（前4·17·5）

"帝隹。癸……其雨。"（前3·21·3）

顯然這裏的帝不能作禘解釋，因爲禘祭的祇能是殷商的先王。但是這裏的鳥和隹也不能作祭祀名解釋，因爲它們的主語帝是已經死亡的商王。死者祇能是被祭祀。帝鳥在獻祭貢品中的位置放在羊、豕、犬之前，説明帝鳥應該是很珍貴的鳥。卜辭中從帝的鳥祇有一種，就是鳳凰。甲骨文鳳，從帝從鳥。

現在剩下一個問題就是甲骨文隹的本義是什麽？我既然否定了它作爲短尾飛禽的總名，它就很可能是一個特指，特指某一種鳥。這個字在卜辭中出現時總是固定的字形的。我認爲隹就應該是雉的初字。就是玄雉。這種鳥之所以特殊，是因爲夏商之間的人們早就注意到它有一種不尋常的本領。

《夏小正》："十月（注：夏曆）……玄雉入于淮，爲蜃。"人們發現這種玄雉每年夏曆的十月間它們會鑽進淮河裏，變成了一種蚌殼類的蜃——蛤蜊。讀起來像是一個神話，其實是真實的歷史事實。玄雉喜歡鑽入水中尋找魚類或者其他的水中生物。人們看見玄雉入水以後就下去試圖捕捉它，結果他們摸到的不是玄雉，而總是蛤蜊。

按照我國遠古人類的原始思維，他們就認定玄雉入淮變成了蛤蜊。淮河也是因盛産玄雉而得名。甲骨文淮從水從隹，本義是盛産玄雉的那條河。

【甲骨文字本義小結】

鳥的本義：殷商時飛禽的總名。

音訓：從日從爪。日爪切。讀若 niao 或 liao。原理：娘日歸泥。象形造字。

隹的本義：雉的初文。夏商是特指一種在淮河沿岸活動的野鷄——玄雉。

音訓：聲符從止（趾）。今讀若 zhi。右文造字。

破譯甲骨文：初

圖一 甲骨文：初

《説文》："初，始也。從刀從衣。裁衣之始也。"在没有看見甲骨文"初"以前，它看起來是一個很有道理的解釋，所以古文字學者們大多認同這個解釋。但是爲什麽初的本義訓始依然是個疑問。

我們姑且認定許慎的解釋是對的："裁衣之始也。"裁衣之始爲什麽從衣從刀呢？首先裁衣之始應該從獸皮獸革或者從布；其次遠古製作衣裳主要工具是針而不是刀；第三裁衣之始爲什麽就是成衣；第四按照甲骨文造字規律，這裏的刀刃對準的正是横切口。第五，這件學者們公認的衣服，下襬卻是封閉的，而且拖出一條長長的帶狀物。

我認爲：甲骨文字的"衣"就是胎盤，就是胞衣。而"依"則是孩子在胎盤中的象形。當孩子被取出以後，剩下的就是人的第一件衣服：胞衣。

有人會反駁我的見解，説："胎兒出生後胎盤是一個完整的形象，怎麽會有開口呢？"

這個問題問得非常好。答案是這樣的：我國遠古時代的産婦分娩時一是經常發生胎盤連同嬰兒一起産下的情况，二是經常發生難産現象。所以很多胎兒都是需要剖開胎盤取出的。這是一個新生命的開始。

這裏我用甲骨文"初"再次證明我此前的考證結論。這裏的衣仍然當做胎盤解釋，是剖腹産用刀切開胎盤以後的會意。而剖開以後的胎盤和刀結合的會意字叫作"初"。因此這個甲骨文"初"的本義是"人之初"，生命正是從這裏（胎盤）開始起步。李孝定對初字的解釋疑慮不在初本身，而在衣。這個上部封口，下部也是封口的衣字最下邊還拖著一根長長的帶狀物，這條帶子正是維繫母體和胎兒的臍帶。在胎盤上用刀切出一個 T 形刀口，取出胎兒以後，胎盤就正是這個形象。所以初字是解剖以後的胎盤和刀兩個意符結合的會意——一個生命已經誕生了。甲骨文"刀"和表示女性生殖器的"匕"字形非常接近。造字中可以産生胎盤溢出母體的聯想。

卜辭："……王初尞……改……"（前 5·39·8）意思是王剛開始尞祭的時候……

至此，我已經用甲骨文"衣"的本義是胎盤這一結論考證了甲骨文字衣、依、卒、裘、初等字的本義。作爲旁證，我發現甲骨文殷字正是剖腹産手術的會意字。

【甲骨文字本義小結】

初的本義：人之初。引申義：開始，起點。本字音訓未詳，殷商時期發音不是 cu 或 chu。

破譯甲骨文：刪

圖一
甲骨文：刪

刪在甲骨文中僅有一例。但它在造字中內含的重要的殷商時代的歷史信息使得我們不可小覷它的史料價值。注意甲骨文刪本字中並不從“冊”，而是從柵欄的柵的初文。甲骨文冊字的中部是一個封閉的橢圓環，意指用牛皮或其他繩子將竹片變成一個完整的簡冊。在上圖“刪”字中它的象形是農村常見的柵欄。所以甲骨文刪字的本義應該是用刀編製柵欄的意思。

然而，在甲骨文冊和嗣字中，冊已經進化爲用牛皮繩編製的簡冊了：

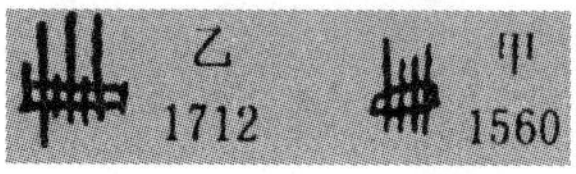

圖二　甲骨文：冊

圖三　甲骨文：嗣

圖四
甲骨文：典

請看，在甲骨文的冊字、嗣字和後面要考證的甲骨文典字，都是一個封閉的橢圓的環，這是簡冊的特徵。

刪，從刀從冊。但是對刪字在殷商時代的本義的解釋卻很值得仔細琢磨一番：

《說文》：“刪，剟也。從刀冊。冊，書也。古以簡牘故曰。孔子刪詩言有所取捨也。會意。”請注意許慎《說文》中這個“刪”的發音是從刀從冊，正如許慎的記載，發音爲剟。讀若 duo。

許慎的定義是針對用竹簡編製成的簡冊而言，所謂“剟”我們今天的方言依然在使用。俗話說“我剟了你”或者“把猪菜剟一剟”，意思就是用刀砍或者用刀切的意思。顯然許慎在這裏的定義是在用竹片編製簡冊時將兩端長短不齊的部分用刀修整好。但是“孔子刪詩”就已經不再是修整竹製簡冊了，而是針對《詩經》的內容的取捨而言。也就是說至遲在春秋時期的魯國，刪已經有了取捨文字內容的引申義了。由修整硬件到修改軟件，這是漢字“刪”本義的一個進步。既然對內容有所取捨，也就應該有了用刀將竹簡上的欲改正的內容刮除，並在刮削處補寫上新的內容的修改方法。

《廣韻》“刪”：“又除削也。”這裏的除削正是將竹製簡冊上的簡書中需要刪改的地方用刀刮除，然後可以寫上改正後的內容。這裏我們清晰地看到刪的本義由修整竹製簡冊轉移到了修改簡冊上書寫的文字內容了。這裏需要說明的是《廣韻》雖然是宋代成書，但是它在以前歷代的韻書的基礎上編修的，是我國宋以前的韻書的集大成者。

《漢書・律曆志》：“刪其僞辭取正義著于篇。”這就已經到了現代漢語的定義：刪改文章。

所以漢字刪的歷史進化路徑是：修正樹棍以編製柵欄——修整竹製的簡冊——修改竹製簡冊上的簡書文字——修改文章的内容。但是我們看到這個刪字早在一期的殷商甲骨文中就已經存在。甲骨文刪引發了一連串的非常重要的考古學的思考：

一、《尚書・多士》：“惟殷先人，有冊有典。”難道早在殷商時期就已經有了竹製簡冊嗎？它是用來做什麽的？如果是用來寫字記錄的，那麽就説明在殷商時期就已經有了簡書。如果是這樣的話，那麽中國歷史上的簡書將從郭店楚簡提前到了殷商簡書。這將是一個令世界考古界專家們震驚不已的推論。但是這個推論現在還没有獲得考古學實證的支持。

二、殷商人是用什麽材料作爲書寫文字的呢？甲骨文史、吏、事等字中已經有了筆的象形。甲骨文中也已經有了丹，這是一種紅的的礦物顏料。甲骨文中也已經有了青，這是一種用植物碾製的緑色植物顏料。

三、殷商人在這些竹製簡冊上又是用什麽字體記録歷史事件的呢？當然是當時唯一的甲骨文字。如果有一天在中原某地出土了殷商竹製簡書，上面用紅色或者緑色的甲骨文字記録着殷商的歷史事實，我一點也不會感到詫異。它有理由存在，因爲在殷商時代已經具備了它存在的歷史環境和各項客觀的條件——竹製簡書，筆，紅色和緑色的顏料，還有系統的甲骨文字。當時的殷商人已經發明了刪改簡書的方法。

四、殷商時代已經有了刀。甲骨文中不僅有刀字，而且有了與刀相關的一系列動詞：剝、利、刖、㓝、剛、物等等。據郭沫若等專家考證殷商時期没有鐵器，衹有銅器。但是在殷商考古中並没有發現銅質的刀。在如此多的甲骨文字中出現了刀部首，它應該是殷商時代器的常用物品，上述這些甲骨文字中所記録的刀應該是什麽樣子？在迄今爲止的殷商歷史考古學的發掘中有没有出土過這樣器型的刀？

卜辭中“刪”僅一見，列此存證：“甲戌卜，帝余乎龍刪……”（乙 6298 一期）

【甲骨文字本義小結】

刪的本義：用刀修整竹製簡冊。動詞。引申義：用刀刮除竹製簡冊上欲改正的字跡。動詞。引申義：刪除文章内容。音訓：右文造字。從三從環，或從四從環。讀若 san。後演化爲 shan。

破譯甲骨文：剝*

圖一
甲骨文：剝

這個甲骨文字被古文字專家們破譯爲漢字剝。應該説這個甲骨文字和漢字剝差别很大，本字從卜從刂；後者從彔從刂。其最早的文字學依據是許慎的《説文》：“剝，裂也。從刀從彔。彔，刻割也。”許慎接著説了一句“古文剝或從卜”。專家們就是根據這一句話認定這個甲骨文字是漢字剝的。這個認定是有道理的，因爲它的依據是《説文》，而《説文》又是依據剝字在戰國古文中的寫法。但是我們需要瞭解漢字的“剝”有幾個義項，而圖一甲骨文“剝”代表的是漢字“剝”的哪一個義項呢？

這個從卜從刂的甲骨文字是剝。它的本義是什麼呢？是用刀在龜甲上刻印記。甲骨文的剝字從卜從刂，説明這個字和兩個因素有關係：一是和甲骨占卜有關，所以從卜；二是和用刀在龜甲上刻畫痕跡有關，所以從刀。占卜之前首先在龜甲的背面用刀刻畫綫形痕跡，叫鑿。然後在每一片龜甲上沿著綫形痕跡用金屬鑽鑽出七十二個圓形凹坑，這個凹坑並不鑽透龜板，而是留下薄薄的一層。這樣在灼燒以前的龜甲從正面看與正常龜甲無異，從反面（背面）看，有七十二個凹坑，坑與坑之間有綫形刻痕相聯係。甲骨文剝的意符刀的本義就是刻畫這些綫形痕跡的工具（婦好墓和殷墟 M168 均有出土）；而意符卜則是有著弧形刀刃的青銅鉆具（鄭州二里崗出土）。

龜甲經過鑿鑽灼燒之後就會産生裂紋。有專門的官員依據占卜的國之大事對這些經灼燒後的裂痕進行解釋。這個官員在西周叫作大卜。

《周禮・大卜》："大卜掌三兆之法。一曰玉兆。二曰瓦兆。三曰原兆。其經兆之體皆百有二十。其頌皆千有二百。"

占卜的結果用刀刻畫在龜板的正面，所以刻寫卜辭也可以叫作剝。

卜辭中剝衹一見："……剝……七月……"（甲 3153）

學術研究的事情往往會有巧合：我在《詩經》中恰好找到這樣一個巧合的例子：

《詩經・豳風・七月》："八月剝棗，十月獲稻，爲此春酒，以介眉壽。"

我國西周和春秋戰國時期作爲夏商周後裔的各諸侯國中流行三種曆法——我國古代的"三正"。一是夏正（建寅的農曆月份，就是現行農曆的正月）；二是殷正（建丑，即現行農曆的十二月）；三是周正（建子，即現行農曆的十一月）；夏正以今農曆正月爲歲首，殷正以今農曆十二月爲歲首，周正則以今農曆十一月爲歲首。所以周的八月對應的正是商的七月。

如果我在上述卜辭中補充一個棗字："……剝（棗）……七月……"（甲 3153）它和《詩經・七月》表達的意思就完全一樣了。商的七月和周的八月是同一個月，農事也應該一樣：剝棗。

這裏的剝棗專家們一律解釋爲："剝，收取。一説'剝'，借作'攴'，即今'撲'字。'剝棗'就是打棗子。"（《詩經選注》蔣立甫，北京出版社 1881 年版）我一直相信專家的意見是對的，但是作爲一種文字研究我總喜歡追根尋源。在我研究甲骨文剝字時纔恍然大悟：甲骨文剝和甲骨文撲（攴）有一個共同的本字：卜。在文字的發展過程中，卜字分化出兩個漢字，用于刻畫的剝字和用于撲打的撲字。甲骨文撲字，從手從卜。《説文》："撲。小擊也。又從卜聲。"

所以，我相信殷商時的卜辭是用刀在龜甲上經過一次一次的敲打（小擊）形成甲骨文字的。

【甲骨文字本義小結】

撲的本義：小打小敲。動詞。

剝的本義：用刀或鉆在龜甲上經過敲打刻畫印痕或卜辭。動詞。

音訓：該字的音訓爲卜刀切，殷商方言讀若 bao。夏方客發音爲 be（入聲）。若本字是夏代的造字，則采用的是右文造字。卜是聲符兼意符。

破譯甲骨文：剕

圖一　甲骨文：剕（讀如弗）

《説文》："剕，擊也。從刀弗聲。"

甲骨文剕從弗從刂，看上去很容易被認爲是一個形聲字，其實不是。甲骨文中没有形聲造字法創造的字。我們習以爲是形聲字的甲骨文字，其中的聲符細細推敲起來，其中的音符都是兼爲意符的。剕就是這樣一個甲骨文字。所以它屬于宋代王聖美發現的右文造字，注音爲弗。該意符"弗"是"聲中有義"的。

《廣雅・釋詁》："剕，斷也。"

卜辭："癸亥卜。貞：旬一月仄雨自東，九日辛未。大采各延大鳯自西。剕雲率雨女□日。"（乙 478）董作賓將其中的剕釋爲"斷其雲也"。

按照上面各家的定義，剕的本義到底是許慎説的"擊也"，還是《廣雅》和董作賓説的"斷也"呢？這就要從甲骨文弗字深究其本義的根源。

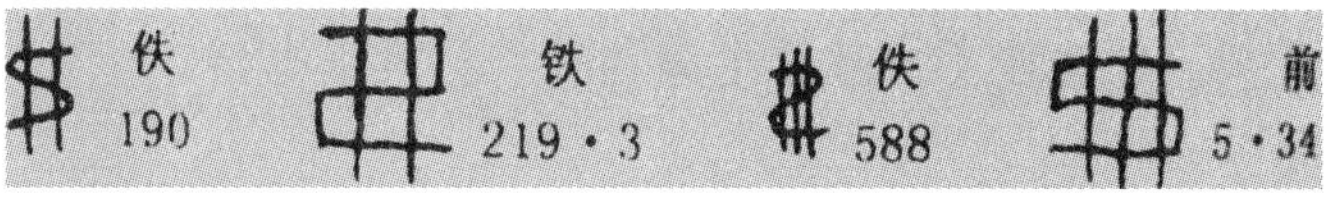

圖二　甲骨文：弗

我考證了甲骨文弗的本義：用藤條、杞柳、桑條、竹絲等編織筐篚竹籃。動詞。甲骨文弗，從己從兩豎，準確地説是一撇一捺。該字中的兩豎是編織時的經綫，而己是編織筐篚的緯綫。在甲骨文剕中，這個弗的旁邊多了一個刂，它表示在筐篚的編織完成時的最後一刀——砍斷多餘的藤條或者杞柳條。這纔是甲骨文剕的本義。所以《説文》的定義衹是剕的表面現象——擊也，而《廣雅》和董作賓的定義纔是它的本質——斷也。上述乙 478 卜辭中"……大鳯自西。剕雲……"就是一場自西邊來的大風吹開了天上密布的陰雲。

剕是用藤條或者杞柳編製完筐篚時的用刀進行的最後一擊，這一擊擊斷了藤條或者杞柳的剩餘部分，從而完成了整個筐篚的編織。甲骨文弗字中兩豎實爲一撇一捺，最後筆畫爲捺，是刀擊杞柳或經綫之意。這一捺也兼爲聲符。

《左傳・昭公二十六》："苑子剕林雍，斷其足。"孔穎達疏："剕，字從刀，謂以刀擊也。今江南猶謂刀擊爲刜。”至今淮河兩岸方言中惡意推搡別人還是叫作“刜”（上聲）。

《國語·齊語》：“刜令支斬孤竹而南歸。”句中砍與斬同義。

《楚辭·愍命》：“刜讒賊于中廇兮。”

以上三例説明到了春秋戰國時期刜字的甲骨文本義斷也已經由殷商甲骨文的動詞斷的本義擴大到了動詞砍的意思。詞義已經發生了轉移。可見許慎、孔穎達和《楚辭》《國語》的作者很可能都没有見過殷商的甲骨文字。

【甲骨文字本義小結】

刜的本義：斷。動詞。引申義：砍。動詞。右文造字：弗是聲符兼意符。

音訓：破解弗的音訓必須首先瞭解弗的造字。弗從己從丿從乀，筆畫乀讀若分勿切，這正是本字的注音，即 fu。

破譯甲骨文：典　冊

圖一是《古文字類編》中收錄的甲骨文典字共四例[①]。仔細觀察就會發現這幅圖中收錄的是四個不同的甲骨文字，它們都是動詞：一期是雙手奉冊；三期是單手執冊；四期是單手執冊安置在祭壇之上；五期是雙手奉冊安置在祭壇之上。甲骨文造字原則是一字一形一義，所以這個的四個甲骨文字應該是分別代表四個不同的甲骨文字的本義。其中衹有五期的後上 10·9 可以被看作甲骨文典。它從雙手，應該是個動詞。有拱手獻祭和畢恭畢敬的含義。

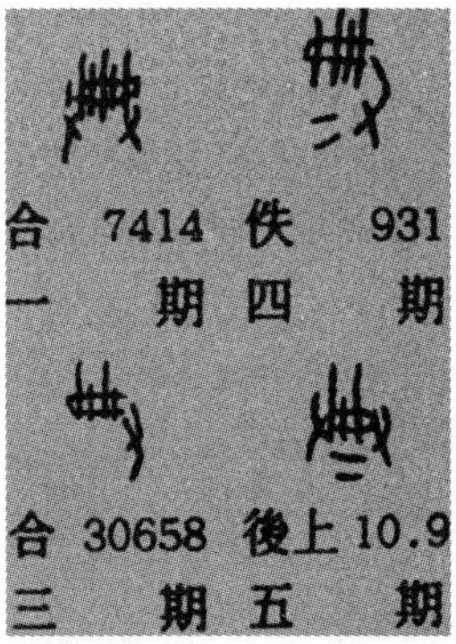

圖二　甲骨文：典

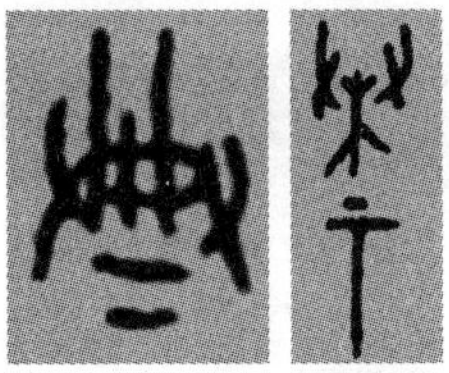

圖二

左：甲骨文典

右：甲骨文祓

甲骨文典從冊從示。通過比較甲骨文典和祓兩個字我們發現，典字省略了最下面的一竪。所以典下面的兩横代表的是祭祀柱（壇）。因此甲骨文典不是普通的冊，而是可以供奉在祭祀壇上的冊。它爲什麼可以被供奉在祭祀壇上呢？

《尚書序》：“伏羲、神農、黄帝之書，謂之《三墳》，言大道也。少昊、顓頊、高辛、唐、虞之書，謂之《五典》，言常道也。至于夏、商、周之書，雖設教不論，雅誥奥義，其歸一揆，是故歷代寶之，以爲大訓。八卦之説，謂之《八索》，求其義也。九州之志，謂之《九丘》；丘，聚也，言九州所有，土地所生，風氣所宜，皆聚此書也。”

這《三墳》《五典》《八索》《九丘》有一種傳言説是西漢孔安國寫的。這當然是不

① 高明、涂白奎編著《古文字類編》（增訂本），第 323 頁。

可信的，我寧可相信是孔安國收集整理成書的。就像孔子刪《詩經》和《尚書》一樣。春秋戰國之後，收集整理編輯民間流傳的遠古典籍蔚然成風，成爲當時知識分子的一種自覺。這一時期發現、搶救並保存了大量的遠古典籍。但是我在這裏發現甲骨文典卻是一個名詞，它在《尚書序》中原來是指五帝之書，其中記錄的是少昊、顓頊、高辛、唐、虞的言論。

但是《尚書序》中的“典”和甲骨文“典”的本義相同嗎？畢竟殷商甲骨文要比西漢的《尚書序》早大約1800年左右。東漢許慎沿襲了《尚書序》的說法。《說文》：“典，五帝之書也。從冊在丌上。尊閣之也。莊都說：典，大冊也。”

在殷商時代，“工典”和“爯（載）冊”常出現在祭祀相關的卜辭中。“工典”用于祭祀；“爯冊”常用于冊命。這種做法也說明典和冊在殷商時代也是分得很清楚的。典重冊輕。

卜辭：“癸未卜，王在豐貞：亡禍在六月。甲申工典其酉彡。”（後上10・9）

卜辭：“……亥王卜。貞：旬亡禍……甲子酉彡妹工典……（正）人方。”（前2・40・7）

這裏的“工”是一個動詞，與供通假。所以典在這兩條卜辭中詞性已經變成了名詞。工典應該是製作典冊以供祭祀。但是，就甲骨文造字規律看，典的本義應該是動詞供奉典冊于祭壇之上的本義。引申爲：經典。

《尚書・多士》記載的是西周初周公把商朝的頑民們遷到東都洛邑（今河南洛陽市）附近，向他們轉達成王的命令。篇名“多士”就是指這些頑民。文中有這樣一句話：周公說：“惟爾知，惟殷先人有典有冊，殷革夏命。”這句話的意思是說，你們知道，衹有殷的先人纔有記載歷史的文獻典冊，記載了成湯滅夏的歷史事實。我們看到典與冊都是用來記錄歷史的，但是典與冊又是有區別的，它們並不是完全一樣的簡冊。衹有祭祀時供奉在祭壇上的“大冊”在可以叫作典。其餘的簡冊都衹能叫作冊。

“典”可能是用來記家族譜系、記言、記思想；而“冊”是用來記歷史事件和記官員任命的。這個用途上的區別演化發展爲西周的史官分列：左史記言，右史記事。這一點可以從《尚書序》謂《五典》是五帝的之書，以及甲骨文“嗣”的造字可以看出。甲骨文嗣字的造字者要表示的意思很明白，竹書簡冊中的兩代人，就是寫入家譜的兩代人。漢字嗣的意思是繼承。既然是繼承，這個“子”就應該是宗子——嫡長子，因爲在甲骨文嗣中衹有唯一的子，所以我們可以理解爲他就是嫡長子。

【甲骨文字本義小結】

冊的本義：一般簡冊，名詞。象形字。我已經考證“冊”在殷商方言發音應爲za，古音可通shan。典的本義：奉獻在廟堂祭壇上的簡冊。動詞用如名詞。會意造字。

音訓：從地（即一）從冊，地冊切，讀若dian。

破譯甲骨文：耜　耒　耕*

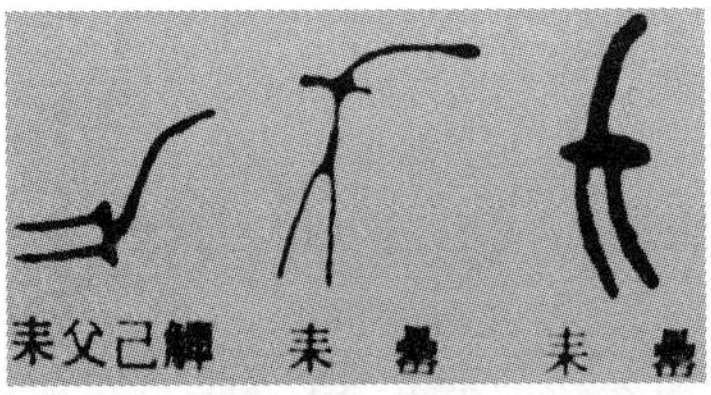

圖一
金文：耜（商·周早·周早）

耜本是殷商末期的一種木製的農具，上部是彎彎的扶手，下部是一隻或兩隻挖土用的木製的犁頭，中間是供腳踩以便用力的一根橫木。它是一種人力農具而不是牛耕農具。如圖一。

《周禮·匠人》鄭玄注曰：“古者耜一金，兩人並發之……今之耜歧頭兩金，象古之耦也。”意思是遠古的耜衹有一個犁頭，一人在前面拉，另一個人在後面掌握方向。西周謂古者應該是夏商時代。這個記載説明商代已經有了金屬的三角犁鏵了。周的耜有了金屬的雙犁頭，開始用牛在前面拉動（牛耕見《禮記·考工記》）。可見上圖中這個雙頭的耒應該叫作耜。因爲這個耜在商末的“耒父己觶”金文中已經出現，説明雙耜頭在商代末期已經被用于農耕。商代金屬犁鏵已經由江西新干大洋洲遺址的考古學實證作出證明。而西周有了金屬的耜頭可從《周禮注》得到文獻的證明。

作爲商周時期共有的一種農具，耒和耜的本質區别在于耒是木製單齒的，耜是金屬雙齒。所以按照這一區别，上述“耒父己觶”中的耒應該是雙頭的耜，所以它的準確名稱就應該叫作“耜父己觶”。或者還有一種可能性，就是這種由耒改進的雙頭的耜當時習慣地被稱作耒，而不稱耜。從相關古代文獻中，我們無法得出耜是殷商時期牛耕所用的農具的結論。

《易》：“包犧氏没。神農氏作。斫木爲耜。揉木爲耒。”可見神農時的耜是使用刀砍鑿出來的一種木製農具，而耒是一種煣製的木製農具。耜和耒並不是同一種農具的進化關係，同時也不僅是單齒和雙齒的簡單區分。

《淮南子》：“古者剡耜而耕，摩蜃而耨，木鈎而樵，抱甀而汲。民勞而利薄。”可見耒或者耜的製作方法是在樹上選取合適的樹枝，用刀砍斷以後，削尖木齒（即剡耜）。據此我們可以初步認定遠古的耜是一種木製的兩齒叉而耒則有可能衹有一根木齒。

《詩經·七月》：“三之日于耜，四之日舉趾。”

引文中的“于耜”是祭祀農具耜的意思。“于”通常被注家解釋爲“修理”是值得商榷的，因爲修理農具不必一定選擇在開春以前的正月（周曆三之日）裏。“于”是殷商的一種以鬯酒澆淋菁茅的祭祀又稱縮酒。殷商人的祭祀很廣泛，每年開春以前（商曆二月）要祭祀農具。從系統的甲骨文字分析，殷商時期耒和耜應該衹是人工具，還没有被用于牛耕。其基本構造相當于我們今天使用的鐵鍬。殷商的耒、耜與鐵鍬不同的是耒衹有一根尖齒，耜有兩根尖齒，而鐵鍬則是一塊完整的鋼板。這一點在甲骨文字耕的結構中可以得到充分證明：

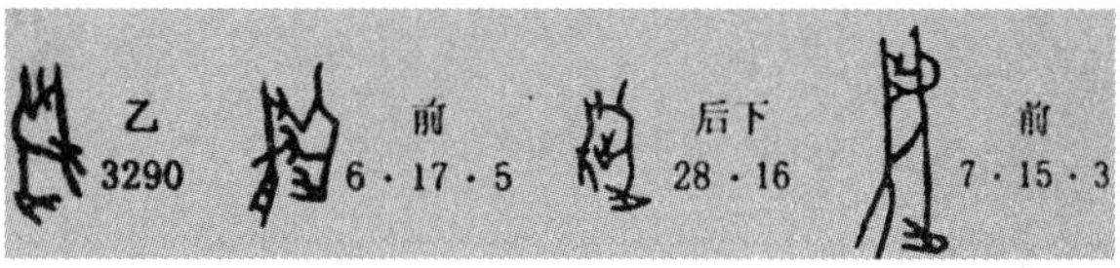

圖二　甲骨文：耕

在甲骨文耕字中，我們可以清楚地看到，一個農夫拿著耜正在勞作。他的兩隻手緊握著木柄，耒的兩隻尖頭插入土中。請注意圖中人的兩隻腳（用止表示）一隻在地上，另一隻腳正踩在耒的横木上。他的目的是將耒尖踩入土中，然後利用杠桿原理將土塊翻起來。這個甲骨文耕字珍貴地記錄了殷商時期的農耕歷史：當時已經有了雙頭的耒（或爲耜），而且依然是用作人力勞作的農具，没有使用牛耕來耕田。這是甲骨文造字者爲我們留下的殷商的歷史記録。

卜辭："丙辰卜。争。貞：乎耕于雎，受有年。"（乙 4057）

卜辭："丙子卜。乎……耕受年。"（前 7·15·3）

由上述卜辭内容看，耕是和受年緊密相連的一個字。耕是什麽？耕就是冬耕或春耕。冬天將田地裏的泥土深挖一遍，使有機質腐爛、害蟲被冻（涷）死、土壤變疏鬆，來年就可能高産。所以耕和受年是密切相關的。《禮記》有："薙氏，掌殺草：春始生而萌之，夏日至而夷之，秋繩而芟之，冬日至而耜之。"殷商有專門管理農業的官員就叫作耕臣。而冬耜是當時的一種農作制度。

卜辭："己亥卜。貞：命吴小耕臣。"（前 6·17·6）

甲骨文耕字從人從耜的會意字，而漢字耕從耒從井是形聲字，形聲字是西周以後産生的造字法，這説明殷商時還没有實行井田制，而漢字"耕"是在井田制實行以後的造字。其造字本義爲使用農具耒在井田裏勞動。

由以上的考證産生出一個甲骨文考證的新的問題：甲骨文耒應該是怎樣的？

耒的使用應該早于耜，而且它比耜要少一個頭，衹有一個尖頭用于挖土，而且在殷商時應該産生了用青銅製成的農具耒，至少殷商的青銅器鑄造技術已經具備了這樣的條件。

圖三　甲骨文：耒

圖三中這個甲骨文字被學界公認爲力量的力字。我認爲甲骨文"耒""力"本爲一字。經過和上面金文耜的比較我們可以發現：這個甲骨文本字應該不是力，而是耒。首先它和耜一樣的單柄，和耜一樣的横木，和耜不一樣的是耜有雙尖而耒衹有單尖。所以我認定這個甲骨文字衹能是耒，而不是力。耒也是一種人力農具，不是牛耕用的農具。

卜辭："丁卯。于來辛巳酌耒。"（甲 726）"酌耒"是把鬯酒澆在耒或耜上的一種祭祀。正如甲骨文"于"是將鬯酒澆在包匭青茅上的一種祭祀。

卜辭："帝耒㝵門。"（乙 8896）先帝曾經挖田地于㝵門（地名）。

殷商時代的帝在參加農業生産時用的尚且是耒，其他人使用的農具可想而知不會比帝更加先進。

學界的學者們之所以做出誤判是因爲他們的判斷建立在許慎《説文》的定義上，而許慎的定義是依據金文力字做出的。在《説文》裏，這個字形的本字是根據金文定義爲力的："力，筋也。象人筋之形。治功曰力。能圉大災。"就是説許慎認爲金文的耒是人

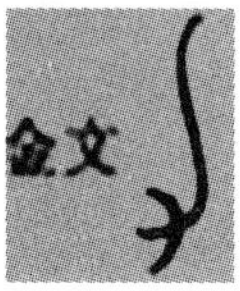

圖四
金文：力

筋的象形。但是我們卻無法根據許慎的定義將甲骨文耒定義爲人筋的象形。這個字的本義應該依據早于金文的殷商甲骨文本義演化而來。力和耒音訓是同音字，兩個字中有一個應該是假借字。

根據我的研究，圖三的這個甲骨文是甲骨文耒字。甲骨文耒字進化到金文的過程中，中間的一横被傾斜，以致後來的學者將這個金文誤爲是人手部的筋的象形。其實在這個字的造字源頭——甲骨文——它是木製農具耒的象形。本字下部的一横是供腳踩用力的耒柄兩側的横木。人的手臂的筋連接五指的筋正是金文“力”的象形。甲骨文造字一般取其三指，所以就出現了圖三、圖四的象形造字。

《易經·繫辭》：“包犧氏没，神農氏作。斫木爲耜，揉木爲耒，耒耨之利，以教天下。蓋取諸益。”文中所記載的耒和耜當時並不是牛耕器具。在農具發展史上，耒和耜先後經歷了人力耕種和牛耕兩個進化階段，兩字在各進化階段的本義是有區别的。前者是人使用的木製農具單齒木耒和雙齒木耜；後者是牛耕使用的農具木製犁和金屬犁。

【甲骨文字本義小結】

耒的本義：是一種木製農具：有木柄，有横木，有單尖木刃。它很容易引申向兩個方向：一是動詞挖土、耕田；二是力量的力，因爲使用耒挖土是一件非常需要力氣的農活。所以先秦時期的耒、力、犁均屬來母。耒和力的發聲非常相近。所以我認爲力只是甲骨文耒的一個引申義而已。以往的文字學家認爲力是耒的假借，我認爲力就是耒的本字。它們之所以分化爲兩個字，是因爲字形産生了訛變。

耜的本義産生于商代末期，見于商末金文。耜是由耒進化的木質農具，比耒多一個尖木刃。商末周初有了青銅三角犁鏵，西周改進爲雙犁鏵。説明這一時期可能已經開始牛耕。

耕的本義：人力用耒或者耜挖田。動詞。引申爲殷商管理農業的小臣。名詞。

音訓：甲骨文耕從耒從井，讀作犁田之犁，正是殷商方言“耕田”之意。

破譯甲骨文：耒　劦

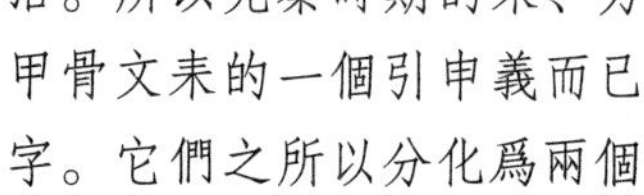

圖一　甲骨文：耒

前已考證耒是殷商時期的挖土用的農具。分化出力量的力。商周時期的土地爲國家所有，所以在耕地上的勞作都是群體性的勞動。《詩經·載芟》“千耦其耘”便是此意。而甲骨文劦字就是這種殷商時期“千耦其耘”的大農業場面的一個縮影。

圖二上左一、二、三，下左四爲本字。下左一、左三爲從本字省略了口。上右一下左二非本字，疑爲另一種農具——砍柴用的木鉤。見《淮南子》：“古者剡耜而耕，摩蜃而耨，木鉤而樵，抱甀而汲，民勞而利薄。”

就劦字本字看，造字者的用意是三柄耒同時深挖一大土塊。西周金文中也有三柄耒

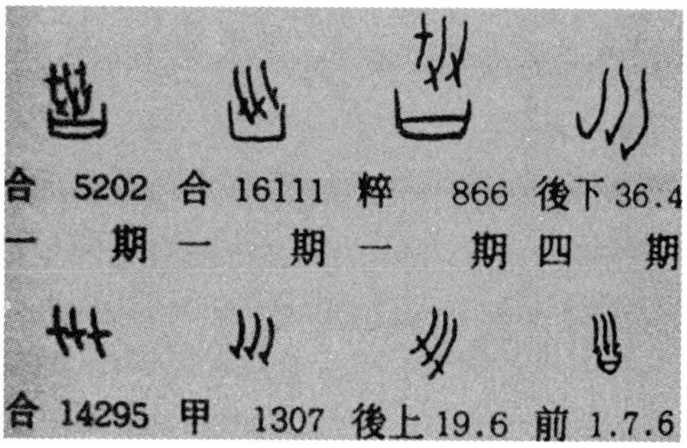

圖二 甲骨文：劦

同時挖掘三個小土塊的造字。因爲三柄耒要同時深翻一塊大的土塊就必須齊心協力，所以本字名劦，本義爲合力挖土。圖中下左一左三是劦的省略形式。由于省略的下面的口，即土塊。本字更强調了齊心合力的本義。這個甲骨文字“劦”告訴我們，上述《詩經》中的“千耦其耘”在殷商時並非兩人對偶而耕，三人以上也可以是“耦”。傳統的考證值得商榷。

卜辭：“……大命衆人曰劦田其受年，十一月。”（續 2・28・5）這條卜辭的意思是商王在十一月命衆人深翻土地以求來年豐收的意思。《禮記》有：“薙氏，掌殺草：春始生而萌之，夏日至而夷之，秋繩而芟之，冬日至而耜之。”説明商周兩代有冬至開始挖田翻土的農業耕作方法。立冬節氣是在夏曆十一月下旬，即商曆十二月，故商王在十一月下達命令時間上是吻合的。冬至翻土以後，三九天的嚴寒可以將板結的土地凍酥鬆，將越冬害蟲凍死，有利于來年農作物的生長，所以卜辭説“劦田其受年”。

《説文》：“劦，同力也。從三力。《山海經》曰：‘惟號之山，其風若劦。’”這裏的劦又作析，遠古兩音相同。從甲骨文本義分析兩者都可以解釋通順。析的甲骨文本義是斷木，即砍樹。借指春天東風的刺骨。“其風若劦”意指來自東方的早春的風寒冷刺骨且連續不斷。所以卜辭中有：“東方曰析風曰劦。”（京津 520）就是指早春東風刺骨且猛烈的意思。卜辭中常見劦日兩字連用，劦日疑爲冬至日，是冬耕土地的開始的那一天，即“冬日至而耜之”的意思。這也是中國人習慣上祭祀逝者的日子。

卜辭：“……卜。劦日祖甲祐羌……”（京津 4046）

卜辭：“癸酉卜。貞：王賓祖丁爽妣癸劦日亡尤。”（後上 3・14）

從“耒”“劦”二字的甲骨文我們可以看到，殷商時代可能還没有開始大規模的牛耕農作，包括挖田這樣的重體力勞動還需要人工操作。

【甲骨文字本義小結】

耒的本義：殷商的一種用于挖土的木製單齒的農具。名詞。引申義：力。

音訓：殷商力、耒同音。其發音因爲 li，而非 lei。原因是本字從捺從一，捺爲農具象形，一是農具上的踩脚用的横木。本字爲捺一切，讀若 li。

劦的本義：三耒同時挖土。動詞。引申義：協同。

劦日本義：殷商人爲冬至日。該日是祭祀日，也是劦田農事的開始日。

劦風本義：東風。又稱析風。劦發音通析，是假借字。名詞。

破譯甲骨文：耕*

圖一 甲骨文：耕

將這個甲骨文字破譯爲耕是我的見解。此前有學者將其破譯爲耤，耤是借的本字，商務版《新華詞典》未收。

我認爲，這個字不能破譯爲耤有三個原因：一是源于《説文》定義："耤，帝耤千畝也。古者使民如借，故謂之耤。從耒昔聲。"在這個定義中許慎使用同字相訓，並没有準確定義耤的本義。即使按照這個定義，耤也衹能宏觀地解釋爲帝王借助民力在千畝農田上從事農業大生産，並不能微觀地説明耕田這一微觀的具體的農事。二是在甲骨文造字中還没有純粹的形聲造字法造出的字。這個耤字按照許慎的説法"從耒昔聲"，屬于形聲法造字，所以應該是西周以後的後起字。三是從音訓看，本字甲骨文從枱從人，反切爲森，與耕的韻母發音相近。而耤從耒從昔，音訓借。所以，這個甲骨文字應該是耕而不應該破譯爲耤。

我將這個甲骨文字訓爲耕，理由如下：

一是如果殷商時期已經實行了牛耕制度則甲骨文中不可能一點痕跡也不留下。而事實上甲骨文系統中並没有發現與牛耕相關的字。關于牛耕的産生時代齊思和做過詳考。其中産生于神農和叔均的先秦史料不足，"宋人多認爲牛耕起源于春秋"。考察甲骨文系統我們可以看到牛除了被放牧畜養和祭祀，還没有被用在農業生産中。所以至少人力挖翻田土是殷商農業生産的主要勞作方式。1989年江西大洋洲遺址出土青銅三角犁鏵，該遺址下限爲商末，所以這大概是中國農耕最早的考古綫索之一。

二是耕字從耒從井。是形聲造字，形聲造字應該産生于西周之後。井田也是西周以後實行的農耕制度。"耕"這個西周以後的造字對應的甲骨文字，我認爲就是圖一的甲骨文字。但是這個甲骨文字並無牛耕的含義，而是用于人力挖田。

三是本字（如圖一）從人從雙頭耒，是一個人正在挖地的會意。就這一本義而言，本字用耕比用耤的意義更加明確而且具體。本字中的耒是雙頭耒，由單齒耒進化産生，可以稱作枱。枱是殷商時代人力使用的木製農具——木製單柄、下有兩木質尖齒、木柄中部有横木供人腳踩用力。西周金文枱已經改進爲爲牛耕的金屬犁鏵。

綜上所述：圖一甲骨文字本字表達的本義是一個人正在使用木枱耕田。它表達的正是商代農事翻土挖田。這個字是一個會意字不是形聲字。在卜辭中，這個字解作耕可以順暢解釋相關辭條。

卜辭："丙辰卜。争。貞：乎耕于睢，受有年。"（乙4057）

卜辭："丙子卜。乎……耕受年。"（前7·15·3）"乎（呼）……耕，受有年"意爲呼籲大家翻土耕田，以期來年獲得一個（上天賞賜的）好收成。

卜辭：“己亥卜。貞：命吴小耕臣。”（前 6・17・6）耕臣似爲專司春耕和冬耕的官員。

破譯甲骨文：民　眸　盲

《尚書・吕刑》：“上帝監下民。……黄帝清問下民。鰥寡有辭于苗。乃命三后恤功于民。伯夷降典，折民惟刑。禹平水土，主名山川。稷降播種，農殖嘉穀。三后成功，惟殷于民。”這裏皇帝是天上的王；三后是人間的王；民則是三后統治下的芸芸衆生。這是指西周以後的歷史記載，是一種對三后歷史的追溯整理。所以這裏“民”的概念是西周人的概念——泛指百姓大衆。

當甲骨文“民”産生之初，它是一個動詞。本義是弄瞎人的眼睛。弄瞎人的眼睛的客觀原因可能是多種多樣的，但是一個主要的原因是管理從對外戰争中俘獲的戰俘，給他們做一個記號。

弄瞎眼睛的做法可能是在長期實踐中逐漸形成的。在殷商對外戰争中常見的有砍頭和割耳朵的做法。對戰俘就不行了：人失去一隻耳朵就不能辨明方向，失去一隻腳會影響行走，失去一隻手會影響勞動力。所以殷商統治者采用弄瞎戰俘的一隻眼睛的做法。

我在文中措辭爲“弄瞎人的眼睛”是因爲瞎眼的方法有很多種方法。甲骨文“民”正是這樣一個動詞。如圖：

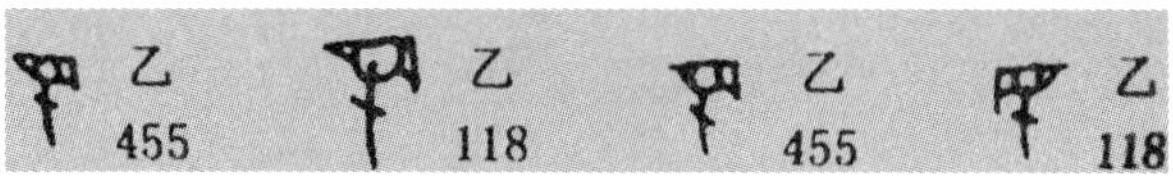

圖一　甲骨文：民

圖二　甲骨文：疑爲眸（目手切）

甲骨文“民”是用利器戳瞎戰俘的眼睛。圖一會意爲用棍戳瞎眼睛。造字從目從棍，目棍切，讀若 men，古音通萌。圖二造字特别强調了眼珠是拉出目眶外的，而且是直接用手。造字爲目手切，讀作 mou，對應的漢字恰是“眸”，這不可能是一種巧合吧。圖一圖二的兩字的目的都是弄瞎眼睛使之變盲。

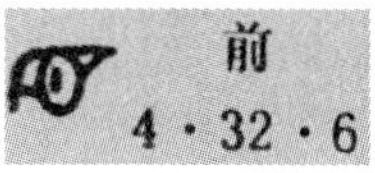

圖三

我們看到，正常人的眼睛中間是没有一點的，而被戳瞎的眼睛在痊癒以後就會變成留有一個疤痕的眼睛，稱之爲盲（見圖三）。造字爲從目從點，目點切，讀若 man，漢字盲讀若 mang，正是目亡兩個字的合音——本義是眼睛被戳瞎了。這個甲骨文盲雖然也是指瞎眼，但是它卻是一個名詞，和動詞民本義上和詞性上都是有區别的。民在前，盲在後。先有刺瞎，後有盲目。民和盲並不相通。《説文》：“民，衆萌也。”許慎這裏的民和萌是互爲音訓，兩字發音是相同的，但其甲骨文本義並不相同。許慎自己在《説文》中給萌的定義是："萌，草芽也。"奇怪的倒是在《説文》中已經收入了盲字："盲，目無眸子也。"許慎爲什麼不用盲來定義民呢——"民，衆盲也"？這一點確實令人費解！

在我看來，上面七個甲骨文字都可以叫作民。其中的利器、食指和針屬于非固定意符，它們都是用來戳瞎眼睛的工具。

當民被用來指代商王統治下的芸芸衆生時，顯然經過了一個由動詞用作名詞的轉化過程，這是一個歷史過程。初期的民的地位非常低下，像奴隸一樣，可以隨意宰殺，可以像牛羊猪一樣用來獻祭。

卜辭："……卯民……奠王。"（綴合 91）

卜辭："……卜。卯民……其奠王。"（乙 455）

在西周的金文中青銅器上的銘文也常常將俘人俘牛並提，將賜臣賜奴賜田賜邑並提。説明這些民是没有什麼人身自由的。

【甲骨文字本義小結】

民的本義：用工具刺瞎戰俘的（一隻）眼睛。動詞。用如名詞，泛指民衆。

音訓：從目從丨（針），目針切，讀若 meng 或者 men。

眸的本義：用手摳出俘虜的眼珠。動詞。音訓從目從手，讀若 mou。

盲的本義：被戳瞎的一隻眼睛。名詞。

音訓：從目從點。爲目點切。讀若 man 或者 mang。

破譯甲骨文：目　臣　盲

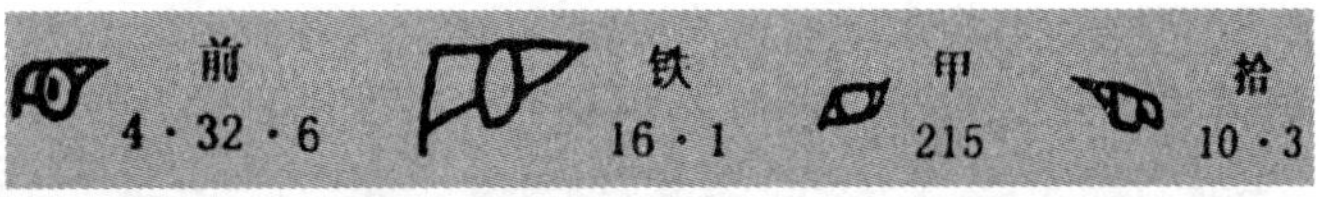

圖一　甲骨文：目（例一爲盲）

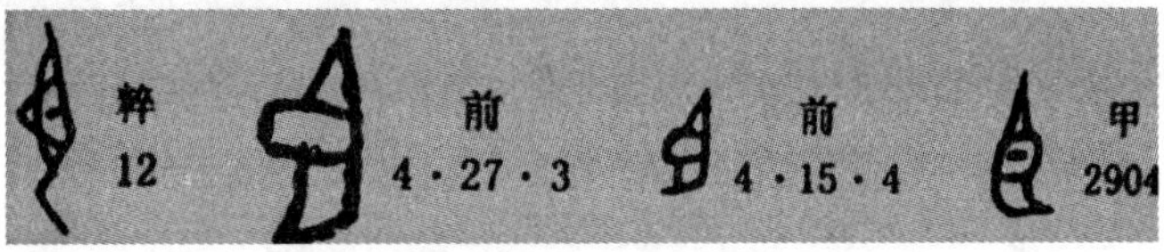

圖二　甲骨文：臣（例一、四爲盲）

殷商甲骨文中眼睛有兩種象形的一共四種表現方法，如下表：

	目中有點	目中無點
横向爲甲骨文目字	圖一例 1	圖一例 2、例 3、例 4
直立爲甲骨文臣字	圖二例 1、例 4	圖二例 2、例 3

出現這樣的四種情况的歷史原因是什麽?

《説文》:“目,人眼。象形。重童子也。”許慎將目中的一點解釋爲:重瞳子,不妥。

《説文》:“臣,牽也。事君也。象屈服之形。”

“目”就是普通人的眼睛,也是普通意義的眼睛。“臣”則是君子之臣的眼睛,是“唯上”的眼睛。所以它總是立著,盯著君王的一舉一動,以便隨時做出反應。卜辭中的目和臣二字本義大致相近:

卜辭:“癸巳卜。㱿。貞:子漁疾目。福告于父乙。”(佚 524)

卜辭:“……御王目于妣己。”(乙 4720)

卜辭:“貞:叀小臣命衆黍。一月。”(前 4・30・2)

卜辭:“……小臣……豖……”(前 4・27・3)

但是,一個很關鍵的問題在于爲什麽有些眼睛中會加上一點呢?據我的研究,甲骨文的造字非常科學而且嚴謹。現在細節改變了,加上了這樣一點,這就意味着本義的改變。以甲骨文目爲部首的甲骨文字自成系列:省、相、民、涕、臧、眉、臤。這其中正常的眼睛在本字中都没有這一點。比如泗、省、民、眉等甲骨文字中的目作爲部首都没有這一點。這就説明在甲骨文目和臣中,這一點是有特定含義的。它既是意符疤痕,也是指事符號。

我認爲:這一點是眼睛被戳瞎以後留下的傷痕。凡有這一點的眼睛都是瞎眼。所以有點的這個甲骨文字是“盲”字。《説文》:“盲,目無眸子也。”許慎的這個定義是不準確的,説明他對作爲漢字源頭的甲骨文“盲”的本義不瞭解。段注曰:“無眸子者,白黑不分是也。今俗謂青盲。”眸子已經被弄瞎了。當然弄瞎眸子的手段可以多種多樣,但是已經弄瞎了,眼睛中必然留下疤痕,同時也留下了一個記號——他們是來自敵國的俘虜。來自敵國的俘虜也是可以利用的,有些忠誠的俘虜也不妨成爲商王的小臣的。

【甲骨文字本義小結】

目的本義:人的眼睛。名詞。殷商方言中發音爲 yan。故此字有兩讀。

臣的本義:商王的臣子。名詞。音訓不詳。讀作 qian。源自《説文》。

破譯甲骨文:南

甲骨文的方位詞東南西北已經由它們在卜辭系統的應用中確定了本字的真實性。

殷商尚北,以南面爲大爲尊。這個統治慣例影響了中國幾千年。所謂“左青龍右白虎前朱雀後玄武”正是以南面爲大爲尊的另一種以星象爲客觀依據的説法。衹有商王居北且面向南方時這個説法纔能够成立。

但是我們看到甲骨文的南字的造字頗爲令人費解。學術史上關于這個甲骨文南字的説法也較多。有影響的主要是三種:

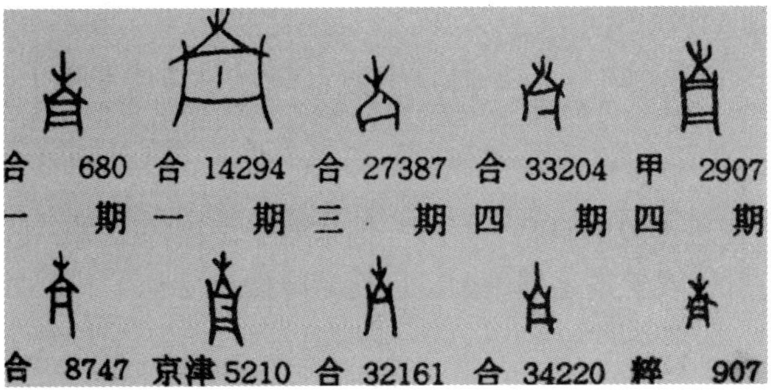

圖一　甲骨文：南

《説文》：“南。草木至南方有枝任也。”句中南方作夏天解釋。

郭沫若：以爲殆鐘、鎛之類之樂器。假借爲縠——小猪。郭説費解！

徐喜辰：象鼓形。很明顯，郭沫若和徐喜辰的觀點都認爲這個南字和宗廟祭祀有關。這是看到了問題的實質了，但是兩人的解釋甲骨文南字的觀點我不能够認同。不過首先我認爲該字下部的四方形是殷商的廟堂的象形。

在殷商的卜辭中，這個“南”意指南方：

卜辭：“庚午卜。貞：王眉（顧）亡禍在南土。”（甲 2907）

卜辭：“……寅卜。大……其有父丁卅牛南室。”（鐵 266）

卜辭：“庚辰卜。争。貞：爰南單。”（乙 3787）紂王時卜辭，有學者認爲南單即鹿臺。

以上卜辭例説明甲骨文南的義項主要是指“南”這一方向。此外在卜辭中，南還用于第十八位商王南庚。在這個意義上，第二十位商王盤庚也應稱爲北庚。

請看上圖甲骨文南字。這個甲骨文南的本字和南方的南有什麼本義上的聯係嗎？應該有！也就是説，上述三種觀點都不是甲骨文南字的本義。

南，從王從廟堂。上部像漢字“大”的意符是甲骨文“王”的變形，正是商王伸展雙手向上做祈禱狀，這個象形的意符在甲骨文中並不多見，爲“王”字上部一横向上變形；下部如建築物一樣的四方形部分是殷商之廟堂，廟中的祭祀大廳又叫堂，所以古代廟、堂並提。在甲骨文南字中，商王正位于廟堂的最北，此時除了天帝和祖宗牌位，一切都在商王的南面。按照習慣認識，此時商王主祭上帝和祖先，應該面向祖先纔是。但是當商王臨朝和行使天子權力時，按照殷商的祭祀慣例，商王此時的身份同于“尸”，即是天之元子。所以面向南代上帝和祖先接受大家的獻祭。其臨朝時也是面南代表上天行使統治的權力。

注意：甲骨文南字的造字中，上部的大字中的“Λ”和下部的意符廟堂恰好構成一個甲骨文符號宀字。這樣在南的本字中就出現了一個上從人，下從宀的音訓反切。這個反切音就是人（ren 或 nen）宀（mian）切，讀作 nan。這正是今天漢字“南”的發音。而上下部結合的“Λ”是一個共用符號。這種上下共用的造字意符我們在甲骨文“時”“往”等字中已經考證過。

當然這個觀點需要殷商廟堂祭祀的歷史文獻的記載加以印證。可惜的是殷商時期並没有留下廟堂祭祀場景的歷史實録。幸好，我們有“周承商制”的西周祭祀場景的實録，我選擇了小盂鼎銘文作爲一個印證，銘文如下：

“唯八月既望。辰在甲申。昧爽。三左、三右、多君入服酒。明。王各周廟。□□□邦賓。延邦賓尊其旅服。東向。……王若曰：□。盂。拜稽首。以酋進。即大廷。王令榮訊酋。榮即酋訊厥故。□伯□□鬼獯。鬼獯虘以新□從。成。折酋于□。王呼費伯。令盂。以人馘入門。獻西旅。□□入燎周廟。盂。以□□入三門。即立中廷北向。盂。告。……"

周王來廟堂祭祀，其東、西兩面均爲參加祭祀的臣下，南面的臣子面朝北一直排列到了中廷。周王的位置衹能是如甲骨文南字所示："立中廷北向。盂。告。"可見商王衹是在向祖先獻祭時和告訴時臉是向北的。王的更北面就是祭祀壇上的祖宗牌位了。周王平日臨朝是面向南方的。所以甲骨文用雙手向上的商王（正向上帝和祖宗進行祈禱）作爲標志，以商王面向的宗廟大堂表示方位南。正如甲骨文用太陽昇起的方位表示東方一樣，對于崇尚北方的殷商，甲骨文以商王和宗廟來代表南方方位是非常合理的解釋。

甲骨文南字中的王没有采用大寫的甲骨文"王"，這是因爲這一角色不是商王專有的，在不同的場景中這個人身份是各不相同的，例如在家廟議事時這個人就是家族的宗子，所以這裏的意符用的是"人"，而不是"王"。

甲骨文"南"的總體象形確實像一座青銅器的鐘，但是迄今爲止考古學還没有提供殷商時期的形如南字的青銅鐘的實物。有關文獻也不能説明殷商以青銅器鐘作爲祭祀禮器或者樂器。

【甲骨文字本義小結】

南的本義：商王臨朝時臉朝向的方位——南方。方位詞。會意造字。

音訓：從人從宀。人宀切。讀若 lan 或 nan。

破譯甲骨文：相　省

圖一　甲骨文：相

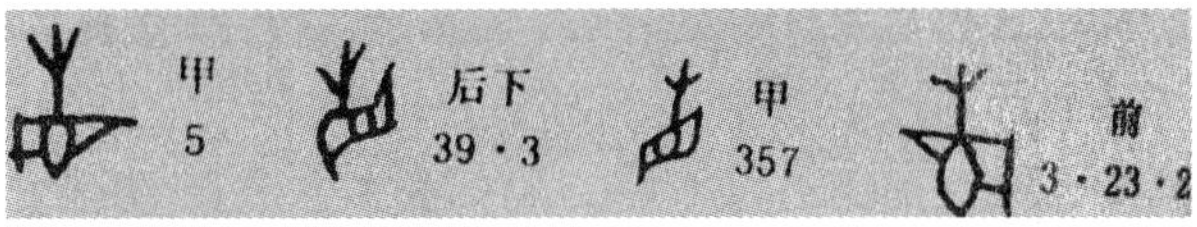

圖二　甲骨文：省

《説文》："相，省視也。從目從木。《易》曰：'地可觀者，莫可觀于木。'《詩》曰：'相鼠有皮。'"

《説文》："省，視也。從眉省中。"

通過將甲骨文造字和《説文》本義的相比較，我們會發現甲骨文的造字比《説文》要科學得多，嚴謹得多。按照《説文》本義，相和省基本可以歸入同義詞。這在初創甲骨文字的殷商時代是奢侈的，甲骨文是一字一形一義的。就是説一個本義衹有一個本字相對應，不會有第二個同義詞。

在《詩經》中，我們可以看到，相和省作爲動詞運用時，差别是明顯的：

相：“相爾茅矣”，“相彼鳥矣”，“相彼投兔”，“相彼泉水”。

省：“帝省其山”，“省此徐土”。（《詩經》中省字共兩見，均作君王省視解。）

通過比較我們看到：“相”是針對一樣具體的東西進行觀察；而“省”在《詩經》中是用于帝王的省視，當然“省”比起“相”就要深刻、仔細得多了。省和相的這種區别不是在《詩經》中纔有的，而是在甲骨文造字中就已經藴含了這樣的本義上的區别，而甲骨文本義上的區别又是通過造字時意符之間的會意來區别的。

見圖一：相。從目從木。本義爲用眼睛觀察一棵樹，即對一個目標的總體觀察。如上文《詩經》中的茅、鳥、投兔、泉水等等。甲骨文相中的木的位置是有變化的，可以在右側，也可以在目的上部。這意味着眼睛觀察的角度不同，並不能改變甲骨文相字的本義。這種結構上的位置異構現象有時會改變甲骨文本義，這是需要注意的。

另有一個被誤認爲相的甲骨文字。這個字也是從目從木。但是該字上部的目中有點，是一隻已經被戳瞎的眼睛。所以這個甲骨文字的本義應該是被樹木戳瞎了眼睛。有甲骨文工具書將其收入相字，確實有點勉强。見圖三。

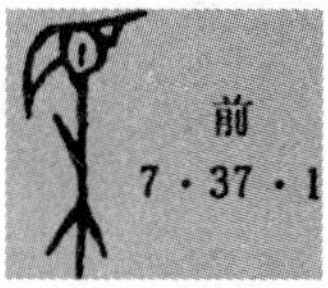

圖三

省。從目從屮。見圖二。論及屯和屮的本義區别時我的觀點是：屯字的本義是：萌生，草在地下土中。而屮的本義是：初生，在地的表面。屯的一横表示地面，屯比屮衹多了表示地面的這一横。可見甲骨文的造字者采用了最簡化的造字方式。所以甲骨文省的本義就是用眼睛去觀察一棵初生出地面的小草。這種觀察應該是距離很近的，深刻而仔細的。這也就是甲骨文“省”和甲骨文“相”的程度的不同，也是兩者本義上的不同：

卜辭：“相日今允雨。”（前 5・25・5）觀察太陽之意。

卜辭：“甲辰。帚相示二□嶽。”（佚 999 臼）相示應解釋爲巡視檢查祭祀壇或者祭祀臺。

卜辭：“叀盂田省。亡𢦏。”（甲 357）我有考證，盂爲一種祭祀，盂田應與盂祭有關。

卜辭：“……貞。王往省牛。”（前 3・23・2）

我們看到在卜辭中相就是觀察一個個具體的目標物，而省就已經被用于商王的省視。這個本義到了《詩經》時代就被專用于帝王的省視了。但是其伏筆還是在甲骨文省的造字結構中。不過省字專用于帝王可能與《易・觀卦》不無關係：“象曰：風行地上，觀。先王以省方觀民設教。”這裏的“省”就將君王審視的含義固定化了。

【甲骨文字本義小結】

相的本義：觀察一株樹。動詞。引申爲察看某物。

音訓：木中一竪訓爲 xin，本字爲囟眼切。讀若 xian，古音通 xiang。

省的本義：觀察一棵草芽。動詞。引申爲仔細地察看。引申爲君王省視。

音訓：屮中一竪訓爲 xin。本字爲右文造字。“丨”爲聲符兼意符。讀若 xin。古音通 xing。

破譯甲骨文：眉

欲造眉毛之“眉”字，僅需意符眼睛和眉毛就足够了。所以圖三（前6·7·4）是一個存疑的字（見下頁），因爲它在造字過程中强調了整個人。此外，圖三例字和圖一的例一這兩個甲骨文字中眉毛的傾斜方向是朝著内眼角（眼内眥）的，和正常的眉毛方向相反。所以這樣兩個甲骨文本字是不能破譯爲“眉”的，它們可能表現了一種内心的變化。參見後文對甲骨文蔑字的破譯。

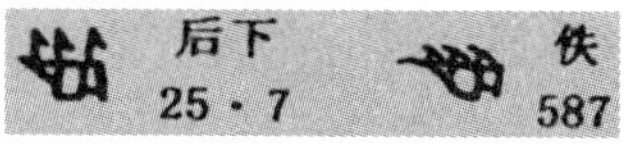

圖一　甲骨文：眉

（例一非本字）

《説文》：“眉，目上毛也。從目。象眉之形，上象額理也。”許慎這裏説的象額頭上的抬頭皺是指小篆的眉字，在甲骨文的眉字裏没有這幾道皺紋。

甲骨文的眉字中的眼睛是一隻健康的眼睛，因爲其中没有點。甲骨文字中涉及目部首的眼睛，凡是需要發揮眼睛功能的都没有眼珠中的一點。眼珠中有一點的眼睛應作盲目解。注意眉字中向上的三根（作爲非固定意符也可以是兩根或者四根）眉毛是方向一致的，朝向外眼角。這是正常人的眉毛方向。

殷商方言眉毛的發音讀若 mi mao。圖一佚587從目從仒，目仒切。讀若 mi 或 mei。這一造字可能是基于豫南口語的發音。

《詩經》中有“螓首蛾眉”和“以介眉壽”的句子，説明當時眉的本義就是眉毛。中醫認爲，長壽之人的一個面部生理特徵就是眉毛濃密且長，這是腎氣旺盛的表徵。所以“眉壽”就是長壽之意。

這是收藏于臺北博物院的三鈕商末銅璽上有一個商金文字，我認爲應當視爲“眉”字的象形。此字有專家釋爲直，似不符合甲骨文造字原理。“直”的造字目上一竪，旨在强調正視前方，心無二顧的正直形象。這裏的眉上有三根竪綫，這種“三心二意”的表達應該不是“直”的造字。

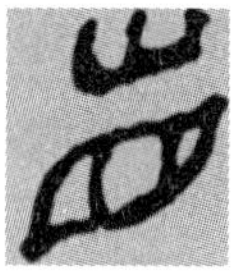

圖二

金文：眉

圖三

在甲骨文中還有這樣一個字被一些學者認爲也是甲骨文眉字（見圖三），這是值得商榷的。因爲這個甲骨文字其造字動機是强調一個人的行爲，而不是一隻單獨的眼睛和附著于眼睛的眉毛。該字中的眼睛是整個人體的一個組成部分，側面看這隻眼睛正在“看”，所以這個字表示的是一個人的某種行爲，而不在突出他的眼睛和眉毛。而甲骨文“眉”則不同，它的造字動機在于强調（特寫）眉毛和眼睛的關係。從相關卜辭看，我個人認爲此字以根據眉毛的不同方向可破譯爲“有望”或者“回顧”爲妥。

卜辭：“丙申卜。争。貞：勺見~不雨，受年。”（前6·7·4）句中“~”爲圖三，這裏使用了意符全身的“人”造字，爲了表示“回顧”之意。所以這句卜辭可以釋爲：“丙申日占卜……縮酒祭祀（勺古音通縮，爲同音假借）。回顧至今雖然不雨，但是（今年）仍是豐收之年。”

【甲骨文字本義小結】

眉的本義：人眼的眉毛。名詞。會意造字。音訓：從目從折。讀若 me，通 mei。

亦可有第二種音訓：從目從亼，目亼切。讀若 mi 或 mei。後一音訓是基于豫南口語的發音。

破譯甲骨文：蔑*

蔑字在現代漢語中有無視和瞧不起的含義，但是在東漢《説文》中卻是無精打采的意思。《説文》：“蔑，勞目無精也，從苜。人勞則蔑然，從戍。”許慎的解釋比現代漢語更接近甲骨文字，其對蔑的定義也更接近甲骨文造字的本義。

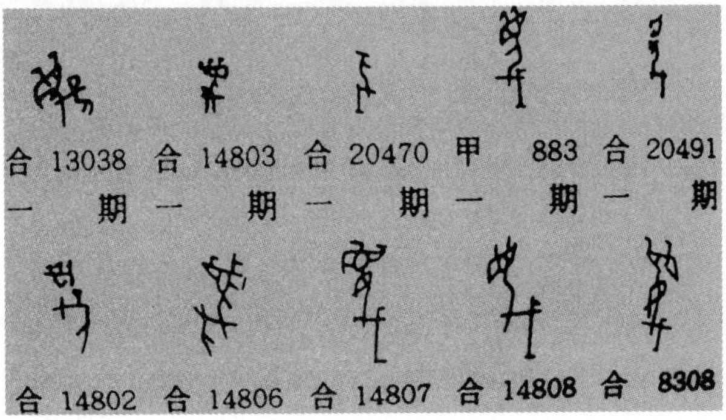

圖一 甲骨文：蔑

從蔑的甲骨文可以看出：蔑，從苜從戍（或從戌）。也有從苜從戈的寫法。所以在蔑字的甲骨文中戍、戌和戈代表著武器，是一個非固定意符，三種符號可以互相替代來借指戰爭中征途的勞苦。這裏許慎所説的“從苜”在甲骨文造字中實際上是指眼睛和眉毛，也就是“從眉”，許慎的“從苜”説明這個甲骨文字在東漢已經發生了訛變。許慎没有見過甲骨文，所以用自己的見解從苜代替了眉，其實無論就蔑的甲骨文或者籀文小篆的本義而言，與“苜”都没有什麽關係而與“眉”確實有很大的關聯。苜的本義是一種植物——苜蓿。

這個字的造字和本義之間的關係頗爲費解：從字面上看一柄武器正好位于人的腳踝上。如果要説明用武器砍腳這一含義，爲什麽有要强調人的眼睛呢？用武器砍腳不就足够表達本義了麽？上圖中的蔑字一律從眼睛，眉毛一律是向内眼角方向耷拉著。且字中的人多取坐姿這又是爲什麽？如果按照許慎的定義“蔑，勞目無精也。……人勞則蔑然”，顯然蔑字要强調表達的是征途的人的一種無精打采的狀態，爲什麽又要將一柄戍、戌或者戈放在人的腳踝部呢？這些看似互相矛盾的符號之間是不是有一個有機和諧的本義呢？我認爲是有的。

其實甲骨文字的奥秘很多都是深藏在文字的本身中的。上文説過，蔑字中使用的戍、戌、戈是可以互换的非固定意符。這三種武器是在殷商甲骨文字中頻繁出現的武器，其中的戊和戌還分别成爲甲骨文天干地支的一個符號。這説明戍、戌和戈是商人自己發明創造的三種武器，因此是商人專用的武器。换句話説，就是在甲骨文蔑字中那個人腳下的武器是他自己專用的武器。

將自己的武器放置在腳邊，説明他正是處在征途的一段休憩狀態。所以在甲骨文蔑字中人多處于坐姿；眼角向下；眉毛向内眼角耷拉；武器被隨手放在腳邊。這正是許慎關于蔑的本義的具體體現："蔑。勞目無精也。……人勞則蔑然。"

卜辭："其有蔑淚伊尹。"（甲 883）意爲：無精打采，雙目流泪的伊尹（商臣）。

卜辭："今……蔑雨。"（佚 828）意爲：今天……雨無聲無力地下著。

卜辭："戊午雨蔑。"（佚 327）意爲：戊午陰雨綿綿。

【甲骨文字本義小結】

蔑的本義：戰爭中人的無精打采狀態。動詞。引申爲無視，不屑。動詞。

會意造字。音訓：從眉從戈，眉戈切，讀如 mie（入聲）。

破譯甲骨文：雹

圖一是一個本字和本義都頗具爭議的甲骨文字。其本字王襄和陳夢家破譯爲齊（即霽），李孝定和日本的島邦男釋爲霝，近代有學者胡厚宣和常玉芝認爲這個甲骨文字應該破譯爲冰雹的雹，理由是源于《説文》："雹，雨冰也。古文雹如此。"許慎所引古文雹從雨從甲骨文晶（三日也）。李學勤釋爲雨。①

圖一　甲骨文：雹

首先，依據甲骨文一字一形一義的原則，這個字不是甲骨文霝。因爲甲骨文中已經有了霝這個字。從雨從散點從兩口。（例後上 16·11 等。）

其次，這個字不是甲骨文霽。通過對兩個字的比較我們可以發現甲骨文齊祇有一種表現手法，即三隻向下拖着尾巴的小蝌蚪，是莊稼在田地裏整齊抽穗的象形。而圖一中的甲骨文字有兩種表現手法，即三隻上拖著尾巴的小蝌蚪或者三個橢圓形。這説明它是一個象形的非固定意符。本字中的蝌蚪和橢圓形表示塊狀物體。在甲骨文造字中這種橢圓形意符有"包"的意思。參見卜辭燕 601。本字中的倒山字意爲天門，我在破譯甲骨文京字和雨字時已經考證。

圖二　甲骨文：齊

第三，這個字也不是甲骨文雨。因爲在殷商甲骨文系統中雨點都是用散點意符表示，没有用蝌蚪狀或者橢圓表示的先例和旁證。

卜辭中用到圖一的甲骨文字的地方較多，我們可以通過卜辭分析其本字（引文中用~表示該字）及本義。

第一組：

---

① 李學勤著《中國古代文明研究》，第 4 頁。

卜辭："丙午卜。韋。貞：生十月。雨其惟~。"（拾掇 2・1）

卜辭："丙午卜。韋。貞：生十月。不其惟~。"（拾掇 2・1）

第二組：

卜辭："丁丑卜。争。貞：不~。帝不……"（乙編 2438）

卜辭："丁丑卜。争。貞：不~。帝惟其……"（乙編 2438）

第三組：

卜辭："癸未卜。賓。貞：兹~不惟降□（判）。十一月。"（丙編 57）

卜辭："癸未卜。賓。貞：兹~惟降□（判）。"（丙編 57）

卜辭："王占曰：吉。勿降~。"（丙編 57）以上各例中"~"均爲圖一甲骨文"雹"。

根據以上三組卜辭的對比和破譯可以基本斷定圖一中的甲骨文字是：雹，即冰雹。第一組卜辭：本字出現的辭條多和十月、十一月連用（生十月即爲閏十月，氣温比十月更低）。證明殷商人將天降冰雹視爲災異，而且在每年十月、十一月都要占卜是否有天降冰雹（也許還有十二月或一月）。第二組卜辭：他們將天降冰雹看作是上天帝的意志的一種表示。第三組卜辭：每當天降冰雹以後，又要占卜看看天帝會不會要降禍于人類。可見這個本字表示的本義是一種特異的天災，所以它不可能是甲骨文雨或者霝，更不可能是甲骨文霽。因爲在甲骨文中雨的本義就是正常天氣之一，霝的本義是濛濛小雨，而霽的本義是雨雪停止的意思。它們都不能表示天帝的意志，其頻繁出現的程度也不足以讓殷商統治者每次下雨的事前事後都進行占卜。衹有冰雹的破壞性和災異性需要占卜。

卜辭中也有關于雨的占卜辭條，但是在甲骨文中雨的本字和圖一中的雹字有本質區别。其中的雨無一例外是用散點（實心小點）表示的。如果在卜辭中出現了類似冰雹的占卜雨的辭條，説明這場雨一定是危及了商王朝野的安全了。

卜辭："庚戌卜。争。貞：[不] 雨。帝不我暵。"（鐵 35・3）

卜辭："貞：兹雨惟年□（判）。"（人文 164）

我認定圖一爲甲骨文雹字還有一個很重要的依據。據我的考證，殷商甲骨文系統的造字還没有純粹的形聲造字法造字。所以即便甲骨文雹字下面出現的三隻蝌蚪可以被視爲甲骨文齊字，那麽這個齊字在圖一這裏出現衹能當作意符而不能作爲聲符。現在我姑且將齊在這裏作爲造字中的意符，看看圖一中的甲骨文字應該解作什麽本義。

《説文》："齊，禾麥吐穗。上平也。"齊的本義表示水稻和小麥等農作物吐穗時整齊劃一的樣子。用在甲骨文雹字中則衹能表示冰雹突然而來，戛然而止的含義。這與天雨冰雹的客觀事實不相符合。最後讓我們來看一看春秋戰國時期古文雹的本字：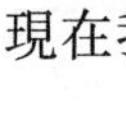，請讀者將古文雹和圖一的甲骨文雹比較一下，就會得出正確的答案了。

【甲骨文字本義小結】

雹的本義：冰雹，殷商人將其視爲天降災異。名詞。意符橢圓有"包"的本義。

音訓：從天門從包。右文造字，包是意符兼聲符。讀若包。造字中橢圓爲甲骨文包，讀若 bao。

齊的本義：小麥水稻等農作物齊齊出穗。動詞。引申爲形容詞。（甲骨文中很少見形容詞。)

［注］本文卜辭轉引自李學勤《中國古代文明研究》之《甲骨文同辭同字異構例》一文。我的觀點是殷商甲骨文字没有同字異構現象。衹有非固定意符存在著量的變化、位置的變化和形狀的變形，如雹字下部蝌蚪狀變形爲菱形。實際上菱形是蝌蚪狀省略了後面的水滴的尾巴。

破譯甲骨文：“緣”誤爲“綠”*

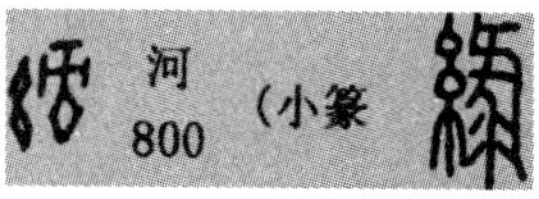

圖一　甲骨文：緣

儘管這個字在《古文字類編》《甲金篆隸大字典》《殷墟甲骨學》（馬如森）等許多工具書中均被破譯爲綠，但是我堅信這個字一定不是綠，原因就是它從糸從彔。甲骨文是無一字無出處的。這樣兩個部首之間卻無法産生綠色的會意。左側的甲骨文的糸本義代表絲綿，右側的彔（或者彖）代表汲水器。絲綿和汲水器之間的會意或者是將汲水器口拴上絲質繩索，以便汲水。或者是漂洗絲綿。所以這個甲骨文字應該是甲骨文“緣”。繩索和汲水器之間就是一種緣的關係。《説文》：“緣，衣純也。”所謂衣純就是沿著衣服的袖口鑲上的一圈邊。按照段玉裁的説法，這衣純原來就叫作衣緣，後來緣假借爲純。無獨有偶，雙腹耳小口尖底罐的繩索正是沿著尖底瓶的小口邊緣一圈拴上的，和衣服衣袂上鑲一圈衣純極其相似，異曲而同工。爲什麽要用絲質繩索呢？因爲麻繩易腐，草繩易斷，衹有絲質的繩索經水不腐，長壽耐用。

推測汉字緣和綠兩字的起源，其本字分别是彖和彔。它們是否有在甲骨文中爲同一起源的可能？衹是在使用中兩個本字産生了混淆呢？

請注意，在這個字中的汲水器就是自仰韶母系社會開始用于打水的雙腹耳小口尖底罐。這一點我們在相關考證文章裏還會細加考證。右側的這個符號是解作“彔”還是解作“彖”非常重要，因爲到了東漢許慎的《説文》中“彔”已經作爲一個形聲字的音符參與了大量的形聲字的創造。如果在甲骨文這一中國漢字系統的源頭出了錯，以後按照約定俗成的文字使用規律會發生一串字都是延續著這一個字的錯誤。這個例子很好地説明了顧頡剛先生的歷史研究方法的在遠古史研究中顯露出的局限性。顧先生曾經表述他的歷史研究方法爲：“歷史資料用了拼合的方法來處理，把許多真而零碎的東西湊起來，使它成爲系統的記録；傳説資料則用了剝離的方法來處理，把這一故事的有意或無意的轉變順條順理的揭開，結合它的政治背景和社會背景，指出它所以轉變的原因。”（引自顧頡剛 1964 年致中華書局負責人的信）我們知道，越是遠古的歷史和傳説距離現在的年代就越悠久，讓僞史回到僞造者的年代就越困難，要剝離的僞信息就越多。而如果我們在歷史和傳説的起源處發現了其中哪怕一個很小的謬誤，就可以拎出一串僞史或者僞傳説等僞造信息。在古文字研究領域中更加是如此。我們發現甲骨文的一個部首被錯用，後世也許就會產生一系列的錯誤。即使由于已經因爲約定俗成而既成事實，但是研究者卻可以因此找到錯誤產生的路徑，從而在學術上迷途知返。從而舉一反三，達到事半功倍的研究功效。

上圖的這個甲骨文字爲什麼會被認爲是漢字綠色的綠呢？衣純和井繩均爲絲質，故從絲，汲水罐爲“彔”。其右文造字爲綠。

《說文》：“綠，帛青黄色也。從糸彔聲。”所以它的本字被許慎認定是綠，這没有錯。這是許慎時期收集的形聲字“綠”的定義。其中的“彔”是作爲獨立的聲符存在，和本義無關。然而在殷商甲骨文時代没有純粹的形聲造字，所以這個綠字是後起字。更何况在甲骨文系統中已經有了代表“綠色”的本字——青。按照甲骨文字一字一形一義的原則，甲骨文中是用“青”代表綠色的。丹、青兩個代表顔色的甲骨文字造字同源——青的下部從丹。所以用漢字綠代表綠色並不起源于殷商甲骨文系統，它一定别有來源。其產生年代應該在西周之後的某個年代。

在《詩經》中“綠”多指一種叫王芻的植物。花色深綠，榨汁爲黛色，可以用于描眉和作畫。“綠”作爲植物的這一特點可能是引申出綠色的一個出處。《詩經》中綠字凡九見，其中八處的本義不作綠色解，一處存疑。尤其是《邶風》和《衛風》正是流行于殷商經營數百年的根據地朝歌附近的詩歌，其綠字在邶風衛風中兩見，本義均不作綠色解，至少可以説明殷商甲骨文中以青作綠色的本義是有根據的。而綠作爲綠色或者綠黄色解應該是《詩經》以後的演化或者假借。

《詩經·邶風·綠衣》中綠衣應爲褖衣之假借，注疏點明其意旨在于强調褖衣應有其禮制。

《詩經·衛風·淇奥》中有綠竹一嘆三詠。其中的綠竹《爾雅》作“菉竹”，爲綠草和扁竹。句中的“青青”才是綠色的本義。且本篇衛風有“綠竹青青”的詩句説明綠字在本篇中本義並不作綠色解。

緣在卜辭中衹一見（河800），且整條卜辭衹有一個字。

【甲骨文字本義小結】

緣的本義：繫在汲水器口的絲質繩索。名詞。引申爲結緣。動詞。右文造字。

音訓：其中右半的彖既是聲符也是意符。讀若 lu（入聲）

彖作爲意符其本義是遠古汲水器——陶製小口尖底罐。

［注］該字的甲骨文很可能像其他一些甲骨文字一樣有兩個發音 lu（入聲）和 yuan。鄂東豫南方言發音爲 ruan，兩音一聲之轉。

破譯甲骨文：隹(鳥)　雉　隻　離　鑊　濩　萑

本文探討隹部七字：隹、雉、隻、離、鑊、濩、萑。

圖一爲甲骨文隹。許慎關于隹和鳥的《說文》本義，我已經在前文中推翻了，這裏

再舉一例：

《説文》："鳥，長尾禽之總名也。象形。鳥之足似匕。從匕。"

圖一

《説文》："隹，鳥之短尾總名也。象形。"

按照許慎給鳥和隹所下的定義，公鷄和母鷄應該分屬不同的鳥類。長尾的公鷄屬于鳥，短尾的母鷄屬于隹。雉類中有一些也是雄性長尾而雌性短尾的。如南方的孔雀和野鷄。

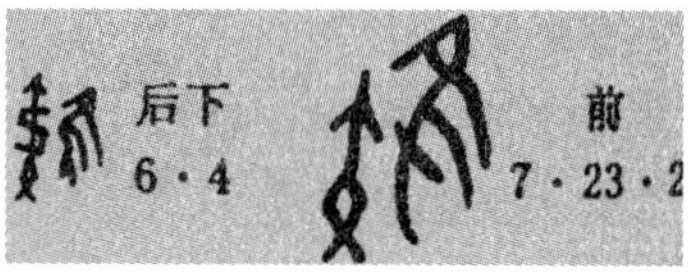

圖二

圖二右爲甲骨文雉。《説文》中有關于雉的記載："雉，有十四種：盧諸雉、鷮雉、卜雉、鷩雉、秩秩海雉、翟山雉、翰雉、卓雉。伊雒而南曰翬，江淮而南曰搖，南方曰□，東方曰甾，北方曰稀，西方曰蹲。從隹，矢聲。"這些雉中很多雄性爲長尾雉，但是在甲骨文雉本身顯示雉也是長尾的。倒是雉的甲骨文從矢從隹很值得琢磨。學者們的解釋較多：

"從矢、從隹，或從夷（見圖二左例）。從夷以繩繫矢而射。"①

"古雉夷通用，夷古訓傷。"②

"雉衆或雉人，雉字應讀夷，訓爲傷亡。"③（于省吾釋）兩例中之"訓"是義訓。

關于雉的準確訓詁見于《史記・夏本記》："海岱及淮維徐州……貢維五色土，羽畎夏狄……浮于淮、泗，通于河。"夏狄即夏翟，是一種雉，羽毛可以作箭羽，尾巴用來作旌旄。大禹王朝的箭羽和旌旄就是由徐州進貢的。因爲淮河兩岸盛産夏狄，所以淮河是進貢夏狄的通道，所以大禹將其命名爲淮。淮河兩岸的夷人也被稱爲淮夷。類似記載也見于《尚書・禹貢》。所以隹應該是雉的初文，雉從大禹時代開始就是一種最著名的五彩長尾鳥。所以本字的甲骨文本義應該指一種是用于製造箭矢的長尾雉。甲骨文本字音訓爲從折從止。讀若 zhi。通雉。

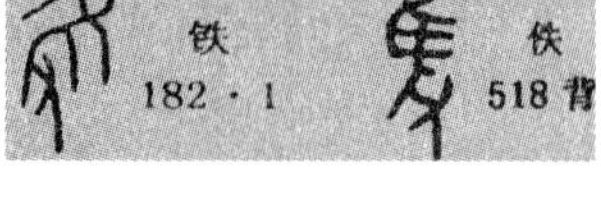

圖三

圖三爲甲骨文隻。從一隻手從一隻隹。隻音從雉，右文造字。本義爲鳥在手中。意爲抓獲了一隻鳥。我考證了甲骨文進字是躡手躡腳地逼近鳥。現在這隻鳥終于被抓住了。《説文》："隻，鳥一枚也。從又持隹。持一隹曰隻，二隹曰雙。"這個隻的造字和演化和甲骨文是一脈相承的。隻爲右文造字，隹古音應讀若雉，在此造字中既是聲符也是意符。

圖四

圖四爲甲骨文離。《説文》定義非本義："離，黄倉庚也。鳴則蠶生。從隹離聲。"但是這個字的音訓和罹關係不大。該字從七從具從隹，應該訓爲擒，是甲骨文禽的動詞形式。右文造字。七其切，訓爲 qi，通 qin。

卜辭："辛巳卜。在糞。今日王逐兕擒，允擒七兕。"（摭續 125）

卜辭："貞：弗其擒土方。"（後下 37・6）

甲骨文擒字可能有反訓，既可以作陷落解，亦可做離開、逃脱解釋。

---

①②③ 馬如森著《殷墟甲骨學：帶你走進甲骨文的世界》，第 290 頁。

圖五

圖五爲甲骨文鑊。圖解爲一隻被抓住的鳥放進了三腳鬲中。《説文》的定義非本義。段注曰："少牢饋食禮有羊鑊，有豕鑊，鑊所以煮也。"這個解釋也未必準確。從圖五看，這隻鳥確實被放進了"鑊"中，但是令人不解的是這隻鳥的腳上依然被一隻手牢牢抓住，這説明什麽呢？這衹能説明正在對鳥進行熱處理——燙鳥。也就是像我們宰殺了鷄之後要用開水浸燙以除去鷄毛，清除内臟。這樣纔能解釋爲什麽有一隻手抓住鳥的問題，如果是在鬲中煮鳥不會出現一隻人的手。段注考慮未詳的是雖然少牢禮中設有羊鑊和豕鑊，但是《禮記》的少牢禮中卻没有鳥鑊一説。所以甲骨文鑊的本義是用開水在鬲中燙鳥。引申爲燙其他禽類。猶如我們今天宰殺鷄、鴨、鵝是同樣的道理。

圖六

圖六破譯爲甲骨文濩存疑，該字的造字原理同甲骨文"淮"，應該破譯爲漢字淮。從散點水從隹。本義可以解作在河邊戲水的鳥。我在《甲骨文比較研究》中已經表達了我的觀點：這個字最直截了當地破譯爲漢字"淮"最爲精當準確。從散點水（亦可從乙，小水也）從隹。《夏小正》有"十月（注：夏曆）……玄雉入于淮，爲蜃"的記載正合此字的本義。淮河當以此得名。濩字和本字比較，没來由地多了一隻手——又；多了幾株草——艹。如果將圖六的甲骨文破譯爲濩字，其中的部首又和部首艹缺乏文字學依據和發展脈絡。事實上卜辭中的本字很可能本義就是淮河：

卜辭："乙丑卜。貞。王賓大乙淮。亡尤。"（前1·3·5）王祭祀大乙于淮河。

卜辭："乙卯卜。貞：王賓祖乙淮。"（佚918）王祭祀祖乙于淮河。

圖七

圖七爲甲骨文萑。《説文》收入的萑字在字形上有兩種，其本義也大不一樣。

《説文》："蓷，隹也。從草推聲。《詩》曰'中谷有蓷'。"段注："萑訓草多貌。"

《説文》："萑，鴟屬……有毛角所鳴，其民有禍。"這是指猫頭鷹。

比較上面《説文》中兩個字，圖七本字應該是蓷字。省爲萑。但是蓷和萑在發音上區别太大：蓷音推；萑音環。這兩個發音中哪一個纔是圖七中甲骨文字在殷商時的發音呢？但是説圖七中的甲骨文字是猫頭鷹的象形毫無道理。因爲猫頭鷹有毛角，睁一隻眼閉一隻眼，白天休息夜晚捕食這些特點在圖七的甲骨文字中没有任何的表現。所以我虚擬了前者蓷爲圖七甲骨文的本字。嚴格地説，這個蓷字中的部首扌不符合甲骨文本字。因爲在本字中並没有"手"或者"又"的符號出現。許慎收集的這兩個字都是名詞，和意符手無關。

圖七該字的本字從隹從林。其中的林爲非固定意符，可以是兩個、三個或者四個木組成；也可以是兩個、三個、四個屮（草芽）組成。例子均已見于卜辭。所以甲骨文萑的本義是林中鳥或者草中鳥，和段注的"萑訓草多貌"最爲接近。從小篆萑字看確實是隹在草中，草的茂密遮住了鳥可以説明草多。但是將圖七的甲骨文字破譯爲萑本身是有欠缺的，這個甲骨文字的非固定意符可以從草也可以從林。當它從草時，可以破譯爲

萑；當它從林時就不能破譯爲萑。也就是説這個甲骨文字的破譯提出了一個新的研究課題：一個甲骨文字可能包含了後世兩個或者三個漢字的本義；或者兩個或者三個甲骨文字纔可以表達後世一個漢字的含義。這個現象在語言學上叫作詞義的擴大和縮小。前者像圖七的甲骨文字除了破譯爲萑以外同時還包含了鳥在林中的本義。後者例如甲骨文秝（音歷）和排兩個字的本義都包含在漢字排裏（待證）。

【例一】卜辭："工方出。王萑。五月。"（外1）

【例二】卜辭："……寅卜。王……在萑。"（卜通别二）

【例三】卜辭："貞：婦姘黍萑。"（續4·25·4）

以上三條卜辭中均可解作"人在草中"或"人在林中"。其引申義卻各有不同，例一中"王萑"解作"商王偵察"。例二中解作王在林中。例三解作婦姘在黍田中（收割）。

【甲骨文字本義小結】

隹的本義：特指淮河邊的一種五彩長尾雉，羽毛可以用來做箭羽和旌旄。隹是雉的初文。泛指爲雉鳥的總名。

雉的本義：指一種是用于製造箭矢的長尾雉。後用于指代雉鳥的總名。名詞。

隻的本義：捉住一隻鳥。動詞。捉住兩隻鳥爲雙。動詞。

擒的本義：鳥落入捕鳥器。動詞。反訓：逃脱、離開。動詞。

鑊的本義：在鬲中燙鳥除毛除雜。動詞。

淮的本義：雉鳥戲水。動詞。取《夏小正》"玄雉入于淮，爲蜃"的記載用爲淮河的名稱。

萑的本義：鳥在草中或鳥在林中。引申義：人在林中。引申義：偵察。動詞。

破譯甲骨文：擄*

漢字攫和矍都是起源于戰國簡書。本文討論攫。

攫：用爪抓取。《新華詞典》這個定義説明"攫"一定是一隻猛禽自空中撲向地面的目標，用雙爪攫捕後飛走。攫的這個本義最早見于《禮記·儒行》："鷙蟲攫搏。不程勇者。引重鼎不程其力。往者不悔。來者不豫。"孔穎達疏："（猛禽）以腳取之謂之攫。以翼擊之謂之搏。"孔疏的猛禽之腳即爪也。

所以《新華詞典》關于攫字的本義實際上就是它在西周時期的本義。雖然這個本義產生于西周，但是金文中卻没有發現這個攫字。那麽在殷商甲骨文中有没有這個本字呢？或者，有没有一個甲骨文字可以與"攫：用爪抓取"的本義相吻合呢？

研究初期，我發現甲骨文中確有這樣一個字和攫的本字有異曲同工之妙。如圖：

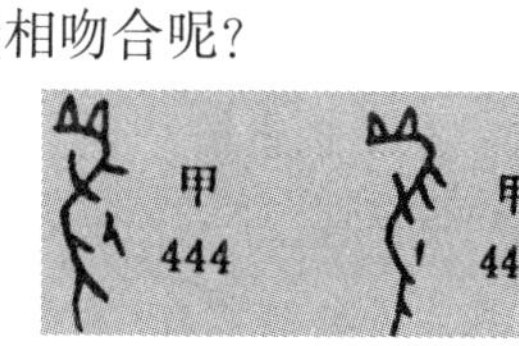

圖一 甲骨文：擄

在卜辭中這個字是一個孤證：

卜辭："丁亥卜。叀攫宗用……丁亥。叀~……"（甲444）

《甲骨文編》認爲這個字是一個拉長了的甲骨文的“黍”字，解釋爲即將收穫莊稼的“獲”穀[①]。《説文》：“獲。刈穀也。從禾蒦聲。”但是我們看一看上圖，是誰在“收穫”這裏的莊稼——黍——呢？是一條龍。

如果説在這個甲骨文字中有莊稼的話，這個“禾”字或者“黍”字已經是支離破碎了。造成這場災害的主體是一條頂天立地的猛獸或者猛禽，它有兩隻很大的眼睛，這兩隻眼睛也被人們認爲是它的兩隻角。請看這隻猛禽或者猛獸造字形態像什麽？可以對比圖二。

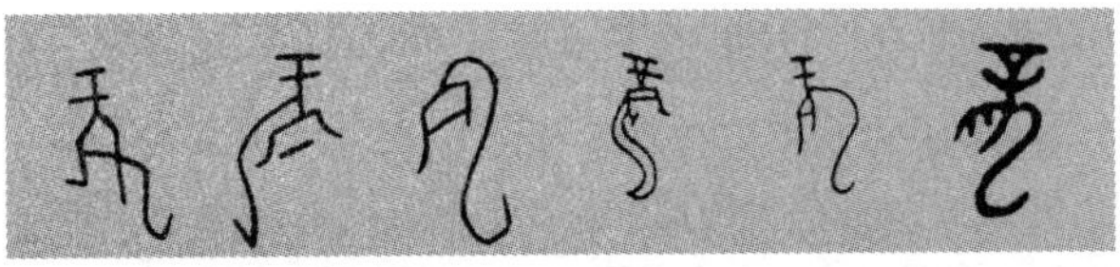

圖二　甲骨文：龍

答案是：這是一條自天而降的龍攫走了豐收在望的莊稼。龍是什麽？龍就是遠古時期經常肆虐的龍捲風。卜辭甲 444 記載並驗證的正是一場龍捲風不可避免地攫走了宗族土地上的莊稼。其實古人認爲龍之所以能够昇天就是藉助了大地上裹挾的物體。這就是所謂的“龍無尺木，無以昇天”[②]。

《山海經·大荒東經》描寫夔是：“狀如牛，蒼身而無角，一足，出入水則必有風雨，其光如日月，其聲如雷，其名曰夔。”但更多的古籍中則説夔是蛇狀怪物：“夔，神魅也，如龍一足。”《廣雅》裏就有“無角曰螭龍”的記述。《述異記》中記述：“龍五百年爲角龍，千年爲應龍。”

甲 444 所示正是一條有角的巨龍昂首天外，裹挾著成熟的莊稼的象形。這是一個造字方法很特别的獨體字，但是從造字原則上説，它應該是一個會意字：從龍從黍。其中的主體是龍的象形，而黍已經是支離破碎狀，但是仍然可以將其復原爲甲骨文的黍字。正如孔穎達疏所説：“（猛禽）以腳取之謂之攫。以翼擊之謂之搏。”這條巨龍正是以自己的神奇力量攫走了“宗用”的莊稼——黍。這也正是卜辭甲 444 的貞人要通過甲骨文字告訴我們的一件歷史事實。

在對圖一這個字進行音訓研究時，我最終推翻了自己此前的破譯，卜辭甲 444 這個甲骨文字不能破譯爲攫，而應該破譯爲擄。

這就引發了我關于甲骨文破譯的新的思路：甲骨文字首先是爲了記載當時的口語發音的符號系統，所以在破譯一個甲骨文字的時候，首先的第一位的考慮是這個甲骨文字的音訓，而不是字形。

例如甲 444 這個甲骨文字，其主體形象是龍，這條龍又是摧毁了另一個甲骨文字“黍”得到的象形，所以這個甲骨文字的音訓就應該是龍黍切，讀若 lu。因此它對應的漢字就不是有些學者破譯的“獲”，也不是我此前自以爲是的“攫”，這兩個字的音訓與其甲骨文時期的發音完全不同。最終我將這個甲 444 破譯爲：擄。

《康熙字典》：“《唐韻》郎古切。《集韻》《韻會》籠五切。發音魯。掠也，獲也。通作鹵。”漢字擄字下從男，應釋爲“田力也”。是人們爲田地裏種植的莊稼所付出的勞動。但是後世的“虜”“擄”二字均與男性有關，這是在使用過程中詞義發生了轉移。

---

① 中國社會考古所編《甲骨文編》，中華書局 1959 年版，第 427 頁。

② 《諸子集成》第十一册，第 62 頁。

我們在甲骨文中看見“擄”字與男性完全無關。

【甲骨文字本義小結】

擄的本義：龍捲風席捲走了莊稼。動詞。引申義：奪走。會意造字。

音訓：擄，從龍從黍。龍黍切。讀若 lu。

破譯甲骨文：獲

有些學者將甲骨文的擭字破譯爲“獲”，但是在《破譯甲骨文：擄》中我已經考證了擭字中收穫莊稼的主人不是殷商百姓，而是自天而降的龍捲風災害。我們在《詩經》中可以讀到，獲字已經被人們廣泛地用于春秋時期的詩歌中，如：“八月其獲”、“十月獲稻”、“整居焦獲”、“采蕭獲菽”、“是獲是畝”、“載獲濟濟”等等。獲在《詩經》中的本義是收穫，是百姓的收穫。甲骨文中有這個獲字（如圖一）：

圖一　甲骨文：獲

甲骨文獲，從土從手從刀從禾，是一個會意字。從造字組成上分析，表明一手執禾，一手執刀，正是收穫莊稼的會意。費解的是造字中運用了一個土字，即社字。這是殷商收穫前的祭祀。即在每年開始收割莊稼以前要祭祀土地。這個風俗在中國農村大地上延續了幾千年，至今我國南方苗族等少數民族在收割莊稼以前還在祭祀土地。又如苗族大型的祭祖活動“鼓社祭”每隔 7 年或者 13 年舉辦一次，每次祭祀活動持續數年。“鼓社祭”裏面最重要的內容就是謝土，感謝土地爲人類的生活貢獻了萬物。苗族據專家考證是中原炎帝的後代。所以這個土字的部首記錄了商人對農業收穫的理解和感恩。這是殷商歷史的印記。

隨着農業的不斷發展，人口的不斷繁庶，這個在收穫以前必須祭祀土地神的風俗漸漸被漢族人淡化。到了《説文》收集的獲字，其中已經没有土這個表意符號了。

《説文》：“獲，刈穀也。從禾蒦聲。”可見這是一個殷商以後用形聲造字法創造的形聲字。

【甲骨文字本義小結】

獲的本義：收割糧食作物。動詞。

音訓：禾，豫南方言 huo。禾爲聲符兼意符。右文造字。

破譯甲骨文：重複表示多數

重複的原則用于甲骨文造字意指很多，如：

圖一　春

圖二　井

圖三　萑

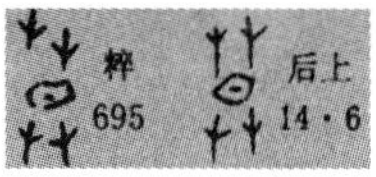

圖四　暮

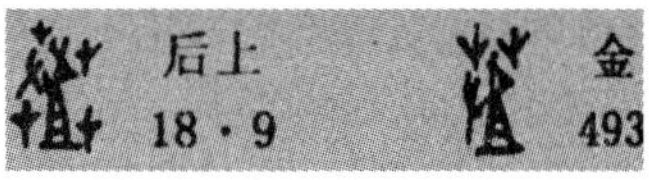

圖五　苴（存疑）

除了上面的五個字以外，殷商甲骨文中還有很多品字形甲骨文，例如品、晶、鱻、羴、雥、焱、蟲、𧰨等。這些甲骨文字有一個共同的特點，就是它們都是用同一個意符重複以産生多數的意思。

這是甲骨文造字的原則之一：重複表示多，重複的符號一般在三個以上。同一意符的兩項重複形成的甲骨文字本義比較複雜，例如我們已經考證的龖和虤，此外還有豩等。

甲骨文鱻字形爲水中四魚相疊，本義應該是魚群。

甲骨文羴字形爲三羊相疊。《説文》："羴，羊臭也。"這應該不是甲骨文羴的本義，其本義應該是羊群。"羊臭"，即羊的腥羶味，應該是其引申義。

甲骨文雥字形爲三隹疊加。本義爲鳥群。《説文》："雥，群鳥也。"這是其本義。

甲骨文焱字形爲三火疊加。本義爲火群，意指着火點不止一處的大火。《説文》："焱。火華也。"意指火苗處處。

甲骨文蟲一般以兩蟲疊加，本義爲昆蟲的總稱。《説文》："蟲，凡蟲之屬皆從蟲。"後簡化爲虫字偏旁。

甲骨文三豕相疊應該是猪群。此字在甲骨文中少見。多見兩豕疊加，音豳。《説文》："豩，二豕也。豳從此□。"

圖一：甲骨文春本義爲春天。字形爲春陽杲杲，草在樹林中萌芽而出。《説文》："春，推也。從草從日。草春時生也。"音訓擬音：屯林切，讀作 qun。

圖二：這個甲骨有的文學者釋爲蒿。見《古文字類編》《殷墟甲骨學》《甲金篆隸大字典》等。但是這個破譯是站不住脚的。因爲這個字的主體是一座亭狀建築物，所以其造字是針對這個建築物的某個本義。這個建築物下從口，我認爲是殷商人打水的井亭。水井一般都在城邊或者山邊等僻静處，因爲要保持水的乾净。周圍的四個木代表這個建築物位于樹林中間。它的本義重在中心的亭字，而不在四周的樹林。這一點看一看上圖中其他五個字就會明白這個道理。其餘五個字的破譯本義都應該圍繞中間的意符，所以本字也不能例外。該字本義疑爲村邑中取水的井亭。

音訓：京林切，讀若 jing 或 jin。

卜辭："……其井……雨。不雨。"（菁 10・10）

卜辭："戊戌。王井田……"（甲 3940）直譯爲商王取井水灌溉田畝。

圖三：甲骨文萑。字形爲鳥在林中，意爲林中鳥。《説文》："萑，草多貌。"也不是

本義。因爲甲骨文造字明顯標識出不僅是“草多貌”，而且是“樹多貌”。造字本義應該圍遶中間的鳥，而不是周圍的草。我以爲，其本義破譯爲深草藏鳥比較貼切本義。卜辭有：

【例一】卜辭：“工方出。王萑。五月。”（外 1）

【例二】卜辭：“……寅卜。王……在萑。”（卜通别二）

以上兩例均可由本義草盛没鳥的本義引申爲草盛没人。即王親自在深草中窺視敵情之意。

圖四：甲骨文暮。這個字本義比較好懂，是太陽落進了草叢中。比較一下甲骨文旦，太陽初昇時的意象是太陽躍出海平面。以日出東海來說明早晨，以日落草叢說明黄昏是很準確的。《說文》：“莫，日且冥也。從日在草中。”與甲骨文本義相合。

該字從音訓角度看應該是從木不從草的。因爲這個字的發音讀若木。是一個右文造字。本義爲西田的太陽落入樹叢中的時候。木是聲符兼爲意符。

圖五：甲骨文苴，本字存疑。因爲造字時使用了多個木字，說明環境是樹林中。從這一點造字動機看，《說文》的“苴，履中草。從草且聲”就完全不相吻合。意符且左側從手，說明這是一個動詞。在樹林中，這隻手要幹什麽？下從且，且在這裏又代表什麽？且上面的那個意符——横著的 A——又表示什麽？所以這個甲骨文字破譯爲苴的可能性不大。祇能存疑。

以上五個甲骨文字中雖然使用了多個木或者草爲重複意符，但是這種意符即是爲了表明中心意符的存在環境是草木茂盛的地方，同時也是爲了反切造字的反切下字的需要。甲骨文對于植物的造字方法是突出其植物特徵和生理的特點，例如桑、柳（卯）、黍、麥等字。

這一類甲骨文字造字中蘊含了後來中國國畫獨特技法——散點透視法。在品字形結構中，雖然魚、羊、火等都不在一個平面上，但是在造字時，造字者將其以一個頗具美感的形狀全部呈現在同一平面上，從而產生群體的美感。同樣，在甲骨文春中，爲了强調萌芽出土的頑强生命力，造字者將小小的萌芽突出並誇大到比樹木甚至太陽還要大的比例；在甲骨文暮中太陽已經落入草叢，但是我們依然可見整個太陽；在井字中我們既可以看到井亭前的樹木，也可以看到被井亭遮擋住的樹木。在甲骨文萑字中即使野草已經深深埋没了其中的鳥，但是爲了會意造字者將其中的隹字整體突出在樹林的背景上。這個表現方法就叫作散點透視法。它以運用多種手段突出甲骨文字的本義，從多個角度表現本義涉及事物的特徵，從多個側面或局部强調各個造字元素的特點，可以使一個甲骨文字更鮮明、生動、豐滿，更富立體感。這也正是中國畫散點透視法的精髓所在。

【甲骨文字本義小結】

春的本義：春天。名詞。音訓擬音：屯林切，讀作 tun，通 chun。豫南方言作 qun。

井的本義：村邑居民取水的井亭。名詞。音訓：京林切，讀若 jing 或 jin。

暮的本義：西天太陽落入樹叢之時。名詞。音訓：從草從日或者從木從日。讀若 mu。木在造字中既是聲符也是意符。右文造字。

破譯甲骨文：仔　嗣

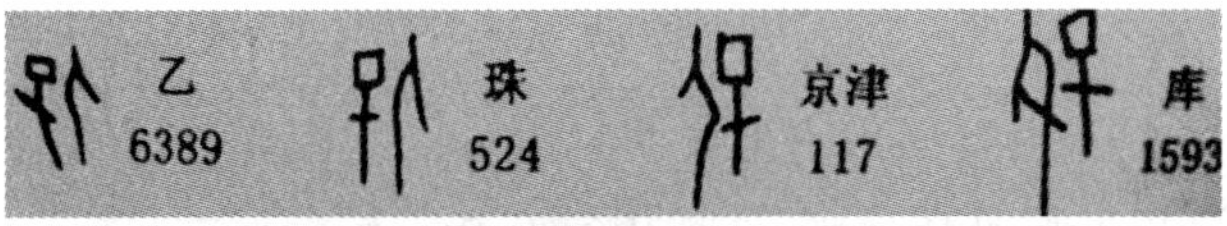

圖一　甲骨文：仔

圖一中這個甲骨文字在一些的卜辭學著作中被直接破譯爲“子”，這是值得商榷的。因爲按照甲骨文的造字規律，這個字應該是單立人偏旁（人部首），加子。故本字應該是從人從子，故應爲“仔”。又因爲圖中意符人是一個成人符號，所以這個字一定不是“子”的初文，而是一個造字，表示一個成人和一個孩子之間的關係。圖中例四非本字。

甲骨文的人部首的字很多，但是凡是使用上圖右側的側立的人作爲部首造出的甲骨文會意字都有一個共同的特點：該人部首在造字中構成新的本字的本義時，作用居次。例如在本文要考證的本字仔的本義，構成本義的核心是右側的意符♀。同一部首的甲骨文字如：

儐：本義爲家中男主人。構成本義的主要意符是家中來的賓客——老人。

依：本義爲胎盤。構成本義的主要意符是其中的外面的衣，而不是胎盤中的小人。

伐：本義是砍頭。構成本義的主要意符是架在男人脖子上的戈。

本文要考證的“仔”的本義是什麼呢？從甲骨文仔的本字可以看到：這個字表現的是兩代人——父輩和子輩。本字中的主要意符是子而不是右側代表長輩的人。這一點我們可以從另一個甲骨文“嗣”的字形看出就裏：

圖二　甲骨文：嗣

《說文》：“嗣，諸侯嗣國也。從冊口。司聲。”但是該字的甲骨文顯然不是“諸侯嗣國”的意思。甲骨文嗣的本義是家譜，即記錄在簡冊上的兩代人。所以長輩和子輩均采用了正面的造字方法。原因很簡單，在家譜中長輩和子輩都是主角，所以兩輩人在造字中的意符是平等的。該字中的意符“大方”言發音爲 da，是當地人對父親的稱謂。而意符子在甲骨文中有多種寫法，本字中的“子”專指家族中的長子或宗長子。在家族祭祀中已經成人的宗長子一般扮作祖先的“尸”，如果宗長子或者長子太小，他們將由長者抱著代表祖先的神主。但是在圖一的甲骨文仔中則不同，長輩是用側立人部首表示的。所以，甲骨文仔的本義表示子侄輩。遠古子侄同音。我們在卜辭中可以看到很多這樣的記載：

卜辭：“叀多仔。”（合 27650）

卜辭：“貞：多仔鄉于庭。”（合 27647）其中鄉爲饗的本字。

卜辭：“己卯卜，□，貞：壬父乙婦好生仔。”（珠 524）生：外甥輩；仔：子侄輩。

卜辭中的“多仔”係指殷商王朝同姓的子侄一輩人。而“多生”可以理解爲多姓，即外甥。係指外姓姻親的同一輩人。正是這個本義所在導致了在卜辭中仔和子的語法功能是相通的。但是我們必須清楚：仔和子在甲骨文中是字形不同的兩個本字。

但是在卜辭“戊申卜，永，貞：望乘有仔在獸”（庫 1593）中對應仔的甲骨文字是圖一中的第四例庫 1593，這個甲骨文字的字形與其他三例不一樣，它的兩隻手是向身後伸去，意在扶持身後的未成年的孩子。所以我認爲這個庫 1593 不是我們本文討論的仔字，而是另外一個甲骨文字。從該條卜辭內容分析也不是指子侄一輩的人，而是在獸群中出現了帶著幼獸的情況。我們將另文考證。

【甲骨文字本義小結】

仔的本義：下一輩的子侄。卜辭中指殷商王朝的血統（同姓）子侄輩。右文造字：從人從子，“子”既是聲符也是意符。

嗣的本義：家譜。名詞。音訓：冊子切，讀若 ci，古音通 si。

破譯甲骨文：秝*（列*） 排*

《新華詞典》中關于“排”有八個義項。這八個義項有可以分成兩類：一是擺列成行。這個義項引申出軍隊編制的排，量詞排，排練的排，竹排的排，以及放排的排。二是推開和除去的意思：排除。

在殷商甲骨文系統中，有這樣的兩個甲骨文字恰好和現代漢語中“排”的兩類義項對應。這又一次印證了我的“甲骨文字一字一形一義”的造字原則。這兩個甲骨文字如下圖：

圖一　甲骨文：秝

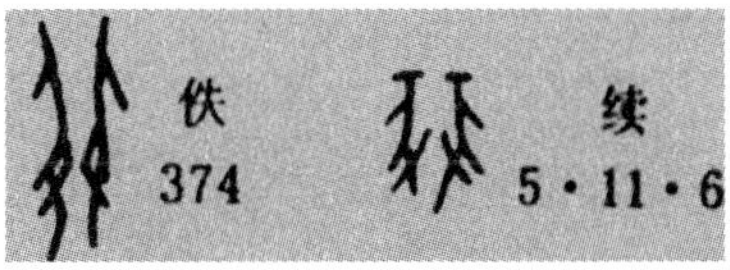

圖二　甲骨文：排

圖三　甲骨文：秦

第一個字：秝，讀音歷。學者們基本認定這個字就是後來歷的初文。這個甲骨文字是一個會意字，從雙禾。在甲骨文造字中重復代表多，兩個禾字並列的意象代表著收穫的禾排成一排。排列的目的當然是爲了脱粒以收穫糧食。所以我們在甲骨文“秦”字中看見將收穫的禾排列好，然後雙手執連枷進行脱粒。早期造字爲雙手執杵。

所以上左圖的秝字的本義是排列。《説文》段注：“歷從秝。秝者，稀疏適秝也。”（後一秝疑爲衍字）意思是將禾擺列成行且稀疏適當。現代漢語中的擺列成行以及該義項引申出軍隊編制的排，量詞排，排練的排，竹排的排，以及放排的排都是源于這個甲骨文字秝。

卜辭："叀祖丁秝舞用又正。"（京都 1930）這裏秝舞的意思應該是一種排列整齊的群舞。

但是，這個甲骨文秝字卻無法包括現代漢語排字的推開和除去兩個義項。因爲僅僅是兩株禾的會意無法產生推開和除去的本義。話要說回來：如果這個甲骨文秝字可以包括與排列的本義不相干的另一個本義推開和除去，則甲骨文造字的"一字一形一義"的原則將受到挑戰和質疑。

然而，幸運的是，在甲骨文系統中，推開和除去這一本義是由另一個甲骨文字單獨承擔的。這個字就是排，見圖二。圖中意象爲一雙手正在將兩件東西推開（或者說分開、除去）。雖然我還沒有弄清楚這兩件東西的確切含義，但是動詞推開和除去的本義在該甲骨文字中會意是非常明顯的。會意爲雙手推前面一人的後背。圖二甲骨文上從北，下從廾。音訓讀若 pai。本字爲右文造字。"北"是聲符兼意符。

卜辭："癸酉貞：日月有食。排若。"（佚 374）這裏的甲骨文排應該理解爲推開。注意本條卜辭記錄的應該是月食，但是日月相食的情況是不可能出現的。這裏可能殷商時代人們没有認識到月食的原理，將地球投射在月亮上的圓形投影誤當作太陽了。

【甲骨文字本義小結】

秝的本義：擺列成行，稀疏適當。名詞。此字疑通假：列。會意造字。

排的本義：推開、除去。動詞。右文造字。

音訓：讀若 bai 或 pai。北是意符兼聲符。

現代漢字中這兩個義項是同一個漢字：排。但是在甲骨文時代它們是兩個不同的本字。

破譯甲骨文：北

夏禹之子夏啓的出生方式見于屈原《楚辭·天問》和《淮南子》。

"禹之力獻功，降省下土方。焉得彼涂山女，而通之于臺桑？……啓棘賓商，《九辨》《九歌》？何勤子屠母，而死分竟地？"（《楚辭·天問》）

其中"勤子屠母"歷來没有歷史學家給予關注。禹的兒子爲什麼叫啓也應該有歷史的出處的。啓的出生最早的記載源于《漢書·武帝紀》裏顏師古所引用的一段《淮南子》，爲什麼在這裏我要强調顏師古所引，因爲今天我們看到的《淮南子》中並没有這段記載：

"禹治鴻水，通轘轅山，化爲熊。謂涂山氏曰：'欲餉，聞鼓聲乃來。'禹跳石，誤中鼓。涂山氏往，見禹方作熊，慚而去。到嵩高山下，化爲石。禹曰：'歸我子！'石破北方而啓生。"（《淮南子·海外北經》）

兩段的說法各執一是。屈原的"勤子屠母"的疑問似乎没有表現在《淮南子》中。

“勤子屠母”古漢語意思是：爲了救兒子而殺了母親。“石破北方而啓生”這個幾千年以來被當作神話傳説的記載其實是藴藏著一個歷史事實。而對其中“北”字的解釋成爲大禹“勤子屠母”是神話還是史實的一個關鍵字。

圖一　甲骨文：北

《説文》：“北，乖也。從二人相背。”段注：“此于其形得其義也。……韋昭注《國語》曰，北者。古之背字。”許慎破譯北爲相背。韋昭破譯北爲背的初文。我認爲韋昭的本義是正確的。北正是人的後背的意思。“石破北方而啓生”就是大禹用石刀剖開涂山氏的胎盤看見的是夏啓的背部。夏啓是剖開胎盤得到的。注意，遠古時期剖開胎盤取出胎兒比較常見。他們很重視剖開胎盤以後看見的是胎兒的背部還是腹部的問題。

涂山氏因難産而死，所以屈原説大禹勤子屠母（爲了救兒子殺了母親）。而大禹在夏啓出生四天後便重上治水征程，這是後話。

所以把“石破北方而啓生”解釋爲一塊很大的啓母石朝北方破裂開來，從中誕生了夏啓。今天看來這個傳説不再是神話，而是一個流傳千古的笑話而已。

請看甲骨文北。它是由兩個背靠背的人組成的會意字。這樣的一種造字方法和北方的北有什麼關係？和後背的背又有什麼關係？它的本義是後背、背戾還是北方？殷商人爲什麼采用了這種方法造出這個北字？解開了這一系列的問題，我們就可以破譯出北這個甲骨文的本義。在卜辭中，北通常做北方解。

卜辭：“北方受禾。”（佚 956）

卜辭：“已亥卜。丙。貞：王有石在鹿北東作邑于之……”（乙 3212）

這個北方是不是就是北的本義呢？我認爲不是！請看上圖的甲骨文北字。第一種觀察的方法，它是兩個背靠背的人，所以許慎説北是“從二人相背”，所以它的本義就應該是違背和抵觸。這裏如果將北破譯爲後背或者北方似乎就過于牽强了。所以許慎《説文》的北並非本義。于是我經過觀察，提出第二種觀察方法：在兩個人字的中間形成了一塊空白，請看一看這個空白像什麼？像一個人的後背的形狀。其左右分别是人的兩隻手和兩條腿。這纔是這個甲骨文字的本義：後背。這個甲骨文北字正是一個人的後背的輪廓的象形。我首先解决了這個甲骨文字的本義。那麼北方的北就應該是它的引申義。北方這個引申義是根據什麼引申出來的呢？

在《破譯甲骨文：南》中，我破譯了甲骨文南字的本義是商王在廟堂，引申義爲南方。南，從王從廟（或堂）。上部像漢字“大”的部分是甲骨文“王”的變形，正是商王伸展雙手向上做祈禱狀；下部如建築物一樣的部分是殷商之廟，廟中的祭祀大廳又叫大堂，所以古代廟堂並提。在甲骨文南字中，商王正位于廟堂的最北，此時除了天帝和祖宗牌位，一切都在商王的南面。

與商王相對，所有的臣民當然也在商王的南面。他們面朝北方，整齊排列，垂首低頭，聽命于商王。這時每一個臣民向前看看見的就是前面一個人的“北”——後背。這時每一個臣民向前看所面對的方向就是“北”——正北方。于是“北”由後背的本義引申出北方的引申義。這種由繁入簡的引申在甲骨文造字中很少見到。就是説“背”是“北”的初文。

【甲骨文字本義小結】

北的本義：人的後背。名詞。引申爲北方。方位詞。

音訓：象形造字。從匕從人。“人”殷商方音爲 ðen。匕人切。讀若 bei（入聲）。北也是背的同音假借字。

破譯甲骨文：彖　彔(录)

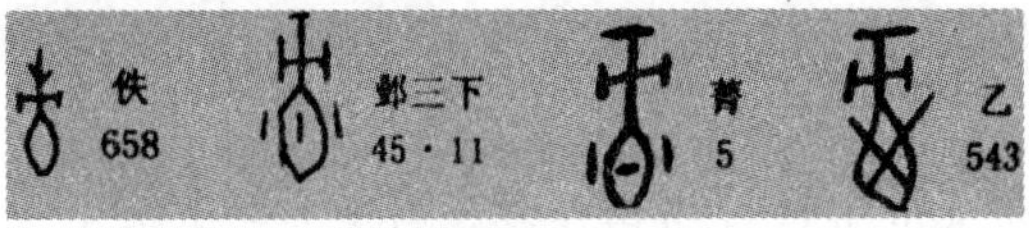

圖一　甲骨文：彔（录）、彖

《康熙字典・寅集下》：“彐部彐彑同。”説明彔和录這樣的兩個字在殷商時期都是一個字的兩種寫法，一般寫作彔，如圖所示。但是它們和彖（産生年代較晚）字形也是非常接近的。由于它們漢字字形上的相近，在戰國簡書中的綠、緣、緣三個字産生初期字形也是非常接近的。在三個字在造字結構上幾乎没有辦法區分它們本義有什麽不同。

緣字出現較早，見于《禮記・深衣》：“純，袂緣純邊，廣各寸半。”甲骨文緣從絲從彔。編號爲“文 800”，爲孤字孤證，從略。

千年之後，綠字本義用于青黄色出現：《説文》：“綠，帛青黄色也。”《釋名》：“綠，瀏也。荆泉之水于上視之瀏然綠色。此似之也。”《詩經》中綠凡九見均不作綠色解釋。可見綠作爲綠色的本義是戰國以後纔有的。而出現較早的緣字則自西周到東漢一直保持著“袂緣”的本義没有變化。

所以綠很可能是戰國以後從“緣”的使用中訛變出的一個漢字。訛變的原因就在于录、彔、彖這樣三個字形及其相近的漢字都源于同一個甲骨文字——彔——發展而來。圖一甲骨文字的本義的破譯就相當重要了。

《説文》：“彔，刻木彔彔也。”意思是像古人刻木記事的一道道刀痕。

《説文》：“彖，豕走也。”意爲猪走路的樣子。

就許慎的以上兩個定義而言，既不符合綠的本義（青黄色），也不符合緣的本義（衣純）。我也曾經設想過綠和緣的初文是彔和彖，但是文獻記載確實先有綠、緣，後有彔、彖。所以初文一説不能成立。但如果在殷商甲骨文中發現彔或者彖，問題就可以得到圓滿的解決。

李孝定破譯圖一甲骨文字説：“此爲井鹿盧之初字，上象桔槔，下象汲水器，小點象水滴形，今字作轆與轤字連文。”① 就是説上圖甲骨文字是殷商時代的一個連文：轆

① 馬如森著《殷墟甲骨學：帶你走進甲骨文的世界》，第 363 頁。

轤。這一破譯中的“井鹿盧”和《説文》：“彔，刻木彔彔也。”的彔彔並不是一回事。所以按照李孝定的破譯，彔依然和上面的甲骨文字没有關係。

請注意：圖一中例一的主體爲一個獨體字，在例二例三中加入了意符散點水，例四中加入了飾紋“乂”。所以例一是獨體字，例二例三例四是會意字。例一的獨體字説明這個字在殷商時代表示的是一個完整的打水（汲水）用具。例二例三的意符散點水表明在汲水過程中向下滴瀝的水滴。例四的“乂”是在汲水器外表綁上的繩索。綁上繩索的目的是防止陶製的汲水器與井壁相碰撞而破碎。汲水器的主體是雙腹耳小口尖底瓶，是遠古從母系社會一直沿用的汲水用的陶瓶。

這個甲骨文字的上半部分是什麼？其中的一豎是打水的繩索，它是拴在雙腹耳小口尖底瓶的瓶口的。雙腹耳小口尖底瓶的特點是上重下輕，放入水中後瓶口會下沉，在裝滿水以後將繩索拉起，可以得到滿滿的一瓶水。但是，打水用的繩索必須拴在瓶口上。這一點正是後來漢字緣的本義。《説文》：“緣，衣純也。”所謂衣純就是沿著衣服的袖口鑲上的一圈寬邊。按照段玉裁的説法，這衣純原來就叫作衣緣，後來緣假借爲純。無獨有偶，雙腹耳小口尖底罐的繩索正是沿著尖底瓶上端的小口邊緣一圈拴上的，和衣服衣袂上鑲一圈衣純極其相似，異曲而同工。

該甲骨文字的上部還有兩横——一長一短。最上面短的一横是抓手，握在手中打水，防止繩索落入水中。萬一繩索落入水中，由于把手是漂浮的，可以撈起來。長的一横是一根竹子或者木頭，比瓶身略寬一些，其作用也是防止小口瓶與井壁發生碰撞的，同時也是爲了防止瓶身下沉太多攪動井底的淤泥。它就拴在瓶口上方，並不影響打水。

我認爲，這個甲骨文字是漢字彔（录）和彖兩個字的本字。它在使用中產生出彔和彖兩個部首的兩個系列的漢字。其中彖系列應該是本字發展衍生的，彔系列則是春秋戰國文字爆炸期誤打誤撞產生的。

【甲骨文字本義小結】

彔和彖的本義：自母系社會直到殷商時的汲水用工具，含雙腹耳小口尖底瓶、繩索、竹木把手和竹木防撞桿。

音訓：此字和甲骨文“滷肉”之“滷”同形。在殷商時期的音訓應該是 lu。其中的部首筆畫反切不詳，待進一步考證。

緣是彖的分化字：緣的本義衣純就是沿著衣服的袖口鑲上的一圈寬邊，係由彖字本義引申而來。彖爲意符亦爲聲符。該字爲右文造字，發音應該也是 lu。

破譯甲骨文：占　祟

圖一甲骨文見于多種工具書，學者多認定爲漢字“禍”，而“祟”有些工具書不載。郭沫若認爲是假借字，本義爲災禍。

《説文》：“禍，害也。神不福也。從示咼聲。”

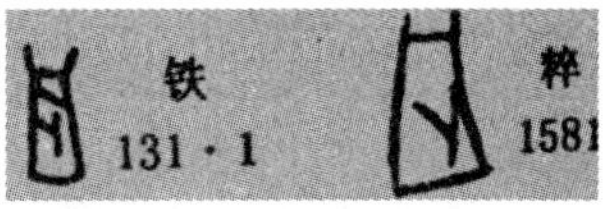

圖一　甲骨文：占

圖二　甲骨文：祟

《説文》："祟，神禍也。從示從出。"段注："《玄應衆經義》曰：'謂鬼神作災禍也。'"

我在甲骨文研究中，一貫堅持以甲骨文造字所本的殷商史實和甲骨文系統自身的比較、互證爲主，以甲骨文以後的金文，簡書，春秋古文，籀文和小篆作爲輔助的研究手段。原因就在于甲骨文是源，而其他幾種文字都是流。甲骨文是遠祖，其他文字是子孫。至少在我們還没有發現和甲骨文更早的另一個古文字系統以前，衹能采用這個方法研究。

圖一甲骨文學者們破譯爲"禍"。其實它的本字破譯爲漢字是什麽並不是很重要，重要的是要搞清楚這個甲骨文字的本義是什麽。這個字是禍字嗎？我們看一看它在卜辭中的應用是吉是凶？

卜辭："癸亥卜。貞：王旬無占。"（粹 1455）意爲：商王對本旬没有什麽要刻寫的卜辭。

卜辭："癸亥卜。貞：今月無占。"（鐵 131 · 1）意爲：本月没有什麽要刻寫的卜辭。

卜辭："貞：……無占。"（粹 1581 甲）其實"無占"就是平安無事之意。故不能破譯爲禍。

上述三條卜辭都是對本周期即將發生的事情進行占卜，如果本旬真的没有什麽禍事，寫作"旬無祟"即可，完全没有必要另造一字。看來這個字未必就是甲骨文"禍"字。我考證圖一的甲骨文應該破譯爲占，從卜從口：

《説文》："占，視兆問也。"段注："此云視兆問，亦專謂龜卜。……職廉切。"

首先甲骨文卜是什麽本義？《周禮 · 大卜》注："問龜曰卜。"但是從殷商時期考古得到的占卜工具看，卜其實應該是在龜板上鉆眼的青銅鉆，旁邊的向上的側枝爲把手。甲骨文中的卜字均爲側枝（丶）向上的，金文中偶有側枝向下（《卜淦戈》銘文）。這是因爲在占卜中龜璺側枝向上是吉兆，側枝向下爲兇兆。當卜作爲一個意符參與造字時，凡側枝向下的甲骨文造字均爲不吉之意。例如甲骨文葬、死、祟等字都采用側枝向下的意符卜造字。今天的漢字卜的造字實際上在甲骨文時期是不吉利的，因爲它的側枝向下。如果圖一本字破譯爲禍，則其中的意符卜也應該側枝向下。但是圖一的意符卜是側枝向上的，所以該字没有"不吉"或者"凶兆"之意。

圖一的甲骨文從倒卜，從胛骨象形。甲骨文專家們長期以來一直有一個未解開的疑惑，即是不是在啓用龜甲作爲占卜用具之前有一個時期單純使用獸骨占卜。這個甲骨文字對我們的考證很有啓發。不管上述卜辭是什麽分期，甲骨文的造字一定是在創造甲骨文的最早的時期——小辛小乙兩朝前後。圖一的甲骨文不從龜板而從獸的胛骨，説明在甲骨文系統被創造以前，殷商人甚至更早一些的人們曾經歷過用獸類胛骨占卜的過程。如果在甲骨文造字之初人們已經習慣僅僅用龜板占卜，那麽，甲骨文"禍"就應該是從龜板從倒卜。但是殷商的甲骨文造字者選用了獸的胛骨作爲圖一的造字，説明至少殷商經歷過一個獸骨轉用龜板占卜時期，而這一時期采用獸骨的比例是很大的。

采用龜板占卜對于殷商來説可能是商湯以後出現的史實。原因也不難探究——殷商的較大的龜都是由九江進貢的，這些貢龜衹能進貢夏王朝。《史記・夏本紀》和《尚書・禹貢》就規定有“九江入賜大龜”的進貢義務。商在戰勝夏取而代之以後，九江的大龜自然就進貢到了殷地朝歌。可見商人采用大批量龜板占卜最早也必定在商湯革命以後。在夏桀統治以前，九江的龜不會進貢給商。所以商使用獸骨占卜的比例較大。所以在商取夏而代之約三百年後，殷商人創造的圖一甲骨文采用倒卜和獸骨兩個符號的會意字是有歷史依據的。

再來解決爲什麼從倒卜的問題。會意字的意符如果顛倒了，一定有也別的用意，一般情況下意味著本義也顛倒了。但是在圖一甲骨文中這個意符卜不是有意要顛倒位置。這裏的卜是灼龜占卜時產生的裂紋，又叫兆紋。兆紋形狀爲 ⊦、倒卜時叫作“足開首仰，若橫吉安”，表示是吉兆，而兆紋側枝向下如漢字卜時，《史記・龜策列傳》中謂“首俯足肣身節折，以卜有求不得。病者死。係留有罪”，是爲凶兆。本字意符呈側枝向上的倒卜狀，所以没有貶義。這個考證的依據源于《史記・龜策列傳》。

《史記・龜策列傳》“肣開”注：“肣，謂兆，足斂也。”《集韻》：“肣，斂也。灼龜首仰足肣。”首仰足斂就是沿著兆幹（董作賓稱“千里路”者）首紋持平或側枝呈卜狀上仰，且雙足尾紋向内收，是吉兆。反之如今之卜字側枝向下即是凶兆。但是首紋横紋仍被視爲吉兆（横吉）。關于兆紋的分析可以參考《史記》，這裏不再糾纏末枝了。

所以，圖一甲骨文的本義可以破譯爲用青銅鉆在胛骨上鑽眼，引申爲灼獸骨或者灼龜得到吉兆。所以這個甲骨文不能破譯爲禍字。卜辭中涉及預後不吉利的文字已經有很多，例如“水災”“火災”“兵燹”等等。所以我認爲圖一甲骨文是名詞卜的動詞形式：占。如果一定要破譯爲單獨的漢字，這個漢字就是“占”，造字從凵從倒卜。

圖二的甲骨文字其實也是兆紋的一種——大凶。但是很多大家在破譯時並未與占卜的兆幹聯係起來，所以無法切中本義。如圖二：首紋頭部開叉（即首上開），中間的兆幹（千里路）發生折斷（即身節坼），足紋也没有内斂狀（即足胎）。這都是大大的凶兆。

《史記・龜策列傳》載：“首上開，内外交駭，身節坼”，“首俯足胎，身節坼”，“卜首俯，横紋向下”，“命曰兆首呈仰足開。以占病。病甚死”，均爲凶兆。《説文》中的祟字定義恰好和這個字吻合，所以有文字學家就用祟來破譯這個甲骨文字，將之歸結爲神禍——上天降罪于人。其實漢字祟與這個甲骨文字在字形上幾乎没有聯係：祟字從出從示，明顯帶有神的痕跡。但是圖二的甲骨文字卻不從示。所以智慧的郭沫若老就説“乃假爲祟”，就是假借爲祟。這也就是段玉裁所説的“鬼神作災禍也”。是啊，灼龜時得到凶兆也確實是神的一種降罪，一種警示。就神禍這一本義而言，兩個字是有共同之處的。所以甲骨文系統中有一個祟字就足够了。

爲了研究的方便，姑且從郭沫若暫定爲祟字。倆字恰好出現在同一條卜辭裏，可以看出兩者本義的差别所在：

卜辭：“癸未卜。殼（左下從一），貞：旬無占。王判曰。往乃兹有祟。六日戊子。子弢囚。一月。”（菁 1）

“旬無占”的本義是就本旬没有什麽大事需要刻寫卜辭而言。往是往後，是商王對本旬灼龜灼骨出現的結果而言，判從凵從口從卜，意思是商王對本旬兆璺的口頭解釋。而祟的本義是針對灼龜所得大凶兆紋的解釋。這個甲骨文“祟”正是一種不吉利的兆紋的象形造字。

【甲骨文字本義小結】

占的本義：將灼獸骨或者灼龜得到兆象刻成卜辭。

音訓：讀若卜凵切。讀若 pan。通 zhan。

祟的本義：兆紋顯示神將降禍于某人某地。

音訓：從尸從尾，讀若 sei 或者 si（入聲），通祟（sui）。

破譯甲骨文：鼎　貞　方　員

圖一　甲骨文：鼎

獨體象形字是甲骨文最初的造字方法。一般是對于一個單體造字對象采用一個完整的象形字表示。這種象形字一定是一個完整的、不能被分成兩個部分的象形字。例如上圖的鼎字就是殷商青銅鼎的象形。它由鼎身、鼎足和鼎耳組成，是一個完整的獨體象形字。請注意鼎字四條腿的表示方法。我們知道從正面看鼎，衹能看到前面的兩條腿。從上面看鼎則一條腿也看不見。但是甲骨文鼎字使我們既可以看到兩隻鼎耳，又可以看見鼎身，還可以看到四隻鼎足。這種造字方法我將其稱爲散點透視造字法。這種方法後來被移植到了國畫，成爲獨具中國特色的國畫散點透視法。其淵源應該在殷商甲骨文造字方法中。類似散點透視造字我還可以列舉幾例，如：萑、暮、蒿、苴等字。鼎的口語發音在甲骨文系統創造之前就已經存在。

《說文》："鼎，三足兩耳，和五味之寶器也。……籀文以鼎爲貞字……"先秦也常以鼎鑊並稱，看起來鼎和鑊一樣都是大型烹調之器。《周禮·秋官·掌客》："鼎簋十有二。"注："鼎，牲器也。"證明鼎原是用來烹煮整隻牲畜的大鍋。其實到了許慎的東漢時期，鼎的"國之重器"的作用可能已經漸漸失傳了。相傳夏禹收九州之金鑄成九鼎，遂以鼎爲傳國重器。

請注意許慎關于鼎的辭條後面的那個"尾巴"："籀文以鼎爲貞字。"籀文爲什麽用鼎來代替貞字呢？這個問題的答案在殷商甲骨文中。我們在卜辭中看到，甲骨文貞字和鼎字是同一個字。在早期甲骨文中貞即是鼎，鼎即是貞。後期甲骨文和繼之而來的周金中給鼎字上面加上了一個卜字以表示貞。現代漢字的貞上面的一豎一橫就是卜的商周歷史痕跡。它原是一個卜字。見于《說文》："貞，卜問也。從卜貝。"這就說明貞人、占卜、青銅鼎三者在殷商時期是密不可分的——貞人在鼎中灼龜以占卜。

以上鼎字和貞字的演變和歷史文獻的記載說明：鼎和卜辭的產生是有密切聯係的。鼎應該是殷商貞人用甲骨進行占卜時的一個重要的工具。那麽，在貞人占卜中，鼎能够起什麽作用呢？

《史記·龜策列傳》："灼龜觀兆。"

《周禮·卜師》："揚火以作龜。致其墨。"

原來貞人占卜的龜板是要經過鑽鑿以後放置在火上灼烤的。在灼烤中，龜板會發生裂紋——就是墨，或者叫坼，叫兆枝，叫璺——就是産生的裂紋。貞人就依據不同的裂紋對欲占卜之事做出有禍或者無禍的解釋，以作爲王室決策的依據。

據此，我們可以做出一個推斷：灼龜過程是在青銅鼎中進行的。在青銅大鼎中點燃炭火，在炭火上進行灼龜。所謂"揚火"就是向鼎中吹風以幫助炭火燃燒。所以，鼎字上加卜字即爲貞字。作爲這個推斷的一個注脚是我的一個研究發現：在前期卜辭中，所有用在貞字位置上的甲骨文鼎，就是所有用來代替貞字的甲骨文鼎字，都是使用四條腿的四足方鼎而不用三條腿的三足圓鼎。這説明貞人在灼龜時使用的鼎是方鼎而不是圓鼎。

鼎的本義：①烹煮整牲的鑊（鍋），一般用三條腿的圓鼎。②殷商灼龜用具。③商周禮器。均爲名詞。卜辭中鼎貞實爲同一字。貞字的遠古聲母爲 d 母。

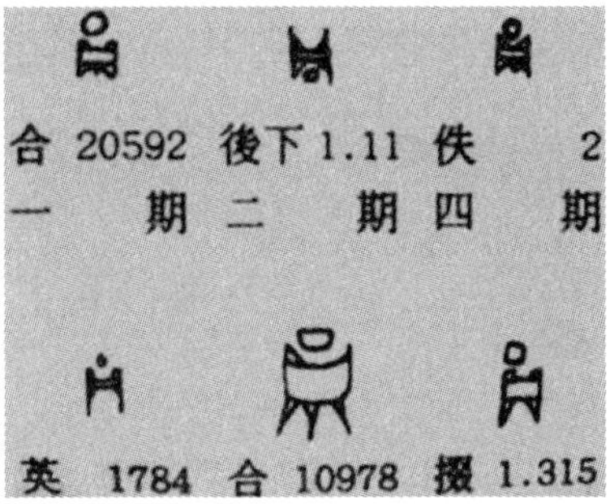

圖二　上左、上右、下中爲甲骨文員，其餘爲方。

由甲骨文鼎字我們來考證與之相關的另一個甲骨文字員字。員是後來圓形的圓的初文。這個字的演變過程像是一個悖論：用甲骨文員在外面加上一個□以用來表示圓形，其目的是爲了適應漢字方塊字的要求。這個外形爲正方形的字要表示的卻是一個圓形。

不過在甲骨文中這個員字的本義卻是合情合理，一目了然的。

《説文》："員，物數也。從貝口聲，籀文從鼎。"許慎將其解釋爲量詞顯然並非它的本義。因此它的本義還是要回到甲骨文裏去尋找。

甲骨文員，下從鼎，上從○。本義爲鼎口的圓的形狀。這個甲骨文字實際上根據細部的不同有兩種本義表示。一種是圓。下從三足鼎，上從○。説明鼎口爲圓形，初文爲員，今寫作圓。另一種表示下從四足鼎，上從□。説明鼎口爲長方形或正方形，本字爲方形的方，今寫也作方。殷商時期的方的含義和今天的方有所不同，它的本義是一個四角形，可以是長方形，也可以是正方形。但是考古學提供的證據是，商鼎的方口近正方形，也就是長寬比爲 1∶1，如圖二上排中例。周鼎鼎口多爲長方形。正如我們今天所説的矩形（著名的殷商司母戊方鼎就是長方形的鼎口），正方形衹是當它的長和寬相等時的一個特殊情況而已。上圖中上左、上右、下中爲甲骨文員字（即圓）。上中、下左、下右爲方。又例如圖三中，例一例二爲方，例三爲員（圓）。區別這樣兩個甲骨文字的方法很簡單，就是看它下部的鼎是三條鼎足還是四條鼎足。例三明顯是三足，故謂圓。例一例二看似兩足實爲四足，故謂之方。這裏的方是長方形或正方形的方，不是方位的方。《詩經·商頌·長髮》："……洪水芒芒，禹敷下土方。外大國是疆，幅隕既長。有娀方將，帝立子生商……"其中"土方"之方正是此本義。意思是指大禹在太原附近治理了一塊長方形的土地，即後來商代卜辭裏的"土方"國。詳見拙文《土方考》。

圖三

至于方位的方在甲骨文中另外有一個甲骨文字表示，這就是一字一形一義的造字原則。

【甲骨文字本義小結】

鼎的本義：①烹煮整隻牲畜的大鑊（鍋），一般爲三足圓鼎。②殷商占卜灼龜用具。③商周禮器。均爲名詞。

貞的本義：殷商貞人，專司卜筮的官員。甲骨文初期貞與鼎同字，後期采用鼎字上方加卜區别。西周金文貞字一般上方從卜。名詞。

員的本義：三足鼎鼎口的形狀——圓形。後分化出漢字圓。名詞。右文造字。○是聲符兼意符。

方的本義：四足鼎鼎口的形狀——矩形。本方字僅指幾何的形狀而言。正方形爲矩形的特殊形式。名詞。右文造字。□是聲符兼意符。

破譯甲骨文：内、丙本爲一字

從甲骨文内和丙兩字的字形看，這兩個字没有什麽區别，字形完全一樣。這樣兩個漢字在許慎的《説文》中本義卻迥然不同：

圖一　甲骨文：内、丙（穴）

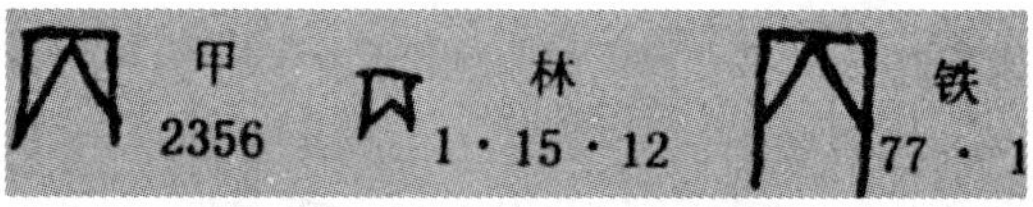

圖二　甲骨文：内、丙（穴）

《説文》：“内，入也。從冂，自外而入也。”試問：誰自外而入？人自外而入，死人也。

《説文》：“丙，位南方。萬物或炳然。陰氣初起，陽氣將虧。”“炳然”二字用得牽强。

“丙”“内”兩字從許慎定義看顯然相通，墓穴是生死相隔之處，也是陰陽相隔之處，所以“丙”的定義“陰氣初起，陽氣將虧”和丙爲墓穴是有内在聯係的。有學者將此字釋爲“穴”，在其本義上内、丙、穴三字是同源的，這三個字的本字字形是如出一轍的，但是這三個字的音訓卻很值得研究。

必須强調的是，一個殷商甲骨文字在一千多年之後的東漢分化成爲幾個漢字，這樣的事例屢見不鮮。因爲從殷商到東漢這一歷史時期是中國漢字的爆炸式産生並定型的時期。在古文字學中，内、丙、穴是同一個甲骨文字是可能的。但是它們分化爲三個本義不同的漢字應該是有發展路徑的。爲什麽一個甲骨文字會在後來的使用中分化爲這樣三個字呢？它們又是遵循怎樣的路徑分道揚鑣的呢？

我們就已經接觸到這個甲骨文内（丙）字而言，它和甲骨文“丘”是字形相同，方向相反的兩個字。所以我在破譯甲骨文字商的時候將商字分拆爲上從帝頭，下從倒丘，所以是帝頭丘尾。

甲骨文“丘”是山間窪地的象形。而内（丙）是一個倒丘的形象。我們試著按照造字者的思路將“山間窪地”顛倒180度，就成了内（丙）。這個内（丙）字的本義是什麽？請看：中間像是一座房屋的空間（宀），上面堆滿了土。這是墳墓！内就是墳墓的象形。這個内（丙）字下面加一個口，就是甲骨文冏，本義爲商王臨喪，説話遲緩的樣子。爲什麽商王進入這個“内”（這裏破譯爲丙其反切注音更適合，反切爲jun）就説話遲緩了呢？因爲這裏是已故先王的墳墓。冏是一種禮制上的規定。

根據以上的推論，似乎這個甲骨文字叫作内是有道理的。但是它爲什麽會分化出丙這個漢字來呢？丙字的本義源于墳墓的另一角度的理解。墳墓内外，陰陽兩隔。人已經死亡，被送入墳墓，生命（陽氣）已經結束，靈魂（陰氣）進入了墳墓。這正是許慎的丙的本義。《説文》：“丙，位南方。萬物成炳然。陰氣初起，陽氣將虧。”丙字本用于方位的南方是因爲它名列天干第三，而丙字代表南方是基于“陰氣初起。陽氣將虧”的五行陰陽學説。這一學説盛行于漢代。

在卜辭中，除了用于天干第三位以外，丙還被用來表示第三代商王外丙，它還被用于人名和貞人名。

【甲骨文字本義小結】

内和丙在甲骨文中應該是同一個字。

内（或丙）的本義：墳墓，地穴。引申義：天干第三位。引申義：南方。

音訓：兩個發音，在不同的造字中産生不同的注音。

擬音其一：從八從京，八京切。讀若bing。

擬音其二：從人從冖，人冖切。讀若nei（娘日歸泥，故人音訓nen）。

破譯甲骨文：丁（口）

六十天是一個甲子，六十年是一個甲子。傳説這個甲子是黄帝臣大橈發明的。見于《世本・作篇》《吕氏春秋・勿躬》等文獻。

甲子是我國遠古記時記日記月記年的一種方法。采用甲乙丙丁戊己庚辛壬癸十個天干，和子丑寅卯辰巳午未申酉戌亥十二個地支依次地兩兩組合，可以有六十種組合方式。每一種組合代表一天，一輪下來就是六十天。用于記年則是六十年。卜辭中這種記日方法運用的已經很嫺熟了。

這種記時的方法在我國遠古也許很早就有了。但是十天干和十二地支的甲骨文字應該是殷商貞人的專利。殷商人不僅命名了天干和地支，並創造了相對應的甲骨文。而且殷商人還采用十天干追溯了甲骨文産生之前的商的歷史，用天干十字爲盤庚、小辛以前的商王命名。

一個不容忽視的殷商史實是：大約是在盤庚和小辛朝代殷商人開始創造系統的甲骨文字，而恰恰是在盤庚小辛以前，自上甲微開始到小辛爲止的商王的名稱中已經具備了全部的天干十字：

上甲微、太甲、小甲、河亶甲、沃甲、陽甲
報乙、天乙、祖乙
報丙、外丙
報丁、太丁、沃丁、中丁、祖丁
太戊
雍己
大庚、南庚、盤庚
祖辛、小辛
主壬、中壬、外壬
主癸

奇怪的是在上甲微以前的商的王一律又不用天干命名，對于王亥甚至反常地用了地支命名。這説明了什麼？這説明了在甲骨文系統被創造後，殷商統治者對自己的歷史進行了搶救性的記錄。上甲微是一個商史可考的里程碑，在他之前的王均不用十天干記名，而在他後面的王一律用天干記名。所以干支紀年法可以早于商代，但是十天干的名稱分别叫作甲乙丙丁戊己庚辛壬癸應該是殷商甲骨文造字者的獨創。例如他們創造了用下面的甲骨文表示天干第四位。

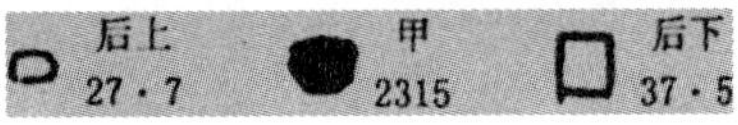

圖一　甲骨文：丁（口）

我們今天已經習慣于把天干的第四位叫丁，其實這個丁是後起的漢字。在甲骨文中天干第四位就是一個空心的或者實心的方塊。我很詫異它後來爲什麼變成了用漢字丁來表示了，也許是爲了更好地避免“口”所產生的歧義吧。因爲在甲骨文系統中口是一個非固定意符，它是多義的意符。

可見“丁”作爲一個漢字，它的全部義項用甲骨文口都可以代替。所以在殷商時期的十天干實際上依次是：甲乙丙口戊己庚辛壬癸。而在卜辭中商王報丁、太丁、沃丁、中丁、祖丁都是寫作匚口、太口、沃口、中口、祖口的。在東漢《説文》中，天干第四位已經寫成了漢字丁。但是將本字字形由“口”改爲“丁”的始作俑者卻是戰國印璽。

《説文》：“丁，夏時萬物皆丁實。象形。丁承丙，象人心。”其中的“丁實”二字在小徐本中解釋爲“丁壯成實”。看來這個解釋並不是丁的本義，更不是甲骨文“口”的本義。上圖中的甲骨文在卜辭中除了用在天干第四位，就是用于商王和商代貞人的人名。至少到目前爲止在卜辭中還没有發現這個矩形的“口”字有其他的用法。

所以這個甲骨文口字的本義是天干第四位。

甲骨文另有一個口字代表人的嘴巴，與本字相比多了兩邊的上翹的嘴角。這兩個本字字形相差不大，但是辭源不同。一個代表的是天干的第四位，另一個代表人的説話、吃食的器官。這是兩個風馬牛不相及的本義，所以甲骨文造字者采用了兩個不同的本字字形來分别表示。它們共同組成了今天漢字口的所有義項。事實上直到今天，我們的《新華詞典》中關于丁這個字的各個義項都可以用漢字口來解釋。“口”是一個象形字。它和本義嘴巴的口是有區别的：代表嘴巴的口下部從弧綫的凵，讀若 kan，正是口的反切上字。《新華詞典》丁的義項：①天干的第四位。②人口。③指成年男子或從事某種勞動的人。④遭遇，碰到。⑤蔬菜、肉類等切成的小方塊。表示這些義項的甲骨文口均呈矩形。

矩形的口（丁）在甲骨文造字中是一個非固定意符，在造字中可以表達很多意思。

【甲骨文字本義小結】

口（丁）的本義：天干第四位。名詞。我個人認爲這個口還有人口居住區的義項：邑。

音訓：丁可能在造字上是釘的假借。它的正方形造字或許源于一種遠古金屬釘——棺材釘。這種釘子在釘入木頭以後，留在表面的是一個正方形的釘頭。故音訓爲ding。

破譯甲骨文：乙

甲骨文“乙”位列殷商卜辭天干之第二位。它的甲骨文字字形如圖：

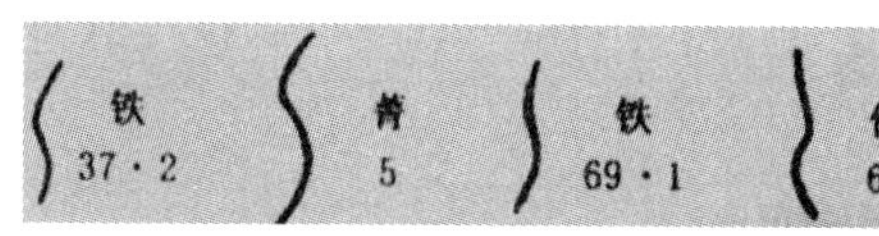

圖一　甲骨文：乙

關于乙的本義我有自己的理解，和此前專家們的破譯迥然有別。

甲骨文乙的本義。《説文》：“乙，象春草木冤曲而出。陰氣尚强。其出乙乙也。與丨同意。乙承甲，象人頸。”吴其昌自金文中參悟出乙象刀的形狀。

我在《甲骨文水的三種表示方法》一文中考證了殷商甲骨文系統標示水的三種部首：河流、細流、淺湍或雨水。其中用來代表涓涓細流的小水這一造字部首正是上圖的乙字。所謂“天乙生水”正是這個意思。在甲骨文系統中凡涉及用乙部首造字的，其中的“乙”的本義均可破譯作細水、細流、水邊、河邊等義，其造字對象是小水。

如甲骨文洛，見圖二。

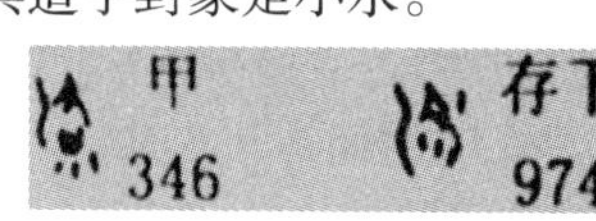

圖二

洛的本義：一隻腳涉水而來。

淮的本義：一隻鳥（雉）在水邊覓食。

�的本義：產貝的小河。

灂的本義：將酒倒入爵中時發出的聲音。

潢的本義：積水或積水池。

涿的本義：牲畜撒尿。

同一部首的甲骨文字還有潦、涵、湀、濘等。後世的漢字將甲骨文水的三個部首合併爲一，混淆了這些字的本義上的細微的區別。這些甲骨文的造字不是從水，而是從乙。即使甲骨文水也是中間從乙（水流），兩側是散點的水滴的疊加形態。

商湯名天乙，我認爲天乙是甲骨文系統被創造之後殷商人對祖先的命名，即謚號。乙字包含了對商湯歷史功績的評價。在《管子》《莊子》《荀子》《淮南子》和《論語》中都記載了商湯爲王時數年不雨的事實。商湯爲了祈雨，以身祭天，禱告于桑林。

“予小子履。敢用玄牡。敢昭告于皇皇后帝：有罪不敢赦。帝臣不蔽。簡在帝心。朕躬有罪。無以萬方。萬方有罪。罪在朕躬。”（《論語・堯曰》）

這説明商湯之時，確實是遇見過罕見的旱災。所以殷商人以天乙這個名字來紀念和評價他們的開國商王。甲骨文“乙”除了做造字部首，破譯爲河流、細流、淺湍或雨水之外，在甲骨文中並無其他的本義。如果説還有其他義項的話，那就是用于天干第二位，或者用于商王的名字，如報乙、天乙、祖乙、小乙、武乙、帝乙等。我認爲這些商王們之所以用甲骨文“乙”來作爲他們的謚號是因爲他們當政期間都不同程度地遇到了大的旱災。旱災是一種上帝的態度，不降水是一種天譴，是“皇皇后帝”對商王的一種警示。

【甲骨文字本義小結】

乙的本義：象造形字。細水、細流、水邊。殷商人用其作天干第二位以記時和命名商王。

破譯甲骨文：戈　戊

圖一　甲骨文：戈

圖二　甲骨文：戊

戈是殷商時期的最基本的武器樣式，是一種木柄青銅刃的殺傷性武器。它在殷商時期由于青銅器的日漸繁榮已經被大規模地運用在戰争和統治中。殷商考古中已經出土了許多的銅戈可以爲證。同樣，在夏代的考古中就很少發現青銅武器，説明夏的主要作戰武器還是木柄的石戈、石斧之類。所以從武器的角度看，商戰勝了夏是青銅戰勝了石器，是科學技術的勝利。

在甲骨文中，戈作爲一個造字部首創造了很多的甲骨文字，例如：戈、戊、戌、成、或、戎、我、戍、伐、義、武、戠、戜、戚、殘、戕、戔等等。

這些甲骨文字都和武力、戰争、武器有密切關係。《説文》：“戈，平頭戟也。從弋一。横之象形。”這應該就是甲骨文戈的本義。但是奇怪的是，在卜辭中幾乎没有戈用作武器的辭條。戈在卜辭中多用作地名、國名或者祭祀中。讀音通葛。戈是從夏商一種砍柴的工具鈎演化而來。

甲骨文戊則不同。第十代商王名太戊，天干第五位爲戊。關于商王名字中的天干，董作賓有《論商人以十日爲名》的專文研究。該研究總結道：《白虎通》、《帝王世紀》認爲商人以生日命子①。譙周認爲“死稱廟主曰甲”②，就是説其中的天干代表該商王的死日和祭日。王國維認爲是該商王的生日和祭日。董先生認爲以死日和祭日爲合理。但

①② 劉夢溪主編《中國現代學術經典·董作賓卷》，河北教育出版社 1996 年版，第 567 頁至第 580 頁。

是他卻無法解釋一個史實：“紂以甲子日死，不名帝甲而名帝辛。”這其間必有蹊蹺。

我認爲，甲骨文天干十字——甲乙丙丁戊己庚辛壬癸——是甲骨文系統創造以後追認給以前的商王的謚號。在殷商甲骨文系統中，首創用這十個字來給商王加上謚號。以往的研究者忽視了一個時間概念，就是學界公認一期甲骨文不早于盤庚不遲于武丁。我們可以認真分析一下，在上甲微之後盤庚之前的商王已經出現了全部的天干十字。這就説明在甲骨文系統被創造之初，就已經造出了天干十字，並且爲此前商的先公先王們追加了謚號。這些謚號既是該商王的稱呼，也是對該商王一生重大事件的客觀評價。用現代白話説，就是爲此前的商王取一個準確的名字。造字者並未意識到這就是謚號，而且後來影響了中國幾千年。

例如爲什麽用辛來作爲商紂的謚號？《説文》：“辛，秋時萬物成而孰。金剛味辛，辛痛即泣出。”商紂是著名的暴君，以殘忍和殺戮而被載入史册，所以稱帝辛。盤庚前有祖辛、小辛也應該是以殘暴和殺戮出名。甲骨文中涉及辛意符的造字多少和統治、殘暴、殺戮有關。商湯謚號天乙，我已經考證與商湯時大旱數年有關。這裏的第十代商王太戊就應該和戰争有關。因爲戊的本義是商的一種青銅武器。

殷商甲骨文系統據我研究應該是始創造于小辛小乙兩朝。後來的史官們（即貞人集團）沿襲了天干十字，在商王死後沿襲了這一做法。爲了紀念死去的商王（先祖），他們把一旬的十天命名爲甲乙丙丁戊己庚辛壬癸。後代就選擇相對應的天干日祭祀這一位商王。所以天干十日便是十個祭日。每天有對應的商先王在天上輪值以保佑商朝。所以每天也有執勤的商王以便不時之需。注意這其中的演變次序：

一、先有一旬十日的曆法制度。但是在殷商甲骨文系統被創造以前，“甲乙丙丁戊己庚辛壬癸”衹是在殷商方言中存在。

二、小辛小乙朝之間，甲骨文字開始陸續被創造出來。爲了追記以前的商王，分别用甲乙丙丁戊己庚辛壬癸這樣十個字來作爲商王的名稱，每個字的本義也是對該商王的評價。這實際上就是後世的謚號。

三、以甲乙丙丁戊己庚辛壬癸作爲一旬中十天的名稱，繼而約定俗成。某日欲祭祀商王便依據此日的天干祭祀。有急事需問卜商王，也要看此日是哪一位商王的祭日。兩者是統一的。

四、小辛小乙朝以後的商王也被貞人們用這樣十個字來沿襲命名。死後便在天干的此日享受祭祀。

所以盤庚和小辛的名字造字中所藴含的庚和辛就成爲破解甲骨文系統被創造的最關鍵的密碼。我們將在後文具體考證。

【甲骨文字本義小結】

戈的本義：戈是殷商時期的最基本的武器樣式，是一種木柄青銅刃的殺傷性武器。

音訓：從鈎從一，鈎一切。讀若 gi，通 ge（入聲）。

戊的本義：戈的一種改進形態，也是一種木柄青銅刃的殺傷力很强的武器。

破譯甲骨文：庚　唐

圖一　甲骨文：庚

準確地説這個甲骨文的庚字是爲盤庚遷殷的那個商王盤庚創造出來的。因爲現已發現的最早的甲骨文——一期甲骨文字——創造的年代不會早于盤庚時代。這已經爲殷墟考古實踐所證實了。但這並不排除夏王朝已有夏文字的可能性。庚是盤庚的謚號，所以這個甲骨文“庚”必然應該是創造于盤庚死後。

一期卜辭中很少見到有關盤庚的卜辭辭條。這是什麽原因呢？這是因爲盤庚時代甲骨文造字纔剛剛開始，還没有形成一個完整的系統。我考證出甲骨文是小辛時代已經基本形成的一個甲骨文系統。這是我對甲骨文研究的一個貢獻。對殷商卜辭的一期分期被多數學者認定爲始于武丁時期原因就在于武丁以前由于甲骨文系統還處于不斷的造字過程中，到了武丁這個文字系統基本完成，所以卜辭數量和甲骨文字數都大大增加了。

請看甲骨文庚字（如圖一）。這是一個專門爲商王盤庚創造的專用字，後來也被用于先妣。

庚字是由一個倒置的王字和一個倒置的丘組成的會意造字。庚，從倒王，從倒丘。王字倒著進入了丘（墳墓）中。誰斗膽敢把王字倒寫呢？當然是殷商時代的系統地創造了甲骨文字的貞人。貞人們敢這樣寫盤庚的名字，那是因爲盤庚已經過世，已經被倒著送進了墳墓。所以庚的本義是：那個已經死去的商王。倒王意味著這個王已經逝去。這種造字方法類似美學中的“反色彩法”。倒王即死去的老王——太上皇盤庚，倒丘表示墳墓。但是我們再看甲骨文辛有頭上加點的，有頭上没有點的。辛造字中的“大”也是倒寫的形式。這説明在創造甲骨文“庚”和“辛”的時代，庚（盤庚）已經死了，而辛（小辛）也死了，而小乙還活著。説明殷商甲骨文正是創始于商王盤庚和小辛的時代。《史記》：“帝小辛崩。弟小乙立，是爲帝小乙。”這個記載説明小辛在世的時候一直是商王直到駕崩。所以殷商甲骨文系統初具雛形應該是在小辛朝。這個問題我們將另文考證。甲骨文“庚”字的倒置的意符和“辛”字的造字表明，庚和辛這兩個甲骨文字創造于盤庚和小辛死亡以後。而系統化的甲骨文則完成于小乙王朝。這和武丁時期卜辭的繁榮相吻合。

換句話説，如果甲骨文系統創始于帝小乙時代，那麽這個倒著寫的商王名字就是帝小辛和帝盤庚兩人，則“庚”“辛”兩字都采用倒寫的造字。這一點恰恰被出土的甲骨文印證是正確的。一個甲骨文“庚”字爲我們保存了甲骨文造字時期的歷史秘密。此外，甲骨文辛也采用了“倒王”的造字，和“帝字頭”造字。甲骨文“避”的造字本義是人們在路上遇到商王小辛的時候要迴避。甲骨文辛作爲一個造字意符造出了很多的甲骨文字，而這些甲骨文字均與刑罰和統治有關。這些造字依據都是甲骨文體系最早開始于小辛一朝，至遲不會晚于小乙朝的有力的證據。

那麼爲什麼上圖佚59的“庚”出現了雙重的尾巴呢？這多出的兩筆所謂“羨筆”的作用是什麼呢？我認爲，造字之初，衹考慮到盤庚王的入土爲安，卻没有考慮到將“大”（即指商王）字倒寫是活著的商王的一個大忌諱。所以在後來的寫法就多出了羨筆，羨筆的作用在于淡化那個“倒寫的大”字，有些羨筆將雙重尾部刻畫成一棵樹的形狀，會意是墳塚上的一棵樹。但是請注意單尾的甲骨文庚字衹出現在四期以前的卜辭中。四期以後的卜辭裏的“庚”字都有雙尾的羨筆。

圖中例一是庚字在五期卜辭裏演變的形式。它爲什麼要演變成這樣。這個上部像直立的辮子一樣的“庚”正説明這個庚字是爲了死去的盤庚而專門創造的一個字。在天干十字中僅有庚辛二字是采用這種造字方法創造的。在整個殷商甲骨文系統中將“大”（即王）字倒寫也僅此“庚”“辛”二字。其餘的八個字都是正寫的。也讓我們參見一下甲骨文“考”：

《説文》：“考，老也。從老省。”《爾雅・釋親》：“父爲考，母爲妣。”這裏的考意思是已經死去的父親。妣是已經死去的母親。注意甲骨文考字的上部和五期卜辭庚字的上部是完全一樣的符號。這個符號在南京俗話中叫作“翹辮子”，意爲死亡。這個符號的意象是有生理學依據的，當人死亡以後，辮子會因頭髮變硬而豎起。庚字本義指“那個死去的商王”，四期以後的卜辭演變由單尾變爲重尾，由王的兩條倒置的腿演變爲王的辮子，衹不過使庚字藝術化了，從而强調了死亡的本義。

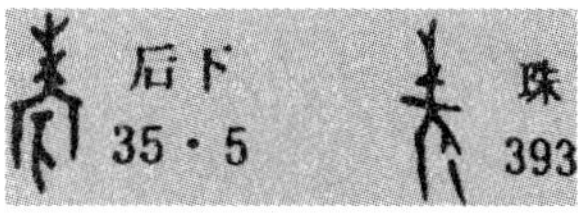

圖二

庚既然特指盤庚，這個庚字就不得再派他用。所以在甲骨文卜辭中庚衹用于商王名字。最早的第七代商王叫作大庚、遷居奄地的第十八代商王叫作南庚，因爲南庚的都邑奄位于殷墟的南面、第二十代商王叫作庚，就是盤庚。盤庚的功績是率領商人自奄遷到北蒙，這個北蒙正是相對于南面的蒙地而言。南面的蒙地就是南庚的都邑奄——蒙地。位于今山東省境内。奄地也是盤庚繼承商王王位十四年之後率百姓北遷亳殷的出發地。

我的推斷：盤庚以後，商人如果在每一旬的第七天要問卜，他們就應該向名字中帶有庚字的商王尋求庇佑——大庚、南庚、盤庚、祖庚等。這樣庚日就成爲名字中帶有庚字的商王們的祭日，漸漸地也就成爲每一旬的第七天的代名詞。有關商王名字涉及的十個字——甲乙丙丁戊己庚辛壬癸——便成爲天干的十個代名詞。此前每旬十天的記日可能衹是靠口口相傳保留在口語中。或許它們在殷商口語中有另一種稱呼。關于庚字的上述觀點因爲一期卜辭涉及盤庚的很少，我們可以用庚日祭祀妣庚的卜辭證明。

卜辭：“庚戌卜。□。貞：王賓示壬奭妣庚。□。無尤。”（庫1221）

卜辭：“庚子卜。貞：王賓祖辛奭妣庚，彡日。無尤。”（後上3・8）

卜辭：“庚午卜。貞：王賓小乙奭妣庚。劦。無尤。”（後上4・6）

和甲骨文庚字相關的還有一個甲骨文唐字。此前很多文字學者認爲唐就是典籍中的湯的假借，意指商的第一代王商湯；還有認爲唐就是大聲喊話；還有認爲唐就是“荒唐之言”（《莊子・天下》）。《説文》：“唐，大言也。”段玉裁注：“引申爲大也。如説尚書者云‘唐之爲言蕩蕩也’。”他們究竟誰對誰錯呢？

解紛者不控卷，讓我們回到唐字在殷商時代的起點。唐，從庚，從口。原來這個口就是盤庚的口，就是剛剛死去的商王的口，也就是太上皇的口。有什麽話比從這張口中說出的更權威、更有决定性、更有影響力嗎？沒有，所以這是最大的“大言。”大言之意不過如此。大在殷商有爸爸的意思，故大言還有一重意思就是“老頭子”的話。所以甲骨文唐的本義是：老商王盤庚所說的話。引申義：凡是已故的商王所說過的話。

卜辭：“貞：御自唐。大甲、大丁、祖乙百羌。百宰。”（續 1・10・7）

這句話的意思是，已故的那個商王說過，御祭太甲、大丁和祖乙，用百羌和一百少牢。

說明庚衹是一個標志，代表甲骨文造字時代剛剛死去的老商王盤庚。盤庚死後，下一任商王小辛的名字出現了戲劇性的變化。一是保留了倒寫的大字；二是加上了帝字頭。辛從帝字頭，所以所有具有神聖、權威以及與小辛相關的本義的字都采用了帝字做字頭部首。例如：帝、商、龍、競、竟、妾、僕等均采用了帝字頭。

誰敢這麼做？衹有當朝皇帝敢這樣肆無忌憚地把帝冠戴在自己兄弟的頭上。在甲骨文系統中庚辛二字的倒寫和辛字所從的帝冠以及辛作爲意符創造的一系列甲骨文字都說明了一個很重要的問題：甲骨文是在小辛一朝開始形成文字的。小辛朝以後用甲骨文記載商代史實的卜辭日漸增多了。到武丁朝形成了殷商卜辭的第一個高峰期。這說明到了武丁時期，殷商甲骨文系統的造字已經基本完成。

作爲甲骨文“庚”的另一例證明是關于“妣庚”的考證。殷墟花東 H3 出土的龜甲中，祭祀祖甲、祖乙和妣庚的內容分别出現在 37 版、63 版和 119 版卜辭中。花東卜辭發表以後，有關祖甲、祖乙、妣庚的考證，學術界占主流的兩種觀點是：一、祖甲、祖乙爲羌甲、祖乙（中丁之子）；二、祖甲、祖乙爲武丁之父——陽甲、小乙。祖甲、祖乙和妣庚的身份的確定，對于探討 H3 卜辭較確切的時代、H3 卜辭主人“子”的身份，具有重要作用和意義。依據我關于甲骨文“庚”的本義的考證，庚意爲死去的王。按甲骨文初創在盤庚到武丁之間，所以早于盤庚的羌甲和祖乙此時應該去世很久了。又依據花東主人“子”推測爲武丁，其祖甲、祖乙和妣庚正吻合陽甲、小乙和小乙配偶的歷史事實。武丁時其父輩小乙的配偶應該是剛剛去世。這些考據也反過來印證了花東卜辭的主人正是武丁。花東應爲一期卜辭。

但是在研究一期卜辭的妣庚時應該注意，當十天干已經成爲祭祀慣例以後，可能按照某王或某王配偶的冥誕命名就成爲一種慣例。在卜辭中示壬、祖辛、祖丁、小乙都有一位死後稱爲妣庚的配偶。說明在殷商以天干爲謚號或者祭祀日是一種慣例，至于這種慣例是什麽時間形成的尚不能確定。

在卜辭中，庚口爲唐，辛口爲言。以唐爲湯是假借手法。

【甲骨文字本義小結】

庚的本義：前面已經死去的那個商王——盤庚。庚字僅用于已故商王的名字。本字應該創造于盤庚的繼任商王小辛一朝。會意造字。

音訓：從倒口從王，口王切，讀若 kang，通 gang。近 geng。

唐的本義：死去的盤庚（太上皇）所說的話。引申義：凡是已故商王所說過的話。

音訓：甲骨文庚、康、唐音訓相近。康和唐可視爲右文造字，庚是聲符兼意符。

破譯甲骨文：壬　癸

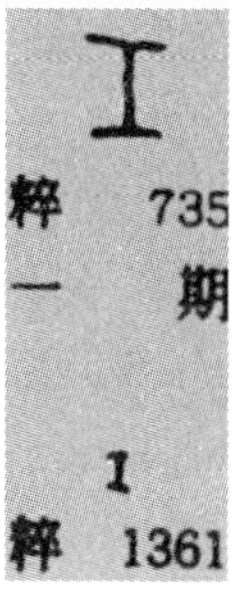

圖一　甲骨文：壬

壬和癸位列天干第九和第十位。我考證了甲骨文壬的本義是：天地通，陰陽通，男女通。本文側重考證甲骨文癸。如圖二。

《說文》：“壬，位北方也。陰極陽生，故《易》曰，龍戰于野。戰者接也。象人裹妊之形，承亥壬以子生之敘也。與巫同義。”

《說文》：“癸，冬時水土平。可揆度也。象水從四方流入地中之形。”

關于甲骨文癸，吴其昌認爲：“癸字原始之初誼（義）爲矢之象形，雙矢交揆形而得癸字。”①我認爲這個甲骨文癸字可以看成是兩個甲骨文壬字的交揆。用兩個壬字交叉以造字不是爲了説明癸有“通天地”的本義，而是要表明癸的通四方的本義。位于四角的四個短横分别代表東南西北四方，中間的交叉的兩畫表示溝通四方的意思。壬字的本義是天地通，癸字的意思是四方通。

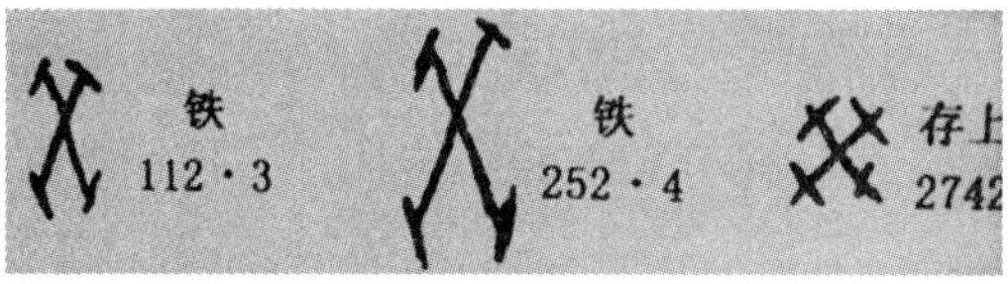

圖二　甲骨文：癸

癸的本義是遠古人檢測一塊土地是不是水平的原始方法。在待測地塊上呈對角綫挖兩條交叉的水溝，如果水可以循水溝到達四個角，這塊地就是水平的。有不平的地方也可以從流水狀態看出來。然後通過挖掘以確立四角的水平，使整個地塊的水平得以確定，然後可以在這塊地上建城建邑。所以癸就是揆的初文，癸的本義是揆度，就是檢測的意思。

癸是西周溝洫制度的雛形。《周禮・考工記・匠人》：“凡溝必因水勢，防必因地勢。”即是癸的進化。《左傳・襄公十年》：“子駟爲田洫。”《左傳・襄公三十年》：“田有封洫。廬井有伍。”均是源于殷商之“癸”也。由此繼續發展，形成《史記・商君列傳》的“爲田開阡陌封疆”，這就是井田制。而井田制的最基礎的水利就是“癸”所要達到的“水土平。可揆度”的溝通田塊四角的最初的溝洫。“癸”的作用是一可以平水土，二可以觀察田地是否水平。所以水田耕種之初有一道很重要的工序就是“平田”。而平田的作用就是使出地裏的土和水面保持平齊。這樣田裏種植的水稻等作物可以均匀受水。

《黄帝内經・素問》：“女子……二七而天癸至，任脈通，太衝脈盛，月事以時下，故有子……七七任脈虚，太衝脈衰少，天癸竭，地道不通，故形壞而無子也。”

文中任脈即壬脈，是溝通人體天與地的一條重要脈絡。任脈位于人體正面中軸綫，從下巴凹陷處下達會陰穴。天癸即天水，指女子的月經。“天癸竭，地道不通，故形壞

① 馬如森著《殷墟甲骨學：帶你走進甲骨文的世界》，第517頁。

而無子也。”這是在以甲骨文“癸”的本義解釋人體生理。意思是女子到了一定年齡停經後便不再有生兒育女的能力。所以上右圖的甲骨文癸字正是所謂地道，地道通則癸水可至，便可以知道地平與否。

癸在卜辭中僅僅用于第十四位先公示癸，又叫主癸。引申爲天干第十位。因爲天干是殷商先公先王的祭日。相關卜辭不再舉例説明。

【甲骨文字本義小結】

壬的本義：天地通。引申義：陰陽通；男女通。

音訓：二（ri）囟切。讀若 ren。這裏的丨由下而上書寫，讀作 xin。

癸的本義：古人用以檢測水平的一種原始方法。引申義：四方通達。

音訓：讀若 gui。兩壬字交叉讀作 gui 似乎很難找到音訓。但是這個“癸”字作爲聲符音訓爲 gui 是有據可依的，甲骨文“龜”的四隻腳正是聲符“癸”。

破譯甲骨文：米　康　穅(糠)

《説文》：“米，粟實也。象禾黍之形。……凡米之屬皆從米。”段注：“禾黍曰米。稻稷麥苽亦曰米，舍人注所謂六米也。”從甲骨文米字看，它也是僅僅表明其形態是點狀物。但是許慎的“凡米之屬皆從米”就意味著有些字是“非米之屬”。例如圖二的甲骨文康字。

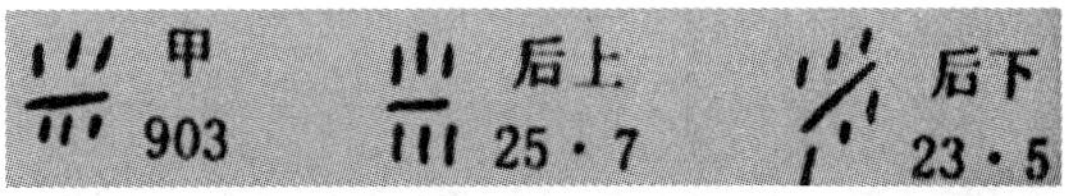

圖一　甲骨文：米

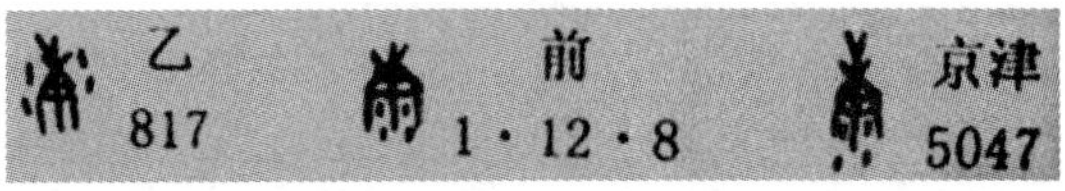

圖二　甲骨文：康（例一非本字）

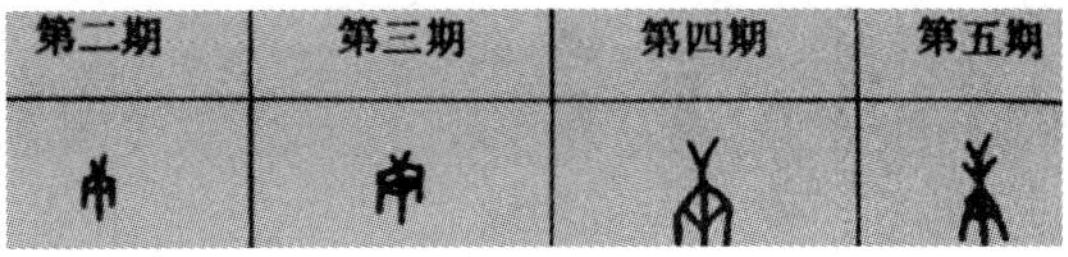

圖三　甲骨文：庚

例一收錄的甲骨文字不是“康”字。這是因爲它所屬的卜辭乙 817 是一期卜辭。一期卜辭中的“庚”字上部還没有四個尾巴，祇有兩個尾巴。甲骨文“庚”出現重尾現象是在五期卜辭。如圖三所示。

另外在本字中散點的意符是位于“庚”的上方，而不是像例二例三的散點意符位于會意符庚的下方且被上部的“庚”所籠罩著。所以按照甲骨文字一字一形一義的規律，例一這個甲骨文字可能不是甲骨文“康”，而是另有其本字和本義的。

所以我們研究甲骨文“康”的本義祇是分析圖二中的例二和例三兩個字。這兩個字的造字結構是從庚從散點意符。由于這個散點意符很像甲骨文米，所以很多學者將其破譯爲甲骨文米。如果它是米，那麼圖二本字可以視爲“米自庚中脱穎而出”，于是這個甲骨文字就順理成章地被學者們破譯爲“康”，進而被視爲是米糠之“糠”的初文。《説文》寫作“穅”。

《説文》："穅，穀之皮也。從禾米。庚聲。穅或省作康。"

請注意許慎説的："穅……從禾米。庚聲。"這印證了我對甲骨文庚的音訓爲口王切，讀若 kang 應該是對的。甲骨文康爲右文造字，庚爲意符兼聲符。

許慎不曾見過甲骨文字，現在甲骨文出現了一個極可能後世分化衍伸爲穅的會意字。所以許慎的"穅或省作康"應該理解爲康是後來漢字穅的初文。但是這個初字康的本義是什麽呢？就圖二的甲骨文而言，郭沫若是第一個提出異議的專家。"郭沫若謂庚象有耳可摇之樂器，其下之點表示樂器之發聲振動……（圖二之本字）既不從米，意亦絶無穅義，此康字必以和樂爲其本義，穅乃後起字。"[①] 徐中舒認爲"按其説可從"。

我認爲郭沫若的説法不可從。我之所以提出我自己的觀點，源于我對于甲骨文"庚"字的理解和破譯。我考證了甲骨文"庚"字的本義——"庚的本義：死去的那個商王——盤庚。在殷商甲骨文系統中"庚"字除了天干僅用于商王的謚號。"甲骨文"庚"的會意正是一個倒著的"王"插在墳墓中。

既然"庚"的本義是商王的墳墓，那麽下面的散點意符就代表水的意思。洹北的十二座商王大墓在考古發掘中發現它們很早以前就是空的。原因現在已經無從考證。但是卜辭五期的這個甲骨文"康"顯然告訴我們商王的大墓被水滲透過。商王大墓位于洹河北岸，根據卜辭記載，洹河又是一條洪水經常發作的河流。現在五期卜辭又出現了一個水淹商王大墓的甲骨文"康"字。這三者之間是有聯係的。判定一個甲骨文字的本義有一個最好的辦法就是看它在卜辭中的應用。因爲甲骨文系統產生于殷商時期，加上它造字本著一字一形一義的原則，所以它在卜辭中的應用的本義一般是單一的。除了本義以外，甲骨文字一般是用作地名、人名、祭名等，很容易區别開來。

甲骨文康字的應用非常單一。從康的本字分析：甲骨文康和甲骨文庚不是同一個字。康，從庚，從散點水。已經論證了甲骨文的散點水部首在造字中的意符作用是雨點和淺水的本義。

卜辭："丁卯卜，貞：王賓康祖丁肜日無尤。"（後上 4）

卜辭："口□卜，貞：王賓康祖丁祭無尤。"（前 1・24）

卜辭："丙辰卜，貞：王賓求祖乙祖丁祖甲康祖丁武乙衣，無尤。"（後上 20・5）

類似的卜辭出土的還有數條，但是用處衹有一個，表示一個商王名叫康祖丁。關于這個康祖丁，古文字學家羅振玉、王國維、董作賓等都有論證。論證的意見基本一致，就是卜辭的這個康祖丁就是第二十七代商王康丁。這樣按照幾個大家的見解，出現了商王名字中唯一的例外——名字是三個字的商王。

《史記・殷本紀》載："帝廩辛崩。弟庚丁立。"熟悉商的歷史的人都知道，商湯以後的商王都是用天干命名的，這個康祖丁如果認定他就是庚丁的話，他的名字中就用了兩個天干，這就破例了。所以這個康祖丁名字是一個特例。但是爲什麽他的名字前面要加一個康字呢？既破了商王名字爲兩字的例，又因爲加了康字易引發庚丁的誤會。這個康字不會無緣無故地出現在殷商人自己的卜辭中的。這個問題的解决一定和康的本義有關係。

---

① 徐中舒主編《甲骨文字典》，第 781 頁。

甲骨文康的本義是什麼呢？根據上圖分析，甲骨文康有單尾和重尾兩種寫法，五期卜辭的演變由單尾變化爲重尾。所以這個差别是由于不同時期造成的。康還有一個意符是散點水，代表小雨和淺水。在康字中應該理解爲淺水。康，從庚從淺水。造字者要表達的本義很明確：盤庚的墓被水滲透了。因爲滲水人們這纔發現盤庚的墓已是一座空墓。這就是甲骨文“康”的本義。

祖墳進水是一件大事，也是對盤庚的大不敬。所以貞人在祖丁名字前面冠以康字，表明此祖丁非彼祖丁，這個祖丁就是盤庚墓被淹時的祖丁。至少根據甲骨文的造字原則，這三個甲骨文字要告訴我們有這樣一段歷史。同時也表明殷商時期的貞人們記載歷史是真實而且不留情面的，即使你貴爲商王祖丁也不例外。

當然，這衹是我個人依據甲骨文造字規律的分析。歷史上究竟有没有水淹盤庚墓還有待考古學和文獻學的更多史證。但是殷墟十二大墓被發現時都是空的這是考古學的事實。

在河南南部的方言中，“康”（kang）的意思是“空”。空心蘿蔔被叫作“康心蘿蔔”。所以我認爲這個甲骨文“康”字的本義就是“空的”。

從西周中期姊季姬鼎開始，在金文中出現了一個金文的“空”字。但是這個“空”是一個後起字。因爲我們在甲骨文系統中還没有發現一個純粹的形聲造字。甲骨文中所有的看似形聲造字的聲符同時兼爲造字的意符。而金文“空”是一個標準的形聲造字：從穴從工。其中“工”是一個純粹的聲符，它不起表意作用。

周武王滅商以後，基本繼承了殷商的甲骨文系統。但是有些涉及殷商統治者的造字又不得不改，這樣從金文開始就産生了一些甲骨文的變體，試舉幾個例子：

甲骨文“商”，從帝頭從倒丘。金文商采用了使“商”字複雜化的手法淡化了本義。

甲骨文“適”，從商從止。會意爲“到大邑商去”的本義。金文“適”未見。戰國時期變爲從帝從辶。

甲骨文未發現“夏”字。周人自認爲是夏的後代，故造了金文的“夏”字。我考證金文“夏”就是夏桀被肢解而死的慘狀。（夏桀兩字疑爲一字，待證。）

甲骨文“康”見上文。因爲甲骨文“康”（本義爲“空”）涉及商王盤庚的墓葬，故周人按其本義重新造字，這就是金文“空”，後沿用至今。

甲骨文“康”在西周依然存在，但是成爲一個無用的“廢字”，僅用于人名和地名。金文“康”的本字也經過“改良”其下部類似“雨”字。似乎還是和水淹商王墓有關。

類似的造字用字情況還有甲骨文“周”“殷”等字。這些字的廢棄、演化和再造有一個基本的規律，就是這些被改寫的字一般都涉及以周代商，涉及殷商和西周的意識形態的變遷。這個原因是不難理解的。

【甲骨文字本義小結】

康的本義：（商王盤庚的）空的墳墓。西周以後此字演化爲金文“空”。金文“康”經過改良，僅用于人名和地名。

音訓：甲骨文康爲右文造字，庚爲意符兼聲符。口王切，讀若 kang。殷商時期康、庚同音。

［注］甲骨文造字中的散點意符是一個很值得研究的音韻學問題，既然散點有其内

在本義，那麽爲什麽要采用不同的點數來造字呢？而且在每一個甲骨文本字中散點意符的點數是基本不變的。例如本文中的“米”，就都是六個點組成。是不是代表殷商的聲符 lu（入聲）呢？如果是的話，這個甲骨文米的發音當如六一切，讀若 li，即粒。

破譯甲骨文：怎樣表示動態

風是流動的，草是柔軟的，水是流淌的，蛇是彎曲的，恐懼的人是顫抖的，這些目標都是處于動態的。甲骨文是怎樣來表達這些字的動態瞬間的呢？這是甲骨文獨特的表現手法，後來的漢字中這些動態的表示漸漸消失了。甲骨文字的造字者是采取了怎樣的手法表現這些流動、流淌、彎曲、柔軟、顫抖的狀態的呢？

甲骨文乙。本義是細流，淺水，淺湍。它采用了彎曲的綫條，表示水的隨形就勢而流動的狀態。當它與散點狀的水結合就是甲骨文“水”。《說文》：“乙，象春草木冤曲而出。陰氣尚强。其出乙乙也。”雖然許慎的定義已非乙字本義，但是這說明當時人們依然認爲乙的彎曲狀態表示的是柔軟。

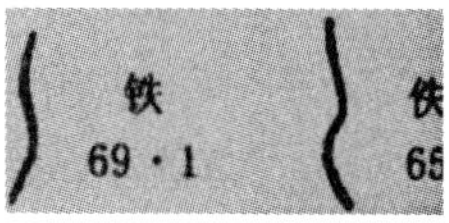

圖一　甲骨文：乙

甲骨文屯。本義爲：在土中萌生的草芽。也就是許慎所說的“象春草木冤曲而出”破土以前在土壤中的狀態。這裏造字者用彎曲表示柔軟的草芽。

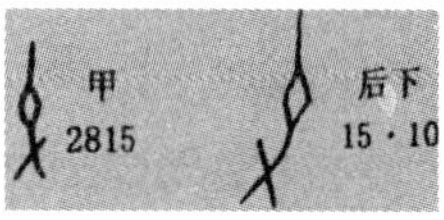

圖二　甲骨文：屯

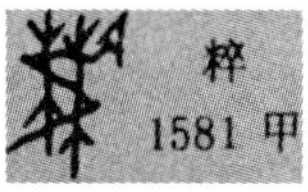

圖三
甲骨文：茀

甲骨文茀。它的本義郭沫若認爲是弗的本字；《廣雅》說它是箳——一種竹箭。《說文》：“茀，道多草不可行。”它的本義到底應該是什麽？《廣雅》肯定與甲骨文本義不符。因爲它並不是從矢，矢雖然有箭鏃，但是也必須有箭尾，這裏茀字中没有箭尾。再說矢是直射而不能轉彎的，這裏茀字中的“矢”竟然在叢林中連續轉了兩個彎。《說文》的定義和甲骨文比較看也不是本義。如果它的會意是一條蛇穿越叢林的話，那就不存在“多草不可行”的問題。蛇的穿越是非常靈活機動的。郭沫若認爲是弗的本字，關于“弗”我在前面已經考證過是編織杞柳，這裏的樹是活體——生長在土地上，所以不是編織。郭說非本義。看來一條蛇正在穿越叢林應該是甲骨文茀的本義。從這個意義引申出拂的意義。

圖四　甲骨文：侯

甲骨文侯。這個侯一直到春秋古文中依然是這個字形，變化不大。本義是射箭（射侯也）。《說文》：“侯，春饗所射侯也。從人。從厂象張布。矢在其下。”就是以布圍成一個半封閉的場地，進行射箭活動。我們看矢，箭尾上的羽毛因爲受射箭過程中氣流流變的影響而向内捲曲，雙羽交叉。這個形狀很生動地表現出箭在射擊過程中的動態變化。説明甲骨文的造字者觀察事物很細緻，非常善于抓住事物的突出特徵，用細節表現本義。

甲骨文龍。本義是龍捲風。這是一個會意字。主體是龍捲風的象形，其彎曲的尾巴表現了龍捲風的動態。上部的“帝字頭”表示了殷商時代人們對龍捲風的敬畏和龍捲風席捲萬物的氣勢。這個帝頭還表示人們認爲龍捲風和已故上帝的關係，將其視爲是已故上帝的一種警示或者懲罰。

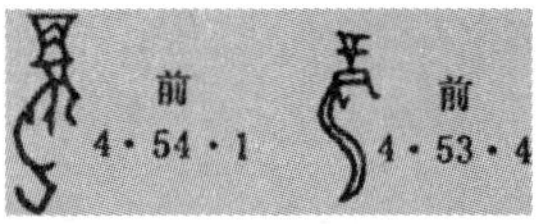

圖五　甲骨文：龍

甲骨文若。從字面可以看出這是一個跪在地上，舉起雙手求饒，渾身顫抖的戰俘形象。這種顫抖的形象還見于甲骨文字哭。兩字異曲同工，都表現了人因爲極度恐懼和痛苦表現出的渾身顫抖的形象。所以《說文》的定義一定不是若在甲骨文時期的本義。《說文》："若，擇菜也。從草從右。右，手也。"可見許慎没有見過甲骨文的若，甲骨文若從雙手，從驚悚的頭髮，從跪地的人。本義應該是跪地乞降的戰俘因恐懼而顫抖的樣子。後用于虚詞。

圖六　甲骨文：若

在甲骨文字中凡動態本義均用曲綫形式造字，但是並非用了曲綫造字手法就一定是動態。

甲骨文申。我們將在後文考證，從字面上看，它一定是一種類似瓜藤或閃電一樣的動態的事物。

甲骨文它，一條蛇正在攻擊某人的一隻腳。

甲骨文萬。一條正在尋求蜇人的蝎子或毒蟲的尾巴。

圖七　甲骨文：申

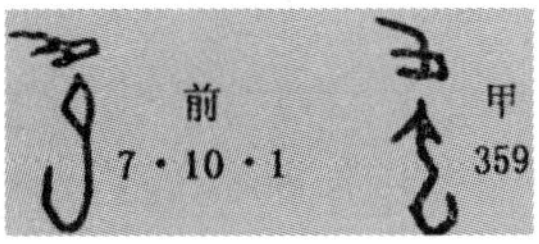

圖八　甲骨文：它

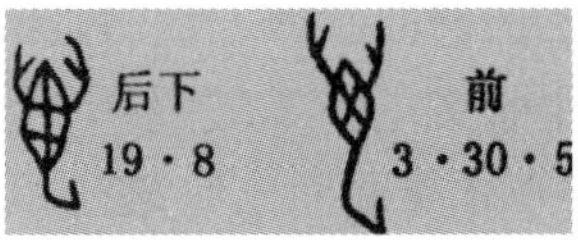

圖九　甲骨文：萬

甲骨文末，後演化爲未。其本義應該是樹梢。第四期武乙卜辭中由末改爲未，失去了它作爲樹梢的本義。隨後的十二地支中末也改爲未。"末"用在十二地支的第八位本義是農曆八月，樹梢已經長到這一年中的最高點便不再長高。改正後的"未"本義發生了變化。

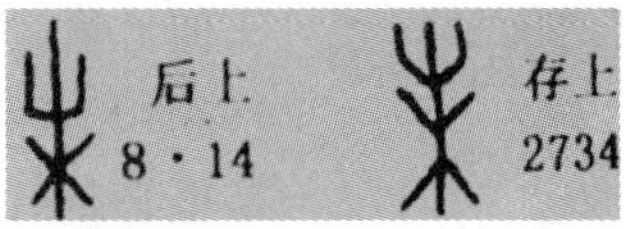

圖十　甲骨文：末

甲骨文于（有文字學家破譯是亏，不確），其彎曲的"丨"表示它是一種柔軟的植物——青茅。而等長的兩横代表捆紮兩道的匭，是夏商周的貢品"包匭青茅"。

甲骨文中（方位詞）。本義是中軍之戰旗。旌穗飄動産生行軍和戰争的動感。

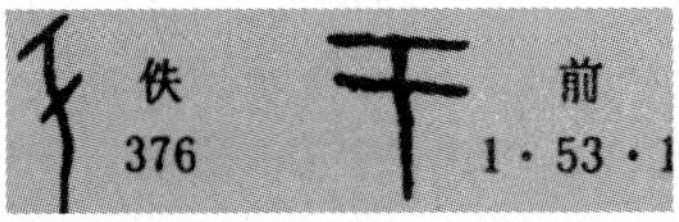

圖十一　甲骨文：于

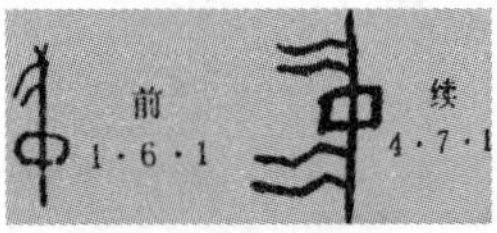

圖十二　甲骨文：中

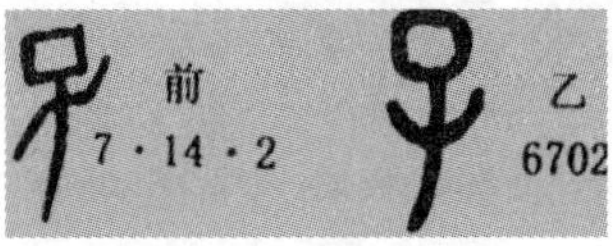

圖十三　甲骨文：子

甲骨文子。一個已經會手舞足蹈的孩子。

破譯甲骨文：唐和言

庚是盤庚，辛是小辛。這弟兄倆分別是殷商第二十和第二十一位先王。《説文》："口。人所以言食也。象形。" 意思是口的一個重要功能是説話。庚口就是盤庚所説的話；辛口就是小辛所説的話。甲骨文被系統地創造出來的歷史時期正是小辛小乙朝之間，恰巧在甲骨文系統中就有這樣兩個字分別代表盤庚所説的話（唐）和小辛所説的話（言）。兩個字見圖一和圖三。

圖一　甲骨文：唐（從庚從口）

甲骨文唐字和甲骨文庚字相關。此前很多文字學者認爲唐就是典籍中的湯，就是商的第一代王商湯；還有學者認爲唐就是大聲喊話；還有認爲唐就是"荒唐之言"（《莊子・天下》）。《説文》："唐，大言也。" 段玉裁注："引申爲大也。如説《尚書》者云'唐之爲言蕩蕩也'。" 他們究竟誰對誰錯？

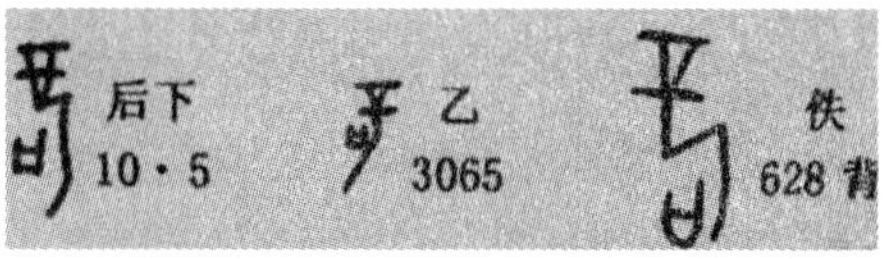

圖二　甲骨文待考證（本字從辛變，從口）

讓我們回到唐字在殷商時代的起點。唐，從庚，從口會意。原來這個口就是盤庚的口，就是剛剛死去的商王的口，是太上皇的口。有什麽話比從這張口中説出的更權威、更有决定性、更有影響力嗎？没有，所以這是最大的"大言。" 許慎的"大言"之意不過如此。所以甲骨文唐的本義是：已故老商王盤庚所説的話。引申義：某商王曾經説的話。

卜辭："貞：御自唐。大甲、大丁、祖乙百羌。百宰。"（續 1・10・7）

這條卜辭的意思是，盤庚商王説，御祭太甲、大丁和祖乙，用百羌和一百少牢。

第二個字見圖二，現代漢字字庫未予收錄。《説文》："～，語相訶歫也。從口辛。辛，惡聲也。" 嚴格地説，上面的這個辛字多了尾部的一横一折，學界一般認爲它是殷商時期的一種刑具。這個甲骨文字倒是和甲骨文辛部首字涉及的刑罰殺戮很相適合。和甲骨文辛的本義也非常吻合。甲骨文的造字者爲什麽以辛來命名這個第二十一代商王，涉及小辛的所有符號都指涉他是一個暴君。所以許慎説"辛口，惡聲也"。其實認真研究甲骨文辛部首的所有的字，你會發現小辛成爲第二十一代商王的過程中可能存在弟兄之間的奪位之争。我將在考證甲骨文競和竟兩字時具體探討。

世界上不會有這樣巧合的事情：恰好就有盤庚和小辛説話的甲骨文造字嗎？恰好天干十字就衹有庚和辛與口組合造字？恰好庚和辛就列在天干的最後兩位？恰好就是"庚""辛" 兩字采用了意符"大" 倒寫的造字方法嗎？恰好甲骨文系統誕生在小辛小乙朝？

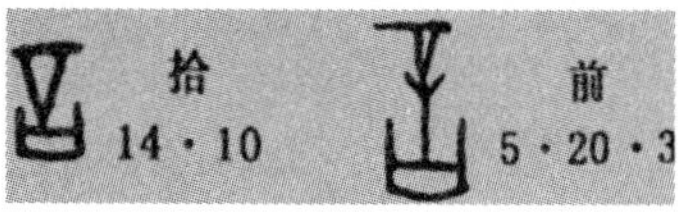

圖三　甲骨文：言

更加巧合的是，甲骨文言字正是標準的辛口兩字的合體字。

看來商王小辛也許是開了中國歷史上的一個先例，就是小辛説的話纔是言。小辛的話是肆無忌憚的，是放之四海而皆準的。説明甲骨文“言”的内涵是從“小辛的話”到今天“言語”的意思詞義是擴大了。但圖三甲骨文本義衹能破譯“大言”，而不能破譯爲“王言”。

卜辭：“王侑言祖丁足。”（乙 4708）

《説文》：“言，直言曰言。論難曰語。”

圖一的甲骨文唐是庚口，是盤庚所説的話，引申爲商王所説的話。圖三的甲骨文言字當是上辛下口，言就應該破譯爲小辛所説的話。而圖二的甲骨文字本義則是小辛的呵斥，即帶有殺傷力威脅力的呵斥。

本文中提請大家考慮一個造字現象：唐爲庚口，但是庚和口並不相連；言爲辛口，辛和口造字是相連的。這一點可能和盤庚已死，而小辛尚在且爲現任商王有關。這一點可以有助于我們界定該字的造字年代。

【甲骨文字本義小結】

唐的本義：盤庚所説的話。引申爲某商王所説的話。音訓：唐從康的發音，讀若 kang。

這一音訓表明有一種可能：古音 kang 後來分化爲 kang 和 tang 兩音。

言的本義：小辛所説的話。名詞。音訓：從一從凵。一凵切。讀若 yan。

圖二待考本字的本義：小辛的粗暴、野蠻的呵斥。動詞。

破譯甲骨文：競*　竟*

圖一　甲骨文：競（從一從兩叔）

圖二　甲骨文：竟（從叔從辛）

競和竟這兩個甲骨文字的破譯學界争議不大，我則試圖琢磨這兩個字中可能隱藏著的歷史史實。我的研究動機源于一個偶然，甲骨文系統被創造出來應該是在小乙朝，這兩個甲骨文字恰恰就是以辛部首所創造的甲骨文字中的兩個特例。説它們特殊是因爲這樣兩個甲骨文字都是以辛字爲主體創造出來的，這兩個字的造字的基本元素是一樣的。

甲骨文競字（圖一）是兩個並列的辛字，上面有共同的一横，這一横正是兩個“叔”字正在争奪的東西。

甲骨文竟字（圖二）似乎是競争已經完成，兩叔之一的某人争得了最後的勝利。這個勝利的果實就是帝冠——上面帝字頭表示的正是這個意思。在卜辭中競有競争之意，竟有結束、結果之意。

卜辭：“妣甲競妣庚。”（京津 4081）意爲競爭。

卜辭：“丙寅卜，不竟……”（乙 8690）意爲没有結果。

卜辭：“……弜竟……”意爲比武結束。

東漢時《説文》依然延續了本字的本義。

《説文》：“競，彊語也。一曰逐也。”

《説文》：“竟，樂曲盡爲竟。”段注：“曲之所止也。”

于省吾先生費了很大的工夫衹是爲了考證後一個竟字先秦通漢字音。這是大可不必的，因爲這兩個字還活著，它們自己會説話，其本字的本義是不難理解的。

競的本義是弟兄兩個王位繼承人争奪商王的位置。這弟兄倆正是小辛和小乙。嚴格地説甲骨文競應該是有兩個叔字組成的，意味著弟兄倆争奪商王王位。這裏造字中采用了兩個帝字頭正爲了説明争權的性質。盤庚四兄弟先後是殷商第十九（陽甲）、第二十（盤庚）、第二十一（小辛）和第二十二代（小乙）的商王。盤庚由奄遷殷和治亳殷其地位是不可動摇的，因此争奪王位的弟兄倆衹能是小辛和小乙。這場競争的來龍去脈現在確實無法可考，但是勝出者是爲兄的小辛。這一點不僅有歷史記載，而且在甲骨文竟字中也表明了：竟下從叔，上從帝冠。這個帝冠意符正是甲骨文“辛”。

《竹書紀年》：“盤庚旬即位，居奄。七年，應侯來朝。十四年，自奄遷于北蒙，曰殷。二十八年，陟。小辛頌即位，居殷。二十一年，陟。小乙斂即位，居殷。二十八年，陟。”①

這和《史記・殷本紀》記載的商王順序是完全吻合的。從而説明司馬遷寫史的真實可信。

既然我們從甲骨文字中分析這是一場兄弟争奪王位的鬥争，那麽根據《竹書紀年》的記載，小乙應該是在小辛二十一年統治之後纔得以繼承王位。或者還有一種可能的情況，就是與小辛争奪王位的不是小乙。那麽，陽甲和盤庚就應該不是弟兄四人而是弟兄五人？其中有一個兄弟在與小辛的王位争奪中喪了命？這後一種可能性顯然不大。

現代漢字競和竟衹相差中間的一横，這一横很關鍵，它説明小辛兄弟競争的結果是小辛最終取得了王位。會不會是小乙在小辛即位二十一年之後殺了小辛而篡得了王位呢？董作賓《甲骨文斷代研究例》中記載有這樣兩條卜辭：

卜辭：“兄辛歲。□。御。各于日。”後一字我破譯爲：擊。河南殷墟一帶方言“税”、“歲”相通，這裏“歲”有没有“税駕”之意，待考。

卜辭：“于古日乃兄辛。歲。”

以上兩例均引自《甲骨文斷代研究例・董作賓卷》。

以上兩例卜辭中的甲骨文“兄”我是沿用了學界共識：是兄弟的“兄”字。但是根據我從該字注音反切考證，這個甲骨文字應該是“叔”。因此這兩條卜辭我將其破譯爲：

卜辭：“叔辛歲。□。御。各于日。”歲通假爲税駕之“税”。

① 《史記》第一册，中華書局 1959 年版，第 106 頁注［五］集解。

卜辭："于古日乃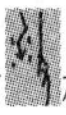叔辛。歲。"

不要小看這一字之差。前兩條卜辭衹能是小乙時代的卜辭，而後兩條卜辭則衹能出自武丁時代。這種擊殺小辛的歷史事件衹能由武丁來記載，因爲小乙是當事人，擊殺小辛的人衹可能是小乙（因爲陽甲和盤庚已經死了至少20年）。而在小乙四兄弟相繼爲商王之後，武丁是下一代唯一的商王，他的兄弟中没有繼任商王的。

據董作賓在文中記載，這兩例卜辭均出自殷墟第四區的大連坑。四區大連坑的卜辭成分比較複雜，幾乎涵蓋了一到五期卜辭的絶大部分時期（除了没有四期卜辭）。對于上述兩例卜辭學界是有争議的，就是它們是一期卜辭還是三期卜辭？如果是一期卜辭，那麽毫無疑問是小乙"擊"小辛，繼而取代了小辛成爲第二十二代商王。董作賓先生認定這兩條卜辭三期康丁時卜辭，其中的"兄辛"應該是廩辛。依據是字形和祀典，此外就是大連坑多三期卜辭。這個觀點是可以商榷的。廩辛和康丁在位共十四年，而小辛執政21年，稅駕之時小乙正是血氣方剛的中年。所以我認爲，這兩條是一期的武丁卜辭，其中記録的可能是小乙擊殺小辛的一段史實。出于"爲賢者諱"，正史没有記載這一史實。

甲骨文競該有另一種可能的本義就是殷商王位的"兄終弟及"制度。該字中有弟兄兩人，但是他們的頭上衹有"一片天"，當哥哥的盤庚將這"一片天"讓給了弟弟小辛。我對自己的這一觀點感到不够自信，原因是在卜辭中用來表示第二十一代商王小辛的"辛"字上面是没有一點的，即没有那"一片天"。似乎是上面的"小辛小乙争奪王位説"更合理一些。

在甲骨文辛部首字中，一般都與殘暴和殺戮有關。商的最後一任王就是商紂，貞人們給他取的名字就是帝辛。從甲骨文庚字的本義到辛字的本義到整個辛部首系列字的本義（包括競字中造字者隱藏的盤庚之後的王位争奪戰），再到爲商紂取名爲帝辛。這一系列的信息表明，甲骨文字衹是在殷商貞人集團之間代代相傳。很多的商王未必就認識貞人們用來記載歷史的甲骨文字。貞人集團就是利用秘傳的甲骨文字保證了自己的崇高地位，也保證了殷商歷史的真實記録。這也許正是每年一度的甲骨文占卜在兑現以後要深埋地下的根本原因。

所以我們可以得出一個初步的結論：殷商卜辭的真實性是毋庸置疑的。

【甲骨文字本義小結】

競的本義：小辛兄弟倆争奪第二十一代商王。動詞。

竟的本義：小辛奪得了商王王冠。名詞。

破譯甲骨文：水災與火災*

水災與火災、兵災在殷商甲骨文中是分别用三個不同的字表示的。中商末晚商初殷商的都邑洹北商城曾經一場大火焚毁，這一點已經爲近期的洹北商城的考古發現所披露。我認爲這就是盤庚率民遷往洹河以南定居的原因。同時我還考證了《尚書·盤庚》記載的就是盤庚在洹北商城爲大火所焚毀之後爲了動員萬民以遷所作的耐心細緻的思想工作。這個時候甲骨文系統還没有問世。所以《尚書·盤庚》是小辛朝之後根據口傳歷史補錄的一篇殷商早期歷史文獻。關于水災我們在殷墟出土的卜辭中頻繁發現殷商人居住的洹河是一條經常泛濫的河流。以致殷商人不得不經常占龜以問吉凶：

卜辭："戊子貞：其尞于洹泉……三宰宜牢。"（甲 903）洹泉是洹河由地下河涌出地面時的衆泉水所在，被殷商人視爲洹水之源泉每年加以祭祀。甲骨文泉字正是殷商人對于洹泉的一種滿含敬畏的造字。

卜辭："……東洹弗……"（粹 1061）

後三條是武丁時期的卜辭：

卜辭："……□貞：洹其乍兹邑，判……"（續 4·28·4）

卜辭："貞：洹弗乍此邑。"（同上）

卜辭："……卜，争貞：洹其乍兹邑。[判]……"（掇二 476）

真是水深火熱的殷商時期啊。所以在小乙朝創造出的甲骨文系統中，水災和火災是專門的兩個甲骨文字。如圖：

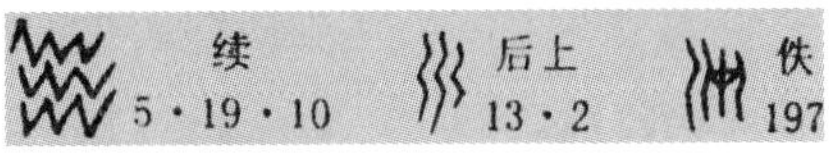

圖一　甲骨文：水災合文

圖二　甲骨文：火災合文

水災的災在學界習慣用籀文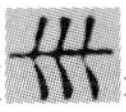表示。這個表示源于《説文》關于火災的災字的定義："災，或從宀火。籀文從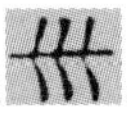。"其實許慎所收錄的災字衹是火災的災，這個籀文符號是源于甲骨文的。本義表示的是水災。説明當時兩種災字都在流行使用。但是我們從甲骨文中看見水災和火災在殷商時代是兩個不同的甲骨文字。其造字的動機也不相同。

水災的災是一個會意字。三道實心曲綫，表示水很大很多。甲骨文水字僅用了中間一根實心綫，兩邊是散點的水。這裏的三道實心曲綫表示水已經泛濫。需要説明的是例三，這裏大水中間出現了一個甲骨文才（又譯在）字。這是不是説明甲骨文造字一字一形一義的原則被突破了呢？不是！這個甲骨文才（或在）我考證過它在甲骨文中的本義是半地穴式民居的支撑草屋屋頂的木架，洪水中出現了民居的木架説明洪水之大和造成的危害的程度。這裏的甲骨文才（或在）是一個非固定意符，可以有，也可以没有。比較一下，它和火災的災字中的才（或在）本義是完全相同的，在造字中所起的作用也是完全相同的。

火災的災從火從宀，是一個會意字。本義是房屋被火燒著了。例三表示支撑屋頂的木架燒著了。這裏的宀和才（或在）同樣是非固定意符。

從上面《説文》的定義我們可以知道在春秋到東漢這一個歷史時期裏，水災和火災分别是用兩個不同的字表示的。東漢以後這兩個字逐漸成爲一個漢字：災。用于泛指一切自然災害。這個繁體的災字上半部從洪水（水災），下本部從火（火災）。兩個字合併的歷史痕跡是一目了然的。

卜辭："乙。王其踐與喪。無災。"（粹 1018，董作賓譯）翻譯成白話就是：乙日。

商王踐踏了墓地，所幸無災禍。

【甲骨文字本義小結】

水災合文的本義：洪水沖垮了民居。動詞。右文造字。

音訓："在"爲聲符兼意符。讀若 zai。圖一中例一例二訓爲澤，讀若 zei。方言讀若 cei。

火災合文的本義：大火燒著了民居。動詞。右文造字。"在"爲聲符兼意符。讀若 zai。

破譯甲骨文：𢦏和戳*

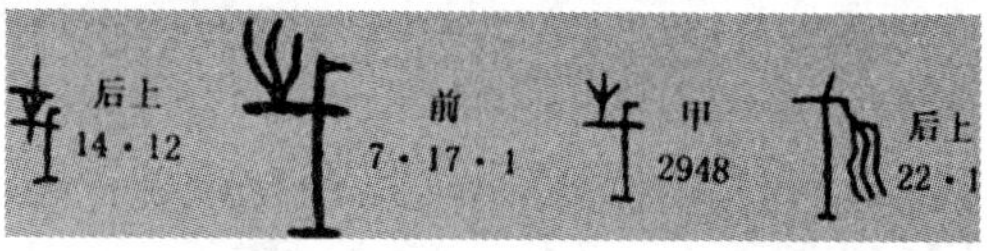

圖一　甲骨文（例一爲𢦏，其餘爲戳）

圖一中的甲骨文字實際上是兩個本字：例一從在從戈是兵災之意；其餘三字從中從戈破譯爲漢字戳，音訓 chuo。

在上一篇中我考證了本義是水災和火災的甲骨文字，從而再次證明了我對甲骨文造字提出的"一字一形一義"的規律。然而災難是多種多樣的，例如戰争也是一種災難。在甲骨文中是不是也有這樣一個字來證明"一字一形一義規律"呢？

我找到了這個本義是兵災的𢦏字，真實無巧不成書，這個字的讀音正是災（zai）。

《説文》："𢦏，傷也。從戈，才聲。"卜辭中這個𢦏的本義是兵刃之災。這一點我們從𢦏的甲骨文字中也可以看出來：

甲骨文𢦏，從戈從才（或在）。這裏的才（或在）的本義是殷商半地穴式民居用來支撐草屋頂的木製支架。這個才在甲骨文𢦏字中是一個非固定意符，可以是才，也可以是上圖例二例三例四中采用的頭髮的意符。其本義很明顯是戰争摧毀了房屋，或者伤及性命。

甲骨文表示水災、火災、兵災三個字發音是相同的，發音都是 zai。這三個甲骨文字中，聲符"在"同時也是意符。它們都是會意字：水沖毀了房屋是水災；火燒毀了房屋是火災；戰争毀屋越貨是爲兵災。從這個例子中我們隱約可以發現殷商時期卜辭中甲骨文字的發音所起的作用。有關同音字之間的關係及運用規則我將在後文考證。其中的同音關係非常令人興奮，其運用規則和當時的歷史環境的關係也非常密切。

甲骨文的這個𢦏字在用于商王"前往某地無災"的意義時可以用"𢦏"：

卜辭："辛酉貞：王往田亡𢦏。"（佚 988）意爲無災。無𢦏之意在卜辭中與無禍、無尤亦互通。

上圖中從在從戈之字當破譯爲漢字災，兵災即戰争，是災難的一種，後水災、火災、兵災均用漢字"災"表示。

圖一中例三的從中從戈之字當破譯爲漢字戳，是殺戮之意。戳的本義是用利刃刺穿

人體。該字中的意符屮是以頭髮代替了人。見卜辭：

卜辭："壬辰卜。□。貞：戊戳前方。"（叕 31）

卜辭："叀甲戌伐又戳。"（續 6・25・5）

卜辭："丙子卜。于丁丑戳。"（庫 1095）

依據以上的破譯，下面這樣兩條的卜辭，可以依據其內容判斷其本義應該是"戳"而不是"𢦏"：

卜辭："……八月辛亥。允𢦏。伐二千六百一十五人，在□……"（後下 43・9）

卜辭："貞：伐□方𢦏。"（粹 1075）

【甲骨文字本義小結】

𢦏的本義：兵災（摧毀房屋，傷死人命）。動詞。

音訓：從在。右文造字。左上的意符"在"是聲符兼意符。讀若 zai。

戳的本義：用利刃刺穿人體。

音訓：從屮（或從才）從戈。會意字。屮戈切，讀若 chuo。破譯爲漢字戳。

破譯甲骨文：福

左圖是山東莒縣出土的龍山文化時期的灰陶酒尊。和仰韶文化時期就已經使用的汲水器——小口雙腹耳尖底瓶——的區別是尊身是圓柱體，尖底，廣口。我在研究甲骨文福字時，發現這個廣口尊正是後來殷商酒器，也是祭祀時的禮器。

圖一
灰陶酒尊

圖二　甲骨文：福

圖三　甲骨文：酒

在考證酉、酒、配、尊四個甲骨文字時我已經考證了這些字共同包含的意符酉就是從龍山文化就發現的廣口尊。現在甲骨文"福"中也同樣包含有這個酉字，説明殷商人祭祀時是用廣口尊盛鬯酒供奉祖先的。在考證中我發現了一個新的問題：在酉、酒、配、尊、福這五個甲骨文字中，意符酉字上面都有一個和瓶身聯爲一體的類似把手或者支架的東西。所以在很長一段時期内我把它和仰韶文化的小口無耳尖底陶罐相混淆了。直到我看到（後下 17・12）的甲骨文福纔有了新的感悟：這個和瓶身聯爲一體的類似把手或者支架的東西原來是可以和瓶身分開的。從甲骨文"酒"前三例中我們可以看到，如果這個上部結構和瓶身是一個整體的話，那它的形狀就是一個小口無耳尖底瓶，但是後下 17・12 的福字告訴我們這個上部結構是可以和瓶身分來的，説明它是一個把手或者繩索，用來拴住瓶身搬運瓶子的一種附加結構（也許是吸管之類的附加物件）。這個附加結構是可以拆卸的。由此我得出殷商某一時期的祭祀用酒器是廣口尊，而非小口無耳尖底瓶。意符酉正是廣口尊的象形。古音酉酒同音。現在看甲骨文福：

甲骨文福，從示，從酉，從雙手。本義是雙手奉酒向上天祈福。

《說文》："福，祐也。從示畐聲。"這個解釋一定是許慎没有搞清楚。甲骨文福並不從畐，而是從酉。不僅從酉，而且還有一雙手捧著這隻盛滿鬯酒的廣口尊。所以這個甲骨文福字如果用漢字表示的話這個漢字應該是：左邊爲示字旁，右邊上部從酉，下部從共。它應該是一個動詞，因爲從雙手。它的本義是供奉鬯酒祈求祖先保佑。（注意，福字很少用于祭祀天地。）

在卜辭中，"福"確實是一個動詞，作祈求祖先福佑的意思：

卜辭："貞：福于父甲。"（乙 7438）

卜辭："癸巳卜。㱿。貞：子漁疾目。福告于父乙。"（佚 524）

【甲骨文字本義小結】

福的本義：雙手奉酒尊獻酒，祭告祖先，祈求保佑、賜福。右文造字。

音訓：缶是聲符兼意符。讀若 fou，古音通 fu。

破譯甲骨文：不

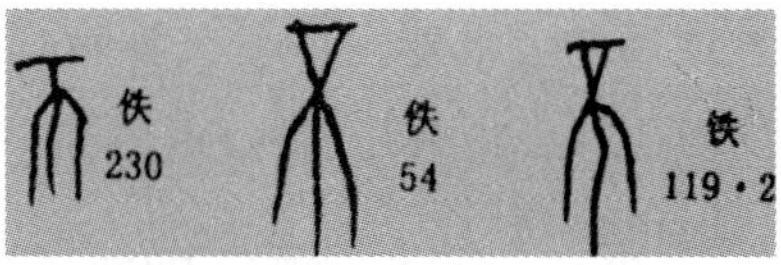

圖一　甲骨文：不

不字是一個否定副詞。可是它的否定意義是從哪裏演化來的呢？這個看似獨體字的甲骨文符號爲什麼就包含了否定的意義呢？

《說文》："不，鳥飛上翔，不下來也。從一。一猶天也。"段注："凡云不然者。皆于此義引申假借。其音古在一部，讀如德。"也有學者依據王國維的說法："帝者蒂也，不者柎也。"[①] 說不字的本義是花萼。也有學者認爲這個"不"類似蛛網下垂形。可是花萼或者鳥飛或者蛛網爲什麼就可以表示或者引申出否定的意義呢？看來他們所說的都没有涉及這個字的本義。

我們認真觀察一下這個甲骨文不字的字形，或許會有所啓迪：不，上從一，下從什麼？爲了弄清楚甲骨文不字的這個下半部分是什麼？它的本義又是什麼？我們有必要重温甲骨文木字和末字。木的本義是一棵樹；末的本義是樹梢。這個甲骨文的不字正是木或者末被去掉了上半部分。一棵樹被砍伐（即否定）以後剩下了什麼呢？剩下的是地面的殘存的樹樁和地下的樹根。其實這個字理解起來也很簡單，它就是一棵樹被否定以後餘下的部分——樹根和樹樁。所以甲骨文不字，上從一，一猶地面也。不是許慎說的"一猶天也"。用一代表天或者地是甲骨文造字的慣例。例如：上、下、屯、氣等都是。

① 徐中舒主編《甲骨文字典》，第 1268 頁。

在這裏一表示地面。而一下面的部分表示樹根，樹被砍伐以後留下的樹根。樹根是對樹的否定，所以甲骨文不字的字形可以引申出否定的意義。用作否定副詞。在卜辭中，不字多用作否定副詞。

卜辭："乙未卜，暊貞：師賈入赤馬，其，不吉。"（《合》28195）

卜辭："丙戌卜。貞：自今日至庚寅雨不?"（前 3・19・4）

清唐英《陶冶圖說・采石製泥》一文中將經過淘洗以後的陶泥製成磚坯狀的陶土坯稱作"白不"，唐英在不字下有注解曰："敦上聲。凡造瓷之泥土皆以此爲名，蓋景德鎮人土音也。"①看來段注不虛，這個不字在古代確實有"德（de）"這個發音。與景德鎮土音"敦上聲"同屬一部。王力《漢語語音史》將敦和德同歸端部。

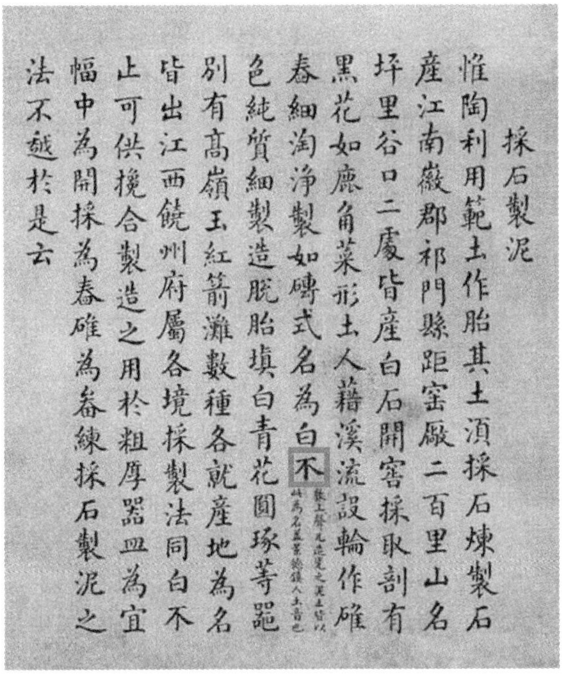
採石製泥
惟陶利用範土作胎其土須採石煉製石
產江南徽郡祁門縣距窰廠二百里山名
坪里谷口二處皆產白石開窖採取剖有
黑花如鹿角菜形土人藉溪流設輪作碓
舂細淘淨製如磚式名為白不敦上聲凡造瓷之泥土皆以此為名蓋景德鎮人土音也
色純質細製造脫胎填白青花圓琢等器
別有高嶺玉紅箭灘數種各就產地為名
皆出江西饒州府屬各境採製法同白不
止可供攙合製造之用於粗厚器皿為宜
幅中為開採為舂碓為舂練採石製泥之
法不越於是云

圖二

這個字的官話的發音爲 bu，但是在景德鎮方言中發音爲 dun 或者 den。但是據筆者對殷商方言的瞭解，這個字在豫南方言中讀若 dou（入聲）。河南南部方言把樹根叫作"樹蔸子"。

《說文》："櫱，伐木餘也。……古文櫱，從木無頭。"由此可知甲骨文不字一直被使用到春秋古文一直没有發生變化，到了東漢時期這個不字已經演化爲小篆的櫱字。這是它的字形的演變路徑。而景德鎮人的方言"白不"應該是"白樹墩"的意思，也就是許慎所說的"伐木餘也"。景德鎮瓷器業把瓷土坯稱作"白樹墩"應該是行業内的一種俗語。而這個"白不"的發音卻保留了遠古的發音：白敦（上聲）。這裏仍然保留了不的甲骨文本義"伐木餘也"含義。由此想到這一點和我們至今仍然把樹身被砍伐以後的部分叫作樹墩應該是一脈相承的。樹墩衹是樹被砍伐以後地表可以看見的部分，而甲骨文不的本義包含了地下的根系，這是地表看不見的部分。春秋古文櫱字和甲骨文的不在字形上大體相同，本義都是伐木之後的樹墩和樹根部分。

有這個方言的例子我們可以從本義和讀音兩個方面反證，甲骨文不的原始本義應該是樹被砍伐以後餘下的樹墩和樹根的意思。但是它在殷商時期的讀音很可能是讀如德，或讀如墩蔸。而讀如 bu（入聲）的發音最早見于《韻會》《正韻》："逋没切。補，入聲。不然也，不可也，未也。"（引自《康熙字典》）

---

① 本文中有關清代唐英《陶冶圖說・采石製泥》相關引文和插圖均引自《亞洲風——李兆良的博客》。http：//www. com. cn/asiawindl.

【甲骨文字本義小結】

不的本義：樹被砍伐以後剩下的樹墩和樹根。引申義：否定副詞。象形字。

音訓：bu。河南方言發音：讀若 dou（入聲）

破譯甲骨文：是“灰”* 還是“燼”

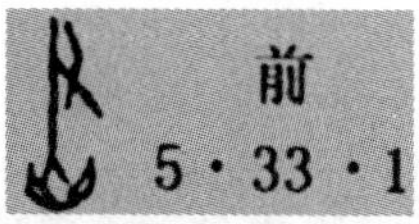

圖一

甲骨文（本字待考）

這個甲骨文字流行的破譯爲我們今天所説的灰燼的燼。《説文》：“燼，火餘也。從火聿聲。”本義是羅振玉的解釋：“此從又持丨，此撥餘火，象形。非形聲也。”借著這個甲骨文字我要重申一點：甲骨文没有純粹的形聲造字，在我考證到現在一千字左右的甲骨文字中還没有遇到一個純粹是由形聲造字法造出的甲骨文字。其中被學者們認爲是形聲字的甲骨文字的聲符，一般都含有和所造新字的本義相關的會意成分，所以都還衹是意符，並未成爲單純的與本義無關的聲符。這説明甲骨文的造字方法衹有三種：象形、會意和右文造字。同時也説明在殷商時期，形聲法還没有成爲甲骨文造字的方法。當然也還有一些比較特殊的産生新字的方法，但是那些都不是甲骨文造字常用的主流的方法。

由于這個原因，當你在甲骨文中發現了一個聲符加另一個意符組成的造字的時候，你就該小心了。如果那個聲符在造字中僅僅是注音的聲符，而没有參與新造字本義的形成，這個字極有可能就破譯錯了。正如本文考證的這個甲骨文字（圖一），它並不是“燼”。

但是上圖這個甲骨文是一個會意字。其注音破譯出來之後使我大感意外。上部從丯（十），下部從火。它的反切音讀若灰（火丯切）。

我們看上圖甲骨文灰。殷商人嚴冬在家中取暖采用在地上挖火塘的方法：即在房屋或地穴的土地上挖出一個坑，在坑裏燒火取暖。這一點已經爲普遍的考古發現所證實。所以這個灰字的火是在地上燃燒的。甲骨文燼如圖，從手持丨，這個丨代表撥火棍。撥火棍的作用是當柴禾過多堵塞火路，産生濃煙時用來撥鬆柴火，使其充分燃燒的。到了夜晚就寢以前，必須用撥火棍將火堆四周的草木灰燼向火塘中間撥攏以蓋住剩餘的炭火。這樣做的目的是防止火星濺出引發火災。殷商時平民一般住在半地穴式草屋裏，屋頂是用稻草，屋門也是用蘆葦、柴草編製的柴扉，防火尤其重要。

將火的餘燼用草木灰蓋住的第二個用處是保存火種。次日早晨衹要將火堆撥開，會發現有些小塊的炭火還没有熄滅。這個時候衹要加上一些易燃的草末，用吹火棍一吹，火焰就會重新燃燒起來。我下放的皖南農村每年冬天都是這樣過冬的。我想對于火種極其缺乏的殷商時期這一點也是非常重要的。

所以這個甲骨文字應該破譯爲灰。上圖本字和漢字灰字形也完全一致。通過這個甲骨文會意字的注音反切，我們糾正了此前學者們流行的錯誤破譯：大家都從羅振玉説，將這個甲骨文字破譯爲灰燼的“燼”，今天我們纔知道它應該是灰燼的“灰”。

卜辭：“……我。貞：邑灰……”（前5・33・1）

這一條卜辭中的灰字常被專家們解釋爲地名，這是一個誤解。我認爲這一條卜辭是爲占卜該邑會不會發生火災（變爲灰燼）。這裏用灰暗喻火災，而不直接用火災的災字是爲了避諱災難。

《說文》：“灰。死火餘燼也。從火又。又，手也。火既滅可以執持。”可見許慎時期這個甲骨文字的漢字也應該是“灰”。但是許慎所定義的“火既滅可以執持”的解釋比起我從農村生活中挖掘到的解釋相比較，顯然我的解釋更加接近殷商生活的實際情況。

這樣，我們就從本義，本字和音訓三個因素證明了上圖的甲骨文字不是灰燼的燼，而是灰燼的灰。

【甲骨文字本義小結】

灰的本義：手執木棍撥草木灰以掩蓋火之餘燼。動詞。用如名詞。會意字。

音訓：火聿切或火伊切。讀若 hui。

破譯甲骨文：鹵

圖一　甲骨文：鹵

圖二　甲骨文：滷

圖三　（例一例三）金文：鹵

鹵和滷東漢時期互通。《說文》：“滷，西方鹽地。口象鹽形。安定有鹵縣。”《爾雅・釋言》：“滷，苦也。”《廣韻》《正韻》：“滷，郎古切。”本義看似我們今天所說的鹽滷之滷。同時也提供了我們一個歷史信息，東漢時期的人們食用鹽主要來自洛陽以西的內陸鹽田。《說文》中該鹽池專門有一個字表示：鹽（gu）。古代的粗鹽一般是近白色的正方體結晶。

但是從鹵和滷的甲骨文字看，它們在殷商時期應該是本義有別的兩個字。甲骨文一字一形一義。鹵字有兩種變體：一種下從皿；一種下無皿。有皿的應該是動詞，無皿的是名詞。少數文字學家將這個鹵字破譯爲卣，但是他們忽視了一點，卣祇是商周時期的一種盛酒的器具，口小腹大，有蓋和提梁，器形和皿完全不相同。在用途上卣是用來裝酒的，不是烹調用具。

滷的本義直到東漢依然是表示鹽滷的意思。由于鹽滷的意義非常狹窄，所以我們可以推定它在殷商的本義也應該是鹽滷。殷商人將一個鹵包放在皿裏，皿中就應該是鹽滷。這個鹵包是什麼東西？也就是說這個鹵的本義是什麼？應該是可想而知的——那是需要滷製的食物。還有另一種可能就是盛鹽的布包。滷肉時將它掛在鍋邊，經過過濾的鹽可以調味。甲骨文鹵和甲骨文彔字形相近，發音相同，應是一個獨立的聲符兼意符。

甲骨文之後，《説文》之前，西周金文的鹵和滷字出現了一個符號給了我們以新的啓迪：甲骨文鹵字上的一點（表示鹵包沁出的滷水）逐漸變化成爲一竪，最後在西周晚期變成了符號丄（祖也）或者土（社也），這樣兩個意符都是有關祭祀的符號。從這個造字所表示的本義看，鹵包中所包扎的應是祭祀用的肉。“土”是聲符之一。正是因爲這個原因，甲骨文鹵字在卜辭中的義項之一就是祭祀：

卜辭：“癸酉卜。鹵大甲。”（後下 17・16）

因此我們有充分的理由認定，甲骨文中的鹵包是滷肉或者食鹽。西周的滷肉是爲了祭祀祖宗和社稷。而甲骨文的鹵和滷是没有符號丄（祖也）和土（社也）的。所以殷商時期的鹵字本義範圍要寬泛些。它就是滷肉，可以用來祭祀，也可以用來下酒。既然是滷肉爲什麽要將肉打包呢？我認爲，這兩個甲骨文字可能仍然記憶著殷商滷肉的具體方法：將肉用繩索或者布包裹好，放入鹵汁中滷製。包裹生肉的原因是擔心煮熟以後肉會因鬆散而解體。上部的鈎狀物就是用來將滷肉包掛在皿邊的工具。今天這種用猪皮或者粗布包肉的烹調方法在很多菜系裏還在使用，例如鎮江肴肉等等。商朝是毀于嗜酒的，這一點在《尚書・酒誥》中已經剖析得很清楚了。甲骨文粹 429 就形象地表現了將滷肉包掛在皿邊滷製的場景。

周代商政之後，周朝的統治者對酒深惡痛絶。我們不妨看一看周宣王時期的毛公鼎銘文。

毛公鼎銘文：“引其唯王智。迺唯是喪我或。”其中的“智”應該是“嗜”字的假借。“迺”字應該是“滷（鹵）”字。這樣就爲：“引其唯王嗜鹵，唯是喪我或。”意爲因爲周王嗜好美食，因此幾喪我國。這裏明裏説的是周宣王嗜好美食，其實是爲賢者諱。毛公要説的是周宣王嗜酒耽誤國事。

通過這樣的分析，我們可以尋求到甲骨文鹵、滷二字的本義。

【甲骨文字本義小結】

鹵的本義：滷肉。名詞。象形造字。

滷的本義：用鹽鹵滷製肉食。動詞。會意造字。

破譯甲骨文：“滅”還是“撲”* ？

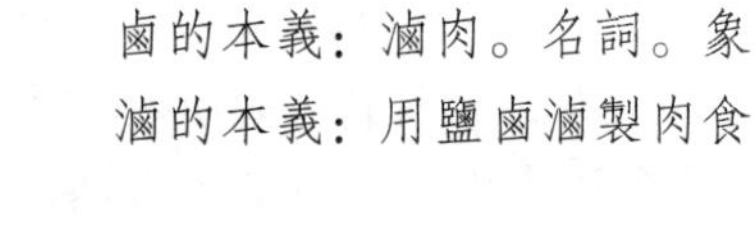

圖一　甲骨文：撲

《説文》“滅”：“滅也。從火戌。火死于戌，陽氣至戌而盡。《詩》曰：‘赫赫宗周，褒姒滅之。’”小篆的滅字是没有左邊的偏旁氵的，因爲兩漢流行的五行學説認爲十二地支，到了戌就是陽盡，到了亥就是一陰始生之時。但是此前學者意見圖一將這個甲骨文字破譯爲“滅”理由是不充分的。因爲“火死于戌”也好，許慎的“滅也”也好，都没有揭示出上圖這個甲骨文的本義。

“火死于戌”是説火燒到戌方位或者燒到戌時辰就會自然熄滅。繁體字滅的本義是用水滅火。這兩個本義都和上圖甲骨文字的本義不相符合。上圖的甲骨文字僅僅是説明撲火，而並未説明火究竟被撲滅没有，它是一個進行時態的動詞，而不是完成時態的動詞。這一點是三者在本義上最本質的不同。

滅：以水滅火。完成時態。

“火死于戌”：讓火自生自滅。完成時態。

圖一甲骨文：手執工具撲火。進行時態。

現在我們具體分析這個甲骨文字：它從火從滅火工具。右例中從手持滅火工具。因爲右側爲非固定意符，所以祇要是滅火工具都可以參與造字。它的本義是撲打火焰。目的是將火撲滅。卜辭中兩見這個甲骨文字均作討伐解釋，這是引申義。其本義應該是撲火：

卜辭：“貞：~不囚。”（後下 18・9）“貞：~□囚。”（後下 16・4）

在上述兩條卜辭中，該字的本義就至關重要。如果破譯爲撲滅，那麼僅僅是鎮壓了一次不囚國的挑釁或者造反而已。如果破譯爲滅，那麼就意味著將不囚國斬盡殺絶，夷爲平地。所以圖一的甲骨文字的本字的破譯是關鍵性的。如果硬要是將它翻譯爲現代漢字，這個漢字應該是從攴從火。我認爲它的本字用漢字“撲”比較貼切。本義是手執工具以撲打火焰。“撲”是一個進行時態的動詞。

【甲骨文字本義小結】

撲的本義：手執工具以撲火。進行時態的動詞。

音訓：右文造字。從攴從火，讀若 pu 或 po。攴是聲符兼意符。

破譯甲骨文：再證一字一形一義

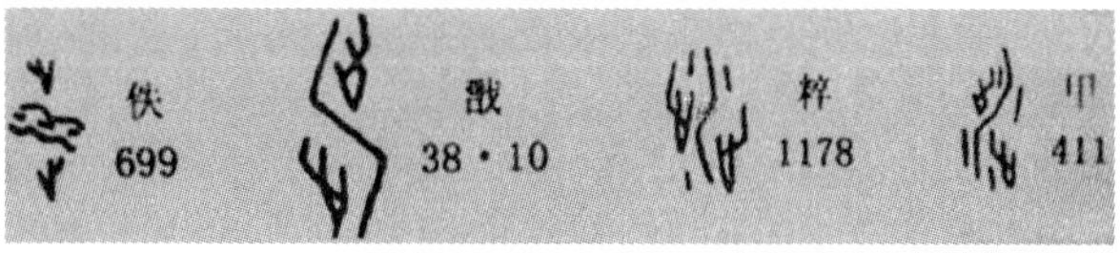

圖一　甲骨文：例一渡　例二越　例三、四溯

圖一是一張很有代表性的圖片，引自東北師範大學出版社和臺灣高雄復文圖書出版社的一本甲骨文著作①。該書中將這四個甲骨文字均破譯爲涉。説它有代表性是因爲這個破譯是學者們的共識。這和我提出的觀點——甲骨文一字一形一義——是互相矛盾的。

這張照片中有三個不同的本字。按照我的觀點例一是一個甲骨文本字；例二是另一個甲骨文本字；而例三和例四是甲骨文溯的本字。現在我就闡釋一下我的見解，正好也就可以破譯一下例一和例二到底是什麼本字和它們的本義。

我曾考證了甲骨文系統中水依據不同的水的形式分別有三種表示方法。這張照片恰

① 轉引自馬如森著《殷墟甲骨學：帶你走進甲骨文的世界》，第 448 頁。

好具備了這樣三種水。

【例一】從雙腳，從川中有水。卜辭：“己亥。子卜。貞：在川人歸。”（前 8・12・4）這是在爲了在河邊（或河上）的人將要回來而占卜。本字中的兩隻腳一隻在河的此岸，另一隻在河的彼岸。說明它的本義是渡過河去。川是指較大的河流，所以不能靠雙腳走過去。因此該字本義就應該是渡河了，要麽藉助工具，要麽游泳才能過河。但是這個甲骨文本字要表達的是人從此岸去到彼岸的意思。至于是否藉助渡河工具或者游泳那衹是過河的手段。所以這個甲骨文字的本義是渡。音訓：從川從步。川步切。讀若 chu，上古無舌上音，故古音通 du。

【例二】從雙腳，從乙。中間的乙代表小水，在甲骨文造字中它表示涓涓細流。所以雙腳不用霑水就可以邁過去。這個甲骨文的本字是越。《說文》：“越。度也。”又：“跨，渡也。”段注：“謂大其兩股間有所越也。因之兩股間謂之跨下。”音訓：從乙（小水）從步，乙步切。讀若 yu 通 yue。可見例二破譯爲“越”較準確，音義相符。

【例三、例四】從雙腳，從水。水在甲骨文造字符號中代表中部的水流和岸邊的淺湍和淺水，所以雙腳可以蹚水過去。請注意圖一中該字的造字是雙腳沿著河水流動的方向溯流而上。這個甲骨文本字當破譯爲溯。

《說文》：“㴑，逆流而上曰㴑。洄溯向也。水欲下，違之而上。或作遡。溯亦作㴑。”

音訓：從水從步，水步切。讀若 su。可見例三例四的本義更接近于漢字溯。

以上的分析考證說明上圖中確實是三個不同的甲骨文本字。它們分別表示三種本義。從這三個例子我們看到，殷商的造字者在造字過程中是非常嚴謹、準確和細緻的。甲骨文系統是非常科學的文字系統，比周代金文科學，比《說文》科學。

【甲骨文字本義小結】

渡的本義：渡過。即今過河之過。動詞。音訓：從川從步。川步切。讀若 chu，古音通 du。

越的本義：一步跨過（小水）。動詞。音訓：從乙從步，乙步切。讀若 yu yue。

溯的本義：涉水逆流而上。動詞。

音訓：從水從步，水步切。讀若 su。本字依據音訓當破譯爲漢字溯。

破譯甲骨文：“司母戊”即“后母戊”

2011 年 3 月 6 日，中國中央電視臺《新聞 30 分》節目的播音員將“司母戊鼎”念成了“后母戊鼎”，引發了一場正字風波。自從 1939 年這隻方鼎在河南安陽的武官村出土以後，中國人就一直稱呼這件國寶級文物爲“司母戊方鼎”。中央電視臺的這一改動無疑是冒天下之大不韙的。

這條新聞中的“后母戊鼎”確實就是教科書上的“司母戊鼎”。司母戊鼎 1939 年河南省安陽市武官村出土，高 133 厘米、口長 110 厘米、口寬 79 厘米，重 832.84 公斤，是中國目前已發現的最重的青銅器，是商王祖庚或祖甲爲祭祀母親（即商王武丁之妻）所鑄。其實 2010 年 12 月 18 日國家博物館網站就發表過權威解釋，說目前專家多數認爲應當釋讀爲“后母戊”鼎。國家博物館網站的這一解釋無疑是認可了真理一定是掌握在多數人的手裏的觀點。

從“司母戊”到“后母戊”雖然是一字之差，但是牽涉我的甲骨文字的破譯原則——甲骨文字的方向性問題。所以就很有必要考證一下甲骨文司和后的本字和本義的差別所在。司和后的甲骨文如圖一。

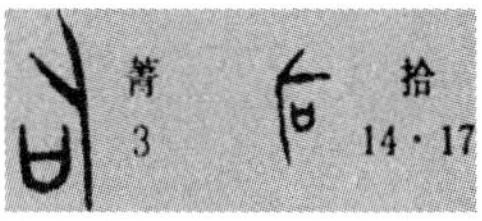

圖一

從圖中我們看到，甲骨文的后和司這兩個字是一種鏡像關係，就是司和后的本字字形上猶如鏡子裏外的關係。在甲骨文系統裏，有很多這樣的具有鏡像關係的字。絕大多數涉及人、畜和獸的獨體的甲骨文字如卩、命、首、妃、妻等，其方向都是頭朝上腳在下的，很少有頭向著左右的，幾乎没有頭在下腳向上的（作爲特例，除了育、毓等字分娩過程中的孩子頭向下是造字本義的需要）。所有互爲鏡像關係的字其本義是相同的，方向改變本義不變（也有例外如表示左手和右手的甲骨文左和右）。

圖二

但是，作爲人、畜和獸的甲骨文局部的方向的改變會道致本義的改變。例如圖二的這個甲骨文學者們一般認定它是甲骨文眉字。其實按照甲骨文的造字原則看，它是不是眉字很值得商榷。請注意這個字的字形是身體向左，而眉毛的方向也是向左的，就是說這個人的眼睛是回頭在看著身後。如果它表示一個人的眉毛的話，手向左邊，眉毛就應該向右邊倒伏。所以我破譯這個甲骨文字應該是回顧的顧字，其本義應該是向後看，即回顧。該字出現的卜辭辭條（前 6・7・4）內容如下。

卜辭：“丙申卜。争。貞：勺見。顧不雨。受年。”（前 6・7・4）譯成現代漢語就是：回顧今年一直没有下雨，但今年卻是一個豐年。

甲骨文字的局部改變道致本義改變的還有一個甲骨文“即”和“既”的例子。由此我得出一個甲骨文造字原則：

涉及人、畜和獸的獨體甲骨文字，和它們的鏡像甲骨文字有相同的本義。它和它的鏡像可以被視爲同一個甲骨文本字。但是該獨體字如果出現局部的方向性改變，將可能會改變它的本義。

甲骨文司和后正是這樣的互爲鏡像的兩個字，所以應該被視爲同一本字。它們的本義應該相同。

有人一定會問：甲骨文“司”和“后”的本義是什麽呢？這個問題的答案對我證明上面提出的這一造字原則非常重要。遵循上述造字原則，這樣兩個字應該得出相同的本義。

我認爲：甲骨文后（司）的原始本字應該是后，本義是王后、王妃。今天的漢字“司”是漢字“后”分化出的引申義，在使用中約定俗成。理由如下：

甲骨文后字是一個會意字。它有兩個意符，從匕（huɑ）從口。這正是殷商王后妃的職能所在。從口，說明王后管理整個王室的衣食住行，也就是內宮事物；從匕——匕即女性生殖器，說明王后的另一功能和管理範圍——爲殷商王室生兒育女，傳宗接代。

這是甲骨文后的本義，也是甲骨文后字的造字動機。

王后要吃，還要管理吃；王后要生育，還要管理生育。這個管理的功能就引申出后的引申意義——管理。司的意義是從事、管理。甲骨文后和司的分化可能産生于此時。后是名詞。司是后用如動詞時産生的引申義。爲了區別本義和引申義，將后定義爲王妃、王后；將司（反后或者鏡像后）定義爲從事、管理。

這個意義一直沿用到了東漢，出現在許慎的《説文》中："司，臣司事于外者。從反后。""從反后"的意思就是司和后互爲鏡像關係。其實我們將許慎的定義回溯一步就是："后，商王妃之司事于内者也。"母戊就是這樣的一個商王妃。

現在回到本文開頭的那場無謂的争論吧。司母戊其實就是后母戊，因爲甲骨文司和后在殷商時期是同一個字。所以司母戊大方鼎上的銘文既可以讀作司母戊，也可以讀作后母戊。但是語言有一個最突出的特點就是約定俗成。既然從這隻方鼎出土以後，中國人已經叫了它75年的司母戊方鼎，一直叫下去更符合中國人的習慣。將叫了七十五年的"司母戊"改口爲"后母戊"實在是多此一舉。

甲骨文"司"到了西周金文中演化爲"司"和"祠"兩個字。所以"司"是"祠"的初文。商承祚謂："……此（司）即祠祀之祠字，省'示'耳。與祖之作且同意……""司母戊"可以理解爲"祠母戊"，即該大鼎是爲了祠祭母戊而鑄造的大鼎。《説文》："祠，春祭曰祠。品物少，多文詞也。從示司聲。仲春之月，祠不用犧牲，用圭璧及皮幣。"與《爾雅·釋詁》同意。

【甲骨文字本義小結】

后的本義：商王妃。主要職能是管理後宫的衣食住行和生兒育女。名詞。當它用作動詞時，引申義爲管理事物。后的鏡像甲骨文字是司，它們倆本是同一個甲骨文字的兩種表現形式。"司"作爲金文"祠"的初文演化出金文祠。作"祠祀"解。

音訓：乇（音化）口切，讀若 hou。

破譯甲骨文：永　派

圖一　甲骨文　左永　右派

《説文》："永，長也。象水坙理之長。《詩》曰：'江之永矣。'"從許慎的這個關于永的定義分析，永的本義是長的意思。永字本身和水没有什麽聯係，僅僅指很長，像河水一樣没有盡頭的意思。《詩經》"江之永矣"是説江水很長，没有盡頭。我們也可以説"道之永矣"，或者"時之永矣"。

《説文》（徐鍇本）："派，别水也。從反永。讀若稗。"派的定義告訴我們，派是指河流的支流。毛澤東詩詞"茫茫九派流中國，沉沉一綫穿南北"，是説長江的很多支流流遍了中原大地。安徽肥西縣有上派、中派的地名也是指河水的支流而言。所以派和河水有著密不可分的聯係。現代漢語這個派字有一個義項就是從支流這個本義引申的——事物主流産生的流别，如學派、宗派、黨派等等。

以上通過對《説文》中永和派這樣兩個字的定義説明它們的本字不同，其本義也應該不同。但是，在古文字學界，認爲甲骨文永和派是同一個字幾乎是一種共識。例如李孝定在《甲骨文字集釋》中就説：“古永、𠂢、派當爲一字，殷時蓋已衍爲永、派二字。别水多者其流必長，是其義亦相因也。”① 李孝定認識到“殷時蓋已衍爲永、派二字”這個見識是非常深刻的。但是他没有深究下去。實際上也受到相關殷商史料的限制。因爲在卜辭涉及永和派兩個甲骨文字的相關辭條中，永和派都没有用在其真正的本義上。而衹是用作貞人的名字，或者其他人的名字。這樣就無法從本義的使用中辨明永和派的本字和本義是什麽。

按照許慎的的定義，例 4 爲永，例 3 爲反永。反永爲𠂢，音訓待考。我認爲，在上圖中没有散點水的兩例是甲骨文永字；有散點水的兩例是甲骨文派字。永的音訓爲 rong，人行切。我的結論是建立在此前我對甲骨文字的系統的破譯的基礎上的。

甲骨文永和甲骨文派這兩個字的字形主體完全一樣從彳從人。所以永字可以解釋爲一個人正在由大路轉入一條岔路。道路是没有盡頭的，所以這個人將會一直走下去。這就是甲骨文永的本義：長久，久遠。既然是大路就没有水。

甲骨文派字的主體也是永。但是它多了一個部首散點的水，這個散點水在甲骨文造字中的作用代表寬而淺的水。但是在本字中不是。在派的本字中，這個散點的水和另一部首人的兩個筆畫結合，成爲兩條河的象形。一條是大河，是主流；另一條是岔河，是大河的支流。所以甲骨文派的本義是：别水，支流。所以我認爲這兩個甲骨文字的根本區别不在于開口向左還是開口在右，而在于是有散點水還是没有散點水。

翻閲目前使用的甲骨文工具書你就會發現，無水的甲骨文永字和有水的甲骨文派字都被混合在一起了。在破譯和解釋的時候，專家們幾乎是衆口一辭：古時永、派爲一字。奇怪的是兩字既然同爲一字，爲什麽發音迥然不同。卜辭中這兩個字用于人名、地名不能作爲破譯的依據。

我堅信：甲骨文永、派不是同一個字。因爲造字的音訓不同。

其實在殷商甲骨文系統中，永和派是兩個本字，它們各自的本義也不同。當然，我的這個觀點同樣需要進一步的卜辭辭條内容加以驗證。不過總算是將甲骨文系統的兩個字的本字區别開來，並區别了它們的本義。從《説文》的定義看，在殷商以後的一千多年中，永和派的本字本義一直循著這樣的脈絡在向前發展。

【甲骨文本義小結】

永的本義：無止境的路。引申義：長久，久遠。會意造字。

音訓：從人從行，人行切。讀若 rong。豫南方言：ðong（ð 爲國際音标）。

派的本義：無盡頭的河。引申義：别水，支流。會意造字。

音訓情况可能采用方言注音。散點意符可三點、四點，説明該字聲母可能是 s 母或 ð 母。

---

① 馬如森著《殷墟甲骨學：帶你走進甲骨文的世界》，第 441 頁。

破譯甲骨文：湀* 癸*

湀和癸這兩個甲骨文字我琢磨很多年了，苦于一直没有找到破解它們的門徑。關于這兩個甲骨文字我一直就有兩個疑團没有解開：

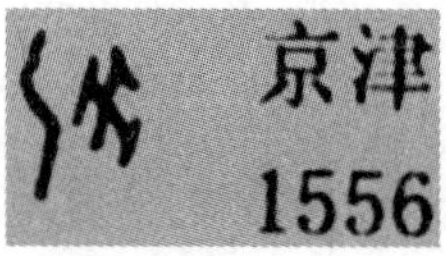

圖一　甲骨文：湀

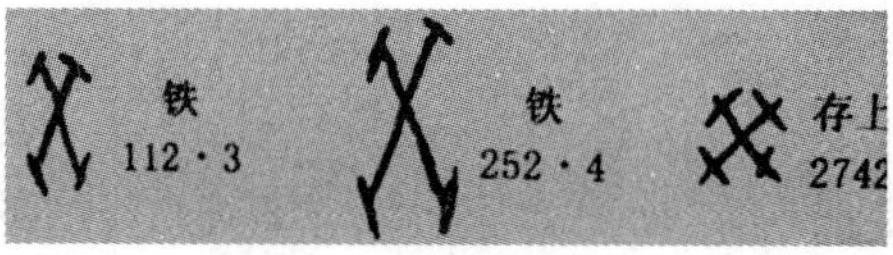

圖二　甲骨文：癸

一、我的研究表明，甲骨文系統中没有純粹的形聲字。但是我遇到了兩個例外。一個是甲骨文鷄，從鳥從奚。另一個就是這個湀，從乙（注意不是從水而是從小水——乙）從癸。兩個字中的奚和癸是不是形聲字的聲符？如果是那麽這兩個字就是標準的形聲字。如果不是，那麽這兩個字中的奚和癸就是意符。前提是必須破譯出這樣兩個符號所具有的本義是什麽來。

二、湀字從乙從癸。這個乙是甲骨文系統造字時用來表示小水的、細流的。例如甲骨文爵本義是向爵中倒酒時發出的聲音。爵從乙，乙代表酒的細流。又如甲骨文豚本義是牲畜撒尿，和漢字溲的本義相近。豚從乙從豕。乙代表牲畜撒出的尿（細流）。這個湀字中的乙又是代表什麽細流呢。

三、卜辭中“├┤”和“工”這兩個意符分級是溝通左右和溝通上下的本義。甲骨文癸正是這兩個符號的交叉。應該表示溝通四方的本義。這一點和癸、湀兩個甲骨文字的本義有什麽關係？同樣的意符還用于甲骨文壬、方、旁的造字。

解開這兩個疑團的關鍵在于甲骨文癸字。如果癸字的本義清楚了，湀的本義纔能够破譯。湀在這裏的本義明瞭了，湀字作爲一個會意字本義纔能够破譯出來。我查閱了《説文》。

《説文》：“癸，冬時水土平，可揆度也。象水從四方流入地中之形。”

《説文》：“湀辟，流水處也。從水癸聲。”

《爾雅・釋水》：“湀辟流川。”

段玉裁特意加注：“湀辟，流水處也。”我認爲這個句讀應該是“湀，辟流水處也”。意指湀是每塊水田上下專門開闢的下水口和上水口。該字從乙是涓涓水流之意。

許慎的意思是：癸是冬天平水土時的一種方法，用這個方法可以測量出地面是不是水平的。是什麽方法呢？許慎説：癸就是“象水從四方流入地中之形”。具體方法語焉不詳。而湀辟是流水的地方。《爾雅》説的更清楚：將湀打開，水就會流成一條小河。

似乎湀就是掘開缺口，讓水從四方流進田地中的意思。

再看文字學家們的解釋：到了兩漢以後五行說將壬癸定爲北方壬癸水。近人吴其昌說這個癸字像兩把交叉的箭矢，說癸是矢的象形①。但是考察癸的甲骨文，其實與矢的象形差别很大。

在殷商卜辭中癸有兩用：一是天干第十。二是商第十四位先公示癸。

1969 年到 1984 年我曾經生活在安徽皖南丘陵的農村。每到冬天我們就會按照生産隊長的吩咐，在種滿紫雲英（即紫花苜蓿）的田裏交叉地挖兩道溝，就像甲骨文癸字的形狀。社員們告訴我們是爲了排水，防止積水淹死了紫雲英。到了春天，掘開上田的田缺，流水就會淹没整塊的田地，農民們就開始犁田，讓紫雲英腐爛在田裏作爲有機肥料。

這兩條交叉的溝就是“癸”。田乾旱時掘開上田缺口，水可以流進來。水澇時掘開下田缺口，多餘的水可以流出去。更爲令人稱奇的是，整個生産隊毗鄰的幾十塊田地，居然水流可以暢通無阻地澆灌每一塊田地。這説明整個田疇自古以來就保持著水流的通暢。這是一個系統工程，設計這個工程的是誰我們已經不知道，但是這個工程的原理在甲骨文癸字中至今還保存著。直到今天我才恍然大悟：這正是許慎闗于癸的定義：“癸。冬時水土平，可揆度也。”古人正是用這個方法來營造田地的水利澆灌工程的。

而掘開田口引入流水在殷商就叫作湀。“湀辟流川”的意思就是打開田缺，水就會流成一條細小的“川”，從而流到田裏的每一個角落。因爲水流很細，所以甲骨文湀字從乙，既不從水，也不從川。

一個老農民告訴了我一個更爲古老的測量地平的方法。古代蓋房子以前也是在確定的宅基地上挖兩條交叉的水溝，在水溝的四角上釘四根木棍，然後引入水源。觀察水能不能到達四個角，如果水基本到達四個角説明這塊地就是平的，在四角的木棍上找到水平面就可以了。如果水不能到達四個角，就可以通過挖土使水可以到達宅基四角，這樣可以使宅基的四個角保持在同一水平面上。用這樣的方法確定地平確實是一個簡便易行的好辦法。我們又一次領略了老祖宗的智慧。

這個測量地平的土辦法在民間流傳至今不是没有依據的，因爲在殷商時代的建築水平也許其用土坯或者“乾打壘”建造的宮廷建築和“文革”時我國農村的民居相差無幾。我從西周的《周禮・考工記》中終于找到了西周建造宫室的測量地平的方法。令人吃驚的是，我國西周王朝采用的測量地平的方法正是這個後來沿襲了 2000 餘年的方法。

《周禮・匠人》：“匠人建國，水地以懸，置槷以懸。眡以景（影）。爲規識日出之景，與日入之景。晝參諸日中之景，夜考之極星，以正朝夕。”這是説在匠人建都城時，首先在四個城腳竪立木樁，然後灌水，藉助水位高低看城内的地是不是水平。藉助木柱在早晨、中午、日落時的影子確定方位。夜裏依據北極星的位置來正方位。這樣來確定新的都城的具體方位。其中“水地以懸”下有注：“于四角立植而懸。以水望其高下。高下既定。乃爲位而平地。”

---

① 馬如森著《殷墟甲骨學：帶你走進甲骨文的世界》，第 517 頁。

【甲骨文字本義小結】

癸的本義：殷商人冬季用來檢測確定水土平的方法——挖掘兩條對角交叉的水田溝。五行學説用壬癸指代北方之水蓋由此而引申。（壬有天地通的本義，水也溝通天地。）

湀的本義：掘開田缺，讓水流進上述對角交叉的水田溝以澆灌田地。右文造字：癸是聲符兼意符。該字聲符亦與甲骨文龜的聲符同。

破譯甲骨文：顧* 雇*

在此前考證中，我反複重申了甲骨文系統是一字一形一義的。我考證了現代漢語排字的兩類義項在殷商是用排和秝（列）兩個字分别表示的。本篇要考證的甲骨文顧和雇是又一個證據。

在現代漢語中顧字有兩個重要的義項：①回頭看，即回顧。②拜訪。這兩個義項在殷商甲骨文系統中又是分别用兩個不同的甲骨文本字來表達的。

圖一 甲骨文：顧

圖一這個甲骨文學者們一般認定它是甲骨文眉字。其實按照甲骨文的造字原則看，它是不是眉字很值得商榷。請注意這個字的字形是身體向左，而眉毛的方向也是向左的，就是説這個人的眼睛是回頭在看著身後。如果它表示一個人的眉毛的話，手向左邊，眉毛就應該向右邊倒伏。所以我破譯這個甲骨文字應該是回顧的顧字，其本義應該是向後看，即回顧。《説文》："顧，還視也。"段注：《詩經》"檜風箋云：'回首曰顧。析言之爲凡視之稱。'鄉黨：'賓不顧矣。'謂環視也。"從造字看，如果圖一這個甲骨文字本義是眉毛，它的造字就没有必要將整個人體作爲意符參與造字的。僅用上半部的眉毛足以表明"眉毛"的本義了。所以這個字中使用的意符人是爲了表明眉毛和人體的關係的。

卜辭："丙申卜。争。貞：勹見。顧不雨。受年。"（前6·7·4）譯成現代漢語就是：回顧今年一直不雨，但今年卻是一個豐年。這裏的顧正是破譯爲回顧比較流暢。

《三國志》裏有劉備三顧茅廬的故事。這裏的顧是拜訪的本義。在殷商甲骨文中這個拜訪的本義是用甲骨文雇字來表示的。但是，雇的甲骨文本義卻不是有人來拜訪，而是有鳥來登門拜訪。如圖二：

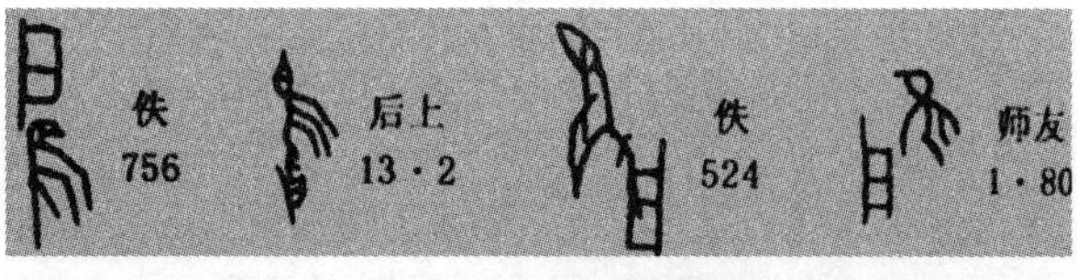

圖二 甲骨文：雇

從甲骨文雇的本字中我們看到，一隻鳥正棲息在一家人的門户上。注意這個雇字中，鳥可以在左右上下四個方向，其本字的字義不變。但是鳥的頭始終向上，這就是甲骨文字的方向性原則。如果這隻鳥的頭向下，它的本義就變了。

《説文》："雇，九雇。農桑候鳥扈民不淫者也。春雇鳻盾，夏雇竊園，秋雇竊藍，冬雇竊黄。棘雇竊丹，行雇喈喈，宵雇嘖嘖，桑雇竊脂，老雇鷃也。"句中淫原爲女字旁。

遠古之時，每年不同的農時都會有不同的鳥"拜訪"農家。人們就根據不同的鳥的來訪提醒自己應該從事什麽農事了。所以甲骨文雇就是不同的候鳥來拜訪農家的會意字。從户從鳥。其本義是登門。引申爲來賓登門拜訪。在長期的文字使用過程中甲骨文"雇"分化産生了"顧"字，所以"雇"應該是"顧"的初文。"雇"的引申産生了另一個義項：出錢請人服務。

《左傳・昭十七年》："秋，郯子來朝，公與之宴，昭子問焉，曰：'少皞氏以鳥名官，何故也?'郯子曰：'我高祖少皞摯之立也，鳳鳥適至，故紀于鳥，爲鳥師而鳥名。鳳鳥氏，曆正也；玄鳥氏，司分者也；伯趙氏，司至者也；青鳥氏，司啓者也；丹鳥氏，司閉者也。祝鳩氏，司徒也。鴡鳩氏，司馬也；鳲鳩氏，司空也；爽鳩氏，司寇也：鶻鳩氏，司事也；五鳩，鳩民者也。五雉爲五工正，利器用，正度量，夷民者也。九扈，爲九農正，扈民無淫者也。'"文中雇和扈通假。少皞氏以鳥爲官名的做法正是受到九雇的啓迪。這個左傳故事也告訴我們，中國人的遠祖很早以前就注意到不同的鳥和不同的農時之間的密切的關係了。

【甲骨文字本義小結】

雇的本義：鳥棲息在農家門户。殷商人認爲是不同的鳥在各個節氣裏提醒人們不誤農時。會意造字。

音訓：隹户切。古音反切讀若 zhu。今音爲 du 或者 gu。

顧的本義：回頭看。動詞。引申爲看之意。動詞。右文造字。

音訓：雇是意符兼聲符。

破譯甲骨文：負*

圖一

圖二

甲骨文：負

在卜辭"戊申卜，永，貞：望乘。有仔在獸"（庫 1593）中出現了一個與甲骨文仔稍有區别的字。見圖一。區别在于這個字比甲骨文仔多了一畫。因爲這多出的一畫，使得人的兩隻手産生向後的動作。像是一個人背負了一個孩子，而他的兩隻手向後是爲了扶持這個孩子。圖二中的甲骨文字就看得更清楚一點——向後的手呈爪狀摟住了手彎裏的孩子。這兩個字在甲骨文中應該屬于同一個字。其中的向後彎的手作爲意符可以有爪，也可以無爪。這是甲骨文字中典型的非固定意符的一種造字方法。説明甲骨文字的會意也是在造字和使用過程中逐漸完善的。音訓：該字多出的一隻手臂作"乀"狀，乀音 fu。《説文》："乀，左戾也。從反丿。讀與弗同。"圖二的造字中就直接引入了從爪從子的意符"孚"，這樣的造字就簡單易懂，直觀易學。

這個字的本字是什麽本義呢？很多學者認爲它就是仔。我們從（庫 1593）中可以認定它不是仔："戊申卜，永，貞：望乘有仔（存疑。我認爲當譯作母獸攜幼崽）在獸。"意思是，在獸群中抓住母獸隨身的幼獸。

因爲詞條有缺，我們無法斷定抓獲這個幼獸是用來祭祀呢，還是用來馴養。但是這並不重要，重要的是這個圖一中的甲骨文字本義是母獸隨身的幼獸。它和甲骨文仔字的本義子侄輩的人本義接近，所以兩個字的主體基本相同。但是，我認爲甲骨文是一字一形一義的。所以這兩個字形不同的本字其本義也應該是有區别的。這個字既然涉及了手和爪，它按照甲骨文造字規律就應該是一個動詞。漢字中涉及一個男人背著孩子，而且還用雙手向後扶持孩子這個本義的字常用的有兩個：背和負。

漢字的脊背之"背"在甲骨文字是用北來表示的。甲骨文字北是兩個人背靠背的會意表示的。就是説北就是背的本字。先秦文獻中夏啓出生的記載大禹"石破北，方而啓生"中的北就是背的意思。夏啓出生時難産，大禹以石刀剖開胎盤，看見的就是夏啓的背。故而爲孩子取名爲啓——打開的意思。所以甲骨文北——即背——在誕生之初應該是一個名詞，至于以後在什麽朝代被用作動詞尚待考證。而甲骨文負和北（背）的最大不同在于它的原始詞性，在創造之初負就是一個動詞。

剩下的一個漢字是"負"。也就是説圖一圖二中的甲骨文字應該是漢字負。本義是揹負幼崽。引申爲携帶幼崽。所以（庫 1593）卜辭應該譯作："戊申卜，永，貞：望乘有負在獸。"

《山海經》中有："西北海之外，大荒之隅，有山而不合，名曰不周負子，有兩黄獸守之。有水曰寒暑之水。水西有濕山，水東有幕山。有禹攻共工國山。"有山不合叫作不周，負子的本義應該是携帶幼崽，所以不周負子之山應該不僅是有山不合，而且是山上有山的意思。這裏的"水西有濕山，水東有幕山。有禹攻共工國山"，應該是指環形的不周山上的三座山峰吧。

又是一個因字形破譯本字的例子：有學者依據《説文》本義訓此字爲保，"保，養也。"釋義太寬泛。日本的島邦男取《説文》也釋爲保。唐蘭釋爲"……抱者懷于前，保者負于背……"[①] 我同意唐蘭的解釋，但是我認爲這個甲骨文本字應該是"負"，而不是上述諸位所認爲的"保"。原因就在于它從人從子從爪。雖然其形訓爲從人從子，其意符"子"有訛變成爲"呆"的可能性。但是漢字發展史並不能提供這種訛變的甲骨文到小篆的演化實例。同樣在先秦典籍中有《國語·齊語》可證此字爲負。在"負任儋荷"下韋昭注曰："背曰負。肩曰儋。"

《説文》："負，恃也。從人守貝有所恃也。"段注："凡以背任物爲負。因之凡背德忘恩曰負。"甲骨文負字正是"從人守貝者"，是男人守其寶貨也。殷商人則認爲這個"寶貨"正是他們自己的命根子。從卜辭看：

卜辭："……古，貞：黄尹負我事。""……□尹不負我事。"（綴合 422）

卜辭："貞：乙負黍年。"（乙 7781）

---

① 馬如森著《殷墟甲骨學：帶你走進甲骨文的世界》，第 379 頁。

這裏的負是擔負責任的引申義。像大人撫養孩子，像母獸哺育幼獸一樣，有一種義務的性質。殷商之人和已逝祖先的交流不是認爲他們死了，而是認爲他們還活著，活在天上，活在世間另一個地方。所以他們認爲祖先仍然有一種責任和義務爲子孫服務。乙負黍年之所以是貞的結果，就是要通過占卜得出哪位祖先負責今年的收成。占卜的結果是：祖乙負責黍年這件事情。

但是氏族中的子侄輩，母獸隨身携帶幼獸，環狀山上突起的幾座山峰就語言表達上而言，本義是非常接近的。就視覺和理解上看，他們都是甲骨文負字的隱喻形式。

【甲骨文字本義小結】

負的本義：人背負幼子，引申爲母獸携帶幼崽。引申爲負責任。

音訓：該字多出的一隻手臂作“乀”狀，乀即爲聲符，讀若 fu。又：該字有從爪從子，構成聲符孚。讀若 fu。

破譯甲骨文：八　遂

在殷商甲骨文系統中，甲骨文八字本義的破譯是一個難點。它不僅作爲一個字存在，如“王八祀”（甲 297），而且也作爲一個非固定意符存在，如在甲骨文分，曾，遂等字中。從字形分析，八字的本義一定不是數詞八個的意思，它的本義是什麼？這個本義又是如何與數詞八個的意思聯係在一起的呢？

《説文》：“八，别也。象分别相背之形。”許慎的意思是説“八”是一個背靠背的形象。但是背靠背又怎麼能表示八個的引申義呢？我琢磨這個八字很久了。目前的一點心得是，“八”的本義確實與相背之形有關，但是它之所以用來表示數次八個的意思可能是利用音訓上的借用，即同音或諧音假借。這就是許慎所説的“八，别也”。八和别現代發音相近，但是在商代聲音可能是相同的。今天揚州方言裏“八”發音就和“别”極其相似。而武王滅商以後，有相當數量的商人被驅趕過了長江。揚州是必經之地。大象這種原本生長在中原的動物也是這個時期被趕到了長江以南地區。大象是商人馴化並役使的動物之一，在甲骨文系統中就有兩個相關的字：象和爲。

關于八的本義我們先擱置一下，先考證一下一個與八相關的甲骨文字——遂。如圖一：

圖一
乙 7674
甲骨文：遂

這個字在甲骨文中是没有“辶”（走之底）的。在甲骨文中辶這個部首代表的是人類的活動。所以這個遂字强調的是野獸或者家畜自己正在奔向一個目的地——八。這個八代表什麼呢？

中國的漢字是一棵千年長青的大樹，它的每一片樹葉都是從樹根獲取營養的，和樹根息息相關。目前已經發現的這個樹根之一脈就是殷商甲骨文系統。

從漢字發展史看，遂字的本義後來主要分化爲兩條支脈：一條是表示實現，事成之意。如我們今天所說功成名遂。另一條是分化爲隧道的隧（即遂是隧的初字）。毫無疑問，這樣兩個意義應該都和甲骨文“遂”有著繼承關係。換句話說，這個正在奔向“八”的野獸或者家畜的會意字應該後來演化成了遂和隧這樣兩重義項。

從遂這一義項，我認爲甲骨文遂是爲了捉住這頭野獸或者家畜。引申爲：事成。

從隧這一義項，我認爲上圖中的甲骨文八字代表的是人工挖掘的由寬變窄的通道。這個通道的作用是捕捉野獸或者家畜。關于隧字我可以舉兩個文獻的例子：

《左傳·隱公元年》：鄭伯“誓之曰：‘不及黃泉，無相見也。’既而悔之。潁考叔曰：‘君何患焉。若闕地及泉，隧而相見，其誰曰不然？’公從之。公入而賦：‘大隧之中，其樂也融融。’……遂爲母子如初”。這是鄭伯挖掘隧道與母親在地下相見以兑現自己的“金口玉言”。

《莊子·天地》：楚之漢陰丈人“方將爲圃畦，鑿隧而入井，抱瓮而出灌，棄槔而不用”。說的是楚國老人自己挖掘隧道取水的事情。需要說明一點，這裏的隧是一種斜井，是一種采煤和取水的隧道。從地面斜向下挖直至出水。取水的人要沿著斜井的臺階一直下到水邊取水。這是一種古老的鑿井方式。如果是竪井，莊子就不會說“鑿隧而入井”了。因爲竪井既不要“鑿隧”，也不需要“入井”。

所以，甲骨文遂字中的會意應該是將野獸或者家畜趕進一條隧道。隧道前窄後寬，野獸進入隧道會一直前行，直至到了最窄的地方被卡住而不能動彈，衹好就擒。束手就擒就是事成的意思。這樣的隧道可以有頂，也可以没有頂就是山體中挖出的一條露天的巷道。兩端入口較寬，中間很狹窄。這就是甲骨文“八”的象形。家畜或野獸衹要能够被隧道卡住便可以捕捉宰殺；凡可以通過者則說明還達不到宰殺的標準。

這個甲骨文遂字下面省略了一個止字或者是一個辶。許慎在《說文》中“~。從意也。從八豖聲”是一個錯誤的定義。

根據遂字的會意，我們可以反推爲什麽造字者在創造甲骨文遂字的結構中使用了“八”作爲意符。說明甲骨文“八”的本義可能是一種捕獸的隧道或者巷道。而許慎的“八。别也”由此又深化了一層：“别”的方言俗語的理解就是卡住的意思。象棋術語“别馬腿”即是此意。所以《說文》中“别”的本義是指“卡住”，而不是離别的意思。

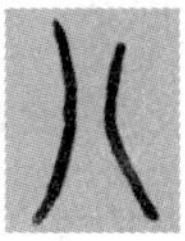

圖二

【甲骨文字本義小結】

八的本義：一種遠古人類用來捕捉野獸的隧道或巷道。名詞。象形字。由聲音假借爲數詞八。

音訓：撇捺切，讀若 pia，古音通 bia。

遂的本義：野獸或家畜因爲進入隧道或巷道而被捕獲。動詞。遂字本字應該没有辶部首。

音訓：會意造字：從豖從谷省。讀若 su，通 sui。（方言發音）

破譯甲骨文：突

卜辭有兩例“突”，如圖一和圖二。

圖一
拾 5. 6
一期

圖二
佚 775
三期

從犬從穴表示猪或者狗回到洞裏。穴這個字遠古時作土洞解釋，猶如陝北的窑洞。殷商時期人類已經完成了對猪和狗的馴化家養的過程。本字造字似爲家猪鑽進專門爲小牲畜進出的墻洞。

當然初期供人居住的窑洞很小。但是與殷商時期的半地穴式民居還是有區别的。窑洞是借山體縱向挖進去，而半地穴式民居是平地向下挖掘。就甲骨文穴字而言，一期的造字可能是狗回到主人的家裏，這樣的造字容易引起誤解。而三期的造字可能意味著狗已經回到屬于它自己的狗洞裏了。《説文》：“穴，土室也。”可以解釋爲狗洞。《左傳・襄公二十五》：“鄭子展子産伐陳。宵突陳城。”可見“突”在春秋以前有穿過的意思。從這個甲骨文突字一期到三期的演變我們可以看到甲骨文造字也是一個與時俱進的過程。同樣的進化我們在考證甲骨文秦字時已經探討了。

《説文》：“突，犬從穴外暫出也。”從甲骨文可以看到是“犬從穴中暫入也”。雖是一字之差，顯然許慎的這個解釋已經包含了狗從洞中突然竄出時的“突然”的含義。《揚子・方言》：“江湘謂卒相見曰突。一曰出貌。”這裏的出和“犬從穴中暫出也”意思是相同的，兩者都是引申義。説明早在西漢的江湘方言中“突”已經有了“突然”的義項。許慎的《説文》使甲骨文的“突”字從方言俚語變得名正言順了。

但是突作爲洞穴的用法一直在民間使用著。例如北方人常將竈臺上砌的出煙口叫作“煙突”就是供煙冒出的出煙洞口的意思。

卜辭：“……亞突帚……曾。”（拾 5. 6）

卜辭：“突亞畐。”（佚 775）

上兩例中亞字在甲骨文中作“明堂”解。兩例的突字和亞字連用，可以理解爲王室明堂大門外爲看門狗進出專門留的狗洞。

【甲骨文字本義小結】

突的本義：猪狗鉆出（進）洞。由《説文》的狗暫出狗洞的定義引申出突然之意。動詞。

音訓：從穴從猪（豕），洞猪切，發音爲 du，定母通突。讀若 tu。

破譯甲骨文：生長的長[*]

本文要考證的甲骨文“長”是生長的長。音訓爲 zhang。甲骨文一字一形一義，所以作爲本義爲生長的長對應的甲骨文字祇有一個：。

對這個甲骨文字做出最初解釋的是羅振玉，他將這個甲骨文字釋爲耑（音端）。古文字學家多從羅説。馬如森説：“端行耑廢矣。”意思是這個甲骨文字是端的初文。《説文》：“耑，物初生之題也。上象生形，下象其根。”

其實這個甲骨文字被破譯爲“耑”疑點很多：這株植物有根有葉，本義是指上端還是下端？抑或上下兩端？中間參與造字的散點意符是什麼含義？向上的部分爲什麼采用甲骨文止字的象形？中間的一横又代表什麼？

我們無法依靠卜辭孤證來斷定這個甲骨文字的本義，因爲在卜辭中這個字本義不明。例見卜辭：“甲申卜。王。貞：侯其𢦏~。”（掇 2・463）

我認爲這個甲骨文字從甲骨文造字的規律看，它的本字應該是長（讀作 zhang），本義是生長。理由如下：

該字整體象形是一株植物。同時該字又是由三個象形字合成的會意字。從之從不從散點水。中間的一代表地面，根在地下，植物莖葉在地上。這個一和止構成甲骨文“之”，之作爲意符指示了植物生長的方向——向上生長。

從散點水——意味著植物的生長需要水分，這裏的散點水代表雨點或者澆水。

從不——代表植物的根系，中間一横同時代表地面；散點水祇是澆在地面以上部分。

從之——意味著植物向上生長。之和不是連爲一體的，説明它們是一個不可分割的整體。横上意符爲甲骨文止，通趾。

“之”這個甲骨文字是有方向性的，其三個趾頭的方向就是前進的方向。這裏造字者巧妙地運用之字的象形作爲植物地面以上的部分，産生了一形雙關的造字效果。一方面，這個之字代表植物的莖葉；另一方面這個之字表示植物生長的方向。中間的一横代表地面，地面以上的莖葉部分方向是向上生長的，地面以下的根莖部分方向是向下生長的。

本字中的中間一横是一個共用意符，和上部的“止”結合爲意符“之”；和下部的“不”結合爲意符樹根之意。

【甲骨文字本義小結】

長的本義：（植物的）生長，長大。動詞。

音訓：具體音訓應和散點意符有關。或視爲止三（點）切。古音 zhan，通 zhang。

破譯甲骨文：甲骨文無轉注

轉注是中國漢字的“六書”之一。最初的記載見于許慎的《説文解字・十五》，又稱《説文解字敘》。也就是説轉注的提出是在兩漢時期。但是許慎轉注的出處卻是在西周：

《説文》：“保氏教國子，先以六書。……五曰轉注。轉注者，建類一首。同意相受。考老是也。”許慎關于轉注的定義是清楚的，他列舉的轉注的例子也是符合他的定義的。

其實按照許慎的轉注定義，轉注造字最早在甲骨文時代就開始出現了。甲骨文系統中有很多成熟但是不太規範的部首：雨字頭，止字底，水字旁，女字旁，卩字旁，廠字頭等等。許慎的轉注通俗地説就是規範部首，同意相受。

按照許慎的定義，我的理解相互爲轉注的漢字之間必須符合兩個條件：一個是“建類一首”，就是同類字其部首是相同的。如考和老。另一個條件是“同意相受”，即兩個互爲轉注的字，其本義是完全相同的。如：“施，敷也。”“敷，施也。”但是這個所謂的“同意”既可以理解爲上述兩個漢字的同意，也可以理解爲轉注的同一部首的漢字有一個共同的特點，就是和“建類一首”之間的字屬于同類字。也就是考、老、孝、耄、耋等字的部首同意，即耂。施和敷、放、攻、改等字的部首也是同意，即攵。

關于轉注，許慎以後的文字學家們一直有争議。例如江聲就認爲“建類一首”是指《説文》中的部首。也就是兩字必須在統一部首内。戴震和段玉裁就認爲“轉注即互訓”。即衹要可以相互作爲注解的同義詞都可以認爲是轉注。例如按照段玉裁的觀點，《爾雅・釋詁》第一條“始初哉首基肇祖元胎俶落權輿”這些字相互之間都可以叫作轉注。朱駿聲認爲：“轉注者。體不改造。引意相受。令長是也。”朱駿聲式的轉注就不包含許慎“建類一首”的前提。但是古文字學界一致公認考、老之間爲轉注。

如果當年許慎定義爲：“轉注者。建類一首。同意相受。考、老、孝、耄、耋是也”。這場關于轉注的學術争議應該是可以避免的。

有必要再次强調：許慎没有見過系統的殷商甲骨文字，江聲、戴震、段玉裁、朱駿聲等清代文字學家也没有見過系統的甲骨文字。因爲甲骨文在河南安陽的殷墟被發現是十九世紀末的事情。

現在就讓我們從中國最早的漢字系統——殷商甲骨文系統——入手，從許慎定義的最標準的轉注字——考和老——入手看一看，六書中的轉注其實被後世學者誤解了。

甲骨文的（老）和（考）字形並不相同。

我認爲：甲骨文字是一形一字一義的，這兩個字的字形不同，所以其本義一定不同。

比較一下“老”和“考”這兩個甲骨文字。其共同點是主體均爲甲骨文“人”字，還有這兩個字中的老人都拄著拐杖。不同點之一是“老”字中的拐杖較長，有些和老人連爲一體且手呈爪狀，這是特指這個老人是持杖者。“考”字中的拐杖又短又斜又斷裂，説明老人已經拿不住拐杖或者丟掉拐杖了。不同點之二是“老”字中的老人頭飾或者是長長的披髮，或者是朝廷配給的專用頭飾。而“考”字中的老人的頭飾是辮子。注意這個辮子已經直挺挺地豎著了。這就是民間俗語“翹辮子”，也就是死亡的代名詞。從以上對兩字的分析看，我們可以得出這樣的結論：就殷商甲骨文的造字者的主觀動機而言，老的本義是老人。考的本義是行將死亡或者已經死亡的老人。從這個本義産生的成語“如喪考妣”説明考、妣均指已經故去的老人。這樣的兩個字在甲骨文中無論從年齡還是從生存狀態看都是本義不同的。也就是説按照許慎的經典定義，“考”“老”是不能轉注的，也是不能互訓的。卜辭中老可用于活人，但是在卜辭中尚未發現考用于活人的記載。至此，我們看到在殷商甲骨文系統中“考”和“老”是本義不同的兩個甲骨文會意字。由于殷商的甲骨文系統是一字一形一義的，所以可以認爲殷商甲骨文系統中還不存在語法意義上規定的轉注現象。

由于這是殷商甲骨文系統中唯一的一例，所以殷商甲骨文系統中不存在轉注造字現象。這樣，就推翻了唯一一例經典的轉注。許慎錯了，所以許慎之後的我們都錯了！

【甲骨文字本義小結】

老的本義：殷商享受養老待遇的拄杖老人。名詞。音訓疑爲人爪切，讀若 lao。會意造字。

考的本義：即將棄杖、翹辮子的老人。大約是在 80 歲左右。名詞。音訓闕如。會意造字。

破譯甲骨文：耊　孝

甲骨文（耊）、甲骨文

（孝，存疑）和金文（孝）有一個共同的部首：直立的辮子。我認爲這個符號就是民間俗稱死亡的“翹辮子”。不管什麼年齡，人在死亡以後髮根變硬，辮子就會上翹。看來殷商的造字者們在三千多年就敏鋭地觀察到了人的這一生理特點。

依據這一科學道理，我認定中間的甲骨文字不是“孝”字。由于這是目前發現的唯一一例被某些專家認爲是甲骨文“孝”的字，所以我認爲甲骨文系統中至今爲止還没有發現“孝”字。這個甲骨文字的本義是一個死去的孩子，即一個已經“翹辮子”的小孩。

右圖的金文可以被認爲是“孝”字。因爲一個孩子正在背負即將死去或已經死去的老人。它從子從考。你可以理解成爲孩子背負老人，也可以理解爲孩子充當了老人的拐杖。但是從孩子的著力點看，這個孩子是頭頂著一個身體和他極不相稱的老人。不管這老人是即將死亡還是已經死亡都是一種孝道的表現。從音訓看：從子（巳也）從考，巳考切，讀如 xiao。

這裏引發一點思考：孩子背負或者頭頂著老人是在幹什麼？日本有棄老的風俗習慣，我國的殷商時代有没有？《史通》有疑曰：舜“陟方之死，爲父命之志乎？”兩者之間有什麼歷史的和地理的聯係？

左邊的圖中的甲骨文字卜辭中僅見一例。該字從考從矢，是一個老人持箭矢爲拐杖。如果將這根箭矢換成一豎，那就是甲骨文考字。在殷商甲骨文系統中常用方向向下箭矢表示“到達”。這個翹著辮子的老人“到達”了什麼？從老人手的位置看顯然不是拄杖的本義。

《詩經・秦風・車鄰》：“今者不樂，逝者其耋。……今者不樂，逝者其亡。”

可見“耋”在遠古之時意味著“到達”死亡的時候了。所以這個甲骨文“耋”字從考而不是從老。“考”應該是行將死亡的老人。如果我國商代有棄老的風俗習慣的話，這裏的“考”就應該是指老人到了被送上山的時候了。請注意《詩經・秦風・車鄰》的潛臺詞：逝者不一定是死者，亡者才是死者。爲什麼要先逝後耋？爲什麼先逝後亡？有一種可能就是逝者指的是被送上山去的那個老人，是耋還是考？今天他死了，所以我們不樂。

從這個本義看：

卜辭：“貞：戉耋。”（後下 20・14）這是不是占卜：送上山的那個戉今天會死嗎？

但是到了東漢時代，耋代表老人八十歲。《説文》：“耋，年八十曰耋。從老省，從至。”民間忌諱死，以老代之。耋，老至，就是死期已至的意思。

後下 20・14 是卜辭一期造字。這個甲骨文字是甲骨文系統中造字很獨特的一個字。該字從老從矢，老是指老人，矢是指箭矢。我在考證過程中發現甲骨文中不存在純粹的一聲符一意符造字的形聲字。但是這個出現于一期卜辭的甲骨文耋出現了一個例外。因此我有理由相信這個字也是會意造字。音訓應從老矢反切。從上左圖的造字看，甲骨文耋中的意符“矢”和“老”也是聯爲一體的。推測可能是這樣一種情況：老人以箭矢作爲拐杖。被送上山的老人，手中拿著一支箭，推測應該是既作拐杖又作防身武器之用。

耋字的造字省略了下面代表大地的一横。由于老人是立于地上，箭矢亦落于地面，故會意省略了。

【甲骨文字本義小結】

孝的本義：甲骨文中没有發現“孝”字。

音訓：子老切。或巳老切。由 zao 和 sao，通 xiao。這一語言現象很特别，和古音分化過程有關，我將在古音考證中進一步研究。

耋的本義：老人行將死亡。動詞。音訓：本字音訓取决于意符矢的兩個發音。矢在殷商方言中的發音爲箭。故本字的反切情况較爲複雜。zhi 的遠古發音 di，通 die。

破譯甲骨文：谷

甲骨文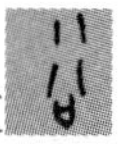（谷，後下3・3）從八，從八，從口。從自字形分析，該字確實從兩個八。它可以破譯爲漢字谷嗎？

我在《破譯甲骨文：八》中考證：甲骨文“八”的本義可能是一種捕獸的隧道或者巷道。而許慎的“八，別也”又深化了一層：“別”的方言俗語的理解就是卡住的意思。象棋術語“別馬腿”即是此意。這個隧道可以是人工挖掘的巷道，也可以利用天然的峽谷。

甲骨文的谷字就是天然峽谷的意思。請看上圖本字。這個天然的峽谷有一個入口，按照地理學的定義，這個峽谷可以一端有口，也可以兩端都有口。所以造字者省略了上端的口字。原因在于上端的口是可以有也可以没有的。衹有一個口的峽谷是封閉的山谷，更便于捕捉野獸。峽谷顧名思義就是狹長的山谷。既然是狹長的山谷就有的地方寬，有的地方窄。所以這裏用了兩個八表示峽谷中的狹窄處，即《説文》中的“八，別也”。

《説文》：“谷，泉之通川爲谷。從水半見，出于口。”許慎的這個定義關于“從水半見”的解釋有些主觀臆斷的成分。上面的兩個八，如果中間加一個S（即乙），便是甲骨文水字（金文，小篆同），所以許慎得出了“從水半見”的主觀結論，這一結論未免牽强。其實這裏的兩個八是一條山谷的總體象形。兩個八代表了山谷有數個（或許不止兩個）狹窄處，這正是造字者抓住了峽谷的地理特點——至少一個山口，數個狹窄處。應該説這裏的峽谷和水没有必然的聯係。因爲有些峽谷是有水的，更多的峽谷是没有水的。所以就造字而言。水不是谷字的必要條件。更何况許慎的理解是“半水”。甲骨文系統中没有這樣的“半水”符號。如果有這樣的“半水”符號，它也應該出現在其他的甲骨文字中，並且也應該具有相同的本義。遺憾的是，根據我對殷商甲骨文系統的研究，水在甲骨文中一般有三種部首，它們分别是：水，乙和散點水部首。我没有發現有“半水”部首。卜辭中谷一般作“山谷”和“峽谷”解。

卜辭：“甲寅卜。王曰貞：翊乙卯其田。無災。于谷。”（佚133）

卜辭：“……申卜。賓。[貞]：……在谷……及……”（前2・5・4）

【甲骨文字本義小結】

谷的本義：山谷，峽谷。名詞。可以兩端有山口，也可以一端有山口。谷中可以有流水也可以没有流水。

音訓：本字可能音訓爲俗，四口切，讀若su。意符谷造字，韻母多從u。

破譯甲骨文：甲骨文中的假借

在本書代序裏我考證了漢字的假借是和反切注音同時產生的最原始的漢字現象。

假借的定義是許慎首創的。《説文》："六曰假借。假借者，本無其字，依聲託事。令、長是也。"所以作爲六書手法之一的假借，究其原始的產生原是造字者的一種無心之舉：因爲早在甲骨文誕生以前中國人就發明了使用筆畫代表發音的反切造字，繼而就產生了音節表示的漢字，但是同音的漢字很多，而音節衹有一個。所以就產生了許多漢字共用一個音節的現象。這種現象是從漢字誕生之前的口語中帶來的。對于漢字而言，假借是一種"先天的"文字現象，是原始口語中流行的許多的同音語素的文字初創時的必然的現象。很多漢字在文字系統中本來是沒有的，因爲急著要使用，所以就拿一個既有的同音字（由于當時的方言不同，有些假借字今天看衹是發音相近）代替，這樣就出現了假借字。所以假借字的前提是同音或者至少是發音相近。而在殷商甲骨文系統中產生同音假借字的原因大致有這樣三點：

第一，任何一種文字體系在創造之初都是表音文字。因爲文字正是爲了記錄口語的聲音而創造的符號體系。中國的文字體系也不例外，考察倉頡造字一直到流傳中的夏文字，其中很多的字都是采用文反切（即筆畫反切）造字的，這些最早期的漢字衹標注了音節，其文字本身並無表意功能。所以在造字之初每一個漢字表示一個音節，每一個音節代表這一音節的所有的同音漢字。假借正是在這裏發源的。所以，假借字是和文反切相互伴生的一種最古老的文字現象。它是爲注音而誕生的。隨著造字的不斷增加以及以象形手法開創的表意功能的出現，很多同音漢字有了自己的音義兼表的本字，假借字就變得逐漸減少。當每一個同音字都有了音義兼表的本字的時候，這一音節的假借字就消亡了。當漢字體系中所有的本義都有自己獨特的可以區别于其他漢字的本字時，假借字就完全消亡了。所以嚴格地説漢字假借字的存在僅僅是造字初期的產物，漢字的假借字必然會消亡。

殷商甲骨文系統在創造之初其字數是由少漸多的，所以在造字之初它的甲骨文字由于字數太少是不能滿足文獻記載的需要的。這個時候就必然會產生一些同音或近音的假借字。尤其是在刻錄卜辭記載需要某字"急就"之時，或者是貞人們遇到尚且不存在的文字以及自己還不會寫的甲骨文時，假借無疑是最佳的替代方式。而假借的最佳途徑當然是同音字假借，因爲這樣假借來的字衹要説出口，聽者立即就能理解。同形的本字不存在假借的問題。而形近的漢字由于本義不同，發音也不同相互之間也不可以假借。

以甲骨文造字的科學性、嚴謹性來看，甲骨文字假借的注音原則應該是以標準的夏商方言爲正音的。

第二，殷商人創造了甲骨文字是建立在殷商文化的基礎上的。所以它首先是針對急需記載的殷商當時或者既往的人名、地名、事件、歷史、祭祀等創造出對應的甲骨文字。這些被創造的甲骨文字的發音一般是按照殷商方言來發音的。在文字初創的階段，隨著歷史的進程有很多新的東西需要記載，既有的文字太少因而不能滿足記載的需要，就面臨創造更多的新字的需要。這些急就的甲骨文字很多衹能依靠假借來臨時代替。例如隹就常常被用作卜辭的發語詞維和惟。如："……四月。隹王二祀……"（前3・27・7），同樣的例子還有嬰假借爲縈等。夏商之交有一個著名的"二臣"名叫伊尹，他是一個長期游走于夏商之間的兩面派。但是如果你在卜辭中尋找伊尹的名字卻是一件難事。卜辭中這個伊尹大多被寫作了寅尹。這個例子説明在殷商時代，寅、伊兩字是互爲同音假借字。

第三，殷商時期是一個氏族林立，方國衆多的時代。最先創造甲骨文字系統的夏商王朝在記錄夏和商以外的氏族和方國的人名、地名、事件、歷史、祭祀時，在記錄殷商的"國際交往"事件時，對這些氏族和方國的記載很多是用同音假借完成的。尤其是在記錄他氏族和他方國的國名、地名、人名時更是這樣。原因在于：除了夏商王朝以外，其他的氏族和方國都停留在衹有系統的口語而没有統一的文字的階段。反之，這些根據外方國口語所記錄的同音字是我們今天研究殷商時代各國發音的寶貴的語音資料。所以在甲骨文系統中這些對外族外方國語音的記錄就是最早的假借字的一部分。例如在卜辭中多次提到的寅尹，在《切韻》中就稱之爲伊尹。這裏的寅和伊就是同音假借，寅、伊的古音應相同。

第四，初創的甲骨文字是對當時存在的口語的一種記錄，要用爲數不多的甲骨文記錄全部的口語，同音字假借無疑是最好的應急辦法。如果閱讀者按照聲音重讀這些記載時，聽覺上就可以充分理解，少數的假借字在語流中並不影響它本義的復原。在殷商時代，甲骨文是掌握在商王和貞人集團的手裏，是一種"天書"一樣的密碼文字，衹有少數人能够刻寫並破譯。

約公元前2000年左右，大禹完成了遠古中國人征服自然的第一次創舉——疏通了整條的黄河。現在河南省東南部的湖泊和沼澤地區（即鴻溝以東邙碭以北的巨野澤地區）由于黄河的東入黄海，北入渤海而水位下降，從而成爲宜居土地。當時活躍于中原的三種主流文化——二里頭文化、下七垣文化和岳石文化——都將移民的觸角伸向這裏，三種以氏族文化爲基礎的氏族語言在這一地區相會並交融。這個時期還没有系統的文字，系統甲骨文的產生是大約700年以後的殷商盤庚時代以後的事情。

此時會聚中原的三大文化都是以氏族血緣爲紐帶的文化，各文化内人員組成基本是本氏族的成員。所以像伊尹這樣長期游走于夏商之間的"貳臣"，以及后羿、澆這樣的跨氏族活動的人物就成爲這段歷史中的亮點。這一歷史時期的三大文化範圍内使用的語言應該就是各自的方言。據一些學者的研究，夏、商王朝内部使用的是自己的"雅言"，我認爲這些所謂的"雅言"不過是建立在占統治地位的方言基礎上的官方語言而已，其實質就是當時占據統治地位的氏族的方言。夏王朝的"雅言"就是夏氏族的方言；商王朝的"雅言"就是商氏族的方言。所以在這一點上，我贊成高明提出的"商代的卜辭更與口語無别"的觀點。因爲卜辭之前，衹有口語而没有系統化的書面語言。而口語即是氏族的方言。毫無疑問，甲骨文系統至今還活著同時也就意味著殷商氏族的口語至今還活著。但是，這種殷商方言的發音，究竟是盤庚率領的“萬民”從山東奄地帶來的方言，還是長期居住在“先王居”殷亳的本地方言，還是一篇有待後學的尚未開卷的大文章。同時我們也必須正視方言也是在歷史進程中不斷進化的。殷商甲骨文中，有著明顯的夏方言的歷史痕跡。

考證甲骨文單字的同音假借的語法現象時，我選擇了史學界争議很久的商湯滅夏的路徑上的幾個方國的國名開始。

《甲骨文字典》卜辭 1：“癸丑卜。貞：師往衛。亡禍。”（1501 頁）

卜辭 2：“取爲。”（0266 頁）

《詩經・長髮》：“韋、顧既伐，昆吾、夏桀。”

以上的地名衛、爲、韋應該是同名的同一個地方。即今天的河南濮陽，古之衛國。該地名典故出自《山海經》。

《山海經・大荒北經》：“東北海之外，大荒之中，河水之間，附禺之山。帝顓頊與九嬪葬焉。爰有鴟久文員離俞鸞鳥皇鳥大物小物，有青鳥琅鳥元鳥黄鳥虎豹熊羆黄蛇視肉璿瑰瑶碧，皆出衛于山。”

《山海經》成書較晚，大約是在戰國至秦漢間。故寫作衛。其實它的甲骨文初文是韋。同音假借字是爲。商湯取爲就是取韋，也就是取衛。

另一個殷商外地名是商湯的鄰國葛國。《史記・殷本紀》：“湯征諸侯。葛伯不祀，湯始伐之。”《孟子・滕文公》裏也提到這個葛國。但是這個葛字的出現首先是在戰國陶文中，它在殷商甲骨文中寫作什麼呢？它在甲骨文中寫作戈或者戈方。見徐中舒《甲骨文字典》。

“貞：顧戈往來其有禍。”（1219 頁）

“貞：顧戈方白人。”（384 頁）上兩例的顧字是我破譯的，有學者破譯爲眉。參見本書《破譯甲骨文：眉》。

“戊戌王卜。貞：田戈往來無災。”（1355 頁）

《史記・殷本紀》：“湯征諸侯。葛伯不祀，湯始伐之。”

夏代的居邑之一在山西夏邑，這個夏邑在它的敵國殷商的卜辭中一般寫作下乙：

“貞：卅伐下乙。”（894 頁）

“辛亥卜。叶用于下乙。”（386 頁）

目前在甲骨文系統中還没有找到這個“夏”字，它最早出現是在西周金文，周人創造這個字也許是爲了紀念他們的夏代先祖們。所以在殷商時期完全有這樣的可能：在記載“夏邑”的時候憑著聽到的聲音用“下乙”表示那個敵國的地名。依我之見，夏邑有東下凂地區，實爲夏之言之東夏方之意。

以上關于衛、葛、夏邑的同音字是網友甲骨尋因發現的。我是借來説明甲骨文中的同音假借的語法現象的。在甲骨文系統産生以前，各國的國名衹能够依靠語音的不同來加以區别。所以同音假借字表示的國家應該就是同一個國家。由于他們都是殷商的敵對國，且衹有語言没有統一的文字，所以在卜辭中殷商造字者衹能憑藉彼國人們的發音選擇了甲骨文的同音字記載下來的。

殷商時代著名的地名上的同音假借就是衣、殷兩字的同音假借。兩字是同意字。衣的本義是胎盤，殷的本義是剖腹産，兩者都有“新生”之意。

由上述甲骨文字的語音假借的實踐過程中，逐漸地産生了在一個甲骨文字的内部各部首之間産生了同音假借的語法現象。例如甲骨文“喪”的聲符是“桑”，但是桑字作爲聲符在甲骨文“喪”字中同時還兼任意符的作用。桑藉助象形表示墓地裏的枝枝枒丫的小路。加上那些數目不等的口字，我們會意出甲骨文喪字的本義是墓地。甲骨文系統中有很多這樣的單字内的同音假借。如灂（爵是聲符兼意符），柏（白是聲符兼意符），柳（卯是聲符兼意符）洹和宣（亘是聲符兼意符），盂和雩（于是聲符兼意符）以及荆，酒，湀等等。這些甲骨文字無一例外地具有三個共同點：其一是它們都是會意字；其二是它們都是以其中一個意符的發音爲注音；其三是這個用來爲新造字表音的聲符同時又是一個意符，它參與了新造字本義的形成。所以它的意符和聲符的雙重身份是不能剝離的。這是一種在會意造字基礎上進化産生的一種新的造字法。這種造字法在三國晋時期由哲學家楊泉發現，但是當時没有受到重視。北宋王聖美再次發現這一文字現象，也没有受到重視。直到沈括在《夢溪筆談》中將之傳播于世，人們纔發現原來有這樣一種獨立于許慎“六書”之外的漢字造字方法。這種方法在殷商甲骨文中一般是兩個意符組成會意字，其中的一個意符同時兼爲聲符。在漢字較爲成熟的宋代，這個意符兼聲符一般是寫在漢字的右側，所以王聖美稱它爲右文。殷商甲骨文的右文造字是西周形聲造字的祖宗。

所以，西周金文中産生的形聲造字法實際上是從甲骨文的右文造字法中派生出來的一種造字法。其派生的過程是由于右文造字中有一類特殊的意符，它們在甲骨文造字過程中同時兼任著意符和聲符雙重身份和作用。當這類特殊的意符兼聲符的雙重身份逐漸剝離時，便産生了脱離了意符本義的純粹表音的聲符，這個聲符在新的造字中僅僅表示新造字的注音，而不再具有該意符的原有本義的時候，形聲造字法纔成爲一種新的造字的方法。

商周時期的這兩種建立在同音假借基礎上的造字——右文造字和形聲造字——便是後來形聲造字法的濫觴。和成熟的形聲造字法相比，商周的這樣兩種的同音假借是不成熟的。它所假借的聲符經常還起着意符的作用。祇有當這些聲符祇表示所創造的新字的發音，而不再是意符，不再以意符的角色參與新造字的本義形成的時候，純粹的喪失了本義的聲符（即假借的聲符）便誕生了，形聲造字法纔算徹底獨立爲一種新的造字方法了（這種造字新方法的産生大約是在西周的金文裏纔真正見到例證。至少我在現有已經發現的殷商甲骨文字中還没有找到這樣的純粹的聲符）。形聲造字法在這個時候纔真正成熟了。漢字也迎來了一個易産、多産、速生的時代。甲骨文系統大約5000字左右，而《説文》則已經收録9353字，到了《康熙字典》收字多達47000多，其中90%以上的漢字都是使用形聲造字法創造的。它的淵源其實就在殷商甲骨文系統的這樣兩種同音假借的語法現象——甲骨文單字的同音假借和甲骨文單字内部部首（某個意符）的同音假借。

至此，我們發現所謂許慎“六書”在甲骨文字造字其實祇存在四法：假借、象形、會意、右文。甲骨文系統中的這樣四種造字法有主次之分：其中的假借造字法和象形造字法是基本法，而會意造字法和右文造字法祇是假借、象形派生出的造字法。在殷商甲骨文系統中，指事其實衹是會意造字法的一個組成部分，而轉注殷商時期在語法意義上是不存在的，它到了許慎的《説文》時纔被歸納出來。

指事字創生于没有文字的遠古。形聲造字濫觴于甲骨文系統的右文造字，成熟于西周金文，規範于許慎的轉注。六書中的這三種造字我另有專文考證。

破譯甲骨文：西

讓我們先揣度一下：如果一個殷商時代的人在没有系統文字的條件下要創造一個字——西方的西字——他會怎樣去造這個字？我認爲他會選取殷商王朝和其西方有關的一些獨一無二的東西，利用象形或者會意的手法來創造這個西字。

例如：西下的夕陽。這個夕陽很不好表現，而且太陽早晚形態是同樣的。

西風？但是東南西北都有風，它不是獨一無二。甲骨文中都用方位詞加風字表現。

西部某地的地理標志，例如崑崙山，不周山，懸圃，建木等。

西部物産。

後來我們終于在甲骨文系統中發現了這個字，如圖一：

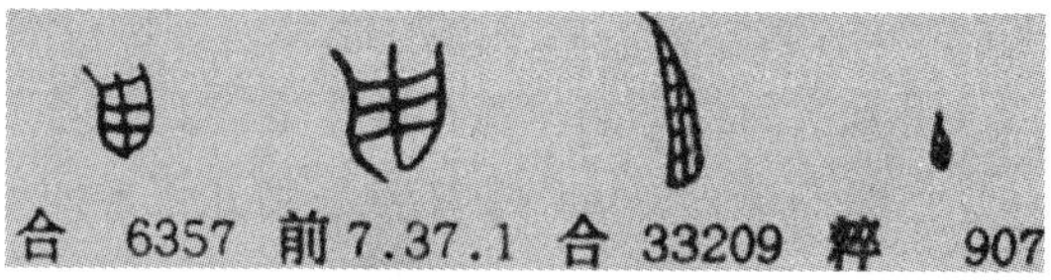

圖一　甲骨文西的不同形狀

它不是夕陽，不是西風，不是崑崙山、不周山、懸圃和建木。古文字學者們認爲這個甲骨文西字像一個鳥巢。《説文》："西，鳥在巢上。象形。"大致的推理是，每當太陽西下的時候，鳥就會回到鳥巢，所以用鳥巢代表西方。這是一個極爲牽强的推定。

質疑：首先這個甲骨文西字和太陽無關；其次該字和鳥巢也没有形象上的吻合；第三鳥歸巢應該是從隹從巢的會意，該字中巢是一個空巢，不存在太陽西下鳥歸巢的會意；第四上圖例三例四是封閉的圖形説明這個甲骨文西字並非鳥巢的象形而另有他指。

在卜辭中有東南西北排比使用的辭條例證。從卜辭看，這個西字本義確實代表西方：

卜辭："來雨自西。"（粹 800）"西土受年。吉。"（粹 907）

所以它一定是和殷商國都的殷墟的西邊有聯係。我們在既往的甲骨文比較研究中發現，這種聯係和殷商王朝的統治很密切。當時殷商王朝的西邊是雍州和梁州。讓我們來看一看這兩個州的物産，或許能够得到一些啓發，見《禹貢》梁州和雍州貢品（整理自《史記・夏本紀》）：

梁州	浮于潛，踰于沔 入于渭，亂于河	璆鐵銀鏤　砮磬　熊羆狐狸　織皮	散貨水運　無包裝
雍州	浮于積石，至于龍門 西河，會于渭汭	璆琳琅玕　織皮	散貨水運　無包裝

從上表中我們看到，位于殷商最西邊的是雍州。根據《尚書》和《史記》的記載，雍州自從大禹時代就開始承擔進貢的義務。其進貢的主要物品是：璆琳琅玕、織皮。《史記·集解》："孔安國曰：'璆，琳，皆玉名。琅玕，石而似珠者。'"這就是說，位于殷商王朝最西部的雍州主要進貢的物品是玉石。

讓我們回歸上面的甲骨文西字。每一個甲骨文西字都可以分成兩個部分，而中間的字符正是甲骨文的玉字：。所以甲骨文的西字可以被看作是一個會意字，從玉從凵。這裏的凵就是外包裝，所以它可以是開口的，也可以是封閉的，但是無一例外地用曲綫表示，這說明是一種軟包裝。這樣我們就找到了甲骨文西字的本義：雍州進貢的一包一包的玉石。因爲雍州是殷商統治下最西的版圖，所以用雍州進貢的玉石來代表西方。從而通過會意引申出了這樣一個方位詞：西。殷商考古證明了殷商王朝大量使用的正是來自西部的和田白玉以及來自崑崙的崑崙玉。《史記》和《逸周書》都有殷商有大量藏玉的記載。《逸周書·世俘解》記載："凡武王俘商舊玉億有百萬。"

甲骨文西外部的包裝正是小篆"凵"字，發音 kan。若爲∪則發音爲 xian。

在殷商甲骨文造字中經常采用九州各地進貢的貢品來參與造字。例如我們已經考證的淮，濼，穐（秋），以及本字西。至此，我已經完成了甲骨文方位詞東、南、西、北四個字的系列的考證。

注意：甲骨文西外部的半包圍結構的∪一定是不規則的曲綫。這樣的曲綫造字代表的是柔軟的包裝。

【甲骨文字本義小結】

西的本義：雍州進貢的玉石。從凵從玉，會意字。引申爲方位詞：西。

音訓：甲骨文西，從∪從玉。∪玉（方言音 yi）切，讀若 xi。

破譯甲骨文：洒*　瘞*

甲骨文前2.10.3破譯爲"洒"很多學者一定會很奇怪。因爲繁體漢字洒寫作灑。其實這個看似簡體漢字的洒字在東漢的許慎《說文》中就已經存在了。例如："滌，洒也。從水條聲。""浯，所以雝水也。從水昔聲。漢律曰。及其門首洒浯。"洒作爲一個漢字

在《説文》中也已經收入："洒。滌也。從水西聲。古文以爲灑埽字。"許慎的這一記載説明"洒"和"灑"是東漢前並存的兩個不同的漢字，衹是在使用中"洒"常常被用爲灑埽的"灑"。其實在東漢以前，"洒"和"灑"不是同一個漢字，其本義也完全不同。許慎説"古文以爲灑埽字"是混淆了兩個不同的漢字。從其音訓看，這個"洒"字的發音許訓爲"滌也"就是"西也"。這裏的西是聲符兼意符。甲骨文"洒"是一個右文造字。

現在我們看到，在殷商甲骨文系統中也有這樣一個洒字，從乙從西。它的本義究竟是什麼呢？從造字字形分析，這個洒字並非"灑埽之灑"，而是另有本義。在我破譯甲骨文"西"字時考證："西的本義：雍州進貢的一包一包的玉石。從玉從∪，右文造字。引申爲方位詞：西。"殷商王朝用一包玉石來代表西方是非常科學和合理的。用在本字甲骨文洒的本義破譯中：洒，從乙從西。乙在甲骨文中是水的三個意符之一，代表溝渠、小水。西依然是"一包玉石"的意思。于是這個甲骨文洒字就出現了兩個相關的本義。一是在溝渠中采玉；二是在溝渠中淘洗玉石。其實這樣兩個本義是統一的。因爲淘洗玉石是采玉的一個工序。但是，由于這個字到了東漢許慎的《説文》中已經記載爲洒、滌互訓，所以它的殷商原始意義是洗滌玉石的本義就凸顯出來。

甲骨文西的本義告訴我們，殷商時期，雍州以西的玉石資源非常豐富，存量很大。只要在小的溝渠裏就可以采集到。不像現在由于瘋狂開采，已經到了需要通過礦山開采、需要到大河河床裏纔能够淘到一點。甲骨文西的本義還透露出一個遠古的信息，就是進貢殷商王朝的那些和田玉很可能最早衹是産自雍州區域。所以甲骨文洒的本義應該是采集玉石。由于它從乙從西，所以準確地表達其本義是：殷商西部邊陲國家采集、淘洗玉石。卜辭中的洒多用作地名。這些地名可以解釋爲淘洗玉石之地。殷商祭祀前用作祭品的玉石首先要淘洗乾凈。因此洒、灑兩字在使用上的差别是，洒用于洒人體，洒面，洒手，而灑用于灑地，灑埽。

甲骨文系統中還有一個和甲骨文洒非常相像的字：。請注意區别這個字。這個看似甲骨文洒的字應該是另一個甲骨文本字。因爲它從乙從由（意爲包裹），造字的結構和洒是不同的，洒中間是兩横，而本字中間衹有一横。根據"甲骨文一字一形一義"的原則，這個字應該另有本義，有待考證。下面我們繼續考證和甲骨文西有關係的另一個甲骨文字：㾽。

圖一　甲骨文：㾽（例一、例二）

這個甲骨文字是從西的。但是它下面的那個半圓形的圓弧誤導了此前學者。這個半圓弧習慣性地被破譯爲"辶"，即走之底。所以使對該字的破譯走上了歧途。這個甲骨文字馬如森認爲是從辶從鹵（本字字庫未收）。《甲骨文編》認爲是逌："卜辭逌從凵，其義與乃同。"漢字繁體字"乃"也有寫作"迺"的，其源蓋出于此。

我認爲，本字是一個會意字，從西從∪從散點土。從西，説明這是一包玉石。從∪，説明這是一個土坑。從散點土，説明這些祭祀用的玉包是被土掩埋的。比較上圖我們發現，其中例一的甲骨文字從散點意符，意味著土坑中的一包祭祀用玉正在被人用細土填埋；例二則未用細土填埋。兩者正是中國遠古時期的一種祭祀方式：瘞。瘞這種祭祀方式《山海經》中有多處記載：

《山海經・南山首經》："凡鵲山之首……其祠之禮：毛，用一璋玉瘞……稰米，白菅爲席。"

《山海經・南次二經》："凡南次二經之首……其祠：毛，用一璧瘞……"

《山海經・西山首經》："凡西經之首……祠之用燭，齋百日以百犧，瘞用百瑜……"

《山海經・中次八經》："凡荊山之首……其祠：用羞、酒、少牢、祈、瘞、嬰、毛、一璧。"

《山海經・中次十經》："凡首陽山之首……祠：嬰毛一璧，瘞……"

這樣的例子在《山海經》山經部分的每一章經文結尾處都有，這裏就不再鈔錄了。這裏的瘞是在對山川神祇祭祀時，用土將陳列的祭品掩埋起來的一種祭祀方法，有時直接供玉，不用土埋。從民俗和審美角度看，瘞的對象是地下的神祇。這種瘞埋可能是表示土地山川的神祇已經享用了的意思。根據現存的文獻資料，殷商王朝也非常重視祭祀，每年都要祭祀土地山川河流泉淵。所以《山海經》中所記錄的大禹時代祭祀土地山川的方法很可能一直沿用到了殷商。至少甲骨文瘞（見圖一）記錄了這一歷史痕跡。上圖例二應該也是當時祭祀的一種，就是將祭品祇陳列而不予掩埋的祭祀方式。《山海經・北次三經》："其十四神狀皆彘身而載玉。其祠之皆玉。不瘞。"郭璞注曰："不薶所用玉也。"

卜辭："庚戌卜。何……寮于瘞。"（鐵 240・3）應指在瘞所在地的寮祭。這裏的寮和瘞應該是兩種祭祀對象不同的祭祀。瘞的祭祀對象在大地，寮的祭祀對象在上天。

如果按照現代漢語的造字原則來再現這樣兩個字，前者應該是從玉從∪從土；而後者應該是從玉從∪。雖然例一的甲骨文字我將其破譯爲瘞，但是它和瘞之間僅僅是本義相同。"瘞"出現在《山海經》中，應該是戰國以後的人們創造的字。它和例一的甲骨文瘞字並無脈絡可循，所以没有繼承關係。我在這裏將其破譯爲瘞也是一種假借手法。

《周禮》中有官員掌疆一條。掌疆的人物之一就是"凡祭事守瘞"，就是説凡祭祀有涉及瘞的，由掌疆負責監守。這是爲了防止所"瘞"的祭物——食物、動物和玉——被盜掘或者偷走，這種"不敬"是和祭祀的目的背道而馳的。"瘞"從造字上看從疒，本身就應該是一個假借字。

【甲骨文字本義小結】

洒的本義：殷商西部邊陲小國采集玉石，淘洗玉石。動詞。

該字豫南方言今天仍然發音 xi。例如米袋漏了，有人會説"米 xi 出來了"。所以該字在殷商可能是右文造字。讀若 xi。西爲聲符兼意符。

瘞的本義：夏商兩代統治者在對山川神祇祭祀時，用土將陳列的祭品（主要是玉）掩埋起來的一種祭祀方法。動詞。用如名詞。

音訓：甲骨文瘞，從∪從西，∪（凹）的殷商方言發音爲 wa，故本字爲窪西切。讀如 wi 通 yi。另一途徑可能爲右文造字。讀若 xi。造字中西爲聲符兼意符。

破譯甲骨文：哭　喪

圖一
（前5·10·7）

圖一的甲骨文字李孝定、葉玉森等專家認定是甲骨文哭字。這個破譯和《説文》定義是一致的。《説文》：“哭，哀聲也。”這是説一個人在哭的時候以發出哀聲爲標志的，不一定要表現出流淚。從該甲骨文字看，本字是一個人舉著顫抖的雙手，左右是兩個口字。這兩個口應該有更好的解釋。因爲它們不僅代表人正在發出哀聲。面對死去的親人發出號叫是一種葬俗，至今我國有些少數民族還保留了這樣一種風俗叫作號喪。就是當遇到親戚或鄰居家出殯時，相識的人們跟著發出號叫聲表示同情。該字音訓爲從口從若，口若切。讀若 ku（入聲），通 kuo。

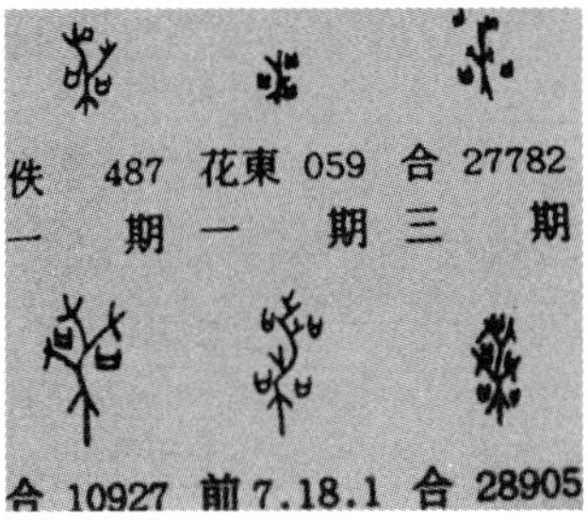

圖二　甲骨文：喪、哭

但是，一個人衹有一張嘴巴，爲什麼這裏要標出兩個口呢？這個問題我們結合下面的甲骨文“喪”來考證。

圖二是甲骨文字喪。它的主體像一棵樹，所以有學者説這是一棵桑樹①。我認爲比較甲骨文的“桑”字，這裏確實是一棵桑樹的象形。但是采用這一部首的原因有兩個：一個是爲了借用“桑”的發音，因爲喪的發音就是桑，所以該字中的桑是意符兼聲符。但是，按照我的考證，殷商甲骨文系統没有純粹的形聲字。所以這個符號桑並非純粹的聲符，它還應該同時是一個意符，在“喪”字的造字中起表意作用。這就是借用“桑”部首的第二個原因。甲骨文喪是一個右文造字。作爲意符的“桑”其本義是墓地中道路的象形。原因見下。

除了“桑”這個符號以外，在甲骨文喪字裏還有數目不等的口字。我已經反復指出，甲骨文中的口是一個多意的非固定意符，在甲骨文造字中可以表示多種本義。在這裏，在甲骨文“喪”字中，這些口代表什麼本義呢？爲什麼在歧路衆多的地方出現了很多的口字呢？從卜辭中我們可以看到這個“喪”字本義是作“死”解釋的：

卜辭：“貞：我其喪衆人。”（甲 737）

卜辭：“乎贊逐鹿，于喪獲。”（續 3·45·3）

所以在甲骨文喪字和哭字中的口代表的是死人。死人爲什麼用口來表意呢？這並不符合甲骨文造字的象形和會意原則啊？答案是：甲骨文“喪”從桑從多個口。這裏的意符“口”是一個非固定意符，它們代表的是一座座的墳墓，衆多的口也使我們聯想到那墓地裏傳來的一片哀號的聲音……而另一個符號桑在作爲意符時是墳地裏通往各個墳墓

① 馬如森著《殷墟甲骨學：帶你走進甲骨文的世界》第 238 頁。

的小路，作爲聲符時它表示本字“喪”的發音。我們不能排除這個意符兼聲符的“桑”還有第三重意指，即殷商時代人們習慣于在桑林中安葬死者。但是這一點需要進一步的考古學的實證。

甲骨文哭字之所以采用了兩個口其造字的用意也是很明顯的：一是家中在一次戰爭中失去了兩個親人（口意符指墳墓），所以哭號；二是爲了造字的美觀，兩個口產生一種均衡感；三是一個顫抖的人其左右的兩個口還可以表示他（她）的左右呼號，表現出呼天搶地的痛苦不已的動態形象。

從這個破譯看，《説文》裏的定義就有些牽强了。《説文》：“喪，亡也。從哭從亡。會意。亡亦聲。”許慎説它從哭從亡。但是我們在小篆以前的不同字體的“喪”字中看不到“哭”和“亡”這些符號。許慎説它從亡是它的發音是亡，其實喪字的發音是桑的同音假借。衹要看一看甲骨文的“喪”字就可以深深地理解這一點。

【甲骨文字本義小結】

哭的本義：因爲失去親人發出悲痛的號叫。動詞。

音訓：口若切，讀若 ku，通 kuo（入聲）。

此字音訓也可能就是口的注音：kou。右文造字。

喪的本義：墓地。名詞。右文造字。“桑”爲聲符兼意符。引申義：喪失親人。動詞。

破譯甲骨文：甲骨文數詞與結繩記事

我國的殷商以前的先民衹需要四段麻繩，就可以表示數詞一、二、三、四、五、六、七、八、九、十、百、千、萬這樣複雜而龐大的數字，你信不信？我信！因爲我找到了殷商甲骨文系統中這樣的數詞表達方法。而且我相信這是殷商人對殷商以前數千年中華文明的保留和傳承。他們創造了中國第一個文字系統，並再現了遠古先民結繩記數的奧秘。

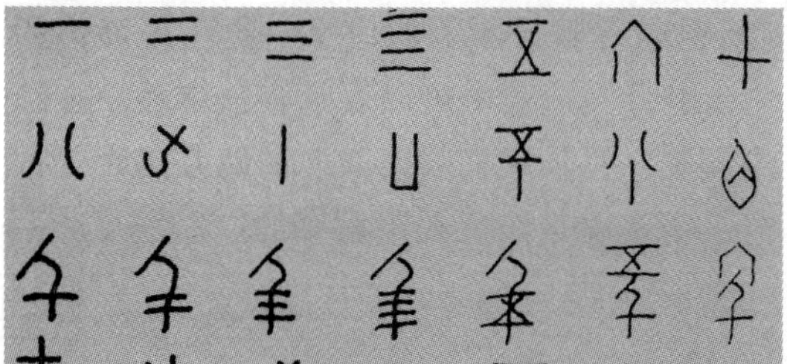

圖一　甲骨文：數詞

甲骨文數詞實際上就是中國遠古先民結繩記事的真實寫照。在殷商甲骨文系統中所有的數詞都可以用結繩來表示。在我們習慣的認識裏，結繩記事是用一根長長的麻繩在上面打上大大小小的結來記事的，據説大的繩結代表大事，小的繩結代表小事。但是由于各氏族的結繩方式是不同的，對結繩方式的解釋也不一樣。所以民間相關的表達不一樣。例如新朝王莽的貨幣就采用了另一種數詞表現方式。根據我對甲骨文字的研究破譯，至少在數詞的表達上不是這樣的。

所有的數詞都是用一段一段同樣長的麻繩通過不同的連接方式來表示不同的數目

的。我在考證甲骨文一二三四等字的時候，發現它們必須用同樣長的綫條來表示的，當時沒有理解爲什麼這樣，現在知道了，遠古先民用一段繩子表示一，用四根一樣長的繩子表示四（見上圖左上角）。如果這四根繩子的一端打成了一個繩結則表示四十的意思。數字五同樣用了四段麻繩，但是連接方式改變了：先用兩根麻繩繫成十字形，然後分別將四個繩頭繫在另外兩根麻繩上（上圖一排右三）。這樣看起來中間兩根麻繩要短一點，其實是用在打結上了。數詞五的同音字“午”也正是在甲骨文“五”的基礎上演化所得的。從一到十的數目。最多用了不超過四根麻繩。這是一種很經濟簡單的結繩方式。

十位數仍然使用麻繩竪著表示。一根代表是十。二十和三十如圖二：四十用四根麻繩的一端繫在一起。

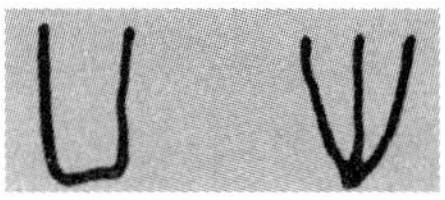

圖二

百位數首先是碰到了一百怎樣表示的問題（見圖一第二排右一）。一百是用一根繩子結成一個圓圈，在圓圈的直徑方向繫上一根麻繩，這樣代表一百。在考證甲骨文白、百、柏等字時我曾經遇到過這個代表一百的甲骨文符號，因爲很多專家將其破譯爲白色的白字，我認可了這個解釋。現在看來並不是這樣的。符號的本義實際上就是遠古的數詞一百。所以這個發音也是源于這個原始的發音。白和柏都是造字時用了這個意符所以隨了這個百字的發音而已。殷商方言中一百的百，白色的白，稱呼父親的伯，柏樹的柏，鼻子的鼻等字發音都相近，音訓爲 bei。

甲骨文千字見圖一第三行，是用三根麻繩連接表示的：中間一根麻繩上端接在另一根麻繩的中點。它的尾巴上繫上幾根麻繩就代表幾千。超過五千時用單獨的六、七、八、九的結繩放在千的上部表示。這是甲骨文和金文獨特的合文造字的方法。

甲骨文萬見圖一下排中。它似乎更接近今天漢字簡化字的“万”字。用三根麻繩連接成。上部和千的表示相同下部接在一個麻繩圈上。

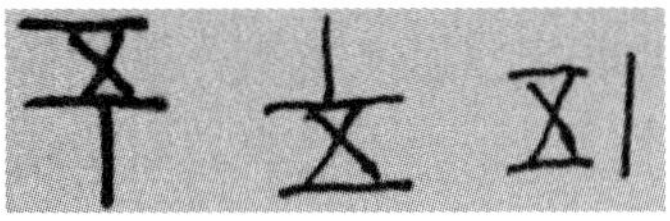

圖三

圖一中凡是上下結構的甲骨文字都是複合字，也叫合字。其上下的位置是不能變動和互換的。例如：中例一是甲骨文合文五十，而例二是甲骨文合文十五。例三是用兩個甲骨文字表示的五十。甲骨文數詞合文可以用拆開的兩個數詞表示，但是次序一定不能錯。如上圖例三的兩個符號互換位置後，其本義就由原來的五十變成了十五了。

現在我們可以使用圖一來方便地書寫甲骨文的數詞了：

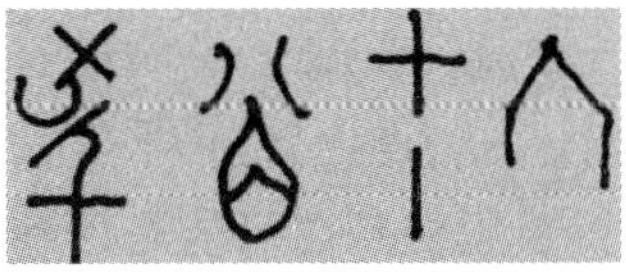

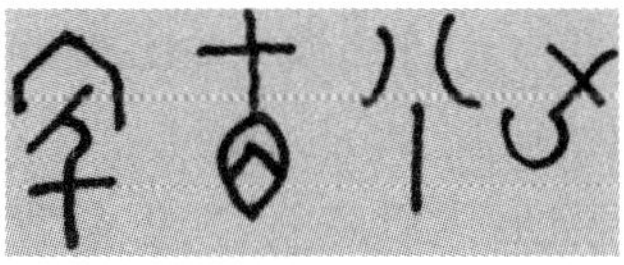

圖四　甲骨文合文：九千八百七十六　圖五　甲骨文合文：六千七百八十九

我們遠古的先民的聰明才智確實使你不得不佩服，僅僅用四根麻繩，就變換出成千上萬的數字表示法。我想，殷商甲骨文系統祇是爲我們記錄並再現了這種結繩記事的智慧。對于遠古中華文明而言，殷商人在甲骨文數詞的使用上可能不是他們的獨創而是一種對殷商前遠古歷史的一次繼承。

甲骨文數詞的造字是在結繩計數的形狀上對字形的固定和規範。請比較一下（七）和（九），常見于卜辭的規範的七的寫法是一横位于一竪的上十分之七和下十分之三的位置；而規範的甲骨文九的寫法是一横（常用彎曲筆畫）位于上十分之一和下十分之九的位置。此外在造字時充分考慮了該字的音訓。例如七，爲竪一切，讀若 ci。古音通 qi。而甲骨文九造字爲上從又下從鈎，讀若 gou。古音通 jiu。

在用殷商甲骨文字刻成的卜辭中我們可以發現，其數詞和量詞的搭配關係還没有完全定型。可以是“數詞+量詞”搭配，也可以是“量詞+數詞”的搭配。不像現代漢語的數詞在先量詞在後的固定搭配。

遠古結繩記事的方式可能不止一種。各原始氏族的結繩方式和信息含義也不相同。例如，王莽新朝發行的布幣上五、六、七、八、九就采用了另一種造字。

破譯甲骨文：百　白　帛　柏

甲骨文百、白、柏三個字在殷商以前的發音應該是相同或相近的。這三個甲骨文字中，百是本字。白和柏兩個字發生了同音假借的語法現象。

甲骨文（白）是一個數詞，代表的數目是一百。後來這個漢字也寫作百。從一從白，本義是一百。現在我們從甲骨文裏看到，這個字的本字是白而不是百。它是遠古結繩的一種，這種結繩的方式是在一個繩圈上直徑方向繫上另一根麻繩（如圖），白代表數詞一百。是一個單體的象形字。殷商方言中這個字的音訓爲：bei。我們來看有關白字的卜辭以證實其本義：

卜辭：“用白豕九……”（摭續 64）其中的“白豕”可以解釋爲“百猪”。

卜辭：“壬申卜。貞：王田叀往來亡災，獲白鹿。”（前 2・29・3）其中的白鹿可以解釋爲百鹿。

卜辭：“……尞白人。”（鐵 4・31）其中“尞白”一詞又見。徐中舒《甲骨文字典》870 頁（四川辭書出版社 2003 年版）“……丑卜……貞：尞白人。”這裏的尞若作祭祀解，則當解作“燒死百人以獻祭”。但是我覺得這裏的尞白可能是一種甲骨文系統的臨時造字方法——同音假借（見後文）。

卜辭：“……王來征盂方白炎……”（後上 18・6）盂方在殷商西部，炎帝諸部落也是在殷商西部。這裏究竟是“……王來征盂方百炎……”還是“……王來征盂方伯炎……”呢？前者是本義，後者是同音假借。但是在卜辭裏征討盂國則直接記載爲“征盂方”即可，“征盂方伯炎”的寫法不符合卜辭慣例。所以我認爲還是以解釋爲“征盂方百炎”

爲切。意爲征討盂方炎帝後裔諸部落。白在這裏解作本義百，意指多。

這個甲骨文白組成的其他甲骨文字還有帛和柏。如果白破譯爲百的本字，它是不是和其他兩個甲骨文字——帛和柏——的造字及本義形成相關呢？如果這個甲骨文白字作爲百的本義能夠成立，它在參與其它甲骨文字的造字中就應該從本義和象形兩個方面得到應用並能够解釋其它的新造甲骨文字。

甲骨文（帛）從白從巾。甲骨文白的本義是百，運用在帛字的造字上，帛的本義就是百巾。巾是一塊布，百巾就是一百塊布。帛爲什麼會有這樣的一種造字呢？

其實，帛應該是指一種用蠶絲織造的絲巾。我們知道殷商時期蠶桑養殖已經很繁榮了。熟悉蠶桑的人都知道，蠶繭的加工方式是用開水煮蠶繭，滅活以後將蠶繭用手撑開，一層一層地蒙在粗的毛竹筒或者其他型模上。大約蒙上一百層左右取下，就成爲絲綿捲，這就是帛。所以帛是由大約一百層蠶絲巾疊加而成的。這是帛字和絲綿的天然聯係。"帛"至今依然是用作蠶絲織物的統稱。

所以甲骨文的帛字從白從巾。它的本義是白色的絲綿，也可以理解爲一百層絲綿。所以《説文》有："帛。繒也。從巾白聲。"但是在甲骨文帛字的造字中我們看到，由于當時還没有純粹的聲符，白雖然起著聲符的作用，但是它依然是一個造字意符。所以這個甲骨文字是右文造字。

甲骨文

（柏）從木從白。這個甲骨文字在考證中依據不足。首先在現有卜辭中，柏這個字没有用作樹種的。但是從它的造字原理和字形分析，它應該是一種樹的名稱。豫南方言發音 bei。從這一點看，這個柏似乎是一個標準的形聲字，其實不然。該字中的白應該是一個意符兼聲符。這種類型的字我們在前面的考證中已經見過許多了。甲骨文杞和柳中的部首己和卯就是意符兼聲符。

我認爲這裏的"白"應該是這個樹種的果實的象形，或者柏籽有百子的寓意。由于現在無法確定甲骨文柏字特指什麽樹種，這就給它的本義確認帶來許多不定的因素。符合柏這一造字的遠古樹種有這樣的三種：一是銀杏（又名公孫樹、白果樹）。它的果實上尖下圓，成熟後因乾燥而爆裂，呈現一道横向的開口。正像甲骨文白字的象形。白果的果殼正是正白色。二是柏樹。柏樹的果實成熟前是綠色，成熟後爲灰黑色，但是它的果仁是白色的。三是烏柏。成熟時果實累累（百），其果實爲正白色，中部有一道竪痕。但是迄今爲止的史料尚無殷商有烏柏樹的證明。

我傾向認爲甲骨文柏字的本義是銀杏。所以銀杏又名白果，百果也。

【甲骨文字本義小結】

白的本義：名詞：白色。假借爲數詞：一百。音訓：鼻子的象形，方言讀若 bei。

帛的本義：蠶絲的絲綿。名詞。音訓：右文造字。白爲聲符兼意符。讀若 be、bei 和 be（入聲），兩音可通。

柏的本義：銀杏樹，又叫白果樹、公孫樹，其果實硬殼爲正白色。名詞。右文造字。白爲意符兼聲符。方言發音 bei（入聲）。

破譯甲骨文：甲

上甲微、報乙、報丙、報丁是商代王亥之後的連續四代商王。但是在卜辭中的“甲、乙、丙、丁”四個甲骨文的寫法是有區别的。上甲微的“甲”字外邊是全封閉的“口”，中間有一個“十”；而報乙的“乙”字外邊是半封閉右開口的“匚”，報丙、報丁的“丙”和“丁”字外邊則是半封閉左開口的“コ”。王國維認爲，上甲微是商先公之首，故“甲”字在“口”中，而報乙、報丙、報丁之“乙、丙、丁”字在“匚”或“コ”中。按王國維的推測，上甲微是商先公之首，故“十”字在“口”中。而在“匚”中的報乙，有可能是上甲微的“弟弟”；第三類在“コ”中的報丙可能是報乙的兒子，報丁可能是報丙的兒子。

文獻記載，上甲微爲商的第九位先王。王國維的所謂上甲微是“商先公之首”的説法源于《史記·殷本紀》的一條索隱：“皇甫謐云：‘微字上甲，其母以甲日生故也。’商家生子，以日爲名，蓋自微始。譙周以爲死稱廟主曰‘甲’也。”① 就是説自上甲微開始，商人以天干爲先王命名。而以天干命名的第一位商王正是上甲微。

在殷商甲骨文系統中已經有了天干十字：甲乙丙丁戊己庚辛壬癸。但是在上甲微時代的商人是不是稱呼他爲“甲”很值得懷疑（屈原《天問》中對上甲微有一種稱呼叫昏微，名字中無甲字。這種昏微的“昏”正是一種民間的評價，所以我認爲“上甲微”的“甲”可能是殷商人在甲骨文字系統化之後追贈給上甲微的一個謚號）。正如《史記》中譙周懷疑的那樣，上甲微的“甲”很可能是廟號。也就是説很有可能是在殷商人創造了甲骨文系統以後用追溯歷史的方法記錄祖先，逆推到了上甲微的時代，名之曰“甲”。這樣王國維關于上甲微、報乙、報丙、報丁是商代王亥之後的四代商王的推論纔能够成立。其實在司馬遷的《史記·殷本紀》裏有著不同的記載。

《史記·殷本紀》：“微卒，子報丁立。報丁卒，子報乙立。報乙卒，子報丙立。”次序是上甲微，報丁，報乙，報丙。我認爲天干十字没有錯，殷商人在爲這十個字創造了相應的甲骨文字後，追記祖先事跡時用天干記錄了這四代商王的名字。所以商代各代商王從上甲微開始到盤庚爲止，他們名字中的天干是小乙朝甲骨文系統創造以後爲他們加上的。

其實從上甲微開始到盤庚爲止的商王並不是以天干的十個字依次排列的。盤庚之後直到末代商王的帝辛（商紂王）也不是按照天干十字依次排列的。所以我認爲天干十字的甲乙丙丁戊己庚辛壬癸在甲骨文創造之初並不是用來記日的次序，而是一種給各代商王的謚號。根據我對這十個字的破譯，這十個字中的每一個字都有著獨立而明確的本

① 《史記》第一册，中華書局1959年版，第93頁。

義，而且這種本義和該商王一生的重大政績有密切聯係。因此，商王命名中的天干一字包含有對該商王的評價。

甲的本義：見下文。

乙的本義：溝渠，小水。和旱澇災害及引水有關。商湯名乙，商湯時確實遇到連年的旱災。

丙的本義：墳墓。和營造墳墓有關。

丁的本義：甲骨文作口，是一個多義性符號。與城邑和人口的發展有關。

戊的本義：商人創造的一種青銅武器。和武器創新及發動戰争有關。

己的本義：杞柳，可以編製筐篚。和引進杞柳種植及編織有關。杞柳在龍山文化時期原産地在山東，商後在河南已經有種植了。作爲例證，“己”被用作商王謚號在卜辭中僅一見——第九代商王雍己。

庚的本義：那個纔死去的商王。甲骨文造字者用這樣的會意造字代表盤庚説明了甲骨文字系統是在盤庚以後纔被創造出來的。卜辭也應該是盤庚以後的記載。卜辭中有關盤庚的一些記載應該是對盤庚朝歷史的追記。

辛的本義：創造甲骨文時代的前朝商王。注意：甲骨文辛爲帝字頭。造字中也含有一個倒置的王（大）字。

壬的本義：溝通天地。和祭祀有關。商湯前有商王主壬，盤庚後有商王中壬。

癸的本義：癸的本義：殷商人冬季用來檢測確定水土平的方法——挖掘兩條對角交叉的水溝。五行學説用壬癸指代北方之水蓋由此而引申。和水利有關。

關于甲骨文“甲”字本義的破譯一直没有考慮成熟，所以它也困擾了我很多年。困擾的因素很多：

第一，甲這個字在甲骨文裏有兩種表示，如圖一：

圖一　甲骨文：甲

但是在涉及上甲微的名字時始終是用帶框的甲字表示的，而其餘的太甲、小甲、河亶甲，沃甲、陽甲、祖甲等商王名字都是用不帶框的“+”表示的。

第二，上甲微、報乙、報丙、報丁是商代王亥之後的四代商王。但是在卜辭中的“甲、乙、丙、丁”四個甲骨字的寫法是有區别的。上甲微的“甲”字外邊是全封閉的“口”，中間有一個“十”；而報乙的“乙”字外邊是半封閉右開口的“匚”，報丙、報丁的“丙”和“丁”字外邊則是半封閉左開口的“コ”。

第三，專家學者們對甲骨文甲字的兩種寫法的相關破譯有：魚鱗説、田疇説、盔甲説、石函説、木戴孚甲説等等。衆説紛紜，難以服衆。而且以上五説都是針對外面有方框口的甲字産生的破譯。那麽，外面没有方框口的“+”的本義又應該是什麽呢？它究竟是不是甲骨文甲呢？

第四，來自甲骨文甲字本身的困惑。這個十字表示什麽？爲什麽同樣是天干的第一位，從甲骨文一期到甲骨文五期一直並存著這樣兩種寫法？爲什麽同樣是商王卻用兩種不同的甲字命名？

第五，按照我對甲骨文的考證是一字一形一義的，這裏的兩種字形的甲字應該在其本義上有所區别。這兩個不同字形的甲字其本義的區别又在哪裏呢？我認爲這裏的“+”

是一個意符兼聲符，外圍的“囗”是一個意符。該字爲右文造字。

我在這裏引用一段我在《破譯甲骨文：“或”與“國”》中的考證，這個考證和甲骨文甲字的考證密切相關。我也是從這裏尋找到了甲骨文甲字的兩種字形本義之間的聯係的：

> ……或的甲骨文本義是首都，國都。
>
> 到了西周初期，甲骨文或演化出了國這個字。國在或的基礎上加了一個半包圍結構“匚”。這個“匚”代表的是國都的城墻。西周的兩京都是三面圍城，剩下一面是有衛兵守護的大門。“匚”表示西周豐、鎬兩京的大門可能是朝向正東的，因爲如果城門正門向南，其國字的半包圍結構也可以向下成爲“冂”。《逸周書·作雒解》記載的東周的成周“城方千七百二十丈，郛（外城郭）方七十里，南繫于洛水，北因于郟山（北邙山）”説明東周國都似乎也是有城墻的。
>
> 但是非常遺憾的是，考古學的證據證明：夏二里頭、商殷墟、周豐鎬、楚郢都早期都是没有城墻的。雖然國有城墻得到《世本》“鯀作城郭”記載的支持，但是國没有城墻也是得到了先秦的文獻支持的。
>
> “古者天子守在四夷，天子卑，守在諸侯。諸侯守在四鄰，諸侯卑，守在四竟。愼其四竟，結其四援，民狎其野，三務成功。民無内憂，而又無外懼，國焉用城?”這是《左傳·昭二十三年》中楚國大夫沈尹戌爲楚令解釋國爲什麽不用城垣的説辭。而事實上，自楚文王遷都到湖北江陵紀南城以後，就一直没有建城垣。直到楚平王之世纔開始建造城墻。有《水經注》爲證：“江陵西北有紀南城，楚文王自丹陽徙此，平王城之。班固言：‘楚之郢都也。’”（《水經注·沔水篇》）
>
> 國字從甲骨文開始的演變説明了商殷墟到西周早期一般建都不用城墻。西周後期因爲當時經濟的繁榮和國際關係的緊張等一系列原因，國都開始建造城垣了。于是國字逐漸取代了或字成爲國都的專用字。”

這個甲骨文“或”與“國”的例子和“十”與“甲”的破譯是一種類比關係嗎?有什麽共同點呢?讓我們從現代漢字甲追溯到甲骨文的甲字：

《新華詞典》：“甲……③動物身上有保護功用的硬殼。甲殼。④圍在人體或物體外面起保護作用的裝備。用金屬、皮革等製成。”

《康熙字典》：“甲。《禮記·郊特牲》：‘社日用甲。用日之始也。’……《易·説卦》‘離爲甲冑。’《左傳·襄三年》‘組甲三百’《注》：‘組甲漆甲成組文’……《管子·四時篇》：‘陰生金與甲。’……”

《説文》：“甲，東方之孟。陽氣萌動。從木戴孚甲（符甲）之象。”

《廣雅》：“鍸甲介，鎧也。”《周官·司甲注》：“甲，今時鎧也。”[①]

① （清）王念孫撰《廣雅疏證》，江蘇古籍出版社1984年版，第266頁（上）。

所以從甲的本義看，它最初是一種在人體和物體之外起保護作用的硬殼，這層硬殼可以是天然的，例如筍殼、龜殼（龜甲也）；可以是人造的，例如皮革製成的盾牌、金屬盾牌等。

甲骨文甲字和甲骨文國字外面的部首“囗”正是起這樣的硬殼的作用。對于甲骨文國字而言，這個“囗”代表的是國都四面的城墻，而對于甲骨文“甲”而言，這個“囗”依然代表都邑四面的圍墻。四面的圍墻正是都邑之甲胄。它像一層硬殼將國都或城邑保護起來。所以國從囗從或，甲從囗從十。

如果這個結論成立的話，甲的本義就應該是上甲微時期的城邑，它是有四面城墻的城邑。上甲微的名字中用了這個從囗從十的造字正説明上甲微是商代先公中第一個建造了四面有圍墻的城邑，所以盤庚以後的人創造了這樣的甲字來紀念他，也是爲了記住他的歷史功績。而其餘的太甲，小甲，河亶甲，沃甲，陽甲，祖甲等商王名字都是用不帶框的“十”表示的。説明這些商王的國都都是没有四面城墻的。其中祖甲的國都在殷墟，已爲考古發現證實是没有城墻的。其餘“五甲”的國都是否有城墻待考證。迄今的考古發現證明，商前期的新鄭望京樓遺址，中早期的湖北盤龍城遺址，偃師商城、鄭州商城和洹北商城都是有城墻的。同時也存在著像殷墟這樣的没有城墻的遺址。今後的考古發現也必將證明商代遺址同時存在這樣兩種情况——有城墻的都邑和没有圍墻的都邑。

必須指出，商氏族建造四面圍墻的城邑很可能是上甲微的首創。因爲此前的文獻記載的城墻都是三面城墻一面靠山的城邑，這種城邑的發明人是大禹的父親鯀。鯀所屬的氏族以治水爲業，所以這種三面圍墻的城實際上是爲了阻擋水害而發明的。這就和上甲微的四面圍墻的城邑有著本質的不同了。

考證至此，有一個很重要的問題没有解決：在甲骨文甲字中外面的部首囗的本義代表都邑的四面圍墻，那裏面的（“十”）的本義代表什麽？

有關這一點我在《破譯甲骨文：亞》已經做了考證。這裏的“十”就是一個實心的亞字，你也可以把它看作是一個亞字的簡約的符號——十。空心的“亞”刻鑿起來太麻煩了。

《史記正義》引《尚書・帝命驗》注：“唐虞謂之天府，夏謂之世室，殷謂之重屋，周謂之明堂，皆祀五帝之所也。”①

《孝經》説：“宗祀文王于明堂，以配上帝。上帝謂五時帝太昊之屬。黄帝曰合宫，有虞曰總章，殷曰陽館，周曰明堂。”

甲骨文甲字中的這個“十”就是商氏族首領居住、布政和祭祀的地方。由此我們考證出甲骨文甲字的本義是商氏族的都邑。甲字從囗（囗部首音 guó）從十，由這樣兩個部首分化出它後來的兩重義項：

1. 從囗，即城墻：《廣雅》：“鏀甲介，鎧也。”《周官・司甲注》：“甲，今時鎧

---

① 《史記》第一册，中華書局 1959 年版，第 23 頁。

也。”① 城墻就是國都的鎧甲。

2. 從十，即明堂：《禮記·郊特牲》：“社日用甲。用日之始也。”明堂是氏族的血緣樞紐，是氏族的行政中心，是氏族的原點。所以以甲作爲天干十字之首。明堂的結構正是十字形的。

【甲骨文字本義小結】

甲的本義：商氏族的都邑。名詞。象形造字。

音訓：殷商時期甲、亞同音。訓爲：ya。j 聲母爲後起聲母。

破譯甲骨文：焚*

《説文》：“焚，燒田也。從火棥（音凡）。棥亦聲。”許慎的這個關于焚的定義不是它的本義，也不是它在殷商甲骨文中的本義。有卜辭爲證：

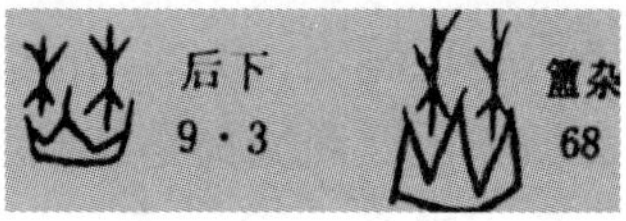

圖一　甲骨文：焚

卜辭：“王其焚□迺錄。王于東立。豕出擒。”（摭續 121）

卜辭：“……寅卜。王叀辛焚求□錄無□。”（甲 598）

綜上可見，“焚”這個甲骨文的本義造字之初應該是與山、林、火、獵有關的。確實，從甲骨文的焚字看，它是從林從火的一個字。甲骨文的“山”字和“火”字是字形非常相像的兩個字。但是我們經過認真分辨可以發現：山下面的一横是直的，因爲山是聳立在大地上的，而大地在甲骨文中是用一横表示的。所以山下面是一横。火則不是，火的下面是圓弧狀。因爲火是没有根的，所以它上部是三個閃爍的火苗，下面是圓弧形。焚的本義是山火焚燒樹林。

值得分辨的還有兩個甲骨文字：和。這兩個字過去的甲骨文字學家一直把它歸入甲骨文的“焚”字，按照甲骨文一字一形一義的原則，這兩個字應該不是甲骨文焚的本字。圖一左邊甲骨文字是手執火把點燃樹林，它的本義應該是一個動詞，本義是放火焚林的意思。這個甲骨文字和上面的焚字是有區别的：焚是自燃的山火焚燒森林；本字則是人爲放火焚燒樹林，是人爲的農事，所以從手。而圖一右側的甲骨文字是火燒木頭，木柴的意思。作爲火燒木頭或木柴的一個佐證，我曾經在考證甲骨文祡字時論證過。祡是遠古的一種祭祀形式，燒柴祭天。所以祡祭的祡從雙手，上從木，下從示。

《尚書·禹貢》裏關于大禹的一生功績有這樣的記載：“禹傅土，墮山，刊木，奠高山大川。”其中的“刊木”學界争議很大，衆説紛紜。

《説文》：“刊，剟也。”刊木也就是砍伐樹木的意思。段注説，柞氏夏日至令刊陽木而火之。就是每年夏天到了，柞氏就要下令把山的向陽面的部分樹木砍伐燒掉。所以刊

① （清）王念孫《廣雅疏證》，第 226 頁（上）。

木就是砍樹的意思。這一點所有歷史學家看法是一樣的。但是對上文的分析我們發現，大禹指揮人砍伐樹木竟然是大禹一生中四件大事之一，這就不得不深究一番了。西漢孔安國將伐木和墮山合在一起解釋說："洪水泛濫，禹布治九州，隨行山林，斬木通道。"似乎刊木是爲了墮山的需要。東漢鄭玄説："必隨州中之山而登之，除木爲道。"爲了爬山必須砍出一條路來，無可厚非。

其實刊山不僅是開路，主要還是爲了防火，更是爲了劃定界限，劃定地理區域的分界。刊山（或刊木）是一種古老的劃分山林和地界的辦法，至今各省的省界縣界還在沿用這種方法。所謂禹定九州就是大禹曾經將統治區域劃分成九個區域：冀州、兖州、青州、徐州、揚州、荆州、豫州梁州和雍州。我們知道，在劃分地理區域時，自古以來沿用的方法是：河流以中心綫劃分；道路以中心綫劃分；山有兩種劃分方法：一是按山頂陰陽面各劃歸一方。二是按照分水嶺左右各歸一方。前一種方法是按照縱面劃分，後一種方法是按照横面劃分。在前一種方法劃分時必須在山頂上砍出一條很寬的路，主要不是爲了行走方便，而是爲了防止山火殃及隔壁鄰居。大禹一生劃定了九州界限，必定分過許多山，這樣刊山（或刊木）就成爲大禹一生中很重要的也是很經常的工作。

中國遠古的山野多是原生態的原始森林，草深林茂。夏天的太陽曬在草木上蓄積大量的熱，極易引發山火。所以遠古先民大約從炎帝開始，就找到了用砍伐樹木來隔離山場的辦法。由于山場被分割，即使發生火災，也祇是僅僅燒掉一個區域，不至于引發大片山火。所以一直到西周是一直沿用這種方法來防火。每年夏季以前，有一件很重要的農事就是"刊木"——將山的向陽的一面在山頂山砍掉樹木，砍出一條很寬的防火通道。這個防火路我在安徽和浙江省界的山上見過，大約有三、四部卡車那麼寬。山頂的風很大，砍出的路經過幾年風化以後就變成了石子和砂礓的路面，防火效果很好。

《孟子・滕文公》載："當堯之時，天下猶未平，洪水横流，泛濫于天下，草木暢茂，禽獸繁殖，五穀不登，禽獸逼人，獸蹄鳥跡之道交于中國。堯獨憂之，舉舜而敷治焉。舜使益掌火，益烈山澤而焚之，禽獸逃匿。禹疏九河……"傳説中的炎帝家族就是一個專門從事刊山、防火的家族。

【甲骨文字本義小結】

焚的本義：山火燒著了森林。會意造字。

音訓：火林切，豫南方言讀若 hun。

破譯甲骨文：俞* 匬*

甲骨文俞從舟從亼從口。這個甲骨文"俞"很多古文字學者並不認可它。但是這個甲骨文字確實在甲骨文一期就已經存在。該字左邊從舟，右邊是亼和口。需要指出的是這個符號亼在甲骨文中是一個意符，本義指殷商時期的半地穴式的民居的圓形草屋的屋頂。右下的口實際上是一個不規則的圖形，像是立在地上的一根用來拴船的木樁或者石

圖一
甲骨文：俞

椿。如果它是一個規範的口字，也可以理解成爲半地穴式民居的地穴。

一座半地穴式的草棚，一個石椿或者木椿，一條船，這三個意符的會意組成了甲骨文俞字的本義：泊船的地方。或者叫水碼頭。這就是甲骨文俞字的造字本義。

這個甲骨文俞字的發展脈絡很清楚。從甲骨文到商金，從周金再到春秋時期的文字發展脈絡如圖二：我們看到，在周代晚期的金文中，俞的草棚旁邊多出了一條河。尤其是在春秋的喬君鉦（例四）銘文中，呈現河灣的象形，這正是泊船處的特點。這一“俞”字的發展脈絡説明西周人對于“俞”的本義涉及船、水以及碼頭應該是衆所周知。

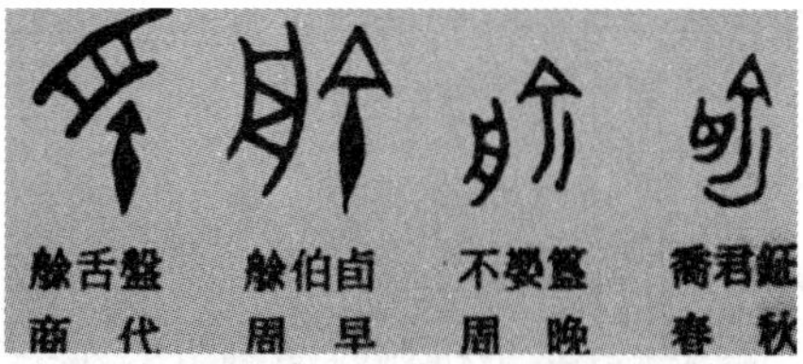

圖二

到了東漢《説文》：“俞，空中木爲舟也。從亼從舟從巜。巜，水也。”該字的音訓當從乙從舟，乙舟切，讀若 yu。從這一音訓看，圖一甲骨文中右下的意符可能是碼頭上用于拴繫纜繩的石祖。造字中右側爲甲骨文余，可視爲右文造字。

許慎的這個定義很圓滿地解釋了俞字的“舟泊水邊”的本義。但是它卻强調了“俞”衹是“中空的木頭用作渡船”這樣的本義。所以許慎的這個定義無法交代意符“亼”的表意作用。

清代段玉裁的《説文解字注》中關于“俞”的考證有助于我們加深理解：“《淮南子·氾論訓》：‘古者爲窬。木方版以爲舟航。’高曰：‘窬。空也。方。並也。舟相連爲航也。’按：窬同俞。空中木者。舟之始。並版者。航之始。如椎輪爲大路之始。其始見本空之木。用爲舟。其後因刳木以爲舟。……羊朱切……”

段玉裁的意思很明白：俞本是中間空心的木頭，以作渡船之用。後來有了刳木爲舟的方法。車輪是大路的開始，而俞（作爲一種渡船）就是航行之始。感謝段玉裁的考證。他的考證大體上保留了俞的本義，但是他卻没有搞清楚俞在甲骨文時期的原始意義。甲骨文俞作爲“航之始”並不是説“俞”是一條船，而是説“俞”就是航行開始的地方，即水碼頭。既然是碼頭就必須是在河流旁邊（在一期甲骨文中没有河流的意符，而是用了較原始的石椿或者木椿的意符），要有渡船，還要有碼頭必須的供船工以及渡河的人們遮陽避雨和休息的地方——半地穴式民房。

根據《康熙字典》的記載，俞字的讀音自古以來一直是讀作 yu 的：“《唐韻》羊朱切。《集韻》《韻會》容朱切。《正韻》云俱切。”在先秦以前，這個俞字一直是用作一個應詞。如《尚書·堯典》：“帝曰：‘俞！’《禮記·内則》：‘男唯女俞。’”説明在帝堯時代，人們還是普遍用“俞”作爲應答之詞，到了西周時代，就規定了男人應答用“唯”，女人應答用“俞”了。這裏的作爲應詞的俞和作爲渡船碼頭的俞之間應該是一種同音假借的關係。從甲骨文“俞”字的會意看其本義應該是渡船碼頭的意思。但是不能排除當渡船出發或者到達時船工用“俞”作爲“出發了！”或者“到了！”的應答之詞（很多地方喝止牲畜就用“俞”作爲指令的）。例如：

卜辭：“癸酉卜。□貞：旬亡判。……王占曰：‘俞。有祟有夢。’五日丁丑。王嬪仲丁。厥□在庭阜。十月。”（合 10405）

這裏的俞最重要的語用不是嘆詞的性質，而是“俞”用在這裏是爲了終止和否定前一種“旬亡判”的占卜。所以我們在先秦的文獻中看見的“俞”大多是肯定並終止對方説話，以引起自己的發言的意思。遠古曰“俞”，先秦曰“然”，現代説“是”。

《堯典》：“俞，予聞如何?”“俞，諮禹”“俞，汝往哉”“俞。往哉汝諧”“俞，諮益”“俞，諮伯”等。這裏的俞都是在聽取對方説話以後，首先結束對方的話，以表示自己要發言的意思，其目的是：我聽了你的以上發言，這件事我認爲是這樣的。

上圖的甲骨文字破譯爲俞可能與當時的口語發音有關，因爲在漢字系統中没有這樣一個恰當的漢字可以和俞完全等值。如果要創造一個漢字來表示上圖的甲骨文字的話，這個漢字應該是：上從人，下左爲舟，下右爲巜。讀者不妨自己寫一寫，感受一下甲骨文造字者的創造心路。這個俞字在《康熙字典》中被歸入“入”部是一個文字沿革上的錯誤。按照甲骨文的造字規律看，它應該被歸入現代漢語的“人”部。現代漢語的俞字另有發音爲 shu，這是因爲針灸學中的腧穴的腧等同俞字所致。

在破譯了甲骨文“俞”的本義後，我們來破譯與“俞”相關的另一個甲骨文字“匬”。

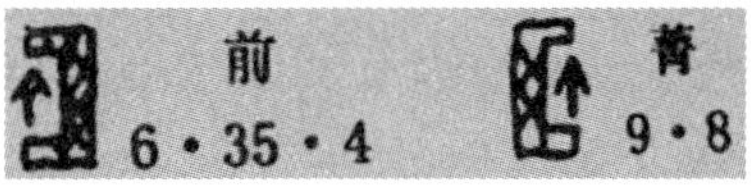

圖三　甲骨文：匬

古文字學家們將這個甲骨文字破譯爲“匬”的依據是在意符“匚”中間的那個符號可以是甲骨文“余”，所以依據形聲字的造字規則將其破譯爲“匬”。這個方法的簡化給甲骨文本字“匬”的本義解釋帶來了混亂，其始作俑者是東漢的許慎。

《説文》：“匬，甌器也。從匚，俞聲。”我們不知道許慎這個“甌器”的來源是什麽，但是我們可以質疑許慎這種甌器爲什麽向東西兩側開口，這樣的甌器是幹什麽用的？既然是甌器，其中的“余”——即半地穴式民居的草房頂——和該字外面的“匚”方向就很不一致，這也是無法解釋清楚的。同樣，《甲骨文編》中破譯爲“從余。匬字古文”也是解釋不通的。這個甲骨文本字和漢字“匬”應該没有任何的關係。我們看相關卜辭：

卜辭：“壬午卜。□。貞：曰方出于匬。允出。十一月。”（菁 10・8）

卜辭：“貞：方不出于匬。十一月。”（前 6・35・4）“方”單獨使用作“土方”解。

從上述兩條含有“匬”的卜辭看，這個“匬”並非許慎所説的“甌器”，而應該是一種建築物。我認爲這個建築物就是指渡船碼頭。上述卜辭的意思就是占卜敵方（即方或土方）的軍隊是不是離開碼頭向殷商進攻來了。殷商位于洹河岸邊，土方從上下游的水上都是可以進攻大邑商的。土方是大禹的後裔，他們應該是很擅長水戰的。

這個甲骨文的“匬”是“俞”字的改進。造字中省略了“舟”，加上了“匚”。圖三的這個意符“匚”是人工用石塊扣砌成的碼頭的象形。所以甲骨文“俞”是“匬”的本字（或初文）。它們的本義是一樣的：渡船碼頭。這也就是在殷商甲骨文中“俞”字是孤證的原因吧，它在使用中演化了，改進了。我們看到在甲骨文系統中所有的“匬”字都出現在一期卜辭中，説明這個“俞”字向“匬”字的演化在一期卜辭中就已經完成了。

有關這個“匬”字，清代的段玉裁做了周密的研究。首先它發現這個“匬”字在宋真宗時期的《廣韻》和大徐本的《説文》裏並没有收入此字。我認爲此時期對于“匬”

字的解釋已經混亂了：許慎《説文》的本義缺乏依據，甲骨文、金文的本義已經失傳。所以兩書的編纂者采取了“闕而不論”的方法。

段玉裁《説文解字注》：“甌者。小盆也。（以）甌匬二字爲名則非甌也。《玉篇》云：‘余主切。器受十六斗爲庾也。’然《禮經》作十六斗爲籔。今文‘籔’作‘逾’。”段玉裁的這段考證充分證明《説文》中“甌匬”之“匬”字衹是一個假借字，以“匬”假借爲“逾”“庾”而已，並非用作本字。許慎因爲没有搞清楚其中的本字的發展脈絡，又未曾見到甲骨文。將“匬”的假借義視爲本義做出了錯誤的解釋並收入了《説文》。錯把“匬”解釋爲一種甌器。

整個甲骨文系統中涉及意符“匚”的字不在少數，但將其刻寫爲類似本字的網格狀“花體”唯此一例。其原因就在于，本字中的“匚”是用石塊扣砌而成的岸邊的碼頭，它的象形和會意的雙重需要纔刻寫成了這樣的“花體”。既是碼頭，就可以有舟，也可以没有舟。造字從簡。

值得一提的是中醫針灸學中人體穴位中有近四十個穴位以“×俞”來命名。按照甲骨文的造字規律，我們知道這些“×俞”的穴位都是很重要的穴位。例如“腎俞”“肺俞”“三焦俞”“膀胱俞”“俞府”等，可能是主管相應人體器官的樞紐性穴位。

【甲骨文字本義小結】

俞的本義：天然的（原始的）渡船碼頭。名詞。引申爲應答之詞。

余和舟會意爲船碼頭。右文造字。

音訓：本字中右半從亼從丨構成甲骨文余，余是聲符兼意符，

匬的本義：人工用石塊扣砌的渡船碼頭。名詞。俞是匬的本字（或初文）。

音訓：從匚從舟從余會意。余爲意符兼聲符。右文造字。余是聲符兼意符。

破譯甲骨文：般　更

商代第二十位商王叫盤庚，史書記載他率領全部族人將國都從山東奄地遷往河南的殷墟。從此時直至商紂爲周武王所滅的273年中就一直定都在殷墟這個地方。

《古本竹書紀年》：“自盤庚徙殷。至紂之滅。二百七十三年。更不徙都。”①

這個著名的商王盤庚的名字在卜辭中就寫作般庚。甲骨文的般字從字形來看，一側是一隻手拿著一把工具，另一側是一隻船。這個頗像“亻”的工具是什麼呢？它的作用又是什麼呢？這對于我們理解般庚的般字非常重要。

如果這個“亻”是一支撑船的竹篙，那麼這個字的本義就是動詞撑船。

如果這個“亻”是一把其他的工具，那麼這個字的本義就另當别論。

① 姚淦銘、王燕主編《王國維文集》，中國文史出版社2007年版，第430頁。

從《説文》定義看：“般。辟也。象舟之旋。從舟從殳。殳令舟旋者也。（本字略。）古文般從支。”許慎的這個關于“般”的定義看似明白，其實令人費解。恕我不恭，許慎的這個關于“般”字的定義是一個雜取各家學説的拼湊的定義。該定義涉及本義互不相干的三個義項：①辟也。②象舟之旋。③古文般從支。説它費解的原因在于其中的“辟”“殳”“旋”“支”四個字使許慎的這個關于般字的定義産生混亂。我將許慎《説文》裏關于這四個字的定義羅列如下，以幫助讀者作原汁原味的理解。

《説文》:“辟，法也。從卩從辛。節制其罪也。”

《説文》:“殳，以杖殊人也。《禮》:‘殳以積竹八觚。長二丈。建于兵車。車旅賁以先驅。從又幾聲。’”

《説文》:“旋，周旋。旌旗之指麾也。”

《説文》:“支，小擊也。從又卜聲。”

我將《説文》中定義的上述四個字代入般字的定義，許慎關于般字的定義就可以翻譯爲現代漢語：

①辟：是法。②象船的迴旋。所以從舟從殳。③殳就是使船迴旋的那個工具。④古文的辟不從殳，而是從支。（支的本義是輕輕地擊打。）

我們如墮十里雲霧。許慎在這裏想表達什麽意思呢？從許慎的《説文解字敘》裏，我們可以知道許慎在編寫《説文》這本書時没有看到甲骨文。他能够在書中保存了金文、戰國古文直至小篆的信息已經是很不簡單了。

清朝的文字學家段玉裁本著“爲賢者諱”的古訓，似乎想通過自己的考證進一步完善許慎的拼湊。他在般字的注解中考證道：“《投壺》曰：‘賓再拜受主人般旋曰辟。主人阼階上拜送。賓般旋曰辟。’……《論語》包氏注：‘足躩如盤辟貌也。’盤當作般。……般辟。漢人語謂退縮旋轉之貌也。荀爽注《易》曰：‘盤桓者。動而退也。’般之本義如是。引申爲般游般樂。”段氏的這個補充也于事無補，因爲一條船在河面上反復地“退縮旋轉”實在不能説明甲骨文“般”字的本義到底是什麽。也不能説明這個舟之“退縮旋轉”和後面的兩個義項之間有什麽引申或演化關係。實際上許慎僅僅是集納了當時人們對“般”的幾種流行的解釋而已。

今天我們看到了甲骨文的般的本字。問題就應該從文字的源頭上加以澄清了。請看上圖的甲骨文般字。原來甲骨文的“般”字根本不從殳，而是從支。殳是一種在戰争中使用的類似標槍或者紅纓槍的武器，許慎説“殳令舟旋者也”意思顯然是用殳當作撑船的竹篙在使用。這顯然不符合殷商史實。而支的本義則是一種“小擊”，即輕輕擊打。江蘇常州古淹城出土的春秋時期的獨木舟已經證明，所謂刳木爲舟實際上是在一段完整的樹幹上用火燒和雕鑿的方法使其成爲一條小船。所以“小擊”的意思是將燒成木炭的部分除去，“小擊”也是一點一點通過雕鑿挖空船體的過程。殷商時期的“刳木爲舟”不是孤證，殷商的移民和常州淹城的移民都是源自歷史時期相近的同一地點山東奄地。

該般字的意符“亻”既然不是撑船的竹篙而是一把其他的工具，那麽這個字的本義就另當别論。這個工具到底是什麽？它的作用又是什麽呢？這裏我想引入另一個甲骨文字“更”來幫助我們從側面理解這個“亻”的本義是一種什麽樣的工具。

這個更字的下部從手執“亻”。和上面的“般”字完全相同。在殷商甲骨文系統中，

圖一　甲骨文：更

相同的意符或意符組合應該具有相同的本義，在造字過程中的作用應該是相同的。所以“更”字中的從手執“亻”和“般”字中的從手執“亻”是等值的意符。這個意符——從手執“亻”——在甲骨文更字中的本義是更改之意，就是從手執“亻”以更改某物的意思。在甲骨文般字中這個從手執“亻”也應該是“更改某物”之意。那麼，甲骨文般字中的從手執“亻”要更改的是什麼呢？它要更改的是一段圓木，將其通過不斷的小擊使其成爲一條船。

我們來重温上篇文章中引用的《説文解字注》的這樣一段段注：“《淮南子·氾論訓》：‘古者爲窬。木方版以爲舟航。’高曰：‘窬，空也。方，並也。舟相連爲航也。’按：窬同俞。空中木者。舟之始。並版者。航之始。如椎輪爲大路之始。其始見本空之木。用爲舟。其後因刳木以爲舟。”

中國遠古在黄帝時期就已經開始造船了。《世本》：“共鼓、化狄作舟。”但是最原始的舟衹是尋找中間有空洞的木頭爲之。這就是段注中的“空中木者。舟之始”。後來人們學會了用大樹的樹段將中間挖空製造舟。這個發展過程就是段注所説的“其始見本空之木。用爲舟。其後因刳木以爲舟”。

甲骨文“般”正是刳木爲舟的會意。般庚就是盤庚，就是“那個刳木爲舟的商王般”或者就是“那個刳木爲舟的木匠般”呢？

無獨有偶，般發音爲班。魯班的班發音爲般。般、班兩字是假借關係，般庚和魯班都是木匠。一個發明了鋸子；一個以刳木爲舟得名。盤庚自奄遷殷，而奄正是位于魯國的商邑，這個商王盤庚是不是就是傳説中的那個發明了鋸子的魯班（魯般）呢？如果以其生前的名字看，他倆都叫般（班）。

説到盤庚的刳木爲舟，就不由使我們想起那篇著名的殷商文獻《尚書·盤庚》。儘管很多學者質疑它是後來人補作的，但是我堅信它的史料價值。因爲甲骨文是盤庚之後産生的文字系統，所以盤庚時期的史料衹能是補記之作。

《水經·瀫水注》：“陽渠水（洹水）又東徑亳殷南，昔盤庚所遷。改商曰殷，始此也。”《水經注》在這裏告訴我們：盤庚首先遷到的地點是在洹河的北岸，因爲洹水向東流經亳殷的南面。這一點和目前正在發掘中的洹北商城非常吻合。但酈道元没有弄清楚的一點是，洹河以北當時並不叫作亳殷而衹能叫作殷，所以殷墟是一個從洹河以北漸漸向洹河以南的日漸擴張的地理區域。所以《尚書·盤庚》有云：“盤庚遷于殷，民不適有居。”“民咨胥怨。”“民不適有居，吁衆戚出矢言。”“朕及篤敬，恭承民命，用永地于新邑。”“惟涉河以民遷”《尚書·盤庚》的“惟涉河以民遷。”在學者們中間就盤庚率民到底是“渡黄河”還是“渡洹河”頗有争議，但是無論盤庚是渡黄河還是渡洹河他都必須造船，必須“刳木爲舟”。這就是甲骨文造字者爲什麼將他稱之爲般庚的原因。

般，是指刳木爲舟；庚，是指那個剛剛去世的商王的謚號。般（盤）庚兩字的白話詮釋就是：那個剛剛去世的刳木爲舟的商王。卜辭中的般庚多作第二十代商王解，這裏就不再引用了。

一個方言例證是，豫南方言中，將般用于建造之義。如砌竈，説成“般一個竈”，建窑説成“般一個窑”。般，今方言中讀若 pan。

我認爲，像甲骨文字一樣，商王的名號（含廟號、謚號等）中也藴含著豐富的歷史信息。商王的名號和他們的政績有著密切的聯係。這是一個新的研究領域。

【甲骨文字本義小結】

般的本義：用斧頭鑿製木船。動詞。商第二十代商王般庚即盤庚死後的名稱，意爲木匠庚。

音訓：從攴從舟。舟殷商方言發音爲 chuan。攴船切。讀如 pan 通 ban。

更的本義：更改窑洞（或者墓穴）。動詞。

破譯甲骨文：朕　效　弜

般和朕在甲骨文系統中同屬于舟部首。所以般的本字應該從舟從殳，朕的本字應該從舟從关。在甲骨文系統中這兩個字都和舟有關，都是動詞。上講中我已經考證了甲骨文的般的本義是刳木爲舟。甲骨文朕的本義是什麽呢？見下圖：

甲骨文朕，如圖一：

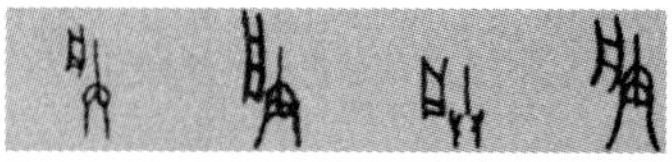

圖一　甲骨文：朕

説實話，我一直没有搞清楚爲什麽朕變成了月部首的字。我也没有搞清楚朕的這個甲骨文本字圖形後來爲什麽在文字演化的歷史中，從秦始皇開始“朕”的本義就變成了皇帝的自稱了。

許慎在説文中關于朕的定義是空缺的：《説文》：“朕，我也，闕。”關于這個朕的考證似乎到此是“山重水復疑無路”了，卻未料還有“柳暗花明”的一個轉折。這個轉折就是清人段玉裁的《説文解字注》，在朕條目下有如下考證：“此説解既闕。而妄人補‘我也’二字。未知許説字之例也。按朕在舟部。其解當曰舟縫也。從舟。……《考工記·函人》曰：‘視其朕，欲其直也。’戴先生曰：‘舟之縫理曰朕。故札續之縫亦謂之朕。’所以補許書之佚文也。本訓舟縫。引申爲凡縫之稱。”那麽皇帝自稱爲朕，難道是説“我就是船縫”，這有點滑稽。

段玉裁斷定《説文》中的“我也”兩字是妄人所加。把段玉裁的考證與甲骨文“朕”結合起來以後，我豁然開朗了。《周禮·考工記》裏的函人職司爲：“函人爲甲，犀甲七屬。兕甲六屬，合甲五屬……視其朕，欲其直也。……視其朕而直。則製善也。”原來這個函人在西周是專門用犀牛皮、兕皮和其他野獸皮製作甲胄的官員。所謂的朕就是用一塊塊長方形的獸皮縫合成爲甲胄時，小塊的獸皮之間的縫。如果這個縫不事先對準的話，縫出來的甲胄就會露出破綻，使敵方的攻擊有“隙”可乘。所以在製作中必須“視其朕而直。則製善也”。這是西周時代的《周禮》所載。

甲骨文的出現要比《周禮》所記的史實早大約 300 年。所以甲骨文的朕字采用了另一種造字。這説明了什麽呢？這説明在甲骨文産生的時期，殷商人可能並没有發明防禦用的甲胄，甲胄很可能是由西周人發明的。從上圖的甲骨文朕字看，它從舟從雙手，在雙手之間還拿著一根和舟差不多一樣長的木棍。很久了，我一直以爲這根木棍就是撐船用的竹篙。私下也認爲找到了甲骨文“朕”的本義應該是撐船的意思。相信很多學者也會有這樣的認定。但是現在我意識到這是一個錯誤的觀點，我自己否定了它。

我們來比較兩個甲骨文字，希望從它們的造字中得到啓迪，以確定甲骨文朕字的本義。這兩個甲骨文字是：弜和效。

弜的本義：用標準的弓模型比較，以矯正新製作的弓體。故造字從二弓。

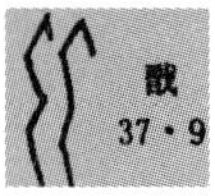

圖二

戩 37・9

效的本義：用尺測量（箭桿的）長度。引申義：模仿、效仿。

從弜和效的甲骨文造字中我們看到，殷商時代的匠人製作是有標準的，不是隨心所欲的。

圖三

後下 10・16

同樣的標準我們在甲骨文朕的造字中又一次看到了：甲骨文朕，從舟，從雙手，從直尺。這裏的雙手所執的筆直的長木棍正是一種造船的標準件。所有的甲骨文朕字中的這一豎都和船身一樣長。因爲測量箭桿的尺很短很輕，用一隻手就可以了。而測量船身的標尺很長很重，所以必須兩隻手纔能夠操作。所以效字從又（表示一隻手）而朕字從共（表示雙手）。按照戴震和段玉裁等人的考證，這根長尺起著測量船的長度、測量船的平直、測量船的縫理的作用。由于殷商人製作的是沒有船縫的獨木舟，所以隻能解釋爲測量船身的長度和平直。這樣我們就能夠理解爲什麼到了西周時代，朕由舟部首變化成了月部首了。因爲周人是以自己發明的甲冑來“修正”這個字的，甲冑是獸皮所製，獸皮從肉，故爲月部。這樣我們也能夠理解爲什麼從秦始皇開始“朕”的本義就變成了皇帝的自稱了。因爲皇帝就是全國最大的標準件，皇帝的意志就是標準，一切以皇帝的意志爲轉移。秦始皇統一了道路、車軌、文字、度量衡，甚至通過焚書坑儒第一次在中國大地上統一了意識形態。難道他不應該是一種標準嗎？難道他不應該自己稱自己爲“朕”嗎？

甲骨文的般和朕這兩個字確實與殷商人的造船有關。

【甲骨文字本義小結】

朕的本義：衡量造船是否符合標準。動詞。這個甲骨文字若直接寫成漢字應該是左邊從舟部首，右邊從丨從共。

音訓：從舟從共（夏方言讀若 gun）。舟共切，讀如 zun。通 zhen。

效的本義：用尺測量（箭桿的）長度。引申義：模仿、效仿。

音訓：右文造字。交爲聲符兼意符。讀若 jiao。

破譯甲骨文：反證一字一形一義

在此前的文章中，我提出了我的研究甲骨文字本義的一個原則：一字一形一義。就

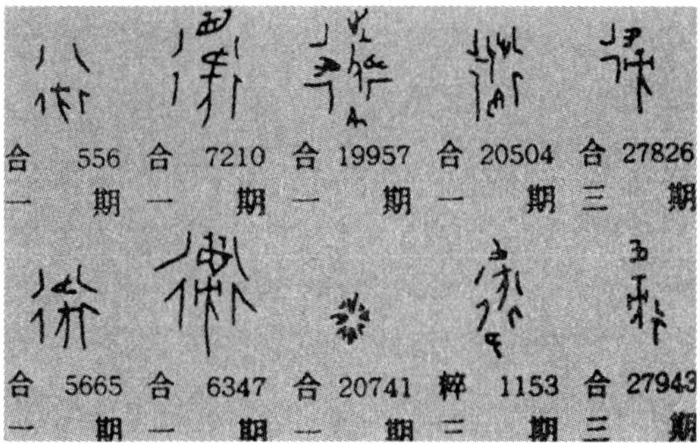

圖一①

是每一個甲骨文字的本義原則上衹有一個甲骨文本字和它對應，如果這個本字的字形發生了變化，那麼這個新産生的字形代表的就是另一個甲骨文字，代表的也就是另一個新的本義。打開任何一本甲骨文的專著，我們都可以看到，將字形不同的甲骨文歸入某一個本字的例子比比皆是。這種現象幾乎是古文字研究領域大家心照不宣的一種共識和默契。在高明、涂白奎先生的《古文字類編》中，我找到了一個可以表述"一字一形一義"這個觀點的最典型的例子。這個甲骨文本字在該書中被破譯爲：衛。如圖一：

這個字是不是甲骨文的衛字暫且不説。我們僅就字論字地考察一番：圖一中一共十個字，其在卜辭中分屬于一期到三期。這十個字中，馬如森《殷墟甲骨學》認定了下左一，下左四爲甲骨文衛的本字。現在我來細分一下上述十個字的組成：

上排左一字：從行，從方。

上排左二字：從行，從方，從一止，從眉（我認爲從回顧之顧）；注意，本字中的"止"與"方"是連爲一體的，而"方"在卜辭中一般是指殷商王朝的敵國。

上排左三字：從行，從人，從四止。

上排左四字：從行，從人，從兩止。

上排左五字：從彳，從方，從一止。

下排左一字：從行，從方，從一止。

下排左二字：從行，從方，從眉（我認爲從回顧之顧）。

下排左三字：從行，從四止。

下排左四字：從行，從方，從兩止。

下排左五字：從彳，從方，從一止。

上圖中的十個甲骨文字有十種不同的組成和表達的方式。在殷商甲骨文系統中非常罕見。

其中除了部首行和彳的本義可以相通外，其餘的部首就很值得尋味再三和推敲再三了。首先我們看其中表示人的有兩個部首"人"和"方"。我們知道在甲骨文系統中的"方"是代表殷商的敵人，如人方、土方、共方、𢀛方等。而人則是代表一般的人。因此在該字中這個方和人到底是怎樣定性就是一個疑問。他們是殷商自己人還是其他國家的人。如果這個"方"或者"人"代表的是殷商自己人，那麼這個字就可以破譯爲"衛"。如果"方"是敵對國家來進攻的人，那麼這個字可以破譯爲"圍"。在卜辭裏這兩個字的有著共同的初文是韋。所以圖一中至少有這樣三個甲骨文：衛、圍、韋。

上排左二和下排左二有共同的部首——甲骨文的眉（我認爲它是甲骨文的顧字），其他八個字都沒有。這説明這兩個甲骨文字和其他八個甲骨文字有本義上的不同。

---

① 高明、涂白奎編著《甲骨文類編》（增訂本），第880頁。

十個字中間，有些是一隻腳，有些是兩隻腳，有些是四隻腳。上排左二的腳（止）與下面的“方”是連爲一體的，説明這一隻腳是屬于“方”的。同一個字裏的腳都是同一側的左腳或者右腳，所以它們表示的不是同一個人的腳，而是表示有很多人的本義。這裏的“止”既然可以數量不等，説明這個“止”可以是甲骨文造字中的一個非固定的意符。表示不同數量的人。

將上圖中的上下兩個對應的字進行對比，我們可以發現如下區别：

上左一和下左一的區别在于：上左一無止，下左一有止。

上左二和下左二的區别在于：下左二多了一隻和方連爲一體的止；即敵人來了。

上左三和下左三的區别在于：上左三的包圍圈中多了一個意符：人，而且是自己人。

上左四和下左四的區别在于：上面的包圍圈中意符是人，而下面包圍圈中的意符是方；所以前者本義是衛，後者的本義是圍。

上左五和下左五的區别在于：兩個字互爲左右對稱的鏡像關係。但是一個最重要的細節决定了它們也不是同一個字，這個字節就是腳（止）的方向决定了上左五的“方”正在進入街道，而下左五的“方”正在走出街道。因爲上左五的腳趾正對著街道而下左五的腳趾是背離街道而去的。甲骨文的造字是非常嚴謹的，科學的。這個造字細節告訴我們：這兩個字表示的動作是相反的舉動，前者是敵人進入街道，後者是敵人離開街道。這些細節影響甲骨文字本義的例子在甲骨文系統中比比皆是，如各與出，左（手）與右（手），之和正，中和屯等等。

按照甲骨文造字的會意的原則，組成這十個字的意符各不相同且不能互相等值替换，它們有使用的特定語境。（如意符人可能是指殷商自己人，而方可能指的是各個方國的侵入勢力，又如有止和無止，有人和無人），所以其會意出的本義也應該是不同的，所以它們是不同的本字。所以上圖中的十個字是十個不同本義的甲骨文字。

它們的共同點是：它們都是會意造字。

如果有專家堅持認定上述十個字都是衛，那麽我想問一句：它們中間的哪一個字纔是標準的甲骨文“衛”字呢？“衛”作爲地名其由來源自《山海經·大荒北經》：“東北海之外。大荒之中。河水之間。附禺之山。帝顓頊與九嬪葬焉。爰有鴟久文員離俞鸞鳥皇鳥大物小物。有青鳥琅鳥元鳥黄鳥虎豹熊羆黄蛇視肉璿瑰瑶碧。皆出衛于山。”

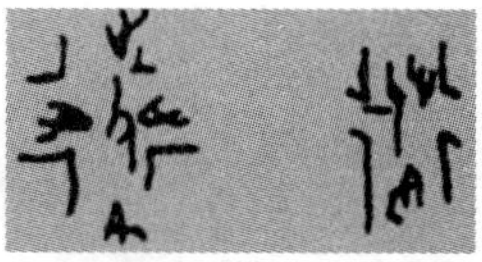

圖二

從《山海經》的上述記載中，我們得知衛地之衛的本義是保衛和護衛的意思。根據這個原始本義，我們可以初步確定上圖中的上左三和上左四是甲骨文衛的本字，如圖二。其中的“止”是一個非固定的意符，可以是兩個，也可以是四個。衛地的名稱在《山海經》漫長的口傳歷史的年代裏衹有一個發音没有本字，在戰國以後經文人的收集整理成書。書中首次將采用了“衛”這個本字作爲衛國的專用地名。上文中我已經指出，在卜辭中衛地的名稱還有“韋”和“爲”两個假借字。

破譯甲骨文：起* 巡*

甲骨文起和甲骨文巡是我在考證中破譯出來的。也算是甲骨文未識字。所以在一般的甲骨文工具書中很難見到這兩個本字。但是這樣的兩個字應該説是常用字，無論在今天的現代漢語裏還是在殷商的甲骨文系統中。我們來看這兩個字的甲骨文：

甲骨文（起）在很多甲骨文專著裏被破譯爲跽。這個破譯是值得商榷的。因爲該字從止從己，而跽字則從足從己從心。從甲骨文造字原則看，這個字與部首“心”没有關係。我認爲，在殷商甲骨文系統中，部首止是有明確的方向性的。這裏的“止”代表腳的前進方向。如果這個“止”出現在綫條的起點上，則表示這隻腳即將開始的路程；如果這個止出現在綫條的終點，則表示這隻腳已經走完了這段路程，還在繼續走下去。而本字中的“己”代表的是人腳行走的軌跡。本字中的止（腳）沿著“己”（現在我們叫 S 形）形的道路軌跡剛剛踏上行程的起點。所以它的本義是起點和起步的意思。

“起”從止從己，是一個典型的右文造字。讀若 qi。本字卜辭與本義關聯不大，錄此存證：

卜辭：“癸巳卜。起貞。旬無判。六月。”（存 1・1673）

卜辭：“……起……尞……酒（或飲）。”（前 6・25・1）

甲骨文（巡）被專家學者認爲是從止從亘，所以有學者就創造了一個從走從亘的漢字來表示，讀作 yuan。其實本字的破譯方法和上面的甲骨文“起”字的破譯方法完全相同。從止從亘，止表示一個人的腳正在前進；而“亘”代表一個人前進的軌跡。這隻腳行進的軌跡是一個螺旋形，説明此人在原地轉圈子。腳的位置位于螺旋形軌跡綫條的的最外端，表示這隻腳已經轉了幾圈並且還在繼續向前進。而綫條的起點則位于這個螺旋的中心。所以它的本義是巡邏的意思。對應的現代漢字應該是巡邏的巡。古音巡、旋通，甲骨文亘的本義正是旋渦和螺旋之義。

這樣兩個字在卜辭裏除了用作地名和人名以外少有完整的詞條可供證明它們的本義。但是在其他的甲骨文字裏可以找到旁證。

在甲骨文起字中的己，正是杞柳的杞的初文。杞柳是一種可以隨意彎曲的編織材料，所以在甲骨文“起”中的己既是一個意符表示即將踏上的征途；同時它也是一個聲符。

在甲骨文巡字中的亘，和還、旋、巡古音相近，爲一聲之轉或一音之轉。亘同時也是一個意符，表示旋轉的道路，或者旋轉的旋渦。前者見《破譯甲骨文：宣》。後者見《破譯甲骨文：洹　淵》。

對這兩個字的本字和本義的破譯又一次證明了我的觀點：殷商甲骨文系統中没有純粹的聲符，即甲骨文系統没有純粹的形聲造字現象。所有的聲符都兼爲意符。

【甲骨文字本義小結】

起的本義：起點，起步。動詞。右文造字。己是聲符兼意符。讀若 qi。

巡的本義：巡邏。動詞。右文造字。亘是聲符兼意符。讀若 xuan，通 xun。

破譯甲骨文：射中的中[*]

在《破譯甲骨文：上　中　下》中，我考證了位于上下之間的名詞的中，甲骨文中本義爲天地之間的空間，破譯爲氣；在《破譯甲骨文：中（方位詞）》中，我考證了與四周距離相等的方位詞的中，它的本義是作爲某一地理區域的中心。但是在甲骨文中還有一個作爲動詞的中，它的本義是射中、命中、遭受、正好對上的意思。射中的“中”甲骨文如：（甲 398）。

這個中字在殷商甲骨文系統中不是一個孤證。

卜辭：“侑成。大丁。大甲。大庚。大戊。中丁。祖乙。”（《甲骨文精粹釋譯》38 片）

卜辭：“丙午卜。中丁歲並酒。”（同上，500 片）

卜辭：“癸酉。貞：方大出立中于北土。”（同上，518 片）

甲骨文中的第十一代商王中丁都是用這個中字表示的。這説明有一種可能就是這個中丁有可能是一個射箭技藝超群的商王。從我已經考證的商王名字看，大多數商王的名字像後世皇帝的謚號一樣，其中都包含著對該商王的歷史評價。

中，從丨從口，是一個會意字。這個字從甲骨文開始，到西周金文（兮仲簋，中甗，王作仲姜鼎），再到春秋戰國簡書（老子甲 13，五十二病方 247，一號墓竹簡 185），再到戰國古文，《説文》的籀文，直至小篆，一直以這樣的字形發展，有一條清晰的文字的歷史發展軌跡。在這個漫長的歷史發展過程中，它一直是從丨從口的，没有第二種字形。

那麼，這個字爲什麼采用了這樣的造字呢？它的本義是射中的中嗎？爲什麼用這個從丨從口得會意來表示這個命中的中呢？這樣三個問題的解決一定和殷商和西周的歷史背景有關。卜辭中除了中丁並没有其他詞條可以借鑒。所以我們衹好到西周史料中尋找證據。

《周禮・大史》：“凡射事，飾中，舍筭，執其禮事。”注：“舍讀曰釋。鄭司農云：‘中所以盛筭也。’”這裏的“中”是盛放“筭”的盤子。飾中就是整理盤子，舍筭就是放置竹製的籌碼。籌碼是用來計數的。所以從口，口是長方形的盤子。從丨，丨就是籌碼。兩者結合即爲造字：中。

《儀禮・大射》：“大史釋獲。小臣師執中。先首坐設之。東面退。大史實八筭于中。横委其餘于中西。興。共而俟。”這是大射禮中計算並解釋射箭成績的記載。有小臣師手捧“中”，大史執筭。也就是説這個甲骨文的“中”字，實際上是計算射箭的籌碼和盛放籌碼的盤子的會意。其場景描述是：

大史面向北設中（即卜辭中的“立中”），這個設中類似我們今天體育比賽的裁判員席。在射禮開始以前，所有的筭籌都是放置在盤子——中——的西邊的。以後每射一次，射中了侯（靶子）便從盤子的西邊筭籌中拿出一根筭籌豎直地放置在盤子上；没有射中便將筭籌横放在盤子的東邊。當射箭完成時，西邊的筭籌全部拿完，凡射中的就豎放在盤子的上面，未射中便横放在盤子的東邊。射箭的成績一目了然。這一點我們可以引用《周禮·射人》作爲佐證：射人是“與大史數射中”之小吏。注：“射中，數射者中侯之算也。大射曰司射。……由中東立于中南。北面視算。”可見這裏的“中”指的是放置算籌的盤子。實際上就是我們今天比武或者開運動會時的裁判臺。

甲骨文中的會意就是一根筭籌豎放在盤子上，表示“射中一次”。從《中鼎》銘文的（中，金文）字字形分析，射中以後的箭是箭鏃向内放置在盤子上。

我們看一看戰國的籀文中就會有進一步的理解：它從口從丨。當大史面向北面時，東邊和西邊、各有兩根筭籌。注意中間的筭籌和兩邊的筭籌是分開的，不是一體的。有興趣大家不妨將這個籀文的中和甲骨文的方位詞的中比較一下，方位詞的中所有筆畫（曲柄，旌麾）都是連爲一體的。我們再看一看商代的《中山斧銘文》裏的中字：這個“中”已經和甲骨文方位詞的“中”字形很接近，它們將逐漸合併爲一個字。

和方位詞“中”相比，甲骨文動詞的中，只有一口一丨，金文中多了四根筭籌，上下各爲兩根。商金在同一側，周金在兩側（和周禮有關）。周金中有一個最有力的證據是中鼎的銘文，中間有這樣一個金文字：。這個金文正是一支箭倒放在圓盤中，表示“一中”，倒置表明這支箭已經射出過。

現代漢語的“中”，在甲骨文時代有三種字形。它們分别代表名詞中間的中，方位詞中央的中和動詞射中的中。這又一次證明：甲骨文是一字一形一義的。

【甲骨文字本義小結】

中的本義：射中一次。引申義：命中、遭受、正好對上。如中毒，中暑等。

破譯甲骨文：臉* 面*

今天現代漢語中的“面”字有兩個主要義項是從殷商甲骨文裏就存在的。一個是“臉”的本義；一個是“方面”的本義。面的這樣兩個本義在甲骨文中是用不同的甲骨文字表示的。

圖一　甲骨文：臉（甲416）　圖二　　　圖三　甲骨文：面①

漢字臉起源較遲，最早見于《集韻》和《韻會》發音爲“居奄切。音檢”。《廣韻》“力減切”開始有了今天“臉”的發音。其本義也是今天眼瞼，但是比眼瞼的本義内涵稍大。《韻會》臉“目下頰上也”。也就是説臉的本義裏是不包括眼睛的。

東漢許慎的《説文》中未收臉字，説明它可能是産生于東漢以後。但是《説文》中有一“面”字：“面，顔前也。從頁。象人面形。”按照許慎的這個“面”的定義，面字在東漢時應該是包括人的兩隻眼睛、鼻子、嘴巴、額頭的全部“顔前”的完整人面。

但是，早于《説文》一千多年的殷商甲骨文裏，面字的本義已經爲這個象形字完整地描述下來，看一看這個象形字就可以理解它的甲骨文本義：甲骨文面字的本義是上自眉毛以下，下自下巴以上，左自山根（即鼻根），右至耳前的半邊臉頰。甲骨文面字的範圍比《韻會》中所載的最早的“臉”定義的範圍“目下頰上”稍大，因爲它擴展到了上部的邊際爲眉毛包括一側的眼睛的區域。但是它比許慎的面字定義範圍要小一半而且還要排除鼻子和嘴巴。依據甲骨文的象形造字法，我認爲上圖的甲416的甲骨文字還是以破譯爲漢字“臉”較爲貼切。既符合甲骨文一字一形一義的原則，也符合最早記載“臉”字的《韻會》的原始定義。現在看來漢字臉應該是後起的口語，但是其所指本義與甲骨文甲416字很貼切。現代漢語中的“打人不打臉”和現代烹調術語的“猪臉”和甲骨文臉字的本義都非常一致。

含有以上甲骨文臉字的卜辭殘缺不全以致無法作爲破解依據，從略。

圖二和圖三是甲骨文的面字，在甲骨文中多用作“東面”“西面”的面。

卜辭：“王占曰。有祟。八日庚戌有各云自東面……”②

這裏“東面”的“面”就是圖二圖三所示，兩者見于同一條卜辭的占辭和驗辭，所以圖二和圖三應該是同一個甲骨文字。圖二下面多了一横，圖四的下面省略了這一横。在殷商甲骨文系統中，下面這一横被省略是常態。如甲骨文家、宅、室、宣、向、安、定都是省略這下面的一横的。省略以後的類似漢字介的符號就是部首宀，是甲骨文常見部首。這個部首表達的所指（本義）就是殷商王朝的五脊四面坡的宫廷建築的一個側面——一個“面”。向東的是“東面”，向南的是“南面”，向西的是“西面”，向北的就是“北面”。

這個甲骨文“面”的造字采用了圖一“臉”的造字類比的手法，像臉字一樣，面字也是表示一個範圍，即王宫建築的某一“墻面”，這個“面”像人的臉一樣有範圍上的四至：上爲屋頂，兩側爲竪墻，下部爲地面。因爲部首宀是一個有固定意義的造字符號，所以這個面字在與圖一的臉字類比就可以得出它的本義是王宫建築的某一個側面。

音訓：面從宀從眼，宀眼切，讀若 mia，通 mian。會意造字。

---

① 引自王宇信等主編《甲骨文精粹釋譯》，雲南人民出版社 2004 年版，摹片 211（反）和摹片 212（反）。

② 引自王宇信等主編《甲骨文精粹釋譯》，摹片 211（反）和摹片 212（反）。

所以，在甲骨文系統中，臉是指人的臉；面是指王宮建築的臉——墻面。

【甲骨文字本義小結】

臉的本義：人臉的象形。其範圍是上自眉毛以下，下自下巴以上，左自山根（即鼻根），右至耳前的半邊臉頰。

音訓：本字從菱形從眼，反切上字發音不確定，反切下字爲眼。韻母從 an，與臉字韻母同。

面的本義：是指王宮建築的臉——某一方位的墻面。

音訓：從宀從眼（目），宀眼切。讀若 mian。

破譯甲骨文：牀(床)

《世本》云："紂作玉牀。"[1] 這個記載經常被歷史學家和文字學家用來證明是商紂王發明了牀的歷史證明。我認爲這則記載衹能證明是商紂王發明了"以玉做牀"的歷史事實，也可以用來證明商紂王的窮奢極欲，但是它不能説明商紂王時期人類纔開始使用牀來睡覺。其實很多的殷商歷史信息都蘊藏在殷商人自己創造的甲骨文系統中。原因就在于殷商甲骨文是一種"近取諸身，遠取諸物"的造字，同時又是"仰觀天象，俯察地理"的模仿，這種基于殷商歷史事實的從實物和圖畫中抽象出的文字真實記錄了很多極爲難得的殷商歷史信息。

牀字最早見于一期甲骨文字。這説明早在盤庚至遲在小乙一朝，殷商人就開始使用牀了。在隨後的一期到五期的各期甲骨文字中都有"牀"字被使用。同時牀字還是甲骨文中一個很重要的造字元素，它作爲一個部首在造字時總是和殷商人的生育、睡眠以及疾病狀態有著緊密聯係。因爲這樣三種狀態都和牀有關。

考證牀字，我們可以先從西周金文開始，如圖一：

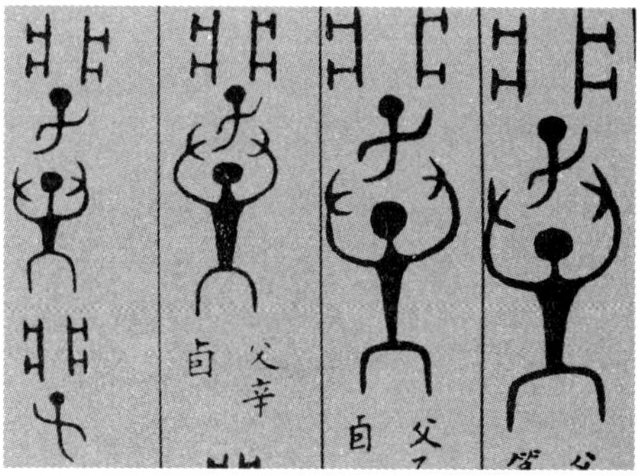

圖一

西周王朝有爲新生男丁（尤重視宗長子）打造青銅器的慣例。圖中的這個金文字在西周早期的青銅器中屢見不鮮。這個金文符號的本義也非常明確，就是喜得貴子之意。這個符號見于容庚《金文編·附錄》中占據了多達四頁紙的篇幅[2]。金文中的這一種"子"字多通尸，通祀，所以這類的青銅禮器應該是爲各家族中的長孫添置的，以備他們長大以後承接家族大權。

---

① （漢）王衷等注《世本八種》，雷學淇校輯本，第 84 頁。

② 容庚編著《金文編》，中華書局 1985 年版，第 1019 頁至第 1022 頁。

最上面的那個符號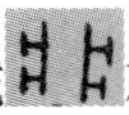就是金文“爿”。這個爿字采用的是散點透視造字法。圖中兩竪之間的空白就是牀面，旁邊是牀的四隻腳。其實在現實中，無論你從那一個角度看，都不可能看到這樣的一張牀——同時看見牀面又看到四隻腳。這就是甲骨文造字中的一種常用手法：散點透視造字法。在殷商甲骨文系統中，這樣的造字還有：鼎，蒿，暮，龜，北（背）等。例如龜字可以俯視同時看見烏龜的四條伸出的腿，鼎字可以俯視看見鼎口和四條鼎足。這種散點透視法後來成爲中國國畫的一種有别于西洋畫法的一個重要的美學特點，其濫觴就在甲骨文系統。

其實在西周金文以前的殷商甲骨文裏，牀的造字並不是散點透視法的造字。甲骨文中的這個標識牀的意符看起來似乎是“半張”牀，其實不然。這裏的甲骨文造字者采用的是另外一種造字方法——側視法造字。熟悉甲骨文的學者一定知道甲骨文的龜字就同時使用了散點透視法和側視構圖法的兩種造字。造字者僅僅使用金文牀的左半或者右半代表牀字，這是從牀的側面視圖，所以看見的是兩條床腿和牀的平面。有關牀部首的甲骨文字見圖二中的六字：

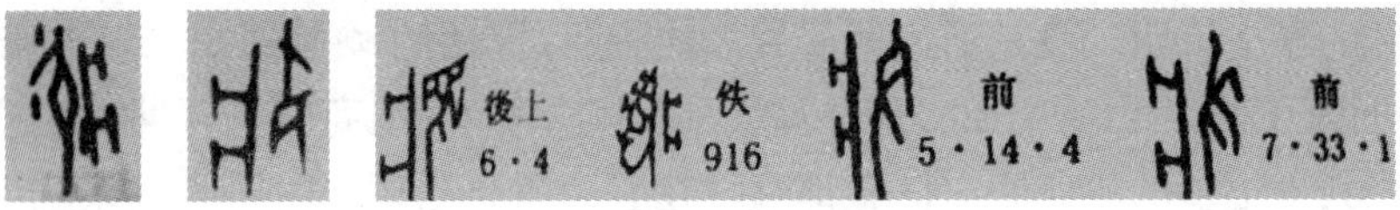

圖二　甲骨文：疒（病）、葬、夢、寐、未詳、寤

上圖中第一個字是甲骨文疒（漢字病）。這是一個會意字：一人臥病在牀，圖中的散點表示淌汗。會意爲生病。圖中的人字是一個非固定意符，可以是老人（卩），可以是小孩（子），可以是男人，也可以是女人。其本義是某人病了。

圖中第二字爲葬。從牀，從卜，從没有眼珠的眼睛。表明人死停喪。本義爲某人死了。

圖中第三字爲夢。本義爲睡著。從目從人，音訓爲目人切。讀若 men，古音通 meng。

圖中第四例爲寐。本義爲睡醒。從眉從人，右文造字。音訓爲 mei。

圖中第六例爲寤。從牀，從人。其人的手腳用曲綫表示處于運動狀態。一個睡著的（同寐）人處于運動狀態。也就是處在夢寤中。有學者將此字破譯爲夢字。這個破譯的美中不足之處在于夢是人在睡眠中的一種不由自主的心理活動，想象出影像、聲音、感覺等。《正韻》：“蒙弄切，蒙去聲。覺之對寐中所見事形也。”所以夢在心理上處于運動的狀態，但是做夢者的生理上未必就一定處于運動狀態。所以圖中第六例文字的準確的破譯（達詁）應該是“寤”而不是“夢”。本義爲某人夢寤了。

有關“牀”的造字，西周人用散點透視法，殷商人用側視造字法。但是就對該字本義的表達（能指）而言，西周金文的“牀”字要比甲骨文科學。因爲甲骨文牀的造字使人産生牀是站立的，而牀上的病人也是呈站立狀態。如果把甲骨文中的牀横過來寫的話，牀上的人的表達便違反了甲骨文的原則——甲骨文字中的人都是竪直站立的，也許這和卜辭是用工具刻在甲骨上有關。西周金文的“牀”使人一看便一目了然。但是不得不説一下，甲骨文的造字是很科學的，甲骨文“牀”顯然是和甲骨文“船”（即舟）的造字是一脈相承的，兩者聲紐也是相同的。遠古疑爲同音字。

破譯甲骨文：未識字*

圖一

《周易·繫辭》載：“上古穴居而野處，後世聖人易之以宫室。”考古學的事實已經證明至遲在殷商之世，人們已經完全住進了民居中。這些民居分成貴賤兩種：王室貴族們是居住在地面上的“乾打壘”築的土墻式的草房裏；平民則居住在半地穴式的草窩棚裏。在殷商甲骨文中，前者用部首宀表示，後者用亼字頭表示。

前者的甲骨文見于：宫、室、宣、宰、寶、宜、官等。

後者的甲骨文見于：餘、俞、今、會、合、倉、食等。

圖二

請看殷商甲骨文系統中的一個造字很繁雜的字，這是一個由五個主要意符組成的會意字。它的本義至今尚未被破譯。它的上部就是一個代表王室貴族居住的建築——宀。請注意本字的這個房屋和普通的貴族居住的房屋有一個明顯的區别就是在房屋的頂上有四到六個像獸耳一樣的裝飾物。從該字中包含的意符“王”來看，這個建築可能是商王的專用建築物。在甲骨文中王一般寫作“大字下加一横”，但是殷商後期的甲骨文字和西周早期的金文中“王”字已經開始向三横一竪的王字轉變。

圖一和圖二的甲骨文字互爲鏡像，所以兩圖可以視作同一個甲骨文本字，但是它的本義卻至今還在爭議中，以下卜辭中以~代替本字：

卜辭：“乙卯卜。□。貞：令多子族從犬侯~周古（或譯業）王事。五月。”（《合6814》）

唐蘭破譯爲“撲周”，鄒曉麗破譯爲“以杖撲擊形——入深山以‘辛’撲擊山石以取金玉。”① 這兩個解釋都是存疑的。一是周在滅商前一直是夾著尾巴做人的，周在武王滅商前和商幾乎未見有戰争記載；二是“辛”作爲一種武器或者工具，衹是和王權緊密聯係的，就是説這個“辛”在甲骨文中一直是類似“權杖”的殷商王權的象徵。

“此爲雙手持工具在山下開鑿玉石之形。”

“這個字諸家多釋爲寇若𢦏，爲討伐義，進而推論‘寇周’或‘𢦏周’即伐周，但驗之以卜辭文義，均難讀。葉玉森釋其爲鑿（《殷墟書契前編集釋》卷四），較爲合理。在卜辭裏，（該）鑿字恒與周（琱）連用。”②

---

① 鄒曉麗編著《基礎漢字形義釋源》（修訂本），中華書局2007年版，第222頁。

② 晁福林著《先秦社會形態研究》，北京師範大學出版社2003年版，第391頁。

爲什麼學者們會産生以上幾種觀點呢？弄清楚其中的原因可以幫助我們更準確地考證上面甲骨文字的本義。以圖一爲例，裏面的四個意符分别是共、辛、王、西。顯然將這個甲骨文字的本義解釋爲“寇”、“鑿”和“雙手持工具在山下開鑿玉石”的學者們是將右側的“共”理解爲雙手，這是符合其本義的。但是將“辛”解釋爲兵器或者工具則牽强。我在此前的考證中已經考證了辛有兩種本字，差别就在于商代第十五位商王祖辛的辛上面没有一點，而商代第二十一代商王的小辛的辛上面有一點。這一點的原因在甲骨文“競”字的考證（見《破譯甲骨文：競　竟》）中我提出小辛弟兄之間在奪取王位時有過宫廷競争，最後是小辛奪得了王位，所以上面的這一點是記録小辛的這一次勝利的標志——王位最終落在小辛頭上。這一點類似我們現代漢語的著重號，起强調作用。所以圖一中雙手執的“辛”表明的是王權不是其他器物，所以辛代表的應該是“權杖”。該字的左邊從王從西，“開采玉石”説的學者是將左上的“王”認定爲“玉”了。其實在甲骨文的“玉”字中間一竪都是上下出頭的，本字中上下未出頭，所以我認爲當作“王”解。殷商後期的卜辭裏，王又寫作三横一竪的王。左下的“西”字我在《破譯甲骨文：西》中考證其本義爲“雍州進貢的一包一包的玉石。從玉從凵，會意字。引申義：西方”。這個甲骨文字很形象地證明，衹有王權和玉石纔是殷商王朝所看重的國家財富。至于貝類等等價交换物是商王所不屑的。

那麼，在一座商王專用的宫室裏，商王在這裏行使權力，接受各地的進貢。這是名詞。或者還可以有第二種解釋：在一座商王專用的議事大廳裏，群臣爲殷商國家的大政方針和經濟問題出謀劃策。這是動詞。圖一的甲骨文字的本字是什麼？本義又是什麼？我們來看一看這個字在卜辭中的應用：

卜辭：“貞：令多子族暨犬侯~周古（或譯業）王事。”（《合6813》）

卜辭：“乙卯卜。□。貞：令多子族從犬侯~周古（或譯業）王事。五月。”（《合6814》）

卜辭：“癸未卜。争。貞：令□氏多子族~周古（或譯業）王事。”（《合6814》）

上面引用的三條卜辭日期不同，説明卜辭中“~周”連用的現象確實是存在的。甲骨文周、舟通，均作船解。但是兩者是有區别的，舟是黄河下游“刳木爲舟”的獨木船，而周是黄河中上游方國使用的羊皮筏子，例如周方。所以這裏卜辭中的“周古（或業）王事”可以理解爲乘船去完成王事。那麽“~周古（業）王事”便可以解釋爲“謀劃乘船去完成王事”。則圖一中甲骨文字的本義就應該破譯爲：在商王的議事大廳裏謀劃、議事。它應該是一個動詞。

將圖一的甲骨文字破譯爲“寇”的缺點在于它無法解釋事情發生在一個大廳裏，不能解釋意符“玉”的本義，甲骨文“西”的本義以及意符“王”的本義在“寇”字中的會意作用。寇非正義的詞性似乎和本字的幾個部首的會意也不相符合。

將圖一的甲骨文字破譯爲“鑿”的缺點在于“鑿周”連用就是“刳木爲舟”的本義，這樣似乎可以貼切地解釋上述卜辭：命令多子族跟隨犬侯製造木船以完成商王的王事。如果是這樣，也有一個不可回避的問題：就是“鑿周”兩個字在甲骨文中的正確表達應該是“鑿舟”。因爲在殷商時代，衹有“舟”是鑿製出來的，而“周”卻不是鑿製出來的。

本字在一個甲骨文字中完成了一個複雜的敘事，所以我將這類甲骨文字稱爲敘事字將專文考證。

的本義就應該破譯爲：在商王的議事大廳裏謀劃、議事。它應該是一個動詞。該字是五個意符合成的敘事造字，而甲骨文字的聲符並不取决于其作爲意符的重要性，所以反切情況較爲複雜，暫付闕如。

破譯甲骨文：*

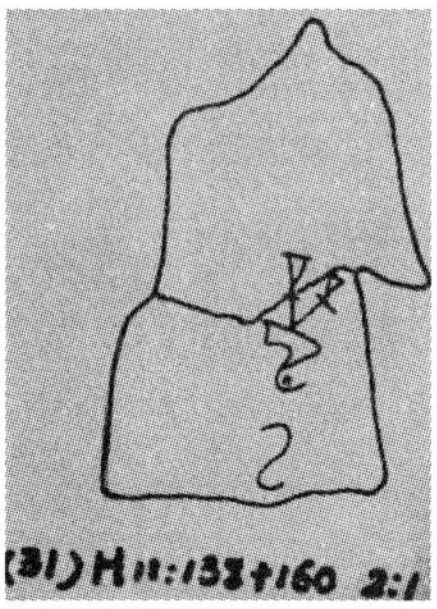

圖一

截止 1979 年 5 月，陝西省岐山縣鳳雛村的西周窖穴中出土了先周甲骨 21050 片。其中有字甲骨 293 片。其内容涉及的歷史時期爲先周的王季到西周的康昭時期。其中有一片甲骨引起了我的興趣，如圖一①：

這是一個甲骨文未識字。這片甲骨的内容有學者解作龖。《説文》：“龖，飛龍也。從二龍。讀若沓。”可是從該甲骨上提供的信息看，它是一條龍，兩個頭。這兩個頭被我稱之爲帝字頭。一條龍身爲什麽用了兩個頭呢？而且兩個頭均爲帝字頭，説明他們是平起平坐的雙龍同體。這纔是夏商周人認識的龍的原型。翻閱先秦的文獻，我們發現凡是有龍出現，一般總是兩條，而且總是處于交戰狀態。偃師夏二里頭遺址出土的殘陶器上就曾發現有龍一首雙身。此外見于史籍的記載還有很多，《左傳》裏就記錄了鄭國發生的兩次龍鬥，一次稱龍，另一次稱蛇。舉例：

《國語·鄭語》：“夏之衰也，褒人之神化爲二龍，以同于王庭。”

《淮南子·泰族訓》：“騰蛇雄鳴于上風。雌鳴于下風，而化成形，精之至也。”

“後十四世，至帝孔甲，淫德好神，神瀆，二龍去之。”

值得一提的是應龍和蚩尤這一對龍鬥在《山海經》中一共有三段記載，是歷史上確實發生的現象應該不是虚構的：

《山海經·大荒北經》：“蚩尤作兵伐黄帝。黄帝乃令應龍攻之冀州之野。應龍畜水。蚩尤請風伯雨師縱大風雨。黄帝乃下天女曰魃，雨止，遂殺蚩尤。”

《山海經·大荒北經》：“應龍已殺蚩尤，又殺夸父，乃去南方處之，故南方多雨。”

《山海經·大荒東經》：“大荒東北隅中，有山名曰凶犁土丘。應龍處南極，殺蚩尤與夸父，不得復上，故下數旱。旱而爲應龍之狀，乃得大雨。”

我認爲這片甲骨藴含的周代的歷史信息非常值得深入推敲。

其一，出土該甲骨的周原今天並非龍捲風頻發之地。但是西周前後就有明文記載，

① 引自《文博》1993 年“周秦研究專號”第 16 頁。

這裏歷史上是發生過龍捲風的。同樣一個可資證明該地區存在龍捲風的例子是遠古黃帝的昇天。由《史記・封禪書》記載可知也是被龍捲風裹挾上天了：“黃帝采首山銅，鑄鼎于荆山下。鼎既成，有龍垂鬍髯下迎黃帝。黃帝上騎，群臣後宫從上者七十餘人，龍乃上去。餘小臣不得上，乃悉持龍髯。龍髯拔，墮，墮黃帝之弓。百姓仰望黃帝，既上天，乃抱其弓與鬍髯號。”

這些史實説明自華山陰（西北）至周原一綫，在商周以前龍捲風時有發生。周原附近産生過龍捲風。

其二，這一片甲骨的文字内容我認爲應該做這樣的理解：

上一字應該是甲骨文，其漢字爲（通龎），讀如 jian。該甲骨上字的龍尾彎曲中有一個符號，放大以後看出是 TT。畫面上是龍的象形和兩個 T（即示）。這個 T 我在前面的文章裏已經考證過，凡是向天祭祀的時候，T 代表的是祭祀的祭壇。但是爲什麽在這個字裏要出現兩個祭壇呢？這是因爲在遠古的文獻記載中凡是龍出現的時候，總是兩條龍一道出現，而且兩條龍總是處于交戰的狀態，所以它們是兩條敵對的龍。那麽對于深受龍害的遠古人類來説，在這兩條龍同時出現的時候該祭祀哪一條龍呢？當然衹能是不偏不倚，同時祭祀兩條龍，希望它們不要爲害衆生，儘量早早離開。所以，當龍（龍捲風）出現的時候，人們應該是同時在兩個祭壇（T）上祭祀的，爲每一條龍單設一個祭壇。這個字可能表現了當時祭祀的場景。

下一字是甲骨文水（從乙）。在甲骨文中水有三種部首表達方式。從乙的部首表示小水，即可以跨越的小河或水溝之類。

所以該片周原甲骨記載的是周人在一條小河邊祭祀出現的龍捲風的場景。

其三，二里頭遺址曾出現過一首雙身的龍的形象，説明夏人認爲龍是呈交戰狀態的兩條龍。

從《周易》看，“上六：龍戰于野，其血玄黃”，説明周人也還是認爲龍是处于交戰狀態的。該甲骨文字使用“TT”符號也説明了這一點。但是周人習慣認爲龍是一個整體，所以衹有一個龍身。這一點説明周人對龍捲風的認識比夏商時期的認識進了一步：龍是不可分割的整體現象。

其四，龍在殷商甲骨文中衹有一個帝字頭。周甲骨中龍出現了雙帝字頭。關于先秦龍文化的一整套的符號表明，當時的人們可能是認爲龍捲風的出現是兩個天帝之間的戰争。所以衹好設置兩個祭祀壇分别祭祀，希望平息戰争，防止給大地帶來災難。

其五，西周金文中尚有一個“龕”字（甲骨文中爲龐字）。會意爲一個專門供給龍居住的小型的宫室。説明西周人象供奉祖先排位一樣供奉龍，希望得到龍的庇佑。

其六，從殷商甲骨文到周原甲骨文，我們可以看到商和周的文字是一脈相承的。讀懂了殷商甲骨文就可以讀懂周原甲骨文。原因可能有兩個：一個是周原是商的臣屬，在商統治時期就有文件往來。二是，周武王滅商以後繼承了包括整個殷商貞人集團在内的全部甲骨文人才和部分資料。這其中的一個關鍵人物是殷商的降臣微子。同一批出土的周原甲骨中有一片編號爲 H31：2 的甲骨内容可資證明這一點：“唯衣微子來降。其執暨厥吏。在廟爾卜。曰南宫郘其乍（酢）。”（龐懷靖譯）

圖二　（合 367）

卜辭合 367 如圖二中含有的這個甲骨文字：從龍從雙丅。這是一條殘缺的卜辭，衹有兩個字：

卜辭譯爲：“，亡（判）。”（合 367 正第一條殘缺卜辭）

這是殷商時某地出現龍捲風，在祭祀以後没有出現大的災難的一條卜辭記載。在同一片卜辭上一共記載了五條卜辭，其内容可以互證：

卜辭：“癸丑卜。□。貞：旬無判。”（同上第二條卜辭）

卜辭：“貞：其有來艱。”（同上第三條卜辭）

卜辭：“三月。癸未卜。□。貞：旬無判。”（同上第四條卜辭）

卜辭：“癸卯卜。□，貞：王占曰。有祟。驟風之□。羌五。”（同上第五條）

這一版的貞人是同一個人，屬于一期貞人。第二第四條占卜爲“旬無判”，第四條中“三月”疑爲左半版之殘字。第三條是占卜是不是還會有災禍降臨。第五條是王親自占卜的結果是“有祟”，並注明是“驟風之□”，采用羌祭以祈禱免除繼之而來的大風災難。這裏的羌祭按照以往專家學者的説法應該是殺羌人以祭。存疑。

《説文》中收錄了這個字，許慎的定義是：“～，龍耆脊上～～也。從龍幵聲。”這個定義已經距離甲骨文本字很遠了。甲骨文本字從龍從幵，是一個會意字其中的意符“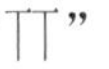”在甲骨文中就是“示”，是祭祀的用具。而許慎定義爲“龍耆脊上～～也。”顯然是一個獨體象形字，與本字不符。因此《説文》之定義非本義也。

音訓：該字從幵從龍。是右文造字。其中的幵是聲符兼意符。甲骨文中凡設雙祭祀壇祭祀動物或天象的，均已從幵從動物或天象造字。

破譯甲骨文：未識字 2*

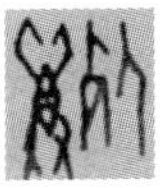

圖一

圖二

圖三

圖一、圖二、圖三中的甲骨文字至今尚未破譯。從本字的字面上看，它們都是會意字，都是由三個意符組合而成的。這三個字中用來代表人的意符是一個非固定意符，可以是一般的人（圖一），可以是女人（圖三），也可以是哺乳期婦女（圖二）。

三個字共有的其餘兩個意符纔是破譯這個甲骨文字本義的關鍵所在。

的本義代表死。儘管我對學者們公認的甲骨文死字做了考證，但是我認爲那個大家公認的甲骨文死字實際上其本字並不能破譯爲漢字的死，它的本義是殷商時期“平民爲死者的守靈儀式”。真正能够代表“死人”本義的是這個意符。它的上部從卜，下部是一隻眼睛，一隻没有眼珠的眼睛（死者的眼睛因爲渾濁而看不見眼珠），兩邊的眼角已經下垂。這正是抓住了死人的生理特點的一個造字。這個意符和人（女、母等）意符造字就産生了爲死者守靈的本字——甲骨文“死”（見圖四）。

在圖一到圖三的待解甲骨文中，在生者與死者之間加入的另一個意符又起著什麽本義的作用呢？

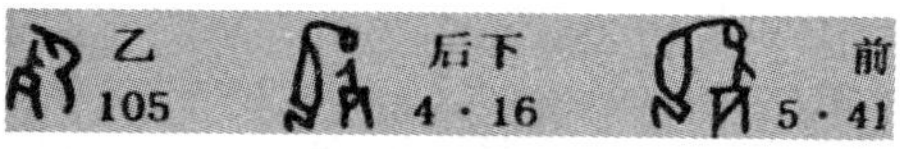

圖四

圖五

該字本義迄今爲止有多種破譯。根據甲骨文造字的象形的原則，大家一致公認這是一種昆蟲。但是具體是什麽昆蟲見解各異。這裏姑且從衆，破譯爲黽，即一種蛤蟆。許慎《説文》：“黽，鼃黽也。從它。象形。黽頭與它頭同。”這裏的“鼃黽”據鄭玄注解是兩種不同的蛤蟆。雖然從衆破譯爲黽，但是我很懷疑這個蛤蟆説，因爲這個俯視構圖的本字的象形與蛤蟆確有幾分相像。從本字字形看，這個象形字表示的昆蟲具有上尖下圓的橢圓形的身體，没有尾巴。它的身上有兩横，這兩横在甲骨文造字中代表的意義是被砍了兩刀分爲三段了。將一隻蛤蟆兩刀切爲三段可能就是殷商人食用癩蛤蟆的處理方式。在西周初期的金文裏，如在父乙斝、父癸卣、獻侯鼎和揚鼎銘文中，黽上面的兩横已經消失。在父癸卣、揚鼎銘文中的黽字上面多了代表鮮血的散點意符，這表明商周的黽字確實是指的癩蛤蟆。

圖六

甲骨文“黽”在卜辭中出現最多的時候都是單獨構成三個字的刻辭，即“不玄黽”，或者“不午黽”，也有破譯作“不玄冥”的。對于這個三字連用的刻辭本義學者們是衆説紛紜，莫衷一是。見本書有另文破譯。

而“黽”和“冥”的發音很接近。所以甲骨文系統中的最早的字一般是象形字，由這些象形字作爲造字的基本零件——部首——創造出會意字（二級造字）。所以可以斷定字形簡單的會意字“命”是字形較複雜的象形字的“黽”的假借。

現在的問題就歸結到了一點：黽到底是什麽？是因爲宗教迷信的意義上不要得罪黽，還是因爲某幾種黽是有毒的（例如蛤蟆能分泌出可以毒死人的蟾酥）而不能得罪它呢？退一步説，即使是黽的毒性可以致人死命，爲什麽在卜辭的空白處刻寫這個“不午黽”呢。從本文的未識甲骨文字看，這個黽在殷商時確實和人的命有關。聯想到我國農村很多地區至今依然有這樣一種民俗，就是當家裏有人患病時，直系親屬會采用一邊走一邊呼喚患者的靈魂回來：“××（人名）哎……你在××（地名）被人嚇著了，你媽喊你回來啊……”這樣一種叫魂在河南農村尤甚。而在另一些農村地區被稱作“收嚇”。叫魂還有其他兩種方式，其一是用筷子站立在碗中，一邊澆油一邊叫魂。另一種是在家中用菜刀在砧板上一邊剁一邊叫魂（類似罵街）。這最後一種叫魂的方法一般是有特定的懷疑對象的，猶如這個未識甲骨文中的那隻蛤蟆。

【甲骨文字本義小結】

的本義是爲死去的親人守靈。這裏生者與死者之間的一隻死黽，可能有“死命”之意。本義爲生者和死者的陰陽兩隔。

破譯甲骨文：剝*

殷商甲骨文是一字一形一義的，其本義非常具體。現代漢字很多字同時具有幾個義項，這種一字多個義項的産生多半都在甲骨文之後由甲骨文本義引申而成。所以在現在漢字系統中就出現了這樣一種現象：一個漢字的多個義項是由幾個甲骨文本字分别承擔的。例如漢字水在甲骨文中有四種本字的表達，手、中、排等字都是這樣的。本文探討漢字“剝”的兩種甲骨文本字，它們分别代表現代漢字“剝”的兩個義項。

圖一　左圖爲灼剝龜之㓟，通卜；右圖爲剝果皮之剝。

這兩個甲骨文字被古文字專家們破譯爲漢字剝。應該説這個甲骨文字和漢字剝差别很大，本字從卜從刀；後者從彔從刀。其最早的文字學依據是許慎的《説文》：“剝，裂也。從刀從彔。彔，刻割也。”許慎接著説了一句：“古文剝或從卜。”專家們就是根據這一句話認定這個甲骨文字是漢字剝的。這個認定是有道理的，因爲它的依據是《説文》，而《説文》又是依據該㓟字在戰國古文中的寫法。

這個從卜從刂的甲骨文字是甲骨文剝。它的本義是什麽呢？《説文》：“卜。灼剝龜也。象炙龜之形。一曰象龜兆之縱衡也。”所謂“灼剝龜”就是攻龜，就是經過特定儀式的祭祀以後宰殺占卜用的烏龜，將龜板整理好，以便于貞人們進行鑿鉆。

“灼剝龜”其實就是用刀在龜甲上刻印記。甲骨文的㓟字從卜從刀説明這個字和兩個因素有關係：一是和甲骨占卜有關，所以從卜；二是和用刀在龜甲上刻畫痕跡有關，所以從刀。龜甲在灼燒占卜之前首先在龜甲的背面用刀刻畫綫形痕跡叫鑿。然後在每一片龜甲上沿著綫形痕跡用金屬鑽鑽出七十二個圓形凹坑，這個凹坑並不鑽透龜板，而是留下薄薄的一層。這樣在灼燒以前的龜甲從正面看與正常龜甲無異，從反面（背面）看，有七十二個凹坑，坑與坑之間有綫形刻痕相聯係。甲骨文㓟的意符刀的本義就是刻畫這些綫形痕跡的工具（婦好墓和殷墟 M168 均有出土）；而意符卜則是有著弧形刀刃的青銅鉆具（鄭州二里崗出土）。該字的音訓北方方言爲卜刀切，讀若 bao。南方爲北角切的入聲 bo，通 be（入聲）。

處理以後的龜甲經過鑿鑽灼燒之後就會産生裂紋。有專門的官員依據占卜的國之大事對這些經灼燒後的裂痕進行解釋。這個官員在西周叫作大卜。

《周禮・大卜》：“大卜掌三兆之法。一曰玉兆。二曰瓦兆。三曰原兆。其經兆之體皆百有二十。其頌皆千有二百。”

占卜的結果用刀刻畫在龜板的正面，所以刻寫卜辭也可以叫作㓟。

卜辭中㓟衹一見：“……㓟……七月……”（甲 3153）

再看上圖的右圖：從苞從刀。苞，是殷商時的一種堅果成熟時的象形，這種堅果就是當時廣泛分布于我國北方地區的板栗。《説文》："剝，裂也。從刀彔。彔，栗刻也。彔亦聲。（段注：北角切）一曰剝，刻也。"甲骨文"彔"本義爲遠古直至夏商時汲水用的小口雙附耳尖底陶罐，是一種容器。甲骨文剝皮之剝造字中的"彔"即板栗苞也是一種容器。板栗外部是像刺猬一樣的帶刺的殼，內中一般是三顆板栗果實。許慎的這個定義倘若在殷商時代就應該表述爲："剝，裂也。從刀彔。彔，栗殼也。"至于這個彔是不是剝的初文，其音訓是南方發音爲北角切的入聲，還是北方發音爲卜刀切，還需要有進一步的文字考證。

未成熟的早板栗一般稱板栗苞，內中板栗白色可食。成熟的板栗苞會自動開口，栗褐色的栗子會隨風摇落。甲骨文"剝"是一個會意字，其本義爲用刀剝開板栗苞。音訓從苞刀切。讀若 bɑo。卜刂和剝兩個甲骨文字在殷商應屬同音字。這兩個甲骨文字河南方言發音爲 bo（入聲），這和上述音訓並不相悖。甲骨文"剝"卜辭常用作地名：

卜辭："九月。在剝。"（京 1569）由剝的本義引申地名"剝"疑爲板栗林或者瓜地。

卜辭："寅卜夬貞：今歲我不其受年。在剝。十月。"（乙 7811）

從上述卜辭例看，殷商時七月，九月，十月都和"剝"有關。其實早在夏代的《夏小正》裏就多次出現"剝"字。（《夏小正》爲口傳文獻，後經孔子收集整理，成書大約遲于孔子。）

《夏小正》："二月，剝鮮鱓，以爲鼓也。"這是剝鼉皮以蒙社鼓也。

"八月，剝瓜。"剖瓜也。八月瓜已熟，剖而食之。

"八月，剝棗零。"棗零爲早栗之假借字。八月早栗可食，但是需要用刀剝開板栗苞以後方能食用。故《夏小正》有"剝棗零"一説。本句又見于《大戴禮記》，句讀爲"八月。剝棗。零"。我認爲"剝棗零"三字應連續理解，而不宜斷作"剝棗。零"。《夏小正》全文語法極少見獨字成句的用法。零本字音訓殷商時應通栗。

本字的音訓有二：段注的北角切（入聲），本字反切包刀切或卜刀切，這兩種發音典型地顯示了該字的南方方言和北方方言的兩個發展方向。殷商地處黃河以北，向北是北方方言區，發音爲包刀切或卜刀切；向南爲南方方言區，發入聲北角切。

【甲骨文字本義小結】

卜刂的本義：殷商貞人在占卜前的攻龜。

音訓：bɑo。通入聲 bo。南北發音不同。

剝的本義：用刀剝板栗，取獸皮，削瓜果。

在現代漢字中兩字已經合併爲剝字。

音訓：bo 和 bɑo。方言發音 be（入聲）。

破譯甲骨文：咎[*]　嘉（吉）[*]

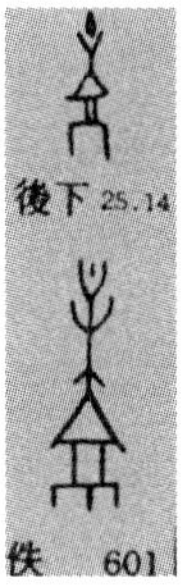

圖一

圖一的甲骨文字屬于未識甲骨文。它上部從求，下部從京。甲骨文“求”本義是一種栗樹；甲骨文“京”是商王朝都城的象形，下部的倒山字的本義是都邑的門墊，上半部分是城上的堞亭，用于放哨和瞭望遠方情況的。這個未識字是一個獨體字，下面的京和上面的求是有機的整體。其本義是京城都邑的堞亭頂上長出了一棵栗樹。通常這被認爲是一種徵兆，所以造字者專門造字記載了此事。既然是宮頂上長出一棵樹，説明此事在殷商某一歷史時期持續了很長一段時間。

在殷商甲骨文系統中除了這樣兩個字，衹找到一條且衹有三個字的卜辭：

卜辭：“貞：于~。”（後下 25・14）

卜辭中的“于”是一種祭祀，在這裏因爲出現了祥瑞，所以要視爲一種天賜。像所有的“天垂象”一樣，殷商的統治者可能無法斷定它的吉凶。所以在現場要進行盂祭。正如在龍捲風凶兆出現的時候，商周的統治者都是采用在現場設雙祭壇分祭兩龍的祈福禳災的做法。

圖二

爲什麼我説都邑的堞亭頂上長出一株栗樹是一種徵兆呢？這個問題的答案我是從西周的青銅器銘文裏找到的。西周統治者因爲有一次在王朝的一個房頂上長出了一株黍而鑄造了一隻青銅卣以記載這件事情。房頂長出黍意思是天賜周黍。這應該是祥瑞。鑄卣應該是爲祥瑞，而鑄音訓爲從京從黍，京黍切，讀若 zhu。此卣正是鑄卣，兩字同音假借，可能衹是一種巧合吧。

從西周的鑄卣回溯到殷商的盂祭。我們看到西周“王肇稱殷禮”的文化上的傳承。從而可以斷定商代的都邑堞亭上長栗樹和西周王室宮頂生黍都是一種祥瑞而非凶兆。而這樣兩個未識字其本義是不是“祥瑞”之意呢？難説。

圖一甲骨文音訓：從京從求。京求切，讀若 jiu。通咎。按照甲骨文同音字規律，這個字可能不是祥瑞而是一種凶兆。《説文》：“咎，災也。從人從各。各者相違也。”《尚書・大禹謨》：“天降之咎。”可見該甲骨文本字表達的是一種天降之咎。

甲骨文造字中有這個長有栗樹的殷商宮殿。據我推測很可能就是生長在洹北商城的五脊四面坡的屋頂，後來毀于一場大火。《尚書・盤庚》中有一句隱語：“殷降大虐，先王不懷。”可能就是指這場大火，它直接導致了盤庚率領萬民從洹河以北遷居到洹河以南的今天河南安陽的殷墟。在殷墟的土地上出現了中國第一套系統文字——甲骨卜辭。所以圖一甲骨文可能是殷商人後來追記歷史所創造的一個字。事件在當時是吉是咎無法判定。

對于殷商王朝來説，王宮的屋頂上長出一棵野栗樹是一個不祥之兆。因爲栗樹是西周人所崇尚的樹種。《淮南子・齊俗訓》："周人之禮。其社用栗。"周人祖先的牌位都是栗樹做的。對于盤庚來説宮頂生栗樹意味著周取商而代之。所以《尚書・盤庚》中始終没有明説盤庚由洹北遷往洹南的理由。

以上衹是依據兩個相關的甲骨文字關係的推測，僅供研究者參考。但本字極有可能後來被廢棄不用。

破譯甲骨文：喜得貴子*

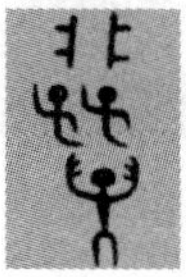

圖一

我國遠古第一例雙胞胎的記載應該是商末周初的青銅器父辛觚上的銘文（如圖一）。這個金文中上部是金文𪨰字，下部是一個雙手向天的男人，中間是兩個嬰兒。在西周金文中常見的銘文符號是中間衹有一個孩子。容庚《金文編》中收錄了該字共 57 個金文（含異體字），其中 56 個字中間都是一個"子"。雙胞胎僅此一例，説明父辛觚是辛在生了雙胞胎兒子之後專門爲此鑄造的青銅觚用以感謝上天。因此，父辛觚上那唯一的雙胞胎就成爲我國有史以來最早的第一例雙胞胎的文字記載。

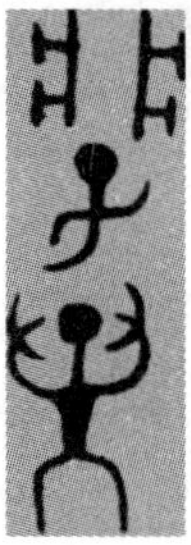

圖二

這個會意字的本義是一目了然的，就是我們今天"喜得貴子"的意思，它同時也包含了作爲父親對上天的感激。如此多的本字出現在西周青銅器上，衹能説明一點：西周王室有這樣的習俗，就是生了男孩以後要爲"喜得貴子"而鑄造青銅器以祭祀上天，感謝上天。

但是"喜得貴子"這個文字符號並不是從西周金文開始的，早在殷商甲骨文時期就有了這個會意字了，如（乙 2899）。不知道造字者是有意還是無意，這個甲骨文字中，父親的雙手雖然没有接觸兒子，而父親和孩子在造字上卻是連爲一體的。在甲骨文中，這種獨體的造字方法表示父與子是一個不可分割的整體。本字在甲骨文一期中數見。如我在上一篇文章中破譯的那個符號：代表祥瑞的樹正是和商周王朝的五脊四面坡的屋頂是連爲一體的。但是事實上，父親和兒子僅僅是血緣上的一體，在形體上是可以分開的。應該説在甲骨文造字中將會意字的兩個意符連成一個整體是極罕見的。這種造字方法是一種樸素的修辭手法——得子意味著血脈的延續，故以連體示意。

徐中舒將本字納入甲骨文"祀"條目下，似不符合造字的義理。對此徐中舒的解釋是：該字上部的小兒"爲祭祀時象徵神主之小兒，亦即後世訛變之'尸'字。古代祭禮'祝迎尸'時爲'立尸'，即舉尸于成人頸上。……乃最初之'祀'字。"①

這個解釋既不符合歷史事實，也違背甲骨文的造字規律，其乖謬之處在于：

① 徐中舒主編《甲骨文字典》，第 19 頁。

1. 尸可以是成年長孫，也可以是年幼的長孫，而本字僅僅限于小兒. 本字中大人手中的孩子以甲骨文“子”表示，意爲兒子。卜辭中的作爲“立尸”的男孩一般用“巳”表示。所以説這個甲骨文“子”是最初的“祀”是正確的，但不能將它破譯爲“尸”。

2. 金文中加上了一張牀，分明與“祝迎尸”和“立尸”無關；而且西周時期也不是每一次祭祀都要鑄造青銅禮器的。既然青銅器爲此鑄造，説明該字表示的是一件家族的大事。

3. 題圖金文中有雙子並舉，應該是指得了雙胞胎，“立尸”時不可能用兩個孩子同時代表被祭祀的祖先。即使頭胎爲雙胞胎孿生子也應該以先分娩的男孩爲“立尸”。

4. 甲骨文是一字一形一義的，本字當于“祭祀”之外另有本字本義。

所以我認爲，該字下部是得子之人，雙手奉子，得意之形溢于體態。中部是甲骨文“子”，這種“子”的寫法在甲骨文中被用作祭祀的“巳”。這一點不可忽視，既是可以用作“巳（即祀）”，就意味著這個孩子是家中的“宗子”或者叫作“承重孫”。是該氏族的長孫。在祭祀的時候，這個長孫是扮作祖先的“尸”。所以鑄造有上述圖一圖二金文的青銅器是爲了某個家族的長子長孫的出世而專門鑄造的，並非每一個孩子的出世都這樣做。

【甲骨文字本義小結】

的本義：喜得貴子後向上天祈禱。會意符號（或文字）。

音訓：牀巳切。讀如 ci。通賜和嗣。賜爲天賜。嗣爲後嗣。

破譯甲骨文：屎　尿

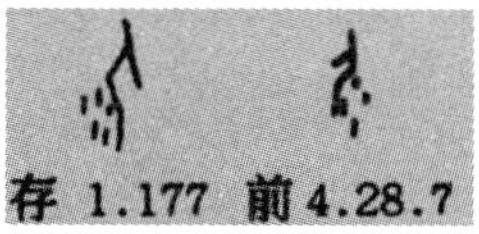

圖一　引自《甲骨文精粹釋譯》拓片 388

圖二

比較的方法對研究甲骨文字非常有效。我通過金文和甲骨文的對比破譯了符號“喜得貴子”的本義。本文中，我想通過兩個本字類似的甲骨文字的比較並破譯這兩個未識甲骨文字。其實在徐中舒的《甲骨文字典》中已經將這兩個甲骨文字破譯爲“屎”和“尿”：“從人下數點，象人遺屎形。與甲骨文育象育子形，尿象遺溺形，其結構相同。《説文》無屎字。”①

我贊成徐中舒的這個破譯，但是這兩個字最初的本義是動詞而不是今天的名詞，且音訓没有找到。

説一説我對這兩個字的破譯理由：左圖甲骨文字從尸從散點狀意符。音訓爲四夷切。讀若 si，通 shi。後一個甲骨文字從尸從綫性的點狀意符。注意觀察點狀意符的形狀

① 徐中舒主編《甲骨文字典》，第 945 頁。

和位置。這樣兩個字的主體都是人，這種側視的人的符號在甲骨文系統中代表普通人，也就是泛指一個人。可以是男女老少，但以表示男人居多。前一個字的散點狀意符位于人的屁股位置；後一個散點狀意符是綫性的，位于男人的生殖器部位。後一個字造字很含蓄：它的虛綫的最上面一點可以視作男性生殖器。

左圖是屎字。從四從夷。圖中的散點意符可以是三點、四點。三點的意符學者們將其破譯爲少，四點的意符學者們將其破譯爲小，這兩個字作爲反切上字的聲母都是 s。我認爲，這種散點狀的意符是一個非固定意符，其所指可以是少、小、水滴、血滴、雨點、米、屎。結合不同的意符産生不同的會意，構成不同的會意字。讀者可能對這個意符既可以指米又可以指屎有些不以爲然，其實這種一個字可以分指兩個對立的、極端的情況在訓詁學中是常見現象。證明該甲骨文字爲漢字“屎”的例證如下：

卜辭：“屎有足。乃裒田。”（前 5・27・6）意思是當糞窖裏的糞積累到一定程度就要集中起來施到田裏去。據張政烺考證殷商的“裒田”是每年兩次：農曆六月和十二月。這很符合殷商的農事習慣。農曆五月正是午收宿麥，農曆十一月農作物已經收穫。所以選擇在每年的六月和十二月收集糞肥施到田地裏去。這和近代農業的“催肥”應該是一回事。

商代是一個比較尊重婦女的朝代。這一點從甲骨文系統中就可以找到實證：殷商甲骨文絶少用女字作爲意符創造帶有貶義的甲骨文字。所以如本文考證的不潔的“屎”“尿”等字用的是泛指的意符，其意符也是以男性爲主的。

西周金文也有這個“屎”字，它雖然也不是用意符“女”參與會意造字，但是金文“屎”字中的代表人的意符用的是“僕”字。所以金文屎從僕從米（“米”爲散點狀非固定意符）。金文“屎”字的這一改進違反了甲骨文的音訓原理，改變了該字内部潛藏的音訓反切發音。這一改動説明甲骨文的表音原則在西周已經失傳，或者已經被西周造字者忽視，他們在造字中更重視意符之間的關係。

這個甲骨文屎，有些學者將其破譯爲糞。這種破譯值得商榷。從甲骨文屎字的造字看，它應該是從尸從米。和我們今天現代漢語的屎非常貼切。該字的音訓尸米切，當讀若 shi。同時通過我們下面將論證的甲骨文“尿”字相比較産生的呼應關係，我們就會發現甲骨文的破譯要顧及整個甲骨文系統的協調。此外本文中的甲骨文“屎”“尿”兩字的詞性應該是動詞。而糞字是名詞用如動詞。

卜辭：“庚辰貞：翌癸未屎西單田。受有年。十三月。”（《甲骨文精粹釋譯》拓片 184）這裏的屎有學者將其解釋爲祭祀，其實它就是澆糞施肥的意思。其目的也很明確，就是爲了來年豐收而施糞肥的意思。

圖二是尿字。從尸從點狀水。從本字看，這是一個正在撒尿的男子。將字中的三點構成的虛綫去掉，就是一個甲骨文人字（或曰尸字）。如果將該字中虛綫的下面兩點去掉，保留最上面的一點。那麽在人的這個部位的這一點就代表男性生殖器。這在殷商甲骨文系統中是常用造字方法。可以參見甲骨文豖、狄、豭都是用這樣一點來表示雄性生殖器的。而整條虛綫就代表人正在撒尿。這個尿字在甲骨文中還可以有另一種造字，就是將虛綫用一條 S 形的曲綫代表。在甲骨文中 S 形曲綫對應的甲骨文字是乙，代表細流，小水。這一造字方法可以參見甲骨文豖字造字。

音訓：本字的音訓不讀若 niao。該字爲尸水切，方言讀如 sei（入聲）。今讀如 sui。

卜辭：“……丁巳子豐尿。鬼亦得疾……”（同上拓片 008）本詞條中的“豐尿”是一種病，因爲後文有“鬼亦得疾”説明當天有兩人同時得病。豐尿大概應該是今天醫學上的尿頻或尿崩之類的疾病。

卜辭：“庚辰卜。大。貞：來丁亥其柰丁于大室尿。丁（礿）西即。”（同上拓片 0388）本條卜辭應該是記錄了柰丁在大室裏撒尿的不敬之事。

【甲骨文字本義小結】

屎的本義：男人正在大便。動詞。音訓：讀如 shi。古音 si。

尿的本義：男人正在小便。動詞。音訓：尸水切。讀如 sui。殷商方言讀作 sei（入聲）。

破譯甲骨文：劓* 刖*

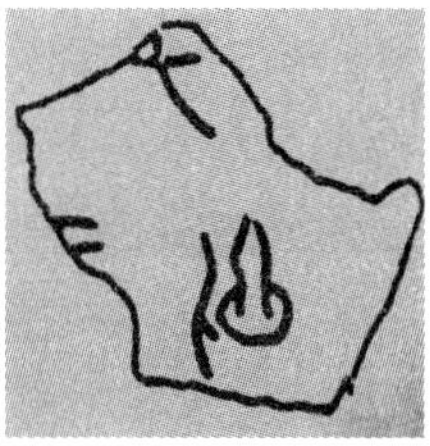

圖一　甲骨文：刖②

該摹片上衹有一個字（如圖一），這個字在已經發現的甲骨文中也是唯一的一個，所以是孤證。由于該條卜辭衹有一個字，無法自證。幸好，《張政烺文集》載有另一條有關甲骨文“刖”的卜辭：“庚辰卜。王：朕刖羌不壙。”（前 4・38・7）① 把我破譯的這個“刖”用于該條解釋非常吻合。（該條原文中刖和壙均引用的是甲骨文原圖，我嘗試破譯了這兩個甲骨文字。）

該甲骨文字的左側是甲骨文“刀”字。上下顛倒以後形成的甲骨文字是“七”，七在甲骨文中本義不是匕首，而是代表女性（或雌性動物）生殖器。

在甲骨文中，刀字的造字特點是上半部份的曲綫代表刀刃。所以正對刀刃的意符就是刀行動的目標物。這一點從甲骨文刖，劓、荆、剁、刪等字都可以證明。在本摹片中的這個刀字正對著的一個意符是代表男性生殖器的“且”字。就是説這個會意字的本義是用刀切除男性生殖器的前半部分。這是一種古老的刑罰——宫刑。

此前有研究稱我國有關宫刑的記載最早見于《尚書》，是五辟之一。現在看來這個結論要改變了，因爲我們在殷商卜辭的這個摹片上看到了宫刑的記載。雖然我們不知道它在殷商王朝是不是一種刑罰，或者它處罰的是誰。《周書・洛誥》“王肇稱殷禮”，是不是也有“王肇稱殷刑”的史實確實難以定論。不過至少在西周五刑中我已經在殷商甲骨文中找到了其中的四個：處死、刖、刖、劓。僅僅缺少一個最輕的刑罰：墨，即在額頭或者臉頰上刺字後塗墨。（其中“處死”這個刑名在殷商甲骨文中不叫大辟或者辟，因爲甲骨文的辟字的造字不能説明這個本義，卜辭與辟字的相關詞條内容也無法證明處死罪犯的刑名叫辟或者大辟。和處死這一刑名對應的甲骨文字尚待尋找和考證。從甲骨

①② 引自王宇信等主編《甲骨文精粹釋譯》拓片 126。

文的造字規律分析，如果殷商時期已經存在系統的五刑，那麼涉及五刑的五個甲骨文字都應該是屬于統一部首：刂。可見，漢字的部首最早是源於甲骨文的。)

綜上所述，我們有理由相信西周的五刑早在殷商時期就已經具備。

此前有研究稱宮刑的“閹割術可能是將陰莖與睾丸一並割除的”。現在看來推翻這個觀點有了史實依據。殷商時期的宮刑就是僅僅將陰莖切除而保留睾丸的。從古漢語“去勢”兩字的本義理解宮刑也應該是僅僅將陰莖切除而保留睾丸的。

宮刑又稱腐刑，是僅次于死刑的刑罰。宮刑不僅針對男性，對女性也有類似處罰，稱椓刑。周穆王時有“宮罪五百”的記載。司馬遷因“上以遷爲誣罔，欲沮貳師，爲陵游說，下遷腐刑”(《史記》)。北齊後主曾“恩賜”把應該受宮刑的人，赦免作爲官奴。這大概是後來太監的出處。正史上僅西漢一朝就有司馬遷、張賀和李延年受過宮刑。

但是我們看到上圖的摹片中這個甲骨文字和“宮”字並無關聯。這個甲骨文字如果破譯爲漢字的話，應該寫作從且從刂，漢字系統中是有這個字的，寫作則，讀作去。巧合的是這個則字的讀音和“去勢”的“去”發音相同。按照甲骨文的發音規律，這個字在殷商時期的發音應該是jü(音苴)。《詩經》中宮字凡十見，並無宮刑之意。《史記》中也衹是稱爲腐刑。東漢《說文》:“宮，室也。”其中的宮字本義並無宮刑之意。這個文字演化現象確實耐人尋味。我質疑周穆王時的“宮罪五百”是王朝一共有五百項刑名呢，還是僅僅判處宮刑的罪名就有五百種。我認爲應該是前者，即周穆王時期王朝製定的刑名有五百種之多。

本字音訓我有自己的觀點。我認爲，本字從且從刀，且刀切。讀如qiao。漢字系統中至今保留了一個漢字“劁”，意思是“閹割”。則、劁本爲一字。

【甲骨文字本義小結】

則的本義：殷商刑名之一，宮刑。將罪犯的陰莖切除而保留睾丸。本字應有兩個反切讀音。右文造字。後者劁爲形聲造字。

音訓：從且從刀。且刀切。讀如jiao通qiao。今殷商方言中給牲畜去勢仍叫劁。

破譯甲骨文：圈*

卜辭：“貞：病”。

圖一①

圖二

圖三

① 引自王宇信等主編《甲骨文精粹釋譯》拓片252。

本字在殷商甲骨文系統中僅此一例（圖一）。但是本字是甲骨文重要的造字部首之一。它和不同的意符結合可以產生不同的甲骨文會意字。例如：它和象形字牛結合便是甲骨文牢字（圖二例一）。它和甲骨文羊字結合便是少牢的本義（圖二例二）。它和散點水意符結合便是甲骨文泉字（圖三）。

其實如果中間結合一個“豕”也是可以的。關鍵在于我們應該弄清楚殷商甲骨文的造字者在創造這個符號時的主觀動機，他是要用這個符號表示一種什麽本義？衹有清楚了這個符號作爲造字部首的本義以後，我們纔能够在它和其他意符造字時產生正確的會意。纔能理解新造字的本義。也纔能舉一反三地破解同一部首的甲骨文字。

的本義是什麽？我有一個推測，可能這個甲骨文演變到漢字時就是今天的部首冖（平寶蓋頭）。從它的造字功能分析：它可以圈住一頭牛；可以圈住一隻羊；可以圈住一隻猪或者一匹馬；也可以圈住一片泉水。所以它的本義代表在地上圈出的一個專用的區域。

殷商人在用牲畜祭祀以前，要將這些用于祭祀的牲畜單獨養上至少一個月甚至更長時間。所以養牛的圈就叫作大牢或者太牢（甲骨文大、太爲同一字），養羊的圈爲小牢或者少牢（甲骨文中少、小爲同一字），位于水源的圈就叫作泉。這些不同的“圈”無一例外地都留有一個出入口。《周禮・天官・小宰》注：“牢禮之法。多少之差及其時也。三牲牛羊豕具爲一牢。委積謂牢。”就是說“牢”的本義就是牛羊豕三牲委積爲一牢，即太牢。而在《儀禮・少牢饋食禮》中我們看到所謂少牢就是比太牢少了一牲——牛——而已。這是“大牢”和“小牢”之差。但是兩者有著嚴格的等級產別，士大夫祭祀最高也衹能用少牢禮祭祀。

現在我們看上面的拓片252：第一字是貞，表示占卜的貞辭。第二字是病，造字爲牀上一個渾身淌（虛）汗的病人，第三個字應該作何理解？根據上面的分析，這第三個字應該用如動詞，其本義是“圈”的意思。這條卜辭就是爲了占卜“某個病人是不是要隔離開來”的意思。

這個部首冖和漢字部首宀不同的造字功能在于：部首冖的造字本義是在平地地表圈出一塊（平面的）專用區域。而部首宀是包括立體的墻和屋頂的一個建築空間。

從發音上分析。該字可以破譯爲漢字動詞的圈（quan）。所以泉水的泉（quan）外面的這個半包圍結構正是它的聲符兼意符。所以甲骨文泉是一個典型的右文造字。而我們今天把用來養猪養羊的地方叫作猪圈和羊圈也正是由此而來。圈字用作名詞和用如動詞時的發音僅僅是一音之轉。

【甲骨文字本義小結】

圈的本義：在平地的地表劃出一塊區域。動詞。用如名詞爲圈養牲畜的地方。

音訓：擬音讀如 quan。名詞讀如 juan。

破譯甲骨文：煙[*]

《史記·周本紀》載："褒姒不好笑，幽王欲其笑萬方，故不笑。幽王爲烽燧大鼓，有寇至則舉烽火。諸侯悉至，至而無寇，褒姒乃大笑。幽王説之，爲數舉烽火。其後不信，諸侯益亦不至。"烽火又叫烽燧，唐代的烽火已經有了不同方式的烽火以表示不同的信息，猶如我們今天的旗語。但是旗語有個最大的弱點就是夜裏無法看見。所以烽火舉燧有"白日放煙，夜裏放火"，"有寇舉之"的做法。

這個"烽火戲諸侯"的故事還有一個商紂王和妲己的殷商版本。由于没有找到文獻資料無法確證。但是我在殷商甲骨文系統中找到了這樣一個甲骨文字：（引自《甲骨文精粹集釋》拓片 125）。該摹片的卜辭爲："延于~圉。"（同左）該條卜辭中的"煙圉"是一個地點。"延于~圉"就是將人（或財、物）轉移到~圉這個地點的意思。但是上圖的這個甲骨文字至今依然是未識字。甲骨文是一字一形一義的。現在我們來分析這個甲骨文字。

這是一個會意字。下部從京，京的本義是京城的門樓。甲骨文京字的下半部分之所以有三竪，是因爲商代的王宫一般是兩個門道（即門塾），所以中間的一竪是隔開兩個門道的隔墻。這一點已經爲已經發掘的河南安陽洹北商城的一號基址等考古遺址所證實。作爲都邑的一種借代手法，後來京字被引申爲京城和國都。所以，京字下部的倒山字正是晚商都邑大門的正面的象形。京字的上半部分是城上的堞亭，用于放哨和瞭望遠方情況的。對于本字而言，下部從京不難理解，關鍵在于最上部的曲綫表示什麽本義。我認爲這個甲骨文字的上部的曲綫代表的是狼煙，即商周時代的烽火。該字正是殷商京城舉燧的會意。殷商時的烽火是從京城開始點燃並傳遞的。我們從《史記·周本紀》的周幽王"烽火戲諸侯"一段記載可以看到，當有寇犯京城則舉烽火，目的是號召四方諸侯勤王。所以京城的烽火臺是很重要的軍事要地。我認爲上述卜辭中的"煙圉"正是殷商的烽火臺重地，所以稱"圉"。

再看該字最上端的狼煙的造型，這不是一個隨心所欲的造型，而是一個深思熟慮的造字。這個狼煙的造型是由兩個甲骨文"人"字構成的，一個是較大的"人"字，在"大人"的手上托著一個"小人"。這應該理解爲"大人呼唤小人"的意思，也就是天子呼唤諸侯勤王的意思。這正是狼煙的作用所在。

所以，我認爲這個甲骨文字的本義應該破譯爲"殷商京城烽火臺"。用如動詞是"烽火"或者"狼煙"的意思。而上述卜辭："延于~圉"就是軍隊進駐烽火臺的意思，也就是當時殷商的京城遇到了緊急情況。

【甲骨文字本義小結】

的本義：殷商烽火臺。名詞。可以破譯爲“煙囪”。用如動詞爲烽火（夜裏）或狼煙（白天）。

音訓：本字從人從京，人京切，讀若 yin，古音通煙。

破譯甲骨文：兕

在遠古中原大地，犀牛是一種常見的野生動物。目前爲止最早的記載見于《山海經》：

“狌狌（地名：或作猩猩）西北有犀牛。狀如牛而黑。”

“兕在舜葬東。湘水南。其狀如牛。蒼黑一角。”

“其中多駁馬，牛尾而白身，一角，其音如呼。”這是白犀牛，犀牛一角。

以上三則記載都是指犀牛。我們注意到在《山海經》中的犀牛有兩個名稱：犀牛和兕。上古 xi、si 音通。這兩種名稱都是指的犀牛，衹是它的皮膚有黑白兩種顔色。犀牛的兩種皮膚一直遺傳到今天，今天的犀牛依然分成黑犀牛和白犀牛兩種。現在已經沒有人把犀牛叫作兕了。但是卜辭中它不叫犀牛，衹稱爲兕。而且殷商時期的中原這種兕是成群結隊地覓食的：

卜辭：“辛巳卜。在箕。今日王逐兕擒。允（允存疑）擒七兕。”（掇 2・399 反）

其實從訓詁學的角度看，兕和犀遠古發音是相同的。先秦的兕屬于邪母。發音爲 xi。依據這個發音，當時人們對犀牛的稱呼可能是“犀牛”和“兕牛”，要麽就是稱之“犀”或者“兕”。《山海經》雖然成書較遲，但是它記載的卻是商周以前的大禹時代的事情。大禹時代是所謂的傳説時代，就是説它衹有語言，没有文字流傳下來。犀和兕完全有可能是遠古人類對犀牛這一物種的稱呼。戰國以後在經文人收集整理時不同的傳説版本用了不同的漢字表示。這就形成了《山海經》中對于犀牛的兩種名字。所以按照這個傳説，在殷商的甲骨文中應該存在一個與犀牛或者兕的本義相當的象形甲骨文字。

我找到了這樣一個尚未被破譯的甲骨文字：（《甲骨文精粹釋譯》拓片 008）。這個甲骨文字是兕或者犀嗎？我們來分析一下：它的尾巴和腿都很短，嘴巴寬大厚實，一隻比嘴巴還要長的角和頭、和嘴巴幾乎處于一條直綫上。它的獨角的彎曲方向是朝向身後的。這些都是犀牛的動物特徵。根據《山海經》的上述記載，遠古時期生活在中原一帶的犀牛有白犀牛和黑犀牛兩種。

符合上圖特點的野生動物還有一個河馬。它是不是河馬的甲骨文字呢？應該不是。這是因爲河馬没有獨角。它的耳朵也很小，比它的嘴巴要小得多。所以上圖中的向後彎曲的部分比嘴巴要長一倍。

卜辭："……丁巳子豐尿。鬼亦得疾……"（同上，拓片 008）卜辭中該字僅一見。從這條卜辭內容看它是用作人名的。所以很遺憾我們無法從卜辭中找到它本義的證明。但是這種野生動物在先秦的文獻中是經常被提及的：

《說文》："兕，如野牛而青，象形。"由于許慎没有强調"一角"，所以存一説認爲兕是雌犀牛。

《國語·晋語》："唐叔射兕于徒林。"這個記載説明犀牛在中國遠古的客觀存在。

《周禮·考工記·函人》："兕甲壽二百年。"這裏的"兕甲"是指西周人用兕皮做成的鎧甲。

《論語·季氏》："虎兕出于柙，龜玉毁于櫝中，是誰之過與？"

【甲骨文字本義小結】

的本義：犀牛。又稱兕。是遠古時期生活在中國的中原大地上的一種野生動物。名詞。音訓待考。

破譯甲骨文：是"黄"還是"環"？*

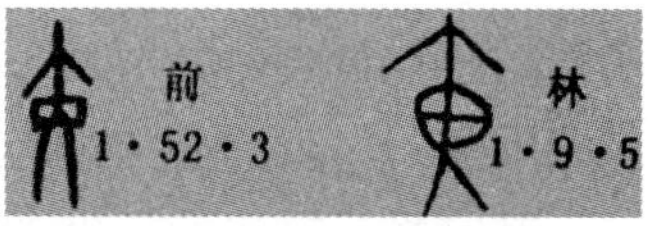

圖一

圖一的這個甲骨文字是甲骨文研究領域大家公認的"黄"字。因爲它"從人、從玉，徐中舒釋：'象人佩環之形……'"郭沫若釋：'黄，實古玉珮之象也，明甚。由字形瞻之，中有環狀之物……是故黄即珮玉，自殷代以來所舊有，後假爲黄白字，卒至假借義行而本義廢。'"①

這個甲骨文字被破譯爲"黄"是大有商榷之餘地的。

首先《說文》："黄，地之色也。"段注："《易》曰：夫玄黄者，天地之雜也。天玄而地黄。……土色黄，故從田。"《說文》中設有黄部，該部首一共收入六個字其本義均與黄色有關。《爾雅》中"黄"條共收入十一個字其本義也均與黄色有關。但是，我們從這個甲骨文字裏卻實在無法將其與"黄色"的本義聯係起來。因此，我懷疑這個甲骨文字破譯其本字爲"黄"是不是錯了。

徐中舒説它"象人珮環之形"②。實際上並非如此，這個甲骨文字從人、從○。這是一個會意字，主體是一個人字，在這個人的腰間有著一個環狀物。就像我國唐代的三品以上的文武官員，其腰間按照唐制都服著一條金玉腰帶。其實這種以金玉腰帶爲飾物的做法在我國很早就有：

---

① 馬如森著《殷墟甲骨學：帶你走進甲骨文的世界》，第 499 頁。

② 徐中舒主編《甲骨文字典》，第 1475 頁。

“命幸得爲彩扇兮，出入玉帶與綺紳。”（南朝梁江淹《扇上彩畫賦》）

“不知官高卑，玉帶懸金魚。”（唐韓愈《示兒》）

更早有没有呢？有的。王國維《觀堂集林》卷三：“歲在己未，見上虞羅氏所藏古玉一，共三片，每片上侈下斂，合三而成規。片之兩邊各有一孔，古蓋以物繫之。余謂此即古之環也。環者，完也，對玦而言。”①

這種“環”其實殷商也有。《國語·周書》云：“甲子夕。紂取天智玉琰五，環身以自焚。”商紂王在自焚以前以最好的天智玉環身，這應該是商紂王的非常正式的裝扮。不同的是商紂王作爲一朝之君環身的是最上等的天智玉。其實商紂王自己也知道天智玉在火中是燒不壞的，他以玉環身衹是一種國君的體面而已。《史記》和《國語》卻塑造了一個“懷玉自焚”的商紂王形象。

商代有發達的玉文化，所以殷商人腰佩玉環的形象就被造字者記載下來，成爲上面的甲骨文字了。所以我認爲上面的甲骨文字不應破譯爲“黄”，而應該破譯爲“環”。我的破譯基于以下原因：

一、從本字看，到目前爲止，我們在已經發現的甲骨文中没有發現“環”字。

二、從發音上看“黄”“環”爲一音之轉。在殷商亦爲近音字。今安慶方言仍讀爲 huan。

三、所有涉及部首“黄”的本字都含有黄顏色的基本含義，而圖一甲骨文字和黄顏色没有字義上的聯係。

四、就本甲骨文字的會意看，它是一個腰間佩戴玉環的人。也許是殷商的小臣的專用玉飾。所以它的本義中應該含有“環”的内涵。而我們看不出本字和“黄”有絲毫的聯係。

就以上第四點我有如下考證：

卜辭中最常見的殷商小臣叫“~尹”，過去的翻譯一般譯作“黄尹”，這個黄尹在卜辭中享有很高的地位。除了經常享受三牢的高級祭祀以外，殷商王朝遇到國家大事難以決斷時還常常卜問這個黄尹。所以我認爲這個小臣名字應該譯作“環尹”，即伊尹。環在這裏是殷商小臣腰間佩帶的玉帶（玉環），這種文武官員腰間佩帶玉帶的做法在唐代形成制度，但是它濫觴與殷商甚至更早的歷史時期。

《山海經·大荒西經》記載：“西海之南，流沙之濱，赤水之後，黑水之前，有大山，名曰崑崙之邱。有神，人面虎身。有文有尾。皆白，處之。其下有弱水之淵環之。”這是環水之淵的最早出處。

《楚辭·離騷》曰：“邅吾道夫崑崙兮，路修遠以周流。”《後漢書》注云：“崑崙在肅州酒泉縣西南，地之中也。”這裏的周流就是屈原對環水之淵的代稱。這説明戰國的屈原時代“環”有圓周之意。

《淮南子·地形訓》曰：“禹乃以息土填洪水以爲名山，掘崑崙虚以下地，中有增城九重，其高萬一千里百一十四步二尺六寸。上有木禾，其修五尋，珠樹、玉樹、琁樹、不死樹在其西，沙棠、琅玕在其東，絳樹在其南，碧樹、瑶樹在其北。旁有四百四十

---

① 姚淦銘、王燕主編《王國維文集》（下部），第352頁。

門，門間四里，里間九純，純丈五尺。旁有九井，玉横維［之］。其西北之隅，北門開以内不周之風。傾宫、旋室、縣圃、凉風、樊桐在崑崙閶闔之中，是其疏圃。疏圃之池，浸之黄水，黄水三周復其原，是謂丹水，飲之不死。”這裏的“黄”已經是“環”的假借字。或許它就是“環”的本字。

對以上三段關于崑崙山環水之淵的記載進行比較，我們可以發現《淮南子》中的黄水就是《楚辭》中的“周流”，也就是《山海經》中的“弱水之淵環之”的弱水之淵。所以可以證實在春秋戰國時代，“黄”“環”兩字是同音字或者近音字，在文獻中兩字有互用現象。所以郭沫若所説黄字“自殷代以來所舊有，後假爲黄白字，卒至假借義行而本義廢”① 是一個錯誤的結論。歷史事實是，殷商時代舊有甲骨文“環”字，因爲“環”“黄”聲音相同導致某個歷史時期或者某些地理區域内的混用。又因爲上圖中的這個甲骨文字的字形很像“黄”字的字形，誤導了專家學者將這個甲骨文“環”字錯誤地破譯爲“黄”。

一個令人懷疑的殷商時期的現象是：玉環在殷商以前很早就出現了，但是在甲骨文系統和金文系統中都没有這個“環”字，這難道不值得我們深思嗎？

注意：河南方言中的以 u 開頭的複韻母發音中常省略掉 u。

【甲骨文字本義小結】

的甲骨文本字是環。它的本義是腰間佩帶玉環的殷商臣子。和手執權杖的“尹”同是殷商的職務名稱。

音訓：右文造字。“○”讀若 huan；○是聲符兼意符。可以視甲骨文“黄”爲“環”的假借字。

破譯甲骨文：掇 *

我將這個甲骨文（未識甲骨文字，引自《甲骨文精粹釋譯》）破譯爲“拾”，拾和掇從音訓上看實爲古今字。she 古音爲 de。兩字均爲入聲。本義都是撿拾東西。在殷商甲骨文系統中尚未見到“拾”字。常見的甲骨文工具書也未見收錄。

從該本字的字形分析，它從爪從果。這個○是一個非固定意符，甲骨文造字用該意符代表水果。參見甲骨文白、果等字。意指手從地上撿起的落果。手的爪形是向下的，這是一個會意字。按照甲骨文常規的造字規律，這個字在造字中省略了一個人。這個造字比後來的漢字的“拾”字更加科學簡明。

學界常將這個字破譯爲“孵化”的“孵”，其會意在于將上面的爪字象形理解爲鳥

① 徐中舒主編《甲骨文字典》，第 1475 頁。

禽類的翅膀，下面的橢圓則被理解爲鳥禽類産下的卵。這個破譯並不符合甲骨文的造字原則。在甲骨文系統中所有的鳥禽類的翅膀造字中都是向上的，翮羽竪直向上，側羽向兩側斜上方展開呈現飛翔狀。這一點在甲骨文羽字中有生動表現。本字中的上部意符是甲骨文“爪”，即人的手呈爪狀，意欲向下去抓住落果。這種呈爪狀的手在甲骨文中是一種慣例。一般呈向下或者兩爪相對狀。因爲造字頗多，這裏就不再一一枚舉了。

《説文》：“拾，掇也。從手合聲。”段注：“《史記・貨殖傳》曰：‘俯有拾。仰有取。’……拾韜（掇）即俗所謂收拾也。……鄭曰：‘拾讀爲涉。’聲之誤也。”段玉裁對拾字讀音的注解可能失之偏頗，在我國某些方言中，“拾”確實有發音爲入聲的。《説文》中掇和拾互訓。該字今爲從爪從果，讀若 zhuo，古音通 duo。兩字在夏方言區均爲入聲字：she 和 de。

《左傳・昭公三年》：“無備而官辦者，猶拾汁也。”

《漢書・夏侯勝傳》：“經術茍明，其取青紫如俯拾地芥。”

這些文獻的記載都説明“拾”是俯身去撿的意思。上圖的甲骨文字正是俯身撿拾某物的會意。造字中省略了撿拾者本人，僅剩下了一隻呈爪狀的手。

卜辭：“辛丑卜。貞曰：共方凡□于土……敦。掇允（存疑）其敦。四月。”（合 6354 正）這條卜辭的破譯衆家不同。我認爲其中的允有“命氏于此（敦地）”的意思。所以本條卜辭的意思是共方凡符合某些條件的民衆，都到敦地去拾掇，以在敦地建立一個氏族的分支。共方是殷商的敵國，所以殷商采取了這種分權以弱化共方的“命氏”的辦法。

【甲骨文字本義小結】

應破譯爲甲骨文掇。掇的本義是撿拾、拾掇、收拾之意。會意造字。

破譯甲骨文：眉毛的作用*

甲骨文造字遵循最簡化原則，在每一個甲骨文字中幾乎没有多餘的意符甚至筆畫。看了我破譯的近千字的甲骨文字，大家應該對甲骨文造字的“最簡化原則”有了比較全面的瞭解了。這裏再以“目”爲例加以印證。

在殷商甲骨文系統中，“目”作爲 個意符首先是一個象形字。其本義是指人的眼睛。這個象形字的構成主要是兩個要件：眼眶和眼珠。即由一個眼眶和一隻眼珠構成人的一隻眼睛。該字結構中眉毛是不參與造字的。因爲眉毛不是眼睛的一部分，所以按照最簡化原則，眉毛不參與眼睛的造字。

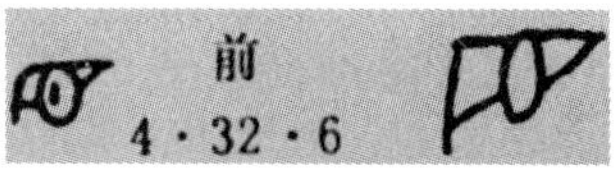

圖一

目作爲象形字的本義是眼睛。這個眼睛包括兩種：正常的眼睛和盲人的眼睛。因爲夏商有弄瞎戰俘的一隻眼睛的做法，所以甲骨文在象形字“目”的中心加上一點代表“盲目”（見圖一左例）。目引申爲動詞時引申義有看、視的意思。

該字有兩個發音：yan 和 mu。從造字上看，該字從厂從〇，厂圓切，讀若 yan。另一個發音 mu 來源不詳。暫付闕如。

雖然在甲骨文系統中眉毛不輕易用來造字，但是眉毛也是一個造字的意符（部首）。當一個甲骨文字中出現了眉毛這個意符時，和看、視等眼睛的功能是無關的。分析甲骨文系統中有眉毛這個意符作爲造字元素出現時，它的意義功能主要有這樣兩種：

一是用眉毛的方向來表明方向。我們知道眉毛的方向性是固定的，由眉心向兩側舒展。所以眉毛的方向是指向眼睛的外眼角的方向。有這樣一個甲骨文字，其中的眉毛的方向和手的方向一致，所以這個人是“回頭在看”，即回顧。這個字如果破譯爲“眉毛”或者“眉”就不符合人的生理特點。《說文》：“眉，目上毛也。象眉之形。”可是這個甲骨文字不僅畫出了眉毛，而且畫出了眼睛，甚至畫出了人的全身。該造字顯示這個人的眼睛是向身後在看。所以我將這個甲骨文字破譯爲回顧的“顧”。

再如，甲骨文中的兩隻眼睛由于表明了眉毛的方向，就使人一看便知是一隻右眼。

二是眉毛除了用來區別方向以外，還可以用來表現人的表情，而人的表情又是心理活動的窗口。所以意符眉毛參與的造字常常和人的內心心理活動有關。這是在破譯甲骨文字本義時最容易忽略的。試舉一例：

甲骨文從眼從矢。有學者按圖索驥將其破譯爲眣。但是眣的《說文》本義是“目不正也”。所以字形雖然符合了，本義卻相去甚遠。這個甲骨文是一個會意字，表示的是一支箭已經射到眼前了。也就意味著這個人的生命即將喪于一瞬間。所以這個字應該破譯爲漢字：閃。音訓：矢眼切，讀若閃。《說文》：“閃，窺頭門中也。”本義爲閃現。

將甲骨文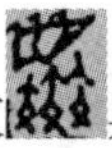與上圖的閃字比較一下我們會發現：上圖沒有意符眉毛，眼前衹有一支箭；本字中有意符眉毛且眉毛與正常方向相反，眼前同時射來三支箭。這也是一個會意字，從眉從目從三矢。造字者的造字意圖是要表示情況更加危急以致人的眉毛聳立，因爲內心的恐懼而向相反方向彎曲了。造字者用眉毛反向這一意符表現了人的心理活動。正是成語所謂“毛骨悚然”的意思。所以我認爲這個甲骨文字應該破譯爲怵——即內心恐懼的意思。該字音訓：矢顧切。讀若 su，通 chu。怵音符术，讀若 shu，上古音通 su。

本文的破譯中我們涉及了甲骨文字破譯過程中的一個很重要的原則：在破譯甲骨文字過程中，以甲骨文的本字和本義與破譯字的本字和本義均相符合爲最佳。如果無法達到這一點，則對該甲骨文字的破譯以本義的理解和破譯爲主，以字形與後世金文、古文、籀文、小篆和漢字的字形相符爲輔。原因也很簡單，漢字系統雖然有繼承性，但是畢竟殷商甲骨文的造字者沒有見過後世的那些漢字的字形，不變的衹是本義——這是殷商時唯一的造字需求。但是我們始終要牢記一個前提：甲骨文是爲了記錄殷商口語而創造的文字系統，所以居于第一位的一定是音訓。如果某字音訓非常明顯是某個發音，一般的義訓應該服從音訓。

對比甲骨文閃和怵兩個字，我們發現使用意符眉毛參的造字一般和心理狀態相關，而没有使用意符眉毛造字的一般和心理狀態無關。

【甲骨文字本義小結】

的本字是閃。閃的本義是極短的時間。即閃現。

音訓：矢眼切。讀若 san，通 shan。

的本字是怵。怵的本義是十分恐懼或震驚。

音訓：矢顧切。讀若 su，通 chu。

破譯甲骨文：墳*

我把這個甲骨文字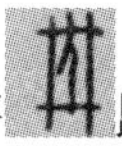歸入未識字，其實是因爲它的本義至今没有達成共識。有學者將它與甲骨文“囚”字並提，認定其本義是遠古的兩種葬式：本字爲側身（直肢）葬。囚爲仰身（直肢）葬。顧名思義，就是外面的方框被視作棺材或者墓穴，裏面的人代表屍體[1]。而在《甲骨文精粹釋譯》一書中，這個字被破譯爲死[2]。也有一些甲骨文學者的研究刻意回避了這個字。這個甲骨文字的破譯歷來争議很大：孫詒讓釋爲“刑”；唐蘭從之；商承祚説：“象囚闌之形而納人其中。”郭沫若、葉玉森、孫海波從之；丁山説：“象人在棺槨之中。”胡厚宣采用其説；張政烺認爲這兩個字釋爲“因蘊”[3]。

在殷商甲骨文系統裏，囚的會意可以是正面的人，也可以是側面的人。所以甲骨文囚的本義不是仰身葬。同樣，這個甲骨文也不能表示側身葬。因爲這個字外部的框是由四根木頭交疊而成，它既不是墓穴也不是棺材。這個外框實際上是甲骨文造字中的一個常見意符，但是既然這是一個四木交叉構成的框，它就有别于“□”，按照我的一貫的觀點，甲骨文一字一形一義。釋爲“囚”是没有依據的。

圖一

同樣這個未識字也不應該是“死”的甲骨文本字。有卜辭爲例：圖一是一條完整的卜辭的一個局部，引自《甲骨文精粹釋譯》摹片 212。整條卜辭内容爲：“癸亥卜。㱿。貞：旬亡𡆥。王占曰。有祟。五日丁卯子□。不。”這

① 晁福林著《先秦社會形態研究》，第 359 頁。

② 王宇信等主編《甲骨文精粹釋譯》，第 238 頁。

③ 張政烺著《甲骨金文與商周史研究》，中華書局 2012 年版，第 19 頁。

條卜辭的大致意思是：癸亥貞人占卜本旬無大事可記錄。但是王親自占卜說有不祥之兆。結果是第五天王子某死了。後面的未識甲骨文如果破譯爲“不死”就解釋不通。上圖第三個字是甲骨文死字中間加進了一個黽，無論如何解釋，這個字都和王子死亡有關。後面若解作“不死”，前後就相齟齬。據此我們可以推翻破譯爲“死”的觀點。《甲骨文精粹釋譯》解釋爲：“占卜之後的第五天丁卯日，商王的子輩名某者昏冥看不見東西了，但没有死。”這是將後面的未識甲骨文既定爲“死”，爲了强解這條卜辭而將上圖第三個甲骨文假借爲冥所致。事實上，在卜辭裏衹有用單字冥代替黽的辭條，但是上圖第三字從來没有用“冥”字取代“黽”字的寫法。

和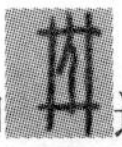這兩個甲骨文字哪一個更符合死亡的本義呢？前者是生者弔唁死者的意思（死亡不久）。後者是死者已經就木（即將入土爲安）。兩者相比較。也應該是前者最接近死亡的時刻。現在我們剖析一下本文的這個未識字。這個字外框是由四根木頭組成的四角相交叉的框架，這樣的框架和甲骨文“周”字的外框是完全相同的。在甲骨文周字中，這個框架表示木筏的木框，在這個未識字中，這個框架本義要表示的是什麼呢？

起初我也認爲，這個未識字應該是棺槨的槨字。其中的由四根木頭組成的四角相交叉的框架正是棺槨的象形。我們知道棺的外槨一般是四角呈十字交叉狀的。王子屬于非正常死亡，即所謂“薄命”，所以無福消受棺槨大葬。這個破譯看似有理。

根據這個破譯，上文的卜辭直譯的意思就是：癸亥貞人占卜爲本旬無大事可記。但是王親自占卜卻說有不祥之兆。結果是占卜的第五天王子某就死了。安葬不用外槨。（薄葬之意。）

這個看似完美的破譯有一個致命的弱點，就是該字的音訓。這個由兩横兩竪構成的意符——四角交叉的方框——和意符“人”無論如何不能産生槨的音訓：guo。所以要尋找該字正確的本訓還是要回到它的本字構成。該字是由兩個意符構成的甲骨文會意字，外面的全包圍結構我們在甲骨文“周”字中見到過，中間是甲骨文的“人”。

要解決這個甲骨文字的音訓，關鍵是破譯意符“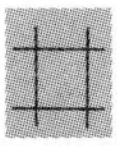”的發音。讓我們重温甲骨文“周”的相關考證。晁福林教授的《先秦社會形態研究》一書中有這樣的考證：

“甲骨文“周”字與舟船很有關係……所以甲骨文周字並不以田爲偏旁，而是以桴（舟）形爲偏旁的。《論語・公冶長》：‘道不行，乘桴浮于海。’集解：‘桴，編竹木，大者曰栰，小者曰桴。’《國語・齊語》：‘方舟設泭，乘桴濟河。’韋注：‘編木曰栰，小泭曰桴。’……《爾雅・釋水》：‘庶人乘泭。’……《廣韻》：‘筏，大曰筏，小曰桴。乘之渡水。’泭、筏與桴皆爲一聲之轉。”

晁教授所說的“泭、筏與桴皆爲一聲之轉”指的就是這個部首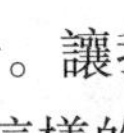。它的發音在陝西方言中以木作舟的桴發音爲 fu，以竹作舟的筏發音爲 fa。所以在黄河中上游地區，羊皮筏子從來不叫“羊皮舟子”。這是兩地方言不同所致。

因此我們找到了這個甲骨文字的音訓：從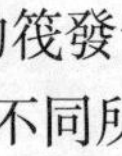從人，桴人切，或者爲筏人切，讀若

fen。依據音訓我們發現這個甲骨文字的本字應該是墳墓的墳。在先秦漢語中“墳”的本義是凸起的一塊高地。《詩經・汝墳》：“遵彼汝墳，伐其條枚。”屈原《楚辭・哀郢》：“登大墳以望遠，聊以舒吾憂心。”墳的引申義是墳頭，就是墓地上隆起的土堆。所以上述卜辭：“癸亥卜。㱿。貞：旬亡判。王占曰。有祟。五日丁卯子□。不。”直譯的意思就是：癸亥貞人占卜爲本旬無大事。但是王親自占卜卻説有不祥之兆。結果是占卜的第五天王子死了。安葬墓而不墳。就是埋葬以後不作墳頭。這正是《禮記・檀弓》所謂的“古也墓而不墳”的意思。

《説文》：“墳，墓也。”段注：“此渾言之也。析言之則墓爲平處。墳爲高處。”

《方言》：“冢，秦晉之間謂之墳或謂之培。或謂之埇。或謂之采。或謂之埌。或謂之壠。”

《方言》中“墳”或謂之“培”説明在秦晉之間，聲紐 f、p 兩聲母之間或可通。

該甲骨文字的造字中可以加上散點意符，也可以不加散點意符，説明和用土覆蓋這一措施有關聯。我認爲加散點意符的該字可能用作動詞。例如綴 58 片上有六條句型一樣的卜辭其句式爲：丙午卜，勿，貞：+人名+不墳，且句中的“墳”均爲有散點意符的。這些卜辭不是占卜已經死亡的這些人要不要培土埋葬的問題，而是占卜埋葬以後要不要培土做墳頭的意思。

甲骨文本字“墳”的破譯很好地兼容了各家的觀點：死，棺槨，墳墓，氤氳等。更重要的是我在破譯過程中解決了音訓與造字之間的吻合。

【甲骨文字本義小結】

的本義：墳頭。名詞。音訓：會意字。從桴從人，桴人切（或筏人切）。讀若 fen。

殷商方言中該字發音 hun。

破譯甲骨文：杵*

甲骨文杵也是迄今爲止未達共識的未識字之一。

《説文》：“杵。舂杵也。從木午聲。”段注：“舂，搗粟也。其器曰杵。説明甲骨文的‘杵’是殷商時搗粟工具的一種。《易經・繫辭》曰：‘斷木爲杵。掘地爲臼。臼杵之利。萬民以濟。’”按照甲骨文造字的常規，杵字的偏旁應該是扌或者共，因爲它上部意符爲雙手執杵狀，是一個動詞。但是在《説文》收入的小篆“杵”就是木字旁。按照漢字造字規律。木字旁的杵應該是一個名詞。圖一應該是杵的動詞形式，在實際操作中，“杵”是需要雙

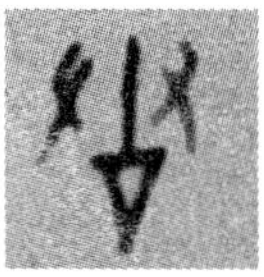
圖一 甲骨文：杵

圖二
小篆：杵

手共同操作的。

所以，比較甲骨文杵和小篆杵我們發現：一、甲骨文杵是動詞，小篆的杵是名詞；二、甲骨文杵杵尖向下，小篆杵杵尖向上。按照杵的用途和使用方法看。甲骨文的造字顯然比小篆準確而且更加接近生産活動。按照《易經·繫辭》的記載，本字中似乎省略了下面的“臼”字。事實上，在搗粟時杵和臼確是配套的用具，但是杵也是一種可以單獨使用的工具，其用途不僅限于在臼中搗粟。例如在用版築建造土墻時，就使用杵搗土。杵尖的作用是戳碎大的土團，填補土中的空隙。杵的另一端是方形的平面，可以在乾打壘築墻時用來夯實泥土。

當甲骨文的杵去掉上部的雙手的意符以後，就是名詞的杵。這個名詞的甲骨文“杵”字我們已經接觸到了，就是甲骨文“基”字上部的“⊥”。在殷商甲骨文中，這個杵尖的形狀可以是變化的，可以是一個圓點，可以是一個三角形，也可以是一短横。這是甲骨文常用的造字方法，我已經在介紹非固定意符時多次考證過這一點。

名詞杵的本字（也是初文）寫作午。這個甲骨文“午”字在卜辭中均當作十二地支的第七位使用。但是甲骨文“午”作爲一個獨立的意符造字的情況在殷商甲骨文系統中是常見的。午作爲意符造字時其本義就是一種用具：木杵。

【甲骨文字本義小結】

杵的本義：雙手執杵勞作。動詞。引申爲：工具木杵。名詞。

破譯甲骨文：疾

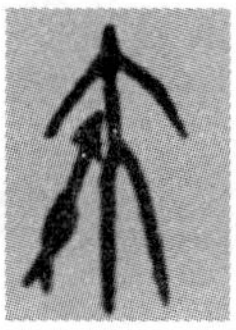

圖一
甲骨文：
疾（後下
35·2）

在現代漢語中，疾就是當作疾病解釋。疾病兩字常常連用。但是奇怪的是“疾”這個漢字還有一個義項是：“④快；迅速；猛烈。”見《新華詞典》（商務印書館）。例如：疾走、疾風等。如果按照今天漢語的定義理解，疾病和快，和迅速是没有什麼關係的。要找到這種聯係就必須回歸“疾”字的源頭——甲骨文“疾”的造字。

甲骨文疾，從人，從矢。會意是一個人被一支箭從側面突然射中了腋下或者肋部。箭的速度本來就非常快，又是從側面射中，所以使人猝不及防。所以甲骨文“疾”的本義是突然的受傷，而且是外傷。所以它有“突然”和“外部利器所傷”兩重含義。這就是現代漢語中“疾”字第四個義項的古文字依據。而由于人的内因導致的病當不在此例，或者由于長期的緩慢的因素導致的人體疾病也不在此例。

既然是突然的爲外部利器所傷，爲什麼演化到了今天就成爲生病的意思了呢？其實在甲骨文“疾”字後來的演化中，早在西周早期就已經出現了本義的轉移了。在西周早期否叔卣銘文中的金文“疾”字中，其中的意符矢就已經被“擬人化”，成爲一個躺在床上的人。在戰國古文中，疾字延續了西周金文的變形，依然是一個躺在床上的人。躺在床上的人當然就容易被理解爲病人。于是“疾”的字形就開始了向“病”的本義的轉化。

到了東漢的《説文》：“疾，病也。”許慎已經將“疾”“病”兩字互訓了。互訓就意味著兩個字的本義從内涵上已經完全相同了。也就是説這個疾字的本義在東漢就完成了向生病的本義的轉换了。以後就一直没有變化過。至于現代漢字中的“疾”爲什麽保留了甲骨文“疾”字的“快；迅速；猛烈”這一義項，段玉裁的解釋是，這個義項是後起的引申義。《説文》段注：“按經傳多訓爲急也，速也。此引申之義。如病之來，多無期無跡也。”這就意味著甲骨文“疾”的本義中的“突然”的意思在西周時消失了。東漢《説文》以後在漢字的使用過程中逐漸産生了“急也，速也”的假借義。因爲“疾”的發音可以訓爲“急”，還因爲“疾”字中有一個矢（箭矢之矢）。但是從西周早期金文開始，這個“疾”字中的意符“矢”確實失蹤過一段歷史時期。

其實在殷墟出土的卜辭中，“疾”已經頻繁用于突發疾病的記載，不僅是外傷，内傷也行；不僅是傷，突發的不適也行。例如：

卜辭：“己丑卜。争。貞：有疾齒，父乙隹有聞。”（合 13651）意爲：突然牙疼。

卜辭：“貞：疾趾于妣庚御。”（合 13689）意爲：腳趾突然受傷。

卜辭：“貞：婦好不延疾。”（合 13711）意爲：婦好的病突然好轉。

卜辭：“貞：無降疾。”（合 13855）意爲：不要降臨突發疾病。

【甲骨文字本義小結】

疾的本義：站立的人突然被利器所傷。動詞。引申爲突如其來的疾病。

音訓：本字從符從亦（腋），箭亦切，讀若 ji。會意造字。

破譯甲骨文：敝

我們先采用拆字的方法看一看漢字“敝”的構成：它的左側是一個毛巾的巾字，上下一共分布著幾個散點；它的右半是一個“攵”，這個“攵”在甲骨文中的原型是一隻手拿著一把工具。我之所以首先拆解這個敝字是因爲這樣的拆解有助于我們理解甲骨文敝字的構成以及它的本義。

圖一是三例甲骨文的“敝”。左半是巾，右半是手執工具——攵。我們發現甲骨文敝字中的四點是一個非固定意符，它可以是兩點（例一），也可以是三點（例三），在現代漢字中又是四點。這一變化説明該字中散點不是造字的聲符，而僅僅是四濺的衣物碎末。

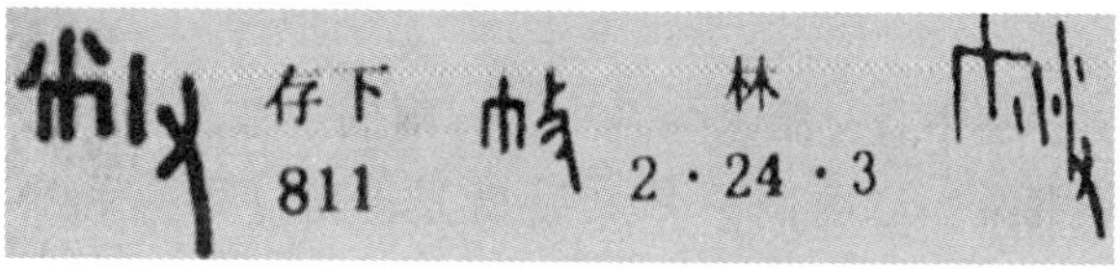

圖一　甲骨文：敝

右側的手執工具要打擊的對象當然是左側的“巾”。那麽這個造字要表達一個什麽樣的本義呢？

巾是什麽?《説文》曰:“巾，佩巾也。”段注:“按以巾拭物曰巾。”就是説巾是古人隨身攜帶擦拭東西用的一塊布。其作用相當于後來的手絹，今天的面巾紙。可見中國人這個隨身帶手絹的習俗十分古老。因爲是擦拭東西用的布巾，所以當然就要經常洗滌。所以這個字的本義就與洗滌布巾有關。

這就使我們聯想到一種古老的洗衣方式:婦女們在河邊的青石板上用光滑的木棒或者棒槌捶洗衣服。所以右側的“攵”的本義就迎刃而解。這是一隻手拿著捶洗衣服用的棒槌的會意。

那麽怎樣解釋那幾個散點呢?那幾個散點代表的捶洗衣服時四處飛濺的水滴。因爲它們四處飛濺，所以采用了這種非固定意符的散點表示。這本來是很形象的。

現在的問題就歸結到了最關鍵的一點:這個甲骨文“敝”的本義是什麽?

《説文》:“敝，帗也。一曰敗衣。”這裏許慎實際上收集了敝的兩種本義。一是帗。帗又寫作袯或者韍。是古代跪拜用的護膝。因爲經常跪拜就顯得破舊不堪。二是“敗衣”。就是衣服經過在水中的反復捶洗而變得破爛不堪。總之，敝的本義是破爛不堪的衣物。

現在我們反思上面我對敝字的拆字就會發現，我對造字中的散點意符的破譯不够準確。因爲如果用棒槌捶打衣服時水花四濺並不能代表那衣服就是一件破舊的衣物。一件嶄新的衣服在捶洗時也是水花四濺的。依據甲骨文造字最簡化原則，在捶洗衣物時，水花四濺並不是必不可少的一個意符。所以在甲骨文乃至現代漢字中的幾個散點並不能解釋爲水花四濺。而應該解釋爲經過反復捶打的衣物上掉下的殘渣和敗絮。這是因捶洗而破敗的衣物常見的現象。

在卜辭中這個甲骨文敝僅作地名使用，這個敝地是商王經常去打獵的地方:

卜辭:“癸卯王貞:旬無刞。王占曰:吉。王在敝。”(後上 10·2)

卜辭:“王其田敝……”(京津 4454)

【甲骨文字本義小結】

敝的本義:因反復捶洗而破敗的衣物。

音訓:該字從攴從巾，攴巾切，讀如 pi(入聲)，古音通 bi(入聲)。

破譯甲骨文:甫　叀

在甲骨文諸家學説中，有兩個字破譯顯得較爲混亂。這兩個甲骨文字就是:甫(fu)和叀(zhuan)。因爲不瞭解造字的機理，它們倆常常被研究者們混爲一談。如圖一:

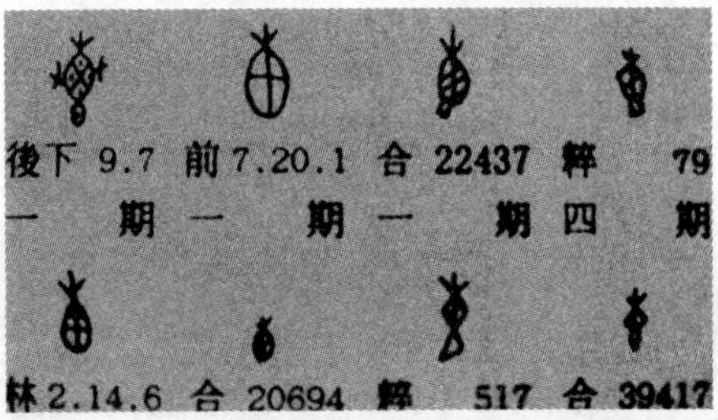

圖一　甲骨文:叀(引自《古文字類編》)

高明、涂白奎編纂的《古文字類編》中衹收錄了這個甲骨文叀，未收入甲骨文甫。因此圖中的八個例子除了第一例是誤收(因爲該字的兩側多了兩側的兩隻手，是動詞）以外，其餘七例都被破譯爲叀。

這是引自馬如森《殷墟甲骨學》的甲骨文甫字，單一且純正。

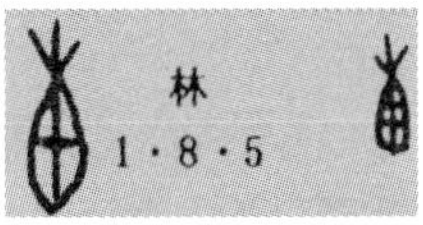

圖二

圖三

出處同上圖中例一按照該書的破譯應爲甲骨文甫（參見圖二）。所以該書也將甲骨文甫和叀混淆了。其餘三例下端都多出一個凸出的圓形意符（參見圖三）。請注意，這個圓形的紡輪意符正是甲骨文“甫”和“叀”的本質區別。凡下端有紡輪的字爲叀；没有紡輪的爲甫[①]。

左圖引自徐無聞《甲金篆隸大字典》，該甲骨文字被破譯爲“甫”[②]。而該字被王國維先生破譯爲“邦”：“案古封邦一字……卜辭……字從豊從田，即邦字，邦土即邦社。”許慎《説文》亦同此義：“邦。國也。從邑。丰聲。”按照我的破譯，這個字是甲骨文苗，也讀作蠻，一字兩音。臺灣一些學者破譯此甲骨文字是“苗”。

同樣是在《甲金篆隸大字典》中甲骨文“叀”和圖三相同。所有的甲骨文叀字下部都有一個凸出的圓形紡輪意符[③]。我贊同這個觀點。

在社科院王宇信等人編纂的《甲骨文精粹釋譯》中甲骨文“甫”“叀”凡 71 例均混爲一字。破譯爲叀。該書未收甲骨文“甫”[④]。同樣的情況見于徐中舒的《甲骨文字典》，該書收錄23 例甲骨文“叀”，既有下部帶有圓形意符的“叀”，也有下部不帶圓形意符的“甫”[⑤]。應該説這是由于對殷商甲骨文造字内在規律認識不清導致的混淆。

甲骨文甫的本義是紡織好的紗錠剛剛從紡塼（紡輪）上卸下來。所以卜辭裏“甫”的使用常常有完成時的時態，可譯爲“剛剛結束”或者“剛纔”。現代漢語“甫”作爲虚詞的副詞，意思是“剛剛”和“剛纔”的意思。這個意思正是甲骨文“甫”的引申義。

卜辭：“卜辭：“己巳卜。争。貞：甫王往伐工方。受有祐。”（粹 1081）

卜辭：“貞：甫王正工方。”（鐵 118・2）

綜合分析以上各書，各家觀點分成兩類：一類主張甲骨文“甫”“叀”本爲同一個字，不分彼此。另一類主張本字下部多出“一個凸出的圓形意符”的爲甲骨文“叀”字，没有圓形意符的爲甲骨文“甫”字。我贊成後者的觀點。

至于兩字（或者本是一字）的本義則解説紛紜。例如甲骨文“甫”字，唐蘭認爲是

---

① 高明、涂白奎編著《古文字類編》（增訂本），第 849 頁。

② 徐無聞主編《甲金篆隸大字典》，第 216 頁。

③ 徐無聞主編《甲金篆隸大字典》，第 252 頁。

④ 王宇信等主編《甲骨文精粹釋譯》，第 1683 頁。

⑤ 徐中舒主編《甲骨文字典》，第 451 頁。

田中菜苗①。而“叀”字據馬如森研究本義有六種說法：“此字諸家考釋，現可知有六種說法，如釋爲𠬝、叀、惠、甫、搏、專。徐中舒：‘象紡塼上有綫穗之形。’”② 其實徐中舒的說法源于《說文》的專字定義：“專，六寸簿也。從寸叀聲。一曰專。紡專。”此後段玉裁有尾注曰：“《小雅》：‘乃生女子，載弄之瓦。’毛曰：瓦，紡專也。系部：‘紡，網絲也。網絲者，以專爲錘。’廣韻曰：‘口。紡錘是也。今專之俗字作甎、塼。’”所以“乃生女子。載弄之瓦”是指古代女孩從小玩紡輪的意思。

許慎是針對東漢時小篆“專”字而言，徐中舒可謂觸類旁通。將段玉裁的考證用在了甲骨文“叀”的本義解釋上。而恰恰是從徐中舒引證的段玉裁的這一段考證中，我們發現了破譯甲骨文“叀”字的突破口。

上述圖一圖二圖三的十三個例字（後下 9·7 除外）確實是兩個不同的甲骨文字。我認爲這兩個甲骨文字破譯爲漢字就是下無紡磚意符的“甫”和下有紡磚意符的“叀”。這兩個殷商時期的獨體甲骨文字猶如“母字”（母字即部首）它們作爲聲符和部首衍生出後世的兩個系列的漢字形聲字：

甫：尃、輔、脯、傅、縛、敷、黼、賻、榑、賻、簠、鬴、蜅等字。

叀：專、甎、塼、傳、轉、磚、囀、嫥、膞、瑼、鄟、鱄、剸等字。

我在前文論證了漢字的形聲造字法是西周以後成熟的一種造字方法。所以作爲“母字”（部首）的甲骨文“甫”和“叀”的本義考證就非常重要和關鍵。那麼，依據上面的圖一圖二圖三的例子的分析考證我們能得到它們的本義嗎？這裏我想引出一段與本文考證破譯的甲骨文無關的“題外見解”。

甲骨文字的本義不是靠拆字拆出來的，也不是靠聰明和靈感猜出來的，更不能是因爲某個甲骨文本字看起來很像後來的金文、戰國古文、籀文或者小篆的某個字，就斷定它就是後來的某個漢字。殷商甲骨文系統的產生是源于殷商以前中國漫漫遠古的文化積澱，有著殷商之前的中國大地上的遠古人類生產和生活的深厚背景。在甲骨文系統產生之後至今的三千多年的中國歷史中，這些甲骨文賴以被創造的生存、生活、生產、戰爭、宗教、神學、心理、哲學的歷史存在，有些一直延續到今天，有些已經隨著歷史的進步和變遷而消亡。我們今天破譯甲骨文字的本字及其本義，就是要力求找到或者挖掘出或者復原出這些甲骨文字的原始依據。

現在書歸正傳。我們來尋找甲骨文“甫”和“叀”的殷商生活原型。感謝段玉裁在《說文》段注中提供了一條非常準確的思路，使我找到了這樣兩個甲骨文字的殷商生活原型。請看圖三的甲骨文“叀”，它的中部正是殷商時期人們紡綫時的纏滿綫的旋轉中的紡錘，而它最下面的那個多出的“一個凸出的圓形紡輪意符”正是在夏商周考古現場屢見不鮮的陶製紡輪。衹要用手旋動這個陶製紡輪，整個紡錘就會轉起來。它最上面的“ㄓ”狀意符正是和紡綫人手相連的引綫。再向上就應該是紡綫人的手，但是這隻“手”被省略了。省略的原因是甲骨文“叀”是名詞而不是動詞。

其實這種用紡錘紡織毛綫和棉綫的方法在很多年紀稍長一些人的記憶中還没有消

① 馬如森著《殷墟甲骨學：帶你走進甲骨文的世界》，第 283 頁。

② 馬如森著《殷墟甲骨學：帶你走進甲骨文的世界》，第 283 頁。

退。今天在北方有些閉塞的農村或者山區，依然有人會用這種方法紡織棉綫和羊毛綫。

那麽，剩下的那個甲骨文“甫”的本義是什麽呢？甫的本義就是卸下了陶製紡輪的紗錠，就是已經紡織好了的紗錠。你看。在甲骨文“甫”字下部代表紡塼（陶製紡輪）的那個凸出的圓形意符已經不見了。這就代表紡好的紗錠已經卸下了底部的紡輪。就是説一錠棉綫已經紡好了，可以用來織布了。

關于這一點，我們在下一篇《破譯甲骨文：専　尃》裏還會有進一步的考證。

在卜辭中甫字的應用並不少見，主要用作動詞。因爲甲骨文甫的本義是紡織成品的紗錠，所以在用作動詞時具有纏繞、捆住和捕獲的引申義：

卜辭：“丁亥卜，王我甫卅鹿，逐允獲。”（乙 861）

卜辭：“……貞：甫禽麇。丙子陷。允擒二百又九。”（前 4・4・2）

從這些甫作爲動詞的引申義中我們可以看到“甫”字作爲後來産生的形聲字“捕”的初文存在。其本義依然起源于紗綫纏繞紗錠的甲骨文“甫”字的原始本義。

同樣，當“叀”字在卜辭中用如語氣詞時，它的“不停地旋轉”的本義内涵依然在起作用，例如：

卜辭：“己巳卜。争。貞：叀王往伐工方。受有祐。”（粹 1081）

在這一條卜辭中選用“叀”作爲發語詞是隱含著商王連續征戰的微妙含義的。所以甲骨文“叀”在用如虚詞的時候表示的是一種現在進行時的時態意義。

兩字均可用爲虚詞，但虚詞均來自一個實義。

【甲骨文字本義小結】

叀的本義：正在紡織過程中的紗錠（旋轉中的紗錠，所以“叀”演化爲虚詞有進行之意）。名詞。引申爲介詞。

音訓：中環切，讀若 chuan，通 zhuan。

甫的本義：紡織完畢的紗錠（已經卸下了紡輪，所以“甫”演化爲虚詞有完畢之意）。名詞。

音訓：從由，由爲聲符兼意符，讀若 fu。右文造字。

破譯甲骨文：専　尃

在上文《破譯甲骨文：甫　叀》中，我考證了甲骨文叀和甫是漢字系統的兩個重要的部首。這兩個甲骨文本字的字形之所以非常相像是因爲它們也有共同的起源和密切的聯係。它們的共同起源是：甲骨文叀的本義是正在旋轉的紡錘（下從紡輪）；甲骨文甫的本義是已經紡織完畢的紡錘（下無紡輪）。兩者都是名詞。當甲骨文的“叀”和“甫”與“手”結合以後這兩個字的詞性就由名詞轉化爲動詞。甲骨文“専”和“尃”就是“叀”和“甫”的動詞形式。如圖一和圖二。

圖一　甲骨文：專（zhuan）

圖二　甲骨文：尃（fu）

在上文中我考證出：“甫的本義：紡織完畢的紗錠（已經卸下了紡輪的紗錠）。名詞。叀的本義：正在紡織過程中的紗錠（旋轉中的紗錠）。名詞。”如果有讀者持懷疑態度的話，這是正常現象。但是本文的甲骨文“專”和“尃”的造字恰好爲我的上述考證做了一個很有利的證明。觀察甲骨文“專”和“尃”的造字我們可以發現一個現象，就是所有（不僅限于所舉之例證）的甲骨文“叀”在產生新字“專”時都衹能够加一隻手；而甲骨文“甫”字在產生新字“尃”時可以加上兩隻手。這是爲什麽？這是因爲“叀的本義：正在紡織過程中的紗錠（旋轉中的紗錠）”。紡織紗錠時必須一手旋轉紗錠，另一隻手在上方提著紗錠。而“甫的本義：紡織完畢的紗錠（已經卸下了紡輪）”。這時候可以是一隻手抓住紗錠，也可以是兩隻手捧著紗錠。

甲骨文“專”和“尃”的本意是什麽呢？

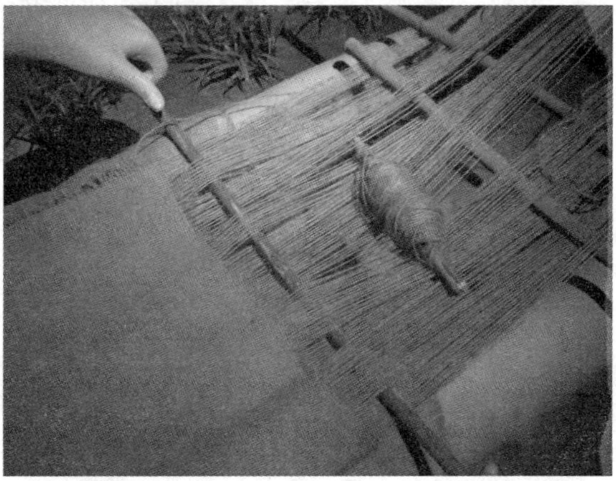

圖三　父系社會的織布圖（攝于陝西西安半坡博物館）

《説文》：“專，六寸簿也。從寸叀聲。一曰專。紡專。”這裏的“專”是“甎、塼、轉”的本字。實際上這裏的“專，六寸簿也”指的是大臣上朝時手持的牙笏，又叫手版。是大臣的記事版。版長兩尺六寸。所以段玉裁懷疑在“六寸之前”脱漏了“兩尺”二字。其實這是一個引申義，“專”的本義應該是《説文》定義中的“紡專”。這個“紡專”用在名詞可以是“紡塼”或者“紡甎”，用在動詞可以是“紡轉”。前者指“叀”即名詞旋轉著的紗錠；後者指“專”即動詞：人用手旋轉紗錠（紡紗）。

《説文》：“尃，布也。從寸甫聲。”段玉裁羅列了清前學者的諸多説法：“《祭義》：‘溥之而横乎四海。’《釋文》：‘溥或作尃。同芳于反。’今刻云或作敷。繆也。……《史記》布作尃。徐廣曰，尃古布字。按尃訓布也。非一字。”從前兩篇的内容我們已經知道，甲骨文尃是手捧著紡好綫的紗錠。這些紡好的綫是用來織布的。把紗錠上的紗鋪開紡織就成爲布，這大概就是“布”的本義。用作動詞就是“溥”“敷”“鋪”的意思。

【甲骨文字本義小結】

專的本義：用一隻手旋轉紡錘（或紡輪，紡轉）以紡紗。動詞。右文造字。

尃的本義：用雙手捧著成品紗錠送去織布。動詞。右文造字。

［注］甫在甲骨文中是部首，但在《説文》中不是，許慎將其歸入用部。

破譯甲骨文：建[*]

甲骨文是一個學者們尚未達成共識的所謂“未識甲骨文字”之一。這是一個會意字。由于其造字使用的意符都是我們非常熟悉的常見意符，所以這個甲骨文字應該是一個常用字。如圖，該字從才（或從在）從口。我已經在前面的考證中多次考證了該字的上部意符“才”（或在）的本義是遠古乃至夏商時代平民居住的半地穴式民居的屋頂木支架。而該字下部的口是一個象形的意符，本義是彼時民居的半地穴。所以本字的意思不難理解，就是將預製的木頭支架安放在挖好的半地穴中。接著就是在木支架上鋪上稻草或茅草成爲一個完整的半地穴式的民居草房。這使我們聯想到《山海經》中所記載的在都廣之野上的一棵巨大無比的樹——建木。

《山海經·海内經》記載：“西南海黑水之間，有都廣之野，后稷葬焉。有膏菽、膏稻、膏稷，百穀自生，冬夏播琴，鸞鳥自歌，鳳鳥自舞，靈壽實華，草木所聚，爰處有百獸相群爰。此草也，冬夏不死。南海之内，黑水、青水之間，有木名曰若木，若水焉。……有九丘，以水繞之。名曰陶唐之丘，有叔得之丘，孟盈之丘，昆吾之丘，黑白之丘，赤望之丘，參衛之丘，武夫之丘，神即之丘。有木，青葉紫莖，玄華黄實，名曰建木。百仞無枝，上有九欘，下有九枸，其實如麻，其葉如芒，大暤爰過，黄帝所爲。”

同樣的建木的有關記載在後人收集整理的《淮南子》和《吕氏春秋》中也有：

《吕氏春秋·有始》：“白民之南，建木之下，日中無影，呼而無響，蓋天地之中也。”

《淮南子·墬形訓》：“建木在都廣，衆帝所自上下。日中無景，呼而無響，蓋天地之中也。”

可見建木正是一棵被那個時代人們視爲直立于天地之中心的一棵由地面直達天上的大樹。建木應該是什麽?《説文》：“建，立朝律也。”段注：“今謂凡竪立爲建。許云立朝律也。此必古義，今未考出。”段玉裁的注没有能够考證出“建”的古義，所以推測説“此必古義”。其實許慎的“立朝律”一定不是“建”字的古義。原因也很簡單：《山海經》時代還没有朝律。按照段玉裁的通俗解釋，建木是竪立的樹木。甲骨文中的這個本字正是要竪立一個民居最中心，最重要的“建木”——房屋中柱和事先預製的木支架。

《後漢書·馬融傳》：“珍林嘉樹，建木叢生。”李賢注：“建木，長木也。”按照《山海經》自身提供的内容分析，也可以解釋爲高聳的樹木。《山海經》中有記載“其上多木”“其上多草木”“多怪木”“其上多喬木”等可資證明。但是依據這樣的定義，建木就成了一種泛指，而在《山海經》中，建木是遠古先民非常崇拜的聖樹，是一種特指。所以建木一定有一個或者一個以上的特指。從以上記載可以得知建木就是黄帝竪立的一根供“衆帝所自上下”的通天木。這裏的“建”隱含著“竪立”的意思。

同樣，《説文》的定義：“建，立朝律也。”也説明在東漢時代，“建”和“立”兩字可以互訓。而“立朝律”的原始意義極可能是源于尚未製定朝律的遠古社會的“建立民居支架”。因爲木支架是一座民居的支撑框架；而朝律則是一個王朝的支撑框架。

從《説文》對建字的各意符的解釋看：聿是筆的意思。而廴部首是“引”的意思。兩個意符合成的“建”字的意思就應該是“引筆”，即執筆書寫之意。當然這衹是小篆造字的本義而已。

我們看到歷史上關于“建”字的三種定義是有著繼承關係的：甲骨文“建”是爲半地穴式民居竪立木支架；《説文》“建”字是建立朝律；而“建”字的造字部首的合成義是“引筆”。三者的本質都是將建立支柱的意思。

【甲骨文字本義小結】

建的本義：根據以上的考證，我認爲上圖的甲骨文本字應該破譯爲：建。它的本義是：殷商人爲平民的半地穴式民居安置中心木支架。會意造字。

音訓：該字從在從凵，在凵切，讀如jian。

破譯甲骨文：告

按照甲骨文造字規律，甲骨文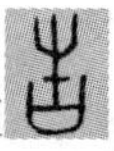（告）應該是該字中兩個意符表示的兩個東西相關：上部的牛和下部的口。這個字的本義在很長一個歷史時期中都没有搞懂。

《説文》：“告，牛觸人。角著横木，所以告人也。從口從牛。《易》曰：‘童牛之告。’”

馬如森：“從口，從牛。口示牛叫的器官。本義是牛叫。”①

鄒曉麗認爲：“學者們多以爲（告）是‘手銬’之‘銬’的本字。古人用牛作祭祀的福物，牛觸人即兇而不潔，不能用來祭祀，因此在牛角上著一横木防其觸人以説明此牛將用來于祭祀。今‘桎梏’的‘梏’用的是本義。‘告訴’是引申義。”② 鄒文指出，俞敏認爲告字上部是牛的象形，下部的“口”是爲防止牛食青苗而加上的“桎梏”，因“童牛無角，無所置木，故許慎之説不當，俞敏老師之説爲確”（《基礎漢字形義釋源》）。但是這個給童牛嘴巴套上桎梏和本字的“告”又有什麼關係呢？

《易》曰“童牛之告”，但是並未説明這個“告”是牛角上的横木還是牛嘴上的兜著的“桎梏”。但是甲骨文造字是遵循自身造字規律的。這個甲骨文“告”字是一個獨體字，上下是連爲一體的。所以這個口和牛是連爲一體的。其實用一個“口”字代表牛角上的横木是令人不能接受的。更何況童牛確實無角，無法“角著横木”，這是常識。

---

① 馬如森著《殷墟甲骨學：帶你走進甲骨文的世界》，第232頁。

② 鄒曉麗編著《基礎漢字形義釋源》，第50頁。

但是，甲骨文“告”字的這個“口”一定是加在牛的嘴上的，並且是連爲一體的。而且確是一種“桎梏”。我從未見過俞敏老師，但是我也認爲俞敏老師的觀點是正確的。我很熟悉這樣的“桎梏”，因爲我從小在皖南廣德山區放過牛。牛犢是散養，不用鼻繩的。春夏兩季，禾苗青秀，牛犢喜歡啃食青苗。所以放牛娃就用細竹絲編一個竹兜套在牛犢的嘴上（這個竹兜就叫作“牛兜嘴”），然後用繩子固定在牛脖子上。放牛的時候牛犢跟隨著母牛前進，到了山間放牧地就解開“牛兜嘴”讓它自由自在地食草，回家之前再給它戴上。這個牛兜嘴就是一種桎梏，約束牛犢不能啃食莊稼的青苗。這就是《易》所說的“童牛之告”。

文人不解農家事，斷章取義費猜想。牛犢有角但是即短且滑，根本無法在上面固定“橫木”的。更何況本來就是很短的牛角，何來“觸人”之説呢？至于“古人用牛作祭祀的福物，牛觸人即凶而不潔，不能用來祭祀，因此在牛角上著一橫木防其觸人以説明此牛將用來于祭祀”則更是文人的想象。據《周禮》祭祀用牛是在祭祀前幾個月纔選定的，然後在“牢”中圈養數月以供祭祀。不會從牛犢時期就“内定”爲祭祀用牛的。否則養上數月一年，牛犢突然病了或死了，這豈不是“大不敬”？

倒是爲什麽殷商人用這個甲骨文“告”字來作爲“告訴”的本義令人頗爲費解。既然“牛兜嘴”是爲了約束牛的嘴巴，既然約束了牛嘴巴牛就不能“説話”了。爲什麽卻用作了“告訴”之意呢？

卜辭：“己酉卜：召方來。告于父丁。”（甲 810）

卜辭：“……敏□告曰：土方侵我田十人。”（菁 3）

卜辭：“貞：王命婦好從侯告。伐人（方）。”（乙 2948）

我認爲，這裏應該有深層的心理的、宗教的和美學的含義：“告”是在用牛祭祀的過程中委托牛向天上的祖先“告訴”地上的人們的心願。牛是人與天神的中介。在商代早期的祭祀中，牛都是由商王在祭祀現場親自宰殺的。殺牛以前要爲祭祀的目的而禱告上天的祖宗們，讓祭祀用牛也聽見以便真實地傳達。然後是宰殺和進貢。宰殺以後的牛就進入了另一個世界——商代的已逝祖先們都在這裏。牛就會將祭祀者的要求轉告商代的先祖們。這些在另一個世界的商代的已逝先祖們在聽完了牛的“報告”以後就會以恰當的方式保佑自己在下界的子孫們完成他們祈禱意欲達成的心願。所以這樣一類的祭祀中，牛一定要在現場宰殺，而且一定是在聽取了人們的禱告以後纔宰殺的。在這樣的祭祀儀式中，牛是溝通天地的神聖的使者。它溝通了生界與死界，溝通了殷商統治者的願望和上天祖先們的護佑。

用“牛兜嘴”的“告”字表示向祖先“彙報”的本義，其實有兩種含義：一是約束祭祀用牛，要真實反映下界的子孫祈禱的意圖；二是希望這些祭祀用牛上天以後不要亂説話。祭祀的深層目的原來如此。

【甲骨文字本義小結】

告的本義：約束牛犢嘴巴的“牛兜嘴”。名詞。引申義：祭祀之告。即約束祭祀用牛上天以後嘴巴不要亂説。動詞。從漢字演化路徑看，甲骨文“告”應該是桎梏之“梏”的初文。

音訓：口牛切，讀若 ku。

破譯甲骨文：行

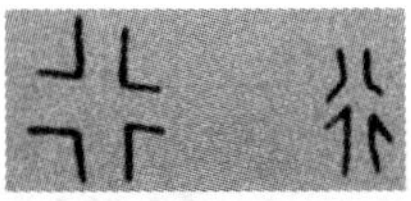
圖一　甲骨文：行

在甲骨文中這個“行”字有兩種寫法：一種是十字街式的十字交叉的大道；另一種是南北向爲大道，東西向有兩條斜路側出。所以圖中的兩種“行”的本字在所指上是有細微區別的。由甲骨文的行字我們一眼就能够看出，這個字是一個名詞，本義是十字路口。殷商從盤庚遷殷起，二百七十三年“更不徙都”，所以這兩種十字路口一定是殷商時期國都的最爲著名的十字路口，應該是衆所周知的。同時也告訴我們，殷商尚北，所以殷商的都城亳殷應該有一條南北向的寬敞的主幹道。這個甲骨文的行字單獨爲一個部首，甲骨文系統中很多字不是用“彳”造字，也不是用“亍”造字，而是用“行”作爲部首造字的。這個部首一直沿用到《説文》仍單獨爲一部。《説文》行部下收錄了行、術、街、衢、衕、衎，衛等字。值得注意的是在《説文》中收錄的“行”字不是名詞大路的意思，而是動詞步行的意思。奇怪的是，《説文》行部收錄的字多是與道路有關的名詞。這種矛盾的現象從甲骨文“行”字的本義去理解就很合乎漢字發展的規律。同樣在《説文》時代，與人腳有關的動詞收入在走，止，辶和彳等部首中。東漢時期的這種文字分類的特點對于我們今天理解甲骨文“行”字的本義是名詞而不是動詞是非常有幫助的。

《説文》：“行，人之步趨也。從彳亍。凡行之屬皆從行。”也就是説，到了東漢時代漢字“行”已經由殷商時代的名詞轉移爲用如動詞了。而甲骨文“行”的十字路口的本義由另一個創造于戰國時期的漢字“街”（讀作 gai）所代替。《説文》：“街。四通道也。”

卜辭：“戊戌卜。扶。缶中行征方，九日丙午贊……”（懷特 1504）意謂中路也。

卜辭：“……史。行東至河。”（京津 3104）意謂大路東至于黄河。古黄河經殷墟東。

但是，在殷商甲骨文中，也有將“行”字活用爲動詞“步行”的：

卜辭：“丁巳貞：小雨不行。”（佚 415）

“行”字本義作爲名詞“大路”或者“十字路口”一直使用到了《詩經》的春秋時代，如：“置彼周行”“謂行多露”“遵彼微行”“行有死人”。標題有《行葦》《行露》等等。在《詩經》時代，“行”也出現了兩種引申義。一種是由本義“大路”活用産生的“行走”的引申義：例如“行道遲遲”“攜手同行”“行邁靡靡”“如彼行邁”等等。另一種是按照道德規範的“大路”——即德行，品行去行事。如：“不知德行”“士貳其行”“女子有行”“聊以行國”等等。

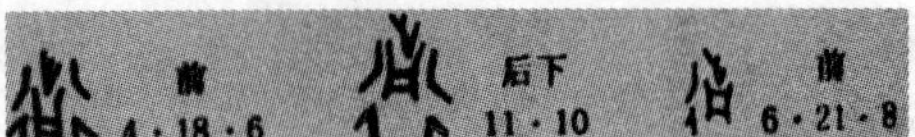

圖二

但是圖一告訴我們，甲骨文“行”有兩種造字：除了十字路口以外，還有右例的斜向的路口。這兩種十字路口一定是有區别的。另：

這種斜向的十字路口是否適用于水路也待考證。參見甲骨文前爲水中行舟，見圖二。

【甲骨文字本義小結】

行的本義：殷商都城的標志性的十字路口。這個十字路口應該是唯一的，周所周知的。名詞。引申爲：大路。名詞。引申爲：步行。動詞。引申爲：道德的規範。名詞。引申爲：在道德規範下治國行事。動詞。音訓未詳。

破譯甲骨文：食

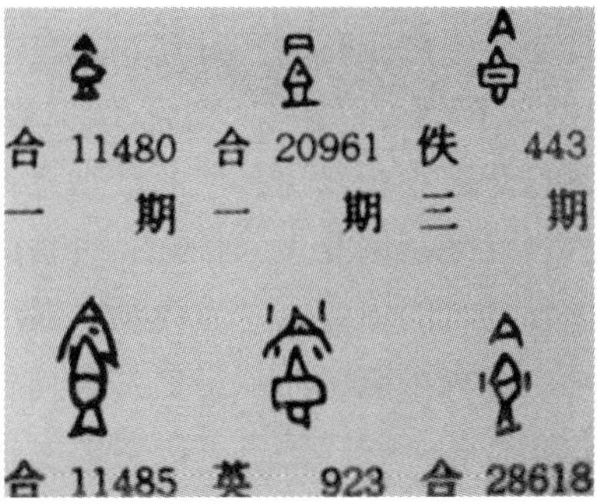

圖一 甲骨文 食

在殷商卜辭中的一期到五期的甲骨文的食字造字結構均分成兩種情況，一種是上從亼下從豆（見圖一上行）。另一種是上從亼下從豆，而且亼的上下有散點意符（見圖一下行）。我一向認爲甲骨文是一字一形一義的，所以這兩種造字結構不同的“食”應該是兩個用途，至少是本義有細微區别的兩種“食”。

按照食的造字結構，我們將其分成三個部分討論：

一、關于上部的亼。我在探討命、舍、倉、今、合、會等甲骨文字時已經考證過，這個亼的殷商生活原型是平民居住的半地穴式民居的草頂。從考古學實證看這種草頂有圓錐形和四棱錐形兩種。其中的四棱錐形的草頂演化爲殷商五脊四面坡的宫室屋頂。在本字食的結構中，這個亼同樣代表一個“頂”——食器豆的蓋子。這個豆蓋的主要作用是保温和防雨。豆蓋的形狀根據造字的對比我們知道它是“亼”狀的，也就是説它和民居的圓錐形草頂是同樣的形狀，甲骨文造字中的同樣的結構還有鍋蓋和斗笠。這是食下部從亼的造字原理。在山東河南一帶，自古以來鍋蓋多是用稻草或杞柳編織的，和民居草房的屋頂具有同質性，也具有相同的形式（格式塔）。

二、關于下部的豆。豆在殷商時期的主要作用有三種：禮器，食器和燈臺。《論語·衛靈公》：“俎豆之事，則嘗聞之矣。”豆用作祭祀的禮器時是用來盛放稷、黍等五穀顆粒的，五穀顆粒一般是生的。因爲禮器所盛是用來奉獻給天地祖宗的，所以這類豆在祭祀過程中是不用加蓋的。用于食器的豆就必須要有蓋子。因爲食物是預先做好的，必須加上蓋子以保温，在露天的飯菜還要防雨防塵防蟲蠅。甲骨文中有兩個字可以作爲旁證，這兩個字就是甲骨文“即”和“既”。甲骨文即是一位老人坐在豆的旁邊臉對著這隻豆，本義是即將吃飯；“既”是一位老人坐在豆的旁邊臉轉向身後，本義是吃完了（一説並未吃飽——小食也）。作爲燈臺的豆現在無從可考，因爲和前兩種豆難以區分開。這個義項後來經過漢字“登”分化成爲漢字“燈”以及馬鐙的“鐙”。

三、散點狀非固定意符。這個散點意符我們在前面的文章裏已經考證多次，在本字中的散點可以視爲豆中食物冒出的熱氣和蒸汽水滴。爲什麼有的食字有散點意符，有的卻没有呢？我試圖從卜辭裏食字的應用上找尋它的規律性：

卜辭［例一］：“自旦至食日不雨。”（合 12）無散點意符。

卜辭［例二］：“食日至中日不雨。”（合 12）無散點意符。

卜辭［例三］：“癸酉貞：日月有食。隹若。”（合 33694）無散點意符。

卜辭［例四］：“癸酉貞：日月有食。非若。”（合 33694）無散點意符。

卜辭［例五］：“大食其一用就牛。”（合 29783）有散點意符。

卜辭［例六］：“食不雨。”（合 29776）例中“雨”通假“語”。有散點意符。

卜辭［例七］：“方既食，戍迺伐。”（合 28000）有散點意符。

卜辭［例八］：“月一正曰食麥。”（合 24440）無散點意符。

上述八例卜辭中，凡有散點意符的甲骨文食字均用于吃飯的本義。無散點意符的甲骨文食字用于時間和日食、月食的記載（其中例八的“食麥”是殷商人對一月的一種稱呼）。我們可以根據以上八例卜辭對甲骨文食的造字作一個推論：吃飯是直接和熱的飯菜打交道，所以用具象的散點意符表示飯粒、水汽和熱氣。而作爲表示時間的大食、小食、食麥，以及表示日食、月食的這樣一些不直接和飯菜接觸的卜辭記載用的就是不加散點意符的甲骨文“食”呢？從目前我查閲的這八例卜辭看確實有這樣的規律。

有人可能會問：日食月食爲什麼要用食用的食表示呢？這和遠古對日食月食的膚淺認知有關。我國遠古人民習慣上把月食和日食看作是“天狗吃月亮”和“天狗吃太陽”。每當日食或月食發生的時候，人們會敲鑼打鼓以便嚇走天狗，讓它把剛纔吃進去的月亮或者太陽吐出來還給人類。

【甲骨文字本義小結】

食（加散點意符）的本義：吃飯。

食（無散點意符）的本義：表示時間（大食，小食，食麥）、天象（日食，月食）等。

音訓：從豆從亼，豆亼切。讀若 di，古無舌上音。今通 shi。

破譯甲骨文：“適”的演化路徑

適字的演化過程非常有意思：標準的適字早在殷商甲骨文中就存在了，不過迄今爲止衹發現一例。但是西周金文中卻找不到適字，這是有原因的。到了《説文》收錄的小篆的適已經完全變了模樣。漢字演化到了今天。現代漢語的適字變爲從走（辶）從商則完全是一個毫無文字發展依據的錯字。從漢字的源頭看，適這個字應該是一個從商從走（辶）的甲骨文。

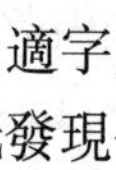爲甲骨文適（後下 31・15）。從止從商。西周可能避諱商字，金文無商。

爲三體石經（三國）中的適，從辶從帝。

爲《説文》中的小篆適。從辶從帝從口。

現代漢字適，從辶從商。

從《三體石經》《説文》開始從辵，音訓不通了。

從上面的“適”字的發展演化史我們看到了商和適在先秦應該同屬于審母字。但是到了西周這個字因爲統治者的原因被廢止了。但是，雖然字被廢止了，口語應該是還在使用，西周中也應該還有一個代替甲骨文從止從商的金文字。所以它的發音藉口語流傳。到了春秋戰國時期，這個“適”又出現了。但是在戰國古文中原先在甲骨文中的造字從辶從商變成了三體石經中的從辶從帝了。到了《説文》小篆就成爲從辶從帝從口了。其實認真思考一下很有道理，“從辶從帝”的本義是到上帝那裏去，很不吉利。而小篆的“從辶從帝從口”的本義就成爲按照上帝所説的話去做，這就很合乎中國人的習俗和民族心理了。

首先我們看圖一的從止從商的甲骨文字適。止部首的本義在甲骨文中代表人的脚，商的本義是一個特指：商的國號。它也是商的國都——大邑商。大邑就是太邑，就是當時最大的都邑的意思。所以甲骨文造字用從止從商會意爲“到大邑商去”的本義。用我們今天的話就是：到北京去。引申爲“到××地方去”。在古漢語中這是常用的方法。

公元前 1046 年，周武王滅商稱爲周。雖然西周繼承了殷商的文字和禮制，但是唯獨這個“適”字是無法爲西周統治者所接受的。因爲西周初期官員們要去的首都是豐、鎬兩京而不是大邑商。再説商是周的敵對國和“手下敗將”。所以殷商甲骨文系統中創造的這個“適”在西周被廢棄了。廢棄的原因就是因爲甲骨文“適”中含有的意符“商”。

文字創造的動機是有一個本義需要表達，甲骨文的“適”本義是什麼呢？按照圖一甲骨文破譯就是到大邑商去。雖然大邑商不存在了，但是“到××地方去”的意思還必須表達，用什麼字表達好呢？須知從殷商開始人們一直是用適字表達“到××地方去”的意思。

《説文》：“適，之也。”爲什麼它不説“往也”而要用“之也”呢？因爲“往”和“之”兩字是有嚴格區别的。段注做了很細心的考證和區分：“許意蓋以之與往稍别。逝、徂、往自發動言之。適自所到言之。故變卦曰之卦。女子嫁曰適人。”

段玉裁是説，在先秦文字中，逝、徂、往三個字是指從某地出發。而適是到達某地。所以變卦又叫之卦，意思是變爲（即到達）另一個新卦。而女子嫁人叫適人是因爲她進入了一個新的家。前者側重的是出發，後者强調的是到達。

既然殷商已遠，口語中的“適”一直使用流傳，書面語中就必須得有這個字。所以戰國之世，人們又重新改進了這個“適”字——這就是戰國古文從辶從帝的適，大約是出自“帝是最高統治者”的意思吧。（本文引用的古文來自三國時期的三體石經。因其碑文每字皆用古文、小篆和漢隸三種字體刻寫，所以保留了很多戰國的古文字體。石經刻有《尚書》、《春秋》和部分《左傳》。《三體石經》在漢字的演進發展史上具有非常重要的意義。）由于古文用泛指的“帝”代替了特指的“商”，以後這個字可以固定不再改動了。但是卻未料秦“書同文”推行了小篆，在從辶從帝的基礎上又加了一個口字。我們現在正在使用的繁體漢字適中間爲什麼是一個“商”字而不是“啇”字？商就是“帝口”兩個字的合文，是小篆“適”的現代化版本。

這就是“適”字的發展歷史，儘管曲折多變，探究一番倒也使人興趣盎然。

【甲骨文字本義小結】

適的本義：從辶從啇。到大邑商去。動詞。

音訓：從啇從止，上止切，讀若 shi，古音爲 di。

破譯甲骨文：俎(宜)

圖一　甲骨文：俎

圖一中的這個甲骨文字，有些學者認爲它是甲骨文宜，有些學者認爲它是甲骨文俎。還有相當多的學者認爲殷商甲骨文宜、俎實爲一字。但是依照其甲骨文造字，這個字的音訓不能讀若 yi。

《説文》：“宜，所安也。從宀之下，一之上。”安是什麼意思？安是在一定年齡時已經成家，安定了。那麼宀之下，一之上是什麼呢？是半塊肉。小篆字面的意思就是房間裏地面上有半塊肉。注意半塊肉是沿襲甲骨文意符的一個小篆意符。是一整條肉的一半。一整條肉就是一條“束脩”，在甲骨文裏怎樣表示呢？我在有關文章中考證，其本字爲，所以半塊肉就是它的一半。也就是圖一中的三角形。圖一的甲骨文本義就是在少牢禮所用的禮器俎（茶几）上供奉著“被切成兩個半塊的肉”。爲什麼這裏要用兩個“半塊肉”呢？是因爲一整塊肉被切成爲兩半了。但是小篆的“宜”上從宀，下從一，中間是半肉，並不是上圖的甲骨文本字要表達的意思。

《説文》：“俎，禮俎也。從半肉在且上。”按照許慎的這個定義，俎的本義和圖一是符合的，但是字形不太吻合。這裏出現了“半肉”的第二種解釋：半通胖，是宰殺以後的牲畜的腿，猶如我們今天説的豬蹄髈，牛蹄髈。所謂“禮俎”是少牢禮中的一個程序，段注：“少牢禮上利昇羊載右胖。下利昇豕右胖載于俎是也。故曰禮俎。”圖一的甲骨文字正是兩塊肉同時“載于俎”是也。

但是，問題就出在這個半肉的“載于俎”。既然是“載于俎”説明俎本是少牢禮使用的一種禮器。《論語·衛靈公》：“俎豆之事，則嘗聞之矣。軍旅之事，未之學也。”俎豆並提，也説明俎是一種禮器：俎供奉肉食，豆供奉五穀。俎的本義應該包括上面盛載的兩块肉，就像甲骨文“豆”字也是中間裝滿了五穀一樣。“俎”實際上是商周祭祀時供奉和盛放著牲畜肉的“几”，從功能上看類似于我們今天的茶几。它有兩條寬板作腿，兩腿中間有跗板連接固定。几的面板呈祖宗牌位的形狀，也就是男性生殖器的形狀，甲

圖二

骨文用“且”字表示（見圖一輪廓狀）。因爲在少牢禮上這種俎是用來供肉和切肉的，延續到後世就成爲了廚房中的砧板。所謂“人爲刀俎，我爲魚肉”正是這個意思。它不僅用來切魚肉，而且用來切一切食物。所以到了西周金文的“俎”字，上面的兩個半塊肉已經不見了，如圖二，左字本義是刀與砧板的配套。本字待定。

所以圖一這個甲骨文字應該破譯爲漢字“俎”。它的左半意符“仌”表示的是已經被切成爲兩半的肉；而右半的意符“且”代表的是像祖宗牌位形狀的茶几狀的禮器。很有意思，現代漢字“宜”的宀下已經由意符“半肉”變更爲意符“且”，由貢品更換爲禮器了。所以圖一的甲骨文字不能破譯爲漢字宜。

【甲骨文字本義小結】

俎的本義：商周時的一種用以供奉和盛放祭肉的禮器。禮俎是少牢禮中的必經的程序。後引申爲切割食物的砧板。

音訓：該字是右文造字。且是聲符兼意符。讀如 zu。但是本字音訓可能一字兩讀。另有宜的發音，讀若 yi。兩音均爲右文造字。前一發音中且是聲符兼意符；後一發音中仌爲聲符兼意符，古音 ji 通 yi。

破譯甲骨文：复(復)　腹

嚴格地說在甲骨文系統中，甲骨文复字是漢字復的初文，而甲骨文腹的本字應該破譯爲從止從复。

許慎的《說文》同時收錄了复、復兩個字。《說文》：“复（復），行故道也。”意思是“复”就是沿著去時的道路回來了。這個复是復的初文。後來產生了一個新字復，于是流行用復，于是复字漸漸不用了。（見該條段玉裁注。）

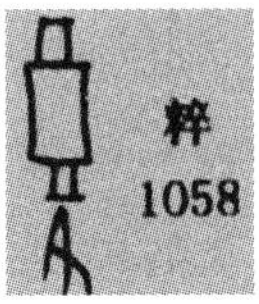

圖一
甲骨文：复

圖二　甲骨文：腹

《說文》：“復，往來也。從彳复聲。”意思是去了又回來。也就是上面《說文》定義的“行故道也”。因爲复和復是古今字，前者爲初文（古字），後者爲今字。其本義完全相同。

從圖一看，复是一個會意字。要清楚它的本義就必須搞清楚上部的那個意符代表的是什麽。這個意符是一個建築物的俯視造字，中間大兩邊小。一隻腳（止）正從南面的口走出來。說明這個建築物是一個南北通道。既然一隻腳從南邊出口出來叫作“來也”，那麽什麽是“往”呢？往就是從北邊的出口出去。爲什麽要走南北通道呢？我認爲這個通道是大邑商的北門出口，一般百姓衹能從北門進出大邑商。見于《詩經·邶風·北門》：

出自北門，憂心殷殷。終窶且貧，莫知我艱。已焉哉！天實爲之，謂之何哉！

王事適我，政事一埤益我。我入自外，室人交徧讁我。已焉哉！天實爲之，謂之何哉！

王事敦我，政事一埤遺我。我入自外，室人交徧摧我。已焉哉！天實爲之，謂之何哉！

《毛詩》小序："《北門》，刺仕不得志也。言衛之忠臣不得其志爾。"鄭玄箋曰："不得其志者，君不知己志，而遇困苦。"朱熹《詩集傳》云："衛之賢者處亂世，事暗君，不得其志，故因出北門而賦以自比。又嘆其貧窶，人莫知之，而歸之于天也。"但方玉潤《詩經原始》則說："《北門》，賢者安于貧仕也。"這些都能够説明北門是城邑中普通百姓進出的城門。所以往來北門是依靠步行（從止）。

因此，甲骨文复（復）的本義是出行歸來。這個本義與《説文》本義是一致的。這裏需要强調的是止上部的那個代表城墻中北門的意符。它是在城墻的南北兩邊伸出一截類似防雨屋檐的凸出部分。現在我們在破譯了甲骨文复字的基礎上再來破譯甲骨文腹字。

腹在迄今發現的甲骨文中僅兩例，見圖二。這兩例的卜辭内容如下：

卜辭："癸酉卜。争。貞：王腹不安無延。"（簠雜 92）

卜辭："□腹……二牛。"（甲 587）

上例簠雜 92 本義非常明確是指商王的肚子或胃不舒服。但是這個甲骨文字爲什麽就能够用來表示肚子或胃呢，這是需要認真分析的。從圖二的字面上看它的本義一定不是肚子或胃。在圖二中的這個甲骨文字中，左半就是圖一的甲骨文复，右半是一個人。注意圖二中的兩個字中的意符人是不一樣的：右例的是普通的甲骨文人字，左例的是腹部空心的人字。這兩個意符在本字中的作用是一樣的，等值的，意思是守衛城墻的人。左邊的是老年人，右邊的是普通人（廣義的人）。夏商周時代的城邑都是有人守衛的。見《破譯甲骨文：邑》。

本字的造字特點是：有人守衛的，供百姓進出的北城門。但是這個城門可能衹是一幢單獨的亭狀的門樓而已。因爲殷墟考古證明，殷商的大邑商没有封閉的城墻，衹有壕溝護衛整個都邑。

這個城門爲什麽和人的肚子或胃聯係到了一起了呢？這是一個類比。意思是肚子或胃就是人體的供食物進出的城門。城墻是實心的，城門是空心的比城墻厚很多的，有百姓進出的通道。人的肉體和四肢是實心的，肚子是空心的比肉體厚很多的，有食物進出的通道。所以在本字中的意符"人"就有了第二重隱喻意義：人體的城門。兩者不同的是城墻的作用是雙向的，人體的城門是單向的，當然特殊情況下也可以逆向。但是在甲骨文系統中用類比方法造字這是很少見的（同樣類型的造字見于《破譯甲骨文：索孫》。甲骨文腹是右文造字：其中的"复"是聲符兼意符。

【甲骨文字本義小結】

复的本義：遠行歸來。動詞。

腹的本義：有人守衛的供人進出的城門。引申爲：人體的通道：腹部。名詞

破譯甲骨文：雉

《説文》："隹，鳥之短尾總名也。象形。"

《説文》："鳥，長尾禽之總名也。象形。"

顯然，許慎的東漢時代人們認爲隹是所有短尾鳥禽的統稱，而鳥則是所有長尾鳥禽的統稱。但是許慎的這個定義用在殷商時代並不合適，因爲甲骨文的"鳥"和"隹"的象形都是長尾的鳥禽。本文考證甲骨文雉。

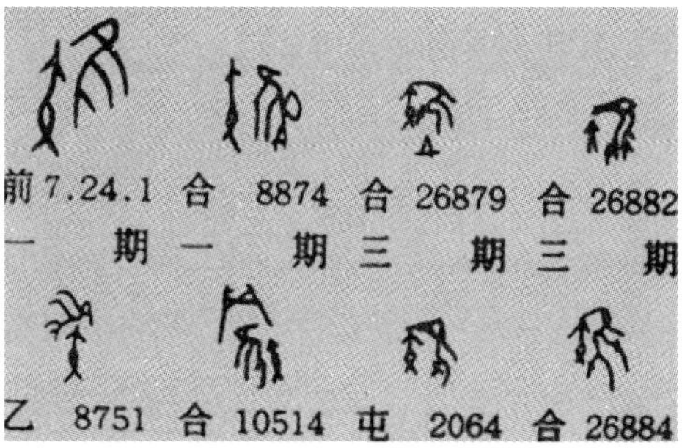

圖一　甲骨文：雉（下左二非本字）

甲骨文雉，從隹從矢。《説文》中有關于雉的記載："雉。有十四種：盧諸雉、鷸雉、卜雉、鷩雉、秩秩海雉、翟山雉、翰雉、卓雉。伊雒而南曰翬，江淮而南曰摇，南方曰□，東方曰甾，北方曰稀。西方曰蹲。從隹，矢聲。"這些雉中有些確實是短尾雉，例如"江淮而南曰摇"的鷂子，也有很多雄性爲長尾，雌性的卻是短尾的，例如野雞，就是本文考證的雉。在甲骨文雉本身顯示雉也是長尾的。學者們的解釋較多：

"從矢、從隹，或從夷。從夷以繩繫矢而射。"①

"古雉夷通用，夷古訓傷。不雉衆猶言不傷衆也。"②

"雉衆或雉人，雉字應讀夷，訓爲傷亡。"③

關于雉的訓詁最早見于《史記・夏本記》："海岱及淮維徐州……貢維五色土，羽畎夏狄……浮于淮、泗，通于河。"夏狄是一種雉，羽毛可以作箭羽，尾巴用來作旌旄。大禹王朝的箭羽和旌旄就是由徐州進貢的。因爲淮河兩岸盛産夏狄（夏翟也），因爲淮河是進貢夏狄（夏翟）的通道，所以大禹將這條河命名爲淮河。淮河兩岸的夷人也被稱爲淮夷。類似記載也見于《尚書・禹貢》。所以隹應該是雉的初字，雉從大禹時代開始就是一種最著名的五彩長尾鳥——夏狄（即夏翟）。

圖二　甲骨文：彘

倒是雉的甲骨文從隹從矢很值得琢磨。從甲骨文雉字看，它的從隹從矢衹是一種會意。但是這種會意很容易被錯誤地理解爲用箭矢射鳥。其實甲骨文用箭矢射獵的會意法造字不是這樣的，例如甲骨文"彘"會意就是一隻被箭矢射中的野猪。如圖二：該字中的箭是貫穿野猪身體的。而甲骨文"雉"則是左矢右隹並列的，它的會意衹能是表示"用來製造矢的那種隹鳥"。也就是每年由徐州進貢的夏狄，也就是淮河因此而得名的雉。

①②③　馬如森著《殷墟甲骨學：帶你走進甲骨文的世界》，第290頁。

卜辭：“獲豕五。雉二。”（明 99）指的就是雉的本義。這個甲骨文雉在卜辭中也經常被用作動詞，例如卜辭：“伐衛不雉衆。”（粹 1153）中的“雉”衹能解釋爲“不要射傷百姓”。也就是當名詞雉用如動詞的時候，雉代表的是箭矢的動詞功能：射箭。

上述學者觀點認爲“雉”訓爲“夷”缺乏依據。夷字的出現最早是西周的柳鼎，該夷字從矢從己，其中的“矢”和“己”是山東龍山文化（夷方）的兩種代表性物品——狩獵的箭矢和編織用的杞柳。這個位于山東的夷方在殷商時期衹被稱作人方。所以殷商“雉”“夷”通用的觀點不可取。

【甲骨文字本義小結】

雉的本義：淮河兩岸盛産的一種野雞，其雄性的尾羽是夏商兩代徐州的貢品，用于進貢給王朝製造箭矢的尾羽旗幟的旌麾。會意造字。

音訓：隹矢切，讀若 zhi。

彘的本義：野猪。名詞。會意造字。

音訓：猪矢切。讀若 zhi。

破譯甲骨文：絲和索(繩)

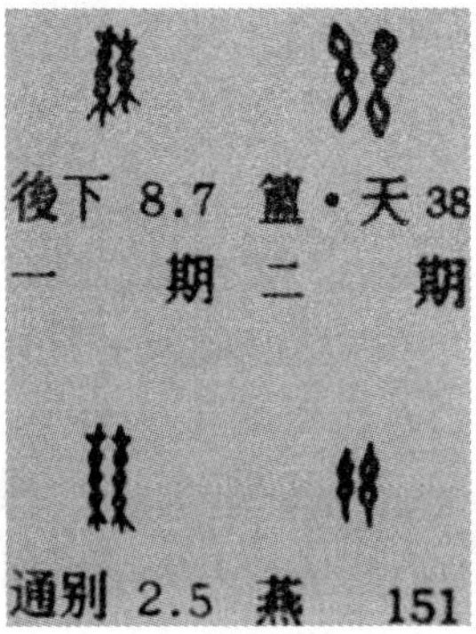

圖一 甲骨文：
左爲索、右爲絲

絲是絲綿，索是草繩。這兩者在迄今爲止的甲骨文研究史中被認爲由一個共同的甲骨文本字表示。按照我的觀點：甲骨文一字一形一義，圖中的甲骨文實際上是兩個不同的本字。左邊的兩個字上下端（或一端）都有“䒑”狀的頭緒（草繩的繩頭），這是搓製草繩時在繩端的餘緒。右邊的兩個字就没有兩端的頭緒，説明它不是搓製的草繩，而是一種兩端無緒的旋轉的繩狀物，這是絲綿繩的特徵。經過對部首“糸”旁的漢字系列分析，它們源自兩個不同的甲骨文字的系列，一個就是圖一左側的索系列；另一個來自圖一右側的絲系列。

在殷商甲骨文系統中，凡使用上圖左側部首的甲骨文字的本義都和搓製的草繩有關；凡是使用上圖右側部首的甲骨文字的本義都和絲綿有關。而上圖中的兩個甲骨文本字左側的正是甲骨文“索”，本義爲繩索；右側的正是甲骨文“絲”，本義爲絲綿。兩者字形極其相像以致它們常被學者們混爲一談。

甲骨文中爲了明確卻別這兩個字，有時在索字中加上一竪。

繩索是用草、麻搓製的，所以兩端有緒；絲綿是繅製的，所以兩端無緒。對于絲綿稍有繅絲和購買經驗的人都知道這一點。繩、索本爲一字。索的方言發音爲 se（入聲）。

以徐中舒《甲骨文字典》收集的部首“糸”旁收錄的甲骨文字爲例：

從絲的甲骨文字：絶，本義如《説文》所説：“絶，斷絲也。”以甲骨文絶字字形看，應該是以刀剪裁絲綿之意。

紊，本義是亂絲。《説文》："紊，亂也。"以甲骨文"紊"字字形看，應該是指絲綿的紋理亂象。故從文，文是意符兼聲符。通紋。

終，本義是絲綿的終端。後引用爲一年的終端——冬，並無冬季之意。用草搓製的繩索兩端有緒，可以無限延長。

轡，牲畜之韁繩。應該是絲綿搓製，草繩不結實易斷。

綠，通緣。本義是指遠古繫在小口尖底陶瓶的瓶口的取水用的繩子。一般用的是絲綿繩。因爲草繩受潮易腐易斷。

率，尚没有發現本義被用于卜辭的辭條。

繽，絎，從絲從耳（疑爲今珥的會意），從絲從司等字。該部首即從絲之部首還有些字例如幽，樂，濼等字，我在後面的考證中還將繼續。

從索的甲骨文字：紹，以刀割斷繩索。注意和上面從絲的甲骨文"絶"比較，絶是剪裁一塊絲綿，而甲骨文"紹"則是割斷一根繩索。

紟，據我考證甲骨文"紟"字的本義是用網狀的草繩固定草房的屋頂以防止被北方冬季的大風捲走。

編，其本字據郭沫若疑爲甲骨文"編"字。徐中舒觀點："從絲從冊，會以絲次弟竹簡而排列之之意。"我認爲，這裏既然從"繩索"，則其下的"冊"當理解爲"柵欄"之意。小篆"編"字上部從户，當是與居家環境相聯係的。我認爲郭沫若所說的"編"在甲骨文中的造字應該是從圖一右例的無頭緒的絲從冊的。甲骨文中尚有從索從勿，從索從攴，從索從殳等字，《説文》所無。

【甲骨文字本義小結】

甲骨學卜辭學界百年來所認定的絲部首字實際上是分成爲兩個部首的：絲部首和索（繩）部首。其甲骨文本字字形特點是：絲部首上下兩端無緒；索部首上下兩端（或一端）有呈"𠃍"狀發散的頭緒。凡屬于絲部首的甲骨文字的本義與絲綿有關；凡屬于繩部首的甲骨文字的本義與草繩有關。破譯這兩個部首相關的甲骨文字本義時應該注意這一個原則。兩字均爲象形字。

破譯甲骨文：幽

甲骨文"幽"本字學界没有異議，如圖：在我們將甲骨文絲部首字分成絲部首（從絲綿）和索或繩部首（從麻繩草繩），顯然"幽"字應該屬于絲部首：上從絲，下從火。這個字的下部的火部首容易被混淆爲山。區別甲骨文山和火的訣竅是山下面是一横，火下面是弧綫。所以上圖例二存疑，或許是一個古

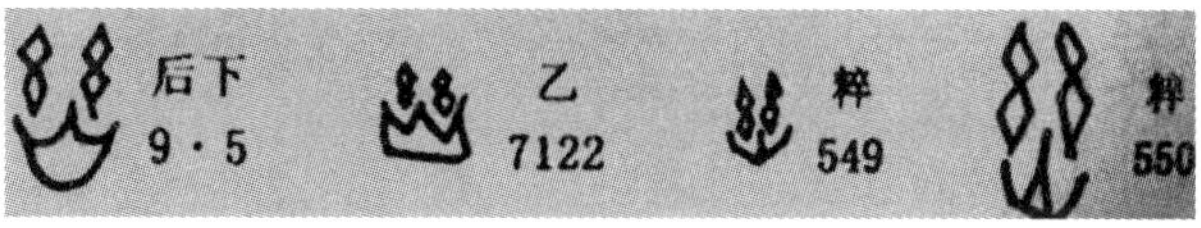

圖一

老的錯别字，或是别有其他本義。

雖然幽的本字無異議，但是本義卻分歧很大：

郭沫若："幽，通黝，黑也。……《周禮·牧人》：'陰祀用黝牲毛之。'先鄭注云：'黝，黑也。'"①

《説文》："幽，隱也。從山中𢆶，𢆶亦聲。"

《甲骨文編》："從𢆶從火，古文火、山兩字形近。故《説文》誤以爲從山。"

上文所謂的"𢆶"就是我考證的絲綿，郭沫若説幽是黝黑的東西，應該是什麽物質呢？許慎説"從山中𢆶"，《甲骨文編》説"從𢆶從火"又是什麽本義呢？我認爲上述三種觀點最貼近幽字本義的是許慎的"幽，隱也"。《説文》對隱的解釋是："隱，㪅也。"段注："小貌也。小則不可見。故隱之訓曰㪅。"也就是説，幽的本義是一種微弱的光。所以它是一個會意字，是火和絲綿的會意。當火光照射在絲綿上的時候，會發出一種類似熒光一樣的微光。這就是許慎所説的"隱"。現代漢語的"幽靈""幽明""幽眇""幽魂"中的幽應該是來自這個原始的本義。卜辭中多次提到"幽牛"一詞。

卜辭："叀幽牛。又寅牛。"（乙 7122）

卜辭："叀幽牛。吉。"（粹 550）

這裏的"幽牛"用郭沫若的"黑色"似乎較通順，但是用許慎的"幽。隱也"也是可以解釋通順的，即幽牛是指祭祀用的毛色光亮的黑牛，即身體健壯的雄性黑牛。這是很符合殷商人選擇祭祀用牛的觀念的。《詩經》中"其葉有幽""率彼幽草"中的幽字應該是指隱約的光亮。樹葉和野草發出的幽光大家應該都有生活經驗，不再贅述。

【甲骨文字本義小結】

幽的本義：火光投射在絲綿上發出的微微的熒光。名詞。右文造字。𢆶爲聲符兼意符。

破譯甲骨文：樂　濼

樂是今天山東境内一方土地的名稱，濼是今天山東境内遠古一條有名的河流。樂和濼這兩個字在殷商甲骨文時代就已經被創造出來了。如圖：

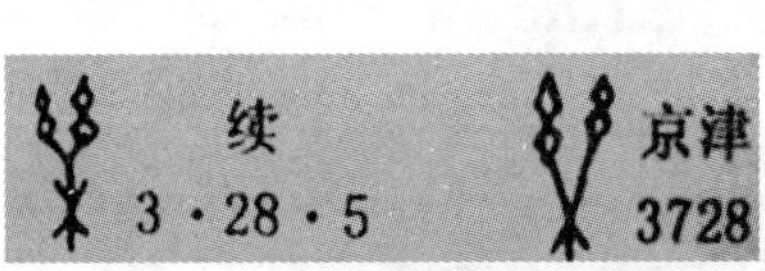

圖一　甲骨文：樂

圖二　甲骨文：濼（前 4·13·7）

①② 馬如森著《殷墟甲骨學：帶你走進甲骨文的世界》，第 299 頁。

甲骨文樂，上從絲，下從木。《説文》：“樂，五聲八音總名。象鼓椙木虡也。”

甲骨文濼，中間從樂，兩側從河流。《説文》：“濼，齊魯間水也。從水樂聲。《春秋》傳曰：‘公會齊侯于濼。’”甲骨文這個字没有中間的意符“白”。

甲骨文系統創造于公元前1250年以前，而《説文解字》成書大約在公元100年。其間經歷了約1400多年的殷商、兩周、秦朝時期，所以要求許慎對每一個字都作出符合原始本義的解釋實在勉爲其難。事實上《説文》中有很多的字的本義已經發生了擴大、縮小、斷裂和轉移。以樂和濼兩個字爲例。濼河的得名因爲樂地。樂地的得名又是怎樣的呢？許慎認爲樂地得名于音樂，這是東漢時代的理解和解釋。樂作爲地名的産生來源見于《尚書・禹貢》和《史記・夏本紀》。

《尚書・禹貢》：“濟、河惟沇州：九河既道，雷夏既澤，澭、沮會同，桑土既蠶，于是降丘宅土。其土黑墳，草繇木條……厥貢漆絲，厥篚織文。浮于濟漯。達于河。”

《史記・夏本紀》：“濟、河惟沇州：九河既道，雷夏既澤，雍、沮會同，桑土既蠶，于是民得下丘居土。其土黑墳，厥草惟繇厥木惟條。……其貢漆絲，其篚織文。浮于濟漯。通于河。”

兩段歷史文獻的記載大同小異。意思是大禹疏通了黄河，“疏川導滯”（國語），將黄河西河下泄的河水經三門峽過孟津渡到浚縣西南的大伾山，西經宿胥口，由北向和東向兩支入海。黄河最終分别匯入了渤海和黄海。上述文獻中提及的“九河既道”就是黄河改道今天的河北大地以後分散爲九條河向東北流入渤海。

在大禹治理黄河之前，黄河是經由今山東境内的濼河（《尚書》《史記》稱濟河）入海。由于大禹治水導致黄河改道，今天河南東南部和山東西部的湖泊沼澤裏的水位大大下降，于是萎縮成爲了一個湖——雷澤。水位的下降使這一地區出現了大片的宜農宜林的平地，原先居住在山上的居民就搬遷到平地上來。結果是在山東平原上出現了“桑土既蠶”“草繇木條”的農家樂景象。大禹在《禹貢》中給沇州規定的貢品是漆和絲。絲是蠶絲，漆是供製漆的樹。這些貢品經濼河進入黄河最終送到大禹的王朝所在地（估計二里頭的繁榮就是從這個時候開始的）。所以大禹在命名這一條河流爲濼河時，也是結合這一方樂土的地産命名的。濼河，一條運送蠶絲和漆樹的進貢的河流。上圖甲骨文“濼”字正是表達了這個本義。猶如淮河是盛産五彩鳥夏狄（野雉），也是進貢箭羽和旌麾的河流一樣。

山東這塊地方西周後稱東夷，殷商以前稱“人方”。而這個“樂”地據專家考證就是人方，見馬如森《殷墟甲骨學》：樂“借用做地名。‘乙酉卜。在樂貞：今日王步于喪亡災。’（續3・28・5）又，‘癸亥卜。在樂貞：王旬亡𡆥。’（後上10・4）”“方”是殷商統治者對反商方國的稱呼。

我認爲這個地方以“樂”命名是有理由的。從湖泊沼澤移居陸地，蠶桑繁盛，漆樹遍地，衣食無憂，確實是漢字“樂”的本義。從字面上看，上從絲，正是蠶絲。下從木，正是桑樹和漆樹。以這樣兩個意符會意成爲一個地名是恰如其分的。

在這片“樂”土的北邊齊魯之間的有一條界河——古濟河，就是濼河。在大禹治水之前，黄河就是借著古濟河（濼河）入海的。這條曾經給“樂”土（人方）人民帶來巨大災難的河流在改道以後爲當地人民帶來了巨大的福祉。所以這條河被命名爲濼河。

“樂”應該釋爲“樂土”之樂，而不能釋爲“音樂”之樂。

我認爲，當人方（樂地）的人民用船裝載著蠶絲和漆樹前往中原進貢給大禹的路途中，心中是充滿對大禹的無限感激的，是心甘情願地去進貢的。因爲正是由于大禹治水的結果纔使得這裏成爲一方“樂土”。

【甲骨文字本義小結】

樂的本義：位于今山東省古濟河以南的一方盛産蠶絲和漆樹的新的樂土。地名。

音訓不清。漢字演化中加進了“白”（be 入聲）應與此字發音相關。

濼的本義：遠古樂地人民向大禹進貢蠶絲和漆樹的河流——古濟河。河流名。

音訓：右文造字。從樂從川。樂爲聲符兼意符。

［注］關于《尚書》中提到的沮河：據《水經注》載，沮水原是注入鄭國渠的一條河。也就是説歷史上的沮河並不流經河南東部或者山東西部。我認爲遠古所説的“沮河”和能是“祖河”發音之轉。沮河可能衹有一條，但是祖河可以到處都有的。還有一種可能就是“沮河”可能是“濁河”的方言發音。

破譯甲骨文：索　孫

《詩經・七月》中有一段著名的詩句：“晝爾于茅，宵爾索綯。亟其乘屋，其始播百穀。”意思是白天上山割茅草，晚上在宮裏搓草繩，趕快登上房頂去修補房頂吧，又要開始播種百穀了。

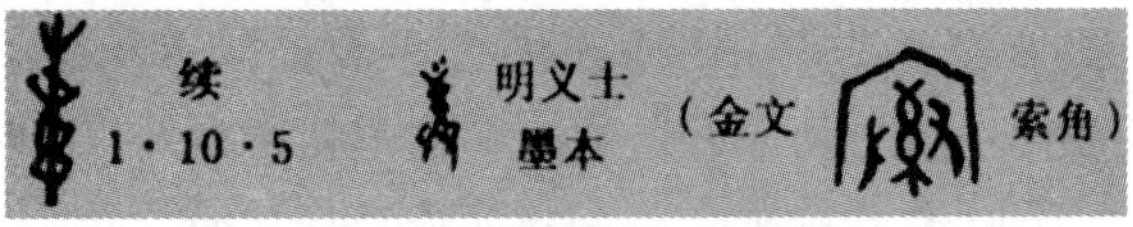

圖一　甲骨文索、搓和金文搓

文中的“索綯”的本義就是搓製草繩。殷商時期無論貴族和平民住的多是草房。每年冬天要進行修補。在草薄漏雨的地方插進新的茅草，同時加厚整個屋頂。然後還要用草繩給房頂編織一張固定用的繩網。這樣做是爲了防止大風吹走屋頂上的茅草。這種每年檢修一次草屋的習慣一直延續到草屋爲瓦屋所取代的改革開放初期。甲骨文“紟”就是這個本義。

圖一是甲骨文和金文的索搓二字。它們包含有那些商周的歷史信息呢。首先例一的索是一根草繩，下部是絞織的草繩，上端是繩頭或者叫繩緒。給繩緒接續上草就可以繼續將草繩搓製得更長。例一索是名詞《説文》：“索。草有莖葉，可做繩索。”于省吾説：“按許説非是，索本象繩索形。其上端或上下端歧出者，象束端之餘。”例二是動詞搓，就是“宵爾索綯”的“索”字，也就是甲骨文“索”的動詞形式。索、搓一音之轉。古音相通。從草繩，從雙手。本義爲雙手搓製草繩。“宵爾索綯”中的“綯”字是西周以後的後起字。例三是金文搓，和例二甲骨文搓不同的地方在于，金文“搓”字面會意是在房子裏搓草繩，這和《詩經・七月》的詩意是吻合的。注意：這裏的聲符索字必須用“上下端歧出者”的草繩意符。因爲搓製的對象就是草繩而不是廣義的繩索。結合甲

骨文“孫”的造字看這個問題就更加清楚明瞭。

圖二　甲骨文：孫

在甲骨文孫中意符可以是繩索的索，也可以是絲綿繩的絲，在甲骨文孫字中這兩個意符是通用的。該字爲什麼可以索、絲互換呢？這和甲骨文“孫”字要表達的本義有關。甲骨文孫的本義如《説文》所説：“孫，子之子曰孫。”所以在甲骨文的“孫”字中要表達的本義是子孫像繩子一樣綿延不絶。這裏的繩子衹是一個暗喻。所以它衹要是一根繩子就可以準確地表達，無論它是草繩或是絲繩。反之，根據甲骨文字中使用的是絲部首還是索部首，我們也可以很容易地判斷使用的是草繩還是絲繩。

意符“子”在卜辭中常用如“巳”或“祀”。其本義有宗子或者長子長孫的意思。這和甲骨文“孫”的造字非常吻合：一代又一代的宗子像繩索一般綿延不絶。

但是在甲骨文造字中，代表絲綿的絲部首和代表草繩的索部首是絶不混淆使用的。兩者在造字中的使用是非常嚴格的。本字造字是一個例外。

【甲骨文字本義小結】

索的本義：草繩。名詞。加意符“雙手”譯爲漢字搓。動詞。金文加了“宀”，準確地説應該是大家集中在宫殿中搓製草繩。周初的平民還居住在半地穴式的草棚或窑洞中。

音訓：從絲從折，絲折切。讀若 se（入聲）。夏方言發音。

孫的本義：後代如繩索，綿延不絶。

音訓：巳繩切，讀若 sen，通 sun。方言發音。

破譯甲骨文：雜色牲畜的造字*

甲骨文（駁）許慎認爲是：“駁。馬色不純。”徐鉉認爲是“疑象駁文”。① 李孝定説：“馬名，蓋即雜色馬之專名。”②馬如森也認爲是雜色馬③。我不贊成他們的觀點。

甲骨文（物）郭沫若認爲是：“犁之初文……物之本義爲雜色牛。”④ 徐中舒引《左傳》《周禮》諸經認爲物是雜色牛。⑤馬如森也認爲是雜色牛。⑥ 我也不贊成他們的觀點。

①②③　馬如森著《殷墟甲骨學：帶你走進甲骨文的世界》，第 231 頁。

④⑤　徐中舒主編《甲骨文字典》，第 83 頁。

⑥　馬如森著《殷墟甲骨學：帶你走進甲骨文的世界》，第 414 頁。

按照甲骨文造字的規律。如果是雜色馬，則以雜色牛爲本義的甲骨文造字就應該是從牛從爻。反之，如果是雜色牛，則以雜色馬爲本義的甲骨文造字就應該是從馬從勿。在殷商甲骨文系統中凡表示雜色的牲畜，它們的本字一定遵從一個共同的表示“雜色”的意符，不可隨心所欲。所以上述兩字的本義爲雜色馬和雜色牛造字本身就是一個悖論。兩個字采用的造字原則互相矛盾。

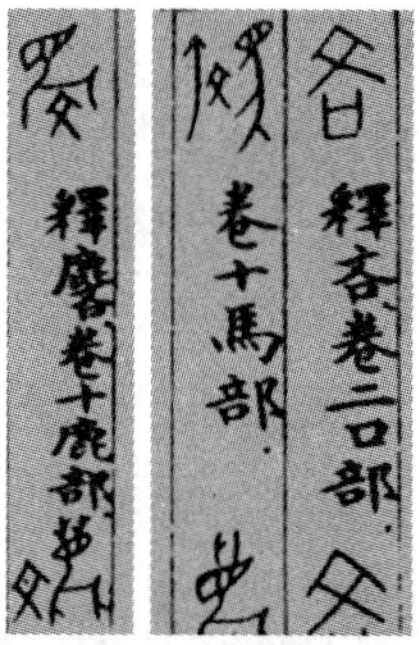
圖一

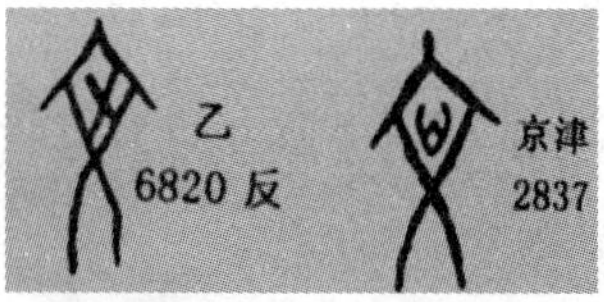

圖二

在殷商甲骨文系統中有這樣的一類字，它們都是有一種牲畜與甲骨文的“文”字組合而成的（如圖一）。甲骨文的馬、牛、羊、鹿分别和甲骨文“文”組成了一類字説明“文”作爲意符代表了這些牲畜的一種共同的特徵。意符“文”在這一類甲骨文字中的本義是什麽呢？我們來探討甲骨文的“文”作爲單獨的會意字本義是什麽（如圖二）。

在甲骨文的“文”字裏我們看到的是一個袒露胸膛的人，它的胸口有不同圖案的紋身。這就是《説文》所謂：“文，錯畫也。”殷商貴族喜歡紋身，可能連商王也不例外。卜辭中常見“文武帝”“文武丁”“文協王事”“文武”的記載。這種紋身看來一般是紋在胸口。從卜辭看記載較多的是武丁，這也比較符合武丁“舊勞于外”“三年不言”“殷之賢王”的經歷和個性。

甲骨文的文是一個會意字，由後來的漢字“文”和中間的紋身圖案會意。其實長江以南的越國地方也有紋身的風俗。越國的紋身是爲了使人的皮膚更加接近龍（龍捲風）的外表，據説這樣可以“避蛟龍之難”（當然也可以有其他的原因）。所以春秋戰國之際的越人特點就是“斷髮文身”。紋身可以是各種圖案，從甲骨文看有“X”，有“心”有“一”，這説明甲骨文的“文”字中間的符號是一個代表紋飾的圖案，也就是我所認定的非固定意符。

這個甲骨文的“文”和另一個牲畜的象形字結合表示什麽本義呢？當然它不會是表示給牲畜紋身的意思。我認爲，這裏的“文”表示的本義是牲畜身上不同的毛色組成的花紋。也就是本文開始提到的“雜色牛”和“雜色馬”，當然也可以是“雜色鹿”“雜色X”的本義（圖一左下字爲雜色鹿）。甲骨文的“文”造字時結合的動物一般是牲畜，不是野獸。因爲野獸的花紋都是特定的，所以許慎在定義“虎”的時候並没有規定它的花紋，定義“豹”的時候説“似虎圜文”，可見豹的圖案就是“圜文”（黑色的圓點或者圓環）。衹有牲畜纔會出現雜色的現象。這一現象可能是畜牧業發展以後，牲畜群居雜交所導致的。

現在我更加堅信我對甲骨文“駁”和“物”兩字的本義是雜色牲畜的否定。

我在破譯中考證了甲骨文“物”的本義應該是：宰牛。如果在殷商甲骨文系統中還有一個用來表示“宰馬”這一本義的甲骨文字，它或許是從馬從勿。

我還考證了甲骨文“駁”的本義應該是：馬作縫合手術以後留下的疤痕。如果在殷商甲骨文系統中還有一個用來表示“給牛作縫合手術以後留下的疤痕”這一本義的甲骨文字，它或許是從牛從爻。由于“爻”在甲骨文系統中是一個非固定意符，所以它可以是兩個㐅，三個㐅甚至四個㐅。但是爻這個字的音訓無疑是來自殷商方言繚，也就是縫合的本義。爻字讀若繚，即 liao。兩字古音可通。

在我國很多地方的方言中都存在著將繚本義作爲縫合的用法。

破譯甲骨文：羈*

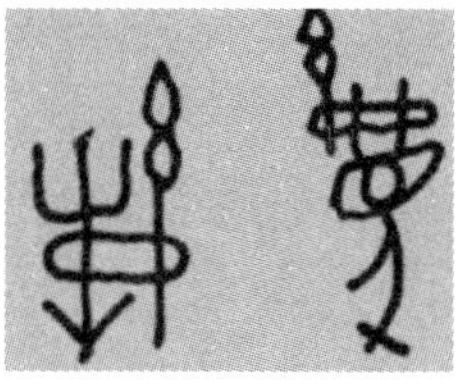

圖一　左爲佚 96，右爲甲 677

殷商時代已經開始了牲畜的人工蓄養。這一點已經被甲骨文的造字者表現在甲骨文中，這些甲骨文字中保留了珍貴的歷史信息。

關于這兩個字，徐中舒在《甲骨文字典》中解釋爲：“從廌，從口，口象絡形，則~（甲 677）象以絲絡廌之形；或從牛從口，則象以絲絡牛之形。皆會羈縻之意，乃羈之初文。”①

徐先生的意思是明確的。這兩個字都是後來的漢字“羈”字的初文。我認爲該字左邊的甲骨文字中間的環狀意符代表一根絲繩繫在牛的頸子上，再用一根絲繩繫在這個環上，這樣就可以牽著牛行走了。右邊的甲骨文字的環狀絲繩是繫在牛、羊的角上，同樣在環上繫上另一根絲繩以牽著這頭牲畜前行。這裏我們看見殷商人兩種爲牲畜繫上絲繩的方法。方法雖然很原始，但是卻很人道。我們今天的繫牛的方法是將一根兩端有樹疙瘩的很粗的短木棍插在牛的鼻中膈上，然後繫上牛鼻繩。這樣的拴法雖然會使牛很聽話，但是免不了疼痛，不太人道。

右邊的甲骨文字徐先生說“從廌”。廌又叫獬豸，是一種傳説中的衹有一隻獨角的神獸，據《説文》：“廌，解廌獸也。古者决訟令觸不直者。”段注曰：“《神異經》：‘東北荒中有獸，見人鬥則觸不直。聞人論則咋不正。名曰獬豸。’《論衡》曰：‘獬豸者，一角之羊。性識有罪。皋陶治獄，有罪者令羊觸之。’按古有此神獸。非必皋陶賴之聽獄也。”

獬豸一角，該字卻有兩隻角。聽獄者羊，該字非羊。獬豸神獸，該字是尋常牲畜牛羊驢馬之類。所以徐先生的觀點值得進一步商榷。但是我們可以肯定這樣兩個字記了殷商時期拴牲畜的兩種方法：一種是在牲畜的脖子上圍繫一圈絲繩或者皮革繩索，然後拉著牲畜；另一種方法是對有雙角的牲畜可以用絲繩（或皮索）直接繫在兩隻角的根部，然後牽著行走。不過這種雖然很人道的方法卻很難控制住像牛、羊這樣的兩角牲畜。

從意符看，殷商人拴住牲畜的是絲綿織成的絲繩，説明他們是聰明和仁慈的，因爲絲繩軟而結實。牛的頸子和牲畜的兩角根部是它們最細的部位，在出土的商前的玉版上我們看見有將繩索拴在馬或驢的前腿和腹部之間的最狹窄處的拴法。絲繩拴在那裏不會

① 徐中舒主編《甲骨文字典》，第 856 頁、第 1078 頁。

脱落，所以不用擔心牲畜會逃走。唯一的不足是這樣兩個部位都是不怕疼的部位，如果牲畜犟勁上來，恐怕人不是它們的對手。所以後來的人們發明了“更不人道”的拴牲畜的方法——穿牛鼻環，和套馬勒口。從後來産生的漢字“羈”看，人們使用了更加結實的皮索。

殷商的甲骨文字衹能説明殷商人是采用這種方法拴牲畜的。據張益群、劉漢根和謝東凌等人提供的它們收藏的部分夏代玉版上有一種關于夏代拴驢馬的圖文：繩子是拴在牲畜的前腿和凸起的肚子之間最狹窄處。這個部位是肚子最細的部位，前有兩隻前腿絆住，後有肚子絆住。這種方法也不科學。但是如果這些玉版確實是夏玉的話，夏人的真實記録確實不可不信的。或許這就是夏代的一種行之有效的拴牲畜的方法。

這個甲骨文字應該破譯爲漢字羈，意符“革”是用皮索代替了絲繩；意符“罒”是繩索羈絆在牲畜頭上的象形；而意符“馬”或可作牛、鹿、羊等其他動物。學者們一直未破譯此字的原因可能在于本應該聯係在一起的意符“罒”和“革”之間在使用中因斷裂而産生了訛變。設想：如果將意符皮索“革”還原爲殷商時期的絲繩“系”，將意符“系”和“罒”聯爲一體，我們就得到了圖一中它的甲骨文原型。所以我以爲這個字就是“羈”的甲骨文本字，而不是徐中舒先生所説的“乃羈之初文”。徐先生停滯在距離正確答案衹有一步之遥的地方，殊爲可惜。

音訓：本字是一個右文造字。圖一中意符革在甲骨文中爲“系”讀若 ji，是意符兼聲符。

破解了這樣兩個甲骨文字以後，我感受到我不是在破譯甲骨文字系統，而是在讀一部活生生的夏商歷史。夏商的造字者將一部殷商的歷史儘可能地詳盡地記録在甲骨文字系統中，在破譯它們的過程中我們看見它們靈動地再現了。如果我們在破譯了整個甲骨文系統之後，用它們去進一步破譯出卜辭，那將再現出一種怎樣的繁榮輝煌的殷商史啊！

其實很多的甲骨文字衹是用智慧表達了一個必須表達的本義，不必一定找出它是後來那一個漢字的初文。很多甲骨文字本來就没有對應的漢字，有的衹是一個急需表達的本義。

膜拜了，殷商的先民們！

破譯甲骨文：夯方和商諸方國*

卜辭中有個不見經傳的小國，它是夏商林立的諸方國之一。其甲骨文字寫作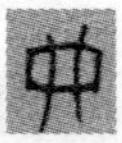（見合 6536、合 6541、合 6543）。這個甲骨文字我認爲它就是“夯”字。漢字夯的起源很遲，《説文》中没有收入。《康熙字典》雖然收録了但是源于明代的《字彙》，且引文出自南宋佛教著作《禪林寶訓》。《辭源》收録了夯，其引文卻是宋代朱熹的著作。

我認爲這個字就是夯的甲骨文象形字。其造字視角是俯視構圖，像一隻四人共舉的夯，名詞。夯是一種將土或者地基砸結實用的工具。夯的本身是一塊巨大的、正方體或者長方體的石頭。石頭的表面鑿有可供穿繩的洞眼環狀把手，用繩子穿過把手就成爲上圖的夯的樣子。夯土的時候是四人各執一根繩，用號子統一行動，將夯拎其很高再藉助重力落下去。這樣經過反復起落將地面或者地基砸結實。夯是建造乾打壘的房屋或者城墻的不可缺少的工具。

卜辭中尚未發現這個“夯”的動詞形式，如果有的話，應該是四個繩頭上各有一隻手。

殷商時有一個小的方國叫夯方並不奇怪。奇怪的是它爲什麼被命名爲夯方。我查閱了歷史資料，發現殷商時期的方國很多，其中卜辭中有記的就有：鬼方、工方、共方（或者貢方、苦方）、羌方、土方、人方（夷方）、虎方、龍方、盂方、御方、馬方、印方、黎方、興方、基方、夯方、戈方、系方、亘方、林方、大方等等。還有一些漢字不能表達的方國。

認真分析這些方國的名字就會發現它們有共同點：這些名字大多和勞役或者進貢有關，各方國有著明確的專業分工。如：

工方（共方或者貢方）：治水。御方：軍事。羌方：養羊。馬方：養馬貢馬。土方：挖土。今天依然俗稱“挖土方”。興方：運輸。人方（夷方）：以打獵和編製杞柳爲主。基方：建房、造城墻。虎方：獵虎和進貢相關虎皮、虎骨等。夯方：夯土。龍方：治風、抗風。系方：養蠶、貢絲。盂方：祭祀。林方：伐樹、貢木。井方：鑿井、淘井、修井。

雖然這是一種偶然現象，殷商時代的方國也完全可以用這樣的勞役對象命名。但是如果每個方國和他們對殷商負擔的勞役如果真的吻合，這就不是一種偶然了。而且從卜辭的記內容看，凡稱作“某方”的方國一般都是殷商的討伐對象，“伐某方”的記載幾乎是不絶于卜辭。也就是説他們大多是殷商王朝的敵對國家。例如這個夯方：

卜辭：“□□卜。□。貞：王次于曾。乃乎□夯……”（合 6536）

卜辭：“貞：王伐夯方。受有佑。”（合 6541）

卜辭：“壬寅卜。貞：今王伐夯方。受有佑。”（合 6543）

卜辭：“貞：今春伐夯方。”（前 7・15・4）

可見這個夯方也是一個飽受殷商殺戮的方國。殺戮的原因是什麼？卜辭中未見，其實卜辭中殷商很强勢，對很多的方國衹説“征”“伐”，很少説明原因。衹有殷商的同盟國沚（卜辭不稱“沚方”而稱爲“沚”）受到東邊的鄰國土方和西邊的鄰國工方的雙重欺負，沚向商王告了狀，這一次卜辭説明了討伐兩方國的原因。盂方和殷商的關係反復無常，當他們親商時，卜辭稱之“盂”“盂伯”；當商王討伐他們時，卜辭稱其爲“盂方”。

因此就有這樣的一種可能：殷商時代的各方國都承擔了某種專業的勞役。每年要派遣大量的工匠服勞役激化了本來就對立的統治與被統治的關係，所以導致殷商王朝不斷地討伐這些方國。

首先，從堯舜時期和《山海經》的記，每一個方國（氏族）一般都有自己自然形成的分工。例如共工氏族的治水，堯氏族的觀天象，舜氏族的農作等。相關分工在《世本·作篇》裏記載得很詳盡。既然是某方國擅長于某𢓊作，當然就會派遣相應的𢓊役。因爲别的氏族幹不好。這種氏族内的專業傳承和經驗技能的積累，在中國歷史上一直延續演化爲家族的壟斷和民間的拜師習俗。

其次，從各自爲陣到大禹時期的進貢，應該是一種自發的進貢，或者説是爲了報答大禹的"傅土、墮山、刊木、奠高山大川"的恩情。但是殷商王朝的𢓊役無疑就是一種行政的强行攤派了。這就難免激化殷商和各方國之間的矛盾。

第三，從卜辭産生以後的殷商後期，商王朝的"邦畿千里"的形成和殷商貴族驕奢淫逸的享樂生活看，也是有這種可能的。晚商的國力因爲不斷地征討各方國（其中就有帝乙帝辛連年討伐東夷）消耗殆盡。《尚書·牧誓》載：周人一呼，八族響應。商周牧野之戰，商的前軍倒戈。這些都説明晚商王朝已經是内外交困，窮途末路了。

第四，從卜辭内容看，大多數的稱作"某方"的都是商王朝的討伐對象，他們的領袖是被卜辭裏簡稱爲"方"的夏人居住的"方"和"土方"。其中土方就是《詩經·長髮》中"洪水茫茫，禹敷下土方"的這個土方，實際上就是夏人盤踞數百年之久的大本營之一。這裏我們發現殷商人稱呼"土方""工方"以及其同盟國都叫作"某方"，而稱呼自己的同盟國則稱"某國"。這樣我們就可以根據卜辭將殷商時期的各個方國劃分成對立的兩大陣營：方與國。

𢓊役的强行攤派，無疑是商王朝走向滅亡的因素之一。

【甲骨文字本義小結】

夯的本義：夯是一種將土或者地基砸結實用的工具。夯的本身是一塊巨大的，正方體或者長方體的石頭。石頭的表面鑿有環狀把手，用繩子穿過把手就成爲甲骨文的夯的象形。名詞。引申義：夯土。動詞。四人各執一根繩，用號子統一節奏，將夯拎起很高借重力落下去。這樣經過反復起落將地面或者地基砸結實。

音訓：中間一撇一捺訓爲弗，弗方切。據造字亦可訓爲環方切，讀若 hang。河南東北方言中 h 發 f 音。

破譯甲骨文：南　敲

在現代漢語體系中，南和敲兩個字是没有關係的。但是在甲骨文中它們是有著密切聯係的，這一點我們看一看"南"和"敲"這兩個字的甲骨文就可以明白，如圖一、圖二。

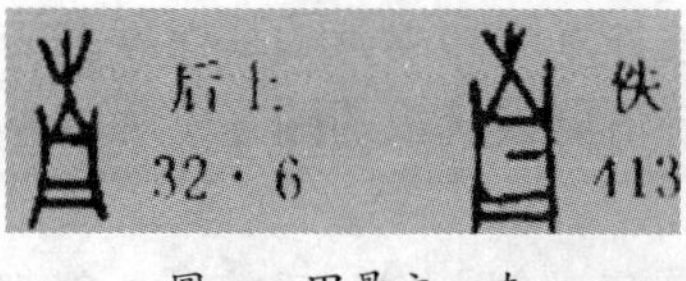

圖一　甲骨文：南

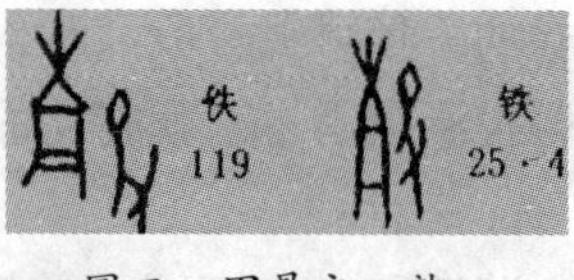

圖二　甲骨文：敲

從兩個甲骨文字中我們看到，南和㱿兩個字是共用一個部首的，這個部首就是甲骨文南。而甲骨文㱿是從南從殳的。會意爲以手執殳敲擊樂器南。在發音上，南和鈴是一聲之轉。

關于甲骨文“南”的本義我有考證：南的本義：商王面向的方位——南方。方位詞。例如卜辭：“于南門于旦。”（甲 840）南的字形是商王兩手向天站立在宗廟内（可能就是卜辭所謂的南室）作祈禱狀。此時商王朝向就是南方。但是進一步的分析我們會發現這個甲骨文“南”字的象形恰好構成殷商一種樂器青銅鐘的象形。這個“南”引申爲鐘應該是它的引申義。但是從甲骨文“南”字看，本字象形爲樂器鐘；會意爲商王面南。

《詩經》有《周南》和《召南》：“以雅以南。”《禮記・文王世子》：“胥鼓南。”據郭沫若等人考證南的本義正是一種打擊樂器，後來引申爲一種以敲擊樂器南演奏的曲調[①]。這種因樂器而得名的曲藝種類在我國民間有很多，例如京韻大鼓、花鼓燈、灘簧等。

郭沫若《甲骨文研究・釋南》認爲：甲骨文“南”字，“本鐘鎛之象形，更變而爲鈴”。“《詩》之周南、召南、大小雅，揆其初，當亦以樂器之名，孳乳爲曲調之名”。

張西堂《詩經六論》：“南是一種曲調，是由于歌唱之時，伴奏的是一種形狀像‘南’而現在讀如鈴的那樣的樂器而得名。南是南方之樂，是一種可唱的詩，其主要的得名的原因，衹是由于南是一種樂器。”[②]

甲骨文“㱿”字以往學者多破譯爲另一個冷僻漢字左從士從冖從一，右從殳。即㱿。我認爲這個字破譯爲漢字“㱿”非常恰當。理由是右邊的殳是以手執錘。左邊是鐘。從造字機理上看應該從南。這僅僅是從字形上的訓詁，這兩個字的音訓很傷腦筋，暫存疑。不能從音訓上給出令人信服的解釋，就説明這兩個字的破譯存在著深究的餘地。

甲骨文產生的那個時代有很多東西——比如工具——今天已經隨著現代化的步伐日漸消失。如果我們今天還不努力搶救的話，若干年以後恐怕也要通過“考古”纔能知道它們。例如這個殳，從手執錘。錘可以是石錘，也可以是銅錘。注意：在甲骨文系統中所有的“殳”字都是曲柄。我在前面的文章中考證過，在甲骨文系統中彎曲的筆畫代表質地的柔軟可彎曲。這裏的“殳”的把手爲什麽是“質地柔軟可彎曲”的呢？

對中國農村稍有經驗的人就會知道，今天使用的石錘或者鐵錘的把子仍然是柔軟的，可以左右彎曲的。它是用三片寬的竹片組合而成的，用于砸鋼釬，打炮眼。因爲柔軟的錘柄使用起來有彈性，所以省力且不傷手。你在許多的采石場都能够看到。但是隨著電氣化社會的到來，這種竹柄的鐵錘已經被電鑽和風鎬所取代。今後的年輕學者也許將不會懂得這一點：甲骨文殳的錘柄爲什麽是彎曲的？其實，這個甲骨文字是不是破譯爲漢字“殳”並不重要，重要的是要知道它的本義是揮動錘子，而錘柄是柔軟可彎曲的。這一點我在其他一些甲骨文字的考證時還要反復用到它。

---

① 馬如森著《殷墟甲骨學：帶你走進甲骨文的世界》，第 344 頁。

② 互動百科：《詩經六論》條目。

回到甲骨文“敲”，用石錘或者銅錘敲鐘。《説文》：“敲，横擿也。從殳高聲。”這個字發音爲口交切。念作：尻。許慎的“横擿也”就是側面敲擊的意思。在卜辭中，這個“敲”字僅僅用于人名。但是從本字字面上看，它應該是一個動詞。也許搞清楚這個字的本義的重大意義不在本字，而在于對其他甲骨文字的破譯，在于探索甲骨文向金文、簡書、籀文、小篆的演化脈絡。

嚴格地説，這個甲骨文“敲”，破譯爲現代漢字應該是：毃。

【甲骨文字本義小結】

南的本義：商王在廟堂上朝向的方位——南方。方位詞。引申爲一種金屬樂器，如大鈴狀。

敲的本義：執殳（石錘或銅錘）敲鐘。動詞。南爲庙堂之鐘的象形。

音訓：方言發音 kao。今訓 qiao。

破譯甲骨文：再（載） 贊*

在中國遠古史研究中，顧頡剛先生的“大禹是一條蟲”是一個著名的觀點①。在甲骨文研究中，“甲骨文‘再’是一條魚”也是一個很著名的破譯，是每一本工具書中都可以見到的。至少我到目前爲止還没有看到更有影響力的第二種解釋。如果將來會出現一種學者們能够接受的觀點的話，我希望是我在本文對甲骨文“再”做出的新的破譯——載。上古再載兩字同音。本文先使用“再”爲本字。

甲骨文再，冓，爯三個字在殷商文字是自成一個系列的，因爲它們的造字中都含有一個“再（或冉）”。因爲其中的“再”是一個獨體字，所以當用這個“再”作爲意符造字時，這個意符一定同時也是聲符。例如再、冓和爯這樣三個漢字的發音無論從甲骨文造字還是從現代漢字的造字看，它們的發音都應該是密切聯係的。奇怪的是甲骨文學者們破譯出的這三個字的音訓卻是各異的，發音差别很大：再讀若 zai，冓讀若 gou，爯讀若 cheng。在聲訓上並不相通，在字形訓詁上似乎也没有聯係：學者們認爲甲骨文“再”的象形是一條魚。因此這條魚（即甲骨文再）就成爲破譯上述三字的關鍵意符。

《説文》：“再，一舉而二也。從冓省。”

《説文》：“冓，交積材也。象對交之形。”交積柴是一堆交叉堆積的乾柴。

圖一 甲骨文：再

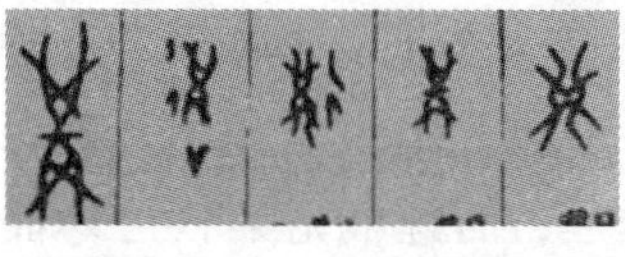

圖二 甲骨文：贊（音 zan）

《説文》：“爯，並舉也。”並舉意爲兩人協作共同完成一項任務。

圖一圖二以及後文中這三個字的甲骨文造字並不支持許慎的上述解釋，這其中必有蹊蹺。我

① 1932 年顧頡剛提出“大禹是一條蟲”的觀點，被魯迅先生收入其《故事新編》的《理水》一文。于是引發了一場學術争議。

們先行解决再和冓的問題，然後在後文中進一步解决再、冓和爯之間的問題。

《甲骨文字典》："再。［解字］象簡化之魚形。［釋義］義不明。"①

《甲骨文字典》："冓。［解字］象兩魚相遇之形，以會遘遇之意。或增止、彳、辵等爲形符，以明與行義有關。……［釋義］遇也。"② 圖二甲骨文冓出現了止、彳參與造字，我認爲這些字一定與人行走在路上有關聯。

《殷墟甲骨學》："再。從二，從魚，二標示重復，二魚有相重之義，本義是重複。"③

《殷墟甲骨學》："冓。從二魚，或從彳，從止，字象二魚相遇之形，從彳從止有相進行之意。本義是（相）遇。"④

《甲骨文字典》和《殷墟甲骨學》詮釋的甲骨文再和冓與許慎《説文》所定義的再和冓顯然不是同様兩個漢字。許慎定義的"再"是以一個個體托舉著兩個客體；後者的詮釋則是兩條魚的關係。許慎所定義的"冓"則是一堆（或許是一車）乾柴而後者詮釋的"冓"是兩條魚的相遇。還有一點，許慎的"再，一舉而二也。從冓省"，其中省略的也不是另外的"一條魚"，而是小篆冓字上半部分。所以近代的學者們僅僅是借了許慎的文字外殻塞進了自己的内容。這種現象在當今的甲骨文字研究中比比皆是。這是一種不正常的現象：既然用了許慎的本字釋義，其破譯就必須和許慎的定義協調一致。

從圖二甲骨文看，它可以"或增止、彳、辵等爲形符，以明與行義有關"。這就充分説明這不是兩條魚的相遇，也就是説，甲骨文"再"的本義不可能是一條魚。因爲兩條魚的相遇衹會是在水中，而不會在大街上；兩條魚相遇與意符止，與辵也無關。所以在這裏我首先否定了甲骨文"再"和意符魚有關的破譯。

在徐中舒主編的《甲骨文字典》中收録有很多"再"作爲部首之一的尚未辨識的造字。其中的意符"再"一是與手腳有關，從手從爪從腳等；二是同糧食、肉類、土有關。有些意符"再"上面還棲息著一隻或者兩隻鳥，有些旗幟就插在"再"上。三是這件事可以兩個人共同完成，或者説有時候必須要另外一個人施以援手。因爲在這個"再"的上方常會出現另一個人的手（呈爪狀）。特別要指出的是有一個也許和甲骨文"再"本義非常有關係的甲骨文字：。這是一個俯視視角的造字，就是我們是從上方的天空向下看。本字中的兩隻手抓住了這個"再"的兩側的把手，也許是一根彎曲的繩索。請注意這個"再"的前部是尖的鋭角形，它的下部的中間還有兩根像把手一樣的彎曲的東西（"彎曲"參見圖一圖二中例字的曲綫表示）。這是兩根繩子，可以繞過人的脖子，于是就套在人的脖子上了。這個人雙手抓住把手，頸子上套著一根繩子推著這個叫作"再"的東西在大路上向前行走。正在這時從對面來了同樣的一個也推著"再"的人，兩人在大街上相遇了，于是就出現了圖二甲骨文"贊"字中的造字場景。

① 徐中舒主編《甲骨文字典》，第 444 頁。

② 徐中舒主編《甲骨文字典》，第 442 頁。

③ 徐中舒主編《甲骨文字典》，第 298 頁。

④ 徐中舒主編《甲骨文字典》，第 297 頁。

造字本義是兩個正在幹活（他倆正在推著“再”）的人在窄路上相遇了（見圖二）。按照殷商甲骨文的造字的一貫的規律，這兩個人所從事的事情一定與道路、與雙手、與腳、與物品都有關，是不是？而且這個“再”一定在殷商時期不僅已經存在，而且是家喻户曉，人人皆知的一件東西。是不是？

從訓詁學分析：再者，載也。它可以載土、載肉、載糧食。《説文》：“再，一舉而二也。從冓省。”説明“再”的上面載著的是一左一右的兩份物品。所以它是以“一車舉二物也”。而“贊”則正是兩個“再”在狹窄的路上迎面相遇了。

甲骨文工具書中“再部首”系列字的體例一律依從許慎《説文》的排序將“冓”字排第一（即部首字），“再”排第二。爲什麽？就是因爲許慎在定義中說了：再是“從冓省”三個字。“從冓省”的意思就是小篆“再”這個漢字是由本字“冓”省略了上半部分。因爲“冓”就是兩個“再”迎面相遇了（見圖二）。在許慎這樣的定義之後，當然冓字就成爲本字，再字就是派生字。所以冓字排序在前，再字排序在後。當我們從甲骨文本義中發現其實“再”纔是部首的首字，其餘的“再部首”字都是用這個母字“再部首”而不是用“冓”進行造字的。所以理所當然地，再字應該排在第一，冓字應該排在第二纔符合殷商甲骨文的造字規律。這是許慎《説文》編纂中的一個極爲特殊的現象。這一排列説明東漢時的許慎並没有從本義上徹底搞懂冓和再之間的關係。

這個“再”是什麽？“再”就是給一邊加上貨物以後，再給另一邊加上貨物；“再”就是一個載體承受了兩份貨物；“再”就是雙手握著把手，脖子上套著麻繩；“再”就是當貨物太重前面需要一個人幫著拉一把；“再”就是必須有大路纔可以行走；這個“再”如果停在某地上面常常會棲息鳥類，因爲“再”常用來裝運輸糧食所以殘留了很多的糧食顆粒。再者，載也。準確地説，將圖一甲骨文字破譯爲“載”是更準確精當的。而傳統的將圖一甲骨文字依照其字形破譯爲“再”也許是“載”的古字，而“載”是“再”的今字。以下按照我的觀點用載字代替再字。用當地的方言發音贊（zan）代替冓字。

甲骨文“載”不是一條魚，它是殷商時期的常見的運輸工具——木質的獨輪車。因爲造字是俯視構圖，所以我們無法看見下面的木質的狹窄的那隻獨輪。其實就甲骨文“載”的造字、本義和音訓而言這個字今天破譯爲漢字“載”最爲精當。它是一個名詞。《説文》：“載，乘也。”段注：“乘者，覆也。上覆之則下載之，故其義相成。”《説文》的定義爲所載之物，但是它在甲骨文中的象形表明了它不是車載之物而是載體——木質獨輪車——本身。

圖二的甲骨文字也不是兩條魚相遇，因爲兩條魚不可能在大路上相遇。退一步説，即使兩條魚相遇了，用它來造字表達“相遇”的本義也很令人意外。此舉也違反了甲骨文造字的原則。所謂“涸轍之魚”衹是特定環境下的一個寓言而已。圖二甲骨文是兩個獨輪車在一條小路上迎面相遇，不能破譯爲漢字“冓”。你推過獨輪車嗎？當兩輛相向而行的獨輪車在小路上相遇時需要互相避讓是一件比較難以處理的事情。因爲獨輪車是靠平衡技巧推行的，常常會在避讓對方時産生側翻。推獨輪車的人有一句老話：推車不用巧，全靠屁股扭得好。兩個推著獨輪車的人若在一條不寬的路上相遇確實需要很高的技術纔能應付這樣的“相遇”。解開了這樣兩個字，其餘的“再部首”（當爲載部首）的字就可以迎刃而解了。

圖二的甲骨文字究竟應該破譯爲什麼字呢？其實漢字字庫中没有這個漢字。這是一個夏方言區和殷商方言區都有的一個方言字，本義表示碰頭。從載一（讀横），載横切。横的方言讀音爲 fen，所以載横切發音讀若贊（zan）。《説文》："贊，見也。"段注："凡行禮必有贊。非獨相見也。"所以贊字本義是兩人迎面碰頭的意思，俗話叫作"贊頭"，讀若 zan tou。注意圖二中例一和例四爲標準寫法，中間一横是必不可少的聲符。其餘諸例爲省略寫法。省略了中間的聲符一横衹影響反切而基本不影響對該字本義的理解。《説文》鄙："五酇爲鄙。"其中的酇是西周以後對人居村落的名稱。有"百家爲酇"的說法。可見贊字確有匯聚、聚集、碰頭之意。

載字在僅有的兩條卜辭中因爲缺字較多意義不明。

贊（zan）在卜辭中多用作本義：相遇。

卜辭："丁酉卜。賓。貞：今日不［zan］雨。"（甲 3186）遭遇大雨之意。

卜辭："貞：叀弗其［zan］□方。"（佚 13）遭遇某方軍隊之意。

卜辭："癸亥卜。［zan］飲（酒）宜伐。于大乙。"（京 3974）偶遇會飲。相當于今天聚餐。

【甲骨文字本義小結】

載的本義：殷商時期的木質獨輪車。名詞。象形字。獨輪車外沿的車幫呈"八"字形。

音訓試析：從𠆢從八，折八切。讀若 za，上古音通 zai。傳統破譯爲"再"，是載的同音字，可以將再和載視爲古今字。

贊的本義：兩輛相向而行的獨輪車在路上相遇了。動詞。引申爲兩人碰頭。

音訓見正文。傳統破譯爲"冓"不確。方言發音。

破譯甲骨文：載(動詞)*

按照傳統的破譯，左例甲骨文字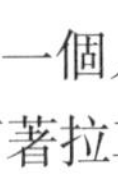被釋讀爲漢字"爯"。《説文》："爯，並舉也。"文中"舉"是做某件事，"並舉"是一個人幫助另一個人共同做這件事。當獨輪車上所的貨物較重時一般是需要有人在前面幫著拉車。技術熟練的推車人可以推 800 斤以上的貨物。所以這個"爯"字上方呈爪狀的手是在幫助拉車或在幫助裝車的另一個人的手。這個字許慎的解釋是其本義，而且非常準確、簡明。從造字上看可以解釋通，但是從音訓上看無法解釋圖一甲骨文字爲什麼能讀若 cheng。按照這個字的會意，破譯爲漢字拉可以，破譯爲漢字提也可以。破譯爲爯似乎没有道理。原因就在于破譯者先自爲自己定了一個框框——下面的意符是再，本義是一條魚。其實破譯爲爯在造字的音訓上是不同的。

在《破譯甲骨文：再（載）　贊》中，我考證出甲骨文"再"是殷商時期的獨輪車。這裏的爯上從爪意思是有一隻手在獨輪車的前面拉車，所表達的本義是幫助和協助推車人的意思，掌握方向和整個獨輪車的主角當然是推車人。所以在卜辭中的動作施動者僅僅是助手和協助者的意思，即使這個人是商王也是一種謙辭。

卜辭："庚午貞：王其載朋。于祖乙。尞三牢卯……乙亥飲。"（業3·45·12）這裏的"王其載朋"是商王和協助者獻上玉石串，應該是一種謙辭。注意文中的"于祖乙"是一種叫作盂的祭祀，是采用茅草縮酒的一種祭祀方式。于也是盂的初文。

卜辭中常"載冊"連用表示"獻上典冊"，這裏的載同爲謙辭，意思是獻上典冊供先祖閲示。主角應該都是先祖。其實分析一下在其他的卜辭中"載"用如動詞"牽引"也是可以解釋的。

卜辭："貞：載其氏巫。"（乙8165）

卜辭："貞：載弗其氏巫。"（乙8165）

甲骨文拽的音訓從爪從再，應該是爪再切。讀若載或拽，兩字古音通，方言音亦通。現代漢語工具書中給"再"的定義是動詞牽引，這個圖一甲骨文的造字非常吻合。所以圖一甲骨文字應該破譯爲漢字"載"，會意造字，動詞。音訓讀若zai。本義爲牽引。是指在人推獨輪車的時候，由于車上物過重需要有人在前面拉車的意思。

上面兩篇文章中，我重新破譯了傳統的甲骨文再、冓和爯三個字，我認爲再應該破譯爲漢字爲載；爯應該破譯爲載；冓是一個方言造字，應該讀若贊（zan）。後一個字没有對應的漢字，而是一個夏商口語，本義是兩人迎面碰到，可以在路上碰到，也可以在其他地方。該字的甲骨文中從彳的便是在路上遇到。如果從止則表明去碰頭的意思。夏商方言讀若贊頭。至今很多的地方方言中還保存著這一常用的口語。

甲骨文的再、贊、載三個字都有一個共同的造字意符兼聲符，所以它們的反切發音有密切的聯係。三字的注音分别是：再（zai）、贊（zan）、載（zai）。

【甲骨文字本義小結】

載的本義：助手在車前幫助拉獨輪車。動詞。卜辭謙辭。亦可譯爲拽。

音訓：會意造字。爪再切。讀若zai。

破譯甲骨文：壴 鼓 彭 喜 熹

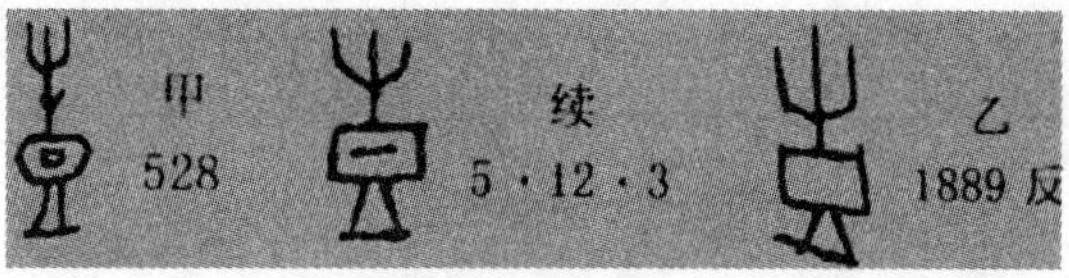

圖一 甲骨文：壴（鼓字之初文）（例三疑爲燈字）

圖二 甲骨文：擊鼓

圖三　甲骨文：彭（擊鼓聲）

圖四　甲骨文：喜

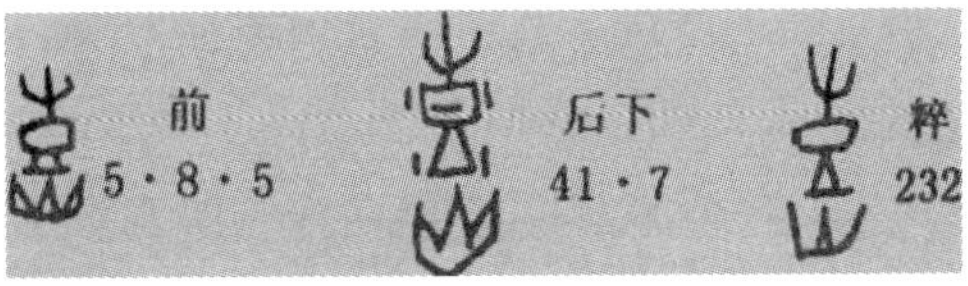

圖五　甲骨文：熹

從上述五個和壴相關的甲骨文字分析，這是一個系列字，以壴爲部首。所以這一系列的甲骨文字的本義均産生于基本象形字壴。壴的本義是什麽？從上圖可以看出這個甲骨文的壴字纔是殷商時鼓的本字。確定了壴的本義是鼓，其他幾個相關的甲骨文字就迎刃而解了。

圖六　東周巴國十四編鐘銘圖（引自何新《巴人淳于的神秘宇宙圖紋》）

我們從巴人的青銅編鐘銘圖可以看到，東周時代巴人的鼓和甲骨文壴是非常相像的。這種壴雖然産生于殷商，但是巴人地處長江上游的閉塞山區，所以一直到東周還沿用著原始的鼓的造型。這種壴也叫曲柄鼓。通過比較我們可以認定甲骨文壴字實際上就是今天漢字鼓的本字。它的象形就是殷商時代的祭祀用鼓或軍鼓。《説文》：“壴，陳樂立而上見也。”説明遠古之壴是禮器，用來演奏樂。樂不僅是給上帝聽的，也是給上帝看的。用壴演奏的樂可能上溯到夏代夏啓的《九歌》和虞舜的《簫韶九成》。

圖二是另一個甲骨文字，長期以來，國人一直認爲它就是漢字鼓的甲骨文原型。現在看來可能是個錯誤。該字從壴從手從木棍。是一個會意字。就是擊鼓的本義。所以這個甲骨文字本義是擊鼓。是動詞而不是我們長期認爲的名詞。鼓這個字的名詞詞性應該是後起意。當動詞擊鼓取代了壴成爲名詞時，壴隨即漸漸限于用作祭祀名。

卜辭：“己卯卜。王貞：鼓其取宋伯歪。鼓禍古朕事。宋伯歪從鼓。二月。”（佚106）

卜辭：“辛亥卜。出。貞：其鼓鄉告于唐。牛一。”（餘10・2）

兩條卜辭中鼓均有打擊軍鼓和打擊祭祀用鼓的意思。而甲骨文壴的本字在卜辭中多用作祭祀的代名詞。如：“壴于大乙。”（京都2269）這是一種含有擊鼓的祭祀。

圖三是甲骨文彭。從壴從散點（非固定意符）。本義是擊鼓發出的聲音。聲音是祇

能聽見卻看不見的，正如氣味衹能聞到也看不見。這種四處傳播的氣味和聲音在甲骨文造字中是用散點表示的。本字中散點表示鼓聲。用散點表示氣味的字在甲骨文中如乎字，用青茅上三點代表青茅濾酒以後散發出的酒氣。乎從略。見甲骨文佚 743，鐵 114・3，前 7・1・3 等。

《説文》："彭，鼓聲也。從壴彡聲。"這個"彡"的解釋是許慎杜撰的本義，應該是從散點或者從彡。在甲骨文造字中，散點意符可以表示聲音，但是"彡"的本義並不能代表聲音。

圖四是得到學界公認的甲骨文喜字。《説文》："喜，樂也。從壴從口。"這個口在甲骨文造字規律看，它是一個非固定意符，其本義有很多種解釋。許慎將其解釋爲樂，本義也就是歡呼聲。該甲骨文喜從壴從口。而春秋古文的喜字從喜從欠，欠的本義是歡呼。問題可能就出在這裏，甲骨文喜從口和春秋古文喜從欠表達的是同一本義嗎？圖四甲骨文喜的會意應該是將鼓安置在基座上，並無喜樂之意。如果按照甲骨文造字規律，圖四這個喜字要表達喜樂之意的話，這個喜一般應該從意符四個口，器、囂、嚣可以爲證。很顯然意符口放在鼓下不能表示"喜樂"之意。

所以許慎解釋爲鼓聲和歡呼聲的結合——樂也。但是從卜辭内容分析，這個喜也應該是殷商時期祭祀的一種。卜辭中未見用如本義的喜，多用作人名和地名，一期出組有貞人名喜。

卜辭："戊子卜。王在𠂤喜卜。"（粹 1211）這裏"喜"用作地名。

關于這個字的本義，我贊成學者們認爲喜字下部的口是鼓架或盛鼓之器的意思。上述巴人編鐘銘圖中，如果從船的横斷面看就是這個喜字。而甲骨文有斷面視圖的造字習慣。所以喜字上部爲壴下部爲鼓架是符合甲骨文造字的會意和造字的規律的。下面的盛鼓用器實際上起了一個共鳴箱的作用。放置在船上時船體也起了一個共鳴箱的作用。

圖五是甲骨文熹。上從壴下從火。漢字系統中没有這樣一個字，衹能破譯爲多了一個口的漢字熹。《説文》："熹，炙也。從火喜聲。"鼓是牛皮爲鼓面的，所以當下部從火的時候，把這個甲骨文字理解成爲炙亦無不可。但是，這個炙的本義和甲骨文熹的本字必然應該有關聯。這個字的來源是什麼？它爲什麽會産生炙的釋義呢？

從現代漢語熹的定義爲光明看，它的甲骨文本字應該也是與火有關係的。從甲骨文會意看，熹是用火燒一隻鼓。我們在前文已經從卜辭中發現這種鼓主要是用于祭祀的。當祭祀完成後就把鼓燒掉，表面上看這似乎不合情理。但是，熹在卜辭中一般是與祭祀對象連用而且是用在祭祀對象後面。如：

卜辭："己卯卜。貞：□人延于丁宗熹。"（前 5・8・5）

卜辭："乙酉卜。叀祖乙熹用。"（粹 232）

説明祭祀之後把鼓燒掉是有這種可能的性。

我查閱了含有壴的甲骨文系列字的本字發現：絶大多數這個系列的甲骨文字中壴的中間的口上都有一横，但是在甲骨文熹字中大多是没有中間這一横的。這就説明在甲骨文熹字中的壴和壴字列其他甲骨文字中的壴是有細微區别的。它們不是一樣的壴。我認爲將其解釋爲鼓的"鼓袢"（即鼓的兩側安裝的用來搬運鼓的把手）比較合適。殷商人重祭祀，所以祭祀用的禮器鼓壞了以後也不能隨處亂丢。燒掉是一個好辦法。正如喪禮所用的青銅禮器要用祭祀坑掩埋的道理是一樣的。

音訓：該系列字音訓複雜，待考。上述五字在《説文》分屬于三個部首：鼓是單獨的部首；壴和彭屬是壴部首；喜和熹屬于喜部首。錄此備考。

【甲骨文字本義小結】

壴的本義：祭祀用鼓或者軍鼓。名詞鼓的本字。引申爲祭祀。

鼓的本義：擊鼓。動詞。後引申爲名詞鼓。壴字退出。

彭的本義：擊鼓發出的鼓聲。名詞。

喜的本義：裝鼓上架，表示有大事發生。引申爲祭祀名。

熹的本義：火燒祭祀用的敗鼓（用兩種可能性）。動詞。

［注］在甲骨文熹字中的壴，極有可能是一隻敗鼓——已經用壞了的鼓。（這一點可以比較甲骨文“目”和“臣”，“目”中無一點表示正常人的眼睛，而“臣”中加上了一點表示被刺瞎後的眼睛。）

破譯甲骨文：周

周在甲骨文研究中是一個敏感的字，争議很大，史料很難駕馭，考證上有相當的難度。周、舟兩字在先秦語音通諧，造字的本義相近，這基本上是學界認同的觀點。更爲重要的是創造了甲骨文系統文字的殷商王朝恰恰是爲一個叫作周的王朝所取代。如果説商代的名稱源于他們發祥于一個叫作帝丘的地方——商，殷商的名稱來自商代婦女的剖腹産——殷（殷商意爲新生的商），那麽周的名稱來自何處呢？

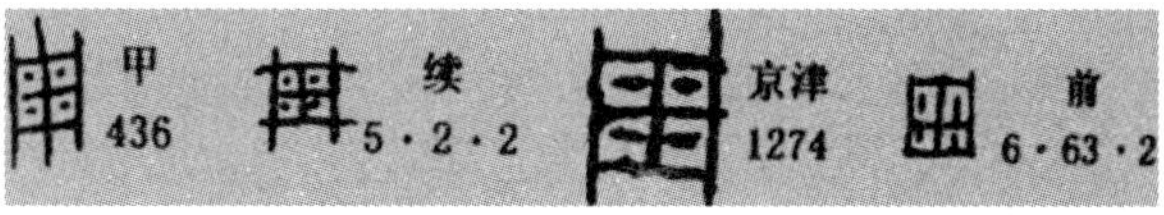

圖一　甲骨文：周

甲骨文周主體是一個象形字。它像什麽？這件物品還必須是商周兩個朝代的常用物品。北京師範大學的晁福林教授的《先秦社會形態研究》一書中有這樣的考證：“甲骨文‘周’字與舟船很有關係……所以甲骨文周字並不以田爲偏旁，而是以桴（舟）形爲偏旁的。《論語・公冶長》：‘道不行，乘桴浮于海。’集解：‘桴，編竹木，大者曰栰，小者曰桴。’《國語・齊語》：‘方舟設泭，乘桴濟河。’韋注：‘編木曰栰，小泭曰桴。’……《爾雅・釋水》：‘庶人乘泭。’……《廣韻》：‘筏，大曰筏，小曰桴。乘之渡水。’泭、筏與桴皆爲一聲之轉。”①

① 晁福林著《先秦社會形态研究》，第478頁。

晁教授所説的“泭、筏與桴皆爲一聲之轉”句中泭、筏、桴三個字的主體就是甲骨文周除去中間四個點得到的部首：桴。《説文》：“桴，楣棟也。”段注：“附柔切。”意指建造房屋是最中間的梁架和脊梁。顯然這是一個引申義。因爲古公亶父時期是“陶復陶穴，未有家室”的時代，何來房屋梁架一説呢？

筏、桴、罰、浮訓詁在夏商周之際是互通的。《禮記・投壺》：“若是者浮。”鄭注曰：“浮或作罰。”今人附庸風雅謂喝酒爲“浮一大白”，正是“罰一大杯”之意。圖一甲骨文字去掉中間的四個點就是甲骨文桴字，這個意符“桴”是甲骨文的一個常用的造字部首。有了中間的四個點，就是甲骨文周字。這個字和周朝有關係嗎？這個周字的生活原型是什麼？能够令人信服嗎？

要搞清楚這一串問題，首先就必須弄清楚歷史上甲骨文周字在什麽時候開始和地域、氏族、官爵、首領有了聯係的？這些地域、氏族、官爵、首領又和這個周字有什麽聯係呢？

卜辭：“□周侯。今生月亡占。”（甲 436）

卜辭：“……周方弗亡占。”（乙 2170）

卜辭：“……命周……”（前 6・63・1）

從上述卜辭看，殷商時期，周作爲地名應該是存在的，衹不過我們還無法確定是不是周原的那個周，或者説是古公亶父定居的那個位于岐山之陽的周。這就出現了這樣一種可能的時間界定：卜辭被創造的年代，古公亶父已經率百姓定居周原。古公亶父的周是先于卜辭的創造時期的。

事實上，很多的先秦史料表明，周人自稱周確實是從古公亶父一代纔開始的。

《史記・匈奴列傳》：“戎狄攻大王亶父，亶父亡走岐下，而豳人悉從亶父而邑焉，作周。”

《吕氏春秋・古樂》高誘注：“岐山之陽有周地，及受命，因爲天下號也。”

《史記・周本紀》皇甫謐集解引：“邑于周地，故始改國曰周。”唐張守節正義引：“因太王所居周原，殷號曰周。”索引述贊：“后稷居邰，太王作周。”我不敢妄斷這其中是不是一語雙關地含有古公亶父發明羊皮筏子的歷史記憶。根據前兩條文獻看，司馬遷的“邑于周地”，可能在古公亶父“……邑焉。作周”之後。“作周”説明在古公亶父遷徙到該地定居以前，這個地方還不叫作“周”。

可見古公亶父與這個周是有歷史聯係的。是不是因爲古公亶父率領子民遷徙到了一個叫作周原的地方，從而因地而得名呢？未必是這樣！

戎狄攻大王亶父時，亶父已經率領子民到了陝西境内。戎狄自北入侵，大王亶父亡“走”岐下。走意味著此時的古公亶父已經是渡過黄河的西河了。在此以前古公亶父來自何處？學界有兩説：一説爲陝西土著；一説爲來自晋地。我贊成晋地説。

古文字學依據是：古公亶父的先民們早期應生活于山西境内的邠（即豳），邠和汾的初字是共同的，即分。周金文造字命名地名和國名的習慣是用本字加上邑作爲偏旁。查《尚書・禹貢》和《史記・夏本紀》均無治理汾河的記載，因爲當時山西省境内是一片汪洋的千島之湖，並没有一條汾河。所以汾河之得名應該在大禹治水之後。而汾河之所以得名汾河正是因爲大禹疏通了龍門，使黄河西河水和汾河水飛流直下，從而使山西境内的水位大大下降。最終一個千島之湖萎縮爲一條河，這條河中分晋地，故名分河。這是汾河的由來。還有：

《詩經・閟宫》："奄有下土，纘禹之緒。"所以這塊土地名之爲"土方"。

《逸周書・商誓》："在昔后稷惟上帝之言克播百穀，登禹之績。"

都能够説明周人的祖先是世代居住在大禹治理的土地上的。這一點在金文中屢見記載。周人也反復申明爲夏人之後，奉夏人爲自己的先祖。

《史記・夏本紀》："禹行自冀州始。冀州：既壺口治梁及岐。既修太原，至于岳陽。"

其中"治梁及岐"正是後來古公亶父爲戎狄所攻亡走之地。"既修太原"誕生了後來夏人的新方國——土方。説明夏禹以後的夏人有一部分氏族是生活在汾河兩岸的。古公亶父自邠遷往黄河西河的對岸要翻越吕梁山並且要渡過黄河西河的。這就是孟子説的"逾梁山，止于岐下"（《孟子・梁惠王》）。據《左傳・僖公五年》："大伯不從。"實際上是作爲古公亶父的長子，這個大宗"大伯"（即元子或宗小子）衹能是守在周族（當時可能還不稱周）的祖居地。這個制度就是周的宗法——所謂"宗子維城"是也。也就是《禮記大傳》中所謂的"百世不遷之宗"。所以"大伯不從"乃是"大伯不能從"之意。這個大伯被古公亶父封于東虞（東吴）。東虞是相對于岐山這個西土（西岐）而言的。所以這個東虞應該距離土方（山西太原一帶）不遠。

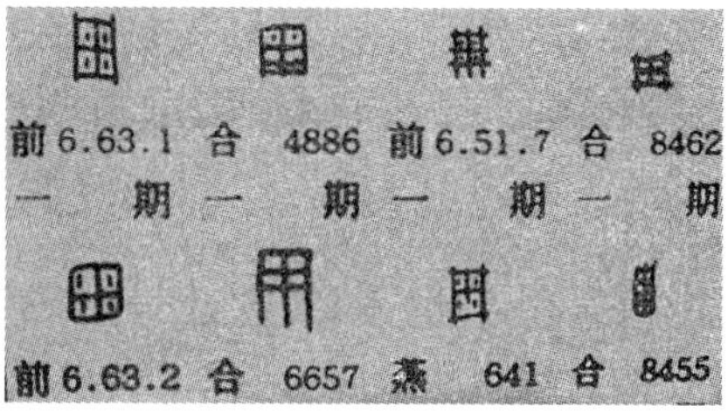

圖二（下右二非本字）

説到這裏，我們基本説明了古公亶父之世周人纔開始與周字發生了關聯。但是到了古公亶父時期爲什麽突然與周有關了呢？這就要先考證清楚甲骨文周字的本義。

這個周字，正如《國語・齊語》所説："方舟設泭，乘桴濟河。"韋注："編木曰栰，小泭曰桴。"它是一個由竹子或者木料捆綁成的"方舟"，如圖二合6657所示。"方舟設泭"的泭通我們今天的浮，意思是爲這個木材或者竹子捆紮的方舟繫上"浮"，這個浮就是今天山西陜西兩省（龍門以上地區）用來渡黄河用的最常見的羊皮囊。有人一定會質疑説：羊皮囊爲什麽要用四個點來代表呢？這是一種習慣性的誤解，這四個點不是羊皮囊，而是四隻羊皮囊上的吹氣口。羊皮囊因爲處在這個方舟的下部的水裏。甲骨文周字采取的是俯視構圖造字。從上面俯視衹能看見四個點。周就是龍門以上的黄河兩岸人民渡河的常用渡河工具——羊皮筏子。可見周應該是黄河中上游的一種最古老的渡河工具，至今還在使用。而甲骨文"周"應該是一個會意字而不是象形字。音訓爲舟。

但是究竟在周的先民們是誰領導了由邠到周原的大遷徙呢？我發現《詩經・大雅・公劉》中藴含著一個秘密：

古公亶父自邠遷往黄河西河的對岸要翻越吕梁山並且要渡過黄河西河的。要渡河就要使用渡河工具。我們無法確定羊皮筏子是不是大王亶父的發明，但是大王亶父確實使它的子民由邠地翻越吕梁山渡過黄河的西河，到達了陜西境内。渡河就一定要使用擺渡的工具，這就是周——羊皮筏。繼而他們受到來自北方的戎狄的攻擊，大王亶父率衆南遷，最終定居在岐山之陽。至于是古公亶父因爲當地地名叫周原所以將氏族命名爲周，還是因爲在遷徙過程中因爲方舟所起的重要作用，爲了紀念這次大遷徙而將當地命名周原呢？現在已經無從可考。但是有一點可以考證的就是：甲骨文周的生活原型就是山西陝西兩省人民常用的渡河工具——羊皮筏子。周和舟是殷商時期本義聯係非常緊密的兩個甲骨文字。而古公亶父的“周”也許就是源于渡河用的羊皮筏子。這個羊皮筏子將古公亶父和一個偉大的王朝緊密地聯係在一起。

【甲骨文字本義小結】

周的本義：黄河上游渡河使用的羊皮筏子。古公亶父命名遷徙地爲周原，後借用爲周朝的周。

音訓：周從桴從四（點），四桴切，桴爲附柔切，所以訓爲 zou，上古音 zou 通 zhou。

破譯甲骨文：周　舟

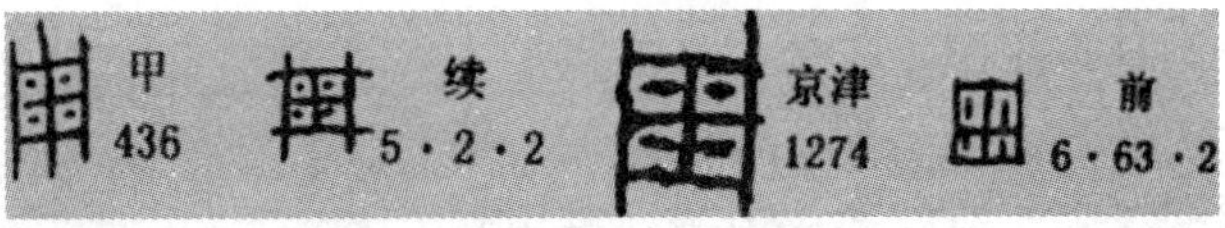

圖一　甲骨文：周

圖二　甲骨文：舟

周、舟兩個字在先秦音韻中通諧。周爲照母，舟爲端母。今天兩字發音完全相同。兩字本義都是渡河用的工具。按照甲骨文一字一形一義的原則，看似没有必要創造出兩個幾乎相同的字。其實不然，這兩個不同的甲骨文本字在殷商時期的生活原型是兩種不同的對象。周是黄河上游渡河用的工具——羊皮筏子；舟是黄河下游渡河使用的工具——獨木舟。兩者功用相同，在構造上相去甚遠。盤庚，卜辭又叫般庚。他的名字正是用工具製造獨木舟的會意。盤庚造舟率殷人渡過洹河定居在殷墟；古公亶父造周率周人渡過黄河和渭河定居周原。歷史就是這樣驚人的相似。

在上文《破譯甲骨文：周》中，我已經考證：周就是龍門以上的黄河兩岸人民渡河的常用擺渡工具——羊皮筏子。可見周應該是黄河上游的一種最古老的擺渡工具。是大王古公亶父帶領他的子民由邠地翻越吕梁山，渡過黄河的西河，到達陝西周原這一遷徙過程中使用的渡河工具。這就是周——羊皮筏子。于是就有了周地——周原。

《史記·周本紀》皇甫謐集解引：“邑于周地，故始改國曰周。”唐張守節正義引：

“因太王所居周原，殷號曰周。”索引述贊：“后稷居邰，太王作周。”太王即古公亶父。

在甲骨文中殷商人稱周僅僅是指周侯或者周地。

卜辭：“□周侯。今生月亡判。”（甲 436）生月爲閏月之意。

卜辭：“周方弗亡判。”（乙 2170）甲骨文中“方”與殷商是敵對的關係。

這説明在甲骨文系統被創造出來時，周已經完成了自山西郊地到陝西周原的長途遷徙並繁衍爲一個方國。在吕梁山以東的山西境内，卻絶少使用羊皮筏子渡河。俗語“吹牛皮”在黄河中上游最初叫作“吹羊皮”，那是真本事，真吹啊。但是在吕梁山以東，人們不叫“吹羊皮”，叫“吹驢皮”。這些都説明了羊皮筏子當時還僅僅是黄河上游的渡河工具，一山之隔的吕梁山以東就不使用這種羊皮筏子。

舟則不同。從甲骨文本字看，它是一條船的象形。殷商方言音訓爲船。船是一種最古老的渡河工具。《世本》中有記載：“共鼓、貨狄作舟。”《易經・爻辭》：“刳木爲舟，剡木爲楫。舟楫之利，以濟不通。致遠以利天下，蓋取諸涣。”説明舟是獨木舟，是用刀將一棵完整的樹木挖空形成的獨木舟。威尼斯人稱爲“甘多拉”。殷商人渡河用舟，這不僅因爲甲骨文創造了舟字並且以舟爲部首創造了一系列甲骨文字如：般、彤、朕、服、受、匬等，而且在卜辭中也屢見舟用于船的本義：

卜辭：“……丑卜。行。貞：王其率舟于滳。亡災。”（後上 15・8）

卜辭：“于舟□雨。”（甲 637）

到了東漢的《説文》，舟的本義没有變，而周的本義卻轉移爲周密的意義了。周密這一引申義很好理解，即羊皮囊和桴架之間的關係是周密的。如果不周密，渡河人就會泡在河水裏。

《説文》：“舟，船也。古者共鼓、貨狄刳木爲舟，剡木爲楫，以濟不通。”

《説文》：“周，密也。”

同樣是用來定義渡河工具的兩個甲骨文字在一千多年的使用過程中分道揚鑣，意義也變得相去甚遠。

【甲骨文字本義小結】

周的本義：黄河中上游人們渡河使用的羊皮筏子。借用爲周方國。引申爲：周密。

舟的本義：黄河下游人們渡河使用的獨木船。古漢語中周、舟相通，蓋出于此。

破譯甲骨文：厂　石

查閲甲骨文字典，你常會發現甲骨文“石”有兩個本字。這兩個字學者們都破譯爲“石”，但是同一個本字爲什麽會有兩種表現形式呢？而且這種現象在甲骨文研究者中似乎已經成爲一種心照不宣的游戲規則：甲骨文字存在著異體字。例如孕、育、魚、漁、鳥、蟲，還有圖一的這個甲骨文“石”。

我的觀點是：甲骨文是一字一形一義的。所以上面列舉的各種異體字中衹有一個是本字，其餘的都是尚待我們破譯的未識字。甲骨文一般不存在異體。特殊情況下有局部的部首異體現象。這些部首異體的産生有四種情況：一是采用的部首爲非固定意符。二是部首在歷史進程中演化進步了。三是同一部首的不同的造型表達的本義是不一樣的，例如手就有手、共、爪、扭（丑）等不同的造型。四是甲骨文刻寫者因爲貪圖簡便或者不瞭解造字而避繁就簡了。

上面的兩個甲骨文“石”字哪一個纔是石的本字？答案：它們都不是“石”字，而是“石”在自然界存在的兩種不同的形式。左邊的字本義爲：山崖。右邊的字本義爲：山洞。也就是有“入口”的山崖。當然，山崖可以是石崖，也可以是土崖；山洞可以是石頭的洞，也可以是土質的洞。甲骨文“陟”“降”“墜”“陵”等涉及登高的字就是由一級一級的山崖組成。但是就這些字本身我們無法辨明它是石崖還是土崖。

説這兩個字不是甲骨文“石”依據是這樣幾個石部首的甲骨文字：（磬）、（挖）、（辰）、［峽（硤）本字爲作者破譯］。

是一隻手拿著錘砸向山崖。這個甲骨文字被學者們破譯爲“磬”值得懷疑。

是一柄殷商青銅武器“我”砸向山崖，破譯爲挖。我崖切。

是一柄殷商農具蜃砸向山崖，破譯爲辰。

是兩崖之間有水流過，破譯爲峽（硤）。陝北人稱之爲“沖溝”。

這四個字都是會意造字。但是除了中的“我”可以算作聲符以外，其餘三例都沒有聲符。依我的觀點圖中所有的部首都是意符。即使“我”也是意符兼聲符。所以這四個字的本義都衹能靠會意來破譯。但是就總體而言，通過會意，這些工具農具武器所挖掘的對象絶不是石崖，而衹能是土崖。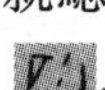破譯爲甲骨文“峽”（或硤）是我的見解。“峽”“硤”兩個字皆可以通：土崖之間從“峽”；石崖之間從“硤”。説明“峽”“硤”兩字是殷商以後分化而成。陝北人打窑洞就選擇在這樣的“沖溝”兩邊的山崖上。山下是走水的沖溝，水流一般不大，隨季節和天氣時斷時續。所以這個峽（硤）字中間的“水”采用了虛綫的散點造字表明水的時斷時續。

現在我們回到本文中心議題。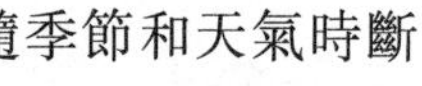中左側的字有學者破譯爲厂（發音罕）。根據上面的分析，我贊成將這個字破譯爲厂，但是這個甲骨文厂的本義應該是山崖。許慎的定義是基本準確的。《説文》：“厂，山、石之厓巖。人可居。象形。”注意許慎定義中“人可居”三個字極其珍貴，它説明這個山崖上部是凸出的可以遮風避雨的，所以人可以居住在這樣的山崖之下。而這樣的可供人居住的山崖一般是石崖，不是易産生坍塌危險的土崖。

右側的甲骨文字字面會意是山崖的入口，即山洞。所以這個字的本字可以破譯爲石，但是這個甲骨文石的本義不是傳統的本義所説的“形則爲石器，以石器本質爲石，進而表示一般之石”。徐中舒《甲骨文字典》這個甲骨文“石”的本義應該是山洞。依據地質學原理，石質山洞的化學成分爲碳酸鈣的石灰巖，如果長期受水流侵蝕成爲山洞，這些山洞絶大多數是石洞。由這個意義引申爲泛指“一般之石”。這纔是這個字的發展路徑。或者，我們也可以將口理解石崖崩落的一塊石頭。

雖然我解釋了這樣兩個字可以作石崖和石洞理解，但是這並不能排除它們含有土崖和土洞的本義。因爲第一，上面我們看到這種山崖可以用工具農具去挖掘，所以它衹能是土崖。試問：誰會用工具去挖石崖呢？第二，在甲骨文字中石部首系列字常常在山崖或山洞上面生出草或者樹木甚至樹林。如上面列舉的甲骨文“磬”（有學者認爲上部的“业”爲磬的支架，下部爲以手執錘擊磬，存疑），類似的例子還有甲骨文蓐（前5·48·2），殷（乙8502）。既然山崖上可以長出草木來，這些草木就是一個意符，表明該山崖是土崖而不是石崖。

【甲骨文字本義小結】

厂的本義：山崖。名詞。石崖下面可供人居住。土崖上可以有草或者林木生長其上。

石的本義：山洞。名詞。山洞絶大多數是石洞。是由于化學成分爲碳酸鈣的石灰巖長期受水流侵蝕形成。由這個意義引申爲泛指“一般之石”。音訓：從口從凵，應讀若dan。

破譯甲骨文：丘　厂　内

圖一　甲骨文：丘

圖一甲骨文丘中下面的一横代表大地。兩座山峰之間有一片空地。注意，關于“丘”字，許慎的定義存在著歷史的局限性。《説文》：“丘，土之高也。非人所爲也。從北從一。一，地也。人居在丘南，故從北。中邦之居在崑崙東南。一曰中央高四方下爲丘。”這是許慎針對小篆“丘”下的一個定義。小篆的丘字上從北下從一。其次，許慎所謂的“一曰中央高四方下爲丘”和這個字甲骨文表達的本義正好相反。原因出在小篆的“墟”字上，小篆“墟”下從丘。這裏先按下不表，它涉及遠古崑崙究竟是崑崙山還是崑崙墟的考證。

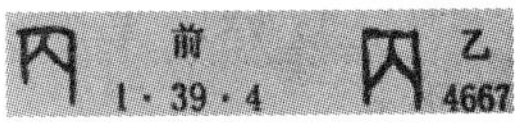

圖二　甲骨文：内

徐中舒説：“甲骨文内、丙二字形近易混。商承祚謂丙從∧内從人，微有分別。”我認爲殷商人造這個字就是表示“内部”的意思。通過比較我們會發現，這個甲骨文“内”字就是甲骨文“丘”的倒置。所以是一個倒著的“丘”字。也就是説，這個“内”字下部的空間是地下空間，上部的兩個三角形部分是土。（“丘”字的上部空間是兩山之間的空間，下部的兩個三角形部分是山，也是土的意思。）

甲骨文“内”的這種造字説明“内”的本義是一個地下的空間。在殷商時代這樣的

“地下的空間”衹有一種情況——墓穴。殷墟考古所發現的十二王陵可以證明這一點。所以當這個“内”字用如動詞的時候引申義爲進入。這個“内”字用在“進入”這一引申義時，應該是有些忌諱的。待考。我在此前已經考證了甲骨文商字正是上從帝頭，下從倒丘（内也，墓穴也）。所以商地就是帝丘，也就是帝王墳墓所在地。

所以我認爲這個甲骨文字是：内。

圖三　左爲甲骨文厂，發音 han。

本義爲山崖，可以是石崖也可以是土崖。在甲骨文中表示“土崖”時一般在上面加一橫，因爲“一橫”在甲骨文中表示“地”。它的上面可以有草或者木的意符——表示長有草（即屮）或者長有樹（即木）的山崖。圖三右側的“石”就是從厂從口。本義是石頭的山洞，引申爲構成石崖的石塊。

我爲什麽在本文中將丘、内、厂三個甲骨文字放在一起討論呢？原因是這三個字的造字的字形上是相通的，在邏輯上是彼此相關的，在本義上是互相聯係的。甲骨文的造字真是讓人讚嘆不已。

甲骨文厂，恰恰是内字的一半。這説明“厂”的本義是内的一半：是半個洞穴。也就是當把兩個“厂”（山崖）相對合在一起時，我們就會得到一個甲骨文的“内”——地下洞穴。

【甲骨文字本義小結】

丘的本義：兩山之間的平地。名詞。丘字倒寫便得到了甲骨文“内”字。

内的本義：地穴，常指墓穴。名詞。引申義：入内。動詞。“内”的一半就是甲骨文“厂”。

音訓：從八從冂（古熒切），讀若 bing。

厂的本義：山崖。名詞。石崖下面可供人居住。崖上可以有草或者林木生長于其上。

音訓：橫撇切（入聲）。讀若 hai（入聲），通 han。

破譯甲骨文：與窑洞有關的字*

殷商甲骨文系統中有一些學者們習慣性認爲的“石字旁”的字，實際上是和殷商時期陝西、山西、河南一帶人民居住的窑洞有關的。陝西、山西、寧夏都有“打窑”居住的生活方式。河南的鄭州鞏義一帶窑洞作爲民居也是常見現象，安陽地方也有窑洞存在。在這些地方靠崖窑和地坑院式的窑洞多見。殷商人的祖先很早就曾生活在這一帶，加之連年對山西境内的土方、工方等方國作戰，他們對于窑洞應該很熟悉的。

甲骨文是一隻手拿著錘砸向山崖；這個甲骨文字破譯爲“磬”值得懷疑。以前的古文字學者將這個字破譯爲“磬”。他們認爲上面的“屮”符號是磬的支架。在我看來，

這個字的會意正是一隻手執著一短柄的錘子開鑿窑洞的洞頂。上部的“屮”是崖上生長的草（也可以是木或者林）。這個意符的使用目的在于强調這個山崖是長草的土崖而不是石崖。使用錘子砸實窑洞頂部和墻面，這是打窑洞必經的一道程序。“使用鐵錘砸實窑頂（和墻面）主要是夯窩打實，特别適合位置窄小，方位向上及前後左右，就是除下面的地面以外的位置。”（引號内内容爲陝西文物局《漢唐論壇》的鳳棲幽韻先生提供）此外，這個甲骨文本字也不能從石，衹能從厂。因爲在甲骨文本字中没有意符“口”。如果要按照甲骨文造字規律看，這個甲骨文字破譯爲漢字應該是從厂從殳。最爲關鍵的一點是將它破譯爲“磬”没有文字學的依據。見徐中舒《甲骨文字典》：“磬……屮象懸磬之繩……磬乃樂石。從厂（石）象之，殳所以擊之，爲磬之初字。”[①] 我們知道在甲骨文中從來不用意符屮來表示繩索的本義的。屮的本義是草。

自大禹開始，泗水到彭城、吕梁都是磬石的産地。《尚書・禹貢》有徐州進貢磬石的記。商代也有磬，一般由玉或者石頭製成。1950 年河南安陽殷墟武官村大墓出土的虎紋石磬即是一例。但是它的外形如卧虎和本字字形幾乎没有共同點。所以有磬的歷史存在並不能代表這個甲骨文字就是“磬”。

卜辭中没有一條能够證明這個甲骨文字可以用作“磬”或者“擊磬”的本義。

卜辭：“……賓。貞：王~二月。”（前 7・42・1）被一些學者認爲是“商王擊磬”之意。但是由于是在“二月”，按照我的破譯也可以譯作“商王（命令或者視察）打窑”。在用如地名的卜辭裏，幾乎所有的甲骨文字都可以解釋。但是在以下卜辭裏：

卜辭：“戊申卜。貞：今日王田~。不遘雨。”（前 2・43・5）

卜辭：“戊申卜。貞：王田~。不贊（遭遇）雨兹御。”（前 2・44・1）

是商王選擇“磬地”還是選擇“窑洞附近”對于這樣一條占卜“商王打獵會不會遇見大雨”的卜辭來説，差别是顯而易見的。在我看來這個甲骨文字的會意正是窑洞挖好以後，人們用錘子將窑壁打實的情景。

甲骨文（挖）是一柄叫我的商周兵器（舊譯爲殷商青銅武器）砸向山崖；破譯爲挖，我厂切。我認爲這個甲骨文“挖”的本義就應該是“打窑”（開鑿窑洞）的意思。這個甲骨文字破譯爲挖有四點必須質疑的：

一、按照該字的造字它從厂不從石。所以這個字破譯爲硪是個誤譯，本義應該是挖。無論如何這個甲骨文字不應該是“石字旁”。準確地破譯，這個字應該寫作從厂從我，本義是手執工具“我”開挖窑洞（穴也）。這是一個會意造字。

二、甲骨文我的本義經過諸多的學者論證是一種長柄的帶有鋸齒的兵器。現在看來這個定義也不是很準確。在本字中的“我”的本義是一種打窑的長柄的三齒的（青銅）工具，工具演化爲後來中國農村廣泛使用的四齒釘耙。但是《説文》云：“我，施身自謂也。”也就是第一人稱我。在漢字發展過程中，我是怎樣由一種兵器（或工具）向第一人稱代詞轉變的呢？我此前曾有考證：春秋戰國的古文“我”是由上部的戈部首和下

① 徐中舒主編《甲骨文字典》，第 1035 頁。

部的爪組成。其中的爪和甲骨文一模一樣。據此，我們推理出甲骨文的我字也應該是由“戈”和“爪”兩個字組合而成的。甲骨文我字的會意應該是以手持戈（古文本義同）。而“戈”是商人發明創造的一種戰鬥力很强的青銅武器。因爲是商人專用，所以“以手持戈”者都是自己人，屬于“我們”。所以商人很自豪地用“我”來指稱自己。漸漸在該字的使用中，作爲“以手執戈”的本義退化了，成爲第一人稱代詞。

三、“我”是一種打仗的兵器，同時還是一種打窑的工具，它還可能是一種農耕用的農具。説明殷商時期的青銅武器，可能兼有農具和工具的用途。這對于我們改變殷商窮兵黷武的國家形象這一看法是很有幫助的。

四、從該字音訓看，從我從厂，我厂切，讀如 wan。古音通 wa。

甲骨文（辰）見于甲骨文一期到五期。辰是一柄殷商農具正挖鑿窑洞的弧形轉角的會意，破譯爲辰。應該説“辰”作爲一個初文後來分化出“蜃”和“震”兩個漢字。先説蜃，這是一種蚌殼。其象形就是甲骨文“辰”字中的那個有兩根（片）齒的耙子。所以甲骨文辰從厂從蚌殼。這種工具是在窑洞成型以後用來修飾墻面細部的。該甲骨文字的會意正是用農具二齒耙修整窑洞的弧形頂部。再説震，《説文》：“辰。震也。三月陽氣動，雷電振。民農時也。物皆生……辰。房星也。”陝北人打窑的季節正是到辰月停止，即每年春分之後的農曆三月之前就必須完成。原因一説是三月以後土壤地氣上昇（陽氣動）導致土質鬆動。一説是三月有清明穀雨兩個節氣，由于常會遇到倒春寒天氣和雨水漸多。所以甲骨文“辰”的本義是用二齒耙修正窑洞的細部。“民農時也”就是《詩經・七月》中的“四之日舉趾”，此時農民要下地幹農活了。

這裏的二齒耙據有些學者考證是用蚌殼製作的農具，可以薅草。但是據我看既然甲骨文“辰”是挖鑿窑洞，那麼這個蜃就不是蚌類，而是螺螄之類的。甲骨文字是互通的，衹有螺螄的外殼和窑洞相像。從字面上看，蜃從辰從蟲，辰本義是窑洞，蟲就是螺螄的肉體。而整個螺螄可以解釋爲“居住在窑洞中的水蟲”。所以這個殷商的農具二齒耙可以説是蚌殼製作的，卻不能肯定它就是蜃製作的。因爲蚌和海中的蛤相像，都是兩片合一的。所以假如讓一個殷商貞人創造甲骨文“蛤”字，那一定是從蟲從合。因爲甲骨文的“合”是意符兼聲符，合的本義是殷商人在建造半地穴式民居時最後將預製的草房頂吻合在地穴上，正如蚌和蛤的兩片外殼合二爲一的情景。

許慎的“辰。房星也”説明在東漢時辰字本身就含有房的意思。遠古中國人見辰星而知新的一年農時已至。所以段注曰：“房星爲民田時者。”所以當房星出現的時候，正是一年中打窑的季節結束，農事的季節開始的界限。

辰星對應地面上的分野正是殷商。《左傳・昭公元年》：“后帝不臧，遷閼伯于商丘（疑爲帝丘，或商），主辰。商人是因，故辰爲商星。”辰星出現的時候正是農曆三月（殷商曆法的四月），但是節氣無論農曆還是殷商曆都是一致不變的。殷商人正是根據辰星出現規定農時的。所以許慎説：“辰，震也。三月陽氣動，雷電振。民農時也。物皆生。”

甲骨文（峽，或硤）是一個至今尚未破譯的甲骨文字。這個字表示的是兩山崖

之間有水流過。這些水可以是常年流淌的水，也可以是下雨即漲，雨停即消的間歇性的雨水。該字破譯爲峽（硤）。陝北人稱之爲“沖溝”。峽、硤本爲一字。

圖四破譯爲甲骨文“峽”（或硤）是我的見解。兩個字皆可以通：土崖之間從“峽”；石崖之間從“硤”。這個甲骨文字説明“峽”“硤”兩字是殷商以後分化而成。陝北人打窑洞就選擇在這樣的“沖溝”兩邊的天然的山崖面上。這就是所謂的“靠崖窑”。山下是走水的沖溝，水流一般不大，隨季節和天氣時斷時續。所以這個峽（硤）字中間的“水”采用了虛綫的散點造字。這四個字都是會意造字。但是除了上面甲骨文“我”可以算作意符兼聲符以外，其餘三例都没有聲符。依我的觀點圖中所有的部首都是意符。即使“我”也是意符兼聲符。因爲這個原因這四個字的本義都衹能靠會意來破譯。但是就總體而言，通過會意，這些工具、農具、兵器所挖掘的對象不會是石崖，而衹能是土崖。

【甲骨文字本義小結】

的本義：用手錘砸實窑洞頂部。

挖的本義：用工具“我”挖鑿窑洞。右文造字：我是聲符兼意符。

辰的本義：修整窑洞。蜃爲水蟲之居所。

峽（硤）的本義：土崖之間的過水溝從“峽”；石崖之間的過水溝從“硤”。

破譯甲骨文：天干十字

《世本》載：黄帝命大橈作甲子①。但是即使這個甲子是大橈創造的，這天干地支相結合的六十天的周期裏，每一天叫作什麽名字恐怕很難知道。它一定不叫“甲子、乙丑……癸亥”。爲什麽？就因爲天干地支的二十二個字是在殷商盤庚以後纔被系統地創造出來。有人説，也許當時的口傳歷史裏六十甲子就是叫作“甲子、乙丑……癸亥”，我説未必。因爲殷商甲骨文系統中這二十二個甲骨文字都是有其本義的。

遠古人類發現天干地支並不是一件難事：太陽是一年中從東方十個不同的山頭間昇起，一年中它在南北回歸綫之間走一個來回，于是一個春秋就過去了。所以《山海經》有十個太陽之説。月亮呢？同樣在一個春秋年的周期裏，月亮會圓缺十二次。把這個現象用在紀日上就會産生日月相交的六十天的周期。但是這六十天一直不以天干地支命名，直到東漢時期。

西漢《淮南子·天文訓》：“數以甲子始，子母相求。”

西漢《史記·律書》：“十母十二子。”

東漢《白虎通》：“甲乙者干也，子丑者枝也。”

① 《世本八種》中茆泮林輯本，第21頁。

從上面的幾條文獻資料可以看出，天干地支的概念應該是西漢以後的提法。這種紀日的方法產生于殷商時期的甲骨文。在弄清楚天干十字和地支十二字的本義之後，我們就會發現這一發明衹能是殷商人的發明。

天干十字：甲乙丙丁戊己庚辛壬癸。

地支十二：子丑寅卯辰巳午未申酉戌亥。

本文探討天干十字。商代自上甲微之後始以天干爲商之先公先王記名，奇怪的是這種記名不是按照天干的次序的。例如：盤庚—小辛—小乙，這庚、辛、乙之間無規可循。于是有學者提出"生日説""祭日説""廟主説"和"謚號説"，以下引自董作賓《論商人以十日爲名》一文：

"殷人以生日名子何？殷家質，故直以生日名子也……不以子丑爲名何？甲乙者干也，子丑者枝也。干爲本，本質，故以甲乙爲名也。"①（《白虎通·姓名篇》）

"然則商人甲乙之號，蓋專爲祭而設。以甲日生者，祭以甲日，因號之曰上甲，曰大甲，曰小甲，曰河亶甲，曰沃甲，曰羊甲，曰且甲。以乙日生者，祭以乙日……可知商世諸王皆自有名，而甲乙等號自係後人所稱。而甲乙上所冠諸字，曰上，曰大，曰小，曰且，曰帝，尤爲後人追稱之證矣。"③（《殷禮徵》）

"皇甫謐云：'微字上甲，其母以甲日生故也。'商傢生子，以日爲名，蓋自微始。譙周以爲'死稱廟主曰甲'也。"④（《史記·殷本紀索隱》）

其實在考證天干十字時，學者們從一開始就陷入了一個自己劃定的框框，這是一個先入爲主的錯誤：

先有天干記日紀年，後有商王名字。

但是甲骨文創造于盤庚之後這是不争的史實。所以儘管存在著一種可能：即盤庚以前的商先公先王的名字口語流傳中就已經存在。但是以上甲微爲界限，上甲微之前不用天干命名，上甲微之後全部都用天干命名這一卜辭現象説明這種天干命名的方法可能是一種追溯的做法。

依我看，在甲骨文中創造了天干十字以後，爲了追溯商的先公先王們，根據每個先王先公的一生最重要的功績給他們做了總結和評價。這些總結和評價衹有一個字。合起來一共十個字就是：甲乙丙丁戊己庚辛壬癸。所以這是一種謚號。

而上述各家的觀點都忽視了一個關鍵點：天干十字在甲骨文中都是有著明確的本義的。

1. 殷商人爲什麼要用這樣十個字來爲先公先王命名？

2. 是先有天干十字？還是先有商代先王先公的命名呢？

3. 爲什麼從上甲微開始？

關于第一個問題：1. 殷商人爲什麼要用這樣十個字來爲先公先王命名？我們先將我關于甲骨文中這十個字的本義考證羅列出來。

甲的本義：商氏族的都邑。其原型爲明堂之形的簡化。都邑有建造城墻和不造城墻兩種。上甲微的甲恰好就是一個帶有"城墻"的甲骨文"甲"。商人報上甲微，會不會

①②③ 劉夢溪主編《中國現代學術經典·董作賓卷》，第567頁。

是他第一次爲商氏族建造了一個帶圍墻的都邑呢？歷史上已無可考。但是叫作“甲”的商王共有七個：河亶甲是和建造城邑有關的。《史記·殷本紀》“河亶甲居相”，正義：“《括地志》云：‘故殷城在相州内黄縣東南十三里，即河亶甲所築都之，故名殷城也。’”太甲復辟，居桐宫三年。陽甲應該與商氏族居奄相關。盤庚之後名字中有甲字的衹有一個祖甲。盤庚遷殷直至武王滅紂時，商的都城朝歌已經變爲“邦畿千里”。從商王的謚號看，這個殷商最後的“邦畿”的建設可能是祖甲的重大貢獻。

乙的本義：溝渠，小水。和旱澇災害及引水有關。商湯名乙，商湯時確實遇到連年的旱災。所以商湯就向上天祈禱要求降罪于他一人。殷墟臨洹河，卜辭中常見有“洹乍”的記載，就是洹河發水的意思。小乙、帝乙應該和水災有關。武乙是死于雨中的。《史記·殷本紀》：“武乙獵于河、渭之間，暴雷，武乙震死。”祖乙遷于邢尚待考證。

丙的本義：墳墓。和生前營造墳墓有關。

丁的本義：甲骨文作口，是一個多義性符號。與城邑和人口有關。中丁遷于隞，或云在鄭州至滎澤一帶，後來一直是商之大邑。所以中丁與人口增長有關。盤庚遷殷後有武丁、康丁、太丁（即文丁）説明這可能是殷商的三個人口增長較快的時期。

戊的本義：商人創造的一種青銅武器，和武器的發明及戰争有關。甲骨文系統中以戈爲部首創造了一系列的字。尤其是商人創造了“以手持戈”爲甲骨文“我”字，説明擅長青銅器的殷商人對鑄造青銅武器是非常自豪的。而第十代商王太戊也許正是處于青銅武器的發明時期或者鼎盛時期。

己的本義：杞柳，可以編製筐簏。和引進杞柳種植及編織有關。杞柳在龍山文化時期原産地在山東，商後在河南已經開始有種植了。

庚的本義：是指那個纔死去的商王。這是一個專門爲剛去世的遜位商王盤庚創造的專用名詞。甲骨文造字者用這樣的會意造字代表盤庚説明了甲骨文字系統是在盤庚以後纔被創造出來的。卜辭也應該是盤庚以後的追溯記載。卜辭中有關盤庚的一些記應該是對盤庚朝歷史的追記。

辛的本義：創造甲骨文時代的當朝商王。注意：甲骨文辛爲帝字頭。且殷商甲骨文系統中以“辛”爲部首所造的系列字多與權力及殺伐相關。甲骨文辛部之字有“凶咎之意”。見辛、辟、僻、辠、孽等字確實如此，甲骨文“新”（從辛從斤）更是變相記了殷商的一次可能存在的刺殺小辛的事件。而産生這些字的應該是商王小乙朝，因爲辛字的造字中也有一個頭朝下的“王”字。帝辛（紂王）也是以暴戾出名的，且帝辛之征人方最終道致殷商因國力衰竭終亡于周武王。《史記正義》：“《帝王世紀云》‘紂倒曳九牛，撫梁易柱’也。”[①]《左傳·宣十二年》：“紂之百克而卒無後。”《左傳·宣公十五年》：“恃才與衆，亡之道也。商紂由之，故滅。”般作父己甗：“王俎（一作宜）人方。”就是説紂王殺夷人如同切肉，可見其殘暴之一斑。

壬的本義：天地通。即溝通天地。和祭天有關。商湯前有商王主壬，盤庚後有商王中壬。

癸的本義：癸的本義：殷商人冬季用來檢測確定田地的平水土的方法——挖掘兩條

① 《史記》第一冊，中華書局1959年版，第105頁。

對角交叉的水田溝。五行學説用壬癸指代北方之水蓋由此而引申。和水利有關，所以主癸的癸字可能意味著他發明了爲農田“平水土”的方法。

以上十字的本義詳情可參見本書中相關的破譯系列文章。

由上面的天干十字的本義可以看出：首先十個字中除了造字“庚”以外其餘大多是象形字。這是甲骨文系統最早期造字的特點。在卜辭一期中這十個字就已經全部具備了，而恰恰在卜辭一期以前的商王名字中已經具備了這樣十個字。這應該不是偶然的。這樣的十個字的本義大多可以用來評價一個商王的一生。也就是説它們可以用作殷商的先王先公的謚號。殷商人用這樣十個字作爲先王先公的謚號是對該先王或者先公一生功績的一個評語。此做法當從殷商開始。

關于第二個問題：是先有天干十字，還是先有商代先王先公的命名呢？

我認爲，是先有甲乙丙丁戊己庚辛壬癸這樣十個字存在。這十個字被用于商先公先王的謚號。爲了紀念已故的商先公先王，又將這樣十個字用于紀日。這樣的十天成爲“旬”。天干與地支十二字結合成爲六十日循環的紀日方式應該在此之後。除了用于記商王的名字以外，這十個字在卜辭中還可以用于他用的。似乎衹有其中的“庚”字例外，它除了作天干之外，就是用作商王或者配偶的謚號。在甲骨文系統使用在刻寫卜辭之前，商先王的名字中就已經齊備了天干十字。説明這十個字在創造之後對此前的商先王進行了追記命名。這種追記當以評價性的謚號較爲合理。尤其是甲骨文“庚”字是爲盤庚專門創造説明天干記日可能是盤庚之後纔創造的記日方法。

卜辭中的一個相關現象可以證明天干十字作爲謚號的存在。在殷商卜辭中商王有很多的“婦（帚）”，這些諸婦生前都有自己的名字而從不以天干十字稱呼她們。例如：婦好、婦姘、婦妸、婦姼、婦婐、婦娘、婦妓、婦妥等等。這些婦×都是用于在世的女人的記載。同樣在卜辭中常見對死去的婦女的祭祀，例如妣庚、妣辛、妣癸、母戊、母辛等等，這些都是對已經去世的商王配偶的記載。這一命名或稱呼方式説明天干十字僅僅用于對商王或商王配偶的死後的稱呼，所以它們衹能是一種謚號。庚、辛兩字有紀念意義。

此外，張政烺發現：在殷商卜辭中有一種專門占卜已故先妣的祭祀，其占卜之日的天干與先妣的謚號非常吻合一致，且辭例非常之多。

卜辭：“庚戌卜。旅貞：王賓示壬奭妣庚。□。無尤。”（庫 1221）

卜辭：“癸丑卜。貞：王賓中丁奭妣癸。□。無尤。”（後上 211）

如果天干是指某商王或先妣的祭日，則一日中需要祭祀的絕不是先妣一人。例如庚日需要祭祀所有在庚日死去的先王和先妣。事實上這種同時祭祀同一天干命名的先王先妣的情況在卜辭中幾乎没有。

關于第三個問題：爲什麼從上甲微開始？

據我的考證甲骨文産生于小辛一朝。所以涉及小辛朝以前的卜辭内容都是甲骨文創造以後追記的歷史。這種對歷史的追溯不可能無限制，所以應該有一個信史的起點。殷商的統治者選擇了上甲微。上甲微以前的商代歷史應該看做口傳歷史。從甲骨文上甲微的“甲”字看，我認爲是上甲微第一次是商氏族有了建造有圍墻的都邑，從而開始了定居的歷史。據史料記上甲微的上一輩的王恒、王亥過的仍是一種遊牧的生活。且王亥的生與死都不太光彩。

王亥在有扈的游牧生活很不檢點，最後因爲一個有扈的女人而被殺。甲骨文亥正是交媾之意。商人以“亥”命名這一先公首先是回避了以天干命名王亥，其次是上甲微結束了王亥爲標志的遊牧生活，率領商的百姓進城了。這是甲骨文“甲”的本義。上甲微是一個有劃時代意義的商先公，他改變了商氏族的生活方式。

綜上所述，我們看到殷商人在追記先公先王的功績時，每個人用一個字來總結和評價。這和《世本・君謚》的記是相符合的。

“德象天地曰帝。靜民則法曰皇。仁義所在曰王。……經緯天地曰文……剛强理直曰武……辟地有德曰襄……”①

所不同的是後世的每個朝代的皇帝的謚號是不重複的，而殷商人命名自己的先公先王居然僅“某甲”就出現了七個。但是你應該考慮到如果在商代先公先王名字中出現的天干十字是一種謚號的話，那麽這是中國歷史上的首創之舉。出現幾個重復的謚號是初期不成熟的現象，也是一個小節問題。

破譯甲骨文：關于地支

天干是與天有關的十個字，因爲天干十字是殷商人給已故商代先公先王的謚號。這些王公們在得到這些謚號時已經在天上了。以盤庚爲例，盤是他在活著的時候在地上的名字，庚是他昇天以後在天上的名字。所以地支不能用在商王的名號上，在商的歷史上，衹有一個高祖王亥用地支做了名字，雖然也有王亥姓子名振的歷史記載，但是卜辭裏的記應該不會錯的。再説這個甲骨文“亥”有男女交媾之意，和王亥在有扈的一些和交媾有關的不光彩的歷史有關。屈原在《楚辭・天問》中就有此一問：“該（即王亥）秉季德，厥父是臧，胡終弊于有扈，牧夫牛羊?”《山海經》郭璞注引《竹書紀年》：“殷王子亥賓于有扈而淫焉。有扈之君綿臣殺而放之。”② 但是卜辭是商人自己的文字，所以王亥的名字是商人自己起的。這裏的“殺”應不是殺死之意，否則就不會後續“放”字了。

天干十字與天有關，地支十二字就應該與地有關。遺憾的是我曾經一直在這個圈子裏很多年跳不出去，因爲我在考證中發現其中的十一個字都和地相關，就是“申”字無法納入地的系統。

地支十二字：子丑寅卯辰巳午末申酉戌亥。和天干十字一樣，在東漢以前，它們並不叫地支，而叫“十二子”。

細心的讀者可能看出我的地支的第八字是“末”而不是我們習慣的“未”。其實無

---

① （漢）宋衷等注《世本八種》秦嘉謨輯補本，第 365 頁。

② （晋）郭璞傳、（清）畢沅校《山海經》，上海古籍出版社 1989 年版，第 106 頁。

論從甲骨文的本字字形看，從發音看，還是從本義看，地支十二子中都没有第八位的"未"字。你可以查閱所有的甲骨文工具書的索引，其五畫中都是衹有"未"字没有"末"字。但是這個字恰恰就應該是末而不是未。這是一個歷史的錯誤，我將在下文考證。

地支十二字本義爲：

子的本義：新生兒。名詞。引申爲地支第一位，農曆十一月，又稱冬月。

丑的本義：扭也。動詞。引申爲地支第二位。農曆臘月。

寅（黄）的本義：佩帶玉腰帶的男子。用于地支第三位，農曆正月。

卯的本義：柳樹發芽。動詞。引申爲地支第四位，農曆二月。發音同鍪。引申爲用幼羔祭祀。

辰的本義：本義爲挖鑿窑洞，即住房。引申爲地支之五，農曆三月。此時辰星（即房宿）出現在殷商的夜空。引申爲打窑季節結束，要下地幹農活了。

巳的本義：四個月的嬰兒。名詞。引申爲地支第六位，農曆四月。

午的本義：殷商後期用于給小麥脱粒的農具杵。名詞。引爲地支第七位，農曆五月。

末的本義：樹梢，末端的意思。名詞。引申爲地支第八位，農曆六月。因爲到了農曆六月樹木的樹梢就生長到了這一年的最高點，于是便不再長高。從甲骨文木字的音訓看，木下從不上從末，則該字反切爲末不切。末字的音訓爲 mo，不字的音訓爲 dou，所以甲骨文木的發音爲 mu 是這樣得來的。"末"這個甲骨文字被破譯爲未是一個歷史的錯誤。

申的本義：閃電。農曆七月是雷雨最爲頻發的月份。名詞。引申義：地支第九位，農曆七月。這個字是十二地支中唯一一個不發生在大地上的本義。思考很久，也衹能用陰陽相激而生電，而雷電會給大地帶來好壞參半的雨水。不過你若是請教一個老農，他會告訴你農曆七月的雷雨會帶來豐收。農諺有云："一天打個暴，田埂上收稻。""打暴"爲殷商方言，意爲下暴雨。夏方言中，申、閃同音。

酉的本義：一種祭祀用的陶製盛酒器。卜辭一到三期爲廣口尊，後期爲小口尖底罐。引申義爲：地支第十位。農曆八月，這是遠古殷商先民開始釀酒的月份而不是祭祀的月份。

戌的本義：殷商人發明的青銅板斧。名詞。引申爲地支第十一位。農曆九月。九月農閒，正是一年中發動戰爭最適宜的月份。

亥的本義：陰陽交媾。動詞。引申爲地支第十位，農曆十月。夏商周的這個時間，貧民進入半地穴式的草棚民居開始猫冬，是可以盡享天倫之樂的月份。

天爲"干"，地爲"支（即枝）"，説明了天和地的領導和被領導的關係。卜辭中的天干地支的記日也總是天干在前地支在後。卜辭中從不用地支作爲農曆月份的名稱，而《説文》中總是用地支來表示農曆的月份名稱。

仔細分析一下十二地支就會發現，其本義一般是當月最爲典型的物候，像夏代的農書《夏小正》。西周王朝認爲自己是夏的後裔，所以夏代的《夏小正》和《詩經·豳風·七月》、西周的《禮記·月令》正是一脈相承。但是我們在殷商的卜辭裏就没有看到有關農事的完整的農業體系，原因何在？卜辭裏我們看到歷代商王很多都有打獵的愛好，這就給了我們一個啓示：商王朝可能是進入父系社會後從北方或東方遷徙到商地的氏族，所以保留了感天而生的神話創世紀傳説和傳統的狩獵習慣。從甲骨文字中我們也可以看到殷商的狩獵不是成吉思汗的“衹識彎弓射大雕”式的遊獵，而是以挖掘陷阱等待野獸爲主的狩獵，這是典型的東北地區的狩獵方式。所以卜辭中記的多是動物而不是植物，多是狩獵和養殖業而不是農業。甲骨文的文字現象告訴我們：父系社會的殷商人可能來自東方或北方山區，他們狩獵的對象往往是虎兕等凶猛動物。所以他們是以狩獵而不是以遊獵謀生的遠古氏族。

甲骨文的十二地支就是殷商王朝的《夏小正》和《月令》，這十二個甲骨文中藴含著殷商人對月份、節氣和農事的理解。但是從十二地支的甲骨文看，顯然殷商人並不是依據農業的節氣來造字的。在甲骨文十二地支中僅有一個“午”代表小麥收穫的午收季節，其餘的十一個甲骨文選擇的都與農業無關的，説明甲骨文初創之時代殷商氏族農業並不是很發達的。殷商統治者將天干和地支結合創造了新的紀日法，但是卜辭中紀月采用的卻是一月、二月……十三月的古老方法。紀年采用的也是祭祀味濃厚的“王×祀”的方式。但是在漢字的傳承上，《説文》的十二地支的定義卻是來自殷商貞人創造的甲骨文字本義，而不是《夏小正》和《禮記·月令》的農事，這也充分顯示了殷商甲骨文的生命力。

破譯甲骨文：地支之子

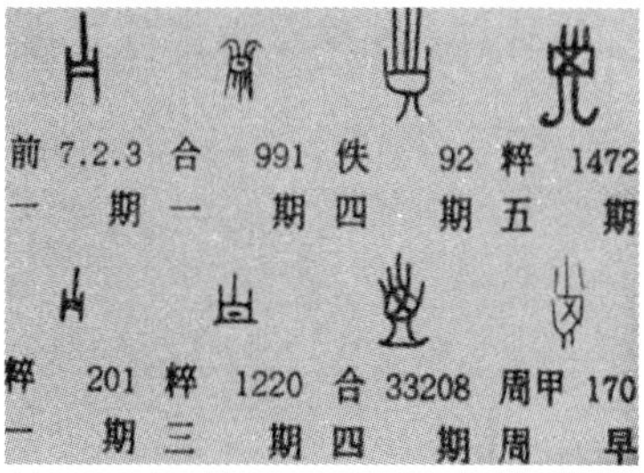

圖一　甲骨文：子
（僅用于十二地支，上左二存疑）

其實從春秋到《説文》時代這個子字都是用來稱呼人的，如春秋戰國的諸子百家，孔子、老子、孟子、孫子、淮南子等等。在殷商甲骨文中“子”的這一稱呼人的本義另有一字。因爲甲骨文是一字一形一義的，所以上圖的甲骨文“子”僅僅表示我們今天的十二地支裏的子。現代漢語中“子”字的其他義項在甲骨文中由另外的甲骨文本字表示。類似的例子我們已經考證過排（排列和排斥是兩個不同的甲骨文本字）、中（中間、中心和射中是三個不同的甲骨文本字）、剝等字。

“十二地支的子字”（以下簡稱子）在甲骨文的一期到三期之間寫法很簡化，造字待考。大概造字者要表達一個孩子的四肢、身體和頭髮。四期、五期以及周早期的“子”本義就非常突出了。它是一個新生兒的象形：上部從毛髮，中部從頭頂，下部從兩手。這是一個俯視角度的造字，造字者是從新生兒的頭頂視角造字的，所以看見的是毛髮、頭頂和兩隻手。頭頂中間是一個×。這個符號×是新生兒頭頂的一部分，它就是囟門。囟門是新生兒嬰兒左右頂骨與顱蓋諸骨尚未接合所形成的骨間隙，也是新生兒不同于其他幼兒的標志。每個新生兒的頭頂上都有前、後兩個未閉合的囟門，像兩塊没有骨質的“天窗”，醫學上稱爲“囟門”。前囟門呈×狀，後囟門呈三角狀。將手指輕放入在囟門上，可以摸到與脈搏一致跳動。從五期卜辭中“子”造字的不斷完善化我們可以看見甲骨文的造字也是不斷科學和縝密的。

所以這個“子”應該視爲象形字，不是會意字。到了周代這個“子”字與稱呼人的“子”字合併爲一個字，所以周金中衹有一個“子”字。子的本義是陽氣初生，一元復始。所以其造字用了新生兒的象形來表示。這個“子”字戰國之後和已經的“已”發生聯係也是因爲它的初文本義是新生兒的原因。新生兒是一個周期的結束——已；同時又是一個周期的開始——以。所以在小篆中“倒‘已’爲‘以’”。夏曆建子，因爲正月是一年的開始。卜辭中的地支一律使用此字，無一例外。

《説文》中許慎回避了這個字的先秦發音。這個字的先秦發音和“子”是一致的，但是它並不是讀作 zi。段玉裁考證爲即裏切。我贊成。其實在商代發音中子、已、巳、嗣都是一音之轉，衹是有送氣和不送氣之分。

嗣，上從人從子，下從冊。讀如巳（si）。本義是父子兩代載入史冊（家譜）。本字中的“子”是一個意符兼聲符。既代表下一代，又兼做聲符巳。所以“子”“巳”殷商發音應相同。至今方言中將“自己”發音爲 ji ji 仍是常見現象。

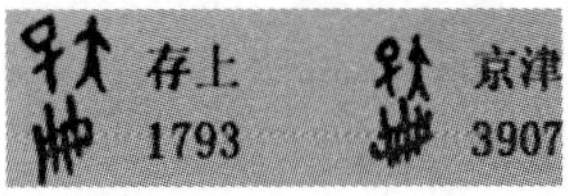

圖二　甲骨文：嗣

《説文》：“十一月陽氣動，萬物滋，人以爲稱。”這個十一月是東漢的十一月，不是夏曆的十一月。因爲夏代尚實行十月曆法，每月 36 天，没有十一月。所以東漢時代的十一月底相當于夏曆的九月後半月。這個問題我在後文還要探討。

【甲骨文字本義小結】

子的本義：新生兒。名詞。西漢以後用爲地支第一位，農曆十一月，該月殷商人稱冬月。即一年中的最後一個月——殷商的終月也。音訓：即里切。讀若 ji。

殷商時代的子、巳、已發音相同，初步印證 j、z、s，可能還有 c 等聲母尚未分化完全。待考。

破譯甲骨文：地支之丑

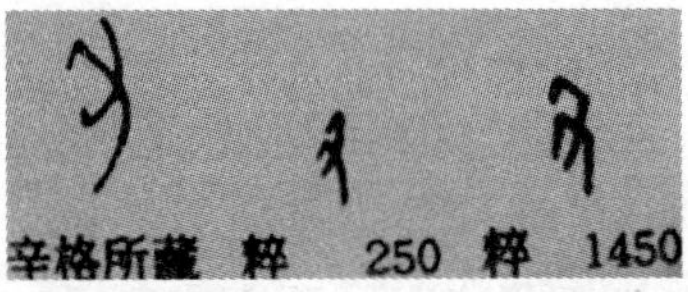

圖一　甲骨文：丑

《説文》：“丑，紐也。十二月萬物動用事。象手之形。日加丑亦舉手時也。凡丑之屬皆從丑。”許慎的這個定義有幾個問題。一是丑作紐帶解不確，因爲按照甲骨文造字規律，“丑”是一個從手的動詞；二是象手之形不全面，準確地説是象手扭動之形；三是丑應爲陰曆十二月。我就分别從這三個方面來考證甲骨文“丑”。

甲骨文從手之字皆爲動詞，所以許慎的“丑，紐也”應該是“丑，扭也”。我們從甲骨文“丑”的象形上看也是正作扭動狀。但是難道一隻手的三指彎曲就是扭動嗎？這個問題在我對三個問題的完整考證後就會有答案。

丑應該是東漢時的陰曆十二月，商代建丑，所以丑在甲骨文被創造的時代是正月。這個正月和甲骨文“丑”的造字是很有關係的。

“象手之形”意思是這個丑字像一隻手的形狀。其實小篆的丑字多了一豎，甲骨文的丑字纔是真正的“象手之形”（如圖一）但是認真觀察這個甲骨文的“丑”字，我發現它不僅僅是“象手之形”。于是我找到了甲骨文“丑”在造字過程中的一個重要依據：由于三個手指的彎曲，使得這個甲骨文字成爲甲骨文“貝”字的一半。所以我也可以說它是“貝的象形”。爲什麼是半個甲骨文“貝”字呢？這就是“扭”的結果，因爲“丑”是“扭”的初文，所以我認爲這半個“貝”字正是“扭”的結果。打開兩扇貝殼以後扭轉使其分開。這就是甲骨文“丑”的造字依據之一。

那麽，爲什麽要用扭斷貝殼來表示陰曆十二月呢？因爲陰曆十二月是河蚌（蜃）和貝類最肥美的季節。生物學告訴我們，河蚌和貝類在陰曆正月性腺開始成熟，陰曆二、三月繁殖。性成熟前的河蚌是最肥美的。所以春天是食用河蚌的最佳季節。這是用“丑”本義是十二月造字的第二個依據。

甲骨文“丑”的造字證明了殷商時已經有了十二個月曆法，但是並未形成十二地支的固定表達。殷商人還習慣把翌年正月稱作“十三月”。從卜辭看，殷商人在十二月曆法的基礎上創造了十二個甲骨文字後來被用于命名農曆十二個月。但是卜辭中的甲骨文十二地支都用于紀日而不見用于紀月。

現在我們看到：采用三指彎曲的造型作爲“丑”的造字是殷商人頗費苦心的創造。它既表示一隻手，又表示半隻貝，還表示出手的一種動作：扭。同時還藴藏著殷商人陰曆十二月食用河蚌和貝類的生活習慣這一遠古歷史信息。

【甲骨文字本義小結】

丑的本義：扭也。動詞。西漢以後用爲地支第二位。農曆十二月。象形造字。

音訓：Λ（折）手切，讀若 zhou。應該屬于方言發音。

破譯甲骨文：地支之寅

甲骨文寅從大從口，或者從大從○。大就是一個普通人。○和口代表的是一個圓環，這個環正位于人的髖部。是殷商貴族男人佩帶的由三到四片玉組成的玉環——玉腰帶。

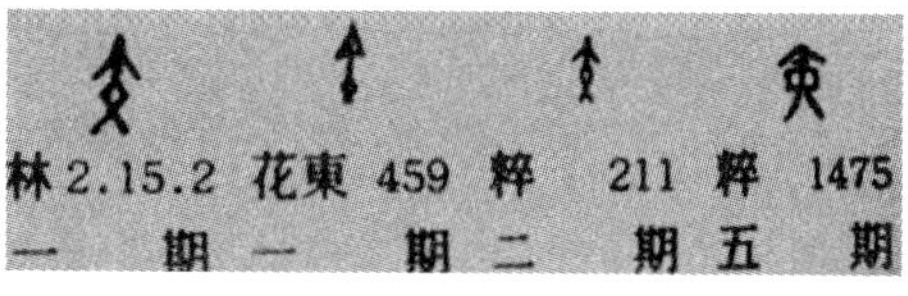

圖一　甲骨文：寅　（右一爲寅正字）

《説文》：“寅，髕也。正月陽氣動。去黄泉欲上出。陰尚强也。”顯然這裏的“髕”是一種誤用。因爲髕骨是指人體膝蓋前的骨頭。而依據上圖的寅字卻是指腰部的圓環。許慎在定義地支十二字中，始終將陰陽的觀念貫徹其中。説“正月陽氣動”是不錯的，一年中最冷的季節也就是水位最低的時候，陽氣已動，土溫上昇，則泉水上出，這些都符合科學的規律。但是許慎的定義和甲骨文寅字的會意没有絲毫的聯係。

殷商建丑，所以這個甲骨文“寅”代表殷商時期的二月。二月是一個什麼月份呢？二月裏又有哪些事情要做呢？

《夏小正》：“二月……綏多男女。”［傳］：“綏。安也。冠子取婦之時也。”①

《周禮・地官・媒氏》：“仲春令會男女。”這就是男女桑林之會。兩情相悦的野合，大齡男女的“奔而不禁”都發生在這個二月。而殷商的二月正是寅月。所以這裏的寅的本義應該是一個冠帶整齊的男子。是爲了取婦還是爲了去赴桑林之會？甲骨文寅應該記録的就是這樣一身穿戴。夏每月 36 天，故殷商二月底已是夏三月初。此處有幾天的出入，但不影響本字破譯。

在甲骨文中“寅”“黄”“環”是同一個本字。我在前文已經考證這兩個字的本字應該破譯爲漢字“環”。所以許慎的關于寅的定義按照我的考證應該是：“環，髖也。”這樣理解其本義就是：環即是殷商男人髖部所繫的玉腰帶。而甲骨文寅（應訓爲環。環是後起的形聲字，甲骨文系統中没有形聲字，所以這個環應該是西周以後的後起字，其甲骨文本字應爲黄，兩字發音相同。寅本字爲誤譯（形訛）。但是無論破譯爲寅還是黄，或是後起字的環，其本義應該是不變的。

如果是冠子取婦，那麼這就是一生一次的繫上玉腰帶；如果是赴桑林之會，則是一年一度的繫上玉腰帶。考古實證已經證明這種由數片玉連接成的玉腰帶的客觀存在。

郭沫若謂甲骨文寅象矢，若弓矢形，這是郭的主觀臆斷。因爲甲骨文寅字的中間一竪絶大多數是出頭的，所以它從人不從矢。甲骨文中另有一字可證：該字從寅，兩側有雙手作叉腰狀。這説明寅字是從大不從矢的。卜辭中目前僅發現寅用于地支。

【甲骨文字本義小結】

寅（黄）的本義：佩帶玉腰帶的男子。西漢以後用于地支第三位，農曆一月。

破譯甲骨文：地支之卯

圖一　甲骨文：卯

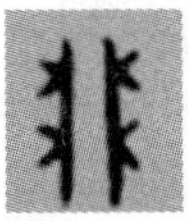

圖二　戰國古文：卯

首先我們仔細分辨一下圖一甲骨文“卯”的特徵，這對我們的破譯很有幫助。如圖

① 黄懷信主撰《大戴禮記彙校集注》，三秦出版社 2005 年版，第 194 頁。

一：卯。中間是兩豎，每一豎上都有一個小的三角形的凸出物。這個凸出物的特點是，可大可小，可上可下，可以是一對，也可以是兩對。而在戰國時期，這個凸出物爲八片類似樹葉一樣的符號所代替。

《説文》："卯，冒也。二月萬物冒地而出，故二月爲天門。"按照許慎的《説文》定義的體例，這裏的"冒"是"卯"的音訓。其實卯在殷商發音不是mao，而是mou。

依據是先秦的卯字和柳、劉、鎦等字同屬幽部。它們的發音都是liu。

這是一個重大的發現：它説明無論從字形上看，還是從發音上聽，甲骨文"卯"極有可能是"柳"的初文。找到了這個玄機，甲骨文卯字的本義呼之欲出。剩下的就是要從本義上考證卯是不是柳的本字了。

從造字時間看，卯自一期到五期都有；柳是甲骨文三期以後纔出現。這一點可以證明甲骨文柳是甲骨文卯的分化字。甲骨文柳是由初文卯派生出的一個甲骨文字。因爲"卯"的本義就是指柳樹，所以加上一個偏旁"木"就將其本義限定在"樹木"的一種，這就是後來"許慎六書"中的轉注的本質。這個字在《詩經》裏依然是讀作柳，有《詩經·小雅·十月之交》爲證：

"十月之交，朔月辛卯。日有食之，亦孔之丑。

彼月而微，此日而微。令此下民，亦孔之衰。

日月告凶，不用其行，四國無政，不用其良。"

兩句一韻，非常工整。卯和丑應該同押幽韻。小雅正是所謂西周朝廷所推崇的雅言。這首詩作于周幽王時代，説明即使在殷商以後的西周這個卯字依然歸入幽韻。許慎的定義是不錯的："卯，冒也。"是説二月正是柳條上冒出柳芽的月份，你看甲骨文卯中間的兩豎是不是就是柳條？兩邊發出的突出物像不像新春柳芽的萺蕤？《夏小正》中的"正月……柳稊"正是這個意思。夏代是十月曆法，所以夏曆正月到農曆的二月初六結束，所以可以看見"柳稊"。你再看戰國古文的柳字（見圖二），難道你没有聯想起那句傳唱已久的唐詩嗎？"不知細葉誰裁出，二月春風似剪刀。"如果你具有豐富的植物學知識，你就會知道柳樹正是在陰曆二月裏由冒出的柳芽萺蕤舒展而爲柳葉的。

難道用柳條長出萺蕤來表示二月不正是最恰當的意符嗎？柳樹極易成活，衹要截下一段柳枝插進泥土，很快它就能够成活，舒筋展葉，日漸長大。當它成爲一棵扶風的弱柳時，就用上了另一個甲骨文字來表示它，這個字就是：柳。從木，從卯。

許慎没有看到甲骨文"卯"字，所以它下了一個含糊其辭的定義："柳，小楊也。從木，卯聲，卯，古文酉。"許慎也錯過了瞭解甲骨文造字的奥秘的樂趣。

徐中舒《甲骨文字典》："吴其昌謂象雙刀并植形。"① 胡小石《殷代人祭考》謂象斷物之形②。林義光《説文古文考》謂："卯即兜鍪古字，首鎧也，卯鍪古同音……按諸説皆無確據。"③現在我爲它們找到了確據。至少林義光的發音考證是近乎正確的。

卜辭："甲午卜。貞：翌乙未侑于祖乙羌十又五。卯宰又一牛。五月。"（佚154）

卜辭："于上甲其卯于大乙六牛。"（遺633）

這裏的卯表示一種祭祀没有争議，問題在這兩條卜辭裏"卯"有没有殺牲的含義？

---

①②③ 徐中舒主編《甲骨文字典》，第1589頁。

“卯”在這裏應該破譯爲什麽樣的祭祀形式？我的見解是：卯是用羔羊和牛犢祭祀祖先。猶如我們今天食用乳猪一樣。這一事實有史料爲證。

《夏小正》：“二月往耨黍……初俊羔。祭者用羔……”卯正是夏曆二月——卯月。

《詩經·七月》：“四之日……獻羔祭韭。”夏曆二月，也就是西周新曆法的四之日——卯月。

《禮記·月令》：“仲春之月耕者少舍。天子乃獻羔開冰，先建廟。”卯月也。

在上述的卜辭裏“卯”並無殺牲之意。“于甲其卯于大乙六牛。”（遺 633）即就是于甲日用六頭牛犢祭祀大乙。卯牛就是牛犢的意思。再例如：

卜辭：“……出。貞：侑于唐卅羌。卯卅牛”（存上 240）即以牛犢祭祀商湯。

【甲骨文字本義小結】

卯的本義：柳樹發芽。動詞。西漢以後用爲地支第四位，柳樹發芽的農曆二月。

音訓：發音同鍪。引申爲用幼羔和用牛羊等的幼羔祭祀。段玉裁試圖將“卯”的聲紐和“門”聯係起來，爲：“卯，春門也。”但是甲骨文卯和門户字形差距較大

破譯甲骨文：地支之辰

甲骨文（辰）見于甲骨文一期到五期。辰是一柄兩齒的農具正砸向窑洞的弧形轉角的會意；破譯爲辰。應該説“辰”作爲一個初文後來分化出“蜃”和“震”等漢字。先説蜃，在遠古可能是一種用蚌殼製作的工具。其象形就是甲骨文“辰”字中的那個有兩根（片）齒的耙子。所以甲骨文辰從厂從蜃（初文）。這種工具是在窑洞成型以後用來修飾墻面細部的。該甲骨文字的會意正是用工具二齒耙修整窑洞的弧形頂部。殷商時期這種工具應該是青銅製作的了。再説震，《説文》：“辰，震也。三月陽氣動，雷電振。民農時也。物皆生……辰，房星也。”陝北人打窑的季節正是到辰月停止，即每年春分之後的農曆三月之前就必須完成。原因一説是三月以後土壤地氣上昇道致土質鬆動。一説是三月有清明穀雨兩個節氣，由于常會遇到倒春寒天氣和雨水漸多。所以甲骨文“辰”的本義是用二齒耙修正窑洞的細部。“民農時也”就是《夏小正》中的“二月往耨黍”（夏實行十月曆法，二月下半月爲農曆三月），此時農民要下地幹農活了。音訓待考。

這裏的二齒耙據有些學者考證是用蚌殼製作的農具，可以薅草。但是據我看既然甲骨文“辰”是挖鑿窑洞，那麽這個鑿窑的工具就不是蚌類，而是青銅器了。

辰字本身就含有房的意思。遠古中國人見辰星而知新的一年的農時已至。所以段注曰：“房星爲民田時者。”所以當房星出現的時候，正是一年中打窑的季節結束，農事的季節開始的界限。辰星對應地面上的分野正是殷商。《左傳·昭公元年》：“后帝不臧，遷閼伯于商丘（應爲帝丘），主辰。商人是因，故辰爲商星。”辰星出現的時候正是農曆

三月（殷商曆法的四月），但是對應某個星辰出現的節氣無論農曆還是殷商歷都是一致不變的。殷商人正是根據辰星出現規定農時的。所以許慎說："辰，震也。三月陽氣動，雷電振。民農時也。物皆生。"至于辰星和房宿的關係，我請教過有關的研究者，據説辰星是房宿數星中的最亮的一顆。錄此存證。

但是甲骨文"辰"字中蘊藏的殷商歷史信息是：殷商歷的四月（農曆三月初），辰星出現了，打窑的季節已經結束，要下地幹農活了。這也非常符合殷商統治者以衆方國的百姓爲勞動力，各方國都有自己世代遺傳的，擅長的技能的殷商時期的史實。

卜辭中"辰"除了所謂地支記日外，主要用作房屋的意思。

卜辭："丙辰卜。王曰：辰。"（鐵 145・1）商王說：蓋房子。

卜辭："己亥貞：我多臣不辰。"（粹 1207）我朝有一些臣子没有房子（住）。

《説文》有晨字，上從晶下從辰，或省爲上從日下從辰，即今日之漢字晨字。注意本字按照甲骨文本義當從三日，是房宿三星之意：

《説文》："晨，房星。爲民田時者。從晶辰聲。"段注曰："《周語》曰：'農祥晨正。'韋云：'農祥，房星也。晨正謂立春之日晨中于午也。農候之日。古曰農祥。'《爾雅》注曰：'龍星明者，以爲時候，故曰大辰。'"這段定義及注解的文字證明了先秦辰星是房宿四星之一，它又叫作龍星。立春之後當辰星出現在午位時即爲每年的農時已經到了。

現代天文學指出房宿一共有四顆星，但是從造字看，古人認爲房宿衹有三顆星。這是因爲房宿四星最下面的一顆很小，且距離其餘三顆星稍遠。

【甲骨文字本義小結】

辰的本義：本義爲挖鑿窑洞，即住房。西漢以後用爲地支之五，農曆三月。此時辰星（即房宿）出現在殷商的夜空。引申爲打窑季節結束，要下地幹農活了。音訓待考。

破譯甲骨文：地支之巳

這個甲骨文作爲意符出現在喜得貴子的甲骨文字和金文銘文中。有時候是雙子並用意爲獲得雙胞胎兒子。因爲殷商青銅禮器不可能每生一個孩子就鑄造一個，所以我認爲此舉説明此意符有宗子和長孫的意思。刻有相關符號的青銅禮器是爲了慶賀家族中宗子的誕生。這個宗子也是將來繼承和使用這些青銅禮器的人。但是在卜辭中，地支之"巳"均用此甲骨文字。本字和甲骨文中字形相近，字義也相近。

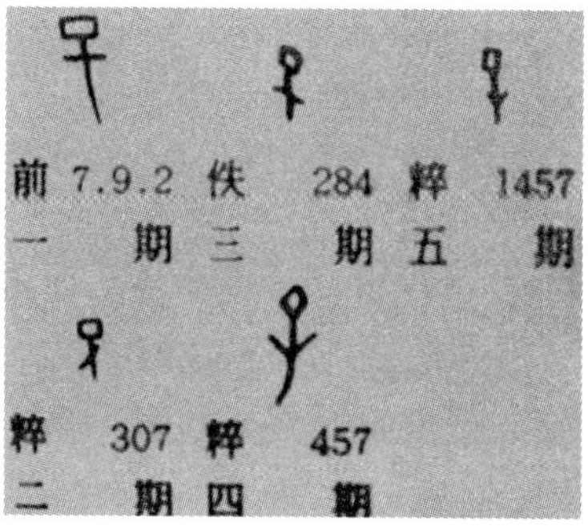

圖一　甲骨文：巳

有一種觀點認爲這個甲骨文字可以代甲骨文"尸"，學者們認爲這個小兒"爲祭祀時象徵神主之小兒亦即後世訛變之'尸'字"，這個見解似乎不確切。因爲“尸”就是祭祀時以宗子象徵祖宗本人，所以尸可以是成年的宗子，也可以是未成年的宗子，而這裏的甲骨文“子”的本義僅指未成年的小兒。

從音訓看，遠古 zi 和 si、shi 均可以互通。故子、巳和尸可以互通。

人類生理學告訴我們：四個月大的嬰兒俯臥位頭能够上抬 90 度，兩臂撑起；扶髖部時能坐，能握手中物體；能笑出聲音，能靈活追視物體達 180 度；會尋找聲源，開始注意人的聲音；會張開雙手了。這應該是甲骨文“巳”的本義。所以甲骨文“巳”的本字正是一個四個月的嬰兒手舞足蹈的象形。這個“巳”字的嬰兒象形在金文中更加誇張。

但是到了戰國簡書中，它幾乎是清一色地變成了小篆“巳”的蛇形，原先那個活潑可愛的嬰兒形象不見了。這種字形的突變的原因還不清楚，可能和十二生肖對應十二地支有關。十二地支中巳對應的生肖是蛇。民間觀察物候有“巳時蛇上道”之説，所以以蛇對應數字四命名農曆四月具有提醒百姓防蛇的用意。生物學指出，四月正是蛇産卵的季節，所以也是蛇攻擊性最强的季節。在民間没有有效的治療毒蛇咬傷的年代，防蛇咬是一件生死攸關的事情。

《説文》：“巳，巳也。四月陽氣已出，陰氣已藏，萬物見，成文章。故巳爲它象形。”《説文》的“巳，巳也”的注解方式在先秦是常見先例的。《易》序卦傳：“蒙者，蒙也。”“比者，比也。”“剝者，剝也。”《毛詩》傳曰：“虚，虚也。”

甲骨文“巳”到戰國簡書的“巳”，該字的本義已經發生了斷裂性的轉移。其甲骨文本義已經由另一個全無聯係的本義所取而代之。這一個詞義的轉變中有一種可能性存在：卜辭中的地支之巳，可以用祭祀之“祀”的初文同音假借。以甲骨文祭祀之“祀”的初文代替地支之巳，是不是和祈禱避免被蛇咬傷有關。因爲祭祀之“祀”的初文有祭祀、祈禱之本義，同時和地支之“巳”發音相同。

促成這一突變的主角是東漢時十二生肖與十二地支的對應關係已經形成了。

【甲骨文字本義小結】

巳的本義：四個月的嬰兒。名詞。西漢以後用爲地支第六位，農曆四月。通尸，通祀。

音訓：從竪從一，丨一切，讀若 shi 或者 si。

破譯甲骨文：地支之午

説到午，我們就會聯想到午季，就會想到午收，也就會想到小麥。午位列地支第七位，代表的月份是農曆五月。這個月正是冬小麥成熟的時候，所以搶收冬麥、搶種水稻的這個農忙季在殷商這一地區至今叫作“午季”。這是甲骨文“午”和小麥的第一重聯係。

甲骨文“午”和小麥還有第二重聯係。就是小麥收割以後，要用農具脱粒。這個農

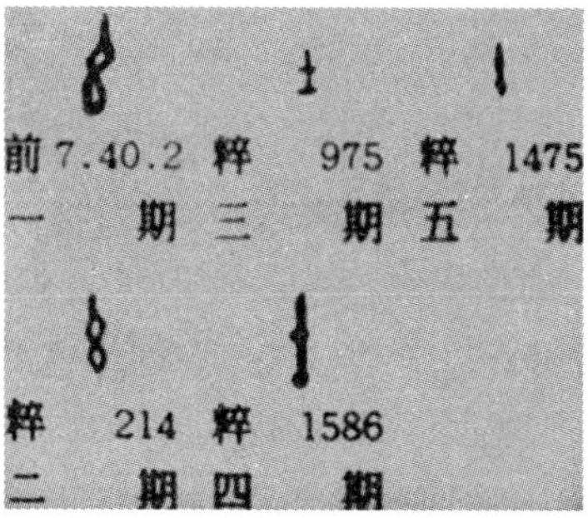

圖一

具就是杵。用杵脱粒是在石臼中進行的。將連著麥秸的麥穗放在石臼裏，用杵搗穗以脱粒，這樣的好處是無論成熟和未熟的麥粒都能脱下來。“午”就是“杵”的初文。

甲骨文“午”既是木杵的象形，也是“杵”字的初文。我們從圖一中看到甲骨文的“午”有兩種字形。從卜辭中看，一期和二期卜辭中的“午”用的都是有把的雙菱形的農具。而三期以後卜辭中的“午”用的都是一根中間和低端分別有兩處隆起的農具。《甲骨文合集》中自 27503 號以後大多是這種本字的“午”。

在《小屯南地甲骨》中第 2673 號卜辭中“午”字用的是前一種本字，但是《甲骨文精粹釋譯》一書卻注明是武乙時卜辭。內容是：“□辰母庚至小子午”和“午母庚牢”這就從三個方面誤判了這一片卜辭。一是從字形上看“有把手的雙菱形午字”一般出現在一期和二期卜辭中。二是，母庚應該是武丁之父小乙的配偶，也就是武丁的母親。所以這一片卜辭應該是武丁時的一期卜辭。花東 H3 卜辭中有多處關于妣庚的記載，與這裏的“母庚”恰好可以銜接。説明小屯南地卜辭是早于花東 H3 卜辭的。三是，在甲骨文造字初期的庚的本義是“剛剛去世的王”，意指盤庚。妣庚意爲“剛剛死去的那個母親”，以這一關係分析應該是武丁祭祀自己的母親——小乙的配偶①。

甲骨文“午”在不同歷史時期爲什麽會有兩種本字？因爲午這種農具是因爲在農曆五月小麥的午收中用來給小麥脱粒用的，由于這種古老的農具在歷史進程中被另一種更先進的農具所代替，所以其本字的字形隨之改變。我認爲午的兩種本字分别代表改進前後的兩種不同的農具，其作用都是給小麥或黍進行脱粒。盤庚遷殷後殷商人使用的農具是連枷，所以前一字形的“午”正是連枷轉動拍打的象形。《釋名》：“枷，加也。加杖于柄頭以撾穗而出其穀也。”後來殷商農民發明了用木杵在石臼裏杵搗脱粒，脱粒的效果更好一點。新農具的采用帶來了“午”字字形的演化。但是這個甲骨文字後世破譯爲漢字“午”的依據確是由三期卜辭以後的甲骨文午演化而來。卜辭一期二期和卜辭三到五期的兩個午字（見圖一）實際上指的是兩種不同的農具，前者叫作連枷，後者叫作杵。兩者是殷商不同歷史時期使用的給小麥脱粒的農具。因爲杵是用木頭做的，所以戰國以後産生了專用于杵的形聲字從木從午，而“午”字專用于地支的第七位。古人選擇在午後的午時三刻行刑也是因爲名列第七的午時已經是陽氣漸衰，走下坡路的時辰。也就是許慎所説的“火王而死”之時已過了。三期卜辭以後的“午”作爲改進型農具木杵使用時必須和石臼配套使用，所以這一時期的甲骨文“午”字形雖然改進了，卻省略了下部的口（石臼）。這一改動最典型的例子表現在甲骨文“秦”字的演化上。

【甲骨文字本義小結】

午的本義：殷商後期用于給小麥脱粒的農具杵。名詞。西漢以後用作地支第七位，農曆五月。

---

① 王宇信等主編《甲骨文精粹釋譯》，第 1357 頁。

"午"是農具"木杵"的象形字。"午"可以用作五的假借字。因爲午的字形和結繩中數字五的形狀相像，音訓相同。

破譯甲骨文："未"應爲"末"

森林裏的大樹，爲了爭奪更多的陽光，它的樹梢就拼命地向上長，下部樹身很少有枝杈。從圖一中我們可以看出，甲骨文"未"字正是一棵樹的末梢，即樹梢。這個字是上面一畫最長，所以對應它的應該是漢字"末"而不是"未"。即使按照這個甲骨文字的本義看，樹梢的本字也應該是"末"（樹的末端）不是"未"。但是很遺憾的是所有的甲骨文工具書裏都祇有"未"字没有"末"字。這是一個歷史遺留的錯誤。

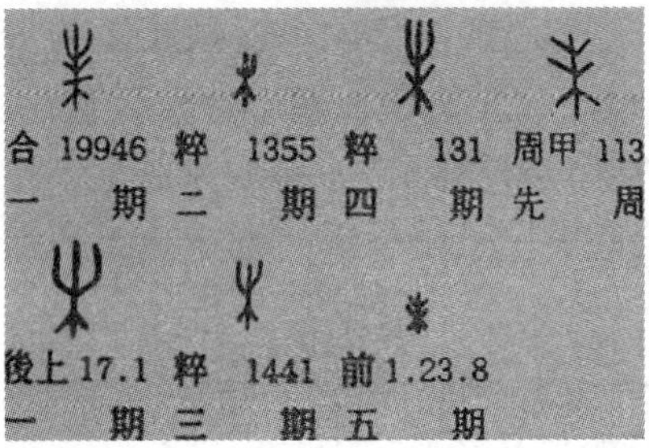

圖一　甲骨文　末（"未"是誤譯）

《說文》："未，味也。六月滋味也。五行木老于未，象木重枝葉也。"許慎没有見過甲骨文字，它的《說文》引用了很多的籀文和春秋古文字。但是他對"未"的這個解釋是和上面甲骨文"末"字的本義有生拉硬扯的嫌疑。同時這個定義也說明到了東漢，這個字已經完成了由"末"向"未"的訛變。奇怪的是這個字在先秦的發音一直歸入明母，就是說這個被大家一致公認的"未"字，發音卻是mo，而這個mo又恰好正是"末"字的讀音。這不是巧合，而是一個訛變。這個訛變在人們注解《詩經》時就已經産生，如："迨冰未泮""桑之未落""東方未明""白露未晞""迨天之未陰雨""我戍未定""夜未央""殷之未喪師""未有家室""民之未戾""朕未有艾""未堪家多難"。

以上的每一個例子中的"未"字都可以解作"没有"，也就是mo的意思。原因何在？

但是在卜辭中，這個字確實被反復使用在天干地支的組合中，例子很多：

"辛未卜，何，貞：王往田。"（前4·41·4）

這其中透露出一個玄機就是：晚商時代的甲骨文系統中的十二地支原本就應該是：子—丑—寅—卯—辰—巳—午—末—申—酉—戌—亥。

原因在于：地支第八位——末——對應的是夏季最後一個月，農曆六月，是大地的土壤温度最高的時候，此時樹的生命力達到一年中的最高點，樹梢（即末）長到了一年中的最高點。也就是許慎說的"五行木老于未"（準確地說是木老于末——樹梢）。立秋以後，土壤温度逐漸下降，樹葉開始黄萎飄零。也就是說過了農曆六月，樹木就不再長高。這是許慎"木老于未"的第二重理解。所以遠古人們用"末"位列地支第八位應該是很有道理的。用"未"代表地支第八位就很難解釋。

甲骨文"末"的本字在殷商歷史中的演化也很能够說明問題。見上圖，在卜辭一到三期的“末”本字同甲骨文“木”。但是在造字上强調了它的樹梢的部分，呈現大頭小尾的字形。在卜辭四期五期中，“木”多出了兩畫便成了“末”。這説明地支第八位的“末”正是由甲骨文“木”演化而來。從音訓上看，“木”應該演化爲發音相近的“末”而不是“未”。

末之本義是樹梢在秦漢時期的文獻中是很多的，這裏舉《淮南子・墜形訓》一例：“若木在建木西。末有十日。其華照下地。”

從“末”字的方言音訓看，從木從不，方言爲木莵切，讀若 mo 或者 mou。

至于甲骨文“末”被訛變爲漢字“未”的原因應該是最初破譯者的約定俗成。有關約定俗成造成的文字錯誤有一個很生動的例子。成語中有一個“相濡以沫”，在《莊子》中的出處卻是“涸轍之魚，相濡以沬”。“沬”（發音 hui）的本義是口水，莊子的本意要表達的是兩條陷入涸轍中的魚，彼此吐口水以互濟以苟延殘喘。但是我們今天都説“相濡以沫”，吐口水變成了吐吐沫。這就是語言的約定俗成的力量。

【甲骨文字本義小結】

未的本義：樹梢，末端的意思。名詞。西漢以後用作地支第八位，農曆六月。

音訓：從木從不，方言爲木莵切，讀若 mo 或者 mou。上古 wei 和 mo 兩者相通。

［注］甲骨文中未見“未”字，後世的兩字混用表明這兩個字造字之源本爲同一個字。從甲骨文造字看，本字上面一畫較長，應爲末，讀若 mo。

破譯甲骨文：申

名列地支第九位。指農曆七月。

地支十二個字中有十一個字都和大地有關，唯有這個“申”的本義可能是天外來客。我們看徐中舒先生的《甲骨文字典》中的解字：“葉玉森謂甲骨文申字象電燿屈折形，《説文》虹下出古文蚺，許君曰‘申。電也’與訓‘申。神也’異，故申象電形爲朔誼，申乃引申誼《殷墟書契前編集釋》。按葉説近是。《説文》：‘申。神也。七月陰氣成體自申束。從臼自持也。吏以餔時聽事。申旦政也。’”①

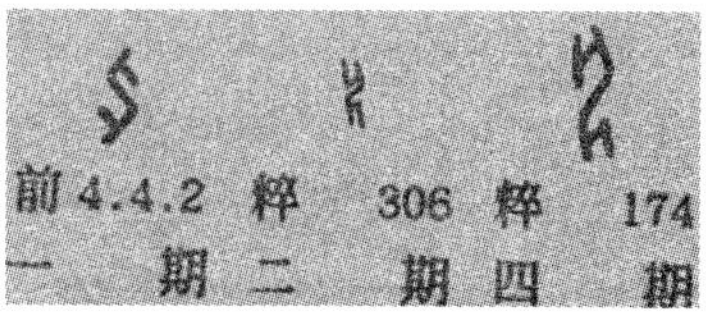

圖一　甲骨文：申（闪）

在尚未看到甲骨文字的東漢，許慎的這個定義是非常準確的。甲骨文迄今没有發現“電”字。所以我認爲這個甲骨文“申”就是“電”的本字。爲了證明這一點，我們來看從申從兩個○。○代表雷聲，則申應該代表閃電。

圖二　甲骨文：雷

① 徐中舒主編《甲骨文字典》，第 1599 頁。

音訓：申。造字爲人跪地狀。或爲祈禱，或爲人遭雷擊之象。折人切。讀若 shen。通閃。讀若 shan。

圖二的雷音訓：〇申切，讀若 len，古音通 lei。該音訓説明甲骨文的“申”和“雷”造字上同源。

值得一提的是甲骨文申的象形也可以視作跪地狀的人。現代科學已經發現當人遭到雷擊後由于手腳抽筋和收縮較多地呈現跪地死的狀況。我看見過，也聽説過很多類似的傳説。但是這類傳説不能成爲甲骨文“申”的造字依據。理由是殷商人視雷電爲神明，不敢將其與傳説聯係。民間樸素的宿命論認爲：人之所以遭到雷擊是因爲前生或者此生做了壞事，是一種天神的報應。

在殷商甲骨文系統中所有的涉及自然天象的字都從雨字頭。唯有和神相關的甲骨文字各具自己的造字。如：雨、零、霽、雹、霖、霾等均從雨字頭。但是云、龍、申等各具造字。甲骨文“云”是“示”（祭祀臺）的變形，甲骨文“龍”是龍捲風的象形（上部從帝或從北斗星），甲骨文“申”是閃電的象形，甲骨文“雷”是閃電伴有雷聲的會意。後一類造字没有從雨字頭的原因在于殷商人對這些奇詭的天象心存畏懼，認爲他們是天上的神或者是神的警示。從甲骨文“龍”字冠以帝字頭可以看出殷商人對某些具有超自然力的天象是敬而遠之的。龍就是龍捲風。參見附文《遠古五龍考》。

甲骨文“申”就是“閃”的本字。但是爲什麽用這個“閃電”的形象來代表農曆的七月呢？農曆七月有兩個節氣——立秋和處暑，這個月是雷雨最多的季節。

《説文》：“雷，陰陽薄動生物者也。從雨畾。象回轉形。”

《説文》：“電，陰陽激燿也。從雨從申。”

東漢時代有了“電”字，但是它從雨從申（甲骨文電字）。許慎認爲“雷”和“電”都是陰陽相激所致。説明東漢時代人們已經破除了對雷電的神化。從“象回轉形”看，它正是對甲骨文“申”字象形的最準確的解釋。氣象資料表明每年的農曆六月和七月，是黄淮流域雷雨最多的時候。這種雷雨對水稻的豐收有積極作用。農諺云：“一天打個暴，田埂上收稻。”以申命名農曆七月是因爲農曆八月以後這一地區雷暴漸止。正是這種農曆六、七月間的雷暴會帶來糧食的豐收，所以這種神奇的能够帶來切身利益的效果使得殷商人對閃電敬畏若神明。而《詩經》曰“十月之交，冬雷震震”，則被人們視爲一種反常的現象。

爲什麽地支十二字中有十一個字都和大地有關呢？其實地支十二個字都與大地有關。申是閃電，閃電是陰陽相激的結果，也就是地上的“七月陰氣成體自申束（縮）”和天上的陽氣相遇相激的結果。甲骨文“申”的象形正是這樣一種閃耀于天地間的自然現象——閃電。這種陰陽相激現象以農曆七月爲盛。

《禮記·月令》中八月的物候爲甲骨文申本義做了最好的注腳：“仲秋……雷始收聲。”就是説農曆八月雷開始收聲絶跡了。這句話也可以理解爲農曆七月是雷暴雨最頻繁的月份。這一觀點得到了現代氣象學支持。

農曆七月過後是八月，應該是藏雷之月，即到了八月就不會出現雷雨天氣了。《廣雅·釋天》云：“月行九道……八月雷卜藏……四月雷不見。”均爲不正常的現象，被視爲“失政”之兆。

河南東南部方言中，閃電又叫打閃或者扯豁（天之豁口）。所以在甲骨文申的造字中音訓隱含著尸凵切，即讀若 san。通 shan。

【甲骨文字本義小結】

申的本義：閃電。常見于農曆六、七月。名詞。西漢以後用作地支第九位，農曆七月。

音訓：shen，古音通 dien 或 tien。讀若電。

雷的本義：雷電。常見于農曆六、七月。名詞。

兩字音訓見正文。

破譯甲骨文：酉

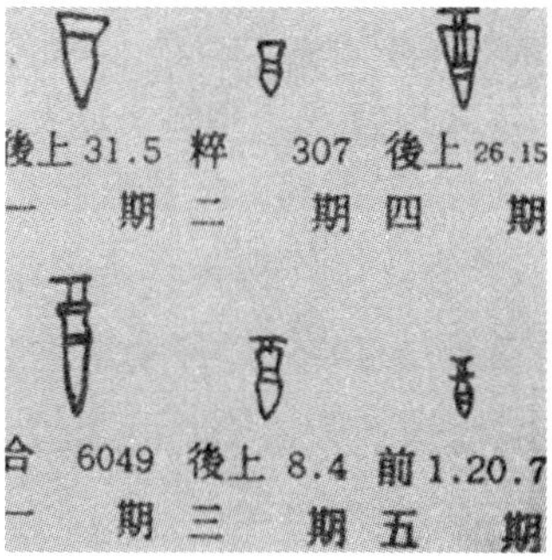

圖一　甲骨文：酉

甲骨文酉從一從缶，一缶切，讀若 you。上部的一可以代表天，在本字中代表瓦缶的蓋子。蓋上了該字就說明缶中盛滿了酒或者水。所以甲骨文“酉”和“有”是同音字。

《說文》：“酉，就也。八月黍成，可爲酎酒也。”許慎的意思是說農曆八月是糧食收穫的季節，有了糧食就可以釀酒了。文中的黍是泛指，其他糧食作物也可以釀酒。如《詩經・七月》可資爲證：“十月獲稻。爲此春酒，以介眉壽。”這首詩屬于豳風，周的十月正是農曆的八月。水稻一般在立秋前收割完畢，所以到了隨後的農曆八月一定是可以釀酒的月份。所謂春酒是指用于開春祭祀用的鬯酒。現在我們知道夏商周都是在頭一年的農曆八月就開始釀造新年的用酒了。

圖一中有兩種盛酒器，所以是兩個不同的甲骨文字。上排例一例二是卜辭一到三期的廣口尊造型；從卜辭四期開始出現上圖右半的酉造型。酉的本義是盛酒的罎子。早期的廣口尊已經爲山東龍山遺址的考古事實證明。由于廣口尊器型較大，殷商祭祀是需要將酒傾倒在一種茅草上——包匭青茅——進行縮酒，廣口尊縮酒很不方便。根據甲骨文酉在卜辭各期的演變，我認爲：可能從四期卜辭開始，殷商人縮酒改換了較小的盛酒器。從後期的甲骨文酉字分析，這種盛酒器可能是陶製的小口尖底罐。這種陶瓶自仰韶時代就被廣泛用于取水。因爲瓶頸細小單手可握，瓶底尖而長一手可托，也非常便于向青茅上分次篩酒。所以用它來代表農曆八月——釀酒的月份。

《甲骨文合集》中第 27454 是兩種甲骨文酉字的分界：之前是廣口尊造型的酉字；之後是小口尖底罐造型[①]。聯想到前面的午字在殷商歷史中的演變，我們可以得出一個

① 圖一中上左一、左二爲廣口造型，其餘四種爲小口尖底造型。參見後文《仰韶文化代表器型——小口尖底罐之謎》。

規律性的結論：殷商甲骨文干支字在殷商歷史中是與時俱進的。雖然天干十字和地支十二字從一期卜辭就存在，但是在殷商的歷史進程中，甲骨文字不是一成不變的。這種現象很多學者已經注意到了。例如五期卜辭中“庚”字筆畫變爲重尾。卜辭一到三期的“末”字同木，四期五期纔突出了上面一重的樹梢部分。五期卜辭的“癸”字中的“X”均出頭等等。這種甲骨文字在不同的卜辭分期出現的字形演變的特點是甲骨文字斷代的一個重要依據。

甲骨文干支字在卜辭分期中出現的演化，原因是複雜的。但是我認爲：歷史在前進，生活方式在不斷適應現實而改革，科學技術在不斷進步，殷商人的觀念在不斷更新，這些無疑是甲骨文演進的動力和根本原因。類似的甲骨文字的演化並不僅僅局限在干支字中，在整個殷商甲骨文系統中，這也是一個帶有普遍性的現象，也是漢字造字走向成熟的一個標志。

搜索並歸納所有的甲骨文字在卜辭一到五期的演化軌跡，尋找出這些甲骨文字演化的歷史依據，這是甲骨文研究的一塊新的學術空白區域。填補這一學術空白無疑對揭示殷商歷史事實有重大幫助。其意義不亞于對殷商遺存的考古學研究。

【甲骨文字本義小結】

酉的本義：一種祭祀用的陶製盛酒器。卜辭一到三期爲廣口尊，後期爲小口尖底罐。西漢以後用作地支第十位。農曆八月，這是遠古先民釀酒的月份。

音訓：從一從缶，一缶切。讀若 you。一可以視爲罎口的陶蓋。會意字。

破譯甲骨文：戌

甲骨文戌的象形是一柄板斧。但是誰説板斧就一定是兵器呢？其實所有的甲骨文學者都贊成這個戌是殷商的兵器，這個觀點人爲地强化了殷商統治集團黷武的國家形象。其原因可能是來自公元 100 年左右許慎爲“戌”所下的定義：

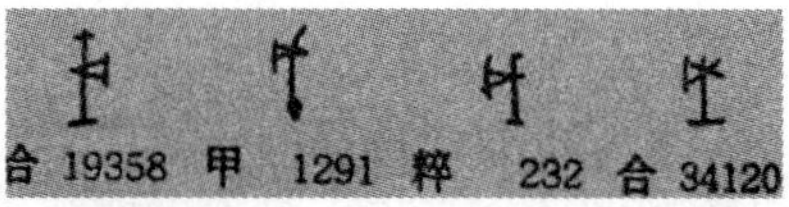

圖一 甲骨文：戌（地支第十一位）

《説文》：“戌，滅也。九月陽氣微，萬物畢成，陽下入地也。五行土生于戊，盛于戌。從戊含一。”

《甲骨文字典》：“象古兵器形，與戊、歲、戉等皆斧鉞之屬。”①

不錯，戌、戊、戉、歲都是斧鉞之屬，但是斧鉞之屬都不過是工具、農具、兵器的一種，用來進行戰争它就是兵器，用來伐木它就是工具，用來收割黍稷它就是農具。許慎的定義有誤導之嫌，使我們至今以爲戌就是一種單純的兵器。他引進的兩漢的陰陽學説也把我們繞進了一個如十里雲霧的謎團而不能自拔。

① 徐中舒主編《甲骨文字典》，第 1608 頁。

其實，用青銅鑄造戈、戊、戌、戉、歲應該是商人的始創，所以他們不會是爲了戰争而發明工具，而是發明的工具被用于戰争了。其實戈、戊、戌、戉、歲的本義都是某種青銅工具，在被用于戰争以後，它們便沾滿了血腥，成爲殺人的兵器。我們可以從甲骨文“戌”用于農曆九月的名稱證明這一點。

從考古發現比較，殷商時期的青銅冶煉技術比夏代有了突飛猛進，産量也大大增加了。這些工具不僅用在工具、農具上，也被用在武器上。所以夏代的滅亡實際上是輸在了科學技術的落後上。我認爲：夏亡于青銅，商亡于酒。

農曆五月是用杵的季節，農曆九月是用戌的季節。農曆九月有什麽樣的農時要使用戌呢?

戌月（農曆九月）是周人砍柴備冬的月份。《詩經・七月》：“九月叔苴。采荼薪樗，食我農夫。”《禮記・月令》：“季秋之月……是月也。天子乃教于田獵。以習五戎。……是月也。草木黄落。乃伐薪爲炭。”所以甲骨文采用“戌”爲農曆九月的名稱。

我國農村自古就有每年砍柴備冬的習慣。皖南山區的農户每年都要請八到十個勞動力砍一天柴火，這一天砍來的柴火在户外能堆呈一座房屋形狀。它們足够該農户一年的家用。家庭過冬的火塘也需要大量的越冬柴草。還有就是燒炭需要砍伐大量的櫟樹，在山中的土窑裏燒成木炭運出山外供貴族享用。木炭是一種净化後的能源，燃燒時没有煙塵。殷商統治者不是每年的九月都對外發動戰争，但是殷商人民每年的九月都必須砍柴備冬，殷商貴族每年九月都需要伐木燒炭，殷商統治者每年九月都要“教于田獵。以習五戎”。這纔是農曆九月被冠以“戌”字的根本原因。我相信殷商氏族是一個愛好和平的氏族。

農曆九月，當年的莊稼已經收穫歸倉，冬小麥播種下地之後。也是一個戰争的空閒時間。這一切活動都要用到“戌”。

【甲骨文字本義小結】

戌的本義：殷商人發明的青銅板斧。名詞。西漢以後用作地支第十一位。農曆九月。

音訓：從亼從丨。亼豎切。讀如 ju，古音通 xu。

丨在殷商方言發音爲 xu，同戌。

破譯甲骨文：亥

農曆十月是殷商的亥月，是夏商居民“猫冬”開始的日子。

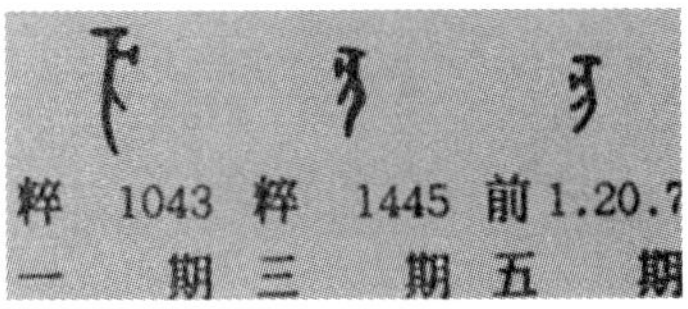

圖一 甲骨文：亥
（地支第十二位，農曆十月）

《禮記・月令》：“孟冬之月。……是月也。天子始裘。命有司曰：‘天氣上騰。地氣下降。天地不通。閉塞而成冬。’命司徒巡行積聚。無有不斂。壞城郭。戒門閭。修鍵閉。慎管籥。固封疆。備邊竟。完要塞。謹關梁。塞蹊徑。……虎始交……命有司曰：‘土事毋作。慎毋發蓋。毋發室屋。’……省婦事。毋得淫。雖有貴戚近習。毋有不禁。”其實上有政策下有對策，在“虎始交”的冬季裏，也是人類的“婦事”大行其道的季節。甲骨文亥的本義正是“交媾”的意思。

如上所說，爲什麼農曆十月就是亥月呢？這就要從甲骨文亥字的本義開始我的考證。

上圖這個甲骨文字既是漢字亥，又是漢字牙。古亥、牙一字。這個字是一個會意字，從丄從匕。丄是且的縮寫，本義是男性生殖器；匕是女性生殖器。所以，甲骨文亥的本義是陰陽交媾之意。這個字在造字時代，並非一個貶義詞。商先祖王亥正是因爲在有易（有扈）氏族因爲男女交媾之事而被放逐，故名亥。亥也是唯一用地支命名的商王，這是有史料爲證的。

《山海經》郭璞注引《竹書紀年》：“殷王子亥賓于有易而淫焉。有易之君綿臣殺而放之。”①

《楚辭・天問》：“干協時舞。何以懷之？平脅曼膚。何以肥之？有易牧豎。云何而逢？擊床先出。其所何從？”

我國農村稱專門交配的種公猪爲牙猪（亦即亥猪）也是這個道理。

亥月是一輪地支結束的月份，繼之而來的是下一輪地支的子月。按照兩漢的陰陽五行學説，亥月是陰氣極盛，子月是陽氣動的月份，所以亥、子之交正是陰陽之交。造字用兩性交媾以象徵。

殷商人稱十月爲亥月，本義是交媾的月份。很奇怪，《禮記・月令》卻規定亥月必須節制交媾，虎可以交媾，説明亥月正是一個交媾的月份；人需節制交媾。説明西周的貴族已經開始講求養生之道了。

《説文》：“亥，荄也。十月微陽起。接盛陰。從二。二。古文上字。一人男一人女也。……亥而生子，復從一起。”其中無不在暗示男女的交媾，尤其是“亥而生子，復從一起”。這是《説文》全書正文的最後一句話，這是一句雙關語。字面意思是：亥月過後就是子月，一元復始。隱含的意義是：男女交媾可以生子，又是一個人的新的開始。

音訓：該字爲雙反切注音，所以有兩讀。其一匕且切。讀若 hi。（匕音 hua；且殷商方言發音 ji）；又且匕切。讀若 jia。古音通牙。讀若 ya。

【甲骨文字本義小結】

亥的本義：陰陽交媾。動詞。西漢以後用作地支第十位，農曆十月。

音訓：匕且切。讀若 hi。（匕音 hua；且殷商方言發音 ji。）

且匕切。讀若 jia。古音通牙。

① （晋）郭璞傳、（清）畢沅校《山海經》，上海古籍出版社 1989 年版，第 106 頁。

破譯甲骨文：季

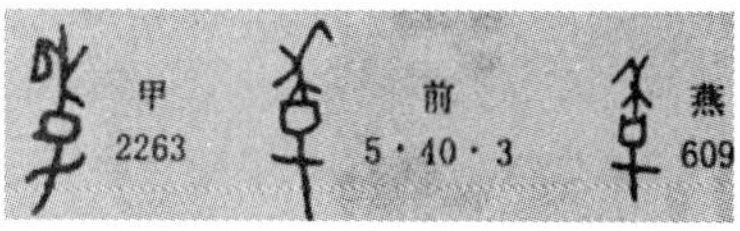

圖一　甲骨文：季（左一存疑）

甲骨文“季”的破譯是一個很典型的案例。許多學者都陷入了許慎的舊窠，從而做出了不合訓詁學規律的結論。用東漢的“稺”和“稚”來解釋殷商的甲骨文“季”。

《説文》：“季。少稱也。從子稚省。稚亦聲。”

《甲骨文字典》：“季。從禾從子。與《説文》季字篆文同……王國維謂季即殷之先公冥。乃王亥之父。”①

許慎没有見過甲骨文，所以犯這樣的錯誤情有可原。現在我們看到了甲骨文的季字，所以知道許慎的解釋不是本義。我們也知道要搞清楚甲骨文“季”的本義，不能拿篆文的“稚”來解釋它。“稚”這個漢字最早見于《左傳・僖公十年》和《史記・殷本紀》，所以不能用“稚”來解釋甲骨文“季”，必須另闢蹊徑。

甲骨文季，從禾從子。上圖左一的禾有細節的變化，所以存疑。注意該本字中禾與下面的子是連爲一體的，所以它是獨體字，但是同時也是一個會意字。獨體會意的甲骨文我們很少遇到過。它表明其表述的對象是一個獨體。本義應該是：禾之子也。即幼禾。《説文》中收有“稺”字應該更加貼近甲骨文“季”的本義。《説文》：“稺。幼禾也。”它的引申義應該是家中的最小的兒子。所以商先公王亥的父親是王季的話，王恒就應該是他的大伯。《詩經・七月》有“十月獲稻”的記載，所以禾應該是芒種時節播種。因此“季”應該是六月裏的禾苗。陽曆六月正是夏代春、秋兩季的分季，也是兩漢春、夏兩季的分季。所以由這個意義上産生上述引申義：季節。

甲骨文季中的“禾”和“子”都是意符，所以這是一個右文造字。但是其中的“子”又兼了聲符的作用。因爲“子”遠古屬精部，發音爲即裏切。正是今天“季”的發音：jì。許慎的“從子稚省。稚亦聲”説法是錯誤的，第一是因爲稚字在歷史上出現較晚，其次，稚和稺均屬照母，和精母漢字不相通，故不能互爲聲訓。

“稚”即使在甲骨文中存在的話，稚從禾從隹，應該是一個純粹的形聲字，這在甲骨文系統中還没有先例。如果一定要給它一個本義，這個本義的解釋一定是違反殷商甲骨文的造字規律的。許慎似乎也知道這一點，所以他采取了一個移花接木的方法，説“從子稚省。稚亦聲”。這樣季字是勉强解釋通順了，但是“季”和“稚”之間並無相通之處。稚的發音和本字與“季”都没有共通之處。

---

① 徐中舒主編《甲骨文字典》，第1574頁。

【甲骨文字本義小結】

季的本義：幼禾。名詞。引申爲：家中最小的兒子。名詞。引申爲：季節。名詞。
音訓：右文造字。子是聲符兼意符。音jì。

破譯甲骨文：麥

《説文》："麥，芒穀。秋種厚薶[①]。故謂之麥。麥，金也。金王而生，火王而死。從來。有穗者，從夊。"《夏小正》"九月……榮鞠。樹麥"，《月令》"仲秋之月，乃勸種麥，毋或失時"。《尚書大傳》、《淮南子》、《説苑》載："虚昏中可以種麥。"

二十八宿中的虚宿常見有星二：一即宝瓶座β，二即小馬座α，即所謂的美麗双星。（《史記·天官書》索隱引："姚氏案：《荆州占》以爲其宿二星，南星主哭泣。虚中六星，不欲明，明則有大喪也。"[②]）《禮記·月令》："季秋之月，昏，虚中。"《尔雅·釋天》："玄枵虚也，颛顼之虚，虚也，北陆虚也。"這段話的意思是，在季秋之月的農曆九月，當黄昏時虚宿出現美麗雙星時，就到了種冬小麥的時候了。二十八宿中的"昏虚中"（同虚昏中。星象一定要和時間相聯係）地面對應的分野正是顓頊與帝嚳之虚——河南濮陽的帝丘，即殷商的朝歌地區。[③]

小麥有春播和秋播兩種。我國以長城爲界，其北一般種春小麥；其南一般種冬小麥。冬小麥漢時又稱宿麥，意思是越冬小麥。《通典》："董仲舒《説上》曰：'……願陛下幸詔大司農，使關中民益種宿麥。"[④]

今天我國長城以南長江以北地區的農村一般在陽曆十月初的寒露以前播種冬小麥。農諺有"白露早，寒露遲，秋分種麥正當時"的説法。但是按照上述歷史文獻記載，商周兩朝種植冬小麥的時間卻是在每年的陽曆九月（農曆八月）。許慎的"金王（旺）而生"正是農曆八月，"火王（旺）而死"則是指次年的農曆五月。

但是，《夏小正》的記載"九月……榮鞠。樹麦"有被收集編纂者篡改的痕跡。因爲夏朝實行的是十月曆法，其夏曆九月已經是陽曆的十一月，節氣已過大雪，這時冬小麥的播種季節早已貽誤了。值得一提的是《夏小正》的收集編纂者爲了照應後來的十二月曆法而對口傳的《夏小正》做了多處的改動。

小麥在《詩經》時代已經是黄河流域最主要的農作物了，如：

《魏風·碩鼠》："碩鼠碩鼠，無食我麥。"

《豳風·七月》："黍稷重穋，禾麻菽麥。"

---

① 《説文》"厚薶"之意是指北方種植冬小麥采用的深種厚埋的耕作方法。

② 《史記》第四冊，中華書局1959年版，第1294頁。

③ 殷商末年自號"邦畿千里"，其首都大邑商北至漳河以北，南至黄河南河西至太行山，東至黄河。

④ 《二十五史》第一冊《前漢書》卷二十四上《食貨志》，第112頁。

《鄘風·載馳》："我行其野，芃芃其麥。"

下面我們來考證甲骨文麥：

圖一　甲骨文：麥

（從來從止，"止"象形爲麥根）

考證甲骨文"麥"必須了解一個歷史前提就是，小麥這種糧食作物是公元前2500年左右由西亞輸入中國的。所以到殷商時期。小麥在我國已經有了一千多年的種植史了。但是由于殷商以前屬于口傳曆史時代，所以殷商人應該很清楚小麥是外來農作物這一段歷史。所以甲骨文麥和來的造字緊緊聯係在一起。它是個外來的物種。

從甲骨文"麥"分析它的造字：這是一個獨體會意字，上從麥的象形，下從止。上下連爲一體表現出一株麥子的完整象形——有根、莖、葉、穗。在甲骨文造字中，根不用"止"表現，而是用"不"表現。所以這裏"麥"的造字用"倒止"表現小麥的根是有其特殊含義的。直譯就是"自己走來的植物"，其本義就有麥子是從外地輸入中原的一重隱義。通過和甲骨文"往"比較，我們可以看出這兩個甲骨文造字的手法是一致的。都是獨體會意字；"往"從王從止，"麥"從來從止；"往"是三個腳趾向上，本義爲商王前往某地，"麥"是三個腳趾向下，本義爲外來此地的糧食物種。

甲骨文"麥"去掉下部的止，就得到甲骨文"來"字。

這兩個字中誰是初文在學界意見不一。甲骨文"麥"和"來"同時見于一期至五期的卜辭。就是説兩個字是幾乎產生于同一歷史時期。從本義上分析，是先有麥子的輸入，纔有行來的"來"字。但是"來"比"麥"的造字要簡化。這一點似乎與甲骨文的造字（分化）規律不合。另一疑點是在造字上，"來"在卜辭中用如動詞。一個動詞下部加上"止"詞性變成了名詞，這在甲骨文造字中也非常少見，同一種造字方法的造字的甲骨文"往"就是一個名詞轉動詞的例子。

《説文》："來。周所受瑞麥來麰……天所來也。故爲行來之來。《詩經·周頌·思文》曰：'詒我來麰（亦牟）。帝命率育。'"這裏的帝係指周人之上帝后稷。后稷是中國種植小麥的第一人。許慎之所謂"瑞麰"是指一株多穗或者兩株產生連理穗的情況。本字中一穗兩葉，没有什麼特殊之處。我們從甲骨文"來"字中也並未看見"瑞麰"的意思。許慎是用了西周的典故，那是甲骨文造字以後的年代。但是中原的小麥種植是在大禹治水成功以後就開始了，時間大約是公元前2000年左右。

徐中舒《甲骨文字典》麥條："葉玉森謂麥從夊，應爲行來之來初文，來爲麥之本字。《説契》李孝定謂來麥本爲一字，夊象麥根，因假來爲行來字，故更製繁體之麥以爲來麰之本字。《甲骨文字集釋卷五》。"[①]（作者注：文中之"夊"在甲骨文中象形爲以向下的"止"字，甲骨文本義爲一隻正在走來的腳。因爲和上部的來連爲一個獨體，故本義應譯爲：一株走來的麥子。）查閱卜辭可以發現一個規律：甲骨文"來"字多與"往""王判曰""□□貞：來"連用，我認爲象甲骨文"往"一樣，這個"來"在卜辭中可以引申爲一個和商王歸來有關的動詞。其本義與"往"相反，是"王自某地歸來"之意：

卜辭："……辰王卜，貞：田敦往來無災。王判曰：吉。玆御獲鹿二。"（前2·26·5）

卜辭："貞：呼往征。""貞：方。允其來于沚。""不其來。""方。其來于沚。"

“方。不其來。”“其來。”“不其來。”“貞：翌癸丑易。”（合 6728）該條中的“沚”和“方”是兩個國家，商王征討的是“方”即敵國土方。沚是商的同盟國。商王自沚回朝必經土方國。所以，這裏的卜辭是占卜商王能不能安全回來的問題。因此卜辭中“有云自某方飄來”一般不用“來云”而用“各云”表示。由于還需要更多的卜辭證據，這裏暫不下結論。但是甲骨文“來”的本義是明確的：舶來之農作物小麥引申爲動詞行來之來。許慎的定義非本義。

甲骨文“麥”字在齊古文中演化出一個異體字，該字從禾從來，被許慎收入《説文解字》。

《説文》：“秾，齊謂麥，秾也。”實際上這個字也是甲骨文“麥”演化出的本字。該字和甲骨文麥字的區别是：麥是獨體象形字，是夏商時的造字。而秾是形聲造字，造字時間是西周以後，要大大晚于麥的造字。

【甲骨文字本義小結】

來的本義：行來的來，自某處到此地來。動詞。卜辭中多用于商王自某地歸來。

麥的本義：外來的糧食作物——小麥。名詞。

破譯甲骨文：方

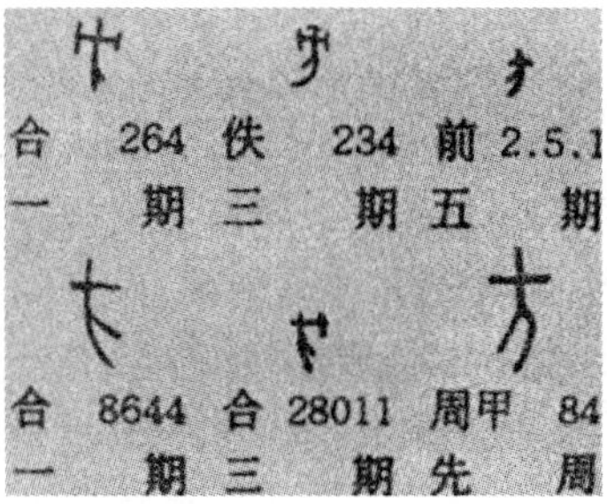

圖一 甲骨文：方

像所有的甲骨文一樣，“方”作爲一個常用的甲骨文字應該是有其本義的。學者們認爲這是殷商敵對的方國之“方”。我想進一步提問：爲什麼殷商要用“方”來指稱與自己敵對的方國呢？從“禹會諸侯于塗山，執玉帛者萬國”和《左傳·哀公七年》開始，就一直存在著一個親夏聯盟。這種統戰關係一直延續到了周成王滅商時期。一部《尚書》將敵對陣營分成“多方”與“多士”兩大集團。其“多方”就是親夏聯盟，而“多士”則是殷商之降臣。這説明“方”本義中就含有“與殷商敵對”這樣的意思。那麼，爲什麼“方”就意味著與殷商敵對呢？因爲“方”所指的是一個以“方”爲中堅力量的反商國家的强大的聯盟。這個發現屬于董作賓先生，但是他終身没有意識到這一點，而我注意到了董先生的這個看似信手拈來，其實意義重大的發現。董先生發現兩條一期卜辭之間的差異：

卜辭：“四日庚申。亦有來嬉自北。子瞽告曰：‘昔甲辰。方征于。俘人十有五人。五日戊申。方亦征。俘人十有六人。六月在。”（《菁 6》，即《合 137》反面）這條卜辭的大意是説殷商北方的一個盟友嬉先後受到鄰國“方”的兩次侵犯，所以派子瞽到

殷商告“方”的狀。但是卜辭中叫作“某方”的方國至少有幾十個，這個“方”究竟是誰？但是該條卜辭中的“方”是一個特指，且正文緊凑，前後没有空格，不存在減字刪字。董先生在另一條卜辭中找到了答案。

卜辭：“王占曰：有祟。其有來嬉。三至。九日辛卯。允有來嬉自北。妻姌告曰：‘土方牧我田。十人。’”（《菁2》即《合6057》反面）通過比較上面兩條卜辭，董先生證明了上條卜辭之“方”乃土方之省文。即前條卜辭省去了“土”字。于是我又在卜辭中找到這樣幾條：

卜辭：“方其來于沚？方不其來？”（前7・29・1）

卜辭：“癸亥卜，王：方其敦大邑。”（前8・12・2）

卜辭：“癸丑卜。貞：方其出？”（鐵207・1）

這個比較説明殷商人在卜辭中常簡稱“土方”爲“方”。進一步的推定也許更有價值，就是殷商人將敵對陣營的國家甚至一些朝秦暮楚的國家一概稱之爲“某方”，因爲他們都屬于殷商滅夏以後的以“方”（大禹登基以前居住在晋南的諸馮地區，此地稱“馮”，亦即方言的“方”音）爲領導核心的反殷商聯盟。再進一步，在商湯滅夏桀時這個方國同盟就已經存在，當時人們習慣稱之爲“方”。這個“方”正是夏禹一脈夏桀的後代子民。所以也是反商的中堅力量。

上述卜辭省略了“土方”中“土”字的做法在卜辭中不是孤證：

卜辭：“丙子卜。賓。貞：方其大出。七月。”（前5・6・6）

卜辭：“貞：貞方不至于夯方。”（遺276）

以上兩條卜辭均可以看做是“土方”中省略了“土”字的例子，其中的“方”應該指的就是殷商的宿敵——土方。但“土方”這一名稱都是來自大禹所居之“方”。所以在研究卜辭應注意區分“方”和“土方”可能是兩個不同的方國。雖然它們同屬夏的聯盟，但方是夏禹的根據地，而土方是稷的後代，即後來創建周朝的氏族所居之處。

所以土方作爲地名不是商代纔有。《詩經・商頌・長髮》有這樣一段詩文：“……洪水芒芒，禹敷下土方。外大國是疆，幅隕既長。有娀方將，帝立子生商……”

這裏“禹敷下土方”和《尚書》裏大禹傅土是有區别的。因爲在這裏這個“方”字不是疏忽而是有意加上去的。因爲這個“方”字在這首詩裏是韻腳，所以不能因爲這句詩中出現了五個字就認定“方”爲衍字。

仔細研究這首詩我發現其中暗藏玄機。這首詩是殷墟時期的高宗武丁郊祭其先帝時的頌詩。大禹是夏的先祖不是商的先祖，《詩經・商頌・長髮》是商頌不是夏人的詩，爲什麽要特意提到“禹敷下土方”呢？

閱讀上面的《詩經》引文可以知道，詩中“禹敷下土方”既是對商朝歷史的追溯，也是對商朝地理疆域的定位。

用現代漢語翻譯這段文字，大意是：

遠古大地洪水茫茫，大禹開拓了土方。翻越這塊方形的土地以東的太行山，就是殷商幅員遼闊的國土的疆界。有娀氏在這裏繁育，先帝嚳在這裏生下了建立商代的契。

這段文字説明殷商和土方是毗鄰的兩個國家。殷商的東邊是大海，南面和岳石文化相接，衹有西邊是夏。從文獻看，殷商與夏人隔著太行山毗鄰而居。所以，“禹敷下土方”的土方應該是太行山西麓的夏代的周氏族的居邑（今山西太原一帶），就是位于堯舜鯀禹所居的山西中、南部盆地群中的一方土地。現在我們來考證甲骨文“方”的本義。

是一個標準的甲骨文“方”字。本字的東、西、北三面有短横限制，中間是甲骨文“耒”字。這正是大禹所敷的太原盆地的象形，準確地説是晋中盆地汾河以東的部分。它看似一柄農具耒。説明這個“方”是宜居宜耕的土地。它的北面是山；東面也是山；西邊是汾河。這是三個短横的象徵性的含義。太原盆地呈東北——西南向分布。這也正是耒尖所指的方向。因此甲骨文“方”是一個會意字。儘管在各期甲骨文中少見將耒尖向東南的刻字，但是對于造字而言這是曲解了“方”字的内涵了。但是殷商甲骨文有鏡像造字的規律。或許是“左撇子”或“右撇子”的刻寫便利所致。這個甲骨文“方”實際上是一幅土方地理的示意圖。這幅圖上標示的正是大禹發現治理並率領後代定居的根據地——方。而東西北三個方向的正方形邊界正可以構成甲骨文“方”的音訓。我們來看各家“方”的本義：

《説文》：“方，並船也。象兩舟省總頭形。”即雙尖爲兩條船的船頭相並。

孫常敘：“方……原是一種雙尖耒。”① 即雙尖是農具耒的兩齒。

葉玉森：“象架上懸刀。”②

舒東澂：“大方”即“大邦”。這是因爲古無 f 紐，故 fang 音訓爲 bang。也屬合理推測。按照這個推理，訓爲“封”“旁”也都是可以通的。但晋南方言中，方讀若馮，即 feng。

徐中舒：“方象耒之形，上短横象柄首横木，下長横即足所蹈履處，旁兩短畫或即飾紋。古者秉耒而耕，刺土曰推，起土曰方……”③

以上破譯均是基于甲骨文“方”字字形或音訓的主觀推測，距其本義還有較大差别。同時因爲缺乏歷史依據難以采信。

由于甲骨文“方”中的三面短横代表了東、西、北三個方位，而耒尖朝向西南，所以這個甲骨文“方”前面冠以東、南、西、北被用作方位字。卜辭中“東方”“南方”“西方”“北方”“四方”的記很多，這裏不再一一舉例。但是甲骨文“方”在卜辭中總是代表某一方土地，即某方國。

值得一提的是在卜辭中，常將“方帝”兩字連用：

卜辭：“戌申卜。□。貞：方帝尞于土……”（乙 5272）卜辭中“方帝”應爲夏人在天的先王。

卜辭：“貞：方帝一羌二犬卯一牛。”（乙 2639）。

有學者認爲“方帝”即“祊帝”，即後世在宗廟裏進行的一種祭祀。但是這個觀點

① 雙尖耒目前仍廣泛使用在我國的農業、牧業生産中。今俗名羊叉。

② 馬如森著《殷墟甲骨學：帶你走進甲骨文的世界》，第 395 頁。

③ 徐中舒主編《甲骨文字典》，第 953 頁。

很難使人信服。

首先，這個“帝”是殷商哪一任先王没有注明。如果這個“帝”指的是殷商人的上帝，那麽簡單的“尞”祭，簡單的“一羌二犬卯一牛”是不能打發的。而且“尞”是燒柴祭天，和祭帝没有關係。在宗廟裏祭祀，這樣的規格也太不成敬意了，簡直就是一種“大不敬”。所以這裏的“方帝”應該另有所指。我認爲有一種可能就是“方國在天之帝”，即夏代的歷代帝王。卜辭表明殷商人有祭祀夏帝的習慣做法。這是殷商統治者向天上的夏人的先帝告狀。猶如我們今天向對方家長告狀一樣，是爲了陳述征伐的理由以期在心理上獲得征伐對方的合理性。

所以“方”的本義指的並不是一個簡單的方向，而是一大片土地。今天我們説東方、西方正是這樣的意思。

【甲骨文字本義小結】

方的本義：方地。名詞。大禹開創並治理的夏人居住地，位于晋南諸馮地區。引申義：和東、南、西、北、四連用作爲方位詞。

音訓：方從匚從耒。右文造字。匚是聲符兼意符。讀若 fan，通 fang。

【附】卜辭中的方國

研究甲骨文時我們經常碰到卜辭裏的方國問題。這裏的“方”與“國”是兩個不同的陣營。見于《左傳·定公四年》：

“昔武王克商，成王定之，選建明德，以蕃屏周。故周公相王室，以尹天下，于周爲睦。分魯公以大路，大旗，夏后氏之璜，封父之繁弱，殷民六族，條氏、徐氏、蕭氏、索氏、長勺氏、尾勺氏。使帥其宗氏，輯其分族，將其類丑，以法則周公，用即命于周。是使之職事于魯，以昭周公之明德。分之土田陪敦，祝、宗、卜、史，備物、典策，官司、彝器。因商奄之民，命以《伯禽》，而封于少皞之虚。分康叔以大路、少帛、綪茷、旃旌、大吕，殷民七族，陶氏、施氏、繁氏、锜氏、樊氏、饑氏、終葵氏；封畛土略，自武父以南，及圃田之北竟，取于有閻之土，以共王職。取于相土之東都，以會王之東蒐。聃季授土，陶叔授民，命以《康誥》，而封于殷虚。皆啓以商政，疆以周索。分唐叔以大路，密須之鼓，闕鞏，沽洗，懷姓九宗，職官五正。命以《唐誥》，而封于夏虚，啓以夏政，疆以戎索。”

這是商末的氏族之分。其中被成王封于殷墟的都是過去殷商的臣屬，他們過去的領地在卜辭中均被稱爲“×國”。而上述被封于夏墟的氏族都是亡夏的子民，他們的封地卜辭中均稱爲“×方”。

土方就是商湯滅夏之後夏的遺老遺少們一直盤踞的封地，在今天的山西太原一帶。所以在卜辭中凡是和土方聯手抗拒商王朝的氏族均被稱作“×方”。他們的領袖在卜辭中稱爲“方伯”。因爲商、周制度是“千里之外設方伯”。這裏的“伯”是一種官銜，比侯低一級。殷商的自己人封伯稱“×伯”，而敵對勢力也被商封伯，稱“×方伯”，目的都是讓他們自己管理自己，是一種“以夷制夷”的策略。所以卜辭中會見到“餘其從多田（甸）于多伯征盂方伯”這樣“以多伯征某方伯”的現象。

凡和土方結成統一的反商戰綫的國家在卜辭中都稱爲“×方”，這就給我們辨別卜辭中的兩大陣營提供了方便。卜辭中的“方”據王玉哲統計主要有：土方、鬼方、工方、羌方、人方（即夷方）、虎方、龍方、御方、馬方、印方、黎方、基方、井方、夯方……亘方、興方、林方、大方等等。這還不是“方”的全部。這些敵對的氏族在卜辭中被通稱爲多方。所以卜辭中有“伐多方”的記載，這裏的多方不是某個國家或氏族，而是幾個與商作對的氏族。請對比下面兩種注釋：

《尚書·泰誓下》：“維我有周，誕受多方。”孔傳：“多方，衆方之國。”

《尚書·多方》：“王若曰，猷，告爾四國多方。”楊樹達《積微居小學述林·釋〈尚書〉“多方”》：“今按：方者，殷周稱邦國之辭……多方謂多國多邦，蓋無可疑。”

我認爲：孔傳的注解是正確的。多方是衆“方”之國。而楊樹達的解釋是不確的。

再舉一例：“‘沚方’、‘土方’目前所見的材料還是以甲骨文卜辭爲最多。在甲骨文中有‘沚方’‘沚國’‘在沚’‘令沚’‘沚不受年’‘王比伐土方’等辭例。”①“沚”在卜辭中有幾十個，關于這個“沚方”在卜辭中衹一見（屯 4090），因爲没看見這片卜辭不能妄下評語。但是在卜辭中大多數“沚”不見“沚方”的提法。從卜辭内容看，沚是一個位于今山西汾河邊的一個和殷商很親近的小國，它被夾在土方和工方（共方）兩個反商大國之間，所以就常常受到這兩個鄰居的欺負。每次受到欺負時，沚國就派人去大邑商告狀，商王便會出兵討伐土方和工方。這樣一個氏族是不應該稱爲“沚方”而應該稱爲“沚國”纔是啊。

沚的首領被商王冊封爲“沚伯”，卜辭中最常見的沚伯叫“沚聝（或戛）”。至于爲什麼“沚”在卜辭中很常見而“沚方”在卜辭中僅一見，原因可能一是誤讀；二是可以用王玉哲的研究來解釋：“這兩類性質不同的方伯、方國，也不是固定不變的。有的前期是商的敵國，後來臣服于商。還有的對商是時叛時服的。”（《中華遠古史》）所以當他們臣服于商的時候，卜辭中稱其爲“×國”，而當他們背叛商的時候，卜辭裏就稱其爲“×方”了。按照這個觀點，沚在早先是土方的盟友被稱作沚方，後來投降了商，得到商的庇護，就稱之爲“沚”了。

《尚書·多方》是周成王伐奄回到宗周以後會天下諸侯的一篇演講。其中的“多方”成爲武王滅商以後對衆天下諸侯一視同仁的代稱。此時已經是周家天下，所以統治與被統治的矛盾集中在周王朝和衆天下諸侯之間。《多方》文中載：“王曰：‘嗚呼，多士。爾不克勸忱我命。爾亦則惟不克享。凡民惟曰不享。爾乃惟逸惟頗。大遠王命。則維爾多方探天之威。我則致天之罰。離逖爾土。’”説明此時的“方”依然是處于與西周統治者對立的被統治者的地位。“方”還是一個顯貶義的字。

① 王玉哲著《中華遠古史》，上海人民出版社 2003 年版，第 372 頁。

破譯甲骨文：旁

甲骨文：旁
（卜辭中多用作地名，少用作人名）

甲骨文旁，下從方，上從凡。在上文中我考證了甲骨文“方”源于大禹開闢夏后氏的定居土地：土方。這裏我們遇到了又一個和夏人聯盟的方國：旁方。

卜辭：“庚午卜。賓。貞：旁方其圍乍□。”（文631）旁方的圍昇起了狼煙。

卜辭：“乙巳卜。何。貞：亞旁以羌其御用。”（甲 2464）“亞”解作“明堂”或“祈禱”。

旁方是一個與殷商敵對的夏陣營中的小方國，很少有學者注意到它。據已經發現的卜辭我們還無法斷定這個旁方的地理位置，大致是土方的北部鄰居。但是旁、方兩字的關係似乎爲我們提供了一種對比。這個旁方應該是位于土方國北邊的一塊矩形的土地。從甲骨文“旁”的字形分析這個旁方是一塊東西走向的平原，面積比土方要小。由于這個旁方不是直接與殷商毗鄰，所以似乎反商的情緒不是很强烈。商王曾親自到過這個旁方。

卜辭：“癸丑王卜。在旁。貞：旬無判。王占曰：吉。”（前 2・3・2）

《説文》：“旁。溥也。”説明“旁”“溥”互訓。句中“溥”的本義是“寬廣”，説明旁方是一塊寬廣的土地。從“旁”字的春秋古文的字形看，也是指土方北面相鄰的一塊土地。所以甲骨文“旁”的本義應該是：土方北面的毗鄰的旁方。由此引申出“邊上”和“傍”的意思。

【甲骨文字本義小結】

旁的本義：土方北面毗鄰的方國（卜辭中凡稱“某方”的都是殷商敵對陣營的國家）。

音訓：右文造字。方爲聲符兼意符。上古方、旁同音。

［注］遠古方、旁音訓應相通。夏人讀若 fang，晋地方言讀若 feng（馮），周秦方言讀作 pang（旁）。列于此備參考。

破譯甲骨文：凡　舟

殷商甲骨文中的舟部首的字，一般都是“從舟”和“從凡”通用的，這説明甲骨文的“舟”和“凡”必有可通之處。漢字的“朕”應該是從舟但是被誤譯爲從月。從甲骨文的字形看，“凡”和“舟”也是同源的造字，如圖一和圖二。

圖一　甲骨文：凡

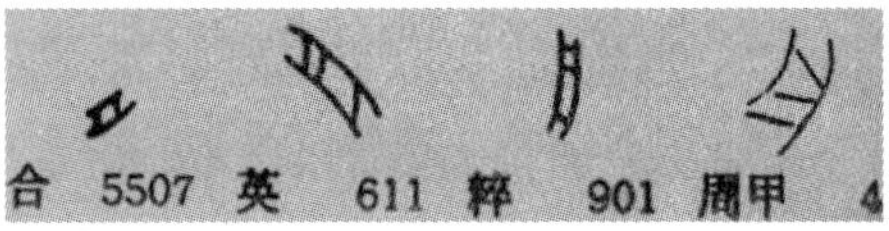

圖二　甲骨文：舟

這兩個甲骨文字在甲骨文一期同時出現。如果説“舟”代表黄河上的船隻的話，那麽凡就應該是比舟更小的船隻。其實黄河地區最主要的漂浮工具是“黄河三筏”，即木筏、羊皮筏和牛皮筏。這三種筏子中最簡單的就是木筏，它是用木頭捆紮的排。在木筏上加裝羊皮或者牛皮氣囊以後，就成爲羊皮筏或者牛皮筏了。

《説文》：“舟，船也。古者共鼓、貨狄刳木爲舟，剡木爲楫。”

《説文》：“凡，最括也。從二。二，偶也。”

舟是船的一種似乎没有争議。但是凡是一種“最括也”是什麽意思？括的意思是“總體”和“捆紮”，是不是將木材捆綁在一起呢？關于五帝時期用竹木作舟，在《山海經·大荒北經》裏有這樣一條記：“東北海之外。大荒之中。河水之間。附禺之山。帝顓頊與九嬪葬焉。爰有鴟久、文貝、離俞、鸞鳥、皇鳥、大物小物，有青鳥、琅鳥、元（玄）鳥、黄鳥、虎豹熊羆、黄蛇、視肉、璿瑰瑶碧。皆出衛于山。邱方圓三百里。邱南帝俊竹林在焉。大可爲舟。”

這裏的“東北海之外”有誤。因爲《山海經》的東海指的就是黄海，而北海一般認爲是指雁門關以北的貝加爾湖。顯然，這裏的“大荒之中。河水之間”指的就是黄河西河、南河和東河之間的這一塊地理區域。帝顓頊及九嬪所葬之處就是號稱“帝丘”的河南濮陽一帶。此地之所以得名“衛地”，正是基于《山海經》的另一段記載。“帝顓頊與九嬪葬焉。爰有鴟久、文貝、離俞、鸞鳥、皇鳥、大物小物，有青鳥、琅鳥、元（玄）鳥、黄鳥、虎豹熊羆、黄蛇、視肉、璿瑰瑶碧。皆出衛于山。”這裏的竹子大可作舟，至少在帝后（即帝舜）時代是用這裏的大竹作舟的。再看甲骨文“凡”，正是兩根毛竹做成的小舟的象形！

我在卜辭裏發現了一條可供證明的詞條：

卜辭：“……丑卜。行。貞：王其帣（有破譯爲帥。一説）凡于滴亡災。”（後上15·8）

卜辭：“癸酉卜。亘。貞：臣得王占曰：‘其得。’隹甲乙、甲戌臣涉舟延臽弗告。”（合 109）

兩條卜辭中，前一條是商王乘“凡”于滴河，後一條則是商臣“涉舟”。前一條説明“凡”在殷商時也是一種漂浮工具，而後一條的“涉舟”之“涉”是雙脚在水中蹚水之意，這説明無論是“舟”還是比舟更原始的“凡”，人乘坐它們時，雙脚是浸在水裏的。也就是後來“泛舟”的意思。從這個意義上説，泛，凡也。兩字音訓相通。卜辭後上 15·8 中的“凡于滴”其實正是“泛于滴”的本義。凡、泛在這裏互爲假借。

還有一個很有力的證據，這就是卜辭中殷商先王“般庚”又可以寫作“凡庚”的合文：

卜辭："庚申卜。貞：王賓凡庚劦（一譯喜）日亡尤。"（前 1・16・4）

卜辭："……王賓凡庚鄉夕亡尤。"（同上）

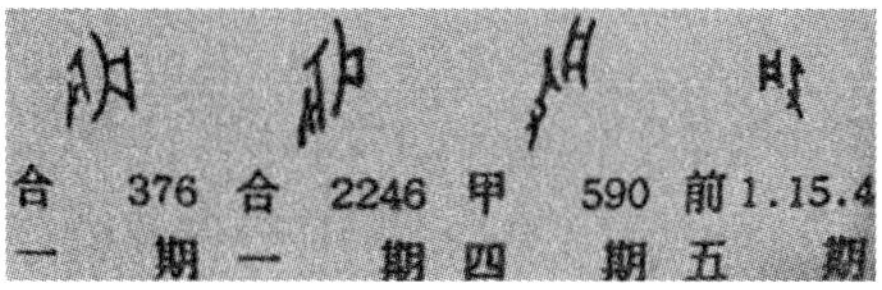

圖三

另見甲骨文般字，如圖三：從該字的造字看，"般"中的"舟"字多從凡不從舟。但是同時期的甲骨文"朕"則可從凡亦可從舟。這一點既可以説明般庚遷殷時使用的是最簡陋的小木排，又可以説明"般庚"之"般"是一個專用名詞，之所以這樣造字，是殷商人爲了銘記和緬懷一段艱難而光輝的歷史——般庚遷殷。盤庚即是般庚，意即造船的木匠庚。

從發音看"凡"也極有可能就是船。舟的殷商方言發音也是 chuan。凡和船、般、排等字古韻同在並母。其中的凡和船、般在殷商時期發音應該非常接近。

通過對比我們發現，甲骨文"凡"中間從二，甲骨文"舟"中間從三甚至從四短横。這衹是船的結構變複雜了而已。現在我們可以知道爲什麽在甲骨文舟部首的字爲什麽既可以從舟，又可以從凡的造字原理了。

其實甲骨文舟衹是甲骨文凡的進化，甚至可以看作是同一個甲骨文字的演化。其區別僅僅是短短的一横，但是它又一次證明了我的一貫的學術觀點：甲骨文是一字一形一義的。

音訓：凡和般在殷商時的發音不是今天的發音，因爲殷商時没有聲母 f 和聲母 ch，所以這兩個字讀若 ban，通 pan。方言音爲 chuan，又 quan。

【甲骨文字本義小結】

凡的本義：殷商時期最簡單的木排。名詞。

舟的本義：殷商時期的小船。名詞。殷商方言音訓通 quan；西周音訓通周。

般的本義：殷商時期的刳木爲舟。動詞。盤庚曾經是造船的木匠，繼任商王以後從山東奄地率領氏族向北遷往洹河兩岸定居。盤庚即爲般庚。

破譯：兆璺刻辭"不午黽"（或"不玄冥"）考

圖一　甲骨文：不（左），甲骨文：未識字（中），甲骨文：黽（右）

上圖的三個甲骨文字在甲骨文研究中非常著名，在卜辭中這三個字總是作爲一個"成語"使用，總是出現在卜辭龜甲的兆璺的開頭處。所以習慣上這三個字被稱爲兆璺刻辭。既然是三個字整體使用，那麽這三個字就應該有一個固定的反復使用的本義。從甲骨文被發現以後學界就一直在争議這三個字的本義，近百年來在學界圍遶這三個字的解釋形成了不下數十種見解。這些見解又以"不玄冥"和"不午黽"兩種見解影響力最大。但是由于中間這個甲骨文字是一個未識字，所以直到今天也沒有一種爲學界普遍接受的權威解釋。

本文采用了“不玄冥”和“不午黽”兩種解釋不代表我贊成這兩種意見。我的觀點算是這個格局之外斜刺裏殺出的一匹“黑馬”。

一、關于“不午黽”（或“不玄冥”）的閱讀方向。

經過對一些卜辭照片，摹本的研究分析，我發現可能迄今爲止的學者們犯了一個很幼稚的錯誤——一個閱讀方式或者説是閱讀方向上的一個低級錯誤。在分析這個錯誤以前，讓我們探究甲骨卜辭的刻寫特點。

全部的卜辭在甲骨上刻寫的方式無非兩種：一種是在“千里路”以左是從上向下刻寫第一列，然後在第一列的左邊刻寫第二列，第三列……另一種是在“千里路”的右邊是從上向下刻寫第一列，然後在第一列的右邊刻寫第二列，第三列……如圖二、圖三（局部）所示①：

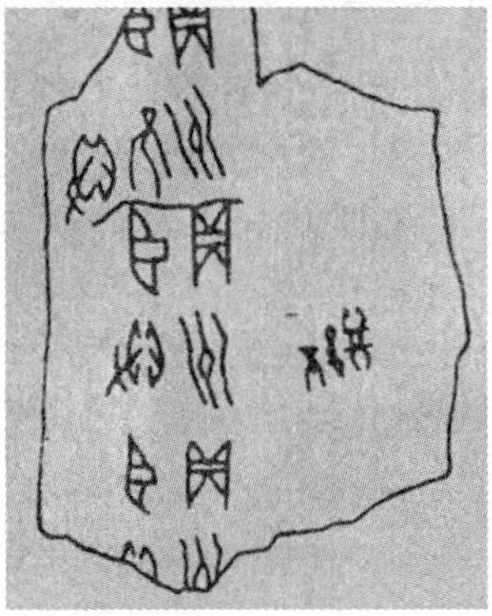

圖二（合 850）左書

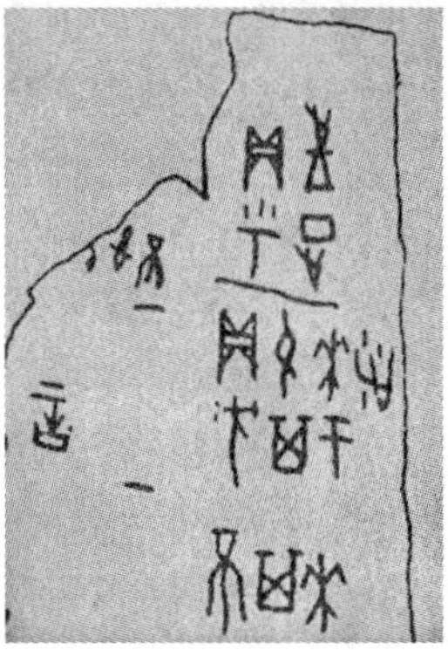

圖三（合 6728）右書

殷商卜辭是系統文字的初創時期，所以殷商的貞人在創造了竪行左書和竪行右書的兩種書寫格式的同時也就創造了兩種閱讀的方式。這一點不難理解。但是問題也恰恰出在這裏：

圖二是左書。右下三個字應該怎樣讀？按照左書的閱讀方式讀作“黽午不”？還是按照右書的閱讀方式讀作“不午黽”？

圖三是右書。左邊三個字應該怎樣讀？按照右書方式應該讀作“黽午不”。但是按照左書方式就應該讀作“不午黽”。

大約從這場争論一開始大家就認定了“不玄冥”和“不午黽”這樣兩種閱讀方式。但是又是誰限制了這三個字的閱讀方式是“不”在前，“黽”在後呢？這個限制就排除了“不午黽”三個字本義的另一半的可能性——“黽午不”和“冥玄不”。而且後一半的可能性偏大。即應該讀作“黽午不”或者“冥玄不”。因爲後一種可能性的依據是：千里路左側左書，千里路右側右書的刻寫和閱讀的規則。甲骨卜辭中有更多的辭例能够證明這一點：

① 本文圖一爲作者摹本。其餘摹本均取自王宇信等主編的《甲骨文精粹釋譯》一書。

圖四（合 9956）

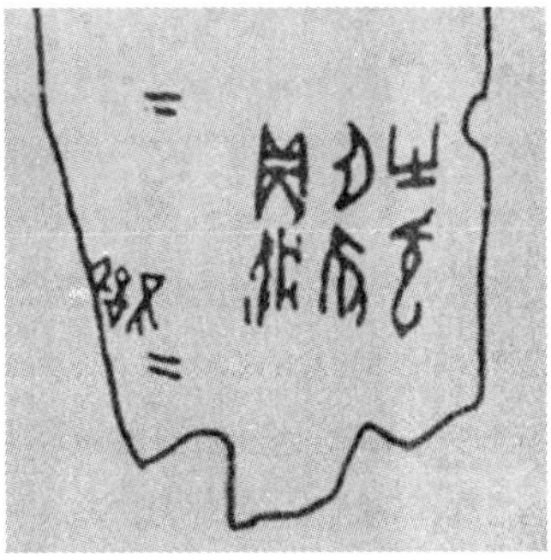

圖五（合 12459）

它們呈現出非常的規律性，豎行左書則横行就左書；豎行右書則横行也是右書。不僅如此，下列的圖六到圖八能够證明卜辭刻寫遵循的規律就是如此。

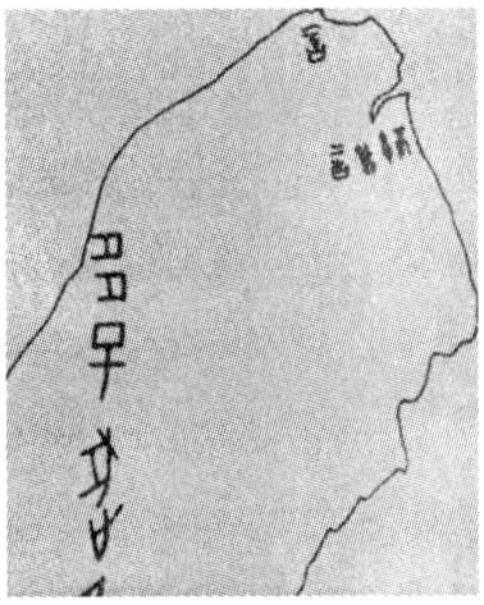

圖六（合 10386）

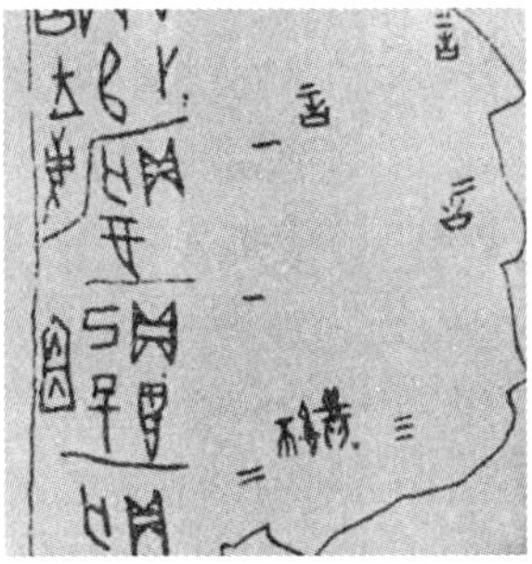

圖七（合 5468）

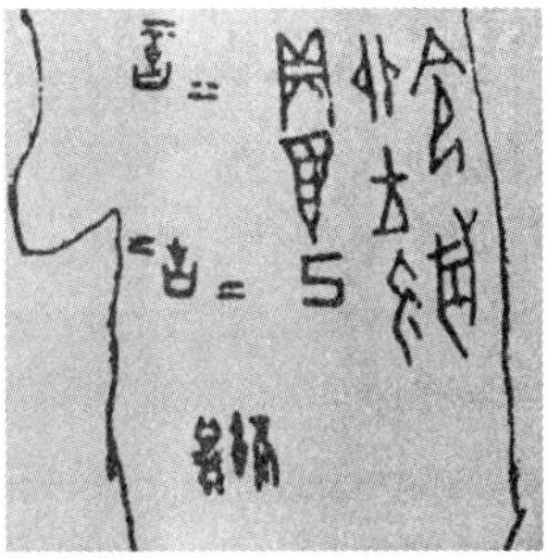

圖八（合 10594）

圖六右上五個字是“二告黽午不”，其“黽”字緊接著前面的“告”字。

圖七最右側的“二告”表現出明顯的向右書寫的跡象。

圖八“二告”自左向右書寫，“黽午不”三字以及整條卜辭均是自左向右書寫。

《甲骨文合集》裏這樣的例子不僅很多而且呈現明確的規律性即：豎行左書則横行就左書；豎行右書則横行也是右書。這説明了什麽？這説明此前的專家學者們誤讀了圖一中的三個字，誤讀的原因是它們忽略了一個問題：殷商甲骨文以前是没有書寫和閱讀習慣的。這一點請看一看丁公陶文就清楚了。在丁公陶文中不僅書寫的方向無規可循，而且連每一個字的方向都是混亂的。

殷商貞人們的兩種刻寫甲骨文的規定性决定了後來幾千年中中國人的閱讀習慣，我在這裏重申一下殷商貞人首創的刻寫和閱讀規律：

一、一種是在“千里路”以左是從上向下刻寫第一列，然後在第一列的左邊刻寫第二列，第三列……另一種是在“千里路”的右邊是從上向下刻寫第一列，然後在第一列的右邊刻寫第二列，第三列……依據這一規律，任何一條卜辭衹要根據它的刻寫方向就可以準確判定它是屬于左半龜甲還是屬于右半龜甲。獸骨卜辭中間也有一條類似“千里路”的看不見的分界綫。所以獸骨卜辭的刻寫也同樣遵循這一條卜辭的刻寫規律。

二、在“千里路”同一側的文字。竪行左書則横行就左書；竪行右書則横行也是右書。卜辭的刻寫少見横書。但是有限的横書都是遵循這個規律的。例如“合 33986”中，左半的“乙不啓”和“不啓”都是左書；而同是這片卜辭的右半“攺丁大”則是右書。又例如：“小屯南地甲骨 190”中右半片的“弗受祐”爲右書。

三、卜辭中有一點是必須右書不可改變的，就是無論在甲骨的左半或者右半，凡是涉及殷商的先王先公先妣的名字一律使用右書造字，這一規律没有例外。例如王亥、祖丁、盤庚、辛妣等等。

無論學界關于這三個字的本義的這場“跨世紀争議”的最後結論是什麽，在争議開始的以前，我們必須把這三個字的書寫順序亦即閲讀順序搞清楚，否則我們連它該讀作“不午黽”還是“黽午不”，是該讀作“不玄冥”還是“冥玄不”這個前提都没有搞清楚，就費盡心血争辯了幾十年。而這場争議到目前爲止的遊戲規則還是“不玄冥”和“不午黽”。我看至少它還應該包括“黽午不”和“冥玄不”。而三字中間的這個被專家學者暫時接受的“午”或者“玄”字其實既不是“午”也不是“玄”。它的本字從絲，從▽。這就使得這場學術探討更加複雜化。

明確這個前提非常重要，這不僅僅是涉及三個字的排序問題，同時還涉及一個更大的問題：甲骨文“不”字用在句子結尾的位置可以是一個疑問詞。這樣這三個字就變成了一個疑問。上文説過這三個字本是關于兆璺的刻辭，這裏它以“不”字結尾的疑問是問什麽呢？這場以“不玄冥”還是“不午黽”的争論中突然殺出了閲讀方向這樣一匹黑馬，而且是一匹獨具一格，頗有殺傷力的黑馬。原先的學術格局出現了“三國鼎立”的局面。誰能一統這三個字的本義，實在很難説。

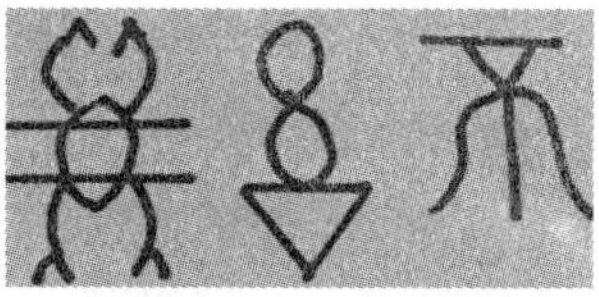

圖九　辭兆璺刻辭

我破譯三字爲：命準否？（卜辭中的固定詞組。）

甲骨文黽字在卜辭中的一個最典型語境是被用于兆璺刻辭，使用在一個習慣搭配的詞組中，即：“不午黽”或者“黽午不”（其中“午”字存疑）。對于一條兆璺的刻辭無非三種情况：

1. 兆璺清晰，内容吉利：卜辭刻辭有“吉”“大吉”“弘吉”。常見于一期到五期卜辭。

2. 兆璺清晰，内容不吉：卜辭刻辭有“兹不用”“兹毋用”“勿用”。常見于一期到五期卜辭。

3. 兆璺混亂，結論存疑：“黽午不”“午不”。見于一期和二期卜辭。其中“午”待考。

其中兆璺清晰的龜甲因爲可以立即做出吉凶判斷，所以一般將結論横書刻寫在卜辭旁邊。而兆璺混論不清晰的因爲無法做出合理的吉凶判斷，所以存疑，所以“闕如”，需要繼續進行灼龜占卜直到得出準確的結論爲止。

《史記褚少孫補傳》：“故《書》建稽疑五謀，而卜筮居其二，五占從其多，明有而不專之道也。”這是説西周以後如此。引自清代馬驌的《繹史》。

二、甲骨文“不”“午”“黽”三字的本字本義。

《史記龜策列傳》："王者决定諸疑，參以卜筮，斷以蓍龜，不易之道也。"這是指西周以前夏商兩代在僅有龜卜和筮占兩種决疑方法的情况下如此。而褚少孫的"五占從其多"告訴我們，在殷商時期的龜占之所以有"二告""三"乃至更多，一般是五局三勝制。目的衹有一個：使結論更加準確無誤。所以在左右占卜以後還會出現"王占曰"。説明儘管貴爲商王，也是力求做到"明有而不專之道也"。對于一個一言九鼎，操有生殺之權的商王，能够做到這樣確實是爲國家真正負起了責任。那麽刻寫在兆璺盡頭處的這樣三個字到底是代表什麽本義呢？解决這個問題還是要采用我的一貫辦法，首先分别考證清楚這三個字的單獨的本義。那麽中間這個甲骨文字的本義就成爲破譯這個甲骨文固定詞組的關鍵。以下按照已經有共識的"不玄冥"和"不午黽"的次序考證。

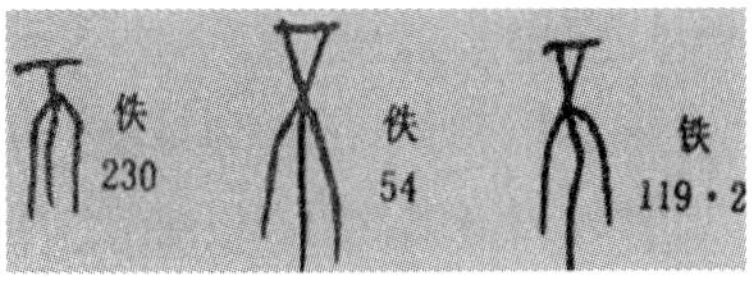

圖十　甲骨文：不

不字是一個否定副詞。可是它的否定意義是從哪裏來的呢？這個看似獨體字的甲骨文符號爲什麽就包含了否定的意義呢？

《説文》："不，鳥飛上翔，不下來也。從一。一猶天也。"段注："凡云不然者。皆于此義引申假借。其音古在一部。讀如德。"也有學者依據王國維的説法："帝者蒂也。不者柎也。"説不字的本義是花萼。也有學者認爲這個不類似蛛網下垂形。可是花萼或者鳥飛或者蛛網爲什麽就可以表示或者引申出否定的意義呢？看來他們所説的都不是這個字的本義。

我們認真觀察一下這個甲骨文不字的字形，或許會有所啓迪：不，上從一，下從什麽？爲了弄清楚甲骨文不字的這個下半部分是什麽？它的本義又是什麽？我們有必要重温甲骨文木字和末字。木的本義是一棵樹；末的本義是樹梢。這個甲骨文的不字正是木或者末被去掉了上半部分。一棵樹被砍伐（即否定）以後剩下了什麽呢？剩下的是地面的殘存的樹樁和地下的樹根。其實這個字理解起來也很簡單，它就是一棵樹被否定以後餘下的部分——樹根和樹樁。所以甲骨文不字，上從一，一猶地面也。不是許慎説的"一猶天也"。用一代表天或者地是甲骨文造字的慣例。例如：上、下、屯、氣等都是。在這裏一表示地面。而一下面的部分表示樹根，樹被砍伐以後留下的樹根。樹根是對樹的否定，所以甲骨文不字的字形可以引申出否定的意義。用作否定副詞。在卜辭中，不字多用作否定副詞。

卜辭："乙未卜，暊貞：師賈入赤馬，其，不吉。"（合 28195）其通騎。

卜辭："丙戌卜。貞：自今日至庚寅雨不?"（前 3・19・4）

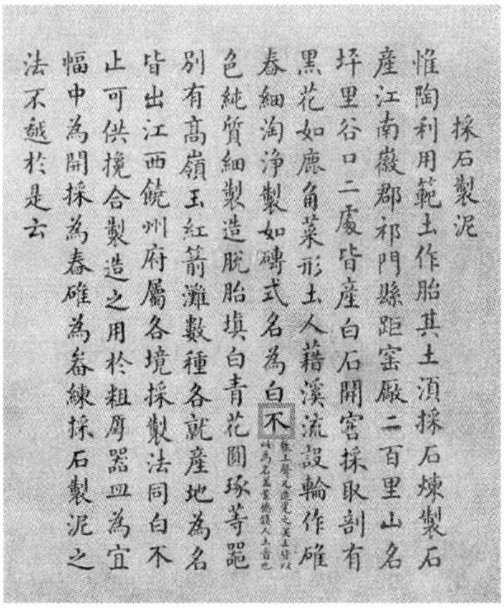
採石製泥

惟陶利用範土作胎其土須採石煉製石產江南徽郡祁門縣距窑廠二百里山名圻里谷口二處皆產白石開窖採取剖有黑花如鹿角菜形土人藉溪流設輪作碓舂細淘淨製如磚式名為白不（敦上聲凡造瓷之泥土皆以此為名蓋景德鎮人土音也）色純質細製造脫胎填白青花圓琢等器別有高嶺玉紅箭灘數種各就產地為名皆出江西饒州府屬各境採製法同白不止可供摻合製造之用於粗厚器皿為宜幅中為開採為舂碓為舂練採石製泥之法不越於是云

圖十一　清唐英《陶冶圖説・采石製泥》

一文中將經過淘洗以後的陶泥製成磚坯狀的陶土坯稱作"白不"，唐英在不字下有注解曰："敦上聲。凡造瓷之泥土皆以此爲名，蓋景德鎮人土音也。"看來段注不虛，這個不字在古代確實有“德”這個發音。與景德鎮土音“敦上聲”同屬一部。王力《漢語語音史》將敦和德同歸端部。

《説文》：“櫱，伐木餘也。……古文櫱，從木無頭。”由此可知甲骨文不字一直被使用到春秋古文一直没有發生變化，到了東漢時期這個不字已經演化爲小篆的櫱字。這是它的字形的演變路徑。而景德鎮人的方言“白不”應該是“白樹墩”的意思。也就是許慎所説的“伐木餘也”，景德鎮瓷器業把瓷土坯稱作“白樹墩”應該是行業内的一種俗語。而這個“白不”的發音卻保留了遠古的發音：白敦（上聲）。這裏仍然保留了不的甲骨文本義“伐木餘也”含義。由此想到這一點和我們至今仍然把樹身被砍伐以後的部分叫作樹墩應該是一脈相承的。樹墩衹是樹被砍伐以後地表可以看見的部分，而甲骨文不的本義包含了地下的根系，這是地表看不見的部分。春秋古文櫱字和甲骨文的不在字形上大體相同，本義都是伐木之後的樹墩和樹根部分。豫南方言將樹根發音爲樹蔸，蔸和敦發音是很接近的。

有這個方言的例子我們可以從本義和讀音兩個方面反證，甲骨文不的原始本義應該是樹被砍伐以後餘下的樹墩和樹根的意思。但是它在殷商時期的讀音很可能是讀如德，而讀如布的發音最早見于《韻會》《正韻》：“逋没切。補，入聲，不然也。不可也。未也。”（引自《康熙字典》）

關于這個字的争議由來已久。這裏我引用徐中舒收集的各派見解如下：“從午從▽，所會意不明。……釋者多家。郭沫若謂該字下部乃尖鋭之三角形，上部不從午亦不從糸，當是某種手工工具之象形，三角形乃器身，上端乃其柄，必係鏝之初文。《殷契餘論》于省吾謂該字上從午下從▽，午即古文杵之本字，象杵形，▽形冒于杵之末端，或係金屬所製，如矢之有鏃，取其衝物鋭利也。讀爲牾《殷契駢枝》。”① 唐蘭説該字爲“才”也是諸説之一。

誠如徐中舒所説：“此字異釋尚多，似皆無確據。”看來所有學者都認爲這是一件器具，這是基本没有争議的。但究竟是什麽器具則各執一詞。郭沫若和于省吾的觀點錯誤在于，該字上面的“糸”是絲綿繩子的象形，于説爲“杵柄”，郭説爲“鏝柄”，但是杵是在石臼中搗東西用的，鏝是泥瓦工抹平石灰和泥土的工具，又叫“泥抹子”。杵的柄是木製的，鏝的柄爲木製或金屬製的。而該字的上部的“糸”其甲骨文呈 8 字形，刻寫非常之不便，既然能用“一”或“丨”代替，殷商人何苦捨簡就繁呢？且在甲骨文系統的發展過程中，原先的圓筆後來都改爲了直筆了（例如甲骨文“午”一期二期時上部的“8”字形在三期以後就改爲了兩個實心圓點代替。伴隨著“午”字的“8”字形在三期卜辭改爲兩個實心圓點的同時，甲骨文“秦”中的部首午也由“8”同時改爲兩個實心圓點的“午”），衹有這個字在一到四期的卜辭中基本没有改變。

我認爲，尊重殷商史實，找到甲骨文的真正原型纔是我們破譯甲骨文本字的科學的態度和正確的方法。這是甲骨學研究的基礎工程。

“8”字形甲骨文在殷商甲骨文中本義是絲綿，我們就認定它是絲綿搓製的繩子。當

①② 徐中舒主編《甲骨文字典》，第 1596 頁。

然它也許比較長。但是殷商甲骨文中它的本義就是絲綿，所以衹能表示繩索。下面的▽是什麽和這件工具至關重要。郭沫若認爲是鏝，那是因爲他把下面的▽看成了一個平面，所以他認定這就是“泥抹子”。

其實，甲骨文的造字有一個最大的缺陷，就是無法表現出物體的立體形狀。例如國之重器的鼎，甲骨文要表現它的四條腿就非常不容易。造字者衹好在平面上刻出四條斜著的腿。本字中也同樣遇到了這樣的立體表現問題。字中的▽是一個倒立的圓錐體，該圓錐體可以是石製的，也可以是青銅的。倒立的圓錐體在側面視圖中就是一個▽。這個圓錐體上方的圓心有一個可以繫繩的環，殷商人用絲綿搓成的細繩繫在上面。這個工具叫作吊綫錘（後來叫作鉛錘，現在多以不鏽鋼爲之），它的作用有兩個：一是用來測量築墻是不是準確垂直，有没有發生傾斜；二是絲綿繩下吊著的圓錐體尖端可以給地面定點。之所以要用絲綿繩是因爲絲綿繩質地柔軟，可以是測量更加準確。甲骨文中的繩子分成兩類：絲繩和草繩。草繩是不能用來拴吊綫錘的。所以造字者選用了絲繩的符號來造這個字。

圖十二

所以的本義是殷商時建築城墻和房屋時使用的測量工具——吊綫錘。它的引申義就是它在這個三字的固定詞組裏表示的意思：準，對準，準確。音訓：從午從亽。亽午切。讀若 jü，通 jun。豫南方言 zhun 正是發音爲 jun 的。

所以上述的兆璺刻辭的完整意思是：命準不？或者是：命準否？是表示對該條兆璺的吃不準或者疑問，因此就需要繼續下一次占卜以得到更加清晰的兆璺，即得到更加準確的答案。

現在我們基本可以小結一下卜辭的告辭以外的刻辭的基本分類：

第一類：吉，大吉，弘吉。五期卜辭中均有，表吉利之意。

第二類：用，兹用，兹御。僅見于第三、四、五期卜辭，吉辭。

不用，兹不用，兹毋用，勿用。僅見于第三、四、五期卜辭，不吉之辭。

第三類：黽不？（譯爲：命準不？）不？（譯爲：準不？）表示疑問。向卜問對象表示自己對已經開示的兆璺的疑惑不解，以祈求對方的再次開示。疑問詞僅見于第一第二期卜辭中。第三期以後不再刻寫兆璺刻辭，而是在出現可疑或複雜兆璺之後直接再行灼龜占卜若干次。

第四類：單個數字，二告，小告，×告等。就某一事情灼龜占卜的次序。

《說文》：“黽，蛙黽也。從它象形。黽頭與它頭同。”甲骨文中涉及蛙蛇龜鱉類的字有好幾個，所以它們的甲骨文本字的認定難度較大，很多字學者們没有達成統一的觀點。例如圖十三。

圖十三

徐中舒《甲骨文字典》概括諸家見解如下：孫詒讓破譯爲“黿”，但是甲骨文已經有一個黿字。郭沫若破譯爲“黽”，但是李孝定認爲該字“契文諸文……無一與蛙形相類”。胡光煒破譯爲蜘蛛的“鼄”，郭沫若認爲本字中没有聲符“朱”，既然你可以破譯爲“鼄”，當然也就可以破譯爲蜘蛛的“鼅”①。

這個甲骨文字的破譯我是這樣認爲的：

關于蜘蛛。蜘蛛有八隻腳，而且八隻腳外形都是相同的，這裏的八隻腳有著三種外形（即使勉强把其中的兩横充當蜘蛛的四隻腳）。所以該字的本義是蜘蛛的可能性不大。此外，蜘蛛的生物特點是吐絲織網，這裏没有表現出這一本質特點。李孝定認爲圖案中部的一横或者兩横爲蛛網之象並不符合甲骨文造字的一般規律。在甲骨文中這樣的一横或者兩横用來表示“刀砍的斷痕”。李孝定認爲這一横或兩横“此正蛛之特徵而蛙黽所必無者也”，這個解釋未免武斷。正如甲骨文“絶”字中絲繩可以以刀斷之，青蛙也是可以刀斧加身的。“必無者”未必不可以出現在甲骨文造字中。

圖十四

關于龜。因爲甲骨文中已經有了一個“龜”字，有側視和俯視兩種造字。另外，甲骨文中尚有一字如圖十四：右例一字和甲骨文“龜”字基本相同，區别僅在于背上没有龜的紋理。我認定這個字應該是甲骨文“鼈”。鼈和龜的區别在于背部的紋理不一樣。在甲骨文系統中，這個“鼈”也常見于供奉。

關于青蛙（蛙黽）。證明了上圖左例甲骨文本義是青蛙，纔能够將其本字定爲黽。這個字的本義是不是青蛙呢？青蛙的前肢和後肢卻别較大。在游泳時，青蛙正是這樣一種姿勢。今天的蛙泳就是向青蛙學來的——前撥後蹬式。怪異的是這個字的身上有兩横。其實這個字在卜辭中有三種情況：身上無横的，身上有一横的，身上有兩横的。如果將這個“横”解釋爲腿的話，這種可有可無，可多可少的腿是不符合生物學規律的。此外，至今被發現的甲骨文中也没有用横綫表示“腿”的先例。這裏的横就是我所定義的非固定意符。在該字造字中，可以没有這一横，也可以是一横或者兩横。但是無横，一横或兩横表示的意義是不同的。

我認爲這個甲骨文字可以破譯爲“黽”，其音訓也是 min。我們從該字在卜辭中的使用的語境來考證一下：

卜辭：“六日壬。十月死黽。”（甲 1165）這裏的“死黽”可以作“死命”解。黽和命相通的假借用法在卜辭中還有多例：

卜辭：“我黽五十。”（乙 4948）這裏的“黽”也應該是命的同音假借。殷商方言中“黽”“命”同音。該辭條可以譯爲：我已經五十歲了。

卜辭：“貞：斫其有疾。王占曰：‘斫其有疾。叀丙不庚。二旬又一日庚申喪黽。’”（合 13752）其中的“喪黽”應爲“喪命”之同音假借。

以上三例卜辭可以證明在甲骨文中“黽”“命”可以同音假借。值得一提的是：青蛙自身也是一條生命。所以我認爲徐中舒認爲黽是灼龜占卜過程中的一個“祭物”的觀點是有道理的。看一看兆璺刻辭中的甲骨文黽字，上面有些無刀斬痕跡，有些在大腿和身體之間有一刀斬痕跡，有的在上肢和身體之間還有第二道刀斬的痕跡。這些都應該有一個合理的解釋。

① 徐中舒主編《甲骨文字典》，第 1442 頁。

【甲骨文字本義小結】

不的本義：樹被砍伐以後剩下的樹墩和樹根。引申義：否定副詞“否”。

黽的本義：青蛙或者癩蛤蟆。名詞。在殷商方言中黽、命發音相同，所以在卜辭中“黽”借用爲生命之“命”。卜辭中“黽”假借爲“命”可能還含有祭祀上的特殊意義，音訓：見正文。

［注］本文中有關清代唐英《陶冶圖説·采石製泥》相關引文和插圖均引自新浪博客《亞洲風——李兆良的博客》。

破譯甲骨文：商

圖一　甲骨文：商

《説文》：“商，從外之内也。”

朱芳圃釋：“象燭薪于架上，以祭大火星的形象。”[①]

徐中舒説：“似穴居形。”[②]

《説文》的意思是從外入内，很費解。朱芳圃的以燭薪祭火星之意不見先秦文獻。有燒火祭天的，但是燒柴祭祀火星，不知道依據何在？商作爲一個地名。在契被封商地以前就有。有《史記·殷本紀》爲證：“契封于商。”徐中舒的穴居説幾乎可以適用周前所有穴居遠祖。所以三種解釋都是存疑的。從先秦文獻看，商應該是一個地名。

“天命玄鳥，降而生商，宅殷土芒芒。”（《詩經·玄鳥》）

“契玄王，生昭明，居于砥石遷于商。”（《荀子·成相》）

“衛遷于帝丘。”（《左傳·僖公三十一年》）

“河水舊東決，徑濮陽城東北，故衛也，帝顓頊之墟。昔顓頊自窮桑徙此，號曰商丘，或謂之帝丘，本陶唐氏火正閼伯之所居，亦夏伯昆吾之邦，相土因之。”（《水經注·瓠子河》）文中昆吾即縣氏族的後裔。

從以上文獻可以得出一個基本結論：帝丘就是商，商就是帝丘。且商人遠祖就是定居殷墟周圍這塊土地的。《左傳·僖公三十一》：“衛遷于帝丘。”杜注：帝丘“今東郡濮陽縣”[③]。

但是即使商是一個地名，商字本身也應該有一個原始的本義，搞清楚商的原始意義對考證商的歷史非常重要。那麽甲骨文商的本義是什麽？要解决這個問題並不難。我的學術原則：從源頭開始尋找。這個問題的源頭在哪裏？就在甲骨文的”商”的造字結構

---

① 馬如森著《殷墟甲骨學：帶你走進甲骨文的世界》，第 254 頁。

② 《四川大學學報》1979 年第二期，第 25 頁。

③ 《十三經注疏》，第 1831 頁。

裏面。重申一下我對研究甲骨文的基本觀點：甲骨文造字是無一字無出處的。

我對甲骨文“商”字的獨家解釋是：商，帝頭丘尾。先帝之丘也。商就是帝丘的合文，是一個會意字。這裏的帝是一個專用名詞，專指商代人的遠祖帝嚳。帝丘的本義就是商氏族的先帝帝嚳之丘。商氏族既然創造了文字，就必然應該有一個專屬于自己先帝的專用名詞，這就是甲骨文：帝。

試解釋如下：上圖粹 1239、合 9561 的甲骨文商字都有一個共同的字頭，就是帝字頭，在甲骨文中帝字大多没有上面的一點，而是從兩横，上横短下横長，下横也常寫成向上的圓弧形，這個字就是甲骨文的“上”。上圖四例中我們看到商字的下半部分正是一個丘字，但是，卻是一個倒置的丘字。然而丘字爲什麽要倒過來寫呢？因爲這是已經死去的先帝嚳，而不是當今的商王。注意：帝嚳和他的堂叔顓頊都是葬在這個叫作帝丘的地方的。倒丘在甲骨文造字爲内（丙），即墳墓。

《帝王世紀》：“顓頊冢在東郡濮陽頓丘城門外廣陽里中。”①

《皇覽》：“帝嚳冢在東郡濮陽頓丘城南臺陰野中。”③

商即帝之倒丘（墳墓）也。商人心目中的帝當然是商契的父親帝嚳。所以商的本義就是帝嚳之丘，位于今天河南省東北部的濮陽市，因爲帝顓頊和帝嚳都安葬在這裏，故而得名，文獻上清清楚楚。作爲一個來自殷商人的考證就是上圖的合 371、合 2963 兩個甲骨文商字。這兩個商字的獨特之處在于它們采用了雙帝字頭，表明商地在中原地區口口相傳的歷史上尤其是在下七垣文化記憶中確實曾經安葬著兩位“帝”——一位是帝顓頊，另一位就是帝嚳。曾有國内學者考證説顓頊和嚳是同一個人，至少我們在殷商人自己的造字中看到，殷商人傳承的口傳的歷史中顓頊和帝嚳分别是兩個人，否則造字中采用雙帝字頭作用是什麽？其中殷商人衹承認帝嚳是自己的開山遠祖。（考證參見蒙文通《中國古代民族史講義》），天津古籍出版社 2008 年版。）

根據《今本竹書紀年》的記載，帝顓頊和帝嚳的確是居住在帝丘附近，這一點可以成爲帝丘的地名來自帝顓頊和帝嚳的安葬地點的一個重要佐證。

《今本竹書紀年》：“元年，帝即位，居濮。（《左傳·昭十七年傳》：‘衛，顓頊之虚也，故曰帝丘。’注：‘衛，今濮陽縣。’《史記·五帝本紀》集解引皇甫謐曰：‘顓頊都帝丘，今東郡濮陽是也。’）”④

《今本竹書紀年》：帝嚳“生而駢齒，有聖德，初封辛侯，代高陽氏王天下。使瞽人拊鞞鼓，擊鐘磬，鳳皇鼓翼而舞”。

“元年，帝即位，居亳。”王國維疏證：“《尚書序》：‘湯始居亳，從先王居。’孔傳：‘契父帝嚳，都亳。’《水經·谷水注》引皇甫謐曰：‘帝嚳作都于亳。’”⑤

以上諸多文獻證明帝顓頊和帝嚳確實都是定居在今天河南的濮陽附近的。帝丘一名應是出自這一歷史史實的。這一記載還進一步證明契和商湯的定居地就是這個帝丘，盤庚以後二百七十三年“更不徙都”也是定居在這個地域附近的。

但是，《左傳》裏的另一段記載卻使這個帝丘訛變成了商丘，從而成爲一個千古難

---

①②③④ 《史記》第一册，中華書局 1959 年版，第 12 頁。

⑤ （北魏）酈道元注《水經注》，華夏出版社 2006 年版，第 341 頁。

題："昔高辛氏有二子，伯曰閼伯，季曰實沈，居于曠林，不相能也，日尋干戈，以相征討。后帝不臧，遷閼伯于商丘，主辰（主祭祀大火星宿），商人是因，故辰爲商星；遷實沈于大夏（晋陽），主參（主祭祀參星），唐人是因……故參爲晋星。"（《左傳·昭公元年》）

文中原來的商又名帝丘在注解中不見了，直接代之以商丘。不僅如此，文中還説"后帝不臧，遷閼伯于商丘，主辰（主祭祀大火星宿），商人是因，故辰爲商星"，就是説帝堯（學界有不同意見）把他的大兒子閼伯遷到了商丘這個地方（注意這裏不再是商，也不再是帝丘而叫作商丘了），這裏的商人都依附于閼伯。他們世世代代的任務就是觀察商星，祭祀商星。而實沈被安置在太行山以西的唐地。天文學觀察到的現象是：參星在西，商星在東，此出彼没，永不相見。所以閼伯和實沈這兩兄弟終身不再相見。于是這弟兄倆便不再打仗了。所以杜甫有詩句"人生不相見，動如參與商"的感叹。

除了古衛地即河南濮陽的帝丘（商）又名商丘以外，河南的東南部還有一個地名叫商丘。好在這個商丘在文獻記中從來就没有被稱之爲帝丘或者商。它從有歷史記開始就叫商丘。于是，在遠古史研究中出現了兩個名叫商丘的地名。

由于在文獻記中商代的首都在商丘，這個問題就上昇到了學術上很重要的位置。那麼究竟是河南的濮陽是商代的首都呢？還是河南的商丘是商代的首都呢？商丘市的考古發現似乎説服力不够。商丘人應該有理由相信：商丘之所以没有挖出商代古都城是因爲它還没有被發現。或者：商丘地處黄河古道，這個商代古都城已經被黄河水沖走了。濮陽市所在的黄河以北太行山以東地區涉及商湯時期前後的考古學證據較爲豐富，但是要證明這裏就是商湯立國的商顯然還有一段較長較細緻的學術研究要做。

文獻記載是怎樣的呢？容我們慢慢研究考證。但是首先我們要確定一個歷史前提：商和亳是兩個完全不同的概念. 以往的研究考證總是把這兩者混淆在一起。

在殷商卜辭的辭條中，這個甲骨文商字最常見的意義是表示殷商的都城，殷商人自稱爲大邑商。用在這個意義上時，甲骨文商字的下部常常加上一個口。在甲骨文中"口"是一個非固定意符，在這裏是都邑的意思。

卜辭："戊辰卜。出。貞：商受年。十月。"（餘 8·1）

卜辭："丁未卜。在□貞：王其入大邑商。無蚩。"（通别 21）

卜辭："癸巳卜。貞：商載冊。"（甲 2123）

《説文》中的"從外之内"正是從城外進入大邑商的意思。

【甲骨文本義小結】

商的本義：帝頭丘尾，從倒丘。先帝之丘也。本字爲"右文説"造字，亦稱右文造字。

音訓：從上從倒丘。上爲聲符兼意符。甲骨文帝造字同商，讀若上（平聲）。

破譯甲骨文：衣　依

此前對于甲骨文“衣”和“依”的本義的破譯一直到現在都是很值得懷疑的。試舉一例：

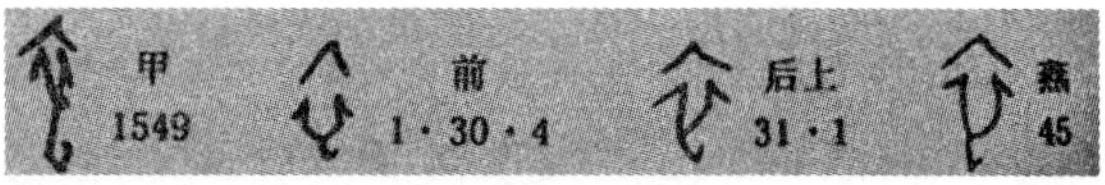

圖一　甲骨文：衣

“獨體象物字，象上衣形，有領、兩袖和襟。本義是上衣。”①

“從人，從衣，字象人在衣中。”②

圖二　甲骨文：依

衆家解釋大同小異，都解釋爲上衣。這裏不再一一列舉了。它究竟錯在什麼地方呢？錯在没有涉及“衣”字的本義。

《説文》對衣的解釋：“衣，依也。上曰衣，下曰裳，象覆二人之形。”就是説這“衣”和“依”是可以互訓的同一個字。這是很矛盾的，第一，既然衣是“象覆二人之形”，那麼依豈不是“象覆三人之形”了？衣爲什麼要“覆二人之形”呢？豈不荒唐！其次，既然“上曰衣，下曰裳”，衣的下面爲什麼是封死的？而且向下的位置有一條彎曲的尾巴，這條小尾巴的本義是什麼？第三，人不是穿在衣裏面，而是被包裹在——或者説被封閉在——衣裳的裏面的。古今中外有這樣穿衣裳的嗎？

《説文》有一點是正確的，那就是“衣，依也”。這個衣應該理解爲人的衣，是胞衣，是胎盤，是人一出生就裹著的那層血肉之衣。《前漢書·外戚傳》：“善臧我兒胞。”顔師古注：音苞，謂胎之衣也。就是這個意思。今天中國的大部分地區仍然把胎盤叫作胞衣或衣胞或者叫作胞衣子。中醫裏胎盤仍然叫胞衣、人胎衣、紫河車等。

上面的甲骨文字的“衣”的本義正是胎盤，就是胞衣。而“依”則是孩子在胎盤中的象形。當孩子被取出以後，剩下的就是人的第一件衣服：衣。作爲衣服的衣是後來的引申義。《説文》中以“衣”“依”互訓，也就説明了衣和依的密切聯係。我的考證表明，甲骨文是一字一形一義的，衣和依是兩個不同的本字，它們的本義就應該是有區别的。

有人會反駁我的見解，説：“胎兒出生後胎盤是一個完整的形象，怎麼會有開口呢？”

這個問題問得非常好。答案是這樣的：我國遠古時代的産婦分娩時一是經常發生胎

① 馬如森著《殷墟甲骨學：帶你走進甲骨文的世界》，第391頁。

② 馬如森著《殷墟甲骨學：帶你走進甲骨文的世界》，第382頁。

盤連同嬰兒一起産下的情况，二是經常發生難産現象。所以很多胎兒都是依靠剖開胎盤後取出的。

前者如：“徐君宫人娠而生卵，以爲不祥，棄之水濱。獨孤母有犬名鵠蒼，獵于水濱，得所棄卵，銜以東歸。獨孤母以爲異，覆暖之，遂孵成兒。生時正偃，故以爲名。”（《博物志》）

後者如：“吴回生陸終。陸終生子六人，坼剖而産焉。”集解：“若夫前志所傳，修己背坼而生禹，簡狄胸剖而生契，歷代久遠，莫足相證。近魏黄初五年，汝南屈雍妻王氏生男兒從右胳下水腹上出，而平和自若，數月創合，母子無恙，斯蓋近事之信也。”（《史記·楚世家》）

“禹毋修已，吞神珠如薏苡，胸坼生禹。”《世本·帝系篇》

“禹毋吞珠孕禹，坼副而生于涂山。”（《太平御覽》八十二引揚雄《蜀王本紀》）

以上兩種出生方式都必須在分娩時剪開胎盤纔能取出胎兒，而殷商甲骨文“衣”保存的歷史信息是用刀劃開胎盤是横向一刀加竪向一刀——切口呈“T”字形。參見圖一圖二。

這裏不妨糾正《淮南子》裏一個長期存在的謬誤。“禹治鴻水，通轘轅山，化爲熊。謂涂山氏曰：‘欲餉，聞鼓聲乃來。’禹跳石，誤中鼓。涂山氏往，見禹方作熊，慚而去。到嵩高山下，化爲石。禹曰：‘歸我子！’石破北方而啓生。”其中的“石破北方而啓生”一直不被研究者理解，所以産生了各種牽强附會的神話解釋。其實，涂山氏生啓時也是難産，因爲那個時代還没有金屬刀具，大禹是用石刀剖開了涂山氏的側腹産下了夏啓。涂山氏也因難産而死。這就是《楚辭·天問》裏屈原所質問的：大禹“何勤子屠母，而死分竟地?”其中的“石破北方而啓生”的意思應該是：石刀剖背（北）而産下夏啓。“北”是“背”的初字，而“啓”就是“打開”的意思。涂山氏因此而死亡。所以屈原指控大禹爲了救兒子而殺了他的母親。

我們經常在先秦古籍裏看到婦女分娩時有“腹剖”和“背剖”兩種情况。即可以是對孕婦進行剖腹産的方式，也可以是剖開胎盤取出嬰兒時的方式。剖開胎盤，看見是嬰兒的正面叫作“腹剖”或“剖腹”，如果看見是嬰兒的脊背一面就叫作“背剖”或“剖背”。

從“衣”的甲骨文字裏，我們增長了關于古人分娩的新知，就是遠古時代人們剖開胎盤的具體方法是，先横切一刀，然後垂直方向再切第二刀，形成一個“T”形刀口，這樣可以很安全而且順利的取出胎兒。當胎兒取出以後，胎盤的形狀就是“衣”這個字的甲骨文的原形。而“衣”字甲骨文下面爲什麽是封死的也就找到了正確答案：那向下的一段彎曲就是胎盤與母體相連接的臍帶部分。在後面的考證中，我將論證甲骨文殷字的本義就是殷商的剖腹産手術，引申意爲新生。

音訓：《廣雅》：“衣，隱也。”衣和隱的先秦發音的聲紐和主要元音均相同，可以視爲遠古的同音字。從這兩個訓詁中我們也可以得出“衣者，人之初所以隱也”的本訓。

【甲骨文本義小結】

衣的本義：人的胎盤，就是胞衣。象形造字。

依的本義：孩子在胎盤中。右文造字。衣爲聲符兼意符。當孩子被取出以後，剩下的部分就是人的第一件衣服：胞衣。引申義：衣服的衣。

破譯甲骨文：是“求”還是“柏”*

《論語·八佾》中有這樣的記：“哀公問社于宰我。宰我對曰：‘夏后氏以松，殷人以柏，周人以栗，曰使民戰慄。’”魯哀公所問的“社”實際上就是祖宗的牌位。宰我回答説夏人以松樹製作，殷人用柏樹（可能的樹種爲白果或者柏樹），而周人選擇了栗樹製作祖宗牌位的目的是使臣民們在祭祀時心中保持一種恐懼和敬畏之感。《詩經》中也有多處記栗樹：“樹之榛栗”“東門之栗”“侯栗侯梅”“實穎實栗”等。這些都説明早在三代栗樹就是一種很普遍的樹種。不過那不是今天的板栗，而是一種野生的果實很小的野栗。和板栗一樣，野栗的外層果殼河南東北部稱板栗苞（學名叫作殼斗），也是密布堅硬的細刺，從樹上落下來如果砸到人，許多尖刺就會鑽進肉裏，使人疼痛難忍。所以在這個意義上引申出了“栗”的引申義：戰慄。這些史實都證明栗樹是殷商及三代的常見樹種。

野栗是遠古時期一種重要的代食品，野栗的堅果就叫作“求”。《爾雅》寫作“梂”。

《廣雅·釋器》：“梂，櫟實名梂也。”

《大戴禮記·曾子制言》：“聚橡栗藜藿而食。”

《吕氏春秋·恃君》：“冬日則食橡栗。”《廣雅疏證》按：“今江淮之間通言橡栗。其實如小栗而微長。近蒂處有梂彙（疑爲窠或殼）自裹。《爾雅》所謂‘櫟其實梂也’。田野人多磨粉食之。凶年可以救饑。”可見當時所謂的“栗”是指橡栗和野栗一類的可以代食的堅果樹，而這種栗樹上所産的果實就叫作“梂”。今天不僅我國很多山區百姓依然在食用，它還是城市市民很喜愛的一種零食——糖炒野栗。這種“梂”曬乾以後磨成粉叫作橡栗面。

圖一　甲骨文：求。（例一：合 8064，例二：合 10953，例三、例四：存疑。）

圖一中的甲骨文字我認定它就是“求”，是梂的初文。由甲骨文“求”字通過形聲造字法産生了“梂”“裘”“球”等新的漢字。“求”是“栗”的果實，是一種近乎圓形的堅果。

《説文》：“栗木也。……古文栗從西……”其實甲骨文的“求”也從“西”的造字：。從這裏我們看到“栗”和“求”的内在是有聯係的。甲骨文西的本義是裝著玉石的容器。比較一下我們看到，甲骨文“求”是裝著野栗堅果的容器。玉石的容器是雍州進貢時的外包裝，野栗的容器就是野板栗外面的滿是刺的殼斗。每年到了西風吹起的時候，綠色的板栗包就會變黄，並裂開十字形的口子像一張笑口，栗色的板栗堅果（即“求”）就會露出來，像是進貢給上帝的祭品，而那舒展開來的板栗殼就像是一個祭祀的托盤——

鼎、簋或者豆。但是橡栗和野板栗不同，它没有刺殼。當秋風摇晃樹枝的時候，板栗們就會落滿一地。例三中的一豎表示殼斗中的野栗是乾癟的，没有長成。這也是野栗生長過程中的常見現象。

關于這個甲骨文“求”字，學者們的觀點也很多：“或釋作‘主’，或釋作‘朱’，或釋作‘未’，或釋作‘桑’，或釋作‘果’，或釋作‘末’，然均于形未安。”① 從這些學者們的觀點中，我們發現他們的破譯和“求”的近似之處：都是從木的象形字。總結這段文字的學者時兵的觀點是：“按上揭字形當是從木從臼，其字可隸定爲桕。”②

據我的研究，這個字也不應該是烏桕的“桕”。原因在于：

1. 甲骨文系統無“臼”字。所以“臼”既不能作爲意符也不能作爲聲符存在。甲骨文中表示石臼之“臼”用的是符號“凵”或者“U”或者“口”。例如甲骨文“舂”字就使用了“臼”的象形符號，但是“臼”作爲象形符號不能獨立存在，它必須和意符“午”（即杵的初文）的固定搭配中纔起作用。（符號“凵”或者“U”或者“口”都是非固定意符，除了表示“臼”以外，在甲骨文中還存在著多種本義。）在使用時，“臼”不能脱離“杵”，“杵”也不能脱離“臼”單獨使用。當遇到“午”和“臼”的固定搭配中必須省略一個意符的情况，省略的一定是“臼”而不是“午”。例如甲骨文“秦”字中就是這樣。因爲“臼”在甲骨文中的尚未發現（但是考古中已經發現了殷商石臼殘片），所以“臼”的這個發音 jiu 也就不存在。我們不能依據這個子虚烏有的甲骨文“臼”就規定圖一中的甲骨文字讀作“臼”。

2. 三代有“栗”已見于文獻記載，其堅果叫作“梂”也見于文獻記。但是當時有没有“烏桕”現在還難下結論。後退一步，即使圖一中的字形可以破譯爲烏桕的“桕”，它在卜辭中的使用中都是用作地名，並不能説明它就是一種殷商時就存在的樹種。而如果不能證明殷商時“烏桕”作爲一個樹種的存在也就不能證明作爲其中聲符“臼”的單獨存在。所以要證明圖一的甲骨文字是甲骨文“桕”首先必須證明殷商甲骨文時代存在這樣一個象形字——“臼”。雖然殷墟的考古已經在婦好墓發現了石臼的殘片，但是不能證明它被殷商人命名爲石臼。

3. 植物學調查發現烏桕的地理分布限于我國的山東以南地區（殷商的朝歌緯度在山東以北），而板栗、橡栗、野栗同屬的山毛櫸科植物分布于我國遼寧以西的廣大地區。有文獻表明大象是在武王滅商以後被强行驅趕過了長江的，但是没有史料證明烏桕是被什麽人“驅趕”過淮河的。一個字如果在卜辭中出現幾十次，説明它和殷商人的生活一定是關係密切的。産于殷商當地的“求”作爲栗樹果實顯然比産于淮河以南的烏桕與殷商生活的聯係要密切得多。

4. 殷商時雖然有“豆”，但是“豆”僅是殷商時的一種禮器或食器，還没有史料證明它是用作點燈用的燈臺。甲骨文字中也没有可以證明殷商人以“豆”爲燈的字例。現存的史料也尚不能證明殷商人在夜間已經使用了“油”來點燈，更不用説使用榨油技術複雜的烏桕油了。殷商人已經用點燃的松明來照明。

---

① 《考古》2011年第6期，第88頁。

② 《考古》2011年第6期，第88頁。

5. 板栗栽培在我國最早的記見于《史記・貨殖列傳》："燕，秦千樹栗……此其人皆與千户侯等。"《史記・蘇秦列傳》中有"秦説燕文侯曰：南有碣石雁門之饒，北有棗栗之利，民雖不細作，而足于棗栗矣，此所謂天府也"。而烏桕最早見于歷史文獻的是西晋郭璞的《玄中記》和北魏的《齊民要術》等書。它們遲于甲骨文時代至少1000到1500年左右。

6. 漢字桕爲形聲造字，甲骨文樹名一般爲右文造字。由于甲骨文中没有發現臼字，所以即使殷商存在烏桕樹，其造字也當别論。

就是戰國古文"求"字（引自《説文》）。從漢字"求"的發展軌跡看，從西周金文的"求"到石鼓文的"求"再到小篆的"求"基本和這個古文"求"字字形基本一致。所以在甲骨文系統中這個"求"字是有存在的可能的。"裘"字從西周的衛盉開始從衣從求。作爲形聲字的"裘"以其中的"求"爲聲符也説明"求"是先于"裘"産生的。到目前爲止，學者們破譯的甲骨文裘見于卜辭有7・6・3和後下8・8，但該字中並無聲符求。我已經從音訓上證明該字是蓑衣的蓑。參見後文。

但是在現在已經發現的甲骨文系統中我們並没有發現"求"字。因此圖一中的這個甲骨文字極有可能就是甲骨文的"求"字。它的本義是野栗樹上結出的堅果。這個字後來在《爾雅》中被稱爲"梂"，"梂，柎也"。所謂柎就是我們在板栗、野栗和橡栗果實下部看見的那個底托（殼或者窠）。也就是清朝王念孫在《廣雅疏證》中所考證的"今江淮之間通言橡栗。其實如小栗而微長。近蒂處有梂彙（疑爲窠或殼）自裹"[①]。所説的"梂窠"。而既爲"梂窠"，窠中的意符"〇"就當讀若 qiu。

據王力《漢語音韻學》，這個"求"（梂）字發聲和地名商紂王"囚文王于羑里"的"羑"相通，殷商時的羑里所在地河南湯陰縣也是處于板栗和野栗的産區，但是兩字也僅僅是發聲相通。兩個字可以近音假借，但是目前在西周前和西周的既存文獻中尚未看到有"梂里"作爲地名的用法，故而闕而不論。

【甲骨文字本義小結】

求的本義：殷商時指野栗樹結出的堅果的底托。名詞。

破譯甲骨文：松　掰*

2010年底我參觀了西安半坡博物館，看見遠在仰韶時代人們就開始收集榛子、栗子、松子和樸樹子充飢。其中的松子現在已經在我國很多地方（例如山東滕縣）的考古中發現，這證明了松樹在我國是一種非常古老的樹種。現存文獻的記見于《尚書・禹貢》和《詩經》：

---

① （清）王念孫著《廣雅疏證》，第269頁。

“（青州）其貢鹽絺，海物惟錯，岱畎絲、枲、鉛、松、怪石。”（《尚書·禹貢》）

“檜楫松舟”，“山有橋松”，“如松柏之茂”，“松桷有舄”，“松柏丸丸”。（《詩經》）

但是在我們的甲骨文工具書中卻找不到甲骨文的“松”字。學者們能够認定的漢字“松”最早見于戰國時的鄂君舟節上的金文（見圖一例二）：

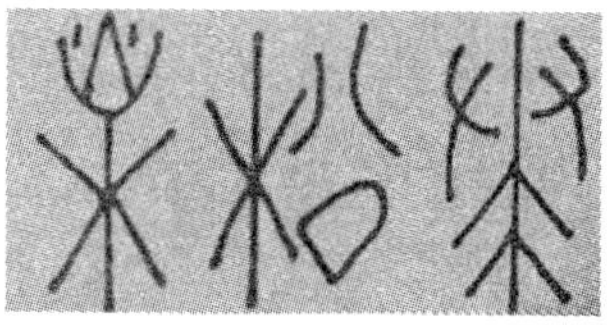

圖一（例一，甲骨文：松；例二，鄂君舟節：松；例三，甲骨文：掰）

就是圖一的例一的甲骨文字，這個字在以往學者的研究中被列入了甲骨文的未識字。這個字出現在卜辭（人3221）辭片中。上從火，下從木。按照甲骨文造字的規律，它應該是指某一樹種。甲骨文字已發現有柏、柳、杞、桑等樹種用字。按照松樹的歷史和它的重要用途，甲骨文中應該有一個“松”字，遺憾的是至今没有爲學界所發現。

我認爲圖一的例一甲骨文字可能是“松”字。

關于松樹在遠古的存在已經由考古發掘的松子證明了。但是爲什麽這個甲骨文“松”字上從火呢？這是因爲松樹在遠古的主要作用有三個：燃料、照明和造船，松樹的這三個用途都和用火密切相關。松樹用作造船材料見《詩經》之“檜楫松舟”，以檜木爲楫松木作舟是也。松樹用于作舟和松樹易燃的特點是分不開的。古人“刳木爲舟”，就是將樹的一部分燒成炭，然後用工具將炭化的部分除去，然後繼續燃燒、除炭，直至獨木舟成型。松樹用于照明是遠古時松樹最主要的用途。因爲松樹和松子都富含油脂，燃燒時可以經久不滅。在没有照明工具的遠古應該是一種不可缺少的照明物品。宋代以後將點燃照明用的松木叫作松明。

圖一中例一的甲骨文字從木從火，本義是可以點火的樹——松樹。松樹的一個特點是即使是剛剛砍伐的松樹和松枝（俗名松椏）也可以直接燃燒。這是常識，直到現在有些山區農民在走夜路的時候還喜歡點燃一支松明，一是爲了照明，二是爲了驅獸。

是圖一的例二，這是一個戰國金文，見于鄂君舟節。圖中的金文“松”從木從公，公亦爲聲符。這裏的口是松子的象形，八本義是隧道，在此字中活用爲松塔的間隙，該字是松塔成熟後張開，其中的松子脱落的會意。本義爲：一種成熟後，松塔張開，其中可以落下種子（松子）的樹。這是戰國時人們對于松樹的理解。

比較甲骨文和金文的“松”字，我們發現這兩個字不是繼承關係，這一點和其他的甲骨文字不一樣。周承商制，所以西周有很多的制度和殷商都是一致的，尤其是西周金文傳承了甲骨文字。但是甲骨文和金文的“松”顯然使用了兩種不同的造字方法，甲骨文“松”采用的是松樹用途的會意；金文“松”采用的是松樹生物學特徵的會意。這一變化説明這兩個字是在殷商和戰國兩個歷史時期中分别創造的。從而説明甲骨文的“松”字可能因爲使用較少而失傳過，以後在戰國又被再一次創造出來。此外還有另一種可能：夏朝崇尚松樹，周人爲夏人的後裔，所以西周人撇開了殷商甲骨文“松”而另造了一個金文的“松”。

是圖一中的例三，這個甲骨文字的本義很明顯，是用雙手掰下樹枝。殷商時期掰樹枝的主要作用是做燃料。松樹的樹椏恰恰有這樣一個特點，長在松樹上的青松椏掰下來以後可以直接送進竈膛當作燃料，不需要像其他燃料需要曬乾以後燒火。松樹還有一個特點是將下部的松椏砍下以後上部的樹梢爲了爭奪陽光就會往上長高。所以我國南方山區的農民每年都要上山"掰松椏"以便松樹能够不斷長高。砍下的松椏可以燒火做飯。所以這個甲骨文字的本義應該就是砍松椏的意思。當然也可以是砍其他樹的樹椏。但松枝可以不用曬乾，直接燒火。但是我在卜辭裏看到這樣一條辭條：

"乙丑卜。丙寅…岳…雨。"（人 3221）

這條卜辭按照我的破譯可以理解爲：乙丑占卜，次日上山掰松椏……在山上……松林會遇到雨嗎？

【甲骨文字本義小結】

的本字：松。本義：可以點火照明的樹——松樹。本字爲甲骨文未識字。

的本字：掰。本義：掰樹椏。本字爲甲骨文未識字。皖南農村現在仍然稱砍松枝爲"掰松椏"。

破譯甲骨文：濕

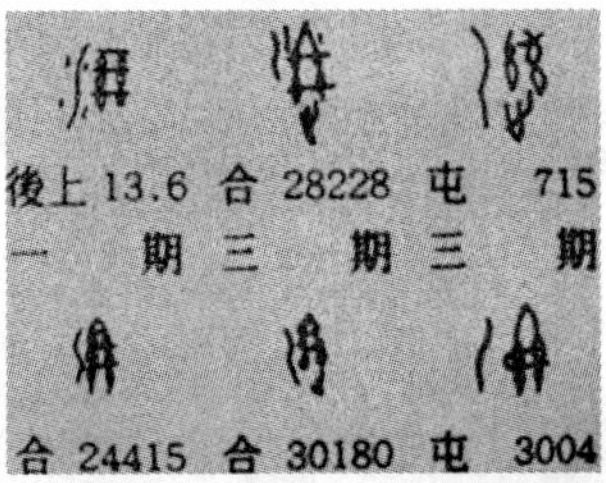

圖一 甲骨文：濕

從水（或從乙）從絲，從止。圖一中的上右一從草繩，繩部首的特徵是上下兩端（或一端）有呈"丷"狀發散的頭緒。所以該甲骨文字是一個不規範字，或者說是一個別字。存疑。關于殷商時絲綿和草繩的區別參見《破譯甲骨文：絲和繩》但是本字的正字應該從"絲"不從"繩"，因爲該字中，"絲"是一個聲符兼意符。

甲骨文"濕"字左側從水，也可以從乙。乙是小水，所以說明這個甲骨文"濕"的會意和水的多少關係不大。右上從絲，但是這個"絲"被砍了幾刀。右下從止，商承祚說它"象足履濕"，意思是人的腳站在水中。我贊成商先生的解釋。

圖二

這個字的會意應該是什麼呢？它的本義應該是殷商人在水中浸濕絲綿。爲什麼要浸濕絲綿呢，因爲乾燥的絲綿體積很大而且蓬鬆，不能直接剪裁。而在潮濕狀態下扁平易裁剪。殷商時未見剪刀的存在，故上面的兩横應該是刀切的痕跡。三個意符的會意就是殷商人在水中浸濕絲綿以便于剪裁。

圖三

到了西周時期，金文的“濕”字進化了。史懋壺銘文中的“濕”字右下多出了一個“土”，但是這個“濕”字並未定型，知道西周晚期的散盤銘文的“濕”字下面既沒有“止”也沒有“土”。它的最終定型是在春秋的石鼓文（見圖三），以後就一直有了這個意符“土”（或丄）。這個本字從甲骨文到金文再到石鼓文和簡書的進化脈絡非常清晰。但是甲骨文下從“止”進化爲石鼓文和金文的下從“土”使得該字的造字本義變得令人更費解了。

但是，在甲骨文研究中出現了一種常見的本末倒置的研究方法。例如商承祚對于甲骨文“濕”的破譯：“謂‘此省土，從止，象足履濕，與從土之誼同。散氏盤作，亦省土’。”[1] 這種研究方法是甲骨文學者間最常見的，但是卻是一個本末倒置的方法。該字中的“土”不是省略了，而是在“濕”字的演化過程中被誤加上去的。它的原始意義在甲骨文，而甲骨文“濕”字中並沒有意符“土”。在我們研究“濕”字原始本義的時候，這個“土”應該被視爲一個沒有依據的衍生意符。散盤的作者知道不應該加上意符“土”但是他卻不知道爲什麽在甲骨文“濕”中加“止”的造字原因，所以既不用“止”也沒有用“土”。這也是甲骨文常見的省略方式，見圖一。在卜辭中這個“濕”字一般是用作地名。如：“戊……貞：翌已……王步于濕。”（圖一後上 13・6）但是我在卜辭中發現已經有了“浸濕”的本義用法：這條卜辭譯爲：“叀濕田□延受年。”其中的“濕田”就是每年開春播種以前要將田地翻犁一遍，然後灌滿水讓泥土充分吸收水分以便播種。其後的“受年”就是占卜以期望今年再次獲得豐收的意思。

圖四
（屯南 715）

【甲骨文字本義小結】

濕的本義：殷商人在水中浸濕絲綿以便進一步的加工。

音訓：右文造字。絲是意符兼聲符。讀如 si 或 shi。該字的殷商方言聲調爲入聲。

破譯甲骨文：沉（沈、湛）

圖 中的甲骨文沉字少量從，即祭祀用羊。後者可能是將羊和豬（即少牢）一並投入水中進行沉祭。

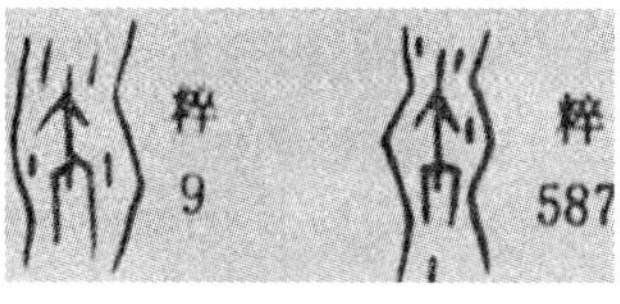

圖一 甲骨文：沉（沈）（從川，從牛，從羊）

甲骨文“沉”字在甲骨文發展中呈現以下特點：

1. 甲骨文一期到三期的“沉”字牛角向上沉入水中，第四期開始牛角向下沉入水中。牛角向下應該更符合“沉

---

① 徐中舒主編《甲骨文字典》，第 1205 頁。

祭”的會意。據此我們可以判斷該字所隸屬的甲骨文分期。牛角向上和牛角向下看似一個造字的細節問題，其實這一變動和該字的音訓有關聯。我們看見牛角向下的牛因爲上下顛倒以後，更像一個人的象形，所以這個甲骨文會意字的音訓就是川人切，讀若chen。古音讀若cen。其實從音訓上看没有這麼複雜。甲骨文“牛”倒置以後，下部有一個筆畫是冂，這個筆畫今讀同，《説文》古音爲古熒切，讀作耿。于是本字的音訓爲川耿切。一様是讀若chen。古音讀若cen。殷商方言中也讀作cen。

2.“沉”是一種祭祀山林川澤的祭祀。《周禮·大宗伯》：“以貍沈祭山林川澤。”羅振玉認爲沉即是“貍沈”之“沈”的本字。夏商祭俗：貍祭山林；沈祭川澤。

3. 甲骨文是一字一形一義的。“沉”所用祭牲主要是牛和羊兩種牲畜。所以該字意符從牛或從羊依據祭祀用牲而定。是一個非固定意符。

4. 該字的漢字本字與甲骨文相去甚遠，以兩字的會意吻合相詮釋。這種破譯方法也是甲骨文常用破譯方法之一。

5，音訓：牛字倒置後，和甲骨文大（人）一致。可以視爲聲符兼意符。故該字是右文造字。從川從人，川人切。讀若chen或cen（殷商方言同）。

許慎認爲漢字“湛”和甲骨文“沉”本義相通，而“沈”則是河名：

《説文》：“沈，陵上滈水也。”“湛，没也。”

從漢字發展的軌跡看，羅振玉之説爲是。羅認爲“此即貍沈之沈本字”①。但是由于許慎所説的“滈水”確實在陝西長安（即西周武王時首都鎬京）附近，所以不能排除這様一種可能，即滈水可能是西周武王時期王朝每年進行“沉祭”河流的祭祀地點，因此滈水可能因此有“沉水”的俗名——即“沈水”。許慎生活于東漢，做出這様的解釋也在情理之中。

卜辭：“貞：尞于河。沉卯二牛。”（合453）“沉卯二牛”是用牛犢兩頭沉祭之意。

卜辭：“貞：尞于土。三小。卯三牛。沉十牛。”（前1·24·3）“小”爲少牢祭祀之意。“卯三牛”是用三隻牛犢祭祀之意。這條卜辭中我們可以瞭解到殷商時祭品和祭法據其重要程度有其先後的次序：在“尞于土”的前提下，少牢在先，其次羔祭或犢祭，其次爲沉祭。

另：卜辭：“沉牛三。”（存上1889）

卜辭：“沉三牛。”（粹587）

比較兩條卜辭可以發現：殷商時數詞和量詞的語法位置尚未形成固定搭配的表達。

【甲骨文字本義小結】

沉的本義：殷商時期的一種祭祀川澤的方式。即以祭牲投入河流或者湖泊中祭祀水神的祭祀。

音訓：會意造字。從川從冂，川冂切。讀若cen或chen（殷商方言相同）。

---

① 徐中舒主編《甲骨文字典》，第1204頁。

破譯甲骨文：殘(蔡)*

圖一（學界公認爲　甲骨文：蔡，我破譯爲：殘）

甲骨文戠（33・9）的本字是一個孤證。但是學界已經公認這個字就是漢字蔡。其實將這個甲骨文字破譯爲蔡是没有任何依據的。因爲無論是它的甲骨文，金文，古文字形和漢字“蔡”都没有任何相像。它的本義和小篆“蔡”的本義也没有相同之處。例子發音分屬殷商（殘）和西周（蔡），見後證。

《説文》：“蔡，草丰（音 jie）也。”段注：“草生之散亂也。”

從甲骨文上看不像是“草生之散亂也”。其主體是一個人。奇怪的是這個人的左腿上有向下的倒毛狀的符號。這個倒毛狀的意符在前面的甲骨文論證中我們遇到過，在甲骨文僕、尾、盡等字中都有，表示尾巴或者尾巴一樣的東西。因此上揭字按照甲骨文會意的規律其本義應該是：一個成年人拖著一條像尾巴一樣的左腿。當然右腿也可以。我們不妨進一步引申一下，左臂或者右臂也行。因爲是孤證，所以我們祇好到距離卜辭最近的西周的金文裏尋找答案。

我們看到金文的蔡字和甲骨文蔡字的字形是大同小異。圖二中的例一和例二是人的右腿像尾巴一樣拖著，例四是人的兩條腿左短右長，左腿的像尾巴一樣的部分已經斷掉了。這個造字使我們聯想到甲骨文的另一個字“刖”（如圖三）。

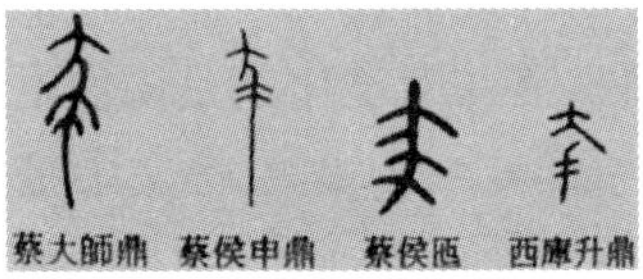

圖二　金文：殘

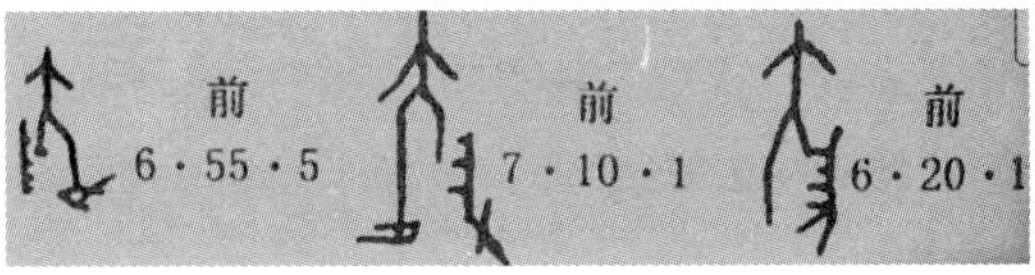

圖三　甲骨文：刖

甲骨文“蔡”（存疑）金文蔡（存疑），和甲骨文刖是關係密切的三個本字。不同的是甲骨文“刖”的小腿部分是被鋸斷的。而甲骨文“蔡”字和金文“蔡”字没有説明腿殘的原因，祇是表示出此人殘廢的存在狀態。

問題就出在這裏，答案也就在這裏。上面的圖一和圖二的本義破譯爲漢字“蔡”是一個錯誤的破譯。這個字破譯爲小篆和現代漢字都應該是殘。

因爲人殘疾了，所以他拖著一條腿像一條尾巴；人殘疾了，因爲他斷了一條腿。也是因爲人殘疾了，所以他一條腿長另一條腿短。

探究這個甲骨文字爲什麽到了西周其字形未變，到了小篆的“蔡”卻字形變得面目全非呢？答案是有一個始終未變的因素：發聲未變。

音訓：殷商方言中“殘”和“蔡”是同音字。漢語音韻中先秦音韻中“殘”和

“蔡”都在清部。其實許慎並没有見過甲骨文，所以許慎對小篆“蔡”的解釋是依據東漢以前的漢字使用習慣解釋的。許慎没有錯。

是後來人錯了。當十九世紀末甲骨文出土後，學者們將圖一的甲骨文破譯爲“蔡”時犯了第一個錯誤，後來學者們的附會贊同使這個錯誤的破譯成爲了大家普遍接受的事實。今天我終于找到了它的本字——殘。

《說文》：“殘，賊也。”賊是什麼意思呢？

《說文》：“賊，敗也。從戈則聲。”段注：“敗者，毀也。毀者，缺也。左傳周公作誓命曰。毀則爲賊。又叔向曰，殺人不忌爲賊。”

殺人不忌，缺了人的一條腿或者毀了人的一條腿。或者缺了（毀了）人的一條臂膀都可以叫作殘。清代的段玉裁也没有見過甲骨文字，但是它爲“賊”字所下的注解非常準確到位。謝謝段玉裁先生。

【甲骨文字本義小結】

殘的本義：四肢有殘疾的人。名詞。音訓：殷商方言發音 can。今訓 can。象形字。

破譯甲骨文：回聲之回*

漢字回在我國最早出現在戰國時代。戰國以前有一個類似螺旋綫的字，現在還不能貿然將其定義爲“回”字。因爲甲骨文洹水的“洹”和宣室的“宣”都是從這個類似螺旋綫一樣的甲骨文。所以它的本義是回旋的意思。

甲骨文是一字一形一義的。有些漢字今天看來同時可以有幾個義項，但是在甲骨文時代它們都是單義的。例如：排列的“排”和排斥的“排”在甲骨文中就是兩個不同的本字。又例如：地域中心的“中”，上中下的“中”，射中的“中”在甲骨文中是三個不同的本字。

現在我們在考證研究中遇到了第三個也是最典型的一個：回聲的“回”。回聲，顧名思義就是聲波遇到障礙物被反射回來再度被聽到的聲音。有時候回聲會再度被反射，這樣同一次發聲可以聽見反射回來的數次的回聲。

漢字在甲骨文時期是一字一義的，也就是說絶大多數的甲骨文字的每一個字都是一個單音節詞。這和現代漢字的大多是雙音節以上的詞不一樣。現代漢語中含有“回”字的詞彙多是雙音節詞，比較甲骨文本字就顯得重復而且冗餘：

現代漢語詞彙	對應的甲骨文本字
回旋	亘
回避	避

回顧	顧
回歸	復
回水	淵
回聲	?

回聲的“回”在甲骨文中是怎樣會意的呢？這就取决于回聲産生的客觀條件：首先要有聲源，其次要有反射這個聲音的障礙物，三是要有聽聲音的耳朵。如果這三個條件中必須省略一個的話，應該省略的是聲源。因爲耳朵的存在表明聲源可以省去，耳朵就是用來聽聲音的。我在甲骨文未識字中找到了符合這個條件的甲骨文字，從厂從耳。它的本義是什麽？應該是回聲。這個字的本字是什麽？破譯爲現代漢語就是雙音節詞——“回聲”，也就是説甲骨文一個字代表了今天的兩個字構成的詞。該字省略了聲源：口，最簡單的聲源是“口”，也可以是其他聲源。有關該字省略了聲源口可以參見四期卜辭粹 1225 的兩個甲骨文“聲”字。卜辭中僅一見。

當一個人立于石崖或土崖下時，就會聽見天籟之聲被放大的回聲。石崖由于反射性能强，回聲效果也特别明顯。所以該字從厂，即石崖。

【甲骨文字本義小結】

的本義：回聲。名詞。本字爲甲骨文未識字。音訓：從厂從亼，讀若 hi。

破譯甲骨文：盧*

甲骨文“盧”字的考證頗費周折，因爲在《説文》中它的本義已經消失殆盡。

《説文》：“盧，飯器也。”清代四家注也衹是圍遶著飯器大做考證。可是漢字的盧是一個“虍字頭”，説明這個字原始本義和老虎是有關的。爲什麽在東漢時期就突然變成了“飯器”了。裝飯的容器和裝老虎的容器有聯係嗎？段注：“盧……飯器。以柳爲之。”就是説“盧”的本義是一種以杞柳編織成的盛飯的容器。“盧”即使從籀文和小篆的字形看，從虍從田從皿，它也應該是和老虎有關，和狩獵有關，和容器有關。許慎所謂的“飯器”衹能是一種引申義。那麽甲骨文“盧”的本義是什麽？

徐中舒的《甲骨文字典》中收錄了兩種甲骨文“盧”的本字①：

① 徐中舒主編《甲骨文字典》，第 534 頁。

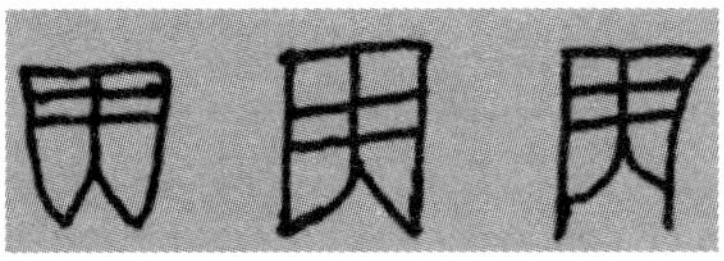

圖一　甲骨文一期

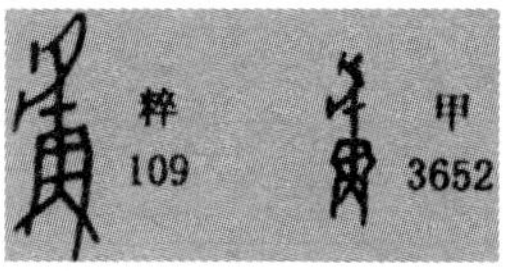

圖二　甲骨文：盧（甲骨文一期至四期）

甲骨文的五期未發現這個“盧”字。這個現象很值得揣摩：是不是到了帝乙和帝辛時期老虎已經害怕殷商人的獵捕躲進了東北和華南的深山？還是帝乙帝辛窮兵黷武無暇捕獵老虎等猛獸了？

從上面的圖中我們看到有兩個“盧”字，其中後一個字因爲從“虍字頭”得到公認。也恰恰是這個有著虍字頭的甲骨文字將“盧”和老虎這種動物聯係起來了。説明漢字盧在殷商時代應該與老虎有關係。

圖一和圖二中的甲骨文是兩個不同的字，不僅因爲甲骨文的一字一形一義；還因爲前一個字中没有老虎而後一個字中出現了老虎。那麽這兩個甲骨文字中那一個纔應該是甲骨文“盧”呢？我們看圖二，一隻老虎被困住了，而困住老虎的正是圖一中的那個容器。再看圖一的甲骨文字，圖一的最上面一横表示地面，就是説它一共有三層。該字總體造字是一個倒丘，其本義爲墳墓，而在甲骨文系統中這樣的“倒丘”代表一個地下的較大的土坑。結合圖一圖二分析，我們知道這隻老虎是陷進一個大土坑中，所以它掙扎著想要逃出去。但是它從土坑裏衹能伸出一個頭。等待它的命運就是被當頭一棒打死。

在前面的考證中我已經考證了殷商人的狩獵並不是四處尋找獵物，在發現獵物以後群起而攻之。他們通常的狩獵方式是在野獸出没的小路（尤其是三岔路口）挖一個陷阱，在幾個路口放置引誘野獸的食物誘餌。然後派人守護在陷阱附近，在野獸發現誘餌之後，拉動繫在誘餌上的繩索，將野獸誘道到陷阱中。這大概就是“狩”字的由來吧。參見《破譯甲骨文：單　獸》。再從這兩個甲骨文字在卜辭中的使用情况看：

圖一的甲骨文例：卜辭：“壬戌卜。侑母壬盧豖。”（甲 2902）

卜辭：“壬辰卜。有母癸盧豖。”（佚 383）

卜辭：“妣戊至盧豖。”（乙 8951）

卜辭三例説明圖一中的這個甲骨文多用于養猪，是養野猪。既然是養野猪就不能使用今天的苑囿或普通猪圈，殷商人采用的是捕捉老虎這樣的野獸的陷阱養野猪。所以圖一甲骨文的本義是：用于捕捉猛獸和飼養野獸的地下的大坑。

圖二的甲骨文例：卜辭：“辛卯貞：從狩盧涉。”（粹 934）“狩盧”就是狩獵的陷阱。

卜辭：“貞：勿用盧以羌。”（前 6・6・4）

卜辭兩例中，粹 934 的狩盧應該就是捕捉老虎等猛獸的陷阱。後一例中“勿用盧以羌”的意思是不要用陷阱對付羌人，原因是殷商西部山區的羌人捕捉野獸更有經驗，這個方法對羌人不管用。

圖一圖二中的兩個甲骨文字哪一個是“盧”呢？從字形看圖二是盧，因爲它從“虍字頭”。但是從本義看，圖一纔是甲骨文“盧”。因爲無論養野猪還是對付羌人，或者是狩獵，這個陷阱裏都没有老虎。這個悖論衹有一個答案：這兩個甲骨文字都讀作 lu，前

一個字（圖一）是本字，是名詞。也是後一個字（圖二）的意符兼聲符。所以甲骨文“盧”的本義是老虎落進了陷阱，是動詞。引申爲杞柳編織的飯籃。最初這隻“飯籃”是專門用來裝老虎等猛獸的。本字的發音還可以參見甲骨文魚——魚尾從盧。

關于圖一中的甲骨文字，漢字中有一個“甪”讀音和字形都非常相像。秦末博士商山四皓中有甪里先生周術。甪字的字源一直没有搞清楚。《正字通》説甪字是“角字之訛”，意思是“甪”是“角”的别字。這個結論至少在目前没有文獻可以證明。但是在秦朝就有這個“甪”字，這個“甪”和圖一甲骨文在字形和讀音上都相近卻是事實。這裏我祇指出文字現象，不做結論。

“盧”又是“蘆葦”的“蘆”的初文，而蘆葦又恰恰既是殷商建房材料又是殷商人布置陷阱的材料，這一點也絶非偶然。蘆葦的特點决定了小的野獸可以從上面走過去而不會踩斷蘆葦，體重較大的野獸就不會那麽走運了。蘆葦，顧名思義就是設置陷阱的葦條。

因爲圖一的甲骨文本義是陷阱，當老虎誤入陷阱後就産生了動詞盧。後來由捕捉老虎的陷阱引申爲裝肉的容器，進而引申出漢字盧的另一個引申義：裝飯的容器。

圖二的甲骨文字是老虎掉進了陷阱，所以漢字盧的“虍字頭”保留了遠古造字的痕跡。

【甲骨文字本義小結】

的本義：用于捕捉猛獸和飼養野獸的地下的陷坑。名詞。象形造字。

音訓：從内從入，讀如lu。

盧的本義：老虎落入了陷阱。動詞。

音訓：右文造字，讀如lu。

破譯甲骨文：自　洎

我的考證得出了卜辭造字時一個造字規律：在獨體象形字的造字過程中，其造型相同或相近的字，它們的發音也應該相同或相近。并且指出甲骨文“自”和甲骨文“貝”因爲字形相像讀音應該很接近。在用作“人的鼻子”這個本義的時候，它的發音是bei這個音而不是zi這個音。這也應該是“自”的有記載的最原始的發音。現在由于甲骨文“洎”的發現我可以深化一步關于甲骨文“自”的考證了。

《説文》：“自，鼻也。象鼻形。”這個定義説明許慎認爲“自”就是鼻子的象形，而且“自”的發音也是bei（通貝）。其實無論是在卜辭還是在先秦文獻中，“自”很少用作鼻子的本義。卜辭中有一例可資證明“自”本義就是鼻子的意思：

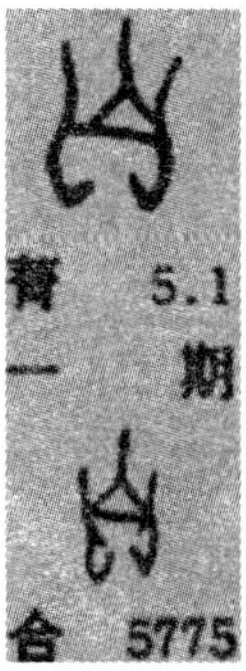

圖一

甲骨文：自

圖二

甲骨文：洎

卜辭：“貞：有疒。自隹有蚩（一從止從它）。”（乙 6385）破譯爲：有病。鼻子中流出黄色渾濁的鼻涕。

考察一下先秦的“自”的字族我們發現：《説文》中收錄了“自”的重文寫作“白”，這基本可以視作一個别字（這兩個字的殷商方言中發音相同，都讀如 bei）。甲骨文“自”同期出現了甲骨文“洎”。西周以後又分化出三個形聲字：鼻，濞和擤（後起字。“呼梗切，亨上聲。手捻鼻涕曰擤”，見《康熙字典》）。河南方言中擤鼻涕發音讀作“恨鼻子”，這一方言發音説明擤讀若恨是殷商甚至先商就有的。所以“自”的發音應當不出自、洎、鼻、濞四個字的發音範圍，而且理論上應該和“貝”字發音接近。

現在請看圖二的甲骨文“洎”。如果説甲骨文“自”演化成了“鼻”（發音 bi，和自發音相同），那麽甲骨文“洎”（發音 ji）就演化成了“濞”（發音 bi）。現在我們要從秦漢時期自、鼻、濞、的發音去追溯甲骨文“自”的原始發音就顯得無從下手。

甲骨文“洎”很容易被誤認爲是形聲字，其實它不是。它仍然是一個會意字。左邊的意符“乙”本義是小水，右邊的意符“自”意思是鼻子。所以甲骨文“洎”的會意産生的本義是：鼻涕（從鼻子中流出的小水也）。它用如動詞時就演化出漢字“擤”；它用于給河流命名就演化出了漢字“濞”。

《説文》：“洎，灌釜也。”段注：“灌者，沃也。……《周禮·士師》：‘洎，鑊水。’注云：洎，謂增其沃汁。……《左傳》：‘去其肉而以其洎饋。’正義云：‘洎者添釜之名。添釜以爲肉汁，遂名肉汁爲洎。’”注意“肉汁”和“鼻涕”的質地以及格式塔（形式）均相類似。

這一段《説文》及段注給我們的啓示是：西周以後，“洎”引申出了給肉湯添水以增加湯汁的意義。釜是西周盛肉湯的食器，下面用火加熱。所以成語有“釜底抽薪”之説。但是甲骨文“洎”引申出了肉湯的意義卻是非常值得玩味。雖然肉湯和鼻涕有相同的外觀和物理特點，但是按照現在的語言習慣聯想，顯然十分惡心。這是不是西周人的一種玩笑或者幽默？西周人的這種飲食習慣今天依然流行。四川火鍋和全國各大菜系的湯鍋菜今天仍沿用此法。

到現在爲止，我們仍然無法證明：甲骨文“自”的發音是什麽。所以我將考證引向漢字“濞”：

《説文》：“濞，水暴至。從水鼻聲。”段注引：“《上林賦》：‘滂濞沆溉。’司馬彪曰：‘滂濞，水聲也。’《洞簫賦》：‘澎濞慷慨，一何壯士。’《高唐賦》：‘濞洶洶其無聲。’按：澎濞雙聲。澎與滂同。”

從諸多漢賦中，我們終于找到了兩漢時“濞”的發音並不是“bi”，而是和“澎湃慷慨”中的“湃”字的發音，即“pai”或者“bai”。這兩個發音在殷商時是一聲之轉。按照“卜辭造字時的造字規律：在獨體象形字在造字過程中，其造型相同或相近的字，它們的發音也應該相同或相近”。甲骨文“自”的發音應該是接近“bei”。現在有些方言中“鼻”和“白”的發音仍然是接近“bei”

這一考證説明了甲骨文“自”的演化軌跡和殷商發音：

演化軌跡：甲骨文自——洎——鼻——濞——湃。五個字的發音應該相同或相近。

殷商發音：甲骨文自和甲骨文洎的發音均與甲骨文“貝”字發音相近，即“bei”。

由于方言發音的關係，我認爲這個“自”的發音可能更接近“bei”。這也就是《説文》爲什麼將“白”字作爲“自”字的重文的混淆的原因。而這個白的發音今天在很多方言中還是讀若“bei”。説明殷商時“貝”“自”“白”三個字的發音是相同的，都讀若“bei”。其實在殷商的方言中伯和柏也是發音爲 bei 的。因此我們得出一個結論：殷商方言中和意符“白”相關的字族的音訓一般是讀如 bei 的。

【甲骨文字本義小結】

自的本義：人的鼻子。殷商本字和發音均從“貝”爲 bei。

洎的本義：鼻涕。引申爲向釜中添加湯汁。殷商發音同“自”爲 bei。右文造字。

破譯甲骨文：壺　壼

壺和壼是兩個不同的漢字，壺下從业，壼下從亞。看起來這兩個漢字的字形很接近，其實它們倆是不同起源的兩個字。甲骨文壺和小篆壺字形差別很大。

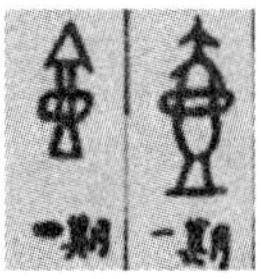

圖一　甲骨文：壺（讀若 hu）

該字的甲骨文一看就是一個容器。這個造型在我國歷史上起源很早，源于昆吾氏族早期。

《説文》：“壺，昆吾圜器也。象形。從大。象其蓋也。”段注：“古者昆吾作陶。壺者，昆吾始爲之。《聘禮》注曰：‘壺，酒樽也。’《公羊傳》注曰：‘壺，禮器。腹方口圓曰壺。反之曰方壺。有爵飾。’又《喪大記》：‘狄人出壺。’大、小戴記‘投壺。’皆壺之屬也。”注意圖一中左例上部從“亼”也是容器蓋或者圓錐形草房頂的意思。在這裏和“大”同意。

昆吾傳説是顓頊之後，是黄帝時期的陶正。傳説中陶器製造業的鼻祖。所以黄帝時期所用的壺是陶壺。因爲那時還沒有青銅器被用作食器。需要説明的是昆吾衹是父系社會的一個氏族的首領。

甲骨文“壺”正是一個陶製容器的整體象形。其中的“亼”和“大”是壺蓋的象形。在甲骨文中可以“大”代表容器的蓋子，但是甲骨文“大”的本義是普通人。壺身的橢圓形意符表示該壺的身上有一圈環狀物——寬沿。卜辭燕 85 臼上的甲骨文“壺”字的橢圓形兩邊各有一根繩子可以表明這個橢圓的意符最早應該是繫在陶壺上的一圈繩索。所以關于這個環狀物需要指出的是，它可能是一圈粗繩，也可能是一圈壺身外伸的寬沿，也可能是壺身的爵飾或紋飾，這是一個逐漸演變的歷史過程。但是不管是陶壺還是後來的青銅壺，它們都是用來盛熱食的食器，所以腰身的橢圓有其功用，是用來搬動陶壺或銅壺時用的。在甲骨文中，這種橢圓意符也可以表示繫在牛羊脖子上的環形繩子。兩者形式相同。

以上段注引《禮記》中所説的“投壺”是西周以後的一種禮儀：以箭矢投壺，投中者飲酒。所以這裏的壺應該是較爲結實的銅壺而不是陶壺。

小篆（壼，讀若 kun）它的起源完全不同的上文的漢字壺，甲骨文中未見，見于小篆。但兩字似不同源。

《説文》：“壼，宫中道。從口象宫垣道上之形。”該字小篆下從亞，我已經考證過甲骨文“亞”本義是合宫、明堂。所以這個“壼”字一定是和宫室有關的。許慎解釋頗爲簡單——宫中道。從小篆結構分析其本義應該是明堂前的三條道路——即中間的直道和兩側的弧形坡道（請比較一下故宫的太和殿格局）。據此我推測，其中的直道很可能就是後來皇宫裏的丹墀的雛形和出處。因爲“壼”之内就是黄帝（或夏王、商王、周王）居住，接見萬國使臣和議政的地方，所以黄帝是“宫室合一”的（參見《禮記・月令》）。所以在古代漢語中尊稱對方的妻室又叫作“尊壼”。那是婉轉地恭維對方是“深居内廷的皇親”，或者就是今天俗稱“家裏的”的意思。

【甲骨文字本義小結】

壺的本義：殷商一種陶製或者銅製的食器。上有蓋，壺身爲方身圓口或者圓身方口。

音訓：從環從缶，環缶切。讀若 hu。

壼（小篆）的本義：包括丹墀和兩邊環形坡道的皇室居住議政區域的道路形狀。音訓不詳。

破譯甲骨文：拔*

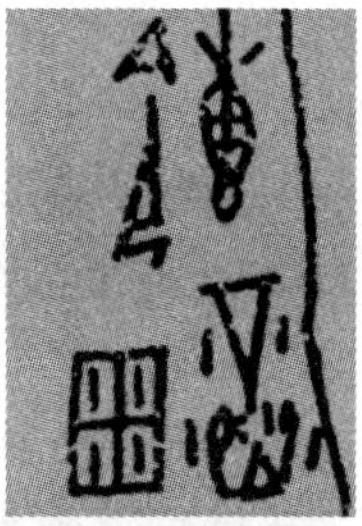

圖一　四期卜辭

（摭續 184）

這是一條完整的卜辭，左邊爲“令周”，右上爲“叀”，右下是一個迄今未識的甲骨文字。（右側一竪爲甲骨邊際綫，參考大圖。）由于這個甲骨文字的未識别使這條卜辭没有確解。這個甲骨文字應該是什麼字呢？徐中舒將其歸入“火部”，因爲它的下部意符近火。

其實這個甲骨文字的下部不從火。因爲它的兩端上有一個圓環狀，甲骨文的“火”絶没有這兩個圓圈。甲骨文是一字一形一義的，這一意符在細節上的區别表示該字不是甲骨文“火”。解開這個甲骨文字的本義的關鍵是上部的甲骨文“不”字。

這個甲骨文未識字上端從不，下面從陷坑，中間從散點，這些散點表示落下的土屑。該字上面從不，這個“不”爲什麼會落下土屑呢？這就要從甲骨文“不”的本義剖析。甲骨文“不”的本義：大樹被砍伐以後剩下的樹墩和樹根。引申義：否定副詞。現在我們看小圖：上部是拔起的樹根；下部是樹根被拔起後留下的樹坑；中間的散點表示在拔起的過程中散落的土屑。樹被拔起以後，樹坑的兩側的土會向中間傾覆形成小土堆。所以那個被徐中舒認爲是“火”的意符應該理解爲“山”，即小丘之意。

這是一個會意字，我破譯其本字是：拔。本義是：將樹根連根拔起。引申義是：斬草除根。

回到上面圖一的卜辭：叀拔令周。這條卜辭是什麽意思呢？就是殷商王朝應對周方國的策略——以消滅整個氏族來逼迫周方國就範。直譯就是：以滅族令周（就範）。這也是殷商王朝一貫的對付周方國的策略。因爲是殘片，所以這條卜辭也可以釋作：令周叀拔……

早在商王文丁時期，古公亶父子季歷承古公之命，與商貴族任氏通婚，吸收商文化，加强政治聯係。在商的支持下，他對山西境内的宿敵戎狄部落大動干戈。商王文丁時，受封爲“牧師”，享有征伐西部諸侯的權利。後因權重遭忌，爲文丁所殺。商紂王囚、放周文王則是另一個例子。

殷商采取這種對付周方國的策略原因當然是多樣的，但是最主要的恐怕是岐山的周方國和淇縣的殷商中間隔著太行山和吕梁山，如果沿黄河向西進攻則不僅路途遥遠，而且要翻越秦嶺。這顯然是殷商王朝鞭長莫及的。所以殷商對周方國采取了這種“綏靖政策”。所以這一條卜辭（摭續 184）是研究商周交往關係的一條重要的文件。

【甲骨文字本義小結】

的本字：拔。拔的本義：將樹根連根拔起。引申義：滅族。

音訓：從不從凹。凹的殷商方言讀若 wa（窪）。本字爲不窪切。讀若 ba。

破譯甲骨文：步

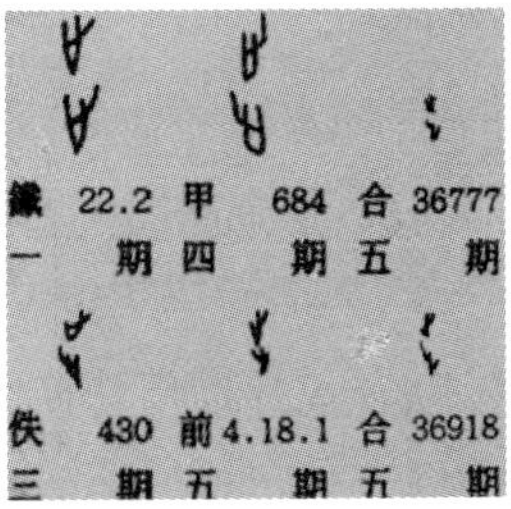

圖一　甲骨文：步

圖中左上疑爲别字，因爲左上的甲骨文字是同樣的兩隻左腳，既然是兩隻左腳就不是同一個人的腳，就不能够叫作“步”，這是由甲骨文“步”的本義決定的。類似的不規範的寫法僅見于卜辭一期，我們不妨將其理解爲卜辭初創時期的造字的不成熟寫法。

《説文》：“步，行也。”從上圖的甲骨文字看，是一個人的兩腳一前一後的會意，所以甲骨文“步”的本義是行走、散步。

卜辭：“丙午卜。□貞：翌丁未王步。”（乙 4693）

卜辭：“丙午卜。在商貞：今日步于樂。無災。”（續 3・28・5）

卜辭中這種“王步于某地，無災”的記有很多條。使用“步”的情況説明商王並未離開王城很遠。可見在殷商時期，商王有“安步當車”的步行習慣。在卜辭中如果商王前往某地一般用甲骨文“往”字表示。

甲骨文“步”字同樣是“行走”和“散步”的用法還才出現在另一類卜辭中，這一類卜辭中的“步”字後面出現的不是商王行走的地點——即“王步［某地］”，而是

“王+步+已故先王或先妣”的模式。如：

卜辭：“辛未貞：今日告。其步于父丁。一牛。在祭卜。”（寧1·346）

卜辭：“庚辰步于母庚。”（前1·29·4）

這種模式中的“步”看似一種祭祀的類型，但是如果聯係上文中的甲骨文“步”的本義行走和散步，我認爲還是理解爲行進的本義爲準確。就是説這種祭祀是一種非正式的祭祀。某商王因爲思念自己的某一個親人，徒步上墳。進行一點簡單的祭祀以慰思親之情也在情理之中。不必將這裏的“步”硬性規定爲祭祀的一種。研究卜辭我們發現卜辭中各種各樣的祭祀名目非常之多。是不是每個相關的甲骨文字都是一種祭祀的禮制，尚有待我們細心甄別和考古證據的進一步證實。

【甲骨文字本義小結】

步的本義：行進、散步。動詞。引申義：上墳。音訓不詳。

破譯甲骨文：玦*

在文藝作品中，我們常常看到在生離死别之際，母親將一塊玉掰成兩半給兩個孩子，一人一半，以期日後憑此相認。

秦有新郪虎符，上有錯金書：“甲兵之符，右在王，左在新郪。凡興士被甲，用兵五十人以上，必會王符乃敢行之，燔燧事雖無會符行殹。”秦尚有陽陵虎符。王國維曰：“兵符之制，古者皆右在内而左在外，又左右之數各同。三代不可考。”可見兵符之制由來已久。

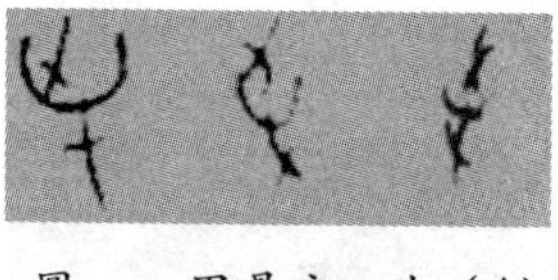
圖一　甲骨文：玦（例2粹1325，例3前1·3·4）

甲骨文玦是一個會意字，從雙手執半個玉環。《説文》：“玦，玉佩也。”段注引：“《白虎通》曰：君子能决斷則佩玦。韋昭曰：‘玦，如環而缺。’”

商代環有兩種：一種是整塊玉雕琢成的圓形玉環，考古學證明這種玉環早在母系社會就已經有了。另據王國維考證還有一種有三片璜組合而成的連環：“顧余讀《春秋左氏傳》：‘宣子有環，其一在鄭商。’知環非一玉所成。歲在己未，見上虞羅氏所藏古玉一，共三片，每片上侈下斂，合三而成規。片之兩邊各有一孔，古蓋以物繫之。余謂此即古之環也。環者，完也，對玦而言。闕其一則爲玦。玦者，缺也。”①

看甲骨文“玦”纔發現這並非是王國維所説的“合三而成一”的連環所缺也，是獨玉所成之環的一半也，故呈半圓形。上述三個甲骨文“玦”字都不是大半個圓環，也不是小半個圓環，而正好是半個圓環。這一點可以説明殷商時的“玦”可能是整玦爲二，一半對一半，以爲信物。古代的玉玦之所以是一個有缺口的環也是爲了便于掰斷。

① 《王國維文集》（下部），第352頁。

玦有一個同音字就是“玨”。《說文》：“玨，二玉相合爲一玨。”

關于甲骨文“玦”的“釋者多家：劉鶚釋哉，孫詒讓釋𢦏，胡小石釋争，葉玉森疑爲殺之初文，唐蘭釋牽，柯昌濟釋爰，于省吾釋曳，後又釋争，今按諸家所釋皆不確”①。其實“争”正是“掙”的初文。争本字中就包含兩隻意符手，再加上“扌”純屬多餘，但是許慎的轉注要求這樣以便將其歸入“扌”部首。

雖然諸家所釋皆不確，但是諸家的思路給了我們很大的啓發：一是此字所爲之事要兩手爲之；二是兩手必共執其中半圓形的一物；三是此物最終被破壞了（争，殺，𢦏等）。顯然，在被破壞以前，此物是一個圓環——玉環也。玉環被兩隻手掰成兩半，故名之爲玦。玦，缺也。之所以命名爲“缺”，因爲此物原先是完整的，故有“缺”一說。

從音訓上看，玦和玨兩個字是同音字，雖然無法考證這兩個字是否互爲異體字，但是“玨”本義是有將一串玉分成兩份的含義的。玦、玨同屬一個部首，又是同音字，所以甲骨文“玦”的本義應該有“兩分”的含義。

好端端的一個玉環（實爲玉玦，玉環堅固不易掰斷，故爲玦。有缺者易斷，爲什麽要掰斷爲兩半呢?

卜辭：“般入十玦。”（乙962）般，盤庚也。十玦疑爲五對，或爲十隻完整的玉玦。

卜辭：“乙巳卜。夬。貞：告（土）方出，于祖甲大乙。”（前1・3・4）二期貞人名。

又見《說文》段注②：“《九歌》注曰：‘玦，玉佩也。先王所以命臣之瑞。故與環即還。與玦即去也。’《白虎通》曰：‘君子能决斷則佩玦。’韋昭曰：‘玦如環而缺。’”由此可見先秦先王們常御賜環和玦兩種玉珮給自己的大臣，但是其目的和作用已經無從考證。所以段注收集的三種注解出現了三種不同的解釋，即獲玦即去，獲玦爲果斷之臣，獲環獲玦皆爲玉珮，但是玦如環而缺。

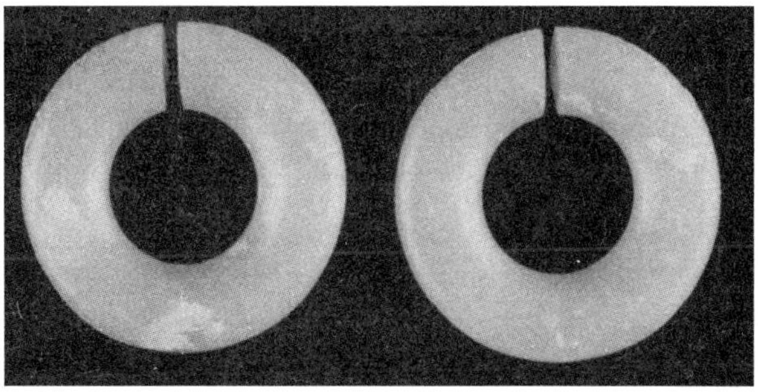

圖二　8000年前的興隆窪玉玦。（中國教漢網，田彦國供）

這是人類歷史上最早的玉玦的形狀，遠古的氏族首領們爲什麽要將一個完整的玉環掰斷爲玦呢？又起什麽作用呢?

我認爲，這種形狀的玉玦就是秦漢時期的虎符的雛形。是將玉環掰成兩半成爲一對玦，一半交給臣子外出時取兵用兵，另一半留在商王手中作爲信物。用兵時“必會王符乃敢行之”，即將兩半的玦合成爲一環。之所以特地將一隻玉環中間事先解開一個缺口，就是爲了可以更容易地折爲兩半而斷口整齊，如果是一隻玉環，難以折斷不説，其斷口必然是粉碎狀的。有些考古學家的考證認爲這種玉玦是做耳環用著實令人費解。這種玉玦可以夾在耳朵上嗎？類似玉玦在多數墓穴中出土時都是一人衹有一隻這樣的玦。

① 徐中舒主編《甲骨文字典》，第34頁。

② （清）段玉裁注《説文解字注》，成都古籍書店1981年影印本，第14頁。

玦者，缺也。缺者，王符也。

玦者，决也。“君子能决斷則佩玦”（《白虎通》）。

玦者，去也。獲玦者必領兵别商王而去。後繼之援兵亦以王符相印證。後來演化爲秦代的虎符。虎符由玉質演化爲金屬，是由虎符製作材料的質地以及戰争的艱苦和殘酷的性質决定的。

【甲骨文字本義小結】

玦的本義：遠古的一種信物，類似秦漢時期的虎符。使用時抉爲兩半，一人手持一半，合攏以取信。右文造字。音訓：從玉從夬，玉央切，讀如jue，古音通que。

破譯甲骨文：苣* 炬*

苣是萵苣的苣，炬是火炬的炬。這兩個字都是現代漢語常用字，但是在東漢《説文》中卻没有火炬的“炬”字，衹有萵苣的“苣”字。而且萵苣的“苣”也不是當作“萵苣”，即俗稱的萵筍解釋。

《説文》：“苣，束葦燒也。從草巨聲。”就是説本義爲點燃蘆葦紮成的草把。《康熙字典》“炬”條下有注：“《説文》本作苣。徐鉉曰：‘今俗别作炬非。’”説明“炬”是“苣”的别字，出現在許慎之後，徐鉉之前的歷史年代，即唐末至五代之前。但是“苣”“炬”兩字本義是相同的，都是火炬的意思。

《史記·田單傳》：“牛尾炬火光明炫耀。”（三家注本）

《後漢書·皇甫嵩傳》：“束苣乘城。”《説文》段注：“俗作苣。以此爲苣藤萵苣字。”

我做了上面的考證目的是爲了引出一個長期以來被誤譯的甲骨文字，如圖一：

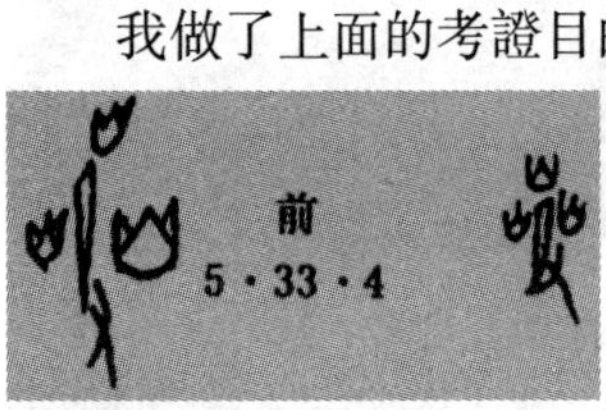

圖一

圖一這個字各家作漢字“燮”解。我認爲是漢字“炬”。理由是該字的本義爲一三角形物體燃燒出三團火焰，是遠古人類燃燒松明以照明的會意。從該字的音訓看，該字從三角形（亼）從火，其音訓應爲亼火切，讀若ju。字形、本義、音訓三者非常一致。

徐中舒《甲骨文字典》：“當爲燮之初文。”①

馬如森《殷墟甲骨學》釋爲“燮”字。②

該字在卜辭中一般與夕連用爲“夕~”。于省吾認爲“亦均爲不吉之義”。

卜辭：“癸亥卜。兄。貞：旬亡……夕~大載……”（前5·33·4）

卜辭：“癸亥卜。史。貞：旬無判。一日□。甲子夕~大載至于……”（簠雜116）

① 徐中舒主編《甲骨文字典》，第1136頁。

② 馬如森著《殷墟甲骨學：帶你走進甲骨文的世界》，第268頁。

這個“夕~”到底作何本義，破譯完全取决于上圖中甲骨文字的本義。從這個甲骨文本字可以看到，它是從焱（或從燚），從一個大頭向上的鋭角的三角形，從手。注意這些造字的元素包括形狀大小方向都是在造字中起著各自的作用的，必須準確無誤。例如有學者認爲中部的鋭角三角形是▽，這就爲甲骨文本字的理解帶來了不便。這個呈鋭角三角形的意符是用作火炬的松明，就是松樹中富含松油的部分。將其加工成上粗下細的形狀，上端便于點火燃燒，下端便于手執。

雖然早在仰韶、龍山（長江以南爲馬、崧、良時期）時期就有陶豆的存在，考古中也有大量的陶豆出土。但是截止目前的考古實證還不能證明殷商時期夜晚點油燈照明。殷商以前的陶豆主要用于禮器和食器。

殷商時期的照明主要是依靠點燃松明發光來照明。有兩個甲骨文字可資證明：一是甲骨文“松”，上從火，下從木，本義是用于照明的樹。二是本字。我認爲本字不是漢字“燮”，原因是燮除了從又（手），從火以外，它還從言。而從甲骨文本字中我們看不出該字甲骨文中有“言”這個意符。本字的甲骨文衹有三個意符：手、松明、火。它是一個會意字，意爲“手執一柄燃燒的火炬”，是一個動詞。按照甲骨文的造字規律，本字的甲骨文去掉意符“手”，剩下的部分就是“松明火炬”的意思，是一個名詞。“火”在這裏是一個非固定意符，可以是三個“火”，也可以是四個“火”（見簠雜 116）。“火”集中在鋭角三角形的上部表示火焰是在上部燃燒；手在鋭角三角形的下部表示手執火炬的下部。

該字在卜辭中一般與夕連用爲“夕炬”，夕炬應該是一個時間名詞。《説文》：“夕……從月半見。”段注：“日且冥而月且生矣。故字從月半見。皆會意象形也。”這就是説“夕”的本義是太陽落山以後這段時間。“夕炬”就是開始點燃松明火炬以照明的時間段。注意“夕炬”是一個時間段而不是一個時間點。因爲千家萬户點燃松明的時間是不一樣的。

【甲骨文字本義小結】

炬（東漢爲苣）的本義：殷商時手執松明點燃的用于照明的火把。動詞。

音訓應爲亽火切，讀若 ju。

夕炬：殷商時的時間特指。本義爲日落以後的點燃松明火把的時間段。

破譯甲骨文：叔部九字*

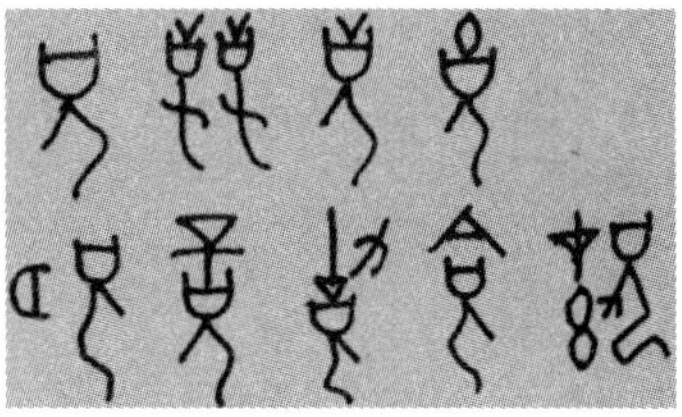

圖一

圖一九個甲骨文字中左上角的甲骨文字被郭沫若等很多學者認定爲“兄”。其餘八個甲骨文字迄今没有確解，其實屬于學界所謂的甲骨文未識字。有些甲骨文工具書用“會意不明”來注解它們。其實根據甲骨文造字規則看，它們的會意很清楚。我通過對造字和注音反切考證該字應該破譯爲叔叔的叔字。但是從甲骨文造字發

展史上看，這個甲骨文字破譯爲“兄”還是“叔”非常重要。如果破譯爲“兄”，則該字應該創造于小辛或者小乙時期，因爲陽甲、盤庚、小辛、小乙兄弟四人是連續四代的商王，造字以兄爲部首就應該出于這一時期。如果破譯爲叔，則上圖九字應該是武丁朝所創造。

上左一：甲骨文叔。

上左二：戴頭飾的兩叔叔。

上左三：戴頭飾的叔叔。

上左四：疑爲上左三的異體字，但是頭飾種類不一樣。

下左一：某人呵斥（武丁的）叔叔。

下左二：繼承了商王王位的叔叔（應爲小辛）。

下左三：手執硬柄禮器，擊中了叔叔的頭頂。

下左四：住在半地穴式茅棚裏的叔叔。

下左五：從事製作半地穴式房屋木架和處理絲綿的叔叔。

在甲骨文造字初期，誰的叔叔當了商王？誰有兩個叔叔？誰敢呵斥武丁的叔叔？誰用利器打擊武丁的叔叔？誰的叔叔落難建造並住進了半地穴式的民居，淪落爲下層的平民？顯然這幾個一期的甲骨文字蘊藏了太多的殷商小辛、小乙和武丁三朝的歷史信息。

武丁之前能够創造“兄部首”甲骨文字的商王祇有兩個：小辛和小乙，但是創造“叔部首”的商王僅有武丁。這一史實給我的啓發是：如果這些甲骨文字由商王武丁來創造，就可能是“叔部首”，而不會是“兄部首”。我必須在這裏澄清一個事實，如果這批造字屬于小辛或者小乙時期應該不會出現平起平坐的弟兄倆。無論那一個王朝都會强調自己的君主。所以這兩人平起平坐的造字出現在武丁朝的可能性居大。還有一點必須論證的是這個造字系列中的部首用字，即左上例一的音訓。

該字從口從人，可能的音訓爲人口切或者尸口切。其尸口切讀若 sou（或爲入聲），這個發音正是河南東南部方言的“叔叔”的叔，當地人以叔稱呼自己的父親。原來應該是“叔部首字”。

因此這個叔部首系列字應該産生于武丁一朝，是武丁專門爲自己的叔叔們——陽甲、盤庚、小辛、小乙四兄弟——創造的甲骨文字。因爲在殷商甲骨文系統的嬰兒期（武丁之前的卜辭一期）執政的商王祇有武丁的這四個叔叔。

盤庚遷殷之前在山東奄地當政十四年，遷殷以後當政十四年。所以盤庚之前的商王陽甲没有定居在殷墟。以盤庚率領全族北徙“先王居”之豐功偉績，他的兄弟無法與之争奪王位。能够争奪商王王位的祇能是小辛和小乙弟兄倆。現在我們引入考證過的甲骨文“競”字：

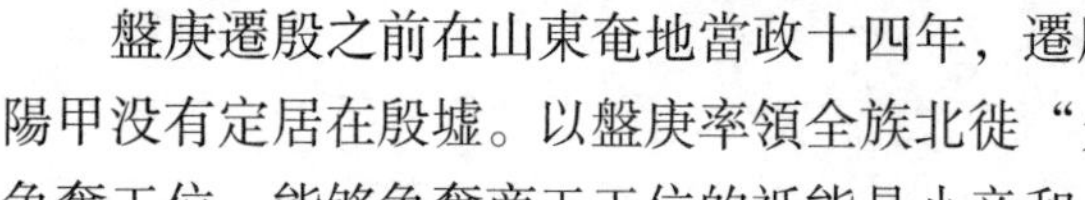

圖二　甲骨文：競

（三例分别爲三期甲骨文，三期甲骨文，一期甲骨文。）

從該甲骨文造字看，造字中代表人的意符采用的是辛部首的變形。《紀年》曰：“小辛頌即位，居殷。”甲骨文作“小辛”。説明小辛本名爲頌，辛是卜辭中他的謚號。據此可知，上述競字是武丁時造字，這個造字表明一種本義是在武丁的前朝可能發生過一次宮廷政變。其權力的轉換應該是小乙强奪王位。原因可能是當時小乙在前面三個哥哥執政達 60 多年之後歲數已經不小。圖一下左三甲骨文可能記述的就是這件事。該字造字爲手執利器擊中了叔叔的頭頂。

在一期卜辭中，“競”字的兩個商王王位繼承人的頭上分别有自己的一横，這一横没有例外。但是三期以後的甲骨文“競”字，毫無例外地變成了兩人共用一横的寫法。爲什麽這様演化？這説明小辛和小乙弟兄倆可能發生過争奪王位的競争。所以在卜辭一期中“爲賢者諱”，寫成了兩個人之間的競争。但是卜辭三期以後爲了還原歷史的真實用一横表示曾經發生過的商王王位的争奪。根據以上的考證，這一次王位的争奪不可能發生在陽甲朝，不可能發生在盤庚朝，同様也不可能發生在武丁一朝。記在一期卜辭中的這一次商王王位的競争的可能性就衹剩下小辛和小乙弟兄倆之間。至于那個被呵斥，被利器擊中，被迫住進半地穴式民居，過著平民生活的“叔叔”是誰，目前很難給出實證，我們衹能期待新的考古發現了。

甲骨文系統中從“叔部首”的字遠不止這些，但是上述八個字有個共同點，就是都出自一期卜辭（右下爲三期除外）。爲什麽在一期卜辭中會集中創造了這麽多的“叔部首”的甲骨文字令人深思？

一期卜辭的年代下限爲武丁朝在學界是没有争議的，卜辭創始于商王武丁以前。上限是盤庚、小辛、小乙、武丁中的哪一個商王尚存争議。一期卜辭中出現了如此多的“叔部首字”證明了一點：卜辭不是創始于武丁，而是創始于武丁以前的商王。因爲武丁的前四位商王是弟兄四個。這相繼繼承商王王位的四兄弟就是：陽甲、盤庚、小辛和小乙。他們都是武丁的叔叔輩而不是兄弟輩，武丁自己也没有什麽載入史册的兄弟。

在盤庚居奄的十四年至今没有發現有甲骨文字，所以在新的奄地考古發現卜辭以前，我們衹能認定甲骨文的上限是盤庚遷殷以後。也就是説這就是系統的甲骨文誕生的歷史上限。其實我們還可以更加精確一點，就是依據甲骨文字盤庚的“庚”字的造字，我們可以斷定盤庚朝没有甲骨文字。至少甲骨文“庚”字是在盤庚死後的小辛朝纔被創造出來的。

甲骨文中“帝”字采用了小辛的“辛字頭”，同様商朝的“商”字也采用了小辛的“辛字頭”，和商王有關的“僕”“妾”都采用了辛字頭這絶不是偶然的。

所以，在甲骨文“辛部首”系列字的造字考證中，我論證了系統甲骨文的造字始于小辛一朝，但是我們不能排除在小辛朝以前没有建構系統的碎片狀的單個甲骨文字的存在，也不能做出夏代没有文字的結論。

【附】叔和舅的音訓

我在研究甲骨文的過程中發現了一條正確破譯甲骨文的捷徑：當我們對一個陌生的甲骨文作出正確的音訓之後，可能會因爲它的發音而反過來破譯出該甲骨文本字。

懷疑是從一個字的音訓開始的：圖一例一是甲骨文界公認的破譯：兄。第二個字破譯爲漢字：祝。從字形上看，它們的甲骨文和漢字兩者非常相像。這個破譯引用一句俗

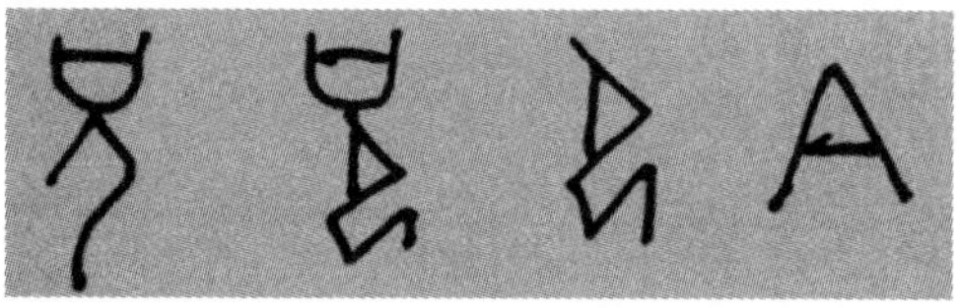

圖一　（左起）甲骨文：叔、祝、卩、亼

話就是：看上去很完美。圖一中的例一和例二一直爲卜辭學者破譯爲漢字兄和祝（多從示）雖然我也跟隨潮流多年認定是兄和祝，但是始終揮之不去的是這兩個字爲什麼這樣造字，“兄”一定就要站姿，“祝”就一定要坐姿。而且那向上的“口”表示什麼本義？

例一破譯爲兄的說法來自甲骨文之後一千多年的《說文》，徐中舒曰：甲骨文兄“與《說文》篆文同。《說文》：‘兄，長也。從兒從口。’或以（兩者）同，實非一字”。因爲例一用作兄長之兄，例二用爲祝。也就是說它們之所以破譯爲“兄”和“祝”僅僅是因爲甲骨文的字形和一千多年以後的篆字字形相似而已。我從殷商甲骨文的反切注音規律和殷商方言對這兩個字進行了分析，結果發現這兩個甲骨文字例一是叔叔的“叔”，例二是舅舅的“舅”。這個客觀推測出的結論使我震驚。

殷商甲骨文中的每一個字符是有著固定的方言發音的，也衹能是方言的發音，因爲那個時代大家都說方言。夏人說豫南南方言；殷人說殷商方言；周秦說陝南方言，大致如此。例一例二是甲骨文象形字，象形字造字中没有單純的聲符，而是采用筆畫或文字意符反切來注音的。

例一的甲骨文從側立人從口，側立人的發音可以是 ren 或 si。所以例一的甲骨文發音是尸口切，古音讀若 sou 同 shou，殷商方言中没有 zh，ch，sh，而 sou（入聲）發音正是殷商方言叔叔的叔。殷商方言區稱呼父親爲叔 sou（入聲），也有稱“大”的。

從本義上看，兄和叔並不矛盾。父親的兄弟就是叔叔。例如二期卜辭收有：

卜辭：“己卯卜。行。貞：王賓叔己。劦……”（粹 310）疑爲三期卜辭

卜辭：“癸酉卜。亘。貞：侑于叔丁。”（續 1・13・1）二期卜辭

按照卜辭分期二期係孝己、祖庚、祖甲三兄弟時期的卜辭。孝己未立而卒。所以按照學界的慣例分析，這是內容互相矛盾的兩條卜辭。第一條的“賓兄己”可以理解爲祖庚祖甲祭祀其兄長孝己，第二條“侑于兄丁”就無法解釋。因爲二期卜辭僅跨祖庚、祖甲兩朝。祖庚祖甲衹有一個叫作孝己的兄長，並無一個叫×丁的兄長。前任商王武丁是祖庚、祖甲的父親（即叔）。所以如果例一甲骨文依照其音訓破譯爲叔 sou（入聲），則卜辭（續 1・13・1）是祖庚、祖甲祭祀生父武丁的一條卜辭。而卜辭（粹 310）就應該是三期初期的卜辭，是廩辛或者康丁祭祀其父輩孝己的一條卜辭。這樣就順暢了。

例二的甲骨文從卩從口，卩口切，讀若 jiu。一個坐著的老人音訓爲 jiu，衹能破譯爲舅字。

例三的甲骨文卩的音訓是從亼從折，亼折切，讀若 jie。本義是坐著的老人，通爺，音 ye。

例四的甲骨文亼音訓爲集。《說文》：“亼，三合也。從亼一。象三合之形。……讀若集。”段注：“秦入切。”亼的甲骨文本義是殷商半地穴式民居的草房的房頂。殷商人建造這種民居時有時是原先將房頂做好，地穴挖成以後直接“合”上去。

漢字祝在甲骨文中典型造字表現爲從示從舅，但是卜辭中不從示的例三本字“舅”一般可以做舅舅解釋。說明殷商時期稱呼母親的兄弟爲舅。例如：

卜辭："辛丑卜。□，貞：舅于母庚。"（鐵127・1）"于"是一種祭祀，舅舅祭祀母親×庚之意。

卜辭："其求于上甲其舅。"（粹330）

從示的祝和不從示的舅同時出現在一期卜辭中，這説明兩字的關係不是初文和本字的關係。祝和舅音近，爲一聲之轉，在今天的殷商方言中也是有聲紐的區别的。按照殷商甲骨文的造字規律看，在甲骨文祝字中的意符"舅"應該是有實義的一個意符，它就是指舅舅。那麽殷商的"祝"和舅舅有什麽樣的内在的造字依據尚待進一步史證。

破譯甲骨文：錘（殳）*

甲骨文"殳"的本字的確定影響到幾十個甲骨文字本字的破譯。我先從幾個被學界研究者認定的甲骨文"殳"開始。高明、涂白奎在《古文字類編》中把圖一的甲骨文破譯爲殳①，而馬如森在《殷墟甲骨學》中把圖二的甲骨文暫定爲殳②。

圖一　甲骨文：殳

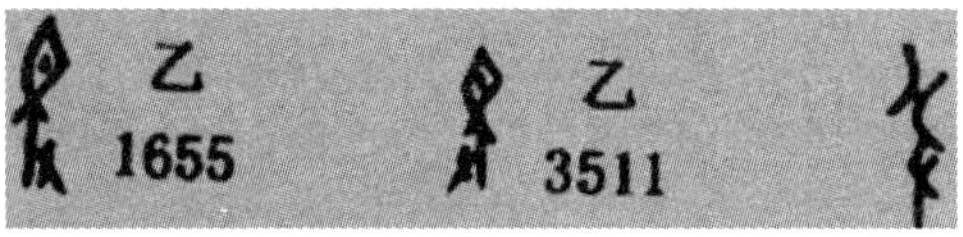

圖二　甲骨文：殳（暫定）

徐中舒大概是不同意上述兩種意見，所以他主編的《甲骨文字典》没有收錄漢字"殳"的甲骨文本字，而是將圖一的甲骨文本字及其同部首甲骨文字直接用于譯文。我贊成徐中舒的這一見解：上述四個甲骨文字都不能破譯爲漢字"殳"。這是因爲漢字"殳"的本義和圖一的甲骨文字表達的本義差距很大。漢字"殳"從又從几，但是圖一圖二中的甲骨文字都是從又不從几的。圖二中的乙1655和乙3511本義是手執一柄投槍，標槍或者紅纓槍，是一種依靠投擲以獵殺野獸的工具。殷商人的工具、農具和兵器是三者合一的，衹是不同場合的用途不同而已。

《説文》有殳部，收錄了以殳爲部首的二十個漢字："殳，以杖殊（殺）人也。《周禮》：'殳以積竹，八觚，長丈二尺。建于兵車，旅賁以先驅。從又几聲。凡殳之屬皆從殳。'"關于殳，在《考工記》中有詳細記。所謂殳是指一種在戰車上使用的丈二尺的長柄武器。

但是我們從圖一甲骨文所屬的系列字看，顯然它不是一種武器，更不是戰車上使用的武器。圖三的殳部首甲骨文系列字顯示：該工具的柄可以是直的，也可以是彎曲的

① 高明、涂白奎編著《古文字類編》（增訂本），第445頁。

② 馬如森著《殷墟甲骨學：帶你走進甲骨文的世界》，第274頁。

（圖四）。這説明其柄是有彈性的。前端是不規則幾何體的錘頭。其實這種錘子至今在我國廣大農村還在使用，多使用在開山鑿石過程中。錘子的頭部是鐵質的，錘柄是用數根寬竹片組合而成。在掄錘打炮眼時，藉助錘柄的彈性，既準確又省力，同時還可以有效防止震裂打錘人手的虎口。這種錘有兩種，長柄錘和短柄錘。短柄錘是單手使用的輕便錘。

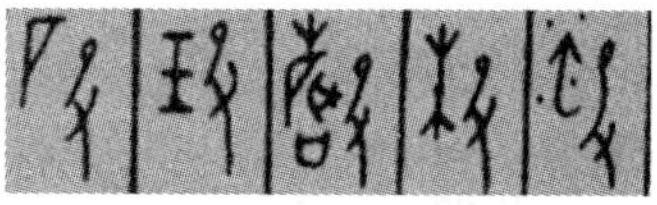

圖三

圖四　錘部首系列字例

所以我認定圖一中的甲骨文字應該破譯爲：錘。

《説文》："錘，八銖也。從金垂聲。"段注："後人位稱之權（秤砣）爲錘。……古字衹當做垂。謂有物垂之而使平。"許慎所説非本義，應該是引申義。石錘和秤砣的"格式塔"是一致的，都是以軟柄石錘（或權）。

錘系列甲骨文字另文破譯。

【甲骨文字本義小結】

錘的本義：殷商時期使用的竹柄石錘或銅錘。不從又者爲名詞錘，象形字；從又者爲動詞錘擊之錘，會造意字。

破譯甲骨文：錘系列字*

有比較纔有鑒別。我就是要將比較進行到底。例如，圖一甲骨文"錘"是一個部首字，但是甲骨文中包含著意符"錘"的系列字很多。我認定了這個字是甲骨文"錘"字，那麼用它作爲意符和本義就應該能够破譯並解釋所有的甲骨文的錘系列字。如圖：

圖一

圖二　例一、二、三、四、五

圖三　六、七、八、九、十

圖四　例十一、十二

圖五　例十三

以上列舉十三個錘部首甲骨文字。我們試以意符錘對其會意給予一一破譯：

例一：用短柄錘修整石質窑洞的弧形轉角。也可以破譯爲采石。

例二：采玉（采石本義同）。這個甲骨文字也可以破譯爲治玉，也就是加工玉的本義。

例三：回聲。其中窑洞上有植物，故爲土質窑洞。意符"口"和意符"錘"的造字作用是聲源。意符"耳"爲聲音感受器官。該字有名詞形式可以省略上部的"屮"和右邊的殳和下部的口。參見《破譯甲骨文：回聲之回》。

例四：從錘從朱。本義不詳。暫付闕如。

例五：從錘從它。以長柄錘擊它（蛇）。

例六：從錘從草繩。爲使搓製的草繩柔軟，可以在搓製以前將草錘軟，編好的草繩也可以經過錘擊使其變得柔軟。注意本字中左側的“系”是指草繩不是絲綿繩。

例七：從錘從皿。似爲敲鐘之意，但是造字的意符是青銅皿。

例八：從錘從凡（舟）從口。應與殷商造船碼頭有關。

例十：從錘從貝（或蛤），該意符爲一枚未打開之貝（或蛤），故可破譯爲以錘擊貝以取肉。

例十二：該字依照傳統的解釋是從錘從豆的會意。但是以錘擊豆顯然解釋不通。因爲甲骨文中“豆”的三種用法是禮器、食器和燈臺，都不是被擊的對象。所以這個字應該給予我們以新的啓迪。其中左側的豆狀的意符可能是古代樂器“缶”，這裏是以長柄錘擊缶之意。

例十三：本字有歧義。左側爲一跪坐著的老人，右側爲手執錘擊之老人的後背頸椎處。這就是本字產生兩種可能的解釋：其一，爲老人捶背；其二，杖殺罪犯。我傾向前一種解釋。原因是罪犯可以是各種年齡的人，而本字中左側符號據我的考證應該是已經不能下地勞動的老年人。此字音訓爲爺。

例九和例十一不是錘系列字。例九從又從↑從孕婦，疑與殷商時代的剖腹產有關。例十一亦不從錘，從造字各個意符會意，應該與殷商時期的挖鑿土窑有關。

通過以上的研究我發現甲骨文造字有一個呈現規律性的東西，就是造字本義形成的關鍵並不在于使用了多少個意符，而在于主要的意符之間產生的會意。很多意符的組合在殷商甲骨文系統中僅僅出現一兩次，但是它同樣表達了一個特定的、完整的本義。甲骨文字的發音應該是有規律的，一般地説同音字之間本義應該是有聯係的，這正是後來小學中音訓的理論基礎。這個初步的推斷尚等待用大量的甲骨文字釋例加以進一步考證。

以上關于錘部首系列字的義訓僅僅從造字的會意特點探討了甲骨文造字的原理。由于本系列字中的意符錘的發音很難確定，所以不能簡單地認定爲殳（shu），因此無法逐一確定以上錘系列字的音訓，故暫付闕如。

破譯甲骨文：滳* 汾*

侯外廬在《中國古代文明起源的具體路徑》一文中，考證了金文“邑”：“邑字在文獻史上多轉成會意字，作右阝，凡在氏族部落的土地上進化到國家的成立，便在部落的原名上加阝字。甚至在金文中還有國字的變形，也加邑旁……”① 如鄭國、郯國、邢國、莒國、鄧國、鄂國、許國、鄘國、邾國等等。據侯先生研究：“這些國家都是在‘邑’的經濟形態上成立起來，并且‘作邑’都是就原來的部落的圖騰上面開始，奠、

①② 侯外廬著《中國古代社會史論》，河北教育出版社2000年版，第107頁。

黿、鄙……萊是一望可知其圖騰的形狀的。”事實上這類以原部落名或者地名加“邑（右耳）”形成的方國名稱在西周還有很多，但是通過分析這些方國名稱的獨特的命名方式，我們可以基本確定在這些名稱中，“邑”表示的是各方國的城邑，即領地。而原先的部落名或者地名已經在造字過程中退化爲一個聲符。就是説人們在論及鄭國、郯國、邢國、鄧國、鄂國、許國、鄫國、邾國這些方國的時候，已經不再考慮這些部落名，或地名的本義。這裏可以很明顯地看出：金文形聲字的造字方法已經呼之欲出。這些方國名稱中的奠、炎、井、鄙、曾、黿等原先的甲骨文意符兼聲符的造字符號，其中的意符功能已經明顯地退化，剩下的衹是其作爲單純的聲符所起的注音作用。

我在研究甲骨文時發現，甲骨文也有這種情況，但是其中的聲符同時兼有意符的作用，這兩種作用同時存在，並行不悖。這就是後世學者們争議不休的“右文造字”。將西周和殷商的兩種造字現象進行對比是一件很有啓發性的事情：

甲骨文中的河流名稱常用：水部首+意符兼聲符的造字方法來造字。例如滴水。滴水就是商地的河流名稱（見圖一）。商地我已經考證過就是殷商的都邑殷墟的所在地。殷墟地區有兩條河：洹河和漳河。徐中舒《甲骨文字典》：“楊樹達謂以字音求之，即今漳水。”[①] 我認爲這個意見可能是正確的。因爲據我對《尚書・盤庚》的研究，盤庚由奄遷徙到殷墟首先是居住在洹河北岸的，就是“盤庚遷殷”的第一落腳點是位于洹河和漳河之間的土地上。這一塊土地正是與商代的“先王居”——商地南隔洹河以相望的。也就是説洹河的南岸正是商先王契“從先王居”的受封和創業之地。後來因爲“天降大虐”，盤庚决定率民遷往洹河南岸的土地上。《尚書・盤庚》正是記録這一次由洹北遷往洹南的艱難歷程的。説它艱難不是動遷勞累之苦，而是盤庚自山東奄地遷往洹北不久，就立刻要再次遷往洹南，剛剛安居樂業的大臣和子民們想不通，做思想工作的難度很大。從正在進行中的洹北商城考古揭示：洹北商城在尚未全部完工時就遇上了一次大火。這次大火燒毁了全部的形制簡陋的宫殿。兩者之間的有無聯係尚有待進一步的考古證實。但洹北商城北邊不遠便到了古漳河邊。

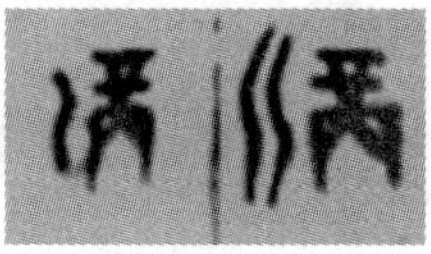

圖一　甲骨文：滴

洹河以北的沿洹地區在商周歷史上也曾經被稱作殷地。這一點有很多的文獻資料爲證：

“天命玄鳥，降而生商。宅殷土茫茫。”（《詩經・商頌・玄鳥》）

“帝盤庚之時，殷已都河北，盤庚渡河南，復居成湯之故居。迺五遷，無定處。殷民咨胥皆怨，不欲徙。盤庚乃告諭諸侯大臣曰……乃遂涉河南，治亳，行湯之政，然後百姓由寧，殷道復興。”（《史記・殷本紀》，《三代世表》同。）

“陽渠水（洹河安陽段）又東徑亳殷南，昔盤庚所遷。改商曰殷，始此也。”（《水經・濁水注》）

“所謂洹水南故殷墟者也。”《集解》引汲冢古文曰：“盤庚自奄遷于北蒙，曰殷虚（虚爲衍字），南去鄴三十里。”王國維先生考證説：“虚字因正文而誤加，《書疏》所引

① 徐中舒主編《甲骨文字典》，第1212頁。

無虚字。‘南去鄴三十里’六字，蓋《紀年》舊注。是殷固在河北，亦非朝歌。”①

作爲一個佐證：盤庚（般庚）之“般”在甲骨文中是造船的意思，以此爲盤庚命名（謚號）應該是記錄了造船的木匠——盤庚——這一次偉大的歷史業績的。

周武王滅商時的商紂王的朝歌號稱“邦畿千里”，涵蓋了北至濮陽南至漳河以北的廣大地區。所以楊樹達謂滴水即漳水是很能令人信服的。在甲骨文“滴”字中聲符“商”同時又是意符。意指商地的河流，音訓上“滴”“漳”亦相通。

甲骨文（汾）從水從方。先秦方汾均屬並母，音近可通。在《破譯甲骨文：方》中我已經考證了殷商統治者有單以一個“方”字稱呼夏代遺民方國的習慣用法。所以本字中的“方”應當是指“方國”，即今山西運城一帶的汾水兩岸的平原地區。是夏禹“鑿龍門”後，將山西境内洪水自龍門排出後，在山西太原地區發現的一塊宜居平地。所以後來就一直爲稷的後代子民居住。即使在武王滅紂之後仍是如此。這個“方”既是意符也是聲符。它所對應的漢字應該是：汾。山西方言方、分音近。

土方，即太原平原的西部，一條大河自北向南流過這裏。這正是汾河。

在大禹治水，疏通黄河以前，山西境内由于龍門未開，水位居高難下。山西盆地一片澤國。由于大禹“開孟門”“鑿龍門”使黄河西河的水位下降，同時也排出了山西境内的“湖水”，山西境内的積水由當初的“千島之湖”最終萎縮爲一條大河，這條大河中分山西全境，是爲“分”河——汾河。但是在殷商甲骨文中，這個字與大禹的豐功偉績似乎無關。它從水從方，意思是土方境内的大河。對應的漢字有“汸”，但是意思卻相去甚遠。

《説文》：“汾水出大原晋陽山，西南入河。從水分聲。或曰出汾陽北山。冀州浸。”

今用“汸汸”表示水勢很大。

我們看到許慎所記的汾河已經是大禹治水以後的汾河了。衹有他留下的一個不明不白的尾巴“冀州浸”中依然能够看到當初“千島之湖”的冀州境内浩瀚大水的景象。

以上金文和甲骨文造字的對比説明：殷商甲骨文的造字中，各個意符之間靠會意形成新字的本義，所造新字的發音以其中某一個意符的發音爲準。所以在甲骨文的會意字中一般都有一個意符同時兼爲聲符。這正是後來北宋王聖美發現的漢字的“右文造字”現象。西周的金文造字中已經出現了以不同意符加統一的偏旁造字的新的方法。以意符的發音爲新造字的注音。但是新造字的本義與該意符的本義之間的聯係漸漸淡化，其造字的會意功能也已經退化了。當該意符的會意功能退化到可以忽略時，剩下的就僅存作爲聲符的功能了。這種造字方法是以一個聲符加一個意符組合成新字。以意符表意，聲符注音，這就是許慎所説的“以事爲名，取譬相成”，這就是“形聲造字法”。它應該是在西周以後形成的一種造字法。但是我們可以看到它的根卻是在殷商甲骨文的右文造字之中。

① 《史記》第一册，中華書局 1959 年版，第 102 頁。

破譯甲骨文：源*

甲骨文字的造字有其内在規律性。許慎在《説文》總結的六書中，甲骨文使用了三種：一種是象形字；第二種是大會意字（包括指事字）；第三種是同音假借。甲骨文造字還有第四種方法就是右文造字，這是殷商甲骨文獨有的一種造字方法。它的基本原理是會意造字，但是它在會意造字的基礎上，取其中的一個意符的發音作爲新造字的注音。本文以大會意造字法破譯甲骨文字：源。讓我從甲骨文"之"談起。

甲骨文（之）從止從一，其中"止"就是腳趾的趾，是一隻左腳的象形。下面的"一"代表大地。所以"之"的本義是：離開此地，出發。亦可釋爲水從地面涌出。

現在我們來破譯一個至今尚未破譯的甲骨文字（如圖一）。這個字從水，從止，從一。《説文》中没有收録這個字。卜辭中也祇有兩條殘缺不全的辭條（以"～"代替本字）：

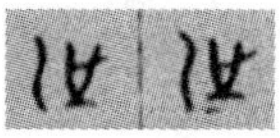

圖一

卜辭："己……～貞：……亡（無）。"（掇2·106）"～"爲貞人名。

卜辭："戊……～……今……"（後上10·11）"～"意義不詳。

依據卜辭我們無法破譯這個甲骨文未識字。但是這是一個使用大會意方法所造的甲骨文字，所以它應該符合甲骨文造字的會意原則。

左側從小水（乙），説明該字描述的是一脈涓涓細流。右側從止，止下的一橫表示大地。甲骨文中"止"的會意是"離開此地"和"出發"的本義。將兩者結合起來，圖一這個甲骨文字的本義應該是：出發地的涓涓細流。就是源泉的"源"字。依據上述卜辭掇2·106分析，這個字可能用作貞人的名字，但是我在殷商貞人表中没有發現這位貞人。所以這個未識字可以初步判定可能是占卜之地，即該條卜辭記的内容是在某條河的源頭占卜。

這個字本字應該怎樣判定呢？從甲骨文（之）我們可以判定本字對應的漢字直譯應該寫作。這個漢字在戰國以前是存在的，見于戰國時期的雲夢雜抄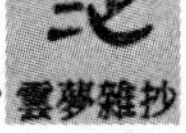，有學者將這個漢字破譯爲"泛"，這是有失嚴謹的。因爲這個字右上從之不從乏，所以它的本字祇能是圖一中的甲骨文字。其本義應該是河源之"源"。但是戰國以後這個字就不再出現。到了《説文》中河源這個本義對應的漢字成爲源字："源，三泉也……水本也。"小篆的"源"字並不從水，而是由三個"泉"字組成的一個呈品字形的漢字。我們看到這個字在發展的軌跡上出現了斷裂。"源"作爲一個新造的漢字源于泉水的"泉"，因爲一條河流的起源處多是衆多泉眼匯聚成河，所以小篆的漢字"源"采用了三

泉會意表示河流的發源。三個同樣意符的重複在造字中表示“很多”的意思。

除了《説文》本義和小篆和圖一甲骨文字的會意相符合以外。先秦文獻也可以證明這個甲骨文本字可以破譯爲“源”：

《康熙字典》：“源。《禮月令》‘爲民祈祀山川百源’注：衆水始出爲百源。”

所以圖一的甲骨文未識字應該是“源”。卜辭因爲殘缺不能用來證明，但是該字的前面應該有一個名詞，是河流的名稱。例如“洹～”表示洹河的源頭；“滴～”表示滴河的源頭。

【甲骨文字本義小結】

源的本義：河流（川也）的發源處。

音訓：本字從水從止從一，發音爲一川切，讀若 yuan。

破譯甲骨文：沚

《詩經》有“于沼于沚”“湜湜其沚”“宛在水中沚”“在彼中沚”等詩句，其中的“沚”均解釋爲淺水中的沙灘之意。例如“湜湜其沚”的意思就是淺水清澈得可以看見下面的沙灘。

其實按照該字的造字本義應該是：水清澈得可以看見自己的腳趾，或者是淺水淹没腳趾。所以許慎説沚和渚渾言之都是指水中的小沙洲，析言之沚是水中的小渚。《爾雅》：“水中可居者曰洲。小洲曰渚。小渚曰沚。”

以上關于“沚”字義的解釋都是西周以後的記。殷商甲骨文系統中就已經有了這個“沚”字了。卜辭中的“沚”字多見，字形也是一致的，如圖一。

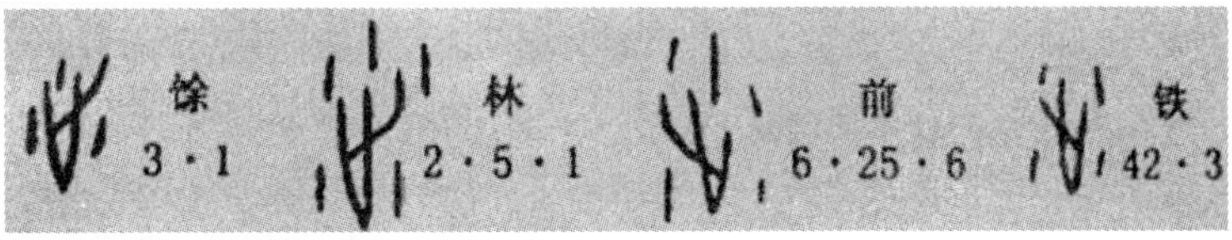

圖一　甲骨文：沚

甲骨文“沚”，從散點水，從止（腳趾）。其會意是一隻腳在淺水中蹚水，所以“沚”的本義源于河水很淺的意思。由于水很淺很清澈，所以能够看見自己的腳。其甲骨文本義是：水中的淺灘。但是這個甲骨文“沚”在卜辭中的應用卻很是耐人尋味：

卜辭一：“乎從臣沚侑冊卅邑。”（乙 696）這是一期卜辭。内容是商王令“臣沚”擁有了“卅邑”，即三十個村邑。這裏的“臣沚”是人名，當是和商王朝關係親密的沚國國君（如果這個沚國是殷商的敵國則稱爲沚方，卜辭中的沚參與了殷商討伐土方、共方和召方的多次戰爭）。本條卜辭似乎是宣布沚國建國的一道“聖旨”。臣沚得到了商王賞賜的“卅邑”，于是成爲了沚國的國君。“臣沚”一名又見“前 6・36・1”。卜辭中有關這個沚國的人名還有“沚職”和“沚戛”等。

從戰略意圖上看，商王朝設立沚國很明顯是爲了居間牽制兩個敵對方國：土方和共方（共方爲用字方便起見從胡厚宣説）。從卜辭内容可以看到，土方經常從沚國的東邊侵犯和騷擾沚國，而共方則經常從沚國的西邊侵犯和騷擾沚國。弱小的沚國不堪兩强方國的騷擾，就去商告狀。商王就“御駕親征”討伐土方和共方。

卜辭二：“貞：方允其來于沚。”（前 7・29・1）這裏的“方”是殷商對土方的簡稱。從這條卜辭内容看。土方侵犯殷商應該是經過沚國的土地。所以殷商卜辭説土方是“來于沚”。這條卜辭也證明了沚方位于土方和殷商的大邑商之間。在卜辭中商王征伐土方和召方的時候也是先到達沚國的。

卜辭三：“丁巳卜。□。貞：王叀沚聝從伐土方。”（戩 12・13）

卜辭四：“癸酉貞：王從沚聝伐召方……又在大乙宗。”（京 4395）

在《土方考》一文中我已經考證了“土方”是大禹治理山西境内的河流以後整理的一方土地。位于太原盆地。這裏是大禹後代盤踞多年的夏周氏族的大本營。共方（學界有多種破譯）則是土方的同盟方國。應該和土方的太原盆地隔汾河以相望。土方和共方兩方國之間應該就是擁有卅邑的沚國。其地理位置大約是在今天山西省境内的交城文水祁縣之間。這個區域内的水文分布正是一水五支流，形似一隻腳的形狀。這有可能是“沚國”的另一重含義吧。

【甲骨文字本義小結】

沚的本義：水中的淺灘。用于殷商同盟國名，人名。右文造字。止是聲符兼意符。

破譯甲骨文：是“浿”還是“沁”

《説文》：“浿。浿水出樂浪鏤方，東入海。從水貝聲。一曰出浿水縣。”段注：“前志樂浪郡浿水縣下曰：‘浿水，西至增地入海。’《水經》曰：‘浿水出樂浪鏤方。東南過臨浿縣。東入于海。’酈按：‘漢志是。《説文》及《水經》非也。’酈云：‘其水西流。徑故樂浪朝鮮縣。即樂浪郡治而西北流。’故《地理志》曰：‘浿水西至增地縣入海。’……浿水縣未聞。”

徐中舒《甲骨文字典》和馬如森《殷墟甲骨學》也是作爲“浿”字收入的。

段玉裁在注解中認爲浿水是朝鮮國的大同江，這是明顯的地理常識的錯誤。因爲大同江没有西至的入海口。衹有朝鮮國西向流入黄海的鴨綠江西流，轉東南入海。但是殷商人在甲骨文中爲什麽要以浿水來命名鴨綠江呢？這一點讓我感到非常奇詭。

這個被古往今來的文字學家們稱爲“浿”河的甲骨文“浿”字本字是怎樣的一個造字呢？如圖一。

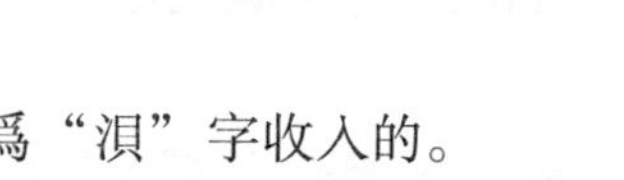

圖一（這個字實際上是甲骨文沁，不是浿）

我仔細地研究了一段時間，認定這個字應該破譯爲漢字“沁”，而不是“浿”。以上所引的考證中許慎的定義和段玉裁的考證都是針對漢字“浿”的考證，他倆並没有説明這個漢字“浿”就是圖一中的這個甲骨文字。其實殷墟甲骨文的發現迄今衹有一百多年。所以我們可以推斷，許慎和段玉裁都沒有見過系統的甲骨文字。有關圖一甲骨文字在卜辭中衹有一例：

卜辭："未［卜］……魚……沁。"（甲 275）這一例無法證明該甲骨文本字是"浿"還是"沁"。

我在《破譯甲骨文：貝　心》中關于"貝"和"心"這兩個甲骨文字有如下區分："甲骨文心字和貝字的字形非常相像，故而非常容易混淆。我認爲：在甲骨文字的結構中一個細微的差別往往寓含著本義的差別。貝和心就是這樣的一個例證。"貝"展示的是海貝的正剖面，分左右兩片，中間有兩顆肉質的瑤柱分别附著在兩側的貝殼的内壁上。造字者的細緻的觀察和對貝類特徵的敏感捕捉真是非常了不起。"心"則是一個獨體象形字，内中分爲四個腔：就是我們生理學上所謂的左心室、右心室、左心房和右心房。

正確區别甲骨文字貝和心的簡單的方法是：貝這個字下大上尖，是有方向性的。心這個字是上大下尖，也有方向性。貝是合體字（中間是分開的），而心是獨體字。如果你瞭解海貝和人心的生物學特徵，你就很容易分清楚它們。上圖中的甲骨文字左側所從爲"心"而非"貝"。因爲它是一個獨體象形字，而且是上大下尖的獨體字，所以它是從水從心的。破譯爲漢字就應該是：沁。

圖二　甲骨文：貝

圖三　甲骨文：心

《説文》："沁，沁水。出上黨穀遠羊頭山，東南入河。從水沁聲。"段注："上黨郡穀遠。二志同。今山西沁州沁源縣城南故穀遠城。漢縣也。《前志》穀遠下曰：'羊頭山世靡谷。沁水所出。東南至滎陽入河。'"今殷墟南有沁陽市位于沁河以北，據考證是商王的狩獵區域。這些都説明"沁"字要比"浿"字距離殷商人生活親近得多也常用得多。商都邑在河南安陽到濮陽一帶，向東獲取貝類的途徑很多：首先是渤海，其次是黄海邊的人方（東夷）。在這樣的地理環境中，殷商人可以很容易得到海貝。他們有什麽理由會在甲骨文系統中將遥遠的鴨緑江命名爲浿水呢？

甲骨文浿，從水從貝。鴨緑江口的濕地和淺海也確實盛産海鮮貝類。但是這些貝類和殷商人有什麽聯係嗎？爲了回答這個問題，我們先來考察一下遠古時代殷商在商地的緣起：

"天命玄鳥，降而生商，宅殷土芒芒。古帝命武湯，正域彼四方。方命厥後，奄有九有。"（《詩經・商頌・玄鳥》）

"殷契，母曰簡狄，有娀氏之女，爲帝嚳次妃。三人行浴，見玄鳥墮其卵，簡狄取吞之，因孕生契。"（《史記・殷本紀》）

《詩經・商頌》是殷商人自己的創世紀傳説和漢人追溯記的商人創世紀傳説。兩者相比較我們可以發現，在殷商人的史詩中，商人自己並未説過他們是帝嚳的後代。他們衹是説自己是玄鳥的後代，是玄鳥繁衍了商人的遠祖——契（或者是商）。他們的創世紀就是在商這塊土地上。這就意味著從母系社會開始殷商人就一直住在商地——即濮陽、衛輝市和殷墟這一三角地帶。也就是商人引以爲自豪的“從先王居”。距離他們最近的海域是渤海灣，其次有山東半島東南部的黄海夷方定時進貢海鮮。他們大可不必捨近求遠去惦記那些遠在朝鮮國沿海的海貝，也没有將一千多公里以外的鴨綠江命名爲“浿”的造字動機。

從殷商時這兩條河的地理存在看：沁河是從山西省流入河南的一條河，處于殷商經常活動的地盤。據卜辭記商王經常在沁河狩獵。而浿河當時雖然也已見先秦文獻的記但是和殷商王朝的交往卻没有史證。《水經注》：“朝鮮，故箕子國也。箕子教民以義，田織信厚，約以八法，而下知禁，遂成禮俗。”又：“余訪蕃使，言城在浿水之陽。其水西流徑故樂浪朝鮮縣。”我們知道箕子被封在朝鮮已經是商紂王被滅以後西周初期的事情了。

在結束本文的時候，我想强調一點：甲骨文“沁”是一個右文造字，其中的“心”是一個意符兼聲符的造字符號。這個甲骨文“沁”字的本義是與“心”有密切聯係的。雖然由于歷史久遠我們暫時還無法考證它。

【甲骨文字本義小結】

沁的本義：沁水。名詞。右文造字。心是聲符兼意符。

破譯甲骨文：宿

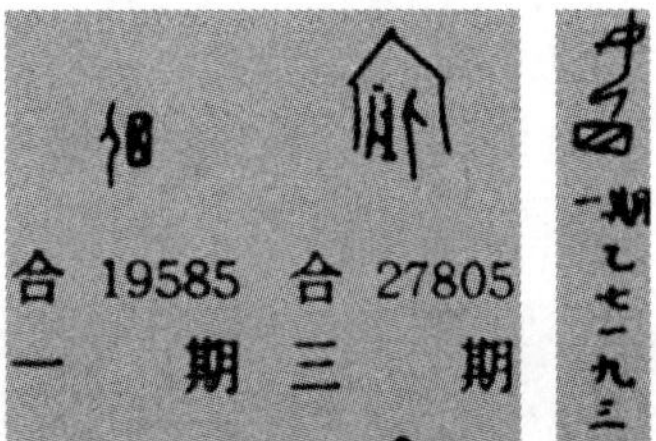

圖一　甲骨文：宿①　　圖二

首先我們應該辨明圖一、圖二中六個字，圖一中的四個字是甲骨文“宿”，圖二中的兩個字不是甲骨文“宿”。因爲在有限的卜辭辭條中，凡用作止息睡覺的本義的都是使用圖一的四個字，而且這四個字中，還分成兩種情况，一期的兩個字没有房屋，另一種三期的有房屋（即從宀）。例如：

卜辭：“貞：其宿其☐無災。”（甲 3318）

卜辭：“于☐宿無災。”（寧 1・384）

卜辭：“貞：祖辛不宿。于父乙。”（綴合 137）注：“于”爲一種祭祀方式。

徐中舒將圖一中的四個字列爲甲骨文“宿”，但是他認爲圖二中的兩個字也是甲骨文“宿”，這是值得商榷的。我認爲甲骨文是一字一形一義的，圖一中的四個字中的人都是睡在草席（或蘆席。下同）上，而圖二中的兩個字中的一男一女卻是跪坐在草席上。所以顯然它們不能代表“宿”中有過夜的含義。

① 引自徐中舒主編《甲骨文字典》宿條下。

《説文》："宿，止也。"段注："凡止曰宿夜止。其一專也。《毛傳》：'一宿曰宿，再宿曰信。'即《左傳》之'凡師一宿曰舍，再宿曰信，過信曰次也'。"

《周禮·地官·遺人》："遺人掌邦之委積以待施惠……凡國野之道。十里有廬，廬有飲食。三十里有宿，宿有路室，路室有委。五十里有市，市有侯館，侯館有積。"文中所謂的"委"和"積"分别是"可以在住宿時食用的飲食"和"可以讓旅客帶走的飲食。"

細心的讀者會發現，其實圖一中的四個字也分爲兩種不同形式的本字，有的從宀，有的卻不從宀。這是什麽原因呢？我們發現凡一期甲骨文的"宿"不從宀，而三期以後的甲骨文"宿"開始從宀，説明這兩個字前一個字是後一個字的初文，就是它的最原始的本字形式。這一點可資證明甲骨文的部首是不斷地完善並系統化的。"宿"的本義因爲和房屋有關，所以三期以後將它們歸入宀部首，説明甲骨文字作爲一種初創的文字系統也是在不斷地規範化的。漢字最終規範化的完成是許慎的《説文》，這種規範的方法叫作轉注。

研究甲骨文"宿"還請注意，這些"宿"字中的人都比他們睡覺的草席要長，這一點我們在下文考證草席的長度時再做研究。

【甲骨文字本義小結】

宿的本義：過一夜。

音訓：從尸從尋，尸尋切，讀若 su。達詁應爲 xu。遠古兩字同音。（注意區分：過一夜爲宿，過兩夜爲信，滯留兩夜以上方爲次。）

破譯甲骨文：尋*

許慎將他在那個時代所能够收集到的每一個漢字的各種解釋都納入了《説文解字》這本書。因爲每一個漢字的甲骨文起源時都是單義的，所以這個字演化出的各種解釋之間應該是有聯係的，而不是來自多個獨立的來源。我們來看許慎關于漢字"尋"的定義：

《説文》："尋，繹理也。從工口，從又寸。工口亂也，又寸分理之也。彡聲。……度人之兩臂，爲尋，八尺也。"説明一下，小篆的"尋"字左上角有符號"彡"，所銜切。這裏的"尋"字出現了兩個意義：一是繹理，即整理和變亂爲治。二是成人伸展兩臂的長度，即八尺長。

説實話，乍一看，我没有看懂。于是我衹好追根尋源，查找"尋"的甲骨文。但是很多甲骨文工具書中，例如《古文字類編》、《甲骨文字典》和《甲骨文精粹釋譯》根本没有收入這個甲骨文"尋"字。這個事實説明許多學者並不認可甲骨文中的這個"尋"字，或者説他們没有找到漢字"尋"在甲骨文中對應的字。我最後在馬如森的《殷墟甲骨學》中找到了這個字（如圖一）：

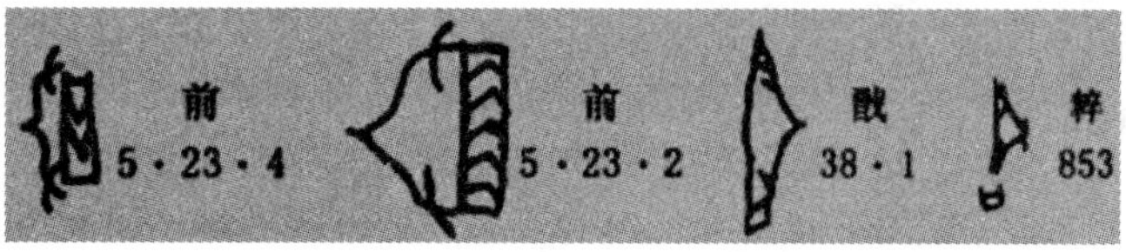

圖一　甲骨文：尋

對于這個甲骨文“尋”字的解釋，馬氏衹是引用了兩個定義，除了上面《説文》的定義，還有一個定義：“從手、從席，從王延林釋：‘象伸兩手度量物之長狀，或爲兩手伸直之長相同于席子之長。’”而王延林的定義等于是重複了許慎定義——“度人之兩臂。爲尋。八尺也。”用四個字總結一下就是：席長八尺。（這裏“兩臂爲尋，八尺也”並不包括兩隻手的長度。見下文。）至于漢字“尋”和上圖甲骨文字的關係以及上圖的甲骨文造字爲什麽就代表“席長八尺”各家研究者没有更深一步提出新的解釋。這就導致了很多學者在甲骨文研究中刻意回避這個甲骨文字。

我在上文中强調了甲骨文“‘宿’字中的人都比他們睡覺的草席要長，這一點我們在考證草席的長度時再做研究”。這個問題的答案是這樣的：

殷商時的成年男人身長一丈，故曰“丈夫”。而殷商時的席長八尺，故一個“丈夫”如果睡在席子上應該是腳在席子之外，枕頭也應該是在席子之外的。所以和席長八尺是吻合的。

但是圖一的甲骨文是不是破譯爲漢字“尋”？許慎的定義和這個甲骨文字有没有聯係？這兩個問題依然没有解决。

甲骨文是一字一形一義的，所以如果上圖甲骨文字可以破譯爲“尋”，那麽它就應該同時能够符合許慎的兩種定義——“整理”和“長度八尺”。

請看圖一甲骨文字例一例二：它們的左側是一個人正伸開兩臂鋪席子。可以視爲整理席子。兩臂之間的席子長八尺，所以這個甲骨文字同時符合許慎關于“尋”的兩個定義。所以該字可以破譯爲漢字：尋。

人的生理學指標：兩臂水平伸直的長度正好是一個人的身長（即高度），或者是大約相當于十隻手的長度。殷商時長度一尺大約是 17 厘米不到（16·95 厘米）所以稱成年男人爲“丈夫”説明一般成人身高一米七左右。但是席子的長度衹是八尺。所以我們看到圖一的甲骨文“尋”中的兩臂並没有伸直，而是減少了約兩隻手的長度。這個席子的長度换算成商制大約合今天的一米四不到。趕路人睡在這樣的席子上，必須頭枕著自己的行李，腳伸在席子的外面，這樣既安全也衛生。這個字也能説明殷商時的驛站是由官方提供住宿用品的。

必須補充的是：小篆的“尋”字左上角有一個符號“彡”，這個意符“彡”也是當時通用的一個漢字——本字爲“毛”，本義是“飾畫文也”，讀音爲“所銜切”。見《説文》“彡”條。這裏的“飾畫文也”是用毛刷畫紋，和兩手的手指鋪平席子的動作是一致的。而“所銜切”正是先秦時期“尋”字的發音 xun。

【甲骨文字本義小結】

經過以上的考證，我們可以認定圖一的甲骨文字可以破譯爲漢字“尋”。它的本義是鋪平席子或者整理席子。引申義爲：長度八尺（正是席子的長度）。發音爲所銜切，與“尋”的發音相同。所以許慎説“尋”字爲“彡聲”。

破譯甲骨文：㠱和釀*

圖一　甲骨文：㠱

甲骨文“㠱”字在卜辭中常被用來作爲一種酒的代名詞。其本義是一種最好的也是最清亮的酒，用來祭祀祖先。殷商人祭死如生，所以總是用好酒好肉祭祀自己的先祖。

《説文》：“㠱，以秬釀鬱草芬芳攸福以降神也。從凵。凵，器也。中象米。匕所以扱之。”可見在釀製㠱酒過程中，還要加入有香味的鬱草以特殊的酒香味吸引衆神。

從甲骨文“㠱”字的象形看，它是一個釀酒用的陶甑。這個甲骨文字看似獨體象形，其實應該是一個合體會意字。因爲它上部是釀酒器——甑，下部是從匕。這個匕是用來給酒甑中的酒引流的。《易經》：“震驚百里不喪匕㠱。”就是説雷聲再大也不會丟開匕中的酒。

所以甲骨文“㠱”的本義其實不是一種酒，而是一套釀酒用的器具。本字中的散點是非固定意符，在這裏代表在酒甑中用來釀酒的糧食“秬”。而酒甑中的“×”表示的是釀酒甑下方的酒篦。甲骨文“㠱”是一個名詞。後起的漢字“釀”則是一個動詞。釀和㠱一聲之轉。殷商時代有可能發音相同或相近。㠱引申可以用來表示以香酒祭祀先祖：

卜辭：“……卜。何。[貞]：……㠱祖辛”（甲2766）

卜辭：“㠱于父乙。”（鐵157·2）

請比較一下上面兩條卜辭，上條用的是“㠱祖辛”下條是“㠱于父乙”多了一個“于”字。這個于有其祭祀的内涵。“㠱”和“于”是殷商時期的兩種和酒有關的祭祀，但是“㠱”的本義是敬獻香酒，而“于”的本義則是另一種形式的祭祀，我將在破譯甲骨文“于”字時詳細考證這一點。

考證甲骨文“㠱”就不得不引出另一個甲骨文字，這個字上從人，下從㠱。音訓爲人㠱切，讀若讓。按照娘日歸泥的上古音規律，這個字今天應該讀作“釀”。如圖二。

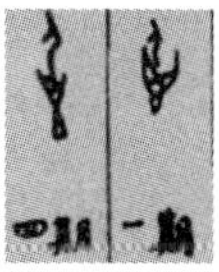

圖二

殷商的甲骨文記錄了很珍貴的殷商史實，有些曾經的史實正在或者已經消失。這個甲骨文的未識字是一個右文造字，是一個人正在酒甑裏面“踩酒”。所謂“踩酒”，就是將蒸熟的糧食摻入發酵用的酒麯在用腳踩均勻，排除氣泡，然後靜置以釀出酒來。

用腳踩來處理食物的農業加工習慣在中國農村延續了很長的一個歷史時期。至今農村腌製過冬鹹菜還是在腌菜缸裏用腳踩的方法腌製的。這個甲骨文未識字如果要準確地表達它的本義就是“釀酒”兩個字，但是如果衹能用一個字來表示，那就衹能是釀。

【甲骨文字本義小結】

鬯的本義：殷商人釀酒用的一套酒甑。名詞。

音訓從匕從凵，讀若 chang（古羼、唱同音）。

釀的本義：將蒸熟的糧食中摻入酒麯，腳踩使其和勻并排除其中的空氣。動詞。

音訓：人鬯切，讀若 rang。方言讀若 ðang。

破譯甲骨文：雪

從《説文》雨部的幾個字的發音看，有一個值得注意的現象：

例一：《説文》："雨，水從雲下也。……凡雨之屬皆從雨。"但是甲骨文的"雲""雷"不從雨，這也是有依據的。段注：雨"王矩切。五部"。

例二：《説文》："雩，夏祭樂于赤帝以祈甘雨也。……"段注："羽俱切。五部。"在甲骨文"雩"中，下部從于。"于"是殷商的一種祭祀。所以"雩"的本義是一種祈雨儀式。

例三：《説文》："，水音也。從雨，羽聲。"段注："江氏聲曰五聲羽屬水。……王矩切。五部。"

以上三例的漢字均從雨部，且發音相同，是同部同音字。其本義也是相互聯係的，三字中"雨"是詞根。"雩"的本義是以"于"這種祭祀來祈雨。

引入以上四例《説文》的用意在于考證一個甲骨文字，如圖一。

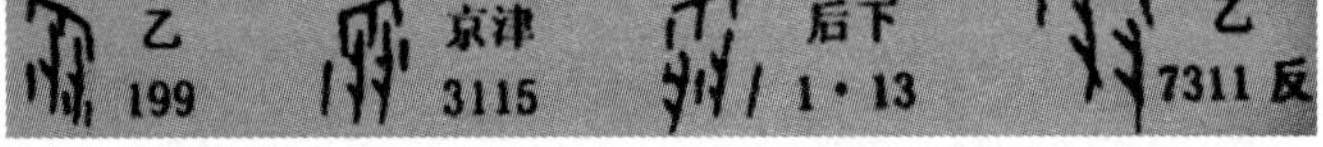

圖一　甲骨文：雪

這個甲骨文字上部從倒山字。我在考證甲骨文雨部各字中將這個倒山字本義破譯爲"天門"，所以很多天氣天文現象的造字都屬于這個部首。自《説文》以後，這個天門一般寫作"雨"。這個字的下部是由兩個意符組成的，從散點，從羽。

這個甲骨文會意字的直譯就是：從天門裏出來的冰粒和雪片。爲什麽不是"從天門裏散落的雨滴和雪片"呢？（葉玉森認爲該甲骨文字："雪字初文，象雪片凝華形，加點……象水雪雜下。"[①] 就正是此意。）在自然界裏其實很少有雨滴和雪片同時出現的氣象。所以這裏的散點衹能是冰粒而不是雨滴。注意圖一的甲骨文第四字（乙 7311 反）中衹有雪花没有散點的冰粒。説明這個散點意符可以有，也可以没有，是一個非固定意符。但是加或不加散點不是隨意的，而是造字者根據記錄卜辭内容的天氣實際情況造字的。

該字中的"羽"顯然衹能解釋爲雪片，而且是鵝毛大雪。因爲它是天門裏下來的羽

① 馬如森著《殷墟甲骨學：帶你走進甲骨文的世界》，第 453 頁。

毛——雪片。這個甲骨文字破譯爲現代漢字就是：雪。

它的音訓：從羽從雨，喻三歸匣，羽古音讀若扈，則該字爲扈雨切。讀若 xu 或 xue。

在《説文》雨部還有一個漢字本義是“雪”，發音也是“雪”。從雨從彗。甲骨文中羽和彗形近，所以這兩個字實際上是因爲字形相近而訛變所產生的兩個異形字。

再來看例四：《説文》：“，冰雨説物者也。”段注：“冰，各本作凝。今正。凝者冰之俗也。《釋名》曰雪，綏也。水下遇寒氣而凝。綏綏然下也。故許謂之冰雨。……相絶切。十五部。”但是許慎顯然並不認爲這個字的本義是雪，而是認爲它的本義是冰霰。而雪的本義是空氣中水蒸汽在攝氏零度以下形成的片狀的白色晶體。冰霰的形成條件與雪片基本相同。

商承祚將這個甲骨文字破譯爲“雪”，我贊成這個破譯。因爲從甲骨文造字原理上看，它從天門，從散點，從羽，三者的會意應該是雪。這個本義是非常明確的。從卜辭辭條看這個甲骨文字本義也應該是作雪解釋爲宜：

卜辭：“庚子卜：雪。”（後下 1・13）

卜辭：“甲辰卜：雪。”（京 3115）

卜辭：“……卜：王……甲申……乙雨。大雪。寅大獸。卯大鳳自北云。”（佚 388）文中“乙”“寅”“卯”分别應爲“乙酉”，“庚寅”“辛卯”。其中的“乙”爲“乙酉”，屬紀日中甲乙相轉之日，故省略“酉”。這種寫法在卜辭中很少見。

卜辭：“……戌貞：從寮于雪。以黄奭。”（庫 1533）賓語後置。原語序爲：“以黄奭從寮于雪。”黄奭即環奭，和環尹（伊尹）一樣是殷商重臣之一。

【甲骨文字本義小結】

雪的本義：下雪。

音訓：扈（羽）雨切。會意字。讀若 xu 或 xue。

破譯甲骨文：初　剕　刖　跀

關于甲骨文“衣”，已經考證它本義應該是人的第一件衣服：胎盤。所以甲骨文京 4901 的破譯應該是漢字從衣從刀（刘），但是漢字系統没有這個字。所以取本義相近的“初”字替之。甲骨文“初”字的本義應該是“用刀割斷臍帶”的意思，引申爲“開始”。“初”的兩個意符是衣和刀，與京 4901 正相一致。

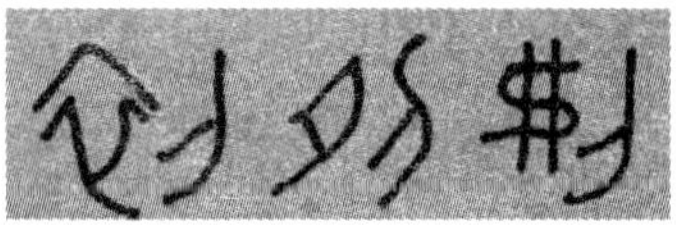

圖一　甲骨文：左中右依次爲：初、刖、剕。（京 4901、粹 1223、粹 838）

圖一例三的粹 838 破譯爲漢字“剕”，從弗從刀，本義是編織粗布或筐篚時用刀砍斷杞柳或者割斷紗綫之意。見《破譯甲骨文：弗》《破譯甲骨文：剕》。

本文要探討的是圖一例二的粹 1223。這個甲骨文字刖和另一個甲骨文字跀常常被古文字學者們混爲一談。如圖二：

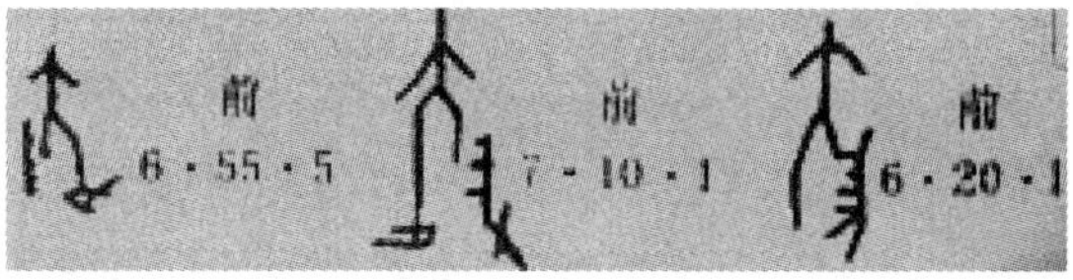

圖二（本字學界混同于甲骨文刖。我論證其應爲跀）

因此甲骨文的“刖”字就出現了兩個本字。圖一粹1223本義應破譯爲用刀切肉，圖二甲骨文字的本義是用鋸子鋸掉某人的一條腿。這個本義也是符合漢字“刖”的本義的。但是顯然“刖”的本義比起“跀”要寬泛得多，兩者是不能混爲一談的。我們來看相關文獻：

《史記·魯仲連鄒陽列傳》：“昔卞和獻寶，楚王刖之。”刖字集解：“刖右足。”[①] 刖既可以是“刖右足”，也就可以“刖”左足或身體的其他部分，說明“刖”的本義最早可能衹是切除罪犯身體的某一部分。後來在使用中詞義縮小爲“刖右足”。（見圖二）

《說文》：“刖，絶也。從刀月聲。”段注：“刖足則爲跀。《周禮》刖者使守囿。此是假刖爲跀。”段注說明刖在用作“刖右足”的時候有一個專門的漢字：跀。這個觀點是正確的。

《周禮·司刑》：“刖罪五百。”注曰：“刖。斷足也。周改臏作刖。”[②] 本條文獻記表明西周的刖刑在西周以前是臏刑，即孫臏所受的刑罰——被剜去膝蓋骨。這個刑罰又寫作漢字“髕”。

以上三例中的“刖”均應正作“跀”。但是我們在圖二的甲骨文字中看見，“跀”作爲一種刑罰並不是西周王朝的首創，而是在殷商甲骨文中就已經有記載。我們究竟應該怎樣分辨殷商甲骨文中出現的“刖”和“跀”字呢？我一貫認爲甲骨文是一字一形一義的，所以具有不同本字的這樣兩個“刖”中衹有一個是本字。我認爲與漢字“刖”對應的甲骨文是圖一中的粹1223。圖二中的甲骨文本字以破譯爲漢字“跀”較爲妥當。這兩個甲骨文字之間的關係是：刖的本義是斷肉或者割肉，可以是人肉，也可以是獸肉或畜肉。圖二的跀的本義是“斷足”，在殷商時可以是斷右足（圖二中例二例三），也可以是斷左足（圖二例一）。在西周時由刑法規定了衹能是斷右足。

我想就圖一中的粹1223破譯爲割肉作進一步的考證。引入甲骨文“官”（見圖三）。

圖三　甲骨文：官

這個甲骨文字我做過論證：“我認爲，官的甲骨文是一座房屋裏面懸掛著肉（胙肉也），這個表象使我們想起《詩經·魏風·伐檀》裏“不稼不穡，胡取禾三百廛兮？不狩不獵，胡瞻爾庭有縣貆兮？彼君子兮，不素餐兮！”的詩意。什麽意思呢？就是當官的雖然不狩不獵，但是家裏常常懸掛著朝廷分給的肉，使得既狩又獵卻没有肉吃的老百

① 《史記》第六冊，中華書局1959年版，第2459頁。

② 《十三經注疏》，第880頁。

姓感到憤憤不平。

讓我們再回到圖一的甲骨文“刖”，其左半意符正是甲骨文“肉”的一半。右邊的“刀”表意爲“切肉”，這個會意字的本義正是“切肉”的意思。而甲骨文“跀”正如其本字要表達的本義，是鋸斷一條腿的意思。西周刑法已經規定了必須鋸掉右腿，但是在刑法不完善的殷商，我們從圖二“跀”的甲骨文看到，可以鋸掉左腿，也可以鋸掉右腿。這樣我們就很準確地破譯出兩個本字並辨明了它們的本義。

關于“刖”和“跀”的探討説明了甲骨文是一字一形一義的。這兩個字在《周禮》《史記》和《説文》中“跀”字已經歸入“刖”，合併爲一字了。

【甲骨文字本義小結】

刖的本義：割肉。可以是割人肉，也可以是切割獸肉或者畜肉。動詞。右文造字。

跀的本義：殷商和西周時期的一種刑罰。殷商時是鋸掉一條小腿。西周時是斷其右腿小腿。動詞。右文造字。

破譯甲骨文：或　國

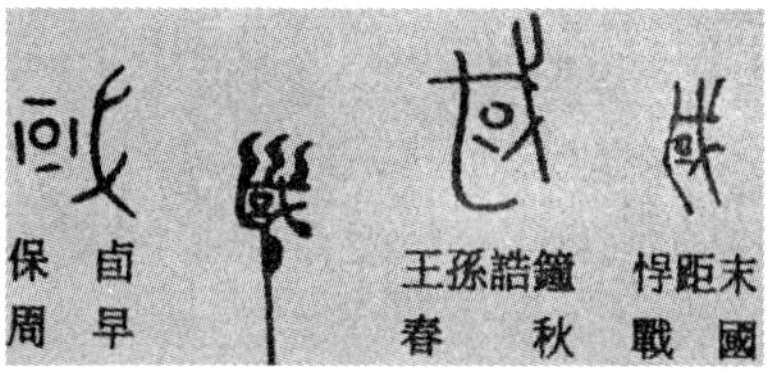

圖一　金文・古文：國

甲骨卜辭中有或無國，西周初始有國字。或與國的區别僅僅在于或字無周圍的半包圍結構，而國字有一個半包圍結構“匸”。如圖一、圖二。

或：從戈，從口。這個口字在甲骨文中可以代表很多象形的意義，比如井，邑，口等等，在或這個字裏，口表示的是宫殿或者社。宫殿和社是形影不離的兩種建築，宫殿是統治所在，社是祖宗所在的祭祀場所。戰士執戈保衛宫殿或者保衛社，意味著或是一個國家的首都的意思。就是説，或的甲骨文本義是首都，國都。

到了西周初期，或的首都和國都的本義産生了國這個字。國在或的基礎上加了一個半包圍結構“匸”。這個“匸”代表的是國都的城墻。西周的兩京都是三面圍城，剩下一面是有衛兵守護的大門。“匸”表示西周豐、鎬兩京的大門可能是朝向正東的，因爲如果城門正門向南，其國字的半包圍結構也可以向下成爲“冂”。即使没有城墻的城邑，其宫廷主殿的大門也應該是向著東方洞開的。《逸周書・作雒解》記載的東周的成周“城方千七百二十丈，郛（外城郭）方七十里，南繫于洛水，北因于郟山（北邙山）”。説明東周國都也確實是有城墻的。但是非常遺憾的是，考古學的證據證明：夏二里頭，商殷墟，周豐鎬，楚郢都早期都是没有城墻的。雖然國有城墻得到《世本》“鯀作城郭”記載的支持，但是國没有城墻也是得到了先秦的文獻支持的。

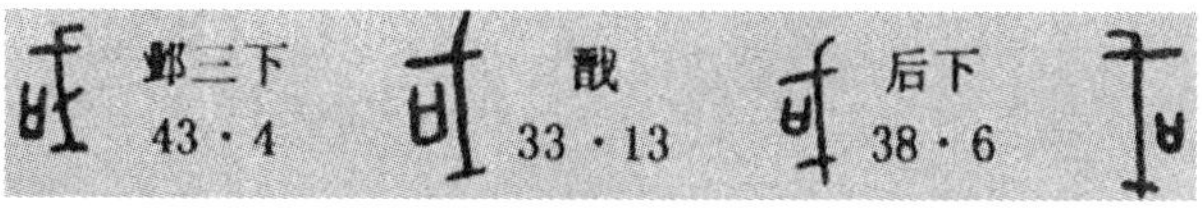

圖二　甲骨文：國

楊寬在他的《周代都城布局的特點》一文中對西周的都城做了詳細考證，證明了從西周到西漢的都城布局都采用了坐西朝東的建造模式①。其實這樣的做法是有很古老的歷史淵源的，一直可以追溯到遠古的黄帝和西王母。因爲與本文考證甲骨文“或”字關係不大，所以這裏不展開研究了。

“古者天子守在四夷，天子卑，守在諸侯。諸侯守在四鄰，諸侯卑，守在四竟。慎其四竟，結其四援，民狎其野，三務成功。民無内憂，而又無外懼，國焉用城?”這是《左傳・昭二十三年》中楚國大夫沈尹戌爲楚令解釋國爲什麽不用城垣的説辭。

而事實上，自楚文王遷都到湖北江陵紀南城以後，就一直没有建城垣。直到楚平王之世纔開始建造城墻。有《水經注・沔水篇》爲證：“江陵西北有紀南城，楚文王自丹陽徙此，平王城之。班固言：‘楚之郢都也。’”

漢字國字從甲骨文開始的演變説明了商殷墟到西周早期一般建都不用城墻。西周後期因爲當時經濟的繁榮和國際關係的緊張等一系列原因，國都開始建造城垣了。于是國字逐漸取代了或字成爲國都的專用字。

這種三面圍墻的城是鯀發明的。帝堯之時洪水泛濫，鯀奉命治水，他采取的方法是堵和防。《世本》記載“鯀作城郭”。《淮南子・原道》記載：“夏鯀作三仞之城。”説明那時的城郭是三面圍墻，缺其一面以戰士持戈把守。説明金文國字中的半包圍結構“匚”正是那時城墻的象形，同時也證明鯀的治水思路是以堵爲主。

這個國字在商的甲骨文中爲什麽就没有“匚”半包圍結構呢？這就要從卜辭的産生時代考證一下。卜辭産生于晚商，就是盤庚遷殷以後。中商三期的洹北商城發掘中没有出土刻辭的甲骨。殷墟甲骨中盤庚朝的甲骨也非常少見，這就證明甲骨文成熟于盤庚朝以後的晚商時期。殷墟考古已經是碩果累累，有一點可以確證，晚商自殷墟以後國都是没有圍墻的。從甲骨文“或”字也可以反證，殷墟作爲商的晚期國都是没有圍墻的。《古本竹書紀年》説：“自盤庚徙殷，至紂之滅，二百七十三年，更不徙都。”説明儘管晚商時代宫殿區和商王的寢宫可能有向南向北遷邑的情况，但是作爲國都的殷墟一直在不斷地擴張中。到了武王伐紂時，晚商的國都朝歌已經發展到了“邦畿千里”和處處離宫的狀態。但是迄今爲止的考古没有證據證明盤庚遷殷以後這二百七十三年中晚商的國都曾經有過城墻。

而西周則不同，周公謀劃和營造于洛陽的西周東都，其東南方開有“鼎門”，這一設計正符合圖一中金文“國”的造字。《地理志》：“卜年定鼎，爲王之東都。是爲王城。其城東南名曰‘鼎門’，蓋九鼎所從入也。”上述金文國城墻的缺口正在東南角上。

我們從造字規律、甲骨文結構、卜辭本義考證了晚商國都或，是没有城墻的。但是截至商紂滅亡時，這個或（西周以後爲國）字的本義是不是國都呢？這就需要從歷史文獻中獲得印證。

《説文》“囗”部：“或，邦也。從口從戈，以守一，一地也，域，或又從土。”“邑”部：“邦者，國也。”或、國、邦三字互訓。段注：“蓋或國在周時爲古今字。”

段注固然不錯，但是段玉裁忽視了這個字古今的演化是有歷史事實作爲依據的。殷

① 楊寬著《先秦史十講》，復旦大學出版社2006年版，第282頁。

商國都無城垣，故卜辭從或；西周國都有城垣，故金文從國。當然在殷商之前的偃師商城、鄭州商城、洹北商城都是有城垣的，但是，卜辭的造字源于殷商時期的現實。在卜辭中，或可當國都解。

【例一】“乙丑卜，貞：□以沚或伐固受祐。”（粹 1164）

【例二】“甲子貞：王從沚或在月。”（戩 45. 12）

【例三】“癸酉貞：王從沚或伐［召方］。”（京津 4395）

郭沫若解或爲國。

再看《史記・夏本紀》：“令天子之國五百里甸服……”

《史記・周本紀》：“武王至商國，商國百姓咸待于郊。”這裏國是商之朝歌。

再看《漢書》：太原郡晋陽，“故《詩》唐國”。《左傳・定四年》祝佗謂唐叔封于夏墟，啓以夏政。服虔以爲堯居冀州，虞夏因之。是夏之都即是唐堯舊都。這裏的唐國的國本義是國都。

《漢書》“潁川郡，陽翟，夏禹國”，“應劭曰：夏禹都也。”這裏的國的本義也是國都。

《漢志》“于‘偃師’后曰殷商所都，于‘朝歌’曰紂所都，于故侯國皆曰國”①。

這樣的例子在先秦文獻中還有很多，不再一一列舉了。

從訓詁學的角度看：

國，或也，域也。國，郭也。其意義均有城市、城邑和城郭的意思。

結論：甲骨文或的本義應該是指一國的國都，而不是指一國的疆土四至，即封。西周初期在金文中或演化爲國，春秋戰國時代，國字逐漸演化爲國家的意思，指代一個國家的整個疆域，從而成爲一個行政區域。

【甲骨文本義小結】

或的本義：首都，國都。

音訓：從口從戈，口戈切，讀若 guo。殷商方言音訓爲右文造字。戈爲聲符兼意符。殷商方言戈發音爲 guo（入聲）。

破譯甲骨文：多　肉

這個字破譯爲甲骨文多字幾乎没有什麽異議，這一點在對卜辭的破譯中也是很通暢的：

卜辭：“丙戌卜。夬。貞：今三月多雨。”（鐵 249・2）

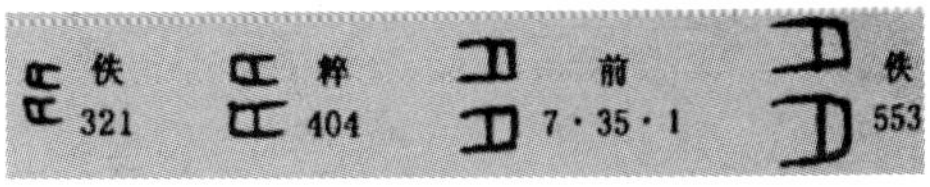

圖一　甲骨文：多

① 吕思勉著《中國民族史兩種》，上海古籍出版社 2008 年版，第 25 頁。

卜辭："乎多臣伐共方。"（前4·31·3，共方從胡厚宣說）

卜辭："叀多生饗。"（甲380）

卜辭："丙午貞：多婦亡疒。"（乙8816，"多婦"亦可理解作"婦多"）

卜辭："乎多其有來。"（合165反用作地名）

這個甲骨文本字爲什麽可以表示"爲數不少"或者"一個以上"的意思呢？我們注意到這是一個有兩個同樣的意符組合的會意字，既是會意字，就必然和兩個以上的獨體象形字的意符有關係。顯然，甲骨文"多"是由兩個"夕"字組成的，這個意符在卜辭力也可以表示"半肉"。所謂"半肉"就是一條肉的一半。但是兩個"夕"字重複爲什麽就可以表示"爲數不少"和"一個以上"的本義呢？這個秘密古往今來的學者們都没有發現，所以也就没有一個令人信服的答案。

《説文》："多，緟也。（即'重'。作者注。）從緟夕。夕者，相繹也，故爲多。"

《説文段注》："緟者，增益也，故爲多。"

《甲骨文字集釋》："王國維釋：'多從二肉會意。'"① 這個解釋非常重要。

《甲骨文字典》："從二夕。夕象塊肉形。……古時祭祀分胙肉，分兩塊則多義自現。《説文》以爲二夕，實誤。"② 所謂"分胙肉"就是祭祀後將祭禮後的胙肉分給衆官員。所以甲骨文"官"從宀從肉。

説"多"的本義爲"二夕"是錯誤的，但是漢字"多"就明明是兩個"夕"字重疊而成啊。王國維和徐中舒等認爲"從二肉"，其甲骨文依據是什麽呢？如果這個"多"的本義是"從二肉"，那甲骨文"肉"的本字是什麽？有人會説，既然是兩塊肉，其中的一個意符夕就代表"肉"。是這樣的嗎？當然不是。在殷商甲骨文系統中，"多"這一本義是采用三個以上的重複的意符表示的，例如：彝，麤，鱻，品，器，暮，春等甲骨文字都是用三個以上的意符表示多的意思。而甲骨文中也有很多有同一意符重復會意的甲骨文本字，例如虤，豩，讎，卯，競等字，它們的本義都没有"多"的意思。

所以説，甲骨文"多"用"從二肉"表示"爲數不少"或者"一個以上"的意思是一個特例。既是特例，這樣的造字就一定有其特殊的道理，或者説一定有殷商時代的歷史背景，或者是以其它甲骨文字爲基本意符來造字的。這裏引入我所考證的甲骨文"肉"字。（參見"追""官"兩字考證。）

圖二　甲骨文：肉

圖二的甲骨文字是傳統的白條肉的象形。獵人分割獸肉，農民肢解猪牛羊，殷商官員從朝廷得到的"賜肉"都是一樣一條一條的，中間用繩子一繫便是此字的象形。所以甲骨文"追"是從本字下從止，以爲追逐野獸。甲骨文"官"字是從宀，下從本字，意思是房子裏懸掛著肋條肉的人家。

這個字在甲骨文研究中是見解紛呈的一個字，先從《甲骨文字典》中引用數種如

① 馬如森著《殷墟甲骨學：帶你走進甲骨文的世界》，第360頁引。

② 徐中舒主編《甲骨文字典》，第752頁。

下：“羅振玉謂~（~爲圖二該字，下同）即古文師字。……商承祚謂……即古師字。……孫海波依《説文》謂~之本意爲小𠂤。李孝定謂……即丘山之竪書者。按以上諸説于~之形義皆未得其確解。加藤常賢爲~字本爲横書……象人之臀尻……按加藤説近是。”① 然而“近是”並不代表就一定是。

殷商重祭祀，用來祭祀的肉就是徐中舒所説的“胙肉”。祭祀儀式中，獻祭的肉安置在“且”形的俎上，用刀切成兩半，這道程序古代也叫“裂肉”。其中一半用于獻祭，另一半祭祀以後食用，其意在與上天的祖先分享。殷商人的祭祀現在查找不到詳細資料，但是西周的祭祀在《禮記·少牢饋食禮》中有詳細記載。

需要指出的是這個甲骨文“肉”字並非人的臀尻。因爲它可以用刀切割爲二，便成爲“多”字所示的“從二肉”。所以該甲骨文字應該和打獵、葷食、祭祀相關，和屁股無關。這一點從甲骨文“追”和“官”也可以看出來。打獵者追逐的一定是獸肉，追逐過程中或許看見的是獸的“臀尻”，但是“官”的家裏絶無懸掛“臀尻”的道理。

當一條肉經過“裂肉”變爲兩塊時，它依然是肉，所以它常常被用在甲骨文新字的造字上代表肉的意符，例如甲骨文刖。

當上圖的“肉”被用刀切成兩截時，就成爲甲骨文“多”所表示的“從二肉”。

當上圖的“肉”被用刀切成兩截時，一條肉就變成了兩塊肉。于是便“多”出了一塊，成爲了兩塊。所以甲骨文“多”的本義就是：增加了數目，一個以上。引申爲“爲數不少”。

從這個字的本義上看，簡化字將“肉”和“月”兩個部首的合併對傳統漢字造字的義理是一種曲解，它將兩個部首的歷史繼承性徹底破壞了。

附帶説明一點，在卜辭中多次提到地名“多”，學者們將其釋爲方國名稱是不妥的，卜辭中的多方是指以“土方”爲首的已亡國的夏陣營，它們在卜辭中均被稱作“×方”，統稱爲“多方”。卜辭中的“多”還是以“爲數不少”解釋較爲妥貼。參見本文開篇所引卜辭。

【甲骨文字本義小結】

多的本義：祭祀中用刀裂肉成爲兩塊。引申義：增多一塊，一個以上或爲數不少。

肉的本義：肋條肉。可以是獸肉或牲畜肉。此字象形爲中國傳統肋條肉的象形字。

［注］圖二甲骨肉音訓爲 dei，這是一個夏方言區的讀音。反切聲紐當爲今之 d，反切韻母古爲 ei，今爲 ui。兩字音訓存疑待考。

① 徐中舒主編《甲骨文字典》，第 681 頁。

破譯甲骨文：匊* 掬*

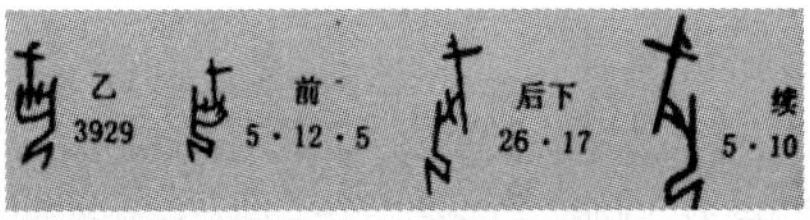

圖一 甲骨文：掬

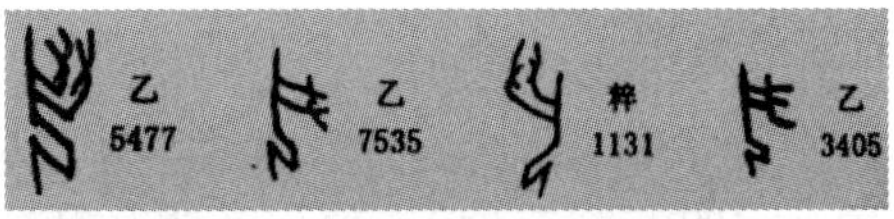

圖二 甲骨文：匊

甲骨文系統中有這樣兩個相關的字：圖一的甲骨文學界認可破譯爲“丮”，它還有兩個異體字：和。根據甲骨文造字的規律這兩個字不應該是甲骨文“丮”的異體字，而是具有別的本義的另外兩個甲骨文字。因爲甲骨文是一字一形一義的。字形不同則本義不同，也就不是同一個字。這兩個異體字的前一個是跪坐地上的人將兵器戈拋過頭頂，後一個則是跪在地上的人以雙手捧著兵器戈。戰爭中戰敗方投降的姿勢是戰爭中各方約定俗成的，所以如果繳械的姿勢不對將被認爲是拒絕繳械而被殺戮。如果我們認爲圖一的跪在地上豎舉著兵器戈是殷商時期投降的“標準姿勢”的話，後兩個字就不應該是表示投降，本義當別有所指。

圖一和圖二涉及的兩個甲骨文字被此前專家學者們破譯爲甲骨文“𢦏”和“丮”是一件使後學非常難以接受的解釋。這兩個在甲骨文字形上互爲關聯的甲骨文字無論如何無法和這樣兩個漢字産生形、音、義上的聯係。按照漢字形聲字造字原則，這兩個字應該是同音字，且都讀作 ji。

《康熙字典》𢦏條：“《説文》‘擊踝也’。”圖一有擊踝之意嗎？應該没有。

《康熙字典》丮條：“《唐韻》幾劇切。……《説文》‘丮，持也，象手有所丮據也’。……按《説文》《玉篇》丮、執音義小别。執捕罪人也。”但圖二存在執捕者嗎？也没有。

首先漢字兩字發音不同：丮發音爲幾；𢦏發音爲化。這兩個發音差别太大。

其次，兩字本義不同：丮本義是手持；𢦏本義是擊踝。這兩個本義毫無聯係。

第三，兩字字形不同：看它們的漢字字形，前者𢦏爲“手中持戈”，是會意造字；後者丮是“手中無物”，是一個象形造字。

所以答案衹能是：傳統的，爲大家所普遍接受的對這樣兩個甲骨文字的破譯可能是錯誤的。它們所要表達的本義是漢字的常見本義，所以在今天的漢字系統中一定應該還使用著這樣兩個漢字。那麽，這兩個甲骨文字到底是今天的什麽漢字呢？

請仔細辨别圖一和圖二：兩個字中的行爲主體都是跪著的人，不同的是圖一中人的手中豎舉著自己的兵器戈，圖二中人的手中已經没有兵器戈了。從卜辭内容看：

關于圖一的卜辭：“貞：基方~。貞：基方不其~。，”（前 5・12・5 對辭）

“……亥卜。王貞：乙酉~。”（後下 26・17）

關于圖二的卜辭：“丁卯卜，賓。貞：~不死。王占曰：吉。”（乙 3405）

卜辭：“丙午卜：~福。”（後下 388）

卜辭：“~受年。”（粹 882）

顯然，圖一甲骨文不是“投降”“擊踝”，圖二甲骨文也不是“執捕罪人”的本義。我首先想到圖一是表示棄捐兵器戈，圖二可能表示棄捐以後的馴服的本義。從字形和發音上分析，在東漢許慎的《說文》中有這樣兩個同音字：棄和𠦒。

《說文》：“棄，捐也。從共（即雙手）推𠦒棄也。從𠫓，𠫓，逆子也。”

《說文》：“𠦒，箕屬。所以推糞之器也。”段注：“十四部（棄在十五部，筆者注），按篇韻皆音畢。”也就是說這個漢字讀音爲 bi，我們可以將其視爲漢字“畢”的初文（以下用“畢”代替）。

很明顯，許慎的定義也不是本義。因爲按照“棄”的定義這兩個漢字都是“從共（雙手的）”。這裏許慎的定義有三點：推糞之器，從共，象形，三者是自相矛盾的。既然爲象形就是獨體，如果既有“從共”，又是“推糞之器”，則兩者的合成字衹能都是會意字而不是象形字。

所以，將其破譯爲棄和畢雖然滿足了音訓的要求，但從造字看還是存疑的。何況甲骨文中已經另有一個從共從箕從子的棄字。有沒有更準確的達詁呢？

《說文》：“丮，持也，象手有所丮據也。”說明圖二此人跪坐著，他的雙手合攏是要捉住某種東西。

《詩經・采綠》：“終朝采綠，不贏一匊。”

《詩經・椒聊》：“椒聊之實，蕃衍盈匊。”

這些采摘王芻花和花椒籽的女子們給了我靈感。“一匊”正是兩手合捧，“盈匊”就是滿滿一捧。圖二的甲骨文可能是“匊”嗎？如果是，那圖一的甲骨文又是什麼字？

《說文》：“匊，在手曰匊。從勹米。”其實我們從圖二甲骨文“匊”來看造字不是“從勹米”而是從卩手。段注頗爲精彩：“毛皆曰：‘兩手曰匊。’此云‘在手’，恐傳寫之誤。手部曰：‘持，握也。……握，搤持也。……搤，捉也。……捉，搤也。把握也。’然則在手曰捉。曰搤，曰握，曰持，曰把，曰匊也。據《篇》、《韻》所言。則許書之譌久矣。”

可見兩手合攏欲捧某物的姿勢叫作匊。圖一甲骨文就應該是動詞掬。

匊的定義更爲精準地表達了圖二甲骨文本義。匊是兩手合攏之意，所以菊花就是因其花的形狀如同人的兩手合攏之狀而得名的。

古文字的本義非常之精準。《玉篇》在匊字條目下有注云：“古文作臼。”也就是說圖二甲骨文字也可以破譯爲臼（造字也從雙手）。對此段玉裁批評道：“此語尤誤。臼者。叉手也。叉者。手指相錯也。《廣韻》以兩手奉（捧）物。誤矣！”段玉裁關于匊字的定義是：“兩手兜之而聚。”但臼、匊、掬三字音訓是相通的。

我對丮、臼、匊三個字的音訓進一步做了研究：

丮，幾據切；臼，其九切；匊，居六切。三個字爲近音字，其中丮和匊（入聲）爲同音字。有人會說既然是同音字破譯爲“丮”就順理成章，其實不然。首先從訓詁看，匊的本義更符合圖二甲骨文的本義。其次從造字音訓看圖一圖二應該是同音字，因爲它們有相同的聲符。如果圖二破譯爲匊，則圖一作爲動詞可以破譯爲掬（甚至據）；但是假如圖二破譯爲丮（jì），圖一的音訓（huɑ）就毫無道理。

圖一圖二的甲骨文字采用跪坐姿勢的意符是和其音訓密切相關的。這個跪坐的男人在甲骨文造字中就是意符卩（通爺）。所以圖二匊從卩從手，卩手切，讀若ju。圖一的匊字是右文造字，其中的匊是聲符兼意符。所以也讀若ju。

最後兩圖中的跪坐著的人在甲骨文中是一個常用造字意符，如果我們將這個意符視爲罪人則無法破譯該部首的其他的系列造字。該意符可以用于罪人和俘虜，例如甲骨文若和圖一甲骨文掬。但是作爲造字意符它衹是一個跪坐著的男人。例如：甲骨文藝和圖二的甲骨文匊。

【甲骨文字本義小結】

匊的本義：兩手空心作聚攏狀。名詞。

掬的本義：兩手並持兵器戈的末端。動詞。此字可能是夏、商士兵向敵方投降的標準姿勢。

破譯甲骨文：父

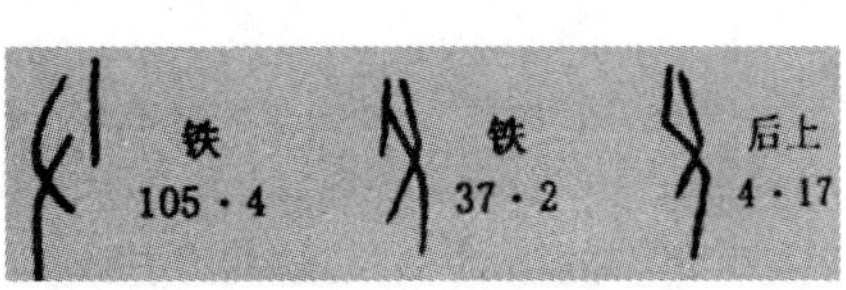

圖一　甲骨文：父

在卜辭系統中，甲骨文“父”一般僅用作已故商王的稱呼前表示“父某”。該字的金文和甲骨文字形基本相同。郭沫若考證說：父“乃斧之初字。石器時代男子持石斧以事操作。故孳乳爲父母之父”①。郭沫若可能没能搞清楚斧字之所以采用這樣的造字是下面所加的意符“斤”的本義是斧。所以衹能說“斤”是斧的初文，不能說父是斧的初文，但是父可以是斧的聲符。甲骨文父字造字表明了它的本義是手執戒尺的人。正如甲骨文“史”是以手執“中”的人。這裏是用行爲者的職責代替了人的身份。甲骨文父和斧兩字同時存在，不屬于初文和本字的關係。

先有甲骨文後有西周金文，所以甲骨文字應該是對“石器時代男子持石斧”距離最近的描述。如果說還有更加接近石器時代的文字，那麽也衹能等待石器時代考古中纔能够出現。

甲骨文的“父”字不能表示“男子持石斧”的本義。因爲它的會意是從手執丨。而“丨”這個意符在甲骨文系統中是反復出現的，且没有“石斧”的意思。例如我前面已

① 徐中舒主編《甲骨文字典》，第283頁。

經考證“般”和“效”等甲骨文字。“丨”這個意符在甲骨文中本義是“權杖”（長竪）或者“戒尺”（短竪），是殷商時的一種權力的象徵物或者像曲尺這樣的標準量器。但是本字中手執棍棒的下端，而權杖則是用手執著上端。戒尺很短，而權杖和人差不多高。這是權杖與戒尺的區別所在。

作爲一種標準量器，考古學者在山西陶寺王者大墓中曾經發現過一根木杆，“它的上面塗有黑色、緑色和紅色標記的漆，旁邊壁龕裏還放置著具有圓形小孔的玉器——戚”。“而這根木桿上紅漆的標記與25厘米恰好形成某種比例關係。”《山西日報》最後，考古人員依據這個基本標準25公分爲一尺，按照《周髀算經》中有“周髀長八尺”的記載做成了25×8的表，最終完成了有關實驗。

在甲骨文中，“效”爲用尺驗收各地進貢的箭桿長度；“般”是用尺以檢驗船身是否符合標準。

所以許慎在《説文》中搜集了兩種有關“父”的定義：“父，巨也，家長率教者。從又舉杖。”這裏的“巨”就是規矩之“矩”，也就是一種尺的意思。也即是説父親應該是子女的一桿標尺和榜樣，是該字的引申義。

但是，在甲骨文中，“父”這個字一般衹用作祭祀時對已故商先王的代稱。卜辭中最常見的祭祀對象有：父甲，父乙，父丁，父戊，父己，父庚，父辛七個商王。而父丙，父壬和父癸極爲少見。其原因不僅在于商王中使用“丙”“壬”“癸”爲謚號的王最少，而且還在于謚號爲“丙”“壬”“癸”的商先王都是在盤庚以前的王，而商的第三代王外丙和商的第十二位王外壬享受祭祀較少的原因極有可能與名字中的“外”字有很大關係。甲骨文是盤庚以後創造出的文字系統，我考證它創造于第二十一代王小辛一朝。因爲這個原因，甲骨文“父”手中所執應該是戒尺的可能性居多。父既然專用于商先王，他們手中所執的應該不是“曲尺”而是“戒尺”，所以甲骨文“父”的本義應該是：當權的商的先王。按照《説文》段注引：“《學記》曰：‘夏楚二物。收其威也。’故從又舉杖。”該甲骨文“父”字中所執的“丨”也應該是戒尺。

但是在卜辭中也有特殊情況，學者們也持有不同觀點：

卜辭1：“貞：勿有于□甲父庚父辛一牛。”（乙7767）

卜辭2：“庚午卜。□。貞：告于三父。”（林1・5・5）

卜辭3：“貞：勿侑犬于多介父。”（合2340）

卜辭4：“不隹多介祟王。”（合2164）

據這類卜辭内容，郭沫若和徐中舒等學者認定甲骨文“父”既可以指已故先王，也可以是“卜辭中生父及父輩皆稱父”（《甲骨文字典》）。這個觀點是值得商榷的。

卜辭2中“告于三父”當指三位曾經的先王，正如卜辭1中的“父甲父庚父辛”就是三個父輩。同樣卜辭3和卜辭4中的“多介”和“多介父”也應該是指曾經的諸位先王，不包括没有掌握過商朝權力的叔叔輩的。這一點從卜辭中的祭祀對象看就可以明白了。商王的不曾掌權的叔叔輩是不享受和商先王並列祭祀的，也未見死後追封謚號的。關于卜辭4還有一點需要特别説明的：“于多介父”中的“于”是殷商常見縮酒祭祀形式之一，而“多介父”則爲“多個父”同義。再例如卜辭：“戊午卜。其兄于父甲。”（甲801）其中的“于”也應該是一種祭祀。但是以往的甲骨文學者都没有注意到這一點。卜辭中有很多類似的例子，我有專文考證。

商末和西周一代，金文“父”的内涵逐漸擴大到了諸侯士大夫功臣以及一般人的父親。例如商金有屰父庚鼎，父癸鼎。西周早期有作父己鼎，木父壬鼎。西周中期有仲相父簋等可資證明。在這個意義上，父又通甫。我認爲這個甲骨文“父”字最後的泛化是成爲民間每一家庭的父親。繼而演化爲“男子”之謂。

【甲骨文字本義小結】

父的本義：殷商人稱呼曾經掌權的父輩的商先王。商末周初内涵逐漸擴大爲已故的父親。

音訓：本字發音應爲bu，即甫。該字中含有筆畫乀可以視爲聲符，今音訓爲fu。即《説文》之“扶雨切”。

破譯甲骨文：介和多介

在古代漢語中，“介”字最常用的義項有①界綫，疆界；引申爲②居中；③獨特；④通“甲”，皮質鎧甲；⑤通“芥”，比喻微小。

東漢《説文》中它僅有一個義項：界綫和疆界。“介，畫也。從人從八。”音訓不通。

《爾雅》中爲兩個義項：“絓挈煢介寡索唯特，獨也。”“函甲介，鎧也。”

那麽，最早的甲骨文“介”的本義是什麽呢？我們先看甲骨文“介”的本字：

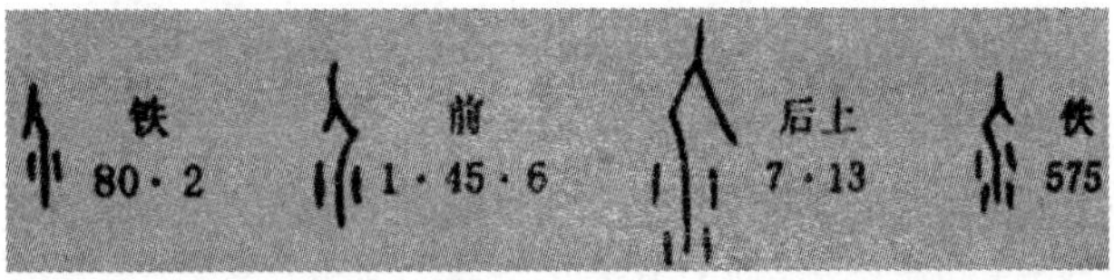

圖一　甲骨文：介

請注意甲骨文“介”字中的散點意符。可以是兩點對稱，可以是四點對稱。現在學術界普遍接受爲徐中舒的破譯：“象人衣甲之形，古之甲以聯革爲之。”① 圖中人的兩側的對稱性的散點被認爲是用來連綴成皮胄的長方形的皮質甲片。

但是很遺憾，這個“甲胄説”在造字上很難立足。因爲圖一某工具書中的四個甲骨文“介”字是爲了迎合“皮甲説”而精心挑選的。在今天流行的幾部甲骨文工具書裏（《古文辭類編》《甲骨文精粹釋譯》《甲骨文字典》《殷墟甲骨學》等）都是精心挑選了兩側散點呈對稱狀的甲骨文“介”字。其實這些散點意符在卜辭中的很多“介”字中呈現不對稱的現象，這些散點不僅不對稱，有時候還出現在手上和腳尖部位。

如果在卜辭中所有的“介”都是對稱性散點，那麽將其本義定義爲“皮甲”就是可從的。但是由于卜辭中“介”的字例中很多是散點不對稱的。既然不對稱，就不能解釋

① 徐中舒主編《甲骨文字典》，第70頁。

爲“象人衣甲之形，古之甲以聯革爲之”。所以，甲骨文“介”的本義爲“皮甲”是没有道理的。用精心挑選的字例來服務自己傾向的學術觀點的做法在甲骨文考證中學者們心照不宣。這是不科學的，也是不可取的。

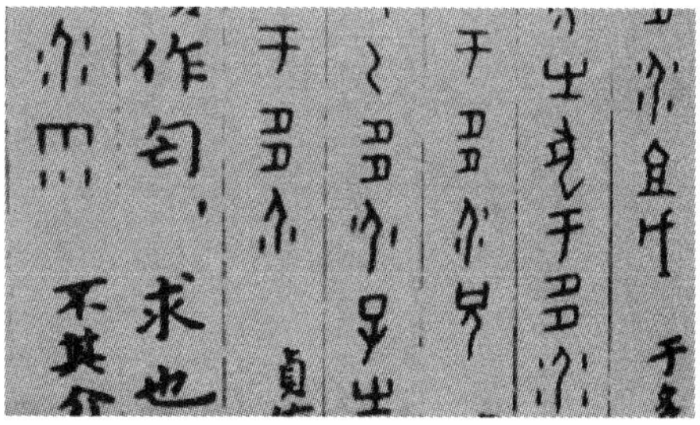

圖二　甲骨文“介”中不對稱散點意符例①

既然甲骨文“介”字從人從散點意符，它就應該符合甲骨文的造字規律。我總結了甲骨文中水的三種表示方法，其中就談到這個散點意符，它可以代表雨滴、血滴、糞便、米粒、淺湍等意象。在本字——甲骨文介中，散點意符應該表示的是雨滴，因爲它不規則而且遍布人的全身。這個本義在後來的古漢語中就是義項：居中，或者置身其中的意思。那麽，甲骨文“介”在卜辭中的本義是什麽？“介”字在《詩經》中本義是什麽？在先秦的其他文獻中的本義是什麽？

卜辭1：“貞：勿侑犬。于多介父。”（合2340）

卜辭2：“貞：侑于多介兄。”（拾2·15）

卜辭3：“于多介祖戊。”（前1·23·1）

卜辭4：“不其介雨。”（乙2877）

卜辭5：“貞：勿有于□甲父庚父辛一牛。”（乙7767）

上述卜辭中，多介父是指與主祭的已故商王陽甲是兄弟的商先王。例如卜辭5中的父甲父庚父辛係指陽甲、盤庚和小辛。所以這條卜辭可能産生于小乙朝或者武丁朝。因爲在這一次祭祀時小辛依然在世，所以存在兩種可能性。

同樣的情况見卜辭3，“多介祖戊”係指和已故祖先戊是兄弟的商先王。就是指小甲、雍己和太戊，即“太戊置身其中的多個先祖”。

卜辭4的“不其介雨”當理解爲“不宜置身于雨中”。這纔是甲骨文“介”的原始本義。

在甲骨文之後的《詩經》裏，“介”已經有多處出現：

《詩經·七月》：“以介眉壽。”意即置身眉壽者的行列裏。

《詩經·清人》：“駟介旁旁。”“駟介麃麃。”其中“駟介”用法和卜辭中“多介”相同。

《詩經·甫田》：“攸介攸止，烝我髦士。”其中“介”作“舍”解，也是置身其中之意。

除了卜辭和《詩經》以外，先秦其他著作中“介”字也有作“置身其中”理解的：

《易經·豫卦》：“介于石。”意指置身于堅石之中。

《左傳·襄九年》：“介居二大國之間。”

《荀子·大略》：“諸侯相見，卿爲介。”由此“置身其中”引申出“中介”的義項。

《水經注·廬水》：“又有孤石，介立大江中。”由“置身其中”引申出“特立”之意。

以上十三條文獻證明，甲骨文“介”的本義是“居中”和“置身其中”。這反證出

---

① 圖二中卜辭編號爲：①乙2877，②前1·45·6，③合177，④拾2·15，⑤前1·46·1。

甲骨文“介”的本義應該是“人立于雨中”之意，亦即淋雨。則上述卜辭4當解作：不要淋雨。

【甲骨文字本義小結】

介的本義：人在雨中，即淋雨。引申義：置身其中。其餘諸義項均爲後世的引申義。

多介的本義：地位平等的多個主體的統稱。

破譯甲骨文：尞　寮(燎)　祡　槱

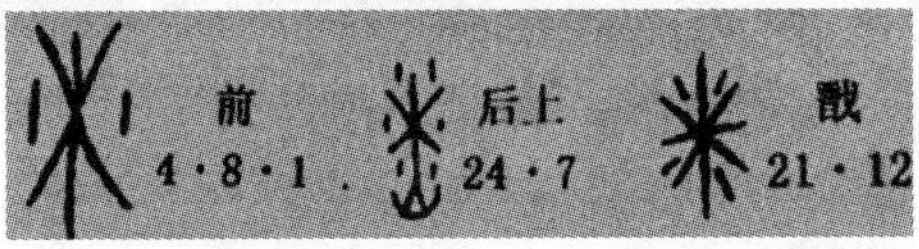

圖一　甲骨文：尞（例一正視，餘爲俯視）

圖二　甲骨文：寮（有從宀和從穴兩種）

從《説文》中查“尞”“寮”兩字需要很深的古文字功底，不信你可以查一查試試。

《説文》：“尞，祡祭天也。……祭天所以慎也。”

《説文》：“寮，穿也。……《論語》有公伯寮。”段注：“《左傳》曰：‘同官爲寮。’”

《説文》：“燎，放火也。”段注：“《盤庚》：‘若火之燎于原。’”

《説文》：“祡，燒柴尞祭天也。從示此聲。《虞書》曰：‘至于岱宗，祡。’”

圖一中的甲骨文字是否是“尞”的甲骨文本字呢？應該是。但是這個“尞”字的本義是不是許慎定義的“祡祭天也。”呢？我認爲不是。根據甲骨文造字規律，“尞”不從示，所以没有祭祀的含義。從“尞”“寮”“燎”三個系列字的關係看，“寮”是宫廷裏官員集中辦公的宫室或者洞穴（洞穴裏冬暖夏涼，同時洞穴可以防止火災。圖二例三即從穴字頭）。因爲是官僚扎堆的地方，所以“寮”在卜辭裏也被用作機構和辦公場地。

卜辭：“利令其唯太史寮令。”（前5·39·8）

卜辭：“甲辰卜：王在肉寮卜。”（文182）肉寮疑爲殷商爲官員分肉的宫室。

而“尞”則是一個用木柴搭起的柴堆，這個柴堆是供給祭祀天神（又作大神）用的，這個祭祀燒柴祭祀天神的祭祀在殷商時叫作祡，也叫作祡尞。

《釋天》：“祭天曰燔柴。”《祭法》曰：“燔柴于泰壇。祭天也。”《孝經》曰：“封乎泰山，考績祡尞。”《禮記·郊特牲》：“天子適四方，先祡。”注：“所到必先燔柴，有事于上帝。”

“尞”是什麽？“尞”就是柴尞，是用木柴搭建的像房屋一樣的柴堆。也就是《説文》所説：“祡，燒柴尞祭天也。”“柴尞”不過是用柴搭成的狀如房子的柴堆，祭天時

圖三 甲骨文：祡

點燃它。今天清明節給親人上墳焚燒的草紙、紙屋、紙馬就是這個“柴尞”的遺俗。將木柴架構于祭壇之上，即建柴尞和祭祀的整個過程。因爲尞是以柴爲之，所以“柴”“祡”同音且兩個字在這個意義上通用。殷商時期的卜辭內容披露出“祡祭”並不僅僅限于祭天：

卜辭：“辛卯卜。即。貞：王賓祡不雨。”（人 1591）

卜辭：“……貞：勿祡祖乙。十月。”（文 288）

卜辭：“……卜。貞：祡四小牢。”（林 1・18・13）這是祡祭也有太牢作爲獻祭的例子。

圖一中由于造字角度的不同呈現異構：例一例三是俯視構圖，看不見火堆。圖二是正視構圖，上從尞，下從火。該字中的散點意符代表的是燃燒時柴尞發出四濺的火星。

最後，漢字“燎”不見于甲骨文系統，它是一個後起的形聲字，它的初文就是甲骨文“尞”。從火爲燎，成爲一個動詞。其本義就是簡單的“放火”之意。尞字本身造字中就含有意符“火”，之所以後世又加上了多餘的“火字旁”。這是標準的許慎的轉注，所以許慎將其歸入了《説文》的火部首中。

就甲骨文字本義而言，“尞”和“寮”並無祭祀含義。例如：

卜辭：“辛巳卜：王上甲尞十犬。”（乙 8683）

卜辭：“癸未卜：夬。貞：尞于土……”（乙 7779）

卜辭：“乙丑卜：尞。夕雨。”（人 2391）

在《説文》的小篆文字系統，還有一個祡祭的近義字：槱。這是一個形聲字，其字源見于《玉篇》和《詩經》，其本義與“祡祭”相當，但是明顯能够看出其歷史進化的痕跡。就是一是造字方法已經使用了形聲造字法，甲骨文“祡”是一個會意字，其組成意符從雙手，從木，從示均爲意符不做聲符；其二在小篆“槱”中除了“燒柴尞祭天”的意義以外，出現了意符兼聲符的“酉”字。就是説這一類祭祀中已經有鬯酒作爲獻祭的祭品：

《説文》：“槱，積木尞之也。從木火，酉聲。《詩》曰：‘薪之槱之。’《周禮》：‘以槱尞祠，司中司命。’”

【甲骨文字本義小結】

尞的本義：柴尞——用木柴交積而成的供祭天使用的柴堆。象形字。後引申爲祭祀。

寮的本義：殷商朝廷官員集中辦公的官室或山洞。冬季生火（焚柴尞）取暖。會意字。

燎的本義：後期轉注字。本義爲放火。形聲造字。偏旁火疑爲許慎的轉注所加。

音訓：尞、寮、燎三字初文爲尞（圖一）。甲骨文尞是右文造字。其中“×”（當爲“爻”之初文）是聲符兼意符。讀若 yao。發音近 liao。

祡的本義：燒尞祭天也。會意造字。

槱的本義：形聲字。本義爲積木尞之，但是祭品中已經有鬯酒，應該較“祡祭”爲後。

破譯甲骨文：從卜辭合 2636 譯“取”*

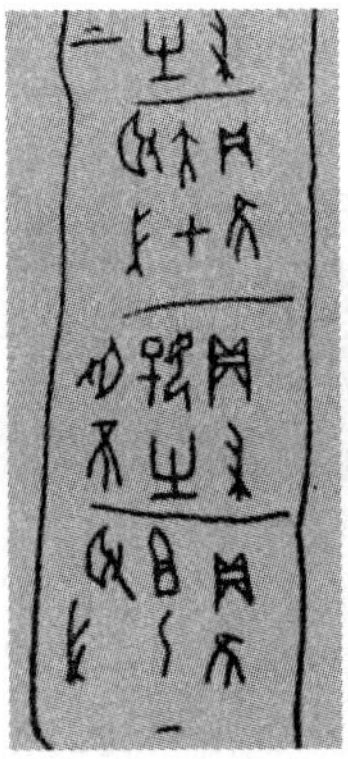

圖一
合 2636 正
（下半片）

圖二
合 2636 正
（上半片）

其中八條卜辭（從右向左讀，從上到下）如下：

卜辭 1：“隹唐取好。”

卜辭 2：“貞：隹大甲（取好）。”

卜辭 3：“隹祖乙（取好）。”

卜辭 4：“貞：隹唐取婦好。”

卜辭 5“貞：婦好侑取上。”

卜辭 6：“貞：隹大甲取婦（好）。”

卜辭 7：“貞：婦好侑取不（?）。”

卜辭 8：“貞：隹祖乙取婦（好）。”這條卜辭是專家學者們在破譯甲骨文“取”字時必引用的一版卜辭，一共八條，其中括號内的字是我依據上下卜辭内容（卜辭 6、7、8）或省略的意義（卜辭 2、3）補齊的。這一版卜辭中涉及的商先王唐，大甲（太甲）和祖乙是殷商人最爲重視的三位先王。這一點以下兩條卜辭可以證明：

卜辭：“貞：御自唐大甲大丁祖乙百羌百牢。”（佚 873）

卜辭：“侑于唐至于大甲。”（林 2・3・15）

這一版卜辭合 2636 是一期卜辭，根據内容可以確定是占卜于婦好死後，武丁生前。内容涉及的是商王武丁的配偶婦好有没有在陰間締結“冥婚”（從卜辭 7“貞：婦好侑取不?”是一個問句語氣可知）。她是和哪一位先王做“陰間夫妻”的呢？因爲卜辭的殘缺，我們無法看見驗辭的結論，但是卜辭所問的確實是三位最優秀的商先王。

在卜辭中，實行陰間婚配的不止是這一條卜辭，還有甲 3045：

卜辭：“辛酉卜：王祝（一説兄）于妣己乃取祖丁。”（甲 3045）其中妣己生前就是商王祖丁的配偶。在祖丁死後，這條卜辭是殷商人爲其占卜，期望他們倆在陰間“破鏡重圓”，再做夫妻。語氣是肯定的。

有上述 11 條卜辭可以看出，商代有冥婚的習俗。這一點與商代人認爲靈魂不死，視死如生的死亡觀念是相一致的，也就是在一個人死後也必須婚配。所以在武丁配偶婦好死後，殷商人爲其選擇的冥婚對象是唐（商湯）太甲和祖乙中的一個。

商周時期的僕人、護衛等身邊時常要使用的人采取的是殉葬的方式。這也許是下層的人没有生存權利的緣故。這一點已爲商代考古的事實以及像《詩經・黄鳥》這樣的文獻所證明。衹是在冥婚這一習俗上采用了死後婚配的“人道主義方式”，這一點令人費解，尚需做進一步地探討。

這就引出了甲骨文“取”的一個常用意義——婚配。當然這個婚配不一定是指冥婚，也許活人的婚配也使用這個“取”，也就是後來的漢字“娶”的初文。

需要區別的是在甲骨文中有這樣的一個字：（甲骨文取女，見菁7）。這個甲骨文字不能直譯爲漢字“取”，而是“女取”兩個字的合文。請看卜辭菁7：

“甲辰卜：争。貞：女取娩。”（菁7）這裏“女取”是一個已婚女子的名字。這條卜辭就是占卜女取甲辰日是不是分娩的一條卜辭。按照卜辭的習慣這個甲骨文字應該是“從女從取”。菁7卜辭的這種表示方法是特殊的，其中左側的“女”應該是尚未分娩過的女子。

但是，就甲骨文“取”的造字看，它並不是爲了婚配而造字，所以“婚配”並非甲骨文“取”的本義。爲什麽這麽説呢？我們可以從甲骨文的造字和卜辭内容兩個方面來分析：

從甲骨文造字看，取字從耳從又（手），是一隻手拿著一隻耳朵（左耳或右耳）的會意字。和《説文》定義相一致：

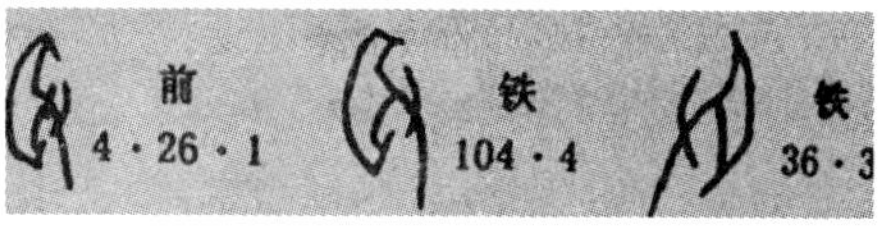

圖三　甲骨文：取

《説文》：“取，捕取也。從又從耳。《周禮》：‘獲者取左耳。’《司馬法》曰：‘獻聝。’聝者，耳也。”可見西周獻俘用的衹是左耳。但是我們從甲骨文看到，殷商時衹要有一隻耳朵，無論是左耳或者右耳，都可以是“取”，也就是殺死敵方一人。也許是耳朵體積小，易于攜帶，易于辨認，不易腐爛的原因，它被選作戰利品了。從這一點看，甲骨文“取”的會意是“獲取”“取得”的本義。

從卜辭内容看也是這樣的本義：

卜辭：“……彈取網。”（前5·9·1）

卜辭：“貞：勿取羊于戈。”（乙3581）

卜辭：“庚申卜：乎取豼豰”（合59）豼豰爲乳母猪，即很小的母猪。

卜辭：“己巳卜：雀取氏馬。”（乙4718）氏馬疑爲新建種群的領頭馬。

可見上述卜辭中的甲骨文“取”均爲“獲取”“取得”之本義。

不過對甲骨文“取”的上述本義解釋卻碰到了一個問題，就是在卜辭中，常常用作“取嶽”“取河”：

卜辭：“己亥貞：取嶽。”（粹29）

卜辭：“戊戌卜。貞：取于河祀。”（後下43·1）

有學者認爲這兩條卜辭中的“取”字應該是一種祭祀，即槱——一種燒柴獻酒以祭祀山嶽土地神、河神的祭祀。我認爲上述卜辭中的“取”字不妨仍然視作引申義的“婚配”解。即爲河神娶婦，爲山嶽的土地神娶婦的意思。這一點從《西門豹治鄴》裏有以童女祭祀河神的遺存看，可能在遠古中原存在這樣的習俗。按照殷商人世界觀看，應該有這樣的可能。當然這一風俗還需要大量的考古和文獻的證明。在此暫付闕如。

生者要婚配。然而殷商人爲死者娶配“冥婚”，爲神獻祭“童女”，這中間有什麽聯係嗎？這一遠古風俗值得我們深入研究。

【甲骨文字本義小結】

取的本義：獲取，取得。動詞。引申義：婚配（娶得某女）。會意造字。

音訓：殷方言中該字讀若 qiu。故反切下字爲“shou”，反切上字意符訓詁未詳。

破譯甲骨文：從卜辭前 6・43・6 譯“時”*

圖一

卜辭前 6・43・6 如圖一所示。請注意其中的“之”和“日”（左圖第 3、4 字）兩個連續的字符。這是本文考證的重點。這兩個意符的合文就是甲骨文“時”。但是也有專家學者認爲他們是兩個字：之和日。但是卜辭中此字爲常見字（參見圖二）。

甲骨文“時”字，在徐中舒《甲骨文字典》、高明、涂白奎《古文字類編》中未收錄。徐中舒在《甲骨文字典》“燕”條下將其破譯爲“之”和“日”[①]。但是由孫常敘作序的馬如森的《殷墟甲骨學》中將其認定爲甲骨文“時”字。我認爲這不是收和不收的問題，這是一個認知觀點不同的學術問題。古來的學者們都有選擇有利于自己的例證的做法。在馬如森的《殷墟甲骨學》中收錄了甲骨文“時”一共三個，如圖二：

圖二　甲骨文：時

其中的前 6・43・6 所屬的卜辭全文（原圖見上圖一）是：

“……亥卜：史。貞：王□燕之日曰叀吉。”（徐中舒破譯）

“……亥卜：史。貞：王□燕時曰叀吉。”（馬如森破譯）其中“□”應爲動詞。

按照字面上的意思兩人的解釋都是通暢的。如果是孤證，則我們完全認可徐中舒的破譯，但是這裏有三個同樣的甲骨文字，因此我們應該承認這個“上從之下從日”的甲骨文字在殷商卜辭中的客觀存在。“□燕之日”和“□燕時”意思差別是不大的。問題在于究竟這條卜辭是在“□燕之日”還是在“□燕時”占卜，結論是明確的：吉。其實燕子（即玄鳥）本是殷商的吉祥鳥。《詩經・玄鳥》：“天命玄鳥，降而生商，宅殷土芒芒。”這說明燕子就是商人口傳歷史中“感天而生”的第一個神祖（參見“感天而生”的相關文章）。周人有“一之日”“二之日”的記月份的方式，卜辭中“燕之日”是不是殷商人對某個月份的別稱呢?

但是，圖二的甲骨文字是不是“時”卻涉及它的甲骨文本義的確定，所以有必要深究。既然在甲骨文字中兩種意見有了爭執，西周金文中迄今尚未發現金文“時”的圖例存世，我們不妨從西周金文之後的春秋戰國（東周）的金文中來尋找它的發展蹤跡。

我們看到從甲骨文“時”到金文的“時”，其中經歷了春秋的過渡階段。圖三是戰

① 徐中舒主編《甲骨文字典》，第 1258 頁。

國金文的“時”，從止從日中間是“一”。圖四是春秋戰國時期的石鼓文和印璽“時”，也是從止從日中間是“一”。所以徐中舒破譯的“從之”和“從日”，實際上在造字過程中的思維是從止從日中間從一。反過來我們便可以確立甲骨文“時”字的客觀存在。

圖三

圖四

這樣的造字思維是符合甲骨文造字的基本規律的。因爲在破譯甲骨文字時，我們必須將其分解到造字的最小的意符，這裏組成圖二甲骨文字的最小意符是三個：止，日，一。這三個最小意符的造字組合是怎樣構成圖二所示甲骨文字的本義的呢？

首先，“一”在甲骨文中代表“地”。該字的“一”居中，爲什麽？因爲這是一個會意字，當這個“一”和它上面的“止”結合時，是甲骨文字“之”，其本義爲“離開此地去某地”。同樣，當這個“一”字和它下面的“日”結合時，其會意爲“太陽照射的位置”（也可以理解爲日出時分）。將這樣三個意符結合起來産生的會意字，其本義就是：一個人離開某地的時刻——即太陽此時的位置正是該人離開該地的位置。在《殷商的計時方法（白天）》一文裏，我已經考證了殷商人總是用太陽所照射某物的位置來定義白天時間的。圖二的甲骨文字也遵從這個規律。

所以，圖二的甲骨文字應該破譯爲：時刻的“時”。其本義爲：某一時刻。造字過程中“一”爲“止”和“日”共用的意符。這個一不能放在頂上，因爲甲骨文字頂的“一”代表的是天。“止”也不能安置在“日”的下面，因爲上從日下從止，其甲骨文造字的會意是“一隻腳正在奔向太陽”。這樣就會使讀者産生錯誤的會意和錯誤的本義。因爲太陽照射大地的位置正是某人離開此地的時刻，所以造字者將意符“一”造在了“止”和“日”的中間，這一横是共用的意符。它意在强調這兩個時刻是同一的，即太陽照射在某一位置的時刻和人出發的時刻相同。

從圖三和圖四可以看出，漢字“時”的造字從甲骨文開始到春秋石鼓文（圖四例一）到戰國金文（圖三）到戰國印璽，其造字結構都是從止從日從一的，一脈相承，没有變化。圖四例一的“時”爲了美化而加上了另一隻腳。于是兩隻腳一前一後跨過出發的地點。而太陽此時正從左側對準了這一條綫：一。這樣的造字目的衹是爲了使這個字外觀更美化，表達更準確。這一表達在演化爲繁體漢字的“時”中得到了保留。但是圖四例三的郭店簡書如果表示的是漢字“時”，那顯然這是一個錯誤的寫法。這一點可能是後來甲骨文“時”訛變爲形聲造字的從日從寺的漢字“時”的錯誤的演化路徑之一。後來便訛變爲“時”字，從日從寺。

雖然圖二的甲骨文的本字可以破譯爲“時”。據此我們可以推定該字作爲漢字“時”的初文可以寫作“寺”。必須補充一點的是山西境内的“陶寺”考古已經發現，這個“陶寺”正是唐堯時的一個觀察日月星象的遺址。其中出土的有可資證明堯舜時代“十月曆法”的觀天象臺遺址。還有，陶寺王者大墓裏出土的玉戚和標明了尺度的木杆的作用也正是測量日影用的。無獨有偶，這個地名又恰恰叫作“陶寺”。這一考古發現恰恰證明甲骨文的“寺”應該和時間有關而和寺廟無關。是後世的寺廟借用了甲骨文“寺”

的本義。而報時又恰恰是寺廟的基本功能之一。這些史實證明了甲骨文“寺”的分化路徑可能是：甲骨文“寺”後來在漢字的發展中因訛變而演化成了漢字形聲字“時”，而它的本字“寺”則爲傳入我國的佛教所借用成爲寺廟的代稱。

《説文》：“時，四時也。”段注：“本春夏秋冬之稱。引申之爲凡歲、月、日、刻之用。《釋詁》：‘時，是也。’此時之本義。”許慎的這個定義和段注的矛盾之處正好給甲骨文“時”做了一個最好的考證：許慎和段玉裁都認爲“時”的本義是指春夏秋冬四季。但是恰恰是段注所引的《釋詁》記了“時”的原始意義——是也。“是也”，“此時此地”的意義，也正是圖二甲骨文“時”的本義。許慎將本義和引申義正好顛倒了，因爲他們没有見到甲骨文。本文的考證和定義算是對漢字“時”的本義和引申義的一個撥亂反正。

【甲骨文字本義小結】

時的本義：某人離開某地的時刻——即太陽此時的位置正是該人離開該地的位置。會意造字。

引申義：春夏秋冬四時。音訓：之日切或者止日切。擬音讀若 si 或 zi。由于遠古“四時”與“四季”通，時、季兩字的古音亦應相通。

破譯甲骨文：父　尹　伊

圖一　父

圖二　尹

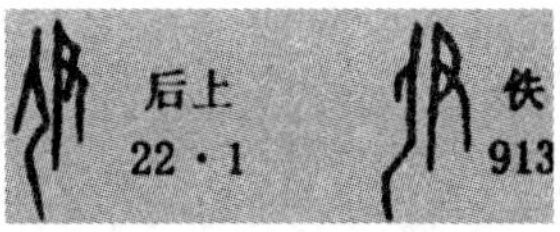

圖三　伊

在《破譯甲骨文：父》中，我考證了甲骨文“父”的本義是殷商人稱呼曾經掌權的已故商先王。其音訓爲甫。商末内涵逐漸擴大爲已故的父親。但是我們將甲骨文“父”“尹”“伊”三個字作對比時就發現了其中造字的玄機。

“父”和“尹”的組成意符是相同的，都是從又（手）從丨。就造字特點看，甲骨文父字手中所執的爲短棍，而甲骨文尹字手中所執爲長杖。第二個造字特點是，甲骨文父字的手所執爲棍棒（或戒尺。但是依據甲骨文“攴”部首字本義分析，爲棍棒者居多）的下端，而甲骨文尹字的手所執爲長杖的上端。這兩個造字上的明顯不同導致了兩字本義的不同：

卜辭 1：“貞：勿有于□甲父庚父辛一牛。”（乙 7767）

卜辭 2：“戊午卜：其兄（一曰祝）于父甲……”（甲 801）

卜辭 3：“乙卯卜：亘。貞：今日王至敦。夕酒。子吴侑于父乙。”（鐵 196・1）

卜辭 4：“甲午貞：其令多尹作王寢。”（戩 25・13）

卜辭5：“其……于伊尹牢……”（甲744）

卜辭6：“令尹作大田。”（丙71）

比較上面兩組卜辭可以得出結論：執短棍的“父”是一種親屬關係，其職司爲教化；而執長杖的“尹”是一種官職，其職司爲用權。兩者以甲骨文造字規律分析都是動詞。所以許慎的定義《説文》：“尹，治也。從又丿（甲骨文從‘丨’），握事者也。”意思是尹本是“治理”的本義，引申爲“治理事情的官員”。甲骨文“尹”在造字時的初始本義應該是動詞“治理”，引申義自然就是“治理事情的人”，所以卜辭4至6中的尹，多尹，伊尹應該首先是指殷商時期主管國事的官員。衹有一點比較特殊的就是“伊尹”，殷商時期確實有這樣一個人見諸文獻記載。據《史記》和相關卜辭記載，伊尹是商朝早期的老臣，曾經輔佐過成湯直到太甲的數任商王。伊尹在殷商也享受很高的禮遇。享受專門的祭祀：

卜辭：“……又歲于伊……”（寧1·237）歲祭。

卜辭：“其……于伊尹牢。”（甲744）太牢祭是商先王纔能够享受的祭祀。

卜辭：“辛巳貞：以伊示。”（存2·766）求伊尹開示。

卜辭中甚至久旱不雨時要“求雨”都向大約三百年前死去的伊尹請求開示，見寧1·114。這就涉及另一個甲骨文字“伊”。雖然從上圖看，甲骨文“伊”和“尹”僅有一個人部首的區别，但是“尹”是官職，而“伊”則是專用名詞，用來特指伊尹這個歷史人物。那麽“伊”的本義是什麽呢？如果就字面直解就是“掌握權杖的這個人”，但是我們看到在甲骨文“伊”字中，掌握權杖的那隻手並不是伊尹本人的，伊尹衹是在權杖的前面“治事”的人。我認爲這三個意符的會意，應該表示的是伊尹“一人之下，萬人之上”的尊貴的地位。卜辭的相關記載也證實了這一推斷。

伊尹——本義爲曾經受命治理殷商的那個人。

【甲骨文字本義小結】

父的本義：殷商人稱呼曾經掌權的父輩的已故商先王。商末内涵逐漸擴大爲已故的父親。

尹的本義：掌握權杖的官員。可以是殷商的輪值官員。

音訓：丨引而上行讀若xin。通yin。右文造字。

伊的本義：伊尹——曾經受命治理殷商的那個人。

音訓：人通夷。右文造字。讀若yi。

［注］伊、尹、犬等甲骨文字均采用了單筆畫作爲發音的右文造字，這説明右文造字的産生時間可能和象形造字、會意造字相距不遠。

破譯甲骨文：魯

魯國，周武王滅商後封其弟周公旦于曲阜（所謂少昊之墟），是爲魯公。魯公即魯侯。周公旦未去赴任以輔佐武王，武王死後又輔佐成王。後來周公旦的兒子伯禽即位爲魯公，而淮夷、徐戎作亂，伯禽作《肸誓》，平徐戎，定魯。據此可知魯國在公元前一千年就已經存在。

這裏就引發一個問題：魯國爲什麼叫作魯。也就是説在魯國建立以前“魯”的本義是什麼？其實“魯”這個方國在殷商卜辭中就已經存在。

卜辭：“魯受黍……”（合 9979）意爲魯國（地）獲得了黍的豐收。

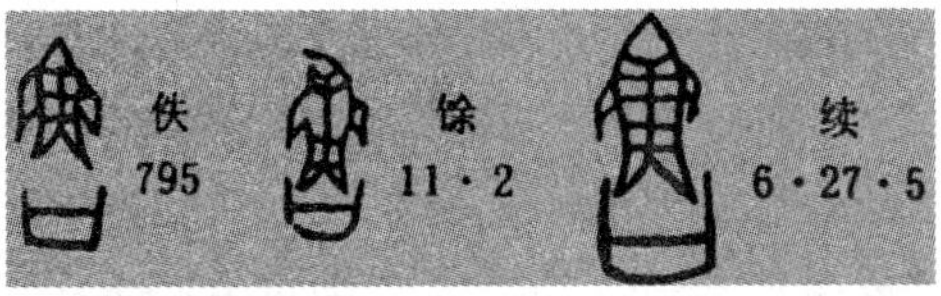

圖一

其實在殷商甲骨文裏，魯字也已經存在。

甲骨文魯的會意是下爲容器，上爲魚。至于它的本義是什麼則衆説紛紜：

《説文》：“魯，鈍詞也。從白魚聲。《論語》曰：‘參也魯。’”段注：“《釋名》曰：‘魯，魯鈍也。’國多山水。民性樸鈍。”但是“民性樸鈍”和甲骨文從魚從口的造字聯係不大。

于省吾釋甲骨文“魯”：“從魚從口，口爲器型，本象魚在器皿之中，《説文》訛從白。”①

徐中舒釋甲骨文“魯”：“從魚從口，口象坎。澤中水竭，魚乃露于坎。故魯之本義爲露，後通旅、臚。”②

這些對甲骨文“魯”的破譯依據是什麼，從魚從口就一定叫作魯嗎？從魚從白又是什麼意思？遼闊中原和東南沿海處處産魚，爲什麼衹有山東曲阜一帶纔稱爲魯國呢。所以要破譯甲骨文“魯”的本義，還是要從魯地開始。

《史記・夏本紀》：“海岱維青州：堣夷既略，濰淄其道。其土白墳，海濱廣潟，厥田斥鹵。田上下，賦中上。厥貢鹽絺，海物維錯……其篚酓絲。浮于汶，通于濟。”《集解》：“鄭玄曰：‘海物，海魚也。魚種類猶雜。’”這段記載又見《尚書・禹貢》，内容大同小異。

九州貢賦自大禹始，“禹乃行相地宜所有以貢，及山川之便利”。位于泰山和大海之間的青州因地制宜進貢的就是海産品，其中多是各種海魚海貝之類。這些來自青州的貢品都是裝在特製的有青州特點的包裝物——筐篚中的。大禹給各地的貢品包裝都做了具體的規定，其實也是爲了這些包裝可以供夏王朝繼續使用。青州的貢品包裝是“其篚酓絲”，所謂酓絲，按照孔安國的解釋就是“酓桑蠶絲中琴瑟弦”。就是食用酓桑的蠶絲，其中可以用于琴瑟作弦的。用這些蠶絲編織成筐篚以盛放貢品海魚。我認爲這就是甲骨文“魯”的由來。

從音訓上看，魯與鹵同音，正是鹽鹵之鹵。山東魯國正是産海鹽之地。魯國所進貢的海魚必須經過腌製纔能保證到達夏商的國都不會變質。就其音訓看，殷商方言魚讀若 ru，古音娘日歸泥，所以通魯。

魯，進貢海魚的青州地區。上從魚，意指種類各異的海魚。下從口，意指“其篚酓絲”，即用絲綿繩編織的籮筐。發音 lu 隱含了魯國進貢的正是用鹽腌製過的鹹魚。甲骨

① 馬如森著《殷墟甲骨學：帶你走進甲骨文的世界》，第 288 頁引。

② 徐中舒主編《甲骨文字典》，第 383 頁。

文用各地的貢品造字“魯”不是唯一的，這種方法是一種在甲骨文裏常用的造字方法。

例如：甲骨文“西”，從玉從 U，就是貢玉和包裝用的筐篚。因爲殷商的貢玉均來自最西邊的雍州，所以以此會意來造東南西北之“西”字。同樣的造字還見于淮水。

又如：甲骨文“濼”舊指濟水。其造字采用從水從絲從木會意。因爲殷商的“其貢漆絲”均來自沇州，且進貢物品均沿濟水運送，“其篚織文。浮于濟、漯，通于河”。所以以水、絲（絲綿）和木（生漆）來造濼水之“濼”字。

卜辭中，魯字多用作方國名或地名：

卜辭：“貞：其雨在□魯。”（後上 31・2）

卜辭：“乙丑卜：古。貞：婦□魯。于黍年。”（佚 531）

卜辭：“王占曰：吉。魯。”（乙 7781）

從上述卜辭理解，殷商人可能用“魯”借指“東南方向”。因爲魯方國位于殷墟的東南方向。

【甲骨文字本義小結】

魯的本義：上從魚，意指種類各異的海魚。下從口，意指“其篚奩絲”，即用絲綿繩編織的籮筐。這種籮筐的殷商方言稱呼爲“簍”，和殷商方言“魯”相同。可能是右文造字。

音訓：魚，夏商方言讀若 ru，通 lu。爲卜辭中指進貢海産品的魯方國。即大禹所劃定之青州，今山東泰山以東至黄海邊的地域。

破譯甲骨文：“冥”“娩”之争

圖一　甲骨文

圖一中的這個甲骨文字學者們是相當熟悉的，到底是“冥”還是“娩”，其本義的争議也是各不相讓的。

《説文》：“冥，窈也（一作‘幽也’）。從日六，從冖。日數十。十六日而月始虧，冥也。冖亦聲。”許慎收集的小篆“冥”近甲骨文。段注：“《小雅・斯干》傳曰：‘正，長也。冥，窈也。正謂宫室之寬長深窈處。’王肅本作‘幼’……”

《説文》：“娩（原文從子從免），生子娩身也。從子從免。”①

徐中舒釋“娩”，見《甲骨文字典》：“郭沫若釋冥，讀爲‘娩’。唐蘭從之，並謂冥之本義當如‘幎’，象兩手以巾覆物形。按此字字形與《説文》冥字篆文不類，且冖亦絶非巾形，故唐説不可從。然自卜辭辭例觀之，此字讀娩可通，而其本義不可

① 《説文》僅收入從子從免的漢字。未收入從女從免的娩字，娩是後起形聲字。

知矣。”①

“此字諸説較多。今從李孝定《甲骨文字集釋》録釋爲‘冥’。”②

關于此字的學術争議多集中在其本字是“冥”還是“娩”上。本字有争議，其本義就無法確定，衹能各執一詞。郭沫若的破譯是一個意在折中兩字紛争的觀點，説本字釋爲“冥”，但是又讀爲“娩”。意在承認該字的字形是“冥”，亦即本字爲“冥”。但是在本義解釋上又是按照“娩”的本義在解釋。這是學術投機的態度，斷不可取。學術上衹有真理，没有折中。

確實，這個字的甲骨文和小篆相近，但是在部分卜辭辭條的破譯中該字的本義以“分娩”解釋可通。視爲冥、娩通假也不失爲一個可行的答案。

卜辭1：“貞：婦好~。嫍（甲骨文本字從女從力，本義爲嘉。存疑）。”（乙6273）

卜辭2：“壬午卜。□。貞：婦姘~。嫍（同上）。”（續1·53·1）

卜辭3：“甲申卜。㱿。貞：婦好~。嫍。王占曰：其隹丁~，嫍。其隹庚~，弘吉。三旬有一日甲寅~，不嫍。隹女。一。”（乙7731）以上卜辭引自徐中舒《甲骨文字典》。

從以上三條卜辭内容看，似乎該字破譯爲“分娩”比較通順。但是即便這個字的本義可以釋爲“分娩”，從圖一的本字造字看，卻有可疑之處：首先是該字的造字和女性，分娩，子（胎兒），衣（胎盤），匕等分娩有關的部首毫無關聯。如果是分娩，按照甲骨文造字的原則在造字中應該出現代表血液或者羊水的散點意符。其次，借用許慎定義中“冥，窈也”（一作“幽也”），其中的“幽”在先秦有女陰之意，後世有酷刑曰“幽閉”。但是，我們在甲骨文造字中没有發現使用隱喻手法造字的先例。第三，如果該字使用在卜辭中的本義真的是“分娩”之意，那麽也衹能釋爲假借“冥”爲“娩”。冥、娩二字上古音可通，方言音似也可通。但是進一步的研究我發現這個“假借説”並不能解釋所有的問題。郭沫若等的“分娩説”受到了以下三條卜辭的嚴峻挑戰：

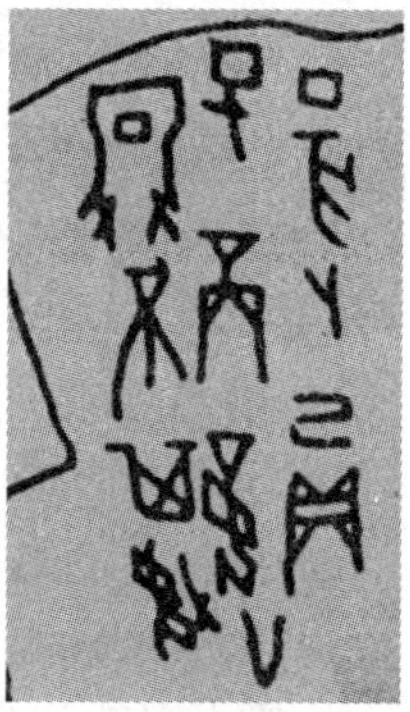
圖二卜辭：合14036

卜辭4：“丁亥卜。亘。貞：子商妾∪~。不其妫。”（圖二　合14036）

卜辭5：“辛丑卜。争。貞：小臣~。妫。”（圖三　合14037）

卜辭6：“乙巳。王入于~。”（鐵186·1）

圖三卜辭：合14037

卜辭4中，子商的妾分娩難道也要占卜嗎？商王的“婦”分娩可以占卜，商王子娶婦如果分娩可以占卜都可以説得過去，但是“子商妾”分娩也要占卜就有點不通情理了。如果説卜辭4還勉强可以接受的話，卜辭5就簡直令人無法接受。殷商的小臣一般是男性，這些小臣也會“分娩”嗎？而且小臣的“分娩”也要占卜决定吉凶嗎？

小臣是殷商的内臣，又叫内小臣。《周禮·内小臣》：“内小臣掌王后之命，正其服位。……掌王之陰事陰令。”注：“陰事，群妃御見之事。”可見内小臣即後世的太監。

① 徐中舒主編《甲骨文字典》，第1573頁。

② 馬如森著《殷墟甲骨學：帶你走進甲骨文的世界》，第357頁引。

卜辭6“王入于娩”是什麽意思？殷商人會用這個甲骨文字命名某地嗎？所以我可以初步斷定圖一的甲骨文不是甲骨文“娩”，而是甲骨文“冥”。

説它是甲骨文“冥”就必須解決兩個關鍵的學術問題：一是“冥”的本義；二是將“冥”的本義應用到上述六條卜辭中應該可以通順地解釋這六條卜辭。

讓我們再看圖一的甲骨文字它的甲骨文實際上是從口從雙手。從宀。這個從宀在該字中有兩種表示，例一是殷商宫室建築，例二例三我們在甲骨文“牢”中見過，是專門飼養獻祭用牲的建築物，從雙手。請仔細看，圖中的雙手是左手在右邊，而右手在左邊。衹有一個人從房間裏面關門時纔會出現這樣的情況。也就是説這個甲骨文“冥”是一個人從建築物裏面將門關上。該字中的“從口”是可有可無的，“口”在該字中是一個非固定意符（鐵186·1即無意符“口”）。但是請注意這個“口”均爲四方形，而不是圓形。如果該字可以破譯爲“分娩”，那麽這個四方形的意符就應該是圓形“○”——意指胎盤。

圖一中的本字是甲骨文“冥”，其本義是有人從宫室裏面或者專門飼養獻祭用牲的建築物裏面關上大門。既然是關上大門，婦好可以，婦姘可以，婦婐可以，子商妾可以，小臣當然也可以。這樣我就解决了第一個學術問題。卜辭6“乙巳。王入于~”的解釋也就迎刃而解了。

卜辭中的妫是什麽意思？很多學者將其解釋爲“嘉”，就是好或者是順利的意思。要解决這第二個學術問題，必須從這個甲骨文妫的本字開始。見上卜辭左圖。甲骨文字

（妫）從女從力（耒也）。按照甲骨文“男”字的解釋，這個字應該對應地破譯爲：妫，其本義也應該和甲骨文“男”對應是有力的女子之意。甲骨文“冥”的本義是關門，甲骨文妫的本義應該是有力的女子。而卜辭1和卜辭3中提及的婦好是武丁的配偶，是殷商著名的女將軍，能够揮舞八九公斤的青銅鉞殺敵。而卜辭4中的子商妾氣力不足，所以“不其妫”。這幾條卜辭看上去不像是在占卜而是更像後來歷朝歷代爲皇帝所作的《起居注》。

現在我們可以得出一個新的觀點：圖一的甲骨文字的本字是冥。本義是天黑以後，有人從宫室裏面關上宫殿的大門。在殷商時代，這個工作是由商王配偶或者隨身侍從的小臣完成的。

【甲骨文字本義小結】

冥的本義：天黑以後，有人從宫室裏面關上宫殿的大門。在殷商時代，這個工作是由商王配偶或者隨身侍從的小臣完成的。關門以後，室内當然一片昏暗。故“冥”有昏暗的引申義。

破譯甲骨文：工(共)

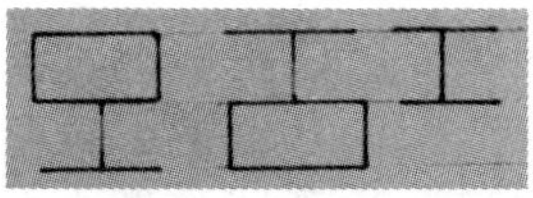
圖一　甲骨文：工

在我考證甲骨文“工”字以前，我一直不敢確認這個甲骨文字就是“工”，因爲它在卜辭裏同一個字竟有三種寫法（異體）。一字一形一義的甲骨文字出現了三種寫法這顯然不符合我一貫的學術觀點。這個甲骨文造字的音訓也很難讀若 gong。《甲骨文字典》：“諸家以其與金文工字形近，多釋爲工。李孝定謂：《説文》‘工，巧飾也，象人有規矩也。’因疑工乃象矩形。……然卜辭中（三者）多用同示，釋工頗扞格難通。”① 一期卜辭裏經常提到“有工”“亡工”“工典”，因爲這個甲骨文“工”字有三種寫法，學者們破譯出了多個本字。儘管觀點很多，傾向于這個甲骨文字是“工”“共”的居多數，但因考據不足，難以使人信服。例一甲骨文下加一個口字就是卜辭中著名的殷商敵國，如圖二：

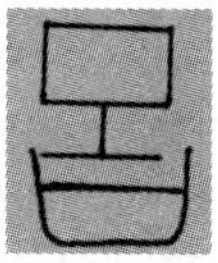
圖二

《中華遠古史》：“孫詒讓釋‘昌’，葉玉森釋‘若’，王國維疑是‘吉’字。于省吾從林光義釋爲古，讀爲鬼。……唐蘭則將此字釐定爲舌，並謂該字爲從工之字。”② 董作賓釋該字爲“苦”，也有學者將其釋作“共”的。我的觀點是，如果將圖一中最簡單的“工”字拿來説事是可行的。但是從字形、本義和音訓上看，這個甲骨文字都不等于今天的漢字“工”。殷商時期的敵對國工方在今天山西省境内，有當時的卜辭可以證明：

卜辭：“沚□告曰：‘土方征于我東鄙。𢦏二邑。工方亦侵我西鄙田。’”（菁 2）

卜辭：“己卯卜。□貞：工方出。王自征。上下若。受我……”（柏根氏舊藏甲骨卜辭）

正如諸多學者已經考證的：工方是土方的同盟國，他們共同與殷商王朝爲敵。土方是沚國的東鄰，工方是沚國的西鄰。夾在中間的沚國飽受兩國的欺凌，常常到盟主殷商王朝那裏告狀。但是這些史實都不能考證圖一的甲骨文字就是“工”。所以考證這個字還必須另闢蹊徑。

洹北商城考古發現：“倒塌在 1 號基址周圍的建築材料可分爲 5 類：（1）帶白灰墻皮的草拌泥塊。（2）土坯。……（3）夯土。所見不多。存者往往有明顯夯窩。（4）帶葦束痕跡的薄泥塊。……（5）截面呈半圓形的草拌泥柱，整體如同劈開的半根圓木。……”③

請注意，洹北商城時期商人已經用土坯這種“新型建築材料”建造宫室了。土坯雖然極其普通，但是使用土坯建造宫室房屋卻是一場革命。因爲在土坯以前，人們都是用

① 徐中舒主編《甲骨文字典》，第 493 頁。

② 王玉哲著《中華遠古史》，第 380 頁。

③ 中國考古網站：http：//www. kaogu. cn/html/en/xueshuyanjiu/jiluoyuchengshikaog/2013/1015/3366. html.

木棍和蘆葦外表涂抹泥巴建造民居的。甲骨文中涉及“佘部首”的字大多是這一類民居。由于土坯的發明和用來建造房屋，使房屋的防風性能，保温性能和堅固程度都大大提高。同時土坯可以建造很高大的宫室建築物。這一類土坯建造的建築物在甲骨文中一般用“宀部首”“冖部首”字表示。這是一個看似平常其實重大的發現。這個發現給了我啓迪，我復原了洹北商城的宫室的土坯墻壁圖：

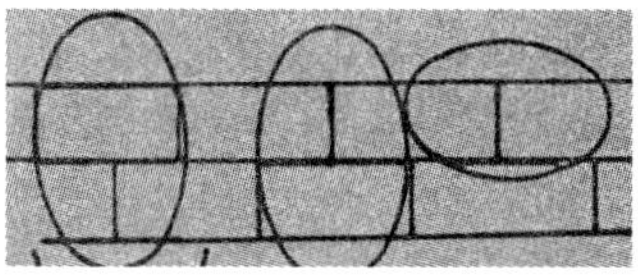

圖三　土坯建造的宫墻示意圖

從圖三可以看到，用傳統的土坯砌成的宫墻是很規範的。在這面宫墻之上，出現了甲骨文“工”的三種變體（見三個橢圓框定的範圍内）。所以甲骨文字出現異體並非是隨意的創造，它是有歷史原因的。以下我就以“工”代替這三個異體字所表示的本字。今後的甲骨文研究也以“工”規範上述三種異體。

洹北商城的存在時期早于盤庚遷亳殷，也就是早于甲骨文被創造的時期。因此，當殷商人創造甲骨文時，他們已經用規格一致的土坯來建造宫墻和宫室了。所以甲骨文“工”的三種異體不過是取自宫墻上不同的局部圖案，三者的統一的歷史背景就是殷商的宫墻上土坯縫隙的圖案。這就是甲骨文“工”字的由來。所以我認定這個甲骨文字的發音應該是“工，宫也”。引申義是：“工，百工也。”

但是，爲什麽殷商人稱呼那個敵對的國家爲“工方”呢？我們知道殷商時期的每一個方國都是專業化承擔殷商王朝的某一勞役的。例如：虎方可能就是捕虎貢虎的；馬方可能就是養馬貢馬的；井方可能就是專業打井的；龍方就是預防和抗擊龍捲風颱風的；夯方和基方可能就是建造城墻和宫墻的墻基的；林方進貢木材；御方和輿方提供車與服務；石方提供石料；文獻中還有一個共方是導水和治水的，由于共方從鯀的時期開始就是專業建造城墻的氏族，所以這個共方和工方可能就是同一個國家。共、工兩字古音相同，且共方的氏族領袖就叫作共工。我認爲卜辭中的“工方”應該就是專司治水建城的“共方”氏族。該氏族誕生過一位偉大的歷史人物——大禹。該氏族後來成爲殷商王朝最强勁的敵方聯盟的核心。

工方就是專門從事製作殷商王朝建造宫室所使用的土坯以及用土坯建造宫室的一個方國。實際上就是殷商王國的土坯製造場和建築施工隊：

卜辭：“貞肉亡其工。”（粹 1216）施工隊的土坯用完了。

卜辭：“戉其有工。”（佚 7）土坯還有（没有用完）。

卜辭：“有工。”（存 1・266）土坯尚存。

卜辭：“亡工。”（京 4844）土坯已經用完。

由此引申，建造宫殿也應該叫作“工”，所以甲骨文宫殿的“宫”從兩塊錯開的土坯。在卜辭中常常出現“工”“典”連用的情况：

卜辭：“貞：旬亡刣。在四月。甲戌工典其酒肜。”（合 22675）

卜辭：“癸卯。王卜貞：旬亡刣。在九月。甲辰。工典其幼其翌。”（35399）

卜辭：“癸卯卜貞：王旬亡刣。在六月。乙巳。工典。雚。”（合 38310）

這裏的“工典”與“宫典”同音，就是建造某宫殿的開工典禮。而承建宫殿的方國正是工方。殷商王朝給工方攤派的勞役就是拓製土坯並建造宫室。爲了證明這一點，我引進了三期甲骨文（塞）字和金文的（塞，出自《塞簋》）字。這兩個字的會意正是一雙手將土坯封閉北窗或者門户的意思。所以《説文》解釋這個字爲："窒也。"其中的四個"工"字正是土坯壘成墻壁的整體象形。除此以外，我們對另外兩個甲骨文未識字的本義也就迎刃而解。這兩個甲骨文未識字見圖四：

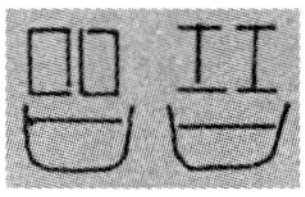

圖四

這兩個甲骨文是圖二較罕見的異體字，所表示的本義正是從容器中脱出土坯的會意。而下面的容器正是製造土坯的木製模具。製造土坯的方法是，將混合了草筋（切碎的稻草）的軟泥巴用力砸進木模裏，切掉上面多餘的部分，打開木模以後，一塊土坯就做成了。曬乾以後就可以像磚頭一樣用來建造房屋的墻壁。中晚商之交的洹北商城的考古發現告訴我們：當時土坯的規格是"完整的土坯長約27厘米、寬18厘米、厚6厘米"①（中國考古網）。我認爲這個土坯在卜辭中就寫作"工"（音訓待考）。在改革開放以前——20世紀70年代末——我國農村仍然在采用這種土辦法建造房屋，但是一般不是住房，而是輔助性房屋。例如柴房、茅房、猪圈、披厦等。

【甲骨文字本義小結】

工的本義：土坯。引申義：殷商時期專司製造土坯的方國——工方。引申義：建造宫殿。引申爲工程。

音訓：象形字。音訓存疑。

塞的本義：過冬前用土坯封閉宫室的門户。平民家庭則以土坯封閉向北的窗户——向。

破譯甲骨文："展"的演化

甲骨文中有一個字是由四個"工"字組合成的，如圖一：

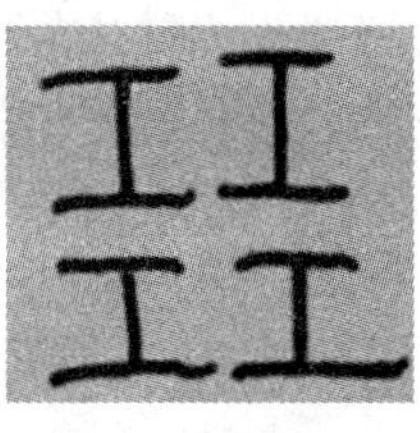

圖一　甲骨文：展

我在《破譯甲骨文：工（共）》裏考證了甲骨文的"工"是當時建造房屋的土坯，而在現在的山西境内當時有一個方國叫作"工方"，我認爲就是應該以爲殷商建造宫室爲勞役的一個方國。

"工"既然是土坯，圖一這個甲骨文字就是用土坯壘成的墻壁，所以這個甲骨文字的本義就應該是墻壁，引申義就是動詞展開和鋪陳的意思。這一點在甲骨文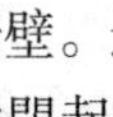（塞）和金文的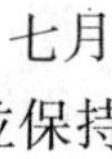（塞）字裏可以看得很清楚：兩字的本義是用土坯封閉一方墻壁。這正是《詩經·七月》的"塞向墐户"的意思，即在過冬前用土坯將北面的窗洞封閉起來以防止北風並保持室内的温度。甲骨文和金文"塞"字結構中的"宀"和"穴"可以視爲商周民居北向的窗口，也可以視爲半地穴式民居。

① 中國考古網站：http：//www. kaogu. cn/html/en/xueshuyanjiu/jiluoyuchengshikaog/2013/1015/3366. html.

《玉篇》：“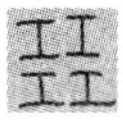，今作展。”

圖一這個甲骨文字的本義究竟是“墻”還是“展”呢？從這個甲骨文字後來的發展路徑看，本字應該是甲骨文“展”，應該是展的初文。用土坯砌成墻壁就是展開和鋪陳的意思。但是發音是什麽呢？

從小篆展字可以看出，小篆的“展”用甲骨文“展”作爲它的聲符，它的造字結構是從尸從甲骨文展從衣。爲什麽甲骨文“展”會發生這樣的演化呢？原來很單純的本義墻壁，引申出動詞展開和鋪陳的意思都可以理解，但是爲什麽到了小篆就由一個會意字變成了從尸從衣的形聲字了呢。這就要從西周的一種祭祀談起。

圖二　小篆：展

西周人在祭祀祖先的時候，讓這個被祭祀的祖先的長孫扮作祖先的模樣展示在祭祀儀式上。整個祭祀過程中這個扮成祖先的長孫一句話也不説，很顯然這個長孫扮演的是一個已故的祖先形象，這個長孫所扮的形象就叫作“尸”。對于被合族祭祀的已故祖先而言，這個長孫的形象衹不過是一種展示而已，任由大家的擺布和膜拜，一是因爲他扮成的是合族的已故祖先，二是因爲他是宗孫，即家族直系繼承人。

我們看到“展”字從甲骨文（會意）到金文（會意）再發展到小篆時已經被作爲聲符造字了。其本義也從當初的“展開”和“鋪陳”演化爲小篆的“展示”和“輾轉”的意思了。所謂“輾轉”是指在祭祀中，“尸”是按照祭祀禮儀要求站立、走動、享受祭奠、享受貢品，它不得不頻繁地以已故祖先的角色從事各種禮儀活動。

學者們在窮究漢字“展”的定義時，已經不知道它的原始甲骨文的本義，因此産生了一些令人費解的觀點：

《説文》：“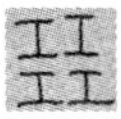，展，極巧視之也。從四工。”

《説文》：“展，轉也。”段注：“陸德明云：‘《字林》作輾。然則《周南》作輾轉，非古也。’《毛傳》曰：‘展，誠也。’《方言》曰：‘展，信也。’此因展與真音近（而）假借。……展，布四體之意。”段玉裁的結論是令人信服的，所謂“布四體”就是展示動作的意思而已。就是祭祀儀式上“尸”的所作所爲，就是“輾轉”之意。我們看到從甲骨文“展”到小篆的“展”，在短短幾百年間，字的本義已經發生了由物（墻）到人（尸）的轉移。它原先作爲“墻壁”的本義，和作爲展開和鋪陳的引申義已經基本消失。而代之以“布四體”的本義，這是後來漢語中“展覽”的“展”一詞的來源。

但是我也從甲骨文“展”的演化過程中發現，甲骨文的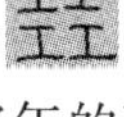“展”是小篆“展”的初文。這一點給了我們以深刻的啓示：漢字系統在其三千多年的發展過程中，一直是像一棵大樹一樣有機地、完整地、聯係地成長著，像一條鮮活的生命，從來也没有停止過它的生命的新陳代謝。每一個漢字都應該有它清晰的成長和變異的脈絡，也就是“無一字無出處”的。而作爲漢字系統的根就深深埋在古老的殷商大地。

【甲骨文字本義小結】

展的本義：用土坯砌成的墻壁。引申義：展開、鋪陳。小篆展的定義：展示，輾轉。音訓缺。

破譯甲骨文：工　攻

考證了甲骨文“工”的三種異體其實是土坯在砌墻時的具體位置産生的。用在具體勞役中就將有著一技之長的匠人稱之爲“工”，專門從事建築營造的方國就成爲“工方”，而管理這些工匠的官員就稱之爲“百工”。

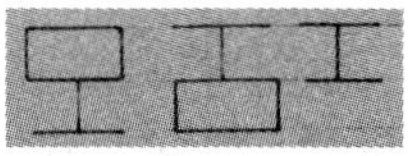

圖一　甲骨文：工
（異體三種）

《周禮・考工記》：“國有六職，百工與居一焉。……審曲面執以飭五材，以辨民器，謂之百工。”《史記・殷本紀》載：商王武丁夢見聖人傅說，醒來後便命百工在其屬下尋找，結果找到了“北海之州，圜土之上”正在築城的傅說，舉以爲相，于是殷國大治。

值得注意的是，在殷商西周社會，“工”並不是社會最底層的人，他們是吃祖上發明的技術飯的階層。比較典型的是共工家族，這個家族是專門治水的，在治水過程中發明了建造三仞城池的方法，所以共工家族世代治水和建城。鯀死後大禹世襲接著治水，爲什麽？就是因爲這些技術是家族世代壟斷並傳承的。

《周禮・考工記》：“粤無鎛。燕無函。秦無廬。胡無弓車。”意思就是粤地没有人會做“鎛”，燕地没有人做箭函，秦國没有造宫室的工匠，而胡人不會造弓造車。

這些技藝最初是由某一個聖人發明的，以後就有他們的後代世襲壟斷並繼承。其他家族的人是不懂這些技藝的。我國上古時代直到殷商的各種發明及發明人都詳細記在《世本・作篇》（已殘，有輯本）中。

《周禮・考工記》：“巧者述之，守之世，謂之工。”這是對甲骨文“工”的本義最接近的一個解釋。就是説某個聖人有了發明以後，依靠口口相傳，世世代代地繼承下去。從事這些專門技藝的人就叫作“工”。這是甲骨文“工”的引申義，就是做“工”的人們。

但是甲骨文“工”本義是建造房屋（廬）的土坯的象形。確定這個前提後，我們來考證甲骨文中的另一個與“工”有密切聯係的甲骨文字“攻”，如圖二。

圖二　甲骨文：攻
（從工從手從軟柄錘，或從散點）

甲骨文“攻”是手執一把短的軟柄錘，擊打土坯。這個會意字要表達的就是殷商時代建造宫室的砌墻的過程。土坯和土坯之間是用泥漿粘合的，所以右例加了散點意符，表示脱坯或砌墻時濺出的泥漿。但是左例爲什麽没有散點意符呢？如果瞭解農村建房知識你就非常明白：在建造諸如披厦、牛棚、柴房、茅棚等小房子時，僅僅用土坯搭建而不用泥漿粘合；但是建造住房甚至殷商建造“皇宫”的時候，就必須使用泥漿粘合。這樣既可以保證房屋牢固結實，同時因爲泥漿彌合了土坯之間的縫隙，冬季可以防風保暖。

《説文》:“攻，擊也。”段注:“《考工記》:‘攻木攻皮攻金。’注曰:‘攻，猶治也。’此引申義。”所以甲骨文“攻”這個意思本義是“敲打”，也就是瓦匠砌墻時要用錘子敲打土坯使之形狀大小合適，安放位置恰當。後來演化爲“攻擊”的“攻”。這是後話。

從發音上看，甲骨文“工”和甲骨文“攻”都和甲骨文“宫”的發音相同。有同聲相訓的訓詁學的含義。但是“工”是象形字，“攻”是右文造字。

這個甲骨文字卜辭中僅見三例。其中柏根氏49（反）就占了兩例，如右例。

【甲骨文字本義小結】

工的本義：殷商時建造宫室的土坯。引申義：建造宫室的氏族世家。引申義：從事各種技藝的世家。引申義：掌管各種工匠的西周官員。象形造字。

攻的本義：殷商時建造宫室時工匠擊打土坯使其結實並成型，也可以是砌墻。右文造字。

音訓：工爲聲符兼意符。讀若gong。

破譯甲骨文：畋

我堅守甲骨文源于殷商以前的自然存在和社會存在的信條。所以我堅持從殷商的生産生活戰争祭祀等客觀存在中尋找甲骨文的造字原型。我認爲：一個不深入基層，不深入農村，不深入生活的學者，僅僅在它的象牙塔内查閲歷史文獻是無法徹底領會殷商人創造甲骨文的精髓，無法瞭解殷商時期的歷史環境，無法瞭解殷商時期的生活狀態的。因爲殷商甲骨文系統是一部殷商時期的百科全書，我們必須將它與殷商的社會存在和生活狀態相結合，纔能真正破譯它，讀懂它。

殷商人的耕作方式在我國的農業生産中一直延續到了改革開放之前，殷商人的生活方式也是如此。這些遠古中原的生産生活方式隨著商湯滅夏和武王滅紂産生的兩次大移民被中原的原住民帶到了我國各地。然而，這些寶貴的中國歷史文化遺存正伴隨著改革開放帶來的巨大變革而漸漸消失。這場文化現象面臨式微和滅絶的危機將會嚴重影響到今後的甲骨文和其他文化遺産的研究。所以普查、記録、保存這些文化遺存的搶救性的工作已經刻不容緩。本文僅以甲骨文“畋”字的破譯强調這一點。

圖一　甲骨文：畋（今音田，古音電）

甲骨文“畋”，從田從攴。請注意手中的棍棒很長，幾乎和田字一樣長。這種以手執棍棒的下端或者中部的意符會意在甲骨文造字中可以用作“測量”和“打擊”的本義，但是在本字中顯然都不是這些意思。因爲甲骨文中測量田畝另有其字，殷商時測量田畝也不是用棍棒而是用舊弓，因爲弓在製造時是有標準長度的，所以殘弓可以用來丈量土地。

卜辭："乙未□（疑爲卜字）：女老畋。"（乙428）

卜辭："乙亥卜：扶畋。"（乙454）

卜辭："丙辰卜。貞：畋。"（拾9·7葉玉森釋①）

從上述卜辭中能看出甲骨文"畋"的本義嗎？很難。所以我們衹好到《説文》中尋找它後來演化成了什麽意思，或許從甲骨文到小篆，這個"畋"的本義有著繼承關係也有可能。

《説文》："田，平田也。從攴田。《周書》曰：'畋亦田。'"

在這個定義中，許慎記錄了普普通通三個字——平田也。這大概是東漢一般的人看了就立即能够懂的三個字。所以許慎没有多加解釋。但是一百多年來的甲骨文研究學者、專家、權威們都没有破譯出這個甲骨文"畋"的本義。問題出在哪裏呢？我的經歷告訴我，問題出在他們没有在農村種過水稻，也不知道水稻的耕作過程。你可以到農村去問一個農民什麽叫作"平田"，他會告訴你正確答案。我在皖南農村生活了八年，其中有四年時間是在幹農活，所以讓我來告訴你什麽叫作"平田"。

每年開春在種水稻以前有幾件事情要做：

1. 在專門的秧田裏培育水稻秧苗，長大後移栽到大的水田裏。

2. 向即將要移栽水稻秧苗的大田裏灌水，使土壤吸足水而變得鬆軟。

3. 犁田。使用的農具是犁。犁田是將水田裏板結的泥土一塊塊翻起來，看似波浪一樣。

4. 耙田。使用的農具是耙。耙田是將大塊的泥土用耙劃碎，成爲小塊。

5. 平田。使用的農具是耖。耖是下面有一横排尖利的長鐵齒，上面有横梁（供操作者手扶）的農具。所以平田也叫耖田，其目的有兩個，一個是將耕、耙以後的土塊進一步弄碎，另一個是在耖田的同時將田裏的泥土推擀均匀，以便于下一步的插秧。所以它又叫平田。平田就是平整水田的意思。上述犁田、耙田和平田都是用牛耕進行的。

現在請看上圖甲骨文"畋"，這是一個人正在手執棍棒將田治理平整，這就是平田。這個甲骨文字告訴我們，殷商時代，農民平田不是用牛拉著耖，而是人用木棍推擀水田中的泥漿使水田變得平整。這説明至少在殷商早期甲骨文系統初創時期，殷商人還没有實行牛耕制度。甲骨文"耒""耤（藉）""耕"等字都可以證明這一點。

後來采用了牛耕，但是很遺憾，隨著農業機械的普及，流傳幾千年的牛耕、牛耙、牛耖的傳統的農業耕作方式幾近消失。今後的甲骨文學者們恐怕衹好查閲電影和電視紀錄片纔能加以考證了。

所以許慎衹説了"平田也"三個字，因爲東漢人都知道平田的意思。

所以甲骨文"畋"的本義從殷商到東漢一直没有改變。所以卜辭："乙未□（疑爲卜字）：女老畋。"（乙428）的直譯就是：乙未日占卜：讓女性老人去平田。

從這個意義上去理解《尚書·多方》中"今爾尚宅爾宅，畋爾田"意思就好懂了。就是：現在你們還是住著你們自己的房子，種著你們以前的田地。

---

① 馬如森著《殷墟甲骨學：帶你走進甲骨文的世界》，第280頁引。

【甲骨文字本義小結】

畋的本義：殷商人用長棍棒平整水田。在栽插水稻秧苗之前將水田平整好，以利插秧和受水均勻。這個過程又叫耖田或者平田。

音訓：右文造字。田爲聲符兼意符。土宀切，讀若 tian。

破譯甲骨文：放　牧

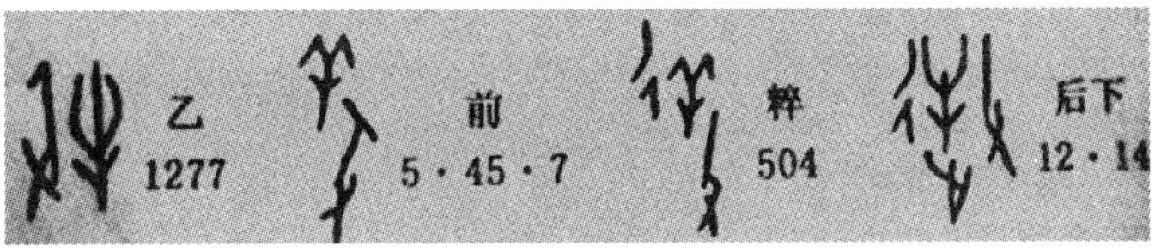

圖一　（例一例四爲甲骨文牧，例二例三爲甲骨文放）

甲骨文“牧”是一個造字的典型。它是在造字過程中使用了多個非固定意符造字的會意字。“牧”首先是從人的。所以在《說文》中查漢字“牧”時它不在“牛部”而在“攴部”，原因就是因爲“牧”的本義是一個人而不是牛或者羊。《說文》：“牧，養牛人也。”所以該字中的意符“手”和“止”代表的就是牧人的手腳。《詩》曰：“牧人乃夢。”這是第一個非固定意符。其次，人放牧使用的工具是非固定意符。它可以是例一例二的鞭子，也可以是例三例四的木棍或竹竿。第三，放牧的對象使用了非固定意符。其放牧的可以是牛，也可以是羊。而且可以是兩隻或者三隻牛或羊。第四，放牧的環境采用了非固定意符。可以是曠野，也可以是在路上。這四個甲骨文“牧”的造字原理是一致的：一個人趕著牲畜放牧。這一點充分證明在殷商時期養牛養羊的畜牧業已經有了文字的記載。

但是這四個甲骨文字卻可以分成牧牛人和牧羊人。因爲《說文》的定義很明確，牧的本義就是牧牛人，所以一定還有一個甲骨文字本義是牧羊人的。何以見得呢?

分析甲骨文“牧”的音訓，從攴從牛，故爲攴牛切，讀若服，也可以讀若僕。前者“服牛”見于《莊子·輕重戊》，《世本》，有“胲作服牛”。後者見于《山海經·大荒東經》，有“僕牛”之說。所以古音服、僕、牧相通。

但是如果這個人不是牧牛，而是牧羊，則這個甲骨文字的本字就變成上圖中例二例三的寫法。這個字的音訓不讀“牧”“服”“僕”，而音訓應該是破譯爲“放”。如圖例二爲從攴從羊，攴羊切，爲 pang。因爲古無輕唇音，所以這個字的現代讀音是 fang。即漢字“放”的讀音。“放”本身是一個後起的形聲字，現在我們找到了它在殷商時的根源，其本義是放羊人的意思。可見殷商時養牛叫作牧，養羊叫作放。嚴格地按照甲骨文造字，這個漢字應該破譯爲從羊從攴，即羧。

《說文》：“放，逐也。從攴，方聲。”

殷商畜牧業的繁榮從這樣兩個字可以窺見一斑。所謂“文明”是也。在卜辭的辭條中“放”和“牧”這樣兩個甲骨文字使用上是很分明的：

卜辭：“貞：乎王放羊。”（乙 2626）從例二放字。

卜辭：“貞：于南放。”（乙 3935）從例二放字。

卜辭：“牧入十在漁。”（乙 7191）從例一牧字。

卜辭：“甲戌卜。賓。貞：在易牧。獲命羌。”（遺 758）從例一牧字。

雖然殷商甲骨文造字將牧定義爲牧牛人，放定義爲放羊人，但是到了西周“牧”已經是擴大到一般的放牧牲畜，而“放”的意義由放羊的不管不問狀態引申出放逐、放棄、放逸的引申義。

《周禮·牧人》：“牧人掌牧六牲。而阜蕃其物。以其祭祀之牲牷。”

《周禮·牛人》：“牛人掌養國之公牛。以待國之政令。凡祭祀。供其享牛求牛。以授職人而芻之。”

《周禮·牧師》：“牧師掌牧地。皆有厲禁而頒之。孟春焚牧。中春通淫。掌其政令。”

《左傳·僖二十八》：“不有行者。誰扞牧圉?”注：“牛曰牧。馬曰圉。”可見牛羊等是在曠野中放养，而馬則是圈出一塊地圍起來放養。

《爾雅·釋地》：“郊外謂之牧。”所以，武王伐紂的“牧野之戰”就是在殷商的朝歌郊外進行的，故名。所以《牧誓》云：“王朝至于商郊牧野乃誓……”

由甲骨文“牧”字的本義——放牧六牲——引申出“牧”的引申義，牧人的人，即官員；又引申出官治所在地。

《尚書·舜典》：“既月乃日覲四嶽群牧。”

《孟子》：“如追放豚。”趙岐注：“放逸之豕。”

《尚書·舜典》：“放驩兜于崇山。”此處的崇山似應該是嵩山。

《尚書·武成》：“放牛于桃林之野。”注意比較：同樣是牛，這裏使用了放，不是牧。所以這裏的“放牛于桃林之野”和“馬放南山”的放一樣，作放逐之意。

【甲骨文字本義小結】

放的本義：牧羊人。名詞。引申義：放逐、放棄、放逸。動詞。

音訓：從攴從羊。讀若 fang。古音讀若 pang。

牧的本義：牧牛人。名詞。引申義：牧人的人——官員。名詞。

音訓：從攴從牛。古音讀若 pu 或 fu。亦即“王亥僕牛”之僕。今讀 mu。

破譯甲骨文：更　改

在許慎《説文》中，漢字“更”和“改”是互訓的，就是互爲對方的解釋和定義的：

《説文》：“改，更也。從攴已聲。”

《説文》：“更，改也。從攴丙聲。”

用現代漢語語法的表述就是更、改兩字是同義詞。但是諸位想過没有，一個本字，一個本義爲什麼會出現兩個表現形式？完全没有必要。尤其是在甲骨文時代，文字的數量本來就很少，一個字創造兩個本字實在是一種奢侈。注意這兩個字之間的關係不是轉注的關係。

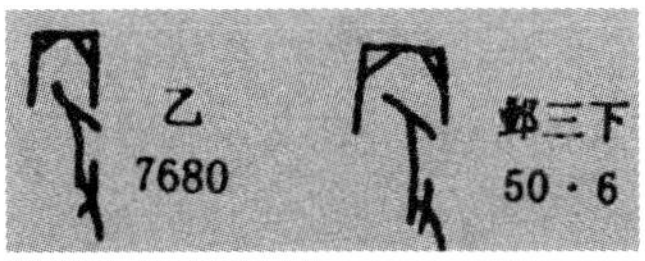

圖一　甲骨文：更

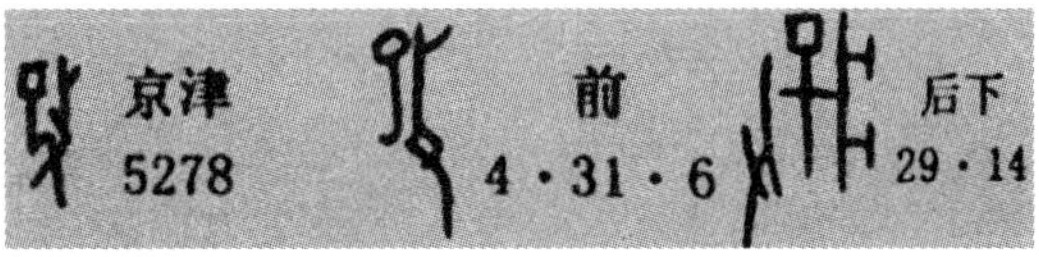

圖二　甲骨文：改

衹有最早的殷商甲骨文系統可以告訴我們原因所在。從甲骨文中我們看到“更”和“改”造字上完全是兩個不同的本義，所以它需要用兩個不同的本字來造字。它們的本義也是完全不同的。

先看甲骨文“更”。上面的“丙”是甲骨文“丘”的倒字，所以丙即是倒丘，就是地穴的意思。在這裏可以視作窑洞或者墳墓。下面是手執工具，這個呈“亻”狀的工具我們在破譯甲骨文“牧”時認定它是放牧人的鞭子，但是既然是放牧的工具，還有另一種可能的所指，即某種金屬的工具。用在甲骨文“更”字中的這個意符表示金屬工具的可能性更大一些。原因是手執工具是爲了修改窑洞（卜辭中多用于捕獵的陷阱，見下文）的局部的不平處。這樣甲骨文“更”的本義就比較生動了，它是用青銅工具修改窑洞局部不平的土壁。本義是在某主體原有基礎上做小的更改。

再看甲骨文“改”。這個“改”字按照徐中舒等人的解釋是以棍擊蛇的本義。但是蛇在甲骨文中以“它”表示，其典型特徵是蛇頭是菱形的，而子的頭部是圓形或者正方形的。該字左邊從子字。甲骨文中“子”通“巳”。表示很小的孩子。在殷商甲骨文系統中，對于孩子的表示有很多種，有囟門未合的孩子，有伸手要求抱的孩子，有頭紮兩辮（總角）的孩子。這裏“改”字中的孩子通巳，説明是出生衹有四個月左右的孩子。這裏隱藏著殷商人的一個教育觀念，即孩子在四個月大小時是靠“打屁股”來教育的。

甲骨文“改”的右邊是以手執“丫”，這個“丫”可以視爲小的樹椏。也就是説，殷商人認爲在孩子四個月大小的時候就應該開始教育了。用小的樹椏打孩子就是一種教育，教育的目的是爲了“改”——改正孩子的不良習慣和壞毛病。

所以甲骨文“改”的本義是改變孩子的不良習慣和壞毛病。圖三後下 29・14 的“改”字中意符有了變化：教育的對象已經長大；手執樹椏變成了手執棍棒；孩子被摁在了床上。想一想吧，這些意符的變化完全符合孩子已經長大的事實。但是本字的本義不變，還是爲了教育孩子，改變孩子。就這個後下 29・14 的“改”字郭沫若認爲：“象作教刑之意，子跪而執鞭以懲戒之也。”① 中國人有句古話：“三歲看到老。”就是説在孩子三歲以後，其生活習慣和心理、性格就已經基本定型，很難再靠暴力改變他。從殷商造字我們可以看到，殷商人的幼兒教育主要是在孩子四個月到三歲這段時間。這也是殷商人的教育觀念。

---

① 馬如森著《殷墟甲骨學：帶你走進甲骨文的世界》，第 281 頁引。

“更”“改”兩字在《説文》中雖然是同義互訓，在這個基礎上後來産生了複合詞“更改”。但是在卜辭中從不混用：

卜辭：“戊午卜：更……阱。弗其擒（或獲）。”（乙 7690）

卜辭：“壬戌卜：王更……［阱］。……虎……”（前 6・64・8）

卜辭：“庚申卜。古。［貞］：勿羊。改于南庚。宰用。”（乙 7030）

卜辭常弜、改兩字連用：“弜改其唯小臣□衆命。王弗悔。”（前 4・27・2）

【甲骨文字本義小結】

更的本義：修改，更改。意指對主體進行局部的、變更的改動。

音訓：上丙下擊，擊丙切。擬音爲 jing。古音通 geng。

改的本義：改正孩子的不良習慣和壞毛病。改變、改正。

音訓：未詳。

破譯甲骨文：敘和序

中國漢字中表示次序的本義的有三個同音字，就是敘、序和續。從漢字造字看，“序”和“續”都是形聲造字，它們的出現應該是在西周以後。這三個字中造字最早的是甲骨文“敘”，造字中的“余”既是聲符也是意符，屬于所謂“右文説”造字。它在甲骨文中是一個孤證：

卜辭：“不……薛（存疑）……敘。”（前 6・10・3）

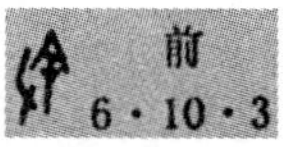

圖一

甲骨文：敘

按照甲骨文“敘”的造字，它的本義爲什麼是次序呢？我們看到甲骨文“敘”是從余從又的。這個會意字要表述的是一件什麼事情呢？是殷商人建造房屋的一道程序。

甲骨文“余”的象形是殷商時期人們建造的半地穴式民居的木架和屋頂，也就是説它是一個預製好的草房的房頂。殷商早期的平民居住在半地穴式的草房裹，建造這樣的草房首先是在選擇的地面上挖一個直徑一米五以上的土坑，然後將事先做好的草房頂安置在地穴的中心。草房頂就“合”在地穴上。門的朝向和方位可以根據陽光照射的角度確定。

從現在已經發現的甲骨文字中可以知道，殷商人的這種草房頂有兩種安置次序：一種是事先將木支架做好，在上面一層層地鋪好稻草或茅草。然後將中心的木柱埋進半地穴中心的土洞中。第二種方法是將木支架先埋進地穴中心的土洞，然後在支架上鋪設稻草屋頂，見甲骨文。這就是建造半地穴式房屋的次序問題。第一種房頂有草稱餘；第二種僅有木房架稱在（又才）。才在上古同音。其實有在農村蓋草房的經驗的人都知道，草房房頂上的稻草的鋪著也是很有次序的（鋪瓦也是一樣）。是從下往上一層層鋪設。一排壓一排地一直鋪到屋頂。這樣稻草是自上而下一層壓著一層，可以有效地防雨。

所以甲骨文“敘”的本義是建造房屋的順序或次序。由動詞發展而來。

《説文》:“敘,次弟也。”段注:“《皋陶謨》:‘天敘有典。’《釋詁》曰:‘舒業順敘,緒也。’古或假序爲之。”這就引出了另一個漢字“序”。這個“序”在中國歷史上出現的比較遲,已知漢字“序”最早出現在戰國的《璽彙》和簡書裏。經傳中一般都用“敘”表示次第的意思。

漢字“序”的出現在西周之後,但是西周的金文中至今既没有發現“敘”也没有發現“序”。但是西周以後成書的《禮記》和《爾雅》都有這個字的解釋,序的本義是社、廟或者王朝議事大廳兩側的墻壁:左側的東面的叫作東序,右側的西邊的叫作西序,朝南的大門兩側的墻壁也有稱爲南序的。北邊是祖宗牌位和天子所在,一般不稱北序。

殷商時期的養老院和學校也叫作庠序。《孟子》:“夏曰校。殷曰序。周曰庠。”按照孟子的説法,殷商應該有甲骨文“序”字,但是已經出土的甲骨文中並未發現這個字。也許孟子是按照當時文字通假的慣例,以“序”代“敘”了。這就是段玉裁所説的“古或假序爲之”的意思。

【甲骨文字本義小結】

敘的本義:殷商建造半地穴式民居時安置預製的草屋頂。動詞。會意字。引申義:次第、次序。“序”字則是西周以後的後起字。

音訓:手余切,讀若 xu。殷商方言中讀若 shu。由上古方言 su 演化而來。

破譯甲骨文:仗 杖 伐

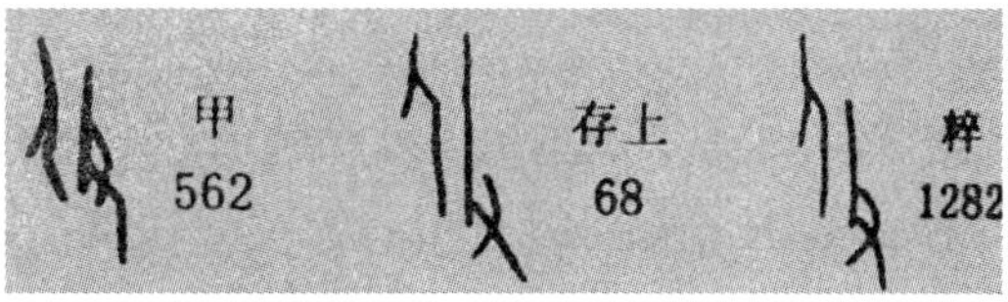

圖一 甲骨文:仗

圖一的甲骨文字由商承祚首先破譯,老人家的觀點是:疑爲攸。但是由于一直没有更能説服人的新觀點,所以甲骨文研究界一直視此字爲漢字“攸”。所以這個甲骨文字一直到今天都破譯爲“攸”。我發現這個破譯可能是錯的,這個甲骨文字應該釋爲“仗”。

卜辭:“貞:在仗田武其來告。”(乙 7746)

卜辭:“癸亥卜。在仗。貞:王今夕無禍。”(前 2・16・5)

卜辭:“癸卯。王貞:旬無禍。王占曰:吉。王在仗。”(後上 10・11)

卜辭:“貞:告仗侯。”(金 597)

在上述前三條卜辭中,“仗”均爲地名。李學勤曾經考證這個“仗”(各家疑爲“攸”)應該是帝乙十祀那一年征伐人方的戰場。我認爲這一點可從——打仗的地方。封在此地的侯就是“仗侯”(見第四條卜辭)。然而這個甲骨文字爲什麽是“仗”不是

“攸”呢？這就是本文要解决的問題。首先是這個甲骨文字的本義與《説文》“攸”的内涵大相徑庭：

《説文》：“攸，行水也。從攴從人。水聲。”我們看到這個甲骨文字和水無關，它從人從丨從又。所以按照甲骨文的發音規律它也不應該是“水聲”。從各聲符的比例看，這隻手執一根和左側的人一樣高的木杖。這個人是不是執杖的主體呢？根據甲骨文造字規律這個人不是執杖的主體，而是杖擊的對象。爲什麼？請看甲骨文（伐）：殷商的青銅鉤戟一端是劍鋒另一端有鉤，可以在休息時掛在肩上的。所以甲骨文戟的本義是征伐過程中，或者戰争間歇一個戰士正在荷戟小憩。如果用它來殺人時，這個字的戟柄上需要有另一隻手執戟纔合乎甲骨文造字的規範。所以甲骨文“仗”的本義是用木棍杖擊敵人或者罪犯。注意：杖擊不一定致人死地，猶如後世所謂“杖××下”“杖××殺威棒”意思近似。但是如果這個字人手中的武器换成别的，恐怕意思也就變了。我們可以參見另一個甲骨文字“蔑”，戰士將兵器隨便丟棄在脚下，本義是“蔑視敵人”。

爲什麼圖一中的甲骨文字可以破譯爲“仗”呢？這個問題就要回到《説文》了。《説文》中無“仗”“丈”二字。僅有一個“杖”字，但是這個“杖”和“仗”是互通的，衹是“杖”造字要遲于“仗”。從造字原理上看，“仗”從人，應該是動詞，而“杖”從木，是名詞。在《説文》中小篆的（杖）字可以給我們一些啓迪：從木從攴。左側的攴會意是以手執工具，右邊的從木限定這個工具是木質的。由此我們可以知曉漢字的偏旁“攴”“攵”“殳”是同義的等值的偏旁，都是手執工具（或武器，殷商工具、農具和兵器是三者合一的）。衹是在甲骨文、金文、籀文、簡書和小篆的進化過程中，人們因爲不懂造字原理没有輕率地改變。所以沿用而形成了漢字的不同偏旁。

《説文》：“杖，持也。”段注：“凡可持及人持之皆曰杖。喪杖、齒杖、兵杖皆是也。兵杖字俗作仗。”段玉裁認爲這個“打仗”的“仗”是後來約定俗成的一個漢字。但是用它來破譯我們圖一中的甲骨文字的本字確實是無懈可擊。説明“仗”在殷商時期的存在。

强調一點，這個以手執杖的甲骨文偏旁在甲骨文中獨立成字，可以是甲骨文尹——以手執權杖；也可以是甲骨文父——以手執家法。但是“尹”的執杖是手執長杖的上端，“父”的執杖是手執短的戒尺，而仗的執杖是手執長棍的末端以示杖責之意。

【甲骨文字本義小結】

仗的本義：以手執木杖杖擊敵人或罪犯。動詞。“仗”爲後起字，通“杖”。杖、仗兩字均爲右文造字。丈音訓待考，該聲符是否有權杖或者杖責的殷商發音不詳。

破譯甲骨文：丈、尹和部首“攴”

部首攵（攴）今稱爲反文旁。但是這個甲骨文字的常用部首實際上應該是甲骨文“丈”字。本義是手執長棍。爲什麽這樣説呢?

在現有已經被辨認出的甲骨文本字裏並没有這個甲骨文“丈”。但是我們在《國語》《左傳》《禮記》《周易》中都發現了這個“丈”字，清人段玉裁的《説文解字注》中甚至出現了“丈”和“杖”“仗”三個類字。

《國語・周下》：“其察色也。不過墨丈尋常之間。”注：“五尺爲墨。倍墨爲丈。”

《左傳・昭二十三年》：“以令役于諸侯。屬役賦丈。”

《左傳・哀元年》：“廣丈高倍。”注：“壘厚一丈高二丈。”

《左傳・襄九年》：“巡丈城。”注：“丈，度也。”

《禮記・曲禮》：“若非飲食之客，則布席。席間函丈。”注：“函，容也。”

上述文獻告訴我們，“丈”在兩周時期就是一個度量衡名詞，長度是十尺。夏商周秦各代的尺的長度標準是變化的，但是一丈等于十尺是不變的，直到東漢至今未變。

《漢書・律例志》：“十分爲寸。十寸爲尺。十尺爲丈。十丈爲引。”

但是在上述文獻中同時出現了“丈”的另外一個義項：長輩或者長者。

《周易・師》：“師。貞：丈人吉。無咎。”

《大戴禮記・本命》：“丈者，長也。”

漢字“丈”的這樣兩個先秦常用義項——尺度和大人——説明“丈”在商周秦漢是一個常用漢字。所以按照語言文字的繼承性，它不會是從西周突然創造出來的。西周以前的殷商甲骨文中一定有這個甲骨文“丈”。要麽是我們還没有發現並破譯出來；要麽就是現有的甲骨文字中有了甲骨文“丈”，我們破譯錯了！

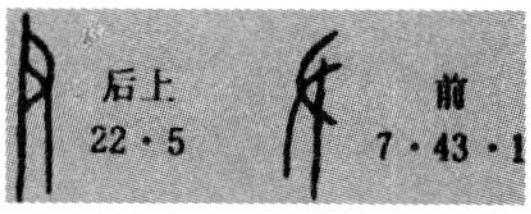

圖一

我傾向于後者，即甲骨文已經出現了甲骨文“丈”，被我們破譯錯了！這個字就是甲骨文“尹”。尹和丈本爲同一個字，衹是在使用過程中被異化了。所以《説文》中有“尹”無“丈”。

《説文》：“尹，治也。從又丿，握事者也。”準確地説，“尹”應該是從又從丨。丨讀若 yin。是聲符兼意符。

我倒不是説這個甲骨文字不能破譯爲尹，而是説“尹”僅有一個義項，而“丈”卻有幾個義項。而且“丈”的義項足以涵蓋並超出“尹”的所有義項。就是説漢字“尹”是一個因爲在使用中發生字形訛變而産生出來的新字，而它的本字應該是“丈”。請看：

漢字尹，從又從丿。漢字丈，從又從丨。伊尹又可称之伊丈，意思如我们今天称呼“张老”“王老”或者“伊老”。

在造字原理上，這兩個甲骨文字是等值等義的，就是説它們表示的是同一個甲骨文本字和甲骨文本義。由圖一的甲骨文字在進化過程中産生了兩個漢字：尹和丈。《説文解字》大徐本裏收録的古文“尹”完全是另一個複雜的字形，和本“尹”字毫不相干。

所以我認爲上圖中的甲骨文字應該破譯爲漢字：丈。那手中的“丨”就是殷商王朝的權杖，它的長度就是殷商時的度量衡一丈。這個“丈”也是殷商時一個男子的標準高度，大約是一米七不到。

所以卜辭中的伊尹應該是讀作伊丈，其他的如環尹、黄尹、多尹也應該相應讀作環丈、黄丈和多丈。這些老人是殷商輔佐商王的德高望重的群體。後世稱呼老人曰“老丈”當由此而來。

這個甲骨文“丈”被廣泛用在甲骨文字的造字中，我們今天一般稱爲部首攵（攴）也稱爲反文旁。這些用“丈”爲部首創造的甲骨文字有：效，般，畋，政，更，杖，敉，改，牧等等。作爲甲骨文同一類字的造字方法，更、吏、史、事（存疑）等字也是用部首“丈”進行造字的。

在漢字改革中，將這個部首“丈”變爲部首攵和或者部首攴都是值得商榷的。説它應該進化爲部首攵，其實這些字和漢字“文”毫無關聯。説它進化爲部首攴，那麽如果這些字按照漢字攴的本義去理解，本義會偏離很多，有些就無法解釋得通順。例如在“老人、長者”“官員”“官府”“丈量土地”“度量衡標準”方面，攴字並無此意。

《説文》：“攴，小擊也。從又卜聲。”此前的文字學界一般認爲這個“攴”字的本義應該類似漢字的撲。例如《詩經・七月》“八月剝棗零”即被解釋爲“撲”的假借義。

所以甲骨文“丈”是一個命運多舛的漢字。早在先秦，它就被訛變爲“尹”，後來在漢字使用和改革中又被誤解爲部首攵和或者部首攴。

現在，到了應該還其本來面目的時候了。我認爲它應該叫作部首丈。

【甲骨文字本義小結】

丈的本義：以手執杖。引申爲執杖的老人，即長輩。引申爲執權杖的老人，即領導。由權杖的意義引申爲度量衡標準：一丈。引申爲動詞：丈量土地。它包涵並超出了漢字“尹”的全部義項。右文造字。

破譯甲骨文：擊*

殷地近山多蛇。所以在殷商甲骨文系統中有很多的字使用“蛇”來造字，蛇在甲骨文中譯作“它”。其形象就是一條蛇，請注意它的頭是用菱形或者一個箭頭表示。可能是爲了强調蛇的攻擊性。甲骨文中有一個造字是蛇爬上了窗櫺，説明那時的蛇登門入户是常見現象。本文研究一個特殊的甲骨文字，如圖一：

圖一中的這個甲骨文字有三個意符組成：從攴（手執擊蛇所用的木杖），從它（即

一條蛇），從散點（即打死蛇流出的血滴）。

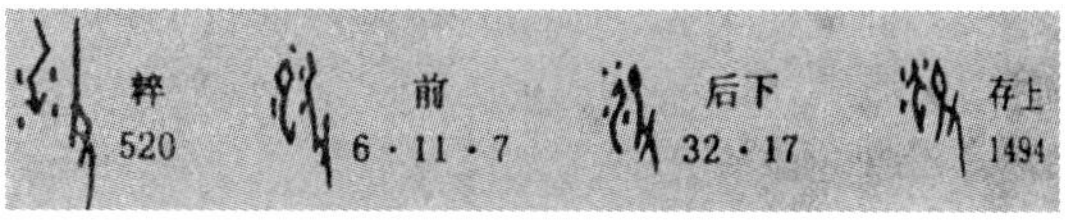

圖一　甲骨文未識字

上文説過，蛇是一個非固定意符。可以是菱形的頭，也可以是箭頭表示的頭。我曾經推測這兩種蛇頭會不會一種代表有毒的蛇，另一種代表無毒的蛇呢。苦于没有證據祇好闕如。我也曾經揣摩爲什麽殷商人不用蛇的毒信——即蛇的舌頭——區别有毒蛇和無毒蛇呢，專家告訴我説有毒蛇和無毒蛇都有舌頭，所以不能用毒信來區别蛇的有毒或者無毒。

其實仔細觀察後我們發現，打擊蛇所用的“武器”也是非固定意符。例一例二是棍棒，例三例四是長柄的錘。這也是合乎情理的，打蛇時一般是隨手“抄家伙”，所以不拘拿到的是棍棒還是鐵鍬、銅戟、鐵錘之類的東西。

破譯這個甲骨文字的難度在于現代漢字系統中没有這樣一個漢字與之對應。按照它的甲骨文造字，這個字破譯爲漢字應該是從丈（例一）從它從散點，即使這個“丈”現在已經約定俗成爲“攵”，那也是從攵從它從散點。它的本義也是清晰的：打蛇的意思。那麽它的漢字應該定位成哪一個字呢？

于省吾曾經破譯過這個甲骨文字：“字象以樸擊蛇，其或以數點，象血滴外濺形。……字之本義爲以攴擊它。其引申義爲割解——乃後世淩遲之刑的起源。”①

徐中舒贊成此説：“其初義當由以攴擊蛇而會樸擊之意，後引申爲割裂之義。”②

于是這個甲骨文字一直被破譯爲：從也從攵。《説文》：“攺。敷也。從攴也聲。讀與施同。”許慎的這個定義與甲骨文本字所要表達的本義相去甚遠。其實不僅許慎的定義不對，于省吾和徐中舒的“割裂、割解”之意乃至引申出“淩遲”的義項也不對。

上圖的甲骨文要表達的本義很簡單：擊蛇而已。擊蛇以致流血而已。這裏面没有絲毫的動刀的意思，更没有“割解、割裂”的意思。我們不能做這樣的不符合訓詁學意義的引申。讓我們來看這個甲骨文字在卜辭中的用法，或許能够有所啓發：

卜辭：“庚辰卜。□。貞：令多亞~犬。”（寧2・16）

卜辭：“甲子卜，□，貞：勿~羌百。十三月。”（鐵176・1）

卜辭：“貞：翌乙未率~夷。”（乙1512）

卜辭：“甲子卜：~二豕二牡于下乙。”（乙4544）下乙是夏的都邑“夏邑”的假借。

上述卜辭中本字並非“打蛇”，亦非“割解、割裂”，祇是“打擊、打死”之意。所以在甲骨文字的破譯中如果遭遇到甲骨文本字没有對應漢字可以表示時，應該退而求其次，以本義的表達尋找對應的漢字，這個漢字的字形結構越接近甲骨文本字，其本義越接近甲骨文本義就越好。如果其音訓更接近甲骨文注音就更好了。

所以上圖的甲骨文字我認爲應該破譯爲漢字：擊。該字與上圖例三例四的甲骨文字最爲接近，本義基本相同：

---

① 馬如森著《殷墟甲骨學：帶你走進甲骨文的世界》，第278頁引。

② 徐中舒主編《甲骨文字典》，第335頁。

《説文》：“擊，攴也。”但是這個“攴”卻無法表示“打擊”的對象。所以對應漢字“擊”較爲妥帖。從軎從殳從手。其中的意符“軎”就是被擊的對象。像本字中的“它”，像卜辭中的“豖”“牡豖”“犬”“羌”和“夷”。總之，它就是一個被打擊的（準確地説應該還是會流血的）對象。雖然造字結構中的“軎”可能是没有生命的東西，但是作爲動詞，漢字“擊”最爲接近甲骨文本字。無論從造字結構還是從本義上都是如此。

【甲骨文字本義小結】

擊的本義：擊蛇。引申義：擊打有生命的東西。引申爲：打擊。

音訓：該字從它從四（血滴數）。它音訓爲夷，古本字爲夷四切，讀若 yi，通 ji。

破譯甲骨文：政

甲骨文中很多字是没有争議的，因爲基本意符已經有了共識，由意符會意的甲骨文字自然不難理解並形成共識。例如：

從口從止從攴，左側的止口爲甲骨文正，則本字應該是甲骨文：政。

“政”在先秦文獻中最爲著名的是：

《尚書·舜典》：“以齊七政。”

《尚書·洪範》：“農用八政。”

《周禮·均人》：“掌均地政。”

這些有關“政”字的運用和《左傳·桓二》的“政以正民”的意思是一致的。與上圖甲骨文“政”在卜辭中的唯一孤證也是基本吻合的。

卜辭：“貞：于……未政……于嶽。”（燕 686）這裏的“于”或是一種祭祀。政通征。

兩周時期有“力征”（又假借爲“力正”，“力政”）一説，就是武力征伐征討的意思。

《國語·吴語》：“將不長弟，以力征一二兄弟之國。”

《周禮·禁暴氏》：“掌禁庶民之亂暴力正者。”

《禮記·王制》：“五十不從力政”。注：“力政，城道之役也。”

《墨子·明鬼》：“逮至昔三代聖王既没，天下失義，諸侯力正。”

例證還有，不一一枚舉。正，政，征三個字在甲骨文中均已存在且均從正，即征伐征討之意。但是在甲骨文系統中這三個字雖然發音相同，但是它們的造字是有區别的。也就是所謂的“渾言之”和“析言之”的區别。

正。從止從口。口在這裏是非固定意符，代表城邑。故爲征討地的城邑之意。

征。從彳從正。彳代表街道。故征側重點是上文所謂的“城道之役”。

政。從攴從正。攴爲手執棍棒，應視爲指揮棒。側重點在有人指揮征討。

雖然這三個字在甲骨文時期區別不大，甚至直至戰國依然在混用。但是在以後的漢字發展演化中，三個字漸漸分道揚鑣，成爲三個本義不同，用法專一的漢字。究其原因，其根源還在于甲骨文的造字結構不同所致。“正”演化爲“符合既定標準”“正面”“改正”之意；“征”演化爲出兵討伐，也就是經歷長途跋涉去討伐別國。這是因爲其造字中涉及道路之意；“政”演化爲“政治”“政府”。其依據就在于甲骨文造字中的手執指揮棒的指揮、治理、管理的本義。其實通過它們在卜辭中的使用情況我們也可以看出其不同的造字用處是有著細微的差別的：

“正”字常用在“正月”，此外常用在商王征伐敵國，這其中就含有“改邪爲正”的微妙含義。

卜辭：“癸未卜。寅。貞：王旬亡刋。王來正人方。”（甲 3355）

卜辭：“庚申卜。□。貞：王勿正鬼方。上下弗若。不。”（後上 16・8）

但是在涉及地方征伐殷商——我——時，多用甲骨文“征”字。這個“征”缺少了“改正”的意味，而祇是單純地説明對方是經過長途跋涉進攻“我國”。

卜辭：“工方征。”（前 7・4・2）

卜辭：“……自西……工方征我。”（前 7・17・1）

産生這一現象的原因在于殷商人刻寫卜辭的造字並非是一個既定模式，殷商人是根據要記錄的具體事情造字的，造字時没有一成不變的格式。例如兩個人幹一件事和三個人幹一件事他們會造出不同的字。用鐵錘幹事和用木棒幹事也是不同的表示。“正”“征”“政”正是這樣一個典型的例子。使用什麽樣的造字取决于征伐的雙方和征伐的性質。所以現在已經發現的甲骨文由于這樣的“一字一形一義”現象，其實際字數要遠遠超過專家們預計的數目。

【甲骨文字本義小結】

政的本義：强調由（商王）指揮的征伐敵國的戰爭。引申義：行政、政治。

音訓：右文造字。正爲聲符兼意符。讀若 zheng。

破譯甲骨文：易　剔

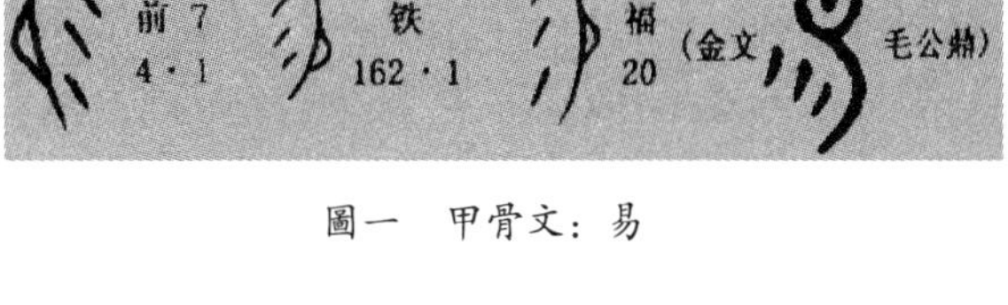

圖一　甲骨文：易

在已經出版的《甲骨文比較研究》中我對甲骨文“易”破譯爲鳥類冬季解羽换毛。並引用了《山海經》裏“大澤方百里，群鳥所生及所解。在雁門北”作爲史證。其中的金文“鳥”一看就明白。甲骨文中的“鳥”是采用正面視圖的造字，所以我們看見的是一隻正面飛向我們的鳥——它的兩翼和三角形的頭。而毛公鼎的金文易正是一隻换毛的鳥。

在圖一的甲骨文“昜”出現的帶有三角的弧形意符又出現在圖二的待破譯的甲骨文中。

圖二　甲骨文

這個甲骨文字中也有一隻鳥。所以它的造字從昜從攴。馬如森破譯該字爲敭（Yang）李孝定認爲：“與今‘剔’字通……卜辭‘～（～爲圖二該字）龜’當假爲剔解龜也。解龜以供占卜，即龜策（列）傳所謂‘因以吉日剔取其腹下甲’之意。”① 商承祚也持這種觀點，認爲是“取龜之意”②。我們稱之爲“剔龜説”。按照我的觀點就不妨稱之爲“剔鳥説”，因爲鳥和禽是同類，所以爲了涵蓋後來馴養的家禽，還是叫作“剔禽説”吧。

“剔龜説”的第一個不能自圓其説的問題在于，《史記·龜策列傳》説的很清楚主要是“剔取其腹下甲”，也就是龜的腹甲。從卜辭甲片看，殷商人占卜一般用的都是龜的腹下甲。因爲龜的腹下甲是平板狀，色淺且紋路清晰，所以便于占卜以前鑿出槽洞和圓洞。占卜時的裂痕也很清晰易辨。在平板上刻字也很方便。按照甲骨文的造字規律，本字如果從李孝定的“剔龜説”則右側意符應該是占卜常用的龜腹下甲，而圖二所采用的造字意符衹能視作龜背甲。所以我認定本字是“剔禽”而非“剔龜”。

龜背甲是凸起的圓弧形。龜背甲上有棱紋，甲面不平，既不利于鑽鑿槽洞和圓洞，也不利于灼燒和後來的刻字。所以迄今出土的卜辭甲骨很少有龜背甲，即使有卜辭，字數也少見。所以如果殷商人要用“剔龜”來造這個甲骨文“剔”字，那麼它一定是用平板的龜腹甲作爲意符造字，而不會用很少使用的拱形的龜背甲造字。

我認爲，圖二中左側的帶有三角的弧形意符和甲骨文“昜”中的同樣的意符都可以解作禽，而且是羽毛脱落後的禽。它可以是死的禽，也可以是活的禽；可以是野禽，也可以是家禽——雞鴨鵝等。正是因爲甲骨文“昜”中的三撇代表鳥禽脱落的羽毛，所以圖二的甲骨文在造字中省略了這三撇。意思是無毛的禽，就是已經除去羽毛的飛禽或者家禽。

所以我認爲圖二甲骨文字的本義是將已經除去羽毛的禽類開膛破肚。

確定了這個甲骨文的左半從昜，其右半從攴没有疑問。但是這個字卻不能破譯爲漢字“敭”。因爲這個甲骨文字在卜辭裏衹有一條，是個孤證：

卜辭：“……貞：□以～龜……”（福 2）其中以“～”代表的本字用漢字“剔”的本義可以解釋通順。但是它卻不是用龜甲作爲意符的造字。這是“剔龜説”的第二個不能自圓其説的問題。

將這個甲骨文字破譯爲漢字“敭”（發音羊）是缺乏依據的。因爲“敭”從“昜”不從“昜”。《説文》：“敭，侮也。從攴從昜。昜亦聲。”可見“敭”的造字和本義與圖二的甲骨文全不相通。所以它不能破譯爲“敭”。

圖二甲骨文字的右半直譯是攴。“攴”的會意是手持工具。本字中的工具是甲骨文造字的常用的工具符號：亻。這個符號同時還出現在甲骨文的“般”“更”“牧”等造字中。甲骨文“般”的本義是造船，即刳木爲舟。用獨木作舟，其船腔是弧形的；甲骨文“更”本義是修改窑洞或者墳穴，窑洞的頂和墓穴的頂都是弧形的；以此類推，我認

①② 馬如森著《殷墟甲骨學：帶你走進甲骨文的世界》，第 279 頁引。

爲：圖二的甲骨文字是剖開鳥禽的肚子取出内臟的本義。可以破譯作漢字：剔。動詞。

除了兩個甲骨文字的例證外，我們看文獻中“剔”的用法。比較典型的是周武王之罪紂詔：

《周書·泰誓》：“焚炙忠良，刳剔孕婦。皇天震怒，命我文考，肅將天威，大勛未集。肆予小子發，以爾友邦冢君，觀政于商。”

文中的“刳剔孕婦”就是指商紂王剖開孕婦的肚子取出（“剔”之本義）裏面的胎兒。孕婦的肚子是弧形的，鳥禽的肚子也是弧形的。由此推斷，甲骨文中的工具“亻”是一種刀具。由此推斷，殷商人食用鳥禽時，可能是不食内臟的，因爲要“剔除”掉鳥禽的内臟。

《説文》中没有收入這個“剔”字。這個甲骨文字的演化軌跡爲：剔——剃。這兩個字小篆將其歸入髟部，剔字小篆爲上從髟下從剔；剃字小篆爲上從髟下從易，寫作鬄。兩字相通，説明其共同的來源應該就是圖二中的甲骨文“剔”。我們看到這些字都是從“易”的，而不是從“昜”的。所以圖二的甲骨文字不能破譯爲“敭”（發音羊）。所以李孝定認爲這個敭“與今‘剔’字通”是一個錯誤。兩個字的起源是完全不同的。音訓也不同。

《説文》：“鬄，剃髮也。”所以有剔除鳥禽羽毛之意。

《説文》：“鬄（即漢字‘剃’），髲也。”髲是假髮的意思。就是把頭髮剃掉，帶上特製的假髮的意思。

《説文》：“昜，開也。從日一勿。一曰飛揚。一曰長也。一曰强者衆貌。”段注：“此陰陽正字也。陰陽行而侌昜廢矣。”這就從字源學上看出，圖二的甲骨文字不能破譯爲“敭”，因爲它的初文是“昜”，本義是和太陽上昇有關。

【甲骨文字本義小結】

易的本義：鳥類冬季解羽换毛。會意字。

音訓：從羽從隹，羽隹切。讀若 yi。（解羽之鳥爲隹。）

剔的本義：打開物體或動物的弧形的表面，取出（或修整）裏面的東西。

音訓：本字爲會意造字。從易從刀。刀易切。讀若 di，古音通 ti。

破譯甲骨文：齒　齵

圖一　甲骨文：齒

這個甲骨文字很容易理解，誰看了都知道是門牙——就是“齒”的象形字。以往的古文字專家學者也一致認爲這個甲骨文字是“齒”。《説文》：“齒，口齗骨也。”段注曰：“鄭注《周禮》曰：‘人生齒而體備。男八月女七月而生齒。’”但是問題出在甲骨文中“齒”字的寫法很多。除了上述四種寫法外還有：上三下三（乙7355）、上二（乙2203，佚716）、上左一下右一（合203）、上右一下左一（前4·4·2）。甲骨文“齒”字中有用方塊表示牙齒的，也有用“、”表示牙齒的。

爲什麽會有這麽多種形式表示牙齒呢？答案衹能是：這不是一種簡單的象形，而是一種對卜辭記錄對象的某人的牙齒的一種寫實的“病歷”記錄。甲骨文是一字一形一義的。參見上圖：

例一記錄的某人就是上牙衹剩一顆，下顎無牙。

例二記錄的某人就是下牙衹剩兩顆，上顎無牙。

例三記錄的某人下門牙缺了一顆。

例四表示記錄的某人牙齒很健全。

但是由于在殷商甲骨文系統中目前還没有發現用于表示兩側臼齒的“齒”字，所以圖一的甲骨文“齒”根據其會意衹能表示的是門齒。這一點説明，甲骨文的造字是根據記錄對象的造字，其實造字者完全可以采用一個通用符號代表所有的“牙齒”，但是他們並没有這樣去造字。這一歷史記錄同時説明在殷商時代人們患牙病的人很多，這一點在卜辭中也得到了印證：

卜辭：“貞：有疒齒不隹父乙蚩。”（乙4626）

卜辭：“貞：疒齒隹父乙蚩。”（乙4600）

卜辭：“丁亥卜。争。貞：王疾隹齒。”（乙7482）

因爲患牙病的人很多，所以没有牙病的人和牙齒健全的人就受人羨慕：

卜辭：“婦好弗疾齒。”（乙3164）這裏的“弗疾齒”可能是指婦好有滿嘴整齊的牙齒，而不是“不生病的牙齒”。甲骨文“疾”本身並無生病的本義，而是外傷的意思。疾齒是指突然發生的牙疼。

依據上述的卜辭我認爲甲骨文“齒”字的寫法不是隨意的。因爲在龜板上鍥刻甲骨文時，殷商貞人們一般是從簡不就繁的。在不影響卜辭本義的情況下越簡單越好。這裏的甲骨文“齒”出現了近十種寫法衹能説明它們是真實記錄了被記錄者的牙齒的真實的存在狀況。

用“、”表示牙齒的甲骨文“齒”字設計的兩條卜辭内容不好理解，可能代表殘牙。現列有關的卜辭如下：

卜辭：“戊寅卜。亘。貞：取牛不齒。”（遺152）

卜辭：“王占曰：吉。亡來齒。”（乙3380）

甲骨文系統中涉及意符“齒部首”的字還有一個：（甲骨文齲）。

我選擇了最清楚的一個甲骨文“齲”字，但是這一個“齲”字在會意上稍差一點。因爲其餘的兩個甲骨文的“齲”字：鄴3·35·2上牙是兩個下牙衹有一個，圖略；合232上牙是三個下牙衹有兩個，圖略。

缺少的牙齒到哪裏去了呢？圖二的甲骨文“齲”告訴我們缺少的那顆牙齒被蟲吃掉了。你看，在牙齒縫隙裏有一條蟲，它已經把牙齒啃出許多的碎末。後來會怎樣？後來這個甲骨文字就變成了上面衹有一顆牙齒下面有兩顆牙齒的狀態。殷商人清楚地知道：

牙齒是被蟲吃掉的。(值得一提的是該字中的意符“它”，我認爲它代表蛇，現在纔發現它代表所有的蟲。)

《説文》:“齲，齒蠹也。從牙禹聲。”就是説東漢時代“齲”變成了“牙字旁”，後來又被恢復成甲骨文的“從齒”。涉及“齲”的兩條卜辭由于殘缺也不是很好理解，我把它鈔録在此，因爲其中的内容都涉及女人齲齒，而且都涉及到甲骨文“御”這個字。讀者可以各抒己見。

卜辭:“勿于甲御婦□(該字上加下女)齲。”(合232)該“齲”字上牙是三個，下牙衹兩個。

卜辭:“……貞:……女……御……齲。”(鄴3·35·2)該“齲”字上牙是兩個，下牙衹有一個。

【甲骨文字本義小結】

齒的本義:人的門牙。象形字。本字方言發音ci。可能屬于前造字時期約定俗成的讀音。

齲的本義:人的蟲牙。殷商人認爲是一條可見的蟲;東漢人認爲是不可見的蠹蟲所爲。

音訓:形聲字從齒從禹。齒禹切，讀若chu，方言通qu。會意字。甲骨文音訓不詳。

破譯甲骨文:是“撤”，不是“徹”*

在現代漢語系統中有兩個同音字:撤和徹。其繁體漢字前者爲扌偏旁，後者爲彳偏旁。兩個字在漢語中本義是有區别的:

“撤。①除去;免除。②退回;收回。”

“徹。通;透。”(引自《新華字典》)

比照這樣兩個同音的漢字，我們來看一個甲骨文字的破譯。這個字就是:

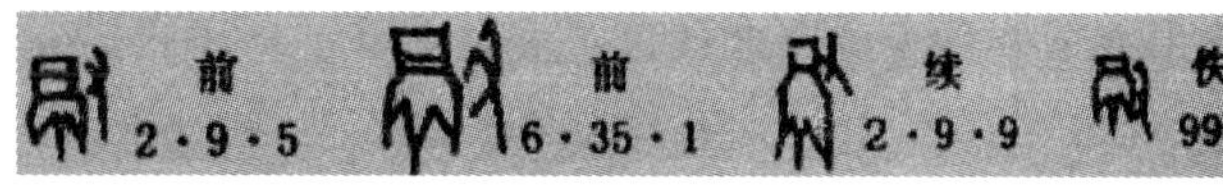

圖一 甲骨文:撤

請注意圖一中是兩個不同的甲骨文字。例一例三是從鬲從又;例二例四是從鬲從丑。其中的鬲字也大有講究，甲骨文鬲有的上面有兩隻耳朵，有的没有。依我之見，可以將其中的“鬲”視爲火苗向下的一隻倒扣的“火盆”。既然食畢，當然要撤除火盆。但是具體落實到上圖的甲骨文字，在破譯中可能會有不同見解。

這個字在過去的甲骨文專家學者的破譯中大多被譯爲:徹。因爲該字是彳偏旁，所以其本義應該涉及將鬲徹走到另一個地方。專家學者們的破譯也確實是這樣的:

《增訂殷墟書契考釋》:“卒食之徹乃本義。”① (羅振玉)

① 馬如森著《殷墟甲骨學:帶你走進甲骨文的世界》第277頁引。

《甲骨文編》：“從丑從鬲。象食畢而徹去之誼。”① 甲骨文丑本義爲扭轉使鬲傾覆之意。

《甲骨文字典》：“鬲爲食具，象以手徹去食具之形，會食畢之意。”②

但是最早出現本字的《説文》卻没有“徹去”“徹走”的意思：“徹，通也。從彳從攴從育。”段注似乎費解：“《孟子》曰：‘徹者，徹也。’鄭注《論語》曰：‘徹，通也。’爲天下通法也。按《詩》‘徹彼桑土’，傳曰：‘裂也。’‘徹我墻屋’曰毀也。‘天命不徹’曰道也。‘徹我疆土’曰治也。各隨文解之。而通字可以隱括。”可見圖一的甲骨文字如果破譯爲“徹”是與其本義不相吻合的。既是現代漢字的《新華字典》中“徹”也没有“徹走”或“食畢徹去”的含義。所以于古于今這個甲骨文字都不能破譯爲“徹”。

仔細分析上圖這個甲骨文字的造字我們會發現，它有兩種表現形式：例一例三是從鬲從又；例二例四是從鬲從丑。即使我們不考慮“火盆説”，它也應該是兩個不同的甲骨文本字。

一是從鬲從又，本義是食畢將鬲拿走收回；以“又”持“鬲”是也。所以從“扌”。

二是從鬲從丑，本義是食畢將鬲中的殘渣倒掉。“丑”是“扭”的初文，“扭”意味著將鬲傾覆以倒掉其中的食物殘羹（或殘火）。這就是“除去”和“免除”的本義。

真的是如此巧合，這個甲骨文字的兩個本義正好和現代漢語中的“撤”字的兩個義項嚴絲合縫地吻合上了。所以我認爲圖一的甲骨文字應該破譯爲漢字：撤。而不是漢字“徹”。

我們用“撤”字代入卜辭，看一看該甲骨文字在卜辭中的用法：

卜辭：“……之日王往于田從撤京。允隻麋二雉十七。十月。”（佚 990）

卜辭：“壬子卜。貞：生從撤京”（寧 3・13）這裏兩例“撤京”應該是指殷商舊都。也就是説即使在盤庚遷殷以後，商的都邑没有變化，但是王宫可能是有遷移的情況。我以爲有這様一種可能：就是撤京是指洹河北岸的“舊都”洹北商城。從《尚書・盤庚》裏我們可以找到這個被盤庚稱之爲“此邑”的地方也許就是卜辭中所説的“撤京”。盤庚率萬民以遷，正是卜辭所載：“貞：撤示畀土。”（外 444）在這個意義上，盤庚自洹北遷往洹南亦可稱之爲“盤庚撤京”。

這例卜辭比較好理解。示就是木質的祭祀臺，畀是抬的意思，土即“社”。“撤示畀土”就是祭祀完畢以後撤除整個祭祀的用具。

事實上，即使按照今天的理解，從又和從丑也應該是破譯爲“扌”偏旁而不是“彳”偏旁，因爲這兩個部首僅涉及手的表現形態。所以無論從字形和本義而言，上圖的甲骨文字都應該是破譯爲“撤”。

《論語》：“不撤薑食。”説明這個字春秋時期已有之。

【甲骨文字本義小結】

撤的本義：除去，收回。引申義：免除。動詞。會意造字。

音訓：從丑從鬲，丑鬲切，殷商方言讀若 cei（入聲），逐漸演化爲 che（入聲）。

---

① 馬如森著《殷墟甲骨學：帶你走進甲骨文的世界》第 277 頁引。

② 徐中舒主編《甲骨文字典》，第 333 頁。

殷商甲骨文本訓 下

YINSHANG JIAGUWEN BENXUN

華强 著

全國百佳圖書出版單位
時代出版傳媒股份有限公司
黄山書社

破譯甲骨文：曼

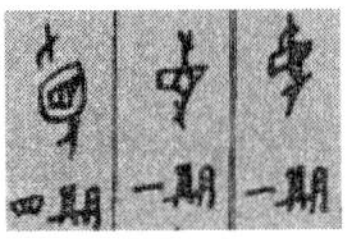

圖一　甲骨文：曼（從郭沫若）

準確地說，圖一甲骨文字的造字應該是：從爫從目從又。上部和漢字“爵”相同，下從又。爲什麽這樣說呢?

這個甲骨文字是卜辭常見字。它否可以破譯爲漢字“曼”專家學者們是有不同見解的。郭沫若依據右圖中的曼龔父盨該字得出了“象以兩手張目，蓋曼之初文”的觀點①。《古文字類編》就没有收錄此字的甲骨文本字。但我認爲郭説可從。

我們看到，甲骨文的“曼”字的造字上下是兩隻手，中間是一隻眼睛（没有眉毛）。本義爲用雙手抻開眼睛的上下眼瞼。圖一例一是四期甲骨文字，也是像表達雙手將眼瞼抻開的意思，但是它采用的造字意符令人費解。兩隻手中間出現的意符是甲骨文“臉”（參見《破譯甲骨文：臉　面》），所以本義極易産生誤解，其實造字者本義在于强調上下的眼瞼而已。

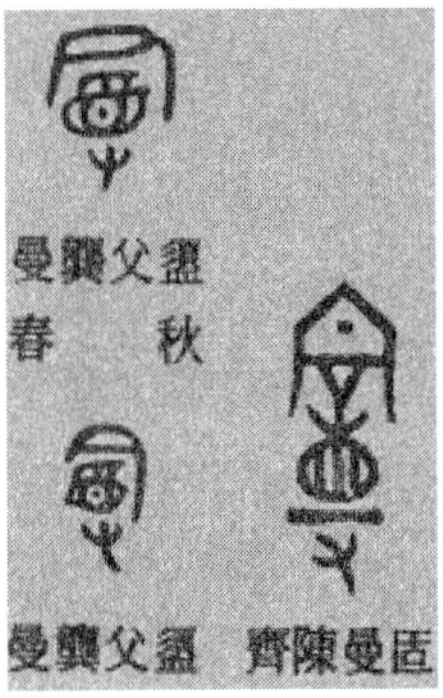

圖二　春秋金文：曼

西周金文的“曼”未見工具書收錄。春秋金文的“曼”結構複雜化了，也許這是一個春秋時代分化出的“曼”的形聲造字，它應該表達一個新的本義。而圖一的甲骨文“曼”衹是其初文。西周以後，由于當時字體和書寫都不規範，人們使用更多的漢字，一種新的造字法——形聲造字法——應運而生。最早的形聲造字脱胎于甲骨文的右文造字，多以甲骨文本字爲純粹的聲符，加上不同的偏旁成爲發音相同，本義有内在聯係的“一類”新字。簡單易行好懂的形聲造字法爲中國傳統文化帶來了一場造字革命，漢字本字在春秋戰國時期出現了一次大繁榮。但是這場“造字革命”的副作用也是顯而易見的：在不同的國家裏出現了很多不同的字體和大量的異體本字。這就導致了使用上的混亂和溝通上的困難，以致後來的秦始皇不得不以“書同文”來收拾這個混亂局面。所以在一定意義上説，秦始皇的强權和統一是被春秋戰國亂世逼出來的一種必然結果。是歷史造就了這個英雄。没有春秋戰國的亂世就不會有秦始皇。

金文“曼”上從倒口，下面不再是兩隻手，而是上爲爪下爲手，兩隻手的分工有了變化。就造字而言，這樣更準確地表達了用雙手抻開上下眼瞼的本義。但是最上面出現的倒口代表什麽意思呢？存疑。至于圖二右側的金文字是不是“曼”就很值得懷疑了。因爲它上面是一個宰相的“宰”，下面依次是“目”“一”和“又”。各個意符之間的會意是混亂而難以理解的，我們也看不出該字和甲骨文和金文的“曼”有什麽造字上的繼

① 徐中舒主編《甲骨文字典》，第284頁。

承關係。和甲骨文造字的科學嚴謹相比，春秋亂世導致的文字混亂出現了很多不合規範的造字。這一點是我們今天在研究古文字時必須細心甄别和考證的。

《説文》："曼，引也。從又冒聲。"這個定義已經由"牽引上下眼瞼"的本義引申爲動詞"牽引"的一般性意義。可以用于"牽引"任何物體了。所以"曼曼"兩字連用就是"牽引再牽引"的意思。《楚辭・離騷》"路曼曼其修遠兮"注："曼或作漫。"這是非常準確的。它的本義是："一條沒有盡頭的路將我們的視綫一再牽引向遠方的天盡頭處。"如果换作注中的"漫"字，屈原的詩意就被大打折扣。

爲什麽要用雙手牽引上下眼瞼來表示呢？因爲眼睛隨著視綫越遠就睜得越大。就女性的眼睛而言，越大也就越美麗。從《康熙字典》中收集的引文看，"曼"的本義在以後的演化中産生了"曼美"和"假裝"的意思。是啊，眼睛大了當然就有一種"曼美"，而眼睛睜開過大有時候確實就有些"矯情"。所以揚雄《法言》中就説："周之人多行。秦之人多病。行，有之也；病，曼之也。"這裏的"曼"就是"假裝和矯情"之意。而"曼"的發聲被假借爲"戎蠻"之"蠻"。其實這個"曼"字最早的讀音按照《廣韻》《集韻》《韻會》的記載應當讀作萬。從無販切。上古音中"m"紐和"w"紐本是相通的。

從"曼"字孳乳出的漢字"蔓"明顯地表現出初文"曼"的造字特點。其一，"蔓"有蔓延，爬昇，增長的本義；其二"蔓"的發音有"萬"和"慢"兩種（尚有一讀：蔓菁之"蔓"發音"蠻"）。古音"萬""蠻"相通。

甲骨文"曼"在卜辭中的本義理解上很費力，因爲它多用在地名上。但是我認爲以下幾條卜辭中的"曼"應該和本義有聯係：

卜辭："辛卯卜：王在自曼卜。"（文 225）

卜辭："己亥卜：戠婦井于曼。"（寧 3・238）戠應是識的初文。

卜辭："貞：擊于曼。"（存・360）

這裏的"曼"均有"眼前"和"現場"之意，和睜大眼睛是有一定聯係的。且存疑在此，以待後證。

【甲骨文字本義小結】

曼的本義：兩手抻開上下眼瞼。引申爲曼美，引申爲假裝，即人爲瞪大雙眼。

音訓：右文造字，面爲聲符兼意符。今揚州方言"曼"讀若 mian。金文從宀從眼，宀眼切亦讀若 man。

破譯甲骨文：暈（暉、煇、輝、晃）*

漢字暈現代是指日暈和月暈現象。暈是指"日、月光綫經雲層中冰晶的折射和反射而形成的光象。最常見的爲環繞日、月……的彩色光環以及通過日、月的白色光帶"（《辭海》）。這個氣象現象古人早已注意到了。東漢末年劉熙的《釋名》中就有"暈，捲也，氣在外捲結之也。日月俱然”的記載。《説文・新附》：“暈，日月氣也。從日，軍聲。”（見徐鉉本，許慎本不載）可見“暈”字早在東漢就包含了“日暈”和“月暈”兩個意思。《舊五代史・曆志》也載：“梁開平二年三月丁丑夜，月有蒼白暈，又有白氣如人形十餘。皆東向出于暈内。”然而在殷商時期的甲骨文中這個暈的本義是單一的，它僅指日暈。這一點從造字的會意和該字在卜辭中的使用情况都是這樣：

圖一　甲骨文：暈

甲骨文暈，從日從環狀散點。其中的散點代表環繞著太陽的光暈。兩個意符的會意就是日暈。西周的《周禮》中有專門職司觀察太陽的官員叫眡祲。眡是看視的意思，祲是指吉祥或者災凶之徵兆。

《周禮・眡祲》：“眡祲掌十煇之法，以觀妖祥，以辨吉凶。一曰祲；二曰象；三曰鐫；四曰監；五曰暗；六曰瞢；七曰彌；八曰敘；九曰隮；十曰想。掌安宅敘降。正歲則行事，歲終則弊其事。”

其中的“煇”注：“鄭司農雲煇謂日光氣也。”可見上述十種現象都是和日光有關的天象，故眡祲正是專司看視日光氣的官員。疏云：“……云象者如赤烏也者楚有云如衆赤烏在日旁者也……云彌者白虹彌天也者……敘爲次敘之字。故知敘者云氣次敘如山在日上……”

周承商制，西周有眡祲，殷商也應該有相應專司此職的官員。因爲據史籍記載觀察看視太陽的官員早在黄帝時期就已經開始了，至帝堯時已經很成熟了。考古發掘也有山西陶寺遺址的觀象石柱和王者大墓裏的玉戚和刻度長竿爲證。

該甲骨文字破譯爲“暈”首推葉玉森，郭沫若和之。《甲骨文編》中也説“……象日旁有雲氣四面旋捲……”[①]《周禮》和甲骨文“暈”字確實印證了在商周時期日暈要比月暈更被統治者所重視。而且“暈”字本身在商周衹是包含了日暈的本義，後來東漢時期有了日暈和月暈的兩重意義是詞義發生了擴大所致。這一點我們從甲骨文“暈”字在卜辭中的應用也可以得到證明：

卜辭：“辛未卜。□貞：翌壬（申）帝不□（令）雨壬（申）暈。”（合 115）

卜辭：“癸巳卜。貞：今其有禍甲午暈。”（柏二）

卜辭：“……酉。暈之雨。”（佚 750）

卜辭：“……旬……各云……雨暈……”（甲 256）

上述卜辭都是將“暈”和“雨”聯係在一起形成一種因果關係的。氣象學告訴我們，和下雨聯係在一起的“暈”一般是指日暈而不是月暈。民間也有諺語説：“日暈三更雨，月暈午時風。”這些都是經過長期的經驗積累流傳下來的寶貴的氣象資料。

---

① 馬如森著《殷墟甲骨學：帶你走進甲骨文的世界》第 254 頁引。

這個“暈”字在東漢前的字形變化和發音變化頗爲複雜，現在恐已很難理清變化的先後次序。但是相關的漢字依然可以看出其間錯綜複雜的關聯。這些和“暈”字發展有關的漢字本字是：煇、暉、輝、晃。這幾個字在東漢前的本義相近，都與日光有關。例如《廣雅》：“晃，暉也。”它們都是利用形聲造字法創造的漢字，因爲目前尚未發現金文的“暈”字，所以它們都是西周以後的造字。其本字中的意符多與“日”“火”“光”有關，“軍”爲聲符。

“暈”就其發音而言，《廣韻》《集韻》《韻會》爲王問切，《正韻》爲禹愠切，和今天漢字發音基本相同。但是殷商的安陽方言發音爲日暈切的。日暈切意味著“暈”是日暈兩字的合文。這一點很值得關注。這也意味著在該字造字之初就僅指“日暈”而言，並不包含有“月暈”的含義。該字周圍的散點意符的發音無從確定，由于這一點已經無從考證。錄此存疑。

【甲骨文字本義小結】

暈的本義：商周僅指日暈現象。不含月暈。會意字。

音訓：從日從散點。聲紐爲 r。讀若 run（入聲）。殷商方言通暈，今豫南方言讀若 ðun。

【附】晉書·天文志·十煇（節選）

《周禮》眡祲氏掌十煇之法以觀妖祥，辨吉凶。一曰祲。爲陰陽五色之氣浸淫相侵。或曰抱珥背璚之屬。如虹而短是也。二曰象。謂雲氣成形，象如赤烏夾日以飛之類是也。三曰鑴。曰旁氣刺日形如童子所佩之鑴。四曰監。謂雲氣臨在日上也。五曰暗。謂日月蝕或曰脱光也。六曰瞢。爲瞢瞢不光明也。七曰彌。謂白虹彌天而貫日也。八曰序。謂氣若山而在日上，或曰冠珥背璚重疊次序在于日旁也。九曰隮。謂暈氣也，或曰虹也。《詩》所謂“朝隮于西”者也。十曰想。謂氣五色有形想也。青饑赤兵白喪黑憂黄熟。或曰想，思也。赤氣爲人狩之形可思而知其吉凶也。

【附】周禮之“安宅敘降”

《周禮·眡祲》：“眡祲掌十煇之法，以觀妖祥，以辨吉凶。一曰祲；二曰象；三曰鑴；四曰監；五曰暗；六曰瞢；七曰彌；八曰敘；九曰隮；十曰想。掌安宅敘降。正歲則行事。歲終則弊其事。”

【今譯】西周時期的官員眡祲是專司觀察太陽的。他依據太陽的表像觀察是妖氛或是祥兆，以進一步判斷會帶來或吉或凶的後果。和太陽有關的十種表像分別是祲、象、鑴、監、暗、瞢、彌、敘、隮、想。除此以外，眡祲還掌管朝廷的宮室以及民間宅基地的選定和爲建造的半地穴式民居安置屋頂。建造民居安置屋頂這件事可以選擇在每年周曆正月進行，周曆十二月（臘月）是會壞事的（弊其事）。

【注釋】

煇：即暉字，甲骨文寫作暈。此處作“日暈”解。實指太陽周圍光暈的變化情況。

祲：太陽周圍陰陽二氣形成的日暈。眡祲爲西周專司觀察並解釋祲的官員。祲本身是陰氣犯太陽和陽氣，故本字有不祥的意思，所以從𠬶從示。

宅：家居，住所（側重指房屋建築）。名詞。引申義："凡物所安，皆曰宅。"（段玉裁語）

正歲：周曆正月。

歲終：和歲首相對。故應該是夏曆十二月（臘月）。

對于《周禮》的這段文字，這樣解釋應該很清楚了。但是其中"掌安宅敘降"五個字歷史文獻中的解釋混亂，令人費解。所以有必要在這裏做一番考證。原因是這五個字涉及眡祲這一官員的職司所在。

《十三經注疏》注曰："宅，居也。降，下也。人見妖祥則不安，主安其居處也。次序其凶禍，所下謂禳移之。"其疏大意略同。這是一個很矛盾的注疏。眡祲本是西周王朝觀察太陽環暈變化以占吉凶的官員。太陽是與周王天子的象徵，這裏眡祲不去爲朝廷占吉凶解憂煩，反而去替平民化解不安，禳移災禍。這豈不是本末倒置？而且，眡祲所觀察的太陽氣暈和民間的"安其居處"是沒有直接聯係的。爲什麼要讓眡祲一身二任，同時兼行兩種沒有關聯的職司呢？换句話説，就是西周的眡祲所司的兩個職能一定是相互之間有聯係的。

尤其是在這其後的"正歲則行事。歲終則弊其事"，承前五個字的意思，就應該是有"行其事"和"弊其事"兩種情況。這裏的"事"又是指的什麼事情呢？

我們不妨比較一下《周禮》中位列眡祲之前一位的官員占夢的職司。

《周禮·占夢》："占夢掌其歲時。觀天地之會，辨陰陽之氣，以日月星辰占六夢之吉凶。……冬季聘王夢。獻吉夢于王。"從《周禮》的諸多官員職司我們也可見每一個官員的職能範圍都是非常專一的。所以這裏眡祲的前後兩類職司之間一定是有密切聯係的。就是觀察太陽光暈的變化和"掌安宅敘降。正歲則行事，歲終則弊其事"一定是相互有密切聯係的兩類事物。所以由官員眡祲一職專司。

"安宅"可以解釋爲確定宅基地，"敘降"是什麼意思呢？這個"敘降"和前面的"安宅"又是什麼關係呢？所謂"安宅敘降"正是後文"正歲則行事。歲終則弊其事"中所謂的這件"事"。這件事情衹能選擇在夏曆正月裏進行，而不能在夏曆臘月裏進行。很顯然，這件事絶不是《十三經注疏》中所説的"人見妖祥則不安。主安其居處也，次序其凶禍。所下謂禳移之"。因爲這件事情全年都有，它不會僅僅發生在臘月和次年正月。

在《破譯甲骨：敘　序》一文中，我考證了甲骨文"敘"的本義是一個動詞，即"殷商建造半地穴式民居時安置預先製做好的草屋頂。引申義：次第、次序"。這個本義和"安宅"是相聯係和相次序的。"安宅"是確定建造房屋的地址，而"敘降"是爲建造好的房屋——半地穴式民居——安置事先預製好的帶有木支架的草房頂。

一定有人會問：即使如你所説是選定房址和安置草屋頂，它和眡祲的職司有什麼關係？和太陽光的變化又有什麼關係呢？

商周人以及後世所有的中國人都把建造住房看作是一件非常重要的事情。我在《破譯甲骨文：合》和《破譯甲骨文：會》中考證了這樣兩個與建造半地穴式民居密切相關的甲骨文字的本義如下：

合的本義：晚商時期，建築民居時將爲半地穴式民居安置茅草房頂。引申義：吻合。

會的本義：殷商人建造民居時利用陽光投影以確定民居的門的位置。引申義：相會，機會。

我們從這裏看到商周時期安置草房的房頂是一件很重要的事情。草房頂是在事先預製好的木支架上鋪上稻草或者其他茅草，並且事先留出了門框和房門的位置。等地穴完成後將整個草房頂的中心支柱安放在地穴中心的深坑裏固定。這樣建造民居的全部程序就完成了。

但是這個半地穴式民居的門向是經過仔細測量確定的。這個測量的工具就是太陽的光影，是利用太陽在地面的投影來確定門的方向的。甲骨文“會”就是上從預製的草房頂，下從半地穴，中間正是太陽——日。確定屋頂的門向不僅需要根據太陽運行的方位，還要確定太陽在地面上的準確的投影方位。眡祲正是這樣的官員，他的任務就是每天觀察太陽的運行和太陽光暈的變化，所以理所當然地這個確定宅基地址和確定安置房頂的位置就是眡祲這一官員的職司。這兩者之間是密切聯係的。在《周禮》設置的近400個專職官員中，你找不出第二個官員比眡祲更在行，更合適這一任務的。所以“掌安宅敘降。正歲則行事。歲終則弊其事”的意思依照我的考證和理解，應該是：（眡祲）還掌管宅基地的選定和爲建造的半地穴式民居安置屋頂。建造民居安置屋頂這件事是在每年周曆正月進行，周曆十二月（臘月）是不能做這件事情的。這一點可能和正月陽光的投射角度相關。

而“眡祲掌十煇之法，以觀妖祥，以辨吉凶。……八曰敘”就是指的是觀察太陽光暈變化的次序。煇在這裏的讀音應該同“暈”。

破譯甲骨文：斤系列之疑

甲骨文斤部首字研究最有人氣的是唐蘭，他的關于甲骨文“斤”“斧”“斫”系列字的本義學界大多認爲“可從”。此外，甲骨文斤系列字還有新，從斤從弓、從斤從卜、從斤從肉、從斤從磬的本字，有些尚未被破譯，本義尚且不明。

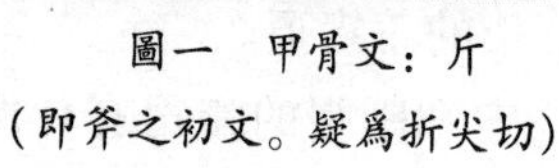

圖一　甲骨文：斤
（即斧之初文。疑爲折尖切）

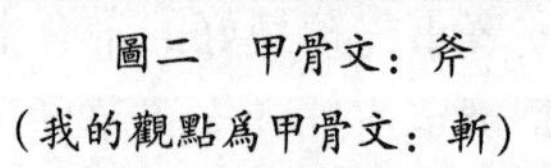

圖二　甲骨文：斧
（我的觀點爲甲骨文：斬）

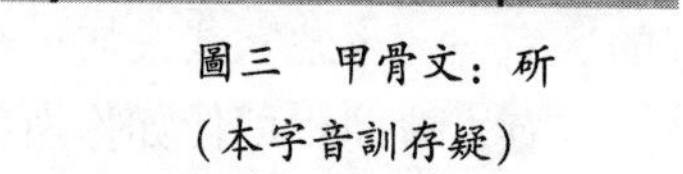

圖三　甲骨文：斫
（本字音訓存疑）

首先我們確定一個前提，將圖一的甲骨文破譯爲“斤”。那麼這個甲骨文“斤”的本義就是一種廣義的用于砍斫的工具、農具和兵器。一個例證是，從廾從斤的甲骨文“兵”字中雙手持有的兵器（兼爲工具、農具）有三種之多。這個“斤”可以是尖頭

圖四　甲骨文：兵

的，見圖二斧；可以是球形頭的，見圖三斫；可以是平頭的；還可以是無頭的，後兩種見圖四兵。同時也就證明了在漢字的演化中甲骨文的“斤”到小篆“斤”其詞義發生了縮小的情況：由一種用于砍斫的工具、農具和兵器萎縮爲用于砍斫的斧頭。因此我們必須認定甲骨文“斤”有四種變體：圖四的三種和圖三中的一種。當這些意符出現在甲骨文中時，都可以破譯爲意符：斤。而現在甲骨文研究者衹承認圖一寫法的甲骨文是“斤”。區别這一點很重要，它説明甲骨文“斤”最初是一個廣義的工具符號，而不是我們今天所認爲的狹義的斧頭。

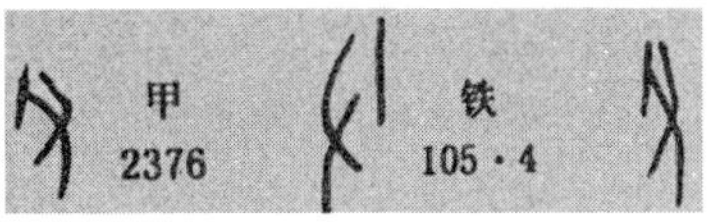

圖五　甲骨文：父

承上的考證，甲骨文“斧”可以用圖一的甲骨文“斤”代表了，那麽圖二的甲骨文字就一定不能破譯爲漢字“斧”。唐蘭在破譯這個字爲漢字“斧”時，是將左半意符定義爲“父”字，右半意符定義爲“斤”字的，因此得出這是甲骨文“斧”的結論。但是這個甲骨文字的左半意符是“父”嗎？請比較圖二和圖五的甲骨文字。圖二的中間一竪很短而且緊連著手的中指；圖五的中間一竪可以離開手的中指而且這一竪較長。所以圖二左半這個意符可能不是“父”，而是另有所指。甲骨文的造字都是非常準確的科學的。我認爲圖二這個甲骨文字是斬斷手指（中指）的會意，殷商法律有亂倒垃圾（坑灰）者斬手的規定（見《韓非子》）。這裏的這個甲骨文字就應該是這個意思，從字面上會意本義應該是斬去中指。圖二斧尖的那一短竪都是連著中指的，正是此意。行刑使用的工具是“斤”。最貼近這個甲骨文的本義的漢字是“斬”。卜辭篚文 67 中這兩個字就應該譯爲：斬蛇。音訓爲指尖切，讀若 zhan。會意造字。見圖六。

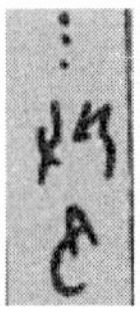
圖六

我在前文已有論證：“甲骨文‘新’字中的‘辛’是無法用罪來解釋，也無法用刑器或兵器來解釋。否則‘新’的本義就衹能解釋爲用斧頭去砍另一種兵器‘辛’，這在造字上没有任何必要。甲骨文‘辛’字的本義我在前面已經考證了，上面缺少一横的‘辛’代表的是商代二十一代商王小辛，所以這個新字的本義應該是斬殺小辛。因爲小辛不可能用斧刃對準自己，所以衹能解釋爲别人用斧頭斬殺小辛。這是一個右文造字，小辛的辛首先是意符，其次爲聲符。當然，我們不能讓歷史事實來適應這個字，而是需要依據未來會獲得的歷史事實來證明這個字的造字是有根據的。”

圖二這個甲骨文字的會意在破譯爲“斧”字時還有一個不能自圓其説的地方：這柄“斧頭”正砍向“父親”，是一個標準的“弑父”的會意字，是一個動詞而不是唐蘭所破譯的名詞。所以圖二這個甲骨文破譯爲斧是存疑的。

圖二的甲骨文“斫”没有異議，從長柄的軟柄錘（一種狹義的工具）砸向石崖。

圖四的甲骨文字本義又出現了問題。《説文》：“兵，械也。從廾持斤。并力之貌。”這個甲骨文字發展到了戰國古文時左側多了一個“亻”，也就是説“兵”的本義是雙手執斤的男人。由甲骨文的動詞演化成了名詞。但是它的甲骨文本義應該是“雙手執斤”，也就是許慎所説的“并力之貌”。

【甲骨文字本義小結】

斤的本義：裝有曲柄或彈性軟柄的一類工具。名詞。

音訓：疑爲從折從尖，讀若 jin。今蕪湖方言仍讀若此音。

斬的本義：以斤斬斷人的某一組織。動詞。音訓：指尖切。音 zan，通 zhan。

兵的本義：雙手并力執斤。動詞。引申爲：執斤的男人。名詞。會意造字。

音訓：從畀省從斤。畀斤切，讀若 bing。

破譯甲骨文：敘事造字（上）

這個甲骨文字（未識字）見于卜辭一期：

卜辭："于~。"（後下 21・17）其中的"~"代表本字。這個字是迄今爲止專家們尚未識別的一個甲骨文字。

該字下部的恰似一座古建築的象形字是甲骨文"京"。我在《破譯甲骨文：京　雨》一文中已經考證過這個甲骨文"京字的本義是"殷商都邑的門塾"，後來引申爲京城的"京"，表示某國國都，就是作爲殷商國都標志的門樓。中間用一豎分成兩半的表示門塾有兩個"門道"，中間沒有這一豎的表示衹有一個"門道"。這一點已經爲考古發掘出的殷墟洹河以北的洹北商城遺址所證實。

請注意這個字是出現在卜辭一期，這個時候殷商遷到洹河以南不久，殷墟作爲殷商的國都一直是沒有建造城墻的。至少迄今爲止的殷墟考古還沒有發現殷墟有城墻。是不是盤庚遷殷之後曾經建造過這樣一個作爲國都標志的城門樓呢？目前不得而知。但是無論有沒有這個殷墟的城門樓，在殷墟一定有這樣一個建築物。因爲在殷商以前，一般的較大的"邑"在大路變一定有一個這樣的建築，叫作亭。亭的作用我在《破譯甲骨文：亭》中已經考證過，它是東道主供給旅途之人飲食、避雨和住宿的建築物。京、亭兩字音訓一聲之轉，可通。

殷墟有這樣的亭，便可以視作殷墟的標志，也可以看作是它作爲殷商都邑的標志。因爲殷墟是盤庚遷殷以後的"京"。

回到上圖的甲骨文字。它的上部是三個甲骨文"火"字（有學者將其破譯爲漢字焱）。我贊成徐中舒的見解，他認爲中間的"火"是一種訛變，應該是三把火。參見《破譯甲骨文：咎　嘉》。不過這一點並不影響對本字的破譯，因爲即使衹有兩把火也足够説明它的本義了。本義是城樓失火了。這就是這個未識字的本義。但是要準確地定義本字還要進一步論證。晚商的都邑確實曾經有過一次大火災，這就是洹北商城被毀的原因。洹北商城的考古業以發現所有的宮殿遺址都有火燒過的痕跡。按照我對《尚書・盤庚》的分析研判，盤庚遷殷後首先定居的不是洹河以南的殷墟，而是洹河以北的洹北商城。直到今天這裏仍然有殷商的十二座祖墳。這次大火正是盤庚率領萬民遷往洹河以南的殷墟的直接動因。從這一個意義上説，則該甲骨文字上部"三把火"的中間一個意符不是"火"，極有可能不是。那是和洹北商城五脊四面坡的屋頂連爲一體的一個建築上的標志物。可能是屋頂上生出的一棵野生的栗樹，因爲在卜辭中有這棵樹單獨的甲骨文字，破譯爲栗樹。也有另一甲骨文字從京上生栗樹，破譯爲咎。

上圖的甲骨文字正是出現在一期卜辭中。説明這個甲骨文字有可能記載的正是燒毁洹北商城的這場大火。洹北商城的城樓正是有著“雙門道”的城樓的。所以上圖的未識甲骨文字是一個“敘事”字，它的本義就是“洹北商城的火災”。

卜辭“于~”是什麼意思呢？甲骨文“于”是殷商的一種祭祀，在卜辭中屢見不鮮。所以這條卜辭記載的就是：以“于”的方式祭祀洹北商城的火災。

【甲骨文字本義小結】

的本義：洹北商城的火災。下部的“京”借代指整個洹北大火燒毁的殷商宫廷建築。敘事造字（殷商甲骨文裏的敘事造字可以用不止一個漢字的詞組或者句子表達，這是造字不成熟時期的一種現象）。從造字方法看，從京從火，該字讀音爲咎（jiu）。

破譯甲骨文：敘事造字（下）

中國的文字無論起源于何時，殷商甲骨文無疑是一個不可缺少的階段。這不僅表現在卜辭保留了這種系統的文字，同時還表現在甲骨文中大量的具有殷商時代特色的新造字。殷商甲骨文字是一個音義兼表的文字系統，其造字的本質特點是在記錄一個既定的本音的同時還表達一個既定的本義。

毫無疑問，在文字出現之前就有了口頭的語言。也就是説在書面文字出現之前口語就已經存在並使用了多年。遠古的造字者正是依據一個本義和它的口語發音來造字的。他們爲一個本義和它的口語創造出一個對應的文字。所以就字音、本義和本字而言，先有本義，再有發音，最後纔是文字的産生。所以殷商甲骨文的造字首先是針對本義的造字，同時有些字兼顧了它的發音。因此在破譯甲骨文字系統時，我們僅憑它的造字就完全可以理解它的本義，但是我們卻無法僅憑造字來還原它的遠古發音。所以我把一字一形一義作爲研究甲骨文的一個指導原則。但是在文字創造的初期這種情况有一個例外。如圖一：

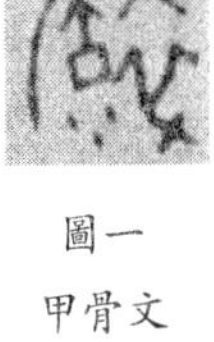

圖一
甲骨文
（乙 8860）

該字由六個意符組成，我把它稱之爲大會意字，或者叫作敘事字。它的左半的三個意符是一個婦女正在産下胎兒，下部的散點意符代表羊水和血液。這個會意字是甲骨文“育”。但是這個甲骨文字的右半邊還有三個意符，中間是一個甲骨文“衣”，上部是一個和意符“衣”連爲一體的意符“止”，最下部意符習慣上可以視爲意符“手”，但是由于這個意符“手”也是和意符“衣”連爲一體的，所以産生了第二種含義：用刀切斷臍帶的意思。

我考證了甲骨文的“衣”正是婦女分娩時的胎盤，是人生的第一件衣服。所以這個甲骨文乙 8860 最有力地證明了我的這一考證。儘管如此，我們卻無法用一個恰當的漢字來破譯上面的甲骨文字。原因就在于它的六個意符所産生的會意太複雜。

它的本義表達應該是在婦女分娩結束後及時拿走並處置胎盤。没有任何一個漢字可以囊括這個乙 8860 的甲骨文字裏所表達的完整本義。這不是一個個案。在殷商甲骨文系統中有很多這樣的例證，所以我將其稱之爲大會意。類似的例證有：

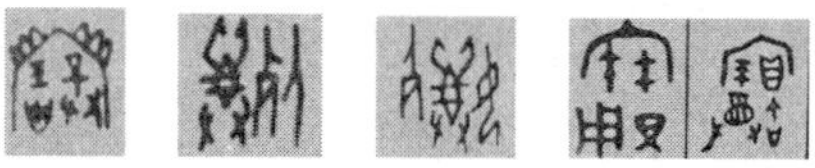

圖二（例證不再一一枚舉）

這些文字都是由五個以上的意符通過會意創造的新字。它們都不能用單獨一個漢字來破譯它。在上面的每一個甲骨文字中都完成了一個特定場景的記録，或者是一件完整的事件的記録。所以我給這些由五個以上意符組成的大會意字命名爲：敘事字。因爲它們中的每一個甲骨文字都單獨完成了一個完整的敘事。

這裏我要引用伯格的敘事定義："敘事即故事。而故事講述的是人、動物、宇宙空間的異類生命、昆蟲等身上曾經發生或正在發生的事情。"① 對于敘事和非敘事的區别，伯格認爲敘事的特點是一個時間過程，而非敘事的特點則是一個瞬間——時間斷面。

敘事字的産生應該是文字創造初期的一個特殊現象。因爲要表達一個完整的事件或者場景就必須在同一個字裏容納不同的意符來表達它們之間的空間聯係和時間關係。你可以嘗試用語言描述一下上面六個敘事字的本義。它絶不是簡單的五六個漢字就能够説清楚的。我嘗試了破譯圖二中第一例甲骨文，其本義是"在商王的議事大廳裏謀劃、議事"。在一個特殊的建築物中，有王有權杖有成包的玉石，它應該是一個甲骨文敘事字。這個字的破譯中學者們的争議頗大，但是我認爲這個字在殷商時期一定是在甲骨文流行的圈子裏，每一個人都是一看就懂，不需解釋的。

甲骨文中的敘事字並没有打破一字一形一義的造字規則。衹不過它在一個字中包含了更多的本義信息，它所會意的是一個事件的完整場景或者完整的過程。表意文字的優勢就在于準確客觀科學地表達出一個本義，如果這個本義過于複雜，它的表意文字就越複雜。事實上在甲骨文系統中有一個被專家學者們稱之爲合文的甲骨文字正是和敘事字的造字方法同出一源的。如圖三：

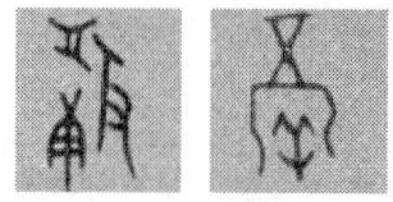

圖三　甲骨文（左爲盤庚，右爲五牢）

盤庚是第二十代商王死後的名字。它的名字由四個意符組成，要用漢字描述則意爲"手執斧鑿造船的那個剛剛死去的商王"。五牢是指五份太牢祭祀，漢字表述爲"用五套太牢祭祀，用牲五牛五羊五豕"。卜辭的歷史背景是要將每個甲骨文字一刀一鍩地刻寫在堅硬的獸骨或者龜甲上，所以甲骨文造字者采用了寧少勿多的最簡約的造字原則。在這個意義上，甲骨文應該是中國文字發展史上最簡約的文字系統。

甲骨文敘事字的創造源于遠古的原始思維，它們不願意將一個本義打破而采用兩個甚至更多的甲骨文字來表示。盤庚是一個活生生的人，一個深受殷商百姓愛戴的商王，這是一個完整的本義。五牢是用五套殷商人心目中最爲神聖的牛羊猪進行的最高等級的

① ［美］伯格著《通俗文化、媒介和日常生活中的敘事》，南京大學出版社 2002 年版，第 5 頁。

祭祀，這也是一個完整的本義。所以在原始的造字美學上，它們作爲一個人物或者事件被賦予了一種近似全息式的表達。

早期甲骨文敘事字的客觀存在證明在漢字造字之初規範性不是很强，一字一形一義的規範是在造字的歷史過程中約定俗成的。這一現象還證明一點，就是甲骨文的造字遵循的是一個既定本義的需求而創造——這個本義可以是一個漢字，也可以是一串漢字。

但是中國的文字系統又是一個系統逐漸分化，本義逐漸細化逐漸精確，可以隨意拆分組合以表達各種複雜本義的文字系統。甲骨文的敘事字的最大特點是没有生命力，因爲它衹能使用在一時一事一地，時過境遷，這些敘事字就不會再次被使用。但是如果它們衹是爲了某一特定場景或者事件的表達，它們在卜辭中又並非僅僅衹出現一次。有些敘事字還呈現出規律性的特點，請比較圖四和圖一：

圖四

甲骨文中的敘事字包容的信息量比較大，遠非一個字就能够囊括其内涵並説明全部問題，所以完全不必一定要用一個漢字來破譯它。我們應該認識到敘事字的存在是甲骨文作爲一個文字系統在發展過程中的不成熟現象，因爲當時已經存在的甲骨文字無法記録當時的情況，所以采用了敘事字。這是下策。

由于甲骨文敘事字采用的意符多達五個以上，所以其中的聲符兼意符就很難確定，如果采用的是反切的方法，其反切的組合就會多達十幾種，因此甲骨文敘事字的音訓依然是一個待攻克的文字學的難題。

破譯甲骨文：烌*

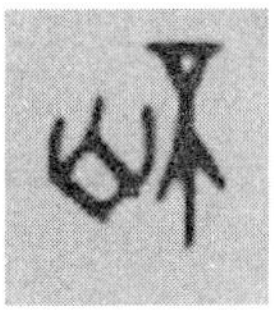

圖一甲骨文敘事字：火塘

火塘是我國民間每家每户冬天用來取暖的一種較爲普及的家庭設施。火塘一般爲一米見方大小，周圍用土坯圍成一個正方形的火宕。更多的火塘就是在房屋中間生上一堆火。按照圖一的造字看，殷商人的火塘是没有土坯圈的一種。爲了燃燒持久和減少煙燻，火宕裏的主要燃料是用曬乾的樹根（少有劈柴）。火塘的四周是較矮的長凳，火宕裏火焰的正上方是從梁上懸下來的長柄鉤子，鉤子上吊著燒開水的瓦壺。在不用燒開水的時候鉤子可以昇上去。火塘邊有兩樣必備的設施就是火鉗和吹火棍。前者用來撿拾柴火，後者用來給火焰吹氣助燃。這兩種工具已近失傳。

圖二甲骨文敘事字：給火塘添加樹根

火塘是我國的一種民族文化，它源于古中國人冬季取暖和保持火種的原始需要。夏商周考古都發現有火塘的遺跡。現在我國仍有許多地區（尤其是少數民族地區）冬季使用火塘取暖。傣族、畲族、瑶族、白族、壯族、納西族、普米族、撒尼族、摩梭人以及臺灣的邵族人至今還保持了以火塘爲家庭中心的火塘文化習俗。人們在火塘邊喝著大碗茶聊天、娱樂、議事。火塘灰裏埋著山芋和土豆，火焰上串烤著糍粑。我的童年和青年時期有八年的冬天都是在皖南農民家裏這樣的火塘邊度過的。補充一點，今天皖南山區的很多農民正是從河南一路逃荒遷徙到這裏的，他們保持著河南南部方言的語音，也保持著河南南部的風俗文化。

圖一的未識字正是從火從不。我在前文考證了甲骨文“不”，它的本義是樹根，是對一棵樹樹幹的否定，所以“不”中引申出否定副詞的語法作用。一堆火加上樹根——這就是殷商火塘的會意。有學者將這個甲骨文字破譯爲“炋”，發音讀作丕。這個字的本字和甲骨文會意對應得非常準確。但是它的本義已經曼滅了。現代漢語的工具書没有收錄這個字。漢字“炋”僅存的本義記載見于《康熙字典》裏保存的六個字：“《篇海》：音丕。火也。”如果單純是火，它就不必費心地加上一個來源不明的“不”字，使這個字成爲一個非常冷僻的漢字了。謝謝甲骨文爲我們保存了這一點歷史的記憶。

卜辭：“貞：乎從西取炋……”（前7・21・4）“從西取炋”是從西地（或西方位某地。西指西北方位，殷墟的西北方正是太行山）搬運樹根的意思。燒火塘的人家每年入冬前都必須上山挖好足够的樹根曬乾以備冬季火塘之需。火塘入冬一經點燃一般保持火種不滅。每天晚上臨睡前要將明火滅掉，用灰燼掩蓋住炭火以防失火。次日早晨起床後用火鉗將火種撥出，加上一些草屑後用吹火棍吹燃火焰。火塘裏的火種滅了是不吉利的。薪火相傳也是自遠古流傳下來的傳統。

圖二的爲是甲骨文字從火從不從又（手）。它的會意是用手拿著樹根添加在火上，這是火塘的代表性動作，所以該字是個動詞。該甲骨文字没有對應的漢字。

卜辭：“不～。”（人2231）本條卜辭前應有“貞”字，意思是占卜是否可以不再添加樹根，也就意味著春天已經到了。民間有“春火毒似蛇”的說法，所以立春以後儘管天氣依然寒冷，一般人家的火塘就不再添加樹根了。

卜辭：“貞：……□于～。”（前6・19・3）“于”是殷商的一種祭祀，“于～”就是祭祀火塘。這種祭祀火塘的習俗在上文提到的少數民族中至今還普遍存在著。因爲火塘是一個象徵性的符號，是維繫著祖先、親情、神佑、温暖、食宿、繁衍等許多的文化要素。所以火塘祭祀是一種較爲複雜的歷史傳承的習俗。

【甲骨文字本義小結】

炋的本義：遠古民居内冬天的火塘（方言稱火宕）。名詞。會意造字。

音訓：從不從火。不（dou）火切。讀若duo。殷商方言讀若dang。

的本義：給火塘裏添加樹根（燃料），動詞。會意造字。音訓同上。右文造字。

破譯甲骨文：黽、蛐與秋

圖一

甲骨文　黽

圖一是公認的甲骨文“黽”字。圖二甲骨文字本義是一種昆蟲蟋蟀，因爲蟋蟀在方言中叫蛐蛐，所以我將其破譯爲漢字“蛐”。破譯的理由是它是一種昆蟲，下半部分很像漢字“曲”字。就這兩個漢字造字而言，“黽”是殷商時代就存在的象形字，而“蛐”是一個形聲字，是西周以後纔被創造出來的漢字，而它在殷商時也已經存在，當時這個“蛐”也是一個象形

字。兩個甲骨文字的字形區别是明顯的。

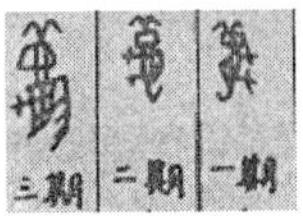

圖二 甲骨文
蛐（我見）

鼀有一個類似蛇的頭，穹形的鼀背殼，一般是顯示四隻脚，鼀的四隻脚構成甲骨文的“癸”字正是鼀字的聲符。卜辭有：

卜辭：“用鼀。”（合 9001）

卜辭：“其用鼀。”（前 4・54・7）

卜辭：“貞：隹鼀令。”（合 7859）“唯鼀令是從”之意也。

卜辭中有“禹鼀”的常用語，“禹鼀”的時間一般是“昱日”。我的解釋是“將用鼀于禹”的意思。圖三是合 8996 中的一個甲骨文字，一隻鼀被壓在皿的下面可以叫作“皿鼀”嗎？

圖三

甲骨文“鼀”字的本字應該是圖一左例的俯視造字。因爲這個造字中包含了它的音訓。在圖一左例中這隻烏鼀的四條腿構成甲骨文“癸”，是鼀的聲符。所以嚴格地説，甲骨文鼀是一個右文造字，其中的“癸”是聲符兼意符。

蛐有一個四角呈圓弧的長方的頭（横向），頭前有兩條觸鬚，有翅膀會飛。雄性蛐蛐尾巴中間有一根針狀的類似尾巴的生殖器官。民間稱雄蛐蛐爲三尾，雌蛐蛐爲二尾。唐蘭將這個字破譯爲“秋”似無道理。因爲該甲骨文是一個獨體象形字，自然界也有相應的昆蟲蛐蛐相對應。在殷商甲骨文系統中另有一字破譯爲“秋”更有造字依據也更有説服力，這就是：

圖三
甲骨文 秋

這個甲骨文字趙誠《甲骨文簡明詞典》釋爲“秋”。從字面上看上從蛐下從火，是火燒蛐蛐的本義。夏商周都有焚燒農作物秸稈的習慣，將田地裏的秸稈放火燒掉，可以起到消滅害蟲，驅逐野獸，提高地力的作用。所以在《詩經・七月》有：“……七月在野，八月在宇，九月在户，十月蟋蟀入我牀下。……”説的就是蛐蛐在田野裏無處藏身，衹好向過冬的民居遷徙。嚴格地説這個字破譯爲“秋”按照上述史實還少了一個意符“禾”，就是農作物秸稈的意符。這樣的“火”“禾”和“蛐蛐”三者的會意就比較容易理解了。其實我們完全可以因爲圖三甲骨文字中少了一個“禾”而否定它的本義爲“秋”。因爲意符“火”和“蛐蛐”的會意僅僅是火燒蛐蛐。但是如果我們追蹤這個字從甲骨文演化到漢字“秋”的軌跡，答案就一目瞭然了。

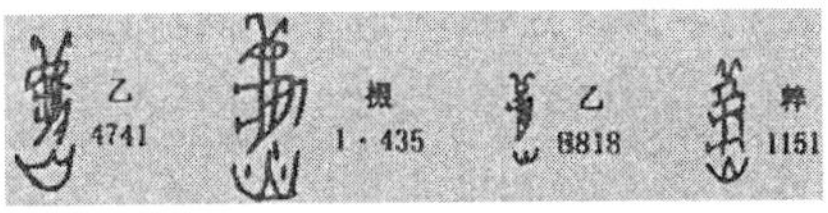

→

（秦籀文）→秋

圖四

甲骨文“秋”省略了“禾”。例二的“火”上有散點意符，説明造字者想突出燒某種東西的意圖。在秦的大篆中造字者加進了意符“禾”，但是其中的“蛐蛐”被變形爲字形極其相似的“鼀”，小篆的“秋”省略了其中的意符“鼀”，于是演化爲今天的漢字：秋。今天的俗話謂濃煙熏人爲“這煙秋死人了”，其中“秋”的本義當源于此。

用意符“鼀”代表秋天是有史實依據的。《周禮・鼀人》：“鼀人掌六鼀之屬……凡取龜用秋時，攻龜用春時，各以其物入于龜室。”這就是説，秋天是各國向商周王朝進貢龜的季節。周承商制，説明殷商王朝就是這麽做的：取龜用秋時，攻龜用春時，各以其物入于龜室。但是這樣一改，字的本義就發生了變化。籀文“秋”的本義是：收穫嘉禾和進貢龜的季節。而它的甲骨文本義則是：燒田驅害的季節。而現代漢語的“秋”定義爲“莊稼成熟的季節”，“指一年中的第三個季度”。三個本義相比較我們發現：漢字從被創造之日起，一直是朝著準確表達和科學表達的方向在不斷進化。

從三個字的發音看：先秦龜發音秋，龜、秋同在溪母。而在殷商的安陽地區方言中“蛐”的發音與“秋”非常接近。故而龜、秋、蛐三個字可視爲同音字。

【甲骨文字本義小結】

龜的本義：烏龜。殷商時由各地進貢給商王朝作占卜和刻寫卜辭用。名詞。

音訓：右文造字。龜的四肢構成甲骨文“癸”，讀若 gui。

蛐的本義：蟋蟀。莊稼地裏常見的一種昆蟲。秋季開始遷徙到民居過冬。名詞。

秋的本義：焚燒田野裏豐收後的秸稈以驅蟲害。會意造字。

音訓：從蛐從火，蛐火切，qüo（入聲）。殷商方言熏發音通秋。

破譯甲骨文：昕* ⿰囧斤*

圖一　甲骨文：昕（例一）

⿰囧斤（例二、例三、例四，盟誓之意）

因爲甲骨文是一字一形一義的，所以圖一中我認爲是兩個甲骨文字。例一從日從斤，一般破譯爲漢字“昕”。我在《破譯甲骨文：殷商的計時方法（白天）》考證過這個字：“昕，本義是拂曉。太陽即將昇起。昕字從日從斤，意思是東方地平綫上出現了一綫魚肚白，似利斧劈開黑闇的會意，露出一綫光芒。”所以《説文》：“昕……日將出也。”即太陽將出未出之時。在海邊這個時間最早可以是清晨四點多鐘。

本文的重點在于考證上圖的例二例三例四三個甲骨文字。這個甲骨文字我琢磨了很久。在很多甲骨文工具書中這個字被破譯爲“昕”，例如在馬如森《殷墟甲骨學》和徐中舒《甲骨文字典》中。但是我們看到它們和例一的甲骨文“昕”完全不同。關于甲骨文“囧”，我論證了它是甲骨文“盟”的初文。這個“囧”字的會意是從俯視的角度看一隻皿，皿中的散點代表參加盟誓的各方滴進皿中的血滴。將上圖的四個甲骨文字一律視爲“昕”是没有根據的。因爲例二至例四的本字確實左側從囧。這個“囧”的本義在甲骨文不做“日”解。有關學者會不會誤把這個“囧”字中的三點當作三足烏的三隻脚了。如果“囧”代表三足烏，則可以間接代表太陽。但是我們在殷商甲骨文系統中並没有發現有關三足烏的記載，卜辭中也未見三足烏的傳説。三足烏在歷史上見諸記載是《淮南子》《史記》之後纔有的。所以左側的“囧”衹能當作結盟的意思。

爲什麽它的右邊從“斤”？這個本義代表斧頭的“斤”在造字中會不會有其他的用

意？看卜辭孤證：

卜辭："壬午卜：有甫在~。東北祇（獲）……"（京都 3113）~爲圖一后三例本字。

這條卜辭説服力不够。本字在這裏既可以理解爲地名，也可以理解爲盟誓。既然是盟誓，那麼這裏的"斤"——即斧頭——的作用就是用來割開手指的。那麼，這個甲骨文字有没有可能就是殷商時期的盟誓的"誓"字，或者它就是"盟誓"兩字的動詞形式呢？

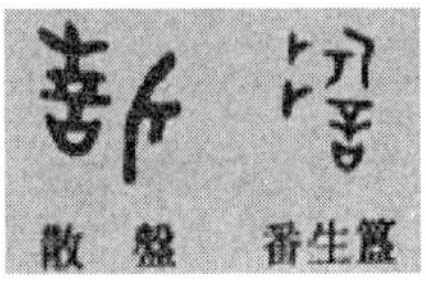

圖二

我們在《尚書》中見到太多的"誓"字。例如《甘誓》《湯誓》《泰誓》《牧誓》《費誓》《秦誓》等等，所以在金文中理應出現這個"誓"字，但是我們從工具書裏衹發現西周晚期的金文"誓"（見圖二）：散盤和番生簋中的金文"誓"。《尚書·夏書·甘誓》載："啓與有扈戰于甘之野。作甘誓。"説明"誓"這種宣戰的形式早在夏啓，就是夏朝初年就已經形成，它經歷了整個商王朝到了西周末年依然存在，所以在金文和甲骨文，甚至在夏代文字中就應該有這個"誓"字。注："馬云：軍旅曰誓。會同曰誥。"疏："甘，有扈郊地名。將戰先誓。"從上述西周晚期金文看，"誓"是和"言"和"斤"聯係在一起的。漢字"誓"從手從斤從言，意思也非常明確：以手執斤宣言也。

所以，我認爲圖一中後三個甲骨文字應該是"盟誓"之意，故從囧從斤。從囧即歃血爲盟；從斤即宣戰之意。可以視作甲骨文中敘事字的一個例子。如果要用一個漢字表示的話，這個漢字應該寫作：𠝹。這個字極有可能就是殷商時期的甲骨文"誓"，但是由于其中缺少了意符"言"，本著科學嚴謹的態度，我還是將其定義爲本字：𠝹。

【甲骨文字本義小結】

昕的本義：破曉，東方出現一綫魚肚白之時。會意造字。

音訓：從日從斤。讀若 ðin，通 xin。

𠝹的本義：盟誓，動詞。會意造字。

音訓：從斤從盟，斤盟切。讀若 jiong。當是結盟兩字的合音。

破譯甲骨文：殏（求）*

圖一　甲骨文：求

漢字"殏"見于《爾雅·釋詁》："殏、酋、在、卒、就，終也。"疏："《大雅·下武》云'世德作殏'。"《康熙字典》："殏…亦作求。"可見殏的初文是求，本義是終、盡的意思。《爾雅》從歹，説明一般是不好的結果。河南東南部方言有一個詞"棄求（殏）吧"，意爲"算了吧"，就含有"終結"的意思。

甲骨文"求"我們在前文已經考證了甲骨文"求"，其本義是殷商時指野栗樹（或橡栗樹）上結出的堅果。可代食用。甲骨文求的會意是栗樹的近蒂處有梂窠。梂窠中結出的球形堅果。這個甲骨文“求”也是一個意符參與了甲骨文新字的創造：

圖二

圖三

圖二至圖四中的三個甲骨文字是有内在聯係的。圖二是殷商五脊四面坡的宫殿頂上長出了一棵樹，現在我們可以知道這是一棵“求”，即野生的栗樹。樹上還結有果實。從天賜食物的角度看這是一個吉兆，本應該是祥瑞。圖三中這個天賜祥瑞的宫殿突然失火，一場“天火”燒掉了祥瑞，也燒掉了宫殿。這就是災異了，就是一個不好的結果了，所以圖三甲骨文音訓爲咎。《爾雅》中的“殏……終也”是不是典出于此呢？殷商方言中有以“殏”爲終結的用法。方言中“棄殏”就是“算了吧”的意思。圖四右例是特指生長有很多栗樹的那座山。板栗是殷商時的一種代食品，遠古時期没有專門的植樹造林，哪座山上出産板栗或者野栗是要特别記住的。這幾個字均出現在一期卜辭中，就是出現在小辛小乙和武丁時期，這一時期殷商文獻中有記載的這場災異衹隱隱見于《尚書·盤庚》中：“盤庚遷于殷，民不適有居。”“惟涉河以民遷。”“殷降大虐，先王不懷。”“無胥絶遠，汝分猷念以相從。”“適于山，用降我凶德。”“爾謂朕曷震動萬民以遷……”

圖四

這些都説明盤庚遷殷是因爲遇到一次“先王不懷”的災難，所以“惟涉河以民遷”。這次遷徙不是遠距離的，衹是“涉河”而已。所以盤庚告訴萬民“無胥（需）絶遠”。《尚書·盤庚》中含糊其辭始終没有説明這次“大虐”是什麽。但是，據2001年安陽考古工作隊初步勘查：和殷墟一水之隔的洹北商城宫殿區在中商三期早段突然衰落，而且，發現“宫殿區内夯土基址普遍毁于大火的現象”。這是不是“殷降大虐”，以致商王盤庚認爲是“先王不懷”呢？這是不是盤庚尋求遷往洹河南岸之邑（即後來成爲殷墟）的原因呢？我國民間對火災一向忌諱。民間談及火災時總是以“走水”的隱語代替。盤庚説“殷降大虐，先王不懷”，是符合這個歷史事件和這個民俗的。

但是甲骨文的造字者卻不必隱諱這場火災的歷史記憶。所以我認爲以上圖二爲洹北商城的宫殿上長出一棵最初被視爲祥瑞的栗樹。圖三是洹北商城的火災燒毁了商城也燒掉了那棵被視爲祥瑞的栗樹。圖四左例也許是用栗樹被燒掉的地方代指已經荒棄的洹北廢墟。

圖五中的右條卜辭：“貞：乎共在～。”（續5·24·1）左條卜辭：“貞：王往于～高。”（合139）（引自徐中舒《甲骨文字典》）注意左條卜辭的最後一個字徐中舒破譯爲高。實際上這裏指的就是往日的宫殿，最後兩個甲骨文字意思是：那座頂上栗樹被燒掉的宫殿。所以這條卜辭的意思也就迎刃而解：“占卜：王要前往洹河北岸的被燒毁的洹北商城廢墟祭祀。”這是一條一期的卜辭，一期卜辭就是甲骨文初創的小辛小乙武丁時期。商王憑弔廢墟也是在情理之中。

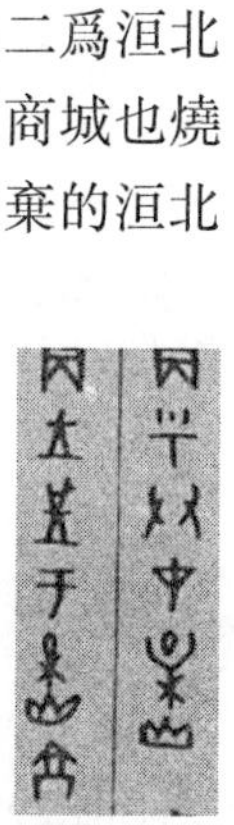
圖五

音訓：按照甲骨文造字的規律，圖二甲骨文爲名詞。音訓爲求，是右文造字。圖三甲骨文字應該是動詞。音訓爲jiu（京求切）。圖四甲骨文爲名詞。本義爲長有很多栗樹的那座山。從山從求，本字應爲右文造字，故求是聲符兼意符。而漢字殏是後起形聲字。

破譯甲骨文：自系列字的比較

殷商甲骨文字可能源于更早的《蒼頡篇》和夏代文字甚至更早一些的史前指事造字。但是由于《蒼頡篇》祇流傳下來28個字，夏代尚沒有系統的文字流傳下來，所以我們今天祇能以中華民族現存的第一個文字系統——殷商甲骨文系統作爲古文字學的研究基礎。

殷商甲骨文系統帶有明顯的殷商歷史的色彩，説明甲骨文字是在殷商時期被系統化的。這一個龐大、完整、全息的文字系統有其嚴密的內在規律性。找出這些規律的最好的方法就是通過比較進行研究。通過甲骨文字與生活原型的比較，甲骨文字之間的比較，含有相同部首的甲骨文系列字的比較，含有相近和變形部首的甲骨文字的比較，同一個甲骨文字可能的變體之間的比較，還有甲骨文字在卜辭中的運用的比較，這個方法是我們破譯整個殷商甲骨文系統的不二法門。

既然我們確定采用比較研究的方法，這個方法的核心就是要有一批供比較用的標準字，這個標準字應該是全體研究者共同認可的，沒有異議的甲骨文字。我們可以初步確定以甲骨文系統中的象形造字來擔當這個標準字。因爲甲骨文系統中象形字結構最單一，最簡明。象形字是對客觀對象的直接的、本質的、抽象的模仿。象形字也是甲骨文中本義最能够達成共識的基本字。例如：日、月、水、火、山、土、牛、羊、馬、象、豕、魚等字。首先這些字因爲依據客觀的對象，所以已經達成學術界的共識，所以我們選用它們來擔當甲骨文比較研究的標準字是沒有疑義的。其次，象形字是漢字表音兼表意的起點，甲骨文系統在象形造字的基礎上遞進演化出會意造字、右文造字、形聲造字和轉注造字，進而形成一個成熟的現代漢字系統。這種漢字發展的因果關係也要求我們從最基礎的象形造字開始。必須説明一點是在漢字象形字造字之前仍然有其他的漢字造字，所采用的造字方法比象形造字更加古老和原始。

我選用象形字作爲起始標準的原因有六：

一、象形字已經具備了表音和表意的特點。它們代表客觀存在的事物，所以它們都有著客觀的不以人的意志爲轉移的客觀屬性。這是漢字在表意上的特徵。

二、它們在殷商的社會生活中被使用在不同的用途中，這樣就會産生出多種社會屬性。

三、當它們作爲標準字或者作爲客觀對象的標準圖案被人們廣泛接受以後，它們便成爲製造新字的基本意符和聲符創造了會意造字、右文造字，所以可以視爲甲骨文系統的造字細胞。通過會意的方法創造出與其本義相聯係的二級造字——甲骨文會意字。

四、甲骨文的會意字是利用我們稱之爲“意符”的兩個或者兩個以上的象形字（也許有些造字需要加上一些輔助的筆畫）創造出的新字。這個新字的本義是要由組成它的各意符的本義之間形成的新的關係進行會意産生的。如果組成新字的意符是三個、四個或者更多，那麽就必須進行更加複雜的會意纔能够得出新造字的本義。會意造字利用意符之間的反切來注音。

五、象形字保留了遠古的注音。這些新造的甲骨文字必須有一個發音，這個新字的發音卻不是新造的，而是很久以前就已經在口語中約定俗成了。因爲口語語言先于文字很多年就已經廣爲流行並爲語言流行的方言區的人民約定俗成、廣泛接受並一直使用著（但是每一個字的發音的約定俗成有其内在聯係）。文字在産生以後的任何一個歷史時期内，都是爲已經流行並習慣使用的口語造字，而不是爲新造字規定發音。這應該是甲骨文研究的一個基本規律：口語先于文字而存在；文字是爲了記錄口語而創造。因爲殷商甲骨文的字數較少，遠遠不能滿足記錄口語的需要，因此在卜辭中較多的采用了漢字最古老的假借的用字方法。

六、殷商甲骨文字，常常以其中的一個意符的發音作爲這個新造字的發音。但是這個意符在造字中始終保持著作爲意義元素的作用。所以殷商甲骨文中有些看似形聲造字的新字其實衹是會意造字和單一聲符注音的結合，這種造字的方法不是形聲造字法，而是一種比形聲造字更古老的造字，叫作右文造字。衹不過右文造字中的某個意符的發音被借用作新字的發音了。這種由意符兼聲符的右文造字方法在甲骨文中非常之多。但是，它們首先是以意符的身份參與新的甲骨文會意的形成，然後是它的發音被借用爲新造字的發音。其意符兼聲符的那個符號很多都是新造字的初文。所以這一點與第五點並不矛盾。但會意造字和右文造字的基礎都是象形字。漢字系統的基本筆畫也是以象形爲基礎的。

下面本文就以甲骨文“自”和“自系列”來説明甲骨文的這一造字規律。

圖一　甲骨文：自

自是漢字鼻子的“鼻”的初文（見圖一），本義就是人的鼻子。它的甲骨文是一個獨體象形字，是人的鼻子的象形。該字古音爲 bei，和“貝”音相近，形亦近。《説文》：“自，鼻也，象鼻形。”

卜辭：“貞：有疒自。隹有蚩。”（乙 6385）這條卜辭告訴我們，“自”在卜辭時期的本義就是“鼻子”。全句可譯爲：鼻子有了病，流出黄濁的龍（膿也，鼻涕也）。參見《蚩尤考》。

我們確定“自”作爲甲骨文造字的標準字之一。

如果這一“標準”没有異議，那麽它的本義是人的鼻子，如果引申這個字的意義，那麽它可以是類似人的鼻子形狀的東西。

如果這一“標準”没有異議，那麽這個“自”應該具有鼻子的生理功能，呼吸，聞氣味，流鼻涕，打噴嚔並傳染一些疾病。

如果這一“標準”没有異議，那麽這個“自”的功用應該用來辨别自然界和人類社會的各種氣味。

現在我將殷商甲骨文中與“自”相關的系列字羅列如下，如圖二至圖六：

圖二（例 1、例 2、例 3）

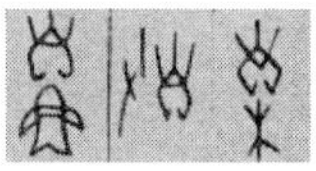

圖三（例 4、例 5、例 6）

圖四（例 7、例 8、例 9）

圖五（例 10、例 11、例 12）

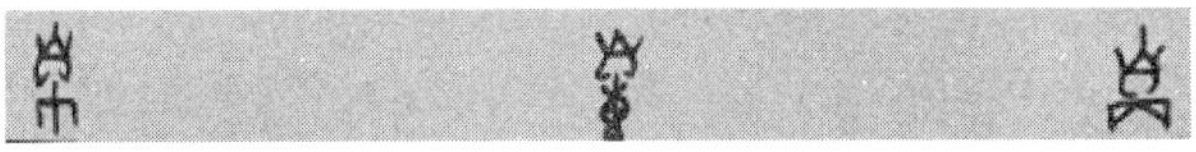

圖六（例 13、例 14、例 15）

以上列出了十五個和“自”有關聯的殷商甲骨文字。我確立了“自”作爲一個標準字，現在將“自”的本義、生理功能和功用代入這十五個字以便形成十五個新的會意字的新本義。

例 1 從自從半肉。半肉是祭祀時的生肉——胙，所以本字的本義爲：生肉的氣味。

例 2 從自從散點。散點表示噴沫，所以本字的本義爲：鼻涕。

例 3 從自從滷肉。本字的本義爲：滷肉的氣味。

例 4 從自從魚。本字可能是“腥”本義爲：生魚的氣味。

例 7 從自從入。本字的本義是聞，即氣味被聞到的意思。

例 8 從自從散點從老人從成人。本字的本義爲：被傳染了某種疾病。

例 12 從自從狗。本字本義爲：狗的氣味；即本字爲臭。本義爲臭味。

例 13 從自從巾。本字爲擤。本義爲：擤鼻涕。本字發聲從巾，爲 xing。

例 14 從自從叀。本字的本義爲：刺鼻（意象爲某物旋轉並進入鼻子）。

例 15 從自從倒丘。本字的本義爲：地穴（墳墓）裏的氣味。揣測其本義應該是霉味。

通過本文的分析我們發現，其實很多甲骨文並非我們今天的一個漢字就能够表達清楚的。一個甲骨文字衹有一形一義，但是今天要將其破譯爲漢字有時遠非一個漢字就能够概括的。所以殷商甲骨文字是一種單字内涵信息量較大的字。其餘五例會意比較複雜，宜逐一考證。從略。但是這種分析是破譯甲骨文字的基本思路之一，故錄此備考。

本文通過一個簡單的例子説明了我的甲骨文研究中關于造字字形和本義之間的基本研究原理。這衹是甲骨文研究的一小部分。因爲甲骨文系統是一個音義兼表的文字系統，又是目前可考的最原始的漢文字系統，因此本文中涉及的形、義考證尚需要每一個甲骨文字的音訓作爲印證。甲骨文字是三位一體的文字，在造字之初就依據本義和口語之間的關係創造了科學的注音子系統，繼而在注音子系統文字的基礎上通過變形産生了最早的形聲兼表的象形造字，奠定了甲骨文字的堅實基礎。

破譯甲骨文：臬　相

圖一　甲骨文：臬

我之所以將“臬”和“相”兩個甲骨文字放在一起也是爲了比較研究。這兩個字造字上有共同點也有不同點。共同點是“臬”是木上有自（鼻子）；相是木上有目（眼睛）。不同點是“臬”僅見一例是上下結構；“相”可以是上下結構：“木”在“目”上或“木”在“目”下均有實例，也可以是左右結構，木在目左或者木在目右也有實例。

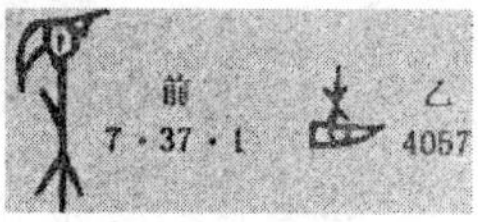

圖二　甲骨文：相

根據甲骨文“相”的四種異構體，我將甲骨文字“相”的本義定義爲：“相的本義：觀察一株樹。動詞。引申爲察看某物。”這種觀察就像觀察樹木一樣是看它的整體而不是局部。有卜辭爲證：

卜辭：“相日。今允雨。相。”（前5・25・5）

既然是查看整體，當然從各個角度看都是可以的，所以甲骨文“相”出現了四種異體。但是當我們考證甲骨文“臬”的本義時，就産生了這樣一個學術問題：甲骨文“臬”也可以有這樣四種異體嗎？會影響“臬”的本義的表達嗎？我在考證甲骨文“臬”的本義以後再來解决這個問題。卜辭中唯一的“臬”字的辭條是這樣的：

卜辭：“乙酉卜。夬。貞：往復從臬幸工方。二月。”（前5・13・5）這裏“商王從某人幸工方”中的“臬”應該是一個人名，與本義無關。

《説文》：“臬，射準的也。從木自聲。”許慎的這個定義是存在問題的。甲骨文的造字用了鼻子和一棵樹，造字環境應該不是射箭的意思。“臬”字的聲符也不是“自”。這個“臬”的甲骨文和小篆之間本義脈絡斷裂了。這個斷裂就發生在殷商到東漢的一千年之間的某個時間。而斷裂的原因是甲骨文臬的本義發生了轉移。那麽這個本義是什麽呢？

“山重水復疑無路”，幸好清代的段玉裁老先生爲我們找到了一條非常珍貴的綫索：“臬，古假‘藝’爲之。《上林賦》：‘玄矢分，藝殪僕。’文穎曰：‘所射準的爲藝。’《左傳》：‘陳之藝極。’皆是也。臬之引申爲凡標準法度之偁。”（《説文解字注》臬條）

段玉裁的注解意在説明許慎《説文》以前，“臬”可以假借爲“藝”，文穎的注解也説明“藝”有“箭靶”“目標”的意思。確實，“臬”後來引申爲“圭臬”即標準、法度。我們來看一看甲骨文的“藝”字，如圖三：

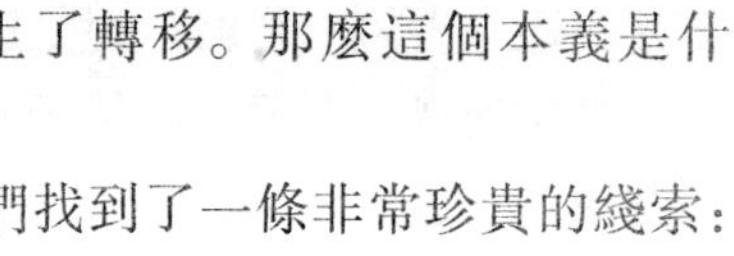

圖三（例二存疑）

甲骨文的“藝”字是一個會意字，即人手掬樹苗寓“種植”之意。

卜辭：“戊申卜。王往田埶（或藝）。”（前2・27・4）

這個“種植”的本義到了《説文》中依然没有

改變：

《説文》："藝（埶），種也。從丮坴。丮持種之。《詩》曰：'我埶（藝）黍稷。'"這裏我用了本字"藝"，因爲在《説文》中没有"藝""勢"等字，用"埶"容易產生歧義。該字段注云："周時六藝字蓋亦作埶。儒者之于禮樂射御書數猶農者之樹埶（藝）也。"這裏要特别强調一點，無論從甲骨文"藝"還是小篆的"埶"，其本義都是"種植"和"移栽"，而不是"播種"，就是將出土的小樹苗移栽到另一片土地裏。藝者，移也，異也。明確這一點對確定甲骨文"臬"的本義是很重要的。

甲骨文"藝"：本義是種植，移栽。動詞。

甲骨文"臬"：本義應該是一種標準，因爲在後世的使用中"臬"一直是作爲"標準"在使用。那麽這個"標準"的本義和甲骨文"臬"的造字會意有什麽關係呢？甲骨文"臬"的造字是鼻下從木，如果這個"臬"在殷商時代的本義就是"標準"的話，那麽它就衹能有一個解釋——樹苗的高度標準或者是樹苗的移植標準。就是什麽樣的樹苗可以用來"藝"——移栽和種植。這個標準是一個高度——樹苗長到成人鼻子的高度時——就達到了移植和栽種的標準了。這個高度也應該就是殷商箭靶的高度——射擊人臉中心的鼻子。所以甲骨文"臬"在卜辭中不會出現異體字，按照甲骨文造字會意，它衹能有這樣唯一的上自下木的表示方法。

有人會問爲什麽不用從木從目的甲骨文"相"字來代表這一"標準呢"。原因可能有三個：一是標準衹能是一個，人有兩隻眼睛而衹有一個鼻子；二是測量樹高時距離樹最近最直接的器官是鼻子而不是眼睛；三是箭靶衹能有一個中心點。甲骨文"臬"和"藝"是有内在聯係的兩個字，"臬"是樹苗移植的標準，達到標準以後的樹苗可以"藝"。這兩個字之間可以假借應該不是因爲這一重關係，卜辭中的假借字一般是同音假借，因此這兩個字在殷商方言中可能是同音字。臬音 li，藝音 yi，古音可通。

【甲骨文字本義小結】

臬的本義：移植樹苗的標準高度（達到正常人鼻尖的高度）。名詞。引申爲準則和法度。

音訓：從木從自。會意造字。木自切。讀若 mi，古音通 li。

破譯甲骨文：象　爲

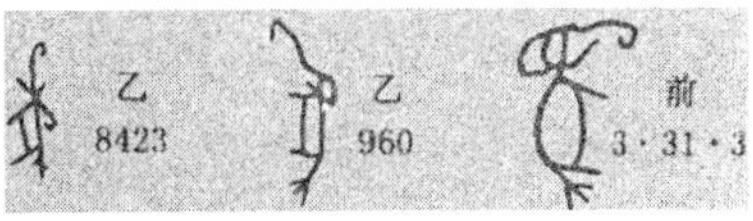

圖一　甲骨文：象

如果我認定圖一是甲骨文"象"的話，圖二一定不是甲骨文"爲"。按照甲骨文造字規律圖一是動物大象的象形字，《説文》："象，長鼻牙。南越大獸。三年一乳。象耳牙四足之形。"許慎生活的東漢時代，大象已經活動在越南（交趾）一帶了。大象從殷商逐漸南遷的原因有兩個，其中一個原因據竺可楨研究是殷商時中原已經有了明顯的四季，冬季的氣候已經冷到大象需要逃避的程度了；另一個原因是西周人因爲不擅駕馭大象，周武王滅商以後將商人的馴服工具大象驅趕到了長江以南。《吕氏春秋・古樂》："成王立，殷民反。王命周公踐伐之。商人服象爲虐東夷。周公遂以師逐之，至于江南。"有充分的文獻和考古學依據證明長江和黄河之間曾經是大象長期生活的地域。圖一的象形字根據象的生理特徵以及相關卜辭可以確定無誤。注意甲骨文象字象形身體呈方形，鼻子是螺旋形（旋紋）。見音訓。

卜辭："今夕其雨。獲象。"（合 10222）

卜辭："于癸亥省象。易日。"（粹 610）

甲骨文象的音訓爲從螺旋紋從口，旋方切，讀若 xiang。象的鼻子的象形我們可以從甲骨文宣、洹字中找到，是一個聲符兼意符。從宣（xuan）和洹（huan）的發音可以知道該甲骨文聲紐爲 X。

圖二　甲骨文：爲

圖二這個甲骨文字長期以來學者們一致認定它就是甲骨文"爲"。然而漢字的"爲"和"象"之間幾乎没有聯係，甲骨文的"爲"和"象"之間聯係卻十分緊密。徐中舒的《甲骨文字典》中給出的解釋是："從又從象。會手牽象以助役之意。殷代黄河流域多象。"[①] 這也是對這個甲骨文字"爲"的經典解釋，學者們基本認可。但是誰見過用手牽象的助役呢？

但是爲什麽將這個從又從象的甲骨文字破譯爲漢字"爲"呢？我質疑！

《説文》："爲。母猴也。其爲禽好爪。下腹爲母猴形。王育曰：'爪。象形也。'古文"爲"象兩母猴相對也。從反爪闕。"以"爲"字破譯圖二甲骨文字，大象變成了母猴。所以我質疑！

這個甲骨文字"爲"到了西周金文和戰國石鼓文時都寫作從爪從象。會意是用手抓住（爪的本義引申）大象的鼻子。殷商人抓大象的鼻子幹什麽？大象就那麽馴服地讓人牽著鼻子走嗎？即使在現代，雲南和東南亞的大象也不願意讓人抓著自己的鼻子。事實上，人也是抓不住大象的長鼻子的。殷商人爲什麽這樣造字？這個造字一定不是用手抓住大象鼻子的會意。我怀疑了。

現在讓我們回到圖二的甲骨文字。首先可以確定它上部的意符不是"爪"，金文和石鼓文將它寫成了"爪"，是因爲他們將甲骨文中的這個意符理解成了一隻"手"。"手"和"爪"在造字功能上是相通的，所以這個字在從甲骨文向金文繼而向石鼓文演化時被寫成了"爪"。這是在一個錯誤的前提下的進化，所以走上一條一錯再錯的道路，以致到了東漢時代的許慎衹能用"母猴也。其爲禽好爪"來解釋，以杜撰這個"爪"的本義。

圖三　甲骨文：屮

這一連串的錯誤根源就在對于圖二甲骨文字上部這個意符的誤解。比較圖二圖三圖四：

圖二中的意符除了當作手解釋，還可以當作"草"解釋。圖

① 徐中舒主編《甲骨文字典》，第 1065 頁。

二中大象的鼻子正在捲食嫩草，所以圖二甲骨文字是大象食草的會意，不是手抓大象鼻子的會意。既然是大象食草，那麼圖二這個甲骨文字的本義就應該是飼養、餵養。所以這個字從甲骨文到金文到石鼓文的發展中本字的字形雖然一直是“爲”，但是本義卻是飼養和餵養的意思。後來人們根據“爲”的相同發音創造了它的同音字“餵”代表餵養、飼養的意思，見《玉篇》。（即假借字）。漢字“爲”獨立成爲一個介詞。這一演變應該和許慎所說的母猴關係不大。

圖四　甲骨文：舂

卜辭：“王爲我家。祖辛祐王。”（合 132）“爲”當作“養活”解。

卜辭：“乙丑卜。□。貞：我叀賓爲。”（後下 10・13）“爲”當作“請來賓吃東西”解。

卜辭：“丁未卜。□。貞：我爲賓。”（南明 145）以上數例中“爲”均爲動詞。

卜辭：“取爲。”（乙 2307）本條中“爲”是地名，根據同音假借的原則。這裏“爲”通“衛”或者“韋”。故“取爲”可譯爲“取衛”或者“取韋”。“韋”是“衛”的初文，韋地即是衛地。而爲和餵之間是同音假借的關係。

【甲骨文字本義小結】

象的本義：動物大象。名詞。殷商時期有馴養。象形造字。

音訓：甲骨文象，從旋文從口，旋方切，讀若 xiang，通 hang。

爲的本義：餵養大象。後這一本義在“爲”詞義轉移用作介詞以後被同音漢字“餵”所取代，“爲”古音在匣母，故知爲象屮切，讀若 we，通 wei。

破譯甲骨文：餗* 䔩* 蔬*

圖一甲骨文字從鼎從東（疑爲“束”之訛變）從木從匕從散點，是由五個意符組合而成的一個甲骨文會意字。意思是在一個大鼎中，調和樹葉等草本植物和米、黍等做成的食物或者祭祀用食品。本字爲孤證，其卜辭辭條（佚 895）也僅有一個字。故無從深入研究。

圖一

圖二　見一到四期卜辭甲骨文餗（䔩、蔬）

但是從甲骨文造字上看，有理由相信圖二的甲骨文字是圖一甲骨文的動詞形式，而且兩者可以表達同一個本義。兩者相同點在于造字原理和會意均相同，且都產生于卜辭一期，這是一種與時俱進；通過對圖一和圖二甲骨文本字的比較我們可以發現兩者的區別在于：

使用時期不同：前者在卜辭一期僅發現一例；後者在卜辭一到四期頻繁出現。

容器（食器或祭器）不同：前者爲三足圓鼎；後者爲豆。圖二左上“亼”字意爲食器“豆”之器蓋。豆蓋以草編，和半地穴式房頂同質同形。例二中兩點爲裝有食物的豆加蓋後水蒸气所形成的水滴，説明食物是熱的。

填充物不同：前者爲嫩莖嫩葉可食的木本植物和米；後者爲草本植物（以草代替）。

攪拌工具不同：前者爲匕；後者爲手。

所以圖二的甲骨文字可以視爲造字之初對圖一甲骨文本字的一種改進。改進的原因是爲了使本字更加簡化，且本義更加準確。

圖一甲骨文字發音已經無從可考，但是圖二的甲骨文字有學者將其破譯爲漢字：餗。

《説文》："鼎實惟葦及蒲。……（該字）或從食束。"意思是鼎中之物僅有嫩蘆葦芽和蒲草。這個定義在《詩經・大雅・韓奕》中有證："韓侯出祖，出宿于屠。顯父餞之，清酒百壺。其肴惟何？炰鱉鮮魚。其蔌惟何？惟筍及蒲。其贈惟何？乘馬路車。"可見蔌是筍和蒲草一類的蔬菜。這裏的"蔌"和"餗"是同音字。我們看見直到《説文》該字的本義一直未變化。這段《大雅》説明嫩蘆葦芽和蒲草也是可以當作下酒菜的。

同樣在《詩經》中，有"加豆之實，筍菹魚醢"，説明蘆葦芽和蒲草，以及筍菹魚醢之類的肉食和蔬菜可以盛放在鼎中，也可以盛放在豆中的。《爾雅・釋器》："肉謂之羹，菜謂之蔌。"《説文解字注》中段玉裁考證："《周易》：'覆公餗。'鄭曰：'餗，菜也。凡肉謂之醢，菜謂之菹。皆主謂生物實于豆者。肉謂之羹，菜謂之芼。皆主謂孰（熟）物實于鼎者。'説詳戴先生《毛鄭詩考正》。"準確地説，"醢"應該是一種肉末或肉餡，依此可以推斷"菹"也應該是切碎的菜末纔是。

通過甲骨文餗和《詩經》中蔌的本義比較，我們可以得出甲骨文"餗"就是《詩經》的"蔌"。而現代漢字"蔬"和前兩者的發音上關係僅僅是齊齒音和翹舌音之間的關係。其本義基本未變："蔬，蔬菜，可以做菜的植物。"（《新華詞典》2001 修訂版）所以這個甲骨文字的本字實際上就是現代漢字的"蔬"，衹不過它經歷了一個演變的過程：餗——蔌——蔬。破譯爲"餗"字顯然省略了"手"，然而在"蔌"中的"欠"，以及在"蔬"中的"𤴔"應該是意符"手（又）"的孑遺。説明這個甲骨文字最初的本字應該是一個動詞，而不是名詞。歷史没有撒謊，這個字的進化軌跡告訴我們一個生動的漢字進化過程。現在讓我們回歸卜辭：

卜辭："丁酉卜。夬。貞：來丁來餗王。"（後下 22・13）

卜辭："……古。貞：來乙亥卓其餗王若九月。"（甲 2905）

卜辭："……亥其餗。自祖乙至多毓。"（南明 572）

卜辭："甲辰卜：餗歲。牢。"（粹 468）

以上四例卜辭從内容分析應該都是祭祀（第四例爲歲祭），按照殷商祭祀習慣，祭祀時所用禮器"豆"一般是用來盛放五穀的。現在我們找到了另外的證據，就是有時候殷商人也用豆盛放蔬菜來祭祀祖先和神祇（如歲祭）。

【甲骨文字本義小結】

餗的本義：將蔬菜在鼎或豆等禮器中烹製以後祭祀祖先或者神祇。演化爲蔌，定型于蔬。

音訓：右文造字。其中的索是聲符兼意符。讀若 su（入聲）。本字發現于一期卜辭説明右文造字是與象形、會意造字法一樣古老的造字方法。

破譯甲骨文：齊

先秦的國名和地名都不是隨意取名的，它們一般在歷史上是有歷史事實作爲依據的。這種依據常常使我們一聽見這個國名或者地名就可以通過理解和聯想知道這個國家或地名的地理所載以及歷史由來。

秦：甲骨文上從雙手執杵，下從禾。說明秦地是一個農業爲主的地區。

魯：甲骨文上從魚下從口。口代表一種裝魚的容器。魯地在《禹貢》中是專門爲夏進貢魚、貝等海鮮的。

衛：甲骨文初文爲韋，既是“包圍”也是“保衛”的意思。其地名源于《山海經》：“附禺之山，帝顓頊與九嬪葬焉。爰有鴟久，文貝，離俞，鸞鳥，黄鳥，大物小物。有青鳥，琅鳥，元鳥，黄鳥，虎豹熊羆，黄蛇，視肉，璿瑰瑶碧。皆出衛于山。”

本文考證甲骨文“齊”的本字本義。就其作爲齊國的地名而言，其歷史沿革可以從司馬遷的《史記·夏本紀》找到綫索：“濟河維沇州：九河既道，雷夏既澤，雍沮會同，桑土既蠶，于是民得下丘居土……”這個記載的重要之處在于，在大禹疏通黄河北九河以前，屬于後來齊國的這片土地上的百姓一般是居住在山丘上的。爲什麽？因爲黄河没有被疏通以前，山東西北部是一片澤國。大禹將黄河九河由河南浚縣向北引入渤海後，山東西北的水位下降水文變化的形勢是，“雷夏既澤”即形成了湖泊，雍水和沮水匯入雷夏澤中，以前的古黄河萎縮成爲濟河。此前居住在山丘上的百姓于是可以“民得下丘而居土”。這個時候在古黄河的山東段（即大禹治水以後的濟河），在這條河的北邊出現了大量的因沼澤退水以後形成的土地，這片土地就是後來的齊國，所謂濟水也是因此而得名的。

與此同時，在濟河以南，青州的貢品也經由汶水進入濟水經由黄河運往夏朝廷。在卜辭中我們並未找到甲骨文“濟”，可能在從夏朝直到殷商時期這條河一直叫作“濼”即沇州和青州向夏、商朝廷進貢絲綿和漆樹的水上通道。因爲夏朝這裏叫作青州和沇州，殷商時這裏是人方諸方國，卜辭中並没有一個叫作“齊方”的國家的記載，但是甲骨文“齊”在卜辭中確實有此地名：

卜辭：“癸巳卜。貞：王旬無判。在二月。在齊師（?）隹王來正人方。”（前2·15·3）

卜辭：“庚寅卜：在齊。□。貞：王□往來無災。”（前2·15·4）

上面兩條相鄰的卜辭很可以説明問題。“人方”後來又被稱之爲“夷方”，其地理位置正是戰國七雄的齊國鄰近的地理區域。所以這個叫作“齊”的小國極有可能因爲它以人方爲鄰，而人方是一個東方大國，也是殷商的敵國，因此商王討伐人方要調動“齊”的人馬同行。所以這個齊一直没有彰顯的機會。它的境遇和同時代的“沚國”的境遇很相像。沚國是殷商的同盟國，但是它被夾在殷商死敵的“土方”和“工方”之間。這兩條卜辭還説明後來的齊國可能因殷商時的這個齊地而得名。而濟水也很有可能是因殷商時的這個齊地而得名的。

卜辭中出現了一個字，被文字學家們破譯爲甲骨文“齊”，如圖一至圖三：

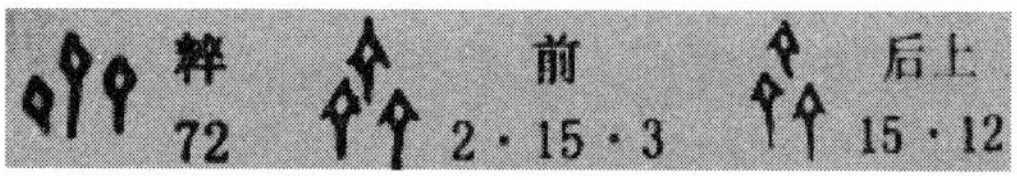

圖一　甲骨文　齊

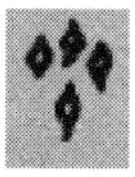

圖二　乙 8267，疑似甲骨文齊

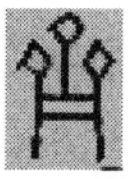

圖三　小篆：齊

圖一中這個甲骨文字被破譯爲“齊”是符合甲骨文造字規律的：某種植物從土壤裹整齊地破土而出，或者田地裹的農作物同時抽穗的象形。它和小篆的“齊”是繼承關係。小篆中多了一個四方形的意符。清朝段玉裁認爲這裹的四方形的意符僅僅是兩横而已，象徵土地有高有低。但是我認爲小篆的意符應該就是“口”，本義代表田塊。因爲只有同一田塊中的農作物播種期相同纔會出現“吐穗上齊”的情形。

《説文》：“齊，禾麥吐穗上齊也。象形。”這個甲骨文字不是獨體象形字，而是有三個（或四個）意符組成的象形字，説它是會意字也未嘗不可。但是小篆的“齊”卻是一個標準的會意字。

在《山海經》研究中曾經有學者認爲齊國是“世界臍”，即世界的中心，繼而做出遠古崑崙就是山東泰山的結論。現在我們通過對甲骨文“齊”的考證可以發現，“齊”的造字本義其實和“肚臍”毫不相干。所以所謂齊國是“世界臍”的結論尚待其他史料證明。

在先秦文獻中，即使將“齊”字用作“肚臍”，也是一種同音字的假借而已。因爲甲骨文“齊”的造字告訴我們：一個人是不會有三個或者四個肚臍的。

【甲骨文字本義小結】

齊的本義：植物整齊地出穗之狀。用爲齊地地名，該地即戰國時齊國所在之地。

音訓：本字中的三角讀若 ji，古音集、齊發音相通，故讀若 qi。象形造字。

破譯甲骨文：嗇、色同音

我對甲骨文“嗇”有如下考證：

（嗇）的下半部意符是甲骨文常用部首之一，這個部首的左右兩個不規則的橢圓形總是一大一小，有時候還呈一上一下的狀態，這正是使用傳統桿秤的特徵。因爲這個緣故，我認爲它有兩重本義可以解讀。第一重本義是一擔黍，因爲黍稭太長，所以上半部分露在外面；第二重本義是稱量重量，中間一横爲秤桿，左爲糧食，右爲秤砣。結合這兩重本義，我認爲這個甲骨文“嗇”字的本義是收穫。它就是後來寫作“穡”的漢字的本字。

當我們用“嗇”的本義是收穫糧食來解釋卜辭相關詞條時，遇到一點不圓滿的地方：

“貞：乎逐在嗇，鹿獲。”（乙 3431）

“貞：翊庚申，王令獲鹿于嗇。”（乙 6235）

“庚戌卜，王乎嗇射虎……獲。”（鐵 242・2）

圖一　卜辭例（《甲骨文合集》13399 正）

似乎“嗇”用來解釋打穀場或獵場更合理一些。糧食豐收了，招來一些野獸的覬覦是正常的現象，但是老虎是食肉動物，爲什麼也逡巡在“嗇”附近？我希望在卜辭中找到更多的證據以證明嗇的本義是收穫，同時證明它的讀音是 se（入聲）。

現在我終于找到了另一條卜辭例證作爲音訓：

這條卜辭的内容爲：“己亥卜。永。貞：翌庚子酒（或飲）。王占曰：兹隹庚雨。卜之：雨。庚子，酒。三色雲。□，其既祇。啓。”

大意是：己亥日貞人永就次日（庚子）行酒祭之事龜卜時，商王占卜的結果是次日庚子日有雨。

驗辭爲：庚子日行酒祭時，天空出現了三色雲（三嗇雲）。當祭祀剛剛結束時，天放晴了。

這條卜辭裏的“三色雲”是用“三嗇雲”表示的。顯然，“嗇”在這裏是一種同音假借用法。同時也證明了甲骨文“嗇”的發音與“色”相同，發音爲 se（入聲）。

這個結論可以反證“三嗇雲”中間一字正是發音爲 se 的“嗇”字，它確實就是稼穡之“穡”的初文。

圖二

破譯甲骨文：鼎　鬲

鬲和鼎都是從遠古陶器發展到青銅器的；鬲和鼎都有三足和四足兩種款式；鬲和鼎的用途都是用來作食器。這是鬲和鼎的相同點。

鼎身有方形和圓形兩種，而鬲身一般衹是圓形。鼎可以用作禮器，但是鬲一般衹用作炊器。《漢書・郊祀志》：鼎“其空足曰鬲”。顔師古注引：“足中空不實者，名曰鬲也。”《博古圖》言：“鬲之用與鼎同，惟祀天地鬼神、禮賓客必以鼎，常飪則以鬲。”鬲的音訓因爲是象形字所以遵從口語的原始發音，至今一直讀若力。但鬲是否是“空足”，因歷史時期和地域而不同。

圖一　甲骨文：鬲（音訓不詳）

將圖一五例都歸爲甲骨文“鬲”字是會引發争議的。但是這五個甲骨文字確實都表示商朝時的炊具——鬲。例一例二是商早期的鬲，空心袋裝的三足，没有雙耳；例三到例五是殷商時期的鬲，出現了雙耳。從圖一五個例字我們再次領略了甲骨文依據不同對象和不同造字場景的個性化造字。没有雙耳的時候，人們搬動盛有熱食的鬲衹能用布包住鬲身移動，有了雙耳就方便多了，除了手執雙耳移動，還可以使用工具移動位置。當鬲和鼎采用青銅製造以後，其實用性就更强了。

但是自“禹收九牧之金，鑄九鼎”後有一點始終未變，就是鼎是國之重器，是用于祭祀時的最重要的禮器。而鬲始終是炊器，即使用在祭祀中也處于陪襯的位置上，可有可無。

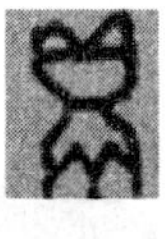
圖二

通過對圖一中兩種鬲的比較我們看到，商代的鬲實際上有兩種：無耳鬲和雙耳鬲。有商一代，前期使用的是無耳鬲，到了盤庚以後出現了雙耳鬲。到了西周時代無耳鬲又漸漸占了上風。但是圖二中的這個甲骨文字應該是雙耳鬲的象形是毫無懸念的。令人不解的是在馬如森《殷墟甲骨學》和徐中舒《甲骨文字典》中，圖二這個甲骨文字被譯爲“鬳”。這個破譯值得商榷。徐中舒說：“象鬳形，爲鬳之初文。”[1] 很明顯，漢字的“鬳”字是一個會意字，從虍從鬲。

許慎在《說文·敘》中指出：“會意者，比類合誼，以見指撝。武、信是也。”就是說組成漢字“鬳”的兩個意符是缺一不可的。以許慎所舉“武”“信”兩字爲例，《說文》：“……故止戈爲武。”“信，誠也。”我們不能說“止”或者“戈”是漢字武的初文，也不能說“人”或者“言”是漢字信的初文。所以我們也不能說“鬲”是“鬳”的初文。鬳是一個會意字。

初文或者本字，顧名思義，就是某個漢字最原始的文字形態。所以：

象形字一般没有初文，因爲它從一開始就是一個獨體的象形字。

會意字一般没有初文，因爲會意的相關意符是缺一不可的。拿掉一個都導致本義的改變。

右文造字没有初文，因爲右文造字存在會意和形聲兩種造字，由其會意造字的角度看，它也没有初文。

形聲字，也衹有純粹的形聲字纔會有初文現象。因爲形聲字的造字方法决定了它是在原有的本字上添加新的偏旁産生的新字。許慎《說文·敘》：“形聲者，以事爲名，取譬相成。”段玉裁注曰：“其別于指事象形者。指事象形獨體。形聲合體。其別于會意者。會意合體主義。形聲合體主聲。”所以形聲字可以去掉一個偏旁剩下一個意符兼聲符的初文（或者本字），舉例說，我們可以說“鬲”是“甋”（音鬲）的初文。但是會意字卻不能。會意字如果去掉任何一個意符則將無意可會，則將改變並失去本義。

圖二這個甲骨文字是一個獨體字。所以它不存在所謂初文，它自己就是初文。從這個象形字的字形看，它就是一個殷商雙耳鬲的象形。殷商甲骨文是一字一形一義的，所以有雙耳的鬲和無雙耳的鬲是兩個不同的象形字。其本義也是分指兩種不同造型的鬲。

卜辭：“……于父丁其尊鬲。”（南明 625）本條使用的是無耳鬲祭祀。

卜辭：“甲寅貞：來丁巳尊鬲于父丁宜卅牛。”（後上 27 · 10）本條使用的是雙耳鬲祭祀。

---

[1] 徐中舒主編《甲骨文字典》，第 258 頁。

無耳鬲和雙耳鬲在甲骨文中其本字是有著明顯區别的，這就是甲骨文的一字一形一義。其實無耳鬲和雙耳鬲在西周以後依然使用兩個不同的字表示。

《爾雅》："鼎款足謂之鬲。附耳外謂之釴。" 注意這裏的 "釴" 是一個純粹的形聲字，類似這樣純粹聲符的形聲造字是在西周以後纔出現的，如金文 "格"。所以我們據此也可以知道《爾雅》是西周以後的整理編輯的文獻。

【甲骨文字本義小結】

鬲的本義：圓鼎之一種。特徵是有三隻袋狀的空心足或實心足。鬲分雙耳鬲和無耳鬲兩種。獨體象形造字。

破譯甲骨文：膚　獻

圖一　右例甲骨文：膚
（左例疑爲獻）

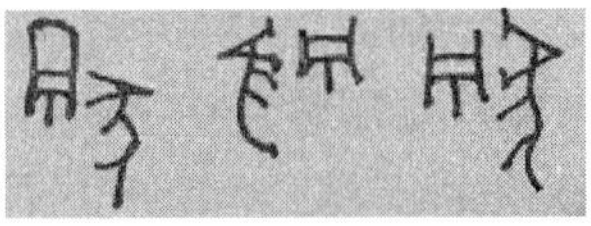

圖二　左例甲骨文：獻
（中例右例存疑）

圖三　金文：獻

上圖文字在甲骨文研究中有説是甲骨文 "鬲"，有説是甲骨文 "膚"，也有説是甲骨文 "獻" 的。總之，經常被人混爲一談。其實按照甲骨文造字規律，這個問題很容易解決。圖一右例是甲骨文 "膚"（圖一左例非膚）。圖二是甲骨文 "獻"，圖三是金文 "獻"。請注意圖三的金文 "獻" 是金文標準寫法。金文中都是這樣寫的。見于多友鼎、克盨和㝬簋。這個金文字實際上是在演變過程中由于甲骨文 "膚" 和 "獻" 字形已經發生了錯亂。

但是要從訓詁學角度分清圖一和圖二兩個甲骨文字本字和本義確實是一件難事。

圖一下部是一個甲骨文 "鬲" 字，上部符號是一個老虎頭，現代漢字用 "虍" 表示。從這個老虎頭的象形符號可以看出，圖二的動物符號是一隻老虎，而不是我們習慣認爲的 "犬" 字。也正是在這個動物的辨别上金文造字者失去了方向，導致金文的 "獻" 字綜合了 "虎頭"、"犬" 和 "鬲" 這三個意符造出了一個不倫不類的金文 "獻" 字。所以我們據此可以非常明確地對圖一甲骨文字做出判斷：膚，從虍從鬲。字面會意是將虎頭供奉在一隻陶鬲或者銅鬲上。用虎頭供奉就應該是一種祭祀。而鬲雖然主要功能是食器，但是在祭祀中有鼎存在的前提下是可以用作陪祭的禮器的。《爾雅》："鼎款足謂之鬲。附耳外謂之釴。" 又見《説文》鬲條段注："九鼎款足者三。附耳于外者六也。" 這説明鬲有鼎之用也。

圖一之卜辭有："乙卯卜。狄。貞：膚羌其用妣辛……"（甲 2082）

直譯爲：用羌人的頭顱來膚祭妣辛。

圖二之卜辭爲："叀戊射獻兕亡災。"（甲3584）

直譯爲：戊射死了進貢來的兕，没有災異。該卜辭"獻"爲圖二例3。

因爲卜辭有關此字的辭條有限，我們衹能看出兩者區别在于前者是祭祀，後者是進獻。從兩個字的本字造字上我們也可以看出這種區别。圖一的"鬳"是虎頭置于鬲上。圖二的"獻"是一隻老虎而不僅僅是虎頭（有學者認爲這是一隻犬，我們看一看它的頭部就知道了，這是一個甲骨文中標準的虎頭符號。釋"犬"僅見圖二左例）。圖二的另一半形如方框的意符研究者們也有不同的看法。有認爲就是"鬲"，也有認爲是"從鼎省"。但是查遍甲骨文字我們並未發現甲骨文"鬲"或者"鼎"有這樣的造字。試問：如果這個意符確實是"從鬲"或者"從鼎省"的話，它們有什麽理由不像甲骨文其他從鬲從鼎的字一樣使用"鬲"或"鼎"的本字？爲什麽單單這一個字要使用"從鬲"或"從鼎省"的簡化形式呢？甲骨文是一字一形一義的，圖二的中例右例字形改變了，其本義就一定發生了改變，其本字也就變成是另一個甲骨文字。

爲了説明我的破譯，我引進了甲骨文"南"字。在破譯甲骨文"南"字時。我認爲："南，從王從廟堂。上部類似漢字'火'的意符是甲骨文'王'的變形，正是商王伸展雙手向上做祈禱狀；下部如建築物一樣的部分是殷商之廟堂，廟中的祭祀大廳又叫大堂，所以古代廟堂並提。在甲骨文南字中，商王正位于廟堂的最北，此時除了天帝和祖宗牌位，一切都在商王的南面。"甲骨文本字"南"因此得出"南面"的本義。如圖四：

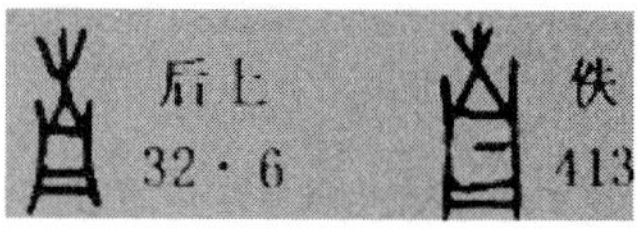

圖四　甲骨文：南

根據甲骨文"南"的分析，我認爲圖二中的方框意符應該是殷商廟堂。還必須注意到的是圖二方框意符的正下方中間多出一個"短竪"，雖然這是一個造字細節，但是這一個"短竪"恰恰是專家們認爲"從鬲"和"從鼎省"的依據，也是我的考證中的一個障礙。這一個"短竪"出現在"廟堂"的正南面，那正是通往殷商"廟堂"的一條路徑。從鬲則爲三足之一。

如果按照我的理解，圖二的甲骨文"獻"應該是從老虎從廟堂。字面會意應該是方國進貢的用于祭祀的老虎。而"進貢"正是甲骨文"獻"字的本義。誠然若此，則此字的音訓則爲虎南切或者虎堂切，讀若xian。而進貢的痕跡就保留在那向下的一竪中，意爲廟堂的登堂之階。

直至東漢末，在漢字系統中"鬳"和"獻"是同時存在的。這一點看一看許慎《説文》就可以明瞭。

《説文》："鬳，鬲屬。從鬲，虍聲。"段注："牛建切。十四部。"該讀音實爲方言發音。

《説文》："獻，宗廟犬名羹獻。犬肥者以獻。從犬鬳聲。"段注："許建切。十四部。"

和甲骨文系統一樣，這兩個字雖然本字不同，本義也不同，但是發音卻是相同的。説明它們是兩個不同的本字。更加重要的是這樣兩個字從甲骨文時代一直到東漢末期都一直在流通中被使用著。這説明了什麽？進貢虎頭用于祭祀在東漢已經不再，因爲此時中原老虎已經很罕見了。

【甲骨文字本義小結】

鬳的本義：殷商的一種祭祀，用虎頭置于鬲上。讀若 yan。右文造字。

獻的本義：進獻的用于祭祀的虎頭（後以牲畜或者野獸代替）。今讀 xian。形聲字。東漢《説文》兩字發音相同。

破譯甲骨文：昔　旦

圖一　甲骨文："昔""旦"

圖一甲骨學學者們破譯爲"昔"字，細心的人就會發現，這個"昔"有兩種造字：一種是意符"日"在上部（見上 2 和下 1，2），一種是意符"日"在下部（見上 1，3 和下 3）。專家們堅持認爲這樣兩種造字都是甲骨文"昔"。工具書將這兩種造字都收錄在條目"昔"之下。但是朝陽在水面下和朝陽躍出水面不應該是同一個本義。

其實這兩種造字是有本質不同的：意符日在下，其會意是太陽在水面下没有昇起的時候。意符日在上，其會意是太陽已經跳出水面。在很長一段時間裏，我誤認爲這兩個甲骨文字可能是日在上的爲"東"，日在下的爲"西"，這樣造字非常合理。但是甲骨文的東南西北幾個字是同時出現在一塊大的卜辭龜板上的，使人無法懷疑現在已經得到公認的這樣四個有關方位的甲骨文字。我自己的考證業以證明甲骨文字系統是一字一形一義的，所以最終我認可了現行的甲骨文"東""南""西""北"是對的，我也從殷商的歷史存在中破譯了這四個字的本義。所以我放棄了圖一甲骨文字是"東"和"西"的觀點。

在甲骨文工具書中引用了很多這個字的卜辭：

卜辭："丁亥卜。□。貞：昔乙酉服施（旋）御……大丁、大甲、祖乙百鬯。百羌。卯三百（牛?）……"（後上 28・3）

卜辭："庚申卜。□。貞：昔祖丁不黍隹南。"（乙 1968）（以上引自馬如森《殷墟甲骨學》）

卜辭："癸未卜。貞：昔丁丑文武帝……"（前 4・27・3）

卜辭："四日庚申。亦有來艱自北。子告曰：'昔甲辰方征于……'"（《甲骨文合集》137）

顯而易見的是上述四片卜辭中的甲骨文"昔"代表了卜辭中一種過去時的表達方式：

"昔+人名+事情"表示某人過去曾經做了某事。"昔+天干地支+事情"表示過去某日曾經發生了某事。

這本來是常見的語法現象，不足爲奇。但是，上述三條與這一語法現象相關的卜辭中，甲骨文"昔"字均采用的是上從水下從日的"昔"。而不是上從日下從水的那個甲骨文造字。這是不是告訴我們此前的學者將這樣兩種造字都歸入甲骨文“昔”是一個錯誤的破譯呢？

我堅持甲骨文造字原則是一字一形一義。這裏的甲骨文“昔”字出現了兩種造字。按照我對殷商甲骨文系統的研究和考證，它們應該是兩個不同的本字。我的這一懷疑得到了西周金文的支持。如圖二所示：

圖二

我們看到在西周金文中，“昔”字衹有一種造字，即上從水，下從日。它的會意是太陽在水面以下還没有昇起來的時候。不僅如此，我們在同一時期的曶鼎、中山王鼎中看到的“昔”也是上從水下從日的，無一例外。這就説明西周以後人們認可的“昔”字衹有上從水下從日這一種造字。這一造字還説明，在殷商時期人們習慣上認爲的“昨天”的概念就是早晨太陽躍出水面以前。也就是説從昨天早晨太陽昇起到今天早晨太陽昇起這是殷商“一天”的概念，而不是像我們現在所習慣認爲的從今天夜裏零點到明天夜裏零點爲一整天的概念。

那麽在圖三中這個甲骨文中專家們認定的“昔”的另一種造字——上從日下從水的本字是什麽本字又是什麽本義呢？

圖三

甲骨文：

旦（我見）

從造字上看，上從日下從水。其本義會意爲太陽在水面上昇起的那個時間。它的本字應該是甲骨文“旦”。正如《説文》所謂：“旦，明也。從日見一上。一，地也。”從《山海經》就有記載，我國遠古的先民就發現每天的太陽是從東海里昇起的，它們一年中分别從東海中的十座不同的山後面昇起。所以這個水面上昇起的太陽應該是新的一天的開始——即早晨太陽躍出水面的那個時刻——旦。

遺憾的是甲骨文系統中已經有了一個專家們普遍認可的甲骨文“旦”（見圖四）：

圖四　迄今爲止爲學界公認的甲骨文：旦

因此圖三和圖四的兩個甲骨文字中衹能有一個是“旦”字。要麽是迄今爲止的專家們的共識欠推敲了；要麽是我的考證錯了。我們來看一看該字在卜辭中的使用情況：

卜辭：“～（～爲圖四本字）至于昏不雨。”（京津 4450）這裏可以將“～”和“昏”作“從早到晚”理解，但是也可以解釋爲從一個具體時間“～”開始一直到“黄昏”時分都没有下雨。

卜辭：“……（大）食不雨。～不雨……”（粹 700）（按：徐中舒在引用此條時衹是引用了後面三個字。估計也是考慮到前後關係的協調。）殷商人一天兩餐，上午九點前是大食。所以從本條卜辭看，圖四的“～”字應該是指上午九點以後的某個時間點。從圖四甲骨文字形看，“～”是上從日下從口，會意爲太陽照亮整個都邑的時間點，我認爲應該也是指上午九點以後的某個時間。所以就這個本義看，圖四的甲骨文字應該不是“旦”，是迄今爲止的專家們的解釋值得商榷！該字在卜辭中其他場合的運用也没有“天亮”或者“太陽初昇”的本義：

卜辭：“己酉卜。□。貞：翌日父甲～其十牛。”（京津 4048）

卜辭：“……～。王疾目。不喪明。”（乙 64）

卜辭："于南門于~。"（甲 840）

所以根據現有使用了圖四甲骨文字的五條卜辭看，該字没有"天亮"或"太陽初昇"的含義。因此我可以謹慎地做出一個初步結論：圖四甲骨文字本字不是"旦"。而圖三的甲骨文字由其造字是一輪太陽正躍出水面判斷其本字應該是"旦"；由其本義"太陽躍出水面"判斷也應該是"旦"。在《説文》小篆"旦"將下面的意符水面簡化爲一横，即許慎所説"一，地也"。即太陽躍出遠方地平綫之意。這是漢字演化中的簡化。

由于甲骨文是一個聯係性很强的文字系統，所以解决了甲骨文"旦"的問題，就可能引發其他的問題。例如這裏我們將意符"三根波浪綫的疊加"破譯爲"水面"，但是在傳統的甲骨文學術研究中這個符號是被解釋爲"水災"之意："【解字】象洪水横流之形。"[①] 這個問題本文就不展開討論了。總之"洪水横流"和"水面""海面"都是意義上和造字上互通的。至于圖四的本義爲"太陽照亮整個都邑的時間點"的甲骨文本字應該破譯爲哪個漢字依然待求解。

本文的兩個甲骨文字的音訓取决于造字中水波紋的發音，疑爲澤，音 zei。暫付闕如。

破譯甲骨文：造字的進化

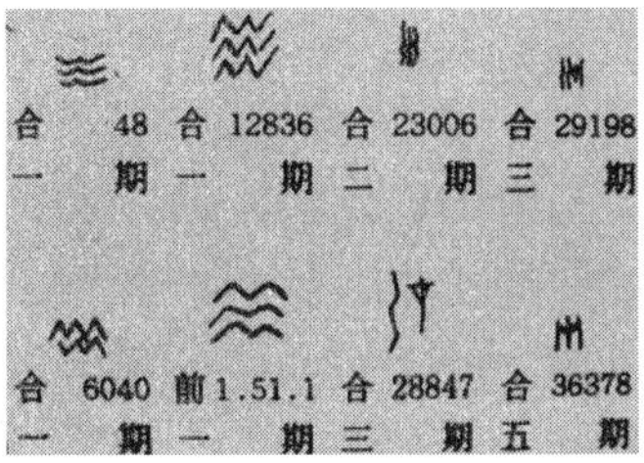

圖一

在考證甲骨文"秦"時，我們看到一期甲骨文中用的意符是空心的"連枷"，三期以後用的意符是實心的"杵"。我認爲這是因爲隨著殷商農業的進步，原先使用連枷脱粒進化爲用杵脱粒，表現在甲骨文字中，就出現了意符的變化。但是有的時候甲骨文的進化不是因爲客觀外界進步了，而是由于人的主觀認識進步了也會在甲骨文造字中出現相應的變化。

本文探討甲骨文"災"。見圖一。

甲骨文"災"的歷史上有三個不同的造字。先將卜辭中這三種造字歸納如下，見圖二：

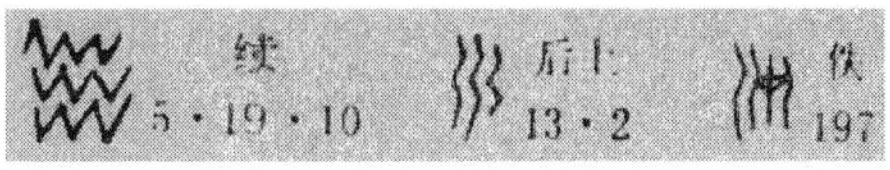

圖二（例一、例二、例三）

以下是三種造字的出處：

一期合 48		
一期合 12836		
一期合 6040	二期後上 11・2	
一期前 1・51・1	二期合 23006	三期合 29198
二期合 24426	二期合 24471	三期合 28847
二期粹 930	二期誠 309	四期合 33518

① 徐中舒主編《甲骨文字典》，第 1229 頁。

三期佚 281	三期甲 2642	五期合 33522
三期合 28434	五期京 5340	五期京 5347

在卜辭中，這樣三種造字所表達的本義基本相同，都是代表“災禍”的本義：

卜辭：“乙亥卜。行。貞：王其□于河亡災。”（前 2・26・2）

卜辭：“貞：王其田亡災。”（佚 197）

卜辭：“己酉卜。賓。貞：今日王其步。見雨亡災。”（續 6・10・4）

卜辭：“丙子卜。何。貞：王其田亡災。”（合 28434）

卜辭：“貞：叀向田省亡災。”（甲 1651）

由于在五期的卜辭裏，該甲骨文字的本義基本未變，所以我們就可以在這個統一的本義的前提下確定三種造字中本義是固定不變的，因此三種造字的進化就代表了殷商人對于“災”的主觀認識的進步以及甲骨文造字上表現手法的進步。

首先我們看到這三種造字出現的歷史年代是不同的。

在甲骨文一期中衹有圖二中例一的造字；例二是從甲骨文二期開始出現；例三則是甲骨文三期纔開始出現。儘管在甲骨文三期以後三種造字存在混合使用的情况，但是歸根結底，按照我的“甲骨文一字一形一義”的觀點，這三種意符的本義是不同的。

例一中水波是横向的象形，我們已經考證爲海面、湖面或者水面。這三者的共同點是水呈現横向波紋，即使漲落也是上下波動，例如海水的漲潮落潮，洪水的昇降，湖水的起落。

例二是河流或者像河流一樣呈現縱向流動的水的象形，即甲骨文“川”字。表現的是一條河流從一地流向另一地，也可以表現洪水襲來然後流走的象形。

例三的主體是甲骨文“川”，但是在這條河流中出現了一個甲骨文意符“在（才）”。這個“在（才）”我在前文中已經做了考證，它是殷商用以支撑半地穴式民居的木質支架（屋頂）。本字中河流或者洪水中出現了民居屋頂的支架，説明上游有民居被沖垮了，纔會有屋頂的支架隨洪水漂下來。注意，例三已經不是象形字，而是會意字。從川從在，是洪水沖垮民居的會意。三字中這個造字最形象，最準確。

一期的例一表示水面的漲落，二期出現的例二表示洪水襲來並流走，三期出現的例三通過洪水沖垮民居表示這個“川”是破壞性的水。可見這個甲骨文的“災”的造字是在使用中隨著主觀認識的進步不斷完善的。例一例二例三是三個本義有别的意符，當它們在參與甲骨文造字時這種差别就表現在造字過程中。例如：甲骨文“昔”的本義是太陽在海面下即將昇起，這裏引用的造字意符就是例一。同樣的造字原理見于甲骨文“旦”字。殷商人爲河流命名時，就是用例二縱向的甲骨文“川”字加上另外的意符，或者加上一個意符兼聲符來造字。而例三“從川從在”就限定了它屬于破壞的性質，衹能用于“水災”的本義，由此我們可以知道上述五條卜辭中甲骨文“災”當作一般性災害解釋是一種由本義“水災”引申出的引申義。

【甲骨文字本義小結】

圖二例一的本義爲：海面、湖面、水面。破譯爲澤。

音訓：zei，通 ze。象形造字。

圖二例二的本義爲：河流、洪水流。破譯爲川。

音訓：chuan。象形造字。

圖二例三的本義爲：特指洪災。破譯爲災。

音訓：zai。右文造字。在（才）爲聲符兼意符。

破譯甲骨文：虛詞的由來——乎

據首都師範大學馮鴻飛的碩士學位論文研究："管燮初的《殷墟甲骨刻辭的語法研究》將詞劃分了十二類，其中，提到了代詞、副詞、連詞、介詞、感嘆詞等虛詞。……陳夢家的《殷墟卜辭綜述》也提到了一些虛詞的用法，如代詞、指詞、助動詞等。……姜寶昌的《卜辭虛詞試析》認爲卜辭的虛詞系統如下：

副詞：隹、允、其、亦、乃（迺）、不、弗、勿、毋、弜

介詞：叀、隹、自、從、才（在）、于、乎、以

連詞：及、眔、于、以、若、則

助詞：叀、隹

語氣詞：乎、巳（矣）、才（哉）、不（否）

趙誠的《甲骨文虛詞探索》認爲卜辭中的虛詞約有七十來個。

張玉金的《甲骨文虛詞詞典》對甲骨卜辭中的虛詞進行了更爲全面深入的探討，張文認爲殷代語言裏的虛詞至少有六十多個，這些虛詞分屬于代詞、副詞、介詞、連詞、語氣詞、助詞、感嘆詞等類别。"①

以上述姜寶昌列出的30個甲骨文虛詞研究，我們就會發現在甲骨文之初是沒有虛詞的。因爲所有這30個甲骨文虛詞的本義都是實指，也就是説它們最初都是實詞。其中大多數是由名詞虛化而來，如隹、叀、其、亦、不、自、才（在）、于、巳等字我已經在相關文章中考證了其實詞本義；少數是由動詞虛用演化而來，如：弗、勿、弜、若等。這些虛詞賴以演化的實詞的本義我在相關文章中也已經做了考證，本文僅以"乎"爲例，探究名詞"乎"是怎樣由實詞虛化爲語氣詞和介詞的。

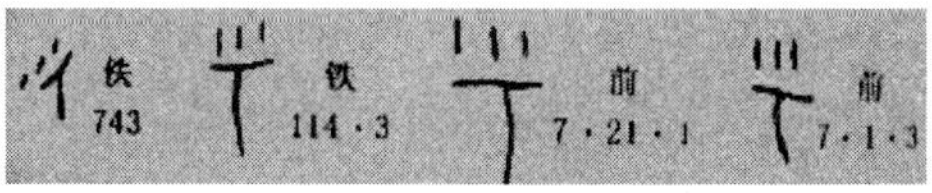

圖一　甲骨文：乎

《說文》："乎，語之餘也。從兮。象聲上越揚之形也。"許慎的意思是：漢字"乎"是一個語氣詞，從兮。是一個象形字，象什麽呢？象人的聲音朝高處傳播的樣子。但是我們看見在甲骨文"乎"字中，下面是彎彎曲曲的一個"T"字，上面是三個短竪。按照甲骨文造字規律這應該是一個會意字。但是要確定它的會意，首先就必須搞清楚上面的三個短竪代表什麽，下面的彎曲的T又代表什麽？就是説必須清楚這兩個意符的本義。明確了它們的本義纔能够形成"會意"。所謂會意其實是組成會意字的各個意符的本義

① 馮洪飛《殷墟花園莊東地甲骨虛詞初步研究》，豆丁網：http：//www. decin. com/p-389343537. html.

“相會”以後産生的新的本義。這個新的本義應該是一個質變以後的本義而不是各個意符本義的簡單疊加。它源于造字的各個意符，但是又不同于各個意符的本義的簡單疊加。

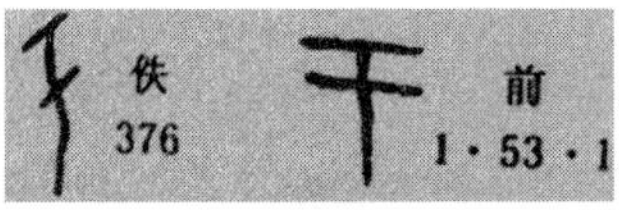

圖二　甲骨文：于

許慎關于“乎”的定義提供了一個非常重要的綫索，就是“乎……從兮……”揣摩這個“兮”字我們可以看到它的上部從八，其實正是三個短豎變形爲兩畫的“八”；下面從丂，正是甲骨文的“于”字。所以“從兮”就是上從三個短豎，下從于。可見甲骨文的“乎”字，是上從三短豎，下從于省（參見圖二）。甲骨文“于”（有學者譯爲“丂”）至于甲骨文“乎”字的上部從八還是從三竪，其意符的本義都是一樣的，因爲這是一個非固定意符，可以是兩竪、三竪、四竪、兩撇或者意符“八”。這個散點的非固定意符的本義是“散發出的氣味”，當然也可以是聲音。這是什麼氣味呢？從什麼地方發出了這些氣味呢？當然是下部的“于”所發出的。

這氣味是酒氣，是鬯酒的酒氣。我爲什麼做出這樣的結論呢？

這氣味當然是從下面的“T”或者説是從下面的“于”裏面發出的。

那麽這裏的“T”或者“于”（有學者譯爲“丂”）的本義是什麽？答案是：這個“T”或者“于”就是《尚書·禹貢》中規定每年應該由荆州進貢的“包匭青（菁）茅”。兩横代表“包匭”。匭者，平行之雙轍也。一竪代表青茅。這個“于”字中間的一竪是殷商甲骨文系統中唯一的刻意寫成彎彎曲曲的形狀（表示柔軟物質）的筆畫（意符T的下面一竪也是曲筆）。因爲它的本義是一種茅草，一種被普遍用于重大祭祀的茅草。這種茅草在重大祭祀中的作用是縮酒，也就是將鬯酒中的渣滓過濾掉，以便讓在天上的上帝和先祖們享用最好的最純淨的鬯酒。

包匭青茅是夏商周的人間統治者和上天聯係溝通的介質。在重大的祭祀儀式結束以後，包匭青茅就完成了它的歷史使命。但是這時的青茅因爲充分吸收了鬯酒而香氣四溢。這個本義就是甲骨文“乎”字的由來。所以，于的本義：夏商周三代重大祭祀使用的“包匭青茅”，規定每年由荆州進貢。乎的本義：縮酒祭祀後青茅所散發的香氣。由散發香氣引申爲發出聲音：召唤，招呼。

卜辭：“叀般乎田于。”（鐵59·2）

卜辭：“甲子卜：夬。雀弗其乎王族來。”（合302）

甲骨文“乎”的引申義應該是什麽？由本義“鬯酒的香氣”引申活用爲語氣詞。由本義“人間統治者和上天聯係的介質”引申活用爲介詞。所以在卜辭中甲骨文“乎”有此二用。

【甲骨文字本義小結】

乎：于祭後青茅發出的酒香氣味。甲骨文的虛詞應是由實詞的本義引申演化而來。

音訓：從丨從于。讀若shu，即xu。殷商方言同音。古巷字在曉母通hang，甲骨文本字“乎”發音xu，通xi。後分化出現在的讀音hu。

破譯甲骨文：虛詞的由來——甫、叀

甫的本義：紡織完畢的紗錠（已經卸下了紡輪，所以“甫”有完畢之意）。名詞。

叀的本義：正在紡織過程中的紗錠（正在旋轉中的紡輪）。名詞。引申爲介詞。

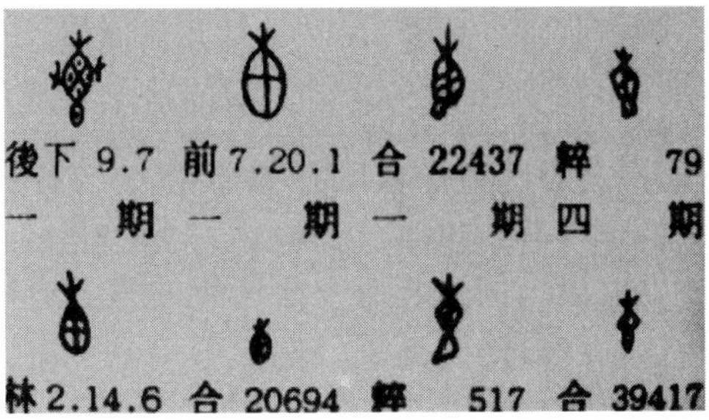

圖一　甲骨文虛詞：甫和叀

圖一引自高明、涂白奎的《古文字類編》，依照我的研究上圖中表示的是兩個不同的甲骨文字。上2，下1，下2三例是甲骨文“甫”，其餘的是甲骨文“叀”。兩個字的區别在于“叀”字下部有一個凸出的圓形意符。它代表遠古紡綫時紗錠下端的陶製紡輪。這兩個字在甲骨文使用過程中其本義都發生了虛化而稱爲甲骨文虛詞。但是即使它們稱爲虛詞以後，其虛詞的語法作用依然來自其作爲實詞的本義。

“甫”作爲實詞的本義是已經紡好的紗錠，所以“甫”作爲虛詞的介詞其時態作用是完成時，一般可以譯爲“剛剛結束的”或者“剛纔”；而“叀”作爲實詞的本義是正在紡織中的紗錠，所以“叀”作爲虛詞介詞其時態作用衹能是現在進行時，用于正在進行或者即將進行的事件的占卜。例如：

卜辭：“叀小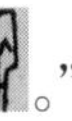。”（合 27164）

卜辭：“侑日叀己。玆用。”（合 29700）

卜辭：“己未貞：叀元示又勺歲”（後上 19・7）。句中“勺歲”爲“縮歲”之假借。縮是一種祭祀。

其中的甲骨文“叀”似都是圍遶著正在進行和即將進行的事情占卜。

當“叀”字在卜辭中用作虛詞的介詞時，它内涵的“不停地旋轉”的本義内涵依然在起著作用，例如：

卜辭：“癸亥卜。□。貞：叀南至。王受又（祐）。”（佚 314）

在這一條卜辭中選用“叀”作爲發語介詞是隱含著商王連續外出的微妙含義的。譯爲現代漢語就是“接著，王又去了南邊”的意思。在這裏甲骨文“叀”的本義正在紡織中的紗錠被虛化了，這裏有一個暗喻就是商王像旋轉的紗錠一樣不停地奔波征戰的意思，有正在進行的意思。這個意思大概就産生于旋轉過程中的紗錠的意象。

我舉出這兩個例子的目的旨在説明，甲骨文虛詞都是源于實詞的轉化得到的，在甲骨文初期是先有實詞，這些實詞都有其動詞或者名詞的本義，其後在使用中逐漸虛化，使用多了就因爲約定俗成而成爲虛詞。其原先的實詞的本義也就淡化了。但是如果你深深追究其中的意義由來，不是隨便哪一個實詞都可以轉爲虚詞的，用于轉化爲虚詞的實詞的本義依然還是所轉化的虚詞語法作用的依據。

破譯甲骨文：鬼

《説文》："鬼，人所歸爲鬼。從儿由。象鬼頭。從厶。鬼陰氣賊害，故從厶。"鬼歸互爲通假。

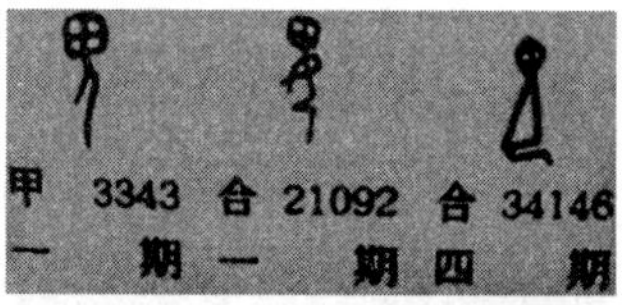

圖一 甲骨文：鬼
（例一：鬼，例二：女鬼，例三：老鬼）

甲骨文"鬼"采用了這種造字方式頗有講究。上從田（實爲由）下從人。（外框有時可以爲菱形則爲"由"，由的本義是死者的頭顱。）例一是泛指的鬼，例二由身體看出是一個女鬼，例三則是一個老年的鬼。這些旨在表明這一個鬼生前的年齡和性别。例如下兩條卜辭因爲涉及方國鬼方是泛指，故本字采用了例一的泛指形式：

卜辭："已酉卜。賓鬼方易。無判。五月。"（乙 6684）其中"鬼"本字同例一。

卜辭："乙巳卜。賓貞：鬼獲羌。一月。"（乙 865）其中"鬼"本字同例一。

卜辭中的鬼都是具體指死去的某人，不是後來演化成的虚幻的鬼魂。因爲鬼都是活人死後變成的，所以甲骨文"鬼"的本字有年齡和性别之分。鬼方依據殷商各方國的專業分工可能是專司安葬或處理戰場屍體的一個方國。

甲骨文"鬼"上從田。我在前文中考證這個田字格形的"田"是爲狩獵野獸而挖掘的陷阱，布下誘餌守候著。狩獵的"狩"就是挖掘好陷阱並看守在陷阱邊等待野獸入窠。甲骨文"田"衹是陷阱表面的象形。所以田這個意符本身有隱藏著或者看不見裏面的含義。甲骨文"鬼"以"田"爲鬼頭説明殷商人對于鬼這種精神現象的一種迷惑不解。

圖二

再例如甲骨文"矢"有一種變形，如圖二：這是一種箭鏃被包裹的箭，其用途主要是用于火攻，采用上從田的造字是因爲箭鏃上包裹了棉花等易燃物所以看不見箭鏃。同樣的意符"田"還使用在甲骨文"單"的造字中。讀者不妨自己分析一番。

甲骨文"鬼"還有一個重要的訓詁學依據是：鬼字上部從田可以視爲從由省。甲骨文"由"和甲骨文"田"字形卻别僅僅在外框形狀稍有差别："田"是方框，"由"是人頭形或謂菱形。《説文》："由，鬼頭也。象形。"注意，這裏不是傳統的互訓現象。這裏的鬼頭是一種祭祀的祭品——即戰争中斬獲的敵方的頭顱。所以甲骨文"由"（由音訓與福相通）有祭祀的引申義：

卜辭："羌方由其用王受又。"（甲 507）

卜辭："……用𢀛方由于妣庚。王賓……"（南明 669）

卜辭："丁卯卜。貞：由其雨"（遺 437）

當在甲骨文"鬼"字中用意符"由"造字時，它已經失去了敵方的含義，而保留了

“頭顱”的含義，其本義是“死者的頭顱”。

《説文》：“人所歸爲鬼。”這是音訓。段玉裁注曰：“郭注引《尸子》‘古者謂死人爲歸人’。《左傳》‘子産曰：鬼有所歸，乃不爲厲’。”以歸訓鬼，也是寄託了活人的一種希望。希望在呼喊“鬼”的時候，實際上是在催促它的魂魄“歸”去。這樣它就不會成爲厲鬼爲害人間了。

段玉裁按：“魂魄皆生而有之。而字皆從鬼者，魂魄不離形質，而非形質也。形質亡而魂魄存，是人所歸也，故從鬼。”這裏魂魄不離形質的認識論我在後面考證甲骨文“霸”字還要用到它們。

遠古時，人們視死者如生。據清人段玉裁考證：“《郊特牲》曰：‘魂氣歸于天。形魄歸于地。’《祭義》曰：‘死必歸土。此之謂鬼。’”説明古人認爲人死了以後形體和魄歸入地下而魂氣並未消失，它們歸去了天上的另一個地方。所以《説文》曰：“魄，陰神也。”按照這個道理魂就應該是“陽神”也。有神論之轉世投胎之説應該就是指的是氣和魂的轉世。

卜辭：“庚辰卜。貞：多鬼夢。不至占。”（後下 3・18）

卜辭：“王占曰：兹鬼鬽。”（乙 5397）兩例中“鬼”本字均爲例三“老鬼”形式。

【甲骨文字本義小結】

鬼的本義：人死以後形質已滅，但是魂魄猶存。名之爲鬼。名詞。殷商的鬼是依附具體的人的。音訓不詳。圖一三字中均含有意符九，故疑爲右文造字。上古九音同鬼。

破譯甲骨文：吉

甲骨文“吉”的異體字很多，但是萬變不離其本義。它的所有的異體字都是由兩個意符組成：上面的意符爲一頭尖一頭平的杵（也可以甲骨文“午”代替，甲骨文“午”本義是木杵，見圖一例二）；下面的意符是口或者是“凵”形。本甲骨文字上部的三角形符號是甲骨文亼，本義是殷商半地穴式民居的茅草屋頂，發音爲 ji。這正是“吉”字的注音。

圖一　甲骨文：吉

《説文》：“吉，善也。從士口。”許慎這是在依據本字的字形杜撰本義。士口爲什麽就是吉呢？士口憑什麽會意就是吉呢？這是一個毫無道理的定義。

徐中舒在《甲骨文字典》中載：“郭沫若以爲象牡器（雄性生殖器）（《甲骨文字研究・釋祖妣》）。于省吾曾謂象句形，下從之口爲笑盧（《殷器駢枝》卷三）吴其昌謂吉皆象一斧一砧之形。《金文銘相疏證兵器篇》。”①

① 徐中舒主編《甲骨文字典》，第 93 頁。

上述三個近代的定義中以吴其昌的破譯最近情理，但是吴其昌没有解釋爲什麽能够用“一斧一砧”來表示“吉”的本義。三位大家的解釋很有代表性，這些破譯非常典型地揭示了近現代甲骨文研究者知識結構的一個普遍的不足，就是不瞭解中國農村、農民和農業。而殷商甲骨文系統正是在這樣的肥沃的文化土壤裏萌芽、長大並成爲一棵參天的大樹的。

吴其昌所説的“一斧”，實際上是中國農村建造“乾打壘”房屋的工具木杵。木杵一端是平的，截面是圓形或者正方形，可以用來砸實蓬鬆的土。木杵的另一端是像螺絲刀一樣的扁尖形，可以將靠近木板或墻壁縫隙的土搗結實。這樣的木杵中國的農民使用了幾千年，直到改革開放以前還在使用它建造房屋的土墻。甲骨文“斧”，後破譯爲“斤”，在甲骨文系統中另有其字。

吴其昌所説的“一砧”，實際上就是殷商民居的半地穴，地穴挖好以後，要用木杵將地面砸結實，砸平整。上圖例四是呈“凵”形，這可以視爲地穴，也可以視爲建造土墻用的版築的斷面。在殷商社會，半地穴式的民居是下層人民居住的；版築建造的乾打壘建築則是殷商王朝的代表性建築。馬如森將其列入甲骨文“吉”的範疇是有道理的。在甲骨文造字中這種建築工具的改進往往標志著這個甲骨文字可能出現在一個新的時期。武丁發現傅説時，傅説正在用這樣的版築建造房屋。

《史記・殷本紀》：“武丁夜夢得聖人，名曰説。……于是乃使百工營求于野，得説于傅險中。是時説爲胥靡，築于傅險。……舉以爲相，殷國大治。”

爲什麽用木杵和半地穴來表示吉利的意思呢？也就是許慎説的“吉，善也”。我們知道殷商人對于建造民居和宫室都是非常重視的。從測量地平、確定基址、選擇門向、安裝房頂的時刻都是非常慎重的（參見我的相關破譯文章）。所以建造房屋是一件非常吉利，非常善的事情。建造房屋也必須選擇一個非常吉利的時間開始。

在殷商卜辭中，經常在龜板卜辭旁邊出現單獨的“吉”“大吉”“弘吉”“吉。用”的吉辭。這是對占卜得到的上天的旨意的肯定。甲骨文“吉”也常見于卜辭正文中：

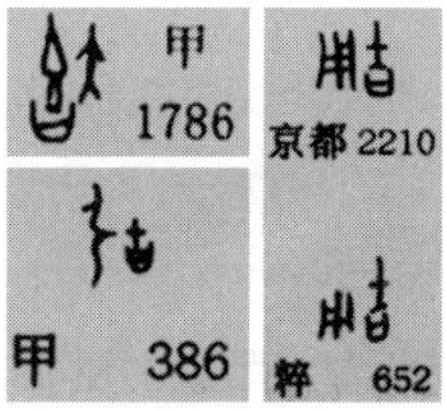

圖二

卜辭：“己未卜。王貞：……于祖乙。王吉。兹卜。”（佚 894）

卜辭：“王占曰：吉。無判。”（乙 3427）

卜辭：“丁未卜。□。貞：……及今二月雨，王占曰：吉，其雨……”（前 7・16・4）

同樣，在卜辭中屢見“作邑”“作宫”“作室”的記載。説明殷商在建造宫室時候，都要占卜，選擇吉日和吉時。所以甲骨文“吉”的本義是建造房屋的吉日。引申爲凡吉利之事。所以許慎所説的“從士口”實際上是甲骨文字的遺存。“士”就是木杵的象形；“口”就是半地穴的象形。當年許慎如果看見了甲骨文“吉”，他一定豁然開朗。

西周金文中常見“初吉”的記載，王國維將其解釋爲每月的初一到初八這一時間段。這祇是王國維的一種主觀理解。我們從卜辭中可以看到，殷商時期是没有初吉這一説的，卜辭中的“吉”往往用于對某一天卜辭占卜内容的肯定。所以“吉”從被創造之初就不是指一個時間段而是針對某一天或者某一件事。所以初吉應該是每月的初一，是每個月最早的適合動土的日子。因爲動土是和土地發生關係的，而初一這一天没有月亮，動土被視爲“吉”。吉的造字和本義也能够證明王國維對于一個月分成初吉、生霸、既望和死霸四個時間段（每一段占七到八天）的提法有誤，至少初吉就不是這個系統中的一環，因爲初吉衹有一天而不是七到八天。這一點王國維先生其實很清楚，他在《生霸死霸考》中就説過：“且朔與望，自古有初吉、既望二名。”① 朔就是農曆每月初一，就是初吉。

其實要想判斷王國維關于初吉是月初七天（或八天）的觀點的正誤有一個最簡單的方法。如果誠如王國維在《生霸死霸考》中斷言：“凡初吉、既生霸、既望、既死霸，各有七日或八日；哉生魄、旁生霸、旁死霸，各有五日若六日；而第一日亦得專其名。”②那麽按照王國維的考證，在初吉的七天或八天的金文記載中就必然出現“初吉越（或粵）×日，天干”的句型。如果初吉衹有一天，則不會出現這樣的句型。事實上，由于初二或初三就是“生霸”，所以在西周金文中從初三到既望的十五都是采用“生霸越（粵）×日，天干”的句型。這個問題衹要查幾篇西周金文就可以豁然開朗了。有進一步的研究欲望的讀者可以參讀《破譯甲骨文：霸》

依照中國幾千年的傳統習慣，動土必須選擇吉日。所以我們常見老黄曆上標明“今日不宜動土”或者“今日宜動土”就應該是從甲骨文“吉”字這裏來的。

【甲骨文字本義小結】

吉的本義：宜于動土的日子。引申爲適宜做某事。初吉：每月初一（即每月的朔日）。

音訓：右文造字。上部的意符亼是聲符兼意符，讀若ji。

破譯甲骨文：再考弗、茀（梳）*

本書前文中我已經詳細考證了甲骨文弗、茀和刜這三個同音字的本義：

己的本義：是杞柳，名詞。己是杞的初文。象形字。杞柳是一種編織筐簏用的材料，它就是“弗”系列字的基本構成意符。弗，從己從丿乀（註意該字中不是兩竪）。

弗的本義是編織，引申爲紡織。動詞。弗是拂的初文。會意字。

茀的本義：風穿越樹林。動詞。會意字。

第的本義：風穿越竹林。動詞。引申義：竹箭。會意字。紡織用竹梭（竹箭）亦爲此字。

刜的本義：割斷。動詞。引申義：砍。動詞。會意字，意象爲織布完成割斷緯綫下機。

隨著對甲骨文破譯的深入，新的問題出現了。有網友提出這樣一個問題：“‘茀’字的含義好像不能解釋《周易》中“婦喪其茀”——婦女擁有的一種東西——可能是編織的飾物比如草帽什麽的吧?”

①② 姚淦銘、王燕主編《王國維文集》（下部），第341頁。

確實，按照我的甲骨文茀本義“疾風穿越樹林。動詞。會意字”，確實無法解釋《周易·既濟》的“六二。婦喪其茀。勿逐。七日得”。我查閱了《十三經注疏》的原文確實如此。一件婦女常用的東西絕不會是風。這個字虞翻（三國時期學者）說它通假漢字“髴”，故解釋爲“婦人的首飾”。虞翻的這個解釋已經成爲今天易學家們視爲經典的定義，因爲訓詁學考證拿不出更有力的考據了。而正是這個問題啓發我深入研究了甲骨文“茀”。爲什麽它可以用來表示一件商周時代婦女常用的東西？這是一件什麽東西以致丟失以後必須找回來呢？

“茀”在甲骨文系統中是一個孤證，是貞人的名字：

卜辭：“……卜。茀。貞：……禍。”（粹 1581）

圖一

甲骨文：茀

從卜辭是没有可能破譯了。于是我們從茀的本字“弗”開始。甲骨文“弗”的本義是織布或者紡織。其中的一撇一捺是布的經綫，彎曲的“己”代表緯綫。所以凡是甲骨文中出現的和“弗”有關的字都和經緯相關。除了“弗”以外，我們看茀：兩棵樹是經綫，穿林的風是緯綫。甲骨文刜，意符“刀”正在割斷緯綫的末端。這説明了甲骨文“刜”的本義是織布完成後，人們用刀割斷緯綫下機。這裏的“弗”代表成品的布。小篆“笰”，竹子代表經綫，風代表緯綫。如果用它表示古代織布的竹梭則意向更爲貼切。聯係到《周易》中所説“茀”是一件婦女用品，我們立刻就可以想到這大概不是一件首飾，而是商周婦女每天都要使用的一件日常的用品——梳子。茀正是婦女梳頭的意象——梳子是經綫，頭髮是緯綫。由“茀”的發音我們可以聯想到在江淮方言區的方言中，“梳頭”的發音正是“茀頭”。即使在現代漢語中“梳”“茀”也是一聲之轉。

殷商時期婦女已經使用梳子這種工具了。殷墟遺址五號墓是武丁配偶婦好的墓，其中就出土了疏齒的玉梳和密齒的玉篦。這兩件玉櫛中玉梳高 7.1 厘米，梳柄雕刻有饕餮紋；玉篦高 10.4 厘米，篦柄雕有雙鸚鵡。在商周考古中還出土過骨梳。

所以，《周易·既濟》的“婦喪其茀。勿逐。七日得”，應該譯爲：某婦丟了她的梳子，不要到處亂找，七天以後它就會自己出來了。

《説文》中定義是：“茀，道多草，不可行。”許慎的這個定義用于甲骨文字“茀”破譯應該是不確的，至少我們無法看出它的本字和“草字頭”有關。這是一把木梳，其中的意符“雙木林”既是梳齒的象形，也是木質梳子的質地。其中的意符“己”代表婦女柔軟的長頭髮。這是一個名詞，可以用如動詞。

這個字郭沫若認爲本字爲弗，通假“笰”字。而根據《廣雅》對“笰”的定義：“笰，箭也。”于是從中産生了一個很有影響的觀點：茀“從林從己，林象樹條之形，己象矰繳。疑樹條所以爲箭榦，以繳纏繞其上，亦矯正之使其端直之義。”①

我認爲：笰字的本義就是竹製的梳子，後世發展爲篦子。

上述矰繳是一個不符合科學道理的解釋。所謂“矰繳”就是尾巴拴著細繩的箭，射出後可以回收的。文獻有記載這種矰繳用于狩獵。但是這個考證與上圖甲骨文字的造字會意不符。該字中意符“己”是一個彎曲的象形，風穿過林中時遇到阻力會自己轉彎；

① 徐中舒主編《甲骨文字典》，第 1353 頁。

梳頭的時候頭髮穿越梳子時也會自己轉彎；但是矰繳一經射出就直綫前進不再轉彎。

這個系列還有兩個字：第（最早見于《廣雅》），拂（最早見于武威簡），考證見相關文章。

破譯甲骨文：朱

圖一

甲骨文：朱

圖二

金文：朱

破譯甲骨文“朱”必須首先解決兩個問題：

一、漢字的“珠”是可以通“朱”的。這裏面就存在“朱”可能是“珠”的初文的問題。例見《後漢書・袁安傳》附：“賜以珠畫特詔秘器。”注：“以朱砂畫之也。珠與朱同。”所以珠可以通朱。

二、在甲骨文“朱”的本義考證中它究竟是一種樹木還是一種“珠”？抑或有第三種解釋例如樹榦説——將造字中的實心圓點視爲一種指事，所指位置正是樹榦？我們都知道中國傳統的“珠”指的是珍珠，是白色、熒光色的。爲什麽在珍珠的“珠”在造字中用從玉從朱，而不是從玉從求，或者從玉從丸。《説文》：“珠，蚌中陰精也。從王朱聲。春秋《國語》曰：‘珠足以御火災是也。’”（見《楚語》）

在考證圖一甲骨文“朱”的諸多觀點中主要有兩種觀點。一種是《説文》的觀點：“朱，赤心木。松柏屬。”段注：“赤心不可象，故以一識之。”就是將小篆“朱”中間一横作爲會意符號。但是我們清楚地看見在甲骨文“朱”中間不是一横而是一個圓點。許慎的這個定義影響很大，在字義考證上很多學者據此認定甲骨文“朱”本義是一種樹；在字形考證上有學者將中間爲一横的甲骨文“末”也視爲“朱”。另一種是商承祚的觀點：“商承祚謂甲骨文朱象係珠形，中之横畫或點象珠形，兩端象三合繩分張之形。古多中赤色珠，故朱得有赤義，爲珠之初文。……《説文》‘朱。赤心木’爲後起義。”①

這樣在諸多考證中就形成一個悖論：如果朱的本義是珠，那麽它的紅色的義項從何處而來？如果朱的本義是赤心木，那麽它的圓形珠子的義項又是從何而來呢？

我贊成商承祚的破譯，甲骨文“朱”的本義是圓珠形。因爲殷商甲骨文的造字是非常科學和嚴謹的。從木從●的甲骨文“朱”並不能代表它的本義就一定是紅色。同樣是一棵樹，其樹心可以有白色、黄色、紅色、栗色等顔色，很多木的樹心布滿了年輪，是一種雜色。所以從木從●不能會意爲赤心木。如果説我們將這個字的本義破譯爲紅色的話，那它的本義也完全可以是白色、黄色的意思。紅色並非唯一的答案。

其次，朱未必就是“赤心木”。在《山海經》中“朱木”凡兩見：

《大荒南經》：“帝堯、帝嚳、帝舜葬于岳山。爰有文貝、離俞……朱木、赤枝、青

---

① 徐中舒主編《甲骨文字典》，第644頁。

華、玄實。”

《大荒西經》：“有蓋山之國。有樹，赤皮枝幹，青葉，名曰朱木。”

比較這樣兩則記載可以發現兩者其實是同一種植物。“枝幹”可能是“赤幹”的口傳誤寫所致。其實它們説的就是一種叫作朱木的樹，它赤皮、青葉青華、玄實。文中需要强調紅色的地方用“赤”表明。朱樹到今天也還没有絶種，但是它的樹心絶不是紅色的。其實即使許慎所説的“松柏屬”的樹種其樹心也不是紅色的——松樹偏紅，柏樹是白色。

《左傳・襄四年》：“臧武仲敗于邾，國人歌之曰：‘朱儒朱儒，使我敗于邾。’”注曰：“臧紇短小，故曰朱儒。”可見當時“朱”的本義確實有“圓珠形”之意。

《詩經》中，“朱”字出現了九次，其中有八次是代表“紅色”的本義。唯一有歧義的是《詩經・七月》中的“載玄載黄，我朱孔陽，爲公子裳”，大多數治《詩經》者也是將其解釋爲：“我的大紅色很鮮明。”那麼我的“什麼東西”的大紅色很鮮明呢？前面的“載玄載黄”又是什麼意思呢？這裏的“朱”衹能解釋爲“珠子”。這句詩的意思是黑裏透紅的珠子，黄色的珠子，非常鮮亮，我卻衹能用這些漂亮的珠子爲公子編織衣裳。

卜辭中“朱”是孤證——遺121，不足爲考據，實録如下：

卜辭：“戊午卜，貞：王田朱，往來無災。王占曰：吉。兹御獲犀牛十。虎一。狼一。”

但是問題到這裏並未完全解决：“朱”爲什麼會有“紅色”或者“赤色”的義項呢？我個人認爲這個義項應該是從當時的一種礦物顔料朱砂而來。朱砂是一種埋藏地下的礦物顔料，殷商甲骨文中“紅色”或者“赤色”的義項有一個甲骨文字“丹”。朱砂是後來葛洪煉汞的主要原料，顔色是大紅色。孔子的《論語》中就有“惡紫之亂朱也”的記載，説明春秋時“朱”這個字就已經有“紅色”的義項了。同樣，作爲圓珠、珍珠的“珠”字出現的也很早，在西周皇家文件《尚書・禹貢》中就有“海岱及淮惟徐州……厥貢惟土五色。羽畎夏翟。嶧陽孤桐。泗濱浮磬。淮夷蠙珠及魚……”的記載。殷商婦好墓中出土石臼殘片上有紅色物質，專家判定可能就是朱砂。

但是，就甲骨文“朱”的本字的考證而言，它既然從木從●，按照殷商甲骨文的造字原理，其本義就衹能是圓珠形或者珍珠的意思。嚴格地説，這個甲骨文“朱”字不是從木從●，而是從系從●。它的意象是穿在一根繩子上的珠子。正如商承祚所解釋的：“兩端象三合繩分張之形。”① 兩端是正在編製中的繩子的頭緒。至于尚先生説的“古多重赤色珠，故朱得有赤義”②這個赤色之本義的來源我不敢苟同商，其義項“赤色”的産生脈絡依然存疑。原因是：一、甲骨文“丹”本義也是紅色，卻没有采用意符●，而采用了意符“一”；二、甲骨文朱采用的●，其本義如果解釋爲樹心的顔色爲赤心木，也就可以解釋爲黄心木（黄檀樹），赭心木（合歡樹），白心木和黑心木（很多樹種）等等。

---

①② 徐中舒主編《甲骨文字典》，第644頁。

【甲骨文字本義小結】

朱的本義：朱砂，紅色。名詞。引申爲：圓珠。朱是珠的初文。

音訓：從繩從●，甲骨文中的丶和●作爲意符發音爲 zhu。

本字爲右文造字。●爲聲符兼意符。讀若 zhu。

破譯甲骨文：亥、牙本爲一字

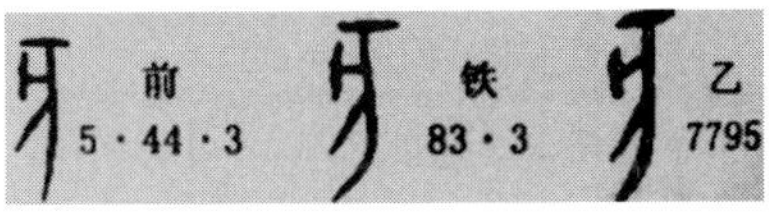

圖一　甲骨文：亥

農曆十月是殷商的亥月，是猫冬開始的日子。

《禮記·月令》："孟冬之月。……是月也，天子始裘。命有司曰：'天氣上騰，地氣下降。天地不通，閉塞而成冬。'命司徒巡行積聚。無有不斂。壞城郭。戒門閭。修鍵閉。慎管籥。固封疆。備邊竟。完要塞。謹關梁。塞蹊徑。……虎始交……命有司曰：'土事毋作。慎毋發蓋。毋發室屋。'……省婦事，毋得淫。雖有貴戚近習，毋有不禁。"

如上所說，爲什麼農曆十月就是亥月呢？這就要從甲骨文亥字的本義開始我的考證。

亥，最早的歷史記載是王亥服牛，其次是作爲十二地支的最後一位：亥。但是這樣兩件歷史記載和甲骨文有什麼必然的聯係呢？

王亥服牛，見于《世本》。後世的許多訓詁學家都認爲王亥服牛是王亥發明了用牛來拉車。但是誰能够證明服牛就是用牛來拉車呢？這裏絲毫没有車的踪影，憑什麼就認定服牛就是拉車呢？要解開這個遠古的疑團就必須從服的本義開始。我考證了甲骨文（服）的本義是扶持老人上船。其中的老人卩爲甲骨文中罕見的站立姿勢。所以甲骨文"服"的引申義是服侍。甲骨文服字無論就其本義還是引申義而言都是服務于某對象的意義。王亥服牛應該就是王亥服務于牛的意思。王亥貴爲商氏族首領，爲什麼要服務于牛呢？

此前我已經考證：甲骨文是無一字無出處的。其造字法則是取法自然。王亥的亥取法自然是什麼依據呢？見上圖亥字：

亥，從一，從丄中，從匕。丄從陽，匕從陰。這個甲骨文會意字的本義爲雄性生殖器和雌性生殖器交媾之象形。雌雄交媾就是陰陽交媾。所以，王亥服牛的本來意思是這個商王發明了讓畜養的公牛和母牛交配的方法。衹有發明了這種方法，原始畜牧業纔可以持續發展。所以這個發明了讓畜養的公牛和母牛交配的方法的商氏族的首領，在殷商時期，在甲骨文被創造之後，被命名爲亥。亥的口語發音是此前商人約定俗成的。

王亥就是發明了讓畜養的公牛和母牛交配的方法的那位商王。

上圖這個甲骨文字既是漢字亥，又是漢字牙。古亥、牙一字。這個字是一個會意字，從丄從匕。丄是且的縮寫，本義是男性生殖器；匕是女性生殖器。所以，甲骨文亥的本義是陰陽交媾之意。這個字在造字時代，並非一個貶義詞。商先祖王亥正是因爲男女交媾之事而喪命，故名亥。我國農村稱專門交配的種公猪爲牙猪也是這個道理。這裏面可能蘊藏著傳統的文字基因。牙的本字即學界長期以來誤認的亥字，而牙的本義應該是動物的配種。《説文》："牙，壯齒也。"是不是應該有一個動物交媾的原始本義呢？而商的先祖王亥會不會當初就叫作王牙的呢？如果殷商亥、牙真的是同一個字，那十二地支中的未和亥都得改變了：

傳統的十二地支就變成是：子丑寅卯辰巳午未申酉戌牙。

亥月是一輪地支結束的月份，繼之而來的是下一輪地支的子月。按照兩漢的陰陽五行學説，亥月是陰氣極盛，子月是陽氣動的月份，所以亥、子之交正是陰陽之交。這裏用兩性交媾以象徵。

殷商人稱十月爲亥月，本義是交媾的月份。很奇怪，《禮記·月令》卻規定亥月必須節制交媾，虎可以交媾，説明亥月正是一個交媾的月份；人需節制交媾。説明西周的貴族已經開始講求養生之道了。

《説文》："亥，荄也。十月微陽起。接盛陰。從二。二古文上字。一人男一人女也。……亥而生子，復從一起。"其中無不在暗示男女交媾的暗示。尤其是"亥而生子，復從一起"，這是《説文》全書正文的最後一句話，這是一句雙關語。字面意思是：亥月過後就是子月，一元復始。隱含的意義是：男女交媾可以生子，又是一個人的新的開始。

亥就是陰陽相交。所以被列爲十二地支的最後一位，亥之後一元復始爲子，故亥正是陰盡陽生的時刻。但是必須指出的是，殷商甲骨文以天干十字爲上甲微以後的商王命名，王亥的名字是以亥命名。亥在甲骨文中屬于地支十二字。有商一代没有用地支爲商王命名的慣例。所以王亥這個亥字與地支十二字没有關係。

【甲骨文字本義小結】

亥的本義：陰陽交媾。引申義：十二地支最後一位，農曆十月。亥時陰陽相交，陰盡陽生。民諺所謂"冬至一陽生"是也。

音訓：本字從匕從且，匕音 hua，且音 ji，匕且切，讀若 hi，通 hai。

本字從且從匕，匕音 hua，且音 ji，且匕切，讀若 ja，通 ya。

［注］這個甲骨文字是否就是後來的漢字亥？我的見解不是，它應該是漢字牙。你可以從甲骨文亥字看出它的本來面目。是不是更像牙？從後來的字義看，民間至今爲止，一直把用于給母猪交配用的種猪叫作牙猪。

破譯甲骨文：即　既

《新華詞典》："即①靠近；接觸。【例】若~若離。"

《新華詞典》："既①副詞。已經。【例】~往不咎。"

漢字即和既從甲骨文時代就已經存在，它們的本義内涵到今天一直没有改變。所不同的是，在甲骨文時代這兩個字都是很具象的動詞，如圖一、圖二：

圖一　甲骨文：即

圖二　甲骨文：既

甲骨文"即"的會意是一個老人跪坐在食器前即將開飯；而甲骨文"既"則是這個人的頭已經轉向身後，表明他已經吃完飯了。造字中采用了老人作爲吃飯的主體（意符），這是因爲商周都有養老制度，老人到了一定的年齡就由朝廷供養。甲骨文造字爲我們保存了這些寶貴的歷史信息。

雖然是兩個動詞，但是它們中間卻包含著一個重要的語法功能就是表示時態的功能。"即"表示即將開始，是正在進行時態；而"既"則表示已經（剛剛）完成，是現在完成時態。這一時態功能就是導致後來"既"演化爲單純的副詞，與動詞結合表示"完畢"的語法根源。所以在殷商甲骨文系統中，"即"的本義是"靠近，接觸"；"既"的本義是"完畢"，引申爲副詞"已經"。見卜辭：

即卜辭："辛巳卜。貞：王□上甲。即于河。"（佚888）"于河"是一種祭祀。

卜辭："即于嶽。"（後上24・2）"于嶽"也是一種祭祀山嶽的形式。

卜辭："癸巳貞：其又勺伐于伊其即日。"（佚210）

卜辭："貞：即日。"（甲2806）後兩條中"即日"的用法與今天相同，爲占卜當日。

既卜辭："癸巳卜。賓。貞：臣幸。王占曰。吉。其幸隹乙丁甲日。丁亥。既幸。"（乙2093）本條卜辭中"臣幸"二字費解。因此我質疑甲骨文"幸"的本義。若本字破譯爲"幸"，則"臣幸"顯然矛盾，卜辭中"乙丁甲日"宜幸，又"丁亥日""既幸"，難道殷商有很多"女性臣子"不成？此外，當朝商王的私生活如此公開化也是值得懷疑的。

卜辭："庚寅。雨。中日。既。"（人3114）"既"是"雨停"之意。

卜辭："貞：于。既日。二月。"（明668）"既日"是"過去的一天""次日"之意。關于"既日"的另一種觀點認爲"既日"就是"即日"的通假。

卜辭："王占曰。叀既三日。戊子允既𢦏𢦏（從丰從戈。作者注）方。"（乙4701）"既三日"是"三日後"之意。既是"叀既三日"，此條卜辭應該是事後的驗辭。

令我大惑不解的是，這樣兩個字雖然在歷史長河中一直保持了本義的繼承性没有改變，但是在東漢的許慎給出的定義卻獨具《説文》特色。

《説文》："即，即食也。"這裏許慎的定義似乎還可以解釋爲"即將開飯"。但是段注曰："《鄭風・毛傳》曰：'即，就也。聲。其訓節食。故從卩皀。卩節古通。'"顯然這個"即"字被段玉裁引用的《毛傳》改變了。"即食"被訓爲"節食"了。該字保留了作爲進行時態的造字的語法意義。

《説文》："既，小食也。"許慎對"既"的定義就有些離譜了。"小食"最早出于卜辭，殷商人每天兩頓飯，上午九點是一日是主餐爲大食，下午四點爲小食。後來人們把下午的打尖吃點心，就是吃下午茶也叫作吃小食。有學者引用《論語》中孔子的一句話作爲考證"肉雖多，不使勝食既"。這句話的意思就被解釋爲（宴席上）"肉雖然很多，但是不要吃的比小食多"。也有學者認爲這句話中的"既"是假借爲"餼"，即"米麵等主食"的意思。意思是"肉雖然很多，但是不要吃得超過主食"。我認爲這兩種觀點中的"既"的本義都偏離了甲骨文"既"的本義。段玉裁的解釋是："小食則必盡。"這樣就回到了"既"的甲骨文本義。但是許慎爲什麽不説明白點呢？"既，小食之盡也。"不就很明白了嗎？《春秋・桓公三年》："七月壬辰朔，日有食之，既。"《史記・周本紀》："東西周皆入于秦。周既不祀。"這樣兩條記載均出于許慎之前的歷史文獻，其中的"既"也都是當作"完畢"解釋的。

由"即""既"二字的歷史變化我們看到，殷商的甲骨文字本義的内涵很小，但是在其長期的使用過程中内涵在不斷地擴大、多義、轉移甚至發生與原始本義完全不同的新本義；其外延也在使用中被賦予了引申義、假借義和反訓義。但是這兩個字的本義内涵卻一直延續了三千多年，這充分説明了殷商甲骨文造字的强大的生命力。

【甲骨文字本義小結】

即的本義：即將開飯。動詞。參與甲骨文時態的形成，表示現在進行時態。

音訓：卩食切。讀若ji（入聲）。會意造字。

既的本義：吃飯完畢。動詞。參與甲骨文時態的形成，表示現在完成時態。

音訓：卩食切。讀若ji。會意造字。

兩字同音，其本義必須藉助甲骨文的造字字形加以區别。

破譯甲骨文：幾個部首的區别

圖一 甲骨文六部首

研究甲骨文字首先必須確定部首，這就是許慎所説的"建類一首"的意思。解决了一個部首的本義涉及破譯一類字的本義，所以第二步就是確定各個部首的本義，進而逐個地確定和該部首相關的一類字的本義，這樣纔能够自圓其説，纔不至于在同一類字或者部首容易混淆的字中産生互相矛盾的本義解釋。在部首的設計上，殷商（或者殷商以前）的造字者是很科學、很嚴謹也是很準確的。這裏我們列舉出以上六個部首來證明這個觀點。

圖一第二第三個部首是"厂"，兩個部首發音相同，爲罕。《説文》："厂，山石之厓巖，人可居。象形。"注意因爲它是"山石之厓巖"，所以厂的本義：石崖。名詞。石崖下面可供人居住。這個部首也可以表示石質的山洞。注意，"厂"部首的甲骨文字上

部不可以有“屮”（草）或“木”。還要請注意：甲骨文“目”字也是從“厂”從〇的。其中的眼珠符號〇是居住在眉骨符號厂中間的，和人居石崖間相似。

第四個部首是土崖或者土質的窑洞：崖上用屮（草）或者木生長于其上以示質地有區别。草和樹木一般生長在土質的地面。所以有的甲骨文字會出現上部有“屮”或“木”，另一些則没有“屮”或“木”的情况。出現這種情况是兩個字是可以互相通用的，但是我們必須搞清楚其中的本義是有著細微的差别的。前者是土質的可以長草，後者是石質的不能長草。例如甲骨文“石”就是從厂從口，説明這個石塊是從石崖上塌落的。而一期甲骨文有“殷”（乙 8502）上面就有兩個“屮”，説明這是一個土質的窑洞。

第五個部首是“丘”。丘的本義：兩山之間的平地。名詞。《説文》：“丘，土之高也。”而事實上，甲骨文“丘”所表現的象形是兩座土丘之間的平地。而遠古人們一般是居住在丘之陽面——可以曬到陽光的地方——南面。漢語詞彙“丘陵”“丘墟”也包含了土丘之間的遠古含義。

丘字倒寫便得到甲骨文“内”字。也就是上圖中的第一個部首“内”。内的本義：地穴，常指墓穴。名詞。引申義：入内。動詞。丙的上面一横和丘的下面一横代表地面。甲骨文“商”就是從帝字的頭，從倒丘，本義是先帝的墳墓。所以“商”地也叫帝丘，是商的先祖安葬的地點。

“内”的一半是甲骨文“厂”字。説明“厂”是開放式的崖，而“丙”是封閉式的穴。例如甲骨文“更”就是從丙從攴，本義爲手執工具挖掘土穴（或修墳墓），引申爲“變更”之意。

還要注意一點的是甲骨文“丘”内部是兩個圓角，這代表的是兩側的山坡。同樣甲骨文“丙”兩側也是圓角，因爲窑洞或者墳墓的頂部是圓弧形的。這個圓角是一種象形造字的手法。

同樣要注意區别的是上圖第二和第三個部首，它們都是“厂”，但是兩個部首也是有細微區别的，一種是直角，另一種是圓角。一般地説直角的“厂”用在天然形成的石崖，而圓角的“厂”多用在人工挖鑿的場合，既然是山崖，就包含了石質的和土質的山崖兩種。所以在殷商甲骨文系列中，涉及挖鑿窑洞的系列字用的都是上圖第三個或第四個部首。

上圖的第六個部首是“乚”，這個部首在甲骨文研究專著中似乎没有引起大家的關注。其實在《説文》中就有這個“乚”部首。依照上述甲骨文部首的造字規律，這個“乚部首”也應該是和土地、地點有關。但是許慎的定義似乎偏離了這個造字的規律。《説文》：“乚，匿也。象迟曲隱蔽形。”我按照甲骨文的造字規律給這個“乚部首”下了一個符合甲骨文造字的定義：乚，角落也。象地形隱蔽之處。《説文》在該部首下僅收録了漢字“直”，小篆寫作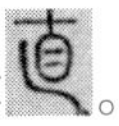。《説文》：“直，正見也。從十目乚。”意思是十隻眼睛——也就是衆目睽睽——同時看見某隱蔽之處（或隱蔽之事）。段注曰：“見之審則必能矯其枉。故曰正曲爲直。”我們知道甲骨文的“直”字是眼睛直視的會意，這裏就不再贅言了。

但我們查閱甲骨文系統中的“乚”部首系列字時發現，甲骨文這個部首中收録了

“區”“侯”“亡”三個字，這樣三個甲骨文字是否和這個“乚”部首建類一首，成爲一個系列字呢？這就要取決于在這三個字中“乚”是否具有相同的本義，而且它們如果有相同的本義，是不是符合我依據《説文》修正的新的定義呢？下文將專門考證“乚”部首字。

破譯甲骨文：乚部首系列字

甲骨文系統中有一個意符很像英文大寫的 L（讀若 yin），故稱之乚部首。乚部首的甲骨文字自成系列，例如：

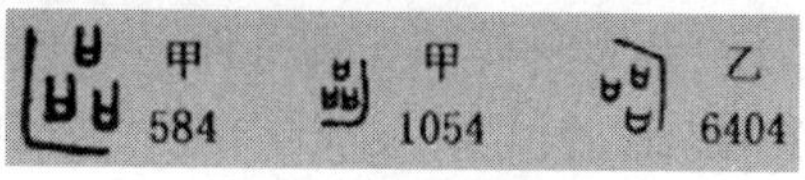

圖一　甲骨文：區

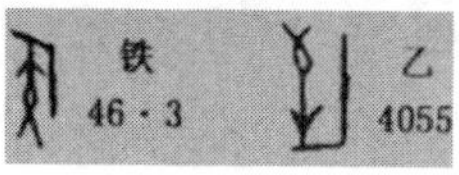

圖二　甲骨文：侯

圖三　甲骨文：亡

小篆中還有一個（直），但是這個字在甲骨文中習慣是寫作。因此從造字原理上看兩個字在不同的歷史時期的本義是有區别的。小篆“直”側重的是十人（很多人）共同見證；甲骨文“直”則側重的是目光直視之意。這個小篆與本文無關，因爲我們討論的是甲骨文系列。

乚部首在漢字中習慣把這一筆畫叫作竪折，其實在甲骨文中這個竪折有時候折畫是平的如圖一的例一例二，有時候這一折畫是斜的如圖二的例一和圖三的例一，有時候還會出現上鈎，如圖三的例二。在卜辭中這三個甲骨文字大多有這樣三種筆畫特點。

甲骨文“區”，從乚部首從品。品，按照《説文》定義：“品，衆庶也。”意思是衆人。衆人分布的地方當然是一個地理區域。但是按我對“品”的理解，組成品的“口”是一個非固定意符，根據它參與的造字和上下文，可以是人、村落、城邑、物品、酒品、星星等等，“口”是一個象形，也就是格式塔心理學中所謂的“形式”，也就是一個視覺圖形。其本義依據所處環境而被賦予不同的意義。本字中表示“邑”，即村落。某一區域有很多村落表明這是人口密集區域。例如：

卜辭：“乙卯。在品。”（甲 3588）這裏的“品”可能是有三個以上村莊的人居聚落。

卜辭：“乙未。酒系品，上甲七……”（粹 112）這裏的“品”可能是酒品。

卜辭：“丁酉卜。祝。貞：其品後在兹。”（後下 9・13）這條卜辭的“其品後在兹”應該就是甲骨文“區”的本義。意即某種物品保管在此。甲骨文“區”就是某一類種類相同的物品集中的地方，例如聚落、祭祀時放置酒罏的區域、天上的北斗區域或紫微垣。所以許慎説“區，踦區，藏匿也。從品在匸中。品，衆也。”《説文》這裏的“品，衆也”，就是説某一類東西很多。把它們藏匿在某一個地方，這個地方就叫作“×區”。

這裏的“乚部首”的本義是什麽?

甲骨文“矦”，從乚部首從矢。造字本義就是將矢射向某一地點。射獵總是這樣，將箭射出後，就要到既定的區域去尋找，要麽找到獵物，要麽找到那支箭矢。許慎用西周禮儀解釋爲：“矦，春饗所射矦也。從人（甲骨文没有。作者注）從厂，象張布，矢在其下。”《説文》殷商有没有春饗禮儀這並不重要，關鍵是許慎的這個定義和我們上面依據甲骨文造字的推理是相同的。“矦”在卜辭中絶大多數是作爲統治某一地理區域的統治者，這也是後來“諸侯”一詞的詞源。但是我們還是要提出這個問題：這裏的“乚部首”的本義是什麽?

甲骨文“亡”，從乚部首從人。其本義可以直譯爲某個人藏在某一地區。《説文》：“亡，逃也。從人從乚。”這個定義似乎也是爲甲骨文“亡”所下的。但是細心一點我們就會發現兩點差異：一是甲骨文“亡”中的符號衹是甲骨文“人”的上半部分；二是由于使用了甲骨文“人”的一半作爲意符，就産生了兩種方向：正看是半個“人”，倒看也是半個“人”。這個造字是貼切的，因爲字中“人”無論是逃亡還是死亡都衹能算是“半個人”了。所以甲骨文“亡”的本義是：一個人在某地隱匿。不知其生死。甲骨文“亡”在卜辭中還没有發現本義當作“死”的詞條，一般衹是當作“没有”解釋：

卜辭：“乎舞亡雨。”（金 638）意思是雩舞祭祀後並没有下雨。“乎”是發語詞。

卜辭：“貞：乎婦□亡得。”（合 315）

卜辭：“……往來亡災。”（卜辭中多見）

後來在文字的發展中“亡”有了“死亡”的意義。據段玉裁考證，這裏的“亡”衹是人們不忍説親人已經死去，所以出于避諱説“亡”，即“没有了”。没有了就意味著這個親人去了一個大家找不到他的地方。這裏的“乚部首”的本義又是什麽?

從上述“區”“矦”“亡”三個“乚部首”的本義可以看到“乚”是指一個地理範圍，這個範圍是一個特指。所以許慎在《説文》中將“乚”單列一部成爲部首。據此我們可以創造出許多新的漢字，例如從乚從酉會意爲存放酒罎的地方；從乚從車是存放戰車的地方；從乚從木是儲木場。但是這些字有一個共同的特點就是它們都是指露天的物品存放地。

《説文》：“乚，匿也。象迟曲隱蔽形。……讀若隱。”這個部首在《説文》中僅收錄了一個“直”字。但是當許慎死後大約 1700 年以後，河南殷墟出土了許慎未曾見到的甲骨文，我們從中發現其中還有三個“乚部首”的甲骨文字，令人感到吃驚的是可以納入許慎所設立的乚部首的這三個甲骨文字都能够符合許慎給“乚部首”下的定義。而且殷商甲骨文系統中發現的“乚部首”的造字證明了該部首的造字本義都有“隱匿”的意思。這説明許慎的《説文》的内容確實是有歷史繼承性的，至少是有當時社會的客觀現實作爲依據的。

【甲骨文本義小結】

區的本義：隱匿某種物品的地理區域。引申義：某一地理範圍。

矦的本義：射出的箭矢落地的區域。引申義：統治一方的王（以射箭確定封疆的人）。

亡的本義：隱匿著某個人的地理區域。引申義：隱匿死人（靈魂）的幻想區域。

破譯甲骨文：乍(作)

《説文》："乍，止亡詞也。從亡一。一，有所礙也。"（經段玉裁校正後的定義）

《説文》："作，起也。從人乍聲。"本義是人突然起身的意思。

圖一　甲骨文：乍（例四非本字）

比較這兩個字的許氏定義，我們知道在東漢時，乍和作發聲是相同的。這兩個字應該是古入聲字，今天江淮方言中這兩個字還是入聲字。雖然在《説文》中有乍和作兩個小篆本字，但是在甲骨文中這兩個字卻是同一個甲骨文字，這説明乍是作的初文，漢字"作"是在使用中分化産生的和人相關的形聲字。如圖一：

甲骨文是一字一形一義的，所以造字結構不同的例四不是甲骨文"乍"，而是另有其本字和本義的。這個甲骨文破譯爲"作"是不準確的。

這個字徐中舒做了如下破譯：該字"象作衣之初僅成領襟之形"。而對上圖例四，徐中舒解釋爲："象縫紉之綫跡。以誇張之綫跡置未成之衣上，作衣之意更爲顯然。……故甲骨文以作衣會意爲作。"① 然而作衣是否可以解釋通順這個甲骨文字呢？顯然不能。首先以這個圖形來代表作衣可能衹有極少數人能懂；其次如徐先生所説是衣之領襟，我們衹看到一個類似衣服領子的象形；第三，本字上部的兩個口是敞開的且一高一低，衣服的領襟是不能這樣"作"的。誠如是，則例四的本字衹能理解爲將衣服領襟縫合起來，這件衣服也就没法穿了。所以，"乍"本字上部的開口一定有它的道理。甲骨文造字的表意是很準確的。

下面是三條武丁時期的卜辭：

一、"……口貞：洹其乍兹邑，判……"（續4·28·4）洹河漲水。

二、"貞：洹弗乍此邑，"（同上）洹河没有淹没這個村落。

三、"……卜，争貞：洹其乍兹邑。［判］……"（掇二476）洹河漲水淹没了這個村落，有判。

從文中可以看出，"乍"（讀音作），我根據甲骨文字形理解可能是"起來"或者"漲水"的意思。也有甲骨文專家解作"作"即"建造"的意思。我的認定有一個重要的依據是上面的第一第二條卜辭内容。根據專家意見作"建造"如解釋的話，第一條應該解釋爲"某人卜問，結果是在洹水邊建造城邑"，這樣的解釋當然是可以的，但是它無法繼續解釋第二條卜辭，因爲第二條卜辭的内容是"弗乍兹邑"，按照上述解釋就是"不建造兹邑"，既然不建造兹邑就根本不需要卜問，從而也就不會出現這樣一條卜辭的

① 徐中舒主編《甲骨文字典》，第887頁。

記載。卜辭一般是因事問卜。因此可以反證卜辭“乍”的意思不是“建造”，而是今天我們所説的“發作”。

所以我認爲，第一條直譯是：某人卜問：（結果是）洹水淹此邑。第二條直譯爲：某人問卜：洹水不會淹到此邑，（當爲吉）。由于這樣兩條卜辭是出現在同一片龜板上，所以這一次占卜是針對殷墟邊洹河會不會發生水災的一次問卜。“兹邑”代表殷商目前的居住地，這一點我們在《尚書・盤庚》中已經屢次見到了。

如果是“洹乍”，那麼甲骨文“乍”的本義就應該是“洹河漲水”之意。也就是許慎所説的“起也”之意。這個前提對最終確定甲骨文“乍”的本義很重要。我們在卜辭中還看到“乍”的其他用法：

卜辭：“貞：乍大邑于唐土（社也，作者注）。”（金611）乍意爲建造。

卜辭：“乍冊。”（京703）乍意爲製作。

卜辭：“……卜。□。貞：我其祀賓乍帝降若。”（粹1113）乍方言通假爲連詞“則”。虚詞。夏方言音：ze（入聲）。

比較上述六條卜辭，我認爲其本義還是以“漲水”一説最爲原始，最接近造字本義。我注意到甲骨文“乍”實際上是流經殷墟的洹河的走向圖。洹河自上游的善應村流出地面彎彎曲曲，但是總的方向是向東南方的内黄縣流去，在内黄境内的范陽口匯入衛河隨即轉彎向北流向天津入海。甲骨文“乍”因爲是洹河的象形，所以兩端没有封口，因爲上游有來水，下游有去處。“乍”的形狀和洹河走勢圖如此吻合説明了什麼？這個“乍”字有没有“漲水”的含義呢？有的。造字中的兩個平行的“V”字可以代表漲水期的水位綫和枯水期的水位綫。按照水文學原理，這樣兩條水位綫應該是平行的。這樣從河流走勢圖，從兩端不封口，從平行的水位綫三點，我認爲甲骨文“乍”的造字的本義就應該是“洹河漲水”。而建造房屋也是一個不斷“上漲”的過程，同樣“造冊”也是一個不斷“上漲”的過程。所以它們都是後起義。

乍的本義“上漲”符合上述所引六條卜辭的解釋。需要補充一點，甲骨文虚詞都是有實詞借用的。

卜辭：“……卜。□。貞：我其祀賓乍帝降若。”（粹1113）翻譯爲：“我祭祀，則上天的帝就會降落人間。”從時間上看先“祀賓”，然後有“帝降”，和河水上漲一樣都是一個時間的過程。“乍”借用作“則”非常貼切。在我國很多的方言中，“乍”“則”發音相同，均爲入聲字。如安徽巢湖一帶的方言今猶如此。夏桀避商湯正是死于此地。

漢字“作”其中的意符“乍”表示的“河水上漲”不是人爲的，所以河水上漲和人没有會意關係，因此後起字“作”是一個形聲字。形聲字是西周以後出現的造字方法。所以可以肯定在殷商的甲骨文系統中，現在没有從人的“乍”字，以後也不會發現這個造字。因爲這樣的造字方法不符合殷商甲骨文造字的規律。如果在夏代文字裏發現了這個“乍”，那麼，夏代的“乍”的造字一定是另一條河流的文化内涵，多半應該是和黄河的西河和南河有關聯，和甲骨文乍方向相反。

同樣的道理，卜辭中凡是人爲的“上漲”義項，今天都應該是寫爲“作”。“乍”和“作”的關係是古今字的關係，或者説“乍”是“作”的初文。所以我們就修正了許慎在《説文》中爲這兩個字所下的定義。

按照我們上面的分析，上圖例四的甲骨文字不是“乍”，而是另一個甲骨文本字，待破譯。

【甲骨文字本義小結】

乍的本義：特指殷墟的洹河漲水。引申爲水患。

音訓：從V。右文造字。V爲聲符兼意符。今讀若 zhe。方言讀若 ze（入聲）通則。今多地方言中依然保留該發音。如安徽某地方言罵人“下作”，讀若 xia ze（入聲）。本字常見于夏玉刻辭，疑爲夏方言造字。

破譯甲骨文：勹部首字

“勹”（讀若 bao）。這個部首最早出自《説文》：“勹，裹也。象人曲形有所包裹。凡勹之屬皆從勹。”所以這個“勹部首”字本義都應該是包在某個東西的裏面。許慎在“勹部首”條目下收錄了十八個字。但是在殷商甲骨文中目前被破譯且得到認可的勹部首的字爲數不多，如圖一、圖二、圖三：

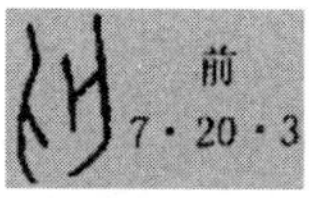

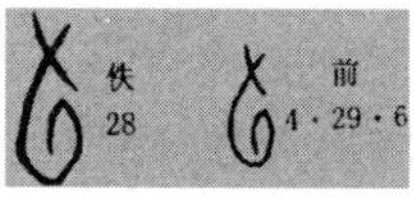

圖一　甲骨文：勽　　圖二　甲骨文：匀　圖三　甲骨文：旬

雖然這三個甲骨文字破譯爲漢字同屬于“勹部首”，它們在甲骨文中卻並没有相同的意符“勹”。這就給這三個字的本義破譯帶來了很大的難度。但是如果許慎關于“勹”的定義是一種文字歷史的繼承，這樣三個字的本義應該都有“被包裹在某個東西裏面”的意思。

首先看甲骨文“勽”。漢字也寫作：包、抱、菢。從造字上看是一個人被包裹在母親的子宫中。圖一的這種橢圓形的意符注音也是 bao。參見甲骨文雹字，從天門從三勹。遠古人類很早就已經發現了胎兒在母體内的“十月懷胎”過程：

《淮南子·精神訓》：人“故曰一月而膏。二月而胅。三月而胎。四月而肌。五月而筋。六月而骨。七月而成。八月而動。九月而躁。十月而生。形體已成，五臟乃行”。

《廣雅》：“人一月而膏。二月而脂。三月而胎。四月而胞。五月而筋。六月而骨。七月而成。八月而動。九月而躁。十月而生。形體已成，五臟乃行。”

《文子·九守篇》：“人一月而膏。二月而脈。三月而胚。四月而胎。五月而筋。六月而骨。七月而成。八月而動。九月而躁。十月而生。形體已成，五臟乃行。”

這些文獻中的“四月而胎”、“四月而胞”説的是同一個意思，就是在母體内四個月時胎兒就已經成形。卜辭中這個“勽”字中間的“人”還有一種類似胎兒的寫法。所以這個被學者們破譯的“勽”，就等同于漢字“包”是“胞”的初文。其本義就是位于母體内的四個月時的胚胎。這兩個字在甲骨文造字上的區别是前者勹中從人，後者是勹中從巳。這裏的“人”和“巳”造字的作用是一樣的，都代表意符：人。這個意符也就是我所認定的非固定意符。在甲骨文中兩者實際上是同一個漢字。徐中舒説“包、勽初爲一字”① 的觀點是對的。《説文》：“包，象人裹妊。‘巳’在中，象子未成形也。”《説文》：“勽，覆也。從勹人。”後來演化出形聲字“胞”則是臨産前的包裹著胎兒的胎盤的意思。《説文》：“胞，兒生裹也。”參見《殷商先民就已經瞭解“懷胎十月”》一文。

圖二是甲骨文“匄”，漢字也寫作“匃”。從甲骨文本字分析，應該從匕不從勹。該字音訓極其複雜，按照《康熙字典》的輯錄，它的發音讀作：古達切，古泰切，居曷切，居大切，邱蓋切，葛，丐。可見要給出該字的音訓是一件極其困難的事情。甲骨文“匄”應該發什麼聲音今天無法確定，因爲《康字字典》羅列的七種發音究竟哪一種是商朝“雅言”，哪一種是原始發音很難確定。《説文》曰：“匄，氣也。亡人爲匄。逯安説。”段注：“逯安亦通人之一也。”許慎收集的定義一是假借“氣”爲“乞”；二是根據逯安的解釋“匄”爲“亡人”，是指逃亡的人還是指死亡的人？不僅兩種定義解釋得令人糊塗，而且這兩個定義與甲骨文本字“匄”訓詁上似乎毫無關係。逯安説“亡人爲匄”，可能有他的依據，但是僅憑這四個字我們就可以認定漢字“匄”的本義嗎？當然不能。好在甲骨文的創造者在造字時不僅考慮到直觀看見就能懂，而且還將當時的造字理由保留在了甲骨文字中。這是非常難能可貴的，世界上的其他文字是絶對無法做到這一點的。

因此我可以依據字形進行考證，然而依據造字確定本字的本義則更爲困難。

《甲骨文字典》：“匄，從亡從人。與《説文》匄篆文構形略同……一、乞求也……二、讀如害。”② 學術界基本接受這個“乞求説”。但是“乞求”和“讀如害”之間有什麼關係嗎？當漢字“匄”寫作别體“匃”的形式，似乎更接近于漢字“匈”。

其實漢字“匄”“匃”“匈”這三個字在字形上是非常接近的。三個字的意符“亡”“亾”“凶”也是本義很接近的。聲訓上看“亡”在明母，和“凶”在曉母，兩字應是諧聲可通的。從字形、字音、字義三方面看這三個本字很可能是漢字“凶”的甲骨文字。誠如是，則夏方言讀若 xun。

圖四

從造字看，徐中舒的“從亡從人”的觀點是可以商榷的。我認爲本字可以理解爲“從匕從亡”，匕，女陰也；亡，隱匿逃亡者的區域，引申義：死亡。所以本字從匕從亡，其會意爲流産。流産者，凶兆也。對于商王來説，流産也許意味著失去一位繼承人的問題，所以凶。逯安説“亡人爲匄”，是不是説流産是一個凶兆呢？

甲骨文系統中有“吉”字，本義爲適宜動土的日子。但是一直没有發現有“凶”字，是不是殷商人以流産爲“凶兆”的造字呢？

卜辭：“貞：王其有匄。于祖丁。”（乙 4687）商王遇到凶兆，于是祭祀祖丁。

卜辭：“丁卯卜。賓。貞：歲不興。亡匄。五月”（甲 2124）年歲不好，但是不是

① 徐中舒主編《甲骨文字典》，第 1020 頁。

② 徐中舒主編《甲骨文字典》，第 1387 頁。

凶年。

卜辭："貞：匄。工方于上甲。"（庫 1649）凶兆，工方祭祀上甲微。工方是殷商的敵國。敵國的諸侯祭祀商的先王，是要告狀，意在尋找發起戰争的由頭。

涉及"匄"（匃、匈）的卜辭還有幾條，均可以用"凶兆"解釋通順。因此這個甲骨文字的發音應該和它本義爲"流産"的訓詁相一致，該字應該讀作凶，初文爲凶。引申爲一切凶險之兆。《説文》："凶，惡也。象地穿交陷其中也。凡凶之屬皆從凶。"許慎的這個定義顯然不是本義而是引申義。

圖五

圖三是甲骨文"旬"。漢字旬的會意是勹部首裏包進了許多的"日子"。我們知道一旬是十天，殷商人在每一旬的最後一天要對下一旬的吉凶進行占卜。所以甲骨文"旬"在卜辭中最常見的應用就是"旬亡判"。有很多的卜辭中天干地支紀日可以證明本字是"旬"没有疑問。

甲骨文"旬"的發音無從考證。《説文》："旬，遍也。十日爲旬。從勹日。"段注："小徐（本）無也字，非是。"但是我的見解正相反，省略了"也"字纔是準確的。

《説文》（小徐本）："旬，遍十日爲旬。從勹日。"這裏的"遍"是遍及、經歷的意思，就是經歷了連續的十天纔是"旬"。這樣的定義就準確多了。

從甲骨文造字上看，它爲什麽采取了這樣一種造字形式呢？由于甲骨文是刻寫在龜板、獸骨上的，所以這種螺旋式的綫極少用來作爲甲骨文造字綫條。"旬"采用了這種螺旋綫一定有其非用不可的理由。本人試論述如下：

平滑的螺旋綫代表時間。外旋開口放大表示時間的無限性。上面這一竪截斷了時間，而截斷時間的這一竪正是甲骨文"十"，這個甲骨文"旬"的本義爲：時間長河中截取的十天（因爲時間的基本單位是天）。該字的音訓就是那一條螺旋狀的綫，讀若旋。旋、旬發音相通。《爾雅》："宣、侚，遍也。"甲骨文"宣""洹"下從螺旋綫。

【甲骨文字本義小結】

勹（即包）的本義：懷胎四月的胎兒會意。

音訓：右文造字。勹是聲符兼意符。

匄（匃。疑爲匈）的本義：即漢字"凶"之初文。本義爲：流産，凶兆。古音訓爲凶。

音訓：從匕（古音 hua）從亡（古音 wang）。反切讀作 xiong

旬的本義：時間長河中連續的十天。音訓爲旋。

音訓：從旋紋。讀若 xuan。方言通 xun。

破譯甲骨文：侚（群）*

侚的本義是人群，群的本義是羊群。"侚"字在甲骨文裏就有，是會意字，音訓爲旋；"群"字則是一個後起的形聲字，從羊從君，君亦聲（在造字中也僅僅是一個純粹的音符而非意符)。甲骨文中不會有“群”這樣的造字，因爲它公然把“君”和“羊”用在一起造字。所以在表示“群體”這個意思時，甲骨文“侚”和漢字“群”有意義上的内在聯係。

其實《説文》《爾雅》這些最早的字典裏，有很多字的本義已經無從考證，例如：

《説文》：“君，尊也。”段注：“此羊祥也，門聞也，发拔也之例。”音義兼訓，義訓無考。

“群，輩也。從羊君聲。”段注：“朋也，類也。……引申爲凡類聚之偁。”義訓無考。

《爾雅》：“宣、侚，遍也。”

這些義訓已經偏離了本字的原始本義了。甲骨文“君”，從尹從口，顯然其本義不僅僅是尊，“口”有宣示、命令和訓示的成分。“宣、侚”其本義也不僅局限于“遍”。“宣”的本義有普及到大衆的含義。侚呢?

本文考證的是甲骨文字侚，如圖一：

圖一

《説文》：“侚，疾也。”其中“疾”是傷病還是快?

《殷墟甲骨學》：“楊樹達釋：‘即今本《紀年》沃丁名絢之絢。’李孝定釋：‘争［或抉］……侚……死［或因］。’(後下21・1)字正從人從旬與篆文同，辭殘其意不詳。”[①]

這三種觀點都没有和甲骨文“侚”的本字發生直接的聯係，學者們的觀點或者不是本義，或者語焉不詳的解釋，没有給出一個令人能够理解和能够接受的結論。這就是：他們認爲甲骨文本字“侚”要用從人從旬表達出什麼本義?

上文我考證了甲骨文“旬”的本義是：“從時間長河中截取的連續的十天，即一旬。”甲骨文旬是用一豎來截斷一根螺旋綫。螺旋綫是甲骨文的常用意符，其本義是水中的漩渦和動詞旋轉之意。前者見甲骨文字“洹”的考證；後者見甲骨文字“宣”的考證。在甲骨文“旬”的造字中螺旋綫表示向外擴散的時間。其實我們認真思考一下就會發現：旬、宣、群、侚這幾個字有一個共同的特點就是均質性。所謂均質性是我借用的物理名詞，又叫作各向同性，意思是它包涵的對象是同質的，均勻的，有“群”的含義。例如：《詩經・小雅》：“誰謂爾無羊，三百維群。”《史記・五帝本紀》：“黄帝幼而侚齊。”這句話同樣見于《素問》：“黄帝幼而侚齊，長而敦敏。”意思是黄帝從小的時候各方面的素質都很均衡。《説文》段注：“《大戴禮記》作‘叡齊’亦作‘彗齊’。”

但是我爲什麼認定這個甲骨文“侚”的本義是“群”呢?請看圖一，侚，從人從旬。旬的本義是“時間長河中的連續的十天”意即數目十個單位。十個單位的人就是一群人。甲骨文没有“群”字，所以可以基本認定這個“侚”所含的本義爲人。所以“侚”的本義是一群人的意思。至于漢字“群”最早出現在春秋時代的《子璋鐘》銘文，上從尹中從口下從羊。這應該是君子放牧羊群的會意，戰國以後這個“群”字就多見于簡書和印璽了。但是顯然由“侚”到“群”，一群人變成了一群羊，已經不把百姓當人看了。但是就造字的科學性和受衆接受的角度看，群的造字比侚的造字嚴謹和形

① 馬如森著《殷墟甲骨學：帶你走進甲骨文的世界》，第381頁。

象，更容易理解。

有一個不可忽視的歷史事實：從甲骨文以後到《説文》之前的這一段歷史的文字資料中，“佝”突然不見了，代之以“群”。這是爲什麼?

【甲骨文字本義小結】

佝的本義：一群人的統稱。後通漢字“群”。兩者爲古今字。

音訓：右文造字。旬是聲符兼意符。讀若 xun，通 qun。

破譯甲骨文：箙　晋

漢字晋和漢字箙差别很大。從《説文》定義看兩者似乎毫無聯係：

《説文》：“箙，弩矢箙也。從竹服聲。《周禮》‘仲秋獻矢箙’。”

《説文》：“晋，進也。日出而萬物進。從日從臸（音進）。《易》曰‘明出地上晋’。”

但是這兩個甲骨文均從雙矢，兩字竟然是如此關係密切。當我通過比較來破譯甲骨文的“箙”“晋”兩個字時，首先需要落實的是在卜辭中的這樣兩個甲骨文字是不是漢字“箙”和“晋”的本字。

圖一　甲骨文：箙

圖二　甲骨文：晋（例二非晋）

卜辭：“……卜。賓。貞：告卓受令于丁。二牢。箙一牛。”（粹 533）

卜辭：“丙午卜。貞：卓尊歲。羌卅。卯三牢。箙一牛。于宗用。八月。”（林 2·3·11）

卜辭：“丁亥卜。□。貞：翊日乙酉。箙旋御大丁、大甲、祖乙。百鬯、百羌、卯三百。”（後上 28·3）

注意以上的“于丁”“于宗”“御大丁”都是殷商的祭祀。

卜辭：“箙受年。”（乙 7009）地名或方國名。

卜辭：“丙子卜。箙。貞：曰……”（前 7·15·3）一期卜辭貞人名。

甲骨文“晋”在卜辭中僅存兩例（見圖二拾 13·1 和佚 600），而且是相同的兩例，其中還有一個未識字，無法作爲考據，卜辭從略。

就甲骨文“箙”的本字而言，其本義的會意應該是“收藏箭矢的容器”。見揚雄《方言》：“所以藏箭弩謂之箙。”揚雄未注明方言地域的，一般是中原的方言，所以“箙”這一注音可能源自秦晋方言。甲骨文字的注音中有秦晋方言發音，説明甲骨文系統有些文字的形音義是對前朝堯、舜、禹、夏的文字的繼承，而不單純是殷商貞人們苦心孤詣的獨創。這一發現提示我們，殷商卜辭被埋入地下不是爲了文字的保密而是爲了内容的保密。

所以我們祗能理解爲這種叫作“箙”的祭祀方式是將整隻的牛放在一個木製的囚籠中祭祀。而且這個“箙”作爲木製囚籠的解釋祗能是引申義。原因就在于它的甲骨文本字是從兩矢從木匣或者竹匣。因此有些學者認爲圖一的甲骨文本字不是”箙”而是别的漢字。但是依據本字的造字産生的本義，對應的漢字祇有一個“箙”可以解釋。該字外面用竹木製作的方框是一個意符，讀若 fu，可破譯爲漢字桴。

至于圖一的甲骨文字是不是讀若“服”現在就很難考證。甲骨文的發現對後世訓詁學研究最大的挑戰就在于在甲骨文系統是以象形和會意（學者黄侃等稱其爲指事）兩種造字方法，所以這個系統中没有純粹的形聲字。没有形聲造字就很難確定這個甲骨文字在殷商時的準確的發音。但是在漢字使用的過程中，甲骨文的許多會意字逐漸爲“右文造字”取而代之。這些進化而來的類形聲字有些保留了原始文字發音的進化的軌跡，我們今天可以認定，這個“箙”字就是一例。比較甲骨文的象形和會意造字方法和後世右文造字的方法，我們這纔意識到西周的形聲造字不僅在造字速度和産量上是一個突破，在造字的保留發音的角度無疑也是一場偉大的革命。

從甲骨文“箙”的造字看，它是將兩支箭矢插進一隻箭箙中。《周禮》：“中春獻弓弩。中秋獻矢箙。”注：“箙，盛矢器也。以獸皮爲之。”宋代沈括《夢溪筆談》中又作“矢服”。這説明矢和箙是一套裝備，矢插在箙中。矢箙爲圓筒狀。故這個字可以從一個矢，也可以是兩個甚至三個矢的造字。周人在中秋頒發箭矢是爲了秋、冬季狩獵的需要。但是甲骨文的“箙”顯然是一種竹、木製作的框架型的箭匣。

請注意這裏的“箙”和“晋”兩個字中的矢的箭頭都是向下的。甲骨文系統中極少有用意符“矢”箭頭向下造字的，這樣兩個甲骨文字均采用了箭頭向下的造字一定是“别有用意”的。按照科學的常識，一支箭的箭頭向下一般有兩種情况：箭矢落地或者被人爲倒置。甲骨文“侯”字中有一例是箭頭向下，其餘爲箭頭向上。“侯”這一例外可以被理解爲射出的箭落地了。但是“箙”和“晋”兩個字箭頭均朝下。這就引發我祇能去研究兩者的造字中的另一個意符：對“箙”而言是下方木製或者竹製的匣子；對“晋”而言就是它下部的“日”字。甲骨文“箙”造字中的箭矢已經插入匣中。而“晋”造字中的兩支箭矢卻在意符“日”之上。所以經過比較我們發現“晋”的本義是兩支箭矢即將進入“日”。顯然這裏的“日”不能解釋爲太陽。現在破譯這兩個甲骨文字的關鍵就在這個“日”字。

我考證了甲骨文是一字一形一義的，所以這裏的甲骨文“箙”和“晋”無論從其發音和造字都不是同義詞。兩字本義的區别就在于前者從矢從匣的象形，後者從矢從日。這個意符“日”如果按照慣例解釋爲太陽的象形，那麽甲骨文“晋”的本義就是兩支箭插進太陽。這在客觀上不可能，在造字上没有必要。因此意符“日”祇能有其他解釋。由于甲骨文造字祇有象形和會意兩種，這個矢日兩字合體的“晋”字是一個會意字。除了太陽以外，意符“日”還能會意成什麽意思呢？

甲骨文中的“日”有容器象形之意。“晋”本字是另一個漢字的初文，這個漢字就是“搢”。搢的本義是插入。也就是説甲骨文“晋”字按照會意造字的原則，應該是將箭矢插入某種容器的意思。這個容器是什麽呢？應該就是矢箙——佩戴在將士身上的裝箭矢用的獸皮圓筒。有《儀禮·鄉射禮》爲證。

《儀禮》："三耦皆執弓。搢三而挾一個。"鄭注："搢，插也。插于帶右。"賈疏："搢，插也。插于帶右者。以其左手執弓。右手抽矢而射。故知插于帶右。故《詩》云'左旋右抽'是也。"

《儀禮》："……遂適階西。取撲搢之以反位……"

《儀禮》："司射降搢撲。由司馬之南。適堂西立。比衆耦。"

結合甲骨文"晋"的造字。我們看到甲骨文"晋"的本義正是將箭矢插入矢箙中的會意。所以許慎的《説文》定義顯然是曲解"晋"字本義的。他將進入的"進"理解爲"上進"的"進"了。這在現代漢語中兩者完全不矛盾，但是在一字一形一義的殷商甲骨文系統中，進入的"進"和上進的"進"卻是分别用兩個不同的本字來表示的。

這個字在漢代流傳的西周文獻《儀禮》中又分化出一個新的形聲造字，從扌從晋，即動詞搢。其本義依然未變，還是將箭矢插入矢箙的意思。所以説甲骨文"晋"正是"搢"的初文。漢字晋的演變也是一個漸進的過程：從兩矢與矢箙的分離，到接觸，再到進入矢箙，本義漸漸明朗清晰。在甲骨文書法中，晋字下部"日"中的一點可以有，也可以省略。原因就在于這個意符"日"的本義並非代表太陽，而是一種盛放箭矢的容器的象形。

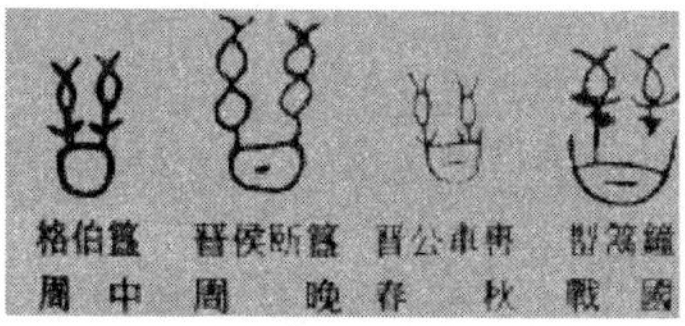

圖三　金文

圖四　簡書

值得注意的是這兩個甲骨文字中雖然都含有容器矢箙的意符，但是卻是兩種不同的容器。先秦的矢服有三種質地：木製、竹製和獸皮製的矢服。其中衹有獸皮的矢服是打仗隨身攜帶箭矢使用的。沈括在《夢溪筆談》有"皮革箭袋"記載了這種矢服的用處："古法以牛革爲矢服，臥則以爲枕，取其中虚。附地枕之，數里内有人馬聲，則皆聞之，蓋虚能納聲也。"

甲骨文的"箙"和"晋"之間的關聯是明顯的，當兩支箭插入矢箙之後，這個甲骨文的"晋"字就變成了甲骨文"箙"了。

【甲骨文字本義小結】

箙的本義：殷商時裝箭矢的木製、竹製或皮製的容器。引申義：一種祭祀。

音訓：右文造字。外面的方框桴（通服）是聲符兼意符。讀若 fu。

晋的本義：將箭矢插入矢箙。後分化爲漢字晋（名詞）和搢（動詞）。

音訓：矢，殷商方言讀 jian（箭也）。會意字。箭日切。讀若 ji，通 jin。

破譯甲骨文：農

圖一

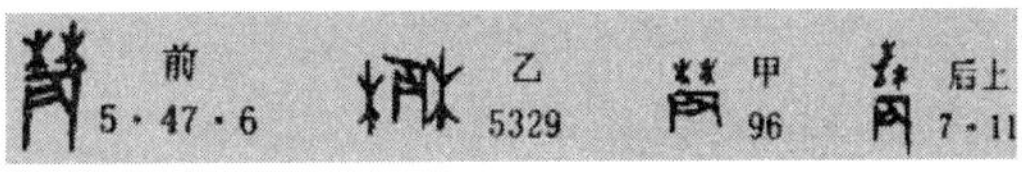

圖二 農

上述兩圖我認爲是兩個甲骨文字。圖二爲“農”，上從數個木下從辰。甲骨文一字一形一義，所以圖一上從雙爪下從辰，不是甲骨文“農”。這樣兩個字在卜辭裏的用法也各不相同。但是徐中舒認爲這兩個字都是甲骨文“農”①。在兩種字形確定以後我們來考證其本義：

《說文》：“農，耕人也。從晨囟聲。”（段玉裁據小篆造字校正之定義）

該字的籀文及古文異體上部均從林，這是符合甲骨文“農”的造字的。許慎編纂《說文》時不曾參考甲骨文和卜辭，所以這個字的從林從辰的造字應該是從商一直流傳下來的。這個甲骨文“農”字的本義一種普遍爲大家接受的說法是辰象農具蜃器，雙木或多木象農作物，其本義是農耕。比較有代表性的解釋見徐中舒的《甲骨文字典》：“象辰在草木叢中，與日及日月在草木叢中會意爲暮、朝之方式同。辰爲大辰星，大辰星昇于草木叢中之時即爲農時。……又有從臼從辰者，象手持蚌鐮形，當爲農之本字，而後世用作早晨之晨，《說文》篆文增聲符囟作農以作農耕之農。”②圖一甲骨文正是從臼從辰的。這樣兩個造字都是甲骨文“農”嗎？

雖然這個本義是學界流行的普遍定義，但是它確實使人疑竇叢生。圖一圖二中構成甲骨文“辰”的兩個意符在甲骨文系統中是頻繁使用的造字部首。上文所說蜃器，其象形就是甲骨文“辰”字中的那個有兩根（片）齒的耙子。這是一種工具。所以甲骨文辰從厂從兩齒耙。會意就是在窑洞（即意符厂）成型以後用來修飾墻面細部的。該甲骨文字的會意正是用農具二齒耙修整窑洞的弧形頂部。但是這個工具是不是蜃器卻很難說。因爲殷商時期的青銅冶煉已經很發達了，商人的青銅兵器、工具均已達到很高的水平，所以在甲骨文被創造出的年代裏，殷商人已經完全没有必要用“蜃器”作爲挖鑿工具的造字意符來造字了。所以我認定這個被此前學者們破譯爲“蜃器”的意符應該是一種金屬製造的工具。因此將這個意符破譯爲“蜃器”的觀點已經不攻自破。

我考證了辰的本義：“本義爲挖鑿窑洞，即住房。引申爲地支之第五位，對應殷商曆法爲農曆三月。此時大辰星（即房宿）出現在殷商的夜空。引申爲農曆三月，打窑季節結束，要下地幹農活了。”大辰星出現的本義是打窑季節結束，因爲這個時候由于土

①② 徐中舒主編《甲骨文字典》，第257頁。

温變化道致土壤疏鬆，已經不適合挖鑿窑洞了。但此時又恰恰是一年中春季農事的開始。

需要澄清一點的是房星和辰星之間的關係以往一直没有明確的解釋。歷史文獻中兩見：

《説文》："辰，震也。三月陽氣動，雷電振，民農時也。物皆生……辰，房星也。"

《楚辭·遠游》："奇傅説之托辰星兮，羡韓衆之得一，形穆穆以浸遠兮，離人群而遁逸。"王逸注："辰星、房星，東方之宿，蒼龍之體也。"

其實辰星就是房星，兩種名稱實際上是兩個不同的歷史時期的稱呼。商周稱爲辰，後來稱爲房。兩者的本義都是指平民居住的建築，但是"辰"指早期夏商時期的窑洞，房是秦漢時出現的一種專門的民居模式，準確的産生時期待考證。

《説文》："房，室在旁也。從户方聲。"段注："焦氏循曰：'房必有户，以達于堂。又必有户，已達于東夾西夾。又必有户，以達于北堂。'"這樣進化的建房模式絶非夏商周三代的半地穴式民居和乾打壘的宫廷建築可以比擬的。

本書中我有考證：上從雙木（或三木四木），下從厂的這個意符也是殷商甲骨文常用的造字部首之一，其本義是土質的窑洞（上部可以生長樹木）。而甲骨文"農"字的下部是辰，本義也是窑洞。我們將這兩者結合起來就可以得出甲骨文"農"的本義。這個本義既不是農耕，也不是農時，而是挖鑿土質的窑洞之意。之所以"農"後來有了農耕和農時的引申義，是因爲甲骨文"辰"的一個義項是農曆三月，三月正是辰星（即後來稱爲房星）出現在殷商的天空之時，殷商人在這個月裏所挖鑿的窑洞到了收尾（以蜃器修整窑洞頂部和墻面）的階段。這個農曆三月窑洞必須建成並不是人爲規定的，而是三月的農時已經到了清明穀雨，土壤變得鬆軟，雨水綿綿，不再適合繼續挖鑿窑洞了。同時"清明前後，種瓜種豆"，農事已經到了該忙碌的季節了。因此，甲骨文"農"在這個意義上引申出農耕和農時的引申義。

在得出甲骨文"農"的本義和引申義之後，我們來看訓詁學上一個很有名也很有趣的訓詁考證：

《詩經·何彼襛矣》："何彼襛矣，唐棣之華。曷不肅雍，王姬之車。"《毛傳》："襛猶戎戎也。"詩句和傳一向令人費解。按照《毛傳》的解釋應該是"襛""戎"通假。不錯，按照清人研究遠古韻娘日歸泥，"襛""戎"確實可以通假。但是可以通假並非一定是通假。

漢字"農"的本義在《玉篇》定義爲："農，厚也。"《説文》中又有："襛，衣厚貌。""醲，酒厚也。""濃，露之厚也。"清人馬瑞辰據此考證出漢字的從"農"之字皆有"厚""盛"之意。于是依據《韓詩》中"戎"寫作"茙"，《左傳·僖公五年》中"茙"通"茸"，最後考證出《毛傳》之"戎戎"就是"茸茸"的意思。《説文》無"茙"字有"茸"字，所以又據清人段玉裁在《説文》芮字下注解"'芮芮'與'茙茙'雙聲，柔細之狀"，最後將《毛傳》之"茙茙"亦即《説文》之"芮芮"，于是最終釋爲"柔細之狀"。奇怪的是，這時原先的"厚、盛"之意完全不見了。

我按照甲骨文"農"的本義將"襛"的本義解釋爲"成衣"。上述《詩經·何彼襛矣》的兩句詩句就容易接受了：爲什麽她的新衣美如唐棣之華，爲什麽不是肅敬雍和的裝飾呢？這是迎接王姬出嫁的大車。

從先秦發音看，農屬泥母，龍屬來母看似不同，但是“農”上從林應發 l 母音。還有在河南中北部方言中 l 和 n 不分。從燕京直到成都的官話裏也多是 l 和 n 不分的。于是我們從這一發音的龍、農、弄、籠、隴、壟等廣義同音字中發現這一族發音的漢字後來多具有“長長的”含義。龍捲風、窑洞、弄堂、土壟形式是大體一致的。（參見王力《漢語語音史》）

于是我們可以依據甲骨文“農”的本義引申出漢字的從“農”之字皆有“成”之意。上述《説文》的三個定義可以表述爲：“襛，衣成也。”“醲，酒成也。”“濃，露（凝結）成也。”

同樣我們還可以依據甲骨文“農”的本義和引申義得出相關從農的漢字的定義：

穠。收成也。（莊稼長成。這裏不能解釋爲莊稼長“厚”。）

繷。絲成也。（蠶已結繭完畢或者指人的繅絲完畢。同樣不能説成絲“厚”了。）

禯。祭祀完畢。（祭祀已經完成。並非祭祀“厚也”。）

癑。病已形成。（大病已經形成。不是大病“厚也”。）

儂。通娠。（人成也。也不能説成是胎兒“厚也”。）

這最後的“穠”“繷”“禯”“癑”“儂”五個字的定義是我依據甲骨文“農”的本義，采用王聖美的“右文説”原理套用的，尚待進一步的文獻考證。

《説文》：“癑，痛也。”“繷”“禯”“儂”不載。

【甲骨文字本義小結】

農的本義：挖鑿土質的窑洞。動詞。引申義：農耕。動詞。

音訓：該字的甲骨文發音應爲林辰切。讀若 len，古音通 leng。

破譯甲骨文：庶　宕

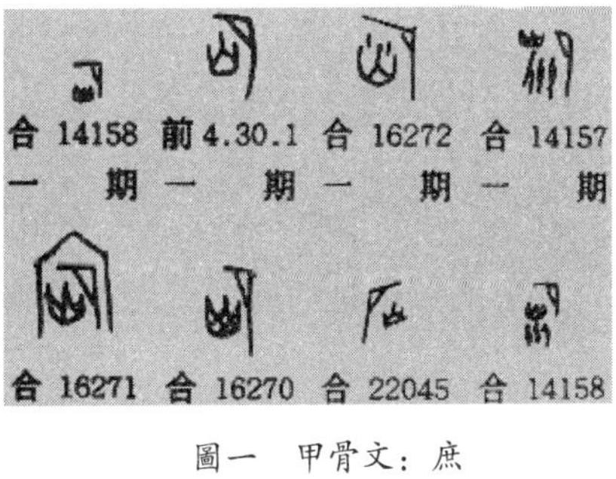

圖一　甲骨文：庶

看了圖一和圖二，我們立即就可以明白：爲什麼要將這樣兩個字放在同一篇文章裏討論。這説明上面的兩個甲骨文字的本義是有内在聯係的。而就“庶”“宕”的漢字看，幾乎没有什麼聯係。

圖二　甲骨文：宕

就圖一和圖二須作一些説明：1. 圖一右列的兩個字是甲骨文“庶”的本字。2. 左下角一例多了一個意符“宀”，所以不是“庶”，是被錯誤收入的“宕”字。3. 其餘五例是甲骨文“庶”的省略形式，省去了其中的意符“仨人”。4. 圖二的兩個字本義是有區别的：左例是依山崖建房，右例是依山洞建房。5. 所有的字中都有一個類似木匠用曲尺一樣的意符，這個意符我破譯爲

“厂”，本義爲屋檐一樣的山崖。

先看圖一的右列的庶字。從厂從火從三人（衆也）。與甲骨文“衆”比較我們可以知道這些人是從事生産勞動的社會底層的百姓。他們衹能寄身山崖下，這應該是一種櫛風沐雨的生活居住環境，異常惡劣。所以火是不可少的，而且是不可中斷的。

對于這個字于省吾有一個解釋：“謂會以火燒石而煮之意，爲煮之本字。陶器出現之前，古人或以火燒熱石頭以烙烤食物，或以熱石投于盛水之器中而煮熟食物。甲骨文庶字正像燒石之形。”① 這個破譯值得商榷。甲骨文産生于殷商時期，即使這些文字出現在更早的夏代，它們也應該是根據當時的生活爲原型造字的。燒煮食物應該是用陶鼎、鬲、簋等下面生火以燒熟食物。所以他們不會依據于省吾所説的原始加熱方式去造字。

所以我認爲甲骨文“庶”的本義應該是“庶民”之意，是“居住在山崖下的那些人”的意思。該甲骨文字告訴我們，庶民是社會最底層的勞動人民。這個用法一直延續了很久。《左傳・昭三十二》中“三後之姓，于今爲庶”和“王子犯法庶民同罪”便是兩個極通俗的證明。庶者，數也。音訓表明其人數衆多。《説文》：“庶，屋下衆也。”許慎的《説文》中有很多的本義並非原始本義，但是這個“庶”應該是甲骨文本義的沿革。巧合的是“庶”的發音正是“石屋”兩字的合音。庶民就是居信這兩天在石崖下的人們。

當甲骨文“庶”省略了“三人”之後，其本義不變。

卜辭：“今辛不至庶。”（乙 5321）

卜辭：“……乎行取龏友于司庶以……”（前 4・30・1）

殷商甲骨文系統中的民居分成三個級别：即庶、厂、宕代表的最底層人民的民居，一般是山崖、山洞；由余、俞、今、會、倉爲代表的草頂木支架的半地穴式民居；以部首宀代表的一類貴族和王宫建築物。（參見相關破譯文章。）

右圖破譯爲甲骨文“宕”是很貼切的，上從宀下從厂（或從石）。其中的部首“宀”代表人工版築建造的房屋，我國東北俗稱“乾打壘”。中間的意符“厂”代表的是天然的山崖。如果從“石”則代表是山洞。這一造字怎樣理解呢？看一看今天山西陝西等地的窑洞就可以解釋。有一種窑洞是在挖好的窑外面加蓋幾間住房，外人衹有進入住房内部纔能看見裏面挖鑿的窑洞。這實際上就是甲骨文“宕”的本義，即：在山崖或山洞口加蓋房屋的複合式的窑洞。《説文》：“宕，過也。一曰洞屋。從宀，碭省聲。汝南項有宕鄉。”許慎這裏的“洞屋”應該就是洞口加蓋平房的複合式窑洞。外屋内洞，和我的破譯不謀而合，我認爲這不是巧合。

卜辭：“……田于宕。其用兹卜。”（後下 15・3）

卜辭：“叀宕。犬先從。亡災。”（寧 1・396）這句卜辭的意思是遇到洞屋時，讓狗走在前面，便可無災。

卜辭：“……保于母辛。家宕。飲……”（前 1・30・7）這裏的“宕”應該是在山洞口搭建的棚屋。“于母辛”是一種祭祀方式。“家宕”則是保守喪時“以宕爲家”的意思。

---

① 徐中舒主編《甲骨文字典》，第 1030 頁。

【甲骨文字本義小結】

庶的本義：居住在山崖下的殷商最底層的人民。引申義：衆多。引申義：嫡、庶之庶。

音訓：會意字。從厂從火。讀若 hu，曉母通 xu。方言讀爲 su，通 shu。

宕的本義：洞屋。即在山崖和山洞口人工加蓋房屋的殷商民居。名詞。

右文造字。音訓：石爲聲符兼意符。讀若 dan，古音通 dang。

破譯甲骨文：利、黎爲一字

甲骨文“勿”本義爲滴血的屠刀，也考證了甲骨文“物”本義爲屠牛。我的這個訓詁顯然有標新立異之嫌。

《甲骨文編》“勿”：“象以耒翻土，土粒箸于刃上，土色黧黑，故‘勿’訓雜色。”

《甲骨文字典》“勿”：“發弓撥弦乃勿之本義。卜辭借其聲而爲否定詞，至《説文》篆文則訛而與物字所從之勿爲一形，二者初非一字。”

但是從“勿”“物”兩個字的甲骨文來看兩者確實是同一個勿。且從刀從血滴。所以我堅信釋甲骨文“勿”之本義爲屠刀是有依據的。現在破譯甲骨文“利”和“黎”兩字時纔使我確信我關于甲骨文“勿”的本義是屠刀這一破譯是正確的。

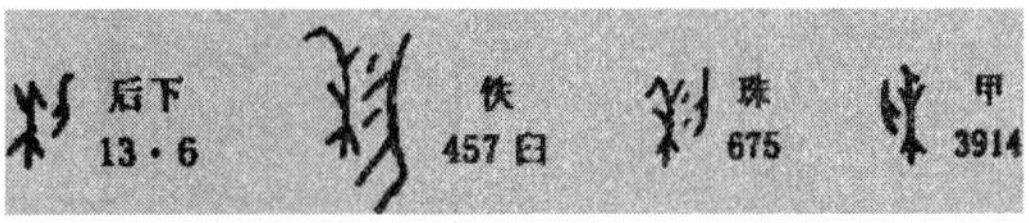

圖一　甲骨文：利、黎

漢字利，從禾從刂。但是從它的甲骨文造字的字面上看是從禾從勿。這説明甲骨文“勿”與後來的“刂”是相通的。又見《説文》：“利，銛也……𥝢，古文利。”説明古文的“利”是從禾從勿的。這是第二個證明。

第三個例子見于《説文》：“黎，履黏也。從黍。𥝢省聲。𥝢，古文利。作履黏以黍米也。”許慎所謂的“作履黏以黍米”顯然是一個比喻的説法。就是接踵，就是人很多像黏在鞋子上的黍米一樣的意思（我理解應該是做鞋子的時候用黏米黏貼鞋底的意思）。所以段注曰：“《釋詁》曰‘黎，衆也。衆之義行而履黏之義廢矣’。”但是這個“履黏之義”卻是一個引申義。其實小篆的“黎”從黍從勿，和甲骨文“利”從禾從勿的造字意象和造字原理是完全相同的。不同的僅是一從禾，一從黍而已，而禾與黍正是殷商時就已經廣爲種植的兩種糧食作物。作爲造字的意符的禾與黍其本義相通，我們在此前的破譯中屢次碰到，我稱其爲非固定意符。

所以漢字的“利”和“黎”應該是同一甲骨文字的分化所致。兩字的發音相同，是明朝王聖美所謂的“右文”造字。禾與黍義近，所以這兩個字應該是同一個字。

利的本義是以刀收割禾；黎的本義是以刀收割黍。刂通勿，本義均爲收割用的刀具。從刀具在收割農作物時黏上許多的禾或者黍的顆粒來引申接踵的人群似乎有些勉强。

卜辭：“不利其伐□利。”（前2・3・1）其中的□爲一種農作物。

卜辭：“庚戌卜。王曰貞：其利又（有）馬。”（後下5・15）

卜辭：“其利不爾吉。”（綴237）

卜辭：“庚午卜。□。貞：王其田。于利。亡災。”（甲3914）“于利”疑爲一種在收割農作物之前的祭祀——于祭。今西南少數民族中仍保留有這種習俗。

漢字黎的上部從禾從勿，正是利字。

【甲骨文字本義小結】

利的本義：以刀收割禾。

黎的本義：以刀收割黍。利黎造字出于同源，本是同一個字。

本文也進一步印證了我對甲骨文“勿”字本義破譯爲“屠刀”是有依據的。

破譯甲骨文：虐　掠*

在殷商所在的河南東北部的方言中，“虐”“囓”“掠”三字的發音是相同的，其方言中近音字還有一個“獵”字。要尋找對應的甲骨文，首先我們來看一看它們在現代漢語和《説文》中的本義：

《新華詞典》：“囓：咬。”注意它本義强調的是牙齒咬的功能。

“虐：殘暴。”注意它本義重在虎的凶狠殘暴。

《説文》：“虐，殘也。從虎爪人。虎足反爪人也。”所以小篆的“虐”字上從虍下從爪從人。許慎和段玉裁都認爲下部的爪是虎爪。所以和圖一甲骨文造字基本吻合。

圖一　甲骨文：虐

（《甲骨文字典》未收）

圖一甲骨文字從虎從人。訓詁上應該破譯“虐”還是“囓”呢？《古文字類編》等破譯上字爲虐。仔細琢磨圖一甲骨文造字的細節，字中老虎的嘴巴特別强調了其牙齒，而且張牙舞爪的老虎的嘴巴正對著人的喉嚨或脖子的位置。這正是老虎獵食的方式。所以圖一甲骨文破譯爲虐較爲妥帖。《説文》未收囓字。其實囓是一個後起字。在《集韻》中首見：“五巧切……囓骨也。”本義和虐可以吻合，但是其注音爲咬，至于發音爲 nie 則是更遲以後的事情。所以從造字看從注音看圖一甲骨文以破譯爲虐較好。

許慎所謂“虐，殘也”不是殘害之意。《説文》：“殘，賊也。”段注：“戈部曰。賊，敗也。”也就是説“殘也”的本義是老虎打敗了人，把他吃掉。圖一的這個甲骨文會意强調的也是老虎吃人。

我曾經認爲甲骨文中另有一字或許爲“虐”字，現在看來錯了。圖一破譯爲虐字，圖二甲骨文該破譯爲什麽字呢：

該字由兩個象形字會意而成。我在前文已經做了考證。該字上從龍下從臼，巧合的

圖二 甲骨文：掠

是我破譯這兩個象形字本義和以往學者們的破譯都不同。所以這個會意字的本義也就和以往學者們不同。

“王國維釋辥，按釋辥可從。……而《説文》釋辥爲罪，則又誤以辛之本誼爲辥之本誼矣。《觀堂集林》卷六。”①

“辥”上部常爲“止”字，故又被學者們解釋爲“人有罪，衆以止之，故爲治”。那麽該字的本字大多數從山，是不是應該解釋爲“人有罪，衆以‘山’之，故爲治”呢？顯然，以這個字的絶大多數本字的字形看，這樣的本義破譯是互相矛盾的。

學者們破譯該字還有一種異體，如圖三例一例二：

圖三

圖三中的例一和例二從龍從月。丁山在《殷商氏族方國志》中釋爲“辥”。其實這裏的從龍從月是龍捲風在夜裏的形象，因爲衹有在有月亮的夜裏纔能够看見龍捲風的形象。和圖三中的例一例二甲骨文互爲異體的還有一個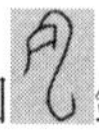鐵 16・34，該字從龍從北斗七星（殷商人稱之爲勺子星），也是龍捲風在夜間的夜像，是可以看見北斗七星的夜空出現的龍捲風。所以這三個異曲同工的甲骨文都是“龍”的異體字。它們和圖二甲骨文不是同一個字。

圖二中這個被王國維破譯爲“辥”的甲骨文字破譯爲什麽漢字最貼切呢？我們來看有關這個字的幾條卜辭。爲尊重大師起見，卜辭中該字仍從王國維釋爲“辥”：

卜辭：“……曰己其有辥。”（簠游 31）意爲己日將有辥。

卜辭：“貞：兹風不隹辥。”（前 6・4・1）意爲此風不爲辥。

卜辭：“辛巳卜。我。貞：于二月又辥。”（乙 4577）意爲發生了二月兩次辥。

卜辭：“貞：王疾。婦好不隹辥。”（鐵 113・4）意爲王病了，婦好不爲辥。

關于這個“辥”字，《説文》曰：“辥，罪也。”但是以上四條含有該字的卜辭都不能適用“罪”來解釋破譯。我認爲圖二中的這個甲骨文字應該破釋爲漢字“掠”。理由如下：

一、就字形而言。它從龍從𠂤。龍是龍捲風的象形，肉代表地面的生命，該意符在甲骨文“追”“官”等字的造字中均可作“肉”解。這個字的本義是龍捲風掠奪走了地面上的許多生命。故破譯爲：掠。音訓 lie（入聲）。這條龍是冠以“帝字頭”的，所以可以視爲受上帝派遣來人間拿走肉食的。

二、就字音而言。從龍從𠂤。龍𠂤切。讀若 lei，與 lie 音近。

三、就本義而言。掠本義爲奪走，用于形容龍捲風的破壞力是恰當的。

四、以本字爲“掠”代入上述卜辭，即爲：

卜辭：“……曰己其有掠。”（簠游 31）意爲己日將有破壞性的龍捲風災。

卜辭：“貞：兹風不隹掠”（前 6・4・1）意爲此風没有掠走牲畜或人。

卜辭：“辛巳卜。我。貞：于二月又掠。”（乙 4577）二月有兩次龍捲風災。

卜辭：“貞：王疾。婦好不隹掠（通虐）。”（鐵 113・4）王生病了，婦好没有發脾氣。這裏“掠”是“虐”的假借。這一條卜辭至少告訴我們婦好的脾氣是很大的這樣一

① 徐中舒主編《甲骨文字典》，第 1562 頁。

個事實。此處采用圖一的老虎食人的虐不合適。爲了避諱而采用了同音假借的“掠”。

五、郭沫若對圖二“𢦔”字本義破譯爲“謂不其有害也”。我贊成這個語義解釋，但是我不贊成此前大家對其本字的破譯。我認爲這個本字應該破譯爲漢字“掠”。本義是龍奪走了我們的肉食。

【甲骨文字本義小結】

虐的本義：老虎食人。動詞。會意造字。音訓不詳。

掠的本義：龍捲風災難。名詞。假借義：暴虐，發脾氣。動詞。

音訓：反切上字爲龍下字爲肉。下部肉字豫南方言讀作 dei（入聲），龍埳切。讀若 lei，通 lie（入聲）。

破譯甲骨文：李

李字的起源較早，《風俗通》：“李，伯陽之後。”（存疑，見後。）李作爲一種果樹在我國生長的歷史也很悠久了。《説文》：“李，李果也。從木子聲。”《素問》：“東方木也。”《爾雅翼》：“李，木之多子者。”《埤雅》：“李，性難老。雖枝枯子亦不細。其品處桃上。”

甲骨文工具書中很多不收“李”字。《古文字類編》收了兩個甲骨文“李”字：

圖一　甲骨文：李（後下 13・7）圖二　金文：五祀衛鼎（甲骨文：英 1013 同）

上圖甲骨文“李”是不是今天李字的本字？如果是，那麽在甲骨文時期它就有兩種本字。如圖一是從來從子。英 1013 從木從子（與右圖二金文同）。如果它們是甲骨文“李”的演化，那麽前一個字（後下 13・7）就應該是“李”最原始的甲骨文本字。奇怪的是它最早卻是從來，不從木的。金文以後，李字一直沿用了上木下子的本字。所謂木子李是也。

甲骨文“李”的發音是什麽也值得懷疑。按照《説文》“從木子聲”，這個字應該是精母字，讀如子。但如果按照甲骨文從來從子，它的發音就可以是來子切，讀若 li，這正是今天漢字“李”的發音。這是巧合嗎？這不是巧合，甲骨文造字中就已經使用了反切法爲新造字注音了。例如甲骨文農，從林從辰。其發音爲 len 在 l、n 不分的殷商方言中通 nen。今天安徽沿長江一帶的安慶、巢湖方言中還是這樣發音。

就甲骨文“李”的本義而言，它本義應該是李樹的意思，但是李樹這個造字爲什麽采用了上從來下從子的造字呢？

卜辭一見：“……子貞：……李。”（後下 13・7）這是就某棵李樹占卜呢？還是希望得到兒子（來子）而占卜呢？遺憾的是，在卜辭中僅有這一片卜辭，所以無法直接確定其本義。

其實甲骨文“李”字從來從子是有科學依據的。李樹從來就和生子有關係。此前的學者們因爲多是文科學者，忽視了考證的自然科學證據。衹要證明了李樹和生子有關就可以證明它的本字可能就是漢字李，就可以證明甲骨文從來從子的造字依據，從而證明圖一後下13・7就是甲骨文李的原始本字，也就解開了甲骨文“李”由從來從子到從木從子的演化過程。

有農村生活和李樹栽培經驗的人都知道，單獨生長的一棵李樹是絶少結果的。即使偶有掛果也是又少又小，且苦澀不堪入口，叫作苦李。請教植物學家，他就會告訴你：“中國李和美洲李中多數品種自花不孕，栽培上須注意配置授粉樹。”（1980版《辭海》）就是説李樹必須多株種植在一起纔有可能經過異株授粉而結出酸甜的果實。殷商時期的李樹應該都是原生態單株分布的，所以大多數李樹是不會掛果的。因此在殷商的甲骨文造字中采用“來子”作爲李樹果實的名稱就非常有道理。因爲在李樹中真正結果的樹很少，而李子又是非常可口的水果，于是希望李樹結果就成爲彼時人類的一種祈盼。這種祈盼又暗合了彼時人們的求子（來子）心理。

但是甲骨文“李”的上從來下從子的造字並不符合甲骨文造字的一般性原理。因爲在甲骨文系統中，凡爲一種樹造字，都是從木的，其造字中一定有一個“木”字。例如柳、杞、栗、杏（讀若恨）等字就是。這是西周以後金文“李”字（五祀衛鼎）中的“來”演化並定型爲“木”的造字依據。這種將漢字歸類以後批量加上部首的方法就是許慎“六書”中的轉注法。其實甲骨文“來”和“木”在字形上區别是不太大的。可以産生“李”是一種樹的聯想。但是甲骨文造字是科學的、嚴謹的，所以後來的“李”字回歸了甲骨文造字規則，與整個甲骨文字系統保持了一致。

《史記・老子韓非列傳》：“老子者，楚苦縣厲鄉曲仁里人也，姓李氏，名耳，字聃，周守藏室之史也。”索隱按：“葛玄曰‘李氏女所生，因母姓也。’又云‘生而指李樹，因以爲姓’。”這個傳説和“李”的本義“來子”是有内在聯係的。

因此我認爲，圖一後下13・7的甲骨文字確實可以破譯爲漢字“李”，而英1013的甲骨文也是“李”，它是後下13・7的進化形式。

【甲骨文字本義小結】

李的本義：李樹，名詞。會意造字。引申義：結果，生子，動詞。

音訓：會意字。來子切，讀若li。

破譯甲骨文：“置”、“具”本爲一字

《説文》：“具，共置也。從廾從貝省。古以貝爲貨。”小篆“具”上從目，故曰從貝省。

《説文》："置，赦也。從罒直。"段注："攴部曰'赦，置也'。二字互訓。置之本義爲貫遣。轉之爲建立。……徐鍇曰'與罷同意是也'。"從這個定義看，赦可能和設有著假借關係。本文要考證的甲骨文字如圖一。

許慎編寫《説文》時没有見到甲骨文，所以當我們破譯甲骨文這個字的時候，就面臨這個甲骨文字究竟是"具"還是"置"的問題。

圖一　甲骨文：置（非具）

按照許慎的定義，"具"是供置貝（貨也），"置"是封官建制。這兩個本義哪一個更適合上圖這個甲骨文字呢？我認爲是"置"不是"具"。

首先我們看這個甲骨文字的造字。上從鼎下從廾，字面造字的會意是雙手安置大鼎。鼎是殷商禮器之最，所以安放鼎有安定政權之義。這兩個甲骨文字一字雙手在下，另一字雙手在上，是祭祀時安放大鼎的兩個步驟。"周禮凡試廬事，置而搖之。"（轉引自《康熙字典》）這個甲骨文的會意就是"置而搖之"的本義。《古文字類編》中收錄五例該字均爲上從鼎下從廾，没有一例是從貝的造字。由"置鼎"引申爲設置官吏，這是該甲骨文字演化的主綫。

圖二

《周禮·大宰》："三曰廢置以馭其吏。"注："退其不能者，舉賢而置之祿。"

《玉篇》：置"立也……安置也"。《廣韻》置"設也"。

《卜辭》一見："……置，伐……不……"（甲3365）

以許慎《説文》："具，共置也。從廾從貝省。古以貝爲貨。"這一定義看，"具"多與貨幣錢物發生意義上的聯係。

《廣韻》："具"："備也。辦也。器具也。"

《儀禮·饋食禮》："東北面告濯具。"

在西周造字這個字本字開始分化的出現了從貝從廾的金文造字（見圖二上中和下左），戰國時期"具""置"兩字同時出現了。

就字義看，這兩個字演化方向是形成了《説文》中的兩個定義（見本文開篇）。兩字本義均有"供置""設置"的意思。

圖三　簡書具

就字形看，這兩個字中簡書具從目從廾，簡書置從目從乚從罒。

就造字看，具是會意字：雙手持貝；置是形聲字，直亦聲。采用的是不同的造字方法。

圖四
簡書置

就發音看，具爲忌遇切，置爲陟吏切，音近可轉。

據此可以初步推斷：該字甲骨文本字從鼎從廾，西周時期分化出新字爲從貝從廾，戰國時出現兩種異體：簡書具從目從廾，簡書置從目從乚從罒。就形音義判斷這兩個字可能是由同一個甲骨文字分化而成。其聲音上的細微差别可能是由使用在不同的方言區所導致。從造字方法上看，會意字要早于形聲造字，故"置"可能是後起字。考古發現也證明漢字"置"的出現確實晚于漢字"具"。

但是甲骨文系統目前還没有發現從雙手從貝的甲骨文"具"的造字。

破譯甲骨文：“紋”、“紊”本爲一字

圖一　甲骨文：紊（紋）

如圖一：該“紊”字學界有基本的共識，從文從系。但是我在本文中首次提出“紊”“紋”是同一個字。許慎《説文》中收錄了“紊”但是没有“紋”字。最早收錄“紋”字的文獻是宋代《廣韻》：

《康熙字典》：“紊。《集韻》《韻會》文運切。發音問。《説文》‘紊，亂也’。”

《康熙字典》：“紋。《廣韻》《集韻》《韻會》《正韻》發無分切。音文。《玉篇》綾紋也。《類篇》織文。《篇海》凡錦綺黼繡之紋皆曰紋。”

可見兩字不僅出現的年代有别，其適用範圍也是互不交叉的。其實甲骨文“紊”字的造字顯示，這兩個字其實就是同一個字，所以它們的本義也應該是相同的。兩個字的共同的初文是漢字“文”。這個甲骨文字見于卜辭衹有一條：

卜辭：“丁未卜。何。貞：紊……人其之……豕。”（佚 266）其本義未詳。

《説文》：“紊，亂也。從系，文聲。”按照許慎的定義，我們衹要直接將甲骨文“紊”的本義定義爲亂即可。其實問題遠没有這麼簡單。“有條不紊”是我們沿用了約3000年的一個成語，按照歷來工具書的解釋，它的意思是：做事有條理而不雜亂。其實這個成語在歷史文獻中第一次使用的時候，它的本義並不是這樣的。因爲這個本義涉及甲骨文“紊”的本義考證，所以我不得不展開探討一下。有條不紊這一成語最初見于《尚書・盤庚》：“今汝聒聒，起信險膚。予弗知乃所訟。非予自荒兹德。汝含德不惕予一人。予若觀火。予亦拙謀。作乃逸。若綱在網，有條而不紊。若農服田力穡，乃亦有秋。”注：“……下之順上當如綱在網。各有條理而不亂也。農勤穡則有秋。下承上則有福。”疏：“正義曰：‘紊是絲亂。故爲亂也。’”

《説文》：“亂，不治也。”段注：“各本作‘治也’。”在先秦漢語中，“亂”是一個反訓字，同時兼有“亂”和“治”兩個相反的意思。上述“有條而不紊”在注中訓爲“不亂”，在疏中訓爲“亂”，究竟誰是正確的達詁呢？其實這兩者都不是甲骨文“紊”的本義。因爲漁網上的總綱繩不存在亂或者不亂的問題。這幾種注解都是發生在甲骨文出土以前。

甲骨文“紊”字的造字告訴我們：紊的本義訓爲以絲繩織紋（編織漁網也是織繩的一種）。見圖一，紊，從文從系。請注意這個甲骨文字下部的“系”和上部的“文”是連接在一起的，應該視爲獨體字。而上部的文正是漁網的一個局部圖案（以局部圖案造字是甲骨文的造字法之一。和下面的“系”連在一起説明正在編織過程中。遠古人正是用漁網上這個局部的圖案表示“紋路”這一意思的。從這一點出發，我們發現甲骨文“紊”的本義首先應該是和漢字“紋”的本義相同。引申義也應該是和“治”有關而和

“亂”完全無關。

“文”這個象形字最早出現在唐堯時代的陶器瓦片上。這是一個使用明代王聖美所謂的“右文法”創造的甲骨文字。其中的意符“系”本義是絲繩，“文”既是意符也是聲符，作爲意符它的本義是編織成紋。所以這個甲骨文“紊”字本義是用絲繩編織成花紋，發音爲文。這個“紊”用如動詞時意思是：織文。我爲什麼强調“用如動詞”這四個字呢？這是因爲按照甲骨文系統的造字規則，這個“紊”是名詞而不是動詞，如果它要轉化爲動詞則必須加上與“手”相關的意符纔行。但是在甲骨文系統中很多名詞是可以直接“用如動詞”的。

《史記・夏本紀》：“濟、河維沇州……其貢漆絲，其篚織文。浮于濟、漯通于河。”又見于《尚書・禹貢》。這裏的“其篚織文”就是“紊”，就是將貢品用絲繩編織的筐篚包裝好送往夏王朝。按照《禹貢》的記載，九州的貢品凡是需要包裝的都規定了用特定的材料編織的筐篚。散貨除外。這些編織精美的筐篚實際上作爲貢品的一部分也是進貢給夏王朝使用的。

所以上述“有條而不紊”就是“有條之處則無需織文”的意思。其中的“而”字不可省略，是連詞。盤庚的意思是，就像網上的總綱部分是不需要織文的（我的决定你們也没必要私下議論）。衹要你們聽從我的，就一定會過上幸福的生活。盤庚以“綱”和“紊”比喻自己遷邑的决定和那些大臣間的種種議論。即有綱之處就不必再織文；有了我的决定你們就不必再意見紛紜；有耕耘就一定有秋收；衹要按照我的决定去做就是。

甲骨文“條”的本義是杞柳的枝條，這裏代指漁網上的總綱繩（韋條或者絲條）。和“紊”相對。

【甲骨文字本義小結】

紊的本義：以絲繩編織圖案，如編織漁網。用如動詞。

有條不紊：漁網上有綱的地方不必再織網眼。意爲各司其職。後世被誤用而約定俗成。

破譯甲骨文：元

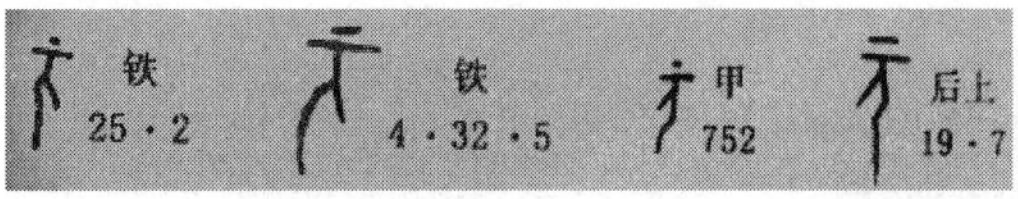

圖一　甲骨文：元（玄）

《説文》：“元，始也。從一兀聲。”段注：“愚袁切。”

這個甲骨文字的發音一直没有搞清楚，原因就是它到底是象形字、會意字還是右文形聲字没有搞清楚。許慎説這個字“從一兀聲”，段注曰：“徐氏鍇云：‘不當有聲字。以髡從兀聲，軏從元聲例之。’徐説非。古音元兀相爲平入也。凡言從某某聲者。謂于六書爲形聲也。”段玉裁這是用形聲字的聲符反推“元”字的發音，也就是以形聲字的今音反推古音。所以他認爲“元”“兀”兩字古音相同，衹是“元”爲平聲字，“兀”爲入聲字而已。遺憾的是這種方法衹能證明甲骨文“元”今天的發音而不能證明它夏商時的發音。

我認爲，該甲骨文字的本字可以有多種組合，所以必先弄清楚它的造字的組合，纔可以進一步確定該字屬于“六書”中的那一種造字，纔能够進一步確定該字的上古發音。

從本字看，甲骨文元上從上，下從人。所以有學者認爲是人之上，即人首之意。許慎認爲“元，始也”，取自于《爾雅・釋詁》。但是這個“始”應該是“人首”的引申義纔對。那麼元爲人首是不是就是“元”字的本義呢？于是全部的問題就集中在一個焦點上：殷商人爲什麼用這樣的字形造了一個字？這個字的本義到底是什麼？這個字的夏商發音又到底是什麼？

甲骨文“元”的造字在于它是從示從人。請看圖一例二，這是一個會意造字，上部從示，下部從人。關鍵在于“示”和“人”共用了中間的一筆。這種造字方法在甲骨文中是有先例的。甲骨文的“時”字在“止”和“日”的中間有一横。“一”在甲骨文中代表“地”。該字的“一”居中，爲什麼？因爲這是一個會意字，當這個“一”和它上面的“止”結合時，是甲骨文字“之”，其本義爲“離開此地去某地”。同樣，當這個“一”字和它下面的“日”結合時，其會意爲“太陽照射的位置”。

在破解了甲骨文“元”的造字結構以後，這個字的形、音、義就迎刃而解：

甲骨文元上從示下從人。會意字。本義爲主祭人或當代商王或首領。示本義爲祭壇或者祭祀柱。從示之甲骨文字多與祭祀有關。該字音訓爲示人切。即讀若神。由于殷商祭祀的主祭人就是天子，所以元的本義爲天子，引申義爲第一。如果是諸侯士大夫或一般家族祭祀，這個“元”應該指宗子，依然是元首或者第一。

周初青銅器何尊是周文王長子長孫爲文王之子伯邑考所鑄造的禮器。其銘文中自稱“宗小子”的正是伯邑考的“元子”。元子不僅在祭祀乃父是爲祭祀的主祭人，在祭祀其祖父的祭祀中元子還必須扮作其祖父的形象受到闔族的祭祀。在祭祀中元子扮作祖父的形象叫作“尸”。

《楚辭・天問》：“稷維元子，帝何竺之?”集注曰：“詩曰‘先生如達’，是首生之子也，故曰元子。”不管其中的“帝”是何人，稷是長子無疑。也就是説他是“帝”的主祭人。元爲第一的本義由此而來。在《史記》中這個“第一”已經被用于女性：“后稷，名棄。其母有邰氏女，曰姜嫄。爲帝嚳元妃。”這裏的元就是引申義“第一”的意思。

唐時因避諱，以“元”代“玄”，説明這兩個字古代音近可通。“玄”在河南東北部方言中發音介于 suan 和 shuan 之間。又：玄的韻母 an 和元的韻母（亦即人的韻母）en 按照古韻訓詁中烝、談旁轉的規則兩字發音相通，可以反證甲骨文元在商代的河南安陽地區的發音可能是神聲。《爾雅・釋詁》的“元，始也”，實際上就是甲骨文“元”的音訓。漢字“什”的發音内部曲折法分讀 shen 和 shi 兩音可爲佐證。

卜辭：“庚申卜。旅。貞：叀元卜。用。在二月。”（續 1・39・9）元爲第一占卜人。

卜辭：“侑元臣……允幸。”（前 4・32・5）我認爲“元臣”意爲“第一臣子”即類似後來的“首相”之意。

卜辭：“丙寅卜。令□從元。”（粹 1303）

在殷商卜辭中，常用“元示”代表對上甲微的祭祀。元示應該是第一祭祀，意味著上甲微是殷商祭祀中第一受祭的祖先。這和上甲微恰好是第一位用天干命名的先王非常巧合。例：

卜辭：“辛巳卜。大。貞：有自上甲元示三牛，下示二牛。十二月。”（前 3・22・6）本條中的元示係指上甲微，下示在没有明示的情況下應該是指上甲微的接班人報丁（一說報乙）。在殷商以後的文字使用中，“元”的意義開始不斷地被引申。

《詩經》：“建爾元子。”又見于《尚書・召誥》：“皇天上帝，改其元子。”這裏的元子就是周武王，他取代了前任的元子商紂。元子即爲第一祭祀人，即皇天上帝的宗子。元子也就是甲骨文“元”的本義祭祀的主祭人的意思。所謂天子就是“天之元子”的意思。

《詩經》：“方叔元老。”毛傳：“元，大也。五官之長。”

《詩經》：“王之元舅。”（應該是王之大舅——第一舅也。）

《左傳・僖公三十三年》：“狄人歸其元，面如生。”以下三條爲引申義：頭顱。

《孟子・滕文公下》：“志士不忘在溝壑，勇士不忘喪其元。”

《抱朴子・詰鮑》：“遠取諸物，則天尊地卑，以著人倫之禮；近取諸身，則元首股肱，以表君臣之序。”

【甲骨文字本義小結】

元的本義：甲骨文本字音訓爲示人切。會意字。讀若 shen。音訓正是許慎的“元，始也”。

元的詞義演變過程是：天子——主祭人——首領（爲一群人之長的意思）——頭顱。

可見甲骨文元的字形中並無“頭顱”之意，至于許慎說的“元，始也”始見于《史記》。

破譯甲骨文：釋“天”

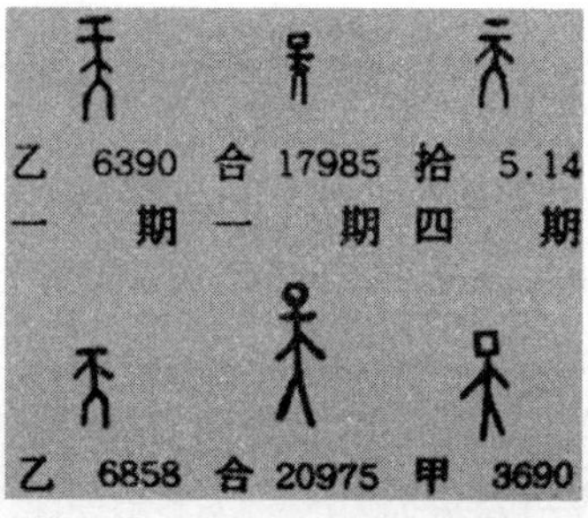

圖一　甲骨文“天”的四種異體

甲骨文系統中“天”有四種異體字：大上從○和大上從口，大上從兩橫；大上從一橫。這是甲骨文界的共識。但是，我認爲殷商甲骨文是一字一形一義的，所以它們就是四個不同的甲骨文字。是不是這樣呢？如果它們是同一個“天”字，那麼我就應該考慮我的觀點是錯誤的，需要改正。如果它們確實是四個不同的甲骨文字，它們的本義又該是什麼呢？同樣的異體也出現在商周的金文中，如圖二。

確定甲骨文本義用法的最好的辦法是看它們在卜辭語境中的應用，看第一種大上從

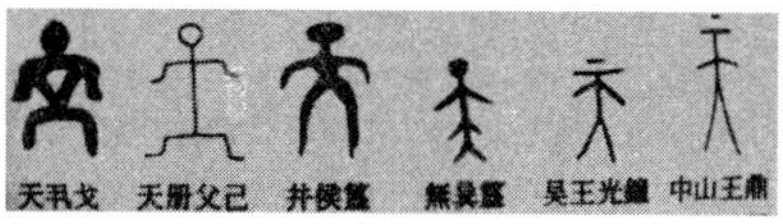

圖二

○的異體。

卜辭："庚辰王弗疒朕天。"（乙 9067）天本字同圖一合 20975。造字爲大上從○。這個字的本義作"頭"解釋，所以它的上部是一個圓圈，這是頭顱的象形。此外有學者認爲○可以視作甲骨文"丁"。這個字的造字符合《説文》定義："天，顛也。"根據其音訓爲"顛"可以推測其遠古發音爲顛聲，即 dian。在卜辭中有時這個上從○的"天"字也被用來指具體某人，如卜辭："……壬……卜……四月~不其至……"（合 4406）同樣將此字用于指人名的又見于卜辭（合 32289），從略。但是這種用法未見用于商王或者商先王的。卜辭中凡用于商王、商先王的"天"一般用第三種異體——大上從兩橫——來表示。商周的金文中也是這樣的用法。如果這個甲骨文字上部不是從○而是從口，它的應用範圍就變了，主要被用于地名。看第二種大上從口的異體：

卜辭："……天邑商亡……"（甲 3690）

卜辭："……癸巳卜。在黄林□……天邑商公宫衣……"（綴 182）天本字同圖一甲 3690。

卜辭："辛酉卜。七月天方不其來□。"（合 87）天本字同圖一甲 3690。

又見卜辭屯（4556），從略。

這三條卜辭中"天"均指天邑商，即商的國都。其中的本字"天"上部均從口。而口在甲骨文中是一個非固定意符，這裏代指城邑。所以在指代天邑商或某一方國時，采用的是上部從口的"天"字，這是甲骨文"天"的第二種異體的用法。

第三種異體是大上從兩橫的甲骨文"天"，一般用于商王、商先王、後期也有用于春秋戰國各諸侯國的天子的。

甲古文學者嚴一萍發現，甲骨文中多以這個從二從大的甲骨文"天"字多用于指當代先王，"有天戊（前 46・4）天庚，天癸（乙 6690）蓋猶大乙稱天乙之比，天戊即大戊，天庚即大庚，天癸或指示癸。"① 孫海波發現一例，前 4・7・6 爲從一從大，但是其中的一撇出頭，類似漢字"夫"。孫海波謂："前 4・7・6 與'大'通用，'夫甲'即大甲。"②但是至今爲止尚未見學者將這一甲骨文現象與其他三種異體字相區别進行獨立的學術研究，學界的主導的觀點是"卜辭于天、大並未鑿分"（嚴一萍語）。其實從我們上述對卜辭辭條的細分看，今天工具書收錄的甲骨文"天"的四種異體（不含"夫"字）在使用中是細分的，而且有著嚴格的適用範圍和嚴謹的本義的。例如就大上從兩橫的甲骨文"天"的異體而言：

卜辭："天戊五牢。"（前 4・16・4）意爲：天子親自殺死了五頭太牢祭祀的牛。

卜辭："辛丑卜。乙巳歲于天庚。"（乙 6690）意爲：乙巳歲祭祭祀天子盤庚。

卜辭："叀□豕于天。"（天 50）意爲：以猪祭祀某商王。

以上三條卜辭的"天"同于圖一的（拾 5・14）爲"大"之上從兩横。本義作"天子"解。這兩横和下部的"大"共用一豎，則上部從"示"下部從"大"。這個字實際

①② 中國社會科學院考古研究所編《甲骨文編》，中華書局 2010 年版，第 427 頁。

上不是甲骨文“天”，而是甲骨文“元”，即本義爲“天子”。這兩種“元”的造字，使用的是等同于甲骨文“黿”的兩種造字，即正視和側視兩種造字方法。其正視造字稍微複雜，側視造字簡單一些。前兩條爲一期卜辭，在祭祀中仍稱呼死去的商王爲“元”，是早期的一種不成熟的用法。

圖二的吴王光鐘銘文爲“嚴天之命。入城不賡”其中的“天”顯然也是指天子。而《中山王鼎》銘文：“天不斁其有忨，使得賢才良佐周，以輔相厥身。”其中的“天”也是指“天子”。這五個例子均爲大上從兩横的甲骨文和金文的“天”字本義都作“天子”解，不能説是一種偶然吧。

甲骨文“天”的第四種異體字上從一下從大。見于乙6858。本義不詳，待考證。

我的“殷商甲骨文系統一字一形一義”之觀點，信不誣也。

【甲骨文字本義小結】

據上面的考證我們發現在甲骨文和隨後的金文系統中，工具書中收錄的“天”字一共有四種異體。這實際上應該是四種不同的本字：

①大上從○的本字，其本義爲顛，即人的頭頂。大環切。本字的遠古發音爲dian。

②大上從一横的本字，從天從大，大天切。從音訓看也應該是dian。因爲在甲骨上契刻○較難，可能有以“一（即天）”代表“○”的異體。

③大上從兩横的本字，音訓爲從示從大，大示切，讀若帝。應爲死去的先王。

④大上從口的本字用作“天邑商”或者地名、國名中。音訓爲從大從邑，或者從大從丁。讀若帝。所以大邑商，可能在發音上是“帝邑商”。這種寫法的甲骨文“天”多出現在末期卜辭中。或許此時殷商人已經開始稱呼死去的商王爲“帝”了。

破譯甲骨文：录、禄、綠、剝

圖一　甲骨文：录（後演化作錄）

圖一這個字在金文以後作爲一個造字的聲符參與了許多形聲字的造字，例如：禄、錄、綠、淥、碌、逯、箓、綠、琭、椂、騄等等。還有一個漢字剝，這個剝在《詩經·七月》中發音爲撲。所以這些字的共同點是都采用了“录”作爲造字的聲符，而且其本義與“綠色”都毫不相干。這樣一來，漢字“綠”顯然被邊緣化了。所以我認爲這個“綠”原本和“緣”是同一個字，在傳寫使用中産生了分化。

圖二　甲骨文：綠（緣）

這個甲骨文字一直以來被專家學者們釋定爲漢字“緣”，但是從甲骨文本字看，它與圖一的甲骨文“录”是同源字。所以這個甲骨文本字正確的譯定應該是“綠”，但是它卻不作“綠色”解釋，它的本義是《説文》的“緣，衣純也”。就是指在衣服的領口和袖口鑲上的一圈布邊。這是一個引申義，其本義正是圖二造字中從系從录的會意：鑲在雙腹耳小口尖底罐瓶口的絲繩。爲什麼這樣説呢?

圖三所示的就是甲骨文“录”的生活原型。在西安半坡博物館裏開設了“雙腹耳小口尖底罐之謎”的專題陳列。這種尖底罐是仰韶文化就已經常用的一種汲水工具,特點是小口,尖底,在腹部偏下的地方有兩隻拴繩用的耳環。圖中這種栓繩子的方法是錯誤的,用這種方式不可能汲取到水。因爲雙腹耳在腹部偏下,當汲滿水的瓶子提出水面時由于重力作用必然瓶口向下,水就會流光。

圖三 仰韶文化時期的汲水器雙腹耳小口尖底罐①

正確的拴繩方法是將繩子拴在瓶子的小口處(即緣):空瓶入水後,上腹部因爲重力向下汲滿水,瓶身因爲汲滿水而直立,這時衹要將瓶子拉上來就可以得到一滿瓶的水。用來拴住瓶口的絲繩就是甲骨文“綠”的本義。其引申義就是指在衣服的領口和袖口鑲上的一圈布邊。所以緣的本字應該是“綠”,發音爲入聲“lu”,今天南京方言中依然這樣發音(入聲)。

《説文》:“录,刻木录录也。象形。凡录之屬皆從录。”這裏的“录录”應該是口語“轆轤”的意思,轆轤是刻木做成的。所以許慎説“刻木轆轤”,所以許慎説它“象形”。轆轤是用雙腹耳小口尖底瓶在水井裏汲水的工具。瓶底做成尖底也是北方缺水山區的生活所迫。在缺水的山區井水較淺,尖底瓶到了井底會傾斜,這樣即使很淺的井水也能够汲取。尖底瓶的另一個用處是放在竈孔上加熱方便,受熱均匀。下腹部兩側的雙耳是在竈洞上加熱時防止下滑用的,所以它位于下腹部。

有些甲骨文工具書將圖一本字破譯爲“祿”,這是一個誤譯。漢字“祿”最早産生于戰國古文。按照《説文》:“祿,福也。”其本義與甲骨文“录”没有關係。祿是一個形聲造字法創造的漢字,而形聲造字法的造字是在殷商以後。例如殷商甲骨文有豕和犬,而形聲字猪和狗一定是殷商以後的造字。所以我們可以説甲骨文“录”是後來漢字“祿”的初文。甲骨文系統中“福”字尤其多,但尚未發現“祿”字。

甲骨文系統中也尚未發現“剝”,有學者將卜辭“……剝……七月”(甲 3153)中的從卜從刀的甲骨文破譯爲“剝”。這是值得商榷的。首先這個字應該從录從刀,也就是上文許慎所説的“刻木录录也。象形”的意思,但是卜辭(甲 3153)中的剝字確實從卜從刀,這是字形上違反了。但是剝作爲剝皮的本義遠古時已經使用了:

《夏小正》:“二月。剝鱓以爲鼓也。”“八月。剝瓜、畜瓜之時也。”

《詩經・七月》:“八月剝棗零。”《毛詩注》:“剝,擊也。”此解僅見唯一一例。

所以許慎《説文》:“剝,裂也。從刀录录,刻也。”但是這個漢字“剝”能否作爲甲骨文甲 3153 的本字我持保留態度,原因上面已經陳述。

【甲骨文字本義小結】

录的本義:遠古汲水用的雙腹耳下口尖底陶瓶。引申義:轆轤。引申義:打水。

綠(緣)的本義:拴在雙腹耳小口尖底瓶瓶口的絲繩。引申義:衣服的領口和袖口鑲上的一圈布邊。

---

① 本圖引自王玉哲著《中華遠古史》,第 82 頁。

破譯甲骨文：和*

（前 4・10・3）和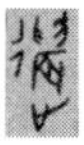（佚 971）是兩個尚未被破譯的甲骨文字。很多學者將（前 4・10・3）解釋爲漢字“晨”或“農”。那麽怎樣解釋同樣含有這個甲骨文字的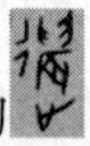（佚 971）的造字呢？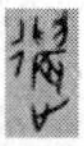（佚 971）又應該破譯爲什麽漢字呢？

的會意是從雙爪從辰。將其破譯爲“晨”的唯一的依據是音訓裏辰與晨發音相同。其本字是什麽？本字的會意——雙爪和辰——又是什麽？

卜辭 1：“……卜。夬。貞：令多~衆□幸𢦏……”（前 4・10・3）

文中“令多~衆”似是命令某一群人去從事某項活動。應該不是表示“早晨”的本義。但是（前 4・10・3）在《經籍纂詁》所引《劉楨毛詩義問》也記載它就是古“晨”字。

將其破譯爲“晨”的另一個依據是《説文》：“晨，早昧爽也。從臼辰。辰，時也。辰亦聲。”但是本字的甲骨文並非從臼。臼的本義是雙手叉手狀。如果按照十二地支的計時法計算，辰時應該是上午的九點，顯然這不是“早昧爽”即平旦。殷商地區經度偏東，此時的太陽已經昇起很高了。也就是説許慎《説文》的定義非本義。從本字的造字可以姑且推斷：我國古代使用的十二地支計時法的歷史不會早于殷商甲骨文字。再看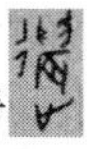（佚 971）的卜辭原文：

卜辭 2：“丁丑王卜。貞：其~旅延于盂。往來亡災。王□曰：‘吉在九。’”（佚 971）

徐中舒釋該字爲“振”：“讀爲振。振旅。《左傳・隱公五年》：‘三年而治兵，入而振旅。’注：‘振，整也；旅，衆也。’”這裏《左傳》的“振旅”和卜辭前 4・10・3 中的“振衆”應該是同一個意思。所以，我認爲這個從扌（雙爪也）從辰的振字用來破譯（前 4・10・3）倒是非常貼切的。這個“振”的本義就是從雙爪從辰的會意，即雙手執工具挖鑿窑洞的意思，也就是動詞。本義爲“挖鑿窑洞”。

左例甲骨文字破譯爲“振”，本義是動詞“挖鑿窑洞”。右例的甲骨文字就應該是一個比較複雜的敘事，因爲它除了包括“振”字以外，還從止從彳——意爲腳走在路上。甲骨文中有許多字都從止從彳，也就是説凡是符合這個造字的，都可以破譯爲“腳走在前往……的路上”。似乎是一個句型被壓縮進了一個甲骨文字中。這樣右例的甲骨文字就可以破譯爲：走在去挖鑿窑洞的路上。俗話就是：走在出工的路上。上述卜辭 2 應該是説：“丁丑日商王占卜：挖窑洞的隊伍今天應該已經到了盂地了。”

我們仿佛看見在殷商時代的一個冬天的早晨，天剛亮的時候，一個工頭振臂一呼，一支挖鑿窑洞的人馬就緊隨其後上路了。

出工的路上可以有多種的造字，爲什麽選擇了挖鑿窑洞來造字呢？原因可能是殷商的百姓整個春夏秋季種植農作物的時候都是住在自己田邊的農舍裏。《詩經・七月》記載有：“十月納禾稼……上入執宫功……十月滌場，朋酒斯饗，曰殺羔羊，躋彼公堂。”説明彼時男子在冬季都要“上入執宫功”，而挖鑿窑洞就是“宫功”之一。窑洞衹能在仲秋以後開始挖鑿，次年春天農耕前就必須停止。《禮記・月令》仲秋之月“穿竇窖，修囷倉”。鄭玄注：“入地隋（橢圓）爲竇，方曰窖。”這裏的竇、窖、窑都是當時王朝重要的土木工程。又商周“春令民畢出在野，冬則畢入于邑。其《詩》曰：‘四之日舉趾，同我婦子，饁彼南畝。’又曰：‘十月蟋蟀入我床下，嗟我婦子，曰爲改歲，入此室處。’”（《漢書・食貨志》）可知農民春則居野，冬則歸邑是一種農耕制度。

（前 4・10・3）甲骨文有没有“早晨”的引申義呢？這就要從辰字的發音尋找答案。段注（晨）：“食鄰切，十二部。”其實在河南東北部方言中這個“晨”是一個輕聲，早晨連讀，發音爲 zaoshen。從辰的字也多發音爲 shen，例如娠和振。所以“振”演化出“晨”的意思其實是一種同音假借現象。從兩個字的字形看，從臼從辰的“振”字很容易訛變爲從日從辰的“晨”。振和晨的殷商發音應該是相同的：shen 陰平或輕聲。

本文要特别强調的是殷商甲骨文字造字中的一種特殊現象：敘事文字。就是在殷商甲骨文系統中經常出現由四個五個甚至更多的意符組合而成的造字，這種造字不是用一個漢字可以破譯的，例如本文的（佚 971）就是。同樣的敘事造字還有很多。甲骨文的敘事造字法是文字不成熟時期的一種造字，我將在其他的文章中作進一步探討。

【甲骨文字本義小結】

振的本義：挖鑿窑洞。動詞。

破譯甲骨文：“禹”、“禺”本爲一字

2005 年，保利藝術館從香港購回了西周中期的青銅器遂公盨。該盨的 98 字銘文將大禹治水的文獻記載提前了近 700 年。《遂公盨》開篇曰：“命禹傅土隋（墮）山浚川。”

此物證直接證明了大禹的歷史存在，間接地證明了夏作爲一個王朝也許存在過。其

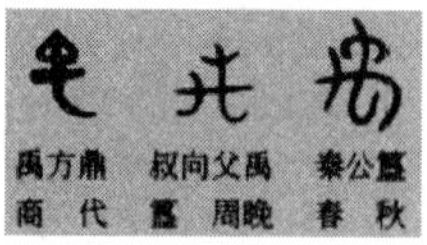

圖一 金文：禹

實禹的存在早有《尚書·禹貢》記載：“禹傅土墮山刊木。奠高山大川。”《詩經》中也多次提到大禹的功績，如“維禹甸之”“奄有下土，纘禹之緒”“禹敷下土方”“設都于禹之績”等等。孔子在《論語》的《泰伯》、《憲問》、《堯曰》等篇中五次提及大禹。

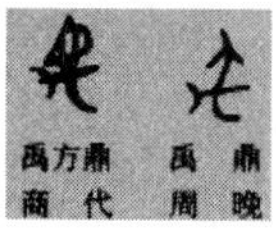

圖二

金文：禺

但是，甲骨文中至今不見“禹”字。或者，是我們還没有認出這個甲骨文“禹”字。

現有工具書中最早的“禹”字見于商周的金文，如圖一。

我爲什麽要將金文“禹”和“禺”排列在一起呢？細心的讀者一看便知，這兩個金文字其實是一個字，音訓也是完全相同的。兩個字的區别僅僅在于頭部稍有變化。

《説文》：“禹，蟲也。從厹（即蹂）象形。”段注：“夏王以爲名。學者昧其本義。”

《説文》：“禺，母猴屬。頭似鬼。從由從内。”

據許慎搜集的證據。“禹”和“禺”本義都屬于動物。禹是一條蟲，這使我們想起了顧頡剛先生著名的考證“禹是一條蟲”。禺則是母猴之類的動物。這和歷史上的夏王大禹有什麽聯係嗎？爲了證明“禹、禺一字”，我們就必須首先證明這一點。

禺是母猴説的是年富力强時期的大禹，也就是那個治水的大禹。

《莊子·天下》：“昔禹之湮洪水，决江河而通四夷九州也。名川三百，支川三千，小者無數。禹親自操槖耜而九雜（疑爲厹，華注）天下之川。腓無胈，脛無毛。沐甚雨。櫛疾風。置萬國。禹，大聖也。而勤勞天下也如此。”

《韓非子·五蠹》：“禹之王天下也。身執耒以爲民先。股無胈。脛不生毛。雖臣虜之勞不苦于此矣。”

《吕氏春秋·求人》：“禹……憂其黔首。顔色黧黑，竅藏不通，步不相過。”

這一時期的大禹説他像一隻猴子是非常真實的寫照。《漢書·武帝紀》裹顔師古所引用《淮南子》有這樣一個大禹的故事説此時的大禹像熊可資爲證：

“禹治鴻水，通轘轅山，化爲熊。謂涂山氏曰：‘欲餉，聞鼓聲乃來。’禹跳石，誤中鼓。涂山氏往，見禹方作熊，慚而去。到嵩高山下，化爲石。禹曰：‘歸我子！’石破北方而啓生。”

涂山氏看見的這隻熊正是大禹，應該説這不是一個神話，而是一個歷史的傳説。據史籍記載，大禹治水從五年到十三年不等，但是“三過家門而不入”的故事應該是家喻户曉的。所以説“禺”是一隻母猴正是人們對這一時期大禹的真實描述。

“禹是一條蟲”説的是晚年的大禹，他因爲長期地勞累加之作爲夏王“憂其黔首”終于身患偏枯之疾（中風）而半身不遂。禹父鯀得的也是中風病。究其原因應該是長期在風雨中治水所導致。

《帝王世紀》：“世傳禹偏枯，步不相過。”這就是道家著名的“禹步”。

《山海經·大荒西經》：“有魚偏枯，名曰魚婦。顓頊死即復蘇。風道北來。天及大水泉，蛇乃化爲魚。是爲魚婦。顓頊死即復蘇。”

所謂偏枯就是一條腿基本癱瘓，每一步都是由一條腿拖著另一條腿前進。所以在操勞多年以後，大禹變成了“一條蟲”。由此可見大禹晚年可能還患有風濕或者關節炎。

禹是指大禹，禺也是指大禹。這兩個字發音是相同的，本字字形差别不大，衹是本字在金文之後的漢字中略有差異。小篆中的“禺”歸于“甶部”，上從丿。《説文》：“甶，鬼頭也。”應該也是“母猴頭也”，這些都是大禹治水時的光輝形象。我一直在設想，也許當時大禹的外號就像我們今天稱呼某個朋友爲“猴子”一樣是一個昵稱。禺上從丿，禹上也從丿。大禹的禹字上的一“丿”如果將兩端向下連接下面的口，出現的正是漢字“禺”，這是因爲在長期的使用中文字歧化了，成爲兩個不同的字。現在到了還其歷史本來面目的時候了。金文中“禹”“禺”本爲一字。在使用中字形發生了訛變。

奇怪的是，大禹這樣一個偉大的君王，在金文中已經用到名字分歧爲兩個字形了，但是在殷商的甲骨文中卻没有出現？或者我們没有辨認出來？或者某個甲骨文字就是大禹的“禹”而我們破譯錯了？我認爲有錯譯本字的可能，這個“禹”和“禺”的甲骨文本字就是甲骨文“鬼”字，如圖三。

圖三　甲骨文：鬼（禹）

我們衹要將漢字鬼右側的意符“厶”放到一撇一捺的中間便可以得到漢字“禹”和漢字“禺”。這不是巧合。甲骨文中從甶從人，説明他是一個長著鬼頭的男人，例三是一個長著鬼頭的老年男人。《詩經》中有“禹敷下土方”，這個土方據卜辭考證應該就在今天太原以南的高地上。卜辭裏常見有一個鬼方國，專家考證中有一種主流意見是鬼方的生活區域在今天山西的中北部。這個鬼方的南鄰是旁方，而卜辭中旁方的南鄰是土方。説明這個“鬼方”和“土方”有可能是同一方土地。而土方和工方（共方）隔汾河而治，兩國的中間是小國“沚”。

鬼方是夏人的盟友，是殷商的敵對國家。有《易經》爲證：

《易經・既濟》：“高宗伐鬼方，三年克之。”

《易經・未濟》：“震用伐鬼方三年。有賞于大國。”

《詩經・蕩》：“文王曰諮，諮汝殷商。如蜩如螗，如沸如羹。小大近喪。人尚乎由行。内奰于中國，覃及鬼方。”

《古本竹書紀年》：“武乙三十五年，周王季伐西落鬼戎。”（引自《後漢書》）

這樣强大的殷商敵國，非禹的後代莫屬。從殷商歷史看，滅夏後禹的子民多爲就地安置。山西境内原是夏的地望。夏桀戰敗于安邑以西，所以鬼方——現在應該稱爲“禹方”——在晋地西部的夏邑也是合情合理的。卜辭中多見鬼方記載：

卜辭：“己酉卜。□。貞：鬼方易。無占。五月。”（乙 6684）

卜辭：“壬辰卜。争。貞：隹鬼，皆。”（乙 3407 正）

卜辭：“允隹鬼衆周。皆。”（乙 3407 反）

在司馬遷的《史記・殷本紀》中有“以西昌伯、九侯、鄂侯爲三公”的記載。集解引徐廣曰：“九侯一作鬼侯，鄴縣有九侯城。”其中的九侯就是鬼侯，其實應該稱作“禹侯”纔是。以此推理，武王克商以後分封“懷姓九宗”其中的“媿姓”和“隗姓”都應該是大禹的後代子民。卜辭中這個“鬼（即禹）”是可以用作已死某人的名字的：“丁卯貞：王令鬼穴俎于□。”（存 2・846）卜辭中的“鬼穴”我認爲應該譯爲“禹穴”。

【甲骨文字本義小結】

鬼的本義：大禹。引申爲很醜陋、很可怕的形象。

音訓：從甶從卩，或從甶從人，讀若 gui。禹、禺音訓：yu。與鬼音訓很近。大禹很可能衹是文明的外號。

破譯甲骨文：龏　龔

東漢時使用的漢字系統中已經有了兩個龏字，即“龏”和“龔”。所以許慎將其一並收入了《説文》：

《説文》：“龏，慤也。從廾龍聲。”慤的本義是誠實的意思。

《説文》：“龔，給也。從共龍聲。”龔通供，本義奉獻。段注：“‘供’行而‘龔’廢矣。”

兩者在段玉裁的《六書音韻表》中均在第九部，故發音相同。甲骨文如圖一。

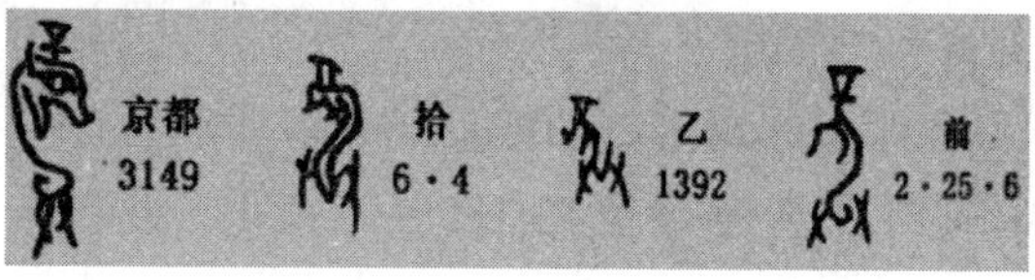

圖一　甲骨文：龏、龔爲一字

甲骨文的龏和龔應是同一個字。從龍從共（雙手作竦手狀）。兩字之所以在《説文》中寫成兩個本字是因爲“共”和“廾”在甲骨文中是相同的，但是在《説文》中卻分屬于不同的部首——“共部”和“廾部”。共和廾的本義區别是，廾的本義是雙手作竦手狀；共的本義是二十個人（廿人）同時作竦手狀。就是説龏是動詞的單數形式，龔則是動詞的復數形式。所以這兩個字實際上就是同一個字。

從《説文》本義上分析它們也是同一個字。“慤也”是人們在龍捲風出現時的一種態度。“給也”則是人們在龍捲風出現時表現出的一種行爲——你要什麼我就給你什麼。

該字的發音可以視爲共龍切。古音爲紀庸切，和今天發音差别不大。

考證一下甲骨文字“龔”是一件很有意義的事情。兩個字動作的對象是龍，造字的背景就是當龍捲風出現的時候人們的表現。即雙手竦手作揖祈求龍不要帶來更大的災害。甲骨文中還有用雙祭祀壇祭祀龍的專用的甲骨文字。我國古代文獻有很多關于龍捲風破壞性的記載。

《山海經·大荒東經》：“大荒東北隅中，有山名曰凶犁土丘。應龍處南極，殺蚩尤與夸父，不得復上，故下數旱。旱而爲應龍之狀，乃得大雨。”

《商君書》：“今夫螟螣蚼蠋，春生秋死，一出百姓數年不食。”説明龍捲風之後數年絶收。《易經·坤卦》：“上六：龍戰于野，其血玄黄”。陽光下半是泥土，半是水汽的龍捲風。

《説文》：“蛟，龍屬，無角曰蛟。……池魚滿三千六百，蛟來爲之長。能率魚而飛。”

《夢溪筆談》：“熙寧九年，恩州武城縣有旋風自東南來，望之插天如羊角，大木盡拔。俄頃，旋風卷入雲霄中。既而漸近，乃經縣城，官舍民居略盡入雲中。……縣

（城）悉爲丘墟，遂移今縣。”

《元史》：“至元……二十七年七月，益都臨朐縣有龍見于龍山，巨石重千斤，浮空而起。”這裏的龍能够捲起千斤巨石，除了龍捲風還有什麼“動物”能够有這個力量？這也是“廿五史”中將龍捲風正式稱爲“龍”的記載。

但是我們仔細分析這個甲骨文“龔”字就會發現，其上所從的“龍”無一例外的都帶著“帝冠”，就是皇帝的冠冕。這是因爲遠古人們將龍捲風視爲至高無上的統治者的畏懼心理和崇敬心理所致。究其原因是當時的人們根本不瞭解龍捲風這一破壞力極大的自然災害現象。

分析甲骨文“龔”我們還會發現在《説文》中的雙手作竦手狀在甲骨文中有别。圖一中的雙手是直接去想抓住龍的巨大的尾巴。這個造字並非空穴來風或者基于當時造字者的想象，它是源自一個古老的有關龍捲風的傳説。奇怪的是嚴謹的史學家司馬遷没有寫《三皇本紀》，卻把這個神話般的傳説寫進了他的《史記》。

《史記·封禪書》：“黄帝采首山銅，鑄鼎于荆山下。鼎既成，有龍垂鬍髯下迎黄帝。黄帝上騎，群臣後宫從上者七十餘人，龍乃上去。餘小臣不得上，乃悉持龍髯。龍髯拔，墮，墮黄帝之弓。百姓仰望黄帝，既上天，乃抱其弓與鬍髯號。故後世因名其處曰鼎湖，其弓曰烏號。”

所以，在卜辭中這個“龏”字多用在地名：

卜辭：“叀龏伐。”（佚 580）

卜辭：“辛未卜。在龏貞：王今夕無禍。”（前 2·13·6）

這裏的“龏地”“龏國”是不是就是司馬遷所記録的“鼎湖”呢？

所以，甲骨文的造字者將這個“龔”字造成了這個樣子：龍的頭上戴著帝冠，地面百姓臣僚的兩隻手則試圖抓住龍捲風的尾巴。這個甲骨文“龔”字記録了一個歷史傳説，並用這個歷史的傳説闡述了“龔”的本義：一種無奈中的誠實與奉獻。説它無奈是無法抗拒龍的神奇力量；説它誠實是因爲它出于本能地想用雙手抓住龍髯救下黄帝；説它奉獻是連黄帝都奉獻出去了。

甲骨文的造字者就這樣讓我們記住了一段遠古的歷史。如果我們僅僅從《史記》中讀到這個傳説，我們會懷疑以嚴謹著名的司馬遷的史筆；如果我們僅僅看見甲骨文“龔”字的造字，我們依然不會相信這是歷史的真實。夏代直至兩漢的歷代統治著在建造自己的“金鑾殿”時，總要在二樓朝著西南方向修造一條永遠不會有人行走的“崑崙道”，就是爲黄帝的英魂留下的入口。黄帝被龍帶往了西南方向。巧合的是在中原的西南方向的崑崙山下依然流行著許多黄帝的歷史傳説和遺跡。

【甲骨文字本義小結】

龏的本義：遠古人們面臨龍捲風襲來時的心境和行爲——誠實和奉獻。動詞。右文造字。

音訓：共龍切。讀若 gong。龔、龏甲骨文爲同一字，音訓相同。共爲聲符兼意符。

破譯甲骨文：單　撣　奄

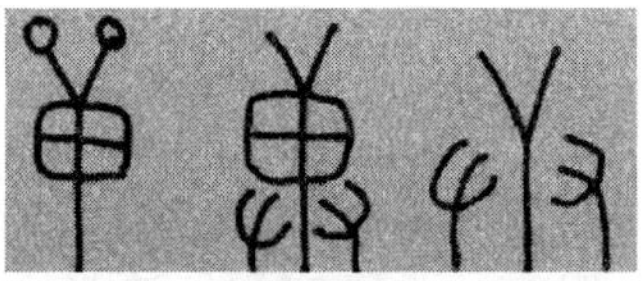

圖一　甲骨文：（依次爲單、撣、奄）（省略形式）

需要首先説明的一是例一的“單”上端有兩個小圓圈，例二和例三省略了。二是例二下面可以是一隻手，也可以是兩隻手，這兩種寫法均見于卜辭。

卜辭有“東單”“南單”“西單”皆地名。例如：

《存》2・166：“庚辰卜，貞：翌癸未屎西單田受□（有）年。十三月。”

《屯》4362：“已卯卜，于南單立岳雨。”

《合》28115：“叀東單用。”

《合》28116：“……入從南單。”

《説文》：“單，大也。”段注：“當爲大言也。淺人刪‘言’字。如‘誣，加言也’，淺人亦刪‘言’字。”《爾雅》《廣雅》説大皆無單。引申爲雙之反對。《大雅》‘其軍三單’，《毛》云：‘三單相襲也。’鄭云：‘丁夫適滿三軍之數，無羡卒也。’”

上述四個解釋中首先許慎就没有説清楚，“單”的本義一定不是段玉裁説的大。既然殷商有東南西“三單”，所以段玉裁所説的“雙之反對”就不能成立。《毛詩》是説三軍輪流值守。《鄭注》是説人數僅够三軍之數，没有多餘的人。這兩個解釋都是錯誤的。

從上條卜辭可以看出“單”就是田地的所在，所以“三單”就是一個都邑的東、南、西三面田地的分界綫。也就是殷商城邑的郊和野的分界綫。三單以内就是農田，三單以外是可以狩獵的“野”。“其軍三單”就是敵方軍隊三面攻城或者我方軍隊三面衛城的意思。《詩經・大雅・公劉》：“其軍三單，度其隰原，徹田爲糧。”意思是公劉率民定居豳地之初，移民大軍分東、南、西三方，丈量土地，治理土地以耕種糧食。有人會問及卜辭中爲什麽没有北單地名，那是因爲殷商（殷墟）的北面不遠處正是洹河的緣故。

《説文》有：“冂。邑外謂之郊。郊外謂之野。野外謂之林。林外謂之冂。”

《説文》有：“郊。距國百里曰郊。”

商周時，城郊百里之外的野纔是耕田種地的區域。《周禮・遂人》載：“辨其野之土，上地中地下地，已頒田里。”《周禮・旅師》載：“掌聚野之鋤粟、屋粟、閑粟而用之，以質劑致民。”《周禮・司稼》還規定了野人的各種應徵：野牲、野職、野賦等。

但是這裏的“野”和東南西“三單”之間是什麽關係呢？這就涉及甲骨文“單”的本義。我考證了甲骨文“單”的本義是殷商人爲了捕捉野獸設置的陷阱：“單”字中間的Y就是一條三岔路，也是跨越陷阱所設的Y形的繩索。中間的交叉點上的大圓或者方形就是人們預先設置好的陷阱。上面的兩個小圓（非固定意符）就是用作誘餌的肉塊等。下端就是狩獵者用來拉動上面兩塊肉以引誘野獸進入陷井的繩子的另一端。這個甲骨文“單”字的會意正是一個陷阱守望者的眼中的看到的場景。

東單西單南單既是郊和野的分界，也是狩獵界綫。從三單以外的地方可以挖設陷阱以狩獵，三單之内是人口活動頻繁的地域，按理是不允許挖設陷阱的。甲骨文“拯”字的本義會意就是人們正在從陷坑裏拉出一位老人。

例一的甲骨文“單”的本義是殷商人爲了捕捉野獸設置的陷阱。例二就可以比較例一得出結論，例二的甲骨文本字是撣。撣在今天的漢語中的意思是用雞毛撣拂去物品上的塵土，看似與陷阱關係不大。但是在東漢以前它的本義不是這樣的。

《説文》：“撣，提持也。從手單聲。”段注：“提持，猶懸持也。”這樣撣就和單的陷阱的本義聯係起來了。撣的本義是狩獵者以手提持並抽動拴有誘餌的繩索。將野獸誘入事先設置好的陷阱。這就是狩獵的“狩”的最原始的場景。

卜辭：“甲午卜。□。貞：我隹撣……”（京 2304）

上圖例三的甲骨文字我將其破譯爲“奄”。“奄”後來演化爲“掩”字，所以奄是掩的初文。甲骨文中至今没有發現“奄”字，各種甲骨文工具書中也未見“奄”字。

小篆的（奄）字中保留了甲骨文“奄”的本義。該字下部正是以雙手持繩索，其本義雙手用泥土將陷阱繩索掩蓋住，僅僅將兩塊誘餌留在外面以引誘野獸。《説文》：“奄，覆也，大有餘也。”段注曰：“……鄭箋《詩》奄皆訓覆。許云：‘覆也，大有餘也。’二義實相因也。覆乎上者往往大乎下。故字從大。周官經謂宦者爲奄。以精氣閉藏名之。覆蓋義之引申也。”段注很好地解釋了爲什麽小篆“奄”字在甲骨文“奄”字上加了一個大字的原因，同時也詮釋了爲什麽宦官叫作“奄”的引申義。我們後世習慣地認爲宦官是因爲被閹割所以稱“奄”，看來段玉裁的解釋比較接近原始本義。但是甲骨文的奄字卻不從大，它衹是用會意表明狩獵者以兩隻手用泥土將拴有誘餌的繩索覆蓋起來。這個字後來作爲初文孳乳爲漢字“掩”。《説文》：“掩，斂也。小上曰掩，從手奄聲。”所謂小上即是指用土掩埋東西時，越往上部曰小，其形尖之意。

卜辭：“辛亥卜。□。貞：叀奄乎……”（余 14・2）

《水經》：“淹水出越雋遂久縣徼外。”《水經注》：“吕忱曰：‘淹水，一曰覆水也。’”由此可知奄字古訓爲覆。故圖一的例二例三本義應爲以土覆蓋狩獵的繩索。

【甲骨文字本義小結】

單的本義：殷商人爲了捕捉野獸設置的陷阱。

撣的本義：狩獵者以手提持並抽動拴有誘餌的繩索。將野獸誘入事先設置好的陷阱。撣、奄音訓一聲之轉。

奄的本義：狩獵者以雙手用泥土將拴有誘餌的繩索覆蓋住。引申義：宦官。

奄演化爲掩，是許慎的轉注造字。掩字中因爲和手的動作有關，加上了“扌”轉注成爲動詞，也轉成爲三隻手。類似的轉注字例見：授。

破譯甲骨文：甶、奉及其他

圖一　甲骨文：甶

殷商甲骨文系統中有很多字包含有這樣的意符——菱形中間十字交叉，或者正方形中間十字交叉。我把它叫作包裹，因爲它是把一些東西包裹起來，外面用繩索作十字交叉的捆紮。例如甲骨文“甶”（發音福、俘）。

《說文》：“鬼頭也。象形。凡甶之屬皆從甶。”但是由于鬼是一個虛無縹緲的無定形的東西，誰也不知道許慎的“鬼頭也”指的是什麼。徐中舒釋義說：“所斬獲敵國（戰俘）之首也，用爲祭品。”① 這個釋義我非常贊成，而且我認爲它正是甲骨文“甶”的本義。殷商在盤庚以後的一段時間內斬獲敵人以後一定是將敵方的頭顱斬下包裹以後回國請功。因爲頭顱太重、恐怖且攜帶極不方便，後來改爲“獻聝”，即獻上敵人的左耳以計戰功。從甲骨文字看這個轉變是存在的。因爲殷商常以敵方之頭顱來獻祭。甶者，俘也，福也。該字采用這種造字一是因爲頭顱造字比較困難；二是俘獲的敵人首級可能就是采取這種捆紮的方式。

卜辭：“羌方甶其用王受又（祐）。”（甲 507）

卜辭：“……用产方甶于妣庚。王賓……”（南明 669）

卜辭：“乙卯卜。甶十用。”（乙 8810）

三例中“甶”當爲將敵方之頭顱作爲祭品。但是將敵方之首級作爲祭品衹是甲骨文“甶”的引申義而不是本義。其本義就是敵人的頭顱。

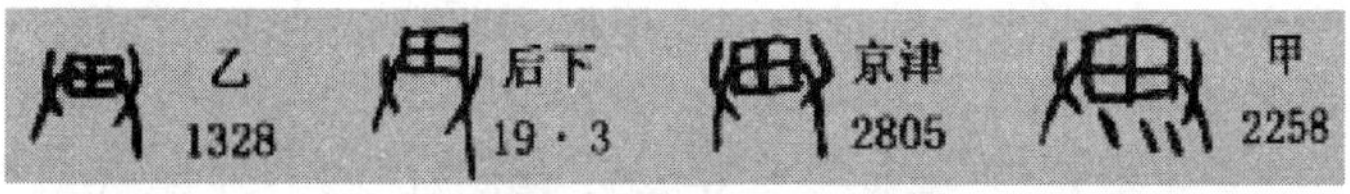

圖二　甲骨文：畀

在搞清楚甲骨文“甶”的本義以後，圖二的甲骨文字的本字本義就容易理解了。圖二甲骨文的會意是雙手獻上敵首。上從甶，下從雙手。例四中最下面的意符三點代表頭顱上滴下的血滴。正是因爲血跡未乾，所以這個字的本義衹能解釋爲獻上敵首，而不能解作獻祭。王國維將此字釋爲“畀”，本義就是“交給”，看似切當，“此殆‘畀’字，與‘與’‘授’諸字同意”②。《說文》涉及兩出，一從廾一從丌：

《說文》：“畀，相付與之約在閣上也。從丌甶聲。”

《說文》：“异，舉也。從廾甶聲。”

兩定義相較，當以後一定義更爲接近該甲骨文字的本義。這樣似乎解決了該字本義

① 徐中舒主編《甲骨文字典》，第 1023 頁。

② 徐中舒主編《甲骨文字典》，第 237 頁。

的破譯。但是在我們對圖二甲骨文字音訓考證時，發現這個字音訓無法確定。該字按照我的注音方法應該是個甲骨文會意字。會意字的注音是通過意符發音的反切來規定的，所以圖二的甲骨文字音訓爲從由從共，由共切，讀若 feng。所以我認爲這個圖二的甲骨文字應該是破譯爲漢字：奉。形音義三者都能互相吻合。

徐中舒將下列圖三的例三例四釋爲甲骨文“畀”仍是依據不足，值得商榷的。

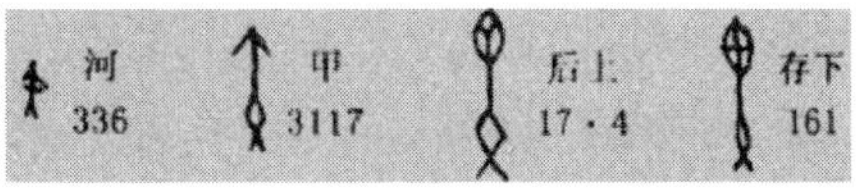

圖三　甲骨文：兩種矢

圖三所示是甲骨文時代的兩種箭矢。例一例二是普通的金屬箭鏃的箭矢，可以直接釋爲“矢”。至于例三例四，我們從《周禮・司弓矢》得知：“司弓矢掌六弓四弩八矢之法，辨其名物。而掌其守藏，與其出入。……凡矢，枉矢、絜矢利火射。用諸守城車戰。殺矢、鍭矢用諸近射田獵。矰矢、茀矢用諸弋射。恒矢、痺矢用諸散射。”説明商周時期的矢有八種之多。甲骨文中明確的有這樣兩種。圖三的例三例四應該是“枉矢、絜矢利火射”的枉矢和絜矢。其作戰原理是將棉絮裹在箭鏃上，澆上可燃的油脂，點燃以後發射出去，主要用于火攻。從例三例四的甲骨文字看，其上部也是從由。這可能是徐中舒將其釋作“畀”的原因。但是這個甲骨文字是一個象形字而不是會意字。文字的整體象形是一支箭矢。所以當是箭矢之一種。上部的由是箭矢的有機組成，説明上部是一個我所説的“包裹”，衹不過裹面包著的是浸透易燃液體的棉花而已。這個甲骨文字的本字待進一步破譯，但是它明確地證明，凡是一個圓或者方形的圖形裹面有十字交叉者，可以將這個意符其質地視爲一種“包裹”。甲骨文“田”作爲陷阱也一樣是有其造字含義的。

但是當“由”字作爲造字意符參與其他甲骨文造字時，我們發現它確實以“鬼頭”（其實是一個很丑陋的人頭，例如大禹的頭）的本義造了很多的字，這就是“鬼部首”的甲骨文字。在人體之上出現了“由”，即鬼頭。因爲和活人的身體相結合，這個“由”的造字本義應該是能動的、丑陋的、像死人的頭一樣難看和恐懼的。它的本義是否就是鬼呢?

破譯甲骨文：祭

圖一　待考

徐中舒《甲骨文字典》：“甲骨文祭不從示，示爲後加之意符。甲骨文祭字以手持肉……或以數量不等之點象血點之形，會祭祀之意。祭爲殷代五種祭祀系統中一種祀典之專名。”① 這個解釋不僅是徐中舒個人的意見，而且是學界公認它就是甲骨文“祭”。錯誤的原因是源于漢字小篆“祭”的上部從單手持肉，但是小篆要比甲骨文晚出生大約一千

① 徐中舒主編《甲骨文字典》第 18 頁。

年。徐中舒説“示爲後加之意符”是正確的，這是許慎的轉注加上了部首“示”以將該字歸屬于祭祀類的字。

但是這個釋義是存在嚴重問題的。第一是祭祀用單手是對祭祀對象的一種不敬。其次圖一中的“肉塊”顯然是一個錯誤的解釋，它應該是一個容器。因爲它有方向性，例一向右開口，例二向左開口，例三向上開口。説它是滴血的肉塊是一個錯誤的觀點。因爲血衹能向下滴，而例三的“血點之形”是向上的。所以它衹能作爲一種容器解釋，而這些點也就不能解釋爲血點，而衹能是其他的物質。第三，殷商時期的祭祀方式現在存世文獻難以證明，但是西周的祭祀中没有用滴血的生肉祭祀祖先的。所以圖一的甲骨文字應該不是“祭”。第四，圖一的三個例子的會意是將某物裝入容器和倒出容器的過程，是一對互爲反義詞的甲骨文字。例一例二的本義代表“倒出該容器”，例三則是“倒入該容器”。但是它們本字都不是“祭”，當另有本字。兩個本字尚待考證。

《説文》：“祭，祀也。從示。以手持肉。”我們知道，在甲骨文中是有一個“祀”字的。這和甲骨文“祭”似有重複之嫌，在大量使用假借字的殷商時期，一個本義造出兩個本字是很奢侈的。參見圖二。

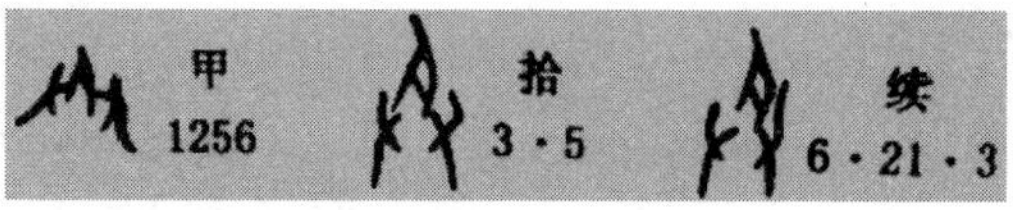

圖二　甲骨文：祭

圖二也是徐中舒破譯的甲骨文“祭”字。《甲骨文字典》説：“甲骨文此字象雙手持肉之形，當會持肉以祭之義，疑爲（圖一）祭之異文。”這衹是徐中舒意欲折中兩種不同觀點的中庸之道。其實圖一和圖二是兩個不能折中的本字，也是兩種不能折中的觀點。因爲甲骨文系統是一字一形一義的。這兩個甲骨文本字一定是兩種不同的本義。

圖二中的近似三角形的意符纔是甲骨文“肉塊”的常用表示方法：

圖三　甲骨文：𠂤（肉）

圖三這個甲骨文“肉”字的一半正是圖二中的意符——肉塊。而商周祭祀時的習俗就是將肉切成兩半，將其中的一半供奉給祭祀對象。這叫作“裂肉”，又叫“胙肉”（參見《儀禮·少牢禮》）。圖二的甲骨文字正是雙手將胙肉供奉給祭祀對象的會意。所以我認爲圖二的甲骨文字的本義纔是祭祀，所以圖二是甲骨文祭。圖一不能破譯爲“祭”。

如果圖一本義是“以手持肉”的話，圖二本義更應該是“以手持肉”。圖一是單手持肉而圖二是雙手持肉。就“祭，祀也”這個意義上，圖二更加接近祭祀的本義并且具有祭祀的恭敬。

圖一甲骨文在卜辭中主要有兩個用途，祭祀和國名：

卜辭1：“乙卯卜。即。貞：王賓報乙。~無占。”（存上1486）

卜辭2：“癸未卜。派。貞：王旬無占在正月。甲申。祭祖甲。”（前1·19·5）

卜辭3：“丁未貞：礿歲叀~。贊……”（粹422）此條應是爲全年的豐收感謝上天。

卜辭4：“……旬無占。祭羌甲……”（前1·41·7）

卜辭5：“貞：雀㦰~方。”（南誠30）這裏的“~方”應該是殷商的一個敵對方國。這個“~方”的存在説明殷商時有一個叫作“~方”的方國專門從事圖一甲骨文代表的勞動。因此該本字象盂方、虎方、工方、夯方一樣應該代表一種方國世代傳承的分工。本義就是用手將某種東西裝進或者倒出容器。

卜辭6："辛未貞：今日告。其步于父丁一牛。在~卜。"（寧1·346）~爲地名。

卜辭7："癸未卜。在~。貞：王旬無判。"（後上11·5）~爲地名。

圖二甲骨文在已發現的卜辭中的作用是單純的祭祀：

卜辭8："弜~。"（戩37·12）這裏意指兩個祭祀在同一天裏進行。

卜辭9："叀多母~。"（拾3·5）此處用法有點像我們今天的清明祭和端午祭。

比較上述兩個字在卜辭中的用法我們可以看出，卜辭1到卜辭4中的圖一甲骨文字用于"旬無判"之後對相關的先王的感謝。是無判在先，感謝在後，這個本義不能叫作"祭"，衹能算是一種回報。而卜辭9則是對"多母"的祭祀，這是比較正規的祭祀。所以我認爲圖二甲骨文字纔是甲骨文"祭"字。

按照殷商甲骨文的造字規律，凡是和祭祀相關的甲骨文字均從意符"示"，本文的兩個甲骨文字均不從"示"。這一點存疑，暫且闕而不論。

破譯甲骨文：豚

這個甲骨文字學界將它破譯爲漢字豚。這個幾近一致的觀點説明大家都接受了這樣的造字：它的主體是象形字豕，中間那個符號代表肉，也就是甲骨文夕。

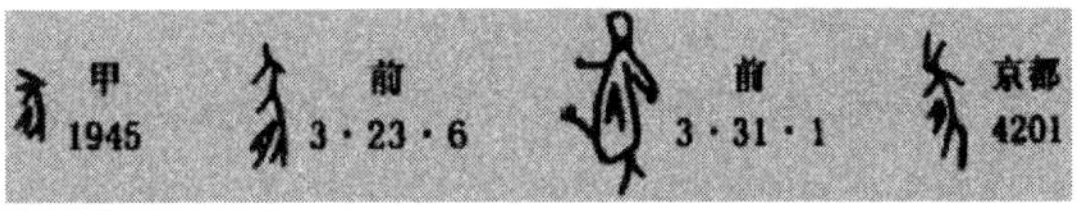

圖一　甲骨文：豚

本字爲豚，它的本義是什麽？徐中舒解字："從豕從肉，與《説文》豚字篆文同。《説文》：'豚，小豕也。從彖省。象形。從又持肉，以給祠祀。'"[①] 這個字的甲骨文和篆文從肉從豕，金文和古文多了一個意符手，所以許慎説"從又持肉"。但是從圖一可以看出，甲骨文中並無意符"手"。而是在主體的象形字"豕"的腹部位置加了一個斜A，這個符號我們在《破譯甲骨文：祭》中已經證明了它爲什麽是"肉"的意思。我不僅考證了這個斜A符號是甲骨文"肉"字的一半，而且進一步説明它就是商周時期祭祀用的裂肉或者叫作胙肉。因爲這個緣故，豚字的甲骨文本義就應該是豕和胙肉的會意。也就是專門爲提供祭祀用的胙肉而飼養的猪。從圖中甲骨文斜A的位置推測：這種胙肉有可能是采用猪的中段的肋條肉。但是按照許慎的意思就是獻祭用的乳猪了。

《説文》説它是"小豚"，但是甲骨文造字説明不僅是小豕（圖一例三），也可以是大豕。

《説文》説它是"以手持肉。以給祠祀"，甲骨文明確了豚是提供祭祀用的胙肉的猪。説明許慎的定義是不錯的，同時也説明"以手持肉"的意符"手"是動詞。

---

① 徐中舒主編《甲骨文字典》，第1058頁。

卜辭："己丑卜。河尞。夕叀豚。"（後上24·8）這裏的"夕"疑爲月亮某時的一種狀態。

卜辭："尞叀百豚。"（後上25·2）本句的句型和上句相同，缺少時間狀語。疑後置缺。

卜辭："叀犬又豚用。"（粹592）

卜辭："皆用豚衆羊。"（甲5675）

卜辭："丁酉卜。王其曹□尞叀犬十衆豚十。又大雨。"（粹27）

從上述五條卜辭内容分析，豚和豕是有著明顯的區别的。豚多以較大的數量祭祀。在卜辭（前3·23·6）中還有"十五豚"之説。而豕的祭祀作用比豚要大。因爲豕是太牢和少牢的祭牲之一。豚用于尞祭的次序是在犬之後，羊之前。從唐詩"豐年留客足雞豚"等雞豚並提看，後世也是將豚用于稱呼猪肉。這種猪一般在猪崽時就被閹割，肉質嫩而無臊味，是專門供給肉食的肉猪。從上圖的甲骨文字看，可能不僅指猪肉，獻祭的其他動物的肉也可以叫作豚，但是從意符看，"豚"一般指肋條肉。

【甲骨文字本義小結】

豚的本義：爲祭祀提供胙肉（肋條肉）的猪。引申義：肉猪。

音訓：《説文》單列豚部，音訓徒魂切。該字的甲骨文字可能不是這個發音，從自從猪。音訓擬爲tu，通tun。

破譯甲骨文：一個被遺漏的部首

漢字"部"有"門類"這一義項，所以"漢字部首"就是漢字分類中某一類字的那個"首字"，部之首字也。通常我們就把這一類字稱作該部首字。例如：木、本、朽、樸、機、權、桿、杯、枇、果、相、查、檀、橐、鬱等都叫作木部首字。木部的部首字就是"木"。其根源出自許慎《説文》的"建類一首，同意相受"。

漢字中有這樣一個部首𠩺，上從未和攵，下從厂。這個部首造字還有犛、斄、嫠、孷、氂、釐、𥝩、黎等。這一部首字中還有一個詞庫未收的字上從𠩺下從文，是古代中國畫技法中常用的一種細筆皴法，意思是像牛毛一樣細的皴紋。它們的發音大多爲li。也就是説這個系列的造字應該是宋朝王聖美所發現的右文造字。殷商甲骨文系統中還没有使用形聲造字法。右文造字是甲骨文字的一種規範的造字方法，其特點是没有純粹的聲符，所有的聲符都是聲符兼意符。遺憾的是我們在今天的工具書中查不到這個部首。所以我稱之爲漢字系統中一個被遺漏的部首。但是《説文》中收錄了這個字從部首"攴"：

《説文》："𠩺，坼也。從攴，從厂。厂之性坼。果熟有味亦坼。故從未（味）。"段注：許其切。讀若li。從詞源上看，許慎是因爲該字從攴（即攵）將其列入攴部首的，但是上述與該字造字相類的系列字都源于這個字，所以它應該是同部首字。凡采用此字造字的系列字都有梳齒狀豎向條紋的含義。它們的本義是有規可循的：

犛本義是牦牛。《説文》："犛，西南夷長毛牛也。"

氂本義是牦牛的尾巴。《説文》："氂，犛牛尾也。"

斄的本義是捲毛。《説文》"斄，强曲毛也。"强發音爲絳。

斄本義是用刀劃開，由一份分爲很多份之意。《尸子》："弓人斄筋，以知牛長少……各有辨焉。"這裏的劃開也應該是順著牛筋的方向縱向劃開的意思。

漦的本義是龍涎，其形象也是豎直的若干條狀的。

孷的本義爲雙胞胎。揚雄《方言》："陳楚間凡人獸乳而雙産曰孷孖。"

釐的本義見《説文》："釐，家福也。"段注："居家獲祐。"是天賜家福也。

嫠本義是寡婦，有一分爲二之意。通離。

上述同一部首字本義中均含有梳齒狀豎向條紋之意。作爲它們的部首字的本義是哪一個字呢？應該不是部首攴。

《説文》："𠩺，坼也。從攵從厂。厂之性坼。果孰有味亦坼。故從未（味）。"許慎所説的厂指的是石崖。石崖的物性就是豎向開裂，水果成熟了也會開裂，例如石榴、板栗、榴蓮和一種叫作八月札的野果等都是這樣的。所以該部首字均有豎向開裂狀的條紋的含義。

奇怪的是，《説文》單列了一個部首犛部首，其中僅僅收錄了三個字：犛、氂、斄。許慎對犛部首的犛、氂、斄三個字的選取依據是從犛省。上述九個同部首字之間也構成"建類一首，同意相受"的轉注關係，但是許慎將其分列在若干個部首中不能不是一種"文字大家的遺憾"。這種收錄的混亂説明許慎《説文》在部首的設置上也還存在不完善之處。

花了很多功夫來考證這個部首系列字的原因是要破譯下面這個甲骨文字，如圖一：

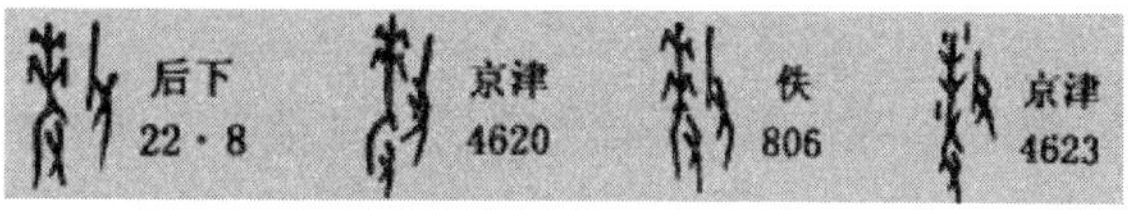

圖一　甲骨文（待考）

我們將上圖甲骨文字拆分到最小的意符一共四個（在京津4623和合26909中還加上了散點狀的意符代表麥粒，所以是五個意符）：上左是"麥"，上右是"丨"，下左是"手"，下右是另一隻"手"。

這樣四個（或五個）意符組成的共同的會意是一個人的兩隻手正在用棍棒（丨）給收割後的小麥（麥）脱粒（散點意符）。這個甲骨文中保留了遠古的農業信息是，當時給小麥脱粒是一隻手拿著小麥，另一隻手拿著棍棒敲打以使小麥脱粒。這大概是中國農業脱粒的最原始的方法了。所以它的本字應該包含這樣幾個基本的含義：一是小麥（或者其他的糧食作物）；二是以手執棍棒即"攵"；三是破譯字本義必須是給糧食作物脱粒。漢字系統現存的漢字中本字本義最接近這三個條件的漢字是：敉。發音爲米。本義多用于平叛，敉平叛亂。這個本義倒是和將小麥的麥粒從麥穗上敲打下來很相像。敉平叛亂是通過各種手段將聚集叛亂的人群解散。進一步的思考可以知道這個"敉平叛亂"使用的並非"敉"字的本義而是引申義。那麽有没有這種可能，就是敉的本義就是用棍棒給糧食作物脱粒呢？從圖一的甲骨文字的造字看，很有可能。

如果要新造一個能够同時滿足上述三項條件的漢字，我認爲這個字應該是：𢼸。

但是我們所看見的甲骨文工具書中，學者們將這個字一般破譯爲：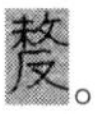。（見于《甲骨文字典》《古文字類編》《殷墟甲骨學》《甲骨文精粹釋譯》等。）我認爲這個破譯是錯的。原因在于這是僅僅憑藉兩字字形上的相似來破譯甲骨文字，原因還在于該部首字本義中均有豎向開裂狀的條紋的含義。而本字的本義“用棍棒給小麥脱粒”中是没有的。

需要補充説明一點，李孝定的《甲骨文字集釋》認爲“敉”的甲骨文字如圖二[①]。

圖二　李孝定認定的甲骨文字：敉

比較圖一和圖二兩個甲骨文字，如果就“敉平叛亂”這一引申義看，圖一的甲骨文字的本義應該比圖二的甲骨文字更有説服力。因爲圖一和圖二的甲骨文字中的散點意符的本義都可以是小麥或者水稻或者其他的糧食作物的顆粒。而圖一甲骨文多了一重打擊的意思。圖二則更接近農村手工給稻穀脱粒的會意——用手抓住水稻的根部在摜筒裏用力摜下稻粒。這兩個甲骨文字分別記錄了殷商對小麥和水稻不同的脱粒方法。留此存證。

【甲骨文字本義小結】

敉的本義：用棍棒給水稻脱粒。

音訓：右文造字。米爲聲符兼意符。

破譯甲骨文：魚　漁

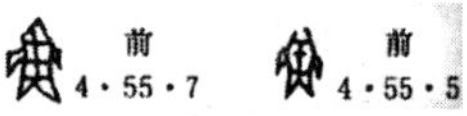

圖一　甲骨文：魚

在考證甲骨文一字一形一義時，我們曾經接觸到“魚”字。其實甲骨文的這個魚字像許多野獸牲畜的獨體象形字一樣，采用的是側視構圖，所以它是站立狀態的。上部的胸鰭和背鰭是一前一後、一大一小的。音訓：魚的下部和盧的下部結構完全一樣，所以韻母相同。但是其聲母待考。魚頭從余，疑爲右文造字。

《説文》：“魚，水蟲也。象形。魚尾與燕尾相似。凡魚之屬皆從魚。”在甲骨文系統中有些甲骨文“燕”和“魚”的尾巴相似，但是大多數甲骨文“燕”的尾巴都是用單綫條造字的。由于以往對甲骨文研究不是很精細，所以對有些甲骨文字的分析不是很透徹，以致發生了一些混亂。例如甲骨文的“漁”字比較典型，這裏引用馬如森《殷墟甲骨學》一書的收錄，如圖二。

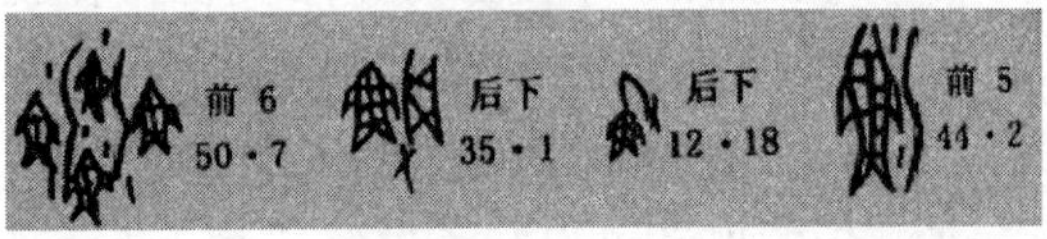

圖二　甲骨文：漁

其他的甲骨文工具書收錄的甲骨文“漁”字更爲複雜。圖二中的甲骨文字實際上是四個本義不同的本字。例一本義是

① 馬如森著《殷墟甲骨學：帶你走進甲骨文的世界》，第279頁引。

處于水環境中的魚群。我在前面的考證中提出過一個甲骨文造字規則就是：重復表示多數；例二是以手執網捕魚，這是本字；例三是以手執魚鉤釣魚。例四則表示水中有魚（的地方）。就現代漢語的漁字所定義的本義“捕魚”而言，衹有例二是符合標準定義的。就卜辭内容和上述甲骨文的使用看：

卜辭：“王。漁。十月。”（前 6・50・7）爲例一“漁”字。本義應爲魚汛。

卜辭：“壬。弜漁其狩。”（佚 656）爲例二“漁”字。本義似爲捕魚。

卜辭：“貞：不其漁。”（前 4・22・2）爲例二“漁”字。本義似爲捕魚。

卜辭：“貞：弗其□。九月。在漁。”（前 5・45・4）爲例三“漁”字。僅用作地名。

卜辭：“……在漁……”（鄴 3・42・2）爲例三“漁”字。僅用作地名。

卜辭：“貞：翌乙未乎子漁侑于父乙……”（續 1・29・1）爲例三“漁”字。僅用作人名。

卜辭：“貞：子漁亡其從。”（合 369）爲例三“漁”字。僅用作人名。

這四個甲骨文字在卜辭中的使用非常規範，且本義各不相同。所以殷商甲骨文其實是很規範的一字一形一義的文字，是我們在研究時因爲自己没有透徹地研究造成了不應該有的混亂。

就甲骨文造字而言也是這樣。上述四個甲骨文字中充其量衹有兩個動詞就是例二和例三。例三衹用于“子漁”的人名，所以“漁”的甲骨文本字還是例二。而例一和例四造字中衹有魚和水的意符，因爲和手無關，所以不能算作動詞漁。

《説文》：“漁，搏魚也。”段注：“捕魚字古多作魚。《周禮・■人》本作魚。此與取鱉者曰鱉人，取獸者曰獸人同也。……”該字諸子文章多讀作“御”，原因是初字都寫作魚，衹好以聲音上加以區别讀若去聲。

【甲骨文字本義小結】

魚的本義：泛指各種魚類單體。象形字。

音訓：筆劃注音。魚身中間的三横一竪的圖案爲甲骨文“玉”字。讀若 yu。

漁的本義：爲以手執網捕魚，或捕魚人。《周禮》中爲司捕魚的官員。

音訓：漁本字爲右文造字，從網從魚。其中的意符魚既是聲符也是意符。

破譯甲骨文：網和綱

圖一　甲骨文：網

《説文》：“網，庖犧所結繩以漁也。”段注爲“以田以漁也”。可見網最早是指漁網，用于捕鳥捕獸是後來發生的事情。但是我們從甲骨文中看到，網在殷商時不僅用于捕魚，也開始被用作捕鳥了：

卜辭："甲寅卜：乎鳴網鳥獲。丙辰鳳獲五。"（甲 3112）注意這裏用網捕捉的是鳳凰。

卜辭："……網雉獲十五。"（綴 354）

繁體字的網和綱常被混淆不辨。有個最簡單的辦法區別它們就是網的造字符號中有一個"亡"字，這個亡就是網的聲符。據段玉裁考證，從《石經》開始，網有了一種新的寫法——罒，就是我們今天漢字中的"罒字頭"。（段玉裁未注明是《漢石經》還是《魏石經》。）

以甲骨文"網"作爲意符造字的甲骨文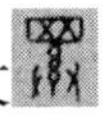（綱）與漁網的本義非常密切。

該字的造字從網從絲從雙手。其中的絲繩和上部的網是連爲一體的，説明這根絲繩是和上面的漁網編織在一起的。這一點對考證綱的本義很重要。因爲綱就是漁網上用來操作的總繩索。成語有綱舉目張，就是説衹要將漁網上的總繩索提起來，整個漁網就能够張開了。這根總繩索就是綱。該字的下部是一雙手抓著綱繩，即表明了綱和操作者的關係，又説明了這根綱繩的可操作的性質。按照甲骨文造字的邏輯，這裏的雙手還表明甲骨文"綱"有動詞的性質。卜辭中"綱"是一個孤證，但是即使這一個孤證中也可以看出它的動詞性質：

卜辭："至綱羊。"（或"至。綱羊。"）（合 470）

在《説文》中許慎收錄了綱在春秋戰國時的古文形式：。

古文綱從木從絲。從木和絲的會意中看不出它是漁網，但是我們知道漁網確實和木、絲是密切聯係的。在没有尼龍繩的遠古，農村編織漁網可以用絲綫和棉綫編織，其棉綫編織的漁網必須用猪血浸泡以防腐，因爲長期浸水導致棉綫易斷。木是指漂木，是沿著網口分布的用來漂浮其漁網的木塊。這種漂木在遠古打水用的雙腹耳小口尖底罐的繩索上也拴有一根，目的是防止水罐在打水時沉得太深攪動河底的泥巴，以保證水質清潔。

但是木和絲這樣兩個意符無論如何和不能構成漁網的會意。我認爲這個古文的"綱"字是被省略了上部的"罒字頭"，是一個不規範的簡化字。我們要感謝許慎，他在編寫《説文》時儘可能將收集到的各種材料和不同觀點都集大成于一書之中，使我們今天依然可以追溯遠古人造字、用字的脈絡。這個古文"綱"是在使用中被簡化了。但是同樣是在使用中它加進了新的會意元素"木"，使我們瞭解到在漁網的發展史上可能是在春秋戰國期間使用了漂木這一改進。

省略是甲骨文造字中常見的方法，例如甲骨文"秦"在後期省略了和杵配套的"石臼"。甲骨文"丹"和"青"在造字中省略了研磨顔料用的石棒。而甲骨文盥則常常省略了洗手用的水的符號——散點意符。

但是，這個春秋戰國的古文"綱"上部的"罒字頭"是不能省略的，這一省略改變了造字的義理，中斷了"綱"字發展的脈絡。所以我説它是一個春秋戰國文字百花齊放時期的一個不規範的簡化字。如果它確實是漢字綱的古文的話。

【甲骨文字本義小結】

網的本義：漁網。用蠶絲或者棉綫編織。用于打漁、打獵和捕鳥。名詞。

音訓：從爻從冂（古熒切）。讀若 wang。（殷商方言中 w 爲唇齒音 v。）
網的本義：魚網上用來手抓操作的總繩。名詞。有動詞的性質。
音訓：從共從網，共網切。讀若 gang。

破譯甲骨文：聿* 畫* 劃*

圖一 甲骨文、金文：聿

《説文》中“聿”是一個部首，寫作部首時下面少一横爲⺺。從甲骨文和金文的造字看，這個聿字從右手從工具。這個工具上部爲柄下部呈三叉狀。受許慎的誤導，很多學者思維定勢認爲是筆。《説文》：“聿，所以書也。楚謂之聿。吴謂之不律。燕謂之弗。從聿一。”同樣在這個“聿”字之後許慎接著就收録了漢字“筆”。按照許慎的解釋“聿”既然從筆，那麽這個字的會意就應該是以手執筆，定義爲“所以書也”便名正言順。

遺憾的是在甲骨文中“筆”衹是以“丨”表示的，即使有筆這樣個執筆方法今天看來也是錯誤的：

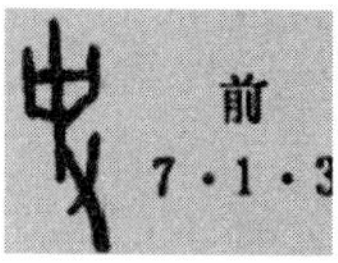

圖二 甲骨文：史

這是兩個得到公認的包含“執筆”意符的甲骨文，筆一般是用丨表示，即使有開叉的情況也是開叉向上而不是像本字一樣三叉開口向下。所以我一直質疑這個下部有三叉的工具不是筆。那麽它是什麽工具呢？要知道如果它不是筆，這個字就完全没有理由造出畫畫的“畫”字。如果它是鋤頭則可能會意是“挖”，是斧頭則可能會意是“劈”，是刀斧則可能會意是“殺”。而如果是船槳它就可能是划船的“划”字。

圖三 甲骨文：事

解開這個謎的是甲骨文畫字的演變過程。在《説文》中聿和畫是分列爲不同的兩個部首的：聿部和畫部。儘管《説文》中有這樣的分部方法——例如竹部和箕部——但是許慎這樣的歸類法意味著聿和畫本字和發音都不相同，可能還意味著它們造字的來源也不同。于是讓我們來研究甲骨文“畫”，它應該是“劃”的初文：

最先説這個甲骨文可能是“畫”字的人是王國維：“疑爲古畫字。”後來有位學者説該字下部“是兩腳規”（古代之圓規），于是大家愈發認定這個字是“畫”了。從這個字甲骨文到金文再到古文和小篆的演變，破譯它爲漢字“畫”是不錯的，但是在確定這個字的本義的時候大家都錯了。它的本義絶不是畫畫的“畫”，而是划船的“划”的初文。

《説文》畫：“介（界）也。從聿。象田四介（界）。聿所以畫之。”意思是用“聿”這種工具來爲農田畫出四至的邊界。鄒曉麗的一段文字很據代表性：“‘畫’本可歸入‘聿’部或‘田’部，許慎把它單獨立爲部首，是因爲‘畫’字反映了古代重要的政治生活、經濟生活的内容，《孟子·滕文公上》：‘仁政必自經界始。’可見經畫田界

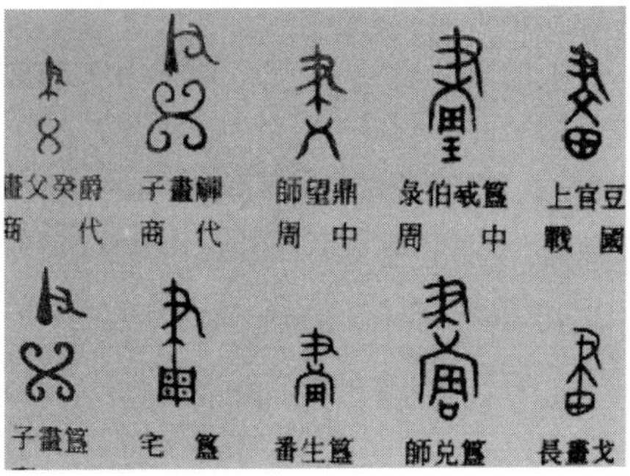

圖四

商周金文：畫（甲骨文同左上角商金）

的重要。”①

查閱甲骨文專著，幾乎是衆口一詞地認爲“畫”的本義就是“界也”。西周金文提供了一個很好的證明：金文“畫”上部爲以手執筆，下部從田。這當然就是在農田裏用筆畫出疆界的本義了。

但是這裏有四個問題所有學者在研究中都在有意或無意地回避：

1. 商代金文的下部不從田，殷商的農田也絶不會是近似“8”字形的疆界（圖四左側三字）。

2. 在上圖中西周早期的《宅簋》中的金文“畫”字下部也不從田，看似中間多了四點，其實這個意符甲骨文學者都熟悉，它不是“田”而是“周”。周者，舟也。如果這個意符是“周”的話，上部的意符就是以手執篙或者以手執槳的會意。這個字手中所執正是上窄下寬的船槳的形象。

3. （甲骨文　屯 2392）下面是一個圓圈中間一點。圖四的商代金文的“8”字形則可以看作是兩個圓圈捆綁在一起。而周可以看作是四個圓圈中間各有一點。意符相同，衹是數量不同而已。這是爲什麽？

4. 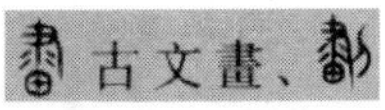

（古文“畫”）中出現了從畫從刀會意的划船的“划”。

其實這個甲骨文金文古文的“畫”字正是從手從船槳從舟，屯 2392 中的“舟”是一個羊皮囊；商金的“8”字形是兩個羊皮囊捆紮在一起；西周的“周”也是一種羊皮筏，它是四隻羊皮氣囊組合而成的。這個“畫”字在殷商時期的本義就是划船的意思。戰國古文中將這把船槳演化成了“刀”。衹不過這把“刀”劃開的是水面而已。同樣見于甲骨文的還有一個，該字從水從畫，破譯爲漢字“澅”。根據我們以上的破譯，它的本義應該是划船渡河，或者是在河中划船之意。漢字“澅”在很多工具書中未收錄，即使是《康熙字典》《説文》這樣的字典中也未曾收錄。但是徐中舒《甲骨文字典》中收錄了。遺憾的是徐本依據《水經注》“臨淄惟有澅水。西北如濟”而將其解釋爲地名，他們説的當然衹能是引申義。按照我的考證甲骨文中的形聲字的聲符都是以聲符兼意符身份參與造字的，這個澅字中的四個符號都參與了造字的會意——以手、執槳、划船、渡河。其中的聲符“畫”是有聲符兼意符的雙重意義的。徐本本義不確。

卜辭：“叀澅田，亡災……”（粹 986）本條卜辭的意思譯爲：“渡河打獵，亡災。”而不是徐本的在澅地打獵的意思。

我爲什麽堅持甲骨文“畫”字中手中所執的工具是船槳而不是筆？甲骨文金文中例證很多，很多字如果將這個意符解釋爲筆是解釋不通的，例如：金文肇。

① 鄒曉麗編著《基礎漢字形義釋源》，第 61 頁。

【甲骨文字本義小結】

聿的本義：以手執筆或者以手執槳。動詞。

畫的本義：用船槳划船。引申義：寫字或畫畫。名詞。

劃的本義：用刀切分某物。戰國古文開始出現，非甲骨文。

濜的本義：划船（舟或者羊皮筏子等）渡河。動詞。

破譯甲骨文：尺* 寸*

雖然“尺”和“寸”是我國使用的最古老的市制度量衡的長度單位，但是截止目前，甲骨文和西周金文中尚未發現“尺”“寸”兩字。已知最早的金文“尺”出現在戰國晚期的中山國銅版地圖兆域圖中，古文“寸”出現于睡地虎秦簡中。見圖一圖二。

圖一
金文：尺

圖二
古文：寸

值得提請大家重視的是上述兩字的指事造字。説明雖然甲骨文中未見這兩個字，但它們可能很早就存在。金文“尺”是人的肩臂的象形，在手臂的一半處有一個圓點。在甲骨文、金文的造字中指事的圓點是提請大家重點會意之處。這裏的圓點正是胳膊的肘彎處。從手腕到肘彎這裏正是堯時代的一尺。同樣，人的橈骨（曲尺）長度也是一尺。

爲什麽“尺”和“橈”的長度都是一尺呢？在堯的時代這個一尺是25厘米。因爲不同的時代尺的内涵是變化的。《説文》：“尺，十寸也……所以指尺規矩事也。”《説文》：“橈，曲木也。”曲木爲木匠用的工具，是兩翼各爲一尺的直角曲尺。

生理學告訴我們，漢族人的尺骨和橈骨都是25厘米長，幾千年來一直如此，没有變化。不同的僅僅是尺骨上端比橈骨多出一截活動的半月形的關節，醫學上叫它滑車切跡。橈骨内側邊緣很鋒利，像尺一樣。

爲什麽木匠用的直尺叫作尺？爲什麽木匠用的曲尺叫作橈？爲什麽橈骨以堯的名字來命名？爲什麽它們都是25厘米長？爲什麽它們正好和考證中的堯的時代的一尺的長度巧合？答案衹能是這根以堯的名字命名的尺説明它就是堯的時代天然的工具——尺。後改進爲木匠用的曲尺。但其兩翼的長度是與時代相吻合的，爲各個時代所規定的一尺的長度。

再看圖二古文“寸”。《説文》：“寸，人手卻一寸動脈謂之寸口。”它的造字是連著前臂的一隻手。在手的後方前臂上有一個指事符號，表明所指的位置就是“寸”，中醫學上稱作寸口。是中醫診療號脈部位的寸、關、尺之一。寸位于大拇指内側魚際後退一寸的腕部。看上述寸字右手腕所指的位置就是寸口。

這兩個字雖然出自戰國後期，但是尺和寸的用法在堯舜時早已有之：

《春秋公羊傳・僖三十一》：“膚寸而合。”

《周禮》："夂諸墻以觀其橈。"

《説苑・辨物》："夏以十寸爲尺。殷以九寸爲尺。周以八寸爲尺。"

關于橈是曲尺的記載在《易經》《禮記・考工記》《禮記・月令》《左傳》裏都有記載。衹是它的長度縮短爲約 23.1 厘米了。那正是周代王室規定的一尺的長度。我認爲，既然橈、尺、寸在堯舜時期和夏、商、周就已經存在，它的文字形式也一定會存在于夏文字、甲骨文和金文中，衹不過我們至今尚未發現它們，或者它們就在我們的眼皮底下，肉眼凡胎的我們卻没能把它們破譯出來。

【甲骨文字本義小結】

寸（古文）的本義：一尺長度的十分之一。市制度量衡單位。

尺（金文）的本義：十寸爲一尺。各個朝代的尺長度不一。市制度量衡單位。

破譯甲骨文：左　右

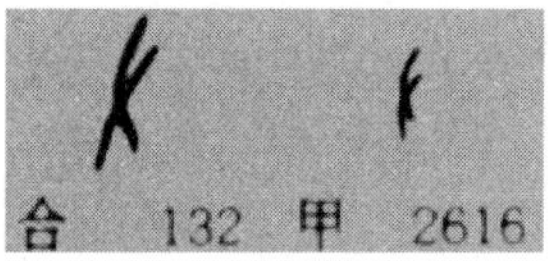

圖一　甲骨文：左

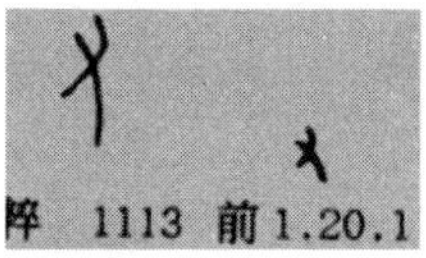

圖二　甲骨文：右（又）

甲骨文"右"是右手的象形，"左"是左手的象形。既是象形就應該是五個手指，爲什麽它們衹有三個手指呢？許慎對小篆的"右"（即"又"）有説法：

《説文》："又，手也。象形。三指者，手之列多略不過三也。凡又之屬皆從又。右，助也。從又口。"

《説文》："左，左手也。凡𠂇之屬皆從𠂇。"

圖三　金文：左

就是説許慎的東漢時代如果説"又"或者"手"，一般是可以指左手也可以是右手。説"左"那就衹是指左手。從題圖上看，殷商人的左、右手分的是很清楚的。不僅如此，在卜辭中左、中、右也是分的很清楚的：

卜辭："丙申卜。貞：肇馬左右中人三百。六月。"（前 3・31・2）

卜辭："丁酉貞：王作三師（𠂤）右中左。"（粹 597）

金文的"左""右"兩字實際上是不區分左手還是右手的。你看，"左"造字意符可以是左手，也可以是右手。"右"的造字意符也可以是左手，或者右手。所以晚商的司母戊方鼎或者后母戊方鼎在金文中是可以互稱的。這個原因就在于青銅澆鑄造字的艱難所致，鑄模上的"左"字在澆注成型以後變成了"右"字，反之亦然。久而久之，約定俗成，乾脆不分左右了。這是我對商金和周金"左""右"兩字不分的原因的推測。

但是殷商甲骨文是在甲骨上刻字，左就是左，右就是右，所以分得很清楚。

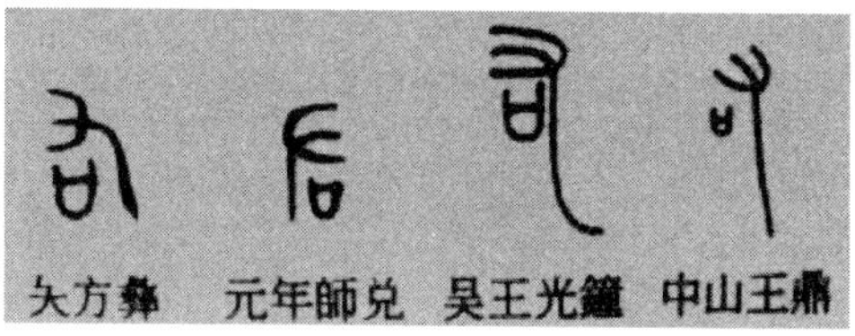

圖四　金文：右

也許是爲了更好地區别，也許是爲了更加强調，也許是本義中有新的意思需要灌輸和表達，總之在金文造字中出現了使甲骨文字複雜化的傾向。例如左字的下部多出了一個“壬”，右字的下部多出了一個口。破譯爲漢字前者爲輔佐之“佐”，後者爲“保佑”之“佑”。這樣的做法至少可以將“左”“右”兩個字分的很清楚了。注意圖三金文左側的兩個字是被錯誤地歸入了“左”，其實它們倆是“右”字。原因就是金文的手不分左右，但是既然它們下部是從口的，就應該是保佑的“右”字。矢方彝中的左字（左上例）從言。不僅從口，而且從辛口，辛口是甲骨文中最大的最權威的一張嘴巴——商王小辛的嘴巴。中國史家的所謂“左史記言”記的是皇帝的言。這個“言”字是有特指的。

從金文造字看，左的下部金文從壬，今天寫成漢字左是一個約定俗成的簡化字。壬的本義是溝通天地，溝通陰陽，所以這裏輔佐的意思是輔佐祭祀；右的下部從口，今天寫成漢字右是不錯的。它的“保佑”的意思是停留在口頭上的，語言上的。所以“左”的本義要比“右”重要。可見重左輕右的習俗在商末周初就已經形成。後來的《漢書》之“左史記言，右史記事”，還有“言爲《尚書》，事爲春秋”，還有男左女右等中國文化中的以左爲大以左爲尊的陋俗可能都是源于西周金文此典。

【甲骨文字本義小結】

左的本義：左手。從金文開始演化爲下部從壬。

音訓：《説文》謂“臧可（kuo）切”。段注：“左助之手。”當從“助”注音。

右的本義：右手。從金文開始演化爲下部從口。

音訓：從有從口，讀若 you。殷商“ナ”發音亦爲 you。

由上述音訓推測殷商時“左手”“右手”本義可能是“助手”和“佑手”。

破譯甲骨文：耙（未識字）

耙是一種農具。人工使用的農具叫作釘耙，就是《西遊記》中猪八戒使用的那種釘耙，木柄四齒，主要作用是挖田並將大的土塊打碎。牛耕用的就叫作耙，長方形的木框上面鑲嵌了兩排鐵齒，人赤腳站在上面用牛拉著向前走。所到之處土塊被鐵齒劃碎，土地變得稍稍平整一些。

甲骨文中的“耙”字如圖：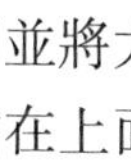（耙，單排齒）和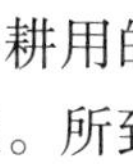（耙，雙排齒）。

這兩個甲骨文字都屬于甲骨文未識字，就是目前尚未破譯的甲骨文字。兩字的共同點是都有散點表示水田，都有三齒狀的耙齒；不同點是左圖從手，是動詞，右圖無手，是名詞。左圖的單排齒的釘耙是一期甲骨文；右圖的雙排齒的耙是三期甲骨文。所以右圖甲骨文是左圖的改進型。三期甲骨文的這一改進説明殷商的廩辛（26代商王）和康丁（27代商王）時期可能已經開始使用牛耕了。但是要證實這一點還需要其他考古證明。

注意三期甲骨文“耙”采用的是散點透視的造字方法，它可以看見所有的六根齒。這個造字法在甲骨文造字中是一種獨特的方法，同樣的造字見于甲骨文“鼎”，可以同時看見鼎的鼎口形狀和它的四條腿。

仔細觀察這個“耙”的造字，其實它就是殷商時期的武器“我”旋轉了90度的情況。這證明了我的一個觀點——殷商時期的武器、工具和農具是三位一體的。這個釘耙也不例外，打仗時它是武器，農耕中它是農具，建築時可以用來拓製土坯等。

“耙”這個漢字《説文》未收錄。但是《説文》收錄了另兩個同義漢字：杷和桂。

《説文》：“桂，冊叉可以劃麥，河内用之。”段注：“齊魯間謂四齒杷爲櫂。然。”

《説文》：“杷，收麥器。”所謂收麥器不是從田裏收割小麥的意思。熟悉農業生產的人都知道這是一種木製的杷，上面有很多的木齒。小麥收割後打場時用它來將收穫的麥粒打散和攤平用的。上面的兩個漢字是從方言和發音兩個角度詮釋了甲骨文“耙”：齊魯、河内發音爲桂或者櫂，其他地區寫作“杷”，例如我下放的皖南農村就叫作釘耙。但是嚴格地説鐵質的釘耙和木製的杷是外形類似，功能不同的兩種農具。但是從造字原理看，它們卻都是源于殷商的一種戰爭武器：我。在商周以後的農業生產中，根據不同的使用途徑它們逐漸分化成爲不同的農具，這裏我們也依稀看見中國的農具進化的脈絡和兵器的聯係是很密切的。

卜辭：“……貞：我叀耙……”（後下27・4）

耙這種農具不管是木杷還是釘耙今天在我國的農業生產中都還在使用著。不僅如此，在我國農業發展的歷史進程中，農民以其聰明才智還在不斷地改進、創新著這種農具。例如現在牛耕中平整水田用的耖就是鐵質釘耙的拓展，這是一種單排的十幾個鐵齒的農具。還有，現在山區使用的用來收集山林里落葉的農具就是一種竹製的有數個彎齒的竹耙。竹耙的彎齒像人的手指一樣靈活有彈性，可以將高低不平的地面上松樹落下的松針或者其他的落葉收集成一堆。

這個甲骨文字的破譯啓示我們：甲骨文源于生活。甲骨文研究者必須深入火熱的農村生活中去。説不定哪一天，隨著農村改革的發展，這些木杷、釘耙、竹耙、耙和耖都會被機械取而代之，那時候我們怎樣去向今後的兒孫們解釋曾經的甲骨文字呢？衹好説：“啊，據某個老祖宗猜測，這個甲骨文字是……”

【甲骨文字本義小結】

耙的本義：鐵質釘耙，一種木柄多鋼齒的農具或牛耕器具。用于碎土或平整土地。

音訓：從我橫置。音訓爲攴大切，讀若 pa，古音通 ba。會意造字。

破譯甲骨文：叉

在徐中舒主編的《甲骨文字典》中，叉字的甲骨文收錄了三個，如圖一：

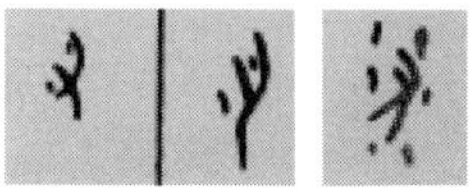

圖一

按照甲骨文一字一形一義的觀點，上圖實際上是三個不同的甲骨文本字。

左例從手。三指之間有兩個點，這兩個點是指事符號。意思是手指和手指之間的空檔處叫作叉。

中例從匕從兩點，其兩點應該也是指事。意符“匕”在甲骨文中代表女性生殖器（本字待破譯）。

右例從手從散點意符。如果我們將這些散點的意符視爲水的話，這個字可以破譯爲標準的漢字簡化字“汉”。但是這個“汉”既不是指漢民族，也不是指漢水。它就是人手上滲出的體液——今天我們稱之爲“汗”。這兩個字是等值的：“汉”是人手上滲出的體液，所以從手從散點；“汗”是人身上滲出的體液。《説文》：“汗，身液也。從水干聲。”但是如果按照許慎這個定義造一個甲骨文“汗”字，那一定是從人從散點水，這就會導致它被誤解爲一個人正在沐浴或者正在生病。兩個字前者“汉”是一個會意字，後者汗是一個形聲字。形聲字産生于西周以後。所以簡化字“汉”其實比“汗”的資格要老很多，比繁體形聲字的“漢”（從水從難省）的資格也要老很多。它早在殷商時代就出現了。

來看兩個卜辭“叉”例子：

卜辭：“庚辰王卜。在□貞：今日步于叉。亡災。”（綴 218）叉爲地名。

卜辭：“…王卜。在叉貞：…于□亡災。在二月。”（前 2・19・3）地名

叉用如地名，顯然不是它的本義。《説文》：“叉，手足甲也。”許慎將該字中的散點意符理解爲剪下的指甲，這是一個誤解。我們來看一看金文的“叉”的造字，如圖二。

圖二　商金：叉

從商末金文的叉可以看出，中間的圓點是指事符號，意思是指兩指之間的空間位置。所以它的本義是兩叉或三叉。卜辭説商王“今日步于叉”可能就是商王今天散步到了某個衆所周知的岔路口。這可能是較早時期的“左史記事”吧。

有位著名學者將這個甲骨文“叉”破譯爲“丸”，説這個字從反仄。他之所以把這個字破譯爲“丸”依據的可能是叉鼎的金文，因爲那個圓點太大確實像一個丸子。以手玩珠，似有此意。其實我們衹要看一看它的甲骨文就可以明白將此字破譯爲“丸”是不妥的。因爲在該字的甲骨文中三指之間有兩個小點。點太小以致不足以構成“丸”的象形。它意在告訴我們，凡手指之間都叫作叉。本

義是分叉的意思。許慎的定義和這個“分叉”毫無關聯。

音訓：從屮從二，讀若 char（兒化音）（引自魏文成音訓）。

【甲骨文字本義小結】

叉的本義：手指的分叉。引申爲一切分叉或叉形物。

音訓：從屮從二，屮二切。讀若 char。（殷商方言“二”發音爲 ri。）

破譯甲骨文：月部首字破解之疑難

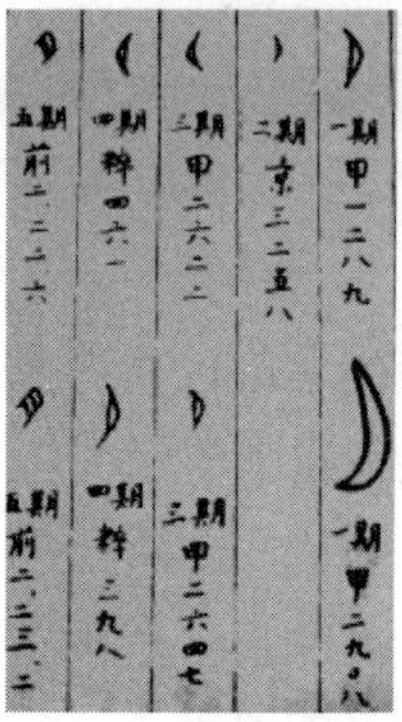

圖一

太陽和月亮是最早同人類的生活發生聯係的天體。太陽每天見面，由東運行到西，所以用它來記日、記時。即使連續多日陰雨，不見太陽，人們也會根據生物鐘來大致判定時辰。我在《破譯甲骨文：殷商的記時方法（白天）》一文中已經做了相關的探討。此後很長時間我没敢去破譯月部首的甲骨文字。因爲月部首甲骨文字的疑難太多，造字複雜，所以我不敢問津。

其實在卜辭中，甲骨文“月”用作月份解釋用字是很簡單的。

在卜辭中，月作爲部首用在甲骨文“明”中也是很簡單的。原因就在于上述兩個地方“月”的本義很簡單，前者是月亮圓缺一次的“月份”，後者是“月亮”：

圖二

殷商甲骨文系統中有很多月部首字，徐中舒《甲骨文字典》收錄了七個，還有一些可能和月亮有關的字没有收進來。例如：

見錄于《殷墟甲骨學》的

，見錄于《古文辭類編》的（屯 873）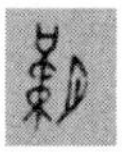，見錄于《甲骨文字典》的後上 21・13 。

這些甲骨文字毫無例外地都和月亮是有關係的。在造字之始，甲骨文月部首字出現了如此複雜的造字，其原因來源于月亮複雜多變的形態。農曆每個月的初一是没有月亮的，古人稱爲朔日（甲骨文“朔”尚未被破譯），如果前一個月月小衹有二十九天，則下個月的初二也看不見月亮；從初二初三看見月牙（此夜新月如船如鈎），到十五十六出現滿月（古人稱爲望）；再到二十八最後一次看見殘月（此夜月亮如英文字母 C，又叫 C 殘）。農曆每個月的最後一夜也看不見月亮，古人稱爲晦日。此前學者認爲甲骨文“晦”同“每”，是一個正毁開長髮的女人，本義是天黑以後，婦人毁開頭髮就是要睡覺了。我也是這樣認爲的，後來我發現了甲骨文字中另有一個月部首字“晦”，這一破譯改變了我的看法，甲骨文“每”並没有“晦日”的本義或者引申義。僅僅指女性晚間散髮就寢之意。每個月晦日衹有一天，而毀開頭髮睡覺是天天都有的。

在農曆的每一個月中，我們從看不見月亮到看見月亮漸漸地出生、長大成爲滿月，再從滿月慢慢消亡復歸黑暗。月小有 29 天，月亮就有 29 個月相；月大有 30 天，月亮就有 30 個月相。我們究竟用那一天的月相來給甲骨文“月”造字呢？我們總不能用三十個甲骨文字來表示每天變換的月相吧，這對殷商的造字者的智慧來説確實是一個極大的挑戰。

初一（有時初二也是）的月相不能用來造字，因爲初一中原一般看不見月亮。

三十（有時二十九也是）的月相不能用來造字，因爲三十中原也看不見月亮。

十五的月相不能用來造字，因爲十五的月相和太陽一樣是圓的。

十六、十七的月相和十五没什麽差别，也不能用來造字。殷商人爲滿月創造了一個字就是“望”，甲骨文“望”本義是抬頭遠望，引申爲十五的夜裏萬衆矚目的滿月倒也貼切。

初七初八的月相是半圓，開口向左，叫作上弦月；二十三、二十四的月相也是半圓，開口向右，叫作下弦月。但是半圓形不是月亮的獨有的特徵，容易和很多的物象混淆，也不適宜用來作爲月亮的意符。

所以殷商人選擇了月牙這個月亮的標志性的形態作爲甲骨文“月”的造字，按照現在天文學的原理，圖一中缺口向左的應該是上半個月的新月；缺口向右的則應該是下半個月的殘月。我没有逐條地對卜辭中的“月”進行驗證，我相信殷商人應該有這樣的智慧。這樣殷商人就解决了有關月亮造字的第一個難題。

第二個難題是月亮出現（昇起和落山）的時間。現代天文學已經精準地掌握了月亮的運行規律。每月月初的初二或者初三，月亮和太陽是在東方同時昇起的，這時的月亮開口向東。以後的月亮每天推遲 48 分鐘出現在東方的地平綫。這樣每月十五當太陽落山時，月亮出現在東邊，這時的月亮是滿月。到了每月的廿七和廿八，月亮是在清晨就昇起了，不過這時的月亮像英文字母 C，開口向西。這個因素在甲骨文造字中表現的尤爲重要，因此在有關月部首甲骨文字的破譯中也就尤爲重要。

第三個難題是怎樣用甲骨文字來表示每個月中月亮的變化。這就要難得多了。現在已經基本搞清楚，西周人對陰曆的記載用“朔”“生霸”“望”“死霸”“晦”等詞表示，但是具體到每個詞表示的具體是哪一天或者哪幾天現在還在争論中。這一個問題是殷商人的難題，是考古學的難題，同樣也是我至今不敢破譯甲骨文月部首系列字的疑難之處。我希望全國的甲骨文學者和愛好者們幫助我解决這個難題。

破譯甲骨文：革　皮

我不得不破譯甲骨文“皮”“革”兩個字。這兩個字我研究很久，也懷疑很久了。但是這兩個字的破譯和甲骨文的另一個很重要的字——霸——的破譯有直接關係，所以我衹好先動手破譯這兩隻攔路虎——皮和革。

《説文》：“革，獸皮治去其毛曰革。革，更也。象古文革之形。”許慎編纂《説文》是從文字到文字，所以很多字的定義都不是本訓。這個“革”字準確的定義應該是“革……象獸皮之形。”詳見下文圖一。

《説文》：“皮，剝取獸革者謂之皮。”對比兩個定義可以知道“皮”“革”可以互訓。實際上我一直認爲這兩個字的本字被許慎顛倒了。依據是《周禮·掌皮》有曰：掌皮“掌秋斂皮。冬斂革。春獻之”。表明秋天收藏鳥獸的外皮，冬天則將這些皮加工爲革，翌年春天進宫給西周朝廷。所以疏曰：“革乃需治用。功深。故冬斂之。乾久成善。乃可獻。故春獻之也。”但是從《廣雅·釋詁》的“皮，剝也”來看也許許慎是對的，“皮”在古代本義是指剝皮，是一個動詞。但是後來“皮”更多地用在名詞獸皮和皮膚的意思，而且常以皮、革連用：

《素問·欬論》：“皮者脈之部也。”

《儀禮·士昏禮》：“儷皮。”注：“皮謂鹿皮也。”

《周禮·司裘》：“大喪廞裘飾皮車。”注：“皮軒，虎皮爲之也。”

《易經·遁卦》：“執之用黄牛之革。”虞注：“皮裘也。”

但是，在《易經·革卦》鄭注、《書·堯典》傳、《漢書·禮樂志》、《百官公卿表》《王莽傳》《班彪傳》等文獻中多處標注：革，改也。説明後世這兩個字的本義、詞性都混淆了，兩者常混用。而“革”漸漸進化爲動詞“更”“改”，“皮”漸漸退化爲名詞“獸皮或皮毛”。兩者的語用又顛倒了過來。這在漢字發展史上也是一個較爲獨特的例子。從訓詁看，圖一的革字可能是遠古的皮字。

圖一　甲骨文：革　　圖二　西周金文：革　　圖三　戰國金文：革

注意甲骨文“革”是獨體象形字。既是獨體象形就意味著這個甲骨文字是依據一個完整的客觀對象而造字的。這就是《易經·繫辭傳》所説的“近取諸身，遠取諸物”。那麽這個“諸身”是指什麽客觀對象呢?

《尚書·堯典》：“鳥獸希革。”“齒革羽毛惟木。島夷卉服。”

《國語·楚語》：“皮革羽毛。”

《周禮·大師》：“金石土革絲木匏竹。”

《荀子·禮論》：“金革轡靷而不入。”

可見，這個“革”在先秦典籍中本義就是獸皮之意。同樣在金文中“革”作爲一個造字的部首創造了很多與獸皮有關的“革部首字”，這裏就不再一一舉例了。既然金文“革”本義作爲“獸皮”解，從圖二、圖三看，金文和甲骨文造字上是一脈相承的。甲骨文“革”當然和金文一樣本義也是“獸皮”的意思。這個甲骨文和金文的“革”字是不是獸皮的象形呢？很少有古文字學家去琢磨本字“革”和“獸皮”這一本義之間在造字上的聯係。我的答案是：確實如此。

狩獵者在獲得野獸之後，第一件事就是剝皮。剝皮是從野獸的下巴部位開始的，沿著喉嚨向下用尖刀一條直綫劃開獸的肚皮直到尾巴。然後是分開肚皮向兩側逐漸劃開四肢陰面的皮直到四個蹄子。切除四蹄後剝下來的獸皮還是柔軟潮濕的，需要晾乾纔能加工使用。使獸皮乾燥的方法是將獸皮毛面向外固定在木板上。爲了避免獸皮變形，要將兩側捲曲的四肢皮和過于鬆軟的肚皮拉直並抻開，用竹簽或者鐵釘固定在墻壁上。（圖一中的兩點是不是表明那就是固定獸皮用的兩根竹簽呢?）獸皮乾燥後就會變硬成型，不再改變形狀。經過一個冬天的乾燥，立春以後就可以使用了（見《周禮・天官・掌皮》）。

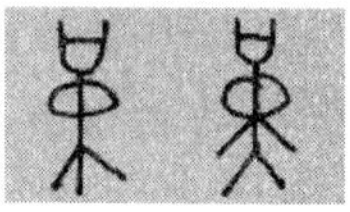
圖四

這張釘在木板上的野獸皮就叫作“革”。它的形狀正是我們看到的甲骨文“革”和金文“革”的象形獨體字的“近取諸身”：野獸的口此時是向上的，四肢的皮被撐開，尾巴變硬拖得很長。這個字的下部可以是一根尾巴，也可以是一條尾巴加兩條後腿呈“个”狀。但是絶不可以衹有兩條腿，如果是兩條腿的造字那它一定與“人”有關。例如：圖四左例爲甲骨文“革”，右例被學者們認爲是祭祀中的“人牲”，該字的造字近“革”因爲在祭祀中人牲的作用近似野獸。至于殷商的人牲祭祀是不是存在剝人皮的現象尚待考證，暫付闕如。

卜辭中未見甲骨文“革”相關詞條，從略。

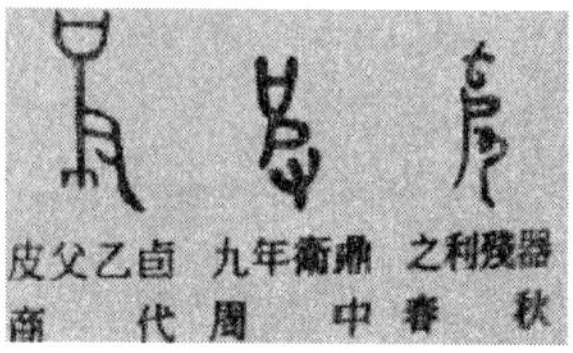

圖五　晚商金文：皮

圖五這個商金文字可以破譯爲漢字“皮”嗎？也許是。應該是。大家都説是。但是它爲什麽就破譯爲漢字“皮”呢？迄今爲止的很多甲骨文研究者大多是“知其然學者”，但他們並不是“知其所以然學者”。我認爲這個商周文字確實是漢字“皮”的本字。其“所以然”，是甲骨文“革”和商金“皮”相比較有兩點明顯的不同：

一是“皮”多了一隻人手，説明“皮”是一個會意字，動詞，而“革”則是一個名詞。

二是“皮”的主體部分和甲骨文“革”相比較缺少了左半部分。這也説明“皮”是一個動詞。在“革”的基礎上做了改動。

很多年來，我一直認爲這兩個字應該弄錯位了，即：圖一應破譯爲甲骨文“皮”。圖五應破譯爲甲骨文“革”。原因就在于從造字上分析，甲骨文“皮”應該是名詞；“革”纔應該是動詞。皮是從野獸身上剝下的原皮；而革是經過“治理”和“改革”的皮，所以革應該是在皮的基礎上有變動——去毛、剪裁、修改等等。而這兩個字中，圖一應該是名詞，本義爲野獸原皮；圖五應該是動詞，本義爲治理、改革野獸的原皮。從先秦的文獻中使用漢字“革”的地方，絶大多數是和圖五甲骨文的本義一致的。這一點衹要看一看《易經・革卦》和《周禮・天官・掌皮》就可以知道。

文字有約定俗成的習慣，既然前輩們已經“約定俗成”了，出于對專家的尊重和對人民群衆約定俗成的尊重（似乎對學術又不够尊重了），我還是將圖一破譯爲革，圖五破譯爲皮。好在這樣兩個字在卜辭中没有發現可以完整表意的辭條存在。但是後遺症是一定有的，遠的不説，就説甲骨文“霸”字，它造字中的“革”就是“月亮之皮”的意思。詳見後文。

就甲骨文“皮”本義所涉及的屬性有離析的屬性，有附加的屬性，由月亮之“霸”的本義爲月之皮還産生出傾斜的屬性。這樣三種屬性成爲後來造字聲符的“皮”在漢字造字中的重要屬性依據。黄侃在論及“凡從某聲者皆有某義……義本同源”時舉例説：“皮之右文（即作爲聲符）有分析義，如詖、簸、破諸字是；又有加被義，如彼、鞁、貱、帔、被諸字是；又有傾斜義，如頗、坡、陂諸字是。求其引申之跡，則加被、分析應先由皮得義，再由分析而又得傾斜義矣。”這個例子中的甲骨文“皮”很像是一棵古老的樹根，在漢字發展的歷史中長出了滿樹的青枝緑葉。

【甲骨文字本義小結】

革的本義：獸皮，名詞。

皮的本義：處理、剪裁獸皮。動詞。

破譯甲骨文：霸*

訓詁學學術史上有一場討論很有名，就是關于月亮形態的討論。這場討論的核心就是一個“霸”字。《尚書》和西周金文中記載日期時常用月亮的形態加天干地支表示：

《尚書》：“惟一月壬辰旁死霸。”“粤若來二月既死霸，粤五日甲子。”“惟四月既旁生霸。”“惟二月既望，粤六日乙未。”

《裘衛簋》二十七年：“隹廿又七年三月既生霸戊戌。”

《鮮簋》：“隹王卅又四祀。隹五月既望戊午。”

《裘衛鼎》：“唯九年正月既死霸庚辰。”

《晋侯蘇鐘》：“惟王卅又三年……正月既生霸戊午……二月既望癸卯……二月既死霸壬寅……三月方死霸，王至于□……六月初吉戊寅……丁亥旦……庚寅旦，王各大室。”

王國維在他的《生霸死霸考》一文中總結到：“曰初吉，曰既生霸，曰既望，曰既死霸。因悟古者蓋分一月之日爲四分：一月初吉，謂自一日至七八日也；二月既生霸，謂自八九日以降至十四五日也；三曰既望，謂十五六日以後至二十二三日；四曰既死霸，謂自二十三日以後至于晦也。”①

但是，王國維没有注意到“霸”這個字在金文中從不單獨使用。“霸”不是指具體的某一天。既不是蛾眉月出現的初二初三，也不是月亮消失的廿八、廿九。凡“霸”字出現必和“生”“死”相聯係。而“生霸”是指十五以前月光漸生；“死霸”是指十五以後的月光漸死。從殷商甲骨文的造字就可以看出“霸”是月亮的表皮，既是表皮那就是每月初二或初三開始長出，十五、十六覆蓋整個月球表面，到廿七或廿八退去，到了廿九或三十的晚上月亮的表皮就完全不見了。但是遠古人知道月亮的表皮雖然死去了，

① 姚淦銘、王燕主編《王國維文集》（下部），第343頁。

月亮還在，過幾天以後它的表皮還會長出來的。果然，每當月大之後的初二或者月小之後的初三，月亮的表皮就新生了。周而復始，月復一月，年復一年。

王國維的解釋歷史上和許慎、孔安國、馬融、《法言》、《太初術》、《白虎通》是一致的："凡初吉、既生霸、既望、既死霸，各有七日或八日；哉生魄、旁生霸、旁死霸，各有五日若六日；而第一日亦得專其名。"

王國維的這個四分法得到了包括天文界的許多學者的認同。但是如果就甲骨文和金文"霸"字的造字會意看，四分法的缺陷是很明顯的。

王國維選擇的生霸和死霸的起始日分別是初七初八的上弦月和廿二廿三的下弦月。但是這種分法的依據是什麽？王國維説是源自"覽古器物銘"，就是來自西周青銅器的銘文。

我們看甲骨文霸的造字（見下文），它從革從月。是爲月之表皮（革）也。初一爲朔日，不見月亮，故"無霸"。初二至十五是月亮表皮由蛾眉月長成滿月，是爲日漸生霸的過程；十七開始至廿七廿八月亮的表皮逐漸縮小最後到廿八或廿九完全消失，是爲日漸死霸的過程。死霸之後，月亮"上牀睡覺"（見後續月系列字"晦"的破譯），是爲晦日。晦日和次日朔日的夜空都看不見月亮（復無霸也）。

所以，按照甲金"霸"字的造字會意分析一個月應該分成：朔日——生霸——既望——死霸——晦日。晦日和朔日各一天或兩天，既望兩天，生霸和死霸的時間過程應各爲十二天左右。《尚書》支持這一種分法。

1.《尚書·武成》："厥四月，哉生明。王來自商至于豐。……越三日，庚戌，柴。望，大告武成。……既生魄。庶邦冢君……甲子昧爽。受率其旅若林，會于牧野。"望日後十三天爲甲子。

2.《漢書·律例志》所引《尚書》："惟四月既旁生霸，粤六日甲戌，武王燎于周廟。翌日本亥祀于天位。粤五日乙卯，乃以庶國祀馘于周廟。"生霸後紀日十三天。

有關生霸和死霸還有另一種説法。東漢劉歆説："死霸，朔也。生霸，望也。"孟康注説："月二日以往，明生魄（霸）死，故言死魄（霸）。魄，月質也。"月質就是月亮本體，也就是每當有半個月亮出來的夜晚我們看見的另外半個發暗的月亮就是月質。例見上文所引之孔穎達疏《尚書·武成》："厥四月，哉生明。王來自商至于豐。……越三日，庚戌。柴。望，大告武成。……既生魄。庶邦冢君……甲子昧爽。受率其旅若林，會于牧野。"所以按照劉歆的觀點：哉生明之後是望，望後爲既生魄。疏曰："魄生明死，十五日之後也。"劉歆和孟康等認爲"魄"纔是月亮的本體（即月質）。他倆之所以産生這樣的認識是因爲他們没有接觸到甲骨文、金文"霸"的造字。劉歆、孟康和孔穎達所詮釋的"魄"和"霸"不是同一個東西，他們認爲"魄"是和"明"對立的，明是月亮的光，即霸；魄是月亮的本質，即月質。十五以前明生魄死，十五以後明死魄生。

這場争論至今未有定論。四分説和劉歆説到底誰是對的？誰來評判他的這一考證？以什麽標準來評判這一考證呢？事發西周之後，金文"霸"的造字和本義就是關鍵所在。當然，能够破譯甲骨文的"霸"字本字和本義就更全面更歷史一些。但是必要的前提是我們必須瞭解一下陰曆每個月月亮的運行規律。

農曆初一叫作朔日，看不見月亮，但是這一天月亮本體是存在的，天文學上稱作新月。

月大之後下月的農曆初二，月小之後下月的農曆初三，月如蛾眉，像一隻小船（生霸）。

農曆初七初八，月亮被太陽照亮一半，是向西的半個月亮明，向東的半個月亮暗。

農曆十五十六是滿月。所謂“十五的月亮十六圓”正是指這個時候的月亮。

農曆十七，月亮的金黄色發亮的表皮開始虧損蜕皮。

農曆廿二、廿三，月亮被太陽照亮一半，朝東的半個月亮明，向西的半個月亮暗。

農曆廿七、廿八，月如蛾眉，像英文字母 C，所以又叫殘月，C 殘。

農曆廿九，月亮表皮完全退去。夜空不見月亮。

熟悉了月亮一月中的形態之後，我們就可以來認識金文的霸字了：

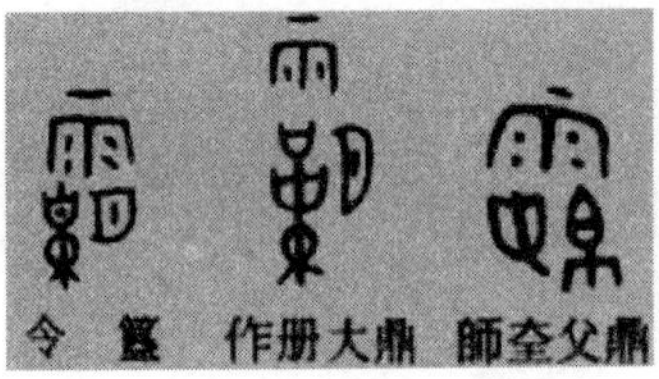

圖一　金文：霸

金文的“霸”字中有一個月亮，説明這個字的本義是與月亮有關係的。西周人喜歡把月亮寫成近三角形的形狀，這是爲了字的比例均衡美觀。甲骨文有没有把月亮寫成三角形的呢？這裏暫且闕而不論。

金文的“霸”中還有一個雨字頭，我在考證甲骨文時考證過，這個雨字頭上面一横代表天，天下面的倒著的山字代表天宫之門，簡稱天門。月亮每天就是從天門裏面出來值守的。殷商人認爲雨、雪、霾、霝、霖都是從天門裏出來的，所以有一種祭祀叫雩就是通過祈雨希望雨水能够從天門裏出來解救大地的乾旱。甲骨文云和泉都不從“雨”，因爲它們在殷商人的認識中並不來自天門中。霸是月亮的形態，西周人認爲它當然也是從天門裏出來的。剩下的左下的意符是什麼對于破譯“霸”字的本義就非常重要。左下角的這個意符就是“革”，按照我的破譯，左下角的這個意符本義就是皮的意思。

我的定義：“霸，月之皮也。”既然“霸”是月亮的表層皮膚，霸就是指月亮的皮膚由生到死的整個周期。所以“生霸”或“既生霸”就是月亮開始産生新皮。“死霸”或“既死霸”就是滿月以後的月亮的金黄色的皮開始逐漸死去。等到本月的月亮褪完了皮，衹好等下月初這身皮又會再次生出來，周而復始。所以“生霸”是月大之後的初二，月小之後的初三；“死霸”是月大之後的十七，月小之後的十八。月亮的這種死而復生的現象道致到了小篆時代“霸”字被同音轉注字“魄”所取代。

《尚書》：“惟一月壬辰旁死霸。”壬辰日是農曆十八或者十九。

“粤若來二月既死霸粤五日甲子。”甲子日是農曆廿三或廿四。

“惟四月既旁生霸。”該日是初三或者初四。

“惟二月既望粤六日乙未。”乙未日是農曆廿一。

“惟一月壬辰旁死霸，若翌日癸巳，武王乃朝步自周，于征伐紂。”癸巳爲十八或十九日。

“粤若來三月既死霸粤五日甲子，咸劉商王紂。”甲子日爲廿二或廿三。

“惟四月既旁生霸粤六日甲戌，武王燎于周廟。翌日本亥祀于天位。粤五日己卯，乃以庶國祀馘于周廟。”甲戌爲初九，己卯爲十四。

以上引自《漢書·律例志》。

分析上述《尚書》的内容可以得到什麽樣的結論呢？既死霸之後五日仍然是既死霸。特别是最後一條，既旁生霸之後十一天仍然没有提到既望。説明西周初期可能是以十五滿月爲標志十五以前爲生霸（月亮表皮漸生），十七以後爲死霸（月亮表皮漸死）。這是完全符合甲骨文和金文“霸”的造字會意的。因此我提出西周以後對每個月的月亮紀日的方法是：初一朔日又稱初吉（1天）——生霸（12或13天）——既望（2天）——死霸（12或13天）——月底晦日（1天）。即：初一朔日——生霸（初二或初三新月到十四）——既望（十五十六）——死霸（十七到廿七或者廿八——晦日廿九或者三十）。這樣每個月正好是三十天，如果上個月月小時的情況是初三纔出現蛾眉月，所以本月的生霸衹有12天。

我總結出的這種月亮紀日法既能够滿足各方關于“霸”“生霸”“死霸”的争論，同時也可以解釋先秦文獻中的歷史日期的關係，它還反證了甲骨文、金文“霸”的造字本義。

中國歷史上關于月亮的圓缺是一個非常古老的疑問。屈原在《天問》中就質疑道：“夜光何德，死則又育？其利惟何，而顧兔在腹?”古代人將月亮看成是本體，是月質，但是每月它的皮膚新陳代謝一次。長出一層金黄色的皮，長滿之後又慢慢死去。“霸”字就是遠古人最樸素的關于月亮的天文觀：月亮的本體是不變的，變化的是它的表層皮膚，每月生霸日開始生長至既望長滿覆蓋月亮表面，死霸日後漸漸死去。以上的考證是爲了引出甲骨文“霸”字。

古文字工具書中很少見甲骨文“霸”字。《古文字類編》中收録一例：（屯873）。這個字是不是甲骨文“霸”字呢？和商金“霸”相比它少了上面代表天門的雨字頭，但是此舉並不影響造字，因爲月亮是一種天文現象是盡人皆知的。該字的左側比商金“霸”左側的“革”多了一個圓圈筆畫。這也不影響它作爲獸皮象形的符號。《金文編》中收録的作册大鼎銘文中“隹四月既生霸”之“霸”字下半部分與上圖甲骨文屯873完全相同。因此我贊成高明等在《古文字類編》中的破譯——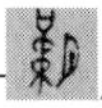應該是甲骨文“霸”的本字，也是金文霸的初文。音訓爲伯（入聲）。從不從索。不索切。這個音訓有點勉强。從造字看應該有另一種音訓，即從皮從月，皮月切，讀若be（入聲）。從音訓看，甲骨文霸應從皮從月，這恰好證明我的觀點，甲骨文皮革兩字的本字錯位了。如果第二種義訓能够成立的話，説明這個霸字可能造字的時間極早。早到聲紐幫旁並還没有分化的時候。這個時間遠在殷商甲骨文造字之前。但是這個本字的本義是什麽呢?

《説文》：“霸，月始生魄然也。承大月二日。承小月三日。”那什麽是“魄”呢?

《説文》：“魂，陽氣也。”段注：“淮南子曰‘天氣爲魂’。”

《説文》：“魄，陰神也。”段注：“淮南子曰‘地氣爲魄’。……魂魄不離形質而非形質也。形質亡而魂魄存，是人所歸也。故從鬼。”

《説文通檢·魄》注：“魄，月生魄之魄篆作霸。見月（部）。”可見魄霸本爲一字。

上述引文實際上揭示了關于“霸”字的兩個問題：一是甲骨文和金文的“霸”到了篆文時已經爲“魄”取而代之。二是魄不是月亮本身（月質），魄是不離月亮形質的一種“陰神”。魄和魂一樣都是附著在本體的形質上的。人死了以後，形質進了墳墓，但是魂魄還存在，所以這兩個字小篆造字時歸入了鬼部首。鬼，歸也。所以金文中的“生霸”“死霸”到了篆文時代文獻中就稱之爲“生魄”“死魄”。霸讀如伯；魄讀如迫。表面上看起來它們是同音通假字，其實甲骨文金文的“霸”和篆文的“魄”兩者的本義是有聯係也是有區别的。古今學者們對“魄”的理解也有所不同。

甲骨文霸，從革從月，會意字。我在《破譯甲骨文：革　皮》中提出甲骨文“革”和金文的“皮”可能在使用中互相顛倒了本字，在春秋戰國時代的使用中以及在許慎的《説文》中被約定俗成了。但是無論甲骨文“霸”字左半意符所從的是革還是皮，都表示的是獸皮的本義。所以甲骨文“霸”的造字實際上蘊含了殷商人對月亮的認識。所謂霸，就是月之皮也。它是月亮這一天體每月新陳代謝的一層金色的皮膚。生霸就是每月初二初三的蛾眉月，是月亮的皮膚剛生出來；死霸就是每月十七十八滿月的金黄色的皮膚開始死去。生霸到既望，既望到死霸的天數大約都是十二或十三天，視其上個月的月大月小而定。生霸又叫既生霸；死霸也叫既死霸；望又叫既望。請注意這裹的“既望”常被學者們認爲是望日的第二天，即望日之後的一天陰曆十六。同樣既生霸和既死霸被理解爲生霸次日的初四和死霸次日的廿九，這種理解是一種誤解。這裹的“既”本義是“已經”，既生霸就是今晚已經看見蛾眉月了（月亮的表皮已經生出來了），所以就是初二初三；既死霸就是今晚月亮表皮開始死去，所以是十七或十八；既望則是今晚的滿月在望之意，就是陰曆十五、十六。比較特殊的是“旁既死霸”，我將在附文裹考證。詳見後文。

既生霸到既望之間的日期一般記作“既生霸粤×日+天干地支”，既望到既死霸之間的日期也用“既死霸粤×日+天干地支”的形式表示。如《尚書》：“粤若來二月既死霸粤五日甲子”這個甲子日是農曆廿二。“惟四月既旁生霸”是農曆初三初四。“惟二月既望粤六日乙未”這個乙未日是本月的廿一。既旁生霸是既生霸的次日（農曆初四），既旁死霸是既死霸的次日（農曆十八）。

篆文之魄，從白從鬼，形聲字。篆文魄已將月亮本體（即形質）和附屬于月亮形質變化的月光比作人的本體和人的魂魄之間的比喻關係。這個字由“霸”通假爲“魄”發音變化不大，但是殷商人的“月之皮也”演化爲篆文以後“月之魄也”顯然在哲學上由唯物的認識論改變爲唯心的認識論的範疇了。

【甲骨文字本義小結】

霸的本義：月亮的皮膚（革也）。生霸爲朔日後皮之初生到滿月（既望）的前一天。死霸爲滿月始虧後皮之初死到當月晦日的前一天。

音訓：從皮從月。皮月切。讀若 pe（入聲）。甲骨文皮革兩字本字錯位，故革應爲皮。

篆文魄的本義：月亮的魄，即陰神，神采。取日有魂，月有魄之意。動者爲魂，如呼氣、動作、表情等；静者爲魄，如聞、看、聽等。另一種觀點認爲是月亮的月質。

破譯甲骨文：月亮的方向性

圖一

我陳述了爲什麼我很久不敢破譯甲骨文月部首字的原因：一是月亮是每天變化的，没有一個標志性的意符；二是月亮每天昇起和降落的時間依次推遲約 48 分鐘，這就產生了形狀和時間兩個變量；三是用甲骨文的象形和會意方法怎樣纔能表示出一個農曆月中月亮的朔望圓缺的變化和變化的起降時間。

殷商甲骨文記載白天時間的甲骨文字是很豐富的，也是自成系統的，雖然説太陽每天都是新的，但是太陽的特徵每天都是一樣的。

作爲對天象極其敏感的遠古人不會不注意到每天月亮在時間和形態上的變化，殷商人更是如此。但是在創造甲骨文月部首字的過程中，殷商人表現出了極敏鋭的觀察力和極大的科學智慧。

選擇這個月牙形作爲月亮的標志性意符藉以和太陽相區别，這確是商前人類（不一定是殷商人）的偉大創造。農曆一個月中，月亮衹有兩三天是圓的，其餘時間大多數是缺的。這個月牙有兩個方向，這是研究月部首字的關鍵：每月初二（或初三）到十四月亮朝左邊缺（暫名：左口月）；十七以後到廿八右邊缺（暫名：右口月）。廿九到初一看不見月亮本體。一個月中有六分之五的時間月亮是缺的，所以選擇月牙表示非常科學準確，這就抓住了月亮的本質特徵。一看就知道缺口向左的是上半個月，缺口向右的是下半個月。這一本質特徵就成爲甲骨文月部首字的造字的基本原則。

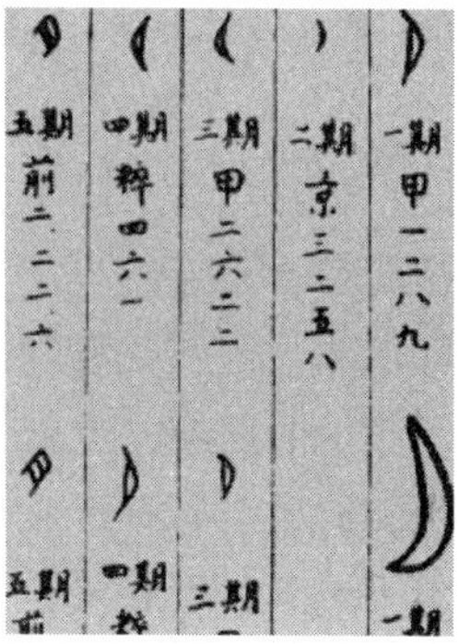

圖二　甲骨文：月

例如，甲骨文中有一個學界争議頗多的字：（873），從革從月。我們首先看它是一個向左開口的“月”字，于是可以初步斷定它是和新月有關的一個甲骨文字。于是我們聯係到歷史上的一場有關“生霸”“死霸”的學術争議，我們可以初步斷定“霸”是每月月亮出現時的新月，所以它是從左口月。“死霸”是月亮已經死了，于是我們知道了生霸是每月的初二或初三，死霸是每月的陰曆廿八或廿九日。

例如，甲骨文中還有一個至今未識的字：，從彔從月。這個“月”是一個從右口月的字，所以這個甲骨文字可能與殘月有關，殘月一般在早晨昇起，于是我們可以初步判定這是涉及早晨懸掛在天空的一彎殘月。這樣就大大地啓發了我們破譯甲骨文字的思路。（考證見下文。）

請注意上面的兩個甲骨文字中的部首“月”，第一是意符的左右位置不能變動，造字位置居左的必須居左，居右的衹能居右；二是造字中月亮的缺口方向不能變動，左口月就是左口，開口不能向右。右口月就是右口，開口不能朝左。因爲它們是特定殷曆的夜空的月亮的真實寫照。

圖三

那麽是不是卜辭裏所有的“月”字都必須分清左口月還是右口月呢？當然不是。作爲每個月的名稱一月到十三月時這兩種“月”都可以用，因爲它不需要分清左右，卜辭裏也確實是這樣使用的。但是在有些卜辭裏情況就不一樣了，要結合具體情況具體分析。例如圖三（合 8884）。這一片卜辭中“二月四日”意指二月初四，正是蛾眉月初生的日子，所以卜辭裏的“月”用的是左口月，本義不言自明是將時間限定在了上半月内。又如圖四：

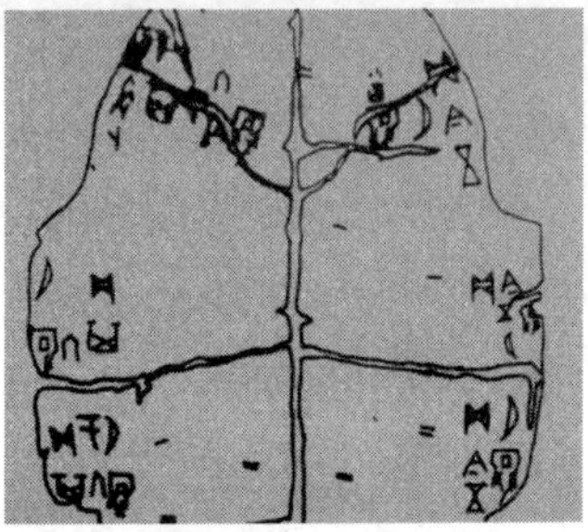

圖四

這是卜辭合 116（正）的上半部分，一共六條卜辭。其占卜的内容是：

1.“貞：今五月娩。小告。”（右上，左口月）

2.“貞：今五月娩。”（右中，右口月）

3.“貞：今五月娩。”（右下，左口月）

4.“辛丑卜。貞：其于六月娩。”（左上，左口月）

5.“貞：其六月娩。”（左中，左口月）

6.“貞：其于六月娩。”（左下，左口月）

這片甲骨實際上是占卜某婦是何時分娩。1、3 兩條是問是否是五月上半月分娩；2 是問是否是五月下半月分娩；左側 4、5、6 三條是問是否六月上半月分娩。下部還有兩條無關内容被我删除。就是説上述六條卜辭構成一個完整的占卜，因爲下部有空白刻上了其他的内容。也就是説這位某婦分娩預産期是在五月到六月上半月之間的時間跨度内。這裏没有關于六月下半月的占卜，也就意味著某婦的正常的預産期是五月下半月，不早于五月上半月，不遲于六月上半月。同樣見于卜辭的有兩條關于月食的記載：

卜辭：“之夕月有食。”（丙 56 反。右口月。）

卜辭：“……月有食□……八月。”（甲 1289。前一月字爲左口月。）

這一定是記錄的是兩次不同的月食現象，第一次發生在下半月，第二次發生在上半月。

就這樣，利用左口月和右口月的造字規則，我已經破譯了涉及月部首的全部的甲骨文字，它們全部都是關于月亮在農曆一個月中的變化情況。據此我們可以知道夏商都是太陽曆記時，但是在甲骨文系統中我們發現，殷商時代已經完成了對月亮在一個圓缺周期裏的觀察並造出了一個系列的甲骨文字以記錄月亮變化的甲骨文字的子系統——月部首字。這在甲骨文字研究史上應該是一個有學術意義的突破。

破譯甲骨文：晦*

本篇破譯的也是甲骨文的未識字。

《説文》："晦，月盡也。"段注："朔者，月一日始蘇。望者，月滿與日相望似朝君。字皆從月。月盡之字獨從日者，名曰盡而日如故也。日如故，則月盡而不盡也。"

晦是月盡之意。出現在每個月的最後一天。《左傳》中凡記載"晦""晦日"的事件都是指每月的最後一天夜裏。這一個夜没有月光，最適宜對敵人發起攻擊。有關月亮的漢字都是從月的，唯有這"晦"字從日，段玉裁的意思是晦日的夜空雖然不見了月亮，但是白天太陽如故。太陽在，月亮就不會真正消失的。這就是遠古人認爲的月亮的表皮已經死了，但是月質還在。月亮每月蜕一次皮。但是，從甲骨文中我發現了"晦"字卻是從月的。甲骨文"晦"不僅從月，而且從殘月。這個 C 形的殘月的開口衹能向右，不能向左。

甲骨文（未識字）這個字在卜辭中見有數例：

卜辭："丁酉卜□自丁酉至于辛丑虩不執。"（合 77）

卜辭："丙寅……虩不執。"（金 727）虩，意思是天門中的老虎，本義不詳。

卜辭："戌午……亦之月……"（文 593）

其實這個甲骨文字就是"晦"。此前的學者們没有破譯出來是因爲他們没有搞清楚這個字的造字機理。這個字上部是右口的殘月，下部是牀的象形。其會意是月亮回家睡覺（在牀上）了。

從音訓上看，該字從月從内，讀音爲月内切，爲 hui，即爲今晦字發音。

此前專家們認定的甲骨文"晦"另有一字。視其造字應該是本義是一個女人毀髮睡覺。我將這個甲骨文字列爲殷商白天記時系統的最後一個字。散髮意味著就寢。但是這個甲骨文字破譯爲"晦"確實欠安妥。因爲漢字"晦"係指月亮的一種時空狀態，而甲骨文是人的活動狀態。晦的甲骨文本字還是以圖一月亮在牀上的會意字爲妥當。

卜辭："辛亥卜。今日辛王其田弗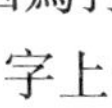。"（粹 988）翻譯成白話就是："辛亥占卜：今天辛王打獵没有睡覺。"這是説辛王因爲打獵在該睡覺的時候没有就寢。

同樣，這個圖一的甲骨文"晦"字上部的月亮衹能是右口月（殘月），而不能寫成左口月。

【甲骨文字本義小結】

晦的本義：每個月底月亮在牀上睡覺的那個夜晚。會意造字。

破譯甲骨文：朔*

本篇破譯的是甲骨文未識字。

《説文》："朔，月一日始蘇也。"段注："《樂記》注曰：'息，止也，生也。止而生矣。'引申爲凡始之稱。北方曰朔方。亦始之義也。"

卜辭前6·62·2中衹有這一個字，所以對于卜辭和甲骨文而言，它都是一個孤證。

《甲骨文字典》："解字：從丙從月。《説文》所無。釋義：義不明。"[①]

其實我們搞清楚甲骨文造字機理以後，它的本字無論有没有被破譯，其本義是一目瞭然的。甲骨文就是：朔。比較上一篇文章中的甲骨文"晦"。我發現"晦"中的月亮是右口月，而這裏的"朔"已經轉爲左口月了。左口月就是新月，就是上面《樂記》注中的"止而生矣"，月亮新生了。但是科學常識告訴我們，初一的夜空是看不見月亮的。這就是甲骨文"朔"字另一個意符的造字作用。《甲骨文字典》説朔"從丙從月"，其實準確地表述應該是"從穴從月"或者説"從倒丘從月"。該字上部的部首是甲骨文"丘"的倒字，"丘"是上空下實，"倒丘"取其反義爲上實下空。也有學者將其釋爲甲骨文"穴"，也有墳墓的意思，墳墓其實就是一個地穴。在甲骨文"朔"字中，這個倒丘或者地穴的造字功能是月亮在地下。因爲初一的翌日初二的清晨一彎蛾眉新月（右口月）就會在東天邊地平綫上昇起，時間相隔不到十二小時。所以初一夜晚它當然被殷商人認爲是在地下。這是甲骨文"朔"的造字機理。

【甲骨文字本義小結】

朔的本義：新生的月亮（新月）運行在地穴中。

音訓：從穴從月，發音：suo（入聲），通xuo（入聲）。

【附】霸、魄和朏的區别

《説文》裏同時收録了三個和月亮有關的小篆：霸、魄、朏。定義爲：

《説文》："霸，月始生魄然也。承大月二日，承小月三日。"

《説文》："魄，陰神也。"黎永椿《説文通檢·魄》注："月生魄之魄篆作霸。見月。"在文字發展上是先有霸後有魄的。

---

① 徐中舒主編《甲骨文字典》，第745頁。

《説文》："朏，月未盛之明也。"滿月則爲已盛之明。本字從月從出，不從肉。

先秦文獻中，生霸和既生霸都是指月亮初現的那一夜。對于月大之後是初二，月小之後則是初三。旁既生霸是指生霸或既生霸的次日夜晚的月亮。望（又稱既望）是十五和十六月亮最圓的兩個晚上。死霸和既死霸都是指十七的晚上，旁既死霸衹能是指十八的夜晚。三十就是晦，初一是朔（又稱初吉）。一個月的其餘的夜晚因爲没有固定的用詞，一般采用"生霸（或死霸）……越（或通假爲粤）××日"加當日的天干地支表示。這種表示的方法説明那時人們還是習慣將早晨到次日早晨爲一天的時間範疇。因爲如果用零點作爲一天的開始，一夜中將會出現兩個天干紀日。

從這些定義中我們不難發現，在秦漢小篆時，用于指月亮的金文霸的含義已經併入小篆魄字。但是就"霸"就是月亮的表皮這一本義看，《説文》及小篆中已經用"魄"來囊括了，當然小篆的"魄"不僅局限于指月亮，同時已經引申到了人，指人的魂魄的魄。此後霸字僅用于通假，其通假義"伯"被用于文獻中，著名的春秋五霸就是春秋五伯的意思。

就甲骨文金文的"霸"和小篆的"魄"的本義相比較，二者明顯地表現出人類觀察和認識上的進化。甲骨文霸的造字僅指金黄色的月亮表皮，這層表皮附著月亮而生存，初二清晨爲月牙初現，到十五則覆蓋了整個月亮，十七以後月亮表皮開始收縮（死霸），到了廿八以後就完全退去。而魄指的是月亮的"陰神"，月亮已經被認爲是一個有靈魂的客觀對象。而且魄字從鬼，因爲它能够每月一次的死而復生。魄以"從白"爲聲符，説明了它和同音字"霸"之間原先就是假借關係。從"霸"到"魄"的假借和合併，爲月亮蒙上了一層唯心主義的迷信和神的色彩。

朏字則有不同，不能將這三個字視爲同義字。朏是指"月未盛之明也"，就是其本義限定指十五以前的月光，屬于"未盛之明"，其内涵比"霸"和"魄"要小。"霸"和"魄"的本義指的是初二蛾眉月（生霸）直到廿八的殘月（死霸）。馬融注古文《尚書・康誥》："魄，朏也。謂月三日，始生兆朏。名曰魄。"是一個不準確的注解。首先魄不僅是朏，而且是一直延續到每月廿七廿八的月魄。而朏衹能是截止到十五以前。所以從月從出。第二，許慎可以説"謂月三日，始生兆朏"。這是對朏的準確運用，但是不能産生如下推理："謂月十七日，始死兆朏。"這就是錯誤的。十五以後的月光是不能稱之爲"朏"的。如果當時存在這樣一個漢字，本義是陰曆十六以後的月光，它的造字也應該是從月從入的。

破譯甲骨文：殘月——朒*

天文學指出農曆每個月三十和下個月初一，夜空裏一般是看不見月亮的。但是由于一個朔望月是 29. 53 天，所以在特殊情况下三十和初一的夜空也看見過 C 形的蛾眉殘月。在漢字系統中有這樣兩個漢字，它最初被許慎收録在《説文》裏：

《説文》：“朓，晦而月見西方謂之朓。”朓，發音條，土了切。

《説文》：“朒，朔而月見東方謂之縮朒。”朒，發音綠，女六切。段注：“朓、朒皆言月之變也。”就是説朓和朒都是月亮難得一見的異象。有關朓朒二字的定義還見于《尚書·五行》。

按照中國的傳統習慣，殘月是指每月廿七或廿八黎明前本月夜空中最後一次看見的月亮。它像一個英文字母 C。從《説文》到今天的漢字工具書中卻找不到一個本義是“殘月”的漢字。但是智慧的殷商人卻創造了一個甲骨文字（待考，鐵 52）代表殘月。這也是一個未識字。這個甲骨文字如果要破譯爲今天的漢字，按照造字機理應該是從月從彔。在漢字庫裏尚無這個漢字，但是依據甲骨文造字機理就應該這樣造字。

腺是一個會意字，從右口月，從彔。發音應該是綠，女六切。

爲什麽這樣破譯其本字呢？我們結合上文許慎的朒字定義：“朔而月見東方謂之縮朒。”這裏的“縮朒”是當時的口語，意思同“朔朒”，也就是“朔腺”之意。兩者屬于同音字假借，意思是朔日下半夜殘月見于東方的夜空。那麽去掉這個限定時間的朔（縮）字，剩下的就是腺，是下半夜殘月見于天空的意思。這是甲骨文腺的本義。如果蛾眉狀的殘月見于月末就是腺，見于初一下半夜就是朔朒（縮朒）。所以這兩個甲骨文字當時的發音是相同的，都是女六切。

就該字的本字看，它左側從月，這是一個右口月，説明該字的本義與殘月有關。它的右側從彔，説明它與打水有關。我考證了這個“彔”的本義：遠古汲水用的雙腹耳小口尖底陶瓶。引申義：轆轤。引申義：打水。但是殘月和打水這兩個意符的會意是什麽呢？

殘月就是每月月末黎明前出現在東方天邊的 C 形的蛾眉月。打水就要瞭解一點民間的習慣了。我國農村有清晨挑滿水缸的習慣，因爲清晨的井水經過一夜的沉澱最乾净，而清晨的河水也是一夜没有污染的净水。朱柏廬《治家格言》中也有“黎明即起，灑掃庭除要内外整潔”的要求。所以這個“彔”的意符代表的是打水，表示的時間卻是黎明時分。如果你在農村的村子裏生活過，你就會知道早晨村子裏走動的很多人都是在挑水。

所以這個甲骨文字的本字就是黎明時看見的殘月的意思。而黎明前能够看見殘月的最後一次的時間是農曆廿九的黎明之前。所以甲骨文腺的本義是最後的殘月。

【甲骨文字本義小結】

腺的本義：殷商月末最後看見的黎明前的殘月，時間約在廿八或廿九的黎明之前，位置是東方的天邊。會造意字。

音訓：右文造字。彔爲聲符兼意符。讀若 lu。

破譯甲骨文：月食之食

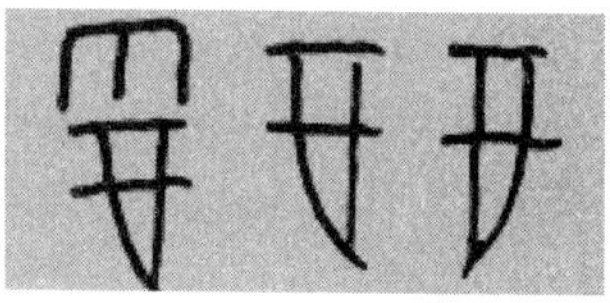

圖一　左（人 360）（京 2518），中（後上 21・13），右（佚 336）

圖一的三個甲骨文字是破譯月部首的副産物。上圖中例和右例互爲鏡像，嚴格地説它們不算是同一個本義，這兩個字和甲骨文“月”一樣有著嚴格的方向性，方向不一樣，本義就不一樣。從例一分析，該字本義是一種天象。

遺憾的是這兩個字在學界存在兩種主流觀點：一是認爲它是甲骨文觵（即觥），是一種牛角挖成的飲酒器。例見《甲骨文字典》：“解字：象牛角之形，當爲觵之初文。《説文》：‘觵，兕牛角可以飲者也。從角，黄聲。其狀觵觵，故謂之觵。俗觵從光。’釋義：用于祭祀之角爵。”① 二是認爲它是甲骨文觿，是一種尖角的用來解繩結的工具。例見《康熙字典・觿》：“《説文》：‘觿，佩角鋭耑可以解結。’《詩・衛風》：‘童子佩觿。’《朱傳》：‘錐也。以象骨爲之，所以解結。成人之佩，非童子之飾也。’”

但是以上兩種觀點在解釋卜辭時遇到了挑戰：

卜辭：“癸卯貞：弜□高祖王亥～叀尞。”（後上 21・13）意爲高祖王亥在月食時祭祀。

卜辭：“貞：婦好□，～。”（續 4・30・5）意爲婦好□，遇到月食發生。

卜辭：“貞：亡～。”（合 5468）意爲月食没有發生。

三條卜辭均不能解釋爲“兕牛角可以飲者也”。王國維考證過觵的形制。阮元在釋《毛傳・卷耳》“我姑酌彼兕觥”下云：“器制似爵而高大。蓋作犧首形，有兩角。”王國維考證説：“阮釋《毛傳》非是。然由其所説，足知此器無雙柱而有三足，又比爵爲高大，與宋以來所名爲角者無一不合。”考據頗多，不再一一鈔録。既然這個所謂的“觵”不是兕牛角，則本字依象形做出的破譯就失去了説服力和合理性。僅就“三足”“比爵高大”和“蓋作犧首形”三點已經足够證明該甲骨文字非“觵”也。

三條卜辭也不能證明該物就是觿。觿是古代成人隨身攜帶的用于挑開繩結的工具，上圖甲骨文字中平行的兩横是什麽意符呢？反證一下：如果這個東西就是古代所謂的觿，那麽上下這兩横應該是兩端不出頭的。以我長期對甲骨文的研究，這兩横應該是會意符號，指事符也。

再看上圖左例甲骨文。上從意符天門（倒山字），下從中例和右例的本字。這個字也是甲骨文未識字之一。是一個會意字。甲骨文中部首倒山字參與的造字中，本義均含有“從天門中出來的”意思。卜辭：“貞：～。其災（同音假借）弜。”（人 360）從内

① 徐中舒主編《甲骨文字典》，第 481 頁。

容看應該與天象示警有關。在殷商甲骨文系統中，凡有這個倒山字的天門意符的字都和天氣天象有關。例如霾、霖、霎、雪、雹等等。我的考證業已證明了甲骨文中没有單純的聲符，凡是聲符一定是意符兼聲符的。所以上圖三個甲骨文字都是與天氣或者天象有關的字。

這樣三個字與什麼樣的天象有關呢？或者説它們的本義是什麼呢？

破譯此字的關鍵在圖一中例和右例的甲骨文字。其上下兩横是會意符號（按照傳統應該稱之爲指事符號），上面一横的示意是月亮失去了一半，故該字的主體是半月牙形。下面一横的示意是月亮又失去了一部分，衹剩下三分之一。這種造字方法我們在破譯甲骨文“冬”和“絶”字時遇到過。觀察這個字的造字的對象：在同一個夜晚，月亮先是失去了一半，接著又失去三分之一。這個月亮又是從天門中出來的，説明發生這一切變化的過程中月亮還掛在天空中。這種天文現象衹有一種解釋就是月食現象。所以上圖的左、中、右三個字的本義是一樣的：月食。至于月亮的缺口爲什麼會有兩個不同的方向，那是爲了説明月偏食發生時的紀日而已。這就是我上文所説的“嚴格地説它們不算是同一個本義”的原因所在。

圖一左例爲甲骨文月偏食，中例和右例也是月偏食，但是其中省略了天門的意符。

月偏食和月食一樣，在民間有個通俗的説法叫作天狗吃月亮。如果天狗將月亮全部吃掉以後再吐出來，這就是月食；如果天狗將月亮吃掉一部分然後就吐出來，這叫作月偏食。這個字到底是表示月食呢？還是月偏食呢？這就要取决今後可能出土的新的甲骨文字來甄别它了。

【甲骨文字本義小結】

月食的本義：地球位于月亮和太陽的中間位置，太陽光綫將地球的影子投射到天門中出來的月亮的表面，遮住部分月亮表面或者遮住全部整個月亮的表面的現象。上述三條卜辭中的這個字可能是中國遠古最早對月食現象的記載。至于是月全食還是月偏食尚待進一步考證。

音訓：右文造字。造字中含有甲骨文“十”，爲聲符兼意符。讀若shi。

【附】望祭和滿月之“望”

望祭之“望”要早于甲骨文就已經存在，而滿月之“望”是《尚書》中初見使用。這兩個“望”字究竟是前文中的哪一個甲骨文的“望”字呢？

望祭是一種遠古祭祀山川的形式。就是祭拜者遥望山川而祭祀它們。因爲山川很遠，不可能一一親臨祭祀，所以舜帝就采取了望祭的方法。

《史記·封禪書》：“《尚書》曰，舜在璿璣玉衡，以齊七政。遂類于上帝，禋于六宗，望山川，遍群神。……歲二月，東巡狩，至于岱宗。岱宗，泰山也。柴（應爲祡，作者注），望秩于山川。遂覲東後。東後者，諸侯也。”

這段記載説明望祭是一種遠古的祭俗，舜帝時用此法遥祭大山名川。這種祭祀方法又稱作望祀。

《公羊傳·僖三十一年》：“三望者何？望祭也。然則曷祭？祭泰山、河、海。”

《史記·秦始皇紀》三十七年：“十一月，行至雲夢，望祀虞舜于九嶷山。”

這當然是秦始皇路過九嶷山時望祭虞舜一個人。如果是望祀較多的名山大川時，就有一個先後的問題。望祀的先後順序叫作望秩。望秩就是望祭的先後秩序。望祭是按照望祭的對象的等級高低依次進行的。上面所説的三望就是首先望祭泰山，其次望祭黄河，最後望祭東海。虞舜望祭時也是先柴祭泰山，然後依次望秩于山川。不要小看這個簡單的祭祀秩序，它從客觀上决定了後世幾千年至今的官本位秩序，這就是體制的本質。它的哲學基礎就是《周易》中的“古者包犧氏之王天下也，仰則觀象于天，伏則觀法于地”和“天高地卑，乾坤定矣。卑高以陳，貴賤位矣”。

在這個本義上，望秩、望祭、望祀使用的應該是從目從人的“望”而不是“朢”。

每當農曆十五或十六出現滿月的時候古人稱爲“望”。

《尚書·召誥》：“惟二月既望，越六日乙未。王朝步自周，則至于豐。”這是文獻中較早出現的一次用“望”爲滿月記載。孔氏傳：“周公攝政七年二月十五日。日月相望。因紀之。”這一“紀之”意義重大，此後人們總是將陰曆十五稱作“望”。

《爾雅·釋名》：“望，月滿之名也。月大十六日小十五日。日在東月在西，遥在望也。”

天文學指出，太陽和月亮同時出現在天空中每個月衹有一天，就是農曆月大時的十六，月小時的十五。這一天的太陽和月亮的關係是日昇月落，就是當太陽昇起以後月亮落山。而此前一天則是月落日昇，就是月亮落山後太陽纔昇起。所以太陽和月亮可以共同“遥在望也”的日子農曆每月衹有一天。這一天也叫作“望”。

因爲太陽和月亮的關係在中國傳統文化裏猶如君臣關係，所以《説文》曰：“日月之望作朢。瞻望之望作望。今通作望，而古文製字之義遂亡。”這是一種做穩了奴隸的文人心態，其實當它第一次被記載在史書中的時候，衹不過是人們注意到早晨太陽和月亮同時出現在天上而已。無論是人站在地上看它們，還是月亮太陽互相看，于本義上都應該是望——向遠處看——而已。如果使用甲骨文字表示，就應該使用從目從人的“望”，而不是“朢”。

破譯甲骨文：丩*

該甲骨文字破譯爲丩是較妥當的，但是它的殷商發音應無可考證。因爲該字的甲骨文是上下對稱性的造字，而小篆和漢字丩都是不對稱的造字。由于其甲骨文筆畫的不規範，也無從用其他古文字來印證它的發音。甲骨文造字的一個最大的優點是音義兼表：造字和它的讀音隱含著發音和本義上的雙重的聯係。其系統中的象形字和表示動態的曲綫造字的讀音更是如此。

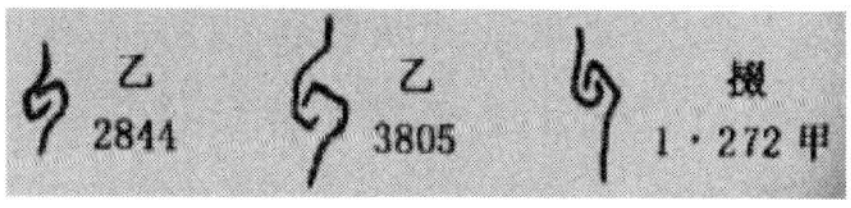

圖一　甲骨文：丩

《集韻》：丩：“居尤切，音鳩。延蔓也。瓜藤之屬遇它物縈繞之乃得上引。象牽連交繚形。叫、收、糾等字皆從此。”

《説文》：“丩，相糾繚也。一曰瓜瓠結丩起。象形。”段注：“居虯切。”

比《説文》更早一點的《詩經》中，有“糾”字凡三見。“糾糾葛履”“舒窈糾兮”“其笠伊糾”都是作編織、糾纏解。從甲骨文本字看，丩可以視爲糾的初文。甲骨文“丩”的造字比小篆更突出了它的本義。

在考證甲骨文字的動態表示的有關文章中，我提出甲骨文造字中曲綫表示流動、流淌、彎曲、柔軟、顫抖等動態意象。甲骨文“丩”正是由兩根相像的曲綫勾連而造字的，由于是兩個義符構成，所以是一個會意字。曲綫代表植物的藤蔓，作勾連、糾纏狀，所以甲骨文丩是一個動詞。山中有藤攀緣灌木樹枝而生長，蔬菜有黄瓜、瓠子、葫蘆的青藤都有攀援竹架而生長的特點。小篆丩部首還有兩個字：從茻從丩者，謂林莽間藤蔓絞纏；從系從丩者，謂草繩以三股糾結搓製而成。漢字中尚有一字從蟲從丩者，謂條狀的蟲糾結在一起，發音作求。卜辭中有兩條涉“丩”（後下 26·5 和乙 2844），其中未識字多，有殘缺而不易破譯，從略。

圖一甲骨文“丩”字，就字形看，其造字組合是兩根糾纏在一起的藤蔓或葛藤或其他的編織材料。研究反切拼音的學者魏文成發現“丩”的古文造字爲兩個“己”相糾纏，故應該是“己二切”。我以爲就殷商以前的編織材料看主要是杞柳和竹絲兩種。“己”是杞柳之杞的初文，竹絲也不矛盾，因爲就“反切造字法”而言，“己二切”或者“竹二切”，其發音都是讀若丩。

我認爲，圖一本字的音訓似乎更爲簡單，它的造字就是兩個筆畫“鉤”構成。所以讀若 gou。通 jiu。兩發音古同屬見母。

【甲骨文字本義小結】

丩的本義：植物藤蔓相互縈繞糾纏以生長。或杞柳（竹絲）糾纏以編織。動詞。會意字。

音訓：筆畫注音。讀若 gou，古音通 jiu。

破譯甲骨文：鏡像異構

當你照鏡子的時候你會發現鏡子裏面是另一個相像的你。這樣兩張臉互相之間成爲鏡像。其實仔細觀察你就會發現你的左手和鏡像的右手相像，左邊臉上的一顆痣鏡像中是在右邊的臉上。這就叫作鏡像異構，這個名詞來自有機化學。

《易經·繫辭》中有這樣一段文字：“古者包犧氏之王天下也。仰則觀象于天，俯則觀法于地。觀鳥獸之文與地之宜。近取諸身，遠取諸物。”甲骨文的鏡像異構造字就是取自人本身：左手和右手，左腳和右腳，眼睛、耳朵、鼻子、乳房、臀部都是鏡相對稱的。在自然界中太陽和滿月、物體和它們在水中的倒影等都是鏡像對稱的關係。這些都啓示遠古人類用鏡像異構的方法來創造圖文字和文字，當然也包括甲骨文。

《說文》中對漢字“左”和“右”的改動是一種對鏡像異構的傷筋動骨的改動。我不贊成這種改進漢字的做法。

遠古鏡像異構的最簡單的筆畫（《說文》中之“文”）是“丨”，這是遠古造字的最簡筆畫之一。但是丨最初有兩種寫法：一種是由上往下寫，古音爲“退”，今天讀作“竪”，大多數漢字的筆畫丨都是由上往下寫的；另一種寫法是由下往上的寫法，古音爲“囟”，例如漢字才、中、木、生等字都是由下向上的寫，因爲這些漢字本義都和由下而上的生物的生長狀況有關。

不要小看這兩種寫法，它們在後世造字中對新造字的發音起著關鍵性的作用。例如漢字“生”從三從囟，發音就是三囟切。讀若 sin，通姓。

在甲骨文造字中我們發現有很多字都是這種鏡像異構的造字：

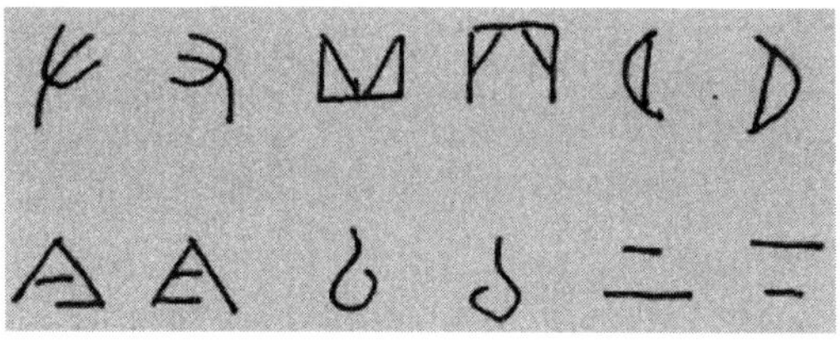

圖一　六組甲骨文的鏡像異構造字舉例

（上排依次：左手、右手，丘、内，上弦月、下弦月；下排依次：今、今，私、公，上下。以上六組都不是同一個字。）

圖一上左一組：甲骨文造字中右手的“右”在東漢以前泛指左手或右手。但是“左”字僅指左手。所以《說文》有：“右，手也。象形。”“左，左手也。象形。”

上中一組：甲骨文“内”字是“丘”的倒字，屬于上下的鏡像異構。丘本義是山之間的窪地，所以内是地穴或者是墳墓。甲骨文商從帝頭倒丘尾，正是指商地原是遠古帝王的墳墓。所以關于甲骨文内字有一種觀點將其破譯爲“穴”是非常有道理的。

上右一組：左邊的是下本個月的月亮，開口向右；右邊的是上半個月的月亮，開口向左。所以在卜辭中這兩個“月”字所對應的時間並不是一個月，而是僅指上半個月或者下本個月中的某幾天時間。

下左一組：這兩個字都是甲骨文“今”，但是依然是有細微差别的。今的本義是用刀在門框的木頭上刻上痕跡以記日。最下面一横在左的表示刻痕在左邊門柱上，反之亦然。這個字有一種下面一横寫在中間，和兩邊門框都是斷開的，這個字就應該别有本義。它不是今字。是不是門檻的檻待考。

下中一組：左側爲小篆的“私”字，右邊是小篆的“公”字。兩個鏡像造字互爲反義詞。後來漢字的“公”從八從私也是這個造字原理。因爲“八”本義爲反爲别，故背公則爲私也。《說文》：“公，平分也。從八從厶（私也）。八猶背也。韓非曰：‘背私爲公。’”

下右一組：上和下也是一組鏡像的上下異構造字。這兩個字也是互爲反義詞。

綜上所述，甲骨文造字中的鏡像異構很多都不是同一個字，它們的本義有些是互補的，有些是相反的。但是它們的内在是有密切聯係的。

同樣的例子在殷商甲骨文系統中很有很多。例如甲骨文止的左右鏡像異構分左腳和右腳；止的上下鏡像異構爲走去和走來（參見《【附】甲骨文往和迋》）。甲骨文山的上下鏡像異構體是都邑的城門，也是取山上空，城下空之意。所以倒山字常用作“天門”之意，用在和天象有關的造字上。又如甲骨文中心的“中”，旗幟上下的飄帶可以向左也可以向右，這是風向不同所致。

甲骨文“司”和“后”爲鏡像異構，兩字本義相同。所以“司母戊”和“后母戊”意思相差不大。

以上所列舉的甲骨文鏡像異構的例子大多發生在獨體象形字的範疇。當鏡像異構造字現象發生在兩個或兩個以上的義符組成的會意字上時，情況就發生了改變。

甲骨文“元”從示從人，人的側身可以向左也可以向右，本義不發生變化。

甲骨文“吏”“史”“事”，可以是左手執工具（例如筆），也可以是右手執工具。

一個特例是甲骨文“明”，其中可以是左日右月，也可以是左月右日。我認爲有可能這兩種用法是各有所指的。左日右月是指太陽落山的時候月亮昇起；左月右日是指旭日東昇時月亮落山。但是會意字“明”的這種鏡像異構並不改變它的本義和發音。

第二類鏡像異構不改變本義的甲骨文字絶大多數是會意字。這種字例還有甲骨文的“若”“介”“令”“启”等等。

認真檢查甲骨文字系統，我們還會發現很多這樣的例子。但是無非兩種情況：甲骨文象形字的鏡像異構和甲骨文會意字的鏡像異構。

通過以上的分析我們可以得知，鏡像異構造字是甲骨文象形造字的一種常用手法。鏡像異構造字不僅會改變象形字的本義，同時還會改變該象形字的發音。鏡像異構造字所創造的兩個鏡像異構的象形字内在是有著密切聯係的。另外，鏡像異構也常常出現在兩個或者兩個以上的義符組成的甲骨文會意字中，而甲骨文會意字的鏡像異構體之間本義和發音都不發生變化。推測這種現象的形成原因可能和甲骨文造字的不同階段有關。在甲骨文系統中最先創造的應該是獨體的象形字，後來纔出現由兩個以上義符組合的會意字。鏡像異構出現在獨體象形字的造字階段，而會意字的鏡像異構現象則是由沿襲的書法習慣所導致，因爲會意字都是基于獨體象形字的基礎上創造的。依據我們得出的這一個初步結論，我們來分析一下甲骨文“司母戊”還是“后母戊”的争議。

圖二

2011 年 3 月 6 日，中央電視臺《新聞 30 分》節目的播音員將“司母戊鼎”念成了“后母戊鼎”，引發了一場正字風波。我們看到甲骨文“司”和“后”都是會意字（如圖二），從匕從口，這兩個字恰恰是一對鏡像異構的造字。按照上述結論：鏡像異構也常常出現在兩個或者兩個以上的義符組成的甲骨文會意字中，而甲骨文會意字的鏡像異構體之間本義和發音都不發生變化。也就是説“司母戊”就是“后母戊”。依據魏文成所發現的中國遠古文字反切法，這兩個字的反切發音也是相同的。這就啓示我們“后”和“司”在遠古的發音可能是相同的，後來在使用中分化爲兩個不同的漢字了。“后”字本義是指遠古的帝王和諸侯。卜辭中后、司一字，其本義爲商王妃。主要管理宫廷内的衣食住行和生兒育女。

卜辭：“乎后……”（乙 6273）

卜辭：“甲戌。余卜：取（娶）后。”（存 2・589）

卜辭：“丁卯卜：后妣咎。”（鄴 3・47）

三條卜辭均可將“司”或“后”視作一個人或者一個女人。當它用作動詞時，引申義爲管理事物。它們倆本是同一個甲骨文會意字的鏡像異構的表現形式。后演化出金文祠。殷商時可引申作“祠祀”解。卜辭中有“司母”“司戊”“司室”和“司母大室”的用辭。

破譯甲骨文：甲骨文造字的視角

《易經・繫辭》中有這樣一段文字："古者包犧氏之王天下也。仰則觀象于天，俯則觀法于地。觀鳥獸之文與地之宜。近取諸身，遠取諸物。于是始作八卦，以通神明之德，以類萬物之情。"這是遠古中華造字的基本法。所有的漢字追溯到其源頭，每一個漢字都有其客觀的依據，就近取象于人身、獸身和所有的生物活體的自身象形，遠的取自自然界各種客觀對象的表像及其本質的特徵。這些最爲原始的象形造字就是漢字系統的基礎，就是漢字系統最初的名詞集合。任何一種語言的嬰兒期都是單純的名詞集合。漢字系統的特點是，它的原始的名詞集合大多是象形字。

就甲骨文的造字而言，每一個甲骨文字的造字雖然有特定的對象作爲客觀依據，但是其觀察對象的視角卻是多變的。這是因爲很多事物就人的觀察視角常常不能正確地認識，必須多視角地去觀察客觀事物纔能够把握住事物的本質特點，纔能够使所造的甲骨文字最準確最科學最本質地反映出事物的特點。

現代標準件的設計最常見的視圖有三種：正視圖，側視圖和俯視圖。就每一種視圖而言都僅僅反映出設計對象某一個面的形象和特點。然而它們都有各自觀察角度的局限性。例如甲骨文"龜"有兩種造字，側視和俯視，如圖一：

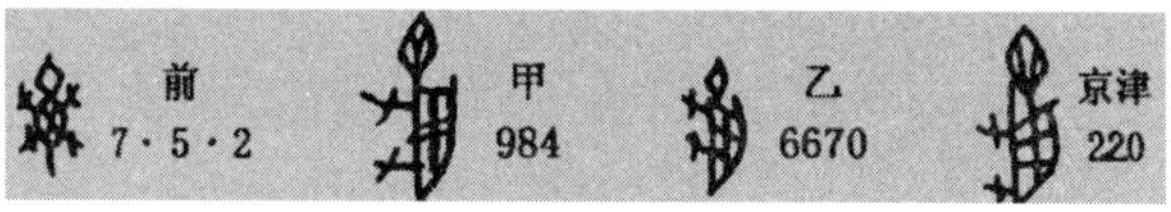

圖一

例一的俯視圖中我們看到龜是有四條腿的，但是在後三例側視造字中，龜衹有兩條腿。但是龜甲的弧形和厚度衹有用側視圖纔能够表現出來，在例一中我們衹能看到一隻平面的烏龜。不過需要説明的是，甲骨文龜衹有在俯視圖中纔可以看見它的聲符兼意符的"癸"字，它的聲符兼意符是由四肢組合成的，俯視圖無法表現這一點。所以甲骨文龜的俯視造字多出現在一期卜辭，而後期和西周金文多爲側視造字。

又如一隻水缸或者一隻青銅的鼎側面看是絶不能看出它的口沿的形狀的，衹有俯視纔能看見是圓形還是方形或長方形。所以殷商人在造"方""圓"二字時采用了正視和側視兩種視圖結合的形式，見圖二：圖二中每個字的主體是鼎，鼎上的義符表示鼎口的形狀。它們在一個甲骨文字的造字上同時采用了兩個視角。所以上一和上三兩字是甲骨文"圓"，其餘的是甲骨文"方"，

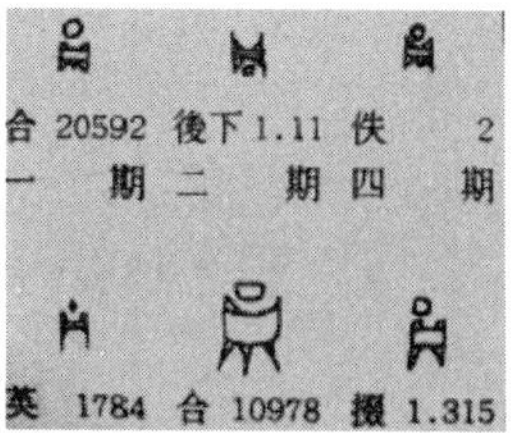

圖二

這個方字是長方形和正方形的“方”，不是方向、方位的“方”。因爲甲骨文是一字一形一義的。

研究甲骨文系統我們會發現，甲骨文系統的造字采用了多種的視圖角度：

一、正視角度造字：例如日、月、暈、旦、昔和龍等字，遠古人類衹有一個角度去仰視它。又如叀、甫、木、未、示、若、餘、啓、登、牛、羊、羌、王等字都是這樣，它們衹能從正面表現最爲本質，所以正面是最佳表現的角度。木和未即使從側面觀察得到的也是正面觀察的效果。而它們的俯視圖衹能看到一片綠色的雪花。同樣所有的植物一般都用正視角度造字。

二、側視角度造字：大多數獸類象形字都是用側視角度去觀察造字的，例如虎、虤、鹿、犬、猪、狼、兕、象、爲、黽、魚等，衹有從側面纔能够把握住它的本質特徵。像狼和狗的本質區別是狼的尾巴長而下垂，狗的尾巴短而上翹。這就衹能側視可得。

三、俯視角度造字：周（略）除了上面提到的黽字和方圓二字運用了俯視造字手段外，凡涉及一個區域的甲骨文本義均采用俯視造字，原因是衹俯視纔能看出區域的大小和形狀來。這類字例如丹、青、牢、泉、淵、洹、區、興、囧、受、其、單、乍、井、行等等。昆蟲類也常用俯視角度造字，例如蛇、萬、黽、鼉、蟲等等，這些字衹有在俯視情况下纔能够看見整體形狀。河流名稱一般采用俯視角度造字。

四、散點視角造字：説到散點透視，我們習慣上就聯想到中國山水畫的構圖視角。其實早在甲骨文造字中，古人就已經熟練地運用這種手法了。他們將站在不同觀察點看見的東西歸納在一個甲骨文字中，以同時表現出某個被觀察物的方方面面，以求得到一個對某物體的比較全面的認識。例如甲骨文鼎字可以同時看見四隻脚，而且是四隻向外傾斜的脚。這類造字有苴、蒿、艿、春、暮、殷（蓐）等字。由三個以上的義符會意的甲骨文敘事造字一般都是散點造字。例如我們在本書中列舉的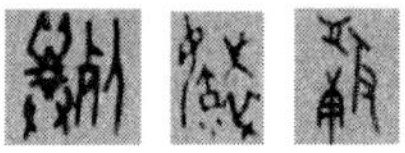等等。散點透視的造字方法適用于複雜本義和複雜場景的造字，有些散點造字的甲骨文本字不是用單獨一個漢字就能破譯的。它們在一個本字中包含了一個複雜的敘事。

甲骨文造字的角度無非上述四種，可謂：“近取諸身，遠取諸物。最佳視點，多變角度。”

破譯甲骨文：八　遂　别(兆)

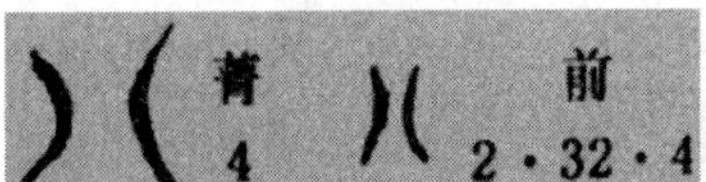

圖一　甲骨文：八

其發音按照魏文成發現的筆畫反切應該是 pa 或者 ba，該字遠古的標準發音類似揚州話發音爲 bia（入聲），通别。

《説文》：“八，别也。象分别相背之形。”這樣的造字當然是一個最簡化的方法，但是它卻不符合甲骨文造字的原則：象形、會意、或者敘事造字。該字中的兩筆是什麼物體的象形呢？如果許慎的說法成立，這個字就不是象形字，而是會意字。因爲它是兩個物體的“分別相背之形”。其實這個“八”字是一個象形字，我在上文中中破譯了它：“八的本義：一種遠古人類用來捕捉野獸的極狹窄的隧道、巷道或山間峽谷。”

圖二　甲骨文：“遂”之初文

會意是一頭野猪正奔往“八”，最終是被前方通道的狹窄處卡住而不能動彈。然後是被宰殺並分割。展開說一下，這是一種古老的捕捉野獸和牲畜的土辦法。在衆人的圍捕吆喝聲中，這隻困獸衹有向前奔進這個“八”。民間至今有一種宰牛的方法是用刀從牛的後胯與腹部角接觸的凹陷刺斷動脈，使牛血流盡而死去。這種最簡單、最有效、最安全的宰牛法應該就是起源于遠古。今天鄉間宰牛采用捆住牛的四蹄，將其扳倒在地進行屠宰，這種“先進”方法比起遠古人的捕獸顯得實在笨拙而粗鄙。反觀圖一的甲骨文“八”，可知這個“八”確實是一個象形造字，它是遠古隧道的象形。許慎因爲沒有搞清楚其中的原因，又必須尊重世代流傳的“八”是象形字的說法，所以含糊其辭地說“象分別相背之形”。但總算他給我們留下了“八”是象形造字的遠古依據。

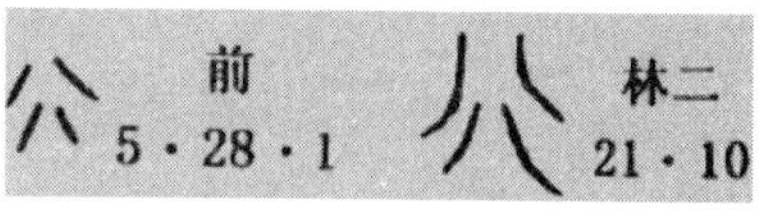

圖三　甲骨文（本字存爭議）

許慎說：“兆，分也。從重八。八，別也。亦聲。”董作賓說該字爲“兆”：兩兆坼之間有分界。但是在出土龜甲上我們看到，在反面鉆滿了圓洞和槽洞的龜甲正面，灼燒後出現的裂璺是極其複雜的，絶少出現這種沿著中心綫千里路兩側向下發散的情況。徐中舒釋作“谷”，但是甲骨文的“谷”字下部應該有一個“口”。所以徐中舒說該字“本象溪流出自山澗，流入原隰之狀，爲谷之省形”①。段玉裁說：“俗謂八部（該字）爲古‘別’字。”見解紛紜，百年來學術界莫衷一是。

我認爲圖三甲骨文訓詁應該是“別”字。

首先從發音上看，別從重八。八讀音爲幫母 ba，別讀音爲並母 bie，兩者均爲唇音。而“兆”和“谷”的發音和八、別不同部，差異較大。

其次《說文》之前，別字從冎從刂：

《說文》：“別（本字從冎從刂），分解也。從冎從刀。”

《說文》：“冎，剔人肉置其骨也。象形頭隆骨也。”可見“別”有“宰割”“肢解”之意。

圖三象形爲連續的隧道（或峽谷），將野獸或牲畜趕入狹窄的峽谷目的是爲了卡住它以便分解後或食用或祭祀。在生産力及其低下的遠古時代，這種方法不失爲一種野蠻而簡單的捕獸方法。但是我認爲“別”的本義並不是分解，也不是分別、離別。別字有另一個本義在民間一直流傳至今，但是長期以來都被忽視了，這就是“別針”“別扭”“別腳”“別馬腿”的“別”。這個別的本義正是“固定”、“卡住”、“卡死”的意思。正是段玉裁所考證的“俗謂八部（該字）爲古‘別’字”。別爲重八，是天然形成的連

① 徐中舒主編《甲骨文字典》，第 1238 頁。

續的山谷。對于遠古人類生活的意義是用于捕捉野獸。目的是卡住它，以便利宰殺。

再其次，漢字“别”在先秦有“宰割”“肢解”之義。見《淮南子·齊俗訓》：“故聖人裁制物也，猶工匠之斫削鑿枘也，宰庖之切割分别也。”

第四，從甲骨文“谷”的造字可以看到“别”和“谷”的相關性。甲骨文“谷”字正是上從重八（别），下從口。

第五，本字甲骨文和“八”，和“谷”一脈相承，但是其漢字本字與兩字有明顯不同，但是漢字中没有更爲恰當的字可以對應。故從形、音、義三要素取發音和本義相同，確定本字破譯爲“别”字較爲妥帖。

【甲骨文字本義小結】

别的本義：易于捕獸的山間峽谷。象形字。名詞。引申爲動詞：宰殺、切割。後引申爲“别針”“别扭”“别脚”“别馬腿”的“别”。

破譯甲骨文：田和畝

甲骨文的“田”字，常常在左下角或者右下角不封口，見下圖二。這種不封口的寫法不符合卜辭的刻寫規範，所以衹能有一種解釋是刻寫者有意這麽做的。果然，在確定甲骨文“田”字的發音時，這個缺口在起作用。

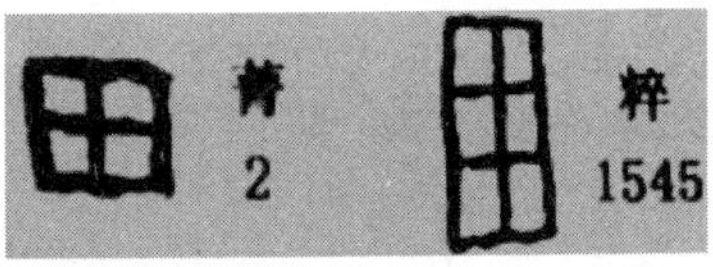

圖一　甲骨文：田

先秦古籍中常田、畝並用。甲骨文“田”是初文，後演化爲“畋”和“畝”兩個字，這種演化是在文字使用的歷史過程中先後出現的，所以畋采用的是右文造字法，而“畝”采用的是一種較獨特的造字方法——内部曲折法。後世漢字分化常循此法。

圖二　甲骨文（本字有争議）

畋：從田從攵。其中的“田”既是義符同時也是聲符，攵則是單純的義符。這一類甲骨文字我們已經見過許多。這種造字方法就是後來宋代王聖美發現的“右文造字法”（見《夢溪筆談》）。但是要補充説明一點，在殷商甲骨文中，這個聲符兼義符可以是“右文”，也可以是“左文”。畋就是左文，聲符田位于本字結構的左側。甲骨文雖有部首，但部首的造字位置没有明確的規律。

田：看似一個獨體象形字，其實它下面的不封口告訴我們這個甲骨文本字是一個會意字。從冖從土。冖，莫狄切；土，它魯切。這個甲骨文“田”可以有兩個發音：莫魯切，讀若畝；它宀切，讀若田（甲骨文中宀冖通用）。這是該甲骨文字兩個發音的由來，也是後來演化爲漢字“畝”的遠古依據。一個漢字可以按照其遠古造字的依據拆分爲兩個或者兩個以上的更簡單的“文”（許慎《説文解字》的文即是此意）。由于造字的“文”中保留了遠古的基本發音，所以根據這幾個

“文”的基本發音通過反切便產生了新造字的讀音。例如本字田可以拆分成“冖”和“土”，這冖和土中就保存著甲骨文“田”的遠古發音和遠古本義。田的遠古發音爲讀若田或讀若畝。田的遠古本義是“土之宀”，即土壤居住的地方。我找到了本字（文）和本義的關係，這是漢語文字研究的一個里程碑式的突破。原則上現在已經可以將漢字的研究向遠古推進到倉頡時代。

同一個字在字形不變的情況下內部產生兩個不同的讀音，表示兩個有內在聯係的不同的本義。這種造字方法就是“內部曲折法”。這種造字在漢字系統中很多，例如“好”“售”等，不再一一例舉。

所以甲骨文系統中的田、畝二字音訓上應該是有區別的。但是兩者在本義和使用上差別不大，即使在甲骨文以後很久的《詩經》時代依然如此。

破譯甲骨文：逛*

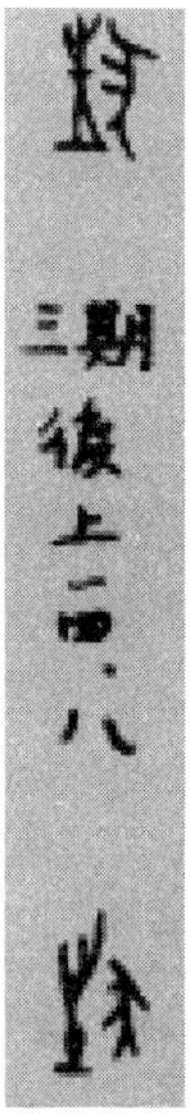

圖一 甲骨文：逛（甲615）

甲骨文“逛”字（見圖一）左半是甲骨文往，右半是甲骨文犬。該字從往從犬。甲骨文“往”的本義我在已經考證爲“商王離開此地前往某地”。本字中多了一條狗，也就是商王帶著愛犬出外巡視或者巡遊的意思。

卜辭：“王逛田湄日不贊大風。”（後上14・8）應該是指商王巡視田疇這一天沒有遇到大風。有些學者（例如徐中舒）將這個甲骨文破譯爲“狂”：“從犬從王，與《説文》狂字篆文同。《説文》：‘狂，狾犬也。從犬，往聲。’”① 這個觀點值得商榷：《説文》謂之“狾犬”即爲狂犬之意，與該甲骨文字的本義不能吻合，與上述卜辭也不相符。甲骨文本字中爲商王，與狂犬無涉；卜辭中“商王狂田”更是不能接受的解釋。

從本字分析，該甲骨文中一共是三個義符：止、王、犬，其中王與止是連爲一體的，連體就意味著這一隻腳就是商王自己的腳，所以該字在狂的基礎上還應該加上義符“止”，即“辶”。故這個甲骨文字應該破譯爲“逛”而不是“狂”。這個破譯是建立在我的如下觀點的前提下的：

殷商甲骨文系統沒有純粹的形聲字。也就是説甲骨文中沒有單純的聲符。甲骨文中所有的聲符同時也兼爲意符，在標志新造字的讀音的同時其本義還參與該新造字的本義的形成。這種造字方法就是語言學研究中的“右文造字”，這個現象是到了宋代由王聖美發現的。

沈括《夢溪筆談》卷十四記載：“王聖美治字學，演其義爲右文。古之字書，皆從左文。如木類，其左皆從木。所謂右文者，如戔，小也。水之小者爲淺，金之小者曰錢，歹之小者曰殘，貝之小者曰賤，如此之類，皆以戔爲義。”

---

① 徐中舒主編《甲骨文字典》，第1101頁。

在“右文造字”中右側的作爲聲符的部首同時也兼爲造字的意符。需要强調的是，在甲骨文造字中，這個意符兼聲符的部首的位置不拘位于新造字的左邊還是右邊，這個意符兼聲符可以位于新造字的上下左右内外均可。祇要其中有一個意符兼聲符的部首即可以此爲聲符成爲新造字的發音。例如：國在内，麥在上，雩在下，逛在左，灂在右。

從詞性看，逛是動詞，狂是形容詞，即使解釋爲“狂犬”，也是名詞。

《説文》中未收“逛”字。《等韻》居往切。狂上聲。《玉篇》走貌。《集韻》古況切。

【甲骨文字本義小結】

逛的本義：商王領愛犬外出巡遊。動詞。引申爲：閒遊。

音訓：會意字。從王從止從犬（讀若 gou）狗往切。讀若 guang。

【附】甲骨文“往”和“迋”

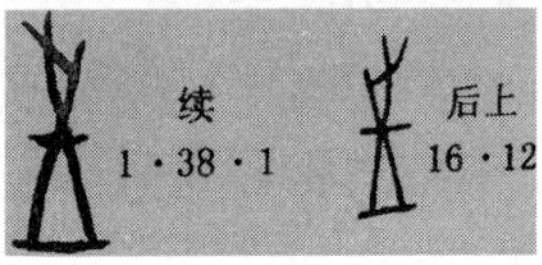

圖一　甲骨文：往

圖二　金文：往

甲骨文往是一個獨體字，爲上之下王的合體。本義是商王離開此地前往某地。金文的往字加上了“彳”，後在使用中右上部的“止”簡化會意爲“丶”。但是我們發現在甲骨文中還有一個“往”字的反義詞：本義是商王從外地回來。

圖三（左二爲未識字）

左二的那個甲骨文字取自三期卜辭的甲 1902。它的左半從王，右半從止。這個“止”是有方向性的，和甲骨文“往”中的意符“止”的方向相反。所以我依據“往”字的造字認定它是“往”的反義詞“迋”。

《説文》：“迋，往也。從辵王聲。”段注：“于放切。”讀作“往”的去聲。這是漢字常見的内部屈折法造字，用某字的聲調變化以表示它的反義詞。例如漢字“售”，就有出售和購買兩重意思。所以按照該字甲骨文本字的定義，應該是“迋，歸來也”。此前甲骨文系統中尚未發現“迋”字或者疑似“迋”字（同樣未見作爲出嫁的“歸”字）。但是該系統中應該有這樣一個字，按照“往”的本義推理這個字的本義應該是：商王從外地回到某地。

圖三左二例甲骨文迋的造字缺陷是無法證明這個“止”就是左側那個商王的脚，因爲它是和行爲主體的王是分體的。但是由于止字的方向性的限制，這個字中的意符“止”在造字中很難處理。這個“迋”按照甲骨文造字的規律還可以有另外兩種造字，即圖三中的右一和右二。但是右二有對商王不敬之嫌疑，右一則不美觀且多了下面的一筆（這一筆表示到達某地）。所以造字者用了第三種方法表示“王者歸來”的本義。該迋字後演化爲逛。後來在《春秋》中被同音假借爲誑。可見初文迋的本義應該是在外地轉了一圈以後回到某地的意思。否則如何能够引申出“逛”的引申義來呢？幾個字依據

其造字進化過程可知其演化過程應該是：王→往→迋→逛。

卜辭："……歲乃往大丁礿伐，王受祐。"（甲 1902）這是説臨近過年的時候，商王到大丁處祭祀，祈求先祖在將開始（或新的一年）的征伐中佑護商王。辭條爲孤證。但是這兩個甲骨文字都是與商王的"王"緊密聯係在一起的。

卜辭："戊辰卜，貞：王往于田，三月。"（後上 32・9）

卜辭："辛亥卜……王往伐工方。"（後上 16・12）

卜辭："……［王］往于上甲隹父乙……"（存下 187）

以上四條卜辭説明：王，即商王纔是往和迋的行爲主體。

【甲骨文字本義小結】

往的本義：商王離開此地外出前往某地。動詞。詞義後擴大到任何人。

迋的本義：商王從外地回到某地。動詞。引申義：逛。同音假借爲誑。

往和迋發音相同，聲調各異。右文造字。

破譯甲骨文：苗

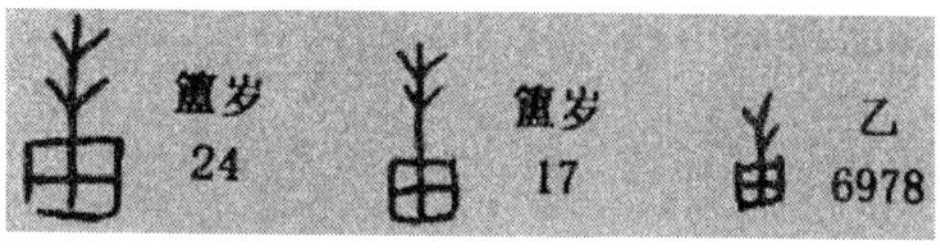

圖一（例一例二從木，例三從草，或從屮）　圖二　甲骨文：苗

這兩個圖中的甲骨文字實際上是兩個不同的字：圖一的簠歲 24 和簠歲 17 從木，樹根扎在泥土裏。這個字王國維曾經考證説是："按古封邦一字……卜辭……字從丰從田，即邦字。邦土即邦社。"① 圖二和圖一的乙 6978 則從屮，也就是從草省，草根也是在泥土裏。從甲骨文到小篆時期，屮和草都是同義的，可以通用的。本文考證後者，見圖二。

甲骨文重新問世百餘年來，衆學者都認爲這兩個字是同一個甲骨文的訛變形式，工具書也是將兩個字收錄在甲骨文"邦"條目下（《甲金篆隸大字典》），或者省略從草（屮）的這個字（《古文字類編》）。但是這個字在甲骨文中確實存在，所以就有必要甄别一下它。從這兩個甲骨文字的音訓看，前者讀若蠻，後者讀若苗。詳見下文。

卜辭："……子～立……"（乙 6978）卜辭僅此一見。因爲是人名，你可以解釋爲"子邦立"也可以解釋爲"子苗立"。有學者會問：誰説這個字是"苗"了？

臺灣"中央"大學學者程一凡解釋圖二這個字説："甲骨文的'苗'確是'田中出苗秧'之意。"② 程先生還在這篇論文中將甲骨文"苗"和堯舜時的三苗以及我國南方

---

① 馬如森著《殷墟甲骨學：帶你走進甲骨文的世界》，第 350 頁引。

② 《早期夏文化與先商文化研究論文集》，科學出版社 2012 年版，第 211 頁。

的苗族聯係在一起。其理由主要就是苗是水田裏的秧苗，所以它和我國遠古南方文化種植的水稻發生密切的聯係。

比較圖二和小篆的“苗”我們發現：圖二的甲骨文苗從屮從田，是個會意字；小篆苗從草從田，也是個會意字。從造字看這個甲骨文字是“苗”大致是不會錯的。

我爲甲骨文“苗”補充一點音訓。我們從語音看，圖二中的甲骨文字遠古發音應該爲 miao。拆分該字的最小造字結構爲：從土、從冖、從草省。按照反切拼音，該字的發音爲：冖草切，讀若 miao。會意爲水田中的幼草。

《説文》：“屮。草木初生也。象丨出形，有枝莖也。”由于許慎的這個定義中包含了初生的木，所以圖一中例一和例二是不是邦就很值得商榷了。在此闕而不論。不過該字的發音卻很值得玩味。它從木從土從宀（甲骨文宀冖音近義同，可以互用），所以該字的讀音爲木宀切，讀若蠻。巧合的是“苗”又被稱作“蠻”。這又是一對内部屈折法的造字。

吕思勉説：“西南諸族，最爲錯雜，而名稱亦猥多。我國古代，通稱爲蠻，後世訛而爲苗。”① 看來吕先生的這個結論下得早了一點，因爲我們今天發現，遠在殷商時期這個“苗”本字就已經存在，發音和今天基本相同。當時殷商人對這個西南苗族甚至還有“蠻”的稱呼。從文獻上看，郭璞注《山海經·海外南經》：“昔堯以天下讓舜。三苗之君非之。帝殺之。有苗之民，叛入南海。爲三苗國。”其餘散見于《尚書》《禮記》《史記》《淮南子》《吕氏春秋》《韓非子》《後漢書》等。吕思勉辟第八章專門探討苗族，足證苗族作爲姜姓苗裔之存在，它的歷史甚至早于堯舜時期。而與“三苗”歷史相伴隨的是中國南方水稻北上種植且時盛時衰的歷史。這段歷史的考古學發現據程一凡考證正是中原大地的屈家嶺文化向王灣三期文化的轉折期（亦即大禹在河南陽城登基之前），圍遶這一歷史時期的考古業已提供了水稻在黄河流域種植的物證——稻草莖和稻穀殼遺存，碳化的水稻顆粒，陶器和建築材料中夾雜大量的水稻穀殼和稻草莖遺存。

三苗疆域本在鄱陽湖和今洞庭湖之間的江西北部，此地正是中國的“糧倉”，其糧食作物正是水稻。

【甲骨文字本義小結】

苗的本義：水田裏的草木或水稻幼苗。名詞。引申爲種水稻的氏族——苗族（即蠻族）。

音訓：内部屈折法造字。從宀從草，讀若 miao；從木從宀，讀若 man。

破譯甲骨文：京　雨

甲骨文京和雨本義上没有任何聯係，但是它們的字形上有聯係。甲骨文京字的下部是一個倒寫的山字，而甲骨文雨字的上部也是一個倒寫的山字。同樣的山在字形上有聯

① 吕思勉著《中國民族史兩種》，上海古籍出版社 2008 年版，第 176 頁。

係，在造字規律上有什麽内在聯係嗎？

圖一　甲骨文：京

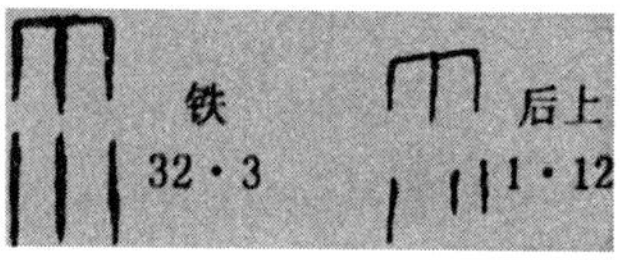

圖二　甲骨文：雨

京的外形是一座晚商五脊四面坡的建築造型。徐中舒説它本義是居室，因爲它“象人爲穴居形”。《説文》説：“京，人所爲絶高丘也。從高省，丨象高形。”看來京字下部的三豎中間的一豎被認爲是建築物的立柱了。許慎的定義認爲衹要是人爲建造或者堆積的很高的建築或者土丘都可以叫作“京”。

京是一座殷商建築，這個觀點可能學界都能够接受。但是它到底是殷商時期的什麽樣的建築就很難有共識了。

我認爲甲骨文京字的本義是都邑的門塾，上半部分是城上的堞亭，用于放哨和瞭望遠方情況的。下半部分之所以有三豎，是因爲晚商的城門進出城是兩個門道，所以中間的一豎是隔開兩個門道的隔墻。這一點已經爲已經發掘的河南安陽的洹北商城的一號基址等考古遺址所證實。

卜辭：“癸卯卜，賓，貞：命郭系在京奠。”（甲3510）該片中“京奠”過去一直被認爲是地名。現在可以將這句卜辭解釋爲：命令郭系在都邑的門塾外進行祭奠，類似一種路祭。門塾的下面衹有一個門道的情況也是存在的，所以京字的下部可以省略這中間一豎。但是這個缺少中間一豎的京字的發音是不是還讀作京，其本義有没有細微的變化，很難説。我個人認爲，讀音和本義都應該有變化。因爲甲骨文是一字一形一義的。

雨的上部爲什麽也是從倒山呢？和京的下部的倒山在造字過程中所發揮的作用是不是類似呢？答案是它們的造字功能是相同的。這個倒山也可以被認爲是一個都邑的門塾。哪一個都邑呢？當然是天上的都邑，上帝的都邑。所以這個倒山也可以被看作是一個門——天門。因爲大地上所有的雨水都是從天門中傾瀉到大地上的。請注意甲骨文雨字的所有的雨點，無論大小，都集中在天門的範圍之内，而絶不超出天門的最外面的兩豎。這種現象在甲骨文中不是偶然的。這就説明在晚商造字者的心目中，雨是從這個天門的裏面下到大地上的。最上面是一横，象徵着天，與甲骨文雨的本義非常吻合。《説文》裏把古文雨字上面的倒山解釋爲雲，但是不能解釋夜裏看不見雲的時候也會下雨的。而在甲骨文中，恰恰是這個雲字是不從雨的。這就有力地説明甲骨文雨的這個倒山部分代表的並不是雲。

《説文》“雨，水從雲下也。一，象天，冂，象雲，水霝其間也。”

雨在卜辭中一般都用作本義：

“乙酉卜，大，貞：及兹二月有大雨。”（前3・19・2）

“其自南來雨。”（後上32・6）

這個例子説明，在甲骨文中相同的結構在造字上有相似或者相近的表達作用。其本義上也有相應的内在聯係。舉例説：甲骨文的周、墳兩字都含有符號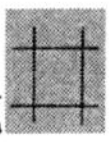（音訓：桴），那麽這個符號在造字中的作用就應該是有聯係的。

【甲骨文字本義小結】

京的本義：晚商都邑的門塾，有兩個門道。名詞。會意造字。

音訓：從亼從冂。冂爲古熒切。亼冂切。讀若 jing。

雨的本義：天門之水。名詞。此字音訓不詳，可能下部散點爲指事符號，該字是遠古人類的指事造字。

破譯甲骨文：古　祜

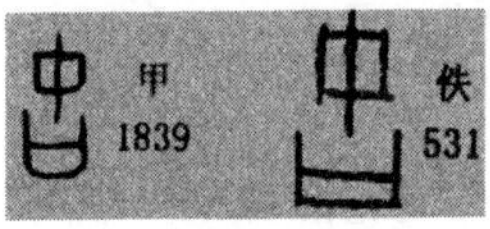

圖一　甲骨文：古

漢字的古和祜都從“古”，但是它們的甲骨文本字差别較大。甲骨文“古”造字是兩口一竪（圖一）；甲骨文“祜”造字是從示從十從口（圖二）。這就使我們懷疑兩個字中間是不是有一個破譯錯了？爲什麽甲骨文的古字不采用祜字的右半邊（漢字古）作爲本字呢？其實當我們將這兩個字的造字義理和造字方法搞清楚以後，我們就會知道這樣做自有造字者的道理。

圖二　甲骨文：祜

《説文》：“古，故也。從十口。識前言者也。”

《説文》：“詁，訓故言也。從言古聲。詩曰詁訓。”

《説文》：“祜，上諱。”因爲漢恭宗名祜，所以《説文》避諱了這個字的定義及形音義的解釋。段玉裁補正了這個字的定義：“假令補之。則曰‘祜，福也。從示古聲’……古音第五部。”《康熙字典》載：“祜……《爾雅・釋詁》：‘厚也。’《詩經・小雅》：‘受天之祜。’《禮記・禮運》：‘是謂承天之祜。’”

我們發現由于小篆“祐”“祜”兩字字形的極其相似以及《説文》對“祜”的諱避，祜字在文字史上失傳已久。今天的漢字使用中“祜”已經和“祐”混爲一談。

甲骨文造字之初，由于字少用多，每一個字都有自己狹義而獨到的本義。到了東漢《説文》很多的字的本義都已經消失，名存實亡了。

《説文》：“祜，福也。”《説文》：“祿，福也。”《説文》：“禠，福也。”《説文》：“祥，福也。”其實祜、祿、禠、祥四個字在甲骨文時代是一字一形一義的。這個前提必須確定。

甲骨文祜，從示從十從口。示本義爲祭祀壇，説明本字與祭祀有關係；十（從一從丿）在甲骨文中的本義是父或者甫，意思是年長的人，隱含著德高望重者的意思；口是嘴巴。甲骨文“祜”直譯就是在祭祀時德高望重的長者所説的話。例如：

卜辭：“貞：祜祖乙叀魚至，又正。”（粹 133）

卜辭："其若同祜祖乙，又正。"（粹 134）（從郭沫若釋）

太乙、太甲和祖乙是商代明君，在卜辭中合稱爲"三示"。祖乙和盤庚一樣也是數遷都邑。在其遷都的過程中，有人報告説邢地的河裏發現了一條龍魚，于是祖乙將都邑前往邢地。商王朝因此而"中興"。這兩條卜辭可能就是在祭祀時向殷商後代進行王朝和家史的教育。

甲骨文古，從兩口從一豎。兩個口説明是一個口正在對另一個口説話。一豎應該是從上引而向下（筆畫丨是有嚴格的方向性的。自上而下讀若豎，自下而上讀若囟），表明上面的口正在告訴下面的口一些事情。古字的金文和古文可以幫助我們深入理解甲骨文古的本義。金文"古"字和甲骨文同，但是金文古的上面一個口是實心的，下面的口是空心的（見盂鼎）。這個細節的改動啓示我們：上部的實心代表上一代的某人有很多東西要傳授，下部的空心表示下一代的某人是接受和繼承的一方。自上向下引的一豎表示代際傳播的方向。這個字表示的就是我們常説的遠古歷史的口口相傳的本義：由上部的實心口向下部虛心的口傳播。當"虛心的口"得到了上面的真傳，于是便成爲"實心的口"，承擔了傳播和教育下一代的責任。這就是歷史的口口相傳，這就是"古"。

所以後來演化出訓詁之詁，爲從言從古。段注曰："訓故言者，説釋故言以教人。是之謂詁。"段氏雖然也没有接觸甲骨文，但是我們從這段注解中足見段氏的古文字功底，因爲正是這個解釋證明了甲骨文"古"是漢字"詁"的初文，兩者的本義是一脈相承的。

古文（古）上部的"冂"分成兩半，左半是"土"上一張口，左邊是十口，意爲衆人。該字本義是在社稷壇上有一個德高望重的長者正對下面的衆人説話。現在剩下的疑問衹有一個：這個老者對他的臣民或者家族説的是什麽？

歷史背景是，甲骨文誕生之前的中國社會是一個靠口口相傳來記憶、傳承、延續王朝和家族歷史的社會。没有系統文字的年代裏，大家衹能够靠口口相傳來將歷史一代一代傳下去。在這個背景下我們再回到許慎的定義：《説文》："古，故也。從十口。識前言者也。"現在民間向衆人傳播歷史仍被稱之爲"談古"就是這個意思。

我們發現對許慎的定義有了更新更深刻也是更準確的理解：古就是前言或往事，就是故。從十口，就是大家口口相傳的往事。識前言者也，就是記憶著王朝的往事和記憶著家族的歷史的人。這裏的"識"不是認識，而是記住的意思，讀音爲 zhi。

所以，卜辭一期中多次出現貞人名"古"，説明這個"古"可能就是一個對商的歷史具有非常瞭解和非常記憶的一個官員。這一點也給甲骨文研究者以啓示：卜辭中的貞人的名字很值得研究，它們很可能包含著這些貞人在殷商王朝中的管理功能。例如：一期貞人的賓、争、古、永、丙；二期貞人的出、逐、中、尹、行、旅；三期貞人的何、貯、口、狄、吊等等。這是研究甲骨文的一個新的思路。

【甲骨文字本義小結】

古的本義：長者向後代口傳王朝或家族的歷史。動詞。古也是故的初文。

音訓：從口從父（從一從丿），口父切，讀若 ku，上古音通 gu。又：甲骨文古從毌從口，毌口切，讀若 gu。毌音 guan，見本書。

祜的本義：長者向後代傳授王朝或家族的歷史的儀式。名詞。右文造字。讀若 hu。

破譯甲骨文：釋“每”

圖一　甲骨文：每

看圖一的甲骨文每，我發現它是一個獨體象形字，是一個散髮的女人。看金文和小篆的“每”都是如此。不同的是它的本字中可以有兩點，也可以沒有兩點。于是我開始懷疑這個甲骨文字破譯爲每是不是錯了。李孝定也懷疑這個字，將其破譯爲“悔”，他說：漢字悔“卜辭假每爲之，不從心，每字重文。卜辭恒言‘其每’‘弗每’均此義也”①。徐中舒認爲圖一甲骨文字“象婦女長髮形”是一個很貼切的解釋。但是這個婦女的長髮有兩種情況：右下是一個頭髮向上披灑的婦女，其餘三例是頭髮向下披灑的婦女。兩者音訓不同，見下。

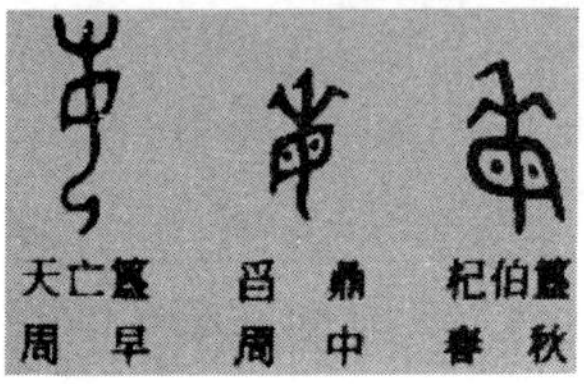

圖二　金文：每

前文中我考證了無兩點的爲“女”本義爲成年女子泛稱；有兩點的是甲骨文“母”，本義是哺乳期的女子。兩點代表分泌的乳汁。乳汁是哺乳期婦女的代表性生理特徵，造字者以兩滴液體代表。

甲骨文“每”可以有兩點，也可以沒有兩點，就説明這個女人是不是哺乳期婦女對于“每”的造字並不重要。重要的是她頭髮是散亂的，而且頭髮和身體是連爲一體的。仔細琢磨圖一的文字，我發現造字中的頭髮分爲兩種：向上披灑狀和向下披灑狀。這種細節的不同是不是説明它們是兩個不同本義的甲骨文字呢？

《説文》：“每，草盛上出也。從屮母聲。”這就産生問題了：一是既然是從屮母聲，就説明這個每字在許慎認爲是一個分成兩個意符的會意字而不是獨體象形字了。二是許慎的定義是針對野草而言，而甲骨文、金文、小篆的“每”從造字上看，和野草無關，衹和女人的長髮有關。將這個甲骨文字和許慎的漢字“每”視爲同一字的有徐中舒、高明和涂白奎等學者。

既然是一個獨體字就不能“從屮母聲”，那麼爲什麼甲骨文中一個散髮的女人到了東漢就變成了野草的“草盛上出”了？這個字一百多年來被破譯爲漢字“每”對不對呢？如果它可以破譯爲漢字“每”，那麼許慎的定義衹能是引申義，那麼許慎的這個引申義和甲骨文本義之間是怎樣的聯係和演化的呢？如果可以破譯爲漢字“每”，它的“和女人有關”的本義應該是什麼呢？很多的專家學者甚至認爲這個甲骨文“每”可以同音假借爲“悔”和“晦”，在卜辭中它真的就可以用作“悔”和“晦”嗎？讓我們從

① 徐中舒主編《甲骨文字典》，第46頁。馬如森釋義同悔，見《殷墟甲骨學：帶你走進甲骨文的世界》第220頁。

圖一的甲骨文“每”開始。

甲骨文“每”是一個跪坐著的散髮的女子。其上部的曲綫表示披灑的頭髮。女子散髮説明已經到了晚上卸妝睡覺的時分，所以這個甲骨文象形字“每”的發音同毀。它的本義就是女人毀開頭髮，準備睡覺。引申爲名詞“夜晚”，用如動詞爲“過夜”。甲骨文“每”不從日，因爲此時是夜晚太陽早已落山；甲骨文每不從月，因爲月亮形狀多變，造字上有難度，所以采用了没有日和月的造字：以女人晚上毀開頭髮代表夜晚和睡覺。所以這個甲骨文字破譯爲漢字“每”是符合造字義理的。在夜晚這個本義上，甲骨文“每”可以假借“晦”。説它是假借因爲在甲骨文系統中專門有一個表示農曆每月最後一天的本字“晦”，本義是月亮上床睡覺了。

《易經・隨卦》：“君子以向晦入宴息。”

《左傳・昭公元年》：“晦淫惑疾。明淫心疾。”

《詩經・風雨》：“風雨如晦，雞鳴不已。”

可是，爲什麽到了東漢時代“每”的引申義變成了“每。草盛上出也。從中母聲”呢？這是因爲草盛上出的形象和女人披頭散髮的形象很像，屬于一個比喻的“格式塔”（即本體和喻體具有相同的形狀或形式）。這就是甲骨文“每”的本義和許慎的定義之間内在的發展脈絡。其音訓爲毀，是散開長髮就寢之意。

甲骨文“每”是一個象形造字。許慎的錯誤在于他對甲骨文無知而割裂了小篆“每”，使其上部爲中（野草），下部爲母。但是這樣兩個意符卻無法形成會意，于是許慎就直接將當時“每”字流行的草盛上出的引申義嫁接到了一起。爲了自圓其説，許慎荒唐地將漢字“每”歸入了部首“中”，以致今天的學生們在《説文》中檢索“每”字時搜竭枯腸，費盡心機。

段注：“《左傳》輿人誦曰：‘原田每每。’杜注：‘晋君美盛。若原田之草每每然。’《魏都賦》‘蘭渚每每’用此。俗改作莓。”于是漢字中又陰錯陽差地多出一個草莓的“莓”字。但是在卜辭中這個“每”卻衹使用其本義——女人毀開頭髮，準備睡覺的時分。僅引申爲夜或者過夜。此前學者流行一種觀點，説甲骨文“每”可以用作“悔”和“晦”字的同音假借或者初文，所以卜辭中常見的“其每”和“弗每”被解釋爲“後悔”和“不後悔”。例如李孝定説：“（悔）卜辭假每爲之。不從心。……卜辭恒言‘其每’‘弗每’均此義也。”① 這一點我們可以通過“每”在卜辭中的使用進行質疑：

1. 卜辭：“每。不雨。”（合 27310）本條中很明顯不能作“後悔”解釋。

2. 卜辭：“甲子卜。亞戈耳、龍。毋啓。其啓。弗每。佑。”（合 28021）

3. 卜辭：“貞：叀豕逐。無災。弗每。”（合 28368）既然無災，又“不悔”什麽？

4. 卜辭：“戊弜田。其每。”（甲 3593）

5. 卜辭：“弜省盂田。其每。”（合 28317）兩條中既然是打獵，又没有原因，後悔什麽？

6. 卜辭：“于庭門□飲。王弗每。”（合 30285）飲酒作樂，王憑什麽“不悔”？

7. 卜辭：“……至……弗每。不雨。”（甲 641）前置的“弗悔”和“不雨”没有

① 馬如森著《殷墟甲骨學：帶你走進甲骨文的世界》，第 434 頁引。

關係。

8. 卜辭："戊申卜。其烄三每。"（存 2・744）

上述七例卜辭中的"每"字作"後悔"解釋似是而非。我認爲還是應該回到每字的本義上，就是名詞"夜晚"和動詞"過夜"的意思。

1. 卜辭："每。不雨。"（合 27310）譯爲：這一夜，没有雨。

3. 卜辭："貞：叀豕逐。無災。弗每。"（合 28368）譯爲：這次打野猪，没有什麽不順利的，所以没在外過夜。

4. 卜辭："戊弜田。其每。"（甲 3593）譯爲：這次打獵是在外過夜的。

5. 卜辭："弜省盂田。其每。"（合 28317）譯爲：這次巡視並在盂地打獵，在那兒過夜。

6. 卜辭："于庭門□飲。王弗每。"（合 30285）譯爲：這次王没有通宵飲酒（没過夜）。

7. 卜辭："……至……弗每。不雨。"（甲 641）譯爲：没有過夜，是夜無雨。

8. 卜辭："辛亥卜。今日辛王其田。弗每。"（粹 988）意爲辛王打獵没有在外過夜。

本條卜辭又斷爲："辛亥卜。今日辛。王其田。弗每。"

《甲骨文字典》中還有一例卜辭，其中的"每"被解釋爲"母"也屬誤譯：

9. 卜辭："戊申卜。其烄三每。"（存 2・744）這裏的"三每"就是"三夜"之意。

上述卜辭中的"每"已經形成固定的用法：夜晚或者過夜。在甲骨文中自有一個"晦"字表示農曆每月底月亮不出的那個夜晚（一般爲三十，偶有廿九的。）這一本義。已經做了考證，儘管這個叫"晦"的夜晚是没有月亮的，但是在甲骨文造字者心目中，這個夜晚衹是月亮"死了"，雖然它死了，但即使它被埋進了墳墓，也應該還有個屍首。更何况幾天以後月亮就"再生"了。所以"晦"的造字中依然采用的月部首會意造字的方法。

由于圖一造字中采用了兩種頭髮的意符，所以就有兩種注音反切。頭髮向上披灑的讀作條，頭髮向下披灑的意符是𦍌。卜辭中的每字大多是從𦍌。

《説文》："𦍌，羊角也。象形……讀若乖。"段注："《玉篇》曰：'～～，兩角貌。'《廣韻》曰：'～～，羊角開貌。'……工瓦切。《篇韻》又乖買切。"所謂兩角貌和羊角開貌正是圖一造字中女子頭髮向下披灑的象形。所以圖一甲骨文字的音訓是工女切，讀若 hu，古音通 hui。女字的殷商方言發音爲 ru。

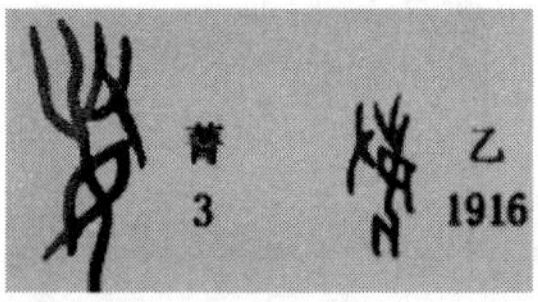

圖二　甲骨文：梳（動詞）

我在卜辭中找到了另一個甲骨文動詞可資爲圖一甲骨文毀作爲旁證：

在卜辭中這個字去掉右上的手也是一個甲骨文字，因與本字無關，暫不列入本文考證。圖二甲骨文字造字是一隻手正在將一女子的頭髮向上聚攏，是正在梳頭。

這個字的破譯也是頗有争議的。高明、涂白奎、徐中舒破譯爲漢字妻。《甲骨文字典》説："上古有擄掠婦女以爲配偶之俗，是爲掠奪婚姻，甲骨文妻字即此掠奪婚姻之反映。後世以爲女性配偶之稱。"① 馬如森破譯爲漢字敏，他認爲："從一有長髮之女，

① 徐中舒主編《甲骨文字典》，第 1303 頁。

從又，字象手束髮加簪形。與妻字同形。”① 敏字從每從攴，和該甲骨文字形頗爲吻合，但是這個字的音訓是從手從女，手女切，讀若 xu，古音通 shu。結合本字的本義、造字和音訓，我認爲這個甲骨文字當爲梳頭之“梳”，動詞。梳字的名詞爲茀或笰。妻子爲動詞梳的引申義。

【甲骨文字本義小結】

每的本義：本字當破譯爲毀。引申爲女子毀髮就寢的時分。用如名詞：夜晚；用如動詞：過夜。音訓：本字從丫從女，工女切，讀若 hu，古音通 hui。

梳的本義：梳頭，梳妝。動詞。引申爲妻子。音訓從手從女，手女切，讀若 xu，古音通 shu。豫南方言音 xu。

破譯甲骨文：句（溝之初文）

圖一　甲骨文：句（溝的初文）

這個圖一中的字學者們破譯爲句（gou），我贊成。

《説文》：“句，曲也。從口丩聲。”段注：“凡曲折之物侈爲倨。斂爲句。《考工記》多言倨句。《樂記》言‘倨中矩，句中鉤’。《淮南子》説獸言‘句爪倨牙’。凡地名有‘句’字者皆爲山川紆曲。如句容、句章、句餘、高句麗皆是也。凡章句之句，亦取稽留可鉤乙之意。後人句曲音鉤。章句音屨（今句號之句）。又改句曲字爲勾。”段氏之考證可謂非常之詳盡。不再贅述。

一百年多來，這個字的本義一直没有明確，所見文獻的有：

馬如森《殷墟甲骨學》：“句，從口從丩，字象口在丩中，以示言語曲折之意。”①

徐中舒《甲骨文字典》：“句，與金文句形近。疑可釋’句’……義不明。”②

該字中間從口，本義應爲邑，外部是一個全包圍結構，正是我們在前文中考證的丩字。所以它的讀音是口丩切，讀若溝。可見讀若屨應該是後起義。（注意：句注音爲口丩切。屨注音爲丩口切。）那麽外部的丩和内部的邑應該怎樣會意纔是甲骨文“句”的本義呢？這個字的本義正是城邑和環繞城邑的護城壕溝的會意。我的這個破譯並非異想天開。

新石器時代有半坡遺址爲證：半坡遺址大致形狀爲南北稍長、東西略短的不規則橢圓形，分爲大圍溝圍遶的居住區、圍溝以北的氏族公共墓地和以東的製陶區三部分。

殷商時代有殷墟劉家莊北地爲證：2008 年對殷墟的考古發掘發現 27 條灰溝。這些灰溝位于道路兩側，溝底部有長期沖刷和沉澱形成的陶片和石子層。推測可能爲道路的配套排水設施。有的溝口較寬，斷面呈倒梯形，底部平整有淤土。這類灰溝多呈西北-東南走向，水也是自西北流向東南，綿延數百米甚至更遠。這類灰溝可能是商代的人工

① 馬如森著《殷墟甲骨學：帶你走進甲骨文的世界》，第 277 頁。

渠，也不排除是族邑間的區域界限，並具有一定的防禦功能。《中國考古網》特別提示：殷商的都城大邑商是衹有壕溝没有城墻的。

春秋時期有江蘇武進的奄城爲證：奄城外有護城之水三環其城邑，中間有一條路通向外部。

所以甲骨文“句”的本義就是護城灰溝。其主要功能是引水和防禦。該字中兩條灰溝之間有兩個缺口是城邑通向外部的通道。通道口一般有老人或者刑餘之人看守。

這個甲骨文“句”正是後來水溝的“溝”字的初文。遠古初期的護城壕溝裏可以没有水，所以甲骨文“句”不從水。按段玉裁的考證，它曾經分化爲“句”和“勾”兩個字。其漢字簡化字應該從氵從句，但是我們卻創造了一個不倫不類的簡化字——沟。

句的卜辭僅一見共兩字：圖一（前8·4·8），從略。

關于《説文》的“句”字定義顯然是非本義。此字黄侃有一觀點云：（説文句部）“拘可改入手部。笱可改入竹部。鉤可改入金部。句可改入口部，則可省一部。”[①] 這一觀點在我們研究了甲骨文句之後就會發現，由于甲骨文“句”本字顯然有部首的整體的性質和作用，所以這個句部一定不能省。部首的訓詁學作用不僅僅集合同一類意符的漢字，它在漢字的起源、分化、發展上像人體中的一條小血管，是漢字系統中的一個有機組成。以本字句爲例，拘、笱、鉤都是句分化出的漢字，後者都是形聲字，所以是西周以後纔被創造出來的漢字。如果《説文》省略了句部，這一脈絡的皮（句部）之不存，則毛（拘、笱、鉤）將安附焉？

【甲骨文字本義小結】

句的本義：灰溝，即先秦的城邑環城壕溝，兼有行政區劃、給排水和防禦功能。溝中可以有水，也可以没有水。音訓：從口從丩，口丩切。讀若gou。

破譯甲骨文：“揪”還是“芻”

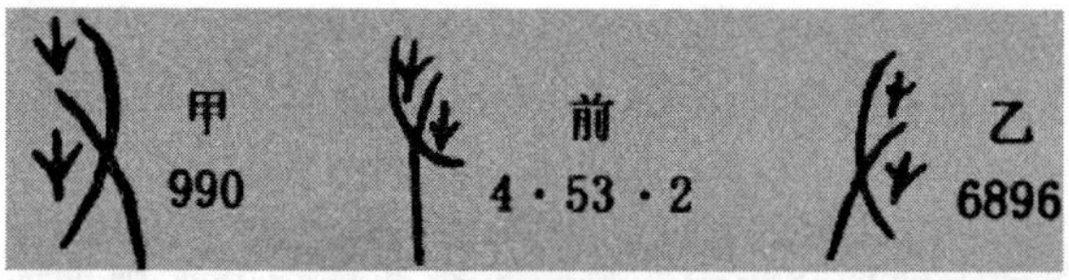

圖一　甲骨文：揪（揫）

這個甲骨文字羅振玉認爲：“從又持斷草，是芻也。”[②] 于是學術界一致認爲：是的，這個字是芻。

我懷疑，所以我深入研究了一下。懷疑是從兩個方面開始的：

一是該字甲骨文從又從斷草，但是其小篆和漢字均從勹從斷草。又本義是手，而勹的本義是包裹。許慎在《説文》中提出了一個兩者折中的兩個定義：“芻，刈草也。象包束草之形。”這説明東漢時漢字“芻”有兩種流行的定義。徐中舒首先懷疑説該甲骨

① 黄侃著《文字聲韻訓詁筆記》，上海古籍出版社1983年版，第92頁。

② 馬如森著《殷墟甲骨學：帶你走進甲骨文的世界》，第222頁引。

文“象以手取草之形……《説文》釋義（自小篆）得之，然據已訛之形，謂‘象包束草之形’，不確”①。徐中舒依然釋該字爲芻。從該甲骨文字的造字看，確如徐中舒所説是“以手取草之形”，所以《説文》的兩個定義①刈草，②象包束草之形都是不準確的。説“刈草”不準確，是因爲該甲骨文的造字中並無刈草的工具，用的是手；説“象包束草之形”不準確，是因爲這是根據小篆芻的造字得出的定義，該字的甲骨文本字並無“包束”之意。

所以許慎關于“芻”字的本義並不適合圖一的甲骨文本義。羅振玉的破譯確實不準確。但是許慎和羅振玉的觀點並不能表示該甲骨文本字就不能破譯爲“芻”。

二是該字的發音。該字的造字從又從兩屮，其造字内部的反切發音應該是屮又切，也就是 jiu（不送氣）或者 qiu（送氣。揪字方言中仍爲 qiu）由于古從母字 q 以及 c，ch 不分，所以該字也可以讀如 chu。從發音看，揪和芻可能是同一個字不同時期的造字。但是我也關注到“芻”還有另一個讀音，就是用作聲符時在漢字鄒、騶、媰、鶵、皺、謅、傷雛、犓、蒭等漢字中發音爲 zou 或 zhou，與“揪”的古音相同。但是後一類字中没有從手從芻的。它們多與反芻類的食草牲畜牛羊，以及餵牲畜的植物莖幹草料有關。與人的動作也無關。所以就“揪”和“芻”而言，“揪”的造字與圖一所示的甲骨文本義更爲貼切。

三從卜辭看：

卜辭 1：“貞：于𦎧大~。”（前 4・35・1）（其中~爲該字，下同。）

卜辭 2：“戊戌卜：雀~于教。”（甲 206）譯爲：雀國追究于教。

卜辭 3：“貞：父乙~于王。”（乙 554）譯爲：父乙責備商王。

卜辭 4：“乙亥卜：丁來尸萑~我。”（前 8・4・5）譯爲：尸萑國指責我（殷商）。

以上四例卜辭中雀、教、尸萑均爲方國或氏族名稱。因此例一中本字爲“拔草”“掃除”之意。後三例中該字應該是同音假借爲“究”。徐中舒在《甲骨文字典》中將後三例的本字釋義爲“好也，悦也”。我以爲也是不確的。“究”的本義是追究，這和“好也，悦也”是相反的。該字可假借爲究，説明本字音訓爲 jiu，所以圖一本字當破譯爲揪，是爲達詁。

四是這個甲骨文本字我認爲以破譯爲形聲字揪比較準確。“揪”字在清朝以前一直寫作“揫”，可見它的木字一定是繼承了一個上下結構的甲骨文或者金文。

《説文》：“揫，束也。從手秋聲。《詩》曰‘百禄是揫’。”意爲用手抓住。

《廣雅》：“揫……小也。”

《經籍纂詁》：“揫，聚也。……揫，斂也。《爾雅・釋詁注》：揫，細也。斂物而細謂之揫。《方言》。”

綜合以上各家之言，“揫（即揪）”的本義爲用手將細小的東西收斂起來。它的甲骨文原始本義應該是“用手將小草清除乾净”。即“用手除草”之意。民間從樹上采摘樹葉也叫作揪，所以該甲骨文字“揪”在甲骨文造字中既可以從草也可以從木。否則我們就很難理解從木的揪字。它從手從雙木，以手斷木是什麽意思？

---

① 徐中舒主編《甲骨文字典》，第 55 頁。

【甲骨文字本義小結】

揪（揫）的本義：用手除草。引申爲用手抓住細小的東西，今有俗語“揪小辮子”。甲骨文中同音假借爲jiu。是爲本字音訓。

破譯甲骨文：竹

圖一
商金：竹

甲骨文字“竹”徐中舒《甲骨文字典》没有收入。高明等的《古文字類編》和馬如森《殷墟甲骨學》收錄並破譯爲竹。我在同意該字破譯的基礎上擬對該字的義訓和音訓做一點考證。

《說文》：“竹，冬生草也。象形。下垂者箁箬也。”許慎將該字視爲草本植物無可非議。竹子確實是禾本科多年生常綠植物。但是它將下垂的枝葉象形理解爲竹葉可能狹隘了一點。該字下端的“倒屮形”意符應該既是竹子的象形，也更是竹根的象形——即竹子的地下根莖。竹子一般都有地下莖，其莖性喜東南。分節明顯，節上生芽，地下莖各節的芽（即冬筍）可萌發成向東南生長的地下橫走的竹鞭，有些芽春天破土而出成爲地上的春筍，春筍長大以後就成爲竹子。

圖二

甲骨文竹（如圖二）和金文竹（圖一）本字基本一樣。許慎說“下垂者箁箬也”是一種表面化的理解。按照竹子的生物學特點：竹枝一般是向上生長的，而竹葉是水平生長的。甲骨文這樣的象形其實正是竹子根部的本質特點。

從“竹”的音訓看，下垂者應該是竹子的根，即地下莖。第一是因爲竹和木本植物的本質區别就在于它的根，一條根上從橫交錯可以生出很多棵竹子。第二，確定了下垂者爲根，我們就可以進一步確定本字中兩處下垂者是根的甲骨文“不”。第三，殷商方言中將樹根叫作“樹兜”，竹根叫作“竹兜”。第四，甲骨文“不”古音爲“墩”，通“兜”。第五，甲骨文“竹”的反切造字是從∧（發音zhe）從不，故爲折不切，讀如zhu（入聲），對應的殷商方言發音是zou（長入聲）。

所以無論從義訓還是音訓看，這個甲骨文字都可以破譯爲“竹”。

卜辭：“王用竹若（箬）。”（乙6350）

卜辭：“丁丑卜。王貞：命竹。”（前8·14·2）

【甲骨文字本義小結】

竹的本義：竹科植物。象形造字。

音訓：∧不切，讀若zhu（入聲）。殷商方言：∧蔸切。讀若zou（長入聲）。

破譯甲骨文：不　聿　筆

毛筆在中國出現的很早，先秦就有使用。最早見于文獻記載的爲《古今注》考："古之筆不論以竹以木，但能染墨成字即謂之筆。秦吞六國滅前代之美，故蒙恬得稱于時。蒙恬造筆即秦筆耳。以枯木爲管，鹿毛爲柱，羊毛爲被，所謂蒼毫也。彤管赤漆耳。史官記事用之。"研究甲骨文我們發現，早在殷商時期就已經有"筆"這個甲骨文字了。

《説文》："聿，所以書也。楚謂之聿。吳謂之不律。燕謂之弗。"

圖一　甲骨文：聿（筆之初文）

《説文》："筆，秦謂之筆。從聿竹。"段注："鄙密切。"應爲入聲字。

《釋名》："筆，述也。述事而書之也。"應該是動詞。

《爾雅·釋器》："不律謂之筆。"注："蜀人呼筆爲不律也。"

從上述定義可以看出，甲骨文"聿"就是漢字"筆"的初文。從圖一甲骨文"聿"中也可以看出這一點。該甲骨文字一直被破譯爲"聿"，從不從又。這個本字的破譯是没有問題的。但是該字的殷商發音應該是 bi（入聲）而不是它今天的發音 yu。

該字殷商正確的音訓是從不從又，爲不又切，即發音爲 biu，但是該字是一個入聲字，古入聲字均爲單韻母字，所以"聿"在遠古的正確發音是 bi（急言之爲入聲）。段注的"鄙密切"正是一個入聲字。這個 bi 正是蜀吳兩地"不律"二字的合音，所以吳地和蜀地將其稱呼爲不律，這個語言現象説明在吳地和蜀地已經將這個入聲字的發音時間"拉長了"，訓詁學中叫作"徐言之"。今天漢字"筆"的普通話讀音 bi 正是這種"拉長"的結果。

該字的造字從又從不，又即爲手，而不則是樹根的象形，也是毛筆鼻頭的象形。

秦小篆在書同文的基礎上，將"聿"加了一個"竹字頭"，這是多此一舉。因爲該字的初文中就已經包含了竹根或者樹根的本義意符——不。爲什麽還會加上一個竹字頭呢？這就要用許慎的轉注法給以解釋。所謂轉注就是"建類一首，同意相受"。"竹字頭"就是建類一首，所有與"竹"意義相同或者相近的字都被冠以"竹字頭"。目的是建立一個部首以容納所有的和竹子有關的漢字。于是，新的漢字"筆"就這樣産生了，並沿用至今。所以《説文》的"秦謂之筆"四個字是在"筆"字的定義中出現，而"楚謂之聿。吳謂之不律。燕謂之弗"卻是在"聿"字的定義中出現的。這一細微的變化證明"筆"字可能是秦人所創造。

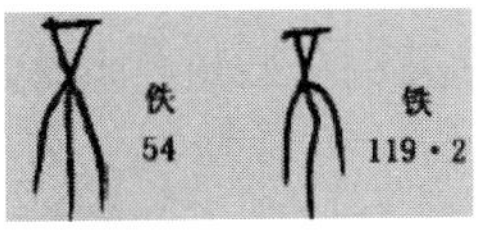

圖二　甲骨文：不

甲骨文"不"我有考證，本義是樹根。其上部的一爲地面，這個意符"一"代表地面在卜辭中可以省略。這個省略符號最早出現在半坡遺址和城子崖遺址的陶文中。所以圖一甲骨文字可以視爲從不從又。

目前已經發現的卜辭辭條涉及“聿”的均作爲地名，所以除了圖一的象形造字暫時還無法用卜辭來證明“聿”的本義就是“執筆”：

卜辭：“在聿。”《京 1566》

卜辭：“于聿田女（女字存疑）。”（甲 1925）

【甲骨文字本義小結】

聿的本義：執筆。動詞。

音訓存疑。疑爲從不從又。讀作 biu。入聲則爲 bi。

破譯甲骨文：公　曾　分

在殷商時期的中原大地包括山西陝西一帶方言中，公、曾、分爲同韻母字。均押 en 韻。從造字上看三個字都從八，有統一的造字基礎。但是“八部首”甲骨文字實際上是混淆了幾種不同的造字來源。分辨這些來源是一個很複雜的過程。本文探討其中的一組同源字，即公、曾、分。這三個甲骨文字實際上是從公省。其中的“曾”和“分”省略了下部的“口”字。

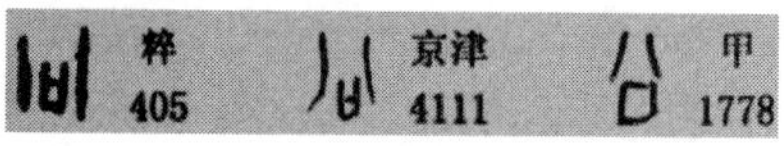

圖一　甲骨文：公

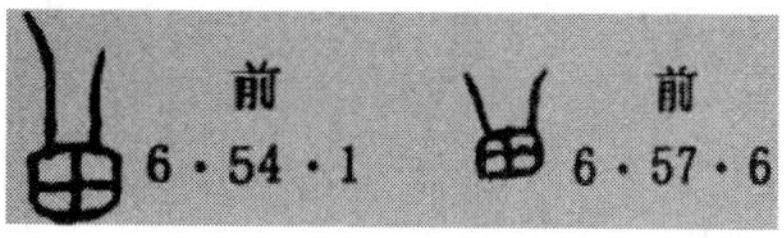

圖二　甲骨文：曾

卜辭中“公”多借指商的先公。卜辭中還有“公宮”，相當我們今天所說的“大禮堂”。

如果我將“公”和“曾”加上一個共同的部首“瓦”，就變成了瓮和甑。這是兩種陶製的容器。

《說文》：“甑，甗也。從瓦曾聲。”

《說文》：“瓮，罌也。從瓦公聲。”

所以徐中舒將公、曾兩字破譯爲瓮和甑的初文是非常有道理的。我贊同徐中舒的觀點。但是我們還必須搞清楚公字的遠古發音是 wen，甑的發音是曾瓮切，爲 zen。同理可以推斷甲骨文“分”的遠古方言發音爲 hun。有共同的反切下字，韻母均爲從公切。今天在晉、陝方言仍然如此。

卜辭：“……庚子……𠭯曾伐……”（前 6·54·1）其中的曾字有可能是指甑。

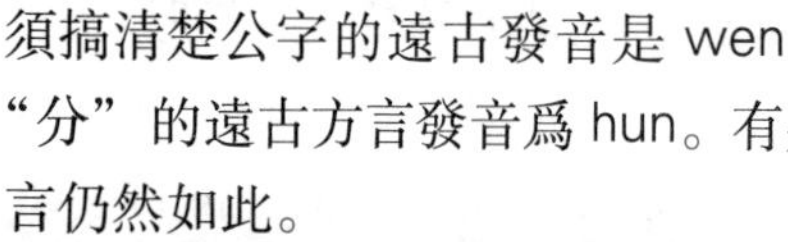

圖三　甲骨文：分

分在卜辭中多用作引申義：分開。

卜辭：“貞：牝分。”（續 6·25·9）

卜辭：“羖分。”（前 5·45·7）

兩例中“分”的意思是每年夏曆四月將母畜和小畜分開以强行斷奶，使小畜獲得獨立生活的能力。（參見《夏小正》和《禮記·月令》）下例之“羖”是公羊的意思，分羖就是在交配結束以後將群羊中的公羊和羊群分開。

從造字上看，三者都是一個容器：公的生活原型是瓮；曾的生活原型是甑；分的生活原型是牲畜的胴體。

從本義上看，三者的原型具有共同的形式上的格式塔：上開口，中空，下爲封閉容器。瓮上部是小口或直口，中空，下爲圓底；甑上部爲直口有沿，中空，下部爲圓底。段注按：“厚半寸，脣寸，七穿。按甑所以炊蒸米爲飯者，其底七穿。故必以箅蔽其底，而加米于上。”分的本義是宰殺牲畜取下頭部後，再用刀剖開牲畜胴體。牲畜的胴體都是上部爲頸口，空腔，下部封閉。

甲骨文的甑字和分字分別省略了下部的“口”。在戰國古文中甑字下部的“口”還有少數保留的情況。

【甲骨文字本義小結】

公的本義：瓮的初文。遠古時的陶瓮。名詞。

音訓：wen，古音通 weng。方言 veng。

曾的本義：甑的初文。遠古時的陶甑，後有木甑。名詞。

音訓 zen，古音通 zeng。

分的本義：宰牲時，用刀剖開牲畜的胴體。動詞。從匕從公。化公切。

音訓 huen，後演化 fen。

破譯甲骨文：龐、龕、寵本爲一字

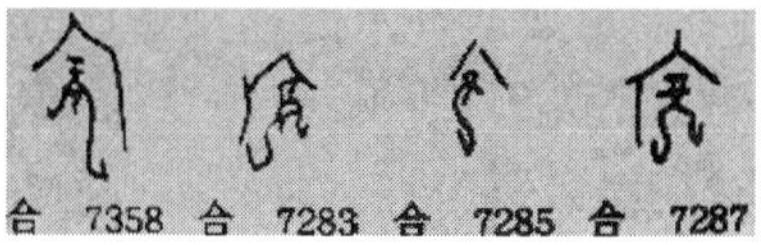

圖一　甲骨文：龐

甲骨文没有發現“龕”字，有“龐”字。這兩個字在《説文》中作爲兩個字收入其中。

《説文》：“龕，龍貌。從龍今聲。”口含切。本字雖然從今，但是發音卻是“從龍從含”。“龕”字最早出現在金文墻盤和眉壽鐘銘文，均是從今從龍的。直到清朝的《康熙字典》中這個字一直從今從龍，但是現代漢字中龕卻是從合從龍的（同樣無法解釋該字的讀音）。許慎的定義也很費解，既然是“龍貌”，一個“龍”字也就足够了，爲什麽還要加上一個“今”字呢？

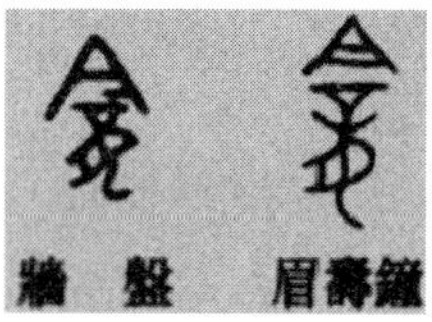

圖二　金文：龕

《説文》：“龐，高屋也。從廣龍聲。”薄江切。鹿同反。扶公反。音訓上本字到《説文》的東漢時期就有三個迥異的發音。説明這是一個流傳甚廣的漢字。

從本字的造字原理分析，甲骨文龐字從廣從龍，所以許慎理解爲“可以住進一條龍”的房屋。既然可以住進一條龍，所以就是“高屋也”。

很明顯這兩個字的造字、本義和讀音都是混亂的，其中有許慎臆解的成分。但是從它們本字字形的演化上我們可以看出這兩個字歷史上的聯係和本義上的相通。首先我們來搞清楚在現代漢語中這兩個字的本義。

龐：“高屋，引申爲高大。”高大的房屋就是可以容納很多東西的房屋，哪怕是一條龍。

龕：“容納，盛受。漢揚雄《方言》四：‘鋡，龕，受也。’齊楚曰鋡。揚越曰龕，受盛也。猶秦晋言容盛也。”

現在我們回到甲骨文：

圖一的甲骨文龐正是一個高屋中容納了一條龍。注意在甲骨文字中凡從廣的字很少用圖一的這個意符表示的，换句話説就是圖一的這個意符和“廣”是有區别的。區别在于這個高屋少了一面墻。我們知道甲骨文中房屋的意符都是“介”字形的，即宀。圖一的每一個字都缺少一面墻。所以這個意符“廣”表示的是一個類似山崖或者山洞的建築，對外是没有墻壁的。

金文的“龕”上部是意符今；漢字的龕上部是合。無論從今也好，從合也好，它們在甲骨文中的本義都和房屋有關。

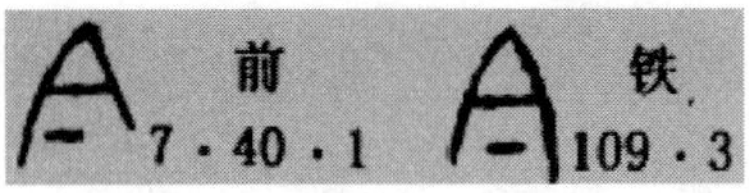

圖三　甲骨文　今

圖四　合

根據我的甲骨文考證：甲骨文合的本義是“晚商時期爲建築的半地穴式的民居安置草房屋頂”；而甲骨文“今”的本義是“先商人類用來記時而刻在右側（或左側）門框上的刀痕印記”。而“廣”字的本義見于《説文》：“廣，因厂爲屋也。”意思是以山石之崖巖爲屋。就是住在山崖下的意思。這正是中國古代神龕、龍龕和佛龕的原型。

所以無論是從龍從今、從龍從合、從龍從廣、從龍從宀，這樣四個不同歷史時期形成的漢字都表示同一個字，直譯就是專門給龍打造的住房。而龍據我的考證就是遠古的龍捲風。請注意上文提到的龐字在東漢的三種發音中有“扶風切”，即風。古人對龍捲風一向持敬畏之心，每當龍捲風出現的時候，要用兩個祭祀壇分别祭祀。因爲龍總是成雙成對出現的。而且它的出現總是以一種戰鬥的狀態。“龍戰于野，其血玄黄”就是證明。

所以甲骨文“龐”也好，金文“龕”也好，漢字“寵”也好，這幾個字都有一個共同的起源，這個起源就是供奉“龍”的龍龕。龐是大一點的龍龕，龕是小一點的龍龕。或者説龐是貴族的龍龕，龕是平民百姓的龍龕。而漢字寵也是從宀從龍，寵的引申義“寵愛”正表明了古代中國人對龍捲風的一種態度。詳細論證參見《中國上古時代的龍究竟是什麽?》。

《辭源》“龕”：“盛著佛像或神主的小閣。”應該説這個“小閣”在中國的歷史存在要早于佛像幾千年。遠古的人們就曾經把龍當作神主一樣地供奉在小龕中，從《山海經》關于龍的記載看，遠古中國人和龍打交道很早以前就開始了。

卜辭：“丁卯卜。王于龐告。”（後上 9·3）這裏的龐可能就是指龍龕之意。

卜辭：“己亥. 婦龐示二屯。賓。”（簠典 42）婦以龐得名，當被視爲龍的禮物，所以“示二屯”目的是爲了祈求龍爲這二屯帶來一個豐收的年景，即“受歲”。

龕、龐、寵三個字的造字雖有不同，但是造字的機理是相同的：大地上不同社會地位的人們爲龍所提供的居所。音訓待考。

破譯甲骨文：哈欠*和噴嚏*

哈欠和噴嚏是人體兩種正常的生理現象，甲骨文中也有關于哈欠和噴嚏的造字。

圖一　甲骨文：欠

欠是一個獨體象形字，造字是一個老人（卩）正在打哈欠。老年由于精力不濟，常打哈欠。該造字正是抓住了這個年齡特點。欠上爲口字，但是這個“口”平伸或略向上方，上嘴唇下欠。可謂是非常傳神的一個造字。

《説文》：“欠，張口氣悟也。象氣，從兒。上出之形。”段注曰：“鄭注《周易》：‘……人倦懈，所謂張口氣悟也。謂之欠。亦謂之嚏。’……今俗曰哈欠。又欠者，氣不足也。故引申爲欠、少字。”鄭玄將哈欠和噴嚏混爲一談是一個常識錯誤，段玉裁的注釋應該是很準確的。卜辭有實意的有兩條，其中“欠”字似乎是用作人名。

卜辭：“欠來不其來。”（丙 30）

卜辭：“呼子欠來。”（乙 4835）

圖二　甲骨文：㞔（嚏之初文）

圖二的甲骨文字有兩種主要的破譯：一是古涎字，寫作從氵從欠。二是次字。如趙誠破譯：“均象口液外溢之形。”① 徐中舒認爲：“象人口液外流形。……引申爲泛濫之意。後世別作羨。《漢書・溝洫志》：‘然河災之羨溢。’”② 並引《説文》涎字定義爲佐證。《説文》：“涎（作從氵從欠）；慕欲口液也。從欠從水。”兩種意見從破譯原理上看，都認爲該字的主體是“欠”，散點意符爲口水、唾沫等，這個散點意符也是本字的意符兼聲符：本字發音當讀若 ti。

圖一和圖二的甲骨文字中各有一個人，有學者將其均視作“欠”，這是欠考慮的。圖二的人頭向上，手正沿著嘴巴。而圖一的人衹是上嘴唇下奄。這是兩個不同的表意符號。

但是這兩種破譯既沒有顧及漢字“涎”的生理特點，也沒有顧及甲骨文本字的造字特點。圖二中這個甲骨文字嘴巴可以向上也可以向下，常識告訴我們，嘴巴向上時是不會流口水（涎）的。圖二中的這個字的散點意符是兩點、三點或者四點，這個意符的甲骨文意思代表的是點狀的血滴、雨點等散點物質，口水在甲骨文造字中應該用“乙”（小水）符號造字。這是甲骨文造字的慣例（參見《破譯甲骨文：水的三種表示方

① 趙誠著《古代文字音韻論文集》，中華書局 1991 年版，第 258 頁。

② 徐中舒主編《甲骨文字典》，第 452 頁。

圖三

法》)。此外，圖二甲 2907 造字以手掩嘴是爲了防止口中的噴沫四散。這表明這個人正在打噴嚏而不是流口水。基于以上三點，圖二的甲骨文本字不能破譯爲“涎”。如果甲骨文有一個“涎”字，那麼按照甲骨文的造字規律它就應該如圖三所示：從卩（老人也）從乙（口水也），口平伸或者略向下。這是我的造字。

我認爲圖二的甲骨文字應該破譯爲：疐。“疐”是後期漢字“嚏”的本字，後者爲轉注。

《説文》：“疐，礙不行也。從叀引而止之也。”意思是因爲有阻礙而氣流不能暢通，水流不能順暢。不通則“溢羡”，不通則泛濫，不通則噴嚏使之通也。故引申爲“溢羡”和“涌出”。

卜辭：“洹不疐。”（存 2・153）這是説殷墟北邊的洹水没有因爲阻滯而溢出兩岸。

卜辭：“乙卯卜。貞：今□泉來水疐。”（存 2・154）這是指洹河上游泉水水量大而漫堤。

卜辭：“叀七牛疐用。王受又（祐）。”（摭續 88）這是一次用七頭牛祭祀。

卜辭：“疐王人。”（明 733）意爲：大家一齊湧出城以迎接商王的歸來。

《説文》：“嚏，悟解氣也。從口疐聲。”“悟解氣”就是因爲氣流噴出而解除了阻滯。就是打噴嚏的意思。“嚏”字本身也是一個象聲詞，像人打噴嚏時發出的聲音“啊……嚏！”。因爲是打噴嚏所以圖二中甲 2907 造字用手捂住了嘴巴，防止噴沫外濺。

【甲骨文字本義小結】

欠的本義：人打哈欠。因爲打哈欠是人的精氣神不足，引申出“欠、少”的意思。

音訓：從卩從凵，卩凵切。讀若 jian，通 qian。古音屬溪母。

疐的本義：噴嚏。引申爲（水流或氣流）阻滯不暢而溢出。是噴嚏之“嚏”的初文。右文造字。涕是聲符兼意符。讀若 ti。部分地區方言發音爲次（ci）。

破譯甲骨文：舌　飲

圖一　甲骨文：舌（例三非本字）

甲骨文舌字是一個獨體象形字，下部爲口，口中伸出的是舌頭。兩者是連爲一體的。例三不是獨體字而是兩個意符組成的會意字，所以例三非本字，當另有其本義。甲骨文舌字中的散點意符是唾沫等口液，在用“舌”作爲意符造字時一般省略掉這些散點。見本文圖二甲骨文飲。

需要細心體會的是舌字中的舌頭的象形有一個或者兩個分叉，其實它並非表示人的舌頭是分叉的。這是甲骨文造字的一個特點，用曲筆畫表示柔軟。用舌頭四出或者兩出表示舌頭是可以靈活自如伸縮轉動的。

當然，遠古人已經注意到某些動物有舌頭分叉現象，這種分叉的舌頭叫作“歧舌”。《山海經》：“歧（誤爲岐）舌國。在其東。一曰在不死民東。”

這裏的居民“歧舌”和“不死民”可能不是指人類，而是指某種動物。例如蛇在伸出舌頭時就是兩叉。我將在專文考證論述。這裏提及一個語言現象，在殷商的河南東北部的方言中“蛇”和“舌”發音相同。讀作 sei。

在卜辭中。甲骨文舌的本義就是舌頭的意思。有個簡單的比較方法，卜辭中“病”字後面往往與人體某個部分連續使用。例如卜辭中有“病齒”“病止”“病目”“病自”“病口”“病耳”（出處從略）。

卜辭：“甲辰卜。古貞：病舌隹有蚩。”（戩 34・6）這裏的蚩爲濃痰的意思。

但是該甲骨文“舌”因爲和“説”有著本義上和發音上的聯係，極有可能在卜辭中被同音假借爲“説”（兩字在某些方言中均爲入聲字）。方言發音爲 xue。

卜辭：“貞：允舌王。”（乙 4550）

卜辭：“貞：王有舌……”（乙 8052）

卜辭：“多舌亡判。”（乙 8892）

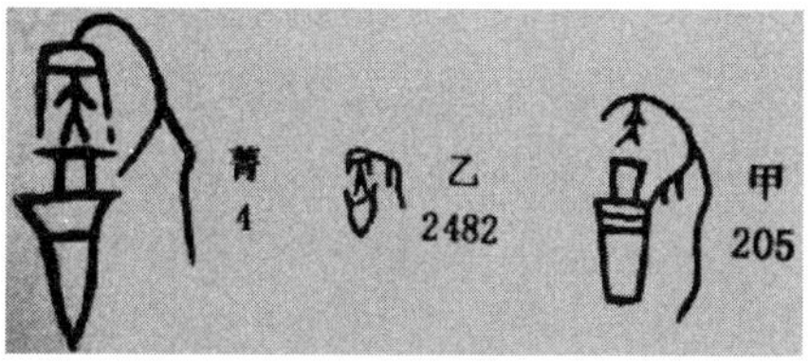

圖二　甲骨文：飲

圖二是小篆飲從今從酉從欠。《説文》中和小篆飲字互訓的是小篆歠，今寫作啜。

《説文》：“歈（即飲），從欠酓聲。”酓的發音酉今切，即 yin。今音 yan，爲酉欠切。

《説文》：“歠（即啜），歈也。從酓欠省。”故其東漢發音和飲相同爲 yin。兩個字很可能在先秦爲同一個字，兩字的小篆極其相似，可能是在使用中產生了字形訛變。許慎在《説文》同時記錄了這樣兩個字並爲之專門設了一個部首——歈部。

這兩個字的互訓至少告訴我們一個先秦本義，就是飲和啜是同義詞，兩者的本義都應該是喝少量的酒。今天的漢字“飲”詞義有所轉移，爲一般的大口的喝酒。而漢字“啜”依然保留了原始的“嘗、飲”的本義。

但是，從圖二的甲骨文飲字的造字分析，“飲”在殷商時代的本義是嘗的意思。如圖，該字右側從人，該人手扶酒樽，俯身向下，伸出舌頭。左側是酒樽。這個造字説明該人是將舌頭伸進酒樽，這樣的喝酒衹能是嘗酒，而不是喝酒。如果殷商時代有人要按照甲骨文造字規律造一個喝酒的“喝”，這個字應該是左側的意符“酉”橫置，右側是一個張口的“人”，在“橫酉”和“張口人”之間是一個意符“乙（代表細流）”字。擬字見圖三。

圖三

據此，我們可以判定甲骨文“飲”在殷商時代的本義是：嘗酒。殷商的祭祀用酒有多種，最上乘的是鬯酒，其中在釀酒時就加進了香料。周承商制，在《周禮》中酒被分爲“五齊三酒”。“齊”指的是未經過濾的薄酒，即指“泛齊”、“醴齊”、“盎齊”、“緹齊”、“沈齊”五種酒，統稱五齊。“酒”爲過濾去酒糟的酒，即指“事酒”、“昔酒”、“清酒’三種，統稱“三酒”。卜辭中，殷商人對于不同的祭祀對象使用不同的酒，所以嘗酒應該是祭祀前的一個必要的驗明正身的環節。

漢字飲和漢字啜造字之初同出一源，在使用中“啜”保持了嘗酒的本義，而“飲”

則發生了詞義轉移，用作飲酒之本義。

甲骨文“飲”造字中保留了其遠古發音爲“酉人切”，即 yin。

【甲骨文字本義小結】

舌的本義：舌頭。名詞。

音訓：意符從V，讀若 she。

飲的本義：嘗酒。動詞。該字後世演化軌跡見段注：“《易經·蒙卦》虞注曰：‘水流入口爲飲。’引申之可飲之物謂之飲。如《周禮》四飲是也。與人飲之謂之飲。俗讀去聲。……又消納無跡謂之飲。《漢書·朱家傳》‘飲其德’，猶隱其德也。”後世所謂“飲恨”也是引申義，猶“隱恨”也。

音訓：從酉從今。龡的發音酉今切，即 yin。今音 yan 爲酉欠切。

破譯甲骨文：犅

圖一　甲骨文：犅（見五期卜辭）

圖一這個甲骨文字破譯爲“犅”應該是符合造字義理的。因爲它從网從刀從牛。但是所有的甲骨文工具書都引用了《説文》定義作爲解釋：“犅，特牛也。從牛岡聲。”但是許慎的這個定義查無實據，應非本義：特在古漢語中本義做“公牛”解釋，但甲骨文“犅”造字結構中並無“公牛”之意。

《公羊傳·文十三年》：“周公用白牲。魯公用騂犅。”注：“騂犅赤脊。”這是先秦文獻中爲數不多的例證。注解“騂犅赤脊”説明在春秋時期“犅”的本義是指赤脊之牛馬而並非公牛。

注意這個漢字“犅”采用了甲骨文犅字三個造字意符中的兩個：從岡從牛。後世則擷取其中另外兩個意符從岡從刀造字，寫爲剛。“剛，强斷也。”（見《説文》）

通觀甲骨文网部首字，我發現甲骨文中除了這個“犅”字以外，還有一些用相同的造字義理創造的甲骨文字，例如：從网從豕；從网從兔；從网從虎；從网從隹；從网從目；從网從人從止。以上多見于一期卜辭。從网從幸從刀；從网從矢從刀；從网從東從刀。以上多見于三期以後卜辭。

甲骨文系統的造字是有規律性的，也是科學嚴謹的。如果“從网從某”就是用網捕捉某飛禽、野獸或牲畜的話，那麽這個“犅”也不能例外，本義就是用網捕捉牛。如果“從网從刀從某”本義就是捕捉並宰殺某飛禽、野獸或者牲畜的話，那麽甲骨文“犅”的本義就應該是“用網捕捉並宰殺牛”。這種用網捕捉並宰殺牛的方法顯然比用隧道“八”來別住牛將其宰殺要文明一些。但是將其破譯爲“公牛”應該是一個歷史的錯誤。

從圖一造字看，甲骨文“犅”的本義祇能是用網捕捉並宰殺牛，而不是公牛（特）的意思。在該字的甲骨文中一共三個意符：牛、網、刀。其中的網既是意符也是聲符。

該字的發音讀若網（明母）。如果是公牛則應加上意符“丄”表示性別。

卜辭：“甲寅卜。在犅貞：今夕師（肉）不䟎。”（寧2・148）其中“犅”疑爲宰牛場。甲骨文“𠂤”本字爲“肉”，引申爲𠂤。《説文》：“䟎，動也。”

【甲骨文字本義小結】

犅的本義：殷商時期的宰牛方式。先用網捕捉然後宰殺。動詞。一期、二期卜辭中的“犅”字可能不含意符“刀”。該字殷商時期發音應該讀若網（明母）。

破譯甲骨文：干　單　狩

本文所引的兩個甲骨文字是有區别的，圖一上端没有兩點，圖二端有兩點。圖二的兩點可以有，也可以没有，可以是空心的（見于甲骨文“單”的上部），也可以像本字一樣是實心的符號。類似這樣的符號我把它們稱之爲非固定意符。在甲骨文中這是一種造字的慣例。請注意觀察圖二上端彎曲的筆畫，這種彎曲的筆畫在甲骨文造字中表示造字對象是柔軟的質地。在這裏是繩索的意思。

圖一

甲骨文：干

本字在學術界大家習慣破譯爲“干”。

“《説文》：‘干，犯也。從反入從一。’按‘干’應爲先民狩獵之工具，其初形爲丫，後在其兩端縛以尖鋭之石片而成（圖二本字）。復于兩歧之下縛重塊而成（圖三本字），遂孳乳爲單。”①

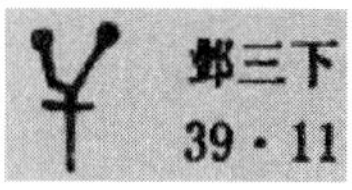

圖二

甲骨文：干

圖三　甲骨文：單

圖一圖二的本字破譯爲漢字“干”我没有異議。我的考證主要突破集中在兩個方面，一是這個字的本義；二是這個字的發音。

圖一圖二這個甲骨文字的本義徐中舒破譯爲“先民狩獵之工具”，我是同意的。但是這個“初形爲丫”的工具是怎樣一種工具我有不同的看法。我認爲本字中的“丫”是一根繩子。這根繩子上端的兩個空心圓或者實心圓（在單字中寫作吅，讀若宣，又况袁切，爲干、單兩字的韻母）是繫在繩端的兩塊肉，是用于引誘野獸的誘餌。狩獵時人祇要抽動下面竪直的繩子，誘餌就會向狩獵者方向移動。本字中的“一”代表地面説明竪直的這部分繩索（丨）是被土掩埋著的部分，即地下部分。當然這部份繩索也可以是裸露在地面上的。

圖三是甲骨文“單”。在單字中這根繩子就一律拴上了誘餌。我們看見其三根繩子交叉的部分是一個接近圓形的口，或者日，或者田，這個符號又是一個具有三種變體的非固定意符。它代表陷阱，陷阱的表面是經過僞裝的，陷阱以下的繩索依舊要覆蓋浮

① 徐中舒主編《甲骨文字典》，第209頁。

土。徐中舒認爲是“復于兩歧之下縛重塊而成（圖三本字），遂孳乳爲單”，是值得商榷的觀點。

“單”是一種古老的捕獵方式，衹要前方發現野獸，守候已久的捕獵者就會抽動繩索，運動的誘餌就會將野獸引進設好的陷阱。《説文》：“單，大也。”其訓非本義。所以段注有：“《爾雅》《廣雅》説‘大’皆無‘單’。”説明在《爾雅》成書的年代本義爲“大”的諸多本字中尚沒有單這個字，早于《爾雅》的殷商甲骨文就更不應該有此訓詁了。

圖四

甲骨文：狩

這個甲骨文狩從獸從干，是一個右文造字。其中的“獸”既是聲符也是意符，發音讀若守。其造字會意是：設下誘餌等待捕捉野獸。該字造字中省略了陷阱的圓圈意符。

甲骨文“干”字結構中的這兩個圓點一直是和下部的干字連爲一體的。一直到金文簡書戰國璽上的干字均如此。但是在小篆統一文字時將“單”字中的這兩個圓點被分成從吅從干從田。殷商甲骨文創造的“單”字的發展脈絡中斷了。今天我們依然很難解釋小篆的“單”字上部的這兩個口表示什麽。許慎認爲“吅亦聲”，小篆單字的造字意符“干”也是聲符。

圖一圖二這個甲骨文本字的發音按照許慎的定義“《説文》干，犯也。從反入從一”，應該讀若犯。我們經常使用的“干，犯也”，其實是一種同音假借的關係。但是爲什麽從反入從一就要讀若犯呢？

其實這個甲骨文字發音確實讀若犯。但是傳到大約公元100年的許慎時，這個字造字中的發音依據（反切）已經失傳了。這個字的反切拼音在殷商造字時就已經設計在本字中。圖一圖二的本字從一從丫。其中“一”在甲骨文中表示大地。丫又可以拆分成從乀從丶，所以發音爲弗點切，所以該字的遠古發音爲讀若犯。但是由于遠古無 f 紐，所以發音爲 gan。許慎記錄的原始素材是真實、客觀、寶貴的。

卜辭 1：“取干行女。”（甲 2926）

卜辭 2：“戊戌王卜。貞：田干，往來亡災。王占曰。大吉。在四月。”（前 2・27・5）

卜辭 3：“南干。”（庫 491）上兩例中的“干”應與“單”通假。大邑商有東單南單西單，疑爲殷商用四單界定狩獵區，四單之内爲居民區和農作區域，故設定爲禁獵區，四單之外可以狩獵。例二中商王田于干可資證明。

【甲骨文字本義小結】

干的本義：遠古一種狩獵用的繩索用具，用于狩獵時將野獸引誘進入陷阱。

音訓：讀若犯，弗點切。但古無聲母 f，所以應該讀若 gan。

單的本義：爲狩獵布置的陷阱。會意造字。音訓：從大從吅。讀若 dan。

狩的本義：從獸從干會意，設下誘餌等待捕捉野獸。

音訓：右文造字，獸爲聲符兼意符。讀若 shou。

破譯甲骨文："史"、"籀" 本爲同音字

圖一　甲骨文：史

圖一甲骨文字從中從手，是以手執中的意思。"中" 是什麼呢？

《周禮·大史》："大史掌建邦之六典。……掌法……掌則……凡射事。飾中。舍筭。執其禮事。" 注："舍讀曰釋。鄭司農云：'中所以盛筭也。'" 這裏的 "中" 是盛放 "筭" 的盤子。飾中就是整理裝飾盤子和舍筭，舍筭就是竹製的籌碼，是射箭過程中用來計數的。

原來 "中" 是商周時射箭禮儀中計數用的竹木製作的籌碼。

周承商制，所以我們從《周禮》的記載可以知道：大史掌典、掌則、掌法的官員，當帝王和賓客舉行射禮時，大史負責計數。用大史來計數應該是一種禮賓的等級。

甲骨文 "史" 正是以手執中的會意，説明 "史" 是一種職務。這個甲骨文史字發音爲中手切，應該讀若籀。

説到甲骨文史的發音爲籀，很自然地使我們聯想起秦國早期的小學課本《史籀篇》。因爲它的開篇四字是 "大史籀書"，故後世稱之爲《史籀篇》，它是以籀文也就是大篆字體寫成的。

《説文》："籀，讀書也。從竹擂聲。" 從小篆的本字看應該是一個動詞，但是上面加上了竹字頭，説明籀有名詞的性質，故有筆的含義。現在《史籀篇》已經基本失傳，很難證明這個竹字頭是不是許慎爲了部首歸類所加的轉注。

但是我們可以從古代文獻中發現這個籀就是甲骨文的 "史" 演化而來。其一，史的殷商發音反切與籀相同，兩字是同音字（值得一提的是該字與西周的周也是同音字）。其二，《史籀篇》在兩漢前的文獻中衹稱《史篇》。因爲 "籀" 是秦國專用字，所以這本字書在非秦國家可能叫作《史篇》。"《説文》于皕、缶、女三部三引《史篇》，蓋存其字謂籀文，舉其書謂之《史篇》，其實一也。《史篇》爲字書之祖……《漢書·平帝紀》：'徵天下通知小學、《史篇》者。'《王莽傳》：'徵天下《史篇》文字。'"① 王國維考證了《周禮·大史》《周禮·小史》《周禮·内史》《周禮·聘禮》《周禮·士喪禮》《逸周書·世俘解》《嘗麥解》等文獻中凡涉及 "史" 的職司中均有宣讀國家文件的任務。和《説文》"籀" 的定義吻合。第四，《史籀篇》一説可能衹限于秦國，在戰國其餘非秦國家，這種字書可能都稱之爲《史篇》。原因在于截至小篆爲止，"籀" 字衹是一個秦國專用字。

至于《史籀篇》開篇四字 "大史籀書"，當理解爲 "籀書" 應該是大史所爲。而

① 姚淦銘、王燕主編《王國維文集》，第 368 頁。

“籀書”是什麼意思呢？應該是“有選擇地書錄”的意思。籀有抽取、選取之意，見于唐李儼《道因法師碑》：“揮兔毫而匪固，籀漁網而終滅。”

自西周創造了形聲造字法之後，多以之造字。故在秦時史、籀二字並存應是在情理之中。史爲殷商的會意造字，籀爲西周以後的形聲加轉注的造字。一字兩式這種情況在秦統一漢字以前是常見現象，這一時期尚處于文字尚未統一時期。所以雖然兩字同音但卻不同時，故卜辭中有“史”無“籀”：

“貞：我史亡其示。”（丙71）

“于帝史鳳、二犬。”（遺935）譯爲：祭祀帝史，用一鳳二犬。

“貞：在北史有隻（獲）羌。”（丙29）

在甲骨文本義考證中，很多學者將史、事、吏、使四個字混爲一談，這是沒有深得甲骨文其中三味的緣故。在甲骨文系統中，“史”是一種官職，“事”是爲商王幹事；“吏”是幹事的人；“使”則是命令某人去幹事。其中“史”的職司《周禮·大史》中規定的非常清楚的，不能和其他幾個字混淆使用。至于其他的字，我將另文探討。

【甲骨文字本義小結】

史的本義：官名。其職司中均有宣讀國家文件的職能。在周秦文字中演化爲漢字“籀”。

音訓：中手切，讀若 zhou。

破譯甲骨文：授　受

圖一
小篆：授

“授”是一個形聲字。在西漢以前這個字都是寫作“受”。這種從扌從受的授字始見于西漢末（老子甲後356，孫臏155，武威簡）東漢許慎將其正式列入《説文》成爲漢字規範字。很少有人琢磨這個字造字的不合理：從冖從扌從爪從又，總之是三隻手加一個冖。奇怪的是三隻手使用了三種不同的手的造字意符。

其實，這個授字的本字正是“受”，殷商甲骨文中就已經出現了（見圖二）甲骨文受字的兩隻手是相同的意符。中間是一條船，這條船是殷商時黄河中下游使用的“舟”，是一種用整木挖鑿出來的獨木舟。徐中舒認爲中間意符是承槃，是“祭享時用盛器物……表示二人以手承槃相授受”①。這是一種誤解。因爲在甲骨文中幾乎所有的“受”中間的意符都是曲綫的舟的形狀而不是直綫的承槃的形狀。金文中依然保持了舟的形狀。直到三體石經産生變形，到睡地虎簡中間的舟變形爲矩形，最後在武威簡中這個意符簡化爲冖。但是在這個漫長的字體演化過程中“受”一直沒有加上“扌”部首。《説

① 徐中舒主編《甲骨文字典》，第456頁。

文》：“授，予也。從手受。受亦聲。”

細心的讀者一定會發現，即使按照許慎的這個定義，也完全沒有必要加上一個“扌”作爲部首。一個“受”就完全可以表明其本義了。這是爲什麽呢？

這個字的變化最典型地體現了許慎的轉注的含義：建類一首，同意相受。因爲許慎認爲這個字的本義是“予也”，就是給予别人。所以它將其列入手部，加上了爲手部統一設置的部首“扌”。按照許慎的轉注方法，這個“受”如果歸入手部有兩種標識方法——左側加扌或者下部加手（參見《探究六書中的轉注》）。

當小篆“授”産生以後，甲骨文受的本義就分别由授、受兩字來承擔了。授是給予；受是接受。而這樣兩個字的本義在甲骨文金文中都是由同一個“受”字承擔的。所以在這個分化意義上，“受”也是“授”的初文。

《説文》：“受，相付也。……舟省聲。”段注：“《尚書》紂字，古文《尚書》作‘受’。”其實受作爲一個會意字的發音並非“舟省聲”，從甲骨文受字我們可以看出漢字受在殷商時的發音是手舟切，讀若 sou 或者 shou。殷商時期 sh 和 zh 未分，所以纔有了段注的“《尚書》紂字，古文《尚書》作‘受’”。從反切造字的角度看，受也可以是爪舟切讀若商紂王之“紂”，讀若 zou，通 zhou。

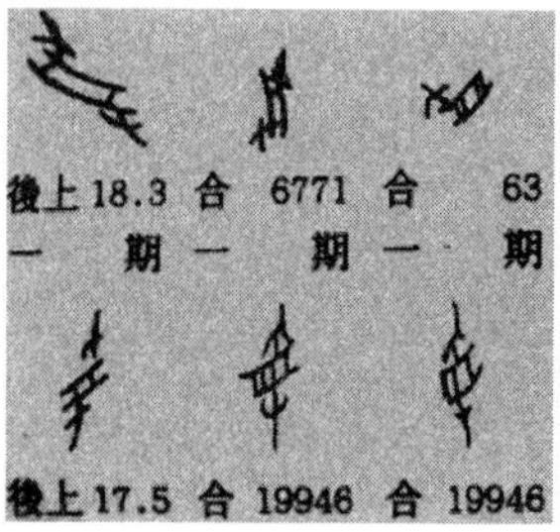

圖二　甲骨文：受

甲骨文受字的本義是一個人將船推給另一個人。所以這個字本義中包含了“給予”和“領受”兩個意義，也就是一對反訓。卜辭中常見的“受禾”“受年”，其準確的解釋應該是“上帝賜禾我領受禾”和“上帝賜年我領受豐收”的雙重意思。可是很多甲骨文教科書都片面地解釋爲“領受禾”“領受豐收”。按照這個思路理解，很多卜辭的意義就明朗了：

卜辭：“貞：妣庚受祐。”（乙 5526）

卜辭：“貞：勿伐工帝不我其受祐。”（前 6・58・4）

卜辭：“丙辰卜。争。貞：沚□啓王從帝受我祐。”（乙 7826）

卜辭：“甲辰卜。争。貞：我伐馬方。帝受我祐。”（乙 5408）

【甲骨文字本義小結】

受的本義：一方給予，另一方領受的意思。動詞。西漢末期分化爲授、受兩個字。

音訓：手舟切，讀若 shou，或者 sou。從反切造字的角度看，受也可以是爪舟切讀若商紂王之“紂”。

破譯甲骨文：角* 解*

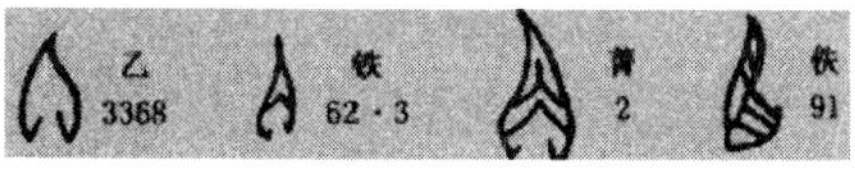

圖一　甲骨文：角（讀若爵）

《説文》：“角，獸角也。象形。角與刀魚相似。凡角之屬皆從角。”東漢流傳下來的這個定義説明“角”是一個針對形狀而言的象形字。這個形狀就是刀魚的形狀，凡外形像刀魚一樣的就可以叫作角形。圖一中例二例三最爲接近刀魚的外形。

《康熙字典》所引《説文》稍有不同，其爲："角，獸角也。……從力從肉。"圖一例三正是從肉的。這一點在破譯甲骨文字本訓時非常重要。因爲上述定義都没有限定"角"的質地是什麼?

按照人們的習慣認識，角就是像牛角羊角一樣的質地爲角質的動物硬角。這是一個片面的認識。甲骨文的"角"當然包括動物硬角如牛角、羊角、犀角、象牙等内涵。《周易·大壯》："羝羊觸藩，羸其角。"這是硬角。同時甲骨文"角"也包含了鹿角、麋角這樣的軟角（見《禮記·月令》《夏小正》），甚至包括了象牛羊和野獸的耳朵，因爲它們的外形與刀魚相似。又如《春秋·成十年》："鼷鼠食郊牛角。"意思顯然是鼷鼠偷食了郊祭的供品的牛的耳朵。老鼠是啃不動牛角的。這些就是甲骨文"角"字爲什麽從肉的原因。今天的漢字角部首字下部均不從肉，而是從用。但是在小篆角部首中無一例外是從肉的。

因爲甲骨文是一字一形一義的，所以深究下去可能圖一中所示的四個甲骨文"角"字出現了兩種本義。即從肉的例二例三爲動物軟角或耳朵；中空的例一爲動物硬角或者是犀角象牙之類。卜辭中"角"多用作人名。考證上缺乏史證材料，故從略。

《山海經》中有些動物有四隻角，原因是遠古人類把動物竪起的耳朵和犄角都認作"角"了。例如《東山經》："其狀如馬而羊目，四角牛尾。"《西山經》説："三危之山……其上有獸焉。其狀如牛，白身四角。其豪如披蓑。"因此我們可以得出一個結論，就是：殷商以前人們所説的角包括動物硬角、軟角和竪起的耳朵。在這個前提下，我們可以進一步瞭解甲骨文"解"字的本義。《山海經》是大禹考察國土資源時的觀察日記。在大禹的考察中這些動物衹能遠看，所以所有的角狀物是没有分别的，無法分出軟角和硬角的。正如《山海經》中常見的記載"珥兩黄蛇。踐兩黄蛇""珥兩青蛇"也是憑肉眼遠觀的表像而已。

圖二　甲骨文：解（角血切）

《説文》："解，判也。從刀判牛角。一曰解廌獸也。"許慎收集了東漢時解字的兩個定義：一是用刀切下牛角；二是傳説遠古的一種獨角神獸，訴訟中它會用獨角去觸那個有罪的人。這兩個定義中，後一個可能是一個傳説。前一個定義"解，判也。從刀判牛角"可能是許慎的理解上或者是在語言傳播過程中出了問題。

凡是熟悉宰牛的人都知道，牛的兩隻角和牛頭骨是完整地長在一起，連爲一體的。用刀作爲工具是無法將牛角和牛頭骨分開的。除非用刀打碎牛頭，或者用另一種工具鋸子將其鋸開。

仔細分析圖二這個甲骨文字，從手從刀從軟角從牛從散點意符。毫無疑問這裏的角是牛的"角"。但是這裏的牛角卻是一隻"從肉"的動物軟角，即牛耳也。

《莊子·養生主》："庖丁解牛。"

《左傳·宣公四年》："宰夫解黿。"

《漢書·陳湯傳》："支解人民。"

從這些文獻例子看，"解"的對象是肉而不是骨，所以圖二甲骨文字中的意符"角"

可能是牛耳而不是牛角。字中的散點意符表示刀割牛耳時流出的血液。我們知道衹有在解牛耳時纔會流血，而解牛角是不會出血的。

牛耳在遠古諸侯會盟時，有著重要的象徵作用：會盟中割牛耳取血，盛在盤中，分飲爲誓，作爲盟信。其主持盟誓的人爲執牛耳者。

《左傳·哀公十七年》："諸侯盟，誰執牛耳?"注："執牛耳，尸盟者。"

《左傳·定公八年》："衛人請執牛耳。"注："盟禮尊者用牛耳，主次盟者。"

這就是"執牛耳"一詞的由來。早在甲骨文誕生之前約700年左右，就有了中國歷史上非常有名的一次盟誓，這就是"禹會萬國"。這幾千個小國的傾心歸附大禹是大禹成爲一代霸主的權力基礎。《尚書》中記載了西周建國前很多次盟誓的誥辭，有《甘誓》《湯誓》《泰誓》《牧誓》《費誓》《秦誓》等多篇。春秋戰國期間，這種諸侯間的盟誓就更多。而甲骨文正是在這樣的社會大背景下被創造出來的，所以我們有理由相信甲骨文"解"字中的角本義是牛耳而不是牛角。

【甲骨文字本義小結】

角的本義：動物的犄角和豎立的耳朵，外形與刀魚形狀類似。方言發音爲juo（入聲）。

解的本義：遠古諸侯會盟中用刀割牛耳取血。動詞。會意造字。

音訓：從造字反切看應該是做其中兩個重要的意符角、血之間的反切。角血（河南東南方言讀作juo和xie）切。讀作jie。段注作佳買切，户賣切，發音均相同。

破譯甲骨文：爻　學　斆(教)

在《破譯甲骨文：衣　依》一文裏我考證破譯了甲骨文衣就是人的胎盤，甲骨文依是包有胎兒的胎盤。而在《破譯甲骨文：卒》中，我考證了甲骨文卒字中的爻，它可以是一個×，也可以是兩個或者三個×。因爲在甲骨文中這些××表示剖腹産以後縫合傷口的針腳。重複作爲一種造字手法在甲骨文字的創造中表示很多的意思。

現在我們看甲骨文爻字，如圖一：爻。

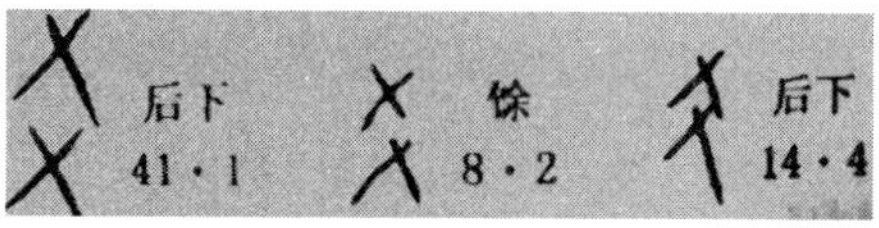

圖一

王鳳陽在《漢字學》中舉駁、學兩字爲例説"相交叉之形，它在構字中多表相交或有孔之意"①。但是爲什麽它表示相交或有孔呢？《説文》："爻，交也。象易六爻頭交也。"兩者對爻的本義的解釋異曲同工。但是許慎拿《易》説事卻是本末倒置了。爻字産生于商代之前。而文王從八卦推演六十四卦已經是周初。至于六十四卦再産生六爻的爻辭應該是更遲一些。所以商人不可能依據易經爻辭創造這個爻字。

① 馬如森著《殷墟甲骨學：帶你走進甲骨文的世界》，第284頁引。

圖二　甲骨文：學

商代最常見的這種交叉紋理應該是常見于用針縫合傷口或縫製衣物。也許不僅女人會用，男人也必須會用。因爲戰場上縫合傷口不是女人的事情。所以，我的觀點是，甲骨文爻字的本義是：縫製衣服或者縫合傷口的針腳。從甲骨文爻字可以看出，那時人們縫合是采取了交叉的方法。不僅如此，從其他甲骨文字裏我們還可以看到這種縫合非常科學。這個字就是甲骨文學字。見圖二。

請注意圖二中的第一第三兩個字。縫合是用兩根針同時進行的，這種縫合的最科學的地方在于傷口的一端留有綫頭，而另一端是没有綫頭的。它的科學性還在于同時縫合，同一個部位疼痛時間較短。設想如果單針單綫縫合，時間就要長很多。卜辭中常有“爻人”“爻馬”的記載。如：“……爻人……”（甲 3533）“王弜爻馬，亡疾。”（拾 10.6）這裏“亡疾”是馬病愈的意思。

學這個字爲什麽從雙爪從爻呢？這就涉及甲骨文學字的本義了。兩隻手呈爪狀應該是在縫合獸皮或者衣物。這也許意味着“學”就是那時女子學習縫合的會意。師徒兩人各執一針，邊教邊學。所以甲骨文學字的本義是學習縫紉。

甲骨文教字從另一方面印證了學的本義。

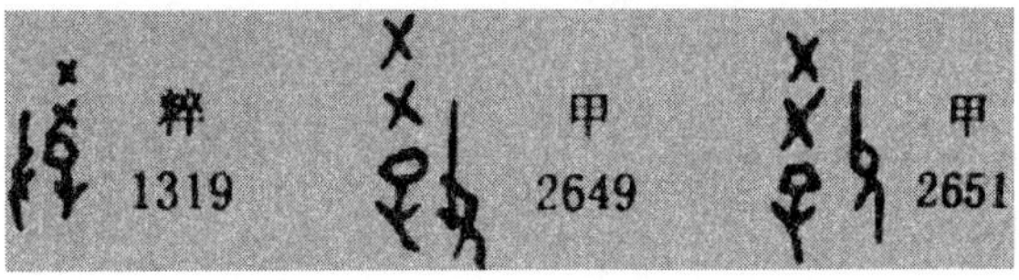

圖三　教

教字在古文中常常寫作一個學字加反文旁，即斆。在甲骨文裏看的更加明白：一隻手呈爪狀，拿著一根針在縫紉，縫合處呈爻狀。旁邊是一個很小的孩子在學習。

大約斆是側重教的一方；學則是側重點放在動手實踐一方。所以兩個字創造的非常合情合理。因此，甲骨文斆字的本義是教會孩子縫紉。

圖四

考證到這裏就不得不提到涉及爻字的另一個甲骨文字：駁（見圖四）。駁，從馬從爻。按照我對爻的本義，應該是對馬作一種縫合手術。但是從現有較早的文獻資料看，駁的本義就是五花八門。試列舉如下：

《説文》：“駁，馬色不純。”徐鉉曰：“爻非聲。疑象駁文。”駁發音勃。徐鉉的意思是爻不是這個字的聲符，所以懷疑爻是駁馬身上的斑紋。但是誰見過馬身上有網狀斑紋的？所以顯然既非聲符又非斑紋。所以這個字不符合漢字的六書原則。但是我們知道甲骨文每一個字造字都是必須遵循一定的原則的，衹是我們還没有發現而已。

《易説卦傳》：“干……爲駁馬。”

《詩・豳風》：“皇駁其馬。”注解毛色爲黄色赤色白色夾雜的馬。

卜辭：“……戌卜，貞：王……［慶］駁□……”（前 4・47・3）此處應該用如動詞。所以駁字的甲骨文本義是混亂的，存疑的。

我認爲，甲骨文的某個組成部分——意符，既然用來解釋某一個字，就應該能够用于解釋所有含有同一意符的所有的甲骨文字。既然我用爻的本義是縫合縫紉來解釋爻、學、斆，這個爻就應該用來解釋同樣含有爻部首的駁字。

所以，如果駁字在遠古讀音不是爻而是駁的話，爻就不是音符而是意符。所以我認爲：甲骨文駁字的本義是：爲馬作治療手術。當然，縫合以後的馬身上會留下刀口如斑紋。

【甲骨文本義小結】

爻的本義是：縫製衣服或者縫合傷口的針腳。象形造字。名詞。引申爲《周易》六爻之象。

音訓：該字殷商方言發音爲 liao。以現代漢字“繚”爲達詁。

學的本義：學習縫紉。動詞。

音訓：從丨從爻。丨爲縫紉的骨針或銅針，引而上當訓爲 xin。該字的音訓當讀若 xiao。殷商方言發音爲 xüo。

斅（教）的本義：教會孩子縫紉。動詞。

音訓：從子從爻，子爻切。讀若 jiao。

駁的本義：爲牲畜手術並縫合。動詞。會意字。引申義：牲畜或野獸身上的花紋。

音訓：本字反切下字爲爻，從韻母 ao。反切上字不詳。疑爲 bao。方言音訓爲 bo。從造字看反切上字並非一定爲“馬”，其他牲畜也有。會不會各自發音不同。待考證。

破譯甲骨文：中　生

圖一　甲骨文：中

甲骨文是記錄殷商時期方言的一個文字系統，所以其音訓應該是基于河南東南或東北部方言的口語發音，而不是一千多年以後的中原官話的發音，所以它與《說文》的注音是存在著區別的。例如圖一甲骨文，學者們將其破譯爲漢字中，但是其音訓讀作 zhe、che、she 都很可疑，因爲河南方言中沒有捲舌音 zh、ch、sh，所以這個字衹能讀作 sei（入聲）。本字從丨從V，“丨”代表小草生長，是引而上行，讀作 xin（囟）。遠古 xin 屬心母（心母字的聲母均發 s），所以甲骨文中的殷商擬音是 sei（囟折切，入聲）。《說文》：“中，草木初生也。象丨出形。有枝莖也。古文或以爲草字。讀若徹。”其發音應爲入聲，按照許慎的記載，東漢時該字注音是徹，對應的殷商方言是：cei（入聲）。這一發音變化的現象說明聲母 z、c、s 在殷商到東漢時期曾經歷一次分化過程。

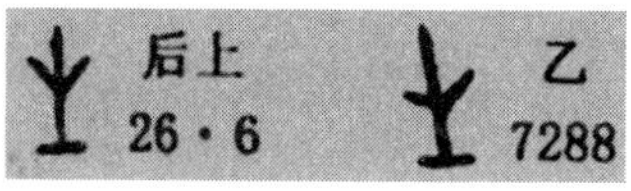

圖二　甲骨文：生

甲骨文生，從中從一。這是一個甲骨文的會意造字。甲骨文會意字的發音由組成它的聲符反切而成，但是這個“生”，中中之一豎，古音當爲 xin，通 sen。後來發音演化爲姓氏的姓（xin），通 sen。按照《說文》小篆的注音從三從丨（寫法自下而上，發音爲囟），三囟切，讀作 sen。小篆與甲骨文注音相同。這一發音是符合殷商無捲舌音的實際情況的。

在解决了這兩個字的音訓之後，我們來探討其本義。甲骨文中的本義我在《破譯甲骨文：中》中破譯爲“中，初生的小草”。本文考證甲骨文“生”。

從圖二甲骨文字看，生，從中從一。中是初生的小草，一代表大地。所以生的本義其實不複雜，就是小草鑽出地面的會意，是一個動詞。《說文》：“生，進也。象草木生。出土上。”所以按照《說文》的這個定義，甲骨文“生”還可以視爲上從中下從土（⊥）。

在卜辭中“生”的本義是指已經出生了一段時間的初生的人或者動物，所以“生”不作“分娩”的意思：

卜辭：“乎取生鶵。”（合116正）指從野外捉取野雞雛兒回來馴養。雞尚未人工孵化。

卜辭：“其獲生鹿。”（合10270）獲取初生的野鹿。目的可能也是爲了馴養家化。

卜辭：“癸酉卜：有生豕。”（掇1・311）生豕是猪崽的意思。

卜辭：“生彘。”（合15174）生彘爲剛出生的野猪。說明殷商時是從野猪獲得幼崽馴養的。

這四條卜辭說明殷商社會尚未具備繁育雞雛、小鹿、雞和猪的技術，所以到了動物的繁殖期就要派人到野外捕捉，以便馴化飼養。奪人之子畢竟是一件不道德的事情，所以在幹事之前要占卜吉凶。殷商卜辭常見的“諆生”占卜其本義也是祈求得到一個（活的）孩子。

卜辭：“癸未貞：其諆生于高妣丙。”（合34078）

卜辭：“辛卯貞：其諆生于妣庚妣丙，一牢。”（小屯南地750）

卜辭：“辛巳貞：其諆生于妣庚妣丙。”（合34081）看來妣庚和妣丙都是高產的婦女。

趙誠在研究中提出對一條卜辭的異議：

卜辭：“□□争貞：諆王生于妣庚。于妣丙。二月。”（懷特0071）

趙誠認爲王是男人，所以這條卜辭衹能是向妣庚和妣丙諆求她們保佑商王長壽的意思。“王生之生就肯定不會是生育之事”①。這個解釋可能失之片面。諆生既爲諆子，則“諆王生”應是爲商王諆子之意。後世的稱謂有張生、李生之說便是張家的兒子，李家的兒子之意。從祭祀角度看，卜辭中諆生都是向妣庚妣丙諆求，說明妣庚妣丙在生前一定是繁殖能力很强的，生育子女（尤其是兒子）較多的兩位母親。卜辭中向她倆諆生的辭條很多。如果解釋爲“諆求王不死或諆求王長生之義”顯然就是一個孤證，不妥。

既有諆生，便有“受生。”甲骨文“受”的本義是一方給予，另一方領受的意思。所以“受生”就是妣庚、妣丙保佑某人得子，某人已經接受，即諆生之後已經懷孕生子的意思：

卜辭：“丁酉卜。□。貞：帚好有受生。”

卜辭：“王占曰：吉，其有受生。”合13925正反（外141）

此版兩條仍然是卜辭不是驗辭。這是在爲婦好向妣庚妣丙（或高妣丙）諆生以後，

---

① 越誠著《古代文字音韻論文集》，第330頁。

針對婦好會不會“受生”進行的占卜，結果這次占卜呈吉兆，預示婦好會懷孕生子。卜辭中有很多條關于婦好分娩的記載，這是最好的驗辭了。説明婦好的謀子是成功的，她確實“受生”了。至于是不是順産成活很難説，因爲卜辭中有數條涉及婦好難産的占卜。而且婦好衹活了三十多歲就死了。

有關甲骨文“生”的另一破譯難點是卜辭中大量出現“生×月”“今生×月”“來生×月”（×爲數詞）的記載。這其中的甲骨文“生”的解釋是卜辭學的一個争議頗大的地方。我不想綜述學者們的各種見解，我衹是在這裏闡述我的觀點。卜辭舉例如下：

卜辭：“兹月至生月又大雨。”（合 29995）

卜辭：“辛未卜。争。貞：王于生七月入于商。”（合 7776）比較：“王于七月入于商。”

卜辭：“辛未卜。争。貞：生八月帝令多雨。”（合 10976 正）比較：“八月帝令多雨。”

卜辭：“丁酉卜，今生十月王□□。受祐。”（合 33069）比較：“今十月王□□受祐。”

卜辭：“來生二月。”（合 11562 正）比較：“來二月。”

卜辭：“丙午卜。丘（謀）生月雨，癸丑，允雨。”（合 20470）比較：“謀八月雨……允雨。”

前文所述，甲骨文“生”的本義是“初生的人或者動物”，那麼“生月”也就是“生出的那個月”。上述六例中如果省略了其中的“生”字，卜辭的意義一樣通順。如果我們把這個生月視爲閏月，情況會怎樣?

例一中“兹月”與“生月”並提，如果兹月是六月，則生月就是閏六月。

例二中“王于生七月入于商”説明商王不是七月，而是閏七月進入大邑商。同時也説明這個“生七月”是和“七月”並提的一個月份。

例三中“生八月帝令多雨”，而閏八月正是正常年的八、九月之交（農曆），此時雨水漸少。

例四中的“今生十月”本義是“這個月是閏十月”。

例五中的“來生二月”正是“下個月是閏二月”的意思。

例六是可能會引發争議的一條卜辭。趙誠認爲：“從《小屯甲編》2122 版所記九個月的卜旬辭以及董作賓《殷曆譜》下編卷九《日譜》的推算來看，丙午至癸丑這八日在一般情況下都屬于同一個月，則卜辭所説的生月實即指本月。”[①] 如果用我的“生月即閏月”的觀點這個問題就迎刃而解。例六卜辭可以破譯爲：丙午日占卜。謀（通假）閏月下雨，癸丑日，果然下雨了。（這是一條卜辭的驗辭。）

據董作賓在《殷曆譜》和《爲書道全集詳論卜辭時期之區分》中對殷商的置閏做了詳細的研究考證：舊派曆法將閏月置于年尾，稱爲“十三月”。而“新派曆法認爲這種辦法是不當的。因爲一個太陽年，分爲十二個天文月，如果太陰月和天文月相差一個月，就應該置一閏月，使它和天文月的節氣相齊。若是這一年應閏二月，置于年

① 趙誠著《古代文字音韻論文集》，第 331 頁。

終，就會使二月以後的十個月，每月節氣和天文月差至三十天以上，氣候當然就錯的多了”①。

我認爲，所謂“生月”正是殷商置閏的另一種經過改進的方法。顯然這種“生月”概念的改革使得太陽曆和太陰曆的農時節氣協調一致，同時在中國歷史上第一次將太陽曆和太陰曆相對應協調起來。于卜辭記載的内容看，“生×月”就是閏×月，“今生月”就是這個月是閏月，“來生月”就是下個月是閏月的意思。

趙誠衹看到丙午和癸丑相隔八天屬于同一旬，據此作出了例六卜辭的“生月實指本月”，但是他忽視了以下歷史事實：

一、殷商貞人是“每旬必卜，卜必于旬的某日”②。即某一個癸日。

二、殷商每月三十天，據學者考證偶有二十九天的，但是從“每旬必卜”的卜辭内容看，均在癸×日占卜下旬之吉凶事宜。參見董作賓《卜辭中所見之殷曆》一文③。

三、對于天氣情況，殷商貞人的占卜是臨時性的，猶如現代的長期、中期和短期預報。不必選在癸×日占卜。本條卜辭即爲丙午日占卜的，八日以後應驗了（允雨）。假定丙午日是本月初三，則癸丑日爲本月初十。

【甲骨文字本義小結】

屮的本義：初生的小草。名詞。疑爲遠古指事字。

生的本義：初生不久的小草或牲畜或野獸。名詞。疑爲遠古指事字，下一横爲指事符號

破譯甲骨文：家

圖一　甲骨文：家

甲骨文“家”的最大疑問在發音。《説文》：“家，居也。從宀。豭省聲。”段玉裁質疑曰：“此字爲一大疑案。豭省聲讀家。學者但見從豖而已。從豖之字多矣。安見其爲豭省耶？何以不云假聲？而紆回至此耶。竊謂此篆本義乃豖之居也。引申假藉以爲人之居。”但是“家”的讀音今爲 jia 至今依然是一個歷史的懸案。搞清楚“家”的音訓就成爲一個關鍵。

我認爲，要搞清楚這個字的遠古讀音，必須從家的意符“豖”的音訓入手。

請注意三個語言現象：一是許慎所說的“家，居也”，其中的“居”殷商發音通“猪”；二是追逐的“逐”字，從辶從豖，讀若 zhu。按照漢字形聲字的發聲規律這個逐應該隨聲符“豖”的發聲，讀若 shi。三是兩漢尊稱婦女爲大家，其家讀若姑。婦女出嫁後稱丈夫的母親爲大家，其家亦讀若姑。説明“家”的韻母從 u。這三個例子説明甲

① 劉夢溪主編《中國現代學術經典·董作賓卷》，第 391 頁。

②③ 劉夢溪主編《中國現代學術經典·董作賓卷》，第 294 頁。

骨文“豕”的破譯一直以來都是錯的，它的發音讀如猪，殷商發音爲 ju，而不是 shi。事實上在河南殷墟一帶，猪都没有叫作豕的，都稱之爲猪。“豕”和“猪”這樣兩個漢字是不同歷史時期的同一個漢字。就甲骨文豕的音訓而言，其自身的文反切應該是從>從丨，折竪切，讀若猪。套用殷商方言反切，該豕字的發音不變。殷商甲骨文系統是依據殷商口語創造的符號系統，所以很多字的發音都應該服從口語的發音。這樣的例子還有一些，例如鼻、目、追等，我將另文探討。

現在來看家的音訓。家，從宀從豕（ju）。發音爲豕（ju）宀（mia）切（入聲字音訓中主要元音相同即可，韻尾的 n 可以省略），讀 jia。弄清楚甲骨文家的音訓以後，我們來確定它的本義。

卜辭：“貞：其□于上甲家，其……”（拾 1・7）其時上甲已死，故家爲供奉牌位之室。

卜辭：“……于母辛家……”（前 1・30・7）在供奉母辛的地方（墳墓）祭祀。于是祭祀。

卜辭：“王爲我家。祖辛弗右王。”（合 132）此處家有家族之意。

卜辭：“辛巳卜。貞：王其田。無災。在家。”（粹 960）家指某一地點，也可以是殷墟。

《詩經・采薇》：“靡室靡家，玁狁之故。”春秋戰國時戰亂導致許多人無以爲家。

《詩經・綿》：“陶復陶穴，未有家室。”古公亶父之時，周氏族的人民住在地穴中，還没有房屋。到了西周的初期，奴隸和小臣也都可以稱“家”，青銅器銘文中周王賞賜臣子的奴隸都是以家數計。

但是從甲骨文字看確實“牛之居爲牢”“羊之居爲宰”“猪之居爲家”。爲什麽獨獨用了“家”來代表普通人的居所呢？這當然首先和殷商養猪的普及有關係。牛羊多爲祭牲，由商王朝統一放牧飼養。（參見《破譯甲骨文：放　牧》）此外一個很重要的原因是：殷商時期，在祭祀上是分等級的，按照規定：士以下獻祭給家廟的祭牲衹能是猪，而不能僭越爲牛羊。所以《説文》中段玉裁爲家作注曰：“引申之天子諸侯曰國。大夫曰家。見《左傳・哀公四年》《夏小正》及《史記》《漢書》。”因此，甲骨文“家”表示家庭的義項，應該由士以下的家庭宗廟祭品爲豕引申而來。後世民間家廟祠堂裏年祀使用猪頭的風俗也應該是由此而來。

所以上述卜辭裏的“上甲家”“母辛家”應該是專門供奉上甲和母辛牌位的單獨的房間。

【甲骨文字本義小結】

家的本義：殷商王朝禮制：士以下的家庭宗廟祭品爲豕，故家的本義是獻祭猪的房屋，即家庭。名詞。用如動詞：祭祀。

音訓：從豕（ju）從宀。發音爲豕（ju）宀（mia）切。讀若 jia。會意造字，入聲。

破譯甲骨文：帝

圖一 甲骨文：帝

《説文》："帝，諦也。王天下之號。從二朿聲。……古文諸丄皆從一。篆文皆從二。二，古文上字。示、辰、龍、童、音、章皆從古文‘上’。"段注："徐鍇曰：‘古文上，兩畫上短下長。一二之二則兩畫齊等。’"没有見過甲骨文的許慎所説的"從二朿聲"是按照小篆的造字確立的觀點。

《甲骨文字典》"帝"條："諸家考釋不同，一是，釋獨體象物字，爲花蒂之形，古蒂字。本義是花蒂。二是，徐中舒曰：‘象架木或束木燔以祭天之形，爲諦之初文。後由祭天引申爲天地之地及商王稱號。’"[①] 兩種觀點中，帝均爲假借字，這于情理不通。

在甲骨文字的研究中，依據文字的形、音、義的發展脈絡進行猜想可以啓發我們破譯甲骨文本字本義和發音的思路。但是不能無端地猜想，至少和甲骨文本字的形音義要有聯係，最好能够找到該字結構中隱藏著的注音。例如本字"帝"。

一、從字形上看，説它是"花蒂"（象形字）"束木"（象形字）"燔以祭天之形"（會意字）都可以，因爲它有點像。但是這種"有點像"的意符能不能解釋甲骨文系統中所有同樣的意符和所有的"帝"字呢？如果它們都是特例，那就很難爲大家接受。

帝，許慎説它的小篆從"上"是不錯的，但是它的甲骨文和古文都是從"一"的。這個"帝字頭"在甲骨文中屢見不鮮，除了許慎列出的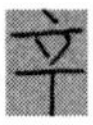、示、辰、龍、童、音、章等字以外，甲骨文中還有很多，例如殷商的商字，小辛的辛字。甲骨文"上"上部從一，該字甲骨文由上短下長的兩横造字。短横是示意符號或者叫它指事符號，長横代表的是大地，甲骨文"上"的本義是"在大地之上"。

該字下部從不，卜辭中常常没有上面的一横。甲骨文"不"本義是樹根。發音爲兜或墩，讀若 den。

中間一長横的兩端常見兩短竪。這是一個横置的"壬"字，甲骨文"壬"的本義是天地通，陰陽通，男女通，意符横置後本義是通四方的意思。

因此在甲骨文"帝"的造字中含有"根""上""通四方"三重意思。

二、從卜辭内容分析可以知道帝的大致身份。

卜辭 1："今二月帝令雨。"（鐵 123・1）

卜辭 2："□貞：今三月。帝令多雨。"（前 3・18・5）帝是可以呼風唤雨的一位神。

---

① 徐中舒主編《甲骨文字典》，第 210 頁。

卜辭3："貞：其□（于）帝甲告其弘二牛。"（庫1772）帝是已經去世的商先王。

卜辭4："乙卯卜其右歲。于帝丁一牢。"（南輔62）"于"是一種祭祀方式。

卜辭5："叀五鼓……上帝若王，"（甲1164）

卜辭6："卜貞：翌日……文武帝昇正。王受有祐。"（前1·22·2）帝的地位高于商王。

卜辭7："甲辰卜。争。貞：我伐馬方。帝受我祐。"（乙5408）帝在天上保佑著殷王朝。

卜辭8："丙辰卜。争。貞：沚□啓。王從。帝受我祐。"（乙7826）

卜辭9："貞：勿伐工。帝不我其受祐。"（前6·58·4）注意否定的語法表達。

所以，甲骨文"帝"的本義是已經昇天（上）的王，是祖宗（根），它在天上依然統治著四方（通四方）。殷商人不僅"祭神如神在"，而且它們認爲天上的祖先是不死的，他們衹是换了一個居住的地方——由地上遷徙到了天上——它們依然在管理天地八方的事情。注意：甲骨文中的帝不僅僅是殷商人自己的先王，殷商人將夏的已故先王也稱爲帝。它們也常常祭祀夏人在天上的王，同時向夏的先王彙報將要對夏人采取的措施，包括向夏的方國發動戰争。這有點像我們今天的向對方的家長彙報的做法。

三、帝的音訓。

由上面的考證我們看到甲骨文的帝是一個會意字。甲骨文會意字的注音是由組成它的主要意符的發音反切而成。

本字從上從不。甲骨文"不"在殷商的方言發音爲兜，亦爲墩，讀若den。河南殷商一帶的方言中把樹根叫作樹兜，或者樹墩。該字小篆從二，甲骨文從一。所以它的甲骨文的發音是不一切，den-yi切——發音爲di。

【甲骨文字本義小結】

帝的本義：殷商時期的各國已故先王，也包括夏的先王。名詞。

音訓：不一切，一代表天，讀若di。"不"古音爲den，方言音爲dou。

破譯甲骨文：虹

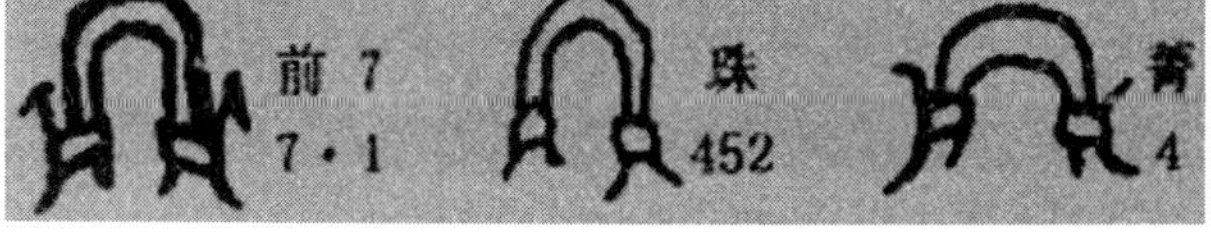

圖一　甲骨文：虹

圖一的這個甲骨文字看上去可以破譯爲虹，因爲它的字形和自然現象的彩虹很像，就是説這個象形字很符合"虹"的本義。實際上迄今爲止學者們已經公認這個甲骨文字應該破譯爲漢字虹。但是文字是爲了記録口語而創造的，所以這個本字必須在音訓上也同時能够符合口語，這樣的訓詁纔能够完美。

徐中舒《甲骨文字典》："象虹形，爲虹之初文。《説文》：'虹，螮蝀也。狀似蟲。

從虫，工聲。’《釋名・釋天》：‘蝃蝀，其見每于日在西而見于東。啜飲東方之水氣也。’虹能飲水已見于卜辭：‘有出虹自北飲于河。’又《山海經・海外東經》：‘虹蚩在其北。各有兩首。’虹蚩，郭注謂即虹。故甲骨文虹字作兩首，且有巨口。以其能飲也。”①

圖一甲骨文字很像蟲的象形，但是“兩首”爲什麽設計成這樣的造型？我們知道自然界的彩虹兩頭是没有“兩首”的，之所以造出這個兩首從上述所引的卜辭（菁4）内容相關。這條卜辭説明殷商人認爲虹是一條大蟲，兩端有首，可以飲水。這是因爲殷商人發現彩虹出現的時候它的一端是進入了河水中，被誤解爲大蟲飲水。

其實很多的自然現象都被認爲是一種動物，例如龍捲風被誤認是龍；北極光被誤認爲是燭龍；沙塵暴被誤認爲是蚩尤；颱風被誤認爲是雄虺。所以甲骨文虹字采用這樣的造字非常合乎情理。但是兩首的造型值得推敲一番。

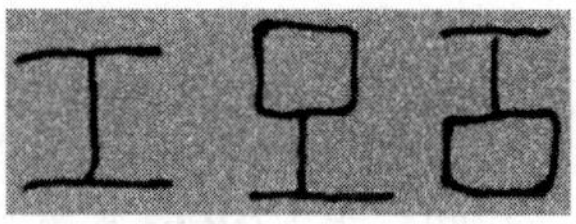
圖二

殷商甲骨文字在不影響理解的情况下經常采用省略的手法，這是因爲在龜甲上契刻是一件很費力的事情。圖一中的三個甲骨文虹字第一個字是最標準的寫法。兩首上有意符“T”。虹的兩首實際上是兩個甲骨文字“工”。甲骨文工有三種寫法，如圖二。甲骨文是一字一形一義的，工字爲什麽有三種寫法的考證參見《破譯甲骨文：工方之工》。而之所以要把兩首寫作意符工，是因爲音訓的緣故。

甲骨文虹，從環從工，音訓爲環工切，讀若 hong。許慎的音訓“狀似蟲。從虫，工聲”存疑。因爲古無舌上音，所以《説文》的“螮蝀”和《釋名》的“蝃蝀”合音是反切音，也是“虹”字古音的注音。蟲工切的古音爲 dong 或者 tong。正是《説文》的“螮蝀”和《釋名》的“蝃蝀”合音。此音訓説明夏商方言中聲母 h 的存在。

戰國、秦代將虹分爲雌雄，實際上是當時人們已經細緻地觀察到虹的一種特殊現象：虹霓現象，將同樣可以折射出七彩顔色的副虹——即霓——視爲雌虹，而將虹本身視作雄虹。由此可見，直到秦代時，人们依然將虹視爲一種動物性現象。這一點對我們研究遠古人類的思維特點很有啓示。

【甲骨文字本義小結】

虹的本義：一種自然現象——彩虹。名詞。

音訓：從環從工，音訓爲環工切，讀若 hong。

破譯甲骨文：休

甲骨文休可以人從木。按照《説文》的定義：“休，息止也。從人依木。庥或從广。”這個字的音訓很奇怪，既不讀人，也不讀廣。讀作 xiu。這個字在《説文》中歸入

① 徐中舒主編《甲骨文字典》，第 1426 頁。

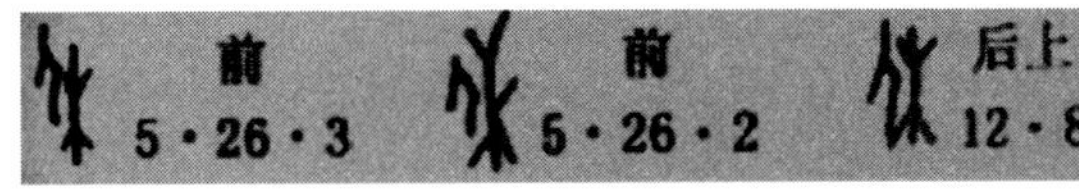

圖一　甲骨文：休

的部首很奇怪，“息止也”的行爲的主體是人，但是許慎將其歸入了木部。徐中舒沿襲許慎也將其列入在木部，同時例舉了兩條卜辭：

卜辭：“壬寅卜。古。貞：王休。”（合8162）應該是息止、休養之意。

卜辭：“庚子卜。賓。貞：王往休。”（合8155）

卜辭：“貞：女往。在正月。在自休。”（文735）

關于這個甲骨文字休，趙誠說：“爲什麼衹能寫成從人依木呢？表示休這種意義的寫法絶不會衹有這一種，可見這裏面存在這一種可選擇性。作爲可選擇性就意味著既有任意性（任意選一），又有可論證性（選擇是在一定範圍之内進行的，就不可能是一般意義上的任意的，而必然有著某種理由）。”①

那麽，這個“某種理由”是什麽呢？我認爲正是音訓所致。許慎之所以將其列入木部首也是因爲未見到甲骨文，不明甲骨文音訓所致。這個字應該是標準的人部首字。

圖一的甲骨文休字，從側立人從木。其會意是一個人正倚在樹身休息。不瞭解甲骨文的人要破譯本字的音訓真的很困難。

側立人在甲骨文中訓爲尸，甲骨文休字音訓爲尸木切，讀若 siu，即我們今天的發音爲 xiu。兩者均爲齒音相通。這就是趙誠所説的“某種理由”吧。

原則上，每一個殷商甲骨文字在造字中都同時設計了本字的字形和發音。其中的發音還必須符合流傳使用已經很久的殷商口語，如果這個字是早先夏朝人創造的，它同樣也必須符合夏的方言。

從造字手法上看，休是一個會意造字。人倚樹可會意爲休。作爲一個會意造字，它的注音是由組成該字的兩個意符的讀音反切而成的。

【甲骨文字本義小結】

休的本義：短時間的休息。故曰“息止也”。

音訓：從尸從木。讀若 siu，通 xiu。會意造字。

破譯甲骨文：見　瞻

按照甲骨文造字“一字一形一義”的觀點，圖一中所示的是兩個不同的甲骨文本字。依照我對甲骨文注音的理解，這兩個字應該是“見”和“瞻”。兩字的音訓分别是：

見。從卩從眼（甲骨文目音訓讀若眼），卩眼切，讀若 jian。

瞻。從尸從眼（甲骨文目音訓讀若眼），屍眼切，讀若 shan，審母轉照母，讀若 zhan。兩字遠古發音同爲舌面音。

---

① 趙誠著《古代文字音韻論文集》，第50頁。

《説文》：“見，視也。從目兒。”

《説文》：“瞻，臨視也。”段注：“《釋詁》《毛傳》皆曰：‘瞻，視也。’許别之云臨視。今人謂仰視曰瞻。此古今義不同也。”許慎的這兩個定義使得“見”“瞻”二字失去了音訓。但是在甲骨文中它們的音訓是很清楚的。

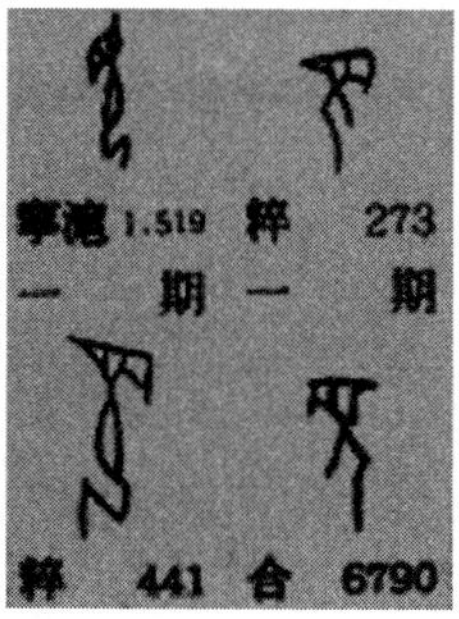

圖一

甲骨文：見、瞻

從甲骨文見字可知見是一個跪坐的長者等待著見别人，能够跪坐著見别人的人本身應該是尊者。所以在卜辭中這一點表現得很明顯：

卜辭：“乙酉卜。王貞：自不餘其見二月。”（後上 31・3）

卜辭：“戊子……王見不允禍。”（卜 202）

卜辭：“庚申卜：見猪。”（乙 8817）

卜辭：“允亡。不見（土）方。”（乙 441）

可見，王或者長者見其他人采用這個見字，故其有居高臨下之意。

甲骨文瞻從側立的人（即尸），造字中取的是站立的姿勢，符合我們今天的俗話“站得高，看得遠”之意。所以是一個人站著見某人，或者看視其對象。陳邦懷考證此字可以讀如展。其出處是《周禮・地官・充人》的：“充人掌係祭祀之牲牷。祀五帝則係于牢。芻之三月……展牲則告牷。”在《説文》中瞻和視是可以互訓的兩個字。有些學者便將圖一的這個甲骨文字訓爲“視”。從甲骨文可見兩字有别，不可互訓。

既然瞻和視是同義互訓的，爲什麽我將圖一的甲骨文就破譯爲瞻，而不是破譯爲視呢？這就要從瞻和視的音訓中去驗證。圖一這個甲骨文字從目從尸，殷商時目有兩讀：目和眼。兩字的反切上字是尸這一點没有疑問，因此它們的聲紐是 s。但是其反切下字是目或眼，因此其韻母是 u 或者 an，衹有破譯爲瞻可以同時滿足反切上字和反切下字。如果我們破譯爲視，則可以滿足反切上字，卻不能滿足反切下字。因此衹能有一個正確的答案就是：瞻。

古漢語中“展”有“省視”之意。如《國語・周書》：“和展百事。俾莫不任肅純恪也。”《禮記・檀弓下》：“去國則哭于墓而後行。反其國不哭。展墓而入。”上文陳邦懷所引《周禮》的“展牷”即爲周王省視祭祀用牲畜，就是“瞻牷”。所謂“告牷”應該作兩解：其一爲周王將欲告上帝之事告訴祭牲；其二爲祭牲將周王欲訴于天之事帶上天去轉告上帝。這是遠古祭祀一定在祭祀現場殺死祭牲的心理。祭牲由生界聽取了人類的禱告之詞後死亡昇天，這樣就進入了上帝的世界。所以地面的統治者將自己的願望表達給祭牲，祭牲可以昇天後轉達這種意願。這實際上完成了由生界到天界的轉换。

甲骨文展的本義是用土坯砌墻。這裏的展牷之展顯然是甲骨文瞻的假借義。而卜辭中凡用此瞻字的辭條均有居高臨下的“審視，察看，監視”之本義：

卜辭：“丁未卜。貞：令立瞻方。一月。”（粹 1292）

卜辭：“貞：登人五千。乎瞻共方。”（續 1・13・5）

卜辭：“瞻工于洛。”（川大 H11・102）

今天瞻字在現代漢語中演變成“向上看”或“向前看”，正是段玉裁所發現的“此古今義不同也”。

【甲骨文字本義小結】

見的本義：召見，接見。動詞。

音訓：從卩從眼。卩眼切，讀若 jian。

瞻的本義：審視，察看，監視。動詞。

音訓：本音爲尸眼切。轉音讀若 zhan。

兩字均爲會意造字。

破譯甲骨文：夻（夸、跨）*

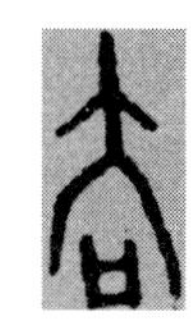

圖一 甲骨文：夻

甲骨文本字的破譯是一個逐漸深化和完善的過程，這裏我將我過去對“夻”字的新的認識公之于衆，從而也展示了我對這個本字逐漸深化認識的心路歷程。

方言和音訓是依據本義和本字破譯甲骨文字的兩個重要原則。我所說的方言原則是指甲骨文的創造凝聚了夏商兩朝的造字積累，尤其是創造甲骨文的殷商主要依據應該是殷墟地理區域的方言。我所說的音訓就是當某一個甲骨文本義破譯爲漢字之後，應該儘量找到該字的甲骨文和破譯的漢字之間音訓是否相符合。本字夻是一個很典型的例子，如圖一。

此前的文字學者將其定義爲去。其實這個字是一個本義至今還在爭論的甲骨文本字。請注意這個甲骨文字的造字特點：一是上部的大和下部的口幾乎不成比例；第二是上部的大呈一條腿直另一條腿屈的跨越姿勢。

漢字字庫中的夻字很難從字典裏查到出處，也沒有文獻例證，說明這個漢字已經基本退出使用了。現在我們衹知道它的發音爲 hua。今方言讀若 ka。

王鳳陽說：該甲骨文字是遠古的“盛飯器”，類似今天的猫嘆氣之類的家用物品。上面的大是一個蓋子，下面的口是器身①。這個破譯靈感可能來自《說文》。

《說文》：“𠙴，𠙴盧。以柳作之。象形。”

《說文》：“䇢，或從竹。去聲。”段注：“按《士昏禮》注作䇢盧。廣韻曰：‘䇢，飯器。’”

徐中舒說：“從大從口……甲骨文甲骨文口、凵每可通。夻字之口亦當通凵。甲骨文凵當爲坎陷之坎本字。大爲人之正面形。故疑夻象人跨越坎陷，以會遠離之意。”②

馬如森說：“合體象物字，從大，非大小之‘大’，而是象一器蓋之形；從口，非人口之‘口’，而是象器身之形。”③

《說文》：“去，人相違也。從大𠙴聲。”

注意：許慎在說文中所考證定義的去字是從大從厶，寫作厺，而不是從大從口。兩

---

①② 徐中舒主編《甲骨文字典》，第 549 頁。

個字的區别是顯而易見的。因此圖一甲骨文本字不是去字。

這個字在甲骨文中是“盛飯器”，衹是文字學家們的諸説之一，不能作爲定論。我在考證甲骨文大的文章中，已經論證了大和王的不同之處。大的本義是一個成年人。河南東北部人稱呼父親也叫作大（陽平）。

徐中舒的懷疑給了我以啓發。我認爲從大從口可以等同于從大從凵的造字。該字的音訓是：反切上字從口或從凵兩者的聲紐均爲溪母，其反切下字爲大。故該甲骨文字的聲訓注音爲口大切，或者凵大切，讀若 kɑ。在殷商方言中這個 kɑ 正是“跨”“胯”的讀音。今天在江淮方言區很多地方仍然將跨字讀作 kɑ。它是依據殷商方言發音進行反切注音的一個造字。所以夻是一個會意字。從字形上看，上面的“大”爲什麼呈一條腿直另一條腿屈的跨越姿勢也就找到了答案，這個姿勢正是人跨越某物（例如坑穴或水溝）的姿勢。同樣在卜辭前 6・37・3 中的夻字中的“大”向前的一隻手臂也是向下彎曲的，真是惟妙惟肖。因此我們就從造字的字形和音訓上證實了徐中舒之所疑，從而找到了這個字的本字：漢字跨的初文，寫作夻。讀若 kɑ。

從卜辭中該字的使用語境看，這個字的本義也不可能是盛飯器：

卜辭：“辛未卜，［在］夻（或夸，下同）貞……”（前 2・11・2）

卜辭：“貞：乎夻伯于冥。”（乙 4538）

卜辭：“丁未卜，争，［貞］：王往夻戣于敦。”（後上 12・10）

卜辭：“……貞：翌乙巳步［有］夻雨。”（後下 12・10）

如果用盛飯器解釋，則上述四條卜辭一條也解釋不通。其中前三條的地名夻（或夸）説明殷商時可能依然有一個叫作夻（或者夸）的方國，方國的領袖稱爲“夸伯”。從《山海經》的記載看，夸是遠古一個古老的氏族。大家一定還記得“夸父追日”這個著名的傳説故事吧。

第三條中“夻雨”可以解釋爲過境的陣雨。前三條中本字爲地名。我們可以比較一下甲骨文出字（上從止下從口）在卜辭中的運用：

卜辭：“貞：于大甲告工方出。”（後上 29・4）譯爲：工方的人從城邑裏出來了。

卜辭：“……出虹……于河，在十二月。”（前 7・43・2）譯爲：虹從黄河裏出來了。

所以，這裏的甲骨文出字裏的止和夻字中的大，它們和下面口字的關係是主體離開“口”的意思。如果甲骨文出字裏的止——即腳——離開城邑强調的是出發，那麽夻字中的大——跨越障礙——强調的則是跨越。那麽這個本字的本義應該是什麽，爲什麽上面的大很大，下面的口很小也就找到了造字的動機了。意符口是一個非固定意符，在“出”中表示城邑，在“夻”中表示障礙。

從圖一的本字看，這個人正在向前走。意味著一個人跨越了下部的“口”。如果它真的是指盛飯器則不需要這麽花哨的蓋子。從字形上看這是一個比器身大四五倍的蓋子，準確地説像是一個大大的罩子。此外，本義盛飯器的造字與人無關，不需要采用“大”這個意符。

【甲骨文字本義小結】

夻的本義：跨越障礙。動詞。會意造字。引申義：胯下。

音訓：從口從大，口大切。殷商方言發音讀若 kɑ。

破譯甲骨文：閃* 瞬(眣)*

圖一甲骨文字在很多的工具書中被破譯爲眣。依據《説文》定義："眣，目不正也。從目失聲。"來看，這個字是一個純粹的形聲字，失爲聲符。但是該字的甲骨文顯示它是一個會意字——一支箭正射向一隻眼睛。所以這個漢字也寫作從目從矢。

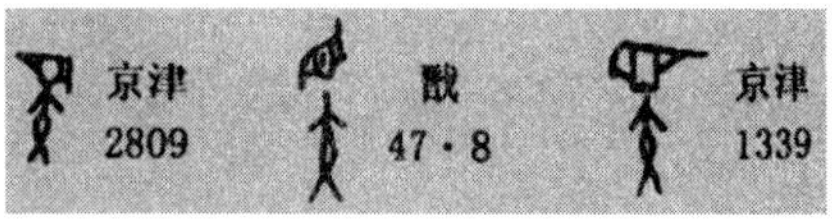

圖一 甲骨文：閃（誤爲眣）

該字《説文》段注曰："《公羊傳·文七年》：'眣晋大夫使與公盟也。'何云：以目通指曰眣。成二年：'郤克眣魯衛之使，使以其辭而爲之請。'《釋文》字皆從矢。云：眣音舜。本又作眣。丑乙反。又大結反。《五經文字》曰：'眣音瞬。'見《春秋傳》。《開成石經》《公羊》二皆作眣。疑此字從矢會意。從失者爲訛體。"段氏質疑很有見地，後來出土的甲骨文證實了他的懷疑。

從音訓看，甲骨文目有兩個讀音：方言讀若 yan，該字又讀若 mu。這是一個會意字，所以它的注音是由造字的意符的發音反切而成。所以圖一甲骨文字便有兩種發音。矢眼切讀若閃；矢目切讀作豎，古音通瞬。

所以此字衹有這樣兩個讀音。至于今天從目從失的漢字眣讀若 die，應該是另一個漢字來源，也就證實了是段玉裁所疑的訛體。今天的漢字字庫中從失的漢字多讀作 die，如跌，迭，眣，怢，泆，鴩，瓞，詄，苵，趃等等均不從矢。眣字因爲與眣形近導致混爲一談。

從訓詁看，甲骨文未發現瞬字，《説文》亦未收瞬字，而收有同音字"瞚"字，瞬在文獻中首見《列子·湯問》的紀昌學射，《廣韻》有載。

《説文》："瞚，開闔目數摇也。從目寅聲。""閃，窺頭門中也。"其瞚、閃兩字本義均有一閃而過的意思。也就是上圖甲骨文的意象——從目從矢之意。也就是俗話所説的"一眨眼"。但是徐鉉有不同的意見，他認爲"瞚别做瞬非是"。本文算是給出了瞬的另一個文字起源的説法。即甲骨文目有兩讀故有兩種反切：閃和瞬。

卜辭兩條義不明，從略。

【甲骨文字本義小結】

閃的本義：眨眼，動詞。本字遠古另有發音 shu，通瞬。

破譯甲骨文：陶* 和瓷*

陶器和瓷器是我國遠古的兩大發明。陶器大約産生于一萬年前。據《世本》傳説一個叫作昆吾的人爲夏王做了第一批陶器，其實早在紅山文化遺址中就發現了陶製容器和陶俑了。純净的黏土製的陶器就是泥質陶，黏土中摻有沙子的叫作夾砂陶。原始青瓷大約出現在4000年左右的黄河、長江流域。瓷器原料和陶器不一樣，它的主要原料是瓷石和高嶺土，需要1200℃以上的高温燒製。

陶器和瓷器的區别在于：陶器表面粗糙，瓷器表面光滑；陶器質地疏鬆有一定的吸水性，瓷器則質地密實而不吸水，所以《類篇》釋瓷爲“陶器堅致者”；陶器用手叩擊發出低沉的聲音，瓷器則發出清亮的聲音。

距今約3300年前的甲骨文系統中已經出現了陶字和瓷字。説明這樣兩種東西在殷商時已經得到廣泛使用。

圖一　甲骨文：缶（漢字陶的初文）

該字上面的意符倒屮當爲缶的反切上字，下面的口是反切下字。所以這個字的古音應爲屮口切，讀若tou。有人會質疑説屮口切，應該讀若chou通cou。這是因爲古音知、徹、澄三母的聲紐可以讀作d或者t母（端、透、定母）。這個發音和東漢許慎時的發音“陶”非常接近。既然是以反切注音，説明這個缶是一個會意字。

《説文》：“缶，瓦器。所以盛酒漿。秦人鼓之以節歌。”秦人敲擊“缶”是爲了“節歌”，就是掌握歌曲的節奏。所以名詞“缶”作爲瓦器最初衹是裝酒的陶器，因爲敲擊時發出聲音，所以用以“節歌”。如果我們認爲缶最早就是一種陶製的樂器那就錯了。

《説文》中出現了“缶”的動詞形式——匋。“匋，作瓦器也。從缶。包省聲。古者昆吾作匋。案：《史篇》讀與缶同。”《史篇》就是東周的簡明字典《史籀篇》，它規定了“匋”“缶”發音相同，説明了這兩個字是同音字，缶是陶的初文。許慎的聲訓“從缶。包省聲”段玉裁就懷疑是“從缶。包聲”之誤。

圖二
小篆：匋

從圖二小篆的匋字可知，匋，從缶從包，是會意字。其注音應該是缶（tou）包（bao）切，讀若tao。兩者古音是不是相同現在已經很難考證，但是在《説文》時代其讀音是可考的，就是讀若tao。這個字在1400年之間的發音變化説明周秦時代確實是一個語音變化較大的時代，考其原因，春秋戰國時期的群雄争霸、戰争頻仍以及秦代的大遷徙恐怕都起了很大的作用。此外秦在統一國家統一意識形態的同時，對于全國不同的方言語音恐怕也不會不“統一”一下，儘管這樣做是徒勞無功的。

卜辭：“癸亥卜。□。貞：翌乙丑多臣𢦏缶。”（丙1）

卜辭："丁卯卜。☐。貞：王敦缶于蜀。二月。"（後上9・7）

卜辭："缶不其獲豕。十月。"（前3・33・4）

我們看到在卜辭中，"缶"是一個國名。缶國按照殷商的分工應該是專門從事爲殷商王朝製作陶器的小國。卜辭中没有稱其爲"缶方"而稱其爲缶（國），説明這個小國和殷商王朝保持著同盟關係。有一種可能是這個缶國就是考古發現的山西陶寺遺址。這是遠古堯的都邑。

原始青瓷在山西夏縣和殷商考古中都有發現，但是儘管如此，大多數的中國人還是認爲瓷器是我國南方的一項發明創造。儘管瓷器是中國非常古老的發明創造，但是許慎的《説文》中作爲新附字收入的漢字的"瓷"衹有簡單的三個字"瓷，瓦器也"。這種寫法在《説文》中很少見，段玉裁也没有專門爲"瓷"注解。估計有一種可能是許慎編纂《説文解字》當時這個字創造出來不久，衹知道它是瓦器的一種。《説文》："瓦，土器已燒之總名。"漢字瓷從瓦，説明造字者認定它是瓦器的一種。所以《説文》收錄的這個"瓷"字本義並非特指用瓷石和高嶺土燒製的瓷器的類名。那麽漢字體系中真的到了東漢纔開始有"瓷"這個字嗎？

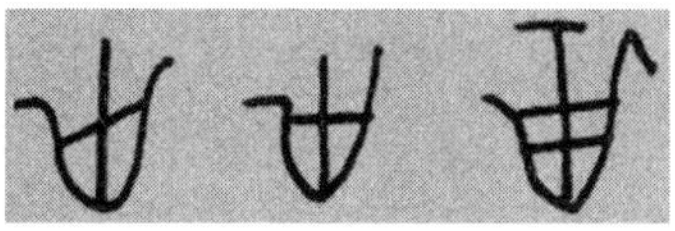

圖三　甲骨文：瓷

圖三的甲骨文字我將其破譯爲瓷器的瓷。但是學界現在普遍認可的是王國維的破譯——甾。

《甲骨文字典》［解字］："字形與《説文》甾字篆文及古文相近。《説文》：'甾，東楚名缶曰（ci）。象形。'……王國維謂甾字，《説文》大徐本音側詞切，實爲菑之音，然甾菑絶非一字……按王説可從。"（注意：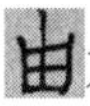不是"由"，它的兩豎均出頭了）

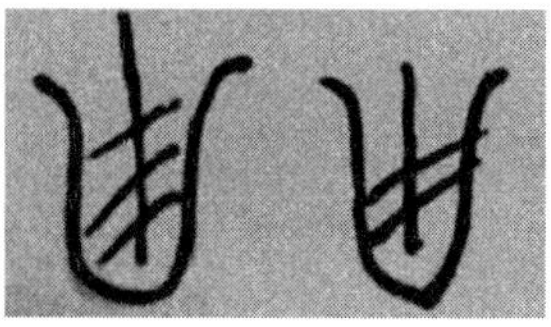

圖四　左古文，右小篆

顯然，這個甲骨文字王國維的解釋是錯的，也是不可從的。《説文》："甾，東楚名缶曰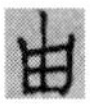。象形。"這個定義所針對的古文和小篆如圖四所示：可見圖四中的古文和小篆和圖三的甲骨文應該是同一個字，由于圖三被破譯爲甾，所以圖四衹能繼承它破譯爲甾。這正是這個破譯的錯誤所在。這個破譯的逆向思考是：如果圖三甲骨文不能破譯爲甾，圖四的古文和小篆就不能破譯爲甾。對不對？歸結到一點：這個"甾"字到底是應該按照王國維破譯爲甾字呢，還是該按照我的觀點破譯爲瓷字呢？

首先我們分析一下許慎的定義：《説文》："甾，東楚名缶曰。象形。"就是説圖四這個字是東楚人專用于稱呼"缶"的字詞和發音。缶是什麽？《説文》："缶，瓦器。所以盛酒漿。秦人鼓之以節歌。"所以缶是一類瓦器的總名，因此圖四這個字應該是東楚人稱呼某一類瓦器的總名。東楚盛産的這一類瓦器是什麽？是瓷！

請注意王國維所提供的證據："甾字《説文》大徐本音側詞切。"側詞切，正是"瓷"的發音。

卜辭僅一見，意不詳："……余一人……田瓷，正盂方……自上下于☐示。"（前2・38・2）

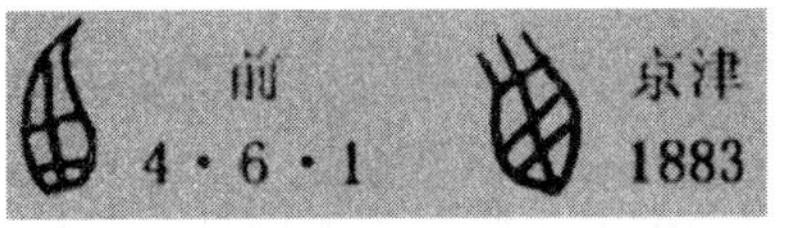

圖五

從圖四字形上分析該字從丯（芥的古字）從凵，所以這個字從甲骨文、金文到古文和小篆的反切應該是凵丯切。凵古音爲 kan，丯發音爲 jie。其相切讀若 ki，夏方言古音和東楚方言音都可以通瓷（ci）。造字結構類似的漢字往往讀音相同或者相近。參見圖五我們看見甲骨文瓷，古文和小篆瓷，甲骨文西，包括可能被誤判的甲骨文甾，它們的發音是非常相近的。這個現象同時可以在古音韻學上給人以啓迪：聲母 z，c，s，三紐可能來自同一發音部位齒音的分化所產生。

瓷字的訓詁從丯從凵。其丯的本義是亂草。《説文》：“丯，草蔡也。象草生之散亂也。凡丯之屬皆從丯。讀若芥。”其外部的半包圍結構凵象形爲半球形容器。兩者的會意應該是塞滿了亂草的瓷器。瓷器塞滿亂草是爲了運輸時不易破碎。按照這個道理在瓷器的外部也應該塞上稻草，但是這似乎于瓷的造字關係不大。可以省略。

破譯甲骨文：龍、鳳、辛、帝、妾、僕

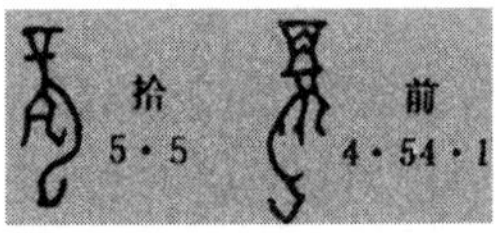

圖一　龍

圖二　鳳

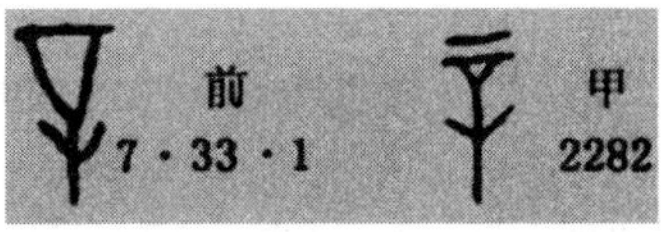

圖三　辛

圖四　帝

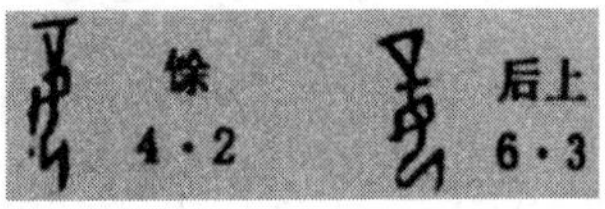

圖五　妾

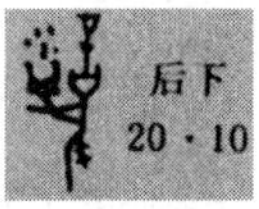

圖六　僕

甲骨文的龍、鳳、辛、帝、妾、僕六個字似乎是風馬牛不相及的，但是它們的造字有共同點：每個字中都包含了辛字。圖三可見甲骨文辛有兩種造字，有點的辛和無點的辛。上圖的龍、鳳、帝、妾、僕五個字都是從無點的辛。所以我把它們造字中都包含的“無點的辛”叫作辛字頭。因爲甲骨文帝也是辛字頭，帝比辛級別要高，又是已故商王的統稱，所以我又把它叫作“帝字頭”。從遠古史看，先有黄帝後有祖辛，所以叫作帝字頭有道理；從甲骨文造字看，先有商王“小辛”采用了無點的辛，後有甲骨文“帝”也采用了無點的辛，叫它辛字頭也有道理。實際上，無點的辛在甲骨文造字中有“至高無上”的意思，究其原因應該是來自商王小辛至高無上的權力。以上六字應該都是創造于小辛死後的小乙和武丁時代一共約 70 年中。

龍的客觀存在就是遠古的龍捲風。但是龍的造字表明殷商人將龍視爲一種動物。不僅殷商人這樣認爲，當時中國大地上的人類幾乎都這樣認爲的。

《説文》：“龍，鱗蟲之長。能幽能明，能細能巨，能短能長。春分而登天，秋分而潛淵。”

《管子·水地》“欲小則化爲蟲蠋，欲大則藏于天下。欲上則凌于雲氣，欲下則入于深泉。變化無日，上下無時。”

《易·繫辭》：“黄龍入藏生黄泉，黄泉之埃上爲黄雲。青龍入藏生青泉，青泉之埃上爲青雲。赤龍入藏生赤泉，赤泉之埃上爲赤雲。白龍入藏生白泉，白泉之埃上爲白雲。玄龍入藏生玄泉，玄泉之埃上爲玄雲。”

所以許慎所説的“龍，鱗蟲之長”就是鱗蟲之帝的意思。所以圖一甲骨文龍的造字從帝字頭從它，本義就是這個意思。音訓：它從筆畫捺，從辛。捺辛切，讀若 len，通 leng。這是一個方言發音，可能來自夏方言。

鳳（圖二）也是帝字頭，從帝從隹，本義表明是衆鳥之帝。《説文》：“鳳，神鳥也。天老曰：‘鳳之像也。麟前鹿後，蛇頸魚尾，龍紋龜背，燕頷鷄喙，五色備舉。……從鳥凡聲……鳳飛群鳥從以萬數。故以爲朋黨字。’”從許慎的描述和甲骨文本字頭冠和形象的分析，鳳可能是孔雀，但是今天的孔雀不太能飛。然而“廿五史”中鳳屢見不鮮。卜辭中以鳳借爲風。

卜辭：“其贊大鳳。”（粹 926）卜辭：“癸亥卜。□貞：今日無大鳳。”（拾 719）

其實鳳和風之間的關係是本義和引申義的關係：“鳳飛群鳥從以萬數”是怎樣的一種壯觀景象啊！想一想這不正是鳳的形象嗎？風，人們可以感受到但是卻看不見它。設想如果風有一種顔色，或者秋風裹挾著滿山落葉翻飛，那種風的形象不正是鳳鳥的形象嗎？這兩者在形狀上非常相像。所以風是鳳的引申義，而不是假借義。而鳳用作朋黨之朋也是引申義。

趙誠發現，鳳和風的讀音一清一濁，但是兩者可以互爲引申或者假借，説明殷商時期漢字中的清濁音尚未分化出來①。這是一個敏鋭的發現。

甲骨文鳳的音訓當爲從辛從隹。反切音不詳，待考。

辛和帝均有專文考證，從略。現在剩下兩個采用帝字頭造字的甲骨文字：妾和僕。

妾和僕：妾和僕是本義關係較爲相近的兩個甲骨文字，所以比較討論這兩個字可以看出一些共性。

由龍鳳辛帝四個甲骨文字我們看到，它們共同擁有的帝字頭表示一種領袖和最高領道的本義。龍爲蟲之王，鳳爲鳥之王，辛爲人之王，帝爲在天之王。那麽同樣使用帝字頭造字的妾和僕也應該具有領袖和權威的本義。至少，妾和僕是某一個範圍内的領導。

在商周時期臣妾，妾僕經常並提：

《禮記·禮運》：“仕于公曰臣，仕于家曰僕。”注意這裏的僕是“仕于家”者。

《左傳·僖十七》：“男爲人臣，女爲人妾。”

《淮南子·道應訓》：“越王勾踐與吴戰而不勝，國破家亡，困于會稽。忿心張膽，氣如泉湧，選練甲卒，赴火若滅。然而請身爲臣，妻爲妾，親執戈爲吴兵先馬走，果禽之于干遂。”

妾，從辛省從女。這裏的“女”是指殷商一般的女性，所以妾就是爲殷商宫廷的女

---

① 趙誠著《古代文字音韻論文集》，第 203 頁。

性領班。《說文》："妾，有罪女子給事之得接于君者。"段注："十二字一句。妾、接疊韻。有罪女子給事。若《周禮》'女酒、女漿、女籩、女醢……各若干人'。"正說明妾在商周並不是"小老婆"的意思，而是專爲商王服務的女工的首領。她是有罪女子，專爲商王幹事，是所有女工裏面可以直接請示商王的這樣一個女子領班。正是如此纔有越王勾踐對夫差說："身請爲臣，妻請爲妾。"這裏的"妾"正是女工和苦力的意思。至于妾後來成了小老婆的代名詞多半是因爲"女子給事之得接于君者"。女子接于君，時間長了當然就免不了成爲小老婆了。有人是不是一聽見"女子……得接于君者"就聯想到妾和君主的一夜風流，繼而發展到夜夜笙歌？顯然這種理解是後來歷史中的一個較狹隘的誤解。

《國語・晋語》："納女工妾三十人。"

《尚書・費誓》："臣妾逋逃。"

《左傳・僖公十七年》："梁嬴孕卜曰：將生一男一女。男爲人臣，女爲人妾。故名，男曰圉，女曰妾。"

這些例子説明在《尚書》、《國語》、《左傳》中，妾本義還是用作女工領班的意思。

卜辭："癸丑王［貞］……宰示癸妾妣甲。"（拾1・8）

卜辭："乙巳。自祖乙侑妾侑大戊。"（粹218）

卜辭："……僕卜……"（後下20・10）僕字卜辭僅此一見。

上述卜辭中的妣甲和示癸應是死後的冥婚配偶。從甲骨文"妾"的造字看，從辛從女，本義是商王的女人，也可以解作女工之首領。上面兩條卜辭説明"妾"確實有配偶之意：妾隸屬某個商王衹爲該商王服務。這一點和卜辭記載是符合的。但是涉及商王的女人很多，妾是怎樣的一種身份呢？據《說文》："《春秋傳》曰：女爲人妾，妾不娉也。"顯然即使妾確實是商王配偶，也是没有名分的配偶。她在朝廷的公開身份仍是女工的領班。甲骨文有后、嬪、妃、妻等字，其中使用"辛字頭"造字的女人衹有這一個。這是不是表明殷商時代商王的妾是一個等級很高的女人呢？該字從辛省從女，反切發音似乎與"qie"相去太遠，會不會我們在破譯上搞錯了呢？《說文》將辛部首專門列出，造字爲䇂讀若愆，這個發音正是妾字的反切上字。

僕，從簸箕從叔從辛。是爲殷商朝廷百工的領班。《說文》："僕，給事者。……古文從臣。"僕在殷商也應該是百工之首的意思。也是直接爲商王服務的。《五代史・百官志》："唐龍朔中改太保曰司馭又改爲司僕。齊職儀衆僕之長曰太僕，掌輿馬。明制有太僕寺。"唐、齊、明三朝這種歷史的傳承是一目瞭然的。從造字上看，僕的任務是管理百工，但是享受的皇家待遇並不是很低——所以它從簸箕從叔從辛。僕的音訓：簸叔切。讀若bu，通pu。

本文羅列龍、鳳、辛、帝、妾、僕六個甲骨文字進行比較的目的是爲了説明在殷商甲骨文系統中辛是一個部首，它源于商王小辛的謚號。由此創造的龍、鳳、帝、妾、僕等字都具有領袖和最高領導的意思，且都與皇家事物有關聯。

破譯甲骨文：歲

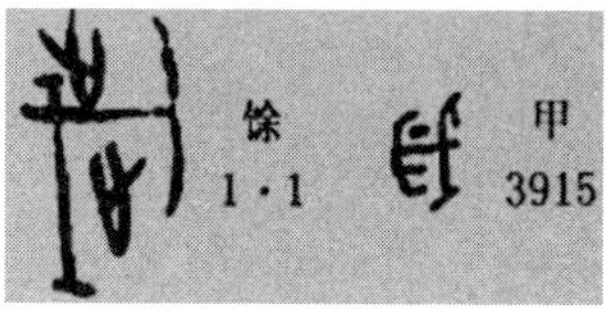

圖一

甲骨文：歲（從戌從步）

按照甲骨文造字規律，這個甲骨文歲字可以從戉，或從戌，或從戊。因爲戉、戌、戊都是同一類型的兵器。但是爲什麽殷商人選擇了從步從戌的造字而没有選擇其他的造字呢？其中暗藏玄機。殷商時期的戌和歲是同音字。甲骨文歲是一個右文造字，右文造字是通過單一的聲符兼意符來注音的。也就意味著殷商時它的發音讀若 xu 通 sui。今江蘇南京儀徵一帶發音作 shui。許慎詮釋的歲的定義也説明歲是一個右文造字。

《説文》："歲，木星也。越歷二十八宿。宣遍陰陽。十二月一次。從步，戌聲。律曆書名五星爲五步。"

木星也叫歲星，是用來紀年的一顆星。它每十二年繞行周天一次，所以每十二月向前走"一步（即一次）"。當它走完二十八宿也就是一周天之後，正好是十二年，所以説它是"宣遍陰陽"。

小篆的歲從步，這一步跨的非常形象，它是一隻脚在戌内，另一隻脚跨過了戌。戌在殷商時期的注音同歲，在甲骨文誕生以前的殷商口語中戌和歲同音。所以本字"歲"的造字的本義是歲星向前跨了一步——即許慎所説的"十二月一次"——就是"過年"或者"一年過去了"的意思。

歲字的造字從甲骨文到小篆都没有改變過。段注："《釋天》云：'載，歲也。夏曰歲，商曰祀，周曰年。'孫炎云：'歲星行一次也。'……行于天有常，故從步。"

歲星即木星的運行方向是由西向東的，這和黄道運行方向相反。爲了使紀年和黄道運行方向一致，中國古代天文學家虚擬了一顆"反歲星"。這顆"反歲星"就叫作太歲，它是由東向西運行的一顆星，其運行節奏和運行周期和歲星完全一樣。

卜辭："庚寅卜。行貞：王賓歲。無尤。在十月。"（京津 3329）

卜辭："丙申貞：丁酉……歲于大丁五牢。兹用。"（粹 188）

卜辭："癸丑卜，貞：今歲受禾。……在八月。隹王八祀。"（粹 896）

【甲骨文字本義小結】

歲的本義：歲星前進了十二分之一的周天。引申義：一年（載），過年。

破譯甲骨文：戉　戌

圖一　甲骨文：戉

圖二　甲骨文：戌

《說文》：“戉，大斧也。從戈丨聲。《司馬法》曰：‘夏執元（玄）戉。殷執白戚。周左杖黄戉右把白髦。’”

《說文》：“戌，威也。九月氣昜微。萬物畢成。昜下入地也。五行土生于戊盛于戌。”

比較兩字東漢的定義可知，戉依然是本義，但是戌已經是引申義了。但是從圖一、圖二的字形比較可以發現戉和戌其實相差無幾，殷商人爲什麽要造兩個不同的字來表示它們呢？對這個問題，羅振玉的解釋是：“卜辭中戌字象戉形。與戉殆是一字。”① 郭沫若進一步肯定：“羅氏之説確無可易。”②趙誠認爲兩位的意見實是疑似之詞。趙誠的觀點是：“歲、戉、戌本爲一字，乃斧鉞之象形。後來被借用爲今歲之歲和戊戌之戌，纔在形體上略有變異。久而久之發展演化成了三個字。”③

在漢字供給嚴重不足的殷商時代，歲、戉、戌三個字就已經存在。它們不是同一個字的演化，而是三個本義不同的甲骨文字。

戉、戌兩個甲骨文字的造字是非常精準的，兩者除了斧柄是一樣的，斧刃形狀是截然不同。戉字從半圓形的斧頭，戌字呈三角形的斧頭。兩字的音訓也截然不同。甲骨文戉從丨從月，其中的月是聲符兼意符，讀若殷商方言 yue（入聲）；甲骨文戌從丨從亽，注音爲竪亽切，殷商方言讀若 xi，通 xu。總之，戉和戌的形、音、義都有很大的差别。如果説戌和歲兩字是爲了造字區别兩者的假借而造字的話，戌和戉作爲兩種武器有必要區别它們的形狀和口語發音嗎?《司馬法》説夏人執戉，説明戉是夏人發明的武器。

我認爲不僅有必要，而且存在這樣一種可能，就是在甲骨文系統產生之前直到產生之後，戉和戌這樣兩種兵器一直在現實和口語中存在著。之所以需要造兩個不同的甲骨文字是因爲當時確實存在這樣兩種武器，這是兩種制式不同的武器。戉是夏人和後來的周人對自己創造並使用的武器的稱呼；戌是殷商人對自己創造的武器的稱呼。

《説文》：“戉，大斧也。從戈丨聲。《司馬法》曰：‘夏執元（玄）戉。殷執白戚。周左杖黄戉右把白髦。’”

上述定義中許慎告訴我們，夏、周執戉，而殷商執戌和戚。戚和戉是兩種不同的武器。段注曰：“《大雅》曰：‘干戈戚揚。’傳云：‘戚，斧也。揚，鉞也’。依《毛傳》戚小于戉……《左傳》：‘戚鉞秬鬯，文公受之。’戚鉞亦分二物。”可見戚鉞是當時的

①②③　趙誠著《古代文字音韻論文集》，第 234 頁。

兩種並提的武器。所以許慎關于戚的定義“戚，戉也”意味著東漢時戚和戉的差别已經在世間漫滅並失傳。從卜辭看，殷商人自己使用的是戍，而涉及到戉的總是殷商以外的方國：

卜辭：“貞：黄尹㞢戉。”（前1·52·1）

卜辭：“隹戍有乍占。”（鄴3·37·7）

卜辭：“貞：戉弗其𢦏湔方。”（續4·29·1）

卜辭：“貞：戉弗其伐工方。”（南明162）

卜辭：“貞：告戉于上甲戍。”（金651）本條中兼有戍、戉二字，可比較其使用範圍。

戉用于殷商以外的土方爲首的反商聯盟，戍用于殷商自己人，這兩種武器的用途是一目瞭然的。

【甲骨文字本義小結】

戉的本義：夏人設計製造的長柄武器，其斧頭爲半月形而得名。名詞。右文造字。

戍的本義：殷商設計製造的長柄武器，其斧頭爲鋭角三角形。名詞。會意造字。

破譯甲骨文：前（即歬）*

《説文》：“前（又寫作歬），不行而進謂之歬。從止在舟上。”段注：“昨先切。”這個昨先切在殷商時代通止船切，讀若qian。圖一甲骨文正是從止從舟（殷商方言讀若船）。

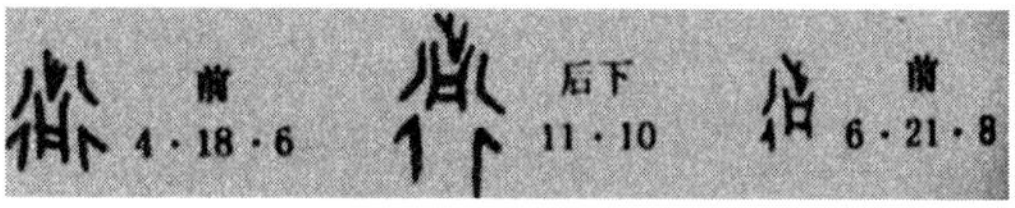

圖一　甲骨文：前（又寫作歬）

甲骨文“前”以甲骨文“行”爲造字的背景。行的本義是大路，也可以指水路。本字的造字爲大路行船，可見這裏的行指的是水路。行在甲骨文造字中常省略一半。認定行衹能是大路是一種對甲骨文“行”的形而上學的理解。例如王延林釋“歬”爲“像船形的鞋子，人腳穿了鞋子在大路上不停地行走，是前的本義”。這是將“行”片面理解爲陸地上的大路所導致的曲解。實際上在甲骨文永和派中，行都是借指水路的。本字歬中的意符行也是指船隻行走的水路。

在水上，一條船像是長了一隻腳，正在自己向前漂流。這就是許慎所定義的“前。不行而進謂之歬。從止在舟上”。李孝定謂：“止在盤中乃洗足之意，爲湔之原字，前進字乃其借義。”[1] 在卜辭中，大多數的前（即歬）字都是從舟的，李孝定所舉的例子——存1·1377——僅是甲骨文歬的一個特例，也許是另一個甲骨文字，所以不足以作爲歬字的普遍的本義推而廣之。所以李説也是不可從的。

---

① 徐中舒主編《甲骨文字典》，第126頁。

卜辭："御子𦩅于父乙。"（後下 11・10）于父乙當譯爲祭祀父乙。

卜辭："于妣癸御𦩅。"（粹 382）于妣癸當譯爲祭祀妣癸。

請讀者比較甲骨文𦩅和甲骨文往。𦩅是止在舟上，往是止在王上；𦩅是舟不行而進，往是王前往某地。甲骨文往和𦩅的造字原理是完全相同的。類似的造字在甲骨文止部還有一些，大家不妨結合起來研究。

【甲骨文字本義小結】

𦩅的本義：船在水面不行而進。動詞。引申義：位置在前，次序在前，時間在前。

破譯甲骨文：何（荷）

圖一　甲骨文：何（例二存疑）

圖二　甲骨文：河

注意該字中的人和手的前臂應該相連，但是本字出現了斷裂。

圖一甲骨文是今天負荷的荷的初文，寫作何。圖二甲骨文是黃河的河字。這兩個甲骨文字有一個共同的意符，就是肩扛工具的人。此人的一隻手抓著工具的柄，這個細節不能改變，如果改變了這個字就不是甲骨文何和河了。

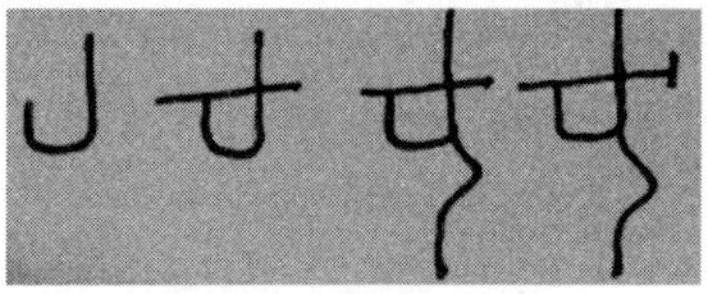

圖三

在研究甲骨文何和河時，我發現寫甲骨文是有筆畫次序的。例如圖一的甲骨文何，它的筆畫順序如圖三。這就是：甲骨文何的筆畫順序。爲什麽要遵循這樣的筆畫順序呢？這就和該字的音訓有關係了：圖三例一是筆畫亅，其發音是 que。例二是筆畫橫，其發音是 heng。這兩個符號是本字的聲符，甲骨文何的發音爲一亅切，讀若 he。該字的意符人是行爲主體，工具後部的短竪爲了區别這不是一根木棍而是一把工具。這一竪可以寫在盡頭處，也可以寫在横綫上。

能够找著一個甲骨文字的反切聲符對于我們破譯這個甲骨文字的幫助不是太大，但是找不著它的反切聲符，則説明這個字有可能破譯錯了。這應該成爲破譯甲骨文字的一個新的驗證方法。因爲殷商的造字者在造字的過程中已經將每一個甲骨文字的發音深深鍥進了甲骨文字。所以殷商甲骨文系統是一個音義兼表的文字系統。例如我們在確定了本字的兩個聲符之後，就會發現在卜辭中有一些甲骨文的"河"和"何"字中的一横寫得不够水平，就像人扛著工具一樣是斜著的，這説明寫字者已經不懂造字的原理了。或者他就是采用了一種寫實的手法。

《説文》："何，儋也。一曰誰也。從人可聲。"就是負荷、擔負之意。也是疑問詞。

《玉篇》：“何，克負也。”説明甲骨文的何是一個動詞。

卜辭中何常見于人名，例如一期和三期都有一個名叫何的貞人。又如：

卜辭：“壬辰卜：方其敦見何。”（續6・9・6）

卜辭：“何弗其受方。”（六中103）

兩條卜辭中的方就是殷商敵國的盟主。這裏的何可能還是一個殷商方面官員的人名。今天現代漢語中把這個擔負意義上的何寫作荷。

但是我們就“河”“何”兩字的造字看，可能何是源于河。因爲造字中一個扛著工具的人，顯然是治理黄河的大禹。因爲“河”在遠古一般是指黄河，而大禹窮其一生的功業正是治理黄河。所以甲骨文“河”的本義從造字上看就是大禹治理好的那條大河——黄河。

【甲骨文字本義小結】

河的本義：大禹治理好的那一條大河。名詞。會意字。

音訓：一亅切，讀若he。

何的本義：肩負，擔負。動詞。會意字。

音訓：一亅切，讀若he。

破譯甲骨文：舞雩三字

舞雩，我在前文中已經考證它是夏商周時期的一種用舞蹈來祈雨的祭祀活動。最近我發現甲骨文中涉及舞雩的甲骨文字還不止一個“舞”字而是三個字。

遠古人執牛尾舞蹈習俗遠在夏代甚至夏代以前就有了。《吕氏春秋・仲夏紀・古樂》：“昔葛天氏之樂，三人操牛尾，投足以歌八闕，一曰載民；二曰玄鳥；三曰遂草木；四曰總禽獸之極；五曰奮五穀；六曰敬天常；七曰建帝功；八曰依天德。”看來這種“牛尾舞”最初並不單純用來祈雨的，而是有著廣泛的祈禱内容的。

圖一是最常見的甲骨文舞字，其造字是一個男人執牛尾正在舞蹈。這種“執牛尾”大概是暗含著一種對上天的提醒：上天啊！祖先啊！我們每年祭祀獻給你的牛羊你忘記了嗎？到西周時期出現了女人舞雩的作法。

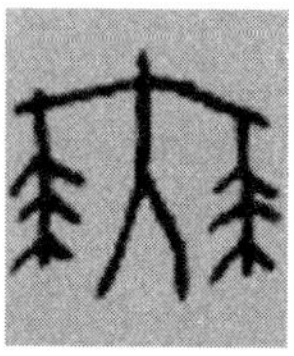

圖一
甲骨文：舞

《周禮・司巫》：“掌群巫之政令。若國大旱，則帥巫而舞雩。”

《周禮・女巫》：“掌歲時袚除釁浴。旱暵則舞雩。”

估計這兩種不同性别的舞雩可能是有區别的，從卜辭看，有些舞雩甚至讓老人參加，這應該是遇上最嚴重的旱災了吧：

卜辭：“貞：勿呼多老舞。”“貞：乎多老［舞］。王占曰：其有雨。”（前7・35・2）

卜辭：“貞：乎取舞臣。”（乙2373）舞臣當是殷商時的司巫一類的官員。

破譯這個甲骨文舞在音訓上遇到了一點麻煩，按照該字的寫法應該是從尾從大，本義是男人執牛尾跳舞祈雨。但是，按照會意字的注音規律應該作尾大切wɑ，和《説文》

舞的讀音不合。《説文》：“舞，樂也。用足相背。從舛無聲。”後來我找到了圖二的甲骨文字，于是這個字的發音迎刃而解。圖二纔是舞雩之舞的規範造字，圖一的造字中省略了雨字頭，是一個甲骨文的簡化字。

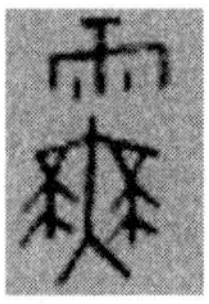

圖二 甲骨文：舞

通過對圖二音訓的破解，我發現這個字比圖一多了一個“雨字頭”。造字中出現這個雨字頭並不是祈雨很靈驗，而是説祈雨很虔誠。是舞蹈的男人對著“雨”在祈禱。該字依然是一個會意字，從尾從雨，尾雨切。讀若 wu。和後來的《説文》保持了音訓的一致。同時，這兩個字的造字還説明，圖一省略了上部的雨字頭。其實省略了雨字頭的圖一更加符合造字的本義。因爲祈雨時現場並不會出現雨，而且祈雨有兩種可能性。加了雨字頭便限定在下雨的範疇，但是實際上很多的舞雩並沒有帶來雨水。圖二甲骨文舞字在卜辭中有這樣兩條：

卜辭：“翌日庚其□乃舞。□至。來庚有大雨。”（粹 845）

卜辭：“于翌日丙舞。有大雨。”

圖三 本字待譯

在研究過程中我又發現了圖三的甲骨文：該字上從舞下從兩個干。這兩個干在舞者之下，説明這是地面上的東西。它們是什麽東西呢？作用是什麽呢？

《説文》：“幵，平也。象二干對冓。上平也。”段注：“二干古音仍讀如干……干即竿之省。”這個定義説明在祭祀現場應該樹立有兩個柱狀物，這兩個柱狀的物體我們在破譯甲骨文麉（下從龍亦可，讀若 jian。與干古音通）。雙干的造字是商周人在龍（即龍捲風）出現時祭祀所用的雙祭祀柱。《易經》：“龍戰于野，其血玄黄。”先秦文獻中龍總是成雙成對出現的，所以采用了雙壇祭祀表示人類的不偏不倚的敬神的態度和立場。不知道用在旱年祈雨時雙祭祀壇的用意何在？這個造字有其深遠的文化和神學内涵。但是本字記載了殷商時有這樣一種祭祀，具有彌足珍貴的遠古的史料價值。

值得一提的是，這個幵作爲一個聲符在後來漢字發展史中創造了許多的形聲字，例如汧妍研訮麉鳽岍雃井刑形邢鈃等一系列字，它們的發音分别在先韻、清韻、齊韻各部。這一現象説明西周以後創造的大多數的形聲字因爲造字的方言産生出不同的韻部；另一個原因是西周之前的殷商夏及遠古的方言造字産生的不同韻部。但是就目前尚存的聲韻史料文獻看，很多的漢字都是形聲字，而形聲字的造字都是在殷商以後的造字。古文字學者和音韻學家依據《詩經》《易經》《楚辭》劃分的各種聲韻系統對于研究殷商甲骨文的發音並不適用。從先秦文獻看，最早的三部韻書是公元 601 年的《切韻》（殘卷），751 年的《唐韻》（殘卷），1008 年的《廣韻》。和甲骨文時代相去 2000 年左右。甲骨文的音訓研究必須獨闢蹊徑，上古聲韻系統的構擬更是如此。

圖三甲骨文音訓按照上述段注和甲骨文麉的注音看，其音訓當讀若 jian 或者 gan。其本義應該還是指舞雩，不過祭祀的場景别具一格。圖三這個甲骨文字就其造字特點看應該屬于是右文造字。

破譯甲骨文：狼　梁(良)*

按照漢語古音韻學娘日歸泥的原則，甲骨文的狼、良、讓屬于同音字。

該甲骨文字形上從子從犬。狗的尾巴是向上捲的。故圖一甲骨文本義是吃孩子的狗。對于殷商人而言，吃孩子是家狗和野狼的根本差别所在。所以甲骨文的狼是一個會意造字。但是如果是會意造字其注音就應該是子犬切或者子狗切，顯然這兩種注音都不是漢字狼的讀音。不過如果我們將其中意符“子”變化成上下呈彎曲筆畫，這個子就變成了甲骨文梁，見後文考證。這樣依據娘日歸泥的原則，圖一甲骨文可以讀若 lang。

圖一　甲骨文：狼

在甲骨文狼字中，意符“子”是一個必須重視的符號。它在造字中意符訓爲子。該字會意爲吃孩子的狗。但是在音訓中，它聲符卻訓爲梁，所以讀音爲狼。這是一種巧合：意符子和聲符梁的字形非常接近。所以這個字的造字實在是巧奪天工。

其實被古今學者普遍接受的甲骨文“良”如圖二所示：雖然這個字的破譯在學術界也有争議，但是在没有更有力的考證出現以前大家基本接受了這個字破譯爲漢字“良”。

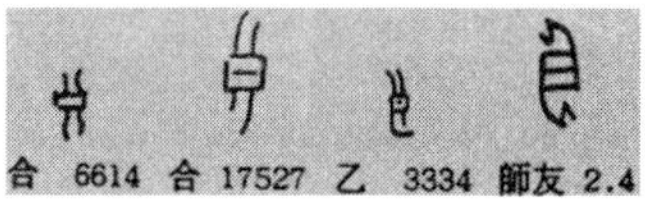

圖二

對于圖二的甲骨文字我必須指出其中的兩點錯誤：一是它不宜破譯爲漢字良，而應該破譯爲漢字梁；二是從字形上看例四非本字，上下均爲單曲綫，破譯爲“良”是一個錯誤。

關于本字破譯爲良，徐中舒的解字曰：“象穴居之兩側有孔道或臺階上出之形，當爲廊之本字。口表示穴居，‘’‘’爲側出之孔道。廊爲堂下周屋，今稱堂邊房檐下四周爲走廊，其地位恰與穴居側出之孔道（巖廊）相當。良爲穴居四周之巖廊，也是穴居最高處，故從良之字，有明朗、高爽之義。”①

徐中舒的這個解字忽視了一點考古學的證據：無論是殷商之前的穴居，抑或是夏商時期的半地穴式的民居，都不會出現像圖二這樣南北兩端的巖廊或者孔道。天然的巖居或穴居，其山洞一般衹有一個洞口。半地穴式民居建造孔道一般是用兩道弧形的蘆葦墻抹泥以用來遮風避雨，這樣的孔道衹有一側有另一側是没有的。半地穴式民居的另一側正是北面，開有北向的窗户——牖。《詩經・七月》所説的“塞向墐户”告訴我們，半地穴式的民居南北兩側一邊是門户；另一邊是窗户（瓮或者向）。這個北向的窗户在冬天是要用土坯堵塞起來以保暖過冬的。西安半坡博物館保存有考古村落的現場。從建築學觀點看，如果半地穴式的草房兩端都建有這種弧形的孔道，由于“串堂風”很容易掀

① 徐中舒主編《甲骨文字典》，第 608 頁。

掉草房的頂。所以徐説非本義也。

《説文》："良，善也。從畗省。亡聲。"許説是引申義，亦非本義。

將這個甲骨文是"良"的破譯帶入卜辭：

卜辭："壬辰卜。□。貞：婦良有子。"（一期卜辭乙 2510）

卜辭："丁巳卜。行。貞：王其田。無災。在良。"（二期卜辭前 2・21・4）

于是我開始懷疑：如果一個甲骨文破譯出漢字以後，卻總是找不著它的本義，有一種可能就是這個甲骨文的破譯錯了。

從圖二本字字形分析：該字的中間兩道曲綫是連貫的，被中間的"日（或口）"截斷的。按照我的破譯思路，曲綫表示水流，如果没去掉中間的這個意符"日（或口）"，剩下的甲骨文就是漢字"川"（兩畫的巜同樣也表示水流）。該字的造字中另一個符號口又可以寫作日，這很費解。從造字字形上看，會意爲一條河流被阻斷。意符口就是用來阻斷河流的東西，讀作 fang。用土坯、泥土、石塊築壩來刻意阻斷一條河流，這樣的水壩叫作梁。所以圖二的甲骨文字的音訓破譯爲 liang 是不錯的，但是對應的漢字是"梁"，而不是"良"。

《説文》："梁，水橋也。從木水。刅聲。"段注："梁之字用木跨水。則今之橋也。"再看《説文》："橋，水梁也。"橋梁互訓説明這兩個字正是同義詞。《孟子》："十一月輿梁成。"段注："《國語》引《夏令》曰：'九月除道。十月成梁。'《大雅》'造舟爲梁'皆今之橋制。……若《爾雅》隄（堤）謂之梁。《毛傳》石絶水曰梁。謂所以堰塞取魚者亦取亘于水中之義謂之梁。凡《毛詩》自造舟爲梁外，多言魚梁。"

從上述段注中我們看到，圖二甲骨文本義實爲"石絶水曰梁"，也可以是"土絶水曰梁"。建造這種魚梁的目的有兩個：一個是將石壩建造到略高于水面，當石壩内的水超出壩面就會流出去。這樣的石壩叫作"滾水壩"，可以攔截壩内的魚不會逃走；對于水流量較小的河流或者溝渠，則在兩端建造土壩，排除積水以抓魚。皖南稱這種抓魚的方式叫戽魚，河南東部也有這樣的叫法。

至于"橋"字，段注認爲："見于經傳者言梁不言橋也。"説明橋是後起義。

回到圖二的本字，它正是用石塊或者泥土形成魚梁以阻斷河流的本義。所以采用了從日（口）從川的會意造字。注意：本字音訓的正解是從日從川，日川切。日古古韻通泥，故本字梁的古音（或爲方言發音）應該是 nian，通 liang。

所以圖一和圖二的甲骨文字雖然有一個共同的意符，不能破譯爲含有同部首的漢字。圖一破譯爲漢字狼，其中梁爲聲符兼意符，是一個右文造字，從子從犬；圖二的甲骨文字破譯爲梁較符合遠古史實。梁和良古音雖然相同，但是其本義相差很大。尤其是兩個字在用于圖二這個甲骨文的破譯時，取用它們哪一個是關係重大的。

【甲骨文字本義小結】

狼的本義：吃孩子的野狗。名詞。

音訓 liang，通 lang。

梁的本義：橋梁。名詞。

音訓：從日從川，日川切。日古音爲泥母，故本字梁的古音（或爲方言發音）應該是 nian，通 liang。

破譯甲骨文：福　畐　壺

福、畐、壺似乎是三個關係不大的現代漢字，但是越向遠古探索，它們之間的聯係就越密切。當我們看見三個字的甲骨文時我們發現這三個字不僅在字形上有其共同的來源，在音訓上也有其共同的來源。很多的甲骨文字在其歷史演化中經歷了方言——雅言——再方言的創造過程，加之在文字發展史上産生的諸多噪音——多種方言發音、民間寫法的隨意變化、不規範的簡體字、先秦時期多種字體的變化——的影響，使其本字和音訓變得難以追溯。

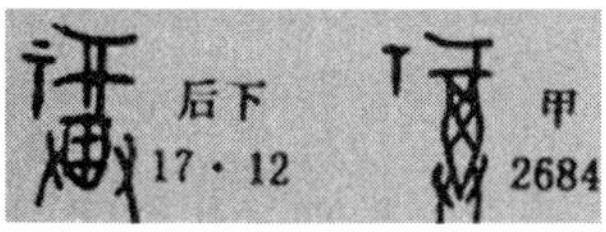

圖一　甲骨文：福

（從示從畐從雙手）

這是卜辭中最常見的一個甲骨文。造字中的雙手省略以後便是名詞福，有了雙手便是動詞福，甲骨文福的本義是祈福之意。其中示爲祭祀壇，雙手奉酒壺敬天以爲求福也。

《說文》：“福，備也。從示畐聲。”許慎的訓詁說明福字在東漢時的讀音爲 bi。這和我們今天的讀音 fu 差別很大。這兩個發音究竟哪一個纔是遠古的正音呢？段注曰：“福，非世所謂福也。福者備也。備者百順之名也。無所不順者之謂備。按福、備古音皆在第一部，疊韻也。鉉本作祜也，非。祜正世所謂福也。”這裏的徐鉉注産生了福的第三個發音 hu，請注意這個祜正是壺的同音字。卜辭中福與畐有通用的情況，這大概就是後來兩字都讀如 bi 的原因之一吧。這兩個甲骨文字是同義字，例如：

卜辭：“辛酉卜。寧貞：王賓夕（月）福。無尤。”（合 49）

卜辭：“丁亥卜。貞：王賓畐。無壱”（前 4・23・8）

圖二　甲骨文：畐

（獨體象形字）

《說文》：“畐，滿也。從高省。象高厚之形。凡畐之屬皆從畐。讀若伏。”這個漢字讀音爲 bi 應該是東漢以後的演化結果，至少許慎認爲本字讀如 fu。但是我們在許慎《說文》中關于“福”的定義中看到福的音訓已經是“備也”。這說明在壺、畐、福三字中最先演化出 bi 這一讀音的是“福”字。許慎没有見到甲骨文的出土，所以《說文》的參考書中也不會有甲骨文。《說文》所謂“畐。滿也”是一個引申義，這個引申義是從畐的本義産生的。那麽畐的本義是什麽呢？從圖二甲骨文畐看，這個畐的本義就是裝滿鬯酒的容器。祭祀時酒壺應該是“滿上”的，所以從畐的造字多有滿和備的含義。因爲裝滿了酒，所以這三個字頂上面都是加了蓋子的。而這個容器在東漢時的名稱就叫作壺。許慎認爲它發音爲伏（fu），後來徐鉉注解《說文》時說它發音爲祜（hu），這其實是壺字在不同的方言中的發音而已。今天我們許多地方方言中依然保留了這兩種發音。那麽它們在殷商方言中發音是什麽呢？我以爲在該字的甲骨文本字中可能分成兩類：一類造字中含有象形的箅子，一類没有。前者本字讀作 fu；後者本字讀作 bi。它們沿著兩條綫索分别演化成爲福、幅、富、輻、蝠、匐、踾、葍系列字和畐、鼻、畀、逼、畢、蹕、嗶、箅、痹、偪、蓽、濞、堛的系列字。

象什麽形呢？壺的象形正是夏商周平民常見的半地穴式草屋的象形。上面的三角形屋頂正是甲骨文今、倉、會、合等字中常見的屋頂意符。

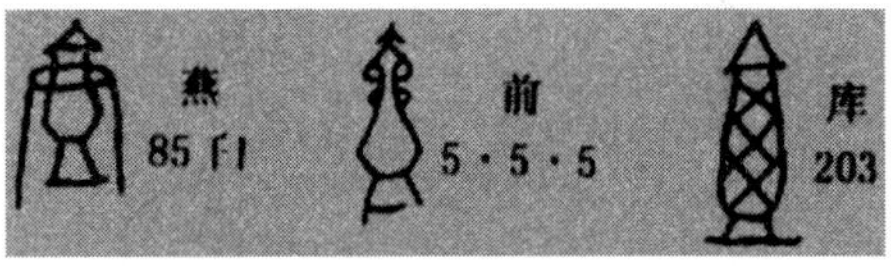

圖三　甲骨文：壺（獨體象形字）

《説文》："壺，昆吾圜器也。象形。從大象其蓋也。"所以甲骨文本字應該是從環，屋的象形。發音爲環屋切（hu）。根據壺字的象形判定，這個字的發音應該早在夏商之前就産生了。

但是在殷商方言中這個甲骨文字並不是讀若 hu，而是讀作 fu。原因是在河南濮陽到安陽一帶的殷商大邑商地區，方言將聲母 h 讀作 f。例如：

桃核 tao fu　黄色 fang sei　魂 fen　灰 fei　壺 fu

目前發現的卜辭中的壺字可以看做是福的假借字，例如：

卜辭："雉子曰壺。壺子曰喪……"（庫 1506）

卜辭："丁亥。壺示屯［?］"（燕 85 臼）

綜上所述，甲骨文畐、福、壺三字就其造字看，其基本造字意符是殷商祭祀時使用的酒壺。從畐和福的造字看，畐字從裝滿鬯酒的酒壺的本義引申出中的"滿也""備也"應該源于酒壺的本義。從音訓上看，甲骨文的畐、福、壺三字在殷商方言中發音應該相同。因此，甲骨文壺和畐應是發音相同的兩種容器，而甲骨文福則是畐的動詞形式，專用于祈福祭祀，甲骨文福是在象形字畐的基礎上創造的會意字。甲骨文畐的今音 bi 是《説文》以後演化的發音，在《説文》中，畐的讀音還是伏（fu）没有變化。甲骨文福和畐的發音 bi 和逼等字應該有它們的另一語音來源。從這個意義上説，甲骨文福是一個右文造字。而甲骨文壺和畐是象形造字。

［注］壺字《説文》謂之"昆吾圜器"，説明壺的本義是夏王朝的禮器。

破譯甲骨文：謀*

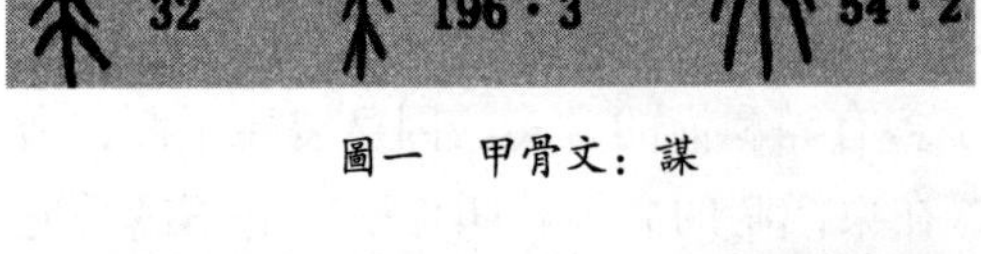

圖一　甲骨文：謀

圖一是一個在卜辭中非常常見的甲骨文。試舉幾例卜辭如下，在破譯其本字之前姑以"~"代表圖一的本字：

卜辭 1："癸未貞：其~生于高妣丙。"（合 34078）

卜辭 2："辛卯貞：其~生于妣庚妣丙。一牢。"（屯南 750）

卜辭 3："□□卜。争貞：~王生于妣庚。于妣丙。二月。"（s0071）

卜辭 4："貞：于河~。"（存 1·208）

卜辭5：“貞：~嶽。”（拾2·10）

卜辭6：“~自上甲。七月。”（粹95）

卜辭7：“庚午。~雨于嶽。”（佚40）

卜辭8：“甲戌卜；其~雨于伊奭。”（南明422）

卜辭9：“丙子卜：~牛于祖庚。”（乙8406）

上述九條卜辭涉及圖一這個甲骨文字，現在大多數人認可郭沫若依據上述第一第二條卜辭作出的解釋：~生“當是求生育之事”①。李孝定考證該字爲：“契文當釋‘求’。”②這是甲骨文研究中常見的一種因形解字的方法。這種方法的弊端是强調了甲骨文字形與破譯漢字字形上的照應和相似，而忽視了甲骨文字的内在注音規律，結果必然是失之片面。徐中舒認爲該字當從《説文》本部首所收錄的桒下從本的漢字③③。依據許慎的定義：“疾也。從本卉聲。拜從此。”段注：“呼骨切。”是爲入聲字桒。

我認爲上面幾種破譯都不是達詁。“求生育之事”固然可以向妣庚妣丙請教，關大甲、伊奭、祖庚什麼事呢？關黄河、山嶽又有什麼關聯呢？李孝定破譯爲“求”也不對。求是古文裘春秋戰國時出現的新字，求的初文是甲骨文裘。當然和生育不沾邊的。我妄自揣度這些大家的思路可能是因爲漢字“求”和本字的字形相像的緣故。

讓我來嘗試一下從音訓著手破譯這個甲骨文字。這個字的音訓姚孝遂注音爲 bi。不知道這個注音的依據是什麼？我們分析一下圖一甲骨文的造字，該造字上從木（例一從麥不改變反切上字的聲紐），下從不。前文已經考證過甲骨文不的本義是樹根，其音訓爲殷商發音訓爲 dou。所以圖一甲骨文字的音訓通 mou。依據這個音訓，我將該字破譯爲漢字“謀”。

首先我將該字帶入上述九條卜辭譯爲白話：

卜辭1：癸未日占卜。與高妣丙謀生子之事。

卜辭2：辛卯日占卜。獻祭給妣庚妣丙一牢，謀生子之事。

卜辭3：□□卜。與妣庚、妣丙謀求王的身體健康，二月。

卜辭4：貞：與河謀。

卜辭5：貞：謀嶽。

卜辭6：和上甲謀（?）。七月。

卜辭7：庚午。祭祀山嶽謀求下雨。説明殷商人可能意識到了山嶽與下雨的關係。

卜辭8：甲戌卜；祭祀伊奭謀求下雨。卜辭中多見遇到乾旱發生時總是祭祀伊奭。

卜辭9：丙子卜：祭祀祖庚謀求怎樣可以得到牛。

從上面的卜辭九例基本可以看出圖一甲骨文字是爲了達到某種目的而祭祀先祖輩以尋求點撥或者幫助。謀求的對象是多種多樣的，不僅是“謀兒子”。

《説文》：“謀，慮難曰謀。從言某聲。”該字後附的段注對我破譯這個甲骨文字的本義非常有幫助：“《左傳》叔孫豹説皇皇者華曰：‘訪問于善爲諮。諮難爲謀。’韋曰

---

① 趙誠著《古代文字音韻論文集》，第329頁。

② 馬如森著《殷墟甲骨學：帶你走進甲骨文的世界》，第431頁引。

③ 徐中舒主編《甲骨文字典》，第1174頁。

‘事當爲難。’《吴語》大夫種曰：‘夫謀必素見成事焉。而後履之。’”

可見“謀”是因爲遇到了疑難的事情了，必須諮詢善者。而且這種“謀”是事先能够遇見到“成事”，纔能開始履行此事。這和上述卜辭九條中該字的本義非常吻合貼切。

所以我將圖一甲骨文字從本義和音訓兩個角度訓釋爲：謀。這一破譯提供給我們的啓示是，破譯甲骨文字不能泥于甲骨文的字形，挖空心思地去發現該甲骨文字在字形上和某個漢字相像。破譯甲骨文字必須充分考慮到甲骨文造字的特點，例如許慎在《説文》謀字後收録了兩個“謀”字的古文字體，一個是從母從口；另一個是上從母下從言。很顯然這是兩個形聲造字，而形聲造字是從西周以後纔出現的造字方法，所以本字破譯時没有借鑒。

【甲骨文字本義小結】

謀的本義：因爲遇到難事而諮詢善者（能者）。動詞。獨體象形字。

音訓：從木從不（方言音 dou），讀若 mou。

破譯甲骨文：土　社

圖一　甲骨文：土

甲骨文“土”字一期卜辭中該字有散點意符；二至四期無散點意符，這些散點意符代表建社稷壇的土壤；五期開始出現“⊥”的簡化寫法。西周金文均從⊥，春秋始出現“土”的寫法。古音應爲地樹反切，讀若 du（杜）。方言讀若 dou。因上古音端透定三聲母爲同源聲母分化而來，所以該字發音 du 和 tu 在上古相通。土爲名詞，是上古社稷壇之意。下部從一爲土地，上部從丨爲社稷壇中心所植之樹。

甲骨文“社”是動詞。“社”首先代表的是土地神。《説文》：“社，地主也。從示土。春秋傳曰：‘共工之子句龍爲社神。’段玉裁注：“社者土地之生。土地廣博不可偏敬。封五土以爲社。……社者神地之道。爲社神。”五土就是五種不同顏色的土，代表普天之下的土壤以示不偏不倚。

“社”還是統治者和民衆祭祀土地的地方：社稷壇。《禮記》：“天子建國，左廟右社。”其中廟的作用是祭祀天神，社的作用是祭祀地神。因爲遠古人類相信死去的祖先的靈魂都在天上，所以祭祀祖先也是在廟裏進行的。其實“社”不僅僅是天子纔建，普通百姓都要建社。和家廟不一樣的是家廟是以宗族爲單位一家一廟，而社卻不是一家一社。《周禮》：“二十五家爲社。各樹其土所宜木。”據段玉裁考證，西周二十五家爲里社；二千五百家爲州社。天子爲大社。可見社是一方百姓祭禮土地神的祭禮場所。見于文獻有：

《初學記》引《漢舊事》曰：“天子大社，以五色土爲壇，封諸侯者取以方面土，以白茅授之，各以其施，以立社于其國，故謂之授茅土。”這裏的白茅就是《尚書·禹貢》中的“包匭青茅”。簡稱包茅。

《史記・三王世家》載《春秋大傳》曰：“天子之國有大社，將封者，各以物色，裹以白茅，封以爲舍。”

《禮記・祭法》：“大夫以下成群立社曰置社。”注：“大夫以下謂下至庶人也。大夫不得特立社。”

可見社有壇，所謂社稷壇是也。社稷壇以土爲之，上面栽有樹木。樹種是各國因地制宜。所以許慎説“各樹其土所宜木”。

圖二

甲骨文土下一横爲地。土上之小丘是社。殷商時土、社爲同一個字。今天從示從土的漢字社最早出現于戰國《中山王鼎》銘文中。社，從示從土，發音爲示二切，有兒化尾綴。這個新字的發音北方方言的痕跡很重（殷墟方言也存在兒化現象）。到了春秋時期“社”字出現了古文字體（如圖二），對我們理解社的含義非常有啓發。古文“社”中包含有四個意符分别是：天（一也）；水（川也）；植物（木也）；土地（土也）。可見社祭的目的是祈求土地神，希望風調雨順，五穀豐登。所以甲骨文“土”代表土壤的意思是從本義土地神引申出的一個意義。“土”字今天發音爲 tu，聲音來源尚待考證。

社是遠古祭祀土地神的祭壇。常見于春社（春季祭祀土地）、秋社（秋季感謝土地）、社日（舉行社祭的這天）、社稷（土神和穀神）等。最遠古的祭祀土地神可能在土地上直接祭祀，但是由于土地的分布實在廣博，無法一一照顧到，于是便有了一種特定的祭祀土地神的祭壇叫作社。《説文》：“社，地主也。從示土。《春秋傳》曰：‘共工之子句龍爲社神。’《周禮》：‘二十五家爲社。各樹其土所宜木。’”所以國家之大社以五色土爲祭壇，祭壇上置以本地最常見最宜生長的樹木。段注云：“土地廣博不可遍敬。封五土以爲社。……莊周書之櫟社。高祖所告之枌榆社。皆以木名社之遺。”《初學記》引《漢舊事》：“天子大社，以五色土爲壇，封諸侯者取以方面土，以白茅授之，各以其施，以立社于其國，故謂之授茅土。”《史記・三王世家》載《春秋大傳》曰：“天子之國有大社，將封者，各以物色，裹以白茅，封以爲舍。”

如此重要的國之大社，這個社字甲骨文系統至今未見。這可能嗎？當然不可能！學者們研究的結果是，這個“社”就是甲骨文土假借爲社：

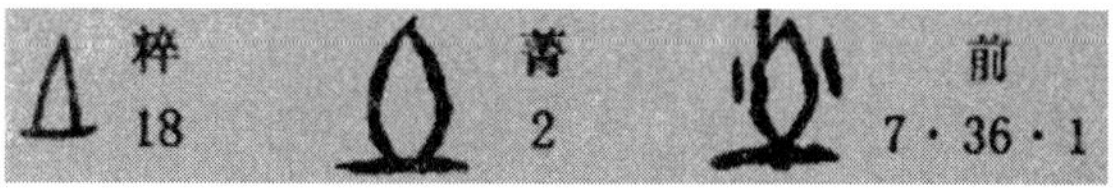

圖三　甲骨文：土

甲骨文土下一横爲地，上部的橢圓表示地之所出。認定甲骨文土可以假借爲社的是王國維，但是王國維自己已經改正了土假借爲社的觀點，説卜辭中這些可能被認爲是假借爲社的“土”字其實是指商先公相土。此説恐不確。

所以土不能假借爲社，從音訓上看，土和社的發音也不通。土爲徒古切，社爲常者切。既然兩字音訓不通則不能假借。附帶提一下，王國維認爲土是指相土的那幾條卜辭也不能釋爲相土：

卜辭：“貞：燎于土。三小牢。卯一牛。沈十牛。”（合 14395）燎不用于祖先祭祀。

卜辭：“貞：勿謀年于邦（？）土。”（前 4・17・3）

卜辭：“貞：謀年于土九牛。”上兩條均爲祈求糧食豐收，當與土地謀，非與相土謀。此條與上一條互相矛盾。

卜辭："貞：作大邑于唐土。"（金 611）作大邑一定是于某塊土地上，不是"社"明矣。本例意爲在湯的土地上建造一個大城，似與大邑商的擴建有關。

甲骨文土既然不能假借爲社，甲骨文系統中就一定還有一個"社"字。在研究中我發現有一個甲骨文字可能是甲骨文社，如圖二：

圖四　甲骨文：社（動詞）

圖二這個甲骨文字我曾經認可此前學者們破譯爲"祡"——一種燒柴的山嶽祭祀。現在依據會意字的造字注音規律發現，如果破譯爲祡，其音訓難以吻合。甲骨文社，從示從木從手，該字造字常常也從雙手。這是一個會意造字，是動詞。會意造字的動詞中意符手常常不參與造字的注音。所以圖二甲骨文字的注音聲符是示和木。示木切，古音當讀若 su 或 shu。《說文》作示木切。這個發音和社的聲母吻合，但是韻母不太吻合。

關于這個字的反切注音，安徽含山淩家灘一帶的方言發音爲 sou（入聲）。從巢湖到含山淩家灘一帶遠古應是商湯滅桀之地。桀避商湯之所以選擇逃往巢湖是因爲環巢湖一帶爲夏氏族的聚邑。所以這種反切産生的發音差異有可能是不同方言發音上的細微差別。該字是否有可能在夏或者夏以前的堯舜就已經被創造出來了？如果一個甲骨文字是繼承了黃帝堯舜禹時期的造字和讀音，有没有可能與甲骨文的殷商方言發音出現細部的差異呢？如果有，那麼這種差異應該主要表現在韻母的不同。這裏暫付闕如。

從造字看，本字下部的示即爲祭壇，該社稷壇由五色土築成。上部從手從木正是許慎"各樹其土所宜木"的意思。所以本字是一個動詞。破譯本字的關鍵在于該字的意符中有没有涉及意符"火"。徐中舒解字曰："象以木或束木架于示前焚燎之以祭天神之意……《說文》：'祡，燒柴焚燎以祭天神。'祡柴一字，故燒柴祭曰祡。"① 按照甲骨文造字的規律，如果是"燒柴焚燎以祭天神"，則造字中必出現意符"火"。本字中卻没有意符火，所以衹能解釋爲"各樹其土所宜木。"的含義。即其甲骨文本字是社。

這個甲骨文字發展到了戰國時期出現了一個名詞形式：古文社從示從木，下從土爲五色土祭壇。和甲骨文"社"比較，古文社的演化是有道理的。該字中的意符"示"獨立置于左側正是許慎所說的轉注手法，標志著這是一個和祭祀有關的漢字。此後直到許慎《說文》，和祭祀有關聯的漢字的偏旁都采用這種示部首在左的造字規範。從卜辭看，這個字破譯爲社的可能性相當大：

卜辭："癸巳卜。行貞：王賓社。亡尤。"（河 472）

卜辭："辛卯卜。即貞：王賓社。不雨。"（人 1591）

卜辭："貞：勿社祖乙。十月。"（文 288）

卜辭："……貞：社四小牢。"（林 1・18・13）

卜辭："己卯卜：我貞：社月又使。"（前 856）

卜辭："癸巳卜：于社月又□。"（前 863）

---

① 徐中舒主編《甲骨文字典》，第 21 頁。

這樣的破譯我感覺比此前的破譯要順暢，尤其是最後兩條卜辭中的“社月”是不是印證了殷商王朝的社祭不像周王朝集中在某一天——社日，而是集中在某一個月裏呢？

【甲骨文字本義小結】

土的本義：遠古人重神。后土，即土地神。引申爲祭祀土地神的社稷壇。引申爲一般的土地。

音訓：地樹反。該音讀若 du（杜）。上古通 tu（土）。方言發音爲 tou。

破譯甲骨文：央*

《詩經·小雅·庭燎》：“夜如何其？夜未央。”又漢代有兩座宮殿分別名爲“長樂宮”、“未央宮”。注家都將其解釋爲“未盡”或“不盡”之意。其實，在我們破譯了甲骨文央字之後就會清楚地發現，這裏的“未央”衹是“未到一半”的意思。夜未央就是還没到子夜，長樂未央就是快樂尚未達到頂點的意思。未央意味著人或者王朝正在走上坡路，尚未到達最盛。對于一個統治者來説，其中的寓意是吉祥、深遠的。

圖一 甲骨文：央

《説文》：“央，中也。從大在冂之內。大，人也。”許慎對“央”的定義也是這個意思。

從《説文》定義看，央字的甲骨文造字不是太科學，因爲《説文》之央從人在冂中，而甲骨文本義恐怕不瞭解中國農村生活的人真的不好懂。總之該央字造字是從人從凵從一，不同的是甲骨文的凵開口向上，小篆的凵開口向下。但是作爲反切聲符兩者的功用是一樣的。

高鴻縉釋爲：“按字倚大畫其肩擔物形。……擔物必在扁擔之中央，故托以寄中央之意。”① 徐中舒釋爲：“從大上加凵，象人戴枷之形，爲殃之本字。戴枷其頭在中央，故引申而有中央之意。”② 就上述兩種觀點而言，我同意高鴻縉的破譯，但是高的觀點並未解釋扁擔爲什麽是“凵”字形狀。所以就會有人攻訐：高鴻縉會不會是爲了破譯本字而强爲説辭？同樣徐中舒也不能解釋殷商的枷鎖是用來禁錮頭顱的。卜辭中的枷鎖主要是用來禁錮雙手的，這一點有很多甲骨文造字可以證明。同樣甲骨文“亢”説明俘獲的戰俘采用禁錮雙脚的辦法。至于甲骨文“聝”、“由”等字的對象是已經死亡的敵人。到目前爲止甲骨文中還没有發現用來禁錮頭顱的“枷鎖”的相關字。所以我們無法證明殷商時期確有這樣的枷鎖存在，也就無法證明徐中舒這個觀點的合理性。卜辭中甲骨文的央字僅見于人名：子央。

卜辭：“癸未卜。夬貞：子央隹其有疒。三月。”（甲 3512）

卜辭：“乙卯卜，亘貞：今日王至于敦。月酒［或酌］。子央侑于父乙。”（鐵 196·1）

---

① 馬如森著《殷墟甲骨學：帶你走進甲骨文的世界》，第 326 頁引。

② 徐中舒主編《甲骨文字典》，第 595 頁。

所以我們不能從卜辭中找到央的本義。“央”的造字的字形可以是一個肩上挑著擔子的男人。對改革開放之前的中國農村生活有深入瞭解的人應該知道，扁擔可以是兩頭彎起的。這種扁擔也是用竹子製成的，它的兩頭稍細，用火定型爲彎曲向上的形狀。它的特點是承重不大，由于兩端彎曲向上挑著的物品不會滑。這種扁擔在皖南叫作“鈎子扁擔”。

從央字的音訓上看，該字從一從凵，爲一凵切，讀若 yan，古音通 yang。

【甲骨文字本義小結】

央的本義：中點或者位于中間的一段。名詞。

音訓：從一從凵，一凵切。讀若 yan，古音通 yang。

破譯甲骨文：示

圖一文字在《古文字類編》中被破譯爲兩個漢字，左半是甲骨文主，右半是甲骨文示。這是在破譯甲骨文示字時常犯的一個錯誤。左半圖的甲骨文字不能訓爲“主”，這是由本字的音訓决定的，該甲骨文字上面不是一點，而是一橫。如果是一點則注音爲主，如果是一橫則訓爲上。所以圖一的兩種情况字形的訓詁是一致的。該字從上從丨，這裏的丨是天神所賜的意思，寫法是自上而下，所以讀若 tui。上退切，讀若 si，古音後演化爲 shi。按：關于古音的研究，本字示是一個很能够説明問題的例子：示、使、史、事今爲同音字，示和治今爲近音字。但是在清代的段玉裁的《六書音韻表》中使、史、事、治同在第一部，示在十五部。我以爲這些字在甲骨文時期的殷商應該是同音字。今天他們在河南東北部方言中依然是同音字。字的發音由古到今是一個日漸分化的過程。遠古中國人類的第一個發音應該是女媧的“媧”。也就是今天每一個嬰兒開口説的第一個字：媽。媧和媽古音相通。

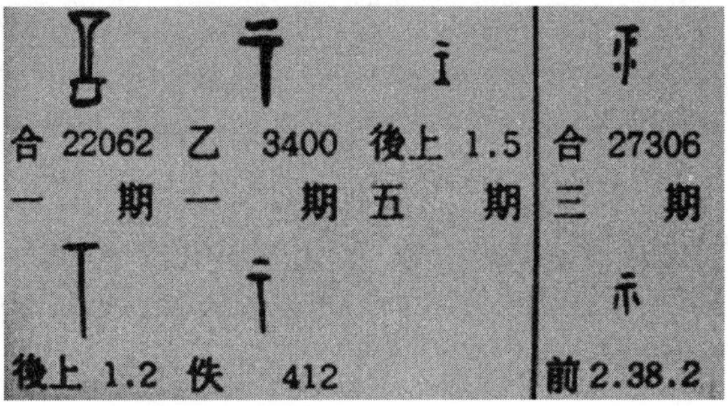

圖一 甲骨文：示

圖一文字的散點意符的見解不同是破譯甲骨文示常犯的第二個錯誤。示字在許慎的《説文》是一個部首字，代表一類字：“示，天垂象。見吉凶。所以示人也。從二。三垂，日月星也。觀乎天文以察時變。示，神事也。凡示之屬皆從示。”首先，許慎告訴我們，凡是和天神（即“引出萬物者也”）有關的事情都歸入示部字。所以示部字本義都是和天上的神有關聯的。必須注意到這一點，就是這裏所説的“天神”是在天之神，即天神、商的先王先公夏的先王先公，以及夏以前時代的氏族領袖們。上述定義中許慎的一個觀點可能具有漢代的哲學色彩，這就是“三垂，日月星”。這種用三條下垂的綫

表示日月星的造字在甲骨文中從來没有見過。在甲骨文“示”字中的這些散點意符一般都是不規則的。也就是説小篆“示”的左右兩點在甲骨文示字中既不是兩點，也不是“三垂”，而且是可有可無的。徐中舒關于“T之上或其左右之點畫，爲增飾符號”。有一定的道理。研究甲骨文示，我們發現更多的甲骨文示只有中間的“一垂”，即中間一竪是不可少的。這一竪的作用是溝通天地。正如《山海經》中的建木，它的作用是《淮南子·墜形訓》中所説的“衆帝所自上下”，和《山海經·海内經》所説的“太昊爰過。黄帝所爲”。實際上這一竪便是建木的象徵，衹不過上下的不再是太昊和黄帝，而是殷商人先公先王的意志。

説到天神就不得不强調一點，遠古中國人所認定的“神”並不是一個抽象的概念。神字的初文甲骨文“申”指的就是閃電。遠古中國人崇拜龍（龍捲風）、蚩尤（沙塵暴）、雄虺（南方的颱風）、燭龍（北極光），這些都是具象的。所以中國人心目中的天神主要是那些已經昇天的先公先王們。中國人並不自私，他們也承認别的王朝或氏族的先王先公也在天上。之所以産生“昇天”的想法也是源于黄帝被龍捲風卷上天的歷史傳説（不是神話）。

甲骨文的“示”本義是一種祭祀天神（含先王先公先妣舊臣的集體）用以通天的東西。説它是天神的神主（牌位）顯然内涵太小了，形狀也不吻合。即使有一個天神的牌位也應是具象的“且”字形的或者“倒且字形”的。甲骨文示和商、帝等造字都是從上的。其音訓也都和“shang”緊密聯係在一起的。請參見本書相關文章。

遠古中國人祭祀天神的祭壇主要有這樣幾種：山區一般選擇一塊石壁；丘陵地區選擇用石塊壘成祭壇（紅山文化）；從安徽近年出土的鍾離國祭壇看，似乎在平原地區也有用偶人、色土、石塊嵌成圖案的祭壇；地處山前平原的殷商人一般用木柱或石柱。所以殷商人造甲骨文“示”采用的是殷商自己的象形。從圖一甲骨文示的造字看，這些用于祭祀的木柱或者石柱上是可以放置祭祀用的祭品的。後期發展演化出的禮器如鼎、簋、皿、豆應該都是從最初的“示”發展而來的器形。其中鼎是主祭食品例如太牢或少牢；皿用于承接液體血或者酒；豆用于供奉粒狀的糧食。

殷商人祭祀的祖先的“示”是從上甲微開始的。甲骨文上甲微的“甲”周圍有一圈□表示城郭。這可能和上甲微首次建造城邑，使殷商人由游牧、狩獵開始定居有關。所以卜辭中的“大示”“元示（即神示）”“上示”都是指上甲微一人。而如果説“×元示”則是指上甲微開始的×位先公。但是每個“示”都有一個實指的已故先王先公的角色。例如：

卜辭：“……辛巳卜大貞：有自上甲元示三牛。二示二牛。十二月。”二示爲報丁。

卜辭：“壬寅卜：謀其伐歸。叀北□用廿示一牛。二示羊以四戈彘。”（粹221）

卜辭：“癸未貞：辛卯其謀禾，于示。”（粹195）這裏的示應該是泛指所有天神。

卜辭：“占曰：其衛于黄示。”（續5·9·2）黄示爲殷商舊臣黄奭（shi）。

卜辭：“貞：來丁丑又（佑）歲。于伊□示。”（南明497）伊□爲殷商舊臣伊尹。

卜辭：“甲申卜：王貞：令侯方北示卜。侑六示。”（存2·233）

卜辭：“……來揪。陟。于西示。”（前7·32·4）西示、北示可能是在西方、北方設壇。

卜辭："戊戌卜。其示于妣己。王賓。"（寧 1・218）于是一種祭祀形式。

卜辭："示一牛。"（存 1・1825）

卜辭："示少牢。"（庫 985）

總之，卜辭中凡使用示，必有一個實質性的特指祭祀對象，這個對象一定已經在天上。至于示字中的三垂，殷商造字者原本是用這樣的散點意符代表祭祀中濺出的液體、血液或者糧食顆粒，許慎將這些散點意符神話爲三垂——日月星了。中國的遠古時絶少有神話傳説的，衹是在漫長的口口相傳的歷史過程中，由于不同的需要很多的東西被神化了。甲骨文示下部的兩點便是例證。

破譯甲骨文：庠* 厚*

漢字庠、享和亯是仨同音字，都讀若 xiang。《康熙字典》考定享和亯是同一個漢字，亯是享的古文形式。我們來看被此前專家破譯的甲骨文亯字：

圖一　甲骨文：庠

圖一甲骨文字吴大澂認爲是宗廟形，故釋本義爲宗廟。徐中舒認爲：其"象穴居之形口爲所居之穴，（其上）爲穴旁臺階以便出入，其上並有覆蓋以免雨水下注。居室既爲止息之處，又爲烹製食物饗食之所，引申之而有饗獻之義"[1]。

既然學者們在破譯圖一甲骨文時借用了小篆的亯，我們就來看看許慎《説文》對"亯"的解釋："亯，獻也。從高省。曰象進孰物形。《孝經》曰：'祭則鬼亯之。'"很顯然，許慎的定義的亯是一個動詞。但是圖一的甲骨文是一個名詞，像一座建築物。所以許慎的定義不是本義。既然圖一的甲骨文是一個名詞，也就否定了將其破譯爲"亯"和"享"的觀點，因爲這兩個字都是動詞。

吴大澂破譯爲宗廟對不對呢？有點牽强。宗廟是祭祀神和祖先的建築物，圖一甲骨文没有一點神示的色彩。且甲骨文高、亳、郭、京字的上半意符都和圖一的本字一樣，顯然如果其本義是宗廟，應該是比較特殊的造字纔是。

我認爲這個建築是商周時期的一個公共場所——庠序。也就是學校和養老院。這個字應該破譯爲庠。但是將其破譯爲庠有兩個學術的問題。

其一，是《孟子・梁惠王》中"謹庠序之教"下有注曰："庠序者，教化之宫也。殷曰序，周曰庠。"甲骨文是殷人創造的，應該按照殷商人的説話習慣破譯爲序纔對。但是破譯爲序就遇到另一個學術疑難——音訓難通。

其二，圖一甲骨文字的音訓是從亼（ji）從口（fang），即使不考慮聲紐反切也是讀若 jiang，一看便可知道，它的最佳破譯是庠而不是序（xu）。上古聲母 j、x 可通。

---

[1] 徐中舒主編《甲骨文字典》，第 601 頁。

第一個問題比較好解決。《説文》："庠，禮官養老。夏曰校。殷曰庠。周曰序。"段注："《史記・儒林傳》同《漢書・儒林傳》則曰夏曰校。殷曰庠。周曰序。許同《漢書》。疑今《孟子》《史記》有誤。"就是説圖一甲骨文可以破譯爲庠，是符合殷商史實的。在卜辭中庠也確實是一個名詞：

卜辭："乙卯卜，□，貞：今日王勿往于庠。"（後上12・9）

卜辭："貞：今夕其……星在庠。"（金407）

第二個問題是圖一甲骨文的讀音。就該字造字表現出的反切發音是讀若jiang。怎樣纔能解釋這個現象呢？我認爲這可能隱含著甲骨文造字初期的一個很重要的聲音現象：殷商時期的發音尚未準確地分化到位。讀若jiang還是讀若xiang看似一個音位問題，實際上隱含著殷商時發音的模糊性，這個現象向我們表明在殷商時期可能這兩個音不是近音而是相同發音。在這個甲骨文造字中記錄並保存著這一珍貴的語音現象。音韻學常識告訴我們：聲紐j、q、x的發音部位完全相同，所以殷商方言中jiang、qiang、xiang極有可能尚未分化完成。也就是説：在殷商甲骨文系統中，聲紐j、q、x的發音是完全混同的，它們是同一個聲母。這是上古聲韻擬構系統化需要深入的地方。

甲骨文庠的最上部的意符"△"是破譯爲漢字亼，本義是殷商的房頂。如果我們將圖一文字旋轉180度，用意符"厂"代替"△"，就得到另一個字"厚"，如圖二：這個字在造字上和圖一的庠字有異曲同工之妙。該字的造字從厂從口，最下部的意符是一個臺階或者階梯。這個字爲什麽破譯爲"厚"呢？唐蘭等學者們多破譯爲厚，但考據卻語焉不詳。其實在甲骨文中有兩個"厚"字，這兩個字在《説文》的同一部首同一頁上，但是你要檢索到它們絶非易事。另一個厚字如圖三：這兩個字之間的關係是後者爲前者的省略形式，省略了上部的"厂"。這並不違反甲骨文一字一形一義的造字原則。

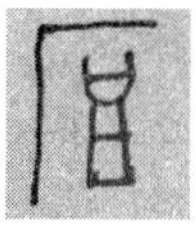

圖二

甲骨文：厚

圖三

甲骨文：厚

《説文》：無厂之厚（圖三）："厚，厚也。從反亯。"該字字形應該是倒置的亯字，所以也應該是一種建築或類建築。因爲是倒置的亯，所以省略了屋頂"△"。

《説文》：有厂之厚（圖二）："厚，山陵之厚也。"該字的本義與"薄"相對，指扁平物的厚度。但是這種造字爲什麽就可以表示山的厚度呢？

許慎將這兩個本屬于同一個漢字的内容分成兩條，結果産生了誤導。説明許慎並没有意識到這樣兩個"厚"字之間的緊密聯係。

這兩條定義的前一條是厚的字形訓詁，後一條是其本義訓詁。依據這個邏輯應該還有第三條是音訓纔算完整。我來補正它的音訓：

音訓：厚。從厂從口，厂口切。"厂"發音爲罕（han），故本字讀若hou。

但是爲什麽這樣一個造字就一定可以破譯爲漢字的"厚"呢？藉助金文"厚"可以更好地理解甲骨文厚與其本義之間的關係。

該字上從"厂"。《説文》："厂，山石之厓巖。人可居。象形。"下從口，山崖上出現了一個口子便是山洞。口字下就是我所説的臺階或者階梯，這個臺階拾級而下便到了另一個口字。這個最下部的口代表的是山洞内部的空間。山

圖四

金文：厚（下爲魯伯盤）

陵的厚度就是用這樣的造字體現出來的。圖三的甲骨文厚除了省略了“厂”以外，其餘的意符基本不變。注意，當甲骨文厚省略了“厂”時其下部的意符用不規則的圖形表示，如果用圓形或者橢圓形表示則易被誤解爲一種容器。用山洞以及洞内的空間來表示山陵之厚，確實是別出心裁。山洞正是一種特殊的類建築物。

【甲骨文字本義小結】

庠的本義：殷商的一種建築——學校和養老院。名詞。

音訓：從亼（ji）從匚（fang），讀若 jiang，殷商發音應通 xiang。

厚的本義：山陵的厚度。

音訓：從厂從口，厂口切，“厂”發音爲罕（han），故本字讀若 hou。

破譯甲骨文：亩* 鄙*

亩是許慎《説文》中的一個部首字。該部首另有一常用字爲漢字的鄙。

《説文》：“亩，穀所振入也。宗廟粢盛。蒼黄亩而取之。故謂之亩從入從回。象屋形。中有户牖。”段注：“力甚切。”即讀若 len，今讀若 lin。但是它的甲骨文讀音不是這樣的。

《説文》：“鄙，嗇也。從口，從亩。亩，受也。”

我們必須首先把許慎的這兩個字的定義搞懂。其一，亩是一種囤糧食的用具，某年糧食豐收宗廟放不下了，倉促中就用它囤積多餘的糧食。這個用具的外表像房屋，在殷商就應該像五脊四面坡的宫室建築物。至于許慎説它“中有户牖”，則不能一概而論，我國農村有些設有散熱用的户牖，大多數没有這種供散熱用的户牖。圖二爲漢字鄙，本義是嗇，就是愛惜的意思。卜辭系統中可以找到這兩個字的甲骨文，如圖一、圖二：

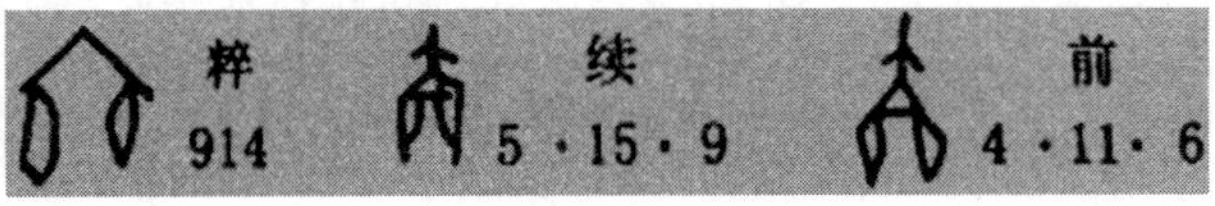

圖一 甲骨文：亩

圖二 甲骨文：鄙

乍一看，圖一和圖二這兩個字和破譯的漢字之間很難建立其對應關係。確實，這兩個甲骨文的破譯不僅需要訓詁學知識，還需要對有關農村生産生活的常識有所瞭解。

圖一中最爲規範的字例是例二。上從大，下從丙，中間有一個符號△是由上面大的一撇一捺和下面丙的一横所組成。有人會質疑從大從丙就是造字，爲什麽要强調這個符號△呢？其實這個△在本字的破譯中是一個非常重要的角色，它是一個聲符兼意符，即漢字亼。丙亼切，本字讀若 bi，通 bin。從字形上看是一個人站在糧食堆上。該字的本義是穀囤。名詞。請看實物圖三：實物圖中左邊的穀囤就是亩，它是用有一定寬度的粗席條旋轉而成（即造字中甲骨文回的本義由來），裏面儲存糧食，上面用草頂（見圖中

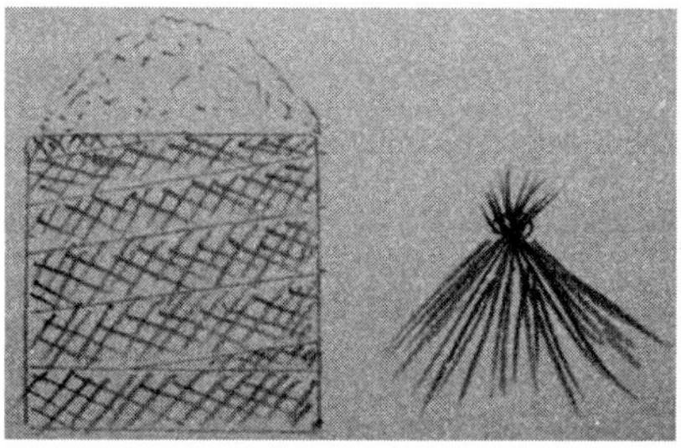
圖三

右側）覆蓋以防日曬雨淋。這個草頂和殷商時半地穴式民居的房頂是一樣的，就是造字中符號△所表示的甲骨文亼。粗席條又叫作茓條、茓子或踅子。造字中上面一個大字表示有人正在高處儲藏糧食。《說文》之“穀所振入也”意思是穀物高舉（即振）以倒入其中，而“宗廟粢盛”是指糧食太多，宗廟裹放不下了的意思，“蒼黄而取之”則意味著這種儲存方法祇是一種臨時的權宜之計。

卜辭：“乙巳卜。貞：令□省在南~。十月。”（前5・6・2）

卜辭：“……乎耤于~北□不。”（乙8151）

山西網友藺長旺說這個穀囤在山西臨汾方言中發音爲亳。

圖二甲骨文爲鄙，該字的漢字偏旁“阝（亦即邑）”可以省略。圖二中的例二是其甲骨文標準的造字。它的甲骨文造字是從㐭從口。注意造字中的口可以位于該字的上端也可以位于該字的下端，這一造字細節表明意符“口”和意符“大”是不相連的。請注意段玉裁對這個意符“口”的注解：“段注：音韋。口猶聚也。”這個意思是說將所有的穀物集中囤聚在一個地方，這個地方叫作鄙。所以卜辭中的四鄙（東鄙南鄙西鄙北鄙）實際上相當于王城郊外四方的打穀場，每年豐收的糧食如果宗廟放不下了就臨時囤積在四鄙。四鄙距離王城是很遠的：

《說文》：“鄙。五鄰爲鄙。”其中的鄰指西周的地方聚落“百家爲鄰”。段注考證了這個鄙的初文是没有右邊的偏旁“邑”的，這一點恰和甲骨文本字的造字相一致。段注又曰：“蓋《周禮》都鄙距國五百里。在王畿之邊。故鄙可釋爲邊。又引申爲輕薄之稱。……兵美切。”將富餘的糧食囤聚在五百里之外，這是統治國家的一種需要。

卜辭：“……沚馘告曰：‘土方□于我東鄙。災二邑。工方亦侵我西鄙田。’”（菁2）

卜辭：“貞：鄙不其受年。”（乙7672）這裏的鄙是指整個四鄙，近乎該都邑全年的收成。

圖二甲骨文字的音訓亦當爲 bi。該字從㐭從口，是一個右文造字。本義爲臨時囤聚穀物的地方。本文的兩個甲骨文之間的關係有點像單數和復數的關係。嚴格地說，前者指具體的一個穀囤，後者則指屯聚了很多穀囤的一塊場地。在卜辭中，鄙多用作指殷商都邑以外的大片土地。

破譯甲骨文：與趙誠先生商榷

我正在又一次研讀趙誠的《古代文字音韻論文集》今天讀到第14頁。趙先生舉了圖一和圖二的例子，並有如下的研究：“……木和草這兩個形符是有分別的。但是另外有一些字，從木從草卻通用無别。如……”①

趙先生在列舉了圖一圖二兩組甲骨文例子説明“有一些字從木從草卻通用無别”之後，有如下的觀點：

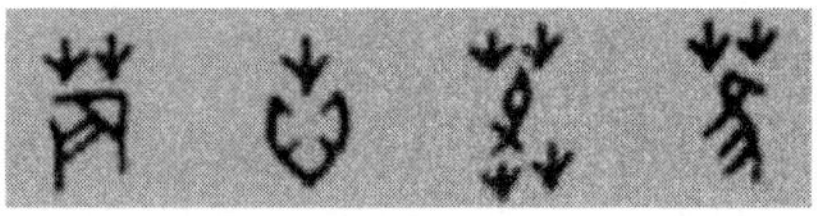
圖一　蕽、春、萑

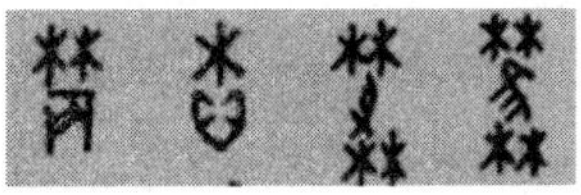
圖二　蕽、春、萑

“由這一些字的現實情况看，從草從木在當時尚未分别。根本的原因應該是那個時候在人們的觀念裏木本和草本植物還没有一個明確的分界綫……關鍵的一點是當時人在某些方面將草本和木本混而爲一，所以從木從草無别。而後代從木從草判然不混。”②

問題是：在殷商甲骨文中，爲什麼上面幾個字中木草可以不分，而其它字中從木從草卻是“判然不混”的呢？這個問題涉及甲骨文造字的特點，所以應該商榷。

殷商甲骨文的造字的最根本的依據是本義以及造字之前就已經廣泛使用的殷商口語發音有些甲骨文字采用了夏方言的注音，圍遶著本義組織意符（趙先生稱之爲形符）進行造字。當意符通過象形、會意、右文等方法造出甲骨文字來以後，這個造字過程並没有結束，還需要使這些意符之間産生出符合既定口語發音的新造字的注音來。

其實在殷商甲骨文造字中，木和草的造字功用非常清晰，從來判然不混。木本植物的甲骨文字就一定是從木的；草本植物的甲骨文字就一定是從草的。這一點趙先生書中有衆多的字例可循。但是趙先生卻引用了另外兩個甲骨文字“㚘”和“禾”來説明殷商人確實是“將草本和木本混而爲一”的：

㚘“從木從手，象以手斷木之形。按照常規的生理知識這的確不可理解。手怎麽能用指頭隨便斷木呢？”

禾“象糧食作物成熟之後穗子沉重下垂之形。卜辭用作穀類作物的總稱，當爲引申義。這裏所要指出的是，從字形看，穗子從木上下垂，按照現代人的觀念完全可以理解成是樹上長糧食。這當然不可能”③。

趙先生可能忽略了兩點，一是殷商甲骨文字是以象形造字爲基礎的造字；二是有時候造字解釋不通可能是我們不瞭解殷商史實或者甲骨文破譯有誤所致。就甲骨文“禾”而言，北方的旱地作物在殷商人理解中都是長在樹上的。玉米、高粱、黍都有著像樹一樣秸稈。按照象形造字規律它們就是應該從木，所以禾采用從木的造字是符合物理的。至于甲骨文“㚘”字我認爲是破譯不够準確所致。這個甲骨文字應該破譯爲漢字“揫”（即揪）。其本義爲用手將細小的東西收斂起來。它的甲骨文本義應該是“用手將小草清除乾凈”。即“用手除草”之意。民間從樹上采摘樹葉也叫作揪。所以該甲骨文字“揪”在甲骨文造字中既可以從草也可以從木。

現在讓我們回到上面的圖一圖二。

甲骨文蕽，從辰從草，或者從辰從林。該字的發音應爲林辰切，讀若 leng 或者 len。應該是一個方言發音。蕽的本義：挖鑿土質的窑洞。動詞。引申義：農耕。動詞。既然是土質的窑洞，那麽它的上部可以長草也可以長樹的。所以甲骨文蕽從林是其正解。

①②③　趙誠著《古代文字音韻論文集》，第 14 頁。

甲骨文春，從屯從草，或者從屯從木。本義是春天草木發芽。但是春天的到來我們一般是從嫩草的發芽感知到的，所以本字從屯從草是正解。從音訓看，春字正是草屯切，應該讀若 chun 或者 cun。該字殷商方言讀若 qun。

甲骨文萑，從隹從草，或者從隹從木。本義是鳥鑽進了深草從中或者大樹的密蔭中，所以卜辭中常常用作“偵查”的引申義。至于漢字萑引申出蘆葦一類的深草也是由甲骨文本義演化而來。該字音訓存疑，按照甲骨文注音方法，萑的擬音是讀若 cei 或者 lei。待考。

至于爲什麽有的甲骨文字從草，同一個字有時卻從木從林的問題，必須考慮到甲骨文字的造字場景問題。甲骨文是一字一形一義的，它忠實地遵守造字時的對象。例如從草蓛字表示該卜辭中所記錄的窑洞頂上長著草，而從林則是長著樹。這個甲骨文蓛字如果造字中出現上下都長草，或者上下都從林的情況也是可以的。同樣，從草的萑説明鳥在草叢中，從林的萑表示的是鳥在樹林中。殷商甲骨文系統中之所以“有一些字從木從草卻通用無别”是因爲造字場景中出現了草或者木的情況，它們之所以采用了從木或者從草的意符造字是因爲遵循了當時造字場景的需要，不是隨便可以混用的。

回到趙先生作爲佐證的甲骨文字“芻”（我破譯爲漢字揪）和“禾”：

從木的芻本義爲用手采摘樹葉，例如打猪草之類。從草的芻本義是用手除草。這個甲骨文字的音訓是從草從手，讀若 cou 或者 qiu。和我破譯的揪字吻合。如果從手從木音訓就錯了。

“禾”雖然用木來作爲北方作物的秸稈的象形，但是甲骨文的禾從來用木而不用“草”作爲該字的造字的意符。

以上是我對趙先生觀點的商榷意見，就教于趙誠先生。

破譯甲骨文：山與火的音訓

圖一　甲骨文：山（左上）、火（右上）

圖一甲骨文字是我依照甲骨文造字規律自己寫的。甲骨文山字和火字造字是有區别的，搞清楚兩者之間的區别對于正確閲讀卜辭有幫助。甲骨文山是針對平原而言的，所以下面是代表大地的一橫；甲骨文火是没有生根的，所以下面從半環，這個半環的造字我們在甲骨文玦、虹中已經論及。山和火的上半部分是一樣的，是一道曲綫，這樣的曲綫在甲骨文中筆畫名稱叫作折。由于殷商方言中没有聲母 zh、ch、sh，所以折的發音是 zei 或者 sei，這兩個發音當時極有可能還没有分化，所以推測它倆可能是同一個混合發音。

就本字的象形分析，甲骨文的山是大地上聳立的山峰。它的造字由于要考慮到爲本字注音，所以融合了聲符的元素，這是此前甲骨文研究者所忽視的地方。山上從折，下從凵。所以它的發音是折（sei）凵（kan）切。讀若 san，即今天的發音爲 shan。

進一步的調查和考證説明河南東北部方言中有聲母 f 和 h 至今並存，有混用現象，例如上面的環和虎在某些地區的方言發音中讀若 fan 和 fu。但是這一點不影響本文兩個甲骨文字的考證。在此列出備考。

甲骨文火的象形是一團正在燃燒的火焰，下部是半圓形因爲火是没有根的。它的造字也同樣融合了兩個聲符元素上從折下從環，它的發音是環（huan）折（sei）切。讀若 hui。但是依據當時的造字習慣和發音習慣，我認爲這個甲骨文火字的方言發音有可能是虎（hu）。

研究音訓的學者可能會指出我的率性而爲：難道你説讀若 hui 就是 hui 嗎？他們的指責是有道理的，但是我的音訓也是有依據的。

《説文》："火，焜也。南方之行炎而上。象形。"據《康熙字典》考證這個焜字讀若虺，和我論證的甲骨文火的讀音是相同的。説明許慎在收錄"火"字時，采納了火的古音。儘管如此，它依然是一個孤證。我在段玉裁爲火字作的考證中發現了進一步的例證：

段注："焜，各本作'毁'。今正。下文曰焜，火也。爲轉注。"既然兩字爲轉注，則它們的古音都是讀若 hui 無疑。更重要的是這樣兩個字和我考證的甲骨文火都是遠古的同音字，它們都是讀若 hui。

今天的火字讀若 huo 應該是語音在使用中不斷演化，最終經由某朝代權威的官話定型的結果。

兩字在卜辭中用如本字，所以不再引用卜辭範例説明。

破譯甲骨文：冖、亞、宀、廟、甲、家

上述六個字看似風馬牛不相及，而在甲骨文中它們在詞源上有密切的聯係，這樣六個甲骨文字之間的聯係不是字形訓詁而是音訓。這是我在破譯甲骨文音訓時的一種新的嘗試。

冖，小篆寫法類似漢字冂，讀作莫狄切，直音爲密。《説文》："冖，覆也。從一下垂。"意思是廣義的覆蓋之意。

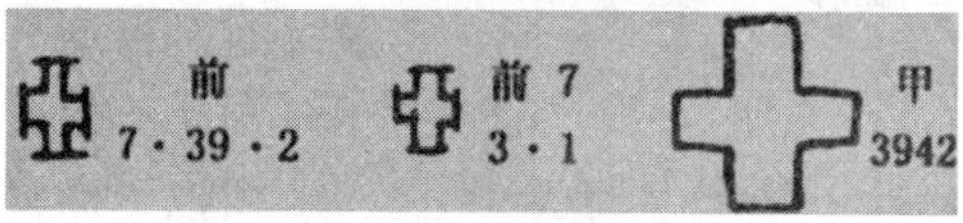

圖一　甲骨文：亞

我在此前考證中認爲圖一甲骨文亞是遠古時代的明堂之意。亞字正是遠古明堂的俯視圖。其東南西北各有三間房屋，中間是方形大廳，四周是環水，取天圓地方之義。明堂在各個時代名稱不同，但都是天子祭祀和處理國務的重地。是故宫的最早的雛形。

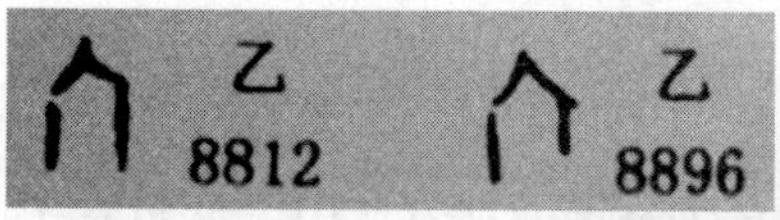

圖二　甲骨文：宀（讀若 mian）

宀是殷商的宫廷建築物的象形，通常是指宫廷建築。從黄帝開始中國的最原始的宫廷建築就是明堂，所以宀就是冖和明堂——亞——的結合。值得注意的是這三個甲骨文的讀音之間的密切聯係。宀恰好是冖

和亞的合音，即 mi 加 ya，構成的開音節字發音正是宀的讀音 mia（n）。這個發音説明殷商人造字在發音上也是嚴謹的。原始的宀是覆蓋明堂的冖，所以它的閉音節讀作 mian，開音節讀作 mia。不要小看這一個甲骨文音訓的例證，因爲這個讀音和廟的讀音殷商屬同音字。因爲廟字的開音節讀音也是讀作 mia。説明這個甲骨文宀字極有可能就是廟的初文。

《説文》："宀，交覆深屋也。象形。"段玉裁對于深屋的注解是："古者屋四注。東西與南北皆交覆也。有堂有室，是爲深屋。"這正是遠古明堂的建築造型——中間是堂，四注爲屋也。《説文》戊條中有一點以往的學者都回避："戊，中宫也。象六甲五龍相拘絞也。"這裏的"中宫也"連清代小學大家段玉裁也避而不談。其實這裏的中宫就是明堂中央的宫殿，之所以和漢字戊發生聯係是因爲天干十字中戊、己對應的正是方位"中"。

所以在音訓上明堂極有可能後世演化爲廟堂，兩者讀音相近，且明字和廟字同爲明母字。同時也可能説明殷商人的方言中將廟堂發音爲明堂。

楊寬在《中國古代的井田制度和村社組織》一文中引用了吕思勉《燕石續札》的滇西之遺俗曰："村必有廟，廟皆有公倉，衆出穀以實之。……故是廟也……村之議會也，公所也，學校也，禮堂也，殯儀館也，而亦即其俱樂部也。"[①]

對于一姓一村的村裏而言，家廟同時也是合族祭祀祖先的地方。

mia，mian，miao 這三個音節遠古是同音，因爲它們的主要元音相同。其原始的方言發音是 mia，以後演化出宀 mian，和廟 miao 的兩種讀音。語言學上將漢語 mianbao（麵包）連讀時發音爲 miambao 叫作語音弱化現象，英語中 doubt、muscle、fridge、sign、ghost 等單詞中字母 b，c，d，g，h 不發音的現象叫語音的脱落。我們看到這種脱落是有其成長的遺傳基因的。這一現象一直持續到中國的漢語音韻學的起點文獻《詩經》。作爲這一現象的有力佐證，我們來看甲骨文的甲和家的音訓：

圖三　甲骨文：甲

其中的實心的"+"本義正是古代明堂，外圍的口是包圍城邑的城墻。這是殷商早期的王城建築，所以以意符+同時作爲聲符表音，讀若 jia。甲骨文的家從宀從猪，猪殷商方言讀作 ju（入聲），猪宀切，讀若 jia。商周禮制天子用太牢祭祀，以下按照官階遞減，士大夫衹能用猪作爲祭品。所以段玉裁爲家作注曰："引申之天子諸侯曰國，大夫曰家。見哀四年《左傳》《夏小正傳》及《史記》《漢書》。"

綜觀上述甲骨文六字的音訓關係我們可以得出一個推斷：甲骨文宀可能是廟的初文，它們的殷商發音都可能是 mia。在殷商甲骨文系統中凡讀音爲 mia 的甲骨文字都與殷商時期的建築相關。

同樣韻母的發音還有甲骨文八，撇捺切，讀如 pia（入聲）或 bia（入聲），今天揚州方言中"八"的發音依然如此。

圖四（西安半坡博物馆复原模型）

【附】西安半坡博物館父系社會公共議事建築模型圖，見圖四。

---

① 楊寬著《先秦史十講》，復旦大學出版社 2006 年版，第 136 頁。

破譯甲骨文：寶

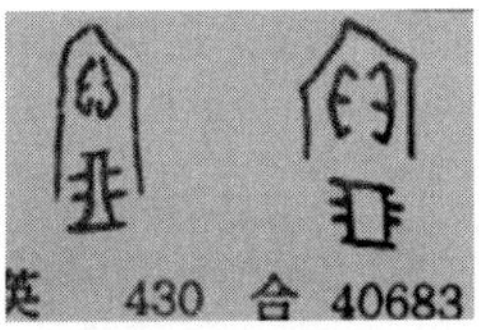

圖一　甲骨文：寶

這個造字頗令人費解，甲骨文造字上從宀從貝從玉。一開始研究它我認爲從貝從玉已經足以説明其爲寶貝了，爲什麽還要加上一個宀字頭呢？《説文》：“寶，珍也。從宀從王從貝。缶聲。”查《説文》珍條發現珍、寶兩字互訓。所以我認定這兩個字都是動詞珍藏的意思，既是珍藏當然應該加上本義是廟的宀字頭了。這就强調了殷商人視貝、玉爲珍寶的意思。它的本義不是寶貝玉石，而是像珍藏玉石，海貝一樣珍藏某物。

説到珍寶兩字的互訓，這裏要糾正段玉裁注解中的一個錯誤。珍條目後有段注曰：“宀部曰：寶，珍也。是爲轉注。”這是將互訓和轉注混爲一談了。互訓不是轉注，將系列字歸入一個共同的部首叫作轉注。例如：將珍寶理琢玩琚玖等字歸入（注入）玉部，是爲轉注也。如果某個漢字屬于一種玉，但是在造字中没有王字旁，那就需要加上一個偏旁纔能轉注。例如甲骨文受，造字中已經有兩個表示“手”的符號，許慎在轉注是依照原則加上了“扌”，所以漢字授就成了“三隻手”。

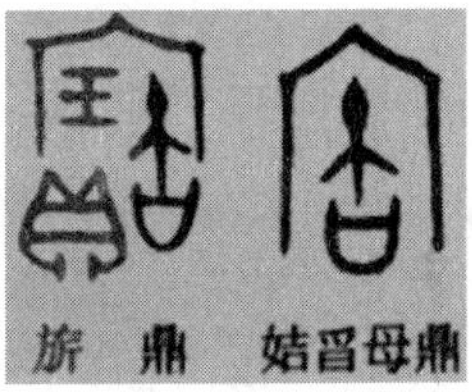

圖二

該字的音訓也頗堪玩味再三。許慎定義“寶”的音訓是“缶聲”，這是不錯的。但是我發現在甲骨文的寶字的造字中一直没有意符“缶”。那麽甲骨文寶是依據什麽符號確定發音的呢？漢字寶的繁體字中意符缶是在西周金文纔出現的，見圖二。其中的“缶”是意符，也是反切下字。所以在殷商時期的甲骨文寶一定不是用聲符缶來標注發音的，因爲它的造字中没有使用缶這個反切下字。

進一步的研究我發現這個甲骨文寶其實也是一個會意造字。其中的貝和宀兼爲注音的聲符。貝宀切，讀若寶。我考證宀遠古演化爲兩個發音其中一個就是廟字的初文。所以寶在這裏音訓應爲貝廟切，讀若 bao。西周時期人們已經習慣于將宀讀作 mian，所以無法還原出寶的注音，于是有“淺人”在造字中加入了意符兼聲符的“缶”。這樣就使得甲骨文寶的會意造字變成了金文的會意了。到了戰國古文中將造字中的貝省略了，這就使得寶的音訓面目全非了。注音中没有了反切上字貝，同時出現了兩個反切下字——宀和缶。

卜辭：“庚午。帚寶。示三屯岳。”（甲 3300）

卜辭：“壬寅。帚寶。示三屯岳。”（乙 1489）

卜辭：“庚午。帚寶。示三屯□。”（後下 18・3）

三例卜辭中的寶，可以解釋爲某婦得到了寶貝而祭祀山嶽。

【甲骨文字本義小結】

寶的本義：珍藏寶物。動詞。

音訓從貝從廟（即宀），讀若 bao。

破譯甲骨文：突　宮　宗　宋

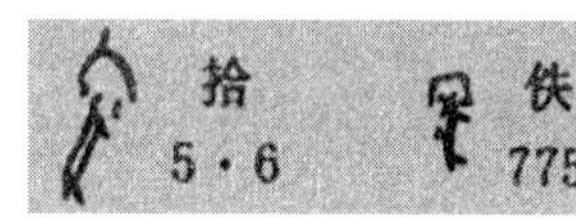

圖一　甲骨文：突

甲骨文突的會意是一隻猪鑽進了一個拱形的門洞。尾巴短且直是家養猪的意符。狗尾上捲，狼尾下垂。後世音韻學家考證先秦的突字屬定母，所以它的先秦發音爲 du，通 tu。現在小兒在咿呀學語時也常將突發成 du，這是語音不成熟的一種標志。這一生理現象也說明人類歷史上聲母 d 的産生和運用要早于聲母 t。進一步的研究説明送氣的舌尖音聲母 t 上古可能是從不送氣的舌尖音聲母 d 分化而來的。

甲骨文突是會意造字，從穴從猪。但是顯然穴猪切並不是突的正確發音。這就説明我們今天習慣將上圖例一上部的符號讀作穴是一個以今音揣度古音的做法。那麽這個符號應該讀作什麽呢？查閱甲骨文字典我們會發現，這個符號是一個常見意符，如圖二、圖三、圖四：

圖二

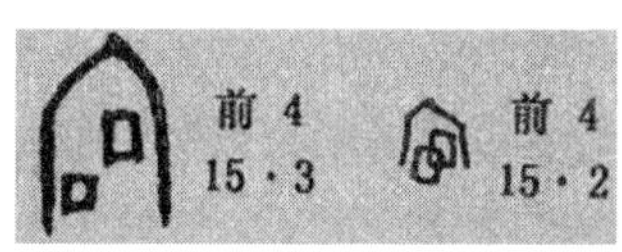

圖三

圖四

圖二是甲骨文宋（從穴從木，今發音爲 song。會意造字）。圖三左例是甲骨文：宮（從穴從吕，今發音爲 gong。會意造字）。圖四左例是甲骨文：宗（從穴從示，今發音爲 zong。會意造字）。這三個字是甲骨文中確實存在的三個字，請注意它們的發音的韻母是一樣的爲 ong。三個字中間都有一個意符穴。所以這個穴殷商發音可能不是穴，而是一個聲母近于 ong 的甲骨文常用字。它應該是什麽字呢？

請搜尋一下漢字的穴字頭字，你會發現有很多韻母爲 ong 的漢字：窮、窘、空、窗，也有很多韻母爲 ao 的漢字：窖、窈窕、窱、寮、竈、等字。這些字都不影響我們的考證。因爲這些字都不是會意造字而是形聲造字，甲骨文時期它們還没有被創造出來，它們是西周以後的漢字。

會意造字的注音是采用組成意符之間的發音反切得到的。我們姑且將圖一中猪鑽進去的意符叫作洞，因爲它的韻母也是 ong。

甲骨文宋，從木從洞，木口語叫作樹，所以這個字是樹洞切，讀若 song。宋字的由來和宋國人的祭祀相關。周武王滅商以後，爲了保留殷商的“亳社”，一部份宋人被移居到今河南商丘一帶居住，史稱宋國。宋國的社是設在桑林中的。《孟子・明鬼》："燕之有祖，當齊之社稷，宋之桑林，楚之雲夢，此男女所屬而觀也。"宋之春社是在桑林中設立祭壇，以木爲社主，男女成群參與，即所謂"桑林之會"。遠古統治者在滅國之後並不滅族，而是劃定一個區域保留其祭祀和人種。商湯滅夏之後也是將夏人圈定在山西境内的土方和工方。在需要對他們發動征剿以前，商還要向夏人的上帝祭祀以陳述征剿他們的理由。

甲骨文宫，古屬 ð 母。從吕從洞。發音爲吕洞切。讀若 ðong，後演化爲 gong。該字音訓涉及上古聲母構擬，暫不展開論證。

甲骨文宗，從示從洞。示洞切，讀若 song。但是其《説文》以後讀音爲居悚切。即發音爲 zong。這一點非常珍貴也非常耐人尋味，它説明可能在殷商時期舌尖前音的 z、c、s 尚未分化的很明晰。雖然我們説文字是對遠古口語的記載而創造。但是在文字創造之後，由于更多的本義需要創造，迫使已有的文字對新的本義産生反作用，即在文字的不斷創造的過程中産生分化道致聲母和韻母的多樣化。這一篇大文章未及在此展開，容待今後研究。

讓我們回到上述甲骨文字的發音。甲骨文突顯然這個意符"洞"無法獲得證明，因爲突中的意符洞作爲反切上字起注音作用的是它的聲母（d、t）。甲骨文宋、宫、宗都使用了這個我們暫定爲洞的意符造字，所以其韻母都是 ong。但是這並不能證明這個意符就是洞。因爲作爲聲母的 d 或 t 和作爲韻母的 ong 是孤立而缺乏聯係的。即使我們從不同的甲骨文字中將其聲母和韻母結合，知道了這個字讀若 dong。這個洞是不是該意符的本義呢？或許它也是一種引申義。例如這個意符還可以是拱手、拱門的拱字的初文。

所謂拱手就是古人見面一種雙手相斂手的禮儀，就像共字的小篆一樣呈左右手相對斂手狀。所謂拱門也是因爲形狀和拱手相似而得名。《論語・微子》有："子路拱而立。"《左傳・僖三十二》有："爾何知！中壽，爾墓之木拱矣。"我認爲這個意符的本義是洞，而不是拱的初文。原因是從音訓看共和拱的聲母 g 是舌根音，而舌根音是較遲發音成熟的聲紐。從義訓看甲骨文造字中凡與此意符參與造字的甲骨文字都與墻洞、門洞或者神龕相關。

破譯甲骨文：吕*　閭（旅）*　里*

我查閲這個吕字，文獻中總是有一筆畫連接兩個口字，但是在甲骨文中我們看見甲骨文吕就是兩個口組成，並無多餘的筆畫。唯一的區别是有的吕字是兩個圓角的口字。

圖一　甲骨文：吕

甲骨文吕是一個分體的象形字，後來《説文》中小篆的吕字之所以用筆畫連接兩個口，一是爲了使其成爲獨體象形字，這一改變是合乎造字機理的；二是可以表示兩個邑之間的道路。吕在卜辭中有例：

卜辭："……吕示。"（乙 8956）見下。

卜辭："于吕王瘞田，亡災。"（粹 984）瘞田是將玉或者其他貢品埋在田裏以求神靈。卜辭："貞：祟馬吕。于多馬。"（存 2・380）意爲：養馬場作祟，故爲多馬祭祀以禳災。

圖二的這個甲骨文字是學界公認的甲骨文宫字，但是它的聲符卻是吕。按照甲骨文注音規律，這個字應該讀作吕。

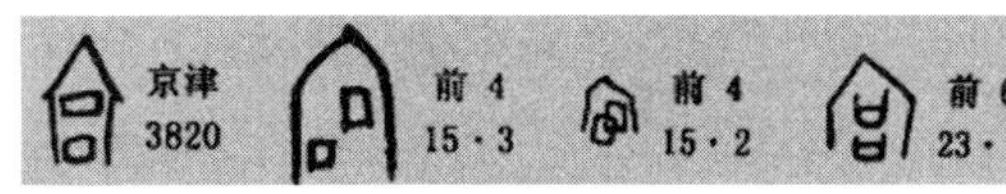

圖二　甲骨文：閭（例二爲宫，其餘爲閭）

按照許慎的定義："吕，脊骨也。象形。昔大岳爲禹心吕之臣。故封吕侯。"

段注也力持脊骨一説："宫，室也。從宀。躳省聲。凡宫之屬皆從宫。""閭，里門也。從門。吕聲。《周禮》五家爲比，五比爲閭。閭，侶也。"

從本義上看，圖二的造字是鄰里相侶的意思。其注音尤其如此，甲骨文吕字的注音我認爲殷商方言讀作 rü，周方言應該讀作 li。因此甲骨文吕和閭是同一個字，吕是閭的初文。西周方言中吕、閭、里是同音字，注音相近。依據訓詁學娘日歸泥的原則，三字聲符相通。遠古元音 i 和 ü 分化較遲，至少在甲骨文時期這兩個元音没有分化。其分化路徑可能是由元音化爲 i 和 u，由元音 i 和 u 的合音分化並産生出 ü。

因此就涉及了對吕字造字中意符"口"的理解。許慎和段注都主張脊骨一説，但是殷商人如果造字用到脊骨，一定會使用象形造字。這裏的兩口相連無法引起脊骨的象形聯想。徐中舒引遠古民居説："象宫室正面所見門窗之形，上口象屋頂斜面上所開之通氣窗孔形，下口象于圍墻之中部開設之門户，合二者則成吕形，乃宫室之外露部分。"①

我以爲圖二的甲骨文字當破譯爲閭。這裏的意符口代表的是邑，其注音爲從邑省聲。閭爲居民居住區的象形，上加一宀字，意爲許多家居民的生活區域，這正是閭的本義。

《逸周書》："發令以國爲邑，以邑爲鄉，以鄉爲閭，資喪比服，五户爲伍，以首爲長，十夫爲什，以年爲長，合閭立教，以威爲長，合旅同親，以敬爲長，飲食相約，興彈相庸，耦耕俱耘。"可見閭作爲一級基層組織需要的是凝聚力和權威。所謂"以威爲長"實際上是軍事上的需要。

《周禮・大司徒》："令五家爲比，使之相保；五比爲閭，使之相受；五閭爲族，使之相葬；五族爲黨，使之相教；五黨爲州，使之相賙；五州爲鄉，使之相賓。"可見西周初是以二十五家爲閭。同族聚居多達百家以上（五閭）。這就引出了另一個甲骨文同音字"旅"。遠古建制五百人爲旅，這樣的旅看來很有可能是以家族的五閭組成的作戰單位。

同一面旌旗下聚集的是一支家族部隊。見圖三。

圖三　甲骨文：旅

里字没有見于甲骨文中，而是最早出現在西周早期的金文中。金文里從土從田，所以其本義應該是與田地有聯係的。田，土之家

① 徐中舒主編《甲骨文字典》，第 834 頁。

也。巧合的是作爲閭和里兩個近音字，同時出現在《周禮》一書中，更爲巧合的是閭和里都是西周的基層行政建制。

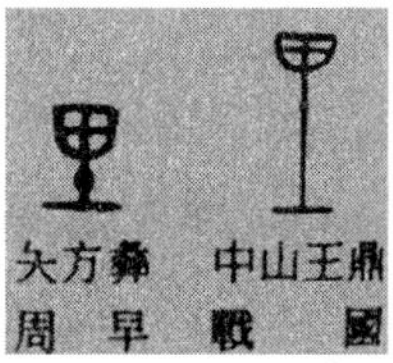

圖四 金文：里

《周禮·遂人》："五家爲鄰，五鄰爲里，四里爲酇，五酇爲鄙，五鄙爲縣，五縣爲遂。"

我們從《周禮》中看到，閭和里都是由二十五家人組成的，不同的是閭是在大司徒的管轄之下，而里則是在遂人的管轄之下。

"遂人掌邦之野"而大司徒則是"掌建邦之土地之圖。與其人民之數"。可見閭是位于國中而里是位于郊外。所以遂居住的是與農業生產相關的社會底層的平民，在造字中充分考慮到了這個田地的因素。

所以"里"應該是西周人創造的一個新字。因爲閭、里均屬來母，本義上都是商、周的基層行政建制，所以我們可以初步斷定兩者在本義上和發音上是有密切聯係的。閭和里的造字屬于同音字具有内在聯係的本義，這是自殷商以來的一個重要的造字法則。這個造字法則應該結合不同的文字造字階段來理解：在形聲造字之前同音字一般是不同形的，假借字是一個最典型的同音字運用方法。假借字不僅不同形，而且具有不相干的本義。在西周以後形聲造字法出現，凡是同音字均采用單一的聲符注音，出現了聲符相同的一類同音字。以吕字爲例，甲骨文出現了初文吕和右文造字閭，西周初期出現了其同音字金文里，此後相繼出現同音的郘、侣、鋁、梠、稆、櫚、絽、焒等字，這些字都是形聲造字。不同的文字在不同的歷史時期基于不同的方言發音所創造，這是吕、閭和里發音上音近的主要原因。

《説文》："里，居也。從田從土。一曰，士，聲也。"

關于此字之本義，楊寬曾引金鶚《求古錄禮説·邑考》一文云："《孟子》云鄉里同井，出入相友，守望相助，疾病相扶持，則百姓親睦。此可見一井亦可爲邑矣。《論語》謂十室之邑，即一井之邑。"①

【甲骨文字本義小結】

吕的本義：商周時期居民自然居住的小區。象形造字。名詞。

音訓蠡測：兩邑爲吕。故從兩邑切，讀若 li。

閭的本義：商周時期居民小區的大門。引申爲在一個這樣的小區居住的居民，西周大約二十五家爲一閭。殷商可能没有這種强制規定。右文造字。吕爲意符兼聲符。

里的本義：西周時期國都郊外從事農業生產的自然聚落，大約二十五家爲一里，由里正管轄。金文造字。

［注］本文四字音訓在上古均不屬來母，而是另有方言擬音——聲母 ð。因涉及上古音韻的系統變動，本文未展開探討。

---

① 楊寬著《先秦史十講》，第130頁。

破譯甲骨文：埶

甲骨文埶是一個象形造字，該意符常見甲骨文造字中。其本字的象形是一床埶子，殷商時睡覺用的。所以住宿睡眠相關的甲骨文字常使用此意符造字。該字發展到東漢，它的本義已經在使用中迷失。

圖一　甲骨文：埶

《説文》：“（圖二），舌貌。從谷省。象形。……讀若三年導服之導。一曰竹上皮。讀若沾。一曰讀若誓。弼字從此。”

許慎説這個字從谷省，但是《説文通檢》將其列在卷末，説明此説存疑。這個定義很不好理解。許慎搜集了當時關于這個字的五種相關的説法，僅注音就有 tian、dao、zhan、shi、bi 等發音，所以它是一個訓詁難題。尤其是現在我們要將其和圖一甲骨文字聯係起來考證，難度可想而知。

學者們認爲許慎所説的“舌貌”是錯誤的，我不同意這樣的觀點。我認爲圖一圖二的甲骨文和小篆應該具有“舌貌”這一引申義。甲骨文埶本義是殷商睡覺用的席子，所以可以伸縮鋪埶，所以從這個意義上可以引申出“舌貌”的引申義。甲骨文尋就是鋪席子的會意造字。但是許慎認爲本字“從谷省”可能是一種主觀臆斷，圖二的小篆和圖一的甲骨文無論從造字或是音訓分析都不是“從谷省”。許慎搜集的第二個本義是“三年導服之導”，所謂導服見段玉裁注：“導服者，導凶之吉也。”應該是今天“將凶兆引導到吉的結果”的意思，可見也是本義鋪席子的引申義。第三個本義是“竹上皮也”。竹上皮即竹字的表皮，俗稱篾青。就是竹子最表面的一層青色的外皮，這是古人用來編製竹席的常用材料。不可否認，殷商編製埶子的材料不止篾青一種。第四個意義是發音誓所隱含的意義，誓與舐同音，所以應該是由上述引申義“舌貌”引申出的一個意思，這個發音也應該是一個方言發音。和圖二小篆讀音 tian（舔）是同一個義項在不同方言區的發音。第五個意義是説小篆和古文的弼中間的聲符是圖二漢字。依據這一文字現象可知古文和小篆的弼字是一個形聲造字，當起于西周之後。所以我們在本文中不討論它。

總之，《説文》中搜集的東漢使用的五個意義中有四個都和甲骨文埶的本義相關，所以我們可以將圖一甲骨文埶視爲圖二小篆的本字，兩字的注音圖一爲埶，圖二爲 tian。

從上面的分析考證看，遠古的文字在其使用發展過程中是逐漸分化的，所以一個本字的一個本義可能在後世演化爲不同的引申義和不同的方言讀音。反之，有些漢字看似有幾個讀音或者有幾個義項，追溯到遠古可能具有同一初文和本義，或者音訓。這就給我們研究古文字的人提供了一個有啓迪的研究方向。

爲什麽圖一的甲骨文字可以破譯爲埶呢？首先是音訓：圖二小篆的發音 tian 和圖一

甲骨文發音 dian 古音相同。端母和透母同紐。圖一中意符巛讀若 chuan（川），可以作爲反切下字。而另一意符口在甲骨文中讀作 ding（丁）。丁川切，讀若 dian，上古音通 tian。

其次從訓詁上看，該字的象形是席子的象形。該字在甲骨文中常被作爲意符使用在與住宿睡眠的造字中，如甲骨文宿（住宿）、尋（鋪席子，一張席子的長度）等等。

卜辭中該字常被用作地名：

卜辭："……辰……□貞：今日步于墊。"（明 992）該卜辭中墊可以是甸的同音假借。

卜辭："貞：墊福于入酒。"（掇 2・151）

卜辭："丁酉卜貞：□宗亡墊。"（甲 1066）後兩條卜辭似與祭祀有關係，釋義待考。

【甲骨文字本義小結】

墊的本義：殷商人睡覺使用的席子。名詞。象形造字。

音訓：丁川切，讀若 dian，上古音通 tian。

破譯甲骨文：而(須、需)*

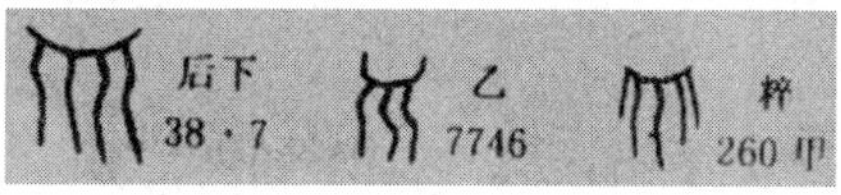

圖一　甲骨文（待破譯）

圖一的甲骨文字唐蘭破譯爲象頷下須毛之形。李孝定釋爲而，"契文正像頤下毛之形"。段注曰："頰毛者，須部所謂髯、須之類爾。"也就是説，學界認可這個字是漢字而，該字甲骨文本字是絡腮胡子的象形。所以該字是一個象形造字。

卜辭："而于祖丁、羌甲一羌。于祖甲一。"（粹 260 甲）

卜辭："……辛……尞于而……暮。"（簠人 26）上兩例卜辭中"而"似爲地名。

卜辭："貞：王叀而伯龜從伐……方。"（乙 2948）而國的首領而伯應該是是殷商的盟友。

這個甲骨文可以破譯爲漢字"而"嗎？僅僅因爲這個甲骨文字形和漢字而相像就破譯爲"而"嗎？一百年來甲骨文學者破譯甲骨文最常見的方法就是取甲骨文和漢字的字形相近者爲達詁。甲骨文墊解作 tian，謀解作求，還有本字訓作而，都是基于同一種破譯方法。

甲骨文的訓詁要素有本義、字形、聲訓三者，在《爾雅》《説文》出現之前的年代，人們主要靠的是聲音訓詁。黄侃謂："古無訓詁書，聲音即訓詁也。"① 章太炎所謂："語言不憑虛而起，文字附語言而作。"② 他們都提出了一個訓詁次序問題：口語依附于

① 黄侃著《文字聲韻訓詁筆記》，第 180 頁。

② 《章太炎國學二種》，浙江古籍出版社 2012 年版，第 95 頁。

本義；文字依附于口語。這是一個客觀、全面、科學的古文字訓詁原則。我們破譯甲骨文究竟是依據字形破譯呢？還是依據注音破譯呢？還是依據造字中的象形、會意等本義來破譯呢？三者的重要性孰先孰後呢？答案是不言自明的。

我們研究任何一個古文字都首先必須從文字發展史中的諸多字形中追溯到它的初文形式（例如本文的需的初文是而）。依據這個初文形式進行訓詁。訓詁首先必考證本義，例如圖一本字的本義就是一部絡腮胡子。依附于這個絡腮胡子的口語是什麽？是胡或者是須。胡、須兩字古音相同，所以實際上它們是同一個漢字。那麽，依附于口語胡須的文字又是什麽？是圖一的甲骨文"而"嗎？圖一的甲骨文字是"而"嗎？我在這裏列出四個《説文》中的相關本字：

《説文》："而，須也。象形。"（段注："各本作'而，頰毛也。象毛之形'。今正。"）

《説文》："需，𩂣也。遇雨不進。止，𩂣也。《易》曰：'雲上于天，需。'"故古文需字寫成上從雨下從天，意爲雨水上達于天。這也是符合圖一甲骨文字的意象的。

《説文》："須，頤下毛也。"意爲人或動物頤下之胡須。

《説文》："胡。牛顄垂也。"意爲牛頤下之垂肉。

這四個字東漢時是同音字，其中"而，須也"是一個音訓。説明而字的東漢注音仍爲 xu。查閲圖一甲骨文字的發展演化軌跡，我們可以看到這個甲骨文字一直到小篆都是一個象形造字。由于上述《説文》的定義經過了段玉裁的糾正，所以就有必要補充其甲骨文音訓。圖一甲骨文"而"從環從乙，環乙切（亦可視爲環于切），當讀若 xi，古音通環于切的 hu，亦通 xu。其本義即胡須也。也就是説，這個字從殷商到東漢的發音基本没有發生改變。即讀若 hu，古音亦通 xu。所以上述卜辭中的地名可能翻譯成漢字就是：胡（或者音訓爲須）。這是一個歷史悠久的少數民族，現在看來很可能在殷商時期就已經存在，而且人們稱呼它就是胡（hu）。這個民族遠古可能正是以大胡子而出名的。

在《廣韻》中這個字是一個方言注音，讀若如之切，即 ri（陽平）。在河南東南部到安徽淮北一帶的方言中與兒子的"兒"發音相同。

從字形演化看，漢字"須"是圖一甲骨文的變形，其上部的環形即爲人的頭部（頁）的省略，其"彡"即爲頤下所附著的胡須。而漢字"需"則不同，它是圖一甲骨文的分化，該甲骨文本字上加雨字頭即得到一個漢字新字：需。爲該字加上了雨字頭，這就是許慎的轉注手法。該字按照轉注定義"建類一首，同意相受"的原則，本義應該和下雨有關。甲骨文"而"是後來小篆"需"的初文。按照《説文》的定義，小篆需的本義是因爲遇到連日陰雨不能繼續前行，所以被迫等待一段時間的意思。

段玉裁、黄侃等都發現"十三經"中多以"須"代替"需"。段玉裁認爲這是假借須爲需。黄侃認爲這不屬于假借範疇[①]。因爲人的眉鬓先出而胡須後生，所以"須"本身也就有等待的意思。黄侃的言下之意是須、需兩字是同義詞。現在我們知道漢字"需"是在甲骨文基礎上經轉注造出的一個新字，而"須"作爲本字在東漢之前是没有"等待"的含義的。所以段玉裁的觀點應該是正確的：經傳中多假須爲需。

而字在《詩經》年代就已經作爲虚詞使用了。由實詞轉化爲虚詞並不是隨意的和盲

---

① 黄侃著《文字聲韻訓詁筆記》，第 56 頁。

目的，甲骨文而的本義是人的胡須。從造字上看是人的下巴上長出的胡須排列，這些胡須都是附著在人的下巴上的，所以每根胡須之間的關係是排比或者並列的關係。因此這個而字演化爲的虛詞就是連詞，用來表示並列關係，排比關係。如《詩經·著》：“俟我于著乎而。充耳以素乎而，尚之以瓊華乎而。俟我于庭乎而。充耳以青乎而，尚之以瓊瑩乎而。俟我于堂乎而。充耳以黃乎而，尚之以瓊英乎而。”

【甲骨文字本義小結】

而的本義：人的胡須。象形造字。音訓：甲骨文而從環從乙，環乙切，讀若 xi，古音通 hu，亦通 xu。其本義即胡須也。也就是説，這個字從殷商到東漢的發音基本没有發生改變。而、須、需、胡四字古音是同音字。讀若 xu，通 hu。

破譯甲骨文：數詞音訓*

甲骨文的數詞造字是對遠古結繩記事的文字化和推陳出新。尤其是數詞的音訓是此前的甲骨文學者們所忽視的一面。

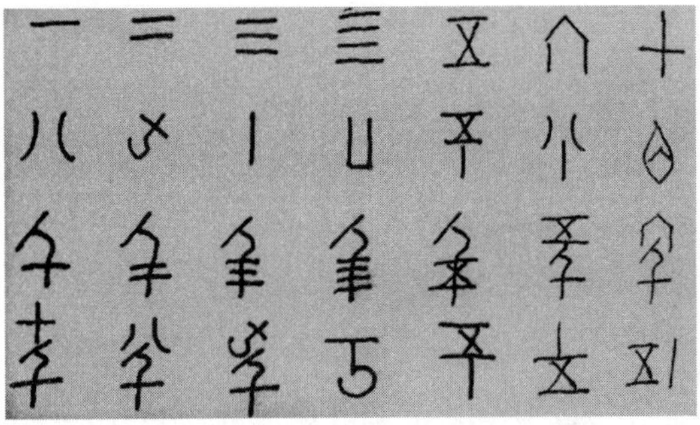

圖一　甲骨文數詞集合（作者摹寫）

甲骨文的各種數詞的造字應該是基于最原始的結繩記事，每個數詞的造字不超過四根長短一樣的繩索。這應該是漢字最早的造字，大約距離傳説中的伏羲時代不遠。

《尚書序》：“古者伏羲氏之王天下也。始畫八卦，造書契，以代結繩之政。由是文籍生焉。”可見數詞的産生比八卦更古老更原始。

如果就結繩記事來看，數詞是一種結繩表示的數字的象形造字；如果就它們代表不同的抽象的數目而言，它們則應該是一種指事造字。指事造字的注音可能是結繩記事時代同時的口語發音，所以因爲特殊的歷史環境導致漢字體系中指事造字極少，注音也較複雜。例如：刀上加一點爲刃，而刃和刀之間的發音幾乎没有聯係。這也就是許慎在《説文》中將指事名列六書第一的原因。正是因爲這樣的特殊背景下産生的造字，所以我認爲指事造字可以被視爲一組特殊的聲符和意符，它們可以直接用來作爲注音符號用于破譯甲骨文字和爲古文字注音。例如圖一中的一、二、三、四、五可以直接作爲聲符和意符用于甲骨文等古文字的破解。

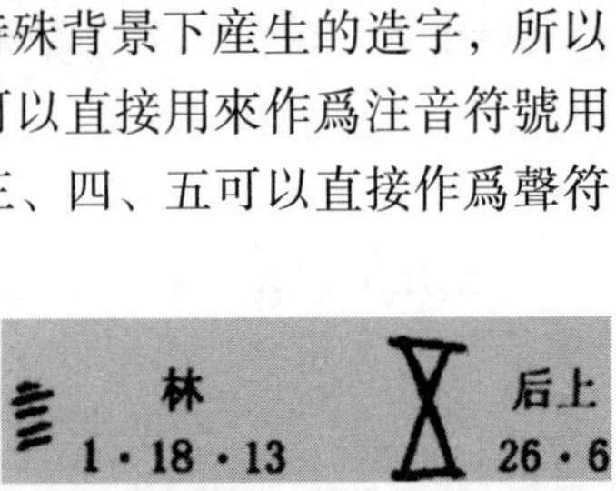

圖二　甲骨文數詞：五

甲骨文五可以沿襲一、二、三、四的造字用五個短横造字，也可以采用類似結繩的圖二右例的造字。我認爲在結繩造字時代的“五”的五個結點分别是五個繩結——疙瘩。甲骨文“五”和“午”注音和造字均相同，因爲五的注音源于結繩記事時代，所以甲骨文“午”是因爲和甲骨文五的造字相借用了相同的注音，它倆是同音字。午是一種兩頭大中間小的農具，即杵。

甲骨文的數詞未必是殷商人的獨創，很有可能在賈湖時期或者唐堯時期中國人就依據原始結繩的形式創造了數詞。但是在甲骨文的創造過程中，這些智慧的造字者充分考慮到了將每個字的注音和本義有機地融合在造字中，使得人們一見這些數詞便知本義和讀音。

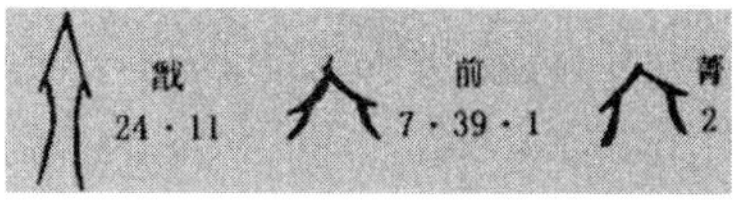

圖三　甲骨文數詞：六（lu）

安徽省有個城市名字叫六安市，這是一個唯一保留了古音“六”的地名。六安讀作 lu an，而不是 liu an。就是因爲這個六字的古音讀作 lu。而六安正是唐堯名臣皋陶的分封地。

結繩記事由于繩索是柔軟的，所以没有固定的形狀，而文字則需要定形。殷商造字者在造字中煞費苦心，將六、七、八、九和千定形在最適合表現其本義和最佳的表音的狀態。

甲骨文六。從總體看和甲骨文宀非常相像，這就給人以房屋的印象。徐中舒認爲它：“象兩壁架有一極兩宇之棚舍（正視形）。此爲田野中臨時寄居之處……即古之所謂廬。《説文・廣部》：‘廬，寄也。秋冬去，春夏居。’廬、六古音近。”① 這是以字形引發對六字發音的聯想，徐先生的這個認識我有共鳴。“廬”是殷商百姓農耕時在田野裏搭建的簡易住所，每年春耕時全家入住，秋收以後離開回邑。但是這並非甲骨文“廬”的本義。甲骨文“廬”的本義是捕獵設下的陷阱。其實這個六字造字時已經將聲符嵌入本字，就是上部的甲骨文“入”字。讀作 ru，殷商與 lu 爲同音字。遠古發音有娘日歸泥之説，所以“入”就是本字六的聲符。本字上從入下從八。屬于右文造字。其中的“入”既是聲符也是意符。下部的“八”是意符，是人工挖掘出的地穴或者隧道的意思。有關廬、入、八、遂可以分别參見相關考證。

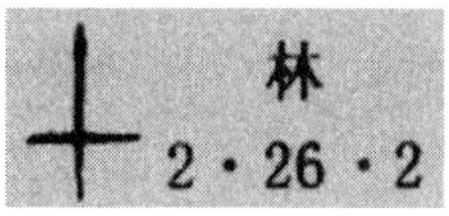

圖四
甲骨文數詞：七

甲骨文七常被現代讀者誤爲十，圖四是甲骨文七最標準的寫法，一横將一竪分割爲上七下三的兩個部分。一看便可會意爲七，這當然是建立在甲骨文已經有“三”的情况下的。音訓：該字的中間一竪讀作囟，一讀作一或者地均可。故該字的古音音訓是 xi（心母），上古音通 qi（清母）。

甲骨文八音訓有專文，從略。

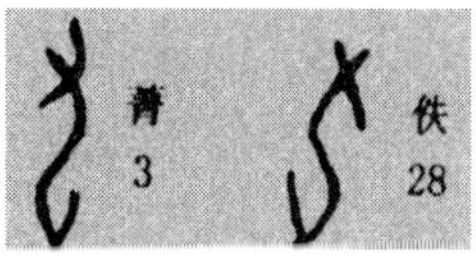

圖五　甲骨文數詞：九

甲骨文九的造字設計也獨具匠心。就其本義看，一條曲綫被分割成上一下九兩個部分，説明這個字是十分之九。音訓則更加令人嘆爲聽止，和甲骨文六的造字一樣有異曲同工之妙。該字的總體造型是一條狗的形象，古音九和狗是同音字。且九、鬼通，所以一看便知讀音爲 jiu。至今在廣東話中“九”和“狗”發音仍然相同，説明廣東話中的聲母 g 和 j 没有分化完成。其實像六、狗等字一樣，甲骨文九本身的彎曲的尾巴，即爲甲骨文勾。這個“勾”就是九字的聲符。

---

① 徐中舒主編《甲骨文字典》，第 1529 頁。

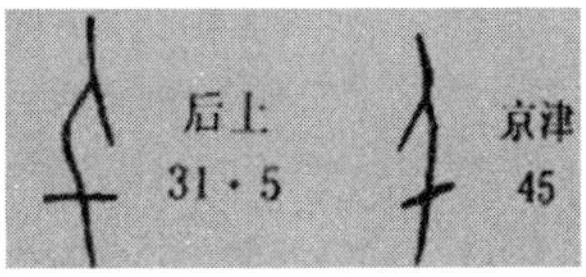

圖六　甲骨文數詞：千

我一直懷疑甲骨文“千”的破譯是否正確，按照此前專家學者對卜辭的研究，這個字在卜辭裏確實是作爲數詞“一千”在使用著：

卜辭：“丙午卜。□貞：登人千乎。”（陳 156）

卜辭：“丁酉卜。□貞：今春王共人五千。征土方。受祐。三月。”（後上 31・5）

雖然在卜辭中“兩千”“三千”“四千”的用法比比皆是。但是按照我對于甲骨文的破譯觀，我一直没有找到這個字爲什麽讀作 qian 的音訓。今天終于找著了，所以我纔開始著手寫下本文。

甲骨文千的音訓：從七從人，七、千音近，均在清母。七人切。讀若 qien，古音通 qian。

仔細分析一下這個千字，主體是甲骨文七，略有變化的是甲骨文七中間的一竪寫成了曲綫，因爲在造字時上部的人和下部的七需要共用這一筆畫。這是甲骨文造字中的常見手法，例如甲骨文元、時都采用了類似的共用筆畫來造字。本字中造字者以曲筆代替了直筆。這一變化既滿足了甲骨文千的音訓，同時也不影響人們對本義的理解。《説文》：“千，十百也。從十從人。”但是我卻看到甲骨文“千”從七從人。這是我在二〇一三年二月首先發現的。

破譯甲骨文：毌*

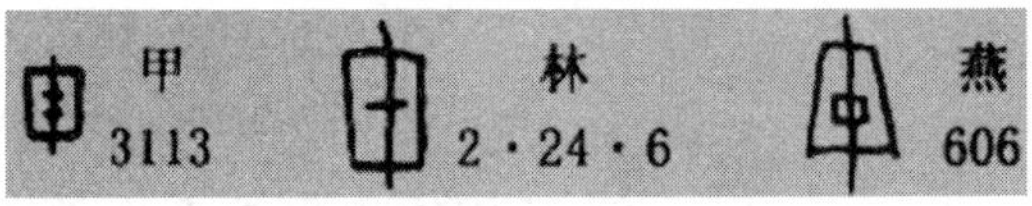

圖一　甲骨文：毌（讀作 guan）

甲骨文毌是一個獨體象形字，是一種常用農具的象形。許慎的《説文》將它本義定義爲動詞，這不是本義。

《説文》：“毌，穿物持之也。從一横日。日（兩日均爲横向）象寶貨之形。讀若冠。”這裏的毌就是貫穿之意，是一個動詞。和上圖的甲骨文毌相比較顯然甲骨文“毌”應該是一個象形造字的名詞。其音訓讀若冠也應該是東漢時的注音，該字的反切上字是口（kou），這個字在河南東南部的方言中讀若 kuan。正是這個方言的發音啓示我破譯出甲骨文毌是一種農具的名稱。

有關這個甲骨文字的本義的破譯，此前的專家學者們也是見解各異。郭沫若釋：“象方盾形。”① 《甲骨文編》：“象盾形。”②徐中舒釋爲：“象以丨穿物以便持之。”③ 所有的破譯思路都是認定中間的一竪是把手，而其中的口是什麽，我認爲他們誰也没有解釋清楚。

---

①② 馬如森著《殷墟甲骨學：帶你走進甲骨文的世界》，第 360 頁引。

③ 徐中舒主編《甲骨文字典》，第 753 頁。

甲骨文毌的本義是我國栽種水稻地區常用的一種農具，叫作摜桶。摜桶的主要作用是給收割的水稻脱粒，也可以用來給黄豆等其他農作物脱粒。

在我國農村，摜桶的使用歷史很悠久，看來是從殷商之前一直沿用到了上世紀的改革開放之前。所以有水稻種植經驗的人都熟悉它。摜桶是一個侈口的方斗形木桶，桶底爲小方底，俯視如圖一右例。大約有一百來斤重，南方農村主要用它在水田中爲水稻脱粒。脱粒時用手抓緊稻把對著桶壁使勁摜打，稻粒脱落在桶内。由于摜桶的四邊是四塊木板榫接而成，所以摜桶四角有耳，下面有兩根船形的滑木，人可以拖著它在水田中移動作業。摜桶（注意區别另一種旱地的脱粒農具稻牀）是我國民間傳統的稱呼。甲骨文“毌”是貫、摜、慣的初文。

《説文》：“摜，習也。從手貫聲。《春秋》傳曰：‘摜瀆鬼神。’”

從圖一甲骨文毌的象形造字看，殷商時的摜桶可以是兩人抬著走也可以是兩個人拖著走的，因此可能同時在旱地和水田使用的。這就是上面一竪（木製或竹製的横擔）的作用。如果這個字的本義是盾牌，造字時完全可以省略中間這一竪。因爲這樣的盾牌打起仗來礙手礙腳很不方便。至少這一竪不宜太長。

卜辭：“……毌。弗災周。十二月。”（鐵 26・1）

卜辭：“辛亥卜。貞：毌其取方。八月。”（卜 606）毌似爲人名。

卜辭：“辛亥卜。妣庚毌。”（人 3021）

後世漢字貫、摜、慣應由甲骨文毌分化造字産生。

【甲骨文字本義小結】

毌的本義：殷商時的一種農具——摜桶。名詞。象形造字。

音訓：從口從甲，讀若 kuan，通 guan。（又從口從丨。丨擬讀作横擔之擔。）

破譯甲骨文：壽　疇　鑄

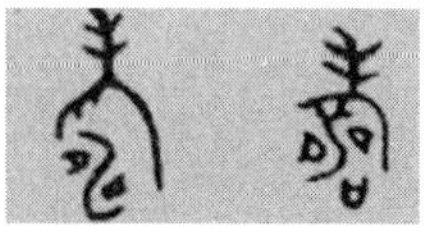

圖一

圖二　甲骨文：疇

殷商甲骨文中有考老二字但是未見壽字。有周金文常見：從金文壽可以看出它是與甲骨文考老同一部首的字。這一點很好理解，不好理解的是下部的聲符，這個聲符是甲骨文中常見字，但是卜辭中該字的本義是田疇之意。從造字上看它似乎很好地揭示了田疇的本義。《説文》：“疇，耕治之田也。……象耕田溝詰詘也。”則字中的“己”是田溝彎曲之象形，口是相鄰的田畝的象形。段注：直由切。今讀當爲 zhou。但是如果認真琢磨它的甲骨文音訓，應該是從申從口，申口切。讀作 sou。甲骨文疇，金文壽注音相同，讀若受，古 shou、chou 同音。

甲骨文疇在殷商時代是一個會意造字，注音爲 sou。但是它作爲一個聲符參與了西周金文的造字，這些金文造字都是從西周開始出現的形聲造字。例如鑄，見圖三。

在甲骨文中没有使用圖二的𠷎爲聲符。原因是𠷎和鑄造的會意没有關聯所以造字采用了意符止同時兼爲聲符。方言音爲 juo（入聲），與殷商方言“九”音相近，和“腳”同音。從造字上看，圖三的鑄的音訓與壽、𠷎不同源。

圖三

甲骨文：鑄

圖四　金文：鑄

西周以後産生了形聲造字，這個金文鑄恰好是一個證明。圖四造字中的意符金表示澆鑄青銅器的銅金屬液，而𠷎就無法解釋。甲骨文中是没有形聲造字的。這裏造字中引入的聲符是一個純粹的衹有注音没有意義（或者説該意符在造字中不參與新字意義的形成而僅僅作爲聲符使用）的聲符。這種做法是在西周金文造字中開始出現的。圖四金文字注音應該是如圖四中右例的金壽切，即讀作 ju。今天很多地區的方言中這個發音依然在使用。

《説文》：“鑄，銷金也。從金壽聲。”可見東漢時漢字鑄的注音依然是 ju。上述三字的音訓對于我們研究遠古音韻很有啓發：甲骨文𠷎的注音爲 shou，其上古音爲 sou，但是分化出的漢字卻有三個讀音：zhu、chou、shou，其上古音分别是 ju，cou，sou。這一點説明清朝錢大昕提出的“古無舌頭舌上之分，知、徹、澄三母以今音讀之與照、穿、床無别也；求之古音則與端、透、定無異”① 這一觀點並不完全適合基于殷商方言造字的甲骨文體系。至少本例中的舌上音知聲母是由 j 母分化而成的。這一例證也提出了新的研究領域：基于夏商方言的甲骨文注音系統在歷史的分化中怎樣和《集韻》《切韻》《唐韻》等聲韻的銜接。至少我發現殷商方言中現在是有 f 聲母的，而且很多發音中聲母 f 和 h 是换位的，同時在韻母中有省略（音節中語音脱落）現象。

順便和趙誠先生商榷一下。趙發現了戰國金文的鑄字如圖五：他認爲該字：“從金寸聲。寸即肘。甲骨文九……本爲肘之象形字。後來借用爲數字之九。”② 于是人們衹好再造一個肘字，如圖五。

圖五

我認爲這是顛倒了造字的次序。中山王壺是戰國青銅器，此前從甲骨文一直到周都有比較規範的“鑄”字（見圖四）。所以圖五應該被視作戰國文字爆炸過程中的一個不規範的簡化字。

那麽我們能不能認爲圖五的金文寸或者甲骨文九字就是肘的初文呢？我認爲不能。

最早的肘字在《詩經・小雅・如矢斯棘箋》《禮記・玉藻》《禮記・深衣》中均有出現，但是漢字中發現的最早的“肘”是戰國的雲夢簡上。如果寸是肘的初文，則上述文獻中應該有以寸代肘現象。但事實上没有這樣的情況。即使在雲夢簡中也分别使用了寸字和肘字，説明兩者之間不是初文關係。

又：寸的造字采用的是指事造字，這是一種比象形字更爲古老的造字方法，所以許慎將其列爲六書第一。寸字從手加指事符號。其音訓無從考證也説明它的造字歷史很久遠。

寸和九造字上是有嚴格區别的：簡書寸從手從點；甲骨文九從𠃌從鈎。九是會意造字，它的會意是十分之九，或者是十去其一（剩餘十分之九）。

---

① 王力著《漢語語音史》，中國社會科學出版社 1985 年版，第 21 頁。

② 趙誠著《古代文字音韻論文集》，第 216 頁。

破譯甲骨文：栗　粟

圖一　甲骨文：栗（象形造字）

圖二　甲骨文：粟（象形造字）

在破譯這兩個甲骨文字之前，我們憑著常識先對兩個字做一個簡單的判斷：這兩個字按照我們對造字的理解應該是兩種植物的名稱。這兩種植物中圖一是木本（從木）植物，因爲它長成了一棵樹的形象；圖二是草本植物，因爲它長成了一株草（從禾）的形象。它們兩者的不同之處是，前者的球形果實外表長滿了棘刺（注：栗字造字中的三個意符板栗苞在甲骨文中也寫成意符鹵，本義是滷肉用的鹽包或者其他的鹵料包。參見《破譯甲骨文：鹵　滷》）；而後者的粒狀的果實在成熟時會自行從母體上脱落。

植物學知識和農業生産的經驗告訴我們，前者的象形很可能是板栗等山毛櫸科植物，種類雖多但是並不影響栗的科屬的歸類，殷商人也未必能將幾種板栗分得那麼清晰。後者象形的對象則很多，水稻、小麥、黍、稷等都符合，外表相差很大。

殷商人認定這兩個造字是什麼字呢？我們來看它們的音訓：

圖一甲骨文當以象形得名。該甲骨文字上的三個帶刺的果實常用鹽鹵之鹵字代替，這種造字是不符合甲骨文造字規範的。但是既然兩者的字形差距懸殊，産生訛變的唯一可能就是發音相同所致。它可以説明這個帶刺的果實意符的發音可能是 lu，與鹵同音。所以圖一甲骨文字注音從鹵從木，鹵木切。讀若 lu。又：遠古元音 i、u 可通，故本字殷商時期的發音有讀若 li 的音轉形式。《説文》："栗，栗木也。……徐巡説木至西方戰慄也。"

卜辭："……王卜。在叉貞：……于栗。亡災。在二月。"（前 2・193）"于"的意思是祈求。

卜辭："貞：乎取般狩栗。"（後下 16・13）"狩栗"是專人看守板栗林，防止成熟的板栗被風吹落後被野獸吃掉。板栗是殷商時的重要的代食品。

卜辭："丙午卜。勿貞：栗不墳。"（合 58）栗在這裏是人名。"不墳"是葬後不做墳頭。

圖二甲骨文從四從黍，應該是四黍切。故圖二甲骨文字讀若 su，其方言注音是 su。本字當破譯爲粟。《説文》："粟，嘉穀實也。……孔子曰：'粟之爲言，續也。'"甲骨文造字中的米是一個含義較寬泛的字，指所有米粒狀的糧食。還有一些字如口、點、圈等意符含義也是比較寬泛的，破譯中需要仔細辨認。（請注意許慎在《説文》中引用的孔子的這句話："粟之爲言，續也。"説明孔子正音是以魯國方言爲基礎的，所以我國傳統的音韻學研究是建立在以孔子編纂刪改的《詩經》等文獻爲基礎的，這樣的音韻學衹能説明春秋時魯國的方言狀況，並不能説明夏商周的聲韻狀況。這個例子雖與本文無關但是今後我會反復用到它。它對于中國漢語音韻學至關重要。）

卜辭："……卜其延登栗于羌甲。"（鄴 3・42・7）"登栗"意爲供奉板栗之意。

卜辭："丙辰卜：其粟于福。"（京滬 2・106）

卜辭："登栗于宗。"（佚 563）"于"在上三例中均是動詞"祭祀""祈福"之意。

最後要説明一下漢字"栗"和"粟"上部均從西，這是一個約定俗成的錯誤：春秋古文（徐鍇考證爲籀文）的栗字，造字中間的那個帶刺的果實被替换成"西"。其後在使用中訛傳，加上許慎的定義"栗……徐巡説木至西方戰慄也"而以訛傳訛，終于演變爲今天的漢字形式——栗和粟。從字源學上看，這兩個漢字的"從西"的造字無論從字形、注音和本義上都是没有依據的。

【甲骨文字本義小結】

栗的本義：板栗樹。名詞。象形造字。

音訓：從鹵從木，鹵木切。讀若 lu。又：遠古元音 i、u 可通，故本字殷商時期的發音有讀若 li 的音轉形式。

粟的本義：泛指旱地穀物。名詞。象形造字。

音訓：從四從黍，應該是四黍切。當讀若 su，其方言注音是 su。

破譯甲骨文：羞、羑同源

圖一甲骨文字羅振玉釋爲羞，謂持羊進獻之象。所矛盾指出在于漢字羞從羊從丑，圖一的甲骨文從羊從又。與這兩個漢字聯係緊密的還有一個漢字羑，從羊從久。

圖一　甲骨文：羞、羑

羑在漢字系統中僅用于周文王被商紂囚居羑里。羑里本義是羑地的居民區，此處有一條河因地得名叫作羑河，古稱羑水。

《水經注》卷九："羑水出蕩陰西北韓大牛泉。《地理志》曰：縣之西山，羑水所出也。羑水，又東徑韓附壁北，又東流經羑城北，故羑里也。"今湯陰縣屬安陽轄地，可見羑里與殷商的關係密切。

這樣三個字的音訓皆應該爲 you，分别是羊丑切，羊久切和羊又切。從造字上看，圖一甲骨文下從又，漢字羞下從丑，兩字義近。丑的本義是用手扭轉的意思。漢字羑下從久《爾雅》不載，《廣韻》"與九切"。

《説文》："羞，進獻也。從羊丑。羊，所進也。丑亦聲。"

《説文》："羑，進善也，從羊久聲。文王拘羑里。在蕩陰。"

比較許慎的兩個定義我們可以發現，所謂羑其實就是羞。衹是聯係了商紂囚居文王的説教將其本義上昇到了道德水平而已。似乎漢字羑衹是爲周文王而造。而漢字羞也没有從丑的必要，如果需要表明"羞。進獻也"這一本義，從羊從又就足够了。更何况甲骨文中該字就是從羊從又的。這三個字其實是同一個字，讀若 you。卜辭中殷商四周有所謂的“四封方”是殷商的四個封國：虘又方、羌方、羞方和轡方。其中羞方與羑可能同爲一地。

卜辭：“……遣告侯：田冊虘又方、羌方、羞方和轡方……四豐方。”（《甲骨文合集》）

如果上述三個字實屬同一個字的話，這里的羞方可能就是指位居殷墟以南的羑地——紂王囚禁周文王的地方。羑里之“里”是西周金文造字，“里”在此前的甲骨文寫作“吕”，本義是兩邑，音訓爲兩邑合音。

《説文》羞字下段注曰：“宗廟犬名羹獻。犬肥者獻之。犬羊一也，故從羊。引申之凡進者皆曰羞。”可見羞字之下從又，從丑，從久是一樣的造字功能，作爲反切下字。其中圖一甲骨文和漢字羞都是會意造字，漢字羑是前兩個字的形訛所致，所以在漢字史上三字的排列次序依次是：圖一甲骨文，羞，羑。三個字的古音均爲 you。值得一提的是由圖一甲骨文演化爲漢字羞再繼續演化爲漢字羑是一個連續訛變的過程，在這個訛變過程中原先的意符手一變爲丑，再變爲久。這種情況在漢字發展史上很少見。

羑里用現在的話説就是饈里之意。即爲殷商王朝祭祀及生活提供珍饈的地方。説得通俗一點就是牲畜飼養場。殷商的牲畜是分等級飼養的。

三字的本字當設計爲從羊從又。其今譯本著約定俗成的原則當爲：羞。因爲羞是漢字饈的初文，也是羑的同音字。羑字在漢字系統中使用極爲罕見，可以任其式微，唯一一見的“羑里”可用“羞里”替代，意義將更加鮮明。

【甲骨文字本義小結】

羞的本義：進獻祭祀用的犧牲。動詞。

音訓：羊丑切，古音讀若 you。

破譯甲骨文：“年”的演變

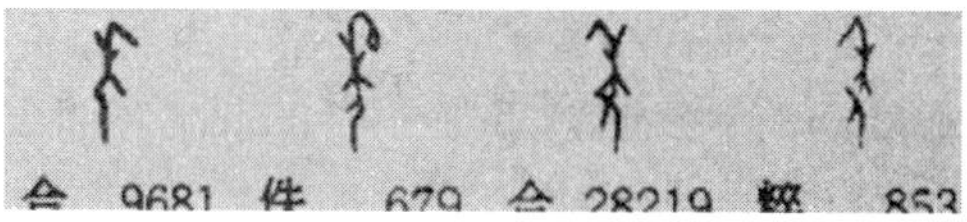

圖一　甲骨文：年

漢字年今天看來已經基本不清楚它的造字含義了，原因是在幾千年的使用中它已經面目全非。其實一直到東漢的《説文》，年字的造字雖然有漸進的變化，但是萬變不離其宗，它總是圍遶著本義或者音訓在變化，到了楷書的年字已經既看不出它的本義也看不出它的注音了。對于非常講究傳承的漢字體系來説，年字的進化是一個缺憾。

《説文》：“年，穀孰也。從禾千聲。《春秋》傳曰：‘大有年。’”段注：“宣十六年經文。《穀梁傳》曰：‘五穀皆孰爲有年。五穀皆大熟爲大有年。’”可見“年”的本義是糧食豐收，即穀孰也。卜辭亦同此義：

卜辭：“辛酉卜。賓貞：謀年于河。”（鐵 216・1）祭祀河神以問取今年的收成。

卜辭：“貞：于王亥。謀年。”（後上 1・1）祭祀王亥，以問取今年的收成。

卜辭：“貞：我不其受稻年。”（存 1・180）“稻”從徐中舒譯。本年水稻歉收。

卜辭："甲子卜。□貞：我受黍年。"（續2·29·3）本年黍豐收。

董作賓在《卜辭中所見殷曆》中考證："在商代還没有把年作爲紀歲用的。到了周代，纔把禾穀成熟一次成爲一年。而年字始含有歲、祀之意。"①

從圖一甲骨文造字看，例四的甲骨文年上從禾，下從人。其餘三例雖爲獨體字，但是同樣是上禾下人，中間共用一筆。當人收穫了沉甸甸的糧食的時候，這就是年，也就是甲骨文年的本義：糧食豐收。參見上述卜辭例。

年字字形的演變和它的注音發生了改變大有關係。

圖一甲骨文的年，是一個會意造字，準確地説是一個右文造字。其中的人就是造字的聲符兼意符。按照章太炎的"娘日歸泥"説，今天漢語的聲紐 n，l，r 在遠古時並未分化，而是統一發音爲聲紐 n。所以殷商時甲骨文"人"的注音是 nen。也就是説甲骨文年的注音應該是讀作 nen。

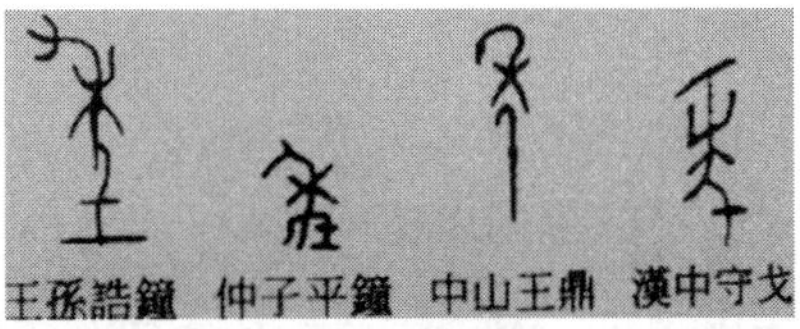

圖二　金文：年

這個從禾從人的甲骨文年字在西周發生了變化，下部的人有的演變爲"土"（圖二例一例二），有的演變爲"千"（圖二例三例四）。這一演變的關鍵是作爲聲符的"人"被改變了。聲符被改變説明當時該字的發聲已經改變了。由殷商的注音 nen 改變爲西周方言的其他注音了。就造字看從甲骨文中"年字必從人"到金文的"年字必不從人"，説明"年"這個字在遠古的河南東部方言和陝西西安方言中注音的差别較大。造字符號土和千取代了"人"，本義尚且説得過去。土中生禾，或者以"千禾"代表豐收。但造字符號由人演變爲土或者千，其注音就發生了很大的改變了。

圖三　戰國簡：年

到了戰國時代，簡書中的"年"字已經基本由聲符"千"所取代。見圖三例一例二例四。這一文字演變現象的質變點是殷商到西周之間，所以這一歷史時期應該是"娘日歸泥"的分化時期。促成這一分化的歷史事件應該是周武王滅商後，陝西西安的周方言代替了河南東部殷商方言成爲强勢的主流語言了。正如北魏李沖所言："九州之音，竟知誰是？帝者所居即爲正音。"② 所言極是。

到了秦代小篆給年字定型。依然是從禾從千。就音訓看，千字韻母爲 an，確實是年字的反切下字。但是上字爲禾是無論如何也充當不了聲紐的。漢字發音的斷裂現象就是這樣産生的。到了現代漢字年的造字就完全脱離了它的造字的本義和音訓了。這實在是非常可惜的一個演變過程。對不起遠古造字的祖宗們啊。

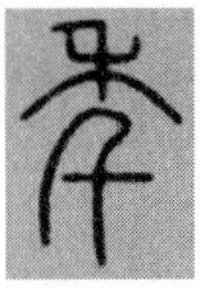

圖四

小篆：年

【甲骨文字本義小結】

年的本義：糧食豐收。名詞。西周後本義引申爲穀熟一次爲一年（董作賓）。

字形：甲骨文從禾從人；金文從禾從土；簡書小篆從禾從千。

音訓：從禾從人，右文造字。人讀作 nen，"人"是聲符兼意符。

① 劉夢溪主編《中國現代學術經典·董作賓集》，第296頁。

② 黄侃著《文字聲韻訓詁筆記》，第140頁。

破譯甲骨文：安　定

圖一　甲骨文：安

圖二　甲骨文：定

東漢許慎的《説文》是這樣解釋安、定兩個字的：

“安，静也。從女在宀下。”

“定，安也。從宀從正。”

關于定字其中的意符“正”我已經在相關文章中考證了：甲骨文“之”的本義是離開此地的意思；而“正”本義是到達某地的意思。甲骨文造字中下面一横有起跑綫的意思，而上面的一横有類似體育比賽中衝綫的意思。

從甲骨文字形分析，甲骨文“安”是一位女子在家。該字從造字看似乎包含了女子有家，即出嫁後擁有新家之意。而甲骨文“定”是一雙腳到達了一個城邑的大門，門裏面就是城邑，以口（亦即丁）代表。

甲骨文“定”中的“正”是由一隻右腳和一個口組成。這個甲骨文正字也可以簡化爲上面一横下面以意符的足表示，兩者均表示到達的意思。但是我看見在甲骨文定字中，這個到達的本義一律被複雜化了，爲什麽不直接使用從一從止的正而使用了複雜化的從口從止的正？這就和“定”的本義的精確的訓詁有聯係。

甲骨文定的本義是一個人由城外到達了城邑的大門，就是城門。意在表示一個人經過遠行或者征戰後終于回到了自己的城邑。這樣就强化了腳步停下，勞頓結束，心情放鬆這樣一種複雜的安定下來的感覺，這其中包含着一種心理活動。遠非一個正字可以包涵的。“正”衹是代表人到達某目的地的動作。我們從正和定的造字看到了甲骨文造字者的非常細膩的表達方式。采用從口從止的正字是要表達游子或征人回歸故邑的心情。口在這裏正是代表邑。這種表達方式涉及到對甲骨文本義的一種比較精細的表達。這是甲骨文定從口不從一的原因之一。

在家爲安；歸邑爲定。定是和不定相對應的。出城和不定對于遠古之人就意味著遠行、戰争和漂泊。安和定的本義在卜辭裏都没有相應的本義表達的範例。衹是在安引申爲心情煩躁和身體不適是有兩條引申義的卜辭，如：

“貞：亡其安。”（拾 10·17）

“癸酉卜，争，貞：王復不安。亡延。”（續 5·6·1）復通腹。

音訓：安的音訓從女從宀。這是一個會意造字。女的殷商方言注音爲：rü，女宀切，讀作 ran。今天安徽多地的方言中依然保存著這種發音。段注曰：“烏寒切。”即按照段氏考證當讀若 wan。今天方言中也有保留了這種發音的。

定的音訓從正從宀，這是一個右文造字。其中間的意符口同時也兼爲聲符。讀作：ding。甲骨文“口”“丁”字形相通。這也是甲骨文定字從口不從一的原因之一。

【甲骨文字本義小結】

安的本義：女子在家，安靜。動詞。

音訓：安的音訓從女從宀。這是一個會意造字。女的殷商方言注音爲 rü，女宀切，讀作 ran。今天安徽多地的方言中依然保存著這種發音。

定的本義：男子結束了一段城外的生活，回到了城邑。動詞。

音訓：定的音訓從正從宀，這是一個右文造字。其中間的意符口同時也兼爲聲符。讀作 ding。

破譯甲骨文：從“宇”“宙”談起*

《説文》：“宇，屋邊也。從宀。亏聲。《易》曰：‘上棟下宇。’籀文宇從禹。”

《説文》：“宙，舟輿所極覆也。從宀。由聲。”

段注：宇“王榘切”。宙“直又切”。“文子及《三蒼》云：‘上下四方謂之宇。往古來今謂之宙。’《莊子》云：‘有實而乎處者，宇也；有長而無本剽者，宙也。’”又曰：“《淮南·覽冥訓》：‘燕雀以爲鳳皇不能與争于宇宙之間。’高注：‘宇，屋檐也。宙。棟梁也。’引《易》上棟下宇。然則宙之本義謂棟。一演之爲舟輿所極覆。再演之爲往古來今。則從宀爲天地矣。”

圖一《甲骨文類編》破譯爲宇

總之，按照上述的定義和注解，宇的本義是屋檐上下四至所包含的空間，引申爲六合空間；宙是舟輿之往復，引申爲古今時間。宇宙就是時空，所以後世人們常將世界觀稱之爲宇宙觀。《説文》的定義是針對東漢時流行使用的“宇”“宙”二字的，無可厚非。但是，有急于求成的學者按圖索驥，按小篆字形去尋找甲骨文，在卜辭中發現並破譯出這樣兩個字，如圖一、圖二。

圖二《殷墟甲骨學》破譯爲宙

我以爲這兩個字並不是漢字的宇、宙二字。我還認爲這種僅僅憑藉字形去破譯甲骨文字的方法是值得懷疑的。破譯一個甲骨文字必須從本義、音訓和字形這樣三個方面相結合進行探究。《甲骨文字典》也收錄了上述兩個甲骨文，其“解字”曰：宇“從宀從于從口。《説文》所無。……義不明”①。宙“從宀從西（?），《説文》所無。……義不明。”對于没有確實證據的甲骨文字闕而不論，是我們應當永遠秉持的科學態度。

按照許慎的定義，漢字宇是由籀文宇簡化而來的。和漢字宇一樣，籀文“宇”是上宀下禹，也是一個形聲造字，這個字根據漢字發展史應該是西周以後的造字，所以不能

① 徐中舒主編《甲骨文字典》，第 825 頁。

成爲破譯甲骨文的依據和佐證。

那麼上圖的甲骨文字應該怎樣破譯呢？根據甲骨文造字的本義看，圖一的甲骨文字從宀從于從口，應該是殷商朝廷貯藏某種東西的專門的房間。在甲骨文系統中所有的“宀”本義都是表示一種房屋，一種屬于殷商王朝的房屋。儲藏的是什麼呢？應該就是“于”，我考證這個“于”應該是《尚書・禹貢》中的“包匭青茅”。圖二的甲骨文字也一樣，其本義是貯藏瓷器的庫房。

從造字的字形上看，其中的“于”和“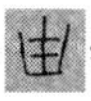”都是聲符兼意符。作爲意符它們代表的是房屋中貯藏的物品。于，是供殷商王朝祭祀用的包匭青茅。從《尚書・禹貢》就規定了這種祭祀用的茅草由荆州地方每年進貢給朝廷。而瓷器的進貢在《尚書・禹貢》中産瓷器的徐州和揚州貢品中尚無規定。所以很可能是殷商滅夏之後，由長江以南的楚地進貢的。注意圖一中下部的“口”卜辭中常見是一種類似地窖的地穴。所以這種貢品包匭青茅的保存可能是有特殊的方法的。圖二中的“”，這個字不是漢字由，它從丰從凵（兩側均出頭）。該字也不能讀作 you。《説文》段注曰：“側詞切。”讀若瓷。該字造字外圍的“凵”是瓷器的象形，其中間的“丰”是爲了安全運輸而塞進的軟草等物。從這兩個字的字形看，不僅漢字宇源于從宀從禹的形聲字，其宙字的造字可能也是另有來源的。

從音訓看，圖一甲骨文字作爲聲符其音訓是 yu；圖二甲骨文字音訓是 ci。這樣兩個甲骨文字都屬于右文造字。

這個破譯甲骨文的實例説明，不能僅僅憑藉某個甲骨文字和小篆之間在字形上相像這一點就作出甲骨文某字就是小篆某字的結論。其根本原因在于甲骨文、金文之後，在戰國時期中國的文字經歷了一個大爆炸時期。戰國時期不僅各國有自己創造和使用的文字，民間使用的字體的造字、簡化、演化、甚至訛變也是生生不息。另一原因還在于漢字已經從王朝的廟堂上“下放”到了人間，識字者、用字者都大大增加了，以致出現了諸子百家的“百花齊放，百家争鳴”的學術局面。所謂漢字的“秦八體”、“新六體”、奇字、古文幾乎都出自這一時期。甲骨文、金文和小篆文字之間字義、字形、注音所發生的新造字、分化、變形、斷裂、轉移和消失也幾乎都出自這一歷史時期。但是，也正是由于文字創新的大爆炸和文字因普及而深入民間，纔有了諸如《爾雅》、《説文解字》這樣的漢字經典的出現，它們保存了秦漢以前的漢字的形、音、義的大量原始素材。正如甲骨文的創造者們在造字之時就充分考慮到後人的識别與傳承的需要，將形、音、義三者完美地結合在一起。這是前瞻性和科學性、睿智和毅力完美結合的一件傳世之舉，厥功甚偉。

今天，在我們研究甲骨文的過程中，必須遵循甲骨文的造字規律，遵從甲骨文之前之後漢字的内在規律，從形、音、義三個方面去深入訓詁和考證。那種攻其一點，不及其餘的研究方法不僅是片面的，也是錯誤的。

破譯甲骨文：夢　寐

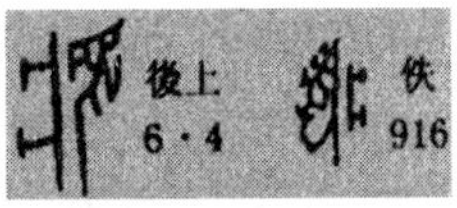

圖一　甲骨文：夢

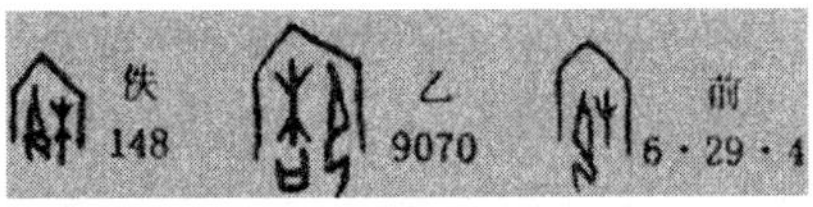

圖二　寐

圖三　寮

夢是做夢，寐是睡覺，這本是人的兩種正常的生理現象。但是要用幾個意符將這兩種生理現象形聲兼備地表現出來遠非易事。更何况是在没有文字衹有口語的夏商時代。我們來看一看在殷商甲骨文産生了約1500年左右的東漢《説文》是怎樣定義這兩個小篆漢字的：

《説文》："夢，寐而有覺也。從宀從疒。夢聲。《周禮》以日月星辰占六夢之吉凶。"

《説文》："寐，卧也。從夢省。未聲。"

就是説許慎時期人們認爲夢的定義是睡著了以後的人依然發生著知覺。就是俗話説的做夢。而寐的定義就是人處于睡著的狀態，至于睡著了没有卻很難説。這兩個定義在1500年中間幾乎没有變化。但是殷商時代貞人們依據當時口語的原創造字（見上圖）真的令我們傾心折服。

圖一是甲骨文夢字。一個人正睡在一張床上，兩字中睡者的手都在動，似因困倦在打哈欠。例二的眉毛也在動。（注意牀的意符和金文不一樣，甲骨文衹用了金文的一半，而金文是左右對稱的合體。所以甲骨文的牀字可以視爲牀的側面象形。金文則是牀的俯視造字，由于金文的牀可以同時看見它的四條腿，也可以視爲散點造字，金文牀還可以有第三種理解，就是左右兩爿衹是兩側牀框上的木格省略的象形。）

甲骨文夢的音訓是從目從人，目人切。讀作 men，通 meng。遠古没有喉音。據此發音可以反證圖一爲甲骨文夢字。

卜辭："庚辰卜。貞：多鬼。夢。不至判。"（後下3·18）

卜辭："貞：亞多鬼。夢。亡疒。四月。"（前4·18·3）"亞多鬼"是明堂裏鬧鬼的意思。

圖二是甲骨文寐字。其訓詁爲一座房子裏有一位老人，一方火塘上懸著"一木"。其本義解釋爲火塘中火已經熄滅，老人正在打瞌睡。大家可以看一看圖三的甲骨文字，其本義是火塘中的火正在燃燒。這個字學者們訓爲寮，但是它未必是一種祭祀。房間裏冬季用火塘燒火取暖是夏商的生活習慣。造字中的木不是添加在火堆上的柴火，而是一根用來在火堆上燒水的木製吊鈎。

甲骨文寐的音訓是從木從卩，木卩切。讀作 mie，古音通 mei。此字亦可爲宀卩切。

卜辭：“……來征我，于此寐。”（佚 148）

卜辭：“雀于寐。”（乙 1046）1046

《詩經》中寐字凡十七見。常將寤寐兩字連用。寤是睡醒的意思。

【甲骨文字本義小結】

夢的本義：人的生理現象——做夢。名詞。

音訓：夢的音訓是從目從人，目人切。讀作 men，通 meng。

寐的本義：人呈睡姿。名詞。

音訓：寐的音訓是從木從卩，木卩切。讀作 mie，古音通 mei。

破譯甲骨文：是“同”還是“投”*

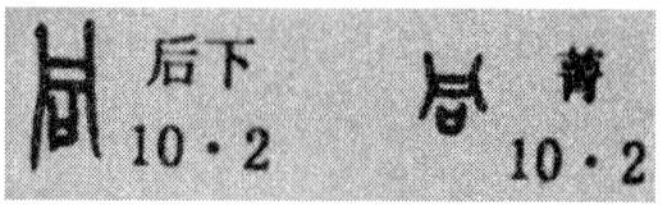

圖一　甲骨文：同

依據甲骨文字形與小篆字形的相同或相近來破譯甲骨文字是此前甲骨文研究的一種普遍的方法。這種方法的優點在于保留了甲骨文的“形的特點”，缺點是忽視了甲骨文的注音。至于對本義的研究在甲骨文研究中就更加需要深化，因爲迄今爲止所謂“已破譯”的甲骨文字的本義大多是依據東漢許慎《説文》的相應小篆作出的移植或者逆向推斷。

根據我的研究，《説文》中很多漢字的定義都不是該字甲骨文時期的本義，而是其引申義或者轉移義。相對《説文》中所保留的漢字本義而言，《説文》中保留的漢字注音價值要更大一些。

圖一是本文要破譯的甲骨文字，舊譯爲“同”。因爲這個字的小篆和甲骨文的字形相像。按照這個字形和定義，似乎將圖一甲骨文字破譯爲同無懈可擊。其實認真思索一下，圖一的甲骨文從凡從口，凡即船也。小篆的同字字形與意符“船”完全無關。所以小篆“同”和圖一甲骨文之間的意義没有繼承關係。按照其注音看，小篆的同爲徒紅切，圖一甲骨文的注音是凡口切，兩者也是相去甚遠。

因此，破譯圖一甲骨文就不能僅憑字形相像來遽然定論。注音就成爲本字破譯爲“同”是否正確的另一個重要的標準。

圖一該字的音訓是從凡從口。甲骨文凡的口語發音是 chuan。古無舌上音，故按照訓詁學對古音的研究，這個凡的古音是 tuan，今讀作團。團口切，讀作 tou。破譯出對應的漢字應該是：據注音訓詁直譯爲投；據字形訓詁破譯爲同。它們哪一個纔是達詁呢？

《説文》相關字的定義：

《説文》：“投，擿也。從手殳聲。”顯然以手執殳的本義應該是投擲之意。

《説文》：“挏，推引也。從手同聲。漢有挏馬官。作馬酒。”初文爲“同”。

《説文》：“同，合會也。從冃從口。”段注：“口皆在所覆之下。是‘同’之意也。”

那麼漢字“投”有没有“合會”之義項呢？有的！

《新華詞典》：“投：⑤相合；迎合。”所以圖一甲骨文破譯爲投不僅本義相合，注音也相合。但是這就遺留下一個問題：圖一甲骨文從凡從口，它的本義爲什麽是“相合”的意思呢？我認爲這裏的凡本義是船，而口是一個非固定意符，在本字中的本義是碼頭上用來維繫船的石樁。船到碼頭，首先必須使船與石樁相合，船上的人纔可以順利下船上岸。這個船與石樁吻合的過程就叫作“同”。

卜辭：“丁丑卜。□貞：其用茲卜異。其涉兕同。”（甲 3916）

卜辭：“貞：不同涉。”（甲 3916）上兩例可見甲骨文同與涉水有關。殷商渡船者是涉水而行的。

卜辭：“同出擒。”（續 3·28·6）

所以就字形、注音和本義三者的訓詁而言，圖一甲骨文字以破譯爲“同”爲達詁。由甲骨文同演化爲小篆的同，其意符“凡”已經在使用中産生了變形，這一訛變使得我們今天僅憑小篆同字的本字無法作出對其原始本義的理解。但是其原始本義依然保留在圖一的甲骨文字中。這一例證説明對甲骨文字的研究對于漢字起源的研究是非常重要的。

同字的本義在許多的方言和口語中依然在使用著，冬天天氣寒冷，大人讓孩子左右相揣手時會説：“把手同起來。”就是這個意思。

同的古音讀作 tou。後演化爲後鼻音的漢字注音爲 tong。説明韻母 ou 和後鼻音的 ong 源自同一韻母，並經歷了一個分化的過程。兩者的分化時間點在什麽時候尚待考證。

【甲骨文字本義小結】

同的本義：渡船靠岸和石樁相合。引申義：會合，迎合。會意造字。動詞。

音訓：凡的注音是 chuan。古無舌上音，故按照訓詁學對古音的研究，這個凡的古音是 tuan，今讀作團。團口切，古音讀作 tou。後演化爲後鼻音的漢字注音為 tong。

破譯甲骨文：是“羅”還是“罹”

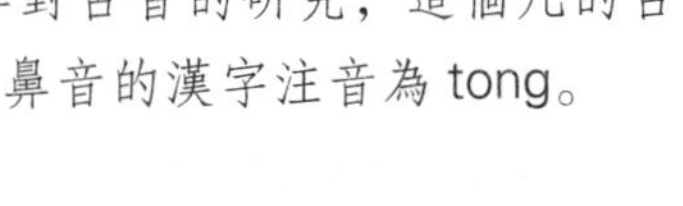

圖一　甲骨文：羅

漢字的羅和罹都是源于圖一的甲骨文字，所以圖一的甲骨文字是罹和羅的初文。網下從維的是羅（luo），網下從惟的是罹（li）。這兩個字上下意符都相同，爲什麽兩個字的注音會有不同呢？這就是許慎所説的轉注，這個字的甲骨文本字從網從隹，本義是鳥落入絲網中的意思。《説文》羅的下面加了意符糸，罹的下面加了意符忄，這就爲兩個字“建類一首，同意相受”，併入了網部首。其中罹爲新造字。

羅字依然繼承了圖一甲骨文的本義，這一點從《世本·作篇》“古者。芒氏初作羅”可證。《説文》也有：“羅，以絲罟鳥。”《爾雅·釋器》：“鳥罟謂之羅。”而“罹”則歸入一種描寫心理狀態的動詞。《康熙字典》：“罹，《廣韻》吕知切。《集韻》鄰知切。

發音離。《説文新附字》心憂也。古多通用離。《爾雅·釋詁》：罹，憂也。《詩·王風》：逢此百罹。《釋文》罹本又作離。《書·酒誥》滅無罹……”

罹和羅的音訓均來自圖一的甲骨文字。該字從網從隹，應該讀作 wei（即 uei）。但是後來這個字分化出兩個漢字網下從維的是羅（luo），網下從惟的是罹（li）。其聲母均由甲骨文的 w 變成了 l。這個注音現象説明至少有一部分的 l 聲母字是從 w 聲母字分化而來。换句話説，就是在殷商前後的一段時期，口語中聲母 w 和聲母 l 可能是混淆的，或者説是發同樣的聲音。聲母 w 中分化出聲母 l 是殷商以後的事情。

【甲骨文字本義小結】

羅的本義：捕鳥。會意造字。動詞。引申爲專用于捕鳥的絲網。名詞。

音訓：從網從隹，網隹切。當讀作 wei。後語音分化爲 luo 和 li 兩個發音。

破譯甲骨文：函（圅、肣）*

函在現代漢語中本義是書函和封套的意思。這個本義是源于甲骨文的，它的甲骨文就寫作如圖一：

圖一　甲骨文：函

（小篆作圅，俗作肣）

甲骨文函是一個會意造字，從環從矢，遠古箭函是一個圓形的皮筒狀的東西。還有一種外部是環形的甲骨文函字（見圖一右例）。王國維的解釋爲：“象倒矢在函中。”不過圖一文字説明了“正矢”也可以在函中的。但是許慎的定義卻認爲這個小篆的”圅”是一個象形造字。

《説文》：“圅，舌也。舌體㔾㔾，從㔾。象形。”《説文》又見“㔾”的音訓：“凡㔾之屬皆從㔾。讀若含。”《説文》又見有：“肣。俗圅。從肉今。”段注云：肣“口裏肉也”。肣爲形聲造字。其中的今是聲符，爲從含省。

肣字在漢字中有兩個字形和讀音：從肉從含者通圅，讀若 han；從肉從今者讀若 qin。《集韻》：肣“斂也。灼龜首仰足肣”。《史記·龜策傳》：“肣開”注曰：“音琴。肣謂兆足斂也。”屬于灼龜時兆紋的一種情形。兩個字均與動物相關，所以從肉是符合造字規律的。從這一點看，肣用爲圅並非如許慎所説的“肣。俗圅”，而應該是同音假借。因爲圅的甲骨文本義是箭函，不是舌頭。

許慎的這個象形的造字是基于小篆的“圅”，因爲許慎没有接觸到甲骨文字甚至金文函字。從字義上看，許慎混淆了函和含兩個漢字。它所認爲的“圅”的本義是口腔與舌頭的關係，舌頭的舌體因爲和口腔是連爲一體的，所以該字被許慎誤認爲象形造字。當我們看見了甲骨文的函字時，我們纔頓悟：函應該是箭函，箭和箭函是兩個不同的東西，所以甲骨文函是一個會意造字。是箭矢在皮函中的意思。如果你看見金文的函或者戰國古文的函字時，你就知道在箭矢的外面確實已經普遍成爲同一個符號：圓環。音訓：從環從箭（矢的方言注音爲箭）。讀若 han。

《周禮·考工記·函人》載："函人爲甲，犀甲七屬。兕甲六屬，合甲五屬……視其朕，欲其直也。……視其朕而直。則制善也。"原來這個函人在西周是專門用犀牛皮、兕皮和其他野獸皮製作甲胄的官員。所謂的朕就是用一塊塊長方形的獸皮縫合成爲甲胄時，小塊的獸皮之間的縫。"函人"這一名稱説明西周時期采用皮革製作皮函也應該是函人的職司之一，否則這個官職爲什麼不叫"甲人"呢？

甲骨文函到戰國古文的函字的演化途徑是清晰可辨的，但是它們和小篆的"圅"字之間的演化路徑已經無從考證。似乎是漢字異體的"圅"上部的"マ"就是甲骨文一側環形的"耳朵"，下部的"凵"就是甲骨文的"○"環，而中間的部分就是"矢"的變形——它由甲骨文的"矢"變成了一個近似今天人民幣的符號"￥"。今天看來，頗有幾分化干戈爲玉帛的寓意。

概括地説，東漢時代的漢字函、小篆圅和肣是正字和俗體字的關係。其東漢的定義都是"舌頭"的意思。因爲舌頭都是含在嘴裏的，所以音訓爲含。這三個字都是名詞。小篆"圅"的意符演化有斷裂。在經歷了春秋戰國的文字百花齊放的時代，這一點不難理解。

圖一的甲骨文字也是名詞，是一個會意造字，本義是隨身盛放箭矢的容器。旁邊的小圓環是用來固定在皮帶上的。這個小圓環在少數卜辭中被省略了，這説明殷商的刻字者在用字的同時已經不在乎每個字的造字的精細了。這個小圓環是一個重要的造字意符，是不能省略的。另一點需要注意的是甲骨文函造字中的意符矢的方向是箭頭可以向上也可以向下。

甲骨文函。從□從○從矢。會意造字。音訓中的聲符是從○從矢，其中○讀若 huan，矢的口語讀音是 jian（箭），本字爲○箭切。讀若 han。段注爲乎感切，或胡男切。本字從造字上看，其中的□也可以視爲圓筒，依然可以讀若 huan 或者 yuan，但是就造字聲符看，它不能讀若 huan，所以本字結構中的小圓環作爲造字的必備聲符是不能省略的。

如果説東漢時期有兩個漢字可以表示"舌頭"的話，函的定義"舌也。舌體㔾㔾，從㔾。象形"一定不是其本義。因爲這個甲骨文函在造字之初就是一個會意字而不是象形字。而另一個漢字肣定義爲："肣。俗函。從肉今。"也許是舌頭的本字，因爲肣字從肉從含省。是一個形聲造字。甲骨文中没有純粹的形聲造字。

《康熙字典》所引秦漢之前的文獻對我們理解函字的演化很有幫助：

"《説文》：'舌也。又容也。'《禮·曲禮》：'席間函丈。'又《前漢·禮樂志·郊祀歌》：'函業祉福常若期。'《注》：'師古曰：函。包也。'……《律曆志》：'太極函三爲一。'《禮樂志》：'人函陰陽之氣。'又《玉篇》：'鎧也。'《周禮·冬官·考工記》：'燕非無函也。夫人而能爲函也。'"

這些例證充分證明，漢字函的原始意義並非是指舌頭，而是指"包含""包容""含有"的意義，這一點和甲骨文"函"的本義是正相吻合的。依此本義來解釋卜辭，有些地方就會明瞭許多：

卜辭：“叀伐尸于函。”（後下 22・5）函地當在殷商的東南方向，也是獵場（見下）。

卜辭：“……在……貞：……田函。”（前 2・32・2）

卜辭：“貞：叀函豕逐獲。”（後下 22・6）

卜辭：“王擒函麋。吉。”（京津 4467）從後三條卜辭看，“函”爲商的一種捕獵方式。

【甲骨文字本義小結】

函的本義：隨身盛放箭矢的容器（皮函）。名詞。會意造字。

音訓：從〇從矢，其中〇讀若 huan，矢的口語讀音是 jian（箭），本字爲〇箭切。讀若 han。

破譯甲骨文：吕、品、㗊、營等

甲骨文的口有兩種造字：一種是下爲圓弧上爲一，圓弧兩端高出“一”的兩端；另一種是規整的四方形，如下諸圖所示。甲骨文四方形的造字本義是村邑，視作一里切，讀若 yi。

圖一　甲骨文：吕

金文演化爲里。音訓：兩邑切，讀若 li。

吕、里是古今字。吕本義是殷商時代由兩個邑組成的居民區。從考古實證看，殷商的邑是開放式的，後演化爲封閉式的有圍墻的閭。閭有前後兩個門，西周以後前門稱閭，後門稱尾閭。中醫針灸學稱人的後門——肛門——爲尾閭。《莊子》：“天下之水，莫大于海，萬川歸之，不知何時止，而不盈；尾閭泄之，不知何時已，而不虛。”莊子將大海海底海水洩漏處稱之尾閭。嵇康《養生論》的《文選》注引司馬彪：“尾閭，水之從海水出者也，一名沃燋，在東大海之中。尾者，在百川之下故稱尾；閭者，聚也，水聚族之處，故稱閭也。”其中的音訓“閭者，聚也”是錯誤的，閭就是一個門，尾閭就是東海海底漏水處。

圖二甲骨文音訓：三邑切，讀若 si，通 xin 和 xing。韻母 in 和 ing 是演化後起的韻母，下同。

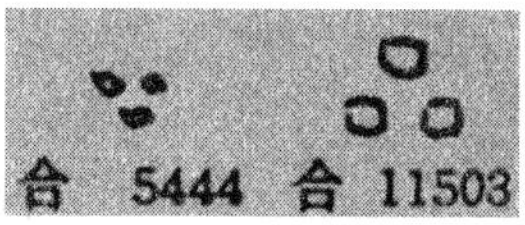

圖二　甲骨文

有學者將圖二破譯爲晶，甲骨文另有三個意符日的造字。本字爲三個正方形意符的造字，當視爲三個邑（自然村落）的造字。《説文》：“品，衆庶也。從三口。”這裏的三口從甲骨文“三邑”的本義。三邑就是三個平民所居住的村落，所以許慎説“衆庶也”正是這個意思。圖二甲骨文字卜辭中用作地名：

卜辭：“乙未卜。貞：王賓～。亡尤。”（前 5・35・2）

卜辭：“乙卯卜，弜供丁卯飲～。”（粹 432）

圖三甲骨文音訓：四邑切，讀若 si，通 xin 和 xing。

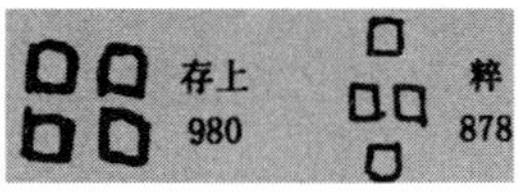

圖三　甲骨文

本字就是四個邑的造字，造字從四口，其本義爲四個自然村落組成的某個大邑。《説文》："衆口也。從四口。"其實"從三口"和"從四口"在造字上的功能是基本一樣的，本字的本義也就是"品。衆庶也"的意思，圖二和圖三的甲骨文字是同一個字。但是甲骨文造字非常寫實和精確，所以圖二甲骨文字是指由三個邑組成的某個大邑，圖三甲骨文是指四個邑組成的大邑。在殷商時代，這些字具體指某一地名貞人和皇室内部是非常清楚的。本字待定。

圖三甲骨文字卜辭中用作地名：

卜辭："今秋~黍年。"（粹 878）

圖四甲骨文音訓：生（姓）邑切，讀若 xi，通 xin 和 xing。

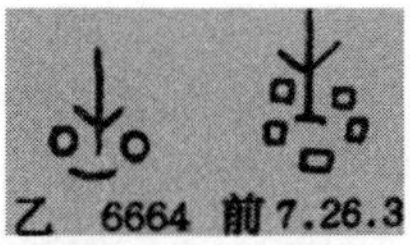

圖四　甲骨文

本字很多學者認同是星星的星，我認爲不是。産生這種錯亂的原因是將造字意符"口"當作天上的星星了。如果是，則其中的造字意符生（即姓）和兩個星星或者五個星星之間是什麽會意關係呢？甲骨文的會意造字各個意符之間的會意是直接的，不會這樣天上地下之間繞彎子。甲骨文的正方形造字本義就是村落，所以這裏的甲骨文"生"是漢字"姓"的初文。圖四甲骨文本義就是殷商時"同一姓的村落"的意思。居住在這個地方的居民都是同姓的本家親屬。這樣的村落在殷商時期應該有很多，所以除了圖四的兩邑、五邑以外卜辭中還可能出現三邑、四邑、六邑甚至七邑的造字，三個字的音訓如此接近也在告訴我們這樣三個甲骨文造字之間應該是同義的或者是近義的。這並不奇怪。本字待定。

卜辭："……卯……月……日……大~。"（乙 6386 反）

卜辭："……茉各雲自北。西單電□~。三月。"（前 7・26・3）

圖五
甲骨文：營

圖五音訓：五臣切或者邑臣切，讀若 yin，通 ying。今天的東北人稱呼這樣的居民區叫作"營"或者"營子"。《説文》："營，市居也。從宫。熒省聲。"這一點給我們以啓示：也許殷商人的祖先真是從東北遷徙到中原的？

我們用以上的方法破譯圖五的甲骨文字。圖五的造字是從臣從五邑，該字的本義就是殷商的戰俘營的意思，俘虜來的各方的戰俘都關在這裏，臣就是從戰俘中産生的管理者。甲骨文臣本義爲奴隸。《説文》："臣，牽也。事君也。象屈服之形。"綜上所述，可見類似的甲骨文造字中除了數目不等的意符"口"代表居民區數目不等的"小邑"，另一個中心意符就應該是代表這個居民區的統治屬性或者是功能屬性。同類的甲骨文在卜辭中還有，如圖。其中圖六本義是指從事紡織的居民居住的村邑，而圖七可能是指從事狩獵的居民居住的村邑。這就把殷商的統治上昇到了行政管理的高度，殷商人不僅專業有分工，而且因屬社會地位和勞動分工的不同居住在不同的區域。

圖六

圖七

破譯甲骨文：枼(葉)　卩(爺)

圖一　甲骨文：葉

圖二　甲骨文（待考）

圖一的甲骨文字郭沫若釋爲“葉”之初文，“當是葉之初文枼。象木之枝頭著葉”。羅振玉釋爲“果”，謂“象果實在樹之形”。徐中舒《甲骨文字典》引用之後説：“皆未可確證。”① 從上圖造字看可以視爲果，也可以視爲葉。我贊同郭沫若的破譯。

許慎《説文》中没有“葉”字，衹有“枼”字。這説明形聲字的“葉”在東漢尚無此用法，衹是寫作“葉”。按照許慎的轉注，建類一首，後來人們將“枼”上加了草字頭歸類在草部首中。

《説文》：“枼，楄也（段注：方木也）。枼，薄也。從木世聲。”這個定義説明東漢時期枼的本義是方形的薄木片。但是我們從圖一甲骨文分析，如果這個字要破譯爲枼，那麽它的本義不應該是“楄也”，或者段玉裁的注錯了，應當注爲：“楄，樹葉也。”這爲後來該字過渡到草部首的“葉”也奠定了基礎。

羅振玉釋爲果，當然有他的道理。因爲造字中三個樹枝上的菱形均可以視爲果實。但是釋爲果有兩點解釋不通。一點是每個樹枝上都應該有葉子，但並非每個樹枝上都會結果子；第二是無論什麽果樹，它的果實都不是像圖一的造字那樣結在樹枝的尖端的。這一點任何一個果農和我們的常識都會告訴我們。所以釋爲果有誤。

郭沫若釋爲“枼”是有道理的，但是由于他們所處的時代的局限，學者們並没有找到其中的“所以然”來。這個所以然就是音訓。圖一甲骨文的音訓讀若 ye。果然如此嗎？

圖二是學界基本公認的甲骨文卩（jie）。考一考你的眼力，在圖一的每一個“葉”的造字中，都藏著一個圖二所示的“卩”字。注意它在造字結構的最右邊。

這個卩字我曾經將其破譯爲：“老年男女。以平胸表示（胸腺退化的）老年人。名詞。”現在我將其深化一步，這個甲骨文“卩”本義應該是老年的男人。圖二這個字當破譯爲漢字“爺”。從音訓看：jie 古音通 ye。從造字結構看，圖二的甲骨文上部從∧下部從乚，隱折切，讀若 ye。《康熙字典》引《玉篇》音訓爲以遮切。

從文字的演化看，繁體漢字的爺是一個形聲字，從父從耶。這個形聲字是戰國時期的一個古文造字。有從父從耶和從父從邪兩種寫法。在許慎《説文》中尚未收錄。河南東部農村多有稱呼男性老人或者祖父爲“爺”的，也有稱呼父親爲“爺”的。見于

① 徐中舒主編《甲骨文字典》，第 654 頁。

《木蘭詩》："軍書三十卷，卷卷有爺名。"

現在回到圖一的甲骨文字，該字的造字中爲什麽會嵌入一個"卩（爺）"字呢？這個卩字就是該甲骨文字的注音的聲符。也許殷商人在教育自己孩子識字的時候，會用朱砂紅筆將該字結構中的這個"卩（爺）"字單獨顯示出來，用這樣的方法教會孩童記住該字的注音。這也就是有些甲骨文"枼"字最右邊的一枚樹葉故意出頭好像葉芒一樣的造字機理吧。

現在我得出結論：圖一的甲骨文字應該破譯爲漢字"葉"，它的注音聲符就是右側嵌入的甲骨文"卩（爺）"字（見圖二）。該字的標準寫法左右兩枚樹葉中至少有一枚葉子尖端是出頭的，恰似葉芒。因爲祇有這樣的寫法纔能構成該字的聲符：卩（爺）。

【甲骨文字本義小結】

葉的本義：樹葉。名詞。初文爲枼。右文造字。造字側面的卩（爺）是聲符兼意符。

音訓爲：讀若 ye。

卩的本義：更年期已過，因胸腺萎縮而道致胸脯扁平的男性老人。名詞。象形造字。河南人用于稱呼爺爺、父親以及老年男人。該字最初當是一個方言發音：ye。

［注］如果這個音訓成立，則本字中的聲符"卩"是一個純粹的聲符。因爲它並不用于造字的會意，所以該聲符並無意符的表意功能。這是我在甲骨文研究中發現的首例純粹單一的聲符造字現象。由于甲骨文葉是象形字，所以本字不能視爲形聲造字。

破譯甲骨文：柄　丙　内

圖一　甲骨文：柄

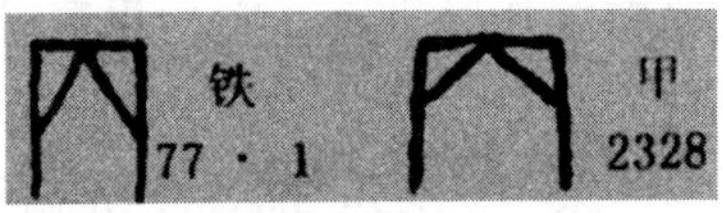

圖二　甲骨文：丙

圖一公認是甲骨文柄，從圖二的甲骨文丙子看，圖一破譯爲柄是恰當的。甲骨文丙的造字是從木從丙。如果我們贊成這兩個甲骨文字的注音相同的話，圖一的柄就屬于漢字造字中的右文造字。其中的丙既是聲符也是意符。（圖一右例中上部的"木"和下部的"丙"應合爲一體，不能分開。）

殷商的甲骨文體系中木部首的甲骨文字大多數都是采用右文造字，即由意符木加上另一個聲符兼意符組成新字。其本義就是這兩個意符的會意産生，用聲符兼意符的讀音爲新字的注音。這樣一類造字常被誤認爲是形聲造字，其實在甲骨文系統中一個意符加一個聲符的純粹的形聲造字方法還没有創造出來。

甲骨文丙、柄同音。丙的音訓是從八從冂，冂爲耿㷭切，所以兩個字的注音都是八㷭切或八京切，讀若 bing。甲骨文意符八的本義是隧道，所以丙字的造字就是外面的墳頭（冂）和中間的墓道（八），其本義爲墳墓。

對比甲骨文丘和甲骨文丙我們發現，甲骨文丘顛倒180度就是甲骨文丙，所以丙是倒丘。甲骨文丘的本義是大山之間的凹地。所以甲骨文丙的本義是地下的洞穴或者墓穴。

《説文》："丙，位南方。萬物成炳然。陰氣初起。陽氣將虧。從一入冂。一者陽也。"許慎的這個源自陰陽五行的定義不是丙字的本義，而是戰國時期鄒衍創造的所謂"五德轉移説"的翻版。甲骨文丙卜辭中多用在商王謚號和天干記日。殷商尚北，所以中心墓道都是南北方向，後世的一般墓穴墓碑都朝南方，以八卦定墳墓朝向則是後來的做法。故許慎以"丙"代表南方是一種民間流行的習俗。"萬物成炳然"則是當時"丙"的另一種流行的解釋。後面的"陰氣初起。陽氣將虧"也是另一種説法。

徐中舒的解字爲：丙"所象形不明。郭沫若謂丙象魚尾《甲骨文字研究・釋干支》，于省吾謂象物之底座《殷契駢枝》，葉玉森謂象幾形《殷墟書契前編考釋》。按諸説皆無確據"①。

圖一甲骨文柄從木從丙。其會意是墓穴上長了一棵樹。河南民間以及很多地方的民間將"老墳上長蒿子"或者"老墳上長樹"視爲一種吉兆。這種墳上長樹的造字形式很容易引申爲另一種形式雷同的格式塔：工具、農具或者兵器的木柄。

《詩經・大東》："維北有斗，西柄之揭。"（《詩經》中柄衹此一見。）

動詞秉和丙、柄是同音字，遠古造字遵循音同者義近的造字規則。秉的本義是用手拿著細長的東西。

《説文》："柄，柯也。從木丙聲。"段注："柄之本義專謂斧柯。引申爲凡柄之稱。"這兩種定義均非本義。因爲許慎和段玉裁都没有見到甲骨文的柄字，所以將柄字理解爲一般的形聲造字了。甲骨文柄在卜辭中衹見用作地名，不排除該地有一座上面長樹的墳墓，故而得名。如："丁巳卜。勿□多□于柄。"（丙83）

【甲骨文字本義小結】

柄的本義：墳上長樹。名詞。引申義：斧頭等工具、農具或兵器的木柄。

音訓：右文造字。丙爲聲符兼意符。其動詞形式爲同音字：秉。

【附】丙、内質疑

漢字中有兩個字很容易混淆：柄和枘。前者讀作bing，後者讀作rui。有一個常用的成語叫作圓枘方鑿，這個成語總是引發我們對給工具安裝木柄的聯想。認真查閱了一下纔發現這兩個字早在它們的孩提時代——甲骨文時代——就混淆不清了。甲骨文中有這樣兩個字：丙和内，學者們到今天也没有分辨清楚。

《説文》："丙，位南方。萬物成炳然。陰氣初起。陽氣將虧。從一入冂。一者陽也。丙承乙。象人肩。"

《説文》："内，入也。從冂入。自外而入也。"段注："今人謂所入之處爲内。乃以

① 徐中舒主編《甲骨文字典》，第1540頁。

其引申之義爲本義也。互易之。……《周禮》注云：‘職内，主入也。内府，主良貨賄藏在内者。’然則職内之‘内’是本義。内府之‘内’是引申之義。……各本無入字。今依《韻會》補。奴對切。”（“對”當讀作 dei。）

《説文》：“入，内也。象從上俱下也。凡入之屬皆從入。”段注：人汁切。（ri 入聲）。今天安徽江蘇一些地方的方言中依然保留著這種入聲的發音。

依據許慎的上述三個字的定義，商承祚提出甲骨文之丙字從冂從入，甲骨文内字從冂從人①。我從兩個字音訓的角度分析認爲，商先生的這個觀點儘管在本義的解釋上可通，但是在音訓上是不通的。按照上述觀點，丙字今讀爲 ning（入冂切），而内字今讀依然爲 ning（人冂切）。兩字同音，字形相近，兩字的甲骨文可以視爲同一個字。雖然這個推理令人興奮，但是畢竟與今天兩個字的讀音相去甚遠，同時這個觀點忽視了最爲關鍵的一點就是“人”作爲一個意符在甲骨文時代本字並不是“人”，本音也不是“ren”。有關甲骨文丙的音訓我在上文中已經做了考證，對于甲骨文内字的訓詁既然不能采用商先生的觀點，理應做一番質疑纔是。

見上，《説文》定義，入、内互訓，如果是音訓的話，這兩個字應是同音字，入即是内，内即是入。則入爲内的聲符兼意符。屬右文造字。音訓當爲人汁切。（ri 入聲）。

如果不是音訓，則該内字從冂從“∧”，其中的“冂”是殷商的門樓下的進出通道，耿熒切，讀作京。而“∧”見于學者們的破譯有“入”“人”“八”“折”四種，都無法反切得出“内”字今天的讀音 nei。最爲接近今天讀音的組合是入冂切，讀作 ning，遠古發音通 ni，可能和另一個甲骨文字“裏”古音相通。也就是説甲骨文“内”的發音和我們今天裏面的“裏”是同一個字。兩者上古爲同音字（娘日歸泥）。

本附文的考證衹是一種質疑，抛磚引玉以開啓思路。歡迎專家學者不吝賜教！

破譯甲骨文：絲、幽、樂、濼的音訓

是甲骨文“幺”，其造字結構一直保存到《説文》的小篆體没有改變。

《説文》：“幺，小也。象子初生之形。”這個定義可能非本義。我們從這個字的甲骨文可以看出圖一甲骨文絲綿的“絲”是由兩個甲骨文“幺”組成的，所以這個甲骨文幺的本義應該理解成比絲綿更小的絲，或者乾脆看作是今天所説的絲絮。在殷商甲骨文系統中“幺”是很重要的一個造字意符（即許慎的“部首”）。因此它的音訓對于破解下面的甲骨文系列字的發音有關。該字從造字上看像單股的絞狀的絲綿，引申義是絲綿繩。它的造字特點是上下無頭緒，這一點和上下有頭緒的草繩（甲骨文索）不一樣。

幺在河南方言中有兩個意思：“最小的孩子”和“繩子”的意思。他們把家中最小

① 徐中舒主編《甲骨文字典》，第 579 頁。

的孩子叫“老幺”，或者叫作“幺吧子”，把繩子叫作“幺子”，草繩叫作“草幺子”。殷商甲骨文主要是基于河南方言注音的文字系統，所以在音訓下列部首字時，應該將這個意符讀作 yao，《説文》段注：“于堯切。”河南方言中這個字是讀作去聲。因爲“幺”是基于當時殷墟方言的注音，因此以“幺”爲聲符的造字也都是采用發音“yao”注音的。

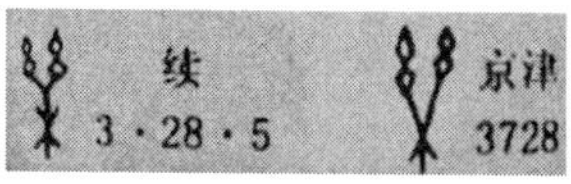

圖一　甲骨文：絲（方言音：幺）圖二　甲骨文：幽　圖三　甲骨文：樂　圖四　甲骨文：濼

圖一的甲骨文絲繩造字看來應該讀作 yao，不知道這個注音是否來自于人們用絲綿繩來作爲腰帶有無關聯。

圖二的甲骨文幽字從絲從火，其音訓應該是幺火切，拼音當讀若 yaou，通 you。

圖三是甲骨文樂。它貌似右文造字。甲骨文系統中的木部首字大多數都是右文造字。如果是右文造字，它應該是由兩個獨立的符號組成：一個意符，另一個是聲符兼意符。但是本字不是。查了許多甲骨文工具書，這個字的甲骨文形式都是上下聯爲一體的獨體造字。這不僅爲本義的判定帶來了困難，爲其注音的確定也帶來了困難。

如果按照獨體字的注音規律，這個字應該是從絲從木，幺木切，讀若 yu，古音通 yue。值得注意的是甲骨文“幽”和“樂”兩字的河南東北部以及部分地區方言“樂”的發音也是相通的，讀若 yüo。

圖四是一條河，河裏漂浮的是“樂”這種東西。這條河應該就是濼河，即殷商時分割齊地和魯地的古濟水，也就是古黄河在山東境内的一段。《尚書·禹貢》中這樣記載：“導水東流爲濟，入于河，溢爲滎，東出于陶邱北，又東至于菏，又東北會于汶，又北東入于海。”這條河流是夏代沇州向夏朝廷進貢絲綿、漆樹和桑樹的運輸通道。所以樂地可以視爲後來的魯國北部區域，而濼河就是古黄河山東段，又稱濟水。

但是將甲骨文樂的兩個意符視爲獨體研究注音，現在又將其視爲分體來研究本義，我感到很别扭。這種分析法在甲骨文系統中尚未發現第二例，所以這種方法是否成立尚待甲骨文其他字例資證。

從音訓看，這個濼字的注音應該是從樂，也應該是讀若 yu，古音通 yue。古音韻學中音訓的“yu”和“ji”相通。而且“濼”是殷商人的造字，濟水可能是山東人的方言。所以兩者完全可以指的是同一條河流。待考。

這四個甲骨文字殷商的發音可能都屬于影母。當然，殷商時代要遠遠早于中國語音史的奠基文獻《詩經》《楚辭》和《周易》。後來的影母字此時可能還没有發育周全呢。

破譯甲骨文：甲骨文的一字雙音現象

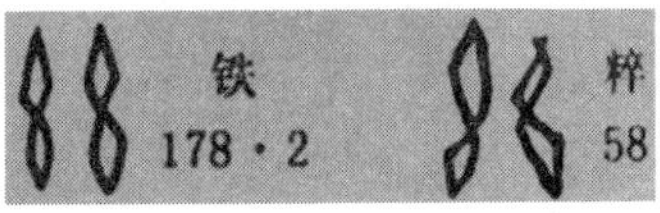

圖一

我對甲骨文一字雙音的現象的研究是從圖一甲骨文字開始的，這個字的殷商方言讀作“yɑo”，專家學者們一致將其破譯爲絲，讀若“si”。其實作爲絲帶或者捆紮東西的繩子讀“yɑo”，和作爲絲綿的“si”兩者並不矛盾。同樣的例證還有很多：甲骨文目，方言注音爲眼；甲骨文自，方言注音爲鼻；甲骨文豕，方言注音爲猪；甲骨文不，方言注音爲蔸；甲骨文舟，方言注音爲船；甲骨文且，方言注音爲鷄。

大家一定注意到我在甲骨文研究中不厭其煩地重申“甲骨文一字一形一義”的破譯原則，但是我從來不説“甲骨文一字一形一義一音”，就是因爲在甲骨文破譯過程中我總是碰到一字雙音的現象。這種現象的形成的原因是很複雜的。

首先，甲骨文並非殷商人憑空建造的空中樓閣。雖然各地方言有其發音上的頑固性，但是殷商前有商契直到盤庚的歷史文化，殷商時期的中原大地集中了二里頭文化、下七垣文化和岳石文化，三種文化的文字符號有相互交融和借鑒的關係。其中的二里頭文化是這一地區中比殷商歷史更悠久，發展更成熟的文化。散見于全國各地的殷商前的出土文物證明，有夏一代是有文字的。“禹會萬國”事件説明早在夏啓之前的各地氏族儘管有些還没有自己的文字，但是相互之間用口語至少是相互可以交流的。所以殷商甲骨文系統是殷商人對殷商之前中國文化至少是中原文化的繼承而不是首創。夏方言和殷商方言是甲骨文“一字雙音”現象的原因之一。

第二，至今發現的主要以夏玉爲載體的夏代的文字衹是零星地見于全國各地，這並不能説明夏代一定没有文字系統，而衹能説明夏代的文字系統可能不成熟，或者没有搜集齊備。比較殷商甲骨文和夏玉文字這兩大時代的文字我們發現，甲骨文是集中在一個很短時期内，集中于殷墟出土的系統化的文字，而夏玉文字是零星地、散見各地出土的非系統化的文字。夏玉文字的非系統化有兩種可能：一種是夏代尚處于文字發展的不成熟時期。我們從出土夏玉的表意符號中可以看見，很多的文字是以圖畫爲補充的，很多的動物刻畫的是寫實的動物形象，人物、衣飾、車馬、農作物等也大多是這樣的。另一種可能是在一個極爲漫長的歷史時期中夏玉多出自盜墓，所以出土夏玉離開了自己的出生地和保存地，因爲丢失了“身份證”而無法表明自己的夏文物身份故而得不到學術界的承認。隨著今後考古進程的不斷擴大和深入，隨著夏代文字載體的搜集和整理，也許我們可以得到一個完整的或者不太完整的夏代文字系統。通過夏代和殷商兩個文字系統的銜接和比較可以對文字注音的研究更加深化。

但是有一點是很顯見的，就是目前夏文字研究者出示的這些自稱爲夏文字的文字看，其造字方法和許慎在《說文》中總結的“六書”是有很大距離的。而殷商甲骨文中至少發現了象形、指事、會意、右文和假借等造字法和《說文》六書是一脈相承的，周金的形聲造字有力地補充了甲骨文造字方法的結構缺陷。

截至殷商甲骨文系統爲止，漢字的注音子系統已經與造字方法相配套，不僅科學、縝密而且系統化了。對注音方法的使用也導致甲骨文的“一字雙音”現象的原因之一。例如甲骨文田的注音就有兩種：田（土宀切）和畝（宀土切）。獨體字的注音尚且如此複雜，更何況多意符組合的甲骨文字呢。

甲骨文是殷商人爲了記錄自己的語言而創造，但是其中可以發現其注音子系統中不僅使用了河南東北部的方言，也有鄂東豫南的夏的方言。這些河南東北部的方言依然存在，這些夏方言隨著被商湯遣散長江和江淮流域的夏人的遷徙路綫至今也還存在于民間。搜集、錄音和整理這些方言已經刻不容緩。這些古代方言的遺存可能轉瞬即逝，說它們是中國古文字的活化石一點也不爲過。有關大學和古文字研究機構應該承擔起這份重大的歷史責任。

第三，如果說殷商甲骨文中的夏方言的注音字是一種繼承的話，那麼殷商甲骨文中至少存在夏方言和殷商方言的兩種注音。以此類推，周承商制的西周金文中應該同時存在基于夏方言、殷商方言和陝西豐鎬方言（西府方言）以及先秦洛方言的注音。而東周官方文字就應該加上東都洛陽方言。所以對傳統文字的繼承和發展也是甲骨文及漢字的“一字雙音”乃至“一字多音”現象的原因之一。

東周時期就是春秋戰國時期，是中國各地文字創造大爆炸時期，也是注音多樣化時期。這一時期的漢字已經打破了“一字一形一義”的甲骨文造字禁錮。從《說文》收錄的小篆我們可以發現，一字多形，一字多音，一字多義已經是非常常見的現象。許慎的《說文》正是對春秋戰國以後的文字亂世做了一個“撥亂返正”。這一點秦始皇也是功不可没的。

這一時期在文字注音上出現了“字同音”現象。這個“字同音”就是“雅言”在中國歷史上第一次有了明確的記載。

《論語·述而第七》：“子所雅言，《詩》、《書》、執禮，皆雅言也。”《辭海》“雅言”：“雅言，古時稱‘共同語’，同‘方言’對稱。”孔穎達在《正文》中說：“雅言，正言也。”這一點告訴我們，孔子對于三千弟子采用的是雅言教學。孔子的雅言是東周的洛陽方言還是魯國的曲阜方言目前尚不得而知。目前有學者認爲夏言就是雅言，但是這需要更多的歷史語音材料的實證。夏言、殷商方言和西周方言即使可以視爲“雅言”，它們和當時的各朝代的方言也是同一的。也就是魏孝文時李沖所言：“九州之音竟知誰是？帝者所居即爲正音。”這些正宗的“雅言”“正音”後來一直發展爲今天的普通話。

甲骨文出土一百餘年來，專家學者所破譯的甲骨文字極少有使用音訓考證的，而主要采用了字形、字義兩個元素的考證，這種甲骨文考證的注音衹能是建立在辛亥革命之後的漢語普通話體系上的。但是殷商甲骨文卻是基于殷商方言基礎上的。方言和當今雅言普通話也是甲骨文“一字雙音”現象的原因之一。

第四，同一個甲骨文字（包括漢字）在不同的方言區的注音相差很大。例如《詩經》、《周易》和《楚辭》一是中原方言，一是西周方言，一是楚地方言，注音雖有偶合，但其餘卻大相徑庭。例如同一個夏代人名，鯀和康的發音差別足以使我們聽成兩個人的名字了。

建立在以這樣三本書爲語音材料基礎上的中國音韻學的聲韻分類究竟有多大的可靠性是值得懷疑的。

《康熙字典》："樂，《唐韻》五角切。《集韻》《韻會》《正韻》逆角切。發音岳。……又《唐韻》盧各切。《集韻》《韻會》《正韻》歷各切。……又《集韻》力照切。發音療。……又《集韻》《韻會》《正韻》發魚教切。……又《韻補》盧谷切。音祿。……又《唐韻》魯刀切。音勞。"一共收錄了相同、相近和不同的八個注音。

造成這種"一字多音"現象的始因是各地方言的不同發音。采用不同的發音去破譯甲骨文和其他古文字就必然出現"一字雙音"甚至"一字多音"的現象。

第五，甲骨文字的注音在歷史發展過程中的演化也會導致原始發音的轉移（聲變或者韻變），脱落，斷裂和消亡。也就是説，包括甲骨文字在内的每一個古文字在自身發展的過程中也會出現生老病死現象，遺傳與變異現象，尤其是"基因突變"現象。例如甲骨文瓷是個會意造字，而現代漢語的瓷是形聲造字。這種現象並非特例，在甲骨文破譯中我們每每可以見到。

第六，人的發音器官是不斷進化的，所以發音也會差異化、精細化，夏商周時代的聲母和韻母比現在要少得多。這一方面是因爲人類的發音器官還没有進化到如此精細化的發音和表達；另一方面在需要表達的本義上還不需要更多的聲母、韻母和音節。所以漢語音韻史上的聲母和韻母是由少漸多、由簡單到複雜、由一聲向多聲、由一韻向多韻、由元音向複合音、由平入兩聲調向平上去入四聲調逐漸進化的過程。所以殷商時期的甲骨文字的發音今天在聲母或者韻母上有所變化也是符合語音發展規律的，訓詁學中的音訓（或聲訓）就是研究解決這個問題的。這也是今天我們破譯甲骨文字時出現"一字雙音"或者"一字多音"現象的原因之一。

好在甲骨文的創造者在造字之時，就將注音設計進了每一個字。

破譯甲骨文：敳　微

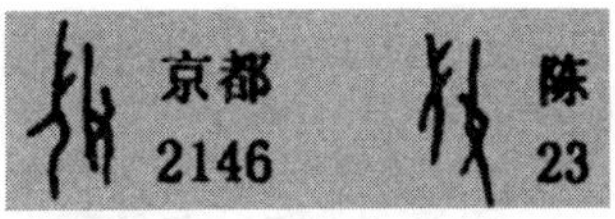

圖一　甲骨文敳是漢字"微"之初文

圖一甲骨文字後來演化爲漢字微發生了多處訛變：右上的羽成爲漢字中的山，右下的尸成爲漢字中的兒，左半的攴（或打）成爲漢字的攵。變化很大。但是有一點維繫著甲骨文和漢字就是該字的原始本義——殺。

《康熙字典》："微……殺也。《禮檀弓》：'禮有微情者。'疏：'微，殺也'。"我們從甲骨文造字亦可看出這個字的本義。該字從尸從打（假借），尸上之羽爲將被杖責者的長髮。所以該字的本義當爲杖責或者杖殺的意思。殺不一定是要殺人，殺威也可以。

該字音訓爲殺。左側聲符從尸，右側聲符的方言發音爲打（da），是爲尸打切，讀若 sha。在甲骨文研究中右側的這個聲符學界都將其破譯爲攴，歸入反文部首。其實這個字的甲骨文本字就是父親的父。方言讀若 da。

卜辭：“戊午卜。其叔于父甲。”（甲 801）其中的“于”爲殷商的一種祭祀形式。

《説文》：“父，巨（矩）也。家長率教者。從又舉杖。”所以父字部首歸于又部。父字亦常通甫。該字的音訓可能源自夏代。因爲“杖”後有段注引：“《學記》曰：‘夏楚二物，收其威也。故從又舉杖。’扶雨切。”許慎將父音訓爲巨，段玉裁將父音訓作扶雨切，説明聲母的 J 和 f 可能有一個由混合音趨于分化的過程，這裏暫不討論。

殷商甲骨文造字是基于夏商時代的方言發音的，所以很多字的聲符以《説文》或現代漢語的反切、拼音來分析它是不通的，但是以夏商的中原方言來反切，其實是雅訓。攴的甲骨文是父（見圖一），這個字的方言讀音爲 da，其中父音訓作 da，該字可以假借爲打，讀若 da。中國古代教育孩子——用楚（荆條）打孩子——這一責任通常都是由父親完成的。

商的高祖上甲微的名字就是圖一的甲骨文字，現在我們習慣寫作微。因爲到了東漢時期已經用微來代替了。上是敬稱，甲是謚號，微纔是名字。所以上甲微在卜辭和《史墻盤》銘文中都稱之爲甲微。

敳的本義既爲殺，所以這個字就含有否定的意思。所以當它在漢字發展史中演化出新字時，應該就有否定、隱微的造字功用。例如漢字微。

《康熙字典》：“微……《爾雅・釋詁》：‘幽微也。’《易・繫辭》：‘知微知彰。’《書・大禹謨》：‘道心惟微。’……《禮・禮運》：‘德産之致也精微。’又《説文》：‘隱行也。’《史記・秦始皇紀》：‘微行咸陽。’”由音訓殺演化爲音訓微的可能路徑揣測：古音尸可訓爲夷，夷攵切，讀若 you，通 wei（即 ui）。

【甲骨文字本義小結】

微的本義：初文爲敳，本義爲殺。後引申爲幽微、隱微、隱行之意。

音訓：尸打切。讀若 sha。古音尸可訓爲夷，夷攵切，讀若 you，通 wei。

破譯甲骨文：骨　剮*

圖一　甲骨文：骨

圖一甲骨文學界習慣認定是冎；圖二是甲骨文剮。這個破譯是基于兩字含有的共同的意符。既然圖一讀若 gua，圖二便是右文造字的同音字 gua，似乎是合乎情理的。

圖二　甲骨文：剮

但是，圖一甲骨文是圖二甲骨文聲符之一。其音訓應該是從𡿨從丨，爲𡿨竪切。𡿨的《説文》讀音爲姑泫切，所以圖一甲骨文字音訓爲 gu（入聲）。

卜辭："剮令骨途。叀子劃。"（寧 1・495）

卜辭："……于骨欠（次）。"（佚 950）

圖二的造字本義是用刀剮净骨頭上的肉，所以是一個會意造字，甲骨文會意字的注音是兩個聲符的反切，所以圖二的剮從咼從七（音 hua），骨七切，正音當讀若 gua（入聲）。或者從骨從七，讀音不變。

卜辭："王往□。𢦏至于賓。剮。"（乙 768）

《説文》："骨，肉之核也。從咼。有肉。"這是東漢經過轉注以後的解釋。

《説文》："剮，分解也。從咼從刀。"

其實，漢字咼和骨是同一個字的古今字，遠古也應該是同音字。許慎將"骨"和"咼"分列兩部是一個錯誤。骨系列字要麼從肉將其列入肉部首，要麼從咼將其列入咼部首，完全没有單列一部之必要。但是許慎吃不準從肉從咼的"骨"列入哪個部首纔合適，所以他將骨部首獨立出來。上述兩個定義中必須澄清的是骨字之所以從肉是一種轉注，即爲了便于分類而將咼字下面加上"肉"以標明類别，使其可以併入肉部首。

我認爲甲骨文字是一字一形一義的，所以下列甲骨文字雖然也是獸類和牲畜的肩胛骨的象形，但是不能破譯爲骨。因爲音訓不支持。

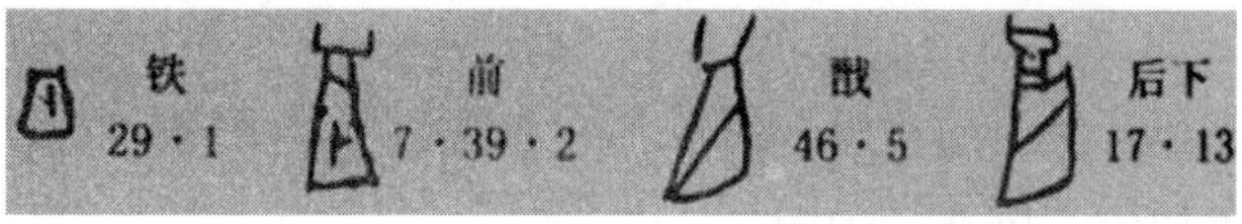

圖三　本字待考

圖三的例一例二上有卜辭代表吉祥的"卜"字兆紋——首仰或首平之紋——的意符應該是另一個會意字。其本義疑爲卜骨。即經過占卜産生了兆紋的甲骨，和例三例四在形、音、義上都不屬于同一個甲骨文字。

【甲骨文字本義小結】

咼的本義：骨頭。名詞。後經轉注演化爲漢字骨。

音訓：其音訓應該是從〈從丨，爲〈豎切。所以音訓爲 gu（入聲）。

剮的本義：用刀刮净骨頭上的肉。動詞。

音訓：從骨從七（音 hua），骨七切，讀若 gua（入聲）。

破譯甲骨文：説"卜"

《説文》以前漢字體系中未見筆畫提/，衹有筆畫丿。所以甲骨文卜衹能視爲從丿從丨，撇豎切。本字古音訓當讀若 pu（今讀 bu）。卜從甲骨文開始就一直是一個常用字。

圖一　甲骨文：卜

（右例爲常見正字）

《説文》："卜，灼剥龜也。象炙龜之形。一曰象龜兆之縱衡（横）也。"許慎收集的這樣兩個定義哪一個纔是達詁呢？我認爲應該是後者：象龜兆之縱横也。也就是甲骨文乃至小篆的"卜"字造字就是揚火灼龜版以後所産生的兆紋。兆紋有竪有撇，故本字音訓爲 bu 或者 pu 也。這一反切意味著殷商時代人們發音中聲母 p 和 b 可能尚且没有分化，至于幫滂並明分化爲四個聲紐則應該更遲一些。

造字：既然圖一文字是龜兆之縱横，那麼爲什麼所有的甲骨文卜字這一撇都是由下斜向上的呢？爲什麼未見由上而下如筆畫捺（㇏）狀的造字呢？我的觀點是這種由下而上的兆紋叫作“首仰”，而由上而下的兆紋叫作“首俯”。《史記・龜策列傳》保存了67條“卜辭”，其中首仰者均爲吉兆，而首俯者均爲凶兆。卜者當求吉兆，或者逢凶化吉之兆。同樣在《説文》中許慎收錄了一個古文“卜”正是從丨從㇏的，這是不是意味著曾經也有過表示凶兆的“卜”字呢？如果有，它的音訓又當別論了。巧合的是如果有這樣一個造字，它的音訓恰好是“首俯”的俯（音）。

卜辭中“卜”是一個造字的意符，《説文》“卜”是一個部首字，所以它們都參與了系列字的造字中。但是，卜辭中凡涉及用意符“卜”造字的，均爲圖一字形，也就是“吉兆”。奇怪的是現代漢字卜從撇從點，正是“首俯”，在殷商占卜中是一個代表不祥的兇兆。

本義：我一直有一個觀點，認爲甲骨文“卜”是一種工具的象形。這種工具就是用來占卜以前在龜板上鑿槽或者鑽孔的青銅鑿具或者鑽具。但是鑿和鑽是兩種不能同時使用的工具。所以我最終否定了自己的觀點。

卜字中的一竪代表槽，一撇代表鑽。從龜板和拓片都可以看出，鑽孔位于鑿槽的右上角，一個鑿槽和一個鑽孔恰好構成一個卜字。

卜字在卜辭中的使用絶大多數是“天干+地支+卜”的形式，表示占卜的日期。

卜辭：“庚辰貞其謀生于妣庚妣丙。在祖乙宗卜。”（拾 1・10）

卜辭：“貞：叀兹卜用。一月。”（存 1・1646）

總之，卜辭中“卜”均作占卜解，此外很少有他用的。周承商制，《周禮》中有大卜和卜師兩職司：

《周禮・大卜》：“大卜掌三兆之法。……以邦事作龜之八命。”

《周禮・卜師》：“卜師掌開龜之四兆。……凡卜事眡高。揚火以作龜。致其墨。”

可見“卜”在西周還是作“以龜板占卜”解。結合《説文》定義：“卜，灼剥龜也。象炙龜之形。一曰象龜兆之縱衡也。”其中的“剥”是音訓，甲骨文有剥龜之“剥”從刀從卜。之後的“象炙龜之形。一曰象龜兆之縱衡也”應該都是“卜”的本義。根據這一本義，卜作爲造字意符所參與的造字應該都與占卜相關。

【甲骨文字本義小結】

卜的本義：就邦之大事用龜板占卜吉凶。名詞。過程爲用龜板經過灼燒産生裂紋，結合裂紋進行解釋得出或吉或凶的結論。

音訓：從丿從丨，撇竪切。本字音訓當讀若 bu 或者 pu（今讀 bu）。

破譯甲骨文:“鼎”、“貞”本爲一字

《説文》:“鼎,三足兩耳和五味之寶器也。象析木以炊。貞省聲。昔禹收九牧之金。鑄鼎荊山之下。入山林川澤者。離魅魍魎莫能逢之。以協承天休。易卦‘巽木于下者爲鼎’。古文以貝爲鼎。籀文以鼎爲貝。”

《史記·封禪書》:“黄帝采首山銅,鑄鼎于荊山下。鼎既成,有龍垂胡須下迎黄帝。”

遠古時期的鼎初爲陶器,黄帝之後有青銅器鼎。黄帝在荊山下煉鼎成時,爲龍捲風擄向西南方。禹收九牧之青銅器鑄鼎,其實是“化干戈爲玉帛”之舉,美其名曰祭祀山林川澤,意在化解青銅武器的殺傷力和避免戰爭。但是具有諷刺意味的是,夏王朝最終還是敗給了商湯的青銅武器。

鼎在遠古史中一直是最主要的禮器,但是到了許慎所在的東漢後期已經僅存烹調功能。

鼎在商周史中一直有圓鼎和方鼎兩種,圓鼎是陶鼎的發展,方鼎應該是專門的禮器,以應“天圓地方”之説。圓鼎之口沿形狀爲圓;方鼎之口沿形狀爲方。甲骨文方、員(圓)二字造字即由此而來。

所以甲骨文鼎的造字就複雜化了。

圖一　方鼎(散點透視)　圖二　圓鼎(散點透視)　圖三　貞(俯視)

圖一是方身方耳的方鼎,但是同時可以看見四條腿,這是中國傳統的散點透視的濫觴;

圖二是圓身圓耳的圓鼎,圓鼎造字的腳部透視含有甲骨文“兆”字,這是造字聲符;《説文》所説的“象析木以炊”是許慎的臆斷,因爲小篆的“鼎”(圖四)的下部很像一棵樹被縱向剖成了兩爿,合起來正是一個“木”字。

圖四
小篆:鼎

圖三是卜辭中使用最多的“貞”字,爲方鼎的俯視圖。

上述三圖的甲骨文均可在卜辭中用作“貞”字。

卜辭:“貞:多馬。亞(即明堂)其有禍。”(京 2097)爲圖三左例之“貞”。

卜辭:“丙午貞:多婦亡疒。”(乙 8816)爲圖一左例之“貞”。

卜辭:“其貞:有正(征)。”(京 4330)爲圖二左例之“貞”。

卜辭:“叀丁午貞從新。”(佚 772)爲圖二右例之“貞”。

一個甲骨文字出現了大同小異的不同造字，其在卜辭中的語用相同説明：這些造字雖然細部有區别，但是它們不僅是同一個甲骨文字，也是同音字。鼎和貞是同音字很早就有人記載，不過一直没有被學者們注意到。《説文》段注鼎下有："京房説：'貞字鼎聲。'此古文以貝爲鼎之證也"。

貞字鼎聲，這應該是一個古老的命題。它爲什麼不説"鼎字貞聲"呢？因爲鼎字今讀若 ding，貞字今讀若 zhen。遠古没有舌上音 zh \ ch \ sh，凡舌上音均從端透定三聲母分化而來（其分化時期據王力考證爲宋代）。所以貞字的古音爲 dien，鼎字的古音也是 dien。兩字古音不能讀若 ding 的原因是後鼻音的分化可能在隋唐以後，如果此前存在後鼻音，也衹可能有一個韻母 eng。所以從本義和發音相同上看，鼎和貞殷商時代應該是同一個字。

這一音訓也告訴我們：殷商古音"兆"（見圖二下部）的發音當讀若 dao。

但是到了《説文》時期，鼎和貞已經分化成爲兩個漢字，其語用已經分道揚鑣："貞，卜問也。從卜貝。貝以爲贄。一曰鼎省聲，京房所説"。漢字貞的本義已經單純爲卜問之意。段注："大卜凡國大貞。大鄭云：'貞，問也。國有大疑。問于蓍、龜。'"

就甲骨文造字的一字一形一義來看，方鼎造字如圖一，圓鼎造字如圖二，卜問造字除了圖一圖二之外，還有專用于卜問的圖三的右例造字。這樣三個本義之間是有聯係的，這種聯係告訴我們：一是殷商確實有兩種形式的青銅鼎，方鼎和圓鼎；二是暗藏著歷史密碼，殷商的灼龜卜問是在鼎中進行的，鼎中應該燃燒著炭火。圖三的右例造字是一期卜辭的造字，正是在方鼎上進行卜問的真實寫照。這是卜辭中少見的一例，在西周早期的金文中常見。

2013 年，湖北隨州市文峰塔東周墓地考古中出土春秋戰國之交的青銅鼎 58 件，大多數鼎上都有銘文。銘文中的鼎字均從卜從貝。例如："曾叔旂之行貞（鼎）"、"曾大司馬國之行貞（鼎）"①，這就證明從殷商甲骨文時期直至戰國早期，漢字的貞和鼎字形可以互用，發音也是相通的。zhen 這個發音據王力考證直到元朝纔最終定型。②

鼎字在《説文》中的小篆已經分化爲鼎、貞兩個字，分化原因正如許慎所發現的"古文以貝爲鼎。籀文以鼎爲貝"。圖三的右例甲骨文如果"以貝爲鼎"，則造字正是上卜下貝的漢字：貞。

【甲骨文字本義小結】

鼎的本義：殷商青銅鼎，有圓口和方口兩種。用如動詞爲卜問。後因形訛而分化成爲鼎、貞兩個漢字。

音訓：因爲鼎字今讀若 ding，貞字今讀若 zhen。遠古没有舌上音 zh \ ch \ sh，凡舌上音均從端透定三聲母分化而來（其分化時期據王力考證爲宋代）。所以貞字的古音爲 dien，鼎字的古音也是 dien。今河南方言中仍保留有相近發音。

---

① 《考古》2014 第 7 期，第 24 頁。

② 王力著《漢語語音史》，中國社會科學出版社 1985 年版，第 494 頁。

破譯甲骨文：腿骨·胛骨·卜骨

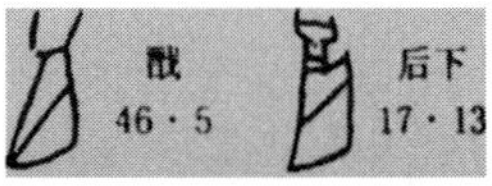

圖一　甲骨文：腿骨之骨（學界破譯爲咼）圖二　甲骨文：胛骨　圖三　甲骨文：卜骨

上述的三個甲骨文的造字是有很大區别的，這説明三個字不是同義詞，它們的本義是有别的：

上述三圖的圖一圖二的甲骨文本義是兩種不同的骨頭，圖一是腿骨，圖二是肩胛骨。兩個字是殷商時期的同音字，音訓讀若 gu（入聲）。據王力考證，這個音節在東漢之後演化出 gua 的發音。圖一的甲骨文字是腿骨或臂骨之骨。其中的三小豎是意符，表示骨頭連接處，否則會被誤會爲一根完整的“Z”形骨頭。所以該字就是會意造字，其注音爲從ㄑ從丨，姑豎切，讀若 gu（入聲）。這種骨頭既可以是指人的臂骨或腿骨，也可以是指獸和畜的腿骨。圖一甲骨文此前學者們破譯爲咼，也可以證明其古音。

《説文》：“禍，害也，神不福也。從示，咼聲。”這個定義説明圖一、圖二、圖三的三個甲骨文字和禍字古音是相同的同音字。在許慎的東漢時代讀音爲 gua，但是這個咼字的古音讀作 gu（入聲），東漢以後纔分化出 gua 這一注音的（王力語）。骨、禍兩字的古音相同，説明聲母 g、k、h 上古爲一個聲母分化而來。

圖二的甲骨文字是胛骨的象形造字，既可以表示人的胛骨，也可以表示獸和畜的胛骨。

圖三的甲骨文字是卜骨的右文造字，從卜從胛骨。注意其中的意符卜，其側枝的一撇都是向上的，在占卜中這種占璺表示吉利的意思。用一横的也有，可能表示中性的不好不壞的意思。中性兆璺在占卜中依然是視爲吉兆的。在甲骨文造字中凡使用意符卜的造字一般使用側枝向上的卜，側枝向下的卜爲凶兆，就是《史記·龜策列傳》中的“首俯”，一般用在甲骨文歹、死、葬這類本義不吉利的造字中。卜辭中涉及“卜”爲意符的造字多用這樣的吉兆造字。造字意符取吉不取凶，這是一種造字中的避諱。避諱是甲骨文造字中常用方法。小辛的“辛”常省略上面的一短横，盤庚的“庚”在四期卜辭以後采用重尾都是一種避諱。

圖三甲骨文常被學者認定是禍字是值得深究的。從會意上看這個甲骨文顯示的本義是在甲骨上刻字的意思，從造字上看這個字顯示的卜紋是吉兆，從音訓上看也與禍事無關。

在没有文字的遠古，同音字在本義上是有聯係的。人獸畜的骨頭質地各異，但是本質都是一樣的，本義也是基本相同的，所以在原始口語中發音相同。當人類依據口語創造文字的時候，同義詞（字）依據的口語原本就是相同的。

圖二讀若 gu（入聲）的音訓原理是下從凵爲胛骨的象形，上從口會意，因爲胛骨的上端有口爲一個半球形凹槽，類似遠古夏商周時代半地穴式民居。所以圖二甲骨文字音訓爲 ku（入聲）通 gu，hu（均爲入聲）。

圖三的甲骨文字從胛骨從卜，這個字是一個動詞，意爲在甲骨上刻卜辭。該字是會意字。故圖三甲骨文從骨從卜，骨卜切，讀若 gu（入聲），通 ke（入聲）。可以破譯爲漢字雕刻和刻寫之刻。但是圖三的這個甲骨文字歷來爲學者們破譯爲“旬無禍”之“禍”字。無據。

卜辭：“癸亥卜，永貞：旬無~。癸卯卜，永貞：旬無~。癸酉卜，永貞：旬無~。”（甲骨文合集 522）連續三旬，占卜後衹記載無禍，未見其他記載，這不合情理。

卜辭：“洹弗乍此邑。~。”（甲骨文合集 7859）洹水不淹没殷墟是禍事嗎？

卜辭：“庚子卜，□貞：王夢白牛。隹~。”（甲骨文合集 17393）殷商是牛是祭祀祖宗的祭牲，所以商王夢見白牛無所謂好和壞，爲什麽説“隹禍”。我認爲這一條意思是：商王夢見了白牛，特記録在此。

所以圖三甲骨文破譯爲禍應該是不準確的。就甲骨文造字看是鑿鉆工具在甲骨上刻字；就兆璺看本字顯示出吉兆；就本義分析毫無禍端可言；就音訓分析該字從骨從卜應該讀作 ke，ge 或者 he（均爲入聲）。

所以該字的本字應該破譯爲漢字刻寫之刻。上述三條卜辭當釋爲：

卜辭：“癸亥卜，永貞：旬無~。癸卯卜，永貞：旬無~。癸酉卜，永貞：旬無~。”（甲骨文合集 522）本訓没有卜辭記載。

卜辭：“洹弗乍此邑。~。”（甲骨文合集 7859）洹河漲水没有淹没殷墟。

卜辭：“庚子卜，□貞：王夢白牛。隹~。”（甲骨文合集 17393）王夢見白牛，謹記。

本文涉及的三個殷商甲骨文的注音 hu（溪母入聲）、ku（溪母入聲）、gu（見母入聲）分屬古音見母和溪母，見母和溪母漢字古音均屬牙音，從上述甲骨文的分析考證看，殷商時期牙音尚未分化。上述三個入聲字在殷商時期的讀音應該都是相同的。

破譯甲骨文：判（占）

漢字中的占和判起源是同一個字，就是圖一例二的甲骨文。按照音訓破譯就是判，按照字形訓詁破譯就是占，所以破譯爲“占”也是正確的。這種情况在甲骨文破譯中很多，衹是此前學界没有注意到藉助音訓破譯的方法。

圖一　甲骨文：判

從字形上看，占從卜從口（或從凵，見例一例二）但是這個字遠古不讀占，原因是殷商没有舌面音，zh \ ch \ sh 的出現是宋代以後纔有的。圖一甲骨文字的音訓是從卜從凵，讀若 pan。按照後來漢字的讀音應該破譯爲判，讀若 pan。後演化爲 zhan。

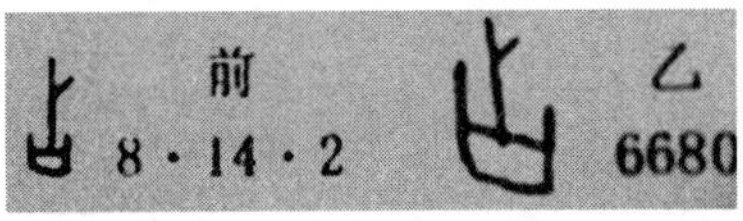

圖二　甲骨文：判的省略形式

《廣雅》："剖判礐劈擘裂參離墳析斯坼桊副異劌刋刻斑，分也。"

《説文》："判，分也。從刀。半聲。"這是一個西周以後創造的形聲造字。上古半、判同音。

《周禮・朝士》："凡有責者有判書以治則聽。"

《韻會》："宰相出典州，曰判。"

《唐書・選舉志》："試身言書判。"

上述"判"均可爲判斷之意。《廣雅》中的"剖判礐劈擘裂……析斯坼"均可指龜卜中的裂紋——即卜的本義。所以圖一甲骨文字按照其音訓可以破譯爲判。

圖一和圖二實際上是一個甲骨文字在不同場合的應用。圖一的甲骨文判字專用于商王親自對兆璺做出判斷，所以它多了一塊卜骨。這個造字意味著商王對占龜時的兆璺作出的最終判斷。既然是最終判斷，就是形成卜辭文字的東西。所以該字從卜從凵。該字的外部的全包圍結構可以看作一片胛骨，也可看作意符口。這是一張大口，故該字在卜辭中用于商王的判辭。圖二的甲骨文字不是刻寫在胛骨上的，僅僅是對兆璺的口占，所以可以視爲是在場貞人們對兆璺的口頭解釋。所以《説文》定義："占，視兆問也。"問就應該是口頭的東西。圖一甲骨文字是一個商王專用詞，在卜辭中一般用在固定搭配"王判曰"或"王占曰"。

卜辭："己卯□貞：雨。王判曰：雨。隹壬壬午允雨。"（乙 4524）其中□是貞人名。

卜辭："王判曰：有祟。其告。"（乙 2657）

卜辭："王判曰：蜀受年。"（乙 6422 反）

圖二的甲骨文"判"可以用于商王也可以用于貞人，但是圖一的甲骨文"判"衹能用于商王，從這一點看圖一的甲骨文字的本字破譯爲"占"更接近其本義。從音訓看，占的古音恰好是 duan（錢大昕）。這一點也説明古聲母 p 和 d 之間可能有同源的關係。

卜辭："己酉卜。王占：娥娩。允其于一月。"（續 5・7・5）

卜辭："戊戌卜。大占：嘉。"（餘 2・2）

上面説過圖一圖二的甲骨文本字就音訓看可以破譯爲"判"；就字形訓詁可以破譯爲"占"。但是這樣兩個字在使用中的區别是明顯的："占"表示有好有壞；"判"是作出結論，較占爲佳。故我視判爲圖一和圖二的本字的達詁。但從音訓上看兩字音訓爲古今音：判爲古音，占爲今音。pan 和 zhan 兩音爲古今演化關係。

漢字演化路徑：圖一圖二兩字因爲本義和注音均相同逐漸合併爲"占"字，西周以後形聲造字出現，漢字"判"應運而生。

【甲骨文字本義小結】

甲骨文系統有兩種破譯方法。這就是依據字形的破譯和依據聲訓的破譯。因爲甲骨文字系統中包含有兩個子系統，在甲骨文字中兩個子系統是協調統一的造字。這樣兩個子系統在西周的形聲造字法出現以後便分道揚鑣，于是漢字系統便出現了注音和字形的日漸分離的演化和發展。漢字判和漢字占在甲骨文中是同一個本字，依據音訓可以破譯爲判，依據字形可以破譯爲占。但是占是會意造字，判是形聲造字，它們都是一定歷史時期的産物。

破譯甲骨文：歺　死　殪

歺（隸書寫作歺）是《說文》直至《康熙字典》中漢字的一個部首。到東漢《說文》時，該字的讀音已經多樣化。本字讀作屵（e），有讀作競（jing，古音爲 ji）。該字的春秋古文通四個字——殂（cu）、殪（yi）、死（si）、伊（yi）。因此該字的音訓比較複雜。

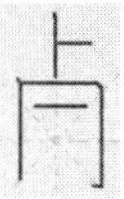
圖一

歺是歺的異體字。學者們依據這個字找到了和它極爲近似的甲骨文字，甲骨文工具書均將其破譯爲歺。

徐中舒認爲該字："借爲'死'。"[1] 就是說這個字還不能直接破譯爲死。那麼它的本義是什麼呢？徐鍇在《說文》冎條下有注："冎，剔肉置骨也。歺，殘骨也。故從半冎。"[2] 比較圖二的甲骨文歺和圖三的甲骨文骨，將圖二解釋爲"半骨"也是有道理的。半骨就是殘骨，也就是枯骨，表示此人已經死了很久了，否則就不能叫殘骨和枯骨。

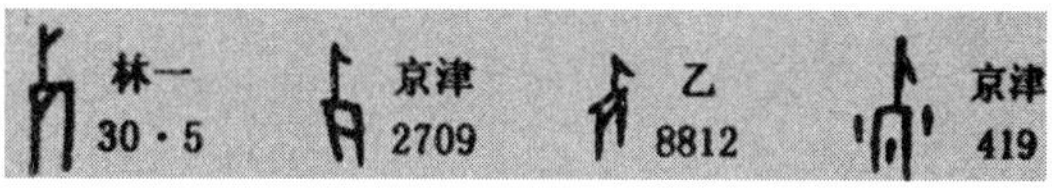

圖二　甲骨文：歺歺

注意：圖二甲骨文歺上部從卜。卜的本義是兆璺，這裏的兆璺的紋路是一個凶兆（例一除外）。就是《史記·龜策列傳》中的兆首向下的"首俯"。這種代表凶兆的意符卜辭中很少用來造字，主要造字有歺、死、葬等甲骨文字。儘管卜辭中也偶有錯用或者誤刻，但是基本可以據此判斷某個甲骨文造字表示的吉凶性質。

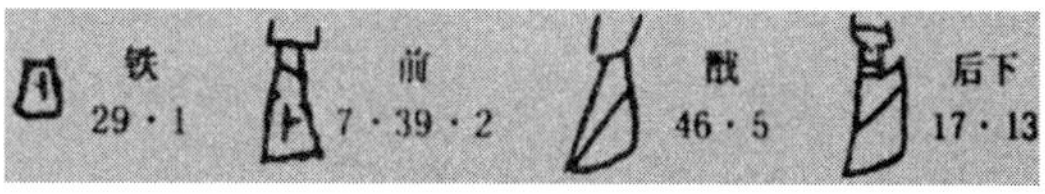

圖三　甲骨文：骨（例一例二爲判）

卜辭："甲辰貞：羌□不歺。"（乙 8722）

卜辭："庚辰卜。貞：寧□漁婦不歺。在茲。"（前 4·33·6）

從造字上看從卜從殘骨，其本義有祭祀先人的意思。

前 4·33·6 條卜辭是否祭祀顓頊不得而知，見《山海經·大荒西經》："有魚偏枯，名曰魚婦。顓頊死即復蘇。風道北來，天乃大水泉，蛇乃化爲魚，是爲魚婦。顓頊死即復蘇。"殷墟之濮陽古稱帝丘，是顓頊帝生存和埋葬之地。所謂帝丘之帝正是顓頊帝。甲骨文商字正是"帝丘"二字的合文。

音訓：按照甲骨文造字的筆畫反切注音，上述諸多注音中以伊（yi）爲本字之正音。該字甲骨文從乁從丨，下從京從一（或丿古音 pi 入聲）。讀若 yi（入聲）。

---

① 徐中舒主編《甲骨文字典》，第 463 頁。

② （清）段玉裁注《說文解字注》，第 173 頁。

以圖一的甲骨文歹（歺）爲造字意符，卜辭中出現了另一個造字：音訓尸伊切，讀若死（si）

圖四　甲骨文：死
（從尸從歺）

漢字體系中音節 si 衹有一個字，就是死。這是造字者爲了避諱而專設。甲骨文死的造字會意費解。左爲殘骨，右爲祭祀者，會意爲祭祀死者。也可以理解爲骨肉的分離，就是靈與肉的分離。卜辭中另有一字與甲骨文死很像，有學者將其認同爲“死”，我將其破譯爲“殪”。

圖五　甲骨文：殪

圖四和圖五相比較，圖四從尸從歺；圖五從爺從歺。現將圖五甲骨文音訓破譯如下：

圖五左側爲一卩字，上有圓環代表人的頭，表示這是一個老人。故左側意符之音訓爲圓卩切，破譯爲“爺”。右側爲歺。本字音訓爺歺切，破譯爲殪。

《說文》：“殪，死也。從歺壹聲。古文殪從死。”這個“殪”是西周以後的形聲造字。春秋古文的殪字是一個巨大的瓦壺中間是一個古文“死”，壺口加大爲壺蓋。是遠古瓮葬的會意。以該殪字造字分析，圖五之殪字有老年喪子（女）之痛不欲生之意。

破譯甲骨文：祟　用*

將甲骨文祟和用放在一起比較看似没有什麼内在聯係，其實不然。這兩個字實際上是卜辭記録的兩種兆璺。圖一是凶兆，即所謂神降禍于人；圖二則是對于兆璺的肯定，可用。

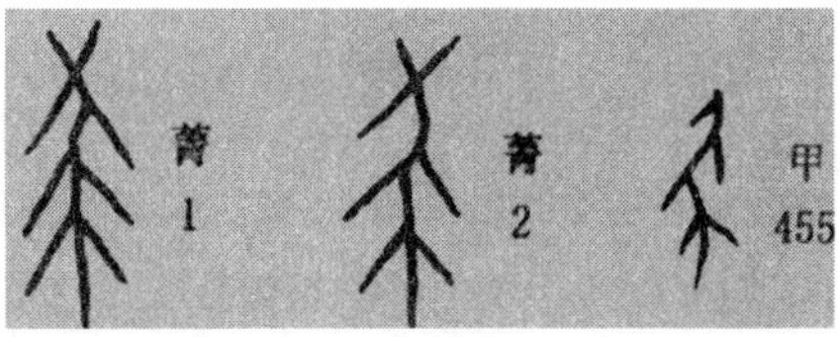

圖一　甲骨文：祟

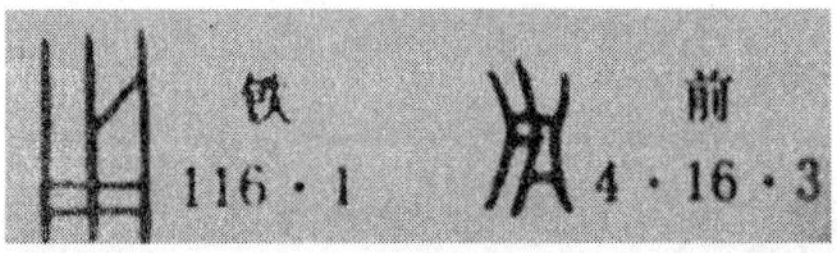

圖二　甲骨文：用

圖一甲骨文當破譯爲祟，對于該甲骨文字，學者有異見：

《說文》：㣇“修豪獸。一曰河内名豕也。……讀若弟”。

《說文》：祟“神禍也。從示出”。

李孝定將其破譯爲㣇，郭沫若謂：“乃假爲祟。”[1]我認爲兩種破譯均不妥。㣇的《說文》定義一是“修豪獸”，即長毛獸（《康熙字典》該條下有注：“《玉篇》曰：‘貍子也。又猪也。’”），二是河内名豕，即河内衛輝一帶稱呼一種猪的名稱。首先我們必須清楚，作爲猪的統稱或者泛稱在甲骨文系統中是有一個“豕”字的，其次圖一的本字身首不是一體的，是斷裂的，既然斷裂了就不是一個獨體象形字，所以就不能破譯爲猪，或豕，或者長毛獸。所以這個破譯的基本點是錯的。從音訓上看，圖一本字讀若 di 也没有依據。

那麼是否可以破譯爲祟呢？從造字上看是可以的，這種兆璺可以被視作“神禍”的。《康熙字典》引：“徐曰：‘禍者人之所招，神因而附之。祟者神自出之以警人。’……《哀六年》：‘河爲祟。’”這是很符合對卜辭占卜之凶兆的解釋的——神通過兆璺警示殷商統治者有禍將至。“河爲祟”意爲水患將至。

從該字的造字看正是和卜辭兆璺的凶兆一致的。中間一豎是董兆斌所謂的“千里路”，現在出現了紋首開裂現象，即《史記・龜策列傳》所謂的凶兆“首上開”。千里路的中間出現了曲折甚至斷裂，即龜占中所謂的凶兆“身節折”。尾部出現的兆璺是向下斜走的張開的，即所謂的“足開”都是意義爲“否定”的凶兆。可以說這種兆璺集中了卜辭占卜中所有的凶兆，所以是大凶之兆。故被視爲“神自出之以警人”。出現這些凶兆的兆璺卜辭中就稱之“祟”或者“有祟”。

卜辭：“王判曰：有祟。六……”（前 7・21・3）

卜辭：“癸未卜。□貞：旬亡判。王判曰：往乃兹有祟……”（菁 1）

龜兆的吉凶並不難懂。紋首兆璺分首開、首仰、首俯三種；紋身兆璺有身節折爲大兇；尾紋（一般稱足）分爲吉兆足肣和凶兆足開兩種；横向紋一般視爲吉，但是有兩個發展方向。有興趣研究者可以參看《史記・龜策列傳》的 67 條記載。

結合造字看音訓。該字的主體是一個人（尸）字，但是已經折斷，下部是甲骨文尾巴的尾（古音 wei 和 yi 同音）。所以本字音訓從尸從尾，讀若 sei 或者 si（入聲），今音通祟（sui）。

和圖一祟相比較，圖二的用中間一豎爲“千里路”是通暢的。（實際上甲骨文祟字省略了兩側的兩豎，依照甲骨文造字規律這兩豎是應該有的。省略的原因可能是與“祟”字本義無關。）圖中造字主體是從卜從中。甲骨文“中”有三種，每種各表示“中間”“中心”和“射中”的本義。圖二的造字意符“中”是射中之“中”。圖二的意符卜，兆璺是吉兆，因爲一撇向上，所以是“首仰”。這個字的本義正是“卜中”之意。“卜中”衹是針對所求之事的神示，不代表一定就是起死回生或者其他的好事。因爲“卜中”纔能采取相應的對策，所以被視爲吉兆。

《說文》：“用。可施行也。從卜中。微宏說。”段注：“余頌切”，爲今音 yong。這個字的殷商音訓可能是依據方言發音的造字。段玉裁所考的“余頌切”在河南東北部方言中爲“如頌切”，發音作 rong（其中聲母 r 發齊齒音）。見于《康熙字典》用：“《唐韻》《集韻》《韻會》《正韻》發余頌切。容去聲。”該字準確的發音爲：ðong。ð 爲國際音標，借用。這是一個失落的聲母，現在仍存在于部分方言中。

甲骨文用字的本義是：本條占卜結果可以使用。也就是說無需再進行“二告”“三告”甚至“四告”了。

破譯甲骨文：擄　薛(掠)

擄和薛（辥）爲什麽放在一起考證？看看兩個甲骨文字的造字你就明白了一個大概。

圖一　甲骨文：擄

薛和辥是互爲異體的漢字。《説文》："薛，辠（罪）也。"段注曰："私列切。"這個音訓正是今天南京話中"薛"的發音 sie（入聲）。説明中國漢字的音韻有一個歷史時期的 z \ c \ s \ x 發音是混淆而没有分化的，這種現象在清朝的小學學者中稱之爲"合韻"。例如：

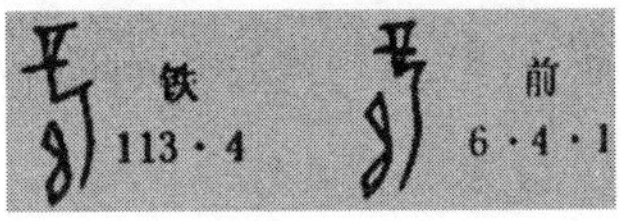

圖二　甲骨文：薛（掠）

《説文》漢字下有段注曰："鸛、暵、難從莫聲。則漢下亦云莫聲是也。……不知文殷元寒合韻之理也。呼旰切。"

將這樣兩個甲骨文字放在一起比較考證的原因是兩個字都有一條長長的尾巴。在甲骨文造字中這種彎曲的筆畫一般用于表示柔軟和多變的客觀對象。這樣兩種筆畫的造字都可以從甲骨文龍字中找到。

甲骨文擄字我已經考證過，此前學者們將其破譯爲擭、獲都存疑。該甲骨文字主體是龍捲風的"龍"字。由圖一左例可以清楚地看出被龍捲風撕裂的是一個甲骨文"黍"字。黍的本義是糧食作物的統稱，所以我認爲這個甲骨文字的造字是從龍從黍，龍黍切，讀若 lu。對應的漢字是擄字。

圖二甲骨文字王國維釋爲"辥"，郭沫若認爲是造孽之"孽"的假借。

卜辭："貞：王疾。婦好不隹辥。"（鐵 113・4）

卜辭："貞：此風不隹辥。"（前 6・4・1）

這種"不隹辥"是卜辭中的一個固定搭配的用法。郭沫若認爲"'不隹辥'者，謂不其有害也"。[①] 也有學者考證其音訓爲 e，可能是想將這個字的音訓假借爲罪惡之"惡"，則音訓爲不爲惡也。

其實這個甲骨文字從圖二可以看出它的造字是從龍從 ，後者本義是肉，音訓爲 dui，在殷商方言中這個字的音訓爲 dei。有學者將其破譯爲"師"，謂其本義是軍隊。其實軍隊和師都是"肉"的引申義。圖一甲骨文其上爲甲骨文龍，但是這個龍的造字卻使用了"帝字頭"，也就是説這個字的會意有兩種可能的解釋：一是龍捲風擄走了肉；二是上帝擄走了肉。上帝擄走的所謂的"肉"在祭祀中一般使用的是太牢，就是牛羊豬三牲。這個本義可以解釋郭沫若認爲辥字"謂不其有害"的原因，這些實際上被龍捲風擄走的牲畜被認爲是上帝"嘴饞了"，而親自下地來取。這是殷商人的失誤，怪不得上

① 馬如森著《殷墟甲骨學：帶你走進甲骨文的世界》，第 516 頁。

帝。所以“不隹辪”也。

因此我認爲圖二甲骨文字的本義是：上帝擄走了地面上的牛羊（也許包括猪）。因爲是上帝擄走了這些牲畜，所以按照殷商人的認識這是祭祀不勤的罪過。上帝親自到下界來取用這些本應在祭祀時奉獻的犧牲。

該字音訓：從上從，上自切，讀若 si（入聲）後演化爲 sie（入聲）。帝字頭上面兩横正是甲骨文“上”字，故音訓從上，指代上帝。上帝就是已經昇天的商王們（我認爲本字應該破譯爲漢字“掠”更接近達詁。）圖一擄不從帝字頭，從龍，故音訓爲龍黍切，讀若 lu。

【甲骨文字本義小結】

擄的本義：龍捲風攫走了田地裏的莊稼。動詞。

音訓：從龍從黍，龍黍切，讀若 lu。

辪的本義：上帝取走了地面上的牲畜。動詞。我認爲其達詁應該是漢字“掠”。

音訓：從上從，上自切，讀若 si（入聲）後演化爲 sie（入聲）。

破譯甲骨文：尤

甲骨文系統的造字説明：漢字的虚詞均來源于實詞。漢字尤今爲虚詞，有“特别”“尤其”之意，但是在甲骨文中它卻是一個實詞。這一點從甲骨文尤的造字就可以看到。

該字造字主體是人的一隻右手，上部爲一横所截。所以就其本義看“尤”一定是一個實詞，極有可能是一個動詞。這個字音訓爲 you 古文字學界没有什麼争議，上從一下從又（或手，或右），其反切注音均爲尤。

圖一 甲骨文 尤

尤的本義訓詁學界幾乎衆口一詞：

高鴻縉釋：“……尤實從手而以一横畫表禁止之動象，言手有作爲，而有外力禁止之，其本義應爲禁阻，動詞。”①

徐中舒釋：“丁山謂，尤象手欲上伸而礙于一……按其説可參。”②

許慎釋：“尤，異也。從乙。右聲。”

許慎爲什麼之説“尤，異也”？異是什麼意思？許慎説：“異，分也。”（《説文》）

按照甲骨文造字的規律，這裏的一横並不是要“禁止”或者“阻礙”一根上竪的手指。這一點我們可以通過甲骨文其他的造字證明這一點。

甲骨文“不”上面一横意爲著地面，其下爲樹根（没有交叉現象）。

---

① 馬如森著《殷墟甲骨學：帶你走進甲骨文的世界》，第 513 頁引。

② 徐中舒主編《甲骨文字典》，第 1539 頁。

甲骨文“至”下面一横爲地面，箭矢落地而止（没有交叉現象）。

甲骨文“雨”其上一横爲天，天下六點爲落雨（没有交叉現象）。

甲骨文“乎”其上散點爲呼出之氣體，下從一横在一撇之上（没有交叉現象）。

甲骨文“屯”其中一横和竪畫交叉，意味著小草穿透地面（出現了交叉現象）。

所以凡發生了象甲骨文尤字這樣的横竪交叉現象的字應該有穿透的造字本義。圖一的手指和一横之間的交叉所産生的本義不是阻擋，而是“穿透”。就是説，它的本義是：人的一根手指被割破了。按照甲骨文造字規律應該省略了一到兩點的血滴，省略的原因也很簡單，就是手被割不一定滴血。

甲骨文中另有一個“乂”字，甲骨文“㐅”的春秋古文可以簡化爲“乂”字。漢字刈的古文就是從㐅從刂。許慎的定義“尤。異也”也是一個音訓，説明“尤”的注音在殷商時代可能是異（yi）。本義爲：弄破了手指。

現在讓我們看一看卜辭。卜辭中最常用的兩個固定詞組是“亡㞢”和“亡尤”。如果這兩個詞組是同意的詞組，那麼在卜辭中“亡㞢”一詞就完全没有必要存在。“亡尤”就足够了。説明“亡㞢”“亡尤”的本義是不一樣的，而且區别很大。

“尤”衹是不小心弄傷了手指，是小的不順而已。而“無㞢”表示一點事也没有。

卜辭：“丙午卜。貞：亡尤。一月。”（甲 2402）

卜辭：“丁未卜。貞：王賓大丁。祭。亡尤。”（前 1・4・5）

上述兩卜一定和神無關，所以卜辭衹用了“亡尤”，猶如我們今天的口語：平安無事。

當尤字出現在《詩經・小雅》中時，它的本義已經由“弄傷手指”演化爲“罪過和過失”之意，如：

《易經・賁卦》：“匪寇。婚媾。終無尤也。”

《詩經・四月》：“廢爲殘賊。莫知其尤。”箋：“尤，過也。”

這個尤字由實詞轉化爲虚詞是西漢之前，因爲《史記・五帝紀》中“尤”已經作爲副詞修飾形容詞“雅”了。

【甲骨文字本義小結】

尤的本義：弄破手指。動詞。引申義：小的不順。後虚化爲漢字虚詞。

破譯甲骨文：禽

圖一　甲骨文：禽

甲骨文禽在卜辭中用如動詞：捕獲。

卜辭：“甲申……王其禽虎。”（拾 6・13）

卜辭：“丁卯卜。逐麋禽。”（粹 959）從馬如森釋。

本義的演化路徑爲：甲骨文“禽”的本義是殷商一種捕鳥工具，也是一種捕鳥方法，名詞。該字下從七，上從箕。具體方法是在空地上用棍棒支起一個很大的畚箕或者竹匾，倒扣的竹匾下撒一些糧食，等鳥雀飛進去以後拉動棍棒，上面的竹匾將鳥雀扣在裏面。該字由捕鳥工具、捕鳥方法引申爲捕獲。繼而引申爲捕獲的鳥類並逐漸擴展到鳥獸類。

《説文》:"禽,走獸總名。從厹。象形。今聲。"

《白虎通》:"禽者何?鳥獸之總名。"

音訓:從七從箕,七箕切。讀若 qi,通 qin。若箕七切,讀若 ji,通 jin 亦可。兩個音節在殷商同音。關于聲母和韻母的分化形成今後考證。

《集韻》《唐韻》中收錄了擒字。該字在原有的禽字上加"扌"成爲專門的動詞。這是許慎六書的轉注之法。但是《説文》中並未收錄漢字擒。《唐韻》:"巨今切。"《集韻》:"渠今切。"ji\qi\xi 三個音節的發音在殷商時代尚未完全分化,所以這三個音節的甲骨文都有捕獲之意。後來演化出的漢字例如縶、緝、羈、禽、擒等均爲同音字的分化所致。

【甲骨文字本義小結】

禽的本義:捕鳥工具。名詞。引申為捕獲的鳥禽。名詞。引申為捕獲的鳥獸。名詞。後加"扌"為擒專用作動詞。

音訓:從七從箕,七箕切。讀若 qi,通 qin。

破譯甲骨文:魯、杏音訓

魯和杏的音訓是訓詁史上糾結多年的學術難題。從許慎《説文》開始就令人費解,在小學的巔峰時期的清朝也是争議不斷,學術見解一直是公婆各執一詞。兩個字的音訓至今没有令人信服的結論:

《説文》:"魯,鈍詞也。從白。鮺省聲。《論語》曰:'參也魯。'"

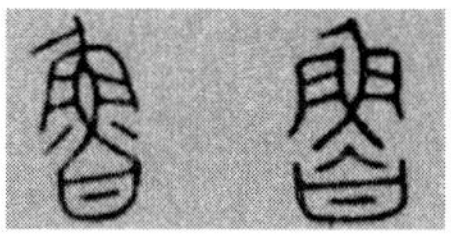

圖一 金文:魯

許慎凡是提到"某省聲"的地方,一定是用本字解釋不通時退而求其次的一種做法。上述兩個漢字的"某省聲"其實都解釋不通。魯今讀若 lu,但是鮺字今讀若 zha。杏字今讀若 xing,但是它的聲符訓詁和 xing 根本是毫不相干的。所以這樣兩段學術公案打到今天依然没有了結,成爲一樁懸案。

按照魯字現代的寫法,音訓的反切注音是非常貼切的。從日從魚,日魚切,河南方言 n\l 不分,所以依據"娘日歸泥"的聲紐演化規律,正應該讀作 lu。但是問題絶非如此簡單。

圖二 甲骨文:魯

漢字魯的甲骨文如圖二所示,從魚從口。漢字魯的金文如圖一所示從魚從甘。《説文》小篆魯是"從白。鮺省聲",最後纔定形爲從魚從日。就是説該字的下部意符一直在變化,如果它同時也兼爲聲符的話,就意味著魯字的注音也在不斷地變化。這就是漢字魯音訓令學者們不知所措的根本原因。但是幾千年以來,它的上部的意符魚一直没有演變。如果魚就是該字的聲符的話，那就很好解釋了。但是該字偏偏讀作 lu。

段玉裁注《説文解字》有關魯的定義考證如下：

《説文》：“魯，鈍詞也。從白。魚聲。《論語》曰：‘參也魯。’”段注曰：“各本作‘鲝省聲’按鲝從差省聲。在古音十七部。今之歌麻韻。魯字古、今音均在五部。……古文以旅爲魯。則鲝爲淺人妄改也。今正。郎古切。五部。”對于段玉裁的這個做法，現代的趙誠批評道：“魯本爲會意字，改爲魚聲雖然韻近了也不正確。”① 意思是五部的“魚韻”雖然比鲝和差韻類更加貼近了魯字的韻類，但是依然不能證明魚和魯就是諧聲關係。

這個批評是非常有道理的。但是趙誠應該知道甲骨文會意字的注音應該是兩意符的反切注音，這裏段玉裁以單一的“魚”字注音，這個魚就是聲符同時兼了意符。那麽，甲骨文魯就應該是一個右文造字。而右文造字注音如果是五部的“魚”注音同在五部的“魯”，説明這兩個字是同音字。如果魚和魯在殷商時代是同音字，這個學術問題就迎刃而解了。

于省吾指出：“從魚從口，口爲器形，本象魚在器皿之中。《説文》僞從白。”②

至于爲什麽從魚從口會意，學者們多認爲可以會嘉美之意。其實甲骨文作爲殷商人造字，這個魯表明是來自殷商東方的海鮮美味。因爲自大禹時開始，魯地就是進貢腌製海産品的方國。魯字上部之魚即爲腌製以後進貢的海鮮，下部的口是進貢海鮮用的筐篚外包裝。鲝（鮓）的本義就是腌製的魚。這纔産生了“鲝省聲”的錯誤的聯想。

這個字確實是一個右文造字，從魚從口。其中意符魚既是聲符也是意符。魚的殷商方言發音爲 rü。吴方言發音 ń。均從泥母。魯發音讀作 lu，古音爲 rü，魚、魯古爲同音字。

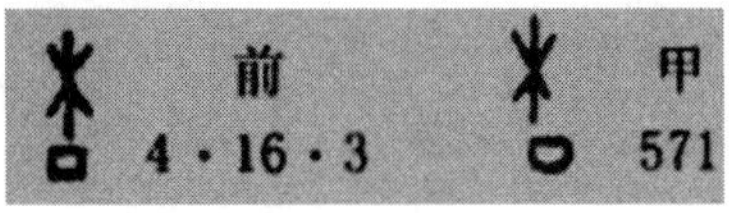

圖三 甲骨文：杏

杏的今音讀若 xing，請注意它是匣母漢字。這一點對于甲骨文杏字的訓詁非常重要。該字音訓之所以産生混亂首先是這個原因，其次是學者們忽視了它的甲骨文造字。

《説文》：“杏，果也。從木。可省聲。”段注改爲“向省聲”：“向，各本作可。誤。今正。莕以杏爲聲。亦作荇，從行聲。則知杏莕字古皆在十部也。今何梗切。”其實不僅段玉裁時代讀若 heng，我國很大一個地理區域都把杏子叫作“恨子”。植物學上的杏核發芽有兩個特點：一是杏核發芽時正是甲骨文杏字的象形——從杏核中長出一棵小樹來；二是凡是杏核發芽長成的小樹都是不結果實的，必須經過嫁接，所以方言稱其爲“恨子”。但是這個字的音訓確實很複雜。

杏的造字從甲骨文、金文、小篆直至現代漢字字形都没有變化，所以它的音訓應該存在于最初的甲骨文“杏”中。

趙誠在《古代文字音韻論文集》中指出：“歷來有不少學者認爲杏與可聲甚遠，不應從以省聲。所以林罕《偏旁小説字原》改爲哽省聲。張惠言則認爲‘可字蓋向字之爛文’。段玉裁從之，並在《説文解字注》中徑自改爲‘向省聲’。杏，何梗切；可，枯我切；哽，古杏切；向，一爲式亮切，一爲許亮切。從清代學者的古音學觀點來看，可與杏音遠隔，向與杏音也不近，而向有兩讀，也難以適從。所以有人明確指出：‘可省

① 趙誠著《古代文字音韻論文集》，第 230 頁。

② 馬如森著《殷墟甲骨學：帶你走進甲骨文的世界》，第 288 頁引。

聲固未確，段改作向省尤謬。’ ”①

其實杏的音訓也和方言有關。甲骨文時期尚無流行的官方普通話，所以貞人造字時的很多字是從方言發音造字的。以杏爲例，上從木，下從丁，口從邑省時發音爲 ding。這個丁正是甲骨文杏字的造字聲符，該字是右文造字。殷商發音爲 ding。這個發音逐漸演化爲後來舌上音的 shing（通 xing）。xing 爲匣母字，匣母字有些可以兩讀如巷（xiang，hang）。這就是古音韻學的“喻三歸匣”。同樣杏字的兩讀爲 xing 和 hen。其中的 hen 一般爲方言發音。

右文造字是甲骨文系統中樹名造字的一個共性：杞，柳，柏，杜，樹，朱都是采用右文造字法造字的。這是後來西周以後形聲造字法的濫觴。

【甲骨文字本義小結】

魯的音訓：從魚從口。右文造字。魚是聲符兼意符。方言發音 rü，通 nu，通 lu。

杏的音訓：從木從丁。右文造字。丁是聲符兼意符。後發音演化爲 xing，hen。

破譯甲骨文：帚* 筍*

圖一 甲骨文：筍

圖二 帚

圖一圖二是兩個甲骨文常見字，經過比較我們發現圖一和圖二造字非常相像：圖一像一支箭矢，圖二像一把傳統的竹編掃帚。這兩個甲骨文字的下半部分完全相同，都是指竹根。圖一上部從箭頭，圖二的上部從羽。

圖二的甲骨文破譯爲漢字帚已經是共識，我也認同這個破譯。但是圖一甲骨文字破譯爲什麽漢字呢？通行的爲大家所接受的破譯是漢字朿（即刺）。這個朿字許慎的《説文》定義是：“朿，木芒也象形。讀若刺。”這個破譯頗值得商榷。“木芒”一詞費解。

《説文》：“帚，糞也。”糞也就是“掃除”之意。所以帚解釋爲掃帚是達詁。古者掃帚均爲竹枝紮製，所以圖二的造字就是一棵竹子的造型，中間的“H”有兩種理解，古文字學者習慣于將其解釋爲“冂”，就是一塊半包圍的土地。例如甲骨文“方”即指殷商時的方國，其東西北三方構成一個長方形，南方向西南方向拓展。所以甲骨文“方”是土方國上的象形。我認爲這個“H”是表示東西方向，在“帚”的造字中代表掃帚運動的左右方向。而在圖一甲骨文筍中則是竹筍破土而出的象形。“H”中的一横代表的是地面。本字中這一横的兩端也被寫成箭頭形狀的意符，這是竹根在地下生長蔓延的象形。

圖二的本義是用竹枝做成的掃帚。圖一呢？我認爲是竹子的嫩芽——筍，此物有雄性生殖器的暗喻。許慎是在該字既定爲“朿”的情況下將其定義爲“木芒也”，我認爲

① 趙誠著《古代文字音韻論文集》，第 212 頁。

該字破譯爲筍，也可以理解爲“竹芒也”。一是該字主體是一支箭，既是製造箭矢的原材料，也是竹筍的象形，同時也是竹子的地下莖筍鞭的象形。二是圖二即釋爲“帚”，造字上兩者完全相同的下半部的“不”應該同樣理解爲竹根的象形。再看卜辭。

卜辭：“貞：我……凡牛筍、羊筍、猪筍。”（乙 3428）

卜辭：“庚寅卜。貞：叀筍人令省。在南鄙。十二月。”（前 4・11・5）筍人當是管理者。

卜辭：“十婦于亞。筍。”（乙 8897）這裹的筍可能指獻祭新筍給諸神和祖上嘗新。夏商周每當獲得時令新物（如新麥或鮮魚等）則獻祭給諸神和祖上的祭祀習慣。亞是明堂，是獻祭之處。“于”有動詞祭祀的意思。

從音訓上看也很有啓發：帚與竹河南方言爲同音字，讀若 zou，古音通 zhou（入聲），照母。而圖一筍的音訓從矢從不。不的古音有二：一是讀作墩，二是殷商方言讀作茆。故爲矢墩切，讀若 sen，古音通 sun。按照殷商甲骨文造字的一般規律，筍字應該是象形字，後起的漢字“筍”則是一個形聲字。請注意許慎《説文》定義：“帚。糞也。”既是“掃除”的義訓也是一個音訓，説明帚字在東漢時已經出現了“fu”這一注音。參見有關甲骨文“不”及其方言發音的考證。

【甲骨文字本義小結】

筍的本義：竹筍。名詞。會意造字。

音訓：從矢從不。不的古音讀作墩。故爲矢墩切，讀若 sen，古音通 sun。

帚的本義：竹掃帚。名詞。會意造字。

音訓：帚與竹是同音字，讀若 zou，古音通 zhou（均爲入聲），照母。

破譯甲骨文：筍* 責*

圖一　甲骨文：筍

圖二　甲骨文：責（債之初文）

圖一甲骨文此前學者多破譯爲漢字朿，學者大多將朿視爲刺的初文。圖一的甲骨文字和朿的字形確實很像。但是甲骨文破譯不僅需要字形上有依據，注音上也應該有依據纔是。我將其破譯爲漢字筍。

我國先秦很早就有食筍的飲食習慣了。卜辭中就有牛筍、羊筍、豕筍的記載。《周禮》有筍菹的記載。

《説文》：“筍，竹胎也。”段注曰：“醢人注曰：‘筍，竹萌。’按許與鄭稍異。胎言其含苞；萌言其已抽也。……《尚書》云：‘敷重筍席。’禮器如竹箭之有筍。”這裹的禮器指的是夏商周時期的一種器用，即簨虡（筍虡）。詳見下文。

甲骨文責，上從筍下從貝。筍和貝會意爲責確實令人費解。我曾經將上部的筍字釋爲剝開貝類的工具，現在看來以前是錯了。這裹的筍指的就是上文提到的筍虡。所謂筍虡是夏商周時代懸掛鐘磬鼓的木架。其横木謂之筍，竪木謂之虡。

《禮記・明堂位》："夏后氏之龍簨虡。"鄭玄注曰："簨虡，所以縣鐘磬也。横曰簨，飾之以鱗屬；植曰虡，飾之以鸁屬羽屬。"

我認爲，所謂簨虡就是方言榫柱其音其意。唐人有詩句"筍柱鞦韆游女並"。這三者實際上所指相同：簨虡、筍柱和榫柱。今天長江安慶段方言依然發音"榫柱"爲"筍虡"。立者爲柱，横者自然爲筍（之所以横者爲筍原因是，筍是竹子的地下莖。出土之前是横向匍匐生長的）。但是鄭玄給"夏后氏之龍簨虡"所下的注解可能有一點瑕疵："横曰簨，飾之以鱗屬"其中的鱗屬是指龍的造型。但是横向的龍造型其自然界的原型源于南方的颱風（雄虺）而不是北方的龍捲風（龍）。裝飾性的竪造型的龍在殷商、西周都很常見，甲骨文龍字就是竪造型的。但是横向造型的龍在戰國時代纔開始出現。

在甲骨文責的造字中，這個筍應該就是筍虡。其下從貝，貝是貨幣。《説文》貝："古者貨貝而寶龜。周而有泉。至秦廢貝行錢。"可見殷商時主要是以貝爲貨幣。所以這個甲骨文字就不能釋爲使用工具打開貝類，而應該將該意符貝視爲貨幣。那麼這個會意字的本義到底是什麼呢？

《説文》："責，求也。從貝朿聲。"段注："《周禮・小宰》：'聽稱責以傅别'稱責即今之舉債。古無債字。俗作債。"從卜辭看"責"應該就是殷商的"債"字。但是許慎關于漢字責的注音顯然是不對的。該字是一個會意字，其注音是兩個聲符的反切，而不是"朿"聲。

卜辭："癸巳卜。命□責杞。"（乙 8895）意爲（商王）命□向杞國討債。

卜辭："丁丑。責豕。"（乙 8897）意爲象某國討要（應該進貢的）猪。

甲骨文責是一個會意造字，所以首先必須滿足它的造字條件：一是責字的注音必須是兩個造字聲符的反切；二是筍和貝應該是相互聯係可以産生會意的意符。

音訓：責。筍貝切。讀若 sei。這個字的現代漢語拼音是 ze。但是它的殷商方言發音卻是 cei（入聲），至今仍然是這個發音。這種 z \ c \ s 不分的注音現象在殷商甲骨文注音中很常見。究其原因有可能是當時殷商方言體系中的 z \ c \ s 並未完全分化成爲三個獨立的音位。

會意：《周禮》的"聽稱責以傅别"是什麼意思呢？賈公彦疏曰："聽稱責以傅别者，稱責謂舉債生子（即借錢以獲利）。彼此俱爲稱意，故爲稱責。于官于民俱是稱也。争此責者則以傅别券書决之。"所以筍虡可能表示商周的一種以禮化解債務糾紛的方式——稱責。反過來看，夏商時代的筍虡可能不僅懸掛鐘磬，可能也懸掛銅鑼（鳴金）或者大鼓（訴訟）之類；不僅用來演奏禮樂，可能也用來訴訟决獄。

破譯甲骨文：一個譯錯的字——裘

圖一中的兩個甲骨文字（我破譯爲：蓑）都見于一期卜辭。最早將圖一甲骨文破譯爲裘的是羅振玉和王國維兩位先生。在迄今的甲骨文工具書如《甲骨文字典》《古文字

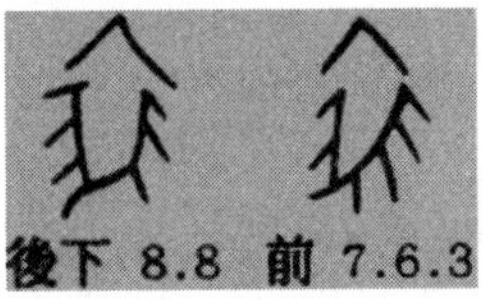

圖一 甲骨文：裘

類編》中均將其破譯爲漢字：裘。漢字裘最早出現在夏代文獻《夏小正》中："九月……王始裘。"相關殷商卜辭本義未詳，如下：

卜辭："……裘往……"（京 1972）

卜辭："……裘往。裘往……"（後下 8・8）

《說文》："裘，皮衣也，從衣。求聲。一曰象形。與衰同意。求，古文省衣。"許慎的這個定義很耐人尋味。既然是從衣，求聲，那麽這個裘字就是一個形聲字，但是我們知道漢字中的形聲字是在西周以後纔產生的。許慎又說："一曰象形，與衰同意。"從圖一甲骨文字分析，這個字應該是一個象形字，從衣，皮衣外面綴滿了獸毛。

我懷疑這個字此前諸家都破譯錯了，因爲我發現了小篆蓑衣的蓑字以及裘字。

圖二

小篆：蓑

如果圖二的小篆讀如 suo，那麽圖一的甲骨文字是不是也應該讀如 suo 呢？小篆中也有一個裘字（見圖三），但是小篆的裘是一個標準的形聲造字，從求從衣。它和圖一甲骨文裘差别很大。圖二的小篆蓑似乎更接近圖一的甲骨文字。會不會是此前的破譯更達詁呢？

這樣就產生了兩個訓詁學問題：一是圖一甲骨文的這個造字到底是許慎所蒐集的兩種造字中的哪一種：是形聲造字還是象形造字？如果它是形聲造字的話，這個殷商甲骨文字就和我的形聲造字法始于西周金文相忤逆。我就得改變我的觀點并修改相關的文章。二是圖一這個甲骨文字是應該破譯爲漢字裘呢？還是破譯爲漢字蓑？

圖三

小篆：裘

從造字上看，圖三的小篆裘是一個形聲造字，古文的裘如許慎所說常常是省略了衣，僅以中間的聲符作字。小篆蓑的造字則頗爲費解，如果它是蓑，那麽就應該讀若 suo。它的衣字中間的那個聲符就應該和圖一甲骨文字的注音相同。于是問題的焦點就集中在圖一甲骨文字的注音上了。圖一甲骨文的讀音也就决定了它的本義和注音。它應該讀若什麽音呢？

圖一甲骨文字的造字聲符是從彡從折，彡折切，讀若 se（入聲），長音讀作 suo。這是一個和北方話蓑衣的蓑的發音很接近的讀音。殷商時期的蓑衣的讀音是不是 seyi 雖然無從考證，但是該字的造字聲符至少保留了這樣一種古音的注音。圖一右例的甲骨文從四點，但是從四從折的反切發音也是一樣的。

所以圖一的甲骨文應該破譯爲蓑衣的蓑，而不應該破譯爲漢字裘。其古音注音是：sē。這個字從注音規律看應該是會意造字。從造字本義上看，蓑衣是采用棕樹皮毛編織而成的用于防雨的衣服。農家、百姓和皇家都要使用。

【甲骨文字本義小結】

蓑的本義：蓑衣，一種用棕樹皮毛編織而成的用于防雨的雨衣。

音訓：從彡從折。注音爲 se（入聲）。上古音通蓑（suo）。

附錄：遠古史背景考證

遠古五龍考

一、中國龍就是龍捲風

中國人總是愛把龍和鳳並提。比如龍鳳呈祥，龍飛鳳舞，龍盤鳳逸，龍章鳳姿等等。其實最早的龍和鳳的自然界原型相差很大。本文將具體考證龍在自然界中的原型。

有關龍的研究我國學者一直在探討，爭論焦點之一就是龍的原型到底是什麽？至今爲止學術界認知分歧主要集中爲“圖騰説”和“鰐魚説”兩大派。

圖騰説一派最有影響的人物是聞一多先生。他在《伏羲考》中系統地提出了龍是圖騰的見解：“龍圖騰，不拘它局部的像馬也好，像狗也好，或像魚，像鳥，像鹿都好，他的主幹部分和基本形態卻是蛇。這表明在當初那衆圖騰單位林立的時代，内中以蛇圖騰爲最强大，衆圖騰的合併與融化，便是這蛇圖騰兼併與同化了許多弱小單位的結果。”[①] 圖騰説力圖彌合先秦古籍中各種龍的記載，意在用一個固定的圖騰統一所有龍的意象。聞一多先生的這一充滿中庸色彩的推測並没有得到考古學證據的支持。而且，從三皇五帝時期的戰争記録表明，在一個氏族打敗或消滅另一個氏族之後，戰敗者的圖騰是消失而不是“衆圖騰的合併與融化”。圖騰説的矛盾在于和圖騰定義相忤逆。追根尋源，我們在佛羅伊德的《圖騰與禁忌》一書裏，找到了法國人類學家雷諾在 1900 年提出的圖騰信仰的十二教條，所謂教條就是研究圖騰現象時必須遵守的基本條件。正是這個教條規定了圖騰物必須是動物，所以我國的研究者，總是陷在動物的框框裏。有關龍的原型有十幾種動物。的確，龍本身在遠古也一直是被中國人認爲是一種動物的。《辭海》對龍作了兩條比較具有科學性的解釋也依然不脱動物的窠臼：“（1）古代傳説一種有鱗有須能興雲作雨的神異動物；（2）古生物學上指一些巨大的有四肢有尾兼有翼的爬蟲。”（現在看來這個定義是有缺陷的，因爲遠古時代記載的龍，没有一條是在地上爬的“爬蟲”，中國龍從來就是站立的、戰鬥的龍。在中國文化中，横向造型的龍最早出現在戰國時期楚國的玉器上，到西漢時流向全國。）

最早提出龍的原形爲鰐魚的是中國古史專家衛聚賢。他在 1934 年出版的著作中便説“龍即鰐魚”[②]。現代學者何新也認爲：“雲，以及雲和雨的功能性關係，就是産生龍的意象的基礎。”“最初的龍形不過是抽象的旋捲狀的雲紋。而後來逐漸趨于具體化、生物

---

① 聞一多著《伏羲考》，上海古籍出版社 2006 年版，第 12 頁。

② 《人民日報》2012 年 2 月 23 日記者何民捷專訪中國社會科學院何新亮研究員。

化，并且展開而接近于現實生物界中兩栖類和爬行類動物的形象。何新在《龍：神話與真相》一文中持“龍的生物原型是上古存在于中國古陸的鰐類或鯨類動物”這一觀點①。持這一觀點的還有王大有、劉城淮、王明達、祁慶福等人。這一觀點的不能自圓其説的地方在于：遠古的鯨類或爬行類都是生活在陸地和水中的生物，而古籍中記載的龍象多數是一種千變萬化的天象，起于地，達于天的。

綜合百年來的關于中國龍研究，各種學術觀點可謂異彩紛呈，但是多屬于個人意見，没有形成學術氣候。大致的争議進程吉成名在《中國史研究動態》1997 年 12 期撰文作了階段性總結，20 世紀 20 年代以來具有代表性和影響力的觀點大致有數十種②。内容如下：

外來文化説：龍是經由印度傳播進入我國的古巴比倫鰐魚説。

葉玉森觀點：龍是我國遠古時期的恐龍。

楊鐘健觀點：現實生活中没有龍，龍是遠古人類一種假想的動物。1942 年。

聞一多觀點：龍是圖騰。是由許多氏族不同的圖騰糅合成的一種綜合體。最初的雛形可能是大蛇。隨着氏族戰争的兼併而融合。1942 年。

劉城淮觀點：依據遠古的“龍馬出河”和“河出圖洛出書”説法，龍應該是河馬。1964 年。

朱天順觀點：龍起源于遠古人類對電閃雷鳴之後的狂風陣雨等自然現象的敬畏。龍與閃電相似，故而産生了“幻想”。1982 年。

孫守道、郭大順觀點：龍的起源于原始農業密切相關。龍首源于猪首。1984 年。

何新的觀點：龍的原型即鰐魚説。1986 年。

陶里的觀點：龍是一種幻象。它是原始先民幻想出來的一種三棲生靈，能够上天入海且威力無比。1989 年。

尹榮方觀點：龍的原型是松樹。遠古人類崇拜四季常青的松樹，將龍視爲樹神的化身。20 世紀 90 年代。

王維提觀點：龍崇拜就是圖騰崇拜的一種。龍的原型就是具有某種巫術意義的，被神話了的蛇。1990 年。

楊秀緑觀點：我國的龍文化源于遠古人類對海洋中巨蟒的恐懼與崇拜。1990 年。

2009 年我提出並論證了一種新的觀點：龍的原型是一種自然天象，就是那個時代經常肆虐的龍捲風。

提出龍是龍捲風的觀點的還有臺灣“中央”大學地球科學院院長趙豐教授。他也是主張龍就是龍捲風的。遺憾的是他没有在這個問題上深究下去並作出考證。他曾在一次演講中説：“最早出現龍捲風是在《莊子》這本書裏，《莊子》是戰國時代，兩千多年前的著作，書中記載：《莊子》：‘有鳥焉，其名爲鵬，背若泰山，翼若垂天之雲，摶扶摇（羊角）而上者九萬里。’《莊子》説有一種鳥叫作鵬，體型非常巨大，翅膀像垂天之雲。這只鳥摶飛而上天九萬裏。摶就是爬著上去，爬上天空九萬里。爬什麽東西上去

① 何新著《諸神的起源》，北京工業大學出版社 2007 年版，第 66 頁。

② 吉成名《龍崇拜起源研究述評》，《中國史研究動態》1997 年第 12 期，第 57 頁。

呢？爬著扶摇。……‘摶扶摇羊角而上者’，這應該就是後人在解釋‘扶摇’是什麽的注釋，後來被傳鈔到正文裏去。但這樣正好解釋了‘扶摇’就是‘羊角’。看（龍捲）風的形狀，還没落到地以前的形狀就像羊角。《幼學瓊林》：‘旋風名爲羊角。’《幼學瓊林》裏直接就説莊子講的‘羊角’就是‘旋風’，什麽樣的旋風呢？就是‘龍捲風’。中國最早的辭書《爾雅》，比《説文解字》還要更早，《爾雅》提到：《爾雅·釋天》：‘扶摇謂之猋……迴風爲飄。’在《爾雅》裏講‘扶摇’是什麽呢？‘扶摇’叫作‘猋’，也可以叫作‘飄’。《説文解字》説‘猋’也可以寫作‘飆’，作爲‘風’名時，與‘飆’同義。‘飆’這個字現在用的很多，古時候真正的意思是‘扶摇’，‘扶摇’是什麽呢？就是‘羊角’，‘羊角’是什麽呢？是‘旋風’，是什麽旋風呢？就是‘龍捲風’。《説文解字》：‘飄，回（迴）風也，盤旋而起之風，莊子所謂羊角。’《説文解字》裏面也很明確地講莊子所謂的‘羊角’就是‘飄’是一種回（迴）風。中國古時候一直都還没有龍捲風這個名字和概念，講了一大堆名字就是中國古代對龍捲風的認識，龍捲風也叫作‘扶摇’，也叫作‘羊角’，也叫作‘飆’，也叫作‘飄’。”①

其實趙豐所説的“扶摇就是颻”“扶摇就是飄”是一個簡單的訓詁學問題。“扶摇”兩字的反切合音在我國的一些方言中讀若颻，而在另一些方言中讀若飄。

一、先秦文獻中龍的記載

龍在自然界活動是有季節性的，大約是在春分和秋分之間。這點可以從《説文》中找到依據。“龍，鱗蟲之長。能幽能明，能細能巨，能短能長。春分而登天，秋分而潛淵。”

可是這種鱗蟲之長很奇怪，它没有一定的形狀。我們唯一可以知道的就是它是長條形的動物，變幻能力很强。“欲小則化爲蟲蝎，欲大則藏于天下。欲上則凌于雲氣，欲下則入于深泉。變化無日，上下無時。”（《管子·水地》）

龍出現的時候一定伴隨著雲，而且是烏雲。“雲氣多黑潤者，其下有蟠龍。”（《通卦驗》）“龍舉而景雲屬。”（《淮南子》）注意這裏景作影解釋，意思是當龍向上昇騰的時候，有雲氣如影隨形。

更奇怪的是，龍在中國各地出現的時候呈現出不同的顔色。《易·繫辭》裏總結了這種現象：“黄龍入藏生黄泉，黄泉之埃上爲黄雲。青龍入藏生青泉，青泉之埃上爲青雲。赤龍入藏生赤泉，赤泉之埃上爲赤雲。白龍入藏生白泉，白泉之埃上爲白雲。玄龍入藏生玄泉，玄泉之埃上爲玄雲。”

比較一下《辭海》給龍捲風下的定義：“範圍小而時間短的猛烈旋風。直徑約從幾米到幾百米不等，中心氣壓很低。……常出現在發展强烈的積雨雲下，雲形呈漏斗狀下垂。如達地面，破壞力極人，人、畜、器物常被捲至空中帶往他處；經過水面時，常吸水上昇如柱。龍捲風移動速度每小時約數十公里，所經路程，短的衹幾十米，長的可超過一百公里。”

黄帝昇天就乘的一條黄色龍捲風，昇天的地點在今天關中地區岐山和黄河南河之間的荆山。注意，這裏的土壤顔色也是黄土。由于這裏不是龍捲風多發區，所以引起的恐

① http：//blog. sina. com. cn/blog_ 5958fe3ao100g022. html.

慌就更震驚更廣泛，更何况是黄龍將黄帝捲上了天。我們來看《史記·封禪書》記載的詳情："黄帝采首山銅，鑄鼎于荆山下。鼎既成，有龍垂胡髯下迎黄帝。黄帝上騎，群臣後宫從上者七十餘人，龍乃上去。餘小臣不得上，乃悉持龍髯。龍髯拔，墮，墮黄帝之弓。百姓仰望黄帝，既上天，乃抱其弓與胡髯號。"

甲　乙　丙　丁　　戊

圖一　甲骨文：龍

文中"有龍垂胡髯"很顯然就是《辭海》定義中的"雲形呈漏斗狀下垂"。這件事對中華文化的影響極其深遠，首先黄帝的被神話與此事關係甚大，很多專家學者認爲這是一個荒誕不經的神話故事。吕思勉先生就認爲"明明極不經之語，偏能引地理以實之"。這恰從一個側面證明，事件發生的地點是真實的。東漢的緯讖之學也借此附會："中宫大帝，其尊北極星，含元出氣，流精生一。"① 甲骨文"龍"字就直接脱胎于這個事件。在董作賓《殷墟文字乙編》中龍字（見圖一甲乙）的象形最初就是上達于天的龍捲風②。同樣的意思在殷商時期的甲骨文金文中還有很多。殷商周三代龍字的演變有力證明龍的原型就是龍捲風，見附圖：

圖一中甲和乙是殷代的甲骨文的龍字，是龍捲風上天的象形。丙是龍捲風的夜像象形，它上達北斗七星。北斗屬紫微垣，古人十分重視北斗，用它來辨方向，定季節。東漢緯讖學也是借此而生發的。注意第四個龍字，它就是黄帝被龍捲風捲上天的象形，文字下半部是龍捲風象形，上半部是個"帝"字。圖戊是周朝尊母龍金文，從中可以清晰地辨别出這一事件的歷史痕跡。從這個事件的意義上説繁體字龍的左半邊應該是個"帝"字。在西漢漢印徵中這種結構的龍字還常常被使用。《漢語大字典》中至今也還保留著這個龍的異體字。其實它纔是正宗的龍的繁體。上面的分析使我們得知，龍字的發展進化的過程也是古人對龍捲風漸進的觀察和認識的過程。

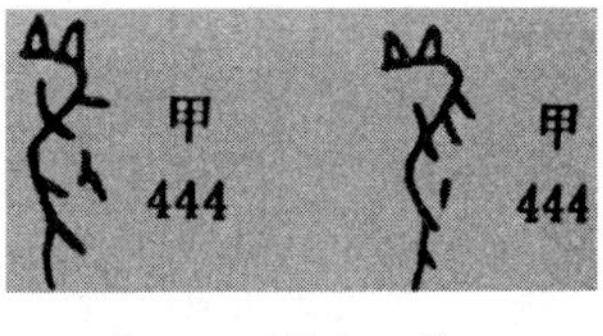

圖二　甲骨文　擄

同樣在甲骨文中還有一個字可以作爲龍就是龍捲風的重要的文字證據，如圖二。如果説在這個甲骨文字中有莊稼的話，這個"禾"字或者"黍"字已經是支離破碎了。造成這場災害的主體是一條頂天立地的猛獸或者猛禽，它有兩隻很大的眼睛，這兩隻眼睛也被人們認爲是它的兩隻角。請看這隻猛禽或者猛獸造字形態像什麼？

答案：這是一條自天而降的龍攫走了豐收在望的莊稼。龍是什麼？龍就是遠古時期經常肆虐的龍捲風。卜辭甲 444 記載並驗證的正是一場龍捲風不可避免地攫走了宗族土地上的莊稼。其實古人認爲龍之所以能够昇天就是藉助了大地上裹挾的物體。這就是所謂的"龍無尺木，無以昇天"③。

龍在秦漢以前古籍中龍的名目繁多，長相各異。有有鱗的，有無鱗的；有長角的，有不長角的；有半透明的，也有帶不同色彩的；有垂髯的，有流漦的。僅名稱就有螭龍、虬龍、蛟龍、蟠龍、虺龍、夔龍、應龍、螣蛇等等。這恰恰説明龍的形象是變幻不

① 《史記》，第 1289 頁索隱。

② 徐無聞等編《甲金篆隸大字典》，第 818 頁第五列。

③ 《諸子集成》第十一册《論衡》，第 60 頁。

定的，非常符合龍捲風千姿百態的運動特點。上古時代，不同的人在不同的地點觀察到的龍捲風形象姿態各不相同，這是古籍和傳説中龍没有一個標準原型的最根本的原因。

二、先秦文獻中龍的佐證

據先秦史籍記載，龍從來就没有被捉住過，最有力的證明見于《左傳·昭二十九年》裏一則關于龍的紀載：

“秋，龍見于絳郊。魏獻子問于蔡墨曰：‘吾聞之，蟲莫知于龍，以其不生得也。謂之知，信乎？’對曰：‘人實不知，非龍實知。……對曰：‘……龍，水物也，水官棄矣，故龍不生得。’”

蔡墨把捉不住龍歸結于水官一職被廢除是没有道理的，因爲在此前設立水官的歷代王朝也没有關于捉住龍的歷史記載。而鳳凰就大不相同，晚商卜辭中就有方國獵獲鳳的記載：“甲寅卜，呼鳴網，獲鳳。丙辰，獲五。”（甲 3112）金文《中鼎》有“歸生鳳于王”。何新在《諸神的起源》一書中羅列的引自史書的中國各地發現鳳的記載更是達到 42 條之多。

在歷史上不僅没有活龍被捉住過，連一例静止的（死去的）龍的形象也不曾見過。龍在先秦史籍中總是以戰鬥的形象出現，而且每次出現都是出雙入對的，夏二里頭遺址出土的殘陶器上就曾發現有龍一首雙身。此外見于史籍的記載還有很多，《左傳》裏就記錄了鄭國發生的兩次龍鬥，一次稱龍，另一次稱蛇。再試舉四例：

“夏之衰也，褒人之神化爲二龍，以同于王庭。”（《國語·鄭語》）

“騰蛇雄鳴于上風。雌鳴于下風，而化成形，精之至也。”（《淮南子·泰族》）

“後十四世，至帝孔甲，淫德好神，神瀆，二龍去之。”（《史記·封禪書》）

“上六：龍戰于野，其血玄黄。”（《易經》）

值得一提的是應龍和蚩尤這一對龍鬥在《山海經》中一共有三段記載，所以龍是歷史上確實發生的現象應該不是虚構的：“蚩尤作兵伐黄帝。黄帝乃令應龍攻之冀州之野。應龍畜水。蚩尤請風伯雨師縱大風雨。黄帝乃下天女曰魃，雨止，遂殺蚩尤”。（《山海經·大荒北經》）

“應龍已殺蚩尤，又殺夸父，乃去南方處之，故南方多雨。”（《山海經·大荒北經》）

“大荒東北隅中，有山名曰兇犁土丘。應龍處南極，殺蚩尤與夸父，不得復上，故下數旱。旱而爲應龍之狀，乃得大雨。”（《山海經·大荒東經》）

圖三

從上述引文中我們可以看到：應龍和蚩尤是雙雙同時出現的；當蚩尤戰敗的同時應龍消失在南方，隨後數年在應龍和蚩尤的交戰地區出現大旱。正如《商子·農戰》中所記載：“今夫螟螣蚼蠋，春生秋死，一出而民數年不食。”把龍（螣）和螟蚼蠋等蟲災相提並論，這樣“一出而民數年不食”的危害恐怕衹有龍捲風纔能够産生類似的破壞性。而每當應龍再次出現時，又會伴隨大雨。説明蚩尤和應龍之間的戰鬥也是一場龍捲風之戰。1942 年湖南長沙子彈庫出土了一件《楚帛書》，其中所繪的蚩尤的形象就是兩條龍縱向糾纏在一起的搏擊形象（見圖三）。這種縱向的搏擊形象應該不會是蛇神吧。不僅蚩尤和應龍是成雙成對出現的，先秦以前文獻中多數情况下，龍總是處于雙龍成對狀態出現的，這正是龍捲風肆虐或者叫作戰鬥的狀態。《易經》乾卦所謂的“龍戰于野，其血玄黄”就正是這樣一種狀態。見後文。

另一個重要的歷史佐證是：龍的形象是從原始的垂直造型在先而横造型在後的。我們從甲骨文的龍字造型（見上文）到先秦著作如《左傳》《史記》中描寫的龍的造型可以看到龍在遠古以來一直是垂直造型。蚌埠雙墩一號墓出土的春秋時代古鍾離國的銅鐲，其龍的造型爲自肩附耳的縱向造型。已經出土的晚商青銅器上，龍的造型都是竪直的。説明在春秋以前人們心目中龍的形象都是自下而上的。但是從春秋晚期開始到戰國時代的龍出現了横向的雙龍回首造型、龍鳳同體和雙龍相對的造型。研究古玉的人都知道，這種起源于戰國晚期的龍的横造型多用于裝飾性的玉器，始于楚國，到西漢時纔流行全國。例如在曾侯乙墓中出土的龍形玉珮就是横的造型。珮戴龍佩在人的身上美學原理是藉助龍威用以增强主人的威懾力量。

龍的横向造型爲什麽首創于楚國呢？除了文化上的原因以外還有地理上的成因。楚國地處南方，竪向造型的龍捲風相對于横向造型的颱風要少見得多，楚地以南的地區每年經受的颱風較多。所以雖然傳説中的龍在民間有兩種造型，但是竪造型的龍可能源于中原常見的龍捲風，而横造型的龍卻可能源于南方常見的颱風，也就是屈原《天問》中所説的“雄虺九首”是也。戰國時楚懷王兼併越國以後疆域擴大到江蘇和浙江。這個時期既是楚國深受颱風侵害最頻繁時期，也是楚國文化東漸時期。

三、作爲天氣現象的龍捲風

龍捲風看起來像一條巨大的鱗蟲，在海上裹挾著水時它是半透明的（明），在陸地裹挾土的時候，它呈現各地不同土壤的顔色（幽），初起時細而短，昇騰時巨而長，它總是伴隨雲的出現，尤其是烏雲的出現。它的活動季節是在春分和秋分之間的農曆二月下旬到陽曆九月下旬。這些和上面古籍裏所記録的龍都十分貼切。

黄帝是在黄土地上被龍捲風卷走的，所以有黄龍“垂胡髯下迎”，這黄龍就是裹挾著黄土的一條龍捲風。和黄帝站在一起的群臣後宫等人位于龍捲風中心，所以從上而去。所謂龍髯不是黄帝的胡髯而是龍捲風的尾巴正在離地而去，所以“餘小臣不得上”。黄帝上天以後，人們長時間以爲他衹是仙去並没有死。晋代張華《博物志・史補》云：“黄帝登仙，其臣左徹者，削木像黄帝，帥諸侯以朝之，七年不還。左徹乃立顓頊爲新帝。”

另一個例子見于《莊子・逍遥游》的記載：“夫列子御風而行，泠然善也，旬有五日而後返。”

中國的神話研究者常常把神話和史實混爲一談，把上古時代的圖騰和自然現象混爲一談。如果我們從歷史的角度看待這些神話，問題其實没有那麽深奥玄妙。

列子也是被龍捲風裹挾到很遠的地方，以致走了十五天纔回到家。列子，名寇，又名禦寇。相傳是戰國前期的道家，鄭國人，與鄭繆公同時。鄭國主要在今天的河南中部一帶，都城在現在的河南新鄭，是龍捲風多發地。你看莊子把列子寫得神乎其神，其實連龍捲風漩渦中的列子自己也不知道原因所在。

在我國先民早就發現，龍捲風分爲兩種，這就是發生于江河湖海上的水龍捲和發生在陸地上的陸龍捲。其多發地在我國的華南和華東地區。關于陸龍卷，最早的記載見于北宋沈括的《夢溪筆談》："熙寧九年，恩州武城縣有旋風自東南來，望之插天如羊角，大木盡拔。俄頃，旋風卷入雲霄中。既而漸近，乃經縣城，官舍民居略盡入雲中。……縣（城）悉爲丘墟，遂移今縣。"

沈括以後，北宋的葉夢得在《避暑錄話》中將龍捲風稱爲龍掛，見《辭源》"龍掛"條："吴越之俗，以五月二十日爲龍日，故五、六月間，雷起雲簇，忽然而雨。濃雲中遠見若尾垂地，蜿蜒曲伸者，謂之龍掛。"其中"若尾垂地"正是《史記》中所説的"有龍垂胡髯"。民間形象地叫它龍掛。

其實在我國民間更普遍的有關龍的節日有端午節。據聞一多先生考證，用來投水祭奠屈原的粽子，其實是用來"賄賂"水中蛟龍的，請它不要侵擾屈原的靈魂。而吴越一帶紋身以象龍子的習俗以及將船身刻成龍形，在龍舟上"掛龍子幡也無非是龍子的信號。爲的是讓蛟龍容易辨别，不致誤加傷害"。而蛟龍就是水龍捲。

《管子·形勢》："蛟龍，水蟲之神者也。乘于水，則神立，失于水，則神廢。……故曰：蛟龍得水，而神可立也。"這裏管子更進一步認識到龍捲風無水不立的道理，但是管子所見衹是蛟龍，即水龍捲。

《説苑·奉使篇》："諸髮曰：'彼越……處海垂之際，屏外蕃以爲居，而蛟龍又與我争焉，是以剪髮文身，爛然成章，以象龍子者，將避水神也。'"

以上例子可以看出蛟龍其實就是民間稱爲"龍吸水"的水龍捲。而"以象龍子"大概就是後來中國人自稱"龍的傳人"這一説法的濫觴吧。

雖然兩種龍卷風分别有記載，卻一直没有被聯係起來思考過。唐朝韓愈有《龍移》詩一首，仍稱龍捲風爲蛟龍。詩曰："天昏地黑蛟龍移，雷驚電激雌雄隨。清泉百丈化爲土，魚鱉枯死吁可悲。[1] 直至元代龍捲風作爲一種並不罕見的天象一直没有公認的名稱。此前古籍中類似的天象能够統一的名稱就是龍或者蛟龍。例如：

《元史·五行志》云："至元二十七年七月，益都臨朐縣有龍見于龍山，巨石重千斤，浮空而起。"可見元時龍捲風仍然被稱作龍。試問什麼樣的"龍"能够有如此神力？是鱷魚，馬，蛇，閃電、彩虹，樹神，甚至恐龍嗎？它們都没有這樣的力量，而龍捲風可以。

《説文》："蛟，龍屬，無角曰蛟。……池魚滿三千六百，蛟來爲之長。能率魚而飛。置笱水中即蛟去。"

爲什麼笱能够驅蛟呢？這就要從龍捲風的形成原因來探究：龍捲風是一種氣旋：空氣繞龍捲的中心竪軸快速旋轉，受龍捲中心氣壓極度减小的吸引，近地面幾十米厚的空氣氣流被從四面八方吸入渦旋的底部，並隨即被强化爲繞軸心向上的更大的渦流。《説文》中所説的笱是一種用竹絲編製的捕魚簍，呈長圓柱體形。笱由于横放在水中，破壞了水的旋轉，池水很難形成漩渦，對龍捲風的形成起破壞作用。所以説可以使"蛟去"，這裏也透露出古人對龍捲風的認識，通過破壞水渦的切變力來阻止龍捲風的形成。同時也説明古人很早就認識到龍捲風是風和水的共同作用造成的。

爲什麼在亞洲地質情况和大氣狀况没有出現劇變的情况下，中國的龍捲風突然出現

---

① http：/www. douban. com/group/topic/26640396.

在北宋的史籍中？它以前存在嗎？如果存在，它在史書中應該是什麼樣子呢？答案是：它應該叫龍（陸地的龍捲風）或者蛟龍（水面的龍捲風）。這裏羅列八例古史志上和龍捲風有關的雨異的記載，類似的情況在我國各地的省志、縣志中還有很多。現代氣象學認爲這類雨異現象產生的原因絶大多數是龍捲風所致（參見上文《辭海》龍捲風定義），由此我們也可以知道，龍捲風在我國絶不衹是在先秦捲走了黄帝和列子。

“周成王三十四年，雨金于咸陽。”（《竹書紀年》）

“漢惠帝二年，宮中雨黄金、黑錫。”（《陝西通志》）

“漢成帝鴻嘉四年秋，雨魚于信都，長五寸以下。”（《漢書》）

“宋太宗至道二年四月，福建縣廨雨黄黑豆；又長樂、太平二鄉雨黑豆，皆堅實異常。”（《八閩縣志》）

“宋高宗紹興二年，宣州天雨錢。”（《江南通志》）

“元英宗至治元年，雨鐵，民舍山石皆穿，人物值之多斃。”（《雲南通志》）

“明武宗正德八年六月，代州八角等地雨魚，皆黑，小者寸許，大者二、三尺。”（《山西通志》）

“順治十六年三月十九日，汀州寧化雨麥，拾者呼爲鐵米。”（《福建通志》）

三、朝野對龍的敵視態度

奇怪的是中國歷代統治者和老百姓對于龍的態度古今大不相同。《禮記》中記載了各種祭祀種類和方式，卻没有對龍的祭祀，甚至祈禱禳災的例子也很少。在《禮記正義》卷十六中甚至有這樣的記載：“季夏之月……命漁人伐蛟。”可見蛟龍與統治者之間敵意也頗深。這個記載至少説明了兩個問題：一個是先秦以前人們一直認爲蛟龍是一種水中生物，能够危害百姓，必欲驅之。第二，每年選擇在季夏，就是風季以前命漁師討伐蛟龍，證明蛟龍爲害人類的季節確實在農曆五月進入猖獗期。

又例：“漢當土德，土德之應黄龍見……後三歲，黄龍見成紀。文帝乃……下詔曰：‘異物之神見于成紀，無害于民，歲以有年。朕祈郊上帝諸神……’”（《史記・封禪書》）這是巧合，因爲成紀在六盤山附近正好是黄色土壤，所以出現黄色龍捲風。其實在三年中可能有很多次龍捲風，但是漢文帝知道的衹有這次是黄龍。而且這次郊祈不是因爲龍捲風爲害百姓，而是“異物之神見于成紀，無害于民，歲以有年”，漢文帝是特地來感謝龍捲風這個“異物”的。

東漢一代，緯讖盛行，龍被視爲不祥。民間就更奇怪了，每年陰曆二月二民俗爲龍抬頭，據説是龍的生日。其實這正是“見龍在田”即龍捲風開始活動的時間。小孩們念著：“二月二，龍抬頭，大倉滿，小倉流。”各地也普遍把食品名稱加上“龍”的頭銜。吃水餃叫吃“龍耳”；吃春餅叫吃“龍鱗”；吃麵條叫吃“龍須”；吃米飯叫吃“龍子”；吃餛飩叫吃“龍眼”。這是要吃掉龍，使災害消弭于無形，也就是防患于未然的做法。《淮南子・要略》記載：“操舍開塞，各有龍忌。”許慎注解説：“中國以鬼神之事曰忌，北胡南越皆謂‘請龍’。”許慎的見解是精辟的，中國人對龍的態度正是“敬鬼神而遠之”。從這其中我們也可以看出中國的上至統治者下至百姓對龍（陸龍捲）和蛟龍（水龍捲）的態度也是一致的。

值得一提的是從先秦到唐代之間，龍的詞義多出了一個義項，這也可能後世對龍的認識産生混亂的原因。《爾雅》："馬，八尺以上爲駥。"由于古音中駥龍相通，在《禮記正義・月令第六》疏裏就變成了"馬八尺以上爲龍"，馬變成了龍，在很多秦漢的著作裏都可以看到這樣的記載。如：

"帝賜之（孔甲）乘龍，河漢各二，各有雌雄。"（《左傳・昭二十九年》）

"秦犯夷，輸黄龍一雙。"（《後漢書・南蠻傳》）

"今王四年，碧陽君之諸御産二龍。（《開元占經》引《紀年》）

中國歷史上有很多人，包括一些研究者都認爲龍是自然界中客觀存在的一種動物。大多數研究者認定龍是一種動物的根據是源于《左傳・昭二十九年》的這樣一段記載："昔有……董父，實甚好龍。乃擾畜龍以服事帝舜。帝賜之姓曰董，氏曰豢龍。……故帝舜世有畜龍。及有夏孔甲，擾于有帝。帝賜之乘龍。河漢各二。各有雌雄。孔甲不能食。而未獲豢龍氏。有陶唐氏既衰。其後有劉累。學擾龍于豢龍氏。以事孔甲。能飲食之。夏后嘉之。賜氏曰御龍。以更豕韋之後。龍一雌死，潛醢以食夏后。夏后饗之。既而使求之。懼而遷于魯縣。范氏其後也。"（甲段）

看起來，舜時確實有"龍"被飼養被馴化被食用。人證物證俱全：龍是帝舜出行時的坐騎。

且慢，同樣在《左傳・昭二十九年》中還有另一段十分矛盾的記載："秋，龍見于絳郊。魏獻子問于蔡墨曰：'吾聞之。蟲莫知于龍。以其不生得也。謂之知。信乎?'對曰：'人實不知。非龍實知。'"（乙段）

這一段的意思是，魯昭公二十九年秋（注意這裏是早秋，因爲龍在秋分以後就潛入深淵冬藏了），絳的郊外出現了龍。魏獻子就請教蔡墨説："我聽説，龍是蟲裏面最聰明的，因爲它一直没有被生擒過，説龍聰明，是真的嗎?"蔡墨回答："人根本對龍就不瞭解，不是龍聰明。"

上面出現了三個龍的概念：一個是舜乘坐過的龍，不能説没有被人生擒過；第二個是絳地的郊外出現的龍，看來是没有被抓住；第三個是蔡墨説的龍，人們對它根本就不瞭解。理清這三者之間的關係對于我們認識龍到底是什麽東西非常有幫助。

我認爲龍就是上古時代出現的龍捲風。所以上文《左傳》中在絳郊出現的龍也就是龍捲風。這也就是魏獻子所説的爲什麽龍從來没有被生擒過的原因。當然這不是因爲龍捲風聰明，而是作爲一種自然力人類早期根本無法抵禦，直至現在對于龍捲風，人類仍然無能爲力，何况古代乎?

證明了乙段的説法是龍捲風。那甲段裏的説法又是什麽呢?説舜出門騎着龍捲風就太荒誕了吧！我們用漸退式的方法來證明這一點。

在《左傳・昭公二十九年》的疏裏，有這樣一段話："服虔曰：'穀食曰豢，御亦養也。養馬曰圉。'《禮》養犬豕曰豢，知其以穀養。蓋龍亦食穀也。御與圉同。言養龍猶養馬，故稱御。"説得模模糊糊，似乎是想説這裏的龍就是馬，但是又回避不了另外一種龍（龍捲風）的存在。

在甲段中，本來爲夏后氏馴養這些龍的是豕韋氏，因爲劉累的出現代替了豕韋氏。而豕韋氏這個氏族一直是從事什麽的呢，是從事養猪的。所以劉累馴養的是馬，是有根據的。

人類馴化野馬是社會發展史中的一個重要的轉折點，它直接的進步是畜牧業的發展，間接地發展了交通運輸工具，提高了戰爭的武力和效率。科學家已經證明早在5500—5000年前，人類就已經馴化了野馬。

那麽，這種被馴化的“龍”是不是就是野馬呢？答案是肯定的，當然這不是我説的。在《周禮・夏官・庾人》中説“馬八尺以上爲龍”。《説文》徐鉉注：“象……馬八尺以上爲龍。”《吕氏春秋》説：“馬之美者，青龍之匹，遺風之乘。”這些文獻基本可以證明舜的時代，最好的馬是被媲美龍的。

所以上面的甲乙兩段實際上説了兩種不同的龍，一種是龍捲風（乙段），是人們無法控制的；另一種是八尺以上的良馬，是已經被當時人類馴服的服務工具。我在《世本》（秦嘉謨輯補本）裏找到一個注脚：相土作乘馬。説明在那個時代馬確實已經被用于乘坐了，不過坐在馬上的是帝王，馬還是一種奢侈品。所謂豢龍氏馴養的也衹是一些高大强壯的烈馬而已，而當時真正的龍我認爲還是指在自然界中猖狂肆虐從而給人類帶來了巨大危害的龍捲風。

東漢時出了一個龍馬説，大意是伏羲畫八卦有龍馬負圖，把馬和龍嫁接在了一起。顧頡剛先生就疑心這是劉歆僞造的。此後一直到唐代，仙游文學盛行，龍被普遍作爲神仙之御入詩。我們在建安文學和李白的詩歌中就經常看到這種描寫。龍終于成了天上神仙界的一員，從潛龍在淵、藏于深泉到位列仙班了。

四、用龍捲風解釋先秦古籍龍的概念。

下面我們試著用龍的原型是龍捲風的結論去解釋有關上古龍的傳説，來印證這個推論的可信性和正確性。先看《史記・封禪書》，這裏要確定一個前提，寫入《史記》的事件應該被看作是曾經發生的歷史事實。

“後十四世，至帝孔甲，淫德好神，神瀆，二龍去之。”

解作：（禹）往後十四代，到了孔甲爲帝，孔甲有淫德，好神祀，神被褻瀆，有二龍離去。就是説孔甲之世，先後有兩次龍捲風。龍的出現則被視爲德行的象徵。龍捲風原是“潛龍在淵”的，是祥瑞。因爲孔甲褻瀆了神，所以龍不再庇佑他，先後離開。這兩次龍捲風應該是没什麽破壞性的，所以僅僅是“天象示警”否則就不是“二龍去之”了。

“秦始皇既併天下而帝，或曰：‘皇帝得土德，黄龍、地蚓見。夏得木德，青龍止于郊……’”（《史記・封禪書》）這裏的黄色和青色龍捲風都是祥瑞，“止于郊”是龍捲風來了止步于城外。這裏的木德是因爲青龍的顯現而被定義的。如果青龍對祭壇和城鄉造成了毁滅性的破壞，那就是“天象示警”，就不是“夏得木德”了。

再看《易經》涉及龍的乾坤二卦。

乾，天也。所以乾卦六爻以龍爲意象。“初九：潛龍勿用”。龍在自然界活動的季節是在春分和秋分之間。初九時間範圍是農曆正月二月，是龍的蟄伏期。所以大人也是深居簡出的。同樣到了農曆十月以後再見到龍也是不利的。所以有“上九：亢龍有悔”之説。龍在冬天的蟄伏地是地下，亢龍昇騰過高所以有悔。此爻爲了勸戒爲人君者不可將事情發展到極端，所謂“物極必反”是也。

《易經・乾》：“九二：見龍在田，利見大人。……九四：或躍在淵，無咎。九五：

飛龍在天，利見大人。”凡是遇見龍的季節（農曆三月到九月）都是利見大人的。其中淵字當解釋爲“回水”，是呈回旋狀的水面，也就是龍捲風的初生之地。

坤卦中僅有一句涉及龍“上六：龍戰于野，其血玄黄”。這裏引發一個疑問：龍是和誰在戰鬥？坤卦的上六，“龍戰于野”是陰發展到了極至與陽相搏的狀况。這裏暗含了古人對龍捲風的一種理解，是陰陽二氣相搏形成的。“其血玄黄”，玄是烏雲的黑色，黄是土地的顔色。所以龍的血液是玄黄色。

這樣對乾坤二卦的解釋是不是比目前形形色色的注解要貼切得多？

五、對龍的原始恐懼的原因和結論

上古之人爲什麽對龍捲風如此崇拜並畏懼呢？

首先，龍的客觀存在是上古時代人類常見的歷史事實。在《山海經》《史記·封禪書》等先秦古籍中有大量遭遇龍的歷史記載，龍被認爲可能是某種動物或某幾種已知或未知的生物。後世史書不斷有記載强化了對龍的存在的堅信不移。

其次，一條渾濁的玄黄的巨龍拔地而起上達于天，這樣奇怪而恐懼的天象就令古人不能理解，給人的震懾力可想而知。這是那個歷史年代的人們認識的局限性造成的。所以上古的人們普遍認爲龍是一種動物，一種比鰐魚和虎豹熊羆更凶暴的野獸。從本文開始引用的古籍記載中可以鮮明地看到這一點。很多神話學者也在孜孜不倦地尋找龍的動物原型。有關研究龍的動物原型的著作比比皆是。

第三，龍捲風難以抗拒的破壞力確實給上古民衆造成了巨大的災難。從而被視作一種超自然力量對上古民衆産生了一種心理上的畏懼。

第四，當黄帝及隨臣七十多人被龍捲風裹挾上天以後，龍就自然而然地成爲皇權和上天之間的聯係紐帶，從此被賦予了一重神秘色彩和天的意志。繼而成爲氏族的一種禁忌，被口口相傳成爲一種神話。又經過千百年文人的以訛傳訛的渲染演變成爲一種龍的文化。

龍的原型不是某種動物，也没有史料證明它是一個圖騰。龍是一種自然現象，它就是上古時代的龍捲風。有關龍的傳説從一開始就不是神話而是一種歷史上客觀存在的事實。

二、蚩尤本是沙塵暴

大凡先秦文獻資料記載的生命角色無非四種可能性：一是神，遠古中國人崇拜的神其實很少，例如上帝其實是被龍捲風捲走的黄帝，卜辭裏的帝也多是夏商之前死後昇天的先王先公。此外在《山海經》這樣的著作中，人和神是混爲一談的。例如《山海經·大荒西經》：“有神十人，名曰女媧之腸，化爲神，處栗廣之野。橫道而處。”這裏的神就是女媧的子女們。從人神兩字的古代發音分析，兩個字發音相近，當時不同的文化區域發音的不同導致了二者的混淆。不同方言的發音相通是夏代有了統治者專用的“雅言”以後的纔有的史實。所謂的雅言其實就是占統治地位的夏氏族自己的方言。二是人，例如女媧、大禹、后羿、商湯等都是歷史的客觀存在。三是動物，如虎豹熊羆以及《山海經》裏記載的各色動物犀牛、野猪、鳳凰等。在《山海經》裏衹要是某一地域的動物都被當作居民記載下來。四是某種自然現象，例如龍是龍捲風，燭龍是北極光，雄颵是颱風等。

蚩尤屬于這其中的哪一種呢？自古以來的學者專家絶大多數都相信蚩尤作爲人的存在，傳説蚩尤發明了兵器。我們在歷史研究中也看到學者們基本把蚩尤看作是人，是東夷文化的部落首領或者炎帝的臣屬。作出這個結論的文獻依據是以下三條：

《山海經·大北荒經》云："蚩尤作兵，伐黄帝，黄帝乃令應龍攻之冀州之野。應龍畜水，蚩尤請風伯雨師，縱大風雨。黄帝乃下天女曰'魃'，雨止，遂殺蚩尤。"

《史記·五帝本紀》云："軒轅之時，神農氏世衰。諸侯相侵伐，暴虐百姓……而蚩尤最爲暴，莫能伐……軒轅乃修德振兵，治五氣，藝五種，撫萬民，度四方，教熊羆貔貅貙虎……蚩尤作亂，不用帝命。于是黄帝乃征師諸侯，與蚩尤戰于涿鹿之野，遂擒殺蚩尤。"

《逸周書·嘗麥解》："王若曰：'宗掩、大正：昔天之初，□〔誕〕作二后，乃設建典。命赤帝分正二卿，命蚩尤于宇少昊，以臨四〔西〕方，司□□〔少典〕上天未成之慶。蚩尤乃逐帝，争于涿鹿之阿，九隅無遺。赤帝大懾，乃説于黄帝，執蚩尤，殺之于中冀，以甲兵釋怒……用名之曰絶轡之野。'"

此外，《世本》中也有簡短的記載。

蚩尤者，何許人也？除了《逸周書·嘗麥解》有些學者認爲它是僞書以外，這三條記載是目前關于蚩尤身份定位的關鍵性文獻資料。然而我們在這些先秦資料中並不能看出蚩尤是什麽。蚩尤是不是一個客觀存在的遠古的歷史人物呢？

《尚書正義》裏孔穎達有這樣一段疏很能説明問題："九黎之君號曰蚩尤，當有舊説云。然不知出何書也。《史記·五帝本紀》云：'神農氏世衰。諸侯相侵伐，蚩尤最爲暴，莫能伐之。黄帝乃征師諸侯，與蚩尤戰于涿鹿之野，遂擒殺蚩尤。'而諸侯咸尊軒轅爲天子。如本紀之言，蚩尤是炎帝之末諸侯君也。應劭云蚩尤古天子。鄭云蚩尤霸天下，黄帝所伐者。《漢書音義》有臣瓚者引孔子三朝記云'蚩尤，庶人之貪者'諸説不同。未知蚩尤是何人也。"

事實上，從古到今誰也没有能够搞清楚蚩尤到底是什麽？是神？是人？是動物？還是像龍一樣是一種遠古人根本就不瞭解的自然天象？遠古的諸侯實際上就包括了這些内涵。

《山海經·大荒北經》中記載的蚩尤黄帝涿鹿大戰是遠古時著名戰役。但是從文獻分析這場戰鬥衹是發生在蚩尤、應龍和女魃（旱神）之間的風雨之戰。黄帝在戰争中所起的作用衹是下達了一道命令而已。三種不同的天象交替出現，本身應該是正常的，由于遠古的人們不能認識這些天象的本質，理解成爲一場戰争。應龍是龍捲風，龍捲風之後出現大旱災在氣象史上是常見現象。裝神弄鬼發號施令的黄帝在這場大的自然災害面前其實很渺小。他扮演的是一個唐·吉訶德的形象。與其説黄帝擒殺蚩尤，不如説黄帝經過耐心的等待一直等到了這場沙塵暴的平息。而蚩尤之所以"平息"是因爲出現了龍捲風和狂風暴雨。所以戰場上殘留的僅僅是紅色的泥漿——史稱蚩尤血。

《史記·五帝本紀》應該是比較有權威性的文獻。但是司馬遷記錄的蚩尤，作戰的對象卻是黄帝馴養的諸侯——熊羆貔貅貙虎，而征伐蚩尤的原因是蚩尤"作亂，不用帝命"。其實黄帝雖然"令應龍""下天女"，恐怕這些應龍和天女們也都是"作亂，不用帝命”的。原因很簡單，就是蚩尤、應龍和龍一樣，不過是遠古時人們頗爲敬畏的又不能理解的三種自然天象而已，他們是不會以黄帝的意志爲轉移的。

《逸周書·嘗麥解》中我們可以看到蚩尤的威力絶非人力：“九隅無遺”是説蚩尤逐帝，威力危及涿鹿之野的每一個角落。同時也説明炎帝根本就不是蚩尤的對手，所以炎帝去求黄帝幫忙。這一點也證明蚩尤並不屬于炎帝陣營。

當然這些並不能説明蚩尤不是一個人而是一種自然天象。我們來看一看文獻對蚩尤外貌的描寫。

清人吴任成《山海經廣注》引道書《廣成子傳》云：“蚩尤銅頭啖石，飛空走險，(黄帝）以馗牛皮爲鼓，九擊而止之，尤不能飛走，遂殺之。”①

《龍魚河圖》上記載説蚩尤有“兄弟八十一人，並銅頭鐵額，食沙石子，造立兵仗刀戟大弩，威振天下”②。

唐朝著作《初學記》引《歸藏啓巫》：“蚩尤出自羊水，八肱八趾，疏首，登九淖（以）伐空桑。”其中羊水、九淖、空桑都指地名。

可見蚩尤和蚩尤一族的外表都是銅頭，鐵額，獸身，八肱八趾，疏首，而且吃的食物是沙子和石頭。蚩尤與人最大的不同在于蚩尤會飛。可以“登九淖，伐空桑”。這裏九淖是指遠古的很多的大澤。可見蚩尤不管是什麽，首先可以確定的是：蚩尤不具有生命，更不是人類。

蚩尤的威力不僅可以興起大風雨；據《太平御覽》卷十五所引晋人虞喜的《志林》對此戰也有記載，云：“黄帝與蚩尤戰于涿鹿之野，蚩尤作大霧，彌三日，軍士皆惑。黄帝乃令風后作法斗機，作指南車以别四方，遂擒殺蚩尤。”④蚩尤可以使滿天充滿霧氣，使黄帝的軍隊不辨東西，最後衹能靠指南車來辨别方向。

《通典·樂典》則説：“蚩尤率魑魅與黄帝戰于涿鹿。”⑤ 如黄帝所使用的“熊羆貔貅貙虎”一樣。蚩尤率領的也不是人組成的軍隊，而是一支魑魅大軍。據《太平御覽》卷一五引《黄帝玄女戰法》説：“黄帝與蚩尤九戰九不勝。”⑥也從一個側面説明，黄帝最後所謂“遂擒蚩尤”衹是天機而非人力所及也。《路史·后紀四·蚩尤傳》説：黄帝“傳戰，執（蚩）尤于中冀而誅之，爰謂之解。”⑦ 也衹是説蚩尤自行解體的意思，而不是被黄帝所打敗。

我們今天所説的古代建築上的鴟吻實際上應該叫作蚩吻。典出《遼史·國語解》：“象吻，黄帝治宫室，陶蚩尤象置棟上，名日蚩吻。”⑧ 可見所謂“蚩吻”應當也是黄帝祭祀蚩尤留傳下來的一種遺風。把具有神力的蚩尤之吻安置于建築物的四角，目的是威懾外來的侵略者。

蚩尤之死也很值得推敲一番：女魃是旱神，據説衹要女魃一出現，就會天下大旱。因爲女魃的出現，應龍（龍捲風）不見了，據文獻記載是黄帝把它安排到南方去居住

---

① 袁珂選釋《古神話選釋》，人民文學出版社 1979 年版，第 129 頁。

②③④ （清）馬驌撰《繹史》，中華書局 2002 年版，第 34 頁。

⑤⑥ 袁珂選釋《古神話選釋》，第 133 頁。

⑦ 袁珂選釋《古神話選釋》，第 134 頁。

⑧ 袁珂選釋《二十五史》上海古籍出版社 1986 年版第九卷，《遼史》第 133 頁。

了。因爲女魃的出現，“蚩尤請風伯雨師，縱大風雨”也消失了。

蚩尤解體了，按照黄帝氏族的説法是蚩尤被解體了。在上述《路史》中説的比較準確是自行解體。古籍中明確記載的蚩尤冢墓有壽張闞鄉城和巨野重聚兩處，《陳書》徐陵傳中有“四冢磔蚩尤，千刀剸王莽”①，《舊唐書》鄭畋傳中有“四冢既成，待葬蚩尤之骨”②，蚩尤的遺骸爲什麽會分布在那麽廣的地理區域？

《夢溪筆談》卷三説：“解州鹽澤，方百二十里。久雨，四山之水，悉注其中，未嘗溢；大旱，未嘗涸。鹵色正赤，在版泉之下，俚俗謂之蚩尤血。”

沈括説的山西解州就是蚩尤的被肢解之地，也是解州被稱之爲解州的由來。《路史・后紀四・蚩尤傳》説：（黄帝）“傳戰，執（蚩）尤于中冀而誅之，爰謂之解。”③這裏又有一個疑問：蚩尤黄帝大戰戰場是在太行山東麓的河北涿鹿，而蚩尤被肢解之地卻是在太行山以西的山西運城之南（中冀是也）。兩地相距千里以上，這是爲什麽？

在此後幾千年的中國民俗中，還流傳著蚩尤旗的傳説。之所以楓樹被稱之爲“蚩尤的桎梏”，其實也是一種歷史的記憶——蚩尤，楓也。這一音訓告訴我們：蚩尤原是風暴也。鋸開一棵楓樹你就會看見它内部的血色紋理，這和民俗中蚩尤血的傳説暗通款曲。所謂蚩尤旗其實就是天空中出現一團紅色的有特定形狀的霧或者浮雲。每當出現這種雲或者霧的時候，民間就會流傳説蚩尤又出現了，它在召喚它的族人，預示將會興起一場新的戰亂。也許現代氣象學會因此受到啓發：“蚩尤旗”是不是沙塵暴出現前的一種先兆呢？

綜合上面的種種考據，我們可以得出結論：蚩尤不是人類成員，當然也不是一種動物，和龍一樣，蚩尤也是一種遠古的自然天象。這種自然天象的特點是：來勢凶猛，夾雜著大量石塊和沙子，像霧一般籠天罩地，危害面積很大，大到幾千平方公里以上。蚩尤是不斷移動的，持續時間較長（一般爲數日），使遠古人類産生了蚩尤會飛的認識。直到《管子》時依然認爲蚩尤是有生命的東西，不過是“明乎天道”，就是懂一點天文知識罷了。

就蚩尤的名字看，其中的“尤”字和後來龍的簡化字“龙”僅僅一筆之差，但是這個尤字和甲骨文的龍卻是極爲相似。這説明蚩尤和龍（即龍捲風）本質屬性的相似性的特點。蚩尤也是一種龍，一種風暴，所以黄帝纔會調動應龍與之抗衡。因爲這兩種天象的同時出現極其難得，所以纔被作爲神話流傳了幾千年之久，而且越傳説就越神奇。

結論：符合上面各項特點的自然天象是什麽？衹能是沙塵暴。

沙塵暴自遠古就有，現在依然存在，而且比遠古更加肆虐。蚩尤不死，它依然活著！

有一點應該爲蚩尤平反，就是涿鹿大戰之後的連續大旱不是蚩尤的罪過，而是應龍的罪愆，因爲龍捲風過後總是伴隨大旱。但沙塵暴不是，沙塵暴的罪過是水土流失。近幾年名噪一時的PM2.5其實自古有之，它就是一種輕微的沙塵暴現象。衹不過現代的沙塵暴多出了一些工業污染的成分而已。

---

① 《二十五史》第三卷《陳書》，第36頁。

② 《二十五史》第五卷《舊唐書》，第558頁。

③ 袁珂選釋《古神話選釋》，第134頁。

所謂涿鹿大戰衹是一場自然災害。東邊的龍捲風西邊的沙塵暴呈現東西對峙的局面。而黄帝和他的子民正好就生活在兩者之間。由于應龍（龍捲風）帶來的大雨平息了蚩尤（沙塵暴），導致旱魃的出現（連續數年大旱）。這其中的氣象學道理遠古之人不能理解，作了神化的解釋，使黄帝的形象上昇爲神。本文圖三是長沙子彈庫出土的《楚帛書》中四月神蚩尤的形象，正是在訴説應龍和蚩尤的故事。這個學界普遍接受的蚩尤其實有一個疑點，就是四月並非蚩尤活動的季節，而是龍抬頭的季節。所以這個兩種顔色的龍交織在一起的圖案所記錄的應該是龍捲風而不是蚩尤。蚩尤肆虐應該是在乾燥的秋季。這裏的兩種顔色的龍正是《易經》所説的“龍戰于野，其血玄黄”的寫照。

在這場沙塵暴平息之後，所經之地（今河南、河北、山西）都發現了蚩尤的遺骸，出于對這位“英雄”的恐懼和敬重，人們在各地爲蚩尤建造了蚩尤冢。而雨水和沙塵混合的紅色泥漿被遠古百姓稱之爲蚩尤血。這是對涿鹿之戰的一個最完美的解釋。

沙塵暴平息之後，“大荒之中，有宋山者，有赤蛇，名曰育蛇。有木生山上，名曰楓木”。楓木，蚩尤所棄其桎梏“是謂楓木”（《山海經・大荒南經》）。這裏的楓和風同音，從文字學上看，蚩尤的本質應該是風的一種。楓者，風也。説明蚩尤與風有密切的關聯。

從涿鹿之戰以後。蚩尤就被後世供奉爲兵神。

商湯説：“昔蚩尤與其大夫作亂百姓，帝乃弗予，有狀。先王言，不可不勉。”（《史記・殷本紀》）這是商代。

《詩經・大雅・皇矣》是周人敘述其祖先開國歷史的一首史詩。詩中有“是類是禡”一句，其中“類”，是指祭天；“禡”，是指祭戰神，這個戰神可能就是蚩尤。《周禮・春官・肆師》“表貉”，鄭玄注云：貉，師祭也。其神蓋蚩蚘。”鄭玄將蚩尤之“尤”寫作“蚘”。其實，從甲骨文開始到周代金文到戰國時楚國的金文裏，蚩尤都是寫作有蟲字偏旁的蚩蚘。説明當時的人們認定蚩尤像龍一樣是一種動物。這是周代。

《史記・封禪書》記載，秦始皇統一天下後的第三年（公元前 219 年），秦始皇巡行天下來到齊地，“行禮祠名山大川及八神……八神將自古而有之，或日太公以來作之。八神：一曰天主，祀天齊……二日地主，祀泰山梁父……三日兵主，祀蚩尤”。這是秦代。

《史記・高祖本紀》記載，劉邦在沛縣初舉反秦之旗時，即“祠黄帝、祭蚩尤于沛庭”。《漢書・郊祀志》也説：“高祖初起，……爲沛公，則祀蚩尤，釁鼓旗。”後來劉邦得了天下，又“令祝官立蚩尤之祠于長安”。這是漢代。

三、雄虺木是南方颱風

屈原《天問》有：“雄虺九首，儵忽焉在?”這是史籍中第一次提到雄虺這種東西。雄虺到底是什麼，千百年來的解釋都遵守的是《字彙》的解釋：“維虺維蛇。”把虺和蛇歸爲同一類東西。在朱熹的《楚辭集注》中引了《爾雅》的解釋：“博三寸，首大如擘。”[1] 從這個解釋看，雄虺（是不是有雌虺迄今還没有史料記載被發現）應該是眼鏡

① （宋）朱熹集注《楚辭集注》，上海古籍出版社 1979 年版，第 58 頁。

蛇。但是當一條眼鏡蛇同時長了九個頭的時候，問題就變得很複雜了。

有史家和研究者說雄虺就是《山海經》中的相柳或者相繇。我們來重温《山海經》的有關記載：

“共工之臣曰相柳氏，九首，以食于九山。相柳之所抵，厥爲澤溪。禹殺相柳，其血腥，不可以樹五穀種。禹厥之，三仞三沮，乃以爲衆帝之臺。在崑崙之北，柔利之東。相柳者，九首人面，蛇身面青。不敢北射，畏共工之臺。臺在其東。臺四方，隅有一蛇，虎色，首衝南方。”（《山海經・海外北經》）

“共工臣名曰相繇，九首蛇身，自環，食于九土。其所歍所尼，即爲源澤，不辛乃苦，百獸莫能處。禹湮洪水，殺相繇，其血腥臭，不可生穀。其地多水，不可居也。禹湮之，三仞三沮，乃以爲池，群帝因是以爲臺，在崑崙之北。”《山海經・大荒北經》

我們看到：雄虺或者說相柳或相繇的外表特徵是：青色，九首，蛇身。

其活動範圍是九土或者九山。

其帶來的災難主要是洪水。

這個解釋和上面《字彙》、《爾雅》的解釋分歧很大。因爲無論說它是蛇還是毒蛇充其量也就是咬死幾個人而已，不至于有如此大的危害。“禹殺相柳，其血腥，不可以樹五穀種”，説明它的危害是大面積的對農作物的危害。不要在這個關鍵時刻說這雄虺僅僅是神話中的角色而已。我們研究遠古史，就應該把遠古史的傳說記載首先看作是歷史上真正存在的事實。遠古神話的産生原因之一是遠古人類認識水平的低下。

我們知道九這個數字，在遠古是當作許多來解釋的。所以說“雄虺九首”就意味著這個雄虺恐怕不止有九個頭，而是有很多的頭，這一點正是南方夏季颱風登陸時的形象。

雄虺是生活在南方的。有《楚辭・招魂》爲證：“雄虺九首，往來倏忽，吞人以益其心些。”王逸注：“言復有雄虺，一身九頭，往來奄忽，常喜吞人魂魄，以益其賊害之心也。”王逸的注裏也没有說雄虺是毒蛇，衹是說雄虺喜歡吞噬人，大概吃了人以後威力更大。而且雄虺的飛行速度很快，往來倏忽！既然說往來，説明它在我國南方是經常出現的。

但是雄虺從來不到北方，或者到了北方就消失了。爲什麽呢？按照《山海經・海外北經》的說法：（雄虺）“不敢北射，畏共工之臺。臺在其東。臺四方，隅有一蛇，虎色，首衝南方。”颱風的名字可能源于此。雄虺害怕共工要治它。可是雄虺爲什麽害怕共工呢？有人說，相傳四千多年前，治水之神共工氏發動水患，洪水彌漫整個中土神州，半途遭遇一心治水的大禹，共工氏因爲不能戰勝大禹而慘遭流放監禁。相柳是共工忠心耿耿的臣子，繼承共工遺志繼續作怪。這恰恰說明雄虺是長期存在于中國大地上的一種現象。

結論是：共工氏世代爲水官，專門治理洪水，這說明傳說中的雄虺是一種長期在我國南方出現，有蛇一樣的身子，有許多頭，喜歡吞噬人，能够帶來洪水的惡魔。它並没有毒性，衹是破壞力巨大。《說文》：“虺，以注鳴者。”說虺衹是用來形容一種聲音的，當然它是用來形容雄虺到來時發出的聲音。雄虺的聲音要麽很大，要麽很獨特。它們在遠古史上曾經與共工和大禹都抗争過。

歷史上，雄虺和龍（龍捲風）一樣都没有被生擒過。據《山海經·大荒北經》記載，共工之後，大禹曾經阻擋過雄虺。大禹的方法是建立一個有三面墻，墻外有三條護城的高墻擋住了雄虺帶來的洪水，淹（湮）死了雄虺。至于有没有真正殺死雄虺，《山海經》没有細緻的描寫，衹是説“其血腥臭，不可生穀”。這就是説當雄虺消失了，它帶來的洪水腥臭難聞，莊稼難以生長罷了。

現在可以解開長期困擾我們的這個難題了。符合上述條件的動物是什麽？答案是在自然界中不存在這樣的動物。那麽，换一個角度再問：符合上述條件的自然現象有嗎？答案是有的：雄虺應該是颱風。當颱風在我國南方沿海登陆的時候，它拍擊海岸的驚濤駭浪就是古人所謂“雄虺九首”的猙獰形象。其科學原理是：颱風衹形成于我國的南方海面，當它登陸以後，便沿著一定的路徑前行，風力逐漸減弱，最後式微而消失。很少有颱風能够一直肆虐直到我國黄河以北的。

颱風，它每年生成于我國的南方沿海，它“往來倏忽”。當它從水面上來的時候，身子像一條巨大的蛇，它激起的浪濤像很多頭，它是青色的，伴隨有巨大的風的呼嘯聲，它吞噬人，帶來洪水，在洪水退卻後大地一片泥漿。它破壞力極强卻没有任何毒性。而世代以治水爲業的共工和大禹都和他們進行過頑强的抗争。

四、應龍也是一種龍捲風

《楚辭·天問》有四問：“應龍何畫？河海何歷？鯀何所營？禹何所成？”前兩問的意思是：應龍（用尾巴）在大地上畫什麽？它游歷過那些江河湖海？

這裏又出現了一種龍：應龍。我們在前面的文中已經論證了遠古的龍就是龍捲風。雄虺就是南方的颱風。這裏的應龍是什麽呢？

關于應龍古籍中有兩條定義：

《廣雅》：“有鱗曰蛟龍，有翼曰應龍，有角曰虬龍，無角曰螭龍。”

《淮南子·覽冥訓》：“乘雷車，服駕應龍。”（高誘注：“應龍，有翼之龍也。”）

其實應龍和翼龍是一回事。因爲在先秦音韻裏，應和翼同屬影母，他們的發聲是一樣的。這條應龍是源自哪裏呢？源自《山海經》。這本書雖然整理成書在戰國秦漢之間（顧頡剛），但它是一直流傳的在民間的傳説。其實最早的古籍大多成書在這些年代，因爲以前衹有商的卜辭和西周的鼎彝。關于應龍《山海經》中有三段記載：

《山海經·大荒北經》：“蚩尤作兵伐黄帝。黄帝乃令應龍攻之冀州之野。應龍畜水。蚩尤請風伯雨師縱大風雨。黄帝乃下天女曰魃，雨止，遂殺蚩尤。”

《山海經·大荒北經》：“應龍已殺蚩尤，又殺夸父，乃去南方處之，故南方多雨。”

《山海經·大荒東經》：“大荒東北隅中，有山名曰凶犁土丘。應龍處南極，殺蚩尤與夸父，不得復上，故下數旱。旱而爲應龍之狀，乃得大雨。”

應龍平時是没有的，它和所有的龍一樣潛藏在深淵裏。

《漢書·敘傳》：“應龍潛于潢污，魚黿媟之，不睹其能奮靈德，合風雲，超忽荒，而躨顥蒼也。故夫泥蟠而天飛者，應龍之神也。”

《三國志·吴書》：“夫應龍以屈伸爲神，鳳皇以嘉鳴爲貴，何必隱形于天外，潛鱗于重淵者哉？”

這和《説文解字》裏龍（龍捲風）的定義非常吻合："龍，鱗蟲之長。能幽能明，能細能巨，能短能長。春分而登天，秋分而潛淵。"和圓柱狀的龍捲風不同的是，翼龍有一雙巨大的翅膀，也就是莊子所説的"翼若垂天之雲"。

從《山海經》中我們看到，蚩尤和應龍的冀州（涿鹿）大戰，實際上没有黄帝什麽事情，是被後人在傳説中神化了。這場歷史上所謂的涿鹿大戰實際上衹是應龍和蚩尤之間的鬥爭。嚴格地説，黄帝衹是當時在場，因爲這場大戰發生在黄帝的"一畝三分地上"。所謂"令應龍攻之"和"黄帝乃下天女曰魃"，衹是事後人們的附會以致以訛傳訛造成神話。

我這樣説是有依據的，請看在長沙子彈庫出土的《楚帛書》上圖蚩尤的圖像：

它很清楚地表明應龍和蚩尤的大戰衹是遠古之時的又一場龍捲風而已。圖中黑色的龍是蚩尤，它來自大地；白色的龍是應龍，它來自江河。可是當史書記載這件事的時候，就帶上了明顯的皇權色彩。

《帝王世紀》："（黄帝）又征諸侯，使力牧、神皇直討蚩尤氏，擒之于涿鹿之野，使應龍殺之于凶黎之丘。"

《史記·五帝本紀》載："蚩尤作亂，不用帝命。是黄帝乃征師諸侯，與蚩尤戰于涿鹿之野，遂擒殺蚩尤。"

《逸周書·嘗麥解》記載："蚩尤乃逐帝，争于涿鹿之阿，九隅無遺，赤帝大懾。乃説于黄帝，執蚩尤，殺之于中冀。"

所以《山海經》中兩處無關痛癢的有關黄帝的記載極有可能是在流傳中被人們添油加醋進了傳説。或者是漢代（五行和讖緯之學盛行的年代）的文人爲了篡改歷史的有意爲之。這場涿鹿大戰中除去了黄帝，就變成一場單純的天象：

蚩尤裹挾着沙石而來，應龍以龍吸水迎之，兩者因而旋爲一體，呈現上圖出現的天象。後來天放晴了，于是攜帶大量水汽的龍捲風移向南方終于消失。

"乃去南方處之，故南方多雨"，龍捲風之後，大地數年的乾旱。于是又附會了旱魃的傳説，説天女旱魃因爲幫助黄帝對付蚩尤下凡，無法上天，所以導致大旱不雨。從中我們看到這是遠古人類對自己無法理解的一連串自然現象的一種揣測或者解釋而已。《山海經》中又説"旱而爲應龍之狀，乃得大雨。"這就是説當下一次龍捲風到來時帶來大量雨水，就可以解除旱情。

有專家研究説應龍是一個人，這並不奇怪。我們看這些專家舉出的例子：《淮南子·墬形訓》："毛犢生應龍，應龍生建馬，建馬生麒麟，麒麟生庶獸，凡毛者，生于庶獸。"這段記載衹能説明遠古之人對龍捲風的一種崇拜，他們以應龍這種天象來爲自己的孩子命名，以期望他們成爲應龍一樣具有神力的人。

據説在大禹治水的時候，應龍曾經用尾巴畫地，幫助了大禹疏通了河道。《山海經》："禹治水，應龍以尾畫地，導决水之所出。"① 所以屈原在《楚辭天問》有此兩問："應龍何畫？河海何歷？"這正從一個方面印證了，應龍來自河海，與水有著脱不了的關係，同時説明應龍是用尾巴畫地的。這正是龍捲風的兩個特點。遠古人類因爲不瞭解龍

① （宋）朱熹集注《楚辭集注》，第56頁。

捲風而對它觀察得十分仔細，將它們根據不同的形象分爲龍，蛟龍，虬龍，螭龍，龍掛，應龍等不同的類別並加以命名。北極光也是因爲它的形象通天達地，和龍捲風外形極其相似而被命名爲燭龍的。龍種類雖然不同，但是它們有共同的特點。

五、燭龍是遠古北極光

燭龍現象其實正是我們遠祖認識自然的一串歷史的足跡。很多這類要用到自然科學知識解釋的問題其實原理很簡單，但是由于我們歷代的研究者知識結構局限在文科，所以長期得不出正確的答案，即使別人研究出了正確的答案，限于知識結構的缺失，很多歷史學家和研究者因爲緘默而失語。

有關燭龍的記載，最早見于《離騷・天問》和《山海經》。

《離騷・天問》："日安不到，燭龍何照？羲和之未揚，若華何光?"

王逸《楚辭章句》注："言天之西北有幽冥無日之國，有龍銜燭而照之也。"朱熹《楚辭集注》注解說："夫日光彌天，其行匝地，固無不到之處，此章所問，尤是兒戲之談，不足答也。"

翻譯成白話，他們的意思是：太陽爲什麽照不到那裏，燭龍在照什麽呢？太陽即將昇起的時候，若木爲什麽紅光照耀？

先秦古籍有很多關于燭龍的記載：

"魂乎無北，北有寒山，逴（燭）龍赩只，代水不可涉，深不可測只，天白顥顥，寒凝凝只，魂乎無往，盈北極只。"（《楚辭・大招》）

"西北海之外，赤水之北，有章尾山。有神，人面蛇身而赤，直目正乘，其瞑乃晦，其視乃明，不食、不寢、不息，風雨是謁，是燭九陰，是謂燭龍。"（《山海經・大荒北經》）

"鐘山之神，名曰燭陰，視爲晝，瞑爲夜，吹爲冬，呼爲夏，不飲，不食，不息，息爲風，身長千里。在無之東。其爲物，人面，蛇身，赤色，居鐘山下。"（《海外北經》）

"燭龍在雁門北，蔽于委羽之山，不見日，其神，人面龍身而無足。"（《淮南子・地形》）

高誘《淮南子注》云："蔽，至也。委羽，北方山名也。一曰龍銜燭以照太陰，蓋長千里，視爲晝，瞑爲夜，吹爲冬，呼爲夏。"

燭龍到底是什麽？幾千年來衆說紛紜。有楊寬的"祝融分化說"，有王孝廉的"句龍后土說"，有日本學者神田選吉的"北極光"說。我贊成燭龍是北極光的說法。海峽兩岸有數位學者贊同"北極光"說。這個學說由神田選吉提出來已經快 100 年了。但是大陸的歷史學家因爲對科學知識的結構性缺失，不敢貿然接受這個結論。

我認爲：燭龍是一種自然現象。就像我提出"中國龍其實就是當時的龍捲風"一樣，它們都是遠古人類因爲不瞭解從而産生懼怕和崇拜心理的一種自然現象。因爲它溝通了天和地，在黑夜裏發光，又是産生于中國人習慣認爲是天之中心樞紐的北極地區，同時其形態還極富變化。因爲它和龍捲風的形態很相似，所以當時的人們認爲它是龍的一種。又因爲它在北極的永夜裏發光，人們就叫它燭龍。我們的遠祖爲北極光起了"燭龍”這個名字是非常形象的。

燭龍現象衹發生在北極地區，就是《山海經》所劃定的“海外自東北陬至西北陬者”。這裏有羽山、幽山、鐘山等《山海經》記載的山，説明遠古中國人曾經到過那裏。從形態上看它“龍銜燭以照太陰，蓋長千里”，“人面龍身而無足”，而且形態多變，《文選・燭賦》有“六龍銜燭于北極”的描述。而北極光的形態正是顔色各異，姿態變化的。在北極地區長期觀察拍攝北極光的張宜克在他的文章中這樣寫道：“九月下旬……北極光開始出現，一直持續到第二年的四月中旬。那被稱之爲夜的彩虹、變幻莫測的北極光常以赤橙黄緑青藍紫等色彩出現在天空。形狀看上去，有時像一塊巨大的幕布懸掛在天邊，有時像彩虹横貫在空中，有時像一把火炬衝天而起……”①

從動物特性上看，燭龍是“不飲，不食，不息，息爲風”。這説明燭龍有動的屬性卻没有動物屬性。

燭龍是“鐘山之神，名曰燭陰，視爲晝，瞑爲夜，吹爲冬，呼爲夏”。這恰恰是北極光的一個典型的特點。北極圈是夏至以後是半年白晝，而冬至以後則是半年長夜。也就是燭龍睁眼的半年是白晝，閉眼的半年就是長夜。這是當時人們的主觀上的認識。

當北極地區半年長夜時，人們就産生了“日安不到，燭龍何照?”的疑問。因爲太陽在這裏出現了反常現象——長達半年的黑夜。而“羲和之未揚，若華何光?”則是指太陽快要昇起的時候，半年的白晝就要開始了，燭龍在漸漸消退，等到太陽完全昇起時，燭龍的光（北極光）將會顯得非常微弱以致消失。但是這個時候偶爾還會有紅色北極光出現。

從北極光的形成原理看，應該是自古就有北極光的。就是説我們遠古時代的生活在北極圈附近的人類是能够看到北極光現象的，所以纔留下很多記載。北極光是北極上空的空氣，在太陽發出的高速的帶電粒子激發下同時又受到北極的强磁極磁場的作用出現的光象。當太陽高速粒子衝擊大氣層時，會産生大面積的發光現象。這些粒子中的高速電子，在衝擊氮氣分子時會産生紫色光，當它和大氣層内更低的空氣相撞時會發出紅色光。所以在太陽即將昇起時，由于粒子的能量加大，進入大氣層的動量加强，就會出現紅色北極光，這就是若木發出紅色光的原理。這些科學原理遠古的人們還不懂。所謂若木，其實也是和燭龍一樣的天象，因爲人們在不同時間看到的北極光形狀不同，所以就取了“燭龍”和“若木”等不同的名稱。

在北極的半年長夜裏（每年約179天）經常可以見到。我國史書中關于龍捲風的記載到了北宋纔有，至于北極光的記載就更遲了。所以燭龍被作爲一種天象始終保持著它原生態的記載。隨着歷史上北極圈温度的不斷降低，人類在追逐温暖而不斷南遷，人類生存區域離北極越來越遠，也不會再有人深入到北極去考察燭龍現象，于是它漸漸地成爲一種古籍中的“記憶化石”，逐漸被人們淡忘。每當那些從未見過燭龍什麼模樣的研究者談起它時，就逐漸被神化，或者如朱熹所説，成爲一種“兒戲之談，不足答也”。

現代的歷史研究者和專家們應該引以爲戒。很多歷史的學科研究必須多學科綜合研究，尤其是要運用自然科學知識去解釋。因爲那是一個人類蒙昧無知的時代。他們對很

① 《合肥統一戰綫》1995年第3期，第41頁。

多現象的解釋其實很幼稚。這也要求今天的和今後的歷史學研究者也必須擴大知識面，力争成爲自然科學的内行。

遠古史研究區點之一：思維的進化

人是低級生命進化來的，這是真理，似乎已經“顛撲不破”。最初的猿人的思維，魚的思維和野獸的思維没什麽區别。對不對?！人的聰明智慧是從某種野獸或者魚的大腦經過幾百萬年進化來的。對不對?！

遠古史研究在這裏出現了一個盲點：由野獸到人的思維進化經歷了怎樣的變化？這種進化的軌跡是怎樣一步步的形成進化的鏈條的？促進這一進化過程的環境因素、人或猿或其他生命的思維進化的客觀因素和主觀因素是怎樣起作用的？

我們不能説“因爲人的腦殻變化了，腦容量變化了，所以他們進化了”，很顯然，是因爲原始人類的進化過程中對自然界和本身的觀察、思考、認識，獲得一次次的適應，或者一次次的成功與失敗從而導致了大腦的進化。

所謂盲點是指這個研究領域目前尚無人關注，或者知識空白，或者有關知識屬于結構性缺失。

一、從猿到人的思維進化過程應該是始于猿對于自己生存環境的適應和認識。

爲什麽一個金色圓盤反復昇起又落下？昇起時天地就看見了？落下就一片黑暗？

爲什麽天上會打雷下雨颳風並帶來震動？地上有山嶽和湖澤？森林會突發大火？對這類問題的思考形成了原始八卦的雛形。

二、人對于自身的思考，這就是生老病死現象。對婦女懷孕、生産、哺乳的認識、迷信和崇拜，産生了後來的葫蘆崇拜的民間傳説。從野獸的在固定季節裏發情到原始人類早期的群居群交到一夫一妻制。從感神而生到最終確定男人在生殖過程中的作用最終導致父系社會的産生。從人的死亡到皇帝天子的死亡引發了對上天的先王先帝的思考，從而産生了祭祀、迷信和宗教。

三、對自然界生存環境的思考。爲什麽萬物呈現周期性變化？冰堅冰融、雁南雁北、草枯草榮、斗柄周天、群星在夜空同一位置會周期性出現？在《夏小正》裏我們看到很多這樣的總結性的記載。夸父爲什麽追逐太陽，他是要弄清楚太陽從哪裏來，又到哪裏去了？這記録了我們原始先民對太陽月亮等天體的觀察和思考的過程。從對龍捲風的無法與之抗争的恐懼産生了幾千年來對龍的崇拜。不僅如此，遠古的人們用龍來命名很多的自然天象：應龍也是一種形狀性徵不同的龍捲風，北極光叫燭龍，颱風就是雄虺，沙塵暴稱作蚩尤，

四、對時間的思考。日出日落是一天時間，月缺月圓是一月時間，北斗轉一圈是一年時間。整個天的領域被分成了“中央和地方”，分成了不同的分野。對年的最早認識是有春秋而無冬夏，現在依據現有的古籍很難説清最早的春秋是指一年還是兩年。有跡

象表明像周代的昭穆制度一樣，最早的年也許衹有現在的六個月或者五個月，春是一年，是受年，是種植和收穫的年；秋是一年是無所事事，閉塞門户冬眠的一年。這就叫“春去秋來，年復一年”。

五、……

上面有案可稽的原始人類的認識脈絡清晰地表明：人的認識是從野獸的原始本能一步步地發展進化而來的。搞清楚認識進化過程對研究遠古史非常重要。嚴格地說，人的大腦的生理進化衹屬于“硬件進步”，而原始人類的思維進化則屬于“軟件進步”。閱讀摩爾根的《原始思維》，我們發現氏族社會的很多思維一定還有更原始的雛形，但是由于摩爾根僅僅停滯在氏族社會階段，而且他的田野調查停滯在周邊世界已經非常現代的原始部落群的思維研究，所以他的研究對于我們探索遠古時代人們在當時環境中的思維進化參考價值不大（包括馬林諾夫斯基的有關田野調查）。

這種研究方法，由于原始群落周邊存在一個甚至幾個高級的現代文明，所以從田野研究的開始就存在著先進文明對原始文明的信息包圍圈、單邊滲透和巨大壓力。

研究原始野獸的本能怎樣進化到原始人類的觀察、思維、認識、進步是研究遠古史的前提條件之一，有提綱挈領的作用。考古學的最大弊端也是無可奈何之處就在于：所有的考古發現都是一個一個的點，是特殊性。儘管在統計總結了若干個點以後，我們會發現一些共性的聯係的系統的東西，這些點永遠無法還原一部真實的遠古史，這根進化鏈條上永遠有許多的斷點和缺失。

但是考古學的無數證據，目前存在的遠古遺留下來的先秦古籍以及自遠古至今一直存在的地理、天文實體和資料可以幫助我們建立一個原始人類意識形成的模式，建立這樣的模式有助于我們按照原始人的思維規律和思維進化規律去反思、促進、糾正以往的遠古史研究。藉助遠古信息和資料建立的遠古人類生態模型能够真實再現遠古的自然和人文環境。遠古人類的思維就是在這樣的環境中逐漸進步的。

中國的神話寶庫中同樣蘊藏著極其豐富的原始人類對環境對自身的觀察、思維、進化資料，是我們建立原始人類思維進化模型的寶貴參考。很多的神話傳説之所以離奇得令今人難以置信，是因爲在思維上、認識上和理解上存在著誤區。是我們在以今天人類的高級的複雜的思維在理解原始思維的敘事。舉例説：“十日説”實際上是原始人類觀察太陽産生的一種錯覺。這個錯覺（後世一直把它視爲一個神話）的産生應該是在炎帝統治下的大山裏，人們每翻過一座大山就會看見一個太陽，在不同的地方發現的太陽還會有細微的不同，在不同部落人類交流時他們會告訴對方“我們那裏也有這個東西（指太陽）”。當然他們各自認爲那是他們自己的太陽。這導致原始人類産生錯覺：太陽每天都是新的；太陽各地都不一樣。據《山海經》中記載：堯舜時期安排專人在不同的地點每天觀察太陽和月亮的起落，結果發現太陽一年中總是周期性的依次從東海的十座山的後面昇起。這説明原始人類對自然現象的認識有一個孤立的觀察和思維，很少發現事物之間有聯係。或者説在産生十個太陽的敘事的時期，人類的思維還是相對孤立的。遠古人類對八卦的認識最初也是孤立的，我們發現水和澤，雷和火，山和地都是有聯係和有因果關係的，但是他們卻被孤立地作爲單獨現象被記載和流傳——原始八卦正是人類對地球原生態的八種常見自然現象的記載。

人類進化到了今天，原始思維的痕跡一定還或多或少保留在現代人類認識問題的過程中，所以研究現代人類的思維特點可以作爲原始人類思維進化模型的佐證。毛澤東有段很精辟的話："客觀過程的發展是充滿著矛盾和鬥争的發展，人的認識運動的發展也是充滿著矛盾和鬥争的發展。……實踐、認識、再實踐、再認識，這種形式，循環往復以至無窮，而實踐和認識之每一循環的内容，都比較地進到了高一級的程度。"① 原始人類思維的進化也正是遵循這樣一條認識的發展規律的。

動物界也在進化過程中，猴群、大象和海豚的智商都很高，衹不過没有能够統治人類。所以對動物尤其是猿類的思維的研究，通過人類和動物的思維進化特點的比較，觸類旁通，可能有助于建立原始人類的思維進化模式。

從原始人類留下的有關思維的可接觸的材料看，最初的低級思維確實是典型的形而下學的思維，是用静止的、孤立的、片面的觀點觀察、認識自然界和人類本身的。但是這僅僅是一個共性的規律，具體到對各種事物的建立聯係的認識過程，具體到對一個事物各發展階段建立一種聯係，對静止的對象産生動態的認識，對觀察對象由片面的認識逐漸擴大視野走向漸爲成熟的全面的認識，繼而形成認識的系統化，結構化，這是原始人類思維進化模型要解決的根本問題。

遠古史研究盲區之二：感天而生

泰勒説得最明確："野蠻人已有無數年停留在人類心理的創造神話的時代。歷來許多解釋神話的起源的學者，皆因不明白神話發生時代的人類是如何生活與如何思想的，故爾盡説些廢話，反把神話起源的真原因——一件極簡單的事實，深深埋没了。"②

記録歷史的司馬遷《史記》，開篇就記載了兩則神話。

"殷契，母曰簡狄，有娀氏之女，爲帝嚳次妃。三人行浴，見玄鳥墮其卵，簡狄取吞之，因孕生契。"（《史記·殷本紀》）

"周后稷，名棄。其母有邰氏女，曰姜原。姜原爲帝嚳元妃。姜原出野，見巨人跡，心忻然説，欲踐之，踐之而身動如孕者。居期而生子，以爲不祥。"（《史記·周本紀》）

對此後世治學者多以爲非。洪邁《容齋隨筆》中説："此二端之怪妄，先賢辭而辟之多矣。"文中列舉了毛公、歐陽修等人的質疑。其實，"司馬氏世典周史"，他們的祖先早在夏朝就兼管記録歷史，司馬遷當然知道什麽是歷史事實，什麽是神話傳説。將這樣兩個後世稱作神話的"事件"寫進《史記》這樣一本史書意味著犯了欺君之罪。但是，無獨有偶，被國學家們一致公認爲信史的《詩經》中也有類似記載：

---

① 《毛澤東選集》（一卷本），人民出版社 1964 年版，第 272 頁。

② 茅盾著《神話研究》，百花出版社 1980 年版，第 1 頁引。

“天命玄鳥，降而生商。”（《詩經・玄鳥》）

“厥初生民，時維姜嫄。生民如何？克禋克祀，以弗無子。履武帝敏，攸介攸止，載震載夙，載生載育，時維后稷。”（《詩經・生民》）

所以，《春秋公羊傳》裏歸納了這類現象並總結道：“聖人皆無父，感天而生。”進一步的研究發現，這樣的所謂“感天而生”的神話在典籍中確實比比皆是。

①“炎帝神農氏，姜姓也，母曰任姒，有蟜氏女，登爲少典妃，游華陽，有神龍首感生炎帝。”[①]

②“太皞包犧氏，風姓，代燧人氏繼天而王。母曰華胥，履大人跡于雷澤，而生庖犧于成紀。蛇身人首，有聖德。”[②]

③“太昊帝庖犧氏，風姓也，燧人之世有巨人跡出于雷澤，華胥以足履之，有娠，生伏羲于成紀。”（晋皇甫謐《帝王世紀》）[③]

④“大跡出雷澤，華胥履之，生伏羲。”[④]

⑤“妃常夢吞日，則生一子，凡經八夢，則生八子，世謂爲八神。”[⑤]

⑥“女修織，玄鳥隕卵，女修吞之，生子大業。”（《史記・秦本紀》）

⑦“母曰附寶，之祁野，見大電繞北斗樞星，感而懷孕，二十四月而生黄帝于壽丘。”[⑤] 黄帝的母親在天神感應兩年以後纔生下了黄帝。

⑧在《山海經》同樣記載了：“炎帝之孫伯陵，伯陵同吴權之妻阿女緣婦，緣婦孕三年，是生鼓、延、殳。”《山海經・海内經》這裏鼓、延、殳應該是緣婦懷孕三年所得的三胞胎。而不是三年中生了弟兄三人。

⑨《搜神記》：“盤瓠將女上南山……王悲思之，遣往覓視，天輒風雨，嶺震，雲晦，往者莫至。蓋經三年，産六男六女。盤瓠死，後自相配偶，因爲夫婦。”[⑥] 既然“往者莫至”這十二個孩子是從哪裏來的？當然還是天神感應所得。

作爲這樣的傳説最爲極端的兩個例子是：

東晋王嘉《拾遺記》説：“春皇者，庖犧之别號。所都之國有華胥之州，神母游其上，有青虹繞神母，久而方滅，即覺有娠，歷十二年而生庖犧。”

《山海經・海内經》：“炎帝之妻，赤水之子聽訞生炎居……后土生噎鳴，噎鳴生歲十有二。”袁珂説：“這句話文意較難索解。”其實它的文意就是：“后土的妻子在兩人生活在一起十二年後生下了兒子噎鳴。”

至于《神仙傳》所載“老子者，名重耳，字伯陽，楚國苦縣曲人里人也。母懷之七十二年乃生”[⑦]，而同書載彭祖自述“加以少枯（怙）”至少説明老子也是不知其父爲誰的，所以其母高齡没來由地得子。

---

① （清）馬驌撰《繹史》第一册，第 24 頁。

② 袁珂選釋《古神話選釋》，第 51 頁。

③ （清）馬驌撰《繹史》第一册，第 16 頁。

④ （清）馬驌撰《繹史》第一册，第 16 頁。

⑤ （清）馬驌撰《史記》第一册，第 2 頁。

⑥ 袁珂選釋《古神話選釋》，第 220 頁。

⑦ 袁珂選釋《古神話選釋》，第 192 頁。

在遠古時代，這種引發懷孕的天神的感孕常常被用來判斷孩子的吉凶。如前所述后稷先後被生身母親拋棄了三次。先是棄之隘巷，再是徙置之林中，最後被棄渠中冰上，僥幸活下來的后稷被以爲是神人而爲姜嫄收養長大。這樣的例子又見《博物志·異聞》："徐君宮人娠而生卵，以爲不祥，棄之水濱。獨孤母有犬名鵠蒼，獵于水濱，得所棄卵，銜以東歸。獨孤母以爲異，覆暖之，遂孵成兒，生時正偃卧，故以爲名。"① 依現代醫學的觀點看來，徐偃王可能是因爲胎盤結實，羊水未破，被視爲不祥之兆而拋棄。

在我國的民間故事中也有很多這樣的記載："相傳炎帝的娘，一天晚上做了一個夢，夢見太陽好像就在自己的懷裏一樣，熱的身上很難過。驚醒後便懷了孕。懷孕一年零八個月，生下一個男孩。"

同樣的人類起源神話也見于我國和世界的很多民族，這裏從茅盾《神話研究》中摘取兩例：

北美洲的 H：一天，天上的神人中有一個女子，在獵熊的時候，忽然跌入一個洞裏，不料這個洞下面就是地。……在那裏她生了兩個孩子②。

薩摩亞島上的神話：太陽通姦了一個薩摩亞婦人，生了一個孩子，這孩子用藤蔓做的繩索捉住了太陽，索要恩物③。

這些產生于母系社會的神話中都没有父親的角色，因爲没有文字，衹是通過一代接一代地口口相傳，在傳説過程中，出現了一些後人的加工。例如上述薩摩亞島上的神話最初的表述可能是：一個薩摩亞婦人夢見太陽飛進自己的懷裏，醒來就生了一個孩子，這孩子用藤蔓做的繩索捉住了太陽，索要恩物。通姦一詞很明顯是父系社會有了婚姻制度後產生的。

綜合這類神話的特點我們發現，以上有關遠古懷孕神話的共同點是：一、遠古社會的孩子都没有生身父親，其母極少有配偶（這些男性配偶極有可能是人類進入父系社會後爲文人們所附會增加的）；二、因感受某種天象或神明而懷孕；三、懷孕時間長短不固定，可能在感應之後立即分娩；也可能懷孕一年、兩年、三年甚至十二年。而恰恰不是當代生理學所揭示的"十月懷胎"。所以從古到今的研究者們把它們定義爲神話。

當原始人類思考自己和自己的生存環境時，首先產生的疑問就是：是誰創造了人類本身？司馬遷在追溯五帝家世時，也就是在尋找《史記》這部歷史巨著的起點時，很自然地來到了這個歷史的十字路口。一部《史記》應該從人類起源開始。顯然，在向早期歷史追溯時，司馬遷走進了没有文字記載，不知道孩子父親是誰的母系社會。所以，以上感天而生的神話，可能是母系氏族社會的口口相傳至今的歷史史實的一部分。這個推測正是歷代神話學研究者所極力想推翻的前提："我們能不能將一部分古代史還原爲神話？我們的古代史，至少在禹以前的，實在都是神話。如果欲系統地再建起中國神話，必須先使古代史還原。"④ 其實正是在這個神話研究的死胡衕裏神話學研究和古史辨學派

---

① 袁珂選釋《古神話選釋》第 454 頁。

② 茅盾著《神話研究》，第 156 頁。

③ 茅盾著《神話研究》，第 157 頁。

④ 茅盾著《神話研究》，第 223 頁。

分道揚鑣，走入了各自的盲區。

衆多“感天而生”的看似荒誕的歷史記載引發了一系列的疑問：

質疑一：母系氏族社會是人類進化史中的偶然還是必然階段？我的答案是：母系氏族社會是人類進化史中各地各民族必須經過的一個歷史時期。因爲在人類智力漫長的進化過程中，很長一個歷史時期裏，從動物進化爲人的遠古人類没有認識到男人在生育孩子過程中的重要作用。剛剛脱離動物式非條件反射的遠古人類雖然有了原始思維，有了意識，但他們還不能認識到交媾和懷孕、生育其實是繁衍後代的三個因果相連的過程。他們衹是孤立地看待交媾、懷孕和生育這樣三個環節，它們被看成是三件互不相關的獨立的事件。所以，生育孩子是女人天經地義的事情，懷孕是上天之神和女人感應的結果，而交媾不過是男人在發情期幹的一件蠢事。所以，當一個女人發現自己懷孕了，她會反思懷孕以前有過什麽和天神的交流，然後把肚子中的孩子歸結于這個神的感應的結果。一條蛇，一個巨大的腳印，夢見流星、彩虹、太陽、月亮都會成爲懷孕的依據。這種懷孕時間上的倒推法産生了一個荒唐的結果就是懷孕周期的不一致。其懷孕周期完全取决于這個女人在什麽時間和神發生了感應。如果是三年前，那麽孩子的懷孕周期就是三十六個月，如果是昨天發生神人感應，那就是“華胥，履大人跡于雷澤，而生庖犧于成紀”，這是文獻中爲什麽遠古時代女人生孩子懷孕周期各不相同的根本原因。因爲她不懂懷孕衹能是女人和男人交媾的結果，因爲她一定要爲出生的這個孩子尋找一個原因。所以，遠古時代女人的生孩子和男人毫無關係。這個歷史時期就叫作母系氏族社會，是不同地域不同種族必須經過的一個歷史階段。

質疑二：遠古時代，僅僅衹有聖人感天而生嗎？爲什麽遠古史中的感天而生的傳説在世界各地分布很廣？事實上，聖人的感天而生最早是通過口口相傳，後來是因爲歷史記録了這樣的傳説。所以我們知道聖人是感天而生的。我們不知道在那個時代所有的人都是感天而生的。因爲每一個母親在懷孕每一個孩子的時候，都會尋找此前曾經和天神有過的機緣。這也是世界各地都有感天而生傳説的根本原因所在。所有的原始民族都共同經歷過認識進化的這一階段，所有的原始民族都曾經認爲女人突然鼓腹是某次和天神相遇的結果，因此所有的原始民族都必須經歷母系氏族社會這一歷史階段。遠古人類對自身的觀察發現，衹有女人會突然懷孕生子，而男人卻不會懷孕。他們衹能把原因歸結于超自然的能力，而女性自身也無法解釋這種自己無法控制的神的力量，在百思不得其解之後，唯一的解釋是距離懷孕日期最近的一次與神的邂逅。畢竟在遠古社會兩性交媾是無規律的，無固定對象的，多次的，更爲令人不解的是交媾到分娩之間相差十個月時間。而女人與神的相遇衹有一次，這是新生的孩子的唯一的原因。

質疑三：司馬遷爲什麽將神話寫進了歷史？答案是：《史記》需要一個人類歷史的開端。但是人類歷史是没有開端的，誰是第一個人？這就像先有鷄還是先有蛋一樣没有正解。司馬遷在歷史的入口衹找到了這樣三則歷史傳説（《史記·秦本紀》中秦朝祖先也是感神而生）。最初的人都是女人和神的感應而出生的。無論他是在采風中還是在歷史典籍中或者在史官的口口相傳中都是如此的一致。司馬遷衹好把它們當作歷史上曾經有過的真實傳説記載下來了。治學嚴謹的司馬遷並不認爲這些感天而生的傳説是神話，而認可這些傳説是曾經有過的歷史事實。這並不表明司馬遷認爲人是女人和天神的感應而誕生，而衹能表明司馬遷時代（西漢），口傳歷史就是很虔誠地把這樣一個遠古人類起源說一代接一代地傳授到了司馬遷。

質疑四：爲什麼女性的懷孕没有和男性的陰陽交媾建立起必然的聯係呢？感天而生的人類學依據是什麼？它們的人類學依據是：一、原始人類認識能力的進化（從猿的認識能力到人的認識能力）是一個漫長的、緩慢的、漸進的歷史時期。在母系氏族社會留下的認識進化痕跡是，人們在很長的一個歷史時期裏都没有認識到男女之間的交媾會導致成熟女性的懷孕，而懷孕的結果必然是孩子的出生。如果一定要拿出一個使人信服的根據，那就是：陰陽交媾並不是每次都會導致女性懷孕的，所以他們没有必然聯係，對于認識能力低下的原始人類還不會認識到這兩者之間的聯係。第二，即使有效的陰陽交媾到發生明顯可見的懷孕現象（出懷）中間也要有三到五個月的間隔，我們也不能苛求原始人類能够認識到這其中有因果關係和深刻道理。說三個月以前的某個行爲會在三個月以後出現效果。我們太爲難古人了！從表象上看，他們衹看到女媧連年生育，一連串地生了十個孩子，所以這些孩子應該歸屬于母親。所以套用一句今天很時髦的話說就是：生育，讓男人走開！處在這一歷史時期的陰陽交媾衹是一種獸類在特定發情期的獸性本能，繼而進化成爲一種原始的娛樂。在遠古人類的思維中它們衹是被看作是孤立的事件。至于人類到了什麼時候纔解開這個謎團的過程至今還是一個謎。

文人們不是從生理學和人類原始的初級思維角度去研究這個問題，結果衹能是鑽進死胡同。聞一多先生在解析《詩經・生民》中“履武帝敏，攸介攸止，載震載夙，載生載育，時維后稷”時寫道：“詩所紀既爲祭時所奏之象徵舞，則其間情節去其本事真相已遠……衹是耕時與人野合有身，後人諱言野合，則曰履人之跡，更欲神異其事，乃曰履帝跡耳。”這種看法是作者的一種主觀臆斷。姜嫄是遠古史的女性始祖之一，在姜嫄生后稷之世，人類尚不知道懷孕的科學道理，衹知道人都是感天而生的。直至孔子出生的春秋之時，男女野合都是一個很正常的現象，人們根本無須爲之諱言。聞一多是以現代人的知識結構和認知能力推究遠古之事。他忽視了古人在認知能力發展的初級階段，正處于從智人到現代人的發展的起步階段。真相就是：姜嫄踩了那個巨大的腳印以後，感覺身動而有娠。其實這個時候她早已懷孕三個月以上時間了，她卻不知道原因是發生在三個月以前，而是認定是“履武帝敏”所致。因爲“履武帝敏”是她懷孕期間唯一的一件和天神有關的行爲。至于三個月以前某一時間内她和許多的男人發生的許多次交媾和懷孕是没有關係的。如上文《補史記三皇本紀》和《帝王世紀》所載“太皞庖羲氏，風姓”，可知庖羲是女媧氏族的後代。所以他是父系氏族社會的第一男人。

從曾經使司馬遷迷路的歷史的死胡同繼續向歷史深處追溯，我們除了知道是母系氏族社會，其他一無所知。既然歷史向前的追溯被阻斷于母系氏族社會，我們衹好從它的另一發端查起：人類學研究告訴我們，從動物進化成人類經歷了漫長的歷史年代。但是有兩條基本的綫索。一是人類從體格上的進化。從動物的四肢行走到直立行走，從手的進化到以母親爲中心的氏族社會的形成。二是最重要的人類智力的進化。距今 5 萬至 1 萬年前晚期的智人出現了，他們的化石在各個大陸都有發現，如法國的克羅馬農人、我國的山頂洞人等。這個時期的智人與現代人十分接近。但是有一點基本不變，這就是動物也好，人類也好，如果要繁衍，就必須經過陰陽交媾，經過懷孕，經過基本相同的懷孕周期纔能延續下去。對人類來説這個周期就是“十月懷胎”。從遠古到今天懷孕周期也許會有細微的變化，但是有一點不會改變：所有女人懷孕周期應該是大致相同的。也就是説不應該出現上文中懷孕（感神）後立即生育直至懷孕三年後纔分娩一類的現象。

在依靠口口相傳的傳續人類歷史的年代中，神話和歷史是雜糅一體的，隨著時代變遷這種糅合因爲人們的理解、創造、附會變得更加有機和諧。以致憑藉古籍中的記載爲依據的研究無法給出一個明確的界綫。填補這片空白，我們需要進化論和生理學。這件極簡單的事實就是：我們的史籍文獻和民間傳説中有那麽多的感天而生的傳説。

遠古生育進化論

當原始人群身體的生理進化到了一定的程度，當原始人群的大腦進化到一定的程度，當原始人群思維能力進化到了一定程度的時候，他們就從一般的動物脱穎而出成爲這個自然界的主宰者。但是儘管他們有了人的體格和大腦，他們的生理特點卻是從動物逐漸進化而來的。他們的原始思維進化也是從簡單思維開始的。

在對人類自身生育的思考的起點，人類的發情和交媾衹是一種動物本能，是無意識的。在特定的季節和時間裏發情，由本能的驅使而交媾，他們並不瞭解這樣做的結果是繁衍後代，或者是爲了人類自身的可持續發展。由于遠古時期的交媾並不是一男和一女之間的交媾，而是許多的男性和不同的女性之間的很多次交媾之後，又過了幾個月，其中有一個女人懷孕（鼓腹）了。以原始人類的思維根本意識不到懷孕和幾個月之前的群交有什麽聯係。至于是哪一次交媾起了作用，是哪一個男人起了作用更加無法確定。這個觀點很多現代人不能理解，卻認爲原始人群通過觀察其他動物和人類的生育可以找到正確的答案。他們忽視了一個重要前提：

無論是哪一種動物，牠們的發情——交媾——懷孕——分娩這個四個環節構成的完整的生育過程是人類通過幾千年甚至上萬年的實踐、觀察、思考纔得出的結論。

遠古人類爲什麽不是直接進入父系社會是有生理學原因的。這就是原始人類根本不知道男人在人口繁殖中的作用。所以他們也無法證明後代的私有性質。父系氏族社會不是開始于私有制，而是開始于男人對子女私人占有。

一個根本的原因就在于：發情和交媾是一種生物的本能，它們和懷孕繼而分娩並不是同時發生的，它們是時間上相隔半年之久的兩個孤立的事件。對于當時衹有簡單的低級的表象的原始思維的原始人類來説，根本無法認識到這兩個相隔半年之久的孤立事件中間有著因果關係！衹是發現懷孕是某一天突然發生的，由此産生了原始的孕婦崇拜、葫蘆崇拜和胚胎崇拜。

人類爲了認清交媾、懷孕和生育這一因果關係的鏈條，又花了幾千年的時間。其時間跨度大約貫穿整個母系社會一直持續到父系社會的誕生。我的這個觀點是有遠古歷史的史實作爲證據的。

有一個簡單的問題很少有人去關注去思考：爲什麽人類最早的社會形態是母系社會？

答案是：由于遠古人類對上述因果事件（交媾和懷孕、生育）之間的因果關係的無知。他們發現女性的肚子會無緣無故地逐漸增大，然後就會生出孩子。他們看見女人在生育孩子的過程中會産下胎盤，于是把和孩子同時出生的胎盤叫作“女媧之腸”。所以這一時期所有的孩子的所有權衹能歸母親。所以當時根本没有父親一説，男人的作用就是狩獵捕魚種植，像蜂群裏的工蜂一樣。所以人類最原始的社會形態衹能是母系社會而不可能是其他的社會形態。這是一種必然的結果。由此推斷，世界上在原始社會的所有氏族大多經歷過母系社會的社會形態。這是現代科學的田野調查所無法證實的一個很單純的結論。

“夫赫胥氏之時，民居不知所爲，行不知所之，含哺而熙，鼓腹而游。”（《莊子·馬蹄》）

莊子的這段話就是當時剛剛脱離動物範疇的遠古人類的經典寫照。她們像當時所有的其他野獸群體一樣，漫無目標的居住，漫無目的的游蕩，女人們一邊哺乳一邊覓食，孕婦們鼓腹而游，爲了尋找食物解決温飽。

原始人類也在思考：爲什麽女人會懷孕？爲什麽懷孕以後就生下孩子？是什麽原因使女人懷了孕？諸多的偶然性事件導致他們得出一個錯誤的但是卻很神聖的結論：女人的懷孕是和天神的相遇的結果。這就是“感天而生”。

没有人想到懷孕的原因是男人。爲什麽女性的懷孕没有和男性的陰陽交媾建立起必然的聯係呢？它的人類的生理學依據是什麽？它們的人類生理學依據是：一、原始人類認識能力的進化（從猿的認識能力到人的認識能力）是一個漫長的、緩慢的、漸進的歷史時期。在母系氏族社會留下的認識進化痕跡是，人們在很長的一個歷史時期裏都没有認識到陰陽交媾會導致成熟女性的懷孕，而懷孕的結果必然是孩子的出生。如果一定要拿出一個使人信服的根據，那就是：首先衹有成熟的女性纔會懷孕。其次即使交媾也不是每次都會導致女性懷孕的，有些是有效的，更多是無效的。所以他們没有必然聯係，對于認識能力低下的原始人類還没有能够認識到這兩者之間的聯係。第三，即使有效的陰陽交媾到發生明顯可見的懷孕現象（鼓腹）中間也要有三到五個月的間隔，我們也不能苛求原始人類能够認識到這其中有複雜的因果關係和深刻生理學的道理。第四，那是一個性開放的群交時代，男女之間交媾是一種非常頻繁的生理的本能和娱樂現象。《山海經》中就有“女媧一日七十化”的記載，化的本義就是交媾。所以，很少有人會把交媾和女人的肚子突然大起來聯係起來。交媾的次數和懷孕的次數顯然比例太過失當了，更何况還有三到五個月的時間差。

世界上所有的原始民族都共同經歷過認識進化的這一階段，所有的原始民族都曾經認爲女人突然鼓腹是某次和天神相遇的結果，因此所有的原始民族都存在“感天而生”的歷史傳説，都必然經歷了母系氏族社會這一歷史階段。遠古人類對自身的觀察發現，衹有女人會突然懷孕生子，而男人卻不會懷孕。他們衹能把原因歸結于超自然的能力，而女性自身也無法解釋這種自己無法控制的神秘力量，在百思不得其解之後，唯一的解釋是距離懷孕日期最近的一次與神的邂逅。

人類對成熟女性懷孕生育的認識前進了一大步，這就是感天而生：是神的力量使女人懷孕了。這一類的記載在先秦文獻裏比比皆是：

使殷契母親懷孕生契的是一隻玄鳥，是周稷母親懷孕的是一個巨人的足跡。大禹的母親修已“見流星貫昴，夢接意感，謂之女志，是生高密”①。如果還不够的話，請看：

①“炎帝神農氏，姜姓也，母曰任姒，有蟜氏女，登爲少典妃，游华陽，有神龙首感生炎帝。”②

②“太皡包犧氏，風姓，代燧人氏繼天而王。母曰華胥，履大人跡于雷澤，而生庖犧于成紀。蛇身人首，有聖德。”③

③“太昊帝庖犧氏，風姓也，燧人之世有巨人跡出于雷澤，華胥以足履之，有娠，生伏羲于成紀。”④

④“跡出雷澤，華胥履之，生伏羲。”⑤

⑤“妃常夢吞日，則生一子，凡經八夢，則生八子，世謂爲八神。”

⑥“女修織，玄鳥隕卵，女修吞之，生子大業。”（《史記・秦本紀》）

所以當我們讀《史記》發現夏商周秦的遠祖都是神的後代，幾千年來人們都認爲是統治者爲了强調“君權神授”。其實按照口口相傳的歷史，他們也“祇能是神的後代”。

因爲這一歷史時期人類對懷孕分娩的認識僅僅局限在人類的起源是女人的階段，于是産生了孕婦崇拜。當一個成熟婦女身材變得像葫蘆一樣的時候，就意味著神已經附體，接著就是幾個月以後孩子的出生。神和生育的雙重神秘感和敬畏感使得原始人類對孕婦特別崇拜。這一時期大概是遼寧紅山文化之前不久的母系社會，從紅山文化牛河梁出土的兩座孕婦陶偶已經作了最好的解釋。聯係到内蒙古狼山大壩溝的巖畫太陽孕婦圖，聯係到遍及黄河兩岸的女媧遺跡，聯係到流傳在中國整個中、東部的各種各樣的女媧傳説，我們發現在遠古中國存在著原始的對女性生殖的崇拜，而這種崇拜的偶像正是孕婦，她們的傑出代表人物就是女媧。女媧是遠古社會强大生殖力的象徵符號。

與孕婦崇拜歷史相關聯的是各民族的民間保留並流傳著大量的“葫蘆造人傳説”和“葫蘆挽救人類説”。聞一多先生在他的著作《伏羲考》裏做過專章研究。簡單地説，前者就是説葫蘆中的種子便是人種，這些種子在葫蘆的腹中長大並成爲男人和女人。而後者則是説在大洪水到來之前，兄妹倆鑽進葫蘆保全了性命，洪水退卻以後兄妹成婚延續了人類。總之，這個葫蘆無論在中國的遠古還是在延續至今的民間傳説中都是和人類的起源密切相關的。這一傳説的形成期應該就是遠古的母系社會。而葫蘆傳説的客觀依據便是突然的没來由的懷孕的孕婦體形。這極有可能是遠古人類的一種類比推理和原始猜測。

正確認識母系社會的自然環境和原始人類的生存狀態對于我們今天正確認識原始人類對于懷孕生育的認識過程的進化史是非常必要的。那是一個生存環境非常惡劣的時

---

① （清）馬驌撰《繹史》第一册，第125頁。
② （清）馬驌撰《繹史》第一册，第24頁。
③ 袁珂選釋《古神話選釋》，第51頁。
④ （清）馬驌撰《繹史》第一册，第16頁。
⑤ （清）馬驌撰《繹史》第一册，第16頁。

代，人類每天必須和自然環境作鬥爭，風雨雷電和乾旱、龍捲風、地震和泥石流。他們每天必須和飢餓作鬥爭，四處奔跑以尋找食物。他們每天必須和其他的野獸作抗爭，不是打死和吃掉野獸，就是被野獸吃掉。他們還必須和疾病作鬥爭，一場瘟疫是他們無力抵抗的，人類會成批成批地死亡。

因此，遠古時代的孕婦在環境、勞累、疾病、飢餓的抗爭中流產率很高，難產死亡率很高，新生嬰兒的死亡率很高。在這個艱難的過程中，人類發現了處于不同發育期的流產的胚胎。他們開始研究處于不同發育期的不同的胚胎：從流產到難產死亡到出生以後死亡的不同的人的胚胎。最終發現是這些胚胎逐漸在母體內成長爲人：男人和女人。于是，人類對于起源和生育的認識又前進了一步：胚胎就是人類的起源。于是，在原始人類的這一階段，開始了人類對于胚胎的盲目崇拜。説他們盲目正是基于這一時期的遠古人類仍然不知道爲什麽女性的體内會有胚胎的産生和存在。因爲他們還是不能把胚胎和交媾這兩個時隔幾個月的生理現象從本質上聯係到一起。

所以，作爲紅山文化特有的唯一的造型，玉猪龍（其實玉猪龍在全國很多地點都有發現，不僅僅局限在北方）一定是有特定含義的。那麽其他文化有没有玉猪龍造型的類似崇拜呢？玉猪龍造型到底是怎樣一種崇拜呢？

無獨有偶，在夏代二里頭文化遺址和長江以南的良渚遺址分别出土了這樣的兩組非常相似而又非常奇怪的符號：

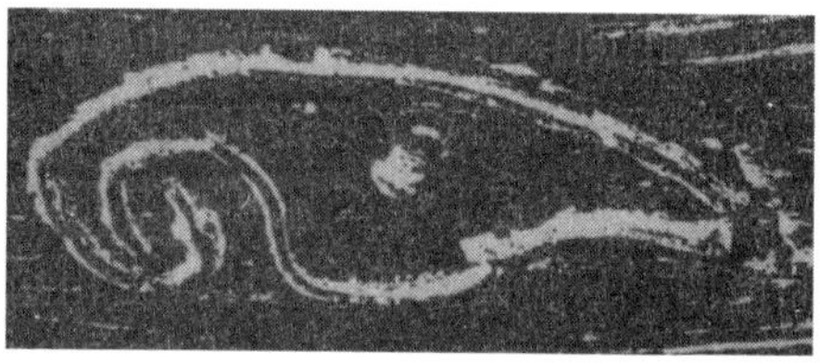

圖一

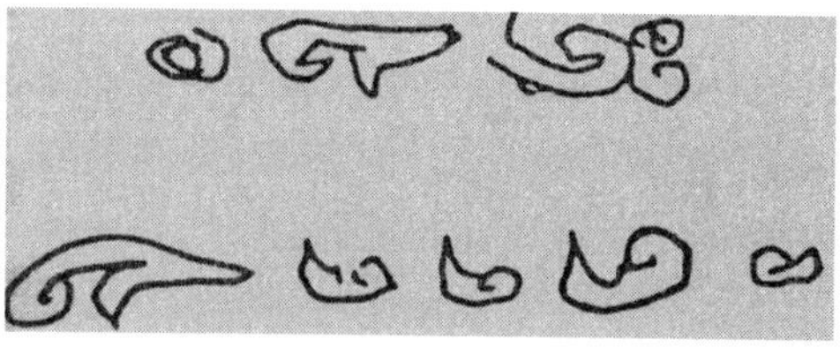

圖二

圖一是夏代二里頭小口尊上刻畫的符號，圖二是良渚黑陶杯上刻畫的符號，兩者是何等驚人的類似。我們將它們和人類胚胎在母體内發育過程的照片（圖三）認真對比一下就會發現：如果我們把左圖視爲人類胚胎的話，右圖無疑就是胚胎在母親子宫内發育的不同時期的胎兒的“遠古寫真”。當然，他們都是繪畫而不是文字。這兩組胚胎的符號和玉猪龍有關聯嗎？當然有，而且很密切。

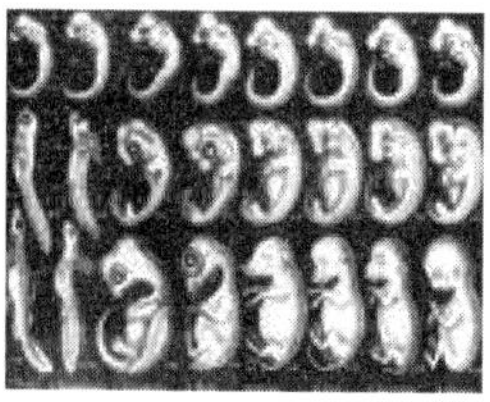

圖三

我認爲，紅山文化的玉猪龍和良渚文化，二里頭文化的胚胎符號都屬于一個範疇：玉猪龍也是人類胚胎的象形。上述良渚繪畫符號是人類經過長期觀察總結後形成的胚胎發育圖，而二里頭的刻畫符號也是胚胎的造像。至于紅山文化遺址和三門峽虢國墓地的玉猪龍則應該是後來的歷史了。他們所描摹的對象都是孕育在母體子宫内的人的胚胎或者是流産的胚胎。但是這種符號的分布之廣卻遍及長江黄河南北的中國大地的許多遠古文明中。這説明了什麽？説明它們有共同點——遠古人類對生命形成的崇拜。至于符號采用了人頭或者猪頭或者龍頭的形式衹是遠古人創作一種原始的藝術化的手法而已。

當然，遠古人類的生育實踐在不斷地進行，遠古人類的生育思維也在不斷進化的。遠古人類不會停止自己對生育現象的探索和思考。到了母系社會的後期，出了一個生育能力很强的神聖女人，她就是女媧（實際上女媧是當時所有氏族對女性首領的統稱，猶如我們今天稱呼母親爲媽媽）。因爲生育能力强，所以後代就多，所以影響力就大。所以女媧的事跡在歷史上得以保存：

"有神十人，名曰女媧之腸，化爲神，處栗廣之野。横道而處。"（《山海經》）

"傳言女媧人頭蛇身，一日七十化。"（《楚辭·天問》）這裏化字的本義就是交媾。

"黄帝生陰陽，上駢生耳目，桑林生臂手，此女媧所以七十化也。"（《淮南子·説林》）

在對女媧的研究中我們發現，在母系社會後期的女媧時代，人類對懷孕和生育的認識前進了很多。首先，由于遠古社會女人的分娩不避衆人，所以有人經過觀察得出了是"女媧之腸"變化成了人。所謂女媧之腸在現代醫學看來應該就是胎盤。所有的孩子都是胎盤包裹著出生的。所以有人提出了這樣的新觀點：女人的腸子孕育了人類的胚胎，最終成長爲孩子分娩而出。

在女媧時代，遠古人類第一次提出了男女交媾可能導致懷孕的問題：女媧一日七十化。但是這"七十化"後，出生的孩子到底是哪一個男人的呢？口口相傳的歷史在《淮南子》中爲我們保留了遠古人類對懷孕生育的一個重要認識階段。是幾個男人共同决定了一個孩子。有人决定了他（她）的性别，有人决定了他（她）的臂手，有人决定了他（她）的耳目五官。雖然這些觀點現在看來近乎荒唐，它隱約投射的遠古群交現象還有很多專家學者不能接受，但它卻是人類對生育認識的一個最艱難的質的跨越：導致女人懷孕生育的不是神，而是男人！

男人爲什麽使女人懷孕？是交媾。交媾爲什麽就能使女人懷孕？是精液！所以在中國遠古史中，在新石器時代的早期，曾經有一個短暫的階段：精液崇拜階段——蝸牛和海螺崇拜階段。現在已經出土的大量新石器時代的蝸牛、海螺和其他螺類造型的石器證明了這個精液崇拜階段的確實存在。這是一個劃時代的結論。因爲男人和女人被聯係到了一起，生育不僅是女人的事情，也是男人的事情。母系社會的胚胎崇拜爲精液崇拜所取代，繼之而來的必然是男人的崛起以及男人對女人和孩子的所有權的争奪，父系社會正呼之欲出……

遠古歷史發展到了這個階段正是母系社會的衰落和父系社會的崛起之時，也就是母系氏族社會向父系氏族社會的過渡時期。原因也不難理解，新石器出現了，大大提高了勞動生産力，提高了生産的效率。因此物質供給日漸豐富，勞動産品有了剩餘。男人的生理特點，男人對新石器工具的創造能力，男人對新石器工具的使用能力使得男人的社會地位日漸提高。私有制初現端倪。男人開始了對生活資料和生産資料的占有，也開始了對女人的占有。在《易經》裏有著四例搶婚的記載：

"屯如，邅如，乘馬班如：匪寇，婚媾。"（《屯》六二）

"乘馬班如，求婚媾。"（《屯》六四）

"賁如，皤如，白馬翰如：匪寇，婚媾。"（《賁》六四）

“先張之弧，後説之弧，匪寇，婚媾。”（《睽》上九）

搶婚意味著母系社會後期男人的社會地位逐漸提高。在一個弱肉强食的時代，男人終于脱穎而出。搶婚意味著對女人的私人占有。搶婚還意味著在中國大地上偶婚家庭（對偶婚）開始出現。對女人的個人占有就必然導致一個結果：一個女人衹和一個男人生活也能够懷孕，也能够生兒育女。于是對于生育的認識進化到了：衹要一個男人和一個女人就可以通過交媾而懷孕以生育子女。

這一時期的崇拜偶像非常現實：女媧和庖羲。上古媧的注音爲媽；庖的注音爲伯。其實這一對被視爲人類始祖的偶像説明遠古中原人類在母系社會和父系社會之交有一個女媧和伏羲共同管理氏族的短暫階段，也是一個過渡階段。

但是這一時代的私有制還不是真正意義上的私有制。因爲雖然男人依靠自己的力量和勢力完成了對生活資料、生産資料的占有，也可以依靠自己的力量完成了對女人的占有，但是他還不能保證孩子是自己的。最典型的例子就是據史書的記載，夏啓並不是大禹的親生兒子，大禹衹是夏啓的名義父親。原因就是搶婚的對象往往是已經珠胎暗結的已懷孕的婦女。其中搶婚的動機不難理解，衹是爲了搶一個女人爲自己生一個孩子。搶婚完成了對後代的形體上的占有，但是依然還不是血統上的占有。我們看先秦文獻對大禹的記載：

《臯陶謨》：“（禹）娶于涂山。辛壬癸甲。啓呱呱而泣，予弗子，惟荒度土功。”

《楚辭・天問》：“禹之力獻功，降省下土方。焉得彼涂山女，而通之臺桑？”

《吕氏春秋》：“禹行水，竊（疑爲功）見涂山之女，禹未之遇，而巡省南土。涂山氏之女乃令其妾俟禹于涂山之陽。”

《吴越春秋・越王無餘外傳》：“禹三十未娶，恐時之暮，失其制度。乃辭云‘吾娶也，必有應矣。’……涂山之歌曰：‘綏綏白狐，九尾龐龐。我家嘉夷，來賓爲王。成家成室，我造彼昌。天人之際，于此則行。明矣哉！’禹因娶涂山，謂之女嬌。”①

《楚辭補注》引《吕氏春秋》：“禹娶涂山氏女，不以私害公，自辛至甲四日，復往治水。”②

大禹爲了有個孩子娶了涂山女，但是僅僅四天，涂山氏難産而死，夏啓還在呱呱而泣時，大禹就離開家去治水了。類似的記載在先秦文獻中帶有普遍性（又如帝嚳、黄帝、炎帝等）。説明在母系社會末期到父系社會初期有一個歷史階段裏，男人雖然娶了或者以别的方式占有了女人，但是還是不能確定孩子是誰的。這一史實説明，男人對女人占有在先，偶婚家庭（對偶婚）在先，而確定孩子的生身父親，也就是男人對自己親生兒子的血統占有是此後纔認識到的。這個生育認知歷程中的次序不能錯。也就是在男人對女人的占有成爲習俗以後，男人們纔認識到上面的結論：衹要一個男人和一個女人就可以通過交媾而懷孕以生育子女。事實上也衹能如此。在此之前，男人衹是孩子名義上的父親，因爲那些孩子並非這個男人的血統。我把這一階段定義爲父系社會的初級階段，或者稱作母系社會向父系社會的過渡階段。

---

① （清）馬驌撰《繹史》第一册，第157頁。

② （宋）朱熹集注《楚辭集注》，第59頁。

從這個時候開始，男人纔徹底完成了對生活資料，生産資料，女人和孩子的徹底占有，私有制的過程終于完成並成熟了。因爲有了延續下去的可能，這個時候的父系社會作爲一種社會形態纔發育完善。人們對生育的認識歷程纔暫告一個段落。同時又開始了對胚胎在母體内的十月懷胎的過程的研究。後一過程在商、周時代纔得以完成。

遠古分娩進化論

動物分娩時從來不顧忌周圍其他動物的存在。同理，前母系社會和母系社會的女人們也是在衆目睽睽之下分娩的。這個時期的人類還不知道男人在分娩中的貢獻，所以對女人分娩這一事實的認識還處于初級階段：他們認爲新生兒是女人的腸子變化而成的。不僅人類是這樣，其他的動物也是這樣的。

“有神十人，名曰女媧之腸，化爲神，處栗廣之野。横道而處。”（《山海經》）

“崑崙山第九層左側有五色石，皆云是白螭腸化成此石。”（王嘉《拾遺記》卷二）

上述遠古文獻記載證明人類思維存在這樣一個階段，他們認爲下一代的出生是由母親的腸子變成的。爲什麽會産生這樣的認識呢？我們知道遠古人類觀察問題是從觀察表象開始的。我曾經舉過《山海經》裏精衛的例子：

“發鳩之山，其上多柘木。有鳥焉，其狀如烏：文首、白喙、赤足，名曰精衛，其名自叫；是炎帝之少女名女娃。女娃游于東海，溺而不返，故爲精衛，常銜西山之石以堙于東海。”

炎帝的女兒女娃確實是被淹死在東海里了，被滔滔海浪吞噬了，這很好理解。但是目睹她被淹死的人們並没有看見她的屍體。在等待和尋找的過程中，他們看見了從波濤裏飛出一隻鳥，因爲這隻鳥的叫聲是“精衛、精衛”，所以人們就叫她精衛。注意，這裏表現出原始人類的一個思維特點：局限于表象觀察，簡單的因果關係。

女媧先後生了十個孩子。孩子出生的時候是伴隨胎盤一同分娩的，在遠古的人看來這一堆從女媧體内分娩出來的胎盤就被認爲是女媧的腸子。結合生出的孩子産生聯想，就得出了“腸化爲人”的結論。因爲遠古之人還不知道孩子是在女體内生長成熟纔會瓜熟蒂落的。

女媧的時代是生存環境極其惡劣的，所以與分娩相伴而來的是懷孕率高，流産率高，難産率高，産婦死亡率高和新生兒存活率低的“四高一低”現象。特别是有些孩子在生下來時就已經死亡。這些都引發了原始人類的長期的思考。

懷孕率高。因爲母系社會的女人們會“無緣無故”地懷孕，她們把這種現象歸結于神的邂逅。凡懷孕之前必定與神有過精神或者身體上的接觸交流。所以原始社會的婦女在懷孕後，首先就是找尋導致她懷孕的神是什麽？天上的雲，閃電，龍；地上的蟒，薏米，燕卵甚至神留下的大脚印都能使女人懷孕。

流産率高。因爲營養不良，貧血，飢餓，每天爲生計奔波不止的勞頓，因爲那個時代女性承擔了管理氏族群體和養育兒女的全部責任，更因爲中國大地寒冷惡劣的天氣。從經常流産而發現的不同階段的幼小胚胎裏，人們對生命的認識深化了——人是由幼小的胚胎在母體内逐漸成長起來的。于是産生了原始的胚胎崇拜。以紅山文化爲代表遍及北國的玉猪龍不是别的，正是人類的胚胎，正是流産的胚胎。當人類發現了它就是人類的起源時，胚胎就成爲一種崇拜對象。這也就是玉猪龍崇拜廣泛出現在寒冷的北方的原因。南方氣候温暖，環境優越，供應豐富，人口密度要小于當時的北方，所以流産率較低。

難産率高，原始社會婦女的産婦死亡率高。這是當時生育環境惡劣和衛生條件、接生技術低劣所導致。我們在甲骨文"殷"這個字可以看到，商代女性生育時已經在特定的房屋裏分娩，而且已經采用了剖腹産的方法。從甲骨文衣、依、卒、殷等字裏面我們已經看到剖腹産和産後爲胎兒剖開胎盤是商代常見的分娩方式了。

新生兒存活率低。這裏牽涉環境、衛生、疾病、餵養等多方面的原因。新生兒存活率低還有一個重要的因素見于文獻記載，就是遠古産婦的胎盤比較現代要結實許多，所以産婦産下的胎兒經常出現死胎和羊水不破的情况。

羊水未破現象。徐偃王是周穆王時的諸侯，他的出生頗富傳奇色彩也很值得懷疑：

"徐君宫人娠而生卵，以爲不祥，棄之水濱。獨孤母有犬名鵠蒼，獵于水濱，得所棄卵，銜以東歸。獨孤母以爲異，覆暖之，遂孵成兒。生時正偃，故以爲名。"（晋張華《博物志》）

因爲胎盤結實，所以出生時羊水未破，這在現代醫學是正常的。但是在上古時代，人們認爲徐君宫人生了一個蛋，當然就是異類。所以這個不祥的肉卵被拋棄在河邊。但是，羊水不破的現象並不是徐偃王一例。因爲先秦文獻中有大量的關于剖腹産的記載，我在破譯甲骨文的有關文章裏已經破譯了甲骨文中的"殷""衣""依""卒（似應爲綡）"等字的本義，它們都和剖腹産有密切聯係。發明剖腹産手術的原因之一是嬰兒在母體内是活的，可以掙扎踢蹬，但是産下以後卻發生了死胎現象。所以遠古之人常常采用石刀爲母體剖腹取出胎盤，以及用石刀直接剖開胎盤取出嬰兒這樣兩種的剖腹方法。

剖腹産中最著名的是涂山氏生夏啓。這個歷史事實因爲涉及"石破北方而啓生"七個字的記載，一直被歷代文人學者視爲神話，説夏啓是從石頭裏蹦出來的。這個神話有點像孫悟空的經典出世。其實這是對歷史的誤解。"石破北方而啓生"，按照先秦古代漢語的表達方式，應該理解爲：石刀剖背從而夏啓出生。這裏石是遠古的石刀，破同剖，北是背的本字。大禹家族有剖腹産的風俗慣例，大禹自己也是剖腹産出的。這裏所説的"破北"是用石刀剖開夏啓的胎盤，首先看見的是嬰兒的背的情況。

"禹母修己，吞神珠如薏苡（音意以），胸坼牛禹。"（《世本・帝系篇》）

"禹母吞珠孕禹，坼副而生于涂山。"①

上面兩例的"胸坼"和"坼副（腹）"是破開胎盤看見嬰兒正面的情况。以下再列舉數例剖腹産的實例：

"吴回生陸終。陸終生子六人，坼剖而産焉。"（剖以爲副）集解："若夫前志所傳，

① （清）馬驌撰《繹史》第一冊，第126頁。

修己背拆而生禹，簡狄胸剖而生契，歷代久遠，莫足相證。近魏黄初五年，汝南屈雍妻王氏生男兒從右胳下水腹上出，而平和自若，數月創合，母子無恙，斯蓋近事之信也。”（《史記·楚世家》）

“老子者，名重耳，字伯陽，楚國苦縣曲仁里人也。母懷之七十二年乃生，生時剖母左腋而出，生而白首，故謂之老子。”①

此兩例中的“右胳下水腹上出”和“生時剖母左腋而出”就是孕婦的剖腹產分娩的情况。請注意區别一下，這裹所提到的剖腹産實際上有兩種不同的含義：一是爲産婦剖腹，即甲骨文“殷”所表達的本義。據先秦文獻記載，産婦剖腹産的部位也有不同，像上面提到的右胳下水腹和左腋便是；二是剖開羊水未破的胎盤。後一種爲胎盤的解剖有兩種方式：胸剖（腹剖）和背剖（破北）。

從上述遠古實例分析，老子、陸終六子、屈雍氏妻的分娩都是産婦的剖腹産；而大禹和夏啓的出生還是解釋爲羊水未破，剖開胎盤取出胎兒更爲準確。既然是剖開胎盤就會出現兩種情況：胎兒正面和胎兒背面。這兩種出生方式就成爲胸剖和背剖。

但是這兩種分娩方式在遠古是確實存在的。我們可以從甲骨文裹找到證明：

甲骨文“依”是包裹着胎兒的胎盤。而“衣”則是取出胎兒以後空的胎盤。這兩個字都形象地表明了剖開胎盤的“T”字形刀口。這説明剖開胎盤取出胎兒的分娩方式到商代晚期還在實踐中應用。而被學者們一致公認的甲骨文“卒”，據我的考證其發音爲liao，是用針綫縫合婦女剖腹産分娩的刀口。所以該字我將其破譯爲繚。

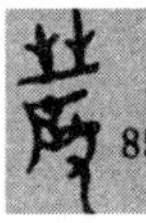
乙 8502

圖一

甲骨文“殷”是爲産婦做剖腹手術的象形，在一個屋檐（或土窑）下，一隻手正執著一把刀對準一位産婦隆起的肚子。所以，我對甲骨文殷字的本義的解釋是：新生。所謂殷商就是新生的商。表示了商王盤庚意欲中興的意志。而甲骨文“繚”（舊譯爲卒），是將剖腹産以後的母腹（即依）縫合起來以後的象形。我們知道分娩後胎盤是不需要縫合的，這就衹能解釋爲縫合産婦的刀口。至于骨針的使用考古學已經證明：早在母系氏族社會骨針就已經被廣泛使用了。我想，它當時的用途之一應該就是用來縫合剖腹産的刀口吧。

遠古的孕婦崇拜——葫蘆説

考古學家張光直指出：葫蘆説“在古代非洲、亞洲、美洲都有發現……有人想象印地安人過白令海峽時，腰裹就掛著葫蘆”②。因爲葫蘆是一種在世界各地有著古老歷史的植物，它和遠古人類的生活也是密切相關的。爲什麽説葫蘆古老呢？有考古證據爲證。

據中科院專家羅桂環整理並研究：“在我國黄河流域，河南新鄭裴李崗距今約七八

① 袁珂選釋《古神話選釋》，第190頁。

② 《自然科學史研究》2002年第2期，第146頁。

千年的新石器遺址中，曾出土了遠古時代的葫蘆皮。在我國長江流域，距今約7000年的浙江河姆渡文化遺址中，也曾發現過小葫蘆的種子。另外，湖北江陵陰湘城的大溪文化的文化遺址，以及長江下游的羅家角、崧澤、水田畈等新石器遺址裏也發現過葫蘆。這種事實表明，我們的先人很可能當時就用葫蘆製作器物。因爲在一般的情況下，衹有用作器物的老葫蘆皮方可能長久保存，而食用的嫩果是不可能留存至今的。”①

與葫蘆種植歷史相伴的是民間保留並流傳著大量的“葫蘆造人傳説”和“葫蘆挽救人類説”。聞一多先生在他的著作《伏羲考》裏做過專章研究。簡單地説，前者就是説葫蘆中的種子便是人種，這些種子在葫蘆的腹中長大並成爲男人和女人。而後者則是説在大洪水到來之前，兄妹倆鑽進葫蘆保全了性命，洪水退卻以後兄妹成婚延續了人類。總之，這個葫蘆無論在中國的遠古還是在延續至今的民間傳説中，都是和人類的起源密切相關的。

葫蘆爲什麽和人類的起源有關呢？難道僅僅是遠古人類的一種猜測或者杜撰？

十九世紀四十年代聞一多從古代音韻學角度論證了葫蘆的古代發聲就是伏羲和女媧，因爲女媧伏羲是遠古史傳説中第一對夫妻，所以就是中國人的始祖，故而葫蘆就是中國人的始祖。這個音訓我並不認同。

聞一多還從女媧、伏羲和葫蘆的關係上作了探討：“古代的笙是葫蘆做的……女媧本是葫蘆的化身，故相傳女媧作笙。”“伏羲以木德王，葫蘆是草木之類，伏羲是葫蘆的化身，故曰伏羲木德。”②

仔細推敲一下，聞一多的論證是非常牽强的。一、即使伏羲女媧古代發音就是葫蘆，與作爲植物的葫蘆有什麽關係？二、即使女媧用葫蘆創造了樂器笙簧，葫蘆和女媧造人有什麽關係？三、伏羲以木德王室五行説和皇權結合是漢代以後纔有的理論，和葫蘆、和中國人的起源又有什麽關係？遠古人類的起源説一定是早于陰陽五行學説的！

在聞一多《伏羲考》出版140年以後，遼寧省紅山文化的牛河梁遺址出土了兩座孕婦陶俑。聯係到内蒙古狼山大壩溝的巖畫太陽孕婦圖，聯係到遍及黄河兩岸的女媧遺跡，聯係到流傳在中國整個中東部的各種各樣的女媧傳説，我們發現在遠古中國存在著原始的對女性生殖的崇拜，而這種崇拜的偶像正是孕婦。而葫蘆衹是孕婦的一個隱喻。

人們崇拜孕婦，是因爲全部的人類都是從孕婦的肚子裏出生的。孕婦是生殖的標志，而孕婦的葫蘆形身材正是葫蘆成爲隱喻的原因。葫蘆的外表曾經是遠古最美的形狀。因爲當一個女人變成葫蘆形的身材時，就説明她已經懷孕，不久將生育孩子。《山海經·大荒西經》：“有神十人，名曰女媧之腸，化爲神，處栗廣之野，橫道而處。”這意味著在遠古時期，人們的一種生育觀：孕婦的腸子變成了人。這是把孕婦分娩時的胎盤誤認爲孕婦的腸子，因爲當時的人們有目共睹的史實是，人確實是孕婦的腸子變成的。而在“女媧之腸，化爲神”之前，女媧就是一個葫蘆形的孕婦。因爲女媧的生殖能力特別强。

---

① 《自然科學史研究》2002年第2期，第146頁。

② 聞一多著《伏羲考》，上海古籍出版社2006年版，第54頁。

《世本·作篇》："女娲作笙。"① 這裏的笙簧的"笙"其實就是生育的"生"。我以爲在《世本》整理者在民間采風時，將"女娲作生"以訛傳訛地理解成爲"女娲作笙"了。其實女娲在中國遠古直至近代，都是一位生育神和媒神。

遠古的胚胎崇拜

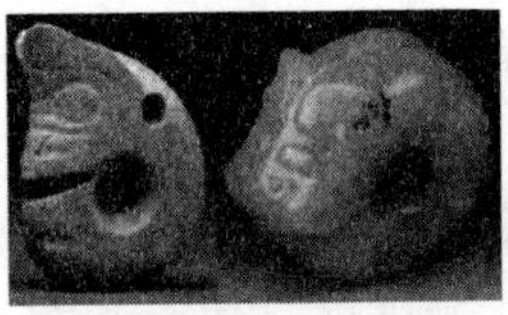

圖一

圖一是什麽？幾乎所有的中國人都知道這是玉猪龍。説到玉猪龍大家自然聯想到紅山文化。紅山文化是五千年前主要分布在我國的内蒙古東南、遼寧西南和河北北部，是中國北方地區的新石器文化。而玉猪龍就是這個文化的標志物。學者和專家認爲玉猪龍並非龍，而是猪。據此斷定當時人們已經完成了對猪的人工養殖，因此將猪的形狀，做成玉件。稱它爲龍，是因爲最初發現時，考古學家誤認爲龍，所以紅山文化的玉猪龍，又稱中華第一龍。在三門峽的虢國墓地也出土了玉猪龍（圖一左），這兩者之間有什麽關聯呢？

但是，既然是對猪的崇拜，很奇怪，爲什麽它不做成猪的形狀而彎曲成所謂龍的形狀呢？爲什麽紅山文化出土的都是這種環形的玉猪龍？既然紅山文化崇拜猪，那就應該有其他猪的造型的文物。爲什麽我們很少見到？而幾乎同時代的安徽含山凌家灘文化還是一隻石頭的野猪，良渚文化中也有野猪的陶刻。所以，不能簡單的用玉猪龍來説明論證紅山文化人類已經完成了猪的人工養殖。

也有另一種意見説玉猪龍是一種性崇拜，因爲玉猪龍像一個子宫中的胎兒。這個意見是有一定的道理的。因爲紅山文化正是母系和父系社會之交，私有制開始萌芽。既然是私有制，孩子也就成爲父親的私有。但是，如果紅山時代的人們已經知道男女交媾會懷孕生子，人的胚胎就不會被崇拜了。人們自然就會以生殖器崇拜取而代之用這種人的胚胎作爲性的崇拜對象。這説明人類在胚胎崇拜時期，一定是尚且不知道胚胎形成的原因，他們衹是知道這個胚胎會在母體内越長越大，最後成爲一個活生生的孩子。所以形成胚胎崇拜的時期一定是在父系社會以前，即胚胎崇拜起源于人類的母系社會。在隨後的父系氏族社會裏，胚胎崇拜爲男性生殖崇拜所取代。

所以，作爲紅山文化特有的造型，玉猪龍一定是有其特定含義的。那麽其他文化有没有玉猪龍造型的類似崇拜呢？玉猪龍造型到底是怎樣一種崇拜呢？

無獨有偶，在夏代二里頭文化遺址和長江以南的良渚遺址分别出土了這樣的兩組和玉猪龍形象非常相似而又非常奇怪的符號：

---

① （漢）宋衷注《世本八種》，陳其榮輯本，第4頁。

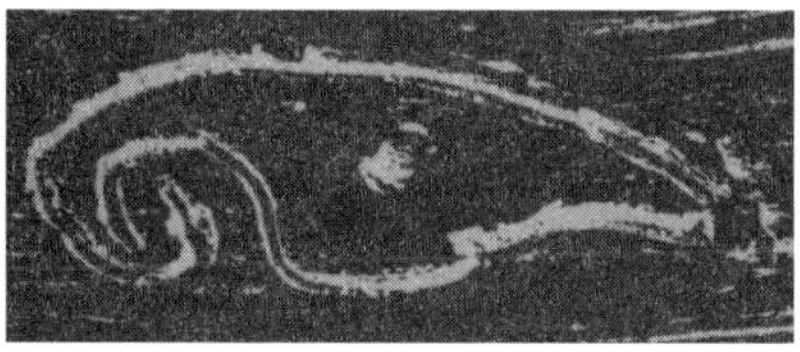

圖二

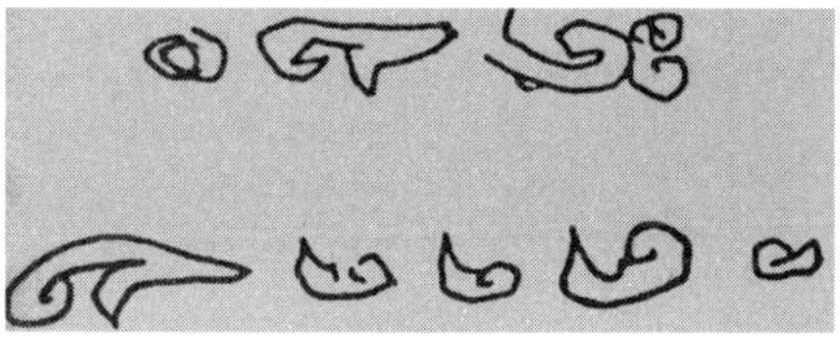

圖三

圖二是夏代二里頭小口尊上刻畫的符號，圖三是良渚黑陶杯上刻畫的一組符號，兩者是何等驚人的類似。我們將它們和人類胚胎在母體内發育過程的照片（下圖四）認真對比一下就會發現：如果我們把圖二視爲人類胚胎的話，圖三無疑就是胚胎在母親子宫内發育的不同時期的胎兒的“遠古寫真”。當然，他們都是繪畫而不是文字。這兩組胚胎的符號和玉猪龍有關聯嗎？當然有，而且很密切。

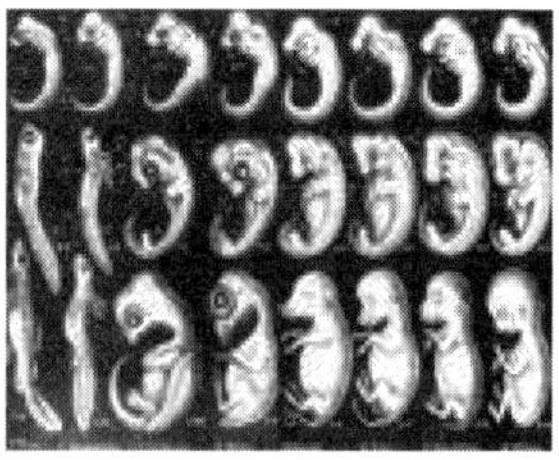

圖四

我認爲，紅山文化的玉猪龍和良渚文化，二里頭文化的胚胎符號都屬于一個範疇：玉猪龍也是人類胚胎的象形；上述良渚繪畫符號是人類經過長期觀察形成的胚胎發育圖；而二里頭的刻畫符號也是胚胎的造像。至于三門峡虢國墓地的玉猪龍則應該是後來的歷史了。他們所描摹的對象都是孕育在母體子宫内的人的胚胎。但是這種符號的分布之廣卻遍及長江黄河地區的中國大地的遠古文明。這説明了什麽？説明它們有共同點——遠古人類對生命形成的崇拜。至于符號采用了人頭或者猪頭或者龍頭的形式衹是遠古人創作一種原始的藝術化的手法而已。

我還認爲，直到母系社會晚期遠古居民曾經普遍流行一種對人類胚胎的崇拜。因爲這個小小的胚胎在脱離母體以後就是一個活生生的人。人類的胚胎崇拜應該發生在父系社會之前。當人們發現男女通過交媾能够形成這個胚胎的時候，這種胚胎崇拜就結束了。取而代之的是遠古人類開始了生殖器崇拜而不再是胚胎崇拜，因爲原因已經弄清楚之後，胚胎便不再有神秘感。至于遠古人類的胚胎崇拜發現和形成的原因可能是：當時人類流産率比較高，胎兒難産和死亡率也很高，人類也常常采用對屍體的解剖來瞭解自身。另外一個原因是母系社會的女人分娩並不避諱衆人。

我國遠古通過解剖瞭解人類自身是有根據的：

“淇水出朝歌城西北，東南流，老人晨將渡水，而沉吟難濟。紂問其故，左右曰：‘老者髓不實，故畏寒也。’紂乃于此斫脛而視髓也。”（《水經注·淇水》）

“紂愈淫亂不止，微子數諫不聽，乃與太師、少師謀，遂去。比干曰：‘爲人臣者，不得不以死争。’乃强諫紂，紂怒曰：‘吾聞聖人心有七竅。’剖比干，觀其心。”（《史記·殷本紀》）

至少我們看到在商紂王時期，這樣的真實例證。對自己的國人尚且如此，對于那些因爲戰敗而被擒的男女俘虜恐怕就更有過之而無不及了。事實上，在商代的卜辭中就可以找到胎兒“四月而胞”的證據。我們來看甲骨文（包）和秦簡（睡地虎簡包）。從包的甲骨文我們看到了，“包”的本義就是孕育著胎兒的胎盤，也就是四個月

時的剛剛形成的胚胎。如果對這一點還心存疑問的話，請看出土秦朝睡地虎簡的“包”字的變體，它的胎盤内包裹的正是後來成爲草書的“四”字，它的造字依據就是四個月的人類胚胎的象形。中國遠古文字的發展演變有着很强的繼承性，它是嚴格遵循“無一字無出處”的原則的。

中國人對十月懷胎的文字記載已經是商朝以後的事情了：

“（人）故曰一月而膏。二月而胅。三月而胎。四月而肌。五月而筋。六月而骨。七月而成。八月而動。九月而躁。十月而生。形體已成，五臟乃行。”（《淮南子・精神訓》）

“人一月而膏。二月而脂。三月而胎。四月而胞。五月而筋。六月而骨。七月而成。八月而動。九月而躁。十月而生。形體已成，五臟乃行。”（《廣雅》）

“人一月而膏。二月而脈。三月而胚。四月而胎。五月而筋。六月而骨。七月而成。八月而動。九月而躁。十月而生。形體已成，五臟乃行。”（《文子・九守篇》）

研究之細，記載之詳盡開世界之先河。但是中國的遠古人類認識胚胎發育的文明過程卻經歷了母系社會、父系社會以及後來的夏商兩代。經歷了由發現、觀察、思考、崇拜到成爲科學的完整過程。

遠古中國三大發明：石灰、陶器、青銅

火是遠古時人類最早接觸到的一種自然現象，常因雷電或者夏秋乾燥炎熱森林自燃而引發。所以火位列原始八卦之一。在甲骨文中“火”字是“山”字的變形，這説明遠古人類對火和山之間的認識上的聯係性。在破譯卜辭時我提出殷商甲骨文“無一字無出處”的觀點。卜辭中有很多和火有關的字我們今天還在經常使用，例如表示不同程度的火有火、炎、焱三個字，此外還有光、秋、焚、赤、熹、威（滅）等等。

青銅，陶器，石灰是遠古中國人的三大發明，無獨有偶，這三大發明都是從用火中産生的。

當然，在文字出現以前，遠古中國人很早就開始使用火了。50 萬年以前的北京周口店人就開始使用火了。這一點得到了考古學的證實：周口店考古發現了火燒的灰燼層和灰燼堆，發現了火燒過的石頭、燧石和獸骨，發現了火燒過的種子和木炭。10 萬年以前的鴿子洞人似乎在用火文明方面進步不大。從北京猿人到鴿子洞人的 40 萬年之間，遠古的中國人類衹是簡單地保存火種和用火取暖和防備野獸的侵害。如果火種滅了，那就是遠古人類最大的不幸，因爲衹有等到附近地區的下一次山林火災。這種等待是漫長的、危險的和僥幸的。

進入母系社會，出了一個著名的氏族首領叫女媧（我以爲女媧是母系社會所有女性氏族首領共同的名字，就像我們今天所有的家庭都把母親叫作媽媽一樣）。女媧補天的故事一直被當作神話流傳了幾千年。我一遍又一遍地閱讀了這個故事，最終確定女媧補天其實並不是神話，而是一個關于中華民族女始祖的真實的故事：

“往古之時，四極廢，九州裂，天不兼覆，地不周載；火爁焱而不滅，水浩洋而不息，猛獸食顓民，鷙鳥攫老弱。于是，女媧煉五色石以補蒼天，斷鰲足以立四極，殺黑龍以濟冀州，積蘆灰以止淫水。蒼天補，四極正；淫水涸，冀州平；狡蟲死，顓民生。”（《淮南子·覽冥訓》）

我在這裏要討論的是女媧在用火過程中的革命性的進步。

一樣是野火爁焱而不滅，女媧發現了其中的秘密，野火燒化了五彩的巖石，巖石熔化成爲像水一樣的液體，這液體冷卻以後就變成了一塊巨大的平板，女媧可以用它來修補窑洞塌陷的屋頂。原來那五色石竟然是閃耀着五彩的含有多種金屬的礦石，女媧的無意發現開啓了中國遠古史的一個時代——青銅時代。從這個女媧的時代開始，依據先秦文獻上説，中華民族開始進入了一個可以冶煉青銅的時代。我的這個觀點得到仰韶文化遺址考古的支持，在仰韶遺址就發現有冶煉銅的遺跡。有很多專家懷疑文獻關于黄帝鑄鼎的記載，懷疑禹鑄九鼎的記載。但是，從歷史文獻的記載看，從冶金學的原理上考證，我們可以得出一個初步結論：在黄帝和大禹的父系社會裏，中國人完全具備鑄造青銅大鼎的客觀和主觀的條件。我堅信，考古學的實證遲早會也必將會證實這一點。女媧補天的神奇傳説爲什麽能够通過遠古的口口相傳流傳至今，就是我們的遠祖意在把這遠古的歷史發現告訴給後世子孫：女媧發現了金屬礦石和金屬冶煉的奥秘。從這個意義上説，遠古中國的青銅的發現遠在創造陶器之前，衹不過因爲青銅器的冶煉和鑄造技術不成熟，青銅讓位于陶器，讓陶器坐上了中華遠古文明的第一把交椅。

這一歷史時期金屬的冶煉和鑄造，僅僅是選擇含有銅或者其他金屬的礦石進行融化，然後冷凝成型。人類並不能控制其中各種金屬成分的比例。當然人們也不能按照自己的意志將青銅器鑄造成隨心所欲的不同器形。我們可以從大禹時代流傳下來的《山海經·五臧山經》中看到，大禹每到一地必定要記録當地出産的金屬礦石。這説明中國人在夏代以前就已經瞭解了有關礦石的基礎知識了，同時也應該開始鑄造青銅器的嘗試了。女媧煉五色石以補蒼天就是一個重要的史證。

一樣是野火爁焱而不滅，馬家窑文化、仰韶文化和良渚文化的女人們發現它可以燒硬泥土，從而用泥巴做成土胚，燒製出了遠古中國最早的陶器生活日用品。從此，中國人便學會了用泥土燒製他們所需要的一切生活、生産和祭祀的用具。從此中國進入了陶器文明時代，直到一個全盛的青銅時代的到來。

一樣是野火爁焱而不滅，我們父系社會的遠祖們發現了其中的秘密：野火燒白了石灰石，使它變成了生石灰，這種白色的石塊澆上水就變成了“白灰”——熟石灰，從父系社會開始，中國人就用這種火燒石灰石生成的白色石灰摻上草末塗抹在房屋墻壁的外面，使房屋變得防雨、防風、保暖，居住條件大爲改善。這種用石灰裝潢墻壁的住房已經在父系社會和夏商考古中無數次得到了證實。在赤峰洞子山遺址、蚌埠垓下遺址、蒙城尉遲寺遺址以致洹北商城等許多遺址這種“白灰”被廣泛地用于建築材料。請注意，石灰是遠古人類發明的第一種人工製造的建築材料。直到盤庚遷殷以後，人們發明用預製的土坯建造宫廷的五脊四面坡的殷商宫殿。在殷商時期有一個“工方”就是專門爲殷商王朝預製土坯和建造宫室的。甲骨文工字（三種異體）就來自土坯砌墻的墻縫的象形。

遠古文明之火不僅改變了那時的人類的生活，同時也改變了遠古人類的生活方式。

女媧前後有關火的記載是氏族社會裏三個著名的與火有關的氏族：燧人氏、祝融氏和炎帝神農氏。這三個氏族對人類用火文明所起的作用應該是逐漸進步的三個階段。燧人氏的功勞不在保存火種而在于鑽木取火，在于使遠古的人們不再爲火種的不幸熄滅而擔憂，在于教會人民用火燒烤魚肉以化腥臊以避免疾病和食物中毒。

《韓非子·五蠹》："上古之世……民食果蓏蚌蛤，腥臊惡臭而傷害腸胃，民多疾病，有聖人作，鑽燧取火以化腥臊，而民説之，使王天下，號之曰燧人氏。"

《古史考》："腥臊多害腸胃。于是有聖人，以火德王。造作鑽燧出火，教人熟食，鑄金作刃。民人大説，號曰燧人。"①

《尸子》："燧人上觀星辰。下察五木以爲火。燧人之世。天下多水。故教人以漁。"

人類進入了青銅時代以後發明了用來從太陽取得火種的凹面銅鏡，爲了紀念燧人氏，他們把這種取火用的凹面銅鏡起了一個名字叫作：陽燧。祝融氏的偉大在于學會了放火焚燒水澤山林，驅趕野獸，以創造一個人類的"宜居環境"和氏族領地。

《管子·揆度》："黄帝之王，破增藪，焚沛澤，逐禽獸。"

《管子·輕重戊》："黄帝之王，童山竭澤。"

雖然管子的説法，没有直接證明祝融氏的歷史作用，但是炎黄之時，焚澤燒山驅獸定居已經成爲常態。炎帝在歷史上雖有孟子所説的"益烈山澤而焚之"的傳家技藝，其氏族名號中的烈山氏也就是放火燒山的意思。但是炎帝氏族的歷史作用不是因爲放火而是因爲"神農嚐百草"而載入史冊的。

《新語》："民人食肉飲血衣皮毛，至于神農，以爲行蟲走獸難以養民，乃求可食之物，嚐百草之實。察酸苦之味，教民食五穀。"②

《淮南子》："于是神農乃始教民播種五穀，相土地宜……嘗百草之滋味，水泉之甘苦，令民知所避就。當此之時，一日而遇七十毒。"

在先秦文獻關于炎帝的記載中，幾乎没有關于炎帝和火有什麽關係的記載。倒是五行學説盛行以後借炎帝的"炎"字大作所謂火德文章。而祝融氏至今還在爲中國人民作爲火神所崇拜和敬重。所以焚澤燒山驅獸定居早在炎黄二帝之前的祝融氏時代就已經形成習俗。

請注意，這裏的祝融和烈山還有共工等應當稱之爲氏，因爲它們都是某個氏族的名稱，而炎帝和黄帝以及鯀、禹一樣是一個人的名字。

同樣，大禹也是使用火的專家。文獻中記載最早的"刊木"就是大禹的發明。他在勘定各氏族的疆界時采用清除樹木以定界綫的方法。大禹還在夏天到來之前將大山山頂附近向陽的一面的樹木砍光，以防止山火蔓延到山的另一側。這就是後來人類經常使用的防火道的原始記載。

早在人類出現以前火在大地上就已經存在，所以火並不是人類的發明而是上天的恩

① （清）馬驌撰《繹史》第一冊，第6頁。

② （清）馬驌撰《繹史》第一冊，第25頁。

賜。但是遠古人類的聰明才智使中華文明之火薪火傳承發揚光大了。他們在文明的進程中學會了向自然要火，向太陽要火。他們發明了用火來取暖、驅獸、燒製食物，他們發現了用火可以熔化五色礦石，繼而創造了燦爛的遠古青銅器文明，他們發現用火可以燒硬泥土型器從而發明了陶器，他們發現了烈火可以將石灰石燒製成爲石灰，而將石灰運用在房屋建設和裝潢上。

青銅冶煉，陶器發明和石灰的燒製使用是遠古人類從火中取得的三大發明，比後來的中國古代四大發明對世界的貢獻更早更巨大也更加深遠。

仰韶遺址分布分析

據河南澠池縣史志辦統計：截止 2000 年爲止，全國共發現仰韶文化遺址 5213 處。

其中：甘肅 1040 處，陝西 2040 處，山西 1000 處，河南 1000 處，河北 50 處，內蒙古 50 處，湖北 23 處，寧夏 7 處，青海 3 處。

這個統計説明，今山東省境內的大汶口文化和仰韶文化是不同源的。按照人類遷徙的規律，大多數人類的遷徙是沿河流而下遷。仰韶文化也是如此。從中原文化和古崑崙文化的密切聯係看，周穆王西訪古崑崙，拜訪西王母有點“回娘家”的味道。據《穆天子傳》記載：

“甲戌，至于赤烏之人其，獻酒千斛于天子，食馬九百，羊牛三千，穄麥百載。天子使祭父受之，曰：‘赤烏氏先出自周宗，太王亶父之始作西土……臣長季綽于舂山之虱，妻以元女，詔以玉石之刑，以爲周室主。’”

可見夏人和周人的祖先最早的遷徙有一種可能就是從古崑崙山沿渭水東遷到涇渭流域和漢水流域的，那時的河南東南部還是一片湖區和沼澤。古公亶父當然不是周人遷徙的第一人，因爲從母系社會的仰韶文化時期，這種遷徙就一直在進行著。我們來分析選自王玉哲《中華遠古史》一書的仰韶文化分布圖，見圖一。

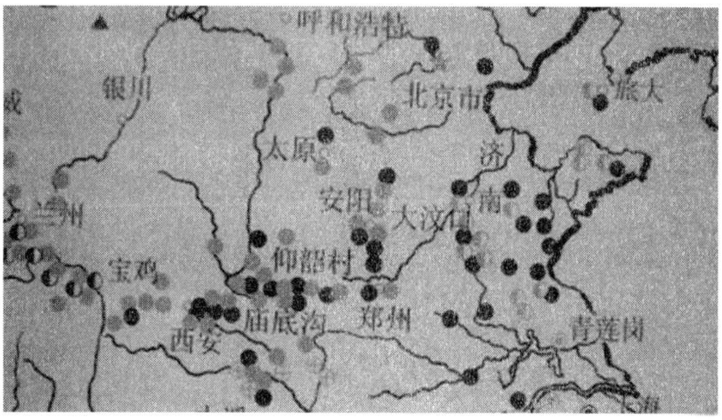

圖一　圖中灰色圓點爲仰韶遺址深色圓點爲龍山遺址

如圖，仰韶文化分布區西起武威和西寧，東至鄭州東安陽北京一綫，北到山西河曲內蒙呼和浩特，南達江漢。

圖中值得重點探討的是在上述仰韶文化（灰色圓點）密集分布的地理區域中有四個仰韶文化的空白區域（或分布極少而且没有發現大規模的仰韶遺址）。這四個區域是：

一、黄河西河的山西保德到龍門流域没有仰韶文化遺址發現。

二、呼和浩特以西的黄河北河流域没有仰韶文化遺址發現。

三、山西全境衹有最南端的青龍河流域和太原泥屯河西岸臺地發現仰韶文化遺址。

四、河南鄭州以南新鄭許昌漯河以東的豫東南地區没有發現仰韶文化遺址分布。

關于第一個問題，我在《中國歷史上最偉大的水利工程》一文中已經作了考證，黄河西河的山西保德到龍門一段在大禹治水以前是一個叫作定湖（亦稱鼎湖）的大湖和定湖下游的一個堰塞湖。這個定湖的上游就是著名的黄帝時代的石峁遺址。定湖和鼎湖同音，當地民間自古以來就流傳著關于定湖和黄帝的各種傳説。這一帶是鼎湖湖區，所以不可能有人類定居的，當然也就不會有仰韶文化遺址出現。在確切地考證出這兩個大湖的湖區範圍和蓄水的最高水位以後，可以嘗試在湖區以外，蓄水綫以上的山區尋找仰韶文化和陜西龍山文化遺址。不排除有仰韶文化和陜西龍山文化的零星分布。

第二個問題呼和浩特以西的黄河北河流域没有仰韶文化遺址發現。這要從黄河北河（内蒙古段）向南的轉彎處談起。按照遷徙規律這裏的仰韶文化人群應該是沿黄河西河南下進入中原。但是考古學發現這裏的仰韶文化分布卻是由西向東直到北京附近。原因和第一個問題相同，就是從山西河曲向南的黄河西河由于孟門山和龍門的阻斷，形成兩個大湖，阻止了這些移民的南下道路。

但是他們爲什麽不向西遷徙呢？向西有陰山山脈，有河套平原，因爲是同緯度遷徙不存在温度變化問題。但是從仰韶文化分布圖看，黄河北河流域卻没有仰韶文化分布。這是什麽原因呢？這是因爲下游的黄河南河流水不暢使得上游的黄河北河形成長達大約四五百里的湖區。有《山海經》爲證：“自鲞山至于鍾山，四百六十里，其間盡澤也。又西北四百二十里曰鍾山。”

可見當時自内蒙古境内的陰山東端向東流的黄河北河不是狹窄的河床，而是湖泊（澤）。在這個湖泊的西段是綿延四百二十里的陰山山脈。《穆天子傳》提供了一個有關注腳。在穆天子率領大軍六師北渡漳河，循滹沱河北岸出山西向北進入犬戎（今内蒙古境内），穆天子等轉而西行，“庚寅，北風雨雪……甲午，天子西征……乙亥至于焉居隅知之平，甲辰，天子獵于滲澤，于是得白狐玄貉焉，以祭于河宗”。

從甲午到甲辰，穆天子到了一個叫作滲澤的湖邊。按照穆天子的行程計算，這個滲澤就是黄河北河向南的轉彎處，也就是我們鲞山到鍾山（陰山）大湖的最東端。這裏距離穆天子西出山西處大約一百五十里地。接着看下文：

“丙午，天子飲于河水之阿，天子屬六師之人，于崩邦之南，滲澤之上。”

説明這個地方正是黄河轉角處（河水之阿）。所謂滲澤應該是這裏的一個可以參考的重要的地理現象。湖水在這裏爲什麽稱爲滲澤。因爲這裏正位于黄河北河衝擊形成的沖積灘塗，由砂、砂礫、黏質砂土等組成。黄河水在這裏是滲入沙石中的。所以有滲澤這一名稱。《山海經》中對于這種河水（或者湖水）滲透在沙漠沙石中的現象有一個專門的説法，叫作“其原渾渾泡泡”。但是在《穆天子傳》中，這裏的滲澤之上已經可以駐紮軍隊了。爲什麽？因爲穆天子的時代距離仰韶文化已經很久遠，大約兩千年以上。由于公元前2000年左右大禹疏通了整條的黄河，河水經由河南東北部和山東西部分兩支分别流入黄海和渤海。這裏的滲澤已經萎縮成爲一條細長的黄河北河了。又過了1000多年，周穆王西征纔來到了這裏。滄海桑田的變化，使滲澤已經成爲平地。

大禹疏通黄河是人類對地球原生態的一次革命性的挑戰。黄河本是由很多大的湖泊串聯成的項鏈。由于大禹的疏通治理，黄河西河的水位下降了幾十米，原先水位以下的兩岸山地成爲宜居環境。據先秦文獻可知，這一時期黄河上的絶大多數大澤都出現了大面積的萎縮。尤其是黄河入海之後，河南東南部山東的西部的幾個湖區沼澤由于水位下降成爲宜居土地。引發了公元前 2000 年左右居住環境惡劣的山東海岱文化向中原的遷徙，最終在杞縣鹿臺崗形成二里頭文化（準確地説應該稱爲三腴文化）、下七垣文化和岳石文化的三足鼎立的史上第一個三國時期。

因爲人類不可能在湖底生存，所以一個長達四百六十里的長湖在大禹治水以後當然就會形成一個四百六十里的仰韶文化的考古空白區。所以從崟山到鍾山（陰山）這四百六十里的黄河兩岸形成了仰韶文化考古空白區。我們在考證出具體的崟山地理位置以前大致可以依據古黄河與鍾山（陰山）的交匯處向東四百六十里來確定這個湖當時的位置。或者從黄河北河向南河的轉彎處爲起點計算確定。

第三個仰韶文化考古貧乏區是山西省全境。我在《消失在遠古的“晋湖”》一文中已經考證了今天的山西省在大禹治水以前是一個巨大的千島湖。山西省仰韶文化考古主要有兩處：山西最南端的青龍河流域和太原泥屯河西岸臺地。這兩處都是位于海拔較高處，是遠古“晋湖”裸露出湖面之上的山區或臺地。但是這兩處仰韶文化遺址給我們提供了一個啓示，就是山西境内一定還有仰韶文化的零星遺址等待我們去發現。

太原泥屯河西岸臺地仰韶文化遺址給出了一個海拔高度，這個高度就是山西境内在仰韶文化時代人類可以居住生活的高度，這個高度以下的地區在仰韶文化時期經常被湖水淹没。可以預見，在山西省境内以及晋陝之間的黄河西河兩岸，在這個海拔高度以上，今後還會不斷有仰韶文化遺址被發現。而這個海拔高度之下就絶少有仰韶文化遺址存在（但是可以有先夏文化和二里頭文化遺存出現）。原因是山西省的東、南、北三面都環繞著仰韶文化的遺址分布，山西在遠古絶不是仰韶文化的空白區，在吕梁山和太行山地區以及晋南山區一定還有很多的仰韶文化遺存有待考古發現。但是有個方法問題，就是——往高處尋找，至少應該高于太原泥屯河西岸臺地仰韶文化遺址的高度左右。作爲 2006 年度全國十大考古發現之一的山西省柳林縣孟門鎮郭家山村發現的龍山文化遺址、柳林縣薛村鎮高紅村發現的仰韶文化遺址都在黄河岸邊的山巔之處，這也許就是由于定湖（鼎湖）的存在而迫使人們擇居高地的一個有力的考古學證據。

第四個問題：河南鄭州以南新鄭許昌漯河以東的豫東南地區没有發現仰韶文化遺址分布。

因爲大禹疏通黄河以前，這裏是沼澤。河南省的地理有一個特點，就是黄河南河的下游河床正好是豫東南和豫東北的南北分水。我查找了有關的平均海拔資料如下：

北綫，濮陽 55 米，内黄 52 米。

中綫，鞏縣近 300 米，鄭州 120 米，開封 78 米。

南綫，尉氏 60 米，太康 52 米，柘城 48 米。

所以在大禹治水以前黄河南河下游的水是向兩岸支流瀰散性分流的，地勢較低的黄河南河下游的兩岸大多是沼澤和積水湖泊，不適宜人類居住。在大禹疏通黄河南河改變這裏的居住環境以前，這裏是絶少有仰韶文化出現的。豫東南出現人類群體進入的時代是公元前2000年以後，首先進入這一地區的是山東龍山文化（海岱文化）區域萌生的岳石文化的西漸。

如果我的這一觀點成立的話，它將爲今後的在這些地區的仰韶文化考古提供借鑒。至少可以提供一種參考，使得在上述地區的仰韶文化遺存的考古工作少走彎路，避免了一些徒勞無功的興師動衆。

從仰韶遺址分布的統計數據看，山東境内没有仰韶文化遺存發現。從仰韶文化遺址分布圖考證，仰韶文化遺址分布區有一條東部邊界——鄭州東至安陽一綫，山東大汶口文化遺址分布也有一條西部邊界——兖州至濟南至德州一綫。這兩條綫之間是仰韶文化和大汶口文化之間寬達三百公里以上的空白區域。而這一大片處于黄河南河下游的地區河網密布，遠古黄河在這裏呈現彌散性分流。在大禹治理疏通黄河以前，這裏應該是沼澤和湖泊。衹是在大禹疏通黄河以後這裏的水位下降，纔萎縮爲河網的。從新石器時代到漢代，黄河的南河一直是取道豫東北和冀北平原注入渤海的。《禹貢》一書記載了大禹疏通黄河南河以後的水文情况："東至砥柱，又東至于盟津，東過雒汭，至于大邳，北過降水，至于大陸，北播爲九河，同爲逆河，入于海。"所以，冀州和兖州的東北邊界是黄河入海口的九河，這九條河呈扇形分布，故而這個邊界不是一條綫而是一大片河網區域。這九條逆河的成因和豫東南的河網成因是一樣的，也是一種彌散性分布。由于黄河的北流和東流入海，使得豫東南的沼澤湖泊成爲宜居環境，山東龍山文化的先民首先進入這裏，成爲這裏的第一批移民。他們在這裏促進了山東龍山文化發展成爲岳石文化。

這就充分説明早于大汶口文化的仰韶文化和同時期稍早時出現在齊魯大地的山東大汶口文化相互之間没有相互交流和相互影響。他們各自發展的地理區域基本是封閉的。雙方不存在政治經濟文化甚至軍事上的接觸。

所以，在仰韶文化發展而來的河南龍山文化、山西龍山文化、陝西龍山文化和由大汶口文化發展而來的山東龍山文化應該是分屬于不同的文化起源。目前幾種龍山文化的共同特點僅僅是他們在歷史上存在的時間屬于同一階段而已。

因此，籠統地把這些父系社會出現的文化遺存（甚至有杭州龍山文化一説）混爲一談，都統統稱之爲龍山文化是不科學的。和山東龍山文化相比較，産生于河南、山西、陝西等地的龍山文化不能被稱作龍山文化。無論從地理緣起、葬式、陶器特點、食物結構等方面它們都有很大的差别。

以陶器爲例：山東龍山文化的陶器的薄胎，鏤空，表裏均爲黑色，扁嘴，空心足，扁足和舌足，高足以及小容量都是山東龍山文化獨有的特點。其他幾種被冠之以龍山文化的陶器都没有這樣的特點，或者偶然有這些特點的陶器發現，也不具有地理上的和文化上的普遍分布特點。

山東龍山文化的陶器出現這些特點可以説是一種文化分布區域的必然。而其他幾種被冠之以龍山文化出現這些特點就是一種偶然，或者説是一種流入。而從仰韶文化和大汶口文化的遺址分布圖分析，由于兩種文化同時出現的時間在歷史上不算太長，加之兩種文化之間的地理間隔太大，所以大汶口文化向仰韶文化的流入應該可能性不大。而山東龍山文化向其他幾種"龍山文化"的流入充其量也不過是在對方腹地或者地理邊緣出現幾個零星的嵌入式遺址，就像濟南大辛莊和安徽鬥鷄臺文化遺址一樣。出現的時間也應該是在“東夷亂夏”以後。

這個仰韶遺址分布圖明確地告訴我們：在仰韶文化之後產生了先夏、二里頭文化。但是山東龍山文化應該是母系社會後期移民進入山東和膠東半島帶來或者創造的一種特質的文化。

仰韶文化代表器形——小口尖底罐之謎

北首嶺遺址位于陝西的寶鷄市。半坡遺址位于陝西省西安市滻河東岸。北首嶺早于半坡。這兩處遺址都是典型的原始社會母系氏族公社村落遺址，屬新石器時代仰韶文化。在這兩處遺址都出土了當時的汲水工具——雙腹耳小口尖底罐。如圖一。

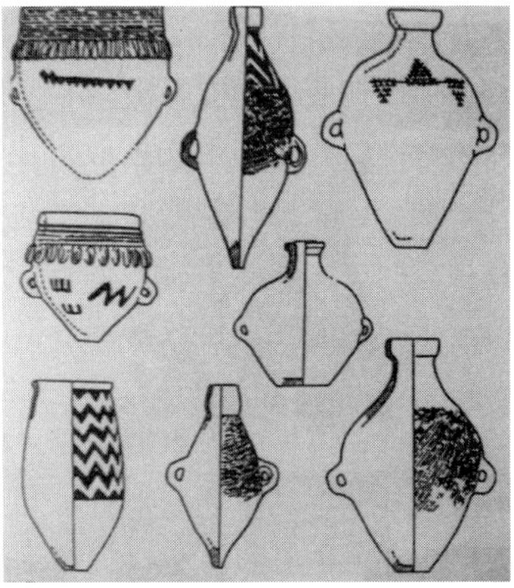

圖一

距今6000多年前，中華民族的老祖母們就是用這樣的陶製工具汲水的。很久以來我一直在思考這樣的三個問題：

問題一：爲什麼它是小口？

問題二：爲什麼它的雙耳要安排在腹部重心以下？

問題三：爲什麼它製造成這種很不穩定的尖底？

這樣的器形規制一定和當時北首嶺和半坡母系氏族的生存狀況和地理環境有必然的聯係，這種必然的聯係一定就藴含在這個看起來很不合情理的獨創的器形當中。按照常理，即使是在遠古，取水是没有必要將汲水器製造成這樣一個奇怪形狀的。現在已經出土的許多仰韶文化時期的陶器都可以用來作汲水器，但是它爲什麼偏偏是這樣的？

“存在的就是合理的。”汲水器被製造成這樣的形狀一定是當時生活和生存環境所迫。我試圖利用當時已知的自然科學知識結合遠古當地人的生存狀況解開這個謎。

問題一：爲什麼它是小口？

答案一：小口的一個作用是水不容易濺出。但是西安（半坡）和寶鷄（北首嶺）都不是非常缺水的地區，水没有精貴到“滴水貴如油”的程度。而且這樣的小口瓶雖然在炎熱的夏季可以減少水分的蒸發，但是它的弊病卻更加可怕。冬天在西安和寶鷄地區，這樣的一瓶水放置一夜，由于高寒結冰會使整個瓶子崩裂。其損失大概相當于我們今天家裏燒掉了一臺電視機。顯然小口不是爲了防止水濺出的。所以在寒冷的冬季，每當夜晚來臨的時候，北首嶺人和半坡人一定在睡覺以前將罐裏的水倒乾凈以防止被凍裂。

有人可能有這樣的疑問：因爲要到河邊取水，所以小口是爲了封堵方便和運輸中水分的損失。這是一個僞命題。既然要到很遠的河裏取水，爲什麼用這樣小的罐子？很顯然，這樣的汲水罐是爲了汲取井水或河水時用的。

那麼爲什麼把罐口做的這麼小呢？我的答案是爲了拴繩子和搬運方便，同時也爲了用手抓起來方便。你看他的大小是不是正好是一隻大手可以“一把抓”？

有人自然會反駁説：它不是有兩個耳朵可以栓繩子嗎？拴上繩子可以拎著走啊。請仔細地觀察上圖，瓶身上的雙耳都是設計在重心以下的。如果給這樣的雙腹耳小口尖底罐繫上麻繩拎著走，它一定會倒下來，直到流盡全部的水。所以這種仰韶陶器——雙腹耳小口尖底罐在裝滿水以後衹能用手抓住瓶口拎著走。這就引出了下一個問題：

問題二：爲什麼它的雙耳要安排在腹部重心以下？

答案二：如果在製作陶器時把雙耳安排在瓶口或者瓶肩不就可以用繩索拎着水回家了嗎？是的。但是那樣的設計將使瓶子無法從井裹或河裹汲水。挑過井水的人都有這樣的經驗，使用木桶或者鐵桶從井裹直接取水，要想裝滿整個水桶是很不容易的。必須摇晃水桶使桶口向下扎進水裹纔行。關于這第二點此前學者認定雙耳是栓繩子打水用的，我認爲不是，如果在這樣一個雙腹耳上繫繩子，雖然可以打滿水，當它從水裹提昇時水又會倒出來。因爲既然重心在兩耳之上，裝滿水的時候重心仍然是在兩耳之上的，由于重力作用，當提昇的時候瓶口必然翻轉向下，所以提出井口的衹能是一隻空瓶。因而繩索必須拴在瓶口纔能打出滿瓶水來。（這一段承許宏博士指教。）而早在 6000 年以前的仰韶時期，我們的祖先就設計出了這樣精巧的小口尖底罐。它的重心在瓶子的上半部分，是一隻頭重腳輕的瓶子。衹要用繩索拴住瓶口，放進水裹時它的小口由于重力作用會自然向下，當井水流進它的“大肚子”裹，因爲重量的關係它會裝滿水而直立。這時衹要將瓶口的繩索拉起來就行了。所以在仰韶文化諸遺址出土的這種尖底瓶也有很多是没有雙耳的。

確實，這樣的汲水器衹要一根繩索拴住瓶口就可以從井底打出滿滿的一瓶水。它的兩隻腹耳並不是單純用來打水的，衹是爲了使用起來更加方便而設計的。雙腹耳的設計還可能和這種雙腹耳小口尖底罐的另外一種功能有關，這種功能就是燒水。這也就是爲什麼把瓶底設計成尖底的原因。

問題三：爲什麼把它製造成這種很不穩定的尖底呢？

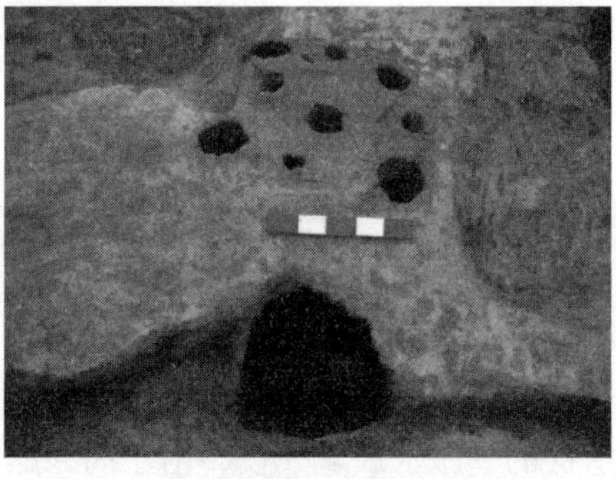

圖二

答案三：其一是爲了燒水。圖二是我在《山西夏縣轅村遺址的陶窑質疑》一文中論證的仰韶之後的夏代二里頭文化的竈。考古專家們説它是一個小型的陶窑，但是我認爲如果是一個陶窑，它是不需要如此多的出火口的。在研究仰韶文化的雙腹耳小口尖底罐以後，我更加堅信它就是一個竈，一個和仰韶文化一脈相承的氏族食堂用的竈。上面的大孔是用來給圜底罐加熱做飯的，而小孔是用來給小口尖底罐這樣的尖底容器燒水用的。這並不排除其中某些孔被用作煙囱。尖底罐的尖底正是安放在小孔上加熱用的，這樣既穩定又加大了受熱面積。這樣我們就能够理解爲什麼有些尖底罐要加上雙腹耳找到了實踐依據——兩者是相得益彰的。

這個結論的得出我是受到今天皖南民間仍然在使用的竈的啓發。皖南民間家用竈在兩口大鍋之間有一隻或者兩隻叫作燙罐的鑄鐵容器。燒飯做菜的時候，在燙罐裏裝滿水利用燒竈的餘熱，當飯菜做好時，燙罐中的水已經很燙，可以用來洗臉洗腳等。無獨有偶，皖南的燙罐也是尖底罐。這應該是有遠古歷史傳承的。

研究完仰韶文化的小口尖底瓶，我對遠祖崇敬得五體投地。她們（他們）遠在6000年前甚至更早的時候就發明了這樣符合力學原理的陶製汲水器和加熱器。中華文化真是源遠流長……

王玉哲《中華遠古史》（上海人民出版社2003年版）是一本較有影響的遠古斷代史教材。該書第82頁有一幅插圖，具體介紹仰韶人使用雙腹耳小口尖底罐在河中取水的方法。插圖附注釋：圖23尖底罐汲水方法。如圖三。

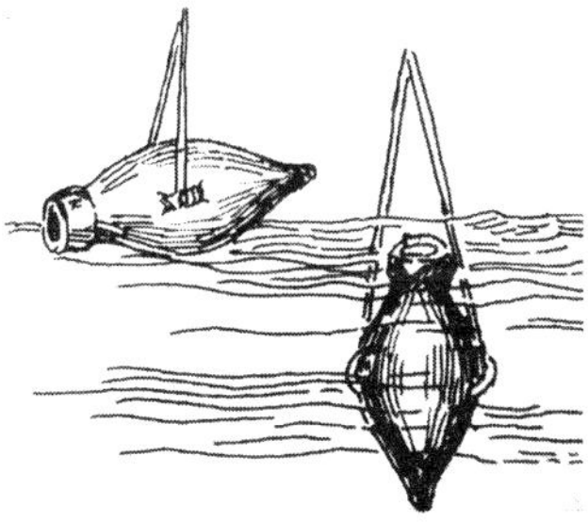

圖三

首先這幅插圖犯了一個繪畫上的錯誤：圖中雙腹耳小口尖底罐的兩隻腹耳位于罐子的正中。事實是絶大多數的雙腹耳小口尖底罐的雙耳都明顯是位于罐子的中部以下的位置。這就是説整個罐子的重心應該是上重下輕。文科的研究者可能認爲這一點無足重輕，理科學者認爲在作爲一種汲水器時，這一點舉足輕重。

問題一：我們看到雙腹耳小口尖底罐的耳朵是位于罐子的偏下腹部。如圖一所示取水的話，會出現如下過程：在這樣一個雙腹耳上繫繩子，由于上重下輕，瓶口會下沉入水，繼而灌滿水，但是，當它從水裏提昇時水又會倒出來。因爲既然重心在兩耳之上，裝滿水的時候重心仍然是在兩耳之上的，由于重力作用，當提昇的時候瓶口是向下的，所以提出水面的衹能是一隻空瓶。該書的繪圖者應該看出了這個問題，所以將雙耳向上畫了一點。我認爲是繪畫者有意爲之。有人會説可以用一隻手抓住瓶口。這就引出另一個問題：

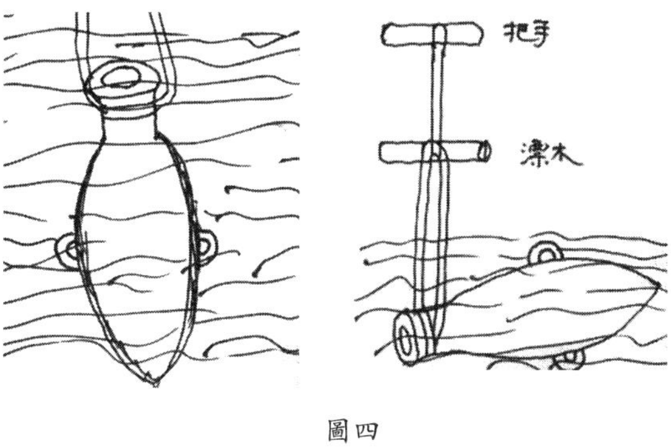

圖四

問題二：雙腹耳小口尖底罐是用來在河裏取水的嗎？顯然不全是。任何容器都可以從河裏取水，爲什麽仰韶人要用一個口很小，底很尖的瓶子前往河中取水。路途中想休息一下都不成，因爲瓶底是尖的。答案是這種雙腹耳小口尖底罐主要是用來在井中汲水用的工具。這也很好的解釋了爲什麽這種雙腹耳小口尖底罐普遍出現在北方的仰韶文化遺址群，而幾乎同時期的南方的良諸文化卻不見這種器形。南方近水，水隨處可得，隨器可得。

細心的人會看出問題三：既然在河裏瓶口向下打不出水，在井裏就可以汲水了嗎？我也是從這個疑問開始研究的。我的研究結果是：插圖三中的繩子拴錯了，仰韶人應該不是這種拴法。見圖四：

以前歷代學者都認定雙耳是拴繩子打水用的，我認爲不是。這種雙腹耳小口尖底罐是用一根繩索拴在瓶口用于從井中汲水的。當瓶子拋入井中，瓶子會因爲重量下沉，水從瓶口進入，隨着水進入瓶身，瓶身重量增大而直立。拉起麻繩就得到最大限度的一滿瓶水。其實這個實驗考古學家很多人都可以做，爲什麼這個錯誤的解釋一直沿用到今天呢？

問題四：爲什麼瓶口不能做大一些？瓶口越大，進水越快，裝水越多，不是很合理嗎？要解决這個疑問，我們就必須從原始的土井開始研究。洹北商城遺址的土井（參見《考古》2010 附圖 J1）告訴我們，土井是人工開鑿的，井壁是凹凸不平的，井身越往下越狹窄。所以汲水器要求不易晃動的細長器形。此外，瓶口越大越傾斜，瓶身越粗越晃動。特别是當井中水很淺時，先落地的是尖底，這時瓶身會自然傾斜，即使水很淺也能繼續裝滿水。設想如果是平底罐，它就會坐在淺水中，無法取到井水。所以這個尖底的設計非常符合力學原理。

問題五：兩耳的作用。首先需要説明的是，對于從井中或者河坎下汲水而言，這樣兩隻耳朵本是可有可無的，因爲在仰韶文化遺址出土的小口尖底罐也有很多没有這兩隻耳朵的。但是這兩隻耳朵也應該是有功用的，我認爲是將這種雙腹耳小口尖底罐放在竈眼（見圖二）上燒水時可以保持罐子的穩定的。因爲這裏是整個瓶身最粗的地方。當然這兩隻耳朵也可以設計成捲邊或者陶箍（即寬沿）的形狀。設計成耳朵狀也許衹是爲了簡單、美觀、易于成型等原因。這樣就苦了後世學者費盡心思要給它拴上繩索。因爲按照我們幾千年來的思維定勢，罐子的耳朵都是用來拴繩子的。這就走進了一個誤區。

始祖女媧——中華女性第一人

［思考］中國的母系氏族社會又可以叫作母系始祖社會。追溯中華民族的始祖到最早的發端，一定是一個偉大的女人。這個人就是女媧。原因很簡單，自從遠古的人們知道自己的孩子是誰以後，就開始了對女人和孩子的私人占有，于是，“私有制”的父系社會就已經開始……

如果你向中國的遠古尋找中華民族的起源，站在最前面的一個人應該是一個女人：名叫女媧。爲什麼呢？答案其實很簡單：女媧創造了人，創造了中國人。但是女媧不是用泥土創造人的，而是用血肉之軀創造人的。

漢語中“媽”這個漢字最早出現在三國魏的張揖所撰的《廣雅・釋親》，但是它的讀音是讀作母（mu）。説明在誕生之初它主要用作書面語。發媽媽的 ma 這個音大約始自更遲一些的宋代。較早的記載見于宋代趙彦衛的《雲麓漫鈔》：“韓退之祭女孥文自稱曰阿爹阿八，豈唐人又稱母爲阿八？今人則稱媽。”《爾雅》《説文》均無媽字，《廣韻》《集韻》中讀若母字。

［問題］：在“媽”這個字出現以前，母系氏族社會“知母不知父”的人們怎樣稱呼作爲氏族首領的母親呢？

［答案］：媧或者娃。讀若 wa。這是人類發音中最易發音的一個雙唇音。世界各地不同種族和國家的人民稱呼母親的發音基本相同。

［理由］：1. 人類新生兒的本能。美國語言學家羅曼·雅各布遜在解釋“在兒語基礎上用相似的詞稱呼父母”時提出他的研究結果：“哺乳時發出的聲音，就成了一見到食物就出現的一種預感信號，最後變成一種想吃東西的一種表示……當嘴裏没有食物時，‘恩，恩’的鼻音可能隨一個張口的，特别是雙唇的音，或任何一個元音。”①

2. 媧這個字先秦可以讀作瓜也可以讀作娃，ma 和 wa 上古同音。但是無論發哪一種音，和後起的叫“媽”都是一聲之轉。它們之間是一種語言發展進化的關係。根據第一點，媧這個字上古發音最大的可能是 wa，即我們現代的發聲。粤語中媧的發音也是 wa。

3. 媧是母系氏族社會唯一留存的對母親、對首領稱呼。儘管在史書記載中還有有巢氏，燧人氏等名稱，但那都是父系社會以後的後人加給他們的“封號”。從後者複雜的發音和其以“氏”命名便可知曉。

4. 媧也許是母系社會對老祖母兼部落首領的通稱。所以女媧不是一個人，而是貫穿整個母系社會的所有的部落家長兼首領。他們都被稱爲媧，而女媧中的女字也許是戰國時期人們追記歷史時加上以區别性别的。這種詞頭在先秦典籍中屢見不鮮。

女媧在我國江南的民間傳説中又叫女岐或者女希，這些遠古傳説中作爲中華女性始祖的名字有一個共同的語音特點就是它們都是唇音或者齒頭音，這是人類最早的發音部位和發音方法。所以媧（娃）、岐（希）、應該是中國人口語形成時最早的幾個發音。而岐、希的發音更接近夏方言的姐姐的姐，發音 ji。可見，遠古 j、q、x 曾是同一個發音。

女媧是母系氏族社會這一歷史時期的一個符號。是所有母系氏族部落的老祖母和統治者。要確立女媧是一個歷史符號而不是神話符號，首先必須確立女媧的人格否定女媧的神格。在中國神話傳説中構成女媧神格的主要是兩個神話傳説：

“俗説天地開闢，未有人民，女媧摶黄土作人，劇務力不暇供，乃引繩于泥中，舉以爲人。”②

“往古之時，四極廢，九州裂，天不兼覆，地不周載；火爁炎而不滅，水浩洋而不息，猛獸食顓民，鷙鳥攫老弱。于是，女媧煉五色石以補蒼天，斷鰲足以立四極，殺黑龍以濟冀州，積蘆灰以止淫水。蒼天補，四極正；淫水涸，冀州平；狡蟲死，顓民生。”（《淮南子·覽冥訓》）

前一個傳説因爲不存在旁觀者，我們寧可把它視爲對人類起源的一種猜想更爲合理，不能據此就説明女媧是一個造人的神仙。其實女媧造人的傳説更多地是表現爲一個偉大的母親的歷史痕跡。國人在探索人類起源時出現過許多版本的傳説——感神而生説、葫蘆説、磨盤説、兄妹説（依然没有解決第一人問題）等。女媧摶土造人不過是諸多猜想之一。後一則傳説是女媧神格的核心，我們來仔細考察一下這段被誤讀了幾千年的文字。

---

① http：//www. aisixiang. com/data/20475. htm.

② 袁珂選釋《古神話選釋》，第 20 頁。

在淮南子的這段話裏女媧的神格和人格是混雜的，這是最大的疑點。看“女媧煉五色石以補蒼天，斷鰲足以立四極”，一面女媧是個天上神仙；而看“殺黑龍以濟冀州，積蘆灰以止淫水”一面女媧又是個人間英雄。弄清楚“四極”“九州”“煉五色石”“補蒼天”“斷鰲足”就成爲確立女媧是人還是神的關鍵。

四極。這是上古時代人們用來支撐洞穴頂部的四根木柱，古人稱之爲天柱。陝西西安半坡仰韶文化遺址的居住區的中央，有一座坐北朝南規模很大的長方形房屋。屋内就有 4 根這樣的天柱。這種天柱後來在商、周明堂中依然被保留下來。當這四極傾斜時，洞穴頂或屋頂就會塌陷。同樣要將塌陷的窑洞頂部修補好也離不開這四根“天柱”。窑洞雖然可以不用這四根天柱，但當窑洞頂塌陷後要補這個“天”時，就不得不使用“四極”來支撐。

九州。九州最早衹是指可以居住的高地，這點先秦史專家早有定論。禹定九州以後，中原被分成九州是父系氏族社會晚期的事情。

煉五色石。這裏有兩點疑問：一是女媧爲什麼選用五色石補天？二是爲什麼五色石要經過“煉”纔能補天。其實不必神化如此，早在 60 多萬年前的北京猿人就已經學會使用火了，“在北京猿人住過的山洞中不但發現了大批的石器，而且發現了火燒過的成層、成堆的灰燼和一塊塊顔色不一的經火燒過的獸骨和石頭”，“山頂洞遺址還發現了很多美麗晶瑩的石器”①。可見火和石塊已經是上古先民的常用物品。我的觀點是女媧將有色的石塊放在火中以熔化。女媧這樣做的目的是什麼呢？我們知道含有金屬的礦石大多外表呈現不同顔色的，而銅是上古人類最早使用的一種金屬。據專家研究，女媧生活的地區山西中條山脈一帶出産的含銅礦石主要有黄銅礦、孔雀石、輝銅礦、斑銅礦、藍銅礦等，這些礦石外表呈現黄、紅、紫、藍、緑、金等不同的色彩。② 這些礦石加熱到一定温度時就會熔化爲液態，冷卻以後就會成型爲扁平狀的板狀金屬塊。這不是我的推理和憑空想象，同樣在中國母系社會，在仰韶文化的姜寨遺址就出土過一片含雜質較多的片狀的黄銅③。母系社會的人類采用火塘取暖和保存火種。火塘周圍的石塊如果是熔點較低的礦石則很容易融化，冷卻後便成爲成分複雜的金屬板。女媧煉五色石是很多偶然因素造成的，這不是神話，而是事實。

補蒼天。爲何會出現“四極廢，九州裂，天不兼覆，地不周載”的現象？其實在女媧時代由于天柱腐爛，或者雨水或山洪從天而降，窑洞的頂部（天）極易産生塌陷。補天，就是將洞穴頂部堵住。這一傳説被後世的以訛傳訛成爲女媧補天的神話。《禮記·月令疏》載“復穴之世開其上以取明”成爲周以後中室成爲天井的雛形。當然後世的天井除了取明以外還有排水的功能。

斷鰲足。這是被歪曲導致誤傳的最關鍵的地方。歷代注家都解釋爲女媧砍斷鰲的四足，用四足作爲支撐天頂的四根天柱，使蒼天能够重新兼覆九州。其實這是望文生義。我認爲，真實的情况是：女媧砍斷了鰲的四隻腳，目的是使鰲被固定在原地不能移動。

---

① 王玉哲著《中華遠古史》，第 19 頁。

② 《考古》2009 年第 1 期，第 85 頁。

③ 《考古學報》1981 年第 3 期，第 77 頁。

然後在鰲的背殼上立起四根巨木作爲四極（天柱）。然後在四極上覆蓋用五色石煉成的金屬板塊，最後覆蓋泥土，重新修補好洞穴的頂部。于是“蒼天補，四極正；淫水涸，冀州平；狡蟲死，顓民生”。（試想，如果女媧補的真是天穹，爲什麽要說“冀州平”而不說“九州平”呢?）由于木頭的四極是立在鰲背上，就不會因爲水的長期浸泡而腐朽。在我國母系氏族社會的仰韶半坡遺址的一號、三號、六號方屋都發現了立房屋支柱用的柱洞，其中以氏族進行公共活動的場所——一號長方屋的柱洞最爲密集。這證明當時大多數建房的立柱都是直接埋進土中的。這種做法的最大缺點是木頭的立柱容易受潮朽爛或白蟻侵蝕，從而導致洞穴和房屋的垮塌。在對殷墟的第七次發掘，發現長 60 米的堂基上有排列整齊的的柱礎石；第八次發掘甚至發現了 10 個銅礎。這充分證明女媧的這種防潮方法在商代後期已經被自覺地應用在建築過程中。類似立柱下墊龜和石塊的風俗在我國南方一直流傳至今：現在民間常常在建房時在客廳立柱下墊一隻烏龜就是這種風俗的傳承。現在的烏龜體格較小，所以就不需“斷鰲足”了。這種殘忍的習俗逐漸爲用石頭製成的“方礎”或“圓礎”代替了烏龜。1983 年春河南偃師商城遺址發現宮城的基址有大型石塊作的柱礎。此前發掘的安陽、鄭州商代遺址都有銅柱礎和石柱礎，考古專家們據此判斷出三座宮城當時的建築規模。後世這種做法蔚然成風，並已經成爲我國的民俗：現在你走進南方民居，在門廳裏，常常可以看見四根天柱下各墊著一隻石礎，應該就是女媧“斷鰲足”的歷史孑遺。

分析《淮南子》原文就會發現，“火爁炎而不滅，水浩洋而不息，猛獸食顓民，鷙鳥攫老弱”，“殺黑龍以濟冀州，積蘆灰以止淫水。蒼天補，四極正；淫水涸，冀州平；狡蟲死，顓民生”正是原始社會人類生活的真實寫照。這個傳說的神話成分僅僅衹有“補蒼天”和“斷鰲足”，難道憑這樣的六個字就可以將它定論爲一個神話嗎？綜上所述，《淮南子》實際上追記了一個女媧作爲母系社會的部落領袖率領部落頑强抗擊自然災害的動人歷史事件。其創造精神和堅韌的意志使得我們這些後人爲有這樣的祖先而倍感驕傲和自豪。從這個記載中我們也看到，古代冶金術是怎樣從原始生產生活中濫觴的。這段記載大概也是中國最早的關于礦石冶煉成型的珍貴資料。女媧無意之中發現了有些金屬礦石是可以用火熔化的。

《世本》所載“女媧作笙簧”被一些專家列爲女媧神格，其實也有誇張的成分。在語言發展的初級階段，一個部落往往人數在千人以上。女媧衹是創造了一種類似今天的哨子一樣的工具，產生了可以流傳較遠的聲音。嚴格地說女媧是發現了簧片的振動可以發出聲音這一現象。據《世本》載，笙應該是隨發明的。笙是一種比較複雜的樂器。《說文》：“笙，十三簧。象鳳之身也。……古者女媧作簧。”《爾雅・釋樂》：“大笙謂之巢。小者謂之和。”《爾雅注疏》說大笙有十九簧，小笙有十三簧。這樣複雜的樂器女媧時代是無法發明並製成的。發現簧片的發聲是源于原始生活的需要，正如《孫子兵法・軍政》所說：“言不相聞，故爲金鼓；視不相見，故爲旌旗。”爲了聯係上的需要，以簧片發聲的哨器應運而生。這應該被視爲女媧的人格的一部分。當時的簧片應該和今天少數民族的口弦有共同之處。或者更簡單一點，就是吹動樹葉或其他薄片以發出聲音。現在我們使女媧逐漸走下了神壇，變得更真實、更樸實、更人性化了。

讓我們抹去女媧身上最後一縷神的光輝——女媧置神媒。其實這是女媧最人性化的發明。在上古社會，人類是群居群交的，女人没有固定的男性伴侣。即使如專家們所考證曾經存在一段“亞血族婚姻”，也是一種小範圍的混交狀態。女媧祈禱神明爲證，結爲一夫一妻的家庭，開創了偶婚制。這既是原始社會的一種進化，也是女性生活的一種無奈之舉。時值母系社會末期，戰争四起，搶婚盛行。女性已經淪爲弱者，女性的統治也已經被邊緣化。所以，最後一任女媧創造了旨在爲女性謀求穩定生活和終身安定的一夫一妻的婚姻制度。最后一任的女媧身體力行，嫁給了伏羲（女媧和伏羲的夫妻關係很值得質疑）。私有制社會進入了對女人和孩子的占有，歷史掀開了嶄新的一頁——中國父系氏族社會初期的男權階段。

想一想爲什麽中國遠古的第一對夫妻是女媧和庖羲（即伏羲），那正是母系氏族社會向父系氏族社會過渡時期的雙首領、雙酋長現象。

分析一下女媧造人的傳説形成的過程你就會發現，女媧創造人是真實的，可信的。女媧創造人的傳説分成三個階段：

“有神十人，名曰女媧之腸，化爲神，處栗廣之野。橫道而處。”（《山海經・大荒西經》）

“傳言女媧人頭蛇身，一日七十化。”（《楚辭・天問注》）

“黄帝生陰陽，上駢生耳目，桑林生臂手，此女媧所以七十化也。”（《淮南子・説林》）

“俗説天地開闢，未有人民，女媧摶黄土作人，劇務力不暇供，乃引繩于泥中，舉以爲人。”①

上述四則記載是按照歷史順序也是按照人類認識的發展順序排列的。第一則記載，人類尚無父系社會的痕跡，女媧的腸子變成了人。我在前文中已經論及，女媧的腸子（先後）化爲十個人。這是遠古時期女人生育的場合不避諱男人，大家親眼目覩了女媧産下胎盤的過程。人們以爲是女媧的腸子變成人。這説明在那個時代，思維能力低下的人們還没有意識到男人在繁衍後代中是起作用的。這是第一階段的傳説，是歷史的真實。

到了“傳言女媧人頭蛇身，一日七十化”的時代，人們已經認識到男人的在生育中所起的作用。這裏的“化”作“交媾”解釋。但是，處于母系社會後期和父系社會之交，原始人類仍然處于群居濫交狀態，人們還是不能爲孩子找到生身父親。所以在《淮南子》中纔有“黄帝生陰陽，上駢生耳目，桑林生臂手，此女媧所以七十化也”的記載，認爲衹要和女媧發生性行爲的所有的男人都和孩子相關。黄帝决定了孩子的性别，上駢决定了孩子的耳目，桑林决定了孩子的臂手。這清楚地表明原始人類認識問題的清晰的發展思路，這是第二階段的傳説，是對此前歷史上曾經存在的人類繁衍的思考，也是人類對生育現象思考過程中的一個質變點。這種“共同决定論”還説明了上駢和桑林不過是兩個凡人，和同一時期的黄帝一樣，他們是兩個曾經和女媧有過性關係的男人。過去的專家大多傾向上駢和桑林是兩個神的名字。這一錯誤的推斷産生一種新的神話敘事，即黄帝、女媧、上駢和桑林都是神話人物。

① 袁珂選釋《古神話選釋》，第20頁。

至于從漢代開始出現的女媧用泥土造人的神話，衹是爲了强化男權而企圖剝奪女媧的中華第一人地位的神化過程。其根本原因是當時女媧名列三皇之首。衹有神化女媧，使她變成神，纔能够使中國的歷史變成男人的歷史，纔能使三皇變成男性的三皇。所以“女媧摶土造人”的神話應運而生。這是第三個階段，是男性話語權的别有用心的曲解。意在創造一個女媧用泥土造人的神話來取代女媧作爲中華始祖母的歷史事實。現在我們重温《楚辭・天問》：

“登立爲帝，孰道尚之？女媧有體，孰製匠之？”

朱熹認爲這句話前面因爲没有“伏羲”二字所以不好解釋。其實《天問》中凡是連續的兩問主體都是一個。屈原在這裏問得很清楚：女媧登立爲遠古帝王（母系社會氏族的領導者），是誰使她當上了這個最高位置？（造人的）女媧也有身體，是誰創造了她？這裏根本没有伏羲什麽事情，實際上是根本没有男人們的事情，最早的女媧傳説都没有伏羲的影子。據聞一多考證，女媧和伏羲兩人名字同時出現（一般女媧在先伏羲在後）的情况首見于《淮南子・覽冥訓》。屈原的這兩問本身也説明了很多問題：

一、女媧是“千古一帝”。因爲在没有任何帝王的時候，女媧就已經被民衆奉爲“帝”了。所以屈原纔會問道：“登立爲帝，孰道尚之？”所以女媧是遠古第一個帝王，她應該位列三皇第一。但是在後來的父系社會中，出現了許多版本的三皇排序，就是没有女媧第一的記載。屈原這個歷史上最早的一問或許會爲我們提供一點思考。

二、女媧是中華民族第一人。女媧創造了人，但是作爲第一個女人她自己是從哪裏來的呢？所以纔會有“女媧有體，孰製匠之？”這樣一問。同樣的疑問在夏商周秦四個朝代，他們追溯自己的遠祖時無一例外地都找著了一個女人。都是一個女人和天神感應而生下了夏、商、周、秦的遠祖，這絶不是一種偶然。

三、在這裏，根本没有提及男人。説明在女媧時代，人們衹是認爲是女人創造了人類，因爲他們親眼看見每一個人——無論是男人還是女人——都是由女人生下來的！他們還没有意識到女人之所以能够“造人”和男人是分不開的。這個問題我在《遠古史研究的盲點之二：感天而生》裏作了很細緻的分析。人類在父系社會初期纔認識到交媾、懷孕是創造人類的必經之路。當男人認識到自己的作用之時，就産生了對女人和孩子的私人占有，父系社會由此而誕生。

男性社會不願意承認這份權力來自女媧，但是又不能創造“男人創造人”的傳説。要詆毁女性的始祖母女媧的功績唯一的辦法是將女媧神化。將女媧上昇爲神，她可以用泥土做人，她可以煉石補天，不再與男人争奪三皇的地位，于是三皇就全部成了男人，中國就成爲男人統治的中國了。遺憾的是人類發展史上，遠古第一人都是一個女人，世界上每個民族無不如此。對于中華民族，這個“三皇第一”和中華民族的始祖母非女媧莫屬。

在中國上古傳説中女媧首先是一個母親。她是上古的一個帝王；她女性十足，生育了很多兒女；她發明了笙簧，也許是爲了唤回在外撒野的孩子；她首創了一夫一妻的婚姻制度，也許是爲了給孩子一個準確的父親，從而將中國社會必然地推進到了父系社會。同時女媧又被傳説塑造爲一個神。她“煉五色石以補蒼天，斬鰲足以立四極，殺黑龍以濟冀州，積蘆灰以止淫水”。她“摶黄土作人，劇務力不暇供，乃引繩于泥中，舉以爲人”。從上述事跡看，作爲母系氏族社會的傑出領導人，女媧的地位是無出其右的。

女媧的人格和神格的巨大反差原因是複雜的。主要是人類進入父系社會後：①父系社會需要樹立男人的權威，需要一個男性的始祖。②從歷史沿革看，所有的中國人都有一個有名有姓的男性始祖。③男性的皇帝們不願意看到一個女性的始皇帝。

從西漢開始，這個單身的女媧身邊出現了一個男人，這個人就是伏羲：

“女媧，伏希之妹。”①

“伏羲鱗身，女媧蛇軀。”②

“女媧，陰帝，佐伏羲治者也。”（《淮南子・覽冥篇》高誘注）

“女媧本是伏羲婦。”③（唐盧仝詩）

我們知道司馬遷寫《史記》是衹有《五帝本紀》的。至于《三皇本紀》司馬遷寫了，但是因爲某種原因最終没有敢編進成書裏。但是問題卻没有這麼簡單。春秋戰國以前的《周易》裏是衹有兩皇的：“古者伏羲氏之王天下也，仰則觀象于天，俯則觀法于地，始作八卦以通神明之德，以類萬物之情。結繩爲網罟，以佃以漁。伏羲氏没，神農氏作……”到了春秋戰國時《尚書》的記載就多了一個燧人氏：“燧人爲遂皇，伏羲爲戲皇，神農爲農皇也。”西漢和東漢的御用文人試圖建立一個以董仲舒五行學説爲基礎的皇帝的體系，于是這場歷史官司一直打到了唐朝。據顧頡剛研究，其間出了四個三皇系統：

1. 伏羲、女媧、神農。（《春秋運斗樞》）
2. 伏羲、祝融、神農。（《禮號謚記》）
3. 伏羲、燧人、神農。（《禮含文嘉》）
4. 燧人、伏羲、神農。（《尚書》）

其中燧人氏衹是一個發明用火的孤立的傳説，燧人氏不辨男女，没有後代傳承，歷史脈絡也是模糊的，很容易被排斥在三皇系統之外。女媧和祝融就難了。他們生活在母系氏族社會向父系氏族社會的轉型期，論對人類的貢獻女媧比祝融要大。衹有排斥了女媧，男性的祝融纔有可能進入三皇系統。東漢一代，文人們一直在做這樣的歷史篡改。現存最早的有説服力的證據是，東漢武梁祠石室畫像，聞名古今中外的兩幅女媧伏羲交尾圖。女媧成了伏羲的妻子，成了“佐伏羲治者也”。當然她無權問津權力，也就被從三皇系列除名了。但是這裏有兩個關鍵的地方出了問題。

1.《淮南子》的模棱兩可的句讀：

“女媧，陰帝，佐伏羲治者也。”是一種有利于伏羲的斷句。這個句子也可以有第二種斷法。“女媧，陰帝。佐伏羲，治者也”解釋爲：女媧，就是陰帝。那個輔佐她的人，叫伏羲，是司治理的人（也就是女媧的臣子）。《淮南子》中的這個句子是個模棱兩可的句子。我這樣懷疑《淮南子》是有根據的。據聞一多先生考，女媧伏羲並提就首見于《淮南子》。該書中做有利伏羲解釋的還有一例，見《淮南子・覽冥訓》：

“……然猶未及伏羲氏之道也。往古之時，四極廢，九州裂，天不兼覆，地不周載……于是女媧煉五色石以補蒼天，斷鰲足以立四極，積蘆灰以止淫水。”

2. 畫像磚的細節：我們知道，女媧執矩司地，伏羲執規司天。而上述兩幅交尾圖有

①②③ 袁珂選釋《古神話選釋》，第42頁。

一個共同的細節，執矩者占據右位。也就是說占據了右邊這個主子的位置。這個位置一直到隋朝高昌故址墓室的彩色絹畫上仍然如此。同樣有力的證據最早見于西漢，在唐河縣湖陽出土的西漢女媧伏羲交尾圖畫像磚上，雙手捧月的女媧居上位而雙手舉日的伏羲則居下位。

以上史料說明西漢前期雖然有史料證明伏羲被介入了女媧的生活，但是他的角色卻是女媧的下臣和輔佐。不能成爲將女媧逐出三皇的鐵證。然而父系社會終究是男權當政。東漢章帝最終以欽定的《白虎通德論》將女媧正式從三皇論爭中除名。

建初四年，"天子會諸儒講論五經。作白虎通德論，令（班）固撰集其事"（《後漢書·班固傳》）。

會議上首先給"皇"下了一個定義，也就是皇上給將列入三皇的候選人製定了標準。"皇者何謂也？亦號也。……號之爲皇者，煌煌人莫違也。煩一夫，擾一士以勞天下者，不爲皇也。不擾匹夫匹婦故爲皇。"然後會議給三皇定下了"入籠子"的人選。"三皇者何謂也？謂伏羲、神農、燧人也。或曰伏羲、神農、祝融也。"于是女媧出局。爲此唐代司馬貞專門寫了一個《史記·補三皇本紀》想翻這段歷史公案，試圖定論三皇就是伏羲、女媧和神農。這個結論當然也是錯的，它意味著在中國進入以伏羲爲起點的父系氏族社會以後又出了一個女皇——女媧。這個次序很值得懷疑。前文已經證明伏羲是女媧的臣下和輔佐。現在讓我們回到那個年代，用比較可信的史料中關于女媧和伏羲的事跡說明女媧的領導地位先于伏羲。

1. "女媧禱神祠，祈而爲女媒，因置昏姻。"[①]

"伏羲製嫁娶，以儷皮爲禮。"[②]

"大昊製以儷皮爲嫁娶之禮。"[③]

2. "女媧作笙簧。"

"伏羲氏作瑟，造《駕辯》之曲。"（《楚辭·大招》）

在第一組中，女媧製定了婚姻制度，而伏羲衹是製定了婚姻禮儀。所以《路史》給女媧的評價很高，說她"以其載媒，是以後世有國，是祀爲臯媒之神"。在第二組中女媧用簧片製作了原始的笙，而伏羲製作了更爲先進而複雜的瑟。所以，將女媧在三皇中的次序排在伏羲之後是一個人爲的錯誤。從有關史前的資料看，女媧在/置婚姻"以前確實有過一段混亂的性生活史。作爲佐證：這一時期和伏羲社會地位相類似的還有一個人，就是《詩經》裏的古公亶父，"那古公亶父是一位穴居野處的牧人，跟著河流西上，走到歧山之下，纔嫁給一位姜姓的女酋長……古公發跡以後不知不覺間就便改姓起'姬'來了。……古公以後便成了一個男性中心的社會了"[④]。

女媧生活的末期，中國的母系氏族社會已經瀕臨解體，父系氏族社會已現雛形。造成這一狀況的原因是戰爭，是男人之間爲了爭奪權力和地盤的戰爭。這種混戰局面可能

---

① 袁珂選釋《古神話選釋》，第20頁。

② （清）馬驌撰《繹史》第19頁。

③ 《十三經注疏》，第1361頁。

④ 郭沫若著《中國古代社會研究》，河北教育出版社2004年版，第78頁。

從伏羲之世陸陸續續打到黄帝時代。

“當其（女媧）末年也，諸侯有共工氏，任智刑以强，霸而不王。以水乘木，乃與祝融戰，不勝而怒，乃頭觸不周山崩，天柱折，地維缺。”（《史記・補三皇本紀》）

“天傾西北，故日月星辰移焉；地不滿東南，故水潦塵埃歸焉。”（《淮南子・天文》）

注意，這裏的天傾地缺和女媧補天記載的不是一件事。因爲共工觸不周山所造成的惡果現在還存在著。所以女媧補天的事跡當是女媧早期的事跡記載。好像是有先見之明，又可能女媧受排斥由來已久。早在《淮南子》中就有這樣一段爲女媧鳴不平的話：

“蒼天補，四極正，淫水涸，冀州平；狡蟲死，顓民生……考其功烈，上際九天，下契黄壚；名聲被後世，光暉熏萬物。……然而（女媧）不彰其功，不揚其聲，隱真人之道，以從天地之固然。”

若按照真人之道，女媧就應該繼續當她的女媧皇，但是女媧没有張揚她的功業，没有宣揚自己的名聲，而是“從天地之固然”了。什麼叫“從天地之固然”？在劉安編寫《淮南子》的西漢初期，從天地之固然就是從男女之固然，就是女媧禪位給了别人——位列三皇之首的伏羲。客觀上，連年戰亂，女媧既没有領導男性部落打仗的才能，也没有保護女性部落不受戰争侵害的能力。所以她交出權力，回家相夫育子也是歷史的必然。更何况繼續執掌權力的人正是她唯一的丈夫。這是母系氏族對父系權力的第一次妥協，是中國從母系氏族社會向父系氏族社會過渡的一個質變點。

女媧的被神化脈絡也非常清晰。首先見于《楚辭・天問》中屈原那千古一問“女媧有體，孰製匠之？”其注云：“傳言女媧人頭蛇身，一日七十化。”[①] 在王充的《論衡》中女媧與共工的破天與補天的因果關係使女媧的神的身份不斷被强化。到東漢許慎《説文解字》時，女媧的神格和人格發生了徹底脱離。《説文》的定義是：“媧，古之神聖女，化萬物者也。”自此，女媧不再是一個人，而是一座神了。

爲了統治的需要，女媧“隱真人之道，以從天地之固然”；但是爲了人倫的需要，女媧仍然作爲中華民族的始祖和母系氏族社會傑出的領導人受到中華民族的尊重。從黄帝大敗蚩尤之後首祭女媧，以後歷朝歷代的皇帝都會祭奠自己的始祖女媧。

《史記》載：“于是始皇遂東游海上，行禮祠名山大川及八神，求仙人羨門之屬。……八神：一曰天主……二曰地主……三曰兵主，祠蚩尤……四曰陰主，祠三山……”這裏與蚩尤並列爲八神之一的陰主當是女媧。

山西省萬榮縣汾陰后土祠，是最古老的祭祀后土女媧氏的祠廟。據祠中保存完好的《歷朝立廟致祠實跡》碑記和《蒲州府記》記載，“軒轅氏祀地祈掃地爲壇于脽上，二帝八員有司，三王澤歲舉”。漢武帝劉徹時更是東嶽封禪，汾陰祀土，于元鼎四年（公元前113年）擴建汾陰后土祠，定爲國家祠廟，作爲巡行之地。漢宣帝、元帝、成帝、哀帝和東漢光武帝等先後來此祭祀達11次之多。唐玄宗李隆基于開元年間三次來此祭祀，並擴建祠廟。宋真宗趙桓大中祥符四年也來此祭祀，爲這次祭祀活動，對后土祠進行了修葺，并親自書寫了《汾陰二聖配饗之銘》碑文。明代開始祭祀后土的儀式，遷徙于北京天壇。明清兩代，皇帝每年夏至都要到地壇祭祀后土，以祈求五穀豐登。但是這個時候后土的概念已

---

① （宋）朱熹集注《楚辭集注》，第63頁。

經由女媧移花接木成了皇天后土的土地神，祭祀的内容也發生了轉移。

在民間，女媧流傳甚廣甚遠，她作爲中華民族的始祖神享極殊榮。各地對女媧的民間祭祀都冠以媧皇、人祖、聖母的名號。遍布各地的女媧廟、媧皇宫、女媧山以及數不勝數的女媧民間故事顯示了女媧頑强的生命力。民間女媧信仰的表現形式也十分混雜，禮拜儀式各異。據女媧研究學者楊利慧研究，女媧傳説分布在長江黄河流域、整個中國海岸綫帶和華南和臺灣地區。

女媧作爲母系社會的氏族首領對中國上古時代的貢獻是不容抹殺的歷史事實，她應該位列三皇之上。女媧的被神化對統治者而言是父系社會發展的必然，對億萬中國百姓而言是對始祖的無盡的追思和崇拜。

［結論］：女媧不是一個神，她（們）是遠古時期最偉大的中國女人。

龜和玄武

學術界公認文獻第一次有關洛書的記載是《尚書·顧命》，西周史官在周康王（成王之子）于洛邑的繼位典禮上看到："越玉五重、陳寶、赤刀、大訓、弘璧、琬琰在西序；大玉、夷玉、天球、河圖、洛書在東序。"

《辭海》在解釋"河圖洛書"一詞時説："有神龜從洛水出現，背負'洛書'。"一説禹治洪水時，上帝賜給他以《洪範九疇》，即《尚書·洪範》。讀起來確實像一則神話。

洛書古稱龜書，傳説大禹治水時，有神龜出洛河，其背有文。其甲殼上有此圖象，結構是戴九履一，左三右七，二四爲肩，六八爲足，以五居中。但是傳説並没有指明這神龜是活的還是死的？這洛書是刻在龜背上還是刻在龜板上？這兩點對于正本清源後來幾千年的龜蛇同體等一連串衍生的傳説或者説一連串衍生的誤解至關重要。

《黄帝本紀》注："神龍負圖文，遁其甲，故曰遁甲。"[①] 轉引自何新《諸神的起源》這條注解非常關鍵：它不僅説明洛書是刻在龜殼上的，而且當人類發現洛書的時候，它衹是一具空殼。也就是説人們認爲其中的神龍（龜體）留下洛書以後已經飛走了。所以洛書一直被認爲是神賜。連睿智的孔子都是這樣認爲的，《論語·子罕》："鳳凰不至，河不出圖，吾已矣夫！"人爲利用這種方法在歷史也上比比皆是：陳勝吴廣的鯉魚素書就是一例。但是上面的例子卻告訴我們，遠古之人認爲烏龜和龜殼是兩樣東西。烏龜穿戴了龜殼是爲了保護自己。所以"神龍"留下了洛書自己卻遁甲而去……。其實説白了，這件事就是某人在洛河邊撿到一隻龜殼，這隻龜殼上刻著洛書而已。

這其中的原理很容易理解，遠古之人看見自然界有很多烏龜，同時也看見周圍有很多死去的烏龜留下的空的龜殼（因爲在烏龜屍體腐爛以後，龜殼並不會腐爛），所以在人類的原始思維中當然是把龜和龜殼看作兩樣不同的東西。在遠古人類的原始思維中，

① 何新著《諸神的起源》，北京工業大學出版社 2007 年版，第 57 頁。

不是烏龜死後留下了龜殼，而是一種動物（神龍）穿上了那些龜殼變成了烏龜的模樣，它們這樣做是爲了自我保護以防止異類對他們的侵害。就像人類自己穿上獸皮和魚皮衣裳是一樣的道理。這是一種最原始的類比推理。

那麼，龜殼中的那個動物究竟是什麼呢？是玄武。爲什麼給烏龜取了這樣一個名字呢，因爲它們用來保護自己所穿戴的龜背盔甲，是黑裏透紅顏色，這就是“玄”。而善于利用盔甲保護自己，這就是“武”。所以玄武是烏龜最早的名字。

《説文》：“玄，幽遠也。……黑而有赤色者爲玄。”“武，楚莊王曰，夫武定功戢兵，故止戈爲武。”段注：“武，跡也。此武之别一義也。”

楚莊王的解釋賦予了“武”較多的反戰和正義的色彩。客觀的中性的解釋不是止息干戈和防止戰爭。見甲骨文“武”。

卜辭武，從止從戈。從字面上看是一隻腳正在奔向武器（戈）。《春秋元命苞》：“武者伐也。”① 朱芳圃釋卜辭武：“戈，兵器；止，足趾，所以行走，象揮戈前進也。”②所以武的本義是武裝和討伐的意思。

有商一代從中國的南方各地徵集體型較大的烏龜以供占卜。《説文》：“天子巨龜尺有二寸，諸侯尺，大夫八寸，士六寸。”這些大龜年年被捕捉送往北方的商都。從出土卜辭看在武丁一朝達到頂峰。所以人們談到烏龜時，將它定位在北方是很自然的。但是在本質上烏龜名爲玄武和北方並没有必然的聯係。商人卜辭用龜甲占卜也給烏龜增加了幾重神秘的色彩。

到了漢代，烏龜的這種神秘感似乎被更加神化了。

《後漢書. 王梁傳》：“《赤伏符》曰：‘王梁主衡作玄武。’”李賢注云：“玄武，北方之神，龜蛇的合体。”③“玄武”爲水神、北方之神。這是説龜蛇本爲一體，共同寄居在龜殼裏。

《楚辭·遠游》：“召玄武而奔屬。”王逸注：“呼太陰神使承衛也。”洪興祖補注：“説者曰：‘玄武謂龜蛇，位在北方故曰玄，身有鱗甲故曰武。朱熹謂“玄武，北方七宿，謂龜蛇也，位在北方，故曰玄，身有鱗甲故曰武”④。又《禮記·曲禮》：“行前朱鳥而後玄武。”孔穎達疏：“玄武，龜也。”《後漢書·王梁傳》：“玄武水神之名。”李賢注：“玄武，北方之神，龜蛇合體。”東漢的緯讖學把烏龜神化爲北方之神，這種神話一直源遠流長到了唐宋。究其原因還是秦漢時代人們對烏龜的一知半解造成的。見《説文》龜字：“龜，舊也。外骨内肉者也。從它，龜頭與它頭同。天地之性，廣肩無雄，龜鱉之類，以它爲雄。”龜鱉無雄，以它（蛇）爲雄。許慎説的它是蛇的古字。從《説文》中我們看到，因爲龜頭和蛇頭非常相像（而龜尾和蛇尾也非常相像），所以人們猜測是蛇鑽進了龜殼裏産生了龜蛇同體現象。許慎的解釋説明，東漢人普遍認爲烏龜全是雌性的，以蛇爲雄性配偶繁衍後代。這是一個反科學的傳説：玄武的由來是由于龜没有雄性的，所以龜衹能和雄性的蛇雜交以繁衍後代，所以龜的體徵就是外骨内肉，就是外

①② 馬如森著《殷墟甲骨學：帶你走進甲骨文的世界》，第478頁引。

③ 《二十五史》第2冊，第873頁。

④ （宋）朱熹集注《楚辭集注》，第110頁。

龜内蛇。這個認識説明人類對烏龜的神秘感是逐漸解除的，而對烏龜的生理習性的認識也是一個歷史的過程。

我國古代爲了觀測天象及日、月、五星的運行，選取環繞周天的二十八個星宿作爲觀測時的標志，稱爲"二十八宿"。東、西、南、北四個方位各有七宿，和蒼龍、白虎、朱雀、玄武（龜蛇合稱）等動物形象相配，稱爲"四象"。二十八宿在四象觀念的形成很早，至戰國初已見于記載。稍晚的《禮記·曲禮上》云："行前朱鳥而後玄武，左青龍而右白虎。"孔穎達疏："朱鳥、玄武、青龍、白虎，四方宿名也。"

自商代直到戰國初期，我國已經形成了皇帝面南而坐的崇尚北方的禮制，所以左東右西前南後北。黄帝的左邊是東方，因爲臨海，是龍捲風頻發地區。所以龍捲風是最神聖威猛的，東方屬木從青色，故左崇青龍。皇帝的後面是北方，崇黑色（與玄武之玄色暗合），所以選擇了北方常見而又很神秘的龜，同時也因爲龜可以上通蒼天下問祖宗，是一種神靈動物。

"黄帝四面"的本義

"黄帝四面"的文獻出處有三：《太平御覽》卷七九《尸子》，1997年長沙馬王堆漢墓出土戰國帛書《十六經·立命篇》，《吕氏春秋》："故皇帝立（位）四面。"[①]

現存最早對黄帝四面給出解釋的是春秋時的孔子。他認爲是黄帝派親信治理四方：

《太平御覽》卷七九引《尸子》：子貢云："古者黄帝四面，信乎？"孔子曰："黄帝取合己者四人，使治四方，不計而耦，不約而成，此之謂四面。"

郭元興認爲是"布誠心于四方"[②]；葉舒憲認爲"黄帝四面"説的是黄帝宗廟"明堂"的結構[③]。還有人認爲是遠古的走婚制，説："黄帝時代當正是各個部族處于走婚階段。所謂'黄帝四面'就是説處于中原地區的黄帝族人，可以到四方去走婚，從而使得周邊四夷的部族由此緊密相連，逐漸形成統一的種族，並在此基礎上構成了共同的心理素質和文化精神。"[④]也有人説"黄帝四面"的本義就是黄帝有四張臉，猶如印度佛教中的四面佛，取其施捨四方之意。

要搞清楚"黄帝四面"的本來含義首先就必須讀懂這四個字的本義。而其中的關鍵就在于四面的"面"字的本義。它在這裏是名詞還是動詞？

如果用如名詞，問題就會簡化許多。那就是黄帝長著四張臉，當然黄帝不可能是這個長相。于是古來很多的研究者就沿用史學界一直以來的老辦法，説黄帝四面是一個神話。繼而爲黄帝在遠古根本就不存在增加了一個學術砝碼。

如果這裏的"面"是一個動詞，那麽意義依然很複雜，但是至少黄帝不再是神話而

① 《河南師範大學學報》2008年第2期，第23頁。

②③④ 《河南師範大學學報》2008年第2期，第23頁。

是遠古歷史人物了。黄帝四面本義就是黄帝面向四方。在這個前提下，上文孔子、郭元興、葉舒憲等的觀點就有了歷史依據。

但是，黄帝面向四方又是什麼意思呢？上述觀點的文獻依據雖然有道理，但是它們符合遠古史上的事實嗎？所以找到遠古史上曾經發生的事實和考古學依據是解决這個問題的關鍵所在。黄帝四面是歷史事實嗎？我對這個問題持肯定態度。因爲據文獻記載，歷史上黄帝確實曾四面受敵，遠古史上黄帝確實是第一個發動戰爭的帝王：

"黄帝之初，養□□民，不好戰伐，而四帝各以方色稱號，交共謀之，邊城日驚，介胄不釋。黄帝嘆曰："夫君危于上，民不安于下；主失其國，其臣再嫁：厥病之由，非養寇邪？今處民萌之上，而四盜亢衡，遞震于師。于是遂即營壘以滅四帝。"（《淮南子・時則篇》）

巧合的是黄帝征服其餘四帝的這些戰爭確實是從東南西北四個方向發動的。

1972 年山東臨沂的銀雀山出土的漢墓竹簡《孫子兵法》佚文《黄帝伐赤帝》殘簡記載："孫子曰：［黄帝南伐赤帝，至于□□］，戰于反山之原……東伐□［青］帝，至于襄平……北伐黑帝，至于武隧……西伐白帝，至于武剛。……已勝四帝，大有天下……天下四面歸之。"

這些戰爭最終都以黄帝的勝利告結束，于是黄帝在一個局部的地域第一次統一了中國。"天下四面而歸之"。其實據先秦文獻記載並不是所有的氏族都服從黄帝的權威的。有一部分氏族屈從于蚩尤的淫威不願歸順黄帝。于是黄帝命人畫了蚩尤的圖像巡游四方，大家看見蚩尤也"歸順"了黄帝，所以也就作罷。這應該就是中國遠古最早的意識形態的宣傳手法。我已經考證了當時的蚩尤是肆虐四方的沙塵暴而已，是一種自然災害。

既然衆多氏族已經"四面而歸之"了黄帝，黄帝也就應該四面而治之，不應該厚彼薄此，這纔是居中的黄帝對待各氏族應有的態度啊。那麼。遠古的黄帝是怎樣做到公平地對待周圍的各個氏族的呢？

他設計並建立了明堂。其實明堂是這種建築物在周代的名稱，黄帝時代叫作合宫。

文獻記載，明堂創始于黄帝，夏代叫"世室"，商代叫"重屋"，周代纔叫"明堂"（見《孝經・聖治章注》）。明堂是一種建築物。它是用來幹什麼的呢？

《禮記・明堂位》説："朝諸侯于明堂之位，天子負斧依，南鄉而立。"（依可能是扆之誤。）

《孝經》："宗祀文王于明堂，以配上帝。上帝謂五時帝太昊之屬。黄帝曰合宫，有虞曰總章，殷曰陽館，周曰明堂。"

《漢書・平帝紀》："元始四年，安漢公奏立明堂辟雍。"應劭注："明堂所以正四時，出教化。"

商周以後，明堂的職能漸漸發生分化，主要是天子祭天祀祖的所在，實際上就是皇家教堂。能在明堂與上帝一起共享祭祀的先祖，自然是最受後世尊崇的帝王。例如，西周是周文王，西漢是漢高祖。

清代學者阮元在《明堂論》中説："明堂，是天子居住的地方。天子在這裏祭祀上帝和祖先，在這裏舉行養老尊賢的典禮，在這裏舉行宴饗、射箭比賽、獻俘等儀式，在這裏頒布教化、發布政令，在這裏朝見四方諸侯。”

明堂是各方諸侯朝見黄帝的地方，也是黄帝居住的地方。説白了，明堂就是故宫的遠古原型。這個遠古的黄帝的故宫是什麽樣子呢？

儒家經典對明堂的建築模式没有明確記載，所以後代聚訟紛紜。

《漢書·郊祀志》：“初，天子封泰山。泰山東北阯，古時有明堂，處險不敞。上欲治明堂奉高帝，未曉其制度。濟南人公玉帶上黄帝時明堂圖，明堂中有四殿，四面無壁，以茅蓋通水，水圜宫垣。爲復道，上有樓，從西南入，名曰崑崙。”

漢武帝封禪泰山後，想仿照古代傳統修建明堂，卻無人能説清其具體樣式。于是方士公玉帶獻上了一張黄帝時期的明堂圖：圖中有一宫殿，四面無壁，以茅草爲蓋，四周環水。漢武帝就照這張圖，修建了漢家明堂。但據後人考證，這張黄帝明堂圖是公玉帶僞造的。東漢桓譚解釋説：“天稱明，所以命名曰明堂。上圓法天，下方法地，八窗法八風，四達法四時，九室法九州，十二座法十二月，三十六户法三十六雨，七十二牖法七十二風。”

雖然後人考證説公孫帶的這張明堂圖是僞造的。但是這一點並不影響明堂的結構的真實性，因爲早在周代的《禮記·考工記》中就有關于明堂規制的詳細記載。這個公孫帶極有可能就是黄帝的宗家，黄帝也是姓公孫的。結合《禮記·考工記》對于建造明堂的詳細記載我們可以知道：明堂中間是一個正方形大堂，以正方形的四邊向外各建造一個大堂，整體上是一個甲骨文“亞”字形結構。正中的大堂下方上圓，象徵天圓地方。周代的明堂伸往東南西北四個方向的大堂每個分爲三間，一共十二間。這個明堂周圍是爲一圈水池所包圍。後來大概就演化爲今天故宫的護城河了吧。吕思勉先生説“明堂之制，四面環水，蓋湖居之遺制……我國最古之建筑，莫如明堂”①，信然。

黄帝時代條件比較艱苦，明堂没有墻壁，四外空空。上面用茅草結一個圓頂。奇怪的是公孫帶的明堂圖上有樓，而且向西南方向留了一條進出的路，叫作崑崙道。我們知道，公孫帶的這張圖是獻給漢朝皇帝的，所以當時的皇室一定非常瞭解這個樓和崑崙道的作用是什麽。《辭源》“崑崙道”條目下記載，崑崙道是供給皇帝在進行大祀時進入明堂用的。但是爲什麽崑崙道留在明堂的上方？爲什麽開口在西南角？爲什麽叫作崑崙道？因爲這和我們考證的黄帝四面關係不大，我將另文考證。

其實阮元的《明堂論》還有一點没有説清楚，就是明堂四達。黄帝時期合宫向東南西北伸出的部分分别是一個大的廳堂，從周代開始朝東南西北伸出的廳堂被横向分割成三間房子，一共十二間。天子從正月立春開始住東向第一間，春季三個月依次住東邊三間。依次類推，春東夏南秋西冬北，一年正好是一個輪回（見《禮記·月令》）。于是，在戰國時期的著作中給我們留下了這樣的記載：

《吕氏春秋》：“故皇帝立（位）四面。”

《尸子》：“古者黄帝四面。”

我認爲上述記載的本義是：黄帝面向東南西北，對天下萬國一視同仁。這是遠古中國人的最原始也是最樸素的統治理念。

---

① 吕思勉著《先秦史》，上海古籍出版社 2005 年版，第 329 頁。

但是同樣出自戰國時期的馬王堆帛書卻作出了另一番解釋。長沙馬王堆漢墓出土戰國帛書《十六經・立命》云："昔者黄宗質始好信，作自爲象。方四面，傅一心。四達自中，前參後參。左參右參。踐位履參，是以能爲天下宗。君受命于天，定位于地，成名于人。唯余一人乃配天，乃立王、三公，立國置君、三卿。數日曆月計歲，以當日月之行。吾類天大明。"

上述《十六經・立命》的解釋是，黄帝質始好信，所以自己做了四張像（或者是雕塑）面向東南西北四方，這樣既可以同時接受來自四方的萬國的朝拜，也表示黄帝是出于公心一視同仁地對待四方氏族的。《十六經・立命》的這個解釋是令人費解的。黄帝會讓各路諸侯對着一張張圖像朝拜嗎。這個看似對"黄帝四面"的最好的解釋也許就是古代對"黄帝四面"種種誤解的開始。我這樣懷疑是在閱讀《禮記・月令》時産生的。

《禮記・月令》："孟春之月……天子居青陽左個……仲春之月……天子居青陽大廟……季春之月……天子居青陽右個……孟夏之月……天子居明堂左個……仲夏之月……天子居明堂太廟……季夏之月……天子居明堂右個……中央土，其日戊己……天子居大廟大室……孟秋之月……天子居總章左個……仲秋之月……天子居總章大廟……季秋之月……天子居總章右個……孟冬之月……天子居玄堂左個……仲冬之月……天子居玄堂大廟……季冬之月……天子居玄堂右個……是月也，日窮于次，月窮于紀，星回于天，數將幾終，歲且更始。"

《禮記・月令》的這一段記載告訴我們：除了舉行大型活動以外，周王是在不同的方向接見不同的諸侯的。這種解釋比《十六經・立命》的解釋應該更加合理一些。也就是説，當初黄帝建造明堂時，衹是爲了表示對四方諸侯的一視同仁，而未必要做到四面同時接見這樣死板教條的理解。我認爲黄帝時代之所以把它叫作合宫的意義也正在于此——在一座公平的宫殿裏接見諸侯並接受參拜。

事實上，當葉舒憲提出"黄帝四面"説的是黄帝宗廟"明堂"的結構的觀點時，他距離我的這一觀點衹有一步之遥。黄帝四面不是一種結構，而是要設計一種結構和制度來表達一種原始的統治理念。郭元興認爲是"布誠心于四方"這一觀點和我的觀點本質上一致，但郭的觀點衹是就宏觀而論，對"四面"的解釋不够到位。

明堂的建制是一個隨着歷史進步的過程。《漢書・平帝紀》："元始四年，安漢公奏立明堂辟雍。"應劭注："明堂所以正四時，出教化。明堂上圜下方，八窗四達，布政之宫，在國之陽。上八窗法八風，四達法四時，九重法九州，十二重法十二月，三十六户法三十六旬，七十二牖法七十二候。"①

遠古明堂的存在得到了現代考古學的證明：一九五七年西安玉祥門外 1.5 公里，發現漢代建築遺址。經發掘地基是圓形土臺，中心建築是方形土臺。分東、西、南、北四堂，每堂有廳堂三間，有圜水溝。出土遺物有五銖錢、雲紋瓦等，疑爲西漢辟雍遺址，符合秦漢間文獻記載②。

其實，我國自古以來就有上行下效的傳統。明堂之制大約是最古老的例子之一。明

① 《二十五史》第一册，第 397 頁。

② 《考古學報》1957 年第 2 期第 74 頁。

堂之制，諸侯半之。春秋時魯僖公作爲一方諸侯在魯國的泮水上建造了半個明堂，三面環水，名曰泮宫。以後諸侯起而仿效，建造形制爲明堂一半，東西南三方有水池環繞，因其名爲泮宫。《詩經·頌·泮水》就有“矯矯虎臣，在泮獻馘”的句子。這是後話。

中國最原始的尺是人的橈骨

我嘗試從自然科學的角度詮釋中國遠古史，因爲以往的遠古史研究更多關注的是人文的角度和歷史的角度。

尺骨：人和脊椎動物前臂長骨之一。人的尺骨和橈骨分開，位于小指側。（《新華詞典》）

一定有人會問：“你研究遠古史討論橈骨和尺骨幹什麽?”我經過仔細研究收獲很大。也許對這個問題的溯源是我對遠古史的一個不小的貢獻。

許宏博士在他的博客上轉載了《山西日報》的一篇關于陶寺觀象臺的考古文章。文中有這樣一段話：

“堯時期的一尺該是當今的多少公分？他（按：負責陶寺遺址考古的何駑博士）爲此又絞盡腦汁了。猛然，他想到了尺骨。古人將肘彎和手掌之間的小臂稱爲尺骨，這尺骨的長度是多少？他查閱了漢族男性體質測量資料，尺骨長度大致都是25公分。看來25公分就是堯時期的一尺。”①

商代，一尺合今16.95厘米，按這一尺度，人高約一丈左右，故有“丈夫”之稱。

周代，一尺合今23.1厘米；秦時，一尺約23.1厘米。

唐代，一尺合今30.7厘米；明清，一尺合今31.1厘米。

何駑博士是中國社科院的研究人員，應該知道即使全世界人的尺骨都是長25公分，也無法證明唐堯時的一尺就是25公分。因爲自堯以後的歷朝歷代尺的長度一直在變，而人的尺骨長度卻一直没有變化。

何駑博士的貢獻在于發現了陶寺遺址中“倚在王者大墓的木桿，那到底是用來幹什麽的？是呀，這根木桿發現迄今已經過去了幾年，可是還没有脱去神秘的面紗。這根竪立在王墓的木桿，它的上面涂有黑色、緑色和紅色標記的漆，旁邊壁龕裏還放置著具有圓形小孔的玉器——戚”。“而這根木桿上紅漆的標記與25公分恰好形成某種比例關係。”②《山西日報》最後，考古人員依據這個基本標準25公分爲一尺，按照《周髀算經》中有“周髀長八尺”的記載做成了25×8的表，最終完成了實驗。

其實在特定地點，不管一尺的長度是多少公分，衹要圭和表按照一個統一協調的標準去製造，這個測量日影長度的實驗結果就是準確的。

我和何駑博士一樣，堅信堯時一尺是25公分！首先因爲橈和尺在西周時就已經是

①② 《山西日報》2009年9月14日《陶寺：4100年前的中國時間》。

普遍使用的度量衡工具了。

《説文》:“尺，十寸也……所以指尺規矩事也。”

《説文》:“橈，曲木也。”

關于橈是曲尺在《易經》《禮記・考工記》《禮記・月令》《左傳》裏都有記載。但是它的長度縮短爲約 23.1 厘米了。那正是周代王室規定的一尺的標準的長度。

這個問題的正確答案不在尺骨而在橈骨。因爲雖然尺骨和橈骨是兩根平行的骨頭，但是真正長度爲 25 公分可以用來量度長度的是橈骨，而不是尺骨。人體生理學告訴我們：漢族人橈骨的長度纔是 25 公分，尺骨比橈骨要多出幾個厘米。因爲尺骨上端多出一段生理組織，這就是被稱作滑車切跡和鷹嘴的一段，這一段組織連接了人的前臂和肘關節。

所以在人體的尺骨和橈骨中。真正能够用來作爲量尺使用的衹能是橈骨。這也許就是橈骨名稱的由來——堯發明的量尺，橈骨的長度正是 25 公分。從《世本》中我們可以瞭解到，堯的時代是一個充滿創造力的時代，創造了釀酒、箕帚、矛和鎧甲、車與、乘馬和陶器等等。

從字的産生時期看，尺這個字是卜辭以後的周代産生的，而堯不僅見于卜辭，而且可能更早。説明橈骨的名稱在先而尺骨的名稱在後。這一點耐人深思：人們早在“尺”字造字之前就開始使用尺了，不過那時人們都稱之爲橈。其原因就在于這種尺是堯的首創。

其次是：“橈骨：人和脊椎動物前臂長骨之一。人的橈骨位于前臂靠拇指一側。”(《新華詞典》)

第三，橈骨和尺骨平行，長度和尺骨相等。漢族男性橈骨和尺骨主體基本一樣都是 25 公分長。但是尺骨多出幾公分長的軟組織——滑車切跡和鷹嘴。

第四，橈骨爲什麽叫橈骨？橈者，堯也。它説明在堯的時代（陶寺時期），人們是用橈骨或者尺骨來丈量長度的。這是一種以堯的名字命名的工具。它的長度就是橈骨的長度——25 公分。

橈骨，長 25 公分，這個長度是堯時的一尺。它的名稱早已被銘刻在中華遠祖的骨頭裏了。

子虛烏有談康回

有關傳説中的人物康回，經學家打了兩千年多年的筆墨官司。既然是經學家們在争辯，那一定是認爲康回這個人物在歷史上確實存在過。據説康回就是共工，也有人認爲共工兩字的合音就是鯀。我經過研究以後發現：康回這個人在歷史上根本就没有存在過。有人立刻就會搬出非常經典的《楚辭・天問》來説，你看：“鯀何所營？禹何所成？康回憑怒？地（隆）何故以東南傾？”

不僅連續四問一氣呵成，好像按照屈原的記載鯀並不是康回，他們應該是兩個人纔對。而且歷史上的學術爭論音猶在耳：

"康回，共工名也。"（東漢王逸《楚辭章句》）

鄭"康成（鄭玄）注書，以爲共工名氏未聞，叔師王逸以康回爲共工名，恐非"。（丁晏《楚辭天問箋》）

"康回之爲共工名，《章句》別無可考。"（游國恩《天問纂義》）

其實追究到這裏，距離解決問題衹有一步之遥。很遺憾，學者們錯過了這一歷史的機遇，而我抓住了。接著我們發現後來人在這個問題上開始越走越遠……

"康，通荒。回，邪也。"（楊樹達《積微居小學述林》）

"舊説康回，共工名也。"①

這樣的例子很多，恕我不再羅列了。很遺憾，他們都錯了！但是這不是屈原的錯。因爲《楚辭》在流傳、收集、整理的過程中出現了很多的錯簡現象，這一點是楚辭學者們一致認可的。目前流行的王逸《楚辭章句》本是源于西漢末年劉向的《楚辭》版本。王逸《楚辭章句・離騷後敘》説："凡二十五篇……後世雄俊莫不瞻慕，舒肆妙慮，纘述其詞。逮至劉向典校經書，分爲十六卷。"

《楚辭章句》中錯簡是内容是混亂無序的主要原因，這就是在劉向之前的口語流傳過程中的錯簡所致。清代學者屈復在《天問校正》中就提出了天象疑問、大禹治水、大地疑問、怪物異事、上古人事、夏商周楚的考證編輯的主導思想。

各位研究者不知想過没有，爲什麽康回最早僅僅存在于屈原的《楚辭・天問》中呢？我們來從屈原的原著中尋找答案。

"鯀何所營？禹何所成？康回憑怒？地（墜）何故以東南傾？"

屈原爲什麽要這麽寫呢？按照《詩經》等先秦古代詩詞的慣例，他應該寫成這樣纔對："鯀何所營？禹何所成？康何憑怒？地（墜）何故以東南傾？"

屈原在這裏一連用了四個"何"字，這種遞進的語氣使人感到暢快淋漓，這纔叫一氣呵成啊。我自作聰明地爲屈原這麽一改，没想到竟改出了一個正確答案，同時也還原了一段真實的歷史：

這個歷史人物就叫康，康是共工二字的合音。認真思考之後，我認爲共工被曲解爲康回並不是屈原的錯。查閲《楚辭・天問》我們可以發現這個"名詞+何+××"是屈原《天問》的一個最常用的句式："明明暗暗，惟時何爲？""八柱何當，東南何虧？""天何所沓，十二焉分？""夜光何德，死則又育？""伯强何處，惠氣安在？""不任汩鴻，師何以尚之？僉曰何憂，何不課而行之？""鴟龜曳銜，鯀何聽焉？順欲成功，帝何刑焉？""伯禹愎鯀，夫何以變化？""應龍何畫，河海何歷？鯀何所營，禹何所成？"《天問》全文中這樣的例子還可以找出許多。

康是誰呢？康就是上面大家一致公認的共工。而回呢，回是一個錯字，訓詁學上叫作"形訛"，本字應該是：何。你們看"回"和"何"是何其相似乃爾！（注意，他們從古到今就是這樣寫的，可不是什麽簡化漢字）。在《天問》的歷史流傳的過程中這個

---

① （宋）朱熹集注《楚辭集注》，第56頁。

“何”字有一千次被錯抄爲“回”字的可能。秦火之後，《楚辭》也曾經在重新面世時經歷了錯簡的過程，衹要讀一讀《天問》全文就知道，很多地方至今次序還是錯的，而産生這種錯誤的原因正是錯簡現象。

那麽，共工爲什麽會叫康呢？我們在前面討論過，鯀就是共工兩個字的急讀合音，康也是共工兩個字的急讀合音，是不同方言的發音所致。在屈原以前的時代裏，黄河中下游地區把共工急讀爲鯀，而長江中上游的部分地區把共工急讀爲康。屈原是楚國人，所以讀成了康，也寫成了康。這衹是方言不同音所致而已。

康和鯀這兩個字在遠古讀音是很接近的。有興趣的朋友可以去查一查清朝人江永的《六書音韻表》。

長話短説，在中國遠古史上，是没有一個叫康回的人的，衹有一個共工氏族，因爲他太厲害了，大家都在傳説。黄河中下游的人們叫他鯀，而長江中上游的人們叫他康。錯誤發生在屈原之后王逸之前，有一個不細心的人在鈔寫《天問》的時候，把“何”字看成了“回”字，于是就抄成了“回”字。于是一個名叫康回的歷史人物就在流傳中誕生了，並以訛傳訛一直流傳到今天。後世的學者們，爲此吵了許多許多年……

現在這個問題已經解決了。

愚公移山的密碼

《列子・湯問》載：“太行、王屋二山，方七百里，高萬仞。本在冀州之東南，河陽之北。北山愚公者，年且九十，面山而居。懲山北之塞，出入之迂也，聚室而謀曰：‘吾與汝畢力平險，指通豫南，達于漢陰，可乎？’雜然相許。其妻獻疑曰：‘以君之力，曾不能損魁父之丘。如太行、王屋何？且焉置土石？’雜曰：‘投諸渤海之尾，隱土之北。’遂率子孫荷擔者三夫，叩石墾壤，箕畚運于渤海之尾。鄰人京城氏之孀妻有遺男，始齔，跳往助之。寒暑易節，始一反焉。河曲智叟笑而止之曰：‘甚矣，汝之不惠。以殘年餘力，曾不能毁山之一毛，其如土石何？’北山愚公長息曰：‘汝心之固，固不可徹，曾不若孀妻弱子。雖我之死，有子存焉；子又生孫，孫又生子；子又有子，子又有孫；子子孫孫無窮匱也，而山不加增，何苦而不平？’河曲智叟亡以應。操蛇之神聞之，懼其不已也，告之于帝。帝感其誠，命夸娥氏二子負二山，一厝朔東，一厝雍南。自此，冀之南，漢之陰，無隴斷焉。”

這就是著名的神話故事愚公移山。我總是把神話故事當作歷史來讀的，結果發現讀出了許多真正的歷史。對于精衛填海和女媧補天是這樣，對于愚公移山也是這樣。

太行、王屋兩座山，遠古時本在“冀州之東南，河陽之北”，今天的位置依然是在“冀州之東南，河陽之北”。也就是説這兩座山的地理位置自古以來幾乎没有變動過。那麽，爲什麽會有這樣一則感天動地的故事呢？

愚公一家居住在王屋和太行的北面，也就是冀州（今山西境内）。冀州古屬堯舜禹稷的氏族們，所以愚公的家人要到河南的東部或者陝西的南部要向南向西翻越很多很高的山峰。所以說“懲山北之塞，出入之迂也”。河南的東部有商丘，陝西的南部是西周的發祥地，這一帶都是夏氏族後代的統治區域。這裏就暗藏著一個疑問：從冀州（今山西）到陝西的南部爲什麽要繞道河南向西進入陝南呢？

答案是：在堯舜時期，冀州全境是一個封閉的湖區：“昔上古龍門未開，吕梁未發，河出孟門，大溢逆流，無有丘陵，沃衍，平原，高阜，盡皆滅之，名曰鴻水。”（《吕氏春秋·愛類》）從太行、王屋兩座山向北是茫茫湖區，是一個淵澤密布的“千島之國”。向西是尚未開鑿的黄河西河的龍門阻斷了道路。所以，居住在冀州的夏后氏的人們進出衹有一條道路，就是從霍太山以南的居住地翻山越嶺到達今天的焦作和沁陽一帶。山西境内有很多的山間羊腸小道通向山外，史書中將這些羊腸小道按當地俗稱叫作羊腸阪。在大禹鑿開黄河的龍門山以前的黄帝堯舜子民身處的就是這樣的環境。

《愚公移山》這個故事應該是堯、舜和大禹早期流傳的一個遠古傳説而不是列子的杜撰。故事裏保留著這樣一個密碼：古代冀州和豫州聯係的唯一通道是太行山和王屋山之間的山間羊腸小道。這一地區有古地名叫羊腸阪的，是不是和遠古冀豫交通有關，姑此存疑。

那麽，作爲黄帝的後代，他們究竟是從古代冀州走向中原還是從中原進山，從而開發了冀州大地呢？我認爲，從堯封唐國時候開始，黄帝的後代們成爲冀州的主宰。不過雖然遠古冀州的自然環境惡劣，但是他們並不是深入不毛之地。因爲王屋山地區一直是女媧傳説和遺跡最爲集中分布的地區，説明遠在母系社會這裏就一直生活著中華民族的先人們①。

黄帝生于中原，他的正妃嫘祖生了兩個兒子“其一曰玄囂，是爲青陽，青陽降居江水；其二曰昌意，降居若水”（《史記·五帝本紀》）。青陽降居江水，就是今天的河南的安陽故城。昌意居若水被古今專家們解釋得面目全非：

“降，下也。言帝子爲諸侯，降居江水、［若水］。江水若水皆在蜀，即所封國也。”②

“《水經》曰：‘水出旄牛徼外，東南至故關爲若水，南過邛都……’”③

《史記索隱》的這個結論因爲流傳了一千多年而影響深遠，但是有可能是錯誤的。其實這兩條河都在河南省境内，黄帝及其子孫們在很長一個歷史時期内都活動在以中原爲中心的冀、豫、兖州地區。也許，列子以來的歷史學家們犯了一個錯誤，一個語言學中的低級錯誤：江水上面已經説過。《史記》中所説昌意所居的若水應該是我們今天所説的洛水，就是河南偃師和洛陽附近的洛河。先秦音韻若和洛是同音字。清代錢大昕已經證明，先秦没有娘母。而這兩個字都在古韻五部。所以按照“娘日歸泥”的訓詁原則，若、洛同音。黄帝的嫡子玄囂封地在江水邊，而另一個嫡子昌意的封地在洛水邊。這是伊洛流域繁榮的開始……這個地區誕生了造字的倉頡和沮誦，所以應該算是中華文明的摇籃和濫觴之一脈。

---

① 楊麗慧著《女媧的神話與信仰》，社會科學出版社 1997 年版，第 47、48 頁。

②③ 《史記》第一册，第 11 頁。

昌意之子顓頊就是出生在若水，顓頊是夏的直系祖先。《吕氏春秋》説：“帝顓頊生自若水，實處空桑，乃登爲帝。”《史記集解》：顓頊“都帝丘，今東郡濮陽是也”①《皇覽》：“顓項冢在東郡濮陽頓邱城門外廣陽裏中。”② 而玄嚣的孫子帝嚳的都邑在西亳還是在南亳至今争論未休。但是帝嚳的墳墓也在東郡濮陽附近。“帝嚳冢在東郡濮陽頓邱城南臺陰野中。”③（一説亳陰）他們當時也没脱離過河南的中原大地。如果昌意的封地在洛水邊這個結論成立的話，帝嚳在濮陽定都是完全有可能成立的。

堯是帝嚳的嫡子，被封于唐國，就在今天山西境内，上世紀對山西陶寺遺址的考古已經證明距今4100年左右在山西太原是有人聚居的，其陶寺觀象臺的出土證明這裏很可能就是堯的國度。

“徐廣云：‘號陶唐。’《帝王紀》云：‘堯都平陽，于《詩》爲唐國。’徐才《宗國都城記》云：‘唐國，帝堯之裔子所封。其北，帝大禹都，漢曰太原郡，在古冀州太行恒山之西，其南有晋水。’”④

從以上黄帝家族的活動範圍我們可以看出，他們一直是在中原活動。所以生活在冀州的愚公們急于尋找一條和豫南黄帝大家族聯係的常規通道是很自然的。這個故事就保留了這樣一種需求和渴望，它通過代代相傳的故事一直流傳到列子時期，被列子或其弟子收入自己的書中。

按照我們的分析，《愚公移山》一文中有一個需要勘誤的地方：“帝感其誠，命夸娥氏二子負二山，一厝朔東，一厝雍南。自此，冀之南，漢之陰，無隴斷焉。”其中的“雍南”應該是“冀南”。因爲王屋山至今還屹立在冀州的南面。在雍南的應該是今天的秦嶺和大巴山。王屋山通向濟源、洛陽等地的羊腸阪也一直存在。夏都三鄠地區的夏代統治者一直是通過羊腸阪保持著和山西運城附近的夏縣、安邑等諸馮之間夏人的聯係的。夏桀最終爲商湯所敗也是在這個地方。

列子・湯問》這個貌似神話的故事其實蕴藏著一個遠古史之謎：

《北三經》：“北次三經之首曰太行之山。其首曰歸山。……（向東北1320里）又北百里曰王屋之山……”

有一個争議很久尚未得其解的問題：中國的海外華僑爲什麽自稱爲唐人？主要的答案有兩個：一個是説中國的唐朝時期最繁榮强大，所以海外華僑自稱唐人；另一個是説他們都來自大陸的河北唐山。這後一個答案也是和唐朝有關，李世民兩次東征都駐紮在唐山地方，后賜山姓唐。該地因山而得名。今天唐山市市民一般稱這座唐山爲大成山。但是上述兩個答案作爲今天四海華僑的祖居地似乎很難有説服力。

其實更早的唐當屬唐堯之唐，堯的屬地雖然在唐國，但是最早的唐國的名稱是在西周纔出現的。而最早的唐山就是上文《北三經》所記載的太行山。唐的分音詞便是太行，而唐堯緩讀便可以理解爲太行之堯。堯氏族生活在今山西臨汾陶寺一帶（陶、唐二字古音相同，缶是陶的初文），後來到了西周封地爲唐國，這個唐國今天我們稱之爲三

① 《史記》第一册，第12頁。
② 《史記》第一册，第13頁。
③④ 《史記》第一册，第15頁。

晉。三晉就是今天山西省的翼城一帶。

唐山就是太行山的急讀發音。但是此太行山非彼太行山。《北三經》中的太行山的首山叫作歸山。從上述《北三經》的引文計算，這座太行山位于王屋山的西南七百公里左右，是在河南境内的黄河西河轉向南河的轉彎處，大概位于芮城、靈寶和風陵渡之間的這一地區。這裏一直向北延伸到整個山西南部就是堯舜禹稷等父系氏族的根據地：堯之陶寺、舜之歷山、夏之東下馮（即方）、夏之諸馮（即諸方）以及後來西周的唐國都在晉南的這一帶。

《北三經》中前半篇記載的水流多向南注入黄河，後半篇的水流多向東注入黄河。説明《北三經》中的山系是沿著黄河的南河轉向黄河的東河注入渤海的。這是《山海經》中最長的一條山經，46 座山達到 12350 里。水轉山不會轉，這些山自堯舜禹稷時代就一直在這裏。這是我們研究《山海經》的一個原則。所以《北三經》中的太行之山最初就應該是和薄山、華山相鄰，是堯舜禹稷諸氏族的發祥之地。

但是這座太行之山在大禹時期的口語中應該急讀爲唐山。就華人的歷史文化的傳承上，他們祖先所口提面命的唐山，他們世代引以爲驕傲的唐山可能不是天津市東北方的唐山市的那座李唐王朝賜姓的大成山，而是北京市西南方的太行山系，更早一些則可能是《北三經》中所記載的太行歸山。

這就是説，在山西南部、河南的黄河南河以北，王屋山的西邊在大禹治水的時代里確實有過一座名爲太行山（唐山），這一地理史實得到了戰國諸子文獻的印證。

《列子・湯問》：“太行、王屋二山，方七百里，高萬仞。本在冀州之南，河陽之北。”

列子關于愚公移山的故事使得原先在冀州之南，現在卻在冀州東部的兩座太行山成了一個千古之謎。因爲這樣兩座太行山在中國歷史上都是真實地客觀存在過。看來《列子・湯問》中所記載的未必是一個神話，而是借神話的形式記載了一段歷史事實：太行歸山原在王屋山以西的黄河南河的岸邊，後來改了名字。從地理分布看，太行歸山和薄山不離左右，後來太行山這一名稱被讓給了晉東的山系。

山西恒山下發源的唐河（亦稱滱水）曲折東流注入白洋淀；河北西部有地名曰唐縣；包括李世民給大成山賜名唐山可能都與附近的太行山有著很大的關係。因爲太行兩字的反切發音正是讀作唐。

這裏提供我考證的另一種可能性：太行亦可讀作大行（da xing），大行即指某帝死亡的登山或者安葬之處。這個帝應該是帝舜。轉引錢穆考證云：“《世本》：‘舜封丹朱于房。’《路史》：‘帝崩。虞氏國之于房。爲房侯。以奉其祀。謂之虞賓。’《尚書》：‘帝陟方乃死。’陟方乃死者，陟方而乃死也。方即房矣。《孟子》：‘舜生于諸馮，遷于負夏。卒丁鳴條。’今按《老子》：‘萬物負陰而抱陽’負指北方言。負夏猶云北夏。南夏在伊洛嵩華之間，北夏則在河北晉南矣。”

可見因帝舜登方山大行而去，爲了避諱和混淆視聽，後人將太行歸山的名稱改作晉東某山。《中次三經》載：“又東十里曰青要之山。實爲帝之密都。”青要之山合音爲橋山，正是歷史傳説中黄帝所葬之處，這是中國大地帝王設疑冢的開端。

［注］：太行山自冀州之南遷往逆東暗寓唐國歷史上確曾經歷了從晉南遷往今天的太行山西麓。我將另文考證。

丁公陶文是遠古真品

考古界備受争議的“丁公陶文”指的是山東大學考古實習隊1992年元月2日在山東省鄒平縣丁公龍山文化遺址中發現的。文字整齊地刻在一件泥質磨光灰陶大平底盆底部殘片的器内面，計有5行11個字。這塊陶片長4.6—7.7、寬約3.2、厚0.35厘米。右起一行爲3個字，其餘4行每行均爲2個字。陶文筆畫流暢，獨立成字，刻寫有一定章法，已經脱離了單個符號和圖畫的階段。全文很可能是一個完整的敘事。

丁公陶文發現以後，考古學界、古文字學界30餘位專家學者鑒定後得出了比較一致的確認，絶大多數學者對丁公陶文持肯定意見。王恩田先生認爲是“東夷文化系統的字”。嚴文明先生説是“一種比較成熟的早期文字”。田昌五先生建議將丁公遺址出土的、由成組文字組成的陶文，稱之爲“陶書”，以與單個陶文相區别。裘錫圭先生認爲丁公陶文，並不是一種處于向成熟的文字發展的正常過程中的原始文字，而是一種走入歧途的原始文字。李學勤、汪大有、馮時、劉志一、饒宗頤等專家甚至翻譯出了意義截然不同的白話版本。

對丁公陶文的否定意見也言之鑿鑿。主要集中在：

一、該陶文是一個孤證，没有沿革，没有旁系證據。

二、與龍山丁公遺址相距數十里的山東大辛莊發現的牛甲骨文與殷墟卜辭一脈相承。一地出現兩套各自獨立的文字。

三、發現過程有嫌疑。

真是攻之者説假，辯之者説真。誰也没有能够拿出真憑實據來駁倒或者説服對方。他們都是大家，我不敢駁倒他們，但是我願意説服他們。要説服就要有證據有理由。我没有權威，不能像權威一樣依據自己的資歷説“丁公陶文就是真的”，于是一批擁躉一擁而上，一片叫真。我的立場是：無論是真是假，申訴你的理由！哪怕你是學術泰斗耆宿元老也不例外。

因爲這個丁公陶文是一件孤證，所以我們應該儘量從它本身挖掘出證據來。説它是孤證其實在山東境内卻是證據很多，衹是至今没有入專家學者們的法眼而已。山東龍山文化遺址這類的文字不在少數，大多數是刻在石頭上的，所以常常有農民在田野河灘發現刻有類似文字的石塊。這件丁公陶文原件照片有漫滅不清的地方，所以還是讓我們來仔細看一看丁公陶文的摹本吧。如圖一：

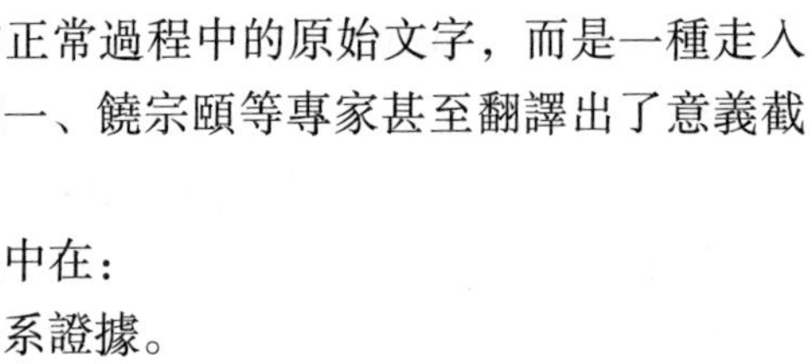

圖一　饒宗頤摹本

我們給這十一個字從左向右按照横排編號爲：上 1 至上 5；中；下 1 至下 5。

首先我們必須認定丁公陶文的時代，是文字初創時期，所以應該是既没有形成書寫習慣也没有形成閱讀習慣的歷史時期。因此專家們的譯文采取了從右到左竪排翻譯的習慣當時是不存在的。所以我不知道這些專家爲什麽這樣翻譯。以李學勤的譯文爲例："何父以（擾）犬（獻），又（有）（□），抑。"（李學勤《中國文學與書法的學生》）全文大意是：何父以馴養的狗上獻，有邪佞之心，將他交付懲治，最後一字是作者由的簽名。

這段話如果按照横排右行翻譯出來就是：

"抑有獻擾何（簽名）（□）又犬父以。"這樣李先生嘔心瀝血的翻譯就變得像天書一樣的佶屈難懂。奇怪的是，幾乎所有的專家都使用這種幾千年以後的約定俗成的閱讀習慣來翻譯丁公陶文。依據是什麽？這實在是一個低級錯誤。李學勤是以右上第一字按照古籍閱讀習慣從右向左閱讀的。其實那個時候或者準確地說這一塊丁公陶文開始于哪一個字，閱讀方向是什麽至今依然無法確認。可見專家們是以今人的閱讀習慣和閱讀方向揣度丁公人的造字和書寫内容的。

然而我們是不是就可以據此否定丁公陶文的真實性呢？當然不能！讓我們認真分析一下，如果這個丁公陶文是僞造者僞造的以便騙取國家學術獎項，下面七點就無法解釋。

一、丁公陶文和甲骨文以及後來所有的漢字一樣，都是方塊字。雖然有獨體，有合體，雖然字形還不够方塊。但是這不妨礙它們的獨立成字。饒宗頤先生説："丁公村刻辭正是'一筆書'的濫觴。"① 這是不科學的。因爲按照拓撲學原理，一個字如果有三個斷筆之處，它就一定不是一筆書。我們看到丁公陶文的十一個字都有三個以上的斷筆，所以它們都不是一筆書。

二、丁公陶文中造字的過程滲透著和漢字創造原則相通的原始思維。請看上 4 和下 4 明顯是兩隻動物的象形。上 2 的左半是漁網右半是一條魚或者其他水生物，這個字的意思是用漁網捕魚。從《山海經》中我們得知，遠古之人認爲魚的鰭就是它的翅膀（翼），所以可以向前先後飛動。所以我判定其中右半邊是一條魚。圖中所有的封閉圖形在甲骨文中都演變成爲"口"字，所以下 2 應該是"史"字。在這裏字的意義是次要的，我要强調的是造字者的思維和後來卜辭造字者的思維是一脈相承的。

三、當時遠古人尚無部首意識。整版刻辭中，除上 1 和下 5 有一個相同部分以外，十一個字幾乎没有相同之處。這説明當時的造字者還没有系統意識和部首意識。到了殷墟卜辭，這種部首意識就表現得非常的自覺，同時在造字中也表現的很嚴謹。例如：木、日、日、人等部首。

四、没有形成固定的書寫習慣和閱讀習慣。在文字創造之初，這個丁公陶文到底應該怎樣閱讀應該是一個非常值得研究的問題。至少我們今天還在使用的書寫習慣和閱讀習慣有竪排自上而下，横排自左而右，横排自右而左，回文等四種方式。所以專家們的翻譯衹是一種遵從古籍閱讀習慣的一厢情願的做法。誰説右上就是開始的位置？誰説丁

---

① 饒宗頤《符號·初文與字母——漢字樹》，上海書店 2000 年版，第 48 頁。

公人就是竪排從右向左的書寫習慣。連其後幾百年的殷商的卜辭中尚且有竪排從左向右和竪排從右向左以及所謂横寫的“不玄冥”總共三種刻寫習慣呢。

五、每個字的方向性。請看上 4 下 4 兩個字。按照竪排下行的原則，這樣兩個字應該是頭向左，但是他們確是一個頭向上另一個頭向下。又見上 3，這個符號中的 Z，是母系父系社會常用符號，但是在這裏卻旋轉了 90 度。這些都説明在丁公陶文的時代字和符號都没有方向性，衹要把完整的符號記載下來就行了。這些到了殷墟卜辭時代，就有了明確的規定寫法。上述第四第五點充分説明，漢字的閲讀習慣和漢字的方向性也是在不斷發展中規範和完善的。

六、刻字工具問題。殷墟卜辭是在龜甲上刻字。龜甲質地很硬，所以需要擁有鋒刃的金屬工具刻畫。幸好商代已經進入了青銅器的時代，這一點從商代考古發掘的許多青銅兵器可資證明。到了鐘鼎銘文時代由于有了模具，字體就要工整規範許多。但是丁公陶文時代就完全不同。人們衹能用樹枝石塊充其量用碎陶片來寫字，在陶胚上寫字，所以它的筆畫衹能是這樣隨意、流暢、不規範。攻擊丁公陶文爲僞造的一方指丁公陶文爲“极其成熟的文字”是不準確的，這不是成熟，而是一種不規範所致。這種不成熟恰恰可以用來説明當時還没有形成最初的文字體系。

七、因爲文字造字的不規範，所以無法從中找出規律性的符號，所以就無法確定其中是否有聲符或者意符的存在。所以丁公陶文這一時期的造字極有可能是采用固定字符對應固定的方言，靠死記硬背的方法來記憶的。

以上七點可以證明，丁公陶文是真品不是僞造。因爲這些原始和不成熟的特點，僞造者未必有這樣的靈感和深思熟慮。從造字水平上看，這些字應該早于黄帝時期的《倉頡碑》，而且以上七個特點步步與後來的甲骨卜辭以及漢字的發展過程有著明顯的繼承關係。相反，要想從反面證明丁公陶文的刻辭比後來的甲骨文更成熟，恐怕殊非易事。

所以，我得出的結論是：丁公陶文確實是遠古真品。

爲龍山文化正名

所謂文化，是指在特定的歷史時期的特定社會結構中，物質存量和物質再生産及産品規範；精神存量和精神産品的再生産及産品規範；已經發生的人的傳統觀念、行爲和觀念行爲的産生及創新必須遵循的規範。

對于遠古史而言，精神、觀念、行爲都已經被物化爲物質。所以遠古文化除了極少幾本文獻以外，它最集中的表現就是在考古發現上。而具體到大汶口文化到山東龍山文化這一歷史時期，最典型的物化歷史就是當時最常見的生産生活用具：陶器。

由仰韶文化發展而來的河南、山西、陝西、河北等地的龍山文化和由大汶口文化發展而來的山東龍山文化應該是分屬于不同的文化起源。目前這樣幾種龍山文化的共同特點衹是他們在歷史上存在的時間屬于同一歷史階段。我在《仰韶文化分布分析》一文中考證了，仰韶文化和山東的大汶口文化相互之間由于地理上三百里以上的地理空間分隔很難有相互交流和相互影響。他們各自發展的地理區域是封閉的。雙方不存在政治經濟文化或者軍事上的接觸。

直至大約公元前 2000 年，大禹治水成功，黄河南河自豫東北經河北進入渤海。

大汶口向山東龍山文化進化的岳石文化首先自東向西進入豫東南的惠濟河下游流域。

仰韶文化（也可能屬于紅山文化）進化的（河北龍山文化）下七垣文化自北向南進入豫東南惠濟河上游流域。

仰韶文化進化的（陝西河南龍山文化）二里頭文化自西向東到達惠濟河西岸地區。

三種文化會師于河南杞縣：段崗——牛角崗——鹿臺崗一綫。這是遠古中原大地上不同來源文化的第一次交匯，時間大約在二里頭文化二期末三期始。

此前的幾種被冠名爲龍山文化的陝西、河南、山西、河北、湖北等地的所謂龍山文化，由于其母文化爲仰韶文化（或者有可能來自崑崙文化），和以大汶口文化爲母文化的山東龍山文化是分别來自不同的文化來源的。不能混爲一談。

本文旨在從這一歷史時期的典型手工製品陶器入手，考證山東龍山文化陶器獨有的特色。原因就在于山東龍山文化是在它獨有的上游母文化大汶口文化和一個閉鎖的地理環境内發育成熟的。

考古學告訴我們，大汶口文化主要分布于魯中南（泰安、濟寧），魯東南（日照、濰坊），蘇北（大墩子）。

從大汶口文化到山東龍山文化這一人類連續發展的歷史時期内（約公元前 4300 年至公元前 2000 年），陶器一直是這一地區的最主要的生產生活用品。這一歷史時期内該地區生產的陶器有著獨自的發展脈絡，其製作特點也是鮮明而獨特的。它們和仰韶文化進化而來的陝西河南山西河北湖北等地的龍山文化陶器幾乎毫無關聯，甚至大相徑庭。總結歸納大汶口文化進化而來的山東龍山文化陶器呈現如下五個特點：

一、器小，體量小，容量也小。大汶口和濰坊、東海峪出土的陶杯、高柄杯、黑陶豆可資證明。請注意高柄杯和黑陶豆的柄也都很細。就陶器的器型看，山東龍山文化的器型相比其他龍山文化顯然要古雅精巧秀氣。

二、壁薄。其最薄的當屬著名的蛋殼陶。但是薄壁是山東龍山文化陶器的常見特點。如濰坊出土的白陶鬶等與其他龍山文化出土的同類器器壁明顯薄很多。對比大汶口文化出土的彩陶盆比仰韶文化的彩陶盆器身的壁也要薄很多。薄壁陶器告訴我們，考古中所發現的陶器的器壁厚度常常可以成爲該陶器的地理環境的一個參考依據。

三、黑陶。黑陶不是一種創新或者主觀創造，而是遠古陶器燒製初期的一種必然現象，或者説是燒製陶器過程中的一種副産品。後來因爲它的美觀而被開發並發揚光大了，成爲山東龍山文化陶器中的佼佼者。以陶器裏外均爲黑色者最常見。尤其是大汶口文化進入山東龍山文化以後，黑陶與蛋殼陶的製作方法相融合，就産生了蛋殼黑陶這一獨一無二的山東龍山文化的代表性陶器，爲其他各地的“龍山文化”相形見絀。

四、鏤空。在陶器上鏤空是山東龍山文化獨特的製作手法，其他幾種龍山文化幾乎没有。而鏤空最常見的是在高柄杯的柄身上鏤出小孔，使高柄杯呈現一種節律美。

五、扁足，舌足，袋狀足。山東龍山文化出土的鬶、鬲、鼎很少有粗壯敦實的圓形足。常見扁足和舌足。而袋狀足其實是薄壁的一種應用，薄壁的方法運用在對足的塑造上就産生了袋狀足。袋狀足鬲是先用模具分别生産出三個空心的鬲腳，然後和鬲身粘合爲一體形成全鬲。

以上五點是從大汶口文化到山東龍山文化時期出土陶器的常見特點，這些特點在其他同時期文化中非常少見。可以視爲山東龍山文化所獨有的特點。當然也有例外，例如出土于山東莒縣陵陽河遺址的大汶口晚期墓葬的灰陶大酒尊，口大腹深，底部尖突。外表呈灰色，遍飾籃紋，在腹的上部刻畫一組圖像，上爲太陽，下是五個山峰，中間似雲氣又似火焰。這是山東龍山文化的非主流，我們暫不討論。

山東龍山文化的陶器爲什麽會出現上面五個特點呢？這一問是在叩問整個考古史。

一種文化，尤其是遠古的居住地域相對閉鎖的文化，它的一切物質生産和精神生産都是在一個封閉的環境中産生並發展起來的。没有外界的文化輸入，它産生和發展的原因就衹能是來自這一塊封閉的地理區域之内而不是外界。那麽，山東龍山文化的陶器爲什麽會出現上面五個特點呢？换句話説，不具備這樣五個特點的陶器就不能冠之以××龍山文化。

考古學告訴我們，大汶口文化主要分布于魯中南（泰安、濟寧），魯東南（日照、濰坊），蘇北（大墩子）。歷史地理學告訴我們，上述地區都是平原地區，臨水且有河網分布。農業以種植粟爲主。飼養以猪爲主。當時已經可以釀造酒。所以大汶口時期就産生了酒杯和高柄杯，而且這種高柄杯還成爲了龍山文化的代表器形之一。

大汶口人和“山東龍山”人就在這樣的地理區域内生産生活，在這樣的地域内生産陶器。對比山東龍山文化和其他幾個××龍山文化地理區域可以發現，陶窑是一樣的陶窑，陶土是一樣的陶土，工藝是幾乎相同的工藝。他們最大的地域區别在哪裏？

他們最大的地理區别在于：陝西河南陝西河北湖北的“龍山文化”都是分布在山區和丘陵地區，而山東龍山文化（包括大汶口文化）分布在平原地區。這兩類不同的地理區域最大的區别在：燃料。

位于山區的遠古人類燃料非常充裕，因爲山區爲他們提供了取之不盡用之不絶的森林和樹木；位于平原的人類燃料非常缺乏，因爲平原爲他們提供了糧食的同時，衹能提供草料和秫秸。事實上，遠古的山東正是一個燃料缺乏的地區。

冠名爲龍山文化的陝西、河南、山西、河北、湖北等地的人類使用木料作爲燃料燒製陶器，而大汶口文化爲母文化的山東龍山文化人類是用草料和秫秸來燒製陶器的。

山區可以不考慮燃料成本，所以燒製大型陶器很普遍。

平原要儘量節約燃料，所以設計出小容量小體量的小型陶器。

山區木料來源充足，火力旺盛而持久，窑温較高，可以燒製厚壁的陶器。

平原草料珍貴缺乏，火力較弱而温和，窑温較低，爲節省燃料，衹能燒製薄壁的陶器；爲了節省燃料，器足被做成扁足和舌足，這是爲了用最少的草料燒製最實用的陶器。爲了節省燃料，原本可以實心的鬲足被做成空心的袋狀足，這樣可以用最少的燃料燒透。器壁越做越薄，最後到了極致，便是蛋殼陶。這是山東龍山文化蛋殼陶産生的地理學原因。

山區木料可以充分燃燒，較少煙炱，所以陶器大多呈現陶土本身的顏色：黃色、白色或灰色。

平原草料燃燒不充分，較多黑煙，在陶器壁上積澱較多的煙炱，產生了表面黑色的副産品——外表面的不均勻上色的黑陶。在後來的燒製工藝不斷進化中，黑陶被專業化，越做越精，成爲一種新的陶器品種。這叫歪打正著。

爲了使草料秫秸産生的火焰能够均勻地燒製陶器，人們在器身上鏤空了很多孔洞，這樣既減少了陶器的體量，增加了陶器的美觀，同時火焰通過這些孔洞可以直接進入器身，這種工藝的效果是在儘可能短的時間內使用最少的燃料燒製出陶器。由于火焰進入器身，便會在陶器的外表面和內表面同時産生黑色的煙炱，這樣就促成了鏤空的內外兩面黑陶的問世。這是美與實用的結合，是美觀性與功利性的結合。

現在我們終于明白了爲什麼山東龍山文化的陶器會出現上面五個特點。明白了它的地理成因。明白了衹有山東龍山文化的陶器可以被稱之爲龍山文化，因爲它具備了龍山文化的本質特點。明白了龍山文化除了這樣五個特點可以稱之爲本質特點以外，其他的非地理決定的特點都可以退而居其次。（按照這個原則，高柄杯算是龍山文化的第六個特點，因爲它的創造動力來自釀酒，而釀酒的産生則是因爲山東平原盛産的粟。）所以，龍山文化衹能是一個地理上較爲封閉的區域性文化，它的分布區域應該是海岱文化的地理區域，由于大禹治水之後部分海岱文化的移民進入了今天河南東南部，因此形成的初期的岳石文化，也是移民從山東帶來的“龍山文化”。

我們終于明白了把仰韶文化基礎上産生的陝西、河南、山西、河北、湖北等地的山東龍山的同時期文化也叫作××龍山文化是一個經不住考證的歷史的謬誤。

鳥鼠——一個千年的訛傳

中國的甘肅有一座古老而有名的山叫鳥鼠山，又叫鳥鼠同穴山。據說這個山名是大禹命名的。《山海經・海內東經》曰：“涇水出長城北山，山在鬱郅、長垣北，北入渭，戲北。渭水出鳥鼠同穴山，東注河，入華陰北。”《山海經》中記載：“鳥鼠同穴之山，其上多白虎白玉。渭水出焉，而東流注于河……”① 爲什麼會起這样一個名字呢？

鳥鼠山，地處甘肅渭源縣城西 10 公里的龍王溝堖，又名鳥鼠同穴山、青雀山。是渭河的發源地，其山南之水流入渭河，山北之水流入洮河。爲了證明此山確實因爲鳥鼠同穴而得名，歷代史學家也算吃盡辛苦，費盡心機。以下是三則考證：

《爾雅・釋鳥篇》考證：“鳥鼠同穴，其鳥爲鵌，其鼠爲鼵。”孔安國曰：“鳥鼠共爲雄雌，同穴而處，此山遂名曰鳥鼠，渭水出焉。”這是說鳥鼠雜交，繁衍後代。這是一個違反科學的觀點，理由很簡單：且不說鳥鼠在生物學上是一種遠緣雜交。即使我們

① （晋）郭璞注、（清）畢沅校《山海經》，上海古籍出版社 1989 年版，第 33 頁。

假設鳥鼠確實共爲雌雄，雜交出的後代是什麼？從生物學理論角度説，即使鳥鼠之間雜交出了下一代，以後陸續繁衍出的後代也應該是一個有著穩定生物學特徵的新的物種，這種物種應該具有鳥和鼠的生物學特點。蝙蝠正是這樣一個兼有鳥鼠特點的生物物種。

所以明代焦竑《焦氏筆乘續集·鳥鼠同穴》考證道：大禹“導渭自鳥鼠同穴。孔傳謂：‘鳥鼠共爲雌雄，同穴而處。’蔡氏以爲怪誕不取”①。

《甘肅鎮志》考證：“凉州之地有兀兒鼠者，形狀似鼠，尾若贅疣。有鳥曰本周兒者，形似雀，色灰白，常與兀兒鼠同穴而處。所謂鳥鼠同穴也。”② 凉州唐屬隴右道，然則孔説非誕。這裏所説的“形狀似鼠，尾若贅疣”也正是蝙蝠的生物學特徵。《甘肅志》所考證的是兩種不同的“飛鳥”，其中的蝙蝠是一種哺乳類的動物。

總之，史家們一定要找到某鳥和某鼠同居的證明。找到一個地穴，這個地穴是鳥和鼠的同居地。鳥鼠共爲雌雄，生兒育女，繁衍後代。歷史上有人認爲此事“怪誕而不取”，有人卻認爲“孔説非誕”。争執了一千多年以後，山還是叫鳥鼠同穴，人們依然没有找到鳥鼠“共爲雌雄，同穴而處”的證據。問題出在哪裏呢？

這裏就引發出一連串的疑問：

1. 這個穴是地穴還是山洞？我認爲是蝙蝠和鳥同棲的山洞。鳥蝠同穴的現象在自然界並不鮮見。

2. 鳥和鼠僅僅是在鳥鼠同穴山是共用一穴的嗎？還是有其他原因？

3. 鳥和鼠共爲雌雄，他們的後代是鳥還是鼠，或者是“兩不像”的生物？

先解决第一個問題：這個穴是地穴還是山洞？

《史記·夏本記》記載：“夏禹導山三條四列，導水九州……導渭自鳥鼠同穴，東會于灃……導西傾朱圉，鳥鼠至于太華。”鳥鼠在這裏是山的名稱。所以鳥鼠所同之穴應是山洞。

《史記正義》引《括地志》云：“鳥鼠山，今名青雀山，在渭州渭源縣西七十六里。《山海經》云：‘鳥鼠同穴之山，渭水出焉。’郭璞注云：‘今在隴西首陽縣西南。山有鳥鼠同穴。鳥名鵌。鼠名鼵，如人家鼠而短尾。鵌似鵽而小，黄黑色。穴入地三四尺，鼠在内，鳥在外。’”③ 鵌音餘。鼵，扶廢反。鵽音丁刮反，似雉也。這裏的山有鳥鼠同穴是可以解釋爲蝙蝠群集的山洞的，山洞可是可以入地三四尺的。如鼠而短尾正是蝙蝠的生理特色。而“鼠在内，鳥在外”正是多數蝙蝠洞穴的共同特點。

這是唯一一則敢于説穴是地穴的注解。也是一個誤導讀者許多年的注解。上面我們引用的三則考證都没有説到底是地穴還是山洞。那麽，有點常識的人們都會問道：在一座山上，有樹可棲，有山洞可宿，爲什麽鳥要鑽進地洞裏呢？這顯然有悖常理。

第二個問題：鳥和鼠同穴是該山的特殊現象還是自然界普遍現象？按照歷代史家們的理解：大禹治水的時代看見鳥和鼠同棲一穴，于是取名爲鳥鼠同穴之山是因爲要給山命名。但是我們閲讀《山海經》中，很多有關動物的記載都是因爲不認識某種動物，衹好根據動

① （晋）郭璞注、（清）畢沅校《山海經》，第33頁。

② （清）胡渭著《禹貢錐指》，上海古籍出版社2013年版，第624頁。

③ 《史記》第一册，中華書局1959年版，第74頁。

物的形象用語言和已經熟悉的動物形象儘量描述準確。試舉《山海經》五個例子：

“有獸焉，其狀如豚而白毛，大如笄而黑端。”這是豪猪。

“有獸焉，其狀如彘而有角。”這是野猪。所謂角衹是野猪的獠牙，角狀。

“其中多駮馬，牛尾而白身，一角，其音如呼。”這是白犀牛，犀牛一角。

“有獸焉，其狀如兔而鼠首，以其背飛……”這是鼯鼠。

“其鳥多寓，狀如鼠而鳥翼，其音如羊……”這是蝙蝠。

請密切注意最後一個例子：“其鳥多寓”是説很多鳥住在一起；“狀如鼠而鳥翼”是説這種鳥長相如鼠；“其音如羊”是説發出羊一樣的聲音。這種既像鳥又像鼠一樣的蝙蝠如果成千上萬住在一個大山洞裹，能不能叫作“其鳥多寓”？《山海經》在這裹不是要表達鳥和鼠住在一起，而是要表達一種像鳥一樣的會飛的老鼠群居在山洞裹。這種像鳥一樣的老鼠就是——蝙蝠。“其鳥多寓”就是“鳥鼠同穴”的意思，是相對于其他鳥類雌雄同穴（巢）而言。這種現象是自然界的普遍現象。鳥鼠不是鳥和鼠，鳥鼠是一種會飛的鼠——蝙蝠。請原諒我們的遠祖在第一次看見蝙蝠時使用了這樣的語言描述它，因爲遠古時代的表達衹能這樣形象而簡單。

第三個問題實際上已經解决。但是它對我們進一步瞭解我們遠古的祖先的認識能力有幫助，所以我們還需深入探討一番。

《尚書·禹貢》記載：大禹治水時，曾“導渭自鳥鼠同穴”，又載：“鳥鼠之山有鳥焉，與鼠飛行而處之，又有止而同穴之山焉，是二山也，鳥名爲‘鵌’，其鼠爲‘鼵’，鳥似綴鳥而小，黄黑色。鼠如家鼠而短尾，穿地而處……”

我們從《尚書》這本古老的著作中發現，鳥鼠之山和止而同穴之山分别是距離不遠的兩座山；我們發現，鳥鼠這種鼠是會飛行的；我們發現，這種會飛的鳥鼠衹有一個短短的尾巴，這正是蝙蝠的特點；同時我們也發現，我們的遠祖認識能力不像今天的人們——有這樣一種可能——他們認爲鳥鼠（蝙蝠）是鵌鳥和短尾鼵鼠的後代。

因爲這種兩不像的黑色的像老鼠一樣的鳥（蝙蝠）居然會飛。

漢揚雄搜羅了當時各地的方言口語，編纂了一本叫作《方言》的文獻。其中就有關于鳥鼠的記載：

《方言》：“蝙蝠，自關而東謂之服翼。或謂之飛鼠，或謂之老鼠，或謂之仙鼠，自關而西秦隴之間謂之蝙蝠。”這就很清楚地表明，在遠古方言中，蝙蝠和鳥與鼠之間有著不可分割的關係，這是由蝙蝠長相酷似鼠，而又長有一對可以飛翔的翅膀所致。同時我們也看到到了揚雄時期，蝙蝠已經擺脱了鳥鼠的俗名，而首先將它們稱作蝙蝠的恰恰是秦隴之間的人們，也就是鳥鼠同穴山附近的最初將它們稱之爲鳥鼠的那些人們。

甘肅天水多蝙蝠，當地有一道極爲普及的小吃就是烤蝙蝠。

山西吉縣柿子灘遺址的訴説……

經過斷續十二年的考古發現和發掘，山西吉縣的柿子灘遺址終于撩開了神秘的面紗，露出了舊石器晚期的真面目：2013 年第 2 期《考古》刊登了《山西吉縣柿子灘舊石器時代遺址 S14 地點 2002—2005 年發掘簡報》（以下簡稱《簡報》）。經過考古學家十多年的考古發現，柿子灘終于開口説話了。在分析柿子灘之前我們有必要瞭解一下吉縣和柿子灘的地理概況。

山西吉縣位于山西省西南部，位于陝、晋兩省之間的黄河西河的東岸一側，東西長 62 公里，南北寬 48 公里。境内東南北三面環山，西面濱水，這水就是黄河的西河。全縣海拔最高 1820.5 米，最低 393.4 米，屬黄土高原殘垣溝壑區。

柿子灘遺址位于吉縣的西南部，境内主要的河流清水河從該遺址的西南部流過並進入黄河西河。遺址西南約十五公里處就是黄河的西河。需要説明一點，因爲吉縣地處吕梁山區，所以清水河接納了衆多的山溝（沖溝）的蓄水和洩洪。

舊石器時代遺址的考古最重要的因素當然是地點，因爲遺址存在的時間是在發掘以後依據考古所獲來確定的。此外有另外三個重要元素就是墓葬、石器和用火。下面我們就按照這個次序看一看柿子灘遺址告訴了我們什麽樣的遠古往事？

一、遺址的地點：《簡報》説："清水河從遺址西南流過，發掘區域就位于高于河床 30—50 米的河岸二級階地後緣……"這個遺址的定點實際上隱藏著大禹治水以前的歷史的考古的一個重要原則，即：如果我們考古大禹治水以前的歷史遺跡，則黄河西河從山西運城的龍口直到河曲的兩岸地區應該到高出河床 50 米以上的地方尋找遺址。這裏所説的"尋找遺址"當然是尋找大禹治水之前的歷史遺跡，對于黄河西河邊的吕梁山區考古這個原則也是適用的。

柿子灘考古的實證已經證明這是一處舊石器時代的遺址，"三個連續沉積的文化層反映了柿子灘遺址在距今 23000—18000 年間連續的人類活動"。① （《簡報》）和柿子灘文化可以相比較的是同樣發現于山西中條山主峰之一的歷山的下川文化（時間跨度爲前 24000 年—16000 年，涵蓋柿子灘文化）這就引發人的思考：爲什麽當時的人們要生活在距離河床 30—50 米高的山上？有山西孟門的網友告訴我孟門史前的考古遺址也是多在 60 米以上甚至更高一些的山上。

《簡報》記載："清水河流經的 S14 地點河流右岸（即北岸）分布有兩級階地。第一級階地高出河床 10—20 米……二級階地在河流右岸普遍分布。"可見對于生活而言，距離河床 20 米左右的、利于取水洗浴的一級階地纔是理想的居住地點。但該遺址的考古發現卻是在高出河床 50 米以上的二級階地上。

原因在于這些人生活的年代是在大禹治水以前，當時孟門未鑿，龍門未開。黄河的西河在龍門以上是一個當地稱爲定湖的堰塞湖（這個定湖從音訓分析極有可能就是《史記・封禪書》中所載的黄帝鑄鼎的“鼎湖”）。山西境内的汾河當時也是一個面積巨大的千島湖。所以汾河是大禹治水之後黄河西河水一瀉千里，山西境内的積水外泄，萎縮而成的一條河流。所以龍門以上直至河曲地區的水位應該比現在的黄河水位普遍高至少20米以上。所以柿子灘的一級階地當時還在水下，而現在的二級階地當時距離河床只有10—20米。這正是18000年前柿子灘的居民選擇S14周圍的階地作爲定居點的最根本的原因。

二、出土的石器：山西下川距離柿子灘直綫距離約150公里。下川文化考古和柿子灘文化考古具有可比性。兩地遺址文化均存在中石器時代的考古特徵，且共同覆蓋了舊石器時代到中石器時代。

首先兩地均未發現陶器和陶器碎片，説明這一時期中國人還没有發明陶器，也就是説陶器的出現是前16000年以後的事情。

其次，兩地出土的石器工具均采用打擊法製造，均未見磨製的工具。其中下川出土了用壓製法製造的石鏃。這説明兩地均没有進入典型的新時期石器，且正處于由舊石器時代向新石器時代過渡的中石器時期。所以該簡報標題應該涵蓋中石器時期。（各地進入新時期時代時間有差異，但是柿子灘的石器製造水平已經進入中石器時代標準的細石器及琢背刀時期。）

其三，石器製造采用的原料主要是燧石、石英岩（含脈石英）。柿子灘有8件石器原料爲蛋白石或瑪瑙。

其四，兩地出土石器工具有各種類型的細石核，還有細石葉和各種刮削器、尖狀器、雕刻器，以及琢背刀等。這些都是中石器時代典型的石質工具。細石器實際上是加工石器過程的副産品，其特點是形狀各異，便于細部操作，所以在加工大石器過程中脱穎而出成爲精細加工的工具，這些工具已經有了不同用途上的專業分工，各種工具的實際用途倒是非常值得研究的。衹要我們按照每件工具的實際用途追溯到現代，應該能够發現一些後來的演化痕跡。例如當時典型的琢背刀可能就是用來剥獸皮和切割獸肉的一種工具，後世演化爲菜刀和匕首。

最後是柿子灘遺址在相應的文化層中出土了四方大小不一的砂岩質的磨盤，這些磨盤稱之爲碾盤更加準確一點。它們的表面還殘存著赭色的顔料痕跡。據考古發現者認爲這些磨盤可能是用來加工植物類食物的。這些磨盤在西安半坡遺址也出現了數方，學者認爲是用來研磨顔料的。但是半坡遺址同時也發現了很多樹種或者堅果。我贊成研磨原料的觀點。人類的進化應該基本同步，狩獵野獸和采集野果屬于同一歷史時期，如果説這一時期出現了磨盤，這些磨盤可能與狩獵有關。因此這些赭色的顔料可能是人們用于僞裝自己，或者震懾野獸所用。另一種可能是用于祭祀。植物性食物加工可能出現于新時期晚期或者原始農業的早期。

甲骨文字有一些采用磨盤作爲意符的造字，例如丹和青。

三、出土的動物化石：柿子灘出土的動物化石，已經鑒定出的均爲食草類動物，有羊、鹿、牛、馬和齧齒類動物化石，以及蚌殼殘片。其中五件有明顯的火燒痕跡。這説明在吉縣境内遠古存在人類活動，其野獸以食草類居多，而當時人類可能是以此爲食。

由火燒痕跡推斷這一時期的人類可能已經擺脱了茹毛飲血的蠻荒時代。

四、用火：S14地點考古發現連續文化層的十五處用火痕跡，在灰黄色粉砂土和砂質黏土中出現了被燒結的紅色或者黑褐色的燒結塊。這就説明在連續的歷史階段中遠古人類長期在此用火。同時也説明屬于這一舊石器時代向中石器時代過渡時期的遠古人類已經學會了保存火種，並可能已經掌握了人工取火的方法。因爲這些處于不同文化層的十五個用火的痕跡不可能是一把火燃燒了5000年之久。

該現場没有發現礎洞和礎柱，説明當時還没有建築物，此時的人類可能是在露天過夜的。傳説中的有巢氏和以女媧爲中心的母系社會應該是出現在柿子灘文化之後。

值得注意的是在這十五處用火遺跡中有三處殘留著砂岩石塊。“石塊大小一致，最大徑大約爲10厘米左右”①。這應該是中國歷史上最早的“火塘”遺跡了。這種火塘的用火形式最終由不斷擴散的移民（民族雛形）將其散播到中國各地。現代的火塘用土坯圍成，入冬生火直到來年春天熄滅。山民們從不用桃樹枝燒火塘，據説桃樹燃燒時冒出的煙對眼睛有害。土坯圍成的火塘應該是夏商時期的創造。依據是在殷墟的安陽河對岸的洹北商城考古發現了最早的土坯砌成的墻壁。但是殷商專門負責製造土坯和建造宫室的“工方”卻是一個夏人的氏族方國。

用火催生了中國遠古的三大發明：青銅、石灰和陶器。設想：假如上述圍成火塘的大小一致的砂岩，其主要成分是石灰岩——這在山區是非常正常的現象——這些石灰岩經過火塘裏的火經久的燃燒就會變成生石灰。這些生石灰在遇到水的時候就變成了白色的熟石灰。可以用來塗抹墻壁，標明記號，塗畫岩畫。而熟石灰上部的澄清液就是一種弱鹼性的鹼水，著名的四川泡菜就是在泡菜水中加入這種液體來增加泡菜的脆性的。

假如這些砂巖不是砂巖而是銅礦石，其主要成分是銅、鐵、錫、鉛或者别的金屬。經過經久的火燒，它們就會熔化成爲一灘液態的金屬，冷卻後就會成爲一塊扁平的金屬板。這塊金屬板的各種成分是隨機的，完全取决于當初采集的銅礦石的成分組成。所以夏商周的青銅器經過檢測以後發現它們的銅錫比例衹能是隨機的。不同地點出土的青銅器其金屬配比的比例一定是不相同的。

假如這些火塘邊的砂巖不是砂巖而是潮濕的陶土。經過燒結以後它們就變成了定型的器物。于是最早的陶器就被創造出來了。

有一個女性部族首領叫女媧，全氏族的人都叫她女媧，有些人就叫作媧。有一年天降大雨，沖塌了女媧的居住的窑洞。女媧突然聯想起火塘裏那塊扁平的金屬板。于是女媧捉來四隻烏龜，砍掉烏龜的四肢，在已經無法逃走的龜殻上樹立四根原木，將那塊扁平的金屬板壓在四根原木的頂端，然後用土掩埋住塌陷的窑洞的頂部。于是一個新的窑洞就建成了。而那四隻烏龜就是建築學上最早的“礎石”。這個故事就叫作女媧補天。它實在不是一個神話，而是這個故事在流傳中被人們神化了。

各位讀者，大家都來認真思考一下。也許山西吉縣的柿子灘會説出更多的遠祖的故事。如果所有的遠古遺跡都開口説話了，我們就得到一部感天動地的中國遠古史。

① 《考古》2013年第2期，第3頁。

山西夏縣轅村遺址的陶窑質疑

2006年底開始的山西夏縣轅村遺址考古發掘中，專家們挖掘出一座夏代二里頭時期的遠古遺存，如圖一：有關介紹見《考古》2009年第11期：

“陶窑1座（Y1）。……横穴式窑，朝向西北。窑體上半部已損毁，僅餘窑室底部、窑箅、火膛與火道等結構。……Y1爲二里頭時期燒製陶器的小型陶窑。”①

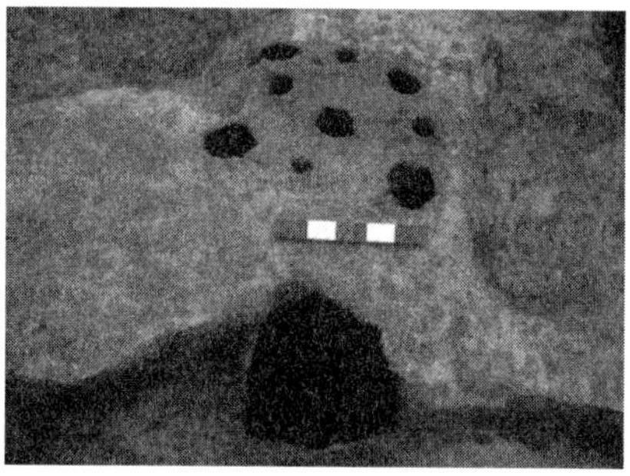

圖一

從剖面圖看，這個專家所稱的陶窑的構造規模如下：

火孔10個。大孔五個，直徑0.12— 0.2米。小孔五個。直徑0.07— 0.1米。

窑箅：長0.9米寬0.8米，厚0.15米。

火膛：圓筒狀。長1.5米，直徑0.6米。

火道：0.4米見方。

我們現在假定專家的意見是對的，這座“Y1爲二里頭時期燒製陶器的小型陶窑”。

同樣在這個轅村遺址，出土了很多二里頭時期的陶器。其規格是：

A形罐：高20.4厘米。口部直徑12.5厘米。底部直徑6.6厘米。

B形罐：高18厘米左右。底部直徑8—18厘米。

C形罐：殘高18厘米。口部直徑12厘米。底部直徑一般小于口部直徑。

其餘出土的尊、簋、盆、鬲的規格大致相當。

可以做個實驗：按照窑箅上面的火膛大小：圓筒狀。長1.5米，直徑0.6米。如果它是一個陶窑，一次可以燒製陶器十六隻左右。合情合理。我們從轅村出土的陶器看，它們都是燒製得很均勾的，説明當時燒製陶器的水平已經相當高了。但是，這樣的陶窑衹能是陶器坯安放在窑箅上面，在窑箅下面燒柴草，燒製陶器要一連燒很多天，産生大量的草木灰。如果在窑箅上面燒火，第一空間太小，第二火力不均勾，受熱不均的陶器坯就會成爲“夾生飯”。而如果柴草是在窑箅下面燃燒，另一個疑問就出現了，爲什麽需要十個出火孔，而且火孔大小很有規律：四角和中間爲大孔，其餘爲小孔？同時，用柴草燒製陶器是不需要這麽多的火孔的。要證明這一點其實很簡單：燒製一爐陶器試一試！

所以我認爲，這個出土文物Y1不是小型陶窑。

---

① 《考古》2009年第11期，第41頁。

我認爲，這個 Y1 應該是 Z1，它應該是二里頭時期的居民做飯用的土竈。這種土竈演化的柴竈今天在皖南很多農村依然在使用著。規制一般是兩鍋之間夾一罐，罐是用來利用做飯的餘熱燒熱水的。這種鑄鐵罐子當地又叫作燙罐，形狀就像仰韶時期的小口尖底罐。

我的理由是，從仰韶文化開始到二里頭文化，出土的地穴式房屋遺址中一般没有燒飯用的竈。説明當時的人們是不在自己居住的房屋裏做飯的。竈一定是設在屋外的其他地方。

從仰韶文化開始應該是氏族公社時期，到了夏代仍然應該是聚族而居，所以他們做飯應該用的是大竈。上圖的 Y1 就是這樣一個供家族做飯用的大竈。

從使用原理看，似乎用來做飯更加合理。從轅村遺址出土的很多罐形都是圜底，即球形底，給這樣的球形底陶器加熱，衹能是放在圓孔狀的支架上。這就是 Y1 的五個大孔的用途。其餘的小孔有些是用來安置小口尖底罐燒水的，有些也可能有排煙的作用。大孔的直徑在 0.12 米到 0.2 米之間，比上述 ABC 三種球底罐形略小，用來加熱非常吻合。當地的專家不妨可以試一試。

所謂窑箅就衹能解釋爲爐箅了。爐箅上面是爐膛用來燒火，燒完以後的草木灰通過爐箅漏下去，積累多了可以掏走倒入灰溝裏。這樣的竈一次可以給五個罐加熱。大約相當于我們現代的五個大型電飯鍋。可以滿足幾十個人的飲食。在爐膛盡頭的地方開了三個小孔，其原理是爐膛盡頭空氣供應不充分，需要空氣量比較大纔能使柴草得到充分燃燒。

如果這個結論成立，那麼就可以説明在二里頭時期的轅村，人們除了聚族而居以外，其實行的也是家族配給制。人們是在一種類似“氏族食堂”裏就餐的。

同樣在這個山西夏縣轅村遺址出土了一個仰韶文化的地穴式房屋遺址 F14，裏面有一處類似竈的龕。它“現存寬 1 米，深 0.55 米，高 0.6 米”。它是不是仰韶時期的竈呢？我的答案：它不是仰韶時期的竈。原因是它“底部、壁面及土坎各處均有長期燒烤而形成的紅燒土硬面。厚約 0.03 米”。試想：如果它是一個竈的話，它的紅燒土硬面絶不會衹有三厘米的厚度。所以這個所謂的“竈龕”，充其量衹是遠古人冬天取暖用的火塘而已。這樣的火塘用作冬季烤火。在今天的皖南鄉間也尋常可見。

遠古三苗疆域考

錢穆先生撰有《古三苗疆域考》一文具體考證堯舜禹時代的三苗氏族生活的區域。考證的結論是：

“古者三苗疆域，蓋在今河南魯山嵩縣盧氏一帶山脈之北，今山西南部諸山，自蒲阪安邑以至析城王屋一帶山脈之南，夾黄河爲居，西起蒲、潼，東達滎、鄭，不出今河南北部山西南部廣運數百里間也”①。錢穆所論證的這一三苗的疆域正是夏王朝氏族的常

① 錢穆著《古史地理論叢》，三聯書店 2004 年版，第 105 頁。

住地域，直到夏桀滅亡之時，這一地域仍是夏人居住地。這當然是一個錯誤的結論。

三苗始見文獻記載爲：

《尚書·舜典》："流共工于幽州，放驩兜于崇山，竄三苗于三危，殛鯀于羽山，四罪而天下咸服。"既然舜"竄三苗于三危"，説明三苗在被流放到三危之前是不在三危山地區的。

《史記·五帝本紀》載："驩兜進言共工，堯曰不可而試之工師，共工果淫辟。四嶽舉鯀治鴻水，堯以爲不可，嶽强請試之，試之而無功，故百姓不便。三苗在江淮、荆州數爲亂，于是舜歸而言于帝，請流共工于幽陵，以變北狄；放驩兜于崇山，以變南蠻；遷三苗于三危，以變西戎；殛鯀于羽山，以變東夷：四罪而天下咸服。"

依據以上兩則文獻記載，三苗氏族是因爲在江淮（今安徽）和荆州（今湖北）作亂危及了虞舜一朝的百姓而被舜王强行遷往今甘肅西部敦煌以東的三危（山）地區的。西遷的三苗被分成數塊居住地分而治之，目的是"别其部落，離其黨類，以銷其勢也"，這就是遠古歷史上的"分北（背）三苗"。

虞舜爲什麼要將三苗驅逐到三危是一個很值得研究的問題。首先它説明虞舜時期的人們對于三危到中原之間的地理情況是非常熟悉的。其次將三苗遣送三危地區可以有效節制三苗的爲患中原，因爲在三危的三苗和中原之間（岷山、渭南、岐山、荆山、内方、巫山等地）廣泛居住的夏氏族的子民。

然而這個當初"在江淮、荆州數爲亂"的三苗，他們在黄河以南或者長江以北一定有一個聚居地。這個聚族而居的地域一定是距離荆州和江淮不遠的地方。以今天的地理分布看，三苗之居的疆域應不出湖北湖南江西安徽和河南五省。

古今學者研究三苗疆域最重要的參考資料就是《戰國策·魏策》中吴起對魏武侯的一段話：

吴起曰："昔者三苗之居，左有彭蠡之波，右有洞庭之水。汶山在其南，而衡山在其北。恃此險也，爲政不善，而禹放逐之。"

但是在司馬遷的《史記·孫子吴起列傳》中這段話有明顯的改動：

"起對曰：'在德不在險。昔三苗氏左洞庭，右彭蠡，德義不修，禹滅之。'"

兩書記載大同小異。《戰國策》記載較爲詳盡，《史記》的記載較爲簡約。兩者不同之處在洞庭和彭蠡兩湖的方向正相反，這是不難理解的。吴起説這段話時正是在黄河西河上看三苗，當然是"左有彭蠡之波，右有洞庭之水"，而司馬遷熟悉地理又身臨兩湖之間，故而是"左洞庭，右彭蠡"。問題出在吴起説"汶山在其南，而衡山在其北。恃此險也"，而嚴謹的司馬遷在引用時删除了這句話。于是就産生了後世學術史上的一段公案：三苗被逐三危之前的疆域到底在哪裏？

遠古史上習慣認定川北的岷山又叫作汶山，衡山則一般是指湖南的南嶽衡山。但是這裏的"汶山在其南，而衡山在其北"顯然與吴起所述的三苗之居的地理方位截然相反。這應該就是司馬遷删除不録的原因吧。上述兩個歷史文獻都指出三苗之居是一個地勢險要之地。如果是從岷山到衡山這一幾千里的廣闊地區，就毫無險要可談。何來三苗恃險一説呢？另外小小的三苗氏族也不可能占據偌大的地盤。且大禹之世自岷山（汶山）沿漢水而下直至長江北岸這一區域都是夏氏族的聚居地。

遠古三苗疆域不僅存在著上述疑慮，在彭蠡、洞庭兩湖的記述上也還存在著另一個學術問題：中國地理告訴我們，如果東爲洞庭湖的話，西邊對稱之處今天應該是鄱陽湖，則三苗疆域正是在這兩個湖之間。但是上述史料卻都以洞庭和彭蠡相提並論。這又是爲什麼呢？這是因爲在這個堯舜禹時代鄱陽湖還不是一個獨立的湖泊。當時的洞庭湖也不是今天的洞庭，而是湖南方言中的雲夢澤的別名。

《尚書·禹貢》大禹治水的路徑有這樣的記載："華陽黑水惟梁州。岷嶓既藝。沱潛既道……導嶓冢至于荆山。內方。至于大别。岷山之陽至于衡山。過九江。至于敷淺原。"此時的九江是由雲夢澤散播出去的九條江河。

《史記·禹本紀》云："嶓冢道漾，東流爲漢，又東爲滄浪之水，過三澨，入于大别，南入于江，東匯澤爲彭蠡，東爲北江入于海。"

《水經》載："彭蠡澤在豫章彭蠡縣西北。"酈道元注："《尚書》所謂彭蠡既猪（瀦）。陽鳥攸居也。"

對比上述歷史文獻的記載，可知當大禹治水之時尚無鄱陽湖的記載。其實這個鄱陽湖最早的歷史記載是在東晉纔出現。原因是遠古長江並不是一條水道分明的江，而是保持著地球原生態的一條沼澤、漫灘式的水道。那時的長江在北緯30度綫上有兩個毗鄰的大澤：一個就是著名的雲夢大澤，這個包括今天的洞庭湖在內的雲夢澤地跨長江兩岸，方八百里；另一個就是著名的彭蠡大澤，它是由一條水道聯通了今天的位居江南的鄱陽湖和江北的龍感湖、大官湖、黄湖、泊湖和武昌湖在內的諸多湖泊群。在雲夢澤和彭蠡澤之間則散播著九條大河，這就是九江。江西的九江市以此而得名。"隋唐時期，由于海平面上升及地質作用的影響，贛江、撫河、信江、饒河、修水等"五河"所流入鄱陽湖的水，由于受到長江水的强烈頂托，流水不暢。在長江水的相互作用下最終形成今日（獨立的）鄱陽湖，距今大約1400—1600年。"① 鄱陽湖形成獨立的湖泊以前是地跨長江南北的彭蠡湖的一個組成部分，它們見于史料中衹有一個統一的名稱——彭蠡澤。

《水經》："沔水（即漢水）與江合流。又東過彭蠡澤。"《水經注》："《尚書·禹貢》：'匯澤也。'鄭玄曰：'匯。回也。漢與江鬭。轉東成其澤矣。'"可見，由于漢水進入長江，兩者相激轉而東流。大禹治水時在下游不遠處設置了"彭蠡障"，改變江水的方向以阻擋江水東流，因此長江上游的回水在此形成了彭蠡澤。此一舉措使彭蠡澤下游的安徽沿江和江淮地區産生了大量的宜居土地。

堯舜禹時期的彭蠡澤包含了今天的鄱陽湖等諸多湖泊不是空穴來風。同一歷史時期類似的水文現象還出現在長江上游的雲夢大澤。雲夢澤也是一個包含了洞庭湖、洪湖等在內的一個方八百里的大湖。當時的長江先後流進又流出雲夢澤和彭蠡澤這兩個大湖，然後經由北江流入東海。這説明當時長江的水位很高，所以長江回水可以經由湖口倒灌彭蠡（即今天的鄱陽湖）。長江的高水位導致洞庭和雲夢融爲大雲夢澤，彭蠡和鄱陽融爲大彭蠡澤。

大禹治水時期的史書没有鄱陽湖名稱的記載無非兩種可能：一是鄱陽湖尚未形成。

---

① 2013年2月27日《潯陽晚報》。

鄱陽湖平原當時名爲敷淺原，尚未蓄積長江之水。大禹爲了治理長江下游水患在彭蠡澤修築彭蠡之障，江水因受阻于彭蠡之障而轉由湖口向西南方向進入鄱陽湖平原，從而形成了鄱陽湖；二是此時彭蠡澤地跨大江兩岸。今天的鄱陽湖當時僅僅是彭蠡澤的一部份，長江的北江穿彭蠡澤而過。

據《水經注》記載，在酈道元生活的北魏時期，鄱陽湖和彭蠡澤還是相通的。不過北魏時期還沒有鄱陽湖這個地理名稱，而彭蠡澤已經被稱之爲大雷，即大雷池。彭義訓爲大，蠡音訓爲雷。所以大雷是當地的方言對彭蠡的叫法。

《水經注》："《尚書》云：'江水過九江至于東陵者也。西南流，水積爲湖。'……又西南歷尋陽，分爲二水：一水東流通大雷（江北之彭蠡），一水西南流注于江。"其中"西南流，水積爲湖……又西南歷尋陽"說明此一時的湖水一直延伸到湖口附近。這個後來被稱爲鄱陽湖的大湖和雷池之間北魏時期仍有一條河道相通。這是酈道元在北魏時期的記載。舜放三苗時期則早在此二千五百年前。那時的長江水位要大大高于北魏時期。因爲大禹時的雲夢大澤（含洞庭湖）是"方八百里"，它的下游的彭蠡澤的水位也足以使江南的鄱陽湖和江北的諸多湖泊匯成一個長 400 里的大湖。準確地說，長江是漫過彭蠡澤然後流入東海的。

自《尚書·禹貢》之後中國遠古史研究中關于洞庭湖和雲夢澤究竟在江南還是江北？彭蠡澤和鄱陽湖究竟在江南還是江北？可以說一直爭論未休。其實這是兩個僞命題，遠古時代雲夢澤和洞庭湖是同一個湖泊；彭蠡澤和鄱陽湖也是同一個湖泊。它們之所以今天看來分屬長江兩岸是因爲幾千年來長江的江水由于海平面的下降而不斷退縮的原因。從遠古的長江入海口位于今天的揚州和鎮江一綫便可理解這一點。

大禹曾修筑彭蠡之障，其具體的功績現在很難考證。在《尚書》中僅有數字。《水經》："彭蠡澤在豫章彭蠡縣西北。"酈道元注："《尚書》所謂'彭蠡既猪（瀦），陽鳥攸居'也"。這就是說在大禹治理彭蠡之後，彭蠡開始攔截上游來水，候鳥也紛紛遷往此地過冬。

戰國諸子之書也留下了這樣兩則記載：

《淮南子·人間訓》："禹决江疏河，鑿龍門，辟伊闕，修彭蠡之防。"

《吕氏春秋·愛類篇》："昔上古龍門未開，吕梁未發，河出孟門，大溢逆流，無有丘陵沃衍，平原高阜，盡皆滅之。名曰鴻水。禹于是疏河决江，爲彭蠡之障，乾東土，所活者千八百國。"

無論是"彭蠡之防"還是"彭蠡之障"目的都是爲了擋住長江水和蓄水彭蠡澤的，這一點和《尚書》所說的"彭蠡既猪"三文獻的記載是相互吻合的。從以上三則記載可知大禹在彭蠡曾修築過一條大堤或者攔水壩。使彭蠡攔截並蓄積了長江的江水，從而使長江下游的"東土"水患大爲改觀，成爲宜居樂土。"所活者千八百國"應該是一個很大的功績。後來大禹在會稽山的"禹會萬國"時，這千八百國的諸侯一定都自願參加了。不過從安徽含山縣凌家灘遺址的發掘成果看，環巢湖一帶當時多是夏氏族的子民，也就是大禹的子民。

自大禹治水之後，由于地質、氣候、水文以及水道通暢等諸多原因，長江水位繼續下降，到了東漢時期，原來地跨長江兩岸的大彭蠡由于水位下降萎縮而與長江分離。江北安徽境内聯爲一體的龍感湖、大官湖、黄湖、泊湖和武昌湖依然叫作大雷。而上游400里的和大雷一江之隔的江南那片湖泊從隋朝開始被稱之鄱陽湖。鄱陽可以解釋爲從番水得名，也可以解釋爲在彭蠡之陽。鄱（po）和彭（peng，安慶方言發音pen）旁轉可通，鄱陽即爲在彭蠡之陽，即彭蠡之西——意爲在彭蠡澤西邊的（另一個）湖。

雲夢澤和洞庭湖的分離也是這個道理。兩者的發音在訓詁學上也同樣有内在聯係。

清人《崔東壁遺書》有載："《漢書·地理志》豫章郡彭澤縣下注云：'《禹貢》彭蠡澤在西。'番陽在彭澤南，而云在西，則彭蠡自别一地，非番陽明矣。又云：'水入湖漢者八，入大江者一。'不以彭蠡稱番陽而稱湖漢，則番陽自名湖漢，非即彭蠡，又明矣。"

這個考證至少説明當彭蠡澤由于兩漢時期長江的萎縮而被分爲江南江北兩湖以後，在較長的歷史時期内江北的大湖仍稱彭蠡，而江南的大湖則被稱爲湖漢水。隋朝時纔改爲鄱陽湖之名。但是在大禹時代南北兩湖實屬一湖，就没有必要將其硬性分爲彭蠡和湖漢水之名了。

其實就崔東壁將湖漢水硬性附會鄱陽湖是缺乏科學依據和歷史文獻依據的。湖漢水顧名思義應該是湖水和漢水交匯之地。則該湖衹能在雲夢澤下游的漢水入長江處。然而無論鄱陽湖還是彭蠡澤歷史上都不會和漢水交匯。

由于地質、水文、氣候和大禹治水的種種原因，這樣兩個大湖——雲夢澤和彭蠡澤遠古時期就存在著。而三苗就是以這兩個大澤爲東西疆界的。實際上以今天的地理分布看，是"左鄱陽，右洞庭"的格局。但是以大禹時代的地理分布看，應該以"左彭蠡，右雲夢"的提法更爲準確。雲夢、彭蠡兩湖名稱均見于《尚書·禹貢》和《史記·夏本紀》中。這個區域的特點是沿長江向上經漢水可以進入荆山以東的内方地區；沿長江向下游不遠就是江淮平原和江南丘陵。所以這就符合《史記·五帝本紀》的"三苗在江淮、荆州數爲亂"的三苗氏族犯罪的歷史記錄。

上述三苗歷史疆域的東西疆界學術史上並無太大的争議。争議較大的是它的南北疆界："汶山在其南，而衡山在其北。"準確地説就是汶山和衡山到底是指那兩座山存在著較大争議。

針對上述《禹貢》的導山路徑，清人胡渭的《禹貢錐指》引吴澄的批評説："岷山南至衡山，至爲荒遠，相距數千里，不知山脈何以相承？若謂治山旁水，更不可通。又衡山在江南，九江在江北，敷淺原又在江南，其文參錯，經意尤難究悉。"誠如吴澄所言，那麼其路徑當然是混亂的，無序可尋的。

《史記·封禪書》記載："上巡南郡，至江陵而東，登禮灊之天柱山。浮江。自尋陽出樅陽，過彭蠡，禮其名山川。北至琅琊。"可見西漢時的彭蠡湖面積依然很大，漢武帝是先到尋陽下樅陽，后過彭蠡繼而北赴琅琊的。説明彭蠡湖的東境在今安徽樅陽以東。此地沿江上溯約400里纔是今天的鄱陽湖區。所以遠古的彭蠡是一個全長400里的大湖（雲夢澤更大，爲方八百里）。漢武帝封天柱山爲南嶽説明西漢武帝時以長江爲南疆界。同樣是《史記·秦始皇本紀》記載秦始皇"西南渡淮水，之衡山。南郡。浮江至湘山祠"。錢穆將其斷句爲"西南渡淮水，之衡山南郡。浮江至湘山祠"，事實上秦始皇是溯長江而上，先至江西的幕阜山，繼而到達湖北的荆州，再行浮江至湘山祠。但如錢穆所斷：南郡既然在長江北岸那麼衡山順理成章也一定在江北。但是史載有秦一代未見有衡山南郡這一建置，只有南郡（郡治爲湖北荆州）。承上之《史記正義》曰：“《括地誌》云：‘衡山一名岣嶁山，在衡州湘潭縣西四十一里。’……言欲向衡山，即西北過南郡，入武關至咸陽。”張守節這裏的衡山指的是南嶽衡山。所以他無法自圓其說，只好含糊其辭地說：“言欲向衡山，即西北過南郡。”但是吴起所述的三苗之居是“汶山在其南，而衡山在其北。”則推斷該地域當在湖南衡山以南，依此推理更有汶山當地處南嶽衡山更南方的今廣西的九萬大山中了，這顯然是不符合當時歷史記載的。

地處江北的安徽灊山境内的天柱山，漢武帝也曾封之爲南嶽。天柱山自古曾用名有灊山、皖山、皖公山、萬歲山、萬山等，但是没有用過衡山這個名稱。所以遠古三苗之居與今天安徽境内的南嶽天柱山無關。

而依據上述相關的文獻，遠古三苗國疆域四至我們可以初步推定其地理範圍是：東爲鄱陽湖，西爲洞庭湖（遠古爲雲夢澤），南部疆界音讀作汶山，北部疆界爲音讀作衡山。位于三苗疆域東端的彭蠡和西端的洞庭地理位置不會改變，但湖水有漲縮盈虧。同理，位于三苗疆域北邊的衡山和南邊的汶山的地理位置更不會改變。從地形圖上分析，同時能够滿足“甲山在其南的汶山，而乙山在其北的衡山”這兩個條件的山是哪兩座山呢?

此外還必須有一個附加的條件，這就是《魏書》中吴起所說的：恃此險也。説明這個遠古三苗之居是一方據險可守的戰略要地。五個必要條件中兩湖我在上文考證已經確定，現在我們來考證落實後面的三個條件，即：①南山其音讀爲汶山；②北山其音讀爲衡山；③該地區必須是據險可守的戰略要地。

①南爲汶山：在今天鄱陽湖和洞庭湖之間的山脈均在江西省境内，它們從北到南依次是幕阜山、九嶺山和于山。三條山脈大致平行且均呈東西走向。其中最南面的于山應該就是文山。見《辭海》“文山”條：“山名，在江西吉安東南。宋文天祥取以爲號。”江西吉安的東南衹有一座大山就是長達 250 公里的這座于山。宋文天祥（號文山）正是江西吉安人，所以取文山爲號。

《方言》：“于，大也。”故于山即大山之意。于古音可讀 wei，故旁轉可通 wen。見《儀禮・聘禮》：“賄在聘于賄。”注曰：“于讀曰爲。”則于山古音就是文山或爲山者。

這一文山的地理位置完全符合《戰國策》中吴起的“文山在其南”的説法。

②北爲衡山：三座山中最北的一座山今稱幕阜山。幕阜山江西當地人稱之爲桓山。古音恒、桓、衡相通。所以桓山的音讀和衡山爲一聲之轉。比較一下漢字系列字的洹峘狟絙和系列字恒姮可知，這兩個系列是有一個共同的遠古發音的。這一註音現象説明遠古音韻中 huan 和 heng 對轉可互通。這一衡山（即幕阜山或桓山）的地理位置也是完全符合《戰國策》之“衡山在其北”的説法的。大禹治水曾沿長江下豫章雉縣，留下“血馬祭衡山”的故事，見《水經注》。這些字采用亘（gen）作爲聲符，同時漢字中又有亘系列字亙垣峘絚緪。這一現象説明遠古聲母 g、h 曾經歷過一個分化的過程。

經過一番尋找，我在《史記・貨殖列傳》中終于找到了衡山就是江西幕阜山的有力的證據：“淮以北，沛、陳、汝南、南郡爲西楚；彭城以東，東海、吴、廣陵爲東楚；衡山、九江、江南、豫章、長沙爲南楚。是爲三楚者也。”

這一記載中的衡山地處楚國。其南楚自衡山（亦即幕阜山之最東端的廬山）開始，經由九江、江南（今鄱陽湖平原）、豫章（今南昌以南丘陵）到楚國的南部疆界長沙爲止。南楚地域並不包含今天的南嶽衡山。從地理位置判定：《史記》中的上述南楚之衡山所處的地理位置正是今江西境内的幕阜山脈。

衡山作爲一個縣的建制故城在今湖北的黄岡，地名柏舉。《左傳・定四年》："吴楚陳于柏舉。"京相璠曰："漢東地矣。"[①] 舉、邾上古音相通，故該舉地又稱之爲邾縣，境内有舉水南注長江，對岸即爲舉洲。《水經注》載："漢高帝元年。項羽封吴芮爲衡山王。都此。"此地湖北黄岡距下游的安徽天柱山甚遠，但是與黄岡隔長江相望的正是銅墻鐵壁一般橫亘數百里的江西幕阜山脈——堯舜禹時期的南嶽衡山。

大禹治水過程中曾經在此衡山上镌刻有千古流芳的《大禹碑》，也叫作《岣嶁碑》，這方摩崖石刻至今雖然拓本和摹刻較多，但是始終没有發現原始碑刻。其原因之一就是大家都在湖南南嶽衡山上去尋找。網傳已經發現了很多石跡或者殘石。我認爲《岣嶁碑》是不可能出現在今天湖南的南嶽衡山的。原因就在于大禹治水的過程中根本就没有去過南嶽衡山。而先秦的一批古籍文獻所説的涉及大禹的衡山實際上我已經證明它就是江西的廬山—幕阜山，所以如果這方大禹镌刻的《岣嶁碑》在世間還存在的話，它最有可能被發現的地方就是大禹"血馬祭衡山"的江西衡山，也就是今天江西北部的廬山—幕阜山。

但是酈道元的《水經注》中有一段引自《廬山記》的記載過去長期没有引發研究者的重視，也没有將其與衡山即江西幕阜山兩者聯係起來。

《水經注》曰："廬山之南，有上霄石。高壁緬然，與霄漢連接。秦始皇三十六年，嘆斯嶽遠，遂記爲上霄焉。上霄之南，大禹刻石志其丈尺里數，今猶得刻石之號焉。……耆舊云：昔禹治洪水至此刻石記功。或言秦始皇所勒。然歲月已久。莫能合辨之焉。"文中所記之廬山正是幕阜山的東部起點。也就是説大禹的《岣嶁碑》的原作正是镌刻在廬山南面的上霄石上的。由此可見長期以來這個堯舜禹時代所封的南嶽衡山是被世人遺忘太久了。該碑刻因爲朝南，經過經年的風暴雨雪沖刷應該已經漫滅難辨了，但是或許還有殘跡可覓。

所以，《禹貢錐指》所謂"郭璞云'山别名岣嶁'。《山經》亦謂之岣嶁山"，當實指廬山爲是。

③該地區是據險可守的戰略要地：遠古三苗之居的南北是條狀山脈，東西是兩個大湖。簡稱爲"北幕阜，南文山，東彭蠡，西洞庭"。這樣的封閉區域具有很好的軍事防禦性，是易守難攻的戰略要地。所以吴起譽其爲"恃此險也"。其實盤踞在這裏的三苗氏族是進可以"在江淮、荆州數爲亂"，退可以"恃此險也"，確保自身的平安。

既然幕阜山以南已經是三苗之疆域，所以大禹也就順幕阜山向東，開始治理廬山腳下的彭蠡湖了。

重要的是這一地理區域不僅同時滿足了吴起所列舉的五個條件，同時還很好地解釋了《尚書・禹貢》的如下記載："華陽黑水惟梁州。岷嶓既藝。沱潛既道……導嶓冢至于荆山、内方，至于大别。岷山之陽至于衡山。過九江，至于敷淺原。"（《史記・夏本

---

① 《十三經注疏》，第 2136 頁。

紀》的記載基本相同。）

“岷山之陽至于衡山”中的衡山正是指現在江西境内的幕阜山（桓山）。幕阜山可以說是阻隔在鄱陽和洞庭（即遠古之雲夢）兩湖之間的一條山脈，它的東端餘脈正是著名的廬山（即《山海經・中次十二經》的尾山榮余之山），而它的西端終點則是洞庭湖邊的幕阜山主峰，所以說“岷山之陽至于衡山，過九江，至于敷淺原”。正是說大禹治水由北到南，繼而轉向東方的一條水路。大禹從治理漢水開始，向南到達幕阜山腳下，繼而轉東沿長江治理九江，一直到了敷淺原。清人胡渭在《禹貢錐指》中批評《禹貢》中衹提敷淺原卻没有提到敷淺原以西的廬山，這是胡渭没有搞清楚大禹在《山海經・中次十二經》中所記載該章經的尾山榮余之山正是廬山，這說明大禹導水過程中曾經親歷廬山並將之命名爲榮余之山。從大禹導水的次序看，“岷山之陽至于衡山，過九江，至于敷淺原”。可以看到其實大禹治理長江是自岷山到衡山，經九江到廬山。這沿長江一綫的治理不可能突然南溯湘江千余里去了今湖南的衡陽地界。整個《禹貢》中涉及湖南澧水的衹有一處：“又東至于澧，過九江。至于東陵。”從中可知大禹對今湖南境内的沅資湘澧都没有治理，衹是路過了澧水、九江。爲什麼會出現這種情況呢？原因其實很簡單：遠古的沅資湘澧四條河下游以及整個今天的洞庭湖區都是“方八百里”的雲夢大澤的一部分，根本無法治理也無需治理。

上文引《禹貢錐指》中“朱子《九江彭蠡辯》曰：‘今之所謂敷淺原者，爲山甚小而庳，不足以有所表見，而其全體正脈遂起而爲廬阜，則甚高且大，以盡乎大江、彭蠡之交，而所以認夫衡山東過一支之所極者，唯是乃爲宜耳。’”[①] 朱熹長期生活在江西，他對衡山、廬山和敷淺原三者的地理描述是準確而可信的。顯然是因爲吴澄誤將彼南嶽衡山當作此衡山了。上述“衡山（即幕阜山或桓山）”“敷淺原”兩個地名均在長江以南，“九江”正是連接兩地的江河。三者均未脱離《尚書・禹貢》中大禹治水的路徑。

這個敷淺原正是今天的魚米之鄉——鄱陽湖平原，它的中心就是鄱陽湖。大禹之時並没有鄱陽湖的地名，而衹有彭蠡澤和敷淺原的地名。彭蠡澤地跨長江南北，長約400餘里。

附帶探討一下敷淺原，顧名思義敷淺原應該是一片平原，其實它就是一片平原——今稱鄱陽湖平原。但是這一片平原有其特殊性，因爲它正處于地質上的鄱陽湖盆地。所以當長江水位較高的時候，長江水經由湖口倒灌進入盆地。江西境内的贛江、撫河、信江、饒河、修水等五河也是流入鄱陽湖的，這就必然導致鄱陽湖平原成爲長江流域的一個天然的行洪區。那麼，遠古所謂敷淺原的本義是什麼意思呢？

《說文》：“敷，施也。……《周書》曰：‘用敷遺後人。’”敷就是我們今天所謂的政績。

《說文》：“淺，不深也。从水戔聲。”

《說文》：“原，高平曰原。人所登。”

《爾雅・釋地》：“大野曰平，廣平曰原。”

敷淺原的地名歷史上首次出現是在《尚書・禹貢》一文。意思是經過（大禹）治理的有淺水的廣闊的平原。這個平原就是我們今天俗稱“兩湖熟，天下足”的兩湖平原之

---

① 《禹貢錐指》，第381頁。

一——鄱陽湖平原。它的水位歷史上一直很淺，今天的鄱陽湖水最深的地方也只有十幾米深。

綜上所述，遠古堯舜禹時期的三苗氏族居住之地域是：北起今天的江西幕阜山（當地人稱桓山），南至江西的于山（當地人稱文山）之間，其東爲鄱陽湖（古稱彭蠡澤），其西是湖南的洞庭湖（遠古爲雲夢澤的一部分）。

在本書出版前夕，我在研究《山海經》郭璞注和王勃《滕王閣序》時發現了兩例新的力證。現補充考證如下：

《山海經》："三苗國在赤水東，其爲人相隨。一曰三毛國。"校注曰："沅曰《淮南子·墬形訓》有三苗民。高誘注云：'……又云三苗國民在豫章之彭蠡。《史記正義》云：吴起云左洞庭而右彭蠡。今江州、鄂州、岳州三苗之地也。'"我必須指出《淮南子》的高誘注和《史記正義》這兩個注釋都是存在出入的。高誘所謂的"豫章之彭蠡"並非三苗國的全部，衹是三苗國的東部。《正義》之江州爲今江西九江，其鄂州遠古是地跨長江兩岸的，今爲湖北鄂州市。這兩個州均位于幕阜山北側。據我上述考證這兩個州是三苗國常常騷擾的地方，並不屬于三苗國疆域。三苗國的實際疆域是上述的岳州，其疆域爲環洞庭湖的東、南面，其北部疆界爲幕阜山脈，其東面一直延伸至廬山腳下的今鄱陽湖邊。

郭璞注又云："昔堯以天下讓舜。三苗之君非之。帝殺之。有苗之民叛入南海。爲三苗國。"這是三苗國被分成了兩個部分：岳州三苗和甘肅三苗。因爲三苗之君不服虞舜，結果導致殺身之禍。衹得遠走甘肅的三危山以東地區。但是，竄入南海的衹是三苗國民中允姓氏族這一部分，即《禹貢》所謂的"允姓之奸"。原岳州境內的三苗疆域仍爲三苗國民居住。

又：唐王勃在《滕王阁序》開篇有："豫章故郡，洪都新府。星分翼轸，地接衡庐。"也是一段很能説明問題的文字。"豫章故郡，洪都新府"意指滕王閣的地理位置，"星分翼軫"是從星象上説明此地（南昌）分野在翼軫二宿之交，荆州對應天上的星宿是翼軫二宿，而南昌正位于翼軫之間。"地接衡盧"則是指滕王閣北經衡山與廬山相連接。滕王閣位于南昌的贛江邊，其北面正是衡山（幕阜山），綿延向北遠接九江的廬山。可見王勃所指的衡山正是幕阜山。所以這十六個字均圍繞滕王閣地理所在而言，與洞庭湖以南的衡山没有絲毫關係。

远古禹王疆域考

（一）

禹王就是建立夏王朝的大禹。夏禹名文命，《帝王世紀》："伯禹夏后氏。姒姓也。"本文所考的禹王疆域正是大禹在陽城登基爲王時的夏朝的疆域。因先秦文獻尚無法證明禹王的王朝已經冠名以“夏”，甲骨文中以“下”假借爲“夏”，故稱此時禹王所轄版圖爲禹王疆域。

《山海經》一書的真僞似乎與生俱來就飽受學者們的詬病，但是其中記錄了大禹等人“傅土，隨山，刊木，奠高山大川”的遠古信息卻是基本事實；其中的前五卷的《山經》（又稱之爲《五臧山經》）爲歷代學者所篤信無疑。

我在考證《西次三經》中的首山崇吾之山時，發現這裏正是大禹的出生地，遠古讀作瀆山。值得指出的一點是，《中次九經》中正是以岷山作爲首山的，史學界認定岷山纔是大禹的出生地。兩山記載上的這一區別説明：在夏代，距離崇吾之山東南不遠處的岷山和崇吾之山並不是同一座山。岷山屬于《中山經》的地理範圍，而崇吾之山（即瀆山）屬于《西山經》的地理範圍。但是兩山中的岷山位于若爾蓋草原以東，崇吾之山位于若爾蓋草原以北。《竹書紀年》《史記》《蜀王本紀》《三國志》以及《汶山縣志》所載禹生汶山就是指這裏的岷山，可見岷山和崇吾之山之間的這片若爾蓋草原便是大禹的出生之地。

先秦文獻未見有關若爾蓋草原的相關記載，從這一地區長期以來地質活動的活躍程度看，遠古的這片土地可能有兩種情况：要麽是高原山區，或者是沼澤湖區。

從上古音訓的角度看，汶山指的是岷山而瀆山纔是崇吾之山。岷（min）是汶（wen）的遠古發音（也可能是川西的方言發音）。崇吾反切爲楚，它的遠古發音正是瀆山。所以岷山和汶山是同一座山的古今名稱，而崇吾即瀆山今天應讀若楚（chu）山。汶山郡是漢武帝征服西南夷以後設置的郡。而崇吾之山則是岷山西北方向的另一座山峰——古稱瀆山。岷山是大禹的祖籍地——岷山西麓的川北某地。所以這兩座山在《中次九經》和《西次三經》中都是以坐落在大禹的出生地附近而被確立爲兩章經的首山的。

大禹爲什麽没有將崇吾之山作爲《中山經》某經的尾山，而偏偏將其設定爲《西次三經》的首山呢？原因我們暫且認定爲崇吾之山（即瀆山）已經不是夏王大禹控制的地盤。也可能因爲崇吾之山在大禹出生地西北方向不遠的地方故命名爲《西次三經》的首山。但是據《史記·封禪書》記載，崇吾之山（即瀆山）確實是名列遠古的七座名山之一：“自華以西，名山七，名川四。曰華山，薄山。薄山者，衰山也。嶽山，岐山，吴嶽，鴻冢，瀆山。瀆山，蜀之汶山。”這裏司馬遷將瀆山混爲蜀之汶山是一個地理學的錯誤。瀆山正是《山海經·西三經》的首山崇吾之山，是位于岷山西北方向的另一座高山，兩山相距不遠，都在川北甘東南地區，東西相望的這兩座山之間便是若爾蓋草原。同理，汶山也是岷山諸多山峰中的一座。《廣雅》：“蜀山謂之岷山。”

但是當我深入研究《山海經·中山經》（共十二篇。以下簡稱《中山經》或《中次某經》）時，我發現這裏的每一章經都和大禹的王朝有著密切的聯係。我初步設想會不會整個的《中山經》就是一張夏禹劃定的夏王朝疆域的地理圖。但是設想如果缺乏遠古史實作爲依據，也終究是一種空想，因此本文將逐一進行考證。現將《山海經·中山經》共十二經的首山和尾山列表如下：

《中山經》篇名	本經起始山脈	本經首山	本經尾山	基本走向
中山（一）經	薄山（共首山）	甘棗之山	鼓鐙（亘）之山	先東後北
中次二經	濟山	煇諸之山	蔓渠之山	由東向西
中次三經	萯山	敖岸之山	和山	由西向東
中次四經	釐山	鹿蹄（釐）之山	元扈之山	由東向西
中次五經	薄山	苟牀之山	陽虛之山	由西向東
中次六經	縞羝之首	平逢之山	陽華之山	由東向西
中次七經	苦山（昆吾）	休與之山	大騩之山	由西向東
中次八經	荆山	景山	琴鼓之山	由西南向東北
中次九經	岷山	女几之山	賈超之山	由西南向東北
中次十經	首陽之山	首陽山	涿山——丙山	由東向西
中次十一經	荆山	翼望之山	几山	由西向東南
中次十二經	洞庭之山	篇（肩）遇之山	榮余之山	由西北向東南

讀《山海經・五臧山經》有一點必須注意，就是每一章經所依次記錄的山並不一定是同一座山脈中連綿不斷的山峰，而是人們徒步行走可以到達的山。連接這些山峰的是山間小路，有時可能也隔著河流，但不一定都是高大的山脈。例如非常著名的偃師首陽山（萯山）就衹有 359. 1 米高。所以《五臧山經》是一部百姓步行的地理指南。

《尚書・禹貢》載："禹傅土，堕山，刊木，奠高山大川。"其中的"刊木"的本義是砍伐樹木以劃定各氏族之間的疆域分界。刊木的方式是沿著山脊砍出一條防火道，或者沿著山間的分水溝砍出山界。客觀上是在開山修路，本質上卻是在爲各個氏族劃定彼此的疆界。

《中山經》是《五臧山經》中涉及中部山川的記載。這個中部的疆域從上圖中可以看到是以黄河西河轉角處的薄山和黄河南河以南的萯山、嵩山爲中心的一個區域。這個區域東起嵩山以東的大騩之山（即嵩山東北端的具茨山）、鞏縣的北邙山；南到長江以南的廬山、幕阜山一綫；西至岷山、神農架、武當山、荆山一綫；北止于山西境内霍太山以北 487 里地的鼓鐙之山，這座鼓鐙之山應該在太原以北，也就是後來卜辭中頻繁出現的殷商的敵國土方。土方居住在太原盆地，是大禹治水后因汾河兩岸鴻水的"水落土出”的而出現的一方新土地，定居在這裏的是西周氏族的祖先。在《詩經》中西周人是自稱夏氏族爲其祖先的。這也説明西周氏族和大禹的夏氏族之間應該具有一種血緣的關係。

周氏族得名“周”的由來與土方無關，而是在古公亶父率族西遷周原時發明了渡河所使用的羊皮筏子。

從《中山經》劃分的立意看，《中山經》應該涵蓋中原的中心地帶，而大禹正是那時中原的新的主人。但是這一依據《中山經》的立意還必須得到堯舜禹三代帝王的相關史實爲證據。不過這個地理定位一定要堅持，不能因爲經的走向或者山的名實偶有不符便隨意“改山名”以適應《山海經》的次序或地理方位。下面我們就圍繞《中山經》的經文展開進一步的探討。

作爲有夏一代的大禹氏族活動的核心地區按照歷史先後依次是以嵩山（鯀封崇伯）——薄山（東下馮治水）——嵩山（大禹稱王）——新砦（夏啓登基）——萯山（太康失國）爲中心的。這是夏王朝早期與大禹氏族密切相關的幾個地名。此外，《中山經》里還記載了濟山、釐山、縞羝之首、岷山和洞庭之山。但是《中山經》經文大多和大禹事蹟有著不可分割的聯係。《中山經》一共用了十二篇的篇幅來記載名山及山脈的分布和五臧資源，是《山海經》中記錄最爲詳細的地區，這應該不是一個巧合吧。

（二）

第一座名山是嵩山。涉及嵩山的經文是《中次七經》，但是該經文中衹記錄了嵩山主峰少室山和泰室山。原因是在大禹時代還没有嵩山這個名字。大禹的父親鯀被封于少室之山和泰室之山的南麓，就是發現王城崗遺址的地方。禹父鯀，史稱崇伯。因遠古崇、嵩同音，故後世名此山爲嵩山。

嵩山是占地面積達4000平方公里的一群山的總名，不僅包括了少室山、泰室山、箕山，還包括有浮戲之山、少陘之山、大騩之山等山峰。嵩山另有一個别名叫外方山。這個名字很少引起遠古史學者的注意，但是在我們研究堯舜禹稷的歷史時這一點是無法回避的。這個名稱外方山極可能是夏氏族人的命名。與這個外方山相提並論的在嵩山以南的豫西鄂東地區還有一個叫作“内方”的夏氏族的居住區。

《尚書·禹貢》載：“導嶓冢至于荆山，内方至于大别。”注曰：“内方、大别二山名。在荆州。漢（水）所經。”可見内方位于湖北的荊州以東，是荊山和大别山之間的漢水兩岸的一塊宜居山地。從中國地形圖上看，這個叫作内方的區域位于荆山、大洪山以東，長江以北地區。

但是，由于嵩山被稱之爲外方山，所以嵩山地區應該被視爲内方與外方的地理界綫。則嵩山南麓以南陽市爲中心的豫西南地區也應該屬于内方，而嵩山以北的伊洛流域應該曾經被稱之爲外方。所以内方和外方之間的分界綫應該就是《中次七經》所記錄的山脈。從這兩個地域的命名分析。這裏的“外方”應該是内方地區居住的夏氏族居民對嵩山（外方山）以北的外氏族人的一個稱呼，而他們自己則稱自己的地盤爲内方。因此，我們不能簡單地將《尚書·禹貢》中的内方理解爲荊州以東的一個狹小的漢水流域。内方是遠古的一個歷史時期内夏氏族移民集中居住的一方土地：最初位于漢水兩岸的鄂東地區繼而擴散到豫西南地區。

我爲什麽將内方界定爲包括豫西南在内的如此廣大的地理範圍呢？首先是這一廣闊地域出土了衆多的新石器時代直到王灣三期的考古遺址。例如内方的西北角遠達漢水上游的湖北省鄖縣就出土了遼瓦店子遺址，這裏正是《中次十一經》大禹導嶓冢東南至于荆山的必由之路。其次是夏氏族遷入中原正是循著漢水這條路徑進入上述内方地區的。第三是大禹氏族的諸多聚落地名總是和“方”相聯係的。從夏氏族的遷徙路徑看，無論是《尚書·禹贡》或《史記·夏本紀》所記錄的導嶓冢循漢水直到荆山、内方、大别山，或者是從大禹的家鄉向中原的流民遷徙，夏氏族形成這樣的地理分布是合乎其人口的遷徙和地理分布的規律的。但是到達並定居在嵩山以南地區的内方以後，鯀、禹氏族的遷徙遠未結束。

《中次七經》《尚書·禹貢》《史記·夏本紀》和相應的考古實證也證明了一點：鯀、禹氏族向中原的遷徙是沿著漢水而下，抵達湖北東部的内方，然後繼續進入河南西南部的嵩山以南地區的。後來鯀被封崇伯在外方山（嵩山）以南，大禹則因爲治理黄河西河的需要進入了晋南地區，定居在山西夏縣的東下馮，這一名稱在當地方言中發音爲東夏方。大禹氏族居住在東下馮（東夏方）的年代正是《尚書·禹貢》中疏導黄河西河和山西境内汾河等河流的年代（公元前2000年左右，大禹遷往嵩山）。

《中次七經》中首山開始到第七山的大苦之山同屬苦山山脈。第四山的苦山正是《中次二經》的昆吾之山。昆吾反切爲 ku。所以在大禹時期嵩山西段應該是昆吾之國。所謂昆吾國其實就是鯀氏族的國都所在。顧是昆吾的短入發音，遠古通鯀。昆吾即鯀，亦即顧，大禹自己屬于鯀氏族。詳見后證。

但是《中次七經》中有一個令人疑竇叢生的地方，就是在《山海經》的這一段，並未提及著名的王城崗遺址。王城崗又叫陽城、告城，從地名上看和鯀被封爲崇伯以及大禹登基爲夏王都是相關的。對于該城址的考古事實基本認定是大禹之父鯀所建之城。但是我認爲大禹避舜子商均登基夏王也應在此地。大禹建設新砦夏都時其“新砦夏都建設指揮部”也應在這一章經的屬地。但是，無論此地是大禹避商均之處，或者是大禹稱王之處，或者退一步説就是鯀氏族的城池，它都應該在大禹的《山海經》中有一個較爲明確的記載。這一點非常令人失望。更失望的是在《山海經》中也没有後來成爲夏都的二里頭遺址的記載，也没有夏王諸都邑的記載。

也許還有一種可能，就是這個昆吾國之都邑依然在《中次二經》和《中次七經》交匯的某處的地下等待考古的發現亦未可知。

這一疑慮證明：《山海經·五臧山經》是大禹登基爲禹王之前的夏代口傳文獻，也是一部單純的地理及資源調查的文獻。有夏一代是有文字的，所以無論以怎樣的形式出現，我們都期待著夏人刻寫的以銅器、玉器或者竹石爲載體的《山海經》和《夏小正》這兩部的夏代考古文獻重見天日。

（三）

有學者殫精竭慮爲考證《詩經·商頌·長髮》“武王載旆，有虔秉鉞。如火烈烈，則莫我敢遏。韋、顧既伐，昆吾、夏桀”中的幾個地名。詩句中的韋、顧、昆吾、夏桀的疆域幾千年來一直是一筆糊塗賬。我以爲既然《山海經》是鯀禹氏族的文獻，理應記載了相關的歷史信息。至少應該記載了鯀禹氏族自身的歷史存在。但是在《中山經》中確實有很多人文的信息没有記錄下來，或者記載下來了我們卻難以破譯。如大禹稱王時已經存在的王城崗、東下馮（東夏方）和可能存在的二里頭（一期）。

《中山經》對確定商湯滅桀的過程中，韋、顧、昆吾、夏桀四個依次被滅掉的夏同盟的方國有著極爲真實的歷史信息。這四個方國和鯀禹氏族之間的關係是家族關係還是同盟關係至今依然没有定論。這裏我不妨花費少量篇幅考證一下。

《中次二經》的山系從伊水源頭向東北流入洛河，繼而經洛汭匯入黄河的南河。該山系的九座山中的第五座名爲昆吾之山。郭璞注中凡是涉及昆吾的歷史事件如周穆王、尸子、汲郡出土銅劍和《越絶書》等都發生在商湯滅桀以後。所以顯然這裏的昆吾之山的名稱是源于更古的時期。而《山海經》中類似昆吾這樣的兩字山名一般是一组反切上下字。昆吾兩字的反切音是 ku。而我們在《中次七經》中發現第一山名爲苦山之首休與之山，第四山名爲苦山，第七山名爲大苦山。如果我們認真比较《中次二經》和《中次七經》的諸山走勢圖就可以看到：《中次七經》的苦山和《中次二經》的昆吾之山正是同一座山。兩個看似不同的山名正是口語發展的不同階段或者是不同方言發音所致。口語的分音詞讀作昆吾；後期的反切讀作苦。昆吾是長讀發音，苦是入聲短讀發音。這一在《山海經》的地名中頻繁使用的口語現象證明了《山海經》的夏禹時代的口語中至少存在一長一短兩個聲調。

這就是説，《中次七經》的嵩山西段正是昆吾國的疆域所在地。所以《中次七經》經尾小結曰："苦山、少室、太室皆冢也。其祠之太牢之具，嬰以吉玉。"可見苦山享受了嵩山主峰少室和太室同等的也是最高的祭祀待遇——太牢。如果苦山（即昆吾山）就是昆吾氏族的疆域所在，那麽至少我們據此可以初步確定這一時期的昆吾國是在伊水之陰（東南）、《中次二經》諸山、黄河南河洛汭到滎陽段和嵩山所共同圈定的這方土地上。

伊河以東的嵩北平原居住的是夏氏族最可靠昆吾氏（後被大禹封爲夏后氏）；同一歷史時期的伊洛盆地伊水之陽毗鄰昆吾國的是斟灌氏子民；洛水之陽毗鄰斟灌氏的是《中次五經》中黄河南河和洛河之間直至洛汭居住的鯀禹氏族的另一直系斟鄩氏子民。和洛汭一水之隔的黄河對岸居住的是顧國——從昆吾國分出的另一分支血親（姑、顧爲同音字。所以滎澤入口處的大師姑遺址也可能屬于顧國）。在這個諸多夏方國的中心就是今天的夏二里頭遺址，當時稱之爲鄩城的夏王室所在。當然這僅僅是一個歷史文獻的孤證。我依據對《山海經》的考證提出一個新的觀點：昆吾氏就是鯀氏族，是夏王室的直系先祖。大禹登基之後命名其爲夏后氏。

《詩經・商頌・長髮》："武王載旆，有虔秉鉞。如火烈烈，則莫我敢遏。韋、顧既伐，昆吾、夏桀。"詩中的"韋、顧既伐"是因爲韋國和顧國這兩個夏陣營的方國和商湯毗鄰。但是爲什麽在韋顧既伐之後就越過了夏桀的大本營直接攻擊了位于夏桀京畿西南部的昆吾國，這一點卻頗爲費解。當商湯討伐昆吾時，夏桀爲了保護自己京畿的父老率兵逃往鳴條即山西中條山以北的夏禹的老巢東下馮（東夏方）。緊隨其後的正是昆吾氏的子弟兵。兩者撤退的方向是北方，這也是合乎當時雙方戰况的。最終夏桀兵敗鳴條並逃往安徽的巢湖周邊。而昆吾氏的軍隊也被商湯大敗于鳴條。

我在《吕氏春秋》和《墨子》中也找到了非常有利的歷史證據：

《吕氏春秋·慎大覽》："末喜言天子夢西方有日，東方有日，兩日相與鬥，西方日勝，東方日不勝，故令師從東方出于（夏之）國西以進。"而夏桀一朝時京畿的西南部正是昆吾國所在。

《墨子·非攻下》："天命融隆火于夏之城間西北隅。"吕思勉謂此爲："湯都在桀東，用兵顧出桀西之證。"所以從地理方位看，可以證明《山海經》的記載是與後世口傳歷史的流傳相一致的。如果按照王國維《説亳》曰"昆吾之墟，地在衛國"的觀點。則商湯首先必先伐昆吾方可打通西進韋、顧、夏桀京畿之階。現在既然商湯征伐韋、顧在先，西襲昆吾國在後，昆吾保衛夏桀北進中條山更在其後。則我們可以知道當夏桀之世昆吾國必不在衛國之地。而是位于偃師二里頭遺址的東南邊，此地恰爲伊水陰《中次二經》《中次七經》交匯處，即昆吾山（苦山）之所在。

從上古聲韻訓詁看：《山海經》時代的夏方言至少有長音和短入聲兩個聲調。所以昆吾是雙聲反切爲苦（ku），上古的口語中聲母 g、k、h 未分，故苦可通顧、鼓、扈諸多口語入聲發音。但是禹父之名鯀，應是后來演化的發音。鯀（gun）是由 ku 和 gu 語音分化而生。

昆吾既定，則韋、顧方纔可考。上述《吕氏春秋》的記載告訴我們，商湯滅韋顧應該是先韋后顧，正面討伐，此後纔是昆吾很反常地被商湯從背後攻擊。從商後的歷史看，韋國在秦時屬東郡的白馬縣（今河南滑縣）。《史記·曹相國世家》集解曰："徐廣曰：'東郡白馬有圍津。'"索隱曰："顧氏按：《水經注》白馬津有韋鄉、韋津城。'圍'與'韋'音同，古今字變爾。"正義曰："《括地志》云黎陽津一名白馬津，在滑州白馬縣北三十里。《帝王世紀》云：'白馬縣南有韋城，故豕韋國也。'《續漢書·郡國志》云：'白馬縣有韋城'。"因此韋地或者韋國或者韋城的疆域可以定在濮陽和黄河南河之間這是没有疑問的。

商湯先滅韋後滅顧，歷史記載並未涉及南渡黄河。可知顧國緊鄰豕韋的西邊。豕韋西邊的土地正是《中次三經》黄河北岸的平原地區，這一地區是夏的京畿三鄀地區通往中條山夏禹大本營東下馮的要道所在，所以必爲"自己人"纔可以傾心交付的。豕韋以西的鄰居是顧國還有一個考古學的實證：2002 年在西南距滎陽 13 公里，北距黄河 13 公里的索河二級臺地上發掘出了著名的鄭州大師姑遺址。此地正是黄河南河進入滎澤的入口要道。該遺址大約始建于二里頭和新砦遺址稍後一段時間。所以這個大師姑引發了我的深思。顧、姑古音同音，疑大師姑即顧國所在地，夏時名稱應爲大師顧（音）。商湯在攻克豕韋國之後繼續向西消滅了顧國。這樣商就占領了黄河南河的北岸地區。繼而商湯出兵繞過嵩山，由西南部進攻此時已爲夏后氏京畿範圍的昆吾國。爲了保護京畿三鄀的夏朝百姓，此時的夏桀衹剩下一條逃路就是向北渡黄河把敵人引走，經由對岸王屋山的羊腸坂進入夏氏族業已經營多年的東下馮（東夏方）地區——在鳴條和商湯決一死戰。請注意這一地區在後來的殷商卜辭中的名稱叫作——方。

（四）

第二座名山是薄山，薄山就是今天山西西南角海拔近2000米的中條山的首山。中條兩字反切讀若zhao，上古無舌上音，故發音爲薄（bao），古音通bo。

中條山作爲一條東西（東北）走向的山脈因爲山峰眾多而擁有很多不同的名字：《通典》："雷首在河東縣，此山凡有八名。歷山，首陽山，薄山（郭璞注蒲山），襄山，甘棗山，中條山，渠猪山，獨頭山（郭璞注吴山）也。"

《中山經》："薄山之首曰甘棗之山。"注曰："沅曰《水經注》引此作甘桑。《括地誌》云：'蒲州雷東縣雷首山一名中條山，亦名歷山，亦名首陽山，亦名蒲山，亦名襄山，亦名甘棗山，亦名猪山，亦名獨頭山，亦名吴山。此山西起雷首山東至吴坂凡十二名隨州縣分之。'見《史記正義》又云：'一名渠山，一名條山，又一作甘棘。'"

由于尧舜禹時代还处在氏族方言時代，所以薄山除了這十二個名字之外，我認爲可能还曾經有過更多的名字，例如堯山、唐山。在《中山經》裏，《中次一經》和《中次五經》都是以薄山爲首山的。

《中次一經》基本可以視爲從山西省西南角的中條山的首山（薄山）經由霍太山直到東北角的太原盆地以北的鼓鐙之山的一根對角綫。《中次一經》的尾山鼓鐙之山今天叫作繫舟山，而在大禹時代它的名字可能就是亘山，也就是恒山（待考）。其西南角的首山就是中條山脈的西端起點薄山，今天名爲中條山。這條對角綫是堯舜禹稷時代中國北方父系社會的政治中心。堯舜禹稷諸氏族都生活在這一條對角綫上，更早一些的黄帝氏族和炎帝氏族也大致活躍在中條山南北兩側。中條山南坡便是著名的母系氏族社會遺址澠池縣的仰韶遺址。不僅如此，中條山區還是中國遠古女媧傳說的發源地，當地有關女媧遺跡和傳説甚多。

《中次一經》諸山共十五山937里，但是經末小結爲"六千六百七十里"。因爲十五座山的數量没有錯，所以可能是里程數上有訛誤。本章經諸山的里程總數大約爲《北次一經》（5490里）或者《北次二經》（5690里）里程的一半——不到3000里路。但是《中次一經》十五座山名告訴我們本章經的終點是鼓鐙之山，經我考證是恒山的一部分。

《中次一經》的山地居住著堯舜禹稷的幾大氏族。其中堯的氏族居住在霍太山以南的臨汾盆地，這一點已經爲300萬平米的陶寺遺址的考古所證實。但是堯的辦公地點可能曾經位于蒲坂和壺口附近的薄山。《水經注》曰："《尚書》所謂壺口、雷首者也。俗亦謂之堯山。山上有故城。俗亦謂堯城。闞駰曰：'蒲坂。堯都。'按《地理志》曰：'縣有堯山、首山祠、雷首山在南。'"闞駰所説的蒲坂就是薄山以北30里的長坂。當時夏禹氏族的居住地名爲東下馮（東夏方）可能與其位于堯都東邊有關。東下馮其遺址已經爲考古所證實。

《孟子》曰："舜生于諸馮，遷于負夏，卒于鳴條，東夷之人也。"《史記》則曰："舜，冀州之人也。"可見虞舜也是出生于這一地區。周初的虞地就是山西夏縣的夏墟。夏縣東有歷山應是舜耕之歷山。歷山腳下有地名曰諸馮疙瘩（譯成口語就是不同方國混居的角落），其西方不遠處便是已經考古發掘的25萬平米的東下馮遺址。雖然山東諸城和浙江餘姚等地民間都存在著"舜生諸馮"的傳説，但是集中關于舜的文獻記載和堯舜禹相關的考古史實，舜應該生于斯，長于斯，逝于斯。

長期在尧舜朝爲官的鲧禹氏族和稷氏族也應該有聚邑在山西省的南部地區。

大禹率領的治理黄河西河的夏氏族治水大軍應該就居住在諸馮地區。這一地區還應該有其他的二里頭文化的史前遺址没有被發掘出來。原因是在以往的夏文化的文獻考證和考古發掘中我們忽視了一個方言學的考證，而這一方言學的文化内涵衹有在山西南部山區纔能够保留這些極其珍貴的遠古信息。山西南部的運城、稷山、新絳、聞喜、老侯馬、垣曲、夏縣以及襄汾西南部屬于同一個方言小區。方言學者将其命名爲中原官話汾河片。這個方言小區的方言特點之一是 ang 和 eng 兩韻母不分。所以這一地區的口語中忙猛不分，黨等不分，湯疼不分，紅黄不分，長城不分，棒泵不分，還有就是最重要的一點：方和馮也不分，屬同音字。

所以諸馮在這一方言區的讀音又作諸方，東下馮在這一方言區的讀音又作東夏方。而“方”正是夏禹氏族自己稱呼自己的居住聚邑的專名。前者有湖北東部的内方，嵩山以北的外方；眼下有薄山脚下這裏的諸方和東夏方，後者還有我們將要討論的大禹治理汾河在太原盆地所開闢的新疆域——土方。商湯滅桀之後殷商統治者將與夏聯盟的所有敵對氏族一律稱之爲“某方”，應該源于這一夏氏族的習慣稱呼。

諸方是大禹治理黄河西河和汾河等内河時期他的氏族居住在山西南部的居住地。而著名的東下馮遺址正確的名稱應該如方言讀作東夏方。這個東夏方（東下馮）僅僅是諸方（諸馮）之一也。所以我推斷在這一地區應該還埋藏著其他的夏“方”的遺址。

薄山附近有兩座山都叫作方山：一座據錢穆《周初地理考》考證：“今按方者，即‘舜陟方乃死’之方。虞舜封堯子丹朱于房陵，房即方也。《夏縣志》：‘方山在縣北，横洛渠源此。’是安邑有方山之證。”① 又：安邑西南有薄山，當地方言薄通方，即薄山可以讀作方山也。兩山均在今山西夏縣附近。

據吕思勉考證，這座薄山很可能就是禹會萬國之處。《水經注》有云：“會稽之山，古稱防山，亦曰茅山。防即舜封丹朱于房之房。”禹避商均正是自晋南遷往嵩山的。

汾河的南河段的兩岸居住著稷的氏族，這裏是我國稷麥最早種植的地區。該地有稷王山和稷山可資證明。

從堯的大本營陶寺繼續向北，大禹率衆繼續治理了今天山西境内的汾河漳河等河流。所以在《中次一經》中，大禹將治水的尾山一直延續到了太原以北恒山餘脈的鼓鐙之山。

鼓鐙之山向北毗鄰五臺山。鼓鐙之山以西正是北嶽恒山之一脈，繼續向西就是管涔之山，管涔山其實在遠古也是北嶽恒山的餘脈。這一點今天看起來似乎匪夷所思。其實經過考證我們完全可以證實這一點。今天的管涔山是一座單獨的山脈，今天的北嶽恒山也是一座單獨的山脈。但是在《山海經》時代，鼓鐙之山、恒山、管涔山同屬于恒山山脈。我將在《北山經》考證中專題探討。

但是大禹的《中山一經》以鼓鐙之山結尾，説明他率衆治理汾河已經上溯到了太原盆地的北緣。換句話説，大禹在這裏是要强調此時他的夏王朝疆域最北已經到達了太原

① 錢穆著《古史地理論叢》，第68頁。

盆地以北的鼓鐙之山。因爲鼓鐙之山的東、西、北三面都被北山經的諸山所包圍。

殷商人的史詩《詩經・商頌・殷武》："設都于禹之績。"

《詩經・大雅・文王有聲》："豐水東注，維禹之績。"

《詩經・大雅・韓奕》："奕奕梁山，維禹甸之。"

《詩經・商頌・長髮》："睿哲爲商，長髮其祥。洪水芒芒，禹敷下土方。外大國是疆，幅隕既長。"

這些遠古文獻可以説明正是在大禹治理了諸多的河流，使得萬水東注之後，長髮的殷商人開始挺進中原，以夏氏族爲鄰。從而登上了遠古史的政治舞臺。

（五）

《中次二經》西自伊水之源頭向東北直至濟山。諸山的山陰之水西北注入伊河，最終在伊汭處匯入洛水，繼而經黄河南河北入渤海。這就説明昆吾的地理範圍是：西爲伊水，東爲許昌，北爲黄河，南爲苦山（即昆吾之山）至嵩山一綫的《中次七經》諸山。

這一地區鯀禹氏族的重要的地點，《水經注》有：王母澗，澗北有王母祠，三塗山，崑崙祠，陸渾縣東墠渚，東有登封縣王城崗，又東有許昌，向北則有滎澤邊的新砦夏都。這一地區的重要山脈，《中次二經》昆吾之山和《中次七經》苦山爲同一座山，《中次六經》中夸父之山應該也是和鯀禹氏族命運相關的一座山。

這些重要地點對于我們確立大禹時代的昆吾國的地望及疆域都是重要的依據。

三涂山即涂山，大禹娶妻涂山氏，這個涂山可能是山名、地名、氏族名稱。王母是禹王之妻，即夏啓之母的涂山氏。崑崙是鯀、禹氏族的原籍。王城崗在嵩山之陽，是禹父鯀所建的城邑。新砦是夏啓之王城，王城的南方便是昆吾之國後期地望許昌。王城以北是滎澤，夏啓王朝的物資由黄河經滎澤運抵新砦。

我推斷：二里頭的繁榮是以新砦的衰落爲前提的，兩者存在著因果關係。倘若没有后羿亂夏和太康失國，可能就不會有二里頭二期到四期的長期繁榮。這個推斷需要接受考古學和先秦文獻的雙重考證。

《左傳・昭十二》："楚靈王曰：'昔我皇祖伯父昆吾，舊許是宅。'"許即今許昌。據王國維《説亳》考證："是韋與昆吾實爲鄰國，與亳相距不過兩百里。顧地無考。……且顧與昆吾，《鄭語》均以爲己（應爲巳，與姒同音，即與鯀禹同姓。華强注）姓之國……"[①] 綜合上述史料可知古昆吾國地望應在許昌。但是，從《詩經・長髮》"韋顧既伐，昆吾夏桀"的次序考證，商湯征伐韋、顧在黄河以北，先伐韋國應在衛地；再伐顧國應在韋之西鄰；顧國南渡黄河就是昆吾之國。且昆吾之國和顧國同是巳姓之國，應和大禹也是同姓，音 si。

由此可見如果不計輩分，禹氏族和顧氏族應該就是同一氏族鯀的同姓的後代。《史記・夏本紀》："太史公曰：'禹爲姒姓，其後分封，用國爲姓，故有夏后氏、有扈氏、有男氏、斟尋氏、彤城氏、褒氏、費氏、杞氏、繒氏、辛氏、冥氏、斟（氏）戈氏。'"這裏鯀、禹所姓之姒，和昆吾和顧所姓之巳實爲同姓。姒巳（己）遠古同音。夏后氏應

① 姚淦銘、王燕主編《王國維文集》，第 322 頁。

該就是鯀和大禹氏族的嫡系後代，有扈氏就是顧國。扈、顧古音相通。

但是在太史公所公示的大禹以國爲姓分封的十二國中出現了一個令人不解的情况：與夏禹王最密切、勢力最大、貢獻也最大的昆吾國不在被封之列。《史記》並未記載商湯滅昆吾，商湯即使對于夏桀的京畿三鄩采取的措施也不過是“俘其寶玉”而已，而且昆吾國在後來的歷史文獻中也屢見于西周。

所以這個昆吾就是大禹分封的夏后氏，顧名思義鯀氏族即是大禹氏族，亦即夏王朝的皇家一族。大禹繼承王位之前該氏族稱之爲昆吾，大禹繼承王位之後分封爲夏后氏。

陸渾縣的東墠渚典故見于《中山三經》：“又東十里曰青要之山，實惟帝之密都。北望河曲，是多駕鳥。南望墠渚，禹父之所化。”遠古之“化”有交媾、出生、變化之意。但是墠渚在伊水流域的昆吾國是有案可稽的。墠渚雖然出現在《中山三經》，但是“南望”的實際地點墠渚是在《中山二經》的地理範圍，準確地説這個禹父所化的墠渚在今天嵩縣東北的陸渾水庫附近。不僅如此，這一記載還證實：嵩縣的陸渾水庫——新安縣密山——黄河南河的東北小轉彎三地呈一南北向的直綫。

（六）

《中次五經》西端起點也是中條山西端的薄山的首山苟牀（或苟林）。但是由于它更爲接近夏禹王登基以後的政治中心和社會中心，《山海經》中將其列爲第五。

《中次五經》的地理特點是起點是薄山首山向東延伸，該章經諸山的特點卻是北麓水入黄河的南河；南麓之水南入洛河。且尾山的“陽虚之山多金。臨于元扈之水”。同時能够滿足這些條件的説明這一地區必須在河洛之間。是斟鄩氏的屬地，二裏頭遺址就在這一地區。

《中次五經》諸山起點是薄山，循崤山山脈東行，沿黄河東到新安以西止。而《中次六經》諸山溯黄河向西，在北邙山轉北處流入渤海。

所以《中次五經》和《中次六經》是黄河南河南岸邊的同一綫山脈。《中次五經》《中次六經》同在黄河南岸。更爲值得研究者注意的是《中次五經》和《中次六經》在新安縣境内是空缺的。其空缺部分專門列出一章經，這就是《中次三經》。三經是一直綫。

重温本文開始的《中次七經》也大致與上述兩經走向相同。所以《中次五經》《中次三經》《中次六經》構成的沿黄一綫和《中次七經》嵩山一綫之間的地理範圍，正是後來被殷商人稱之三朡的夏朝的京畿地區——夏人稱“三鄩”。朡、鄩夏方言同音。

《中次六經》諸山起自古黄河北折處的鞏縣北邙山系，其實它的尾山也是終于北邙山系的。原因很簡單，整個《中次五經》和《中次六經》僅僅記錄了一條共同的山脈便是北邙山。因爲北邙山是華山和崤山的餘脈，所以它的地理長度大致和古黄河的南河一樣長。所以《中次五經》《中次三經》《中次六經》記錄了古黄河南河的兩個轉角之間——潼關的東轉彎和北邙山的北轉彎——的沿黄河南岸的諸山走向。《中次六經》的首山便是北邙山東端，經文記載又叫作平逢之山。而《水經注》則引作蓬山。在此我們分析其中的反切關係可知，平逢之山就是蓬山，二者之間衹是簡單的反切關係。平逢反切爲蓬（peng）。

（七）

《中次五經》和《中次六經》之間的空缺處——從新安縣到黄河南河的北邙山北轉角處——專門安排有一章經，這就是《中次三經》。我們知道《山海經》中里程最長的《北次三經》首尾四十六山總長 12350 里，《中山經》爲什麽不采用同樣的方法將《中次五經》《中次三經》和《中次六經》合爲一章經呢？這將可以使《中山經》結構上減少兩章。但是仔細分析一下《中次三經》諸山我們就會發現將其單列一章經是刻意安排的，這一章經涉及的是當時夏氏族心目中的“聖地”所在。

首山：“中次三經萯山之首，曰敖岸之山。……北望河林……有獸焉。……見則其邑大水。”潼關以東黄河北岸廣員三百里盡爲桃林。比較《中次六經》夸父之山：“又西九十里爲夸父之山。……其北有林焉，名曰桃林。是廣員三百里，其中多馬，湖水出焉，而北流注于河。”其實這裏比較的兩山以及《中次三經》中所有的山所對著的是同一片桃林。這片桃林其實就是夸父逐日渴死后手杖化成的鄧林。所以問題的關鍵是夸父到底是誰？

夸父是禹氏族的先人。夸父切，讀作 ku。和顧、苦、鼓、扈均爲遠古同音字。

次山：“又東十里曰青要之山。實惟帝之密都。北望河曲，是多駕鳥。南望墠渚。禹父之所化。……魋武羅司之……”請特別注意“青要之山”的反切發音：橋山（當地人方言作强山）。按照經文這裏是“禹父所化”之處。所以上文所説的夸父應該就是禹父——鯀。從訓詁學分析，古夸字從大從亏，可以讀作 yu。古音通禹。但是此地爲什麽要由從鬼從申的神武羅來管轄呢？《淮南子》云：“天神曰神。人神曰魋。”説明這個武羅曾經是遠古歷史上的人。這個人是誰呢？

尾山：“又東二十里曰和山……是山也，五曲九水出焉。合而北流注于河。其中多蒼玉，吉神泰逢司之。”

《中次三經》中對題材刻意的選擇和謀篇布局的原則應該是五千年來綿綿不絶的中國傳統意識形態的遠古源頭。它的選題、取捨和篇目設置依據的是我國歷代王朝一直在使用的以意識形態重要性作爲基本原則的。

《中次三經》的按照主流意識形態重要性的價值規律的安排原則，使我們對以下三個問題豁然開朗：一是《中次三經》安排記録的是當時黄帝和鯀的“聖地”，那麽《中次二經》衹會安排更爲重要的内容？二是據《乾隆偃師縣志》卷三：“首陽山，一曰首山，一曰萯山，在（偃師）縣西北二十八里。”所以這座首陽山應該是北邙山系中的一座山，但是《中次五經》和《中次六經》中未見記載，而《中次三經》卻以萯山作爲首山。三是萯山以南不遠處正是夏二里頭遺址。也未見記載。這説明當大禹和益記載《山海經·五臧山經》的時候，二里頭（夏都鄩城）可能還没有形成氣候。據歷史文獻記載，夏二里頭的繁榮應該是從太康失國以後開始的。二里頭考古和碳十四測定都可以證明二里頭相比夏的紀年缺少了開始的數十年時間。也就是説，二里頭文化的四期劃分對于整個夏王朝的文化而言確實存在一個“缺失的首環”。這個首環衹能到大禹的東下馮遺址、登封王城遺址和夏啟的新砦遺址中去尋找答案。二里頭缺少的幾十年正是大禹登基到太康失國，這正是二里頭在王灣三期和二里頭二期之間缺失的那一環。

《中次三經》正文道里爲八十里，但是小結中謂“凡五山四百四十里”。但是經文中諸山之水北入黄河的南河。説明此地位于河南偃師的洛汭地區，不會相差太遠。

《中次四經》之山均位于伊洛之間。所以北注洛水，南注伊水。伊、洛之間所夾正是著名的熊耳山諸山，在今宜陽縣和嵩縣的陸渾水庫之間。

如果我們就以上六章經（二至七經）的山系所形成的的區域分析，可以知道在大禹登基爲王之際便已經繼承其父鯀成爲鯀禹氏族首領，本姓姒的鯀禹氏族已經廣泛居住在伊、洛之間（伊汭），河、洛之間（洛汭）。加之上述《中次二經》和《中次七經》所記録的嵩山以北的外方區域，説明大禹爲夏王時期鯀禹氏族已經生活在嵩山和黄河南河之間的廣闊地域。而此時位于今密縣東 23 公里處的夏都新砦剛剛開始籌建。昆吾國（大禹登基以後將昆吾氏命名爲夏后氏）作爲夏禹王朝的中堅力量此時聚邑的在嵩山以北，伊河以東，黄河以南，新砦許地（今許昌）以西的丘陵地區（今少林寺一帶）。這就顯示了此時夏禹王朝的京畿地區已經初具雛形，這個京畿地區持續了四百七十一年，直到夏桀爲商湯所滅，這一地區隨即遭到商朝軍隊的一次清洗式的搶劫——《史記·夏本紀》所説的湯伐三朡（即朡，商發音 xiong，夏方言讀作 xun，今發音 zong）。參見《夏之京畿三鄩考》。

正是因爲這一地理區域對于鯀禹氏族是如此重要，所以在《五臧山經》中將其列爲第二至第七章經。這一位置僅次于當時的政治和社會中心，即《中次一經》記録的堯舜所居的晋南地區。

（八）

《中次八經》和《中次十一經》的首山均爲荆山。荆山位于今湖北省的西部山區。需要説明的是和北嶽恒山一樣，當時的荆山地理範圍比今天的荆山要大得多，它大致包含了今天的整個神農架原始林區和荆山、武當山在内。《中次八經》首山就是今天海拔 3105 米的神農頂，位于漢水以西。神農頂向北直到丹江口水庫是浩瀚的神農架林區和面積達 5 萬公頃的濕地，是許多種鳥類南來北往遷徙的“鳥道”。但是遠古時並没有丹江口水庫，當時這裏是人類宜居的丘陵山地。《中次八經》的諸山呈直綫向東，穿過桐柏山和大别山之間的平原到達豫東南的光山並向今安徽境内延伸。

值得一提的是《中次八經》的所經之地的鄂東和豫西南的同緯度的居民們操持的是同一種方言，歷史上發音本身變化不大。這對于我們研究夏商方言有極大幫助。

而《中次十一經》諸山位于今丹江口水庫上游的漢江邊。從這裏沿伏牛山南下就進入了《尚書·禹貢》所説的内方地區。内方是夏氏族的另一個大本營。《中次十一經》屢次提到的視水是當時的一條重要的河流，該水流經嵩山的東南，可能是内方地區的東部邊界。内方地區向南則抵達長江北岸。隔江南望是江西的九江、幕阜山（柴桑山所在地）以及它最東端的廬山。

（九）

《中次九經》和《中次十經》諸山分居渭河兩岸，兩條山脈也很容易分辨。

《中次九經》諸山起點是岷山之陽沿成都盆地的邊緣東北循嘉陵江進入陜西，繼而沿著渭水北岸的岐山、扶風直綫向東延伸。

《中次十經》起于秦嶺的首陽山，沿渭水南岸向西南到達涿山（即蜀山）和丙山。蜀山即涿山，即楚山，即瀆山，亦即崇吾之山。爲《西次三經》之首山。

以上這段考證有幾點需要加以説明：

《中次九經》沿岷山之陽向東北，而岷山之陰便是大禹的出生地和若爾蓋草原。本經諸山循嘉陵江向東北方向延伸，所以其水多是“東注大江（即長江）”。本經第九山是岐山，這裏正是周人遠祖古公亶父率領周人自山西“率西水滸”遷徙而來。這説明早在古公亶父遷徙此地的時候這里可能已經有夏氏族先人居住。西周文獻中每每引夏人爲自己的祖先説明二者確有血緣關係。他們可能都是來自位于川北甘東的岷山之陰的若爾蓋草原附近。這也説明古公亶父率周人遷徙到岐山渭水之間的周原不僅是爲了躲避北方的少數民族，同時也有投親靠友的性質。

現在我們可以推斷：周氏族，鯀氏族以及由鯀禹氏族實際上都是來自若爾蓋草原的夏氏族血統的不同的亞氏族分支。

《中次十經》的首山即首陽山是秦嶺的首陽山而不是薄山或者偃師西北的萯山。雖然三者都有首陽山之名，但是據錢穆考證，所謂首陽山祇是因爲這些山峰在當地因爲太陽昇起時陽光最先照射到這座山的山頂，所以便得名首陽，因此它在遠古民間並非一個特指。《中次十經》應該是和《中次九經》距離不遠且有地理上的相關。這一點我們從此前的《五臧山經》的諸章經之間的關係看出端倪——本章經首山的首陽山應該在岷山之陽和崇吾之山之間。又：晋西南的首陽山實指薄山；偃師的首陽山實指萯山。祇有秦嶺的首陽山之名一直使用到今天，所以我們有理由相信首陽山位于秦嶺之中。

《中次十經》“凡九山二百六十七里”，方向是由東向西南。本經第八山是涿山。此山正是《西次三經》的首山崇吾之山。原因是《山海經》是諸多口傳版本編纂而成，這段口傳歷史記錄了中國遠古方言口語的進化期和形成期，所以一山多名和反切與單名現象很多。加之《山海經》時期之後上古的聲韻系統都經歷了長時期的演化。在長期的口傳歷史中，隨著口語的變化和流傳地域的變化，山名地名物名有所變化也是在主、客觀上難以避免的。《山海經》郭璞注“涿山”一條下有畢沅注曰：“疑即蜀山。涿、蜀古字通。《太平寰宇記》云：‘南陽縣蜀山在縣西三十里。’”這裏畢沅的涿、蜀古字通是對的。但是他爲了將涿山和首山的偃師西北的首陽山附會而將本山牽扯到南陽縣的考證是存疑的。遠古無舌上音，故蜀山、涿山、楚山（即《西次三經》的崇吾之山）三者在遠古的大禹時代發音均爲瀆山。這一口語演化現象有力地證明：遠古的聲母 d 後期分化爲 zh、ch、sh 三個舌上音聲母。所以崇吾之山的一共五個口語發音中遠古讀音爲反切讀音的崇吾之山、演化爲瀆山、繼而演化爲涿山、楚山和蜀山。

我們可以按照《中次十經》中九座山的道里畫出該經的走向示意圖，便可以看到本經的首山正是秦嶺第二高峰的首陽山，而大約西三百里外本章經的尾山正是崇吾之山（瀆山）及以西的丙山。

（十）

最後是《中次十二經》，該章經總的地理走向是由西北向東南，共十五山兩千八百里。該章經諸山地理的破譯長期以來處于混亂狀態，其原因就在于對《中次十二經》的首山和尾山的考證上的混淆與失誤。原因還在于大禹時代的長江入海口在揚州到南通一段，高水位導致了洞庭湖和雲夢澤本爲一體。由于同樣的原因鄱陽湖和彭蠡澤也是本爲一體的。混亂的原因還在于《尚書・禹貢》中的雲土夢的反切在湖南方言中正是洞庭（den tin）兩字。參見《何處遠古雲夢澤》。

讓我們從《中次十二經》的尾山滎余之山説起。

《中次十二經》以廬山（滎余之山）作爲尾山耐人尋味。渡過長江就看見了横亘230公里的幕阜山，其南麓就是遠古三苗國的疆域。這裏已經不是夏氏族的領地而是别一氏族的三苗的領地。雖然舜命大禹將三苗之一部發配到了今甘肅的三危山地區，但是作爲祖居地的三苗國按照遠古統治的慣例仍是爲三苗氏族保留祭祀的。猶如夏之三鄠、諸方和商之三亳。所以三苗對于大禹來説已經是“外國”。所以《中山經》向南衹是記載到廬山，這是禹王疆域的南部邊界：柴桑山脈或稱幕阜山，其東端便是廬山。

《中次十二經》自首山洞庭篇遇之山向東南方到達廬山幾乎是一條自西北向東南的2800里的直綫。

按照我的考證，遠古雲夢澤的南邊疆界應該是在今天湖南的益陽的資水。東起鄂州，西至枝江，京山以南，益陽以北，這個地理範圍包括了今天的整個的洞庭湖在内。這個地理方位也正好是司馬相如所説的“方八九百里”的一個廣大的亦耕亦湖的地區。這是一個湖區、沼澤、濕地和宜居平地丘陵共同組成的“沼澤水國”。

按照上述的地理疆域界定，《中次十二經》中的洞庭首山篇遇之山應該在今湖北京山和雲夢附近。我們可以以這裏爲出發點向東南方向的廬山劃一條直綫。則該直綫的三分之一處即爲洞庭之山。該山以洞庭命名是因爲附近有一個水下洞庭——即水底廣場。但是在遠古雲夢湖和今天的洞庭湖都有著類似“洞庭”的記載：

《山海經》郭璞注：“今長沙巴陵縣西又有洞庭陂潛伏通江。《離騷》曰：‘邅吾道兮洞庭’，‘洞庭波兮木葉下’，皆爲此也。”①

《水經注・沔水》沔水又東過荆城東下注：“揚水又東歷天井北。井在方城北里餘，廣圓兩里，其深不測。井有潛室，見則兵。”意爲當井中洞庭可以看清楚時就會出現戰亂。

兩則文獻的記載上的混淆以及雲土夢在湖南方言中的反切發音的混淆正是後來將本章經中洞庭之山搬到湖南境内的錯誤緣由。而歷史事實的演化過程是，由于長江水位的下降，雲夢澤變成了江北的湖區和江南的湖區。江南的湖區今稱洞庭湖；江北的湖區今稱江漢平原。

從訓詁學上看，雲夢澤在《史記》和《尚書》中均稱爲雲土夢。

《史記・夏本紀》：“荆及衡陽爲荆州：江、漢朝宗于海。九江甚中。沱、涔已道。雲土夢爲治。”集解：“孔安國曰：‘雲夢之澤在江南。其中有平土丘。水去可爲耕作畎畝之治。’索隱：‘夢一作瞢。’鄒誕生又音蒙。”（《尚書・禹貢》同。）

看來古長江中分雲土澤和夢澤是歷史的存在，所以這兩個大澤江南者爲夢，江北者

---

①（晋）郭璞注《山海經》，上海古籍出片社1989年版，第77頁。

爲雲土（或土雲）。但是兩個大澤其實遠古和長江是融爲一體的。所以稱雲土夢澤。

洞庭是《尚書・禹貢》的雲土夢澤的方言稱呼。音訓稍稍複雜一點：遠古時“土”可讀作兩音，即 tu 和 du。土雲切是爲 tin；土夢切是爲 den。湖南方言發音 den tin 正是洞庭二字的音訓。

所以關于遠古洞庭湖究竟是在長江以南還是在長江以北的學術爭論其實意義不大。長江呈彌散狀地穿古洞庭（或雲土夢）而過，古洞庭地跨大江南北。雲土夢是夏時大禹對這個大澤的《山海經》式的稱呼，而洞庭則是湖南當地人方言對這個大澤的稱呼。本質上没什麽兩様。

《中次十二經》首山向東南方向 570 里（全經諸山大約三分之一處）便是江北的洞庭之山，這裏正是荊州城的東邊，也就是遠古時“天井”所在地。繼續向東南行進 1280 里到達尾山榮余之山，夏方言榮余反切爲廬。地理和文獻兩相吻合。

（十一）

以上我從《山海經・五臧山經》中次十二經的文獻記載詳細考證了《中山經》總共十二章經的諸山基本與大禹氏族的遷徙、治水、或者建立夏王朝的統治息息相關。從中我們也可以逐漸清晰梳理出一條鯀禹氏族截至大禹稱王登基時的一段歷史的脈絡：

大禹出生于川北甘東南的若爾蓋沼澤崇吾之山附近。由于氏族人口的自然膨脹，大禹的祖先們首先是沿著嘉陵江轉渭水和漢水兩條遷徙路綫分别到達了陝西的渭水以北的周原地區和湖北東部漢水流域的内方地區。隨後大禹氏族東進河南南部立足嵩山以南地區，這一地區依然可以併入鄂東的内方地區。堯封禹父鯀爲崇伯所以在大禹禪位之前鯀禹氏族住在嵩地，即嵩山，即外方山。其餘的夏氏族移民依然居住在嵩山以南的内方地區。舜即位后任命大禹治水，由于治理黄河西河段和山西境内鴻水的需要，大禹率本氏族進駐汾河和黄河西河的交匯處的薄山腳下。大禹氏族的位于薄山東下地區的居住地區被命名爲東下方（當地方言中即指東夏方）。夏氏族的居住地均被稱之爲“×方”。

大約公元前 2000 年左右，這是一個遠古史上極其重要的歷史起點。大禹治理黄河西河和汾水流域獲得成功，汾水流域的鴻水狂瀉黄河西河。山西的汾水兩岸水位急降，伴隨出現了大量的宜居土地。太原盆地即著名的土方就是這個時候出現的。夏氏族的一支——西周人的祖先——就在這裏落腳定居，此前稷的氏族勉强居住在汾河入黄處的汾河兩岸的山區。

由于成功地治理了黄河和汾河，大禹獲得了堯舜集團内和集團外萬邦的擁護。舜將帝位禪讓給了大禹。爲了避開舜的兒子商均爭奪王位，大禹率領全氏族南渡黄河，回歸其父鯀的舊城嵩山南麓登封縣的王城崗並在此宣布登基；一邊在王城崗東邊不遠的禹州、新砦、滎澤之間開始營造自己新的王城。新砦王城以東是豫東南沼澤湖區，隨著黄河南河的治理這裏成爲岳石文化和下七垣文化移民們的天堂。考古文化證實大約在二里頭文化三期這里成爲三種文化的交匯處，其地理中心爲杞縣鹿臺崗地區。

大禹率氏族回歸王城崗時正是王灣文化三期的結束，新砦和二里頭文化的開始。新砦和二里頭文化開始于統一的歷史時期，新砦文化略遲于二里頭文化，原因是夏氏族進駐二里頭的時候，新砦夏都剛剛開始建設。所以兩者相差僅僅是新砦的建城的幾十年時間。但是在新砦作爲夏都建成后文化獲得快速的發展，在考古文化上表現出多樣化和兼容性的新砦夏都文化的特點。

二里頭是天下萬邦按照禹會萬國時《尚書・禹貢》的約定，萬邦進貢禹王貢品和糧食的集散地。各地的進貢經由二里頭下船在古洛河的計素渚交付給大禹王朝。然後由陸路運往夏后氏（昆吾氏）的聚邑。在新砦夏都建成以後，萬邦的進貢物資不再經由二里頭，而是經由黄河南河直接進入滎澤抵達南邊的新砦國都。于是二里頭又歸于沉寂，所以二里頭文化在夏王朝的歷史上真正的繁榮是在太康失國之後纔開始。在大禹稱王的《山海經・五臧山經》中，二里頭雖然未成氣候，其戰略地位還是非常重要的。

（十二）

《山海經・五臧山經》的十二章經是按照統治和意識形態的重要性依次安排的。它們在地理上與大禹王統治的内在聯係爲：

《中次一經》：堯舜時期的政治經濟文化中心；大禹治理黄河西河和山西全境時的諸夏聚落所在。

《中次二經》：在伊河和嵩山西北麓之間，大禹稱王前爲昆吾氏所居。這個氏族在商湯滅桀時與夏桀共進退，也共存亡。從諸多實證分析，這裏的昆吾可能就是大禹之父鯀的氏族。這一地區的東部山區正是禹父鯀被封崇伯的登封王城崗。本章經被大禹安排在如此重要的位置，昆吾氏即夏后氏的生死與共的命運，使人聯想到該地區和大禹之父存在異常的關係。本章經諸山地區隸屬于夏朝之京畿地區——三鄩。

《中次三經》：二里頭聚落的北部屏障，北臨黄河南河，南濱洛水。這一地區後爲仲康子斟鄩氏率族所居。隸屬夏之京畿，是夏中後期的首都鄩城的所在地。

《中次三經》蘊藏著學界至今尚未破譯的不爲人知的秘密。首先是立于萯山之首可以“北望河林，其狀如蒨如舉”。又：“又東十里曰青要之山，實惟帝之密都。北望河曲，是多駕鳥。南望墠渚，禹父之所化。”

這一歷史記載説明這裏有著五個歷史之謎：河林所在。河曲所在。帝之密都。䰠武羅所司。禹父所化之地。這些都有待于我們今後一一破解其中的奧秘。

《中次四經》：伊洛汭地區。上游爲熊耳山，該地域後爲仲康子斟灌氏率族所居。隸屬夏之京畿地區。斟灌氏和昆吾氏一起構成夏王朝京畿的南大門。

《中次五經》：黄河西河向東的轉角處。起點是薄山腳下向南渡過黄河循崤山山陰向東北延伸。山陰的水流均北入黄河南河，山南的水流均東南流進洛水。本章經諸山最終臨于元扈之水。《中次五經》北望黄河南河以北的河林和母系社會的仰韶村遺址。可能隸屬于夏的京畿地區。待考。

《中次六經》：本章經實爲洛汭地區。在洛水和穀水之間，穀水以北便是黄河南河。本章經諸山流水東南入洛，北向入南河，或西北入穀水。這一地區後爲仲康子斟鄩氏率族所居。隸屬夏之京畿地區。

《中次七經》：鯀氏族的崇伯封地，古崇（嵩）國。本章經諸山以南是考古學上王灣三期文化（亦稱河南龍山文化）的遺址密集區。其少室之山和泰室之山即爲中嶽。此前堯舜時代的中嶽是《中次一經》的霍太山。《中次七經》諸山的西端是昆吾之國的居住地，本章經之苦山亦即爲《中次二經》的昆吾之山；東鄰登封王城崗，最東端便是夏啓的新砦國都。但是大禹定居登封王城時期新砦新都尚在建設中。夏啓登基到后羿亂夏、太康失國均發生于《山海經・五臧山經》的口傳内容定型之後。

《中次二經》到《中次七經》一共六章經中所記錄的諸山分布的地理範圍就是夏王朝的京畿所在：三鄍。《史記・夏本紀》："桀敗于有娀之虚，桀奔于鳴條，夏師敗績。湯遂伐三鬷，俘其寶玉，義伯、仲伯作《典寶》。"其中的"三鬷"即指這一地理區域。該地區就是夏的京畿地區。

《中次八經》：起于神農架主峰的神農頂直綫向東渡漢江、過内方，經今河南光山向東綿延至今安徽境内的大别山區。該經的漢水兩岸上溯到鄖縣均爲夏氏族移民所居，漢水下游的長江對岸的三苗氏族經常渡江騷擾掠奪這裏的夏氏族移民。所以引發了舜命大禹"征三苗"並"竄三苗于三危"的歷史事件。

《中次九經》：岷山之陰是夏氏族的遠古發祥地和大本營若爾蓋草原。本章經起自岷山之陽溯嘉陵江到達渭河北岸的岐山、周原、扶風、武功等地區。從後來古公亶父"率西水滸"將周的子民遷居于此看，此地應該早有夏氏族移民定居。這一地區南渡渭河即是《中次十經》的諸山。繼續向南就是《中次十一經》諸山。繼續向南則爲《中次八經》諸山。繼續向南渡長江便是長達 230 里橫亘東西的柴桑之山（今幕阜山）是也，柴桑之山的東端起點便是今天的江西廬山，大禹時稱之爲榮余之山。遠古榮余二字反切即爲廬（lu）。

《中次十經》：《中次九經》諸山位于渭水以北，《中次十經》位于渭水以南。兩經諸山之間便是渭水和物產豐富的渭南平原。

《中次十一經》：本章經諸山的起點是荆山的北端。東北 150 里到達今河南境内的伏牛山。沿伏牛山向東南 750 里便是南陽、方城一帶的内方地區。無獨有偶，這裏我們再次證明夏氏族的聚落名稱總是和"方"字相關。由《中次八經》《中次九經》《中次十經》以及《中次十一經》我們可以瞭解夏氏族自川北甘東南的若爾蓋草原遷徙中原的路徑基本有兩條：一是自岷山之陰沿渭水南下渭南平原，繼而循漢水（即沔水）南下内方，東進豫西南；另一條是自岷山之陽溯嘉陵江轉東沿渭水北岸遷徙陝南岐山至周原一帶。

《中次十二經》：從夏氏族的内方根據地沿著雲夢澤的東邊緣，向着東南方向走上 2800 里，就到達了夏禹王朝的南部疆界——柴桑之山東至廬山。這裏的柴桑之山就是今天江西境内的幕阜山，民間稱爲衡山，其東端終點就是廬山。

一部《中山經》的十二章經，就是夏氏族從川北甘東南移民中原的奮鬥史。其中每一章經都和夏氏族的遷徙、治水、成長壯大並最終成爲中原的統治者密切相關。我們有理由相信一部《山海經》尤其是其中的《五臧山經》，也就是《尚書・禹貢》中"禹傅土，墮山，刊木，奠高山大川"所記錄的一份遠古的歷史地理的文獻。也許它和殷商甲骨文一樣當時作爲夏的國家檔案是秘不外傳的。所以即便是夏王朝已經有了文字，它也衹能采取口傳歷史的方式在氏族的核心層口口相傳。直到戰國時期被具有戰略眼光的某些文人收集整理成冊。但是正如甲骨文的秘而不宣一樣，夏代統治者極有可能也以某種方式保存了《山海經》和《夏小正》的某種文字的版本。夏的文字載體是玉版或者其他玉石，這一點不僅考古學家可以證明，文物收藏者手中持有的大量夏代有字玉版也可以證明。

以大禹在陽城登基爲王作爲《山海經・五臧山經》時代的結束。那麽這個時代中大禹的氏族諸多聚落應該不出《中山經》十二章經所界定的範圍，大禹的行政範疇也是限于《中山經》十二章經所劃定的地域内的。

在本文的開篇，我設想《中山經》應該是一張夏禹王朝全疆域地理圖和一部國土資源調查報告。現在我可以更加確信這一點是有著遠古的史實依據的，這個遠古文獻便是《山海經・五臧山經》。

《中山經》（實爲《中次一經》）居首是肯定並突出了大禹登基前的兩任帝王堯和舜統治的合理性和繼承性，從而也就證實了禹王自身的合法性。肯定了堯舜禹稷幾大氏族集團的活動區域是在薄山、中條山、霍太山和恒山（鼓鐙之山）一綫的汾河兩岸。這一地域的劃定時間基本上以大禹治理完畢黄河西河和山西境内諸多河流並獲得萬國推崇且在陽城登基爲終點；這一地域的劃定時間也應該就是《山海經・五臧山經》的口傳内容的定型時間。無論有夏一代是否有《山海經・五臧山經》的文字版本流傳于世，這本中華文化的地理學巨著的"脱稿"應該是在這一個時間點上的。

《中次二經》和大禹時代夏氏族的聯繫點有兩個：一個是諸山的河流一律北注伊水或者是西注伊水；另一個是昆吾之山的歷史存在證明長期争執不已的昆吾方國的疆域可能就在伊水以東嵩山以西，從而也印證了史書中有夏一代中昆吾氏和夏王朝之間的休戚相關的關係。

《中次三經》是黄河南岸的山脈，西部起點是新安縣的萯山，北部隔黄河遠望河林，東部終點是五曲九水匯合流向北注入黄河，此處正是北邙山下古黄河向北轉彎處。本章經涉及的諸山是遠古聖地。大禹在《山海經》中給以黄帝以較堯舜更高的地位説明這裏隱藏著更加内在的文化的聯係。本章經的青要之山正是橋山或强山。

《中次四經》諸山水流爲北注洛水南注伊水，諸山中有熊耳山。這些都可資證明本章經地域是熊耳山區的伊洛兩水之間。

《中次五經》起于薄山循崤山而東，與《中次三經》相接，繼續向東是爲《中次六經》諸山。三章經諸山沿黄河的南岸構成夏王朝京畿的北部屏障。

《中次六經》諸山之水南注于洛，北注瀫水。諸山南望伊洛，其北麓的流水均東北向注入黄河。則《中次三經》《中次六經》和古洛水之間正是後來的夏都鄩城——二里頭遺址所在。此遺址經考古學家和碳十四共同確定開始于二里頭的二期，説明在大禹時代此地尚未進入繁榮時代。我認爲其間缺少的二里頭一期環節正是大禹稱王陽城，並正在建設新的新砦夏都這一歷史時期。所以"二里頭文化一期缺環"應該是夏啓時的早期新砦首都文化（因爲該時期的文化中心在新砦而不在二里頭）。二里頭未見一期文化的重要考古證據並非不存在，原因在于當時二里頭作爲大禹王朝的物資集散地已經啓用，但是人員和物資的流量很小。夏啓即位，新砦夏都建成後，九州貢品經黄河進入滎澤可以運抵新砦很近的地方，所以二里頭在一期出現過短時期的功能萎縮，所以它的初期不會很繁榮原因蓋出于此。

《中次七經》是大禹王朝的中心所在。該章經的前七山（西部七山）均屬苦山一脈，苦字經過拆分，正是昆吾的反切音。所以《中次二經》和《中次七經》中共有的昆吾之山（苦山）正是夏王朝的可靠後盾的昆吾氏的聚邑地，大禹登基後封其爲夏后氏。這個昆吾國從訓詁學上考證極有可能就是大禹之父鮌的氏族領地。《中次七經》諸山由東向西經過了嵩山主峰少室之山和泰室之山，西部七山正是鮌所設計建造的登封王城所在地，大禹王登基並建設新砦王城時便寄居此地。本章經結束于嵩山的最東北端便是大禹所建的夏都新砦——夏啟即位後的新國都。嵩山北麓爲外方，嵩山以南爲內方。內方是夏氏族遷徙中原最早的根據地，即諸夏聚落所在。所以整個嵩山又稱之爲外方山。

以上《中次二經》直至《中次七經》以及黃河的南河圍繞成爲一個龐大的夏王朝核心地理區域，這個區域就是《史記・殷本紀》所說的“湯遂伐三嵕，俘其寶玉”中提及的三嵕。三嵕在夏方言中讀作三鄩，三鄩地區正是商湯滅夏桀時夏王朝的京畿地區。

《中次八經》至《中次十二經》是夏氏族的非核心地帶，與其遷徙中原的歷史考證卻息息相關。與這后四章經密切聯係的是王灣三期文化，又稱河南龍山文化。

《中次八經》首山爲今神農架主峰，延伸趨勢是向東並東南，經由豫東南的光山、固始等地向東到達尾山琴鼓之山。本章經的西端便是《尚書・禹貢》所記載的“內方”。

《中次九經》起于成都盆地的岷山之陽，嚴格地說是起于岷山南麓，溯嘉陵江而上，繼而沿渭水而下到達後來建立西周的諸聚落即今陝西的周原一帶。稷氏族在大禹治理黃河西河之前是居住在山西南部的汾河入黃處的兩岸山地，稷氏族首創在此地種植稷爲生並推廣到周邊的堯舜禹各個方國。在大禹治理了汾河以後，汾河的水位驟降，整個太原盆地高出汾河的水面，稷氏族因此遷往太原盆地。後爲了躲避北方少數民族的侵擾，古公亶父率領周人全族西越吕梁，渡過黃河的西河，沿渭水西上，與先期遷徙到周原的其他夏氏族居民匯合，開始定居在周原一帶，自稱爲周。後來周人韜晦一方，逐漸壯大並消滅了商紂王。因而在《詩經》所存的周人的史詩中屢屢贊頌大禹的功績并自稱爲夏氏族的後裔。

《中次十經》的首陽山位于秦嶺的終南山和太白山之間。首陽山向西 267 里就是甘肅天水市以南的涿山（又西 70 里處的該章經的尾山丙山從略），涿山就是《西三經》的首山崇吾之山。遠古涿、蜀、楚、瀆爲同音字，所以《中次十經》諸山也是結束于崇吾之山附近。此地距離大禹出生地的很近，兩山以及山間的若爾蓋草原正是夏氏族的遠古發祥地。夏氏族正是從這裏走出重重大山，經由嘉陵江、漢水、渭水兩岸走向了中原，帶來了王灣三期文化的繁榮，而大禹更是爲這支勢力强大卻是雜亂無序的遷徙大軍樹立起一面民生的大纛：治水。這支隊伍也確實不負衆望，在疏理諸多大江大河的同時爲膨脹的中原人口拓展出大量的宜居土地，從而贏得了汾河、黃河和長江流域萬國氏族的擁戴，成爲中原的首任霸主。

《中次十一經》的首山也是起于荆山。像北嶽恒山一樣，大禹時代的荆山也是一個很大的地理範圍，涵蓋了大巴山以東的神農架山區。所以本章經的荆山起點實爲神農架的北邊緣山區，在今丹江口水庫上游的湖北省鄖西縣，諸山向東進入今河南的伏牛山區。此後走向多變，考證較爲困難。但是我們衹要堅持一點就是本章經諸山也是夏氏族聚落地區，因爲諸山所經地區考古發現多爲王灣三期文化遺址。

事實上，《中次八經》和《中次十一經》的地理範圍内的湖北東部河南南部的同緯度地區的居民所操持的方言極爲接近。這種接近表現在甲骨文造字的發音上形成一種獨具特色、區别明顯、占當時的人口比例較大的方言發音。在研究殷商人所創造的甲骨文過程中，我發現部分甲骨文造字的注音更接近鄰近地區夏氏族的方言，這一發現在訓詁學上意味著什麽？這意味著遠古史上的又一鴻篇巨製已經初露端倪，它等待著我們去開啓另一個全新的學術領域。

《中次十二經》的西北起點爲洞庭篇遇之山，其東南的尾山是今天江西境内的廬山。兩山之間是一條西北——東南向的直綫，直綫的距離是2800里。這條直綫的西邊就是著名的遠古大澤雲夢澤。雲夢澤在《尚書·禹貢》中的名字叫做雲土夢，雲土夢的分别反切就是湖南長沙方言的洞庭兩字。所以這條2800里的直綫就是大禹王國的西南邊界。這條直綫的東南横亘著一座長達230里的幕阜山，幕阜山脈的東端就是廬山。幕阜山的南麓是遠古三苗古國的疆域。所以這裏是大禹治水到達的最南端，也是禹王的南部疆界。大禹在廬山腳下的彭蠡湖南岸建立了一條史稱“彭蠡之障”的螺旋狀的大堤，在豐水期上游九江的水匯聚在彭蠡倒灌進鄱陽湖盆地使之成爲彭蠡湖的南湖；而在枯水期鄱陽湖和彭蠡湖有一條河流相通成爲一個啞鈴形的大澤。由于大禹所建彭蠡之障攔截了九江之水進入彭蠡澤，使得下游的今安徽境内的長江兩岸出現了大片的宜居土地。

由于以上的歷史原因，禹會萬國未必是在浙江會稽山，三星堆與中原禹夏王朝的關係未必那麽直接，江西新干大洋洲墓是姓夏還是姓商遽難定論，安徽含山的凌家灘遺址夏初也並不屬于夏禹王朝的版圖，有《中國經》爲證。

但是，在《中山經》的十二章經中章章可見大禹的足跡所致，章章可印證夏禹氏族的奮鬥歷史，章章可以尋找到夏氏族的聚落和鄉音。這些在我們研究夏商歷史以及夏商文化時有極其重要的作用。

《中山經》十二章經系統記錄了大禹疆域的五臧資源：所以《山海經》最早的《山經》部分又名爲《五臧山經》。五臧者：山脈、河流、山水所出産的動物、水産、植物、礦産、玉石是也。

我設想《中山經》應該是一張夏禹王朝全疆域的地理圖和國土資源調查報告。現在我們可以將它視作一個初步的歷史的結論。

“土方”考

商代在盤庚遷殷以後，常和一些敵對的方國作戰，商統治者把這些敵對的國家統稱作多方。具體説，在多方里就有土方、旁方、鬼方、人方、羌方、虎方、共方等國。學術界一直在争論土方到底在哪裏？是怎樣的一個國家？對土方的揣測很多，這裏就不一一列舉了。但是土方是以夏爲核心的反商聯盟的主力這是毫無疑問的。

商王武丁的中期，卜辭裏經常提到殷商對土方的戰争——内容多涉及商的盟國的諸侯、方伯向武丁告土方等多方小國的狀，或者是武丁征伐土方等多方小國。見下：

“貞，告土方于唐。”（天・61）

“沚震告曰：‘土方征于我東啚。’”（菁 2）

“貞，王從沚震伐土方。”（後上 17・6）

“登人三千乎伐土方。”（叕 74）

由于在卜辭中非常常見，這裏就不多舉了。但是土方作爲地名起源很早，應該不是商代纔有。《詩經・商頌・長髮》：

“洪水芒芒，禹敷下土方。外大國是疆，幅隕既長。有娀方將，帝立子生商。”

這裏“禹敷下土方”和《尚書》裏大禹傅土的定義是有區別的。因爲在這裏這個方字不是疏忽而是有意加上去的。因爲方字在這首詩裏是韻腳，所以不可能是衍字。也就是說，在夏商之際一定有一個叫作土方的地方。

仔細研究這首詩，我發現其中暗藏玄機。這首詩是殷墟時期的高宗武丁郊祭其所感之先帝時的頌詩。大禹是夏的先祖不是商的先祖，《詩經・商頌・長髮》卻是商頌並非是夏人的史詩，爲什麼要特意提到“禹敷下土方”呢？

閱讀上面的《詩經》引文可以知道，詩中“禹敷下土方”既是對商前歷史的追溯，也是對商朝地理疆域的定位。用現代漢語翻譯這段文字，大意是：遠古時代大地洪水茫茫，大禹開拓了土方。在這方土地以外，就是我幅員遼闊的國土殷商。有娀氏在這裏繁衍生息，先帝嚳在這裏生下了契——商的第一代先王。

這段文字的“外大國是疆”說明殷商和土方是毗鄰的兩個方國。殷商的東邊是大海，南面和岳石文化相接，衹有西邊是夏。從文獻看，殷商與夏人是隔著太行山毗鄰而居。所以，“禹敷下土方”的土方應該是太行山西麓的帝堯的唐國（今山西中部），就是堯舜禹稷所居之地。

“禹敷下土方”意思是大禹開拓了這一片叫作“土方”的土地。這是哪一片土地呢？就是後來成爲商代方國之一的土方。我在相關文章裏已經考證了大禹曾經從壺口段黄河開始治理通往黄河下游以及通往山西盆地的汾河水道，相繼打通了孟門、壺口，鑿開龍門，沿今天的汾河疏通了水道使得山西境内的湖水沿黄河下泄。山西境内的湖水逐漸萎縮成爲後來的汾河。（汾河顧名思義，就是把山西分割成東西兩部分的河流。）

《史記・夏本紀》：“禹行自冀州始。冀州：既載壺口，治梁及岐。既修太原，至于岳陽。覃懷致功，至于衡漳。”（又見《尚書・禹貢》。）說明大禹治理汾河的次序是自太原開始，沿汾河直至霍太山以南。然後再行疏通位于上黨的兩條漳河。汾河和漳河都是山西盆地的外流河，疏通以後盆地内的水就可以源源不斷地流出。可以推測：水位下降以後，汾河上游的太原便成爲一塊理想的宜居土地。這塊土地當然應該歸屬于治理它的大禹氏族。

所以大禹開拓治理的這個土方應該是夏朝的基業，應該位于山西太原附近，其勢力歸屬應該是堯舜的領地。和商代的其餘方國不同，土方這塊土地在堯舜以後就一直沿用這個稱呼。先秦的歷史文獻可以充分證明這一點。今天的太原盆地區域輪廓，東西横距約 144 公里，南北縱約 107 公里。正是一個大致的東北-西南走向的“土方”形狀。大禹治水始于冀州，的確有“既修太原”的記載：

據《周書·殷祝》記載：湯滅夏桀之時，夏桀所帶隨從衹有500人。夏人“士民聞湯在野，皆委貨，扶老攜幼奔，國中虛……桀與其屬五百人南徙千里，止于不齊。不齊士民往奔湯于中野。桀與其屬五百人徙于魯。魯士民復奔湯。……桀與其屬五百人去居南巢。”在商湯滅桀之後，其餘的夏人仍居夏土。土方作爲商的敵對方國之一，仍然是夏人後裔居住。但是有商一代，土方和商以及商的諸侯方伯小國戰爭摩擦不斷，這些考證得到了武丁中期的卜辭的支持。以下是兩條殷商的諸侯國向武丁告狀的卜辭：

“沚震告曰：土方征于我東啚。㦰二邑。共方亦牧我西鄙田。”（菁2）

“……土方侵我田，十人。”（菁6）

卜辭説明殷商時期的諸侯盟國沚國是被夾在土方和共方這兩個敵對國之間的，所以屢遭侵犯。土方從東邊進攻它，而共方則從西邊進攻它。弱小的沚國衹好向武丁告狀。武丁對付土方和共方的辦法就是起兵討伐。這類征伐多方的戰爭在殷商卜辭裏比比皆是。

又：“四日庚申亦有來×自北，子×告曰：‘昔甲辰方征于馭，俘人十又五人。五日戊申方亦征，俘人十又六人。六月在×。’”（菁六）

郭沫若分析這條卜辭，得出土方疆域距離殷墟應是步行14天左右的路程。郭沫若分析的結論是：土方“蓋在今山西北部，或包頭附近也”①。這個結論我不敢苟同。因爲安陽到太原以西的地圖上的直綫距離就有600多里，其間要避開土方的勢力範圍，還要翻越太行山，還要渡過好幾條河流。14天的路程應該是恰當的。

我的結論是：土方的疆域是今天的山西中部的太原盆地。它是大禹人工治理的第一塊宜居土地。商湯滅桀以後仍然是由夏人居住並統治。殷商的諸侯國沚正是爲了分割開土方與共方而設立的，目的在于鉗制這兩個與殷商爲敵的小國。所以沚國每次遭到土方或者共方的侵犯時，因爲敵不過他們，衹好向殷商朝廷報告。于是殷商朝廷就出兵教訓並鎮壓土方和共方。

我認爲，殷商時期的沚國應該是在山西中部汾水太原段以西的古交、榆次、清徐和文水一帶。在這裏，有數條河呈扇狀注入汾河，是甲骨文“止”的象形。

董作賓先生發現這個土方在卜辭裏有時省稱爲“方”，並且認定這個方就位于大邑商的北部，因爲卜辭中每次向商控告土方的人都是來自大邑商的北方②。

卜辭：“……四日庚辰。亦有來女亶自北。子暜告曰：‘昔甲辰。方征于□。俘人十有五人。五日戊申。方亦征。俘人十有六人。’六月。在……”（菁6）

但是有證據證明大禹在治理黃河的孟門、龍門河段時，夏人是居住在今山西夏邑縣的中條山區的。這個地方也叫作方。據錢穆考證，這一帶的地域總名也叫作太原。所謂太原也就是大原之意，是指一塊較大的平原而已：“今按方者，即舜陟方乃死之方。虞舜封堯子丹朱于房陵，房即方也。《夏縣志》：‘方山在縣北，橫洛渠源此。’是安邑有方山之證。”③

① 郭沫若著《中國古代社會研究》，第236頁。

② 劉夢溪主編《中國現代學術經典·董作賓卷》，第60頁。

③ 钱穆著《古史地理論叢》，三聯書店2004年版，第68頁。

這樣大禹時期在山西境内就出現了兩個太原和涉方的地名，一個位于山西最南端的夏邑；另一個位于山西中部的太原盆地。但是遠古氏族内部有一名多地的命名習慣。例如山西和陜西境内都有鎬地，都有邠或豳地。

從周氏族的古公亶父之後的歷史看，太原之土方很可能就是周氏族的最初的發祥地之一。周人視夏爲祖先。

《後漢書・西羌傳》："武乙暴虐，犬戎寇邊，周古公逾梁山而避于岐下，及子季歷，遂伐西落鬼戎。太丁之時，季歷復伐燕京之戎，戎人大敗周師。"（又見《孟子》和《水經注》。）

這裏的燕京（今管涔山東南部）正是山西中部的太原盆地。古公居此，屢受戎狄的騷擾。不得已西逾吕梁山遷避岐下。周人季歷時在商爲官，所以表面是奉命"伐西落鬼戎"，同時也是爲了解救周氏族同胞于水火。

周的祖先稷最早的定居地是在與大禹一條汾水之隔的吕梁山南段。西周的文獻稱太原的土方爲方京和燕京，汾河的發源地管涔山又名燕京山，都證明這個位于山西太原的土方曾經與周氏族有不解之緣。周金文中屢次提及夏爲周之祖先，這些也顯示鯀禹之夏氏族與後來的稷的周氏族可能確有血緣的聯係。而定居土方（山西太原）的周氏族可能是因人口繁衍而分立的一個小宗。依據有關的文獻，可以證明大禹所治理的土方國的居住者應該是後來締造了西周王朝的夏代人的後裔。見《詩經・大雅・綿》："綿綿瓜瓞，民之初生。自土徂漆，古公亶父。陶復陶穴，未有家室。"

這段《大雅》的内容説明了幾個問題：一是西周的氏族是分化于土方國的夏氏族，所以周人奉夏人爲自己的祖先，這一點在西周青銅器銘文和一些文獻中都有記載。二是這些周氏族的人是在古公亶父的帶領下從土方出發開始了"分家"的遷徙。經過漫長的遷徙之後最終定居在陜西省的漆水邊。三是當時距離穴居時代未遠，這些周人還祗能"陶復陶穴"，穴居在山洞或者是半地穴式的草棚裏面。四是本詩以"綿綿瓜瓞"起興，看似不經意的一句話，其中包含著遠古人對家族繁衍的樸素認識，這一觀念在我破譯甲骨文字本義的時候非常有用處。

夏后先秦謂太原一般是指今天山西的太原，即我所考的周人發祥地之一的土方。詳見酈道元《水經注》："太原郡治晋陽城，秦莊襄王三年立，《尚書》所謂既修太原者也。《春秋説題辭》曰：'高平曰太原。原，端也，平而有度。'……《尚書大傳》曰：'東原底平。大而高平者謂之太原，郡取稱焉。'"

而大禹的直系血親應該是居住在夏縣安邑附近。這個地方被稱作方。這裏是夏禹遷往陽城之前的大本營。商代甲骨文之所以出現了那麽多的"某方"，應該都是和大禹的這個"方"緊密聯係的。山西夏縣安邑的這個方是所有"某方"的領導核心，所以殷商統治者將這些夏聯盟的方國統統稱之爲某方。

從這一點分析，董作賓認爲方是土方的省略的觀點恐怕有失嚴謹。

《山海經》："三苗國在赤水東，其爲人相隨。一曰三毛國。"校注曰："沅曰《淮南子・墜形訓》有三苗民。高誘注云：'……又云三苗國民在豫章之彭蠡。《史記正義》云：吴起云左洞庭而右彭蠡。今江州、鄂州、岳州三苗之地也'。"我必須指出《淮南子》的高誘注和《史記正義》這兩個注釋都是存在出入的。高誘所謂的"豫章之彭蠡"

並非三苗國的全部，祇是三苗國的東部。《正義》之江州爲今江西九江，其鄂州遠古是地跨長江兩岸的，今爲湖北鄂州市。這兩個州均位于幕阜山北側。據我上述考證這兩個州是三苗國常常騷擾的地方，並不屬于三苗國疆域。三苗國的實際疆域是上述的岳州，其疆域爲環洞庭湖的東、南面，其北部疆界爲幕阜山脈，其東面一直延伸至廬山腳下的今鄱陽湖邊。

郭璞注又云："昔堯以天下讓舜。三苗之君非之。帝殺之。有苗之民叛入南海。爲三苗國。"這是三苗國被分成了兩個部分：岳州三苗和甘肅三苗。因爲三苗之君不服虞舜，結果導致殺身之禍。祇得遠走甘肅的三危山以東地區。但是，竄入南海的只是三苗國民中允姓氏族這一部分，即《禹貢》所謂的"允姓之奸"。原岳州境内的三苗疆域仍爲三苗國民居住。

又：唐王勃在《滕王阁序》開篇有："豫章故郡，洪都新府。星分翼轸，地接衡庐。"也是一段很能説明問題的文獻。"豫章故郡，洪都新府"意指滕王閣的地理位置，"星分翼軫"是從星象上説明此地（南昌）分野在翼軫二宿之交，荆州對應天上的星宿是翼軫二宿，而南昌正位于翼軫之間。"地接衡廬"則是指滕王閣北經衡山與廬山相連接。滕王閣位于南昌的贛江邊，其北面正是衡山（幕阜山），綿延向北遠接九江的廬山。可見王勃所指的衡山正是幕阜山。所以這十六個字均圍繞滕王閣地理所在而言，與洞庭湖以南的衡山没有絲毫關係。

遠古夏代都邑考

都和邑在遠古都是指氏族聚落。但是都和邑又是有區别的。《左傳》對那個時代的都和邑作了細緻的區别："邑有宗廟先君之主曰都，無曰邑。"就是凡一國供奉著祖宗排位的邑可以叫作都，也叫作國。

據史書記載，有夏一代作爲都邑的夏墟先後有：晉陽、平陽、安邑、陽城、陽翟、櫟（楝）、鄩城、斟鄩、斟灌、西河、老邱以及黄臺之丘等地點。

一、安邑爲鯀、禹氏族的國都。

欲考證夏代祖先的都之所在應該從共工和鯀説起。

"帝堯十七年，命共工治河。"（《竹書紀年》）

"昔共工棄此道也，虞於湛樂，淫失其身，欲壅防百川，墮高堙庳，以害天下……共工用滅……鯀稱遂共工之過……"（《國語·周語下》）

以上可見共工是一個夏人氏族，而鯀是該氏族這一時期的首領。禹地是共工氏的一支小宗。

結果共工一族被流放幽州。帝堯啓用了四嶽推薦的鯀繼續治水，鯀繼續走家族治水的老路，結果被舜"殛鯀于羽山"。

這個時候舜已經在擔任了二十八年帝堯的助手以後繼堯爲帝，是爲帝舜。帝舜命令鯀的兒子大禹繼續治水。黄河西河的治理開始有了起色：

“禹之行水也，行其所無事也。”（《孟子·離婁下》）

“禹以爲河所從來者高，水湍悍，難以行平地，數爲敗。乃厮二渠以引其河。”（《史記·河渠書》）

“伯禹念前之非度，厘改製量，象物天地，比類百則，儀之于民，而度之于群生。”（《國語·周語下》）

所以，大禹治水是中國遠古史上的一個里程碑，考證夏代先民的都邑必須從這裏開始。大禹治水前，堯的唐國——考古發現在山西汾、澮兩河間的臨汾、襄汾、曲沃一帶。據錢穆考證這個地方就叫作“方”或者“房”。其餘堯舜禹稷各氏族方國基本上分布于冀州南部。《史記》屢次提到“禹鑿龍門，通大夏”，説明大禹治水以前大夏（黄河中游的南河兩岸）和河西的雍州之間的黄河是不通的，所以堯的子民是居住在一個閉塞的冀州境内。其中鯀、禹應該居住在夏縣安邑附近；稷居住在龍門附近的稷王山一帶；契被封于太行山以東的商，又稱帝丘。這時的所謂封地衹是一個過場，抑或是後來文人爲了揚堯舜而貶大禹的所爲。原因是禹本來自西羌汶川和松潘一帶的若爾蓋草原。

據鄭玄《詩譜》載：魏者，虞舜、大禹所都之地。所以虞舜氏族居住地應該也應距今山西夏縣不遠。《史記·陳杞世家》載唐虞之際有功德之臣十一人，《史記》説他們“唯禹之功爲大”。這十一人是：舜、禹、契、后稷、皋陶、伯夷、伯翳、垂、益、夔、龍。（《五帝本紀》無伯翳，有彭祖。）應該都率領各自的氏族居住在冀州境内。皋陶後代封于今安徽大别山區的英、六是大禹稱帝以後的事情。

“安邑，禹都也。”（《水經·涑水注》）

“安邑都城在絳州夏縣東北十五里。”①（《括地志》）

“安邑古稱禹都，殆因洪水即平，民始安居，因以爲名，紀禹之功，實乃奠定山河之嘉稱也。”（《安邑縣志》）

史書記載説安邑是禹都，不僅因爲大禹氏族定居在此，更是爲了紀念大禹治水的功績。但是安邑無疑應該是夏代祖先在堯時曾經定居的城邑。商湯伐夏桀，自東向西，夏桀逃往安邑，逃往夏人的大本營。于是商湯與夏桀“戰于鳴條”，這個鳴條應該是解釋爲安邑西邊爲是。有關記載見于《書序》《吕氏春秋》和《僞孔傳》。

安邑的地理位置决定了禹曾在此定居。安邑所處正是黄河西河經華山轉向南河的轉角區域，距離汾河注入黄河西河的龍門，華山腳下的渭河注入黄河的渭汭，以及一山之隔的黄河三門峽距離適中，是治理黄河的大本營的最佳地點。此外安邑距離大禹爲官的堯舜“王朝”距離也適中。出産晋鹽的解池也在安邑西南不遠。故此説可信。

大禹治理黄河西河首開孟門，于是自河曲到龍門始貫通。但是龍門山阻擋住了千里黄河，使黄河西河的水沿汾河倒灌冀州的今山西境内。每當洪水來臨，山西境内就是一片澤國。人們衹能居住在山頂上。從今天山西省汾河水文地理分析可知這種黄河西河倒灌山西境内的地理現象確實可能。今天汾河入黄口的侯馬到河津一段河水甚淺，正常時期河津一段的汾河河水衹有不到兩米的深度甚至更淺。設想遠古龍門未開之時，這種情

① 《史記》第五册，第1447頁。

况確實可能存在。

其實這種黄河倒灌山西盆地的現象先秦文獻中是有記載的，衹是我們的研究者没有細心揣摩。如《孟子·滕文公下》："當堯之時，水逆行，泛濫于中國。"這裏的中國正是堯舜所居。

這裏的"水逆行"所指的便是黄河西河之水逆行山西境内的現象。

設想，倘若龍門不開，黄河西河的水位高于汾河水位必然出現黄河水通過汾河等數條河道倒灌冀州的現象。所以大禹治理黄河西河的重要一役便是鑿龍門。龍門鑿開以後黄河西河的水便從龍門奔騰而出東入大海。冀州山西境内的洪水也可以藉黄入海，所以冀州是大禹治水的關鍵一役，也是大禹氏族方國的第一個居邑。

"禹行自冀州始。冀州：既載壺口，治梁及岐，既修太原，至于岳陽。覃懷致功，至于衡漳。"（《史記·夏本紀》，又見《尚書·禹貢》。）

請注意文中"既修太原，至于岳陽"的記載，這説明太原是在大禹鑿龍門，通大夏以後纔"修太原"的。在此之前，太原這個地方可能是淹没在鴻水之下，是冀州所謂九泉（現在均爲盆地）之一。所以，史學界長期以來有一種帝堯都太原的觀點不攻自破（帝堯定都之太原應該是位于今山西運城的方，亦稱太原，即大原）。從山西地理條件看，介休以南地勢在 1000 米以上（最高點 2487 米），太原盆地海拔衹有 800 米左右，如果汾河水位不降低的話，太原盆地衹能是一個汪洋大湖。如果黄河西河水倒灌冀州，太原也衹能是一片澤國。以上原因説明：帝堯不可能定都太原。但是這並不妨礙在太原盆地以東的太行山區的山腰或山頂上出現仰韶文化和龍山文化遺址的可能性。

太原應該是大禹疏通冀州境内洪水以後，發現並開拓的一塊土地。據文獻記載是大禹造就了這一方土地。《詩經·商頌·長髮》有這樣一段詩文："洪水芒芒，禹敷下土方。外大國是疆，幅隕既長。有娀方將，帝立子生商。"《楚辭·天問》"禹之力獻功，降省下土方"可爲佐證。這一方土地長期爲大禹氏族的邑，商代以後被稱作土方，被商視爲"外大國是疆"。有商一代，土方率領的聯盟與商王之間的戰争一直没有停止過。殷商卜辭中有多處記載。

在龍門未鑿以前，大禹的氏族衹能定居在安邑。無論從爲官的角度，還是治水的就近和便捷都應該如此。大禹氏族爲避商均而遷徙中原應該是治理冀州水患以後的事情。當大禹率領民衆治理黄河的中下游的南河和東河時，他們必須爲持續多年的治水在中原以及今天的山東境内陸續建立治水的大本營。

大禹爲什麽遷邑到了黄河南河以南的陽城（今河南登封）、陽翟（今河南禹州，即新砦遺址）一帶去了呢？據史書記載，這個時候帝舜已經將帝位讓給了大禹。（陽城已經考證爲今河南登封市東南 35 里的告成鎮，已經發掘出該地遺址被公認爲大禹定居前後的大、小王城。）但是大禹是否在此稱王存疑。

《孟子·萬章上》："舜崩，三年之喪畢，禹避舜之子于陽城，天下之民從之。"

《周書·度邑解》："自洛汭延于伊汭，居易無固，其有夏之居。"（非"有夏之國"或"有夏之都"，説明大禹在陽城時並未稱帝。）

《史記·周本紀》集解："徐廣曰：'夏居河南，初在陽城，後居陽翟。'"索隱："言自洛汭及伊汭，其地平易無險固，是有夏之舊居。"正義："《括地志》云'自禹至太康與唐、虞皆不易都城'，然則居陽城爲禹避商均時，非都之也。"所謂"有夏之舊居"有兩重解釋：其一此地爲夏氏族移民的居邑；其二是鲧封崇伯，居嵩山陽城。所以陽城可能是鲧所創。據《世本》記載，鲧首創築城。

上述正義，如果按照文理邏輯應該是"自唐、虞與禹至太康皆不易都城"，這顯然與史實不符。"與唐虞"三字是衍文，原文的"自禹至太康皆不易都城"是歷史史實，但是這個"都城"並不是大禹避舜子商均的陽城而是陽翟的新砦遺址（即文獻所謂的黄臺之丘）。而上文中索隱所説的"有夏之舊居"並非指陽翟的新砦，而是指今天的偃師二里頭的夏都鄩城以及上鄩下鄩構成的整個後來的夏王朝的京畿地區。

在考證禹避商均居陽城這個問題以前，我們要搞清楚一個地理學前提。這個前提在遠古史研究考證中是普遍適用的。就是遠古之時地廣人稀，陽城可能是一個地理範圍較大的地區，其中就很可能包括整個伊汭地區。正如我考證"禹封陽翟"，陽翟的地理範圍就包括了現在的禹州、新密以及滎陽的一部分，即考古學已經發現的夏代新砦遺址。從地理上看，新砦遺址位于新密東，新密北有長達五公里的古崆山洞和滎澤，新密西有可容納萬人的天爺洞。這裏正是建都、禦敵、藏身即儲備戰略物資的絶好戰略地點。

二、大禹選擇陽翟建都的原因。

原因之一：禹避商均首先到了陽城這個地方。《史記・周本紀》索隱説陽城地區是"言自洛汭及伊汭，其地平易無險固，是有夏之舊居"。正義："《括地志》云：'居陽城爲禹避商均時，非都之也。'"説明禹居陽城並不是定都而是借夏人故居暫住一時，所以説陽城是"夏之舊居"。大禹暫住陽城的原因是什麽呢？考古學已經發現陽城的一大一小兩個城址，並將其定位爲王灣三期，證明大禹是臨時寄居在龍山文化末期的夏人舊邑，這是夏王朝的歷史起點。

《尚書・禹貢》和《史記・夏本紀》提供了禹居陽城的旁證。大禹繼位以後，確實是率臣民遷徙到了黄河的南河以南（史書稱爲河南）。具體地點雖然没有確定，但是地理範圍可以大致確定，我們從下表中（據《尚書・禹貢》和《史記・夏本紀》整理）可以知道：梁州貢品經渭河到達黄河邊的渭汭。雍州貢品在積石裝上船隻經黄河西河抵達龍門，也是轉運到渭汭。説明經過大禹的治理以後，此時的黄河水運從積石段到龍門已經通暢。渭汭就是渭河和黄河的匯合處。其餘各州貢品均送達黄河南河。説明大禹的臨時都城應該就在黄河南岸不遠的洛汭和伊汭。其餘各州的貢品也都是以黄河的南河爲目的地的，這説明大禹此時已經開始納貢。其居住地一定距黄河的南河不遠，而渭汭、伊汭、洛汭地區就是最好的九州貢品的集散地。

《禹貢》九州貢品表匯			
州名	運輸的途徑	貢品的種類	貢品的包裝
冀州	舜子商均所居	無貢品，但需繳納田賦	無

续表

《禹貢》九州貢品表匯			
兖州	浮于濟漯，通于黄河	漆、絲	其篚織文
青州	浮于汶，通于濟	鹽、絺、海物、絲、菓、鉛、松怪石、牧	其篚酓絲
徐州	浮于淮泗通于河	五色土、雉羽、孤桐、浮磬、蠙珠及魚	其篚玄纖縞
揚州	均江海，通淮泗	金三品、瑶、琨、竹箭、齒、革、羽旄、卉服，有賜則貢橘柚	其篚織貝
荆州	浮于江、沱、涔、漢 踰于洛，至于南河	羽旄、齒、革、金三品、樹木、砥礪、丹、維、箘、簵、楛，包匭青茅	其篚玄纁璣組
豫州	浮于洛，達于河	漆、絲、絺、紵	其篚纖絮
梁州	浮于潛，踰于沔 入于渭，亂于河	璆、鐵、銀、鏤、砮、磬、熊、羆、狐狸、織皮，鐵疑爲後加入	散貨水運，無包裝
雍州	浮于積石，至于龍門西河，會于渭汭	璆、琳、琅、玕、織皮	散貨水運，無包裝整理

注：本表據《史記・夏本紀》和《尚書・禹貢》整理。

大禹繼位之初，爲了避開商均確實遷徙到了伊洛汭地區，隨之遷徙到陽城的還有《孟子》所説的“天下之民從之”。上表告訴我們，大禹免除了商均所在的整個冀州的進貢義務。這一點和禹避商均的動機是正相一致的。需要説明的是“天下之民從之”表面上看是擁戴並跟隨大禹，其實是因爲大禹疏通黄河以後，百川入海，在河南出現了大量的宜居土地。

所以，新砦文化和二里頭文化一期基本時期相當，它們對于河南西部既有的王灣三期文化而言，都是一種外來强勢文化，它們的母文化是冀州安邑的東下馮文化。它們可以和當地的王灣文化互相滲透、同化和被同化。但是不能據此得出王灣三期就是新砦文化和二里頭文化的母文化的結論。二里頭的地理位置正是洛、河三角洲，東北直通黄河的南河。據此可以初步斷定二里頭是大禹寄居陽城時期的一個物資集散地。九州貢品和建設新夏都陽翟的人財物在這里集中。所以二里頭的興起應該是和大禹寄居陽城、新砦夏都的興起三者是同一歷史起跑綫。這個時期很短，到新砦建成便告結束。

我認定二里頭（即鄩城）是夏初的物資集散地是有文獻依據的。《水經》“洛水又東過偃師縣南”後有酈道元所注云：“洛水東經計素渚。中朝時百國貢計所頓，故渚得其名。”意思是洛水邊有一處水渚名叫計素渚的地方，酈道元所指的中朝時還一直是百國貢品周轉和儲藏之地。酈道元注明的這個計素渚的位置是在伊河入洛河以東不遠的地方，計素渚的北面是偃師古城。緊接的下句是：洛水“又東北，過鞏縣東。又北入河”。

原因之二：一個地理學旁證可以説明大禹是先居陽城，同時開始建都于陽翟的。這個證據就是滎澤的遠古存在，考古發掘出的夏代新砦遺址就正好位居這個滎澤的南面不遠處。據《穆天子傳》載周穆王還曾經泛舟滎澤，也曾游歷夏啓在陽翟的黄臺之丘。上古黄環同音，故黄臺之丘又稱環臺之丘。

《史記·夏本紀》集解：“鄭玄曰：‘地理志沇水出河東垣縣東王屋山，東至河内武德入河，泆爲滎。’孔安國曰：‘濟在温西北，滎澤在敖倉東南。’……按：濟水入河而南，截度河南岸溢滎澤，在鄭州滎澤縣西北四裏。今無水，成平地。”發源于王屋山的濟水（沇水）横絶（即穿過）黄河以後在黄河對岸形成了一個大湖叫作滎澤。大禹選擇在陽翟建造夏都首先是這裏——黄臺之丘——是一個臺地。《水經注》：“夏啓之居，黄臺之丘。”其次，由于遠離黄河可以有效避免黄河頻繁的洪水泛濫，滎澤的存在正好可以有效緩沖黄河的洪水，而新砦夏都建成以後九州貢品可以經由黄河進入滎澤而直達新砦夏都。

這個滎澤的北面當時是聯通黄河的，它的南面就是大禹稱王的陽翟：新砦遺址。翟今讀 zhai，夏時没有舌面音，訓爲 di，所以陽翟古音爲 yangdi，新砦之砦古音訓也爲 di。砦在當地是常用地名。滎陽一帶至今有“滎陽一溝兒十八砦”之説。

新砦文化和二里頭文化本是大禹由冀州帶到河南的東下馮文化，它們和山西夏縣的東下馮文化是一脈相承的。因爲在偃師二里頭和新砦國都兩個不同地點發展，所以他們是同一歷史時期夏文化的兩個分支。這兩個分支在太康失國之後，隨着夏都遷往河南偃師二里頭而重新合併爲主流的夏文化。準確地説，是新砦文化重新回歸了二里頭文化。所以二里頭文化幾乎没有一期。

新砦還有個名字叫作黄臺，學者們很少將兩者聯係起來研究。《穆天子傳》載：“……丙辰，天子南游于黄臺之丘，以觀夏后啓之所居，乃入于啓室……”《水經注》也有關于黄臺的記載。周穆王爲什麽要游黄臺呢？這個黄臺在甲骨文中通環臺，看來早在夏的方言中黄、環二字就相通了。這裏的黄臺正是新密的新砦。考古的史證是：新砦城有高聳的城墻，三道環城防禦壕溝。城内有大型夯土建築。這個黄臺正是穆天子訪西王母時看見的崑崙山的縮影。

《山海經·大荒西經》：“西海之南，流沙之濱，赤水之後，黑水之前，有大山，名曰崑崙之邱。有神，人面虎身。有文有尾。皆白，處之。其下有弱水之淵環之。”這是環水之淵的最早出處，新砦的三道環城壕溝正是由此而來。甲骨文中黄、環同字，所以黄臺之丘就是環臺之丘。而新砦遺址正是一座“三環之臺”。

《淮南子·地形訓》詳細介紹了崑崙山的三環：“禹乃以息土填洪水以爲名山，掘崑崙虚以下地，中有增城九重，其高萬一千里百一十四步二尺六寸。……其西北之隅，北門開以内不周之風。傾宫、旋室、縣圃、凉風、樊桐在崑崙閶闔之中，是其疏圃。疏圃之池，浸之黄水，黄水三周復其原，是謂丹水，飲之不死。”

同樣的記載還見于東方朔的《海内十洲記》和屈原的《離騷》。

新砦黄臺之丘的建築設計師是大禹，大禹生于西羌，來自崑崙山下，就是川青甘地區。

《史記・六國年表》："禹興于西羌。"集解引皇甫謐曰："孟子稱'禹生石紐'，西夷人也。傳曰：'禹生自西羌是也。'"

《三國志・秦宓傳》："禹生之于石紐。今之汶山郡是也。"①

揚雄《蜀王本紀》："禹本汶山郡廣柔縣人。生于石紐。其地名痢兒畔。"

類似的記載見于歷史文獻的還有《吴越春秋》《華陽國志》《路史》《新語》《四川通志》《今本竹書紀年》，大禹是來自西羌應該不會錯。

據《尚書・禹貢》和《史記・夏本紀》所載：大禹也曾經在崑崙山下治理過黄河源、弱水河和黑水河，爲雍州確立過疆界。所以大禹設計新砦黄臺之丘的靈感可能源于家鄉的崑崙山。按照這個思路：王灣文化就有一個中國西部的源起，即王灣文化和甘肅的齊家文化存在著繼承關係。而鯀和禹極有可能是來自梁州汶、嶓的移民。

準確地説，新砦文化衹是夏都陽翟（新砦）時期的首都文化，分布地域狹小，是主流夏文化的一個重要的分支。由于九州貢品另辟蹊徑由黄河經滎澤直接運往夏都新砦，二里頭物資集散地出現功能性的蕭條。所以二里頭一期考古特徵不明顯。但是這一時期的二里頭是有夏人居住的。

設想，大禹初登帝位，他可以在選擇在陽城建設國都，也可以選擇在陽翟建設。但是陽城的缺點是"自洛汭及伊汭，其地平易無險固"，易攻難守。所以，根據新砦遺址的規模看，大禹選擇了陽翟（即今新砦遺址）。在建設國都的這些年代裏，大禹依然寄居在陽城，大禹的臣民都分散居住在伊洛汭地區。九州貢品經過黄河南河運送到伊洛汭地區。這個九州貢品的集散地後來在夏代的太康失國以後成爲夏代最後的國都——鄩城，這就是考古界業已發掘出的著名的夏代二里頭遺址。

已經發掘出的新砦遺址實際上就是史學界正在討論的陽翟，或者密，或者禹州。從文獻考證它應該就是大禹即帝位以後爲自己選擇的國都地址。陽翟（新砦）作爲國都一直使用到太康時期，在太康失國、東夷亂夏時期時太康五兄弟曾經被迫拋棄新砦定都斟鄩，這個斟鄩我考證應該是今天的二里頭所在的洛汭地區，是包含二里頭在内的一個地理區域。這就是《史記・周本紀》所説"自禹至太康皆不易都城"。

建造新砦都城，需要耗費數年的時間，需要一個長期的後勤基地來運送材料，人員住宿，後勤補給，建築監理。這個新砦國都的建設指揮部必須距離陽翟（新砦）不遠，夏的故城陽城正是一個非常理想的地點。

原因之三：大禹遷都陽翟還有一個戰略的考慮，就是在黄河南河北入渤海以後，豫東南的湖區水位下降，滎澤正在萎縮，很多湖泊沼澤變爲宜居平地。這一時期各氏族之間的政治格局也在發生變化，岳石文化西漸河南商丘地區直至惠濟河下、中游，下七垣文化渡黄河南侵，作爲同一時期的夏文化（是新砦早期還是二里頭一期待定）的大禹搶占了陽翟以西的伊洛高地。這樣大約在二里頭三期末，在豫東南以杞縣鹿臺崗爲中心基本形成了中國歷史上第一次三國鼎立的政治格局。

① 姚淦銘、王燕主編《王國維全集》，第323頁。

爲了防止滎澤的萎縮，大禹堵塞了滎澤的一個出口。《水經注》："大禹塞滎澤。開之以通淮泗。"這樣淮泗的貢品就可以不必繞一個大圈而直接由淮泗進入滎澤即可直達新砦了。

通過新砦遺址考古發現分析，在新砦早期，北邊的下七垣文化和東邊的岳石文化對新砦文化没有深度介入，所以對新砦文化早期産生的影響不是很大。

三、夏代最後的國都：斟鄩（含偃師二里頭）。

夏代最後一個國都是斟鄩，就是今天考古學公認的二里頭遺址，也就是大禹遷居陽城前後位于洛汭地區的那個九州貢品的集散地。它也是太康失國以後在洛汭地區建立的新國都。太康之後直至夏桀滅亡以前的夏都都在這裏，這和殷商盤庚遷殷之後直至商紂滅亡一樣，都是"更不徙都"。所以二里頭夏文化的一期是不明朗的，二期開始應該是連續的，這一點已經爲二里頭考古所證實。

斟鄩和二里頭並不是一個内涵完全重合的概念。斟鄩是夏自太康以後的王畿地區，嚴格地説應該叫作三鄩。這個面積廣大的夏的王畿包含有一個夏的王城——二里頭遺址（又稱鄩城）。斟鄩（三鄩）是夏王太康直到夏桀滅亡時的夏的首都，但是作爲夏都的歷史有過幾次中斷。

《世本》："斟氏，夏同姓諸侯斟鄩氏之後，以國爲氏；鄩氏，斟鄩氏之後；尋氏，古斟鄩氏之後。"① 這個記載説明今天的尋氏在遠古是以國爲氏的。一説爲仲康之二子。

二里頭遺址是1959年考古伊始用當地村名命名的。這個命名對研究夏代歷史顯然有缺陷，因爲這一地區在夏代的名稱叫作鄩城。斟鄩氏和斟灌氏正是駐守這裏的夏王朝王畿的兩支近衛軍。夏商以氏族爲戰鬥單位。

斟鄩是一大片土地，其中就包括了今天的二里頭考古遺址，該遺址面積達400萬平方米。其實夏代的斟鄩地盤比這要大得多。

這一地區據文獻記載有一個河南城，按照地理分析是上鄩和鄩城（二里頭）中的一處。《尚書·禹貢》："道洛自熊耳，東北會于澗瀍。又東會于伊。又東北入于河。"其中"澗瀍"後注："會于河南城南。"此注説明鄩城就是今天的二里頭遺址，又名河南城。今河南省以此爲名也是歷史的依歸。

《水經注》載："洛水又北，經偃師城東。東北歷鄩中。水南謂之南鄩，亦曰上鄩也。……郡水注之，水出北山鄩溪。其水南流。……鄩水又東南。于訾城西北，東入洛水。故京相璠曰：'今鞏洛渡北有鄩谷水東入洛，謂之下鄩。故有上鄩、下鄩之名。亦謂之北鄩。于是有南鄩、北鄩之稱矣。'"

可見斟鄩是夏代自夏工太康開始建設的新國都，斟鄩氏作爲禁衛軍以國爲氏。有夏一代斟鄩氏並不是一直住在洛汭，所以在歷史上叫作斟鄩的地名不止一個。據錢穆考證夏商周三代常以舊名以名新地。類似的史證很多，在此就不再一一枚舉了。

《今本竹書紀年》記載后羿"因夏人以代夏政"，迫使太康退位，另立仲康。在后羿被寒浞所滅之後。夏相隨著斟鄩氏逃往内黄。因爲内黄附近的濮陽（即帝丘）盤踞著斟鄩氏的兄弟斟灌氏。最後斟鄩氏和斟灌氏被寒浞的兒子澆消滅在山東境内。直到夏王少

① （漢）宋衷等注《世本八種》，第261頁。

康纔重新召集斟鄩和新砦殘餘夏民收復了兩都。二里頭作爲夏都文化其實是從這個時間點纔真正的開始。

二里頭一期文化特徵不明顯，其原因是：二里頭初期定居的夏人也是隨大禹從安邑遷往新地的。幾年之後，大禹在新砦的都邑初步建成，因爲九州貢品和夏王朝所需的物資不必再經過二里頭轉運陽城，而是直接由黄河轉入滎澤直達新砦新都。二里頭二期偏早的滎陽大師姑古城取二里頭而代之。于是，二里頭作爲物資集散地的功能漸漸失去，因而出現蕭條。當它再次繁榮時已經是太康失國投奔二里頭建都以後了。此後，二里頭一直作爲首都直至夏亡，名爲鄩城。

《史記·周本紀》正義："《帝王世紀》云：'禹封夏伯，今河南陽翟是。'汲冢古文云：'太康居斟鄩，羿亦居之，桀又居之。'《括地志》云：'故鄩城在洛州鞏縣西南五十八里也。'"這個鞏縣西南五十八里的斟鄩，正是夏代最後的國都——今天的偃師二里頭村。請記住涉及斟鄩國的五個重要地點：鄩城（今二里頭遺址），鄩中（稍柴遺址），上鄩（河南，南鄩），下鄩（北鄩）和尋口（即洛河入黄河的河口。《水經注》亦稱洛口）。二里頭僅僅是斟鄩地區的一個王城而已。有關夏代的很多的考證失誤正是由此而產生的。

太康失國之時在二里頭居住的居民是斟鄩氏族。《左傳·襄四年》：寒浞"使澆用師，滅斟灌及斟鄩氏"，杜預注："二國，夏同姓諸侯，仲康之子。"北魏酈道元《水經注·河水二》："北海有斟縣。京相璠曰：'故斟鄩國，禹後。'"可見斟鄩這個名字是仲康以後纔見于歷史文獻，而在少康之前作爲一個氏族已經基本被澆消滅了。它的氏族榮耀不過衹有幾十年時間，但是作爲夏都的名字它一直流傳了幾千年。

斟鄩的具體地點文獻上多有記載：

《史記·吴起列傳》："吴起對魏侯曰：'昔夏桀之居，左河、濟，右大華，伊闕在其南，羊腸在其北，河南城爲近之。'"（又見《戰國策》）河南城就是黄河南岸的下鄩。

《史記·夏本紀》集解引孔安國曰："太康五弟與其母待太康于洛水之北，怨其不反，故作歌。"洛水之北正是今之偃師斟鄩地域。

《尚書序》："大康失邦，昆弟五人，須于洛汭。"説明斟鄩地理位置在洛汭。

《周書·度邑篇》："吾將因有夏之居，南望過于三涂，北瞻望于有河。"

據此，我認定斟鄩的具體位置是：黄河南河以南，南望伊河的龍門和三塗山，北面臨近黄河，過河則可以通過濟源的軹道（據説是大禹治水發現的濟源老道）和沁陽的羊腸坂進入山西達夏人的大本營安邑，東邊是黄河、濟河通向大海，西邊是華山。這個斟鄩應該是今天的整個洛汭地區。

根據考古文獻披露，總面積達 400 萬平方米的二里頭遺址應該是從大禹避商均遷陽城時開始，直到商湯滅夏桀爲止。其間這裏一直都有夏人居住，二里頭文化是連續的，衹是一期中自大禹封于陽翟直到太康失國，按照《古本竹書紀年》計算長達 103 年，這 103 年時間二里頭一期應該是文化的蕭條期。但是這裏畢竟是夏之大邑，所以在"太康失國"以後，兄弟五人很快就能在二里頭立足並恢復統治。

那麼，從大禹登帝位到太康失國這一段歷史時期，"自禹至太康皆不易都城"。這個歷史時期内夏的國都在哪裏？答案是：就在陽翟，就在禹州，就在密，也就是黄臺之丘。此地還被史書稱作櫟和楝，楝是櫟形讹，也就在現在被發現的新砦遺址。這七個名字實際上都是指大禹封王之地——新砦。原因在于目前還没有發現夏代有系統文字，也没有發現夏代留下的歷史文獻。目前的夏代歷史都是口傳歷史，是在春秋戰國之後文人整理成書的。整理依據的是方言口語，這些口語發音在歷史流傳中多有訛變，所以同一地點會有不同的名稱。同理，殷商甲骨文對夏的地名也有不同的文字記載，例如夏邑假借爲“下乙”。又如衛字有“爲”“韋”“圍”多種同音字。這是考證夏代歷史的一個需要特别關注的地方。

《史記・夏本紀》正義：“帝王世紀：‘禹受封爲夏伯，在豫州外方之南，今河南陽翟是也。’”（這裏“外方”是相對大禹在山西夏縣的安邑而言，安邑的封地叫作“方”或“房”。）可見大禹選擇了把國都建在直接接觸下七垣文化和岳石文化的最前沿了。新砦夏都正位于豫東平原和豫西山區的臨界處，進可攻退可守，是一個戰略要地。

《漢書・地理志》：潁川郡，陽翟“夏禹國”。應劭曰：“夏禹都也。”① 我在《破譯甲骨文字：或和國》一文中已經論證了甲骨文中“國”本義國都，與都同義。

太康爲什麽會離開這個新砦遺址而到伊洛汭地區建立新的國都呢？這就是遠古史上著名的“東夷亂夏”“太康失國”事件造成的。太康是大禹的嫡孫，夏啓的長子。

《潛夫論》：“啓子大康仲康更立，兄弟五人，皆有昏德，不堪帝事，降在洛汭，是爲五觀。”②

《僞五子之歌》：“太康尸位以逸豫，滅厥德。黎民咸貳。乃般游無度，畋于有洛之表，十旬弗反。有窮后羿，因民弗忍，距于河。厥弟五人，御其母以從。徯于洛之汭。五子咸怨，述大禹之戒以作歌。”③ 洛之汭就是洛河注入黄河的三角洲，即今洛汭區域。

《左傳・襄四年》：“后羿自鉏遷于窮石，因夏民以代夏政。”雖然文中地名鉏和窮石學界還在争論不休，但是夏政在新砦，窮石應該距新砦不遠。

《墨子》和《楚辭》《周書・嘗麥》中多有夏啓淫逸康樂，沉濁于酒，渝食于野的記載，不再贅述。

太康五觀被后羿逐出陽翟（新砦），來到洛汭的斟鄩，在他的人民中定居下來。于是就有了最後的夏都——斟鄩。後經過多年流離失所，少康稱帝，收復斟鄩和新砦。此是後話。但是夏都一直在斟鄩没有再建立其他的新都。

根據上面的歷史脈絡分析：新砦文化前期是與二里頭一期夏文化屬于同一歷史時期的同源的遠古文化。是由舜讓位大禹時禹爲避商均而帶入中原（豫州）的東下馮文化，在作爲國都的新砦和作爲平民城邑的偃師二里頭分别發展。碳十四測定這一時期爲公元前 2000 年至公元前 1900 年。這一時期與大禹治水年代非常吻合，是前後銜接關係。在這一歷史時期内，新砦由于是國都，經濟實力强大，聚集了較多的人才，並近距離受到下七垣文化和岳石文化東漸的影響，所以發展較快，出現了一些有别于二里頭一期的自身文化特點。但是我們不能據此認定新砦文化是游離于二里頭文化之外的一種新的夏文

① 《二十五史》第 1 册，第 152 頁。

② 《諸子集成》第 11 册《潛夫論》，第 165 頁。

③ 《十三經注疏》，第 156 頁、157 頁。

化類型。新砦文化和二里頭一期文化是有共同文化來源的（冀州東下馮文化）。如果說兩者有區別的話，可以說陽翟的新砦文化是官方文化或者首都文化，而以洛汭爲中心地區的二里頭一期文化屬于民間文化。兩者的發展環境和主、客觀條件有很大的不同，所以可能出現大同小異的文化特點。這一點毋庸置疑。新砦文化和二里頭文化在少康復國以後遷都斟鄩（即二里頭）重新合併爲二里頭文化的主流，此時應該是二里頭二期（繁榮期）的開始，同樣此時在新砦也出現了文化的變異，這就是被歷史學者所指稱的新砦晚期文化。

我在一些考古報告中看見新砦遺址考古發現三叠層的記載：王灣三期——新砦早期——二里頭一期。這個三叠層的觀點很值得推敲，如果這是新砦遺址考古的普遍現象，新砦文化就曾經被二里頭文化打斷過。它就不能對大禹、夏啓、太康這一段連續的夏代歷史做出合情合理的解釋。我的觀點是新砦早期和二里頭一期兩個叠層是混淆的，没有截然的分層。原因就在于它在實質上就是新砦早期。還有一種可能的情況出現：新砦三叠層的次序依次是：王灣三期——新砦早期——二里頭二期。

新砦文化（早期）是這一時期的强勢文化，二里頭一期屬于同源的弱勢文化；新砦晚期是弱勢文化，二里頭二期是强勢文化。嚴格地説，二里頭文化的四個分期可表述爲：新砦早期——二里頭二期——二里頭三期——二里頭四期。

從上述文化的考古發現分析，我堅持一個觀點：王灣三期文化，東下馮爲代表的諸馮文化，二里頭一期文化和新砦早期文化均是同源文化，或者説都是夏氏族的文化，也是在外來的夏氏族文化基礎上形成的。其中祇有諸馮文化受到了黄帝、堯、舜這一支本土文化的影響，也就是石峁和陶寺，以及位于黄河西河和南河轉角地區的薄山東北角的“方”地的堯舜禹稷諸氏族之間因爲毗鄰居住産生的互相影響。

當然，如果在新砦遺址發現的二里頭文化一期叠層確實獨立于新砦早期，那麼偃師二里頭的歷史就應該從少康作爲起點。即二里頭不存在一期的具有説服力的文化史證。這和目前考古學界的既定結論是不一致的。

據此，我認爲新砦文化的地理分布區域是非常狹小的，僅僅局限于陽翟附近（新砦遺址附近，其範圍相當于洛河以南至新砦爲止。翟砦遠古同音）。也就是説，在今後的考古發掘中，在這一地區以外的中原地區不會有新砦文化新的較大的遺址被發現。

同樣，在被細分的新砦文化中，新砦早期應該和二里頭一期應該是夏氏族的同時期的同源文化。新砦晚期文化由于受到“東夷亂夏”的影響，應該表現出岳石文化以及下七垣文化對新砦主體文化的干擾。所以新砦晚期應該融合岳石文化以及下七垣文化的部分特徵，其中主要表現爲羿所屬的岳石文化的影響。根據文獻考證，我們還無法確定“東夷亂夏”的時間跨度，所以也無從確定岳石文化和下七垣文化對新砦晚期的影響程度。但是從新砦遺址出土陶器的器型分析，這種影響確實是客觀存在的。

遠古夏京——三鄩考

“三㚇”，在不同的文獻中又叫作“三朡”或者“三鬷”，在中國先秦史上是一個地理名詞，首次也是唯一一次出現是在司馬遷的《史記》中：“桀敗于有娀之虚，桀奔于鳴條，夏師敗績。湯遂伐三㚇，俘厥寶玉，義伯、仲伯作《典寶》。”（《史記·殷本紀》）

集解曰：“孔安國曰：‘三㚇，國名，桀走保之，今定陶也。俘，取也。’”“孔安國曰：‘二臣作《典寶》一篇。’言國之常寶也。”①

上述《史記》裏的這一段話是歷史研究的一個難點，其疑難之處在于“有娀之野”“鳴條”和“三㚇”之間的關係。三個地名中的鳴條一般視爲山西安邑縣西邊的某地，與商湯滅夏桀的基本事實相符，所以疑問最少。其餘便是有娀之野的落實，多數歷史學者認爲這個有娀之野當視作山東濟寧的任國（或仍國），理由是仍任娀是同音相轉的同一所指。但是夏桀的國都當時在斟鄩附近的一個叫作河南的地方，商湯欲滅夏桀實在没有理由跑到山東微山湖以東去開始決戰。歷史文獻也没有夏桀和商湯出現在任國的前因後果。所以認定有娀之野就是山東任縣是没有歷史依據的。也有學者認爲説相的皇后有緡是任國女子，據此判定夏任兩國爲姻親，但是夏相和夏桀之間隔了數百年的歷史空間。我認爲這些理由是站不住的。

對有娀之野應該做常規的理解。《詩經·商頌·長髮》云：“睿哲維商，長髮其祥。洪水芒芒，禹敷下土方。有娀方將，帝立子生商。”

司馬遷之世，《詩經》應該是已經家喻户曉。所以司馬遷使用的應該是《商頌·長髮》的詩意。所謂有娀就是大禹治水時方纔逐漸壯大起來的商氏族。有娀是帝嚳的妃子，商契的生母。《詩經》是以有娀氏之女正在長大喻商氏族的逐漸成長發展。所以有娀之虚帝丘濮陽應該是在商王朝發祥地河南濮陽附近，此地曾是夏代的斟灌氏曾經定居之地。

夏桀在有娀之虚帝丘濮陽被商湯打敗。爲了保衛夏都的人民和財産不受戰爭侵害，夏桀選擇了向西逃往安邑老巢。安邑是大禹治水時夏人居住的地方，今東下馮夏文化遺址考證可以證實。夏桀此時的國都所在有文獻爲證：《戰國策·魏策》載：魏武侯問及吴起夏桀之居，吴起對曰：“左河、濟，右大華。伊闕在其南。羊腸在其北。”這個羊腸指的是羊腸坂，是太行山區通向外界的崎嶇的羊腸小道。夏桀可以一路向西到羊腸，然後經由羊腸坂進入山西，到達鳴條。

搜索以後纔發現，三㚇這個地名在《史記》中是先秦歷史上的唯一的記載。因此司

① 《史記》第一册，第96頁。

馬遷的這段記載及其裴駰的集解對于我們考證三㚇這一地名（實際上就是太康直到夏桀時期的夏都，見後證）就非常重要了。從《史記·殷本紀》的記載中我們看到這個地區對于夏桀非常重要，夏桀滅亡前的最後一戰居然是爲了保衛三㚇而轉戰山西夏縣。而“二臣”義伯和仲伯——這裏的二臣是指投降了商湯的夏桀的臣子——作的《典寶》實際上是一張記錄了三㚇被商湯攻克以後所俘獲的夏的國寶清單。換句話説，就是夏桀滅亡前夏的國寶都是集中在三㚇這一地區的。這個地區是不是夏王朝的夏王朝的京畿呢？如果不是夏的京畿，爲什麼集中了夏的所有的國寶？如果是夏的京畿，爲什麼孔安國考證它會是山東的定陶？

絶大多數的先秦史學者在論及商湯滅夏時都有意無意地回避商湯“伐三㚇”這一關鍵而且重要的歷史史實，原因正是在于對與三㚇相關歷史背景的無知。本文試圖從訓詁學角度切入並詮釋三㚇這一地名，它正是我們尋找已久自太康失國以後到夏桀時期的夏王朝的京畿地區。它的地理範圍東起河南新砦，西到偃師二里頭，北以黄河南河爲邊界，南以嵩山爲邊界的一個廣大的地區。這一地區的在先秦史上被稱之爲三鄩。

㚇，見于許慎《説文》：“斂足也。鵲鵙丑，其飛也㚇。從夊，凶聲。”這個定義的最寶貴的學術價值不在于前面的“斂足也”，而在于最後的“從夊，凶聲”。許慎準確地記錄了這個㚇字在東漢時代的音訓是直音爲凶（xiong）。凶字音訓在《唐韻》《集韻》《正韻》爲許容切，《韻會》爲虚容切。發音胸。這一發音證據對我們確定三㚇的地理範圍至關重要。這個字在隋唐以後的很多韻書中都衹有一個發音就是粽子的粽（zong）：“《廣韻》子紅切。《集韻》《韻會》祖叢切。發音稯。……《晋書·輿服志》又國名三朡。”《康熙字典》中的這條定義恰恰遺漏了該字的東漢發音凶（xiong）。該字發音的歷史演化在這裏發生了斷裂。

無獨有偶，在現代漢語中所有含有這個聲符兼意符的漢字都衹有一個讀音：zong。例如：朡、椶、緵、堫、㚇、緵、㥖、猣、稯、糉、葼、鍐、䎫、騣、鬉、鬷等等，没有例外。所以音韻學者將這個系列中的先秦造字歸入精母是不合適的，這個系列的先秦造字都應該歸入上古的心母，當從凶。

這一點文獻依據至少表現出兩個問題。一是今天糉字的糉的發音稯（zong），在東漢時代的發音爲凶（xiong）。聲母的變化告訴我們聲母爲 x 的部分漢字可能演變爲 z 母。二是㚇字的東漢前的發音是 xiong，三㚇這個地名在東漢前就應該讀作 san xiong，而不是今天的發音 san zong。也許它衹是一個夏方言的發音。

㚇的造字是在夏朝滅亡以後，卜辭的甲骨文系統中尚未發現這個字（注意，甲骨文中也没有確證夏代的夏字），這個字從造字看可能是在商代以後。因爲它是一個會意造字，注音爲凶夊切。司馬遷在《史記·殷本紀》中第一次用到這個字，迄今使用這個漢字的地方也衹有三㚇這一國名而已。這一點説明在夏文字或者殷商甲骨文系統中應該另有一個夏篆或者甲骨文和此字音義相同。因爲無論夏還是商統治者對這個貯藏著夏王朝的寶玉的三㚇都不會陌生。

這裏我必須提請大家注意一個文字現象：夏（xia），㚇（xiong），鄩（xun）。這樣三個漢字不僅同聲母，而且可以互爲對轉和旁轉的，所以從音訓上看它們可以是同音字；其次夏和夋在造字的字形上看是相通的，夏從頁從夊，夋是從凶從夊；三是夏和夋兩字的造字會意注音相同，夏爲頁（發音 xie）夊切，夋爲凶夊切。頁和凶上古均從心母，在遠古夏人居住區的方言中鄩和凶發音基本相同。説人很凶一般説："這個人好凶（xun 入聲）。"

所以上述兩個字的造字的同源性很强，聯想到夏代在太康失國以後定都斟鄩，斟是姓氏，鄩是地名。這就使我們很自然聯係到斟鄩的鄩（xun）字。當然僅僅從字面上找到三個字的注音聯係是遠遠不够的，考證這三者的關係不能衹依據三字在發音上或者造字上的同音同源，我們需要的是夏商的歷史事實。

夏桀最終的京畿在斟鄩，這一點有充分的史料證明。《竹書紀年》載："帝太康。元年，癸未，帝即位。居斟鄩……帝仲康。元年，己丑，帝即位。居斟鄩。"① 又見《史記・夏本紀》張守節正義引《汲冢古文》曰："太康居斟鄩。羿亦居之。桀又居之。"②

考證夏時鄩的地望，見于兩處文獻：

《左傳・昭二十三》："郊鄩潰。"杜注云："河南鞏縣西南有地名鄩中。"

《括地志》："鞏縣西南五十八里故鄩城。"③

作爲鄩中爲中心的這一地區曾經是夏代太康直至夏桀的國都還有一個證據。

《戰國策・魏策》載魏武侯問及吴起夏桀之居，吴起對曰："左河、濟，右大華。伊闕在其南。羊腸在其北。"所説地域正是洛陽城以東的這塊區域：西爲華山，北有黄河和南有古洛河，東爲古洛伊兩河合流以後進入黄河的洛汭三角洲。這段記載也見于《史記・吴起列傳》。兩書的這一個記載僅僅指的是斟鄩，也就是後來史書所説的下鄩地區，並未包括斟灌也就是後來的史書作説的上鄩。這是後話。

上述叫作鄩中的城池從地理上看，正是今天的二里頭夏代考古遺址。鞏縣西距偃師約二十公里，偃師西南九公里就是二里頭遺址。二里頭遺址占地面積較大，所以鞏縣西南五十八里還是比較準確的數據。但是必須强調的是這個二里頭遺址遠古在古洛河北岸，是九州進貢夏王朝物品和入朝參拜的一個物資集散地和客運中轉站。（參見下文計素渚内容。）它僅僅是三鄩（即三夋）中的一鄩。流經三鄩的土地上有一條河：鄩溪。

鄩中這個國名最早是在大禹治水時期，嵩山曾經有一次大規模的山火，失火之後，這裏被鄩氏族定居成爲鄩的國邑。據錢穆考證，這個鄩姓由于人丁不興旺，氏族越來越不景氣。大禹封王以後就將自己的後人封于此地，仍繼承了鄩的國號。

太康失國遷居此地，仲康即位後他的兩個兒子叫作斟鄩和斟灌的就封于這一帶。其中斟鄩的封地就是鄩中（鄩城），也就是最早的偃師故城所在。

夏代和周代都有一個習俗，就是如果氏族遷徙到另一個地方，國號不變。一般隨著該氏族遷往新的居住地，國號仍沿襲過去的名字。所以在河南濮陽一帶以及山東壽光一帶也曾經叫作斟灌和斟鄩。這是以國號爲地名發生的混淆。西周從公劉到古公亶父數次向西南遷徙，國號一直叫邠（豳），後來族人爲了紀念古公亶父的功績將國號改爲周。周的本義正是古公亶父率領邠氏族的百姓渡過黄河和渭河等數條河流使用的羊皮筏子。

---

① 見《史記・夏本紀》。

② 《史記》第一册，第 87 頁。

③ 《史記》第七册，第 2281 頁。

看來這種用木桴和羊皮、牛皮或者驢皮紮製的筏子可能是古公亶父的一大發明。

在《水經》的原文中，關于古洛水的記載是這樣的："洛水……又東北過河南縣南。又東過洛陽縣南。伊水從西來注之。又東過偃師縣南。又東北過鞏縣東。又北入于河。"依據這段記載，沿古洛水北岸由西向東有四座古城：河南縣、洛陽縣、偃師縣和鞏縣，洛水經由鞏縣東匯入黃河。酈道元在其《水經注》中對這一區域的地理情況做了非常細緻的調查取證："洛水東逕計素渚，中朝時，百國貢計所頓，故渚得其名。……洛水又北，逕偃師城東，東北歷鄩中，水南謂之南鄩，亦曰上鄩也。逕訾城西，司馬彪所謂訾聚也。而郡水注之。水出北山鄩溪，其水南流，世謂之温泉水。水側有僵人穴，穴中有僵屍。……鄩水又東南于訾城西北東入洛水。故京相璠曰：'今鞏洛渡北，有鄩谷水，東入洛，謂之下鄩。故有上鄩、下鄩之名。亦謂之北鄩，于是有南鄩、北鄩之稱矣。'"

酈道元的這段注解至少告訴我們這一區域的有關重要信息有：

一、古偃師城以西洛河北岸邊有一個叫作計素渚的泊船的水渚，上游是琅玡渚，下游是計素渚。其實據當時文獻記載，洛陽附近的古洛河兩岸存在這兩個水渚，上游就是琅玡渚，下游是計素渚。記素就是計數的同音字，所以這個計素渚就是各方國進貢夏、周朝廷或者朝見夏、周天子前留宿的地方。計素渚所蘊含的夏、周信息是：當時進貢兩個朝廷的物資都是用船水運來的，在計素渚記數（即驗收）以後下船。計素渚（記數渚）當以此而得名。

二、鄩中古城是位于古偃師城的東北方位，這一點和今天二里頭的位置有變化。究其原因可能是後來偃師城的城址重建而發生了變化。今天的偃師在二里頭的東北方向。因爲該遺址（即二里頭已發掘的遺址部分）占地面積已經達到東西 2.5 公里，所以有可能今天的二里頭遺址包括了計素渚和鄩中古城兩個部分，至于偃師古城應該是西周以後所建。

三、古洛水以南的區域屬于夏朝京畿的南鄩部分，也叫作上鄩。這一部分應該一直延伸到登封王城和新砦；古洛水以北和鄩溪流經的區域屬于北鄩，也叫作下鄩。這一部分包括鄩中以東黃河和古洛河內的洛汭地區。上鄩、鄩中和下鄩這種名稱是後世文獻對夏代京畿的提法。夏人自己的稱呼則是：鄩中，斟鄩和斟灌（斟灌又作斟戈，兩者上古夏方言同音）。

四、夏代的京畿三鄩一共分爲三個地理區域，上鄩（大禹夏啓太康的初期夏都，故稱之爲上鄩），鄩中（二里頭遺址及附近地理區域），下鄩（除鄩中以外的洛汭地區）。這就是三鄩。西周人滅商以後稱之三嵏。猶如商有三亳，都是一種國土的地理範圍的劃分而已。和鄩字不同的是，嵏字從《説文》字義分析，是有貶義的一個字。

五、商湯的"遂伐三嵏"討伐的並非一地，而是整個夏人從大禹時就開始營造數百年的夏人的政治、經濟、文化中心——夏的京畿地區。是涵蓋上鄩、鄩中和下鄩的一大片區域——黃河以南，洛陽以東、新砦以西、嵩山以北的這樣一片廣袤富庶的大地。這片夏人熱愛的家鄉就叫作三鄩。西周人滅夏后將其稱之爲"三嵏"是含有對夏人的鄙視和貶義的。《史記・殷本紀》的三家注都回避了這個嵏字的注音，因爲這個漢字到了唐宋時期已經讀作 zong。確實很令人難以考證了。而這個字的夏朝讀音應該是人人皆知的 xiong，夏方言通 xun。夏、鄩、嵏、腰、畟五個同音字有一個共同的所指，就是夏王朝。

其實在上述所引的《左傳·昭二十三》的“郊鄩潰”後附杜預注就給了我們深刻啓示：“河南鞏縣西南有地名鄩中。郊鄩二邑皆子朝所得。鄩音尋。”可見三鄩應該是夏代的都邑鄩中和另外兩個“子朝”，當名爲斟鄩和斟灌（斟戈）。杜預稱鄩中的兩個郊邑爲子朝是有依據的。文獻載斟鄩和斟灌的族長正是夏王仲康的兩個兒子。這兩個郊邑一個叫斟鄩，其國土是上述下鄩的範圍，另一個郊邑斟灌現在看來和以往的學者的考證有異，斟灌的國土應該是古洛河以南的上鄩，即洛河、黄河、新砦、禹州和嵩山圈定的一個夏朝的子邑。

這三鄩——上鄩、鄩中、下鄩，或者叫斟鄩、鄩中、斟灌——正是夏人自大禹建都新砦以後，大禹子民的主要集中居住的區域。我們可以稱之爲“三夏”。

“太史公曰：‘禹爲姒姓，其後分封，用國爲姓，故有夏后氏、有扈氏、有男氏、斟鄩氏、彤城氏、褒氏、費氏、杞氏、繒氏、辛氏、冥氏、斟（氐）戈氏。’”（《史記·夏本紀》）

由此可見，斟鄩和斟灌（斟戈）和可能是在大禹成爲夏伯以後就封給了斟鄩氏和斟灌氏了這兩個氏族都是大禹的後代，都姓姒。

所以商湯在打敗夏桀以後要回師討伐三鄩，目的是“俘厥寶玉”。夏王朝的寶玉集中于三鄩地區是合情合理的。武王滅商以後也是這樣做的。見《逸周書·世俘解》：“凡武王俘商舊玉億有百萬。”

以此看來，夏桀在商湯的强大攻勢之下被迫避開三鄩而逃亡鳴條是因爲戰敗避免禍及夏的京畿百姓。商湯直追窮寇，直至把夏桀趕往安徽的巢湖，纔回師三鄩掃蕩夏都京城，完成了滅夏立商的大業。

最後還有一個歷史遺留問題：《竹書紀年》載：“帝癸（夏桀）。元年壬辰帝即位居斟鄩。……十三年遷于河南。”這裏的“河南”二字頗爲費解，歷史上也是一樁學術公案：既然《汲冢古文》已云：“太康居斟鄩。羿亦居之。桀又居之。”説明夏桀最終的京畿就是在斟鄩，如何又出現一個河南？我認爲這裏的河南是指古洛河之南，夏桀在鄩中（鄩城）稱帝十三年之後，渡過洛河，由下鄩進入上鄩。上鄩是大禹和夏啓的居住地，並未超出京畿的地理範圍，所以《竹書紀年》説“帝癸……居斟鄩”其實並無大錯。

中國最偉大的水利工程

中國歷史上最偉大的水利工程是什麽？它不是靈渠，不是安豐塘，不是都江堰，不是坎兒井，不是隋朝大運河，甚至也不是三峽水利工程。它是約公元前兩千年大禹疏通黄河西河段的工程。古黄河的西河段就是吕梁山以西從河曲到老潼關這一段。在遠古時代，黄河本來並不是一條河，準確地説，它衹是老天爺造物時的一個“半拉子”工程——是一連串互不相通的湖泊。這些湖泊像是造物主隨手灑向大地的一把珍珠。

公元前2000年衹是一個大概的時間範圍，我是具體指大禹治理黄河西河的時期。更準確一點，這段時間是指大禹疏通黄河西河和南河（今龍門—潼關—孟津—浚縣段）的這一較長的歷史時期。文化分期應該是龍山文化晚期到二里頭文化一期。

大約公元前 2000 年，在龍山文化晚期和二里頭文化一期這一歷史階段，中原大地上出現了一個偉大的人物，他就是大禹。大禹完成了一件驚天地泣鬼神的偉大事業，這就是完成了中國歷史上最偉大的水利工程——將一連串的水澤治理並疏導成爲一條河並使之最終流入渤海和黄海，這條河後來被稱之爲黄河。在中國歷史上，這是人類第一次向大自然宣戰了。在大禹治水之前，黄河西河衹是一串堰塞湖，遠古人類的生活狀態極爲惡劣：

“往古之時，四極廢，九州裂，天不兼覆，地不周載；火爁炎而不滅，水浩洋而不息，猛獸食顓民，鷙鳥攫老弱。”（《淮南子・覽冥訓》）

“昔上古龍門未開，吕梁未發，河出孟門，大溢逆流，無有丘陵，沃衍，平原，高阜，盡皆滅之，名曰鴻水。”（《吕氏春秋・愛類》）注意：遠古龍門有兩處：一處是晋陝之間黄河西河的龍門山；另一處是河南境内的龍門。

戰國時的《尸子》記載：“龍門未辟，吕梁未鑿，河出孟門之上，名曰洪水，大禹疏通，謂之孟門。”①

禹鑿龍門的傳説最早見于《墨子・兼愛》：“古者禹治天下，西爲西河漁竇，以泄渠孫皇之水。北爲防原泒，注后之邸，嘑池之竇，灑爲底柱，鑿爲龍門，以利燕、代、胡、貉與西河之民。東方漏之，陸防孟諸之澤。……”

以上戰國諸子的著作很明確地告訴我們大禹治水之前的三個遠古史實：

第一，在大禹治水之前，在今天的黄河東岸的山西省柳林縣（今吕梁市）孟門鎮和黄河西岸的陝西吴堡縣之間横亘著一座大山，一道天然大水壩，擋住了黄河的去路，這樣就在孟門以上形成了一個大澤，在山西柳林當地的民間傳説中叫作定湖（定鼎同音）。所謂“孟門”就是第一門的意思。“孟……業始也。”《爾雅》所以孟門是大禹治水在黄河上的開鑿的第一個大門，大禹將其命名爲孟門。位于此地（山西柳林縣）的孟門鎮即因此而得名。

定湖的存在是有文獻依據的。見《山海經・海外北經》：“夸父與日逐走，入日。渴欲得飲，飲于河、渭。河、渭不足，將飲大澤。未至，道渴而死。”《山海經・大荒北經》中也有同樣的記載。可見遠古在黄河和渭河的北邊不遠確實是有一個大澤的。現在渭河以北没有大澤，所以這個遠古的大澤可能就是大禹開孟門之前的定湖。我們的母親河黄河從崑崙山發源流到這裏便戛然而止。黄河在遠古的天然生成的狀態並不是一條完整的河流。嚴格地説，它衹是一連串的大澤。

定湖與鼎湖同音。《史記》載黄帝煉鼎成功之後，在鼎湖邊爲龍（龍捲風）捲走。近年來全面發掘的海拔 1000 米以上的陝西石峁遺址據説和黄帝氏族聯係密切，而石峁遺址又恰恰位于孟門之上神木之下。這些都給我們進一步研究遠古史開啓了新的思路。

第二，孟門下游的龍門（今稱禹門口）是第二道天然封閉的水壩。遇到大雨和洪澇的年辰，定湖的水就會漫過孟門，在龍門和孟門之間形成堰塞湖，這也許就是墨子所説的“西河漁竇”吧。所以史書中出現了“禹之時，十年九潦”（《莊子・秋水》），“禹之時，天下大雨，禹令民聚土積薪，擇丘陵而處之”（《淮南子・齊俗》）這樣的災難記載，這正是我們今天行洪區里居民的生活方式。

《辭源》解釋漁竇爲：因爲潰决造成的可以捕魚的淺湖。定湖的水因開鑿孟門而潰决，在下游形成了一個漁竇。説明這個漁竇其實是一個堰塞湖，在它的下游就是今天位于禹門口的龍門山。

第三，吕梁山在今天的陜晋兩省之間。今天的山西省境内在大禹治水之前實際上是一個巨大的封閉的盆地。一個由吕梁山脈—北部山地—太行山脈—王屋山—中條山脈—吕梁山構成的一個巨大的環山盆地。盆地裏的水無法外流，形成了一個巨大的“千島湖”。這個大盆地向西有一個缺口，山西境内的鴻水本應該從這裏流出去進入黄河的西河。但是由于龍門山的阻擋，鴻水無法下泄東流。今天山西南部遠古正是堯舜禹稷的封國。所以先秦文獻每每出現了這樣的記載：

“當帝堯之時，洪水滔天，浩浩懷山襄陵，下民其憂。”（《史記·夏本紀》）

“當堯之時，天下猶未平，洪水横流，泛濫于天下。草木暢茂，禽獸繁殖，五穀不登，禽獸逼人。獸蹄鳥跡之道，交于中國。”（《孟子·滕文公上》）

“當堯之時，水逆行，泛濫于中國，蛇龍居之，民無所定，下者爲巢，上者爲營窟。”（《孟子·滕文公下》）

此外，還有一點必須特别强調的是：今天的豫東南和魯西南在大禹治水之前也是深受水患之苦的。整個河南東部平原地區因積水内澇成爲湖泊和沼澤區。這些地區的水患並不是天災和人禍造成的，而是自從人類遷徙到這裏就面臨的原生態的自然環境，是造物主造物之初的先天不足。這個大的湖區就是巨野澤。

整個中原地區最適宜人居的地理區域是大禹最早定居的山西中條山地區和伊洛兩河平原的二級階地。這裏恰恰是大禹及後來有夏一朝的居民先後生活的地域——三朡（即三夏）。

大禹率領他的共工一族，率領夏氏族的臣民歷時十三年（年數的記載各有不同）打通了孟門山和龍門山，使黄河水下泄。由于黄河的延伸，陜西境内的定湖和堰塞湖消失了，湖水萎縮成爲後來史書所稱之的黄河西河。大禹又開挖了通往吕梁的山口，由于陜西境内水位已經大大下降，這就使得山西境内的湖水沿汾河和漳河外流，經河津過龍門流進黄河。由于湖水西泄黄河入海，原先山西境内（古冀州）閉塞的千島之湖就萎縮成了今天的汾河。《水經注》卷四説：“昔者大禹導河積石，疏决梁山，謂斯處也。即《經》所爲龍門矣。”《魏土地記》：“梁山北有龍門山，大禹所鑿。通孟津河口，廣八十步。岩際鐫跡，遺功尚存。”這個“遺功”就是上文《墨子》和《尸子》所載的：開龍門，發吕梁，鑿孟門。

接著大禹又“疏川導滯”（《國語》），將黄河西河下泄的河水經三門峽過孟津渡到浚縣西南的大伾山，經宿胥口從北向和東北向兩支入海。黄河最終匯入了渤海。按照《爾雅》的解釋，渤海就是大海的意思。有趣的是《山海經》裏夏人把青海湖也叫作勃海（大海）。

大禹創建了人類歷史上無人能够比擬的千古功業：

一、這是人類歷史上的名副其實的破天荒，遠古人類第一次向大自然宣戰，走上了順應自然，改造自然，人民自謀福祉的自覺道路。而在大禹治水以前，僅僅有大禹的父親鯀做過一些小修小補。這是中國在人類歷史上首次向自然宣戰，其精神意義和象徵意義影響深遠。

二、這項工程也是遠古人類第一次對地理環境作出比較科學的認識和規劃。這個百川東入海的戰略規劃改變了中國的地理和水利格局，並影響了中國歷史幾千年之久。

三、人類的母親河——黄河，從此形成了一條完整的河床。它的遠古主水源發源于古崑崙山西經黑水河進入青海湖，然後東出青海湖和另一支黄河源合併，經積石山北過寧夏，在陰山腳下轉向東流，入河套平原，由河曲轉向南流到孟門，繼而東入渤海。這樣就形成了今天黄河的基本走向的主體河床。

四、徹底改變了今天山西、陝西及河南東南部、山東西南部的自然面貌，創造了後來被稱之爲冀州、河西和中原的大爲改進的人居環境。這大大拓寬了遠古中國人的生活區域，爲今後的文明，奠定了國土基礎。奠定了今天山西、陝西和河南三省地域的基本地理格局和中原地區的持久繁榮。

大禹：不僅是治水的英雄！

大禹，最早記載見于《詩經》《尚書》。孔子的《論語》五提大禹。禹的名字數見青銅器，遂公盨銘文："天命禹傅土，墮山，浚川。"可見大禹是歷史上確實存在的人物。現在連一個三歲的孩子都能給你説大禹治水的故事。其實大禹已經被國人委屈了幾千年，大禹的千秋功勞勝過任何一個遠古帝王。遺憾的是中國人始終没有讀透讀懂這個最偉大的中國人。大禹的豐功偉績絶不僅是治水那麽簡單！

堯舜禹時代的中國，因爲天然的地理環境的限制，天上的雨和地上的水不能順利通江達海，人們的居住和生活環境十分惡劣。先秦的著作中有很多這方面的記載：

"昔上古龍門未開，吕梁未發，河出孟門，大溢逆流，無有丘陵，沃衍，平原，高阜，盡皆滅之，名曰鴻水。"（《吕氏春秋・愛類》）

"當堯之時，水逆行，泛濫于中國，蛇龍居之，民無所定，下者爲巢，上者爲營窟。"（《孟子・滕文公下》）

由于大禹的父親鯀連年治水的失敗，到了大禹的時候，情况更爲嚴重。

"禹之時，十年九潦。"（《莊子・秋水》）

"禹之時，天下大雨，禹令民聚土積薪，擇丘陵而處之。"（《淮南子・齊俗》）

我們看到，當時的水情嚴重不是因爲雨水太多，而是因爲内陸積水排不出去。而排不出去的原因是大地上根本就没有水道，到處是積水成災。而没有水道的原因一是地球表面從生成時的原始生態就是有澤無河，山陵丘壑，互不相通，到堯舜時從未治理過；二是鯀采用的是堵水的方法更使地面平添許多障礙，洪水更不容易排乾。不過鯀的堵水也爲他帶來了一個發明城池的好名聲。這就是《淮南子・原道》説的"夏鯀作三仞之城"。背靠高山，三面築壩，鯀因爲堵水保民被動地發明了中國最早的城池。這就是登封王城吧。

當大禹的父親鯀因爲治水失敗被流放羽山以後，大禹被任命爲治理洪水的長官的時候，他面臨的是這樣一個根本前無古人又根本無從下手的爛攤子。這就是後代人經常提起的大禹治水。這是歷史學家對大禹的第一重誤讀。

當大禹勇敢承擔起治水重任的時候，無疑是面臨著和他父親鯀一樣的命運。（很難説堯和舜安排禹去治水不是爲了讓他再次失敗，好除掉這個外來的眼中釘。）但是僅有勇氣是不够的。禹找到了鯀失敗的原因，確立了自己的治水戰略，他要從根本上解決水患問題。這就是《詩經・文王有聲》裏提到的“豐水東注，維禹之績”。大禹的宏觀治水戰略是，使百川向東流進海洋。這也説明當時人們已經發現整個中國大地的地理特點是：天傾西北，地不滿東南。所以大禹是從整個中國的角度製定治水戰略，要把所有的積水引向東南低窪的海洋。這是一個何等偉大的政治家的宏大手筆！《國語・周語》很明確地評價了大禹的這一重大舉措：“其後伯禹念前之非度，釐改製量，象物天地，比類百則，儀之于民，而度之于群生。”

但是從那以後，自古至今所有的研究者們似乎對這一點視而不見，對大禹的戰略認識不置一詞，而衹是偷天換日地用“鯀堵禹疏”一筆帶過。這是歷史學家對大禹的第二重誤讀。

大禹治水不是單純地治理水患，而是一次綜合性的治理。它至少包括開闢道路、疏通水道、勘定山川、劃分九州、資源調查這樣五個方面。這個問題也是歷來歷史學家最爲糾纏不清的一個問題。我不想陷入他們的亂麻一般的問題，我習慣從源頭質疑。遠古的人們千方百計要傳下自己的功績和歷史，但是後世的學者因爲不懂、亂傳、誤傳、篡改、增減甚至神化，使得原本真實的歷史最終變得面目全非而無人相信。大禹治水是一個非常典型的例子。對大禹的功績化繁爲簡，避重就輕是歷史學家對大禹的第三重誤讀。幾千年來關于大禹業績的全部的争論的焦點圍繞著對《尚書・禹貢》裏一句話十二個字的理解。

“禹傅土、墮山、刊木、奠高山大川。”

所有的争論都集中在對其中四個動詞的理解：“傅”、“墮”、“刊”、“奠”。所以弄懂這四個文字的本義成了我們理解大禹偉業的關鍵。

首先看“傅”。古今歷史學家的意見分成兩種：①劃分土地；②埋乾洪水。

我不介入他們的争論，我尋找“傅”的本義。

《説文》：“傅，相也。”相的甲骨文本義是觀察一棵樹。

相的原始意義是什麽？是看的意思。《説文》把它歸類在目部（而不是木部）。

《説文》：“相，省視也。……《易》曰，地可觀者，莫可觀于木。詩曰，相鼠有皮。”“禹傅土”直譯就是“大禹視察土地”。用通俗一點的話就是：大禹視察國土。爲什麽？因爲要想治水首先必須瞭解地理情況，掌握第一手資料。當時沒有道路，山水沒有名字，很容易迷失，視察是一件極爲艱苦的勞動。司馬遷説“禹……陸行乘車，水行乘船，泥行乘橇，山行乘木輂。左準繩，右規矩……令益與衆庶稻，可種卑濕。命后稷予衆庶難得之食。食少，調有餘相給，以均諸侯。禹乃行相地宜所以有貢，及山川之便利。”可見大禹不僅視察國土，還體察民情，解決人民生活中遇到的問題，讓有富餘的地方貢獻一點給貧困的地方。注意，很多歷史學家在解釋“禹乃行相地宜所以有貢”

時，解釋爲看各地有什麽特産可以進貢給統治者。這是大錯特錯了。他是要“調有餘相給”解决水患造成的災荒。衣食無憂的歷史學家拿著朝廷俸禄，一心要報效皇上，作出這樣的解釋是有難言之隱的。對于大禹巡視各地，在《吕氏春秋》裏記載：“禹行功，見涂山之女。禹未之遇，而巡省南土。”這是一個證明。

其次看“墮”。《尚書序》，鄭玄，唐代大儒們的一致意見是這個字錯了，應該是隨。這種改字解經是很荒唐的，也是經學家的大忌。2005 年保利藝術博物館在香港購回一件西周中期的青銅器遂公簋，上面銘文是“天命禹傅土，隋（墮）山，浚川”。這鐵一般的事實説明該字没有錯。歷史是一門科學，不能因爲解釋不了就説是歷史錯了，應該是我認爲的這個樣子的。

我不介入他們的争論，我尋找“墮”的本義。

《説文》：“墮，敗城、阜曰墮。”段玉裁注：“用墮爲崩落之意。”

《説文》：“阜，大陸也，山無石者。象形也。”

意思已經很清楚了：大塊的山體崩落就叫作墮山。大禹爲什麽要墮山呢，是爲了堵住水流改變水的流向，就要尋找没有石頭的土山，在高處使之崩塌來阻斷洪水，以使水按照人的意志去流動。在當時的條件下，石頭山是無法崩塌的。這纔是上文中歷史學家對傅的第二種解釋：堙乾洪水的延伸意義——阻斷洪水，改變流向。《尚書·禹貢》裏關于大禹這類記載很多，例如：“大禹導弱水入流沙”、“大禹導渭水入黄河”、“大禹導黑水入南海”、“大禹導黄河入渤海”、“大禹導長江入東海”、“大禹導淮河入東海”。

這些措施都是嚴格按照自己的宏觀治水戰略，將百川向東引導流進海洋。

第三是“刊”。《説文》：“刊，剟也。”刊木也就是砍伐樹木的意思。段注説：“柞氏。夏日至，令刊陽木而火之。”就是每年夏天到了，就要下令把山的向陽面的樹木砍伐燒掉。所以上面的刊木就是砍樹的意思。這一點所有歷史學家看法是一樣的。但是對上文的分析我們發現，大禹指揮人砍伐樹木竟然是大禹一生中四件大事之一，這就不得不研究一番了。西漢孔安國將伐木和墮山合在一起解釋説：“洪水泛濫，禹布治九州，隨行山林，斬木通道。”東漢鄭玄説：“必隨州中之山而登之，除木爲道。”爲了爬山必須砍出一條路來，無可厚非。但是把刊木作爲禹一生中的大事來提起，並與其他三件事並提，這刊木一定是一件很重要的事情。

其實刊山不僅是開路，而是爲了劃定疆界，劃定地理區域的分界，刊山（或刊木）是一種古老的劃分山林的辦法，至今各省的省界縣界還在沿用這種大禹創造的方法。這就是禹定九州是將統治區域劃分成九個區域：冀州、兖州、青州、徐州、揚州、荆州、豫州、梁州和雍州。我們知道，在劃分地理區域時，自古以來沿用的方法是：河流以中心綫劃分；道路以中心綫劃分；山有兩種劃分方法：一是按山頂陰陽面各劃歸一方；二是按照分水嶺左右各歸一方。前一種方法是按照縱面劃分，後一種方法是按照横面劃分。在前一種方法劃分時必須在山頂上砍出一條很寬的路，主要不是爲了行走方便，而是爲了防止山火殃及隔壁鄰居。大禹一生劃定了九州界限，必定分過許多山，這樣刊山（或刊木）就成爲一件很重要的也是很經常的工作。歷史學家們缺少這方面的實踐經驗，所以産生了很多“歌德巴赫猜想”，這也不足爲奇。

第四是“奠”。這個奠又寫作甸。

《詩經·信南山》：“信彼南山，維禹甸之。”

《詩經·韓奕》：“奕奕梁山，維禹甸之。”

《詩經》的歷代注家都是把奠（甸）解釋爲“治理”。鄭玄解釋爲“陳列，排列”。大禹治水我們聽説了，從没有聽説過大禹治山，山又怎麽個治法呢？説排列吧，山需要大禹來排列嗎？更何况上文“奠高山大川”是並提的，你大禹可以排列大川嗎？

我不介入他們的争論，我尋找“奠”的本義。

《説文》：“奠，置祭也。”段注：“高山大川之奠，定也。”

定什麽？首先是定名，其次是定祭。大禹在數年的治理國家環境的過程中，繪製了中國第一張地理圖——括象圖。這張中國最早的括象圖的解説詞就是著名的《山海經》。大禹之前的高山大川都是没有名字的，不是人們不爲它們取名字，而是根本就是人跡罕至之地。大禹要走四方測土地定疆界治洪水，首先就必須確定地理標志物，所以不得不命名山川河流，他又不可能命名所有的山川河流，所以，他命名了高山和大川這些地理定位所必須的山川河流。這是人類的一個創舉。所以《尚書·吕刑》説：“禹平水土，主名山川。”所以《通志》的作者鄭樵説：“州縣之設，有時而更，山川之形，千古不易。所以《禹貢》分州，必以山川定疆界。”他們説的都是對的。《山海經·中山經》説：“禹曰：天下名山，經五千三百七十山……蓋其餘小者甚衆，不足記云。”就是説大禹的一生中命名（並祭奠了）5370座大山。

所以上文的十二個字的意思就是：大禹視察了全部國土，治理了洪水，勘定了九州疆界，命名了高山大川。

聯係到那是一個什麽樣的生存條件，什麽樣的惡劣環境，大禹的功績絶不是一個大禹治水就能敷衍的，他在中華民族走向文明的進程中的作用無論怎樣形容也不過分。

大禹，居功至偉！

公元前2000年：中國第一次移民潮

這裏的公元前2000年衹是一個大概的時間範圍，本文具體指大禹治理黄河這一時期。文化分期應該是晋陝豫的龍山文化晚期到二里頭文化初期。同一時期存在的文化還有下七垣文化和岳石文化（由東部沿海的海岱龍山文化進化而來）。不過，這些文化的共存對我在本文中要探討的觀點影響不大。

岳石文化區包括今天安徽省的渦陽、太和一綫以北地區，江蘇省的淮河以北地區，山東省全部和河南省東部的這一地理區域。被考古學家和歷史學家歸屬于更大的海岱龍山文化區。爲了在文化上討論的便于理解，因爲當時正值海岱龍山文化的式微期和岳石文化的萌芽時期，本文按照史學界的準確提法把它們稱爲岳石文化區。必須指出的一點是：岳石文化區在大禹治理黄河西河之後開始形成，此前它僅僅是局限在沿海一隅的海岱龍山文化的一個組成部分，相當于現在的山東省和江蘇東北部，這一地域是本次移民潮的最主要遷出區域。

岳石文化區在原移民潮遷出區域的基礎上擴張到了今天河南省的東南部。造成這種擴張的原因在于公元2000年左右原海岱文化區有一次突發的、短時間内的、大量的移民西遷。出現了有考古學證據的歷史上第一次大規模的移民潮。有關這次移民潮的大致情況從業已發掘的文化遺存可以描述爲：以山東淄河—魯山—蒙山爲界，界綫以南的居民幾乎是整體遷徙到今河南境内定居在河南東南部地區，界綫以北的居民定居密度也大大減少。其基本遷徙方向也是河南省東部。這一歷史時期大約是龍山文化四期到二里頭文化初期，相對于海岱龍山文化而言是海岱文化向岳石文化的進化初期。這些移民的新的居住地與伊洛平原的二里頭文化區毗鄰①。此後，中原人口分布出現了新的格局。由此也引發了中國遠古史的一次革命性的變革。

對于這一次移民潮，包括考古界在内的整個史學界作出了多種探索性的解釋：

一、李學謙依據二里頭文化初期含有龍山文化因素，提出了二里頭文化是"后羿代夏"以後的夏文化。其文獻依據是《左傳》《楚辭・天問》和《離騷》。就是説后羿率領岳石文化區的百姓代夏爲王。這個觀點似乎站不住脚，因爲后羿衹是此次移民大潮中的一個普通獵人，充其量也衹是一個氏族首领。他既無德行也無能力讓百姓跟隨他西遷。同時還因爲岳石文化區和二里頭文化分野是比較明確的，即使移民以後海岱龍山文化的移民依然有他們自己的文化遺存。按照夏商時期的統治特點，人民有權利選擇自己的王，失去了屬下的居民就意味著失去了統治的權力。有《周書》爲證："湯將放桀于中野。士民聞湯在野，皆委貨扶老攜幼奔。國中虚。桀請湯曰：'國所以爲國者以有家。家所以爲家者以有人也。今國無家。無人矣。君有人。請致國。君之有也。'"（《周書・殷祝》）

二、高江濤、龐小霞認爲移民潮是遷徙到了安徽的鬥鷄臺文化②。這個觀點存在兩個疑點：首先，鬥鷄臺文化是一個很小的文化遺存，和岳石文化區不可同日而語。鬥鷄臺文化遺存規模能够養活衆多的海岱龍山文化遷徙的大量移民嗎？其次，鬥鷄臺文化遺存像大辛莊文化遺存一樣，是一種文化嵌入另一種文化裏的孤立的存在，出現這種的情況的原因（即移民動機）是什麽呢？所以鬥鷄臺文化充其量是西遷移民潮的一個偏離了主流的分支而已。

三、降温導致移民潮。吴文祥劉東生認爲是龍山文化末期上述地區出現了冷凉乾旱的氣候，年平均温度下降了攝氏1.5℃。這個温度變化對現代人尚且没有多大的影響，更不要説對于在惡劣環境中生存的遠古居民了。這是一個僞命題。③ 據中國氣象局資料：2008—2009年冬季，全國平均氣温爲-2.6℃，較常年同期偏高1.7℃，爲1951—1952年冬季以來歷史同期第三高。説明短時期内氣温增減攝氏1.5℃屬于正常範圍，不至于引發大規模的移民潮。

四、人口增加導致移民潮。王建華持此觀點，認爲大量增加的人口和資源之間的矛

① 轉引自高江濤、龐小霞《岳石文化時期海岱文化區人文地理格局演變探析》，見《考古》2009年第11期。

② 轉引自高江濤、龐小霞《岳石文化時期海岱文化區人文地理格局演變探析》，見《考古》2009年第11期。

③ 轉引自高江濤、龐小霞《岳石文化時期海岱文化區人文地理格局演變探析》，見《考古》2009年第11期。

盾導致移民潮的發生。他的研究表明，當時石耕火種的農作物産量大約每公頃 550 公斤，所以得出每平方公里的土地可以供養 12 人。而王建華的統計數據表明當時（龍山晚期）相當于山東莒縣這一地理區域的人口密度衹有 12.79 人/平方公里。每平方公里增加了 0.79 人（一個人不到）。説是這個原因引發了一次大批移民背井離鄉顯然不能令人信服。有很多理由和手段使我們相信人們不會因此移民。比如：擴大種植面積；新技術的采用；漁獵以補充食物；疾病，災害，戰爭等自然減員[①]。

以上我列舉了關于海岱文化區的移民西遷的四種主要觀點，這些關于這次移民潮的有益探索顯然都不能讓我們心服口服。所以這一時期的移民潮一定還有更深的原因：要麽是原住環境的改變驅使人民西遷；要麽是新的居住環境誘使移民遷入。個人力量、降温、人口增加都是表像，而不是居民大舉西遷的最主要的原因。

今天河南省的伊洛平原是夏代二里頭文化的密集居住地。上古時期伊洛平原以東的河南南部地勢較低，湖泊沼澤密布，不適合人類居住。所以，這裏的考古發現很少有舊石器時代和新石器時代規模化的文化遺存。黄河下游鄭州到浚縣一段既是考古的空白區也是岳石文化和下七垣文化的天然分界。這説明這一帶在岳石文化和下七垣文化之前是很少有人類聚落的文化遺存。同時也説明岳石文化遺存是河南東南部最早的人類文化遺存。此前的這一地區並不適合人類居住，或者説幾乎没有人類居住。

因此我們可以劃定岳石文化西遷的移民定居的新的地理區域是：東連接海岱文化原住民區域（現山東南部和江蘇東北部）；南綫爲現安徽北部的渦陽、太和一綫；西綫毗鄰二里頭文化的伊洛平原；北至黄河下游，即南河以南，今鄭州—浚縣段。

這是個湖泊沼澤地區，它東起今山東西南，西至古鴻溝，北至黄河的南河，南至芒碭、太和、渦陽。這個上古大澤就叫作巨野澤。

《史記·貨殖列傳》："夫自鴻溝以東，芒、碭以北，屬巨野，此梁宋也。"

既然考古學已經證明遠古的沼澤湖泊區是一塊不適合人類居住的地域，那麽：爲什麽在公元前 2000 年左右突然涌入了大量的海岱龍山文化區的移民？爲什麽二里頭文化的移民不東遷到這裏，爲什麽下七垣商的先民不南遷到這裏，偏偏這些移民都是來自海岱文化區的原住民呢？

要找到這個移民潮的最主要的原因，首先必須探討公元前兩千年的時代背景。海岱龍山文化，下七垣文化和二里頭文化是圍繞著河南東南部的沼澤湖泊區（相當于今天黄河南河以南，東至山東，南至安徽渦陽太和，西至鴻溝）生存的三種獨立的文化。由于當時生存條件的艱苦，和地理環境的阻隔，這三種文化很少交流，史書上也未見三者之間的戰爭的記載。

巨野澤的西邊是居住在伊洛平原的大禹的夏民，屬于二里頭文化。這是中國遠古史上一支進化的主力軍。當他們從中條山區下山並定居在伊洛平原時，環境是宜居的，生活是安定的。但是，山西境内和陝西孟門以上的兩個高水位的大湖嚴重地威脅了他們的生存。要麽移民他鄉，要麽治理黄河，這是二里頭文化居民面臨的抉擇。大禹選擇了後者：治理黄河。所以二里頭文化的居民拒絶遷往東南部的沼澤湖泊區。二里頭文化的是

① 王巍《公元前 2000 年前後我國大範圍文化變化原因探討》，見《考古》2004 年 1 期。

當時比較先進的文化，它的進步帶動了下七垣文化和海岱龍山文化的進步。

巨野澤的北面（南河以北）是下七垣文化區。這裏是商的發祥地。從這個地理布局看，後來的商都似乎在鄭州偃師一帶更符合歷史演變規律。但是這衹是一種合理的猜測，不是歷史。下七垣文化面向大海立足太行山東麓生存。他們生活優裕，没有遷往黄河以南的沼澤湖泊區的必要。

巨野澤的東邊是海岱文化區，生存著我們習慣稱之爲東夷集團的海岱龍山文化。我所説的公元前2000年左右的移民潮就是東夷集團大舉西遷，定居在河南東南部的沼澤湖泊區的歷史事實。這一地區考古的大量岳石文化的遺址可以證明這一點，山東和江蘇沿海的海岱文化區人口大量减少的歷史研究也可以證明這一點。

這一段移民史有一個有趣的符號人物，就是后羿。后羿是東夷的人，爲什麽會出現在夏代的統治集團裏？現在看來答案是清楚的，就是后羿是岳石文化移民潮的一員。這次移民使岳石和二里頭兩種文化在伊洛平原東綫直接交融了。而此前這兩種文化是被沼澤湖泊區隔離的。后羿是一個獵人，所以他首先接觸了二里頭文化並融入其中。這纔有可能發生一段“東夷亂夏”的歷史。

然而，我們要論證的問題並没有解决：既然考古學已經證明遠古的沼澤湖泊區是一塊不適合人類居住的地域，那麽爲什麽在公元前2000年左右突然涌入了大量的海岱龍山文化區的移民？他們西遷到河南的東南部是什麽誘因呢？我認爲：個人力量、降温、人口增加都不是岳石文化區居民大舉西遷的最主要的原因。

考察海岱地區的生活環境，沿海的温度偏低、氣温多變和災害頻發，土質較差和土地鹽碱化導致糧食產量逐年降低，絶對海拔較低水網密布沼澤湖泊衆多，缺少燃料等因素顯然不利于人居。但是和當時的河南東南部地區相比，地理環境差别並不大。所以顯然是另有原因。

從歷史發展的進程看，衹能歸結于利益驅動。即移民潮遷入地區的誘使。那麽，移民西遷的新定居地——河南省東南部——突然發生了什麽樣的根本變化誘使海岱文化區的居民大舉西遷定居在這裏呢？河南東南部從遠古的河網縱横，沼澤密布，湖泊成群到今天的中國東部的糧倉，可謂是滄桑巨變。改變這裏的拓荒者正是從海岱文化區蜂擁而至的移民們，他們篳路藍縷，開荒闢地，將這塊遠古的蠻荒之地開發建設成了優越的人居環境和富饒的中國東部的糧倉。

有一個答案可以解釋這一歷史事實。歷史在這個時間點上有一個巧合，公元前2000年左右，在晋陜豫的龍山文化和二里頭文化更替時期，正是大禹開孟門、發吕梁、鑿龍門並疏通黄河北入渤海以後，滔滔黄河一瀉千里，出現了“百川東入海，奔流不復回”的壯觀場景，在河南的東南部，奇跡出現了：中原大地上的河水隨黄河入海而有了歸宿，地面水位下降，多數湖泊乾涸見底，沼澤變爲了旱地。河南東南部變成了草肥水美的緑洲，野獸出没的樂土。居住條件和生活環境最差的海岱龍山文化區的居民首先發現了這一片無主的土地。于是，大批的移民蜂擁而至，西遷到這裏，開始了他們新的生活。海岱龍山文化區因此向西擴張了大約八萬平方公里，這次移民潮直接導致了海岱龍山文化開始向岳石文化的轉變。這個過程的特點是：突然地，在短時間内完成的。

《墨子·兼愛》：“古者禹治天下……東方漏之，陸防孟諸之澤。灑爲九澮，以楗東土之水，以利冀州之民。”正是陳述了這一現象。夏的東土自古以來的潦澤水患突然漏掉了，不見了。代之以陸地圍成的小小的孟諸澤（東邊還有個巨野澤）。其根本的原因正是由于大禹疏通了黄河，使其從東和北兩個方向流向了黄海和渤海。而這個孟諸從地理區域所在分析，它的前身可能就是大禹時代以前的巨野澤。或者説孟諸是巨野澤萎縮分化而成。

這就是海岱龍山文化區域移民大舉西遷的最根本原因。找到了這個根本原因以後，其他的原因都成爲次要的因素。

大禹是這一移民潮的無心的創造者，因爲他在改造自己冀州族人生活環境的同時，無意中創造了河南東南部這一人類的新樂園。

后羿是這個移民潮的典型符號，作爲一個獵人，他追隨野獸來到這裏，發現了一個“新大陸”。未必是后羿本人發現了這裏，但是后羿作爲移民潮的先驅必將永垂青史！

消失在遠古的“晋湖”

山西省的面積十五萬多平方公里，簡稱晋，遠古屬于冀州。冀、晋古音相同。山西人最值得自豪的應該是山西自古至今大多是一個獨立的地理和行政的區域，從堯舜禹時期就有中國人居住在這裏。但是，山西人不會想到他們脚下的這一片土地曾經是中國最大的湖區，自古至今的絶大多數的歷史學家也没有想到這一點，山西曾經是一個面積達十幾萬平方公里的千島之湖。讓我們回到那遠古的時代……

《史記·夏本紀》：“當帝堯之時，洪水滔天，浩浩懷山襄陵，下民其憂。”

《孟子·滕文公上》：“當堯之時，天下猶未平，洪水横流，泛濫于天下。草木暢茂，禽獸繁殖，五穀不登，禽獸逼人。獸蹄鳥跡之道，交于中國。”

《孟子·滕文公下》：“當堯之時，水逆行，泛濫于中國，蛇龍居之，民無所定，下者爲巢，上者爲營窟。”

《吕氏春秋·愛類》：“昔上古龍門未開，吕梁未發，河出孟門，大溢逆流，無有丘陵，沃衍，平原，高阜，盡皆滅之，名曰鴻水。”

龍門山，在山西河津與陝西韓城之間。吕梁山，在山西境内，與龍門山相接。孟門山，在山西吉縣與陝西宜川之間。龍門山和孟門山是兩座大壩將黄河的西河截爲三段。孟門以上是定湖（即黄帝之鼎湖）。這是説：堯舜禹時期的龍門、吕梁兩座山是連在一起的，今天的山西境内的水流不出去。整個山西境内不分丘陵、沃野、平原、高地，完全被掩没，稱爲鴻水，意思是天上飛來的大水。“當帝堯之時”的子民就在這樣的湖區生活了一個很長的歷史時期。

鯀和禹居住的地區在山西南部相對閉塞的湖區的一隅，就是今天的山西省的運城地區的夏縣，距離大禹後來建立豐功偉業的龍門山—吕梁山口很近。鯀和禹所屬的氏族叫作共工氏族，共工二字中原人急讀爲鯀，楚國人急讀爲康。共工氏族的主要任務就是治水，爲人民創造一個宜居環境。

《管子·揆度》："共工之王，水處十之七，陸處十之三，乘天勢以扼制天下。"

《左傳·昭公十七年》："共工氏以水紀，故爲水師而水名。"

《國語·魯語上》："共工氏之伯九有也，其子曰后土，能平九土，故祀以爲社。"

《左傳·昭公二十九年》："共工氏有子曰句龍，爲后土，后土爲社。"

共工氏族曾經出過九任霸主（伯），其中二個就是鯀和大禹。共工氏族以治水爲務歷史上有記載，但是直到鯀時纔名聲大振，因爲鯀發明了城。他依山建三面城墻，讓人民居住在城墻裏面。鴻水越大，城墻就建的越高。這種"鴕鳥政策"是不能從根本上解決問題的。共工氏没有治理好鴻水，堯就把共工氏族整體流放到了幽州（見《尚書·堯典》和《大戴禮記》），把責任最大的鯀囚禁到了羽山。這種流放的方式在今天看來是很科學的，使領導者和他的子民分開，避免發生一場共工氏族的暴動。

帝堯的用人政策是開明的。大禹接過了父親鯀的班。但是大禹之時鴻水依然。大禹的措施是先安定民居。

《莊子·秋水》："禹之時，十年九潦。"

《淮南子·齊俗》："禹之時，天下大雨，禹令民聚土積薪，擇丘陵而處之。"

大禹治水的第一戰役就是疏通黄河西河的河曲到龍門一段。這就是鑿孟門，開龍門，發吕梁。戰國時的《尸子》記載："龍門未闢，吕梁未鑿，河出孟門之上，名曰洪水，大禹疏通，謂之孟門。"其中的龍門位于今天山西省河津市城西北 12 公里的黄河峽谷中的龍門，又稱禹門口。因爲龍門的阻塞未開，山西境内的水没有水道可以下泄，和黄河水一起被堵在龍門以上的今天山西和陝西中北部，陝西的黄土高原地勢高流水不暢，陝西中部的山區——未開的龍門——吕梁山像一道水庫的大壩把水阻止在大壩的北面，形成一個面積達十幾萬平方公里的大湖。因爲主要積水在山西境内，我給這個大湖取名爲晋湖。這是一個比世界上最大的淡水湖蘇必利爾湖大兩倍的淡水湖。是當時世界上最大的單體淡水湖。這個大湖的主體是今天山西境的大同盆地，太原盆地和臨汾盆地。從水文地質的角度分析：臨汾盆地海拔爲 500 米，太原盆地海拔 800 米，而大同盆地海拔在 1100 米以上。文獻記載，大同盆地有雁門之水，南注晋南，可見這三個大澤在遠古大禹治水之前是連爲一個整體的。

這個我稱之爲"晋湖"的大湖的地理存在和現在依然存在的一個大湖很相像。這個大湖就位于黑山共和國與阿爾巴尼亞兩國的邊界，名叫斯庫臺湖。每年當湖水上昇到足够高的時候，斯庫臺湖就是一個布滿了約 50 座島嶼的湖泊。但是當湖水水位下降約 5 米以後，這個斯庫臺湖就變爲布滿河流的陸地。原先的 50 座島嶼很多都連成一脈，而原先完整的湖面就萎縮爲山間的一條條的河流。

如果我們今天把黄河峽谷的龍門重新堵上建起一座大型水壩，依然能够再現這個世界上最大的淡水湖。當汾河的水漲到足够高時，今天的山西境内就會出現一個大湖，湖面上分布著很多孤立的小島；當汾河的水位退下去以後，這個晋湖的湖面就會萎縮成爲很多條的河。其實這個晋湖在先秦文獻中也是隱約可見的。

《周禮·職方志》："冀州澤曰陽紆。"《爾雅·釋地》作"陽陓"。《吕氏春秋》作"秦之陽華"。

楊寬在《“穆天子傳”真實來歷的探討》一文中說：“這個湖當在河套，徐炳昶《中國古史的傳説時代》引古生物學家楊鐘健的話，古代河套有個大湖，當即陽紆，陽紆之山當在湖的北面。”① 這個説法是不够準確的。因爲《周禮》裏明明説“冀州澤曰陽紆”，説明這個大澤一定是在冀州境内。當然，依據《山海經・西次三經》記載：“自峚山至于鐘山。四百六十里。其間盡澤也。”説明在河套地區還有一個幾百里長的大澤。我將另文考證這個河套大澤。

大禹爲了治理好山西水患花費了十多年的時間：

《孟子・滕文公上》：“禹八年于外，三過其門而不入。”

《山海經》注引《尸子》：“禹……疏河決江，十年不窺其家。”①

終于，大禹鑿開孟門以後又鑿通了龍門口。接著大禹又開闢梁山和岐山之間的水道。使得黄河水可以順暢地飛流直下。爲了排出山西境内的鴻水，大禹又開始從沿汾河向上游疏通汾河直到太原。這就是《史記・夏本紀》和《尚書・禹貢》所記載的：“禹行自冀州始，冀州：既載壺口，治梁及岐。既修太原，至于岳陽。”

由于山西介休附近的靈石口當時是封閉的，阻擋住晋中盆地湖水的下泄，大禹率領臣民鑿開了靈石口，今天山西境内的“晋湖”裏的鴻水浩浩蕩蕩流進黄河的西河，流向東海。在山西民間傳説中打開靈石口的人物是臺駘。民謡有“打開靈石口，空出晋陽湖”之説。原先的晋湖最後萎縮成爲一條河流，這條中分整個山西的河流就叫作汾河。堯舜的子民終于不再深受水患之苦，生活在鴻水中日漸顯現的地方，那些日漸豐饒的土地上。這就是司馬遷在《史記》中屢次提及的“禹鑿龍門，通大夏”的遠古歷史事實。

值得大書一筆的還有大禹治理晋湖過程中的一樁偉業，就是《詩經・商頌・長髮》裏記載的：“洪水芒芒，禹敷下土方。外大國是疆，幅隕既長。有娀方將，帝立子生商……”

“洪水芒芒，禹敷下土方”，就是説大禹在洪水茫茫的太原盆地開闢了夏人的第一塊根據地——土方。

這篇文章的原始構思來自我對山西省地理情況的研究：我發現山西的盆地也許是中國之最。大大小小的有名的盆地就有十幾個。大的盆地有：沁水盆地、運城盆地、太原侯馬盆地（含臨汾盆地）、忻州盆地、大同盆地、鄂爾多斯盆地、潞安盆地。小的盆地有：陽泉、壽陽、襄垣、黎城、晋城盆地等。還有三面環山一面汾河的朔州，陽高等地。這些地方在堯舜禹時期都被叫作洪淵，也就是屈原在《楚辭・天問》中所發問的“洪泉極深，何以填之？地方九則，何以墳之？”

現在我們可以告慰屈原：洪泉極深，大禹疏之！地方九則，大禹現之！

① 楊寬著《先秦史十講》，第375頁。

何處是遠古雲夢澤？

八月湖水平，涵虛混太清。氣蒸雲夢澤，波撼岳陽城。

欲濟無舟楫，端居恥聖明。坐觀垂釣者，徒有羨魚情。

這是唐朝詩人孟浩然《望洞庭湖贈張丞相》詩，詩人描寫唐朝時的長江以南的洞庭湖水汽飄渺以致蒸騰到了長江以北的雲夢大澤。其實在遠古的時候這個洞庭湖就是雲夢大澤的一個組成部分。洞庭湖是雲夢澤面積萎縮以後獨立成湖的。

我的這個觀點在學術界是有不同意見的。

雲夢澤在先秦經典文獻中第一次出現應該是《尚書・禹貢》："荊及衡陽爲荊州。江漢朝宗于海。九江孔殷。雲土、夢作治。"這是説荊山和衡山之間的地理區域就是遠古大禹所劃分的荊州。長江和漢水這兩條荊州最大的河流從這裏東流入海。荊州境内的長江以今天湖北的鄂州爲界：鄂州以下爲分爲九條江河，是爲九江。《尚書正義》："九江潯陽地記云：'一曰烏白江。二曰蚌江。三曰烏江。四曰嘉靡江。五曰畎江。六曰源江。七曰累江。八曰提江。九曰箘江。'張須元《緣江圖》云：'一曰三里江。二曰五州江。三曰嘉靡江。四曰烏土江。五曰白蚌江。六曰白烏江。七曰箘江。八曰沙提江。九曰廩江。參差隨水長短。或百里或五十里。始于鄂陵終于江口會于桑落洲。'"這是説九條江分于鄂州，會于桑落洲。

《太平寰宇記》謂桑落洲："洲在縣西南百九十里，與潯陽分中流爲界。江水自鄂陵泒而爲九，于此合流，謂之九江口。"桑落洲位于安徽宿松縣境内長江邊。

鄂州以上西至今湖北枝江市即爲雲夢大澤。現在要給雲夢澤一個地理上的界定並非易事，首先遇到的問題就是地理學上曾經爲江北的雲夢澤和江南的洞庭湖是不是同一個大湖而争議不休。這個學術上的問題對于界定雲夢澤的地理範圍非常重要。所以從宏觀上這個定性就是當務之急。我的觀點是：今天長江以南湖南境内的洞庭湖遠古時應該是雲夢大澤的一個部分，原因在于以下幾點：

一、《左傳・昭公三年》："'楚子與鄭伯田于江南之夢，是雲夢之澤，在江南也。'"（作者注：昭三昭四，楚子連續兩年邀鄭伯田于夢。）

二、司馬相如《子虛賦》："僕對曰：'唯唯。臣聞楚有七澤，嘗見其一，未睹其餘也。臣之所見，蓋特其小小者耳，名曰雲夢。雲夢者，方八九百里……'"

三、《淮南子・墜形訓》："九州之外。乃有八殯。亦方千里。……南方曰大夢。曰浩澤。"

這裏司馬相如所説是"方八九百里"，就是這個雲夢澤是一個近乎正方的區域，長八九百里寬也是八九百里。雖然這一地域的水文情況今天已經發生了巨大的變化，但是地名還在，尚且可考證。

雲夢澤的東西長度，即從湖北省枝江市到鄂州的直綫距離是 350 公里。這一長度基本符合“方八九百里”的歷史事實（西漢時度量衡其一尺等于今天的 0.231 米）。根據司馬相如的説法，雲夢澤的南北距離應該是這個長度左右不遠。今天湖北的京山縣既是古雲土縣治，可以視爲遠古雲夢的北緣。可是這個京山（或者可以用京山附近的雲夢爲測量點）向南直到長江邊洞庭湖口得湖南岳陽市直綫距離也不過 200 公里。這是無論如何不符合《子虛賦》的描述的。如果我們以湖北雲夢或者京山爲雲夢澤的北緣，那麼按照《子虛賦》“方八九百里”的記載，這個雲夢澤的南邊緣應該是在今天湖南省的益陽市。從地理圖或者水文圖都可以看出這個“方八九百里”的雲夢澤正好囊括了今天的整個的洞庭湖。

三、洞庭湖在地質史上與雲夢澤同屬于“江漢——洞庭凹陷”，歷史上的洞庭湖也有“八百里洞庭”之説。所以“洞庭”和“雲夢”應該是同一個大澤的不同稱呼而已。先秦古籍中所記載的“洞庭”衹是對山和平地的稱謂而不是指湖泊。

《山海經・中山經》：“又東南一百二十里，曰洞庭之山，帝之二女居之，是常游于江淵，澧、沅之風，交瀟湘之淵”。顯然這裏的“瀟湘之淵”纔是後來的洞庭湖區域。

《莊子・天運》：“帝張咸池之樂於洞庭之野。”顯然洞庭最早是山的名字而不是湖名。據《山海經・中次十二經》記載，洞庭之山在雲夢北，所以它在長江以北是無疑的。

《鄂君啓節》銘文：“自鄂往：上江、入湘、入資、沅、澧、油。”鄂君啓節爲戰國時楚懷王所製。自楚都安徽壽縣入沅、資、湘、澧四水必經洞庭湖，但是這個通行證上卻没有注明洞庭湖的名字。説明洞庭爲湖名可能是戰國以後的事情，而此前洞庭衹是因山而名的一個地理區域。

所以從宏觀上看，遠古雲夢澤應該是一個包括今天洞庭湖在内的一個大的湖區，由于地陷和長江水滯留而形成的一個“方八九百里”的超大湖泊。那麼從微觀上看這個雲夢澤又是怎樣的呢？

《尚書正義》注云：“雲夢之澤在江南。其中有平土丘。水去可爲耕作畎畝之治。”① 其疏曰：“《地理志》：‘南郡華容縣南有雲夢澤。’杜預云：‘南郡枝江縣西有雲夢城。江夏安陸縣亦有雲夢。或曰南郡華容縣東南有巴丘湖。江南之夢、雲夢。一澤而每處有名者。’……四年《左傳》稱：‘楚昭王寢子雲中。’則此澤。亦得單稱雲。單稱夢……”② 宋代的裴駰持折中的觀點，認爲雲夢本爲兩湖，錄在此爲據：

《史記・夏本紀》集解：“按：雲土、夢本二澤名，蓋人以二澤相近，或合稱雲夢耳。”

至于這個遠古雲夢大澤的疆界四至，蒙文通在其《中國古代民族史講義》中做了考證：“胡渭言：《漢志》：‘南郡華容縣。雲夢澤在南。荊州藪。’‘編縣有雲夢宮。’‘江夏西陵縣有雲夢宮’華容今監利、石首二縣，監利在江北，石首在江南，編縣今荊門州，西陵今蘄州及黄岡、麻城皆在江北。《水經・沔水注》云：‘雲杜縣東北有雲夢城。’雲杜今京山縣。又《夏水注》云：‘自州陵東界，徑于雲杜、沌陽，爲雲夢之藪。’州陵

① 《十三經注疏》，第 146 頁。

② 《十三經注疏》，第 2131 頁。

今沔陽州，沌陽今漢陽縣。《元和志》云：‘雲夢澤在安陸縣南五十里，東南接雲夢縣界。’以上諸州縣皆在江北，由是言之，東抵蘄州，西抵枝江，京山以南，青草以北，皆爲雲夢。孫詒讓云：‘全藪陸地，則直跨今湖北漢陽、黄州、安陸、德安、荆州五府境。’是江既出夔峽之湍悍，即入雲夢之浩森。”

但是我們無論是在《史記・夏本紀》還是在蒙先生所引用的諸多歷史典籍中看到的衹是他們論證了雲夢澤上至枝江下至漢陽北至京山，卻没有指出雲夢澤的疆界四至在哪裏。洞庭湖有個俗稱叫作“青草”，今天在洞庭湖南邊還有一個小湖叫“青草湖”。蒙先生所指的“青草”應該就是指的是洞庭湖，所以在他的結論中雲夢澤應該是没有包括洞庭湖的。如果這個“青草”指的就是今天湖南的青草湖，那麼這個雲夢澤就是包括了洞庭湖在内的。蒙先生以石首規定了雲夢澤的南方疆界，他所説的“青草以北”就是“石首以北”的意思，所以他的觀點顯然是雲夢和洞庭是兩個湖。

這是我不能同意的。按照我的觀點，遠古雲夢澤的南邊疆界應該是在今天湖南的益陽的資水。東起鄂州，西至枝江，京山以南，益陽以北，這個地理範圍包括了洞庭湖在内。這個地理方位也正好是司馬相如所説的“方八九百里”的一個廣大地區。這是一個湖區、沼澤、濕地、農田和宜居平地丘陵共同組成的一方“水國”。

從訓詁學上看，雲夢舊稱爲雲土夢。

《史記・夏本紀》：“荆及衡陽爲荆州：江、漢朝宗于海，九江甚中。沱、涔已道，雲土夢爲治。”集解：“孔安國曰：‘雲夢之澤在江南，其中有平土丘。水去可爲耕作畎畝之治。’索隱：‘夢一作瞢。’鄒誕生又音蒙。”[①]《尚書・禹貢》同。

看來古長江中分雲土澤和夢澤是歷史的存在，所以這兩個大澤江南者爲夢，江北者爲雲土。但是兩個大澤其實和長江是融爲一體的。所以稱雲土夢澤。

洞庭是雲土夢澤的方言稱呼。音訓爲：上古土有兩音相通，即 tu 和 du。土夢切是爲 den；土雲切是爲 tin。湖南方言發音 den tin 正是洞庭的音訓。

所以關于遠古洞庭湖究竟是在長江以南還是在長江以北的學術争論其實意義不大。長江穿古洞庭（或古雲夢）而過，古洞庭地跨大江南北。雲土夢是夏時大禹對這個大澤的稱呼，而洞庭湖則是湖南當地人方言對這個大澤的稱呼。本質没什麼兩樣。

東流水無復向西流

中國遠古流傳下來的神話傳説很多是因爲當時的人們不懂自然科學知識，認識能力的局限形成的。例如精衛填海、女媧補天、息土息壤、雄虺應龍蚩尤等都是這個原因。這些神話在很長的一段時間内因爲自然科學水平低下得不到正確的認識，所以被遠古先民一代口傳一代地不斷神化和神秘化。

---

① 《史記》第一册，第61頁。

《楚辭·天問》："九州安錯，川谷何洿？東流不溢，孰知其故？"屈原在楚辭中的這兩問其中涉及的科學知識一直到了宋代朱熹時纔開始被人們基本認識。

《楚辭·天問》是在屈原被放逐以後，有一天在楚國的先王廟裏看見墻壁上的"圖畫山川神靈，琦瑋僪佹，及古聖賢怪物行事，因書其壁，呵而問之……"① 也就是說《楚辭·天問》中有很多疑問都是當時歷史遺留下的困惑中國人很久的很普遍的疑惑。

上述兩問譯爲白話就是：九州大地的地貌是怎樣形成的（文中的"錯"意爲原始的安置，即造化之時），以致形成了這麼多的深山大川？所有的河流最終都向東流進了大海，但是卻從來未見東海的水溢出來，誰知道這其中的原因呢？

是的，從大禹治水時開始，遠古的人們就深知百川東入海的道理。大禹的治水原則就是將所有的水引向東方，這說明大禹已經很清楚地認識到九州大地"天傾西北，地不滿東南"的客觀存在。但是，當所有的河流年復一年地流進大海以後，海水就會越來越多，按照正常的遠古思維，大海總有一天海水會溢出來的。奇怪的是，東海里的水從來不見溢出來的情況。這種衹進不出的現象在中國遠古傳說中還有一個叫作貔貅的動物。據說貔貅是一種衹吃喝不排泄的神獸。所以貔貅没有排泄器官。因此中國人，尤其是商人將貔貅視爲吉祥的獸，希望做生意時錢財也像貔貅一樣衹進不出。

東海的水衹增不減的現象是中國歷史上學者們糾纏不清的一個疑團。這個現象遠古並非屈原一人在先王廟裏看到。

《列子·湯問》："渤海之東，不知幾億萬裏。有大壑焉，實惟無底之谷，名曰歸墟，八紘九野之水，天漢之流，莫不注之，而無增無减焉。"這個所謂的"大壑"也就是《山海經》中的"少昊之墟"。也就是今天的黄海，遠古稱爲東海。

墟的本字是虚。這個字在古漢語中有著很奇怪的字義。《說文》："虚，大丘也。"《康熙字典》："虚……大壑。"一個字竟然表示了兩個極端的地理現象：高山和大壑。其實，虚的本字最早下面不是從业而是從丘的，其本義爲大山。"大壑"是它的後起義，所以《說文》不載，這也說明"大壑"這一後起義可能是《說文》以後産生的。它的字義演化歷程大約是由一座大山演化爲大地上的一個地理區域，例如"少昊之墟""崑崙之墟"和"殷墟"，後來繼續演化爲反義詞"大壑"之意。訓詁學上，這種現象叫作反訓。

《莊子·秋水》："天下之水，莫大于海，萬川歸之，不知何時止，而不盈；尾閭泄之，不知何時已，而不虚。"莊子在列子的疑問上更進一步，記載了"尾閭"的傳說。這個尾閭過去多被注家注解爲"海水所歸之處"。其實這對"尾閭"是一個誤解。所謂"尾閭"就是大海尾巴附近的一個門，也就是大海的後門。這裏是大海排泄海水的地方。遠古人們習慣上認爲大海里的水之所以長期流入而不增不減是因爲大海深處有一個類似"地漏"的尾閭，海水從那裏流走了。中華文化是一種全息文化，很多地方都是相通的。中醫經絡學中人體有一個穴位也叫作"尾閭"（今稱長强穴），在肛門的後側。這個部位的穴位被命名爲"尾閭"其意不言自明。有趣的是你可以依據這個名字就可以猜出它在針灸中主要用來治療什麼疾病。莊子的這段話的意思是：百川入海從不止息，但是大海

① （宋）朱熹集注《楚辭集注》，第49頁。

從不溢出；“尾閭”泄水從不停止，但是大海從來未見因消長而空虚。

到了秦代，《吕氏春秋・圜道》有云：“雲氣西行雲雲然，冬夏不輟；水泉東流，日夜不休，上不竭，下不滿，小爲大，重爲輕，圜道也。”雖然不是針對《天問》這一疑問的直接回答，但是説明到了秦代人們已經初步認識到自然界中水循環的基本原理。但是由于這個樸素的觀點僅僅是針對治國之道的一個比喻，在以後的很長時間内並没有受到人們的重視。這一現象説明我國古代的科學知識的普及受到諸多因素的制約，其中最重要的是當時的科學知識不够普及，加之人們自身的科學素質低下。此外，歷朝歷代的愚民政策以及中國歷史上屢見不鮮的文字獄和焚書坑儒也是導致國人科學水平低下的主要因素。

到了唐朝，柳宗元針對屈原的《天問》中的每一問做出了回答。其中對于屈原上述兩問的回答是：“東窮歸墟，又環西盈。脈穴土區，而濁濁清清。墳壚燥疏，滲渴而昇。充融有餘，泄漏復行。器運潡潡，又何溢爲！”

柳宗元的回答是：百川東入歸墟，又環流回到西方。在地脈中水是渾濁的；在地穴中水卻是透明的；在墳（地穴）中因乾燥而吸水；在壚中因爲疏鬆而蓄水。因爲土壤中吸足了水分，水位就不斷會上昇。當整個大地蓄足了過量的水分以後，地下水就從東方又回到了西方，而多餘的水就會滲出地面而再次形成地面的水流而流向地勢低窪的東方。如此循環往復，大海的水怎麽會溢出來呢？比起列子和莊子的解釋，柳宗元的這個解釋顯然在科學性上要進步很多，但是柳宗元的這個答案依然是一個錯誤的答案。東海的“尾閭”瀉出的水顯然並不是從地底下被土壤“吸”回到西方的，而是通過水蒸氣的蒸發從天上回到地球的其他地方的。但是唐朝的自然科學的水平決定了柳宗元也衹能做出這樣的解釋。

到了南宋，朱熹深入研究了《楚辭》，寫出了著名的《楚辭集注》。在這本書中，朱熹對屈原的《天問》中的所有發問做了基于南宋時期科學發展水平的回答：“三子之言，遞相祖述，而柳又明歸墟之泄，非出之天地之外也。但水入于東，而復繞于西，有滲縮而昇，乃復出于高原，而下流于東耳。此其説亦近似矣。然以理驗之，則天地之化，往者消而來者息，非以往者之消，復爲來者之息也。”①

這段話中有一個“縮”字需要著重解釋一些，這個“縮”的意思是吸收（方言通吮吸之吮）。夏商周有縮酒祭祀，就是用鬯酒澆在“包匭青茅”之上，經過過濾，將酒中的渣滓濾去成爲最清亮的酒以供上帝先祖享用。所以這個“縮”字的本義類似今天的“吮吸”之“吮”。兩字古音相通。今天我國很多方言中依然以“縮”代“吮”。

朱熹首先肯定了柳宗元的解釋，然後又指出東流之水並非後來的西部復出之水，而是新出生的“新水”（息也），這是天地之化的自然規律。至于東流入海的“舊水”怎樣孕育轉换爲西部復出的“新水”。朱熹有一個奇妙的比喻：“水流東極，氣盡而散，如沃焦釜，無有遺餘，故歸墟、尾閭亦有沃焦之號，非如未盡之水，山澤通氣而流注不窮也。”②

---

①（宋）朱熹集注《楚辭集注》，第56頁。

②（宋）朱熹集注《楚辭集注》，第56頁。

朱老夫子的意思是當百川之水進入東海以後就“死了”（消也），然後像“水沃焦釜”一樣揮發不見了。和生命未盡之水不一樣的是，那些生命未盡之水衹要山澤相通就會一直流下去，直到它們進入大海死去。所以“歸墟”和“尾閭”還有個名字叫作“沃焦”。這最後一點朱熹顯然並未弄明白三個詞之間在來源上和内涵上都是完全不同的：

歸墟：是指萬水最後的歸宿之地理區域。

尾閭：是指萬水新生之門。即經過此門死水獲得新生重新由地下被土壤吸回到西方。

沃焦：是指萬水昇天之法。經過蒸發，大海的水如沃焦釜，水汽進入天空，再回到九州大地，並不限于西方。

殷商人已經瞭解“懷胎十月”

現代醫學已經研究證明：母體内孕育胎兒的胎盤是在母親懷孕 16 到 18 周成形的。但你知道遠古中國人是什麽時候就瞭解這個事實了嗎？有關這個問題的答案我找到了三條歷史文獻。

《淮南子·精神訓》：“故曰一月而膏，二月而膚，三月而胎，四月而肌，五月而筋，六月而骨，七月而成，八月而動，九月而躁，十月而生。形體已成，五臟乃行。”

《廣雅》：“人一月而膏，二月而脂，三月而胎，四月而胞，五月而筋，六月而骨，七月而成，八月而動，九月而躁，十月而生。形體已成，五臟乃行。”

《文子·九守篇》：“人一月而膏，二月而脈，三月而胚，四月而胎，五月而筋，六月而骨，七月而成，八月而動，九月而躁，十月而生。形體已成，五臟乃行。”

綜上可以得知，胎兒的胚胎是在母體内懷孕三個月成形的，而包裹胚胎的胎盤在懷孕四個月也就是 18 周左右成形。先有胚胎而後有胞（胎盤）。有關文獻不止這三條。最早的是西漢的《淮南子》，説明西漢時中國人已經知道這個生理事實。問題卻並没有那麽簡單，一個胎兒在母體内十個月的孕育，中國的古代文獻裏記載的這麽具體這麽詳細。我們的祖先是怎樣得知這一切的？繼續追問下去事情會變得很血腥：我們的遠祖真的是經過無數次的人體解剖來瞭解這一切的嗎？本文將嘗試揭開這個遠古之謎。《漢書·藝文志·方技略》有云：“大古有歧伯、俞跗，中世有扁鵲、秦和，漢興有倉公，今其技術暗昧。”這證明我國醫學的起源遠在黄帝時代，有《内經》爲證。但是需要解剖的外科學是誰開始的呢？中醫一般認爲華佗創造了麻沸散，作爲麻醉藥用于外科手術。所以華佗是中華外科手術的鼻祖。

據文獻記載繼歧伯之後俞跗是“神醫”，有關的記載如下：

《韓詩外傳》：“中古之爲醫者曰俞跗。俞跗之爲醫也，搦腦髓，爪荒莫。吹竅定腦。死者復生。”

《説苑》：“中古之爲醫者曰俞柎。俞柎之爲醫也，搦腦髓，束肓莫。炊灼孔竅而定經絡。死人復爲生人。”

《史記·扁鵲列傳》：“上古之時，醫有俞跗，治病不以鑱石撟引、案扤毒熨。”

文中的“搦腦髓，束肓莫”是典型的腦外科和心臟外科手術。荒莫是膏肓之膜的意思，不打開胸腔是無法觸及膏肓的。說明俞跗時代就已經開始了外科手術。除了俞跗，在華佗之前還有一位神醫扁鵲。

《史記·扁鵲列傳》：“一撥見病之應，因五臟之輸。乃割皮解肌，決脈結筋，搦髓腦，揲荒爪幕，湔浣腸胃，漱滌五臟，練精易形。”

列舉上面的例子衹是爲了證明我國的中醫實行外科手術至少在戰國以前就開始了。中醫瞭解懷胎十月胎兒發育情況的基本條件是很早就具備的。從戰國時代向前推至商代，從甲骨文裏我們可以看到，商代的統治者爲了給俘獲的俘虜做標記，發明了很多酷刑如：臧，民，劓，刖。在施用刑法以後還必須保證人不能死，因爲這些戰俘都是必須爲商王幹活的。這説明在晚商解剖人體的事情是有可能發生的。商的末代帝王商紂有兩件令人髮指的行爲恰好能説明商代通過解剖人體來瞭解人體生理知識。

《水經注·淇水》：“淇水出朝歌城西北，東南流，老人晨將渡水，而沉吟難濟。紂問其故，左右曰：‘老者髓不實，故畏寒也。’紂乃于此斫脛而視髓也。”

《史記·殷本紀》：“紂愈淫亂不止，微子數諫不聽，乃與太師、少師謀，遂去。比干曰：‘爲人臣者，不得不以死争。’乃强諫紂，紂怒曰：‘吾聞聖人心有七竅。’剖比干，觀其心。”

圖一

至少我們看到在商紂王時期，有這樣的真實例證。對自己的國人尚且如此，對于那些因爲戰敗而被擒的男女俘虜恐怕就更有過之而無不及了。事實上，在商代的卜辭中就可以找到胎兒“四月而胞”的證據。我們來看甲骨文和秦簡的”包”字，如圖一：

從包的甲骨文我們看到了，包的本意是孕育著胎兒的胎盤（遠古的玉猪龍生殖崇拜的原型），也就是四個月時的剛剛形成的胎盤。如果對這一點還心存疑問的話，請再看一個“包”字的變體，胎盤内包裹的正是後來草書的“四”字，如圖二秦朝睡地虎簡中的“包”字。中國古文字的發展演變有著很强的繼承性，它是嚴格遵循“無一字無出處”的原則的。

圖二

這樣，我們就推斷出一個基本結論：我們遠古的先民們至遲在晚商就已經認識到胎兒在母腹中“十月懷胎”的十個生長階段的情況。至遲在秦朝已經知道母體中胎兒的胎盤是在懷孕四個月時基本成形的。其詳細程度是世界上其他遠古文明所不能企及的。

率天下而葬——殷商的喪葬觀

河南殷墟地域的考古一共發掘了十二座王者大墓（洹北）和一座武丁配偶婦好墓（洹南據卜辭研究商王武丁有六十多位后和妃）。其中的王者大墓在歷史上經歷過多次盗掘，衹有 1976 年出土的婦好墓幸存，墓穴長、寬、深分别爲 5.6 米、4 米、7. 5 米。是殷墟唯一保存完整（没有被盗掘過）的商代王室墓葬。它得到了武丁時代卜辭的印證。僅殷墟一個卜辭窖藏裏發現的卜辭就有 200 多次提到婦好這個名字，内容涉及生活、生育、戰争等方面。

殷墟的王者大墓提供了商代王者墓穴的規制——東南西北四條墓道通向中心的墓室。這四條墓道的作用至今没有人深入研究過。我認爲，這樣四條通向東南西北四方的墓道不是爲了安葬時人員進出的便利，而是暗寓著黄帝以來中國人的統治觀念。它昭示着商王在死後仍然意欲統治四方的威儀，也是便于已故商王靈魂的出游需要。

婦好墓出土了大量完整的陪葬物品，它比較全面地體現了商代特别是晚商的喪葬觀。作爲一個孤立的單獨的墓葬，婦好墓出土的文物可以整理出隨葬品的大致清單：

第一類：殉人十六名，殉狗六條。

第二類：出土隨葬品 1928 件。其中：青銅器 468 件，玉器 755 件，石器 63 件，寶石和牙雕 47 件。

第三類：裝飾品 420 餘件。

第四類：海貝 6800 餘件（海貝的用途是商代的貨幣）。其中：阿拉伯綬貝一枚，主産地我國南海；脈紅螺兩枚，主産地是膠州灣。

我認爲，商代墓穴的殉人不是隨便找幾個奴僕給死者作伴，而是有依據的。墓中殉葬的死者是墓主人最親近的人，他們生前就是爲死者服務的，主人死後他們自願或者非自願地成爲殉葬者。這個遺風延續到後世幾千年，忠臣義僕們在主人死後自殺或者自願爲主人殉葬。《左傳·文公六年》中有一例可資證明：“秦伯任好（秦穆公）卒。以子車氏之三子奄息、仲行、鍼虎爲殉，皆秦之良也。國人哀之，爲之賦《黄鳥》。”《史記·秦本紀》記載的更爲詳細：“繆（即穆）公卒，從死者百七十七人。”可見在秦穆公死後，爲之殉葬的“良人”達一百七十七人，其中就包括生前爲他出生入死的子車氏三兄弟。這種殉葬既是一種制度，同時也説明秦穆公死後在陰間也需要人保護。事死如生是遠古中國人樸素的死亡觀。卜辭中的各種祭祀證明黄帝直到殷商的先王先公並没有死，衹是上了天，在天上繼續管理著天上和保佑著地上。因爲這種認識産生了遠古的殉葬習俗，這些殉葬是去爲死者繼續服務的——在天上或者在地下。

狗的殉葬也同樣説明狗之所以殉葬，也是爲死者服務的。商代殉狗常見兩種形式：一種是在死者棺槨或者屍體下挖掘長方形腰坑，殉狗就埋在腰坑裏；另一種是將殉狗安放在棺槨四周的高臺上，一般有殉人相伴隨。一般貴族墓中殉狗常見是不超過兩條。這和死者生前的生活場景不無相同：床下的狗和户外巡邏的狗。床下的狗是爲了一有動静立隨即驚醒主人，而户外由人牽狗巡邏爲了保證主人的安全。婦好墓中殉狗竟多達六條，可見武丁對婦好的感情之深厚。

婦好墓中的玉器石器主要是琮、璧、璜等禮器以及陪伴婦好的玩物。裝飾品和銅鏡是給婦好打扮用的，墓中裝飾品 420 餘件，青銅鏡多達四面，這在中晚商應該是很高的待遇了。

值得細分的是婦好墓中的青銅器，除了四面銅鏡以外，其餘青銅器大致有這樣幾部分。青銅武器 134 件，其中就包括婦好生前使用的作爲王權和軍權象徵的龍紋銅鉞和虎紋銅鉞。這兩隻銅鉞重達八公斤以上，可以想見當年婦好叱吒風雲的威風。

除了銅鏡和武器以外，其餘的青銅器被考古專家稱爲禮器。這一點我持有不同意見。我認爲被專家們稱爲禮器的青銅器實際上可以分成兩個部分。一部分是婦好生前經常使用的生活用具，例如炊器、食器、水器和小型酒器。婦好墓中出土的三聯甗、偶方彝便是炊器和盛放穀物的日用器皿。三聯甗是竈形器與甑配套使用，可以一次蒸出三大甑不同的食品，是炊具。汽柱甑形器類似我們今天的汽鍋。至于偶方彝，我已經考證了它是“亳”（即糧倉）的原型，所以我堅持偶方彝、三聯甗最初不是禮器而是生前用品。爲什麼會在婦好墓中出現三聯的竈形器和雙聯的彝呢？原因是不難理解的，因爲婦好是一員武將，能够揮舞八九公斤的青銅鉞殺敵，她的食量就遠非無所事事的商代貴族可比。所以她使用的炊具和食器以及糧倉都比正常人的要“大一號”。

從商代出土的青銅器分析，當時中國的烹調還没有出現炒菜這一烹調方法，因爲所有炊器食器都是從下部加熱來煮製食物的。没有銅鍋和銅鏟這樣的炒菜工具。隨葬的這些生活用具的意義明確，就是讓死者像生前一樣在墳墓中居家度日。所以這些青銅生活用具可以是死者生前的舊器，而不需要臨時鑄造。著名的虢季子白盤就是虢季子白生前的浴缸舊器（銘文可證），這種浴缸可以在夏季被用來填裝冰塊爲死者（大夫以上的貴族）屍體降温以防高温腐敗。這種盤在商、周又稱之爲夷盤。這些用具均爲死者生前的私人用具，死後隨葬供死者繼續“使用”。所以像虢季子白盤這樣的文物我們雖然没有弄清楚它的來歷，但是一定是出土于某地的墓葬中。

青銅禮器的類别和組合應該是受墓主的地位限制的，尤其是鼎的使用和數量是有嚴格限制的。所謂“天子九鼎”據文獻記載是大禹始創的。但是大禹鑄九鼎是爲了祭祀各路神的，此後九鼎便成爲後世統治者的最高禮制。婦好不是商王，所以婦好死後隨葬的青銅禮器是臨時鑄造的，所以婦好墓中的青銅禮器應該是新器不是舊器。

陪葬物品分爲死者生前使用的器物和死後趕製的禮器。這一葬俗影響了中國皇室幾千年。以清朝定陵中器物爲例，其中出土的三千餘件陪葬品中絶大多數是萬曆皇帝及倆妃子生前使用和喜愛之物，衹有少量的禮器。從婦好到萬曆其間經歷了約 3000 年時間。陪葬品的葬俗一直沿襲著。

墓葬中出土的海貝也很能够説明商代的喪葬觀念。海貝在殷商是用來作爲貨幣交換（購買）商品的。我一直没有找到證據證明商代的商就是商品的商字的起源。但是從商代開始，就有了商品交换和貨幣購買的市場這是歷史事實。據《漢書》記載，海貝越大所值就越多。從婦好所鍾愛的阿拉伯綬貝和脤紅螺分析，海貝的稀有和其美麗程度也許和它的價值也有關係。但是婦好已死，爲什麼隨葬大量海貝在墓中呢？這 6800 多枚海貝很明顯是留給婦好應付不時之需“買東西的”。

綜上所述，商代的王者和婦好這樣的顯貴即使在死後在墳墓中也是衣食無憂的。他們在墳墓中擁有活著時必須的一切。有狗看門，有人服侍，有炊具、水具、酒具、食具，有武器可以殺敵，有銅鏡、裝飾品可以裝扮。

她們還需要什麼？還需要禮器，這些禮器可以是活人爲婦好祭祀用的禮器，但是它的根本用途是婦好在死後，在墳墓中還必須時時向上帝，向皇天后土祈禱用的。活人用來祭祀死人的禮器最終是被埋葬在專門的祭祀坑裏的。禮器是死者死亡前後趕製的，像司母戊和司母辛方鼎應該是祭祀母戊和母辛的，祭祀完畢後隨葬入墓。

總結商代的喪葬觀念，我們可以套用孔子《論語》中的一句話，叫作：率天下而葬。

結論：商代人如此重視死者的原因何在？就在于在商代，人們的死亡觀念是：人雖然死了，但是靈魂是不死的！

涉殷地名考

先有殷地，然後有亳殷，然後有殷墟。歷史上的殷地也是一個不斷發展擴大的概念：從殷商始祖“宅殷土茫茫”到盤庚遷洹北，再遷洹南，晚商二百七十三年中發展到整個朝歌（大邑商）地區，最後在西周在金文中“殷”被用于指代整個殷商王朝，殷商人始終生活在這塊以帝丘爲祖籍的大地上。所以，我們考證殷墟和殷商歷史相關問題時，必須先清楚這幾個名詞概念的内涵和它們的來龍去脈。

一、殷地：盤庚自奄遷殷首居之地，在洹河以北。史書稱作北蒙也是指這塊土地。北蒙是與山東之南蒙（蒙地）相提並論的，正如商有三亳是與亳殷之亳相提並論一樣。

1926年，《國學月報》第二卷的第八、九、十號合刊了“王静安先生專號”。其中《古史新證》一文專辟了一章考證商之諸侯及都邑。其中專門考證了殷字。隨著史料的不斷推陳出新，現在看來仍然有必要進一步論證一番。

原文：“殷字始見于周初之盂鼎（成王二十三祀作），而不見于卜辭。然卜辭所出之地爲今彰德西五里之小屯，正在洹水之南。”①

雖然王國維先生得出的結論是：“故卜辭雖不見殷字，而殷之在河北，不在河南，則可斷也。”②但是，我已經從甲骨文中發現了殷字的存在，這個字就是

（乙8502）。同時我考證了衣、殷之間的關係，並進一步論證了甲骨文衣字本義是分娩後的胎盤的象形，而殷字正是晚商時的剖腹産手術的會意字。故而殷的本義是新生。所以商周時期衣、殷相同不僅是語音相同，其本義也是相通的。從中可知盤庚遷殷正是爲了中興商朝——殷商即新生的商。但是殷墟究竟是指洹河以南還是在洹河以北，或者是包括有洹北和洹南的洹河兩岸的一片地理區域呢？這個問題的答案不僅有助于確立殷墟的所在地，也有助于目前正在進行中的洹北商城考古研究。

卜辭中既然有衣和殷這樣兩個甲骨文字，説明殷作爲一個地名在盤庚遷往洹北時就已經存在。否則就不會有“盤庚五遷，將治亳殷”的説法。但是這個殷地究竟是指洹河北邊的洹北商城一帶，還是洹河南邊的安陽小屯一帶，史無定論。這就無法確定盤庚遷殷是遷到了洹河北岸還是遷到了洹河南岸，或者是自奄遷到洹北，繼而又因爲天災或者

①② 姚淦銘、王燕主編《王國維文集》，第304頁。

其他原因又再次南渡洹河遷到了洹河南岸的亳殷（即今天我們所認定的殷墟在洹南的部分）。我認爲，盤庚遷殷中的殷是作爲晚商首都存在的。它包括洹北的北蒙（北蒙是最初的殷地，與山東的南蒙相對）和洹南的亳殷，共同組成。至周武王滅商時，這個殷地已經發展成爲“邦畿千里”的整個晚商的大邑商地區。

從史料上看，這兩種説法是並存的。其中盤庚遷往洹河南岸殷墟説有：

《史記・項羽本紀》：“所謂洹水南，故殷墟者也。”

《史記・殷本紀》：“帝盤庚之時，殷已居河北。盤庚渡河，復居成湯之故居。”“帝武乙立，殷復去亳，徙河北。”

這裏需要提請讀者關注的是《史記》中記載著盤庚是從“已居河北”，然後渡河（到洹河南），最終定居“成湯之故居”的。這裏實際上揭開了一個遠古史的玄機：“成湯之故居”就是位于洹南的安陽到濮陽一帶。這裏就是商契受封的商（帝丘之合文），亦即亳地。後來商丘的南亳和偃師的西亳都是針對這個“先王居”的亳地而言的。

從史料上看，盤庚遷往洹河北岸説也有：

《史記・集解・索隱》均引汲冢古文：“盤庚自奄遷于北蒙，曰殷虛（虛爲衍字），南去鄴三十里。”可知這裏的北蒙係指與洹水南之亳殷相對的殷商王陵區和洹北商城一帶。

《水經・㶟水注》“陽渠水又東徑亳殷南，昔盤庚所遷。改商曰殷，始此也。”陽渠即今天的洹水。這顯然是把北蒙當作了亳殷了。或者，還有一種可能性，就是亳爲衍字。但是盤庚的改商曰殷明顯地是祭出了建立新商朝的大纛。

綜合上述史料看，盤庚遷殷首先是由魯地的奄遷到洹河以北的北蒙，然後又前往洹河南岸的亳殷，即現在我們稱之爲殷墟的河南安陽小屯村到帝丘濮陽一帶，也就是亳殷。

《尚書・盤庚》是專門記載盤庚遷殷史實的歷史文獻，因爲在盤庚時代還沒有系統的甲骨文字，所以這篇文章應該是在小乙朝以後追記成文的。文章中有證據證明，盤庚遷殷第一落腳點是洹河北岸的北蒙。《盤庚》三篇正是記載盤庚在遷殷（北蒙）以後，即將動員全民再次遷往洹南亳殷時的真實歷史狀況。

考證這一點有兩個歷史前提：第一，商都遷奄是在商王南庚時期，到盤庚自奄遷殷時已經存在五十多年了。顯然奄已經是一個舊邑。第二，盤庚自奄遷洹北之初，洹北已經是沒有居民居住的荒蕪之地。這一點有《周書・召誥》“宅新邑”和“宅殷”並提爲證。同時也説明洹北的北蒙就是最初的殷地的一部分。皇甫謐認定“（北）蒙爲北亳”是一針見血的結論①。晚商三亳正是圍繞著政治經濟文化的中心的亳殷（北亳）而言：商丘在亳殷南，爲南亳；偃師在亳殷西，爲西亳；蒙在亳殷的洹河以北，是盤庚自奄遷殷的第一落腳點，是爲北亳，而亳地正是今天河南洹河兩岸的安陽殷墟到濮陽一帶的商的祖居地——先王居是也。隨著晚商王朝的不斷發展，殷的地理區域在不斷地擴張中，殷的内涵也在擴大中，一直大到周金中以殷代表了整個晚商的殷王朝。

長期以來的殷商歷史研究忽視了盤庚自洹北遷往洹南這一次動遷環節，所以將洹河以南的盤庚最終定居的河南安陽小屯村一帶認爲是殷地。其實殷地也應該包括洹河以北

① 《十三經注疏》，第211頁。

的王陵區以及洹北商城一帶。而被考古學家們考證年代爲中商二期以後的洹北商城極有可能就是盤庚遷殷以後的第一落腳點——即《盤庚》中記載的“此新邑”。可以推斷：《盤庚》中所説的“殷降大虐，先王不懷”正是使洹北商城成爲廢墟的一場大火。于是，衹好“惟涉河以民遷”。迄今爲止的洹北商城的考古證據已經可以證明，整個洹北商城的毁滅原因正是一場大火。詳細論證參見本書有關文章。

二、亳殷：亳殷是盤庚自奄遷往洹河以北後不久再一次遷往洹南的定居之地。亳殷的大致地理範圍是洹河以南自濮陽北至洹河南岸的這片土地。商人之先王居“亳”就是這裏。後來的三亳都是以亳殷之亳爲中心的。

洹河以北的沿洹地區在商周歷史上也曾經被稱作殷地。這一點有很多的文獻資料爲證：

《詩經・商頌・玄鳥》：“天命玄鳥，降而生商。宅殷土芒芒。”

《史記・殷本紀》：“帝盤庚之時，殷已都河北，盤庚渡河南，復居成湯之故居。迺五遷，無定處。殷民咨胥皆怨，不欲徙。盤庚乃告諭諸侯大臣曰……乃遂涉河南，治亳，行湯之政，然後百姓由寧，殷道復興。”（《三代世表》同。）

《水經・濁水注》：“陽渠水（洹河安陽段）又東徑亳殷南，昔盤庚所遷。改商曰殷，始此也。”

《史記・項羽本紀》：“所謂洹水南故殷墟者也。”《集解》引汲冢古文曰：“盤庚自奄遷于北蒙，曰殷虚（虚疑爲衍字），南去鄴三十里。”王國維先生考證説：“虚字因正文而誤加，《書疏》所引無虚字。‘南去鄴三十里’六字，蓋《紀年》舊注。是殷固在河北，亦非朝歌。”①

以上文獻均出自殷商滅亡之後，所以“宅殷土芒芒”説明有周一代直至删定《詩》《書》的孔子都有這樣的常識，即殷地就是商（帝丘），也就是商朝祖先的發祥地。“帝盤庚之時，殷已都河北，盤庚渡河南，復居成湯之故居。”説明盤庚是先遷洹河以北之北蒙，曰殷，後再遷洹河以南，復居成湯之故居，曰亳殷。也就是説，商的開國先公契就是定都在洹河以南的亳殷。從而證明洹河兩岸實際上都是商王朝的發祥地，也是其最後的歸宿——大邑商。而《水經・濁水注》的“陽渠水（洹河安陽段）又東徑亳（疑爲衍字）殷南，昔盤庚所遷。改商曰殷，始此也”，説明盤庚首遷的殷地確實是在洹河的北岸，後來又遷往洹河南岸的亳殷，盤庚在洹北定都的時間很短。所以飽受遷徙之苦，安定伊始的大臣和百姓都不願意再次動遷，哪怕衹是洹河南北的一河之隔。故而有“殷民咨胥皆怨，不欲徙”。關鍵是《尚書・盤庚》全文並未揭示這次遷往洹南的根本原因是什麽。這篇文章記載的正是盤庚已經定居在洹北，動員並率領大家再一次遷往洹河以南的亳殷（又稱先王居，亳，今稱殷墟）。全篇目的明確，卻語焉不詳。尤其是爲什麽要遷往洹南的亳殷語義頗爲晦澀。

盤庚遷殷的第一落腳點是洹北，所以直至盤庚再次率衆遷往洹南以前，殷指的是《盤庚》中所説的洹北“此新邑”。在盤庚“涉河以民遷”將都邑遷往洹南的亳時，盤庚時期的商朝都邑也就擴大到了亳殷。形成了包括洹北和洹南兩岸的大邑商的雛形。所

① 姚淦銘、王燕主編《王國維文集》，第 304 頁。

以《盤庚》的開篇就是“盤庚五遷，將治亳殷”，這是説盤庚即將把殷都擴展到洹河對岸的亳地，此後洹河南岸稱亳殷是與洹河北岸的“殷土”並提的。從洹北擴展到洹南，殷字的内涵已經由殷地擴大到了亳殷。《尚書・盤庚》記載的是盤庚自奄遷往洹北的殷地以後，由于遭遇了一場天災，于是盤庚藉口這次天災是先祖的警示而動員全民遷邑遷往洹河南岸的亳殷，即今天的安陽殷墟。由于自奄遷殷地時間很短，殷人在殷地（此新邑）的生活纔剛剛趨于穩定，盤庚“將治亳殷”的施政方案遭到了包括王室、大臣和平民等大多數人的竭力反對。《尚書・盤庚》就是記述這次搬遷從動員到動遷的全過程的一篇歷史文獻。由于甲骨文系統是在盤庚以後的小乙朝纔最終完成，所以《盤庚》衹能是殷商後人依據口傳歷史追記完成的。就目前發現的甲骨文看，其中尚未發現有始、治二字，所以文章很可能是西周以後成文纔是。《盤庚》全篇文章中隻字不提天災的原因，不提遷都，而是反復提到“此新邑”“新邑”以及“遷”等。這就説明《盤庚》一文正是盤庚自洹北遷往洹南這一次遷邑。文中“盤庚作，惟涉河以民遷”説明這次遷邑主要是涉河而不是遷都。如果這次遷徙是從奄遷往洹南這樣的遷都舉措，文中是絶不會這樣簡單一句話帶過的。還有，文中盤庚對大家説：“往哉生生，今予將試以汝遷，永建乃家。”明顯是最後定居洹南亳殷之意。如果是從奄地遷洹北應該叫作遷都，從洹北遷洹南衹能叫作遷邑或者建家。

三、殷墟：殷墟就是殷人的都邑所在。殷墟的提法始見于《史記・項羽本紀》：“所謂洹水南故殷墟者也。”《集解》引《汲冢古文》曰：“盤庚自奄遷于北蒙，曰殷虛（虛爲衍字），南去鄴三十里。”① 王國維先生考證説：“虛字因正文而誤加，《書疏》所引無虛字。‘南去鄴三十里’六字，蓋《紀年》舊注。是殷固在河北，亦非朝歌。”②

這裏的“河北”即是洹河以北。可見殷最初衹是殷商人對洹北殷地的稱呼，並不包括在洹河南岸後來安陽小屯村以及商紂王的朝歌在内。但是西漢司馬遷寫《史記》時，所指殷墟應該是大殷墟的概念，也就是包括洹河兩岸的殷的大邑商的範圍了。指商代自盤庚到商紂時期的大都城。覆蓋了今河南安陽小屯村及其周圍包以及紂王的歸宿之地朝歌這一大片的土地在内。也就是《詩經・玄鳥》中作記載的“邦畿千里，維民所止”。商代從盤庚到帝辛（紂），在此建都達二百七十三年，是中國歷史上已發掘出確切位置的最早的都城。它的廣義地理範圍應該是商紂王時期的整個大邑商地區。

所以，在西周金文中，將晚商的國都殷作爲整個商王朝的代名詞。

商氏族的發祥之地——商(帝丘)

河南東南有個商丘市，很多學者認爲它就是商朝開國君王商湯的國都，這是史學界占主導性的學術觀點。

①② 姚淦銘、王燕主編《王國維文集》，第304頁。

《史記·殷本紀》："殷契……封于商。……成湯，自契至湯八遷。湯始居亳，從先王居，作帝誥。"

《荀子·成相》："契玄王，生昭明，居于砥石遷于商。"

河南東北還有個濮陽市，是夏朝前輩司火官閼伯的都城，叫帝丘，又叫商。甲骨文字商正是甲骨文帝、丘兩字的合文。

《水經注·瓠子河》："河水舊東決，遷濮陽城東北，故衛也，帝顓頊之虚；昔顓頊自窮桑徙此，號曰商丘，或謂之帝丘，本陶唐氏火正閼伯之所居，亦夏伯昆吾之都，殷相土又都之。故《春秋傳》曰，閼伯居商丘，相土因之是也。"

確實有兩個同時代的商（丘）地存在于歷史文獻中。兩個地點一在黄河南，一在黄河北，相距約 260 公里。河南的地名上出現的怪事還有一樁，僅叫"亳"的地名在商、周歷史上赫赫有名的就有四個：商丘、偃師、殷墟和山東的曹縣。歷史上叫某亳的地名就更多。

兩個或多個地名相同的答案衹有一個，就是：這些名稱本不是用來做地名用的，比如商丘，比如亳。本文説"商"。

《詩經·商頌》的正義裏有一句話讀者可能不在意，但是卻很關鍵："經典之言商者，皆單謂之商，未有稱爲商丘者。"① 爲什麽商衹能稱爲商而不能叫商丘呢？正義裏没有説，我認爲作者不一定知道其中的原因。因爲唐朝孔穎達一生並没有看到殷墟卜辭。卜辭出土是公元 1899 年的事情。我們來看甲骨文"商"字：（甲 727）。

我對甲骨文"商"字的獨家解釋：商，從帝從倒丘，帝頭丘尾。先帝之丘也。商就是帝丘的合文。商就是帝丘，商丘之"丘"字純屬多餘，是在歷史流傳中被誤加的一個衍字。這就是爲什麽商地衹能稱爲商而不能叫商丘的答案。

上文《水經注》中濮陽稱作帝丘是正確的叫法。濮陽是帝顓頊的舊墟。歷史文獻中有明確記載。

《山海經·海内東經》："漢水出鮒魚之山，帝顓頊葬于陽。九嬪葬于陰……爰有鴽久、文貝、離俞、鸞鳥、鳳凰、大物、小物，有青鳥、琅鳥、玄鳥、黄鳥、虎豹熊羆，黄蛇、視肉，瑞瑰瑶碧，皆出衛于山。"

《皇覽》："顓頊冢在東郡濮陽頓邱城門外廣陽裏中。"②

《皇覽》："帝嚳冢在東郡濮陽頓邱城南亳陰野中。"③

因爲此地埋葬著帝嚳和帝顓頊兩代帝王，所以甲骨文商字有兩種造字：一是上部爲帝下部爲倒丘的造字，二是上部爲雙帝字下部從倒丘的造字。

這個地方就叫作衛國得名于《山海經》，這是衛國名稱的由來，帝丘和衛同屬一地。所以濮陽的古稱確實叫作帝丘。

我論證了商丘的丘字是一個衍字。所以商丘的古代地名應該叫作商。商作爲地名並不是起于商湯，而是在商契定居此地之時就叫這個名字。從字的本義上看，商也應該是

---

① 《十三經注疏》，第 619 頁。

② 《史記》第一冊，第 13 頁。

③ 《史記》第一冊，第 15 頁。

古帝王的舊居（帝之丘也）。史傳商契被堯封于商，是此地的第一代君王，所以應該是因地得名。因爲契不是五帝之一，不能把契的舊墟叫作商。所以商地的得名應該比商契更早一些，它源于顓頊和帝嚳都葬于此地。商，帝丘之合文也。合文是甲骨文造字的一種常用手法。例如：甲骨文的報乙，祖庚，十二月，五千，大吉等字都是合文造字。這是文字初創時期一種不成熟的一義一字的造字手法，一個人的名字衹用一個字表示。

今河南濮陽在盤庚遷殷以後又稱亳殷，今河南商丘在西周後又稱南亳。《世本》載“契居蕃”，《史記·殷本紀》説“湯始居亳，從先王居”。就是説商契和商湯也都是住在蕃地而不是南亳。所以這個蕃可能是帝丘濮陽在商朝的真正的地名。亳的語義學起源始于卜辭，我們另文討論。究竟哪一個亳纔是“先王居”呢？濮陽還是商丘？我認爲是亳地的濮陽而不是南亳商丘。

上文我把《皇覽》中關于顓頊和帝嚳的墳冢並列是一種故意。因爲在史學界有一個至今争論未休的問題：文獻記載，顓頊的五代孫相和帝嚳的四代孫相土都曾經以帝丘爲都。這個帝丘都應該是今天的河南濮陽。商和商丘的混淆可能産生于《世本》。

《世本》張本：“相土徙商丘，本顓頊之虚。故陶唐火正閼伯之所居也。”①

《世本》張本：“相徙帝丘，于周爲衛。”②

《世本》是漢初甚至更早一些的人整理遠古口傳歷史的文集，其傳説來源複雜，加之口傳了很多代的人，所以就難免正僞並存。同樣一個《世本》的原文，同爲張澍稡集本，夏之相所遷徙的是帝丘，正是今天的河南濮陽，且注明在周朝時爲衛地。而商之相土所居就應該是另一個地點，是南亳商丘嗎？

其實歷史上夏王相和商相土都先後居住在這裏。但是夏王相居住的時間很短。據《左傳·襄四年》記載是：寒浞“使澆用師，滅斟灌及斟尋氏”。杜預注：“二國，夏同姓諸侯，仲康之子。”③ 登基不久的夏相被迫隨著這兩個氏族跑反，在跑反途中先是到了帝丘濮陽，繼而去了内黄。澆在内黄重挫斟鄩、斟灌。于是后羿占領了二里頭（夏稱鄩城）作爲臨時國都。

《世本》的上述兩條記載因爲一字之訛——訛帝丘爲商丘——使這段歷史變得混亂了。後世許多史官在寫史時都把《世本》作爲重要的參考，例如司馬遷的《史記》就參考了《世本》。《左傳》中堯“遷閼伯于商丘”使其既成歷史事實。在帝丘和商丘的問題上以訛傳訛，争議越來越大。《左傳》中的商丘之丘也應該是一個衍字。

《左傳·昭公元年》：“后帝不臧，遷閼伯于商丘，主辰。商人是因，故辰爲商星。”《左傳·襄公九年》：“陶唐氏之火正閼伯居商丘，祀大火，而火紀時焉。相土因之，故商主大火。”《左傳·昭十七年》：“宋，大辰之虚也。”帝丘即是商，商即是商丘，商丘即是南亳，南亳就是後來宋的領地，歷史的訛變就這樣一步一步地將濮陽的帝丘變成了南亳商丘了。

但是爲什麽《世本》中一個地方要用帝丘和商丘兩個不同的地名呢？這應該是采風時收集采納了不同來源的口傳歷史分歧所致。從年代上看，相土應該比相的年齡大很

①② 《世本八種》，張澍稡集補注本，第 33 頁。

③ 《十三經注疏》，第 1928 頁。

多，不僅因爲他是第四代孫，同時因爲大禹治水導致年齡很大時纔和涂山氏結合生下了啓。這説明商相土和夏相先後在帝丘（濮陽）定居也是有可能的。因爲按照《皇覽》的記載，他們兩人的祖先都曾經定居在帝丘，且兩人的先帝都是安葬在濮陽城外的。

讀《尚書·盤庚》

研究遠古史首先要讀通古籍，讀懂古籍。若干年前我讀《尚書·盤庚》，覺得晦澀難懂，于是通讀一遍就放下，先研究其他古文獻。引發我再讀《盤庚》的動機是北師大的晁福林教授，他在《先秦社會形態研究》一書中花了二十頁的篇幅，論證了盤庚遷殷不久就再度遷都到了偃師（西亳）。因爲《盤庚》是記載盤庚遷殷史實的最早的文獻，于是我再讀《盤庚》，結果發現一些研究者可能並没有讀懂它。

《盤庚》裏記載的很清楚：自從盤庚遷都到殷地以後，這裏便是商朝最後的國都。這和《史記·殷本紀》轉引的《竹書紀年》裏“自盤庚徙殷，至紂之滅，二百七十三年，更不徙都”的記載是完全一致的。這裏的殷地分成兩個部分：洹北的殷土和擴大到洹南的亳殷。

《盤庚》最初是一篇完整的文章。現在我們在《十三經注疏》裏看到的是分成了上、中、下三篇。但是這無礙我們的閲讀和理解。

在《盤庚》上篇的開始有題記：“盤庚五遷，將治亳殷，民咨胥怨，作盤庚三篇。”很顯然，《盤庚》是爲了向臣民作遷徙動員而作。所以在上篇的開始，就説明了原因：“庚遷于殷，民不適有居，率籲衆戚，出矢言。”這裏有兩點容易被理解錯：一是亳是殷地的洹南部分地域。常常有學者將殷和亳理解成兩個不同的地方，其實殷商之“亳”（糧倉）有三地：亳，南亳，西亳，但是廣義的殷地衹有一個，就是今天的殷墟，它包括洹南、洹北兩個部分。所以文中的亳殷應該是殷地的洹河以南的部分。二是“民不適有居”應該解作“人民不去居住”，而不是“人民不適應在那裏居住”。這就是《史記·殷本紀》裏所説的“殷民咨胥皆怨，不欲徙”。這後一點作爲《尚書·盤庚》的歷史背景非常重要，因爲盤庚正是因爲大家怨聲載道，不願意去河對岸定居纔作了《盤庚》。説明這個時候，大家都還在洹北的殷地。很多研究者作了後一種理解，認爲當時已經遷往洹南的亳殷了。從而引發了以清代俞樾爲代表的《盤庚》三篇版本次序上有問題的争論。我認爲這場争論純屬節外生枝，毫無必要。

盤庚召開了全民大會，“命衆悉至于庭”。首先强調了遷邑是天意：“卜稽曰：其如台（怡）。”這是盤庚藉助天意欲求統一全體臣民的思想。請注意殷商王朝一直是以卜辭的占卜來表明天意的，在《盤庚》疑問中卻没有提到有字的卜辭，後來出土的卜辭中也未見這次遷邑的記載，這説明當時可能甲骨文系統尚未形成。所以這裏的“卜”應該還是無字占卜，具體方法也無從考證。這是甲骨文系統産生時期的一個歷史佐證。盤庚説服臣民説遷邑是歷代先王的慣例（商有前八後五的遷都邑的史實）。他還强調了没有耕耘就没有收穫的道理；要求臣子應該和國君保持一致，要善待臣民，使萬衆一心；同時也軟硬兼施説："無有遠邇，用罪伐厥死，用德彰其善。"

《盤庚》中篇開篇"盤庚作，惟涉河以民遷"，開始動遷。這一點説明盤庚此次遷邑衹是由洹河北遷往洹河南岸。如果此次是自奄地遷往殷地的北蒙，僅僅用"涉河以遷"是不能概括的。這説明盤庚仍然在做那些不願遷邑的民衆們的思想工作（"乃話民之弗率"），最終統一了全民的行動（咸造毋褻在王庭。盤庚乃登進其民）。在説明了遷都實爲天災所迫，重申了自己的民本思想之後，盤庚表露了自己的目的是"予將試以汝遷，安定厥邦"。意思是，我將嘗試以你們這一次遷邑來使整個邦國安定下來。注意對這一句話的理解：遷邑以前"厥邦"是不安定的，遷邑以後就能夠"安定厥邦"。説明這一次遷邑其實不是遷邦（即遷都，因爲商都仍然在殷地，衹是擴大到了洹河南岸而已，此後殷商的祖墳一直在洹北），而是通過遷邑使"厥邦"更加安定而已。

針對搬遷過程中的極少數仍然離心離德的臣子和民衆，盤庚爲了遷都的全局利益采取的仍是作耐心細緻的説服工作。他舉了一個例子，説比如乘舟同渡，你不出力划船，而是尸位其載，你的力量不貢獻出來，結果衹能是等待沉没在急流中。盤庚警告這少數人"今予命汝一，無啓穢以自臭"（現在我命令你與大家一心，不要攪動穢物使你自己被搞臭）。語言生動形象而且很有説服力。最後盤庚激勵大家説："往哉生生，今予將試以汝遷，永建乃家。"含義不言自明：去對岸的新邑你們將獲得新的生活，我將以你們這次動遷，爲你們建立永遠的家。這是盤庚在動遷途中向自己的臣民的允諾：亳殷將是你們永遠的家（隱含今後不再遷徙了的意思）。

《盤庚》三篇通篇文字中隻字未提遷都，僅僅説"遷"。没有説新都，新邦，而僅僅説"此新邑""新邑"。在《盤庚》下篇，舉國到達亳殷後，"盤庚既遷，奠厥攸居，乃正厥位"。遷邑到洹南之後首要之事就是安居和使列祖列宗在宗廟就位。但是這個時候盤庚作爲國君想到的是臣民可能由此帶來的懈怠，想到的是那些曾經讒言毁君的百姓，想到全體臣民懼怕因爲流離而罔有定極。盤庚有針對性地對聚集的臣民説了這樣一番話："無戲怠，懋建大命。"意爲：你們不要懈怠，要勉力教化。"今予其敷心腹腎腸，歷告爾百姓于朕志。罔罪爾衆，爾無共怒，協比讒言予一人。……古我先王，將多于前功，適于山用，降我兇德，嘉績于朕邦。……朕及篤敬，恭承民命，用永地于新邑。"意思是：今天我披肝瀝膽地告訴你們我的想法。我不降罪你們衆人，你們大家也息卻衆怒，所有的讒言都衝着我一個人來。……以前我們的每一個先王，都會建立比他前輩更多的功業，我也將必定如此。我們搬遷到這個有山的地方，可以使我們的國家避免凶德，建立嘉績。……我和我忠厚誠實的臣子們，恭敬地奉承人民的意志，永遠地居住在這個新的邑。

古代君王重然諾，盤庚也是如此，所以在以後的"二百七十三年，至紂之滅，更不徙都"。殷墟考古已經證明了這一點。從武丁到帝乙八座帝王陵墓已經發現。剩餘一座未完工的帝王陵應該是商紂王爲自己修建的。

從考古學證據上看，盤庚小辛小乙三代，在創業初期連像樣的宫殿也很少發現。

現在，國家專項文物保護項目——"淇河中下游地區大賚店遺址群區域調查"已經正式展開。這項調查有望爲最終的商朝殷墟時期國都的疆域提供進一步的考古學證據。

再讀《尚書・盤庚》

細讀《尚書・盤庚》，兩年來已經累計有十六問，在此一並自問自答。

一、“盤庚五遷”是盤庚第五次遷都？還是盤庚一代遷邑（定居點）五次？

答：注家皆謂盤庚之時爲商湯以後第五次遷都：“自湯至盤庚凡五遷都。”① 這五次遷都按照《史記》正義是：“湯自南亳遷西亳，仲丁遷隞，河亶甲居相，祖乙居耿，盤庚渡河，南居西亳，是五遷也。”②但是大多數專家認定盤庚遷殷是第五次遷都。因爲商湯以後衹有五遷，所以盤庚衹能有一次遷都的機會。所以歷史上專家們就盤庚是遷殷還是遷西亳，或者是先遷殷再遷西亳争論不休。我認爲司馬遷“湯自南亳遷西亳”不應該算作第一次遷都，因爲商湯滅夏自東向西直至西亳這一次商湯在南亳時並未稱王，衹是在滅夏以後纔在“先王居”的亳地稱王。據《史記・殷本紀》載：“桀奔于鳴條，夏師敗績。湯遂伐三朡，俘厥寶玉。……于是諸侯畢服，湯乃踐天子位，平定海内。……湯歸至于泰卷陶，中壘作誥。既紬夏命，還亳，作《湯誥》：‘維三月，王自至于東郊……’”

可見商湯踐天子位是在商湯已經由南亳到亳殷之後發生的事情，所以這一遷衹能是遷邑不是遷都。商湯在亳地稱王，從而擁有了屬于自己的國都。此後商都凡五遷。

從《盤庚》原文看，盤庚五遷應該理解爲：盤庚一生中領導過五次遷邑。據《史記・殷本紀》記載，盤庚是從魯國奄地遷往殷地的，遷殷時盤庚已經繼承王位。這樣就有兩種可能：盤庚在奄繼承王位，奄是商都；或者盤庚在自奄遷殷途中某地繼承王位，奄不是商都。《吕覽・音初》説“殷整甲徙宅西河”，説明盤庚在從奄遷殷途中首先定居的是相（即西河，現河南省内黄縣）。根據《帝王世紀》作的一個解釋“盤庚以耿在河北，迫近山川，自祖辛以來，奢淫不絶，盤庚乃南渡河，徙都于亳”，可以推斷盤庚還遷居過耿，最後一遷到洹南的亳地，此後就一直定都在亳地直至武王滅商。有些古籍就乾脆認定盤庚不是從奄遷殷而是自耿遷殷的。我贊成盤庚自奄遷内黄，自内黄遷耿，自耿遷殷一説。但是我認爲的耿和歷代史家認定的耿在具體地點上差别很大。我認爲這個耿地就是現在考古專家們正在發掘的洹北商城遺址。殷墟和耿僅一河之隔。嚴格地説盤庚在洹北耿地衹住了很短的一段時間便遷往洹河以南的殷墟了。

盤庚以後産生的甲骨文系統中可以看到：盤庚在洹北居住時有一次宫殿的屋頂上突然長出一棵栗樹。栗樹是西周人所崇拜的樹種，對于殷商人就很不吉利。後來洹北商城就突然被一場大火燒掉了。盤庚没有説，衹是含糊其辭地説是“先王不懷”。接著就發生了盤庚動員全民前往洹河以南的殷墟的歷史事件。甲骨文中有這樣一個字：京上生栗樹。

---

①② 《史記》第一册，第10頁。

從《盤庚》内容看也該篇文章記載的應該是盤庚繼位後的某一次遷邑。因爲“民咨胥怨”，“民不適有居，吁衆戚出矢言”。總是不停地遷邑，民衆當然怨言很多。還因爲通篇文字中隻字未提遷都，僅僅説“遷”。没有説新都，新邦，而僅僅説“此新邑”和“新邑”。盤庚是在“此新邑”動員大家搬遷的，説明來此地定居時間不長。

如果盤庚五遷衹是從奄遷殷，事情不會發展到這個地步。至少我們現在可以找著的歷史記載就有奄、相、耿、洹北（北蒙或殷）和洹南（亳殷）五個邑是盤庚曾經遷居過的。根據盤庚將殷地定名北蒙，盤庚在定居奄以前極有可能居住過河南商丘和山東曹縣之間的蒙地（是爲南蒙）。這個問題我們後面還要再討論。所以“盤庚五遷，將治亳殷”是盤庚領導下的第五次遷邑，將定居于亳殷，也就是在商朝最後一個國都——殷——的地域内從洹北的北蒙涉河而遷，遷往洹南的亳殷。《尚書・盤庚》一文記載的就是盤庚這一次，即第五次遷邑的歷史事實。如果我們將盤庚這五次遷徙定義爲遷都，那麼商就出現了前八後十的遷都現象。

二、“將治亳殷”是什麼意思?

“將治亳殷”在孔子壁中書《尚書》裏寫作“將始宅殷”，意思是將在殷地建邑居住。但是將在殷地建邑居住爲什麼就會鬧得民怨沸騰，大家都不願意去住呢?《帝王世紀》作了一個解釋：“盤庚以耿在河北，迫近山川，自祖辛以來，奢淫不絶，盤庚乃南渡河，徙都于亳。”《史記》也説：“盤庚……乃遂涉河南，治亳，行湯之政……”這樣盤庚“將治亳殷”就被歷史定格爲“徙都于亳”了。亳，我已經考證了就是商契所封之亳地，商湯之“從先王居”之亳地。它的具體地點在河南濮陽到洹河之間，是商人的祖籍地，也是商人的發祥地。

盤庚時期的殷地是由洹南的亳殷和洹北的殷地兩個部分組成的，是商王朝之“先王居”的一部分。盤庚遷殷是先居洹北，後遷洹南。殷地商都經歷了一次由洹北到洹南的擴建過程。此後，這個商都一直處于不斷地擴建中，直至武丁以後完成了“邦畿千里”的朝歌大邑商。

本來是“盤庚遷殷”，現在是“盤庚遷亳”了。于是有一批的史家開始研究盤庚從殷墟遷往偃師的西亳的歷史脈絡。這是以訛傳訛所致。實際上，這裏的“南渡河”和“遂涉河南”我認爲是没有搞清楚歷史事實，或者因爲距離殷商時代久遠，歷史事實變得模糊所致。我們在後面談到洹北商城的考古時要澄清這個問題。這裏的河是指盤庚“將治亳殷”時眼下的洹河而不是黄河南河。

我認爲：“將治亳殷”的亳殷就是殷地在洹河以南的區域。亳就是商契所封的亳地，即先王居。在河南濮陽、安陽一帶。亳殷相鄰，是一個完整的地理區域。這就很好地揭示了《竹書紀年》裏“自盤庚徙殷，至紂之滅，二百七十三年，更不徙都”的歷史。我在《破譯甲骨文：亳》裏已經論證了甲骨文“亳”字本義就是糧倉。無論遷邑還是遷都，每到一地必先建糧倉以安定民心。糧倉是每個城邑首先必備的公用設施。而亳地也是先王商契爲商人先民們所建的第一個糧倉。在商人的心目中，這裏就是亳地。盤庚遷殷實際上也是“從先王居”，是回到了祖先的發祥地。

我認爲《盤庚》原文可能就是“將治亳殷”。治就是治理的意思，用如名詞也可以是統治的所在之處。古文治在《説文》之前已經有“治理”之義。見《周禮》：“大宰以九職任萬民，七曰嬪婦化治絲枲。”“用役則帥其民而至。遂治之。”

三、“盤庚遷于殷，民不適有居”中“不適有居”是“人民不去住”還是“人民不適應居住”？前者是不願意搬遷，後者是搬遷去了有怨氣或者水土不服。我認爲是盤庚決計在洹南的亳殷開始建造宮室，呼吁臣民搬遷，但是臣民滿足于現有業已安定的優裕生活不願意去洹南的殷地居住。所有《盤庚》三篇都是爲了統一臣民的思想而作。現在最大的問題是：盤庚在呼籲這些臣民遷往洹南的亳殷的時候，説話的地點是哪裏？這些臣民當時住在什麽地方，是奄？是耿？還是洹北殷地？或者還有别的地方（我這樣説是有原因的）？現在殷在盤庚之時究竟是怎樣的地理邊界成爲一個關鍵。當然，我們現在所説的殷墟，不代表它在盤庚以前也叫殷墟。殷是從盤庚遷入以後纔有的名字。《水經·濁水注》：“陽渠水（洹水）又東徑亳殷南，昔盤庚所遷。改商曰殷，始此也。”《水經注》在這裏告訴我們：盤庚首先遷到的地點是在洹河的北岸，因爲洹水向東流經這個亳殷的南面。酈道元没有弄清楚的一點是，洹河以北當時並不叫作亳殷而衹能叫作殷。所以《盤庚》裏説“盤庚五遷，將治亳殷”，是指遷邑前往洹河以南。

甲骨文適的造字是從商從止（後下 31·15），本義是到大邑商去。該造字也可以説明“民不適有居”在商代應該是人民不願去亳殷的意思。

四、“卜稽曰，其如台”。因爲臣民不願意遷徙，于是盤庚衹好卜稽問龜，占卜的結果是“其如台”。意思是，你們的搬遷去殷地（其如）是吉利（台通怡）的，好的。這句話用了一個“如”（前往）字表明，盤庚當時是在此地而不在亳殷。那麽盤庚説這句話的時候在什麽地點呢？我認爲盤庚説話的地點應該是在洹河以北的殷地，即正在考古發掘的洹北商城。

五、“先王有服，恪謹天命，兹猶不常寧，不常其邑，于今五邦”。不常其邑就是居住地頻繁遷徙之意，並不是國都頻繁遷徙。《盤庚》裏對祖上的稱呼有好幾種，有先王、古后、神后、高后和高祖等等，可能不同的稱呼有具體的商王。不知道先王的提法是盤庚之前的王呢還是之前所有的王。從“于今五邦”判斷，先王應該是商湯以後盤庚以前參與“五遷”的所有的商王。孔傳解釋爲：“先王有所服行，敬謹天命，如此尚不常安，有可遷輒遷。”① 所以“于今五邦”。正因爲這裏的五邦和“盤庚五遷”的五遷數目巧合，以致後世將“于今五邦”和“盤庚五遷”混爲一談。在先秦“邦”與“國”是共同的概念，而“盤庚五遷”涉及的地點未必是“邦”或者“國”，衹能説明《盤庚》所記載的這次是一次遷邑。盤庚在定都亳殷時，已經領導臣民搬遷過四次，至于這第五次遷居就是從洹北的北蒙（即洹北商城，也叫殷地）“涉河而遷”，遷往洹河南岸的亳殷作永久性的定居。《盤庚》中的這最後一遷——從洹河以北的殷地擴展到洹河以南的亳衹能叫遷邑，而不能叫遷邦。因爲遷邑和遷邦是有本質上的區别的。此外，甲骨文涉的本義在卜辭中是雙腳蹚水過河的意思，所以這條河應該指的是洹河而不是黄河的南河。

六、“天其用我命于兹新邑”中，“兹新邑”是什麽地點？下篇提到的“朕及篤敬，恭承民命，用永地于新邑”中“新邑”又是什麽地點？

“兹新邑”的意思是這個新邑，是説話人腳下的地點。新邑説明除了“兹新邑”以

① 《十三經注疏》，第 168 頁。

外還另有一個新邑。注意這裏盤庚没有説“新都”或者“兹新都”，説明兹新邑和新邑都是在同一個國都之内。從洹北遷往洹南正符合這樣的語境。洹北和洹南顯然是兩個邑。洹北是遷居不久的“兹新邑”，洹南是即將擴建完成的“新邑”。兩者同在商都——殷地。

這裏的“兹新邑”是在“盤庚遷于殷，民不適有居”的情況下説的。説明此時盤庚尚未動遷。如果“兹新邑”是奄，説明奄就應該是一個新建的邑，同時説明盤庚從奄是直接遷往亳殷的，中間没有居住過其他城邑。説從奄一次性直接遷往洹河南岸的亳殷顯然有悖歷史事實。因爲盤庚居奄以後，他們曾經居住過相、耿和兹新邑等地。見本文第一問。此外，歷史事實是盤庚在奄十四年之後遷殷地，奄並不是一個新邑而是一個舊邑。説明盤庚説話時所在的“此新邑”一定不是奄，而是一個新建時間很短的邑。

有學者提出“兹新邑”就是河南的亳殷，正如《史記》所説：盤庚“乃遂涉河南，治亳。”集解：“治于亳之殷地，商家自此徙，而改號曰殷亳。”① 皇甫謐曰：“今偃師是也。”②三人一致認定盤庚是由殷地南渡黄河去了河南偃師的西亳，以後直到武丁時又回到了殷地。這個説法不僅没有歷史依據，也没有考古學實證支持。《史記》的這一段記載删除皇甫謐的注解之後，完全可以用來解釋盤庚從洹北遷往洹南的情況。

我認爲：上篇和中篇三次提及的“兹新邑”是現在河南安陽殷墟的洹河以北的，現在正在進行考古發掘的洹北商城到殷墟王陵遺址之間的區域（有一種可能——兹新邑就是中商三期的洹北商城）。兹新邑和安陽小屯的亳殷隔洹河南北相望。而新邑是指現在的安陽小屯即洹河以南的安陽殷墟一帶。《尚書·盤庚》涉及的遷邑，衹是從洹河以北遷往洹河以南的亳殷。一河北南之遷爲什麽難度這麽大，我們將在後面討論。

第五問和第六問都强調了“天命”，可見商代的遷都必定是以天命啓示爲遷都的依據的。

七、“汝猷黜乃心，無傲從康！”的含義。

原句直譯就是：你們放棄你們的違抗之心吧，不要傲慢，不要苟安于你們現在的安逸生活！這裏的“汝”是指“衆群臣以下”（孔氏傳）可以想見，經過四次搬遷的盤庚臣民，在北蒙定居不久，好不容易過上了安居樂業的生活。現在又被要求遷往對岸的亳殷，不僅民衆不願意，群臣也不情願。所以衆群臣以下之人皆懷傲慢之心。他們安于現狀，衹圖眼前的安康生活，不願意再搬遷了。這是爲什麽？因爲洹河北的兹新邑和洹河南的新邑，都是新建的城邑。盤庚的臣民業已經歷了漫長的四遷歷程，群臣以下都已經厭倦了搬遷。洹北的生活安定舒適，他們已經很滿足了。這也就是中篇所説的“承汝俾汝，惟喜康共”。但是，爲什麽盤庚執意要從洹北遷往洹南的亳殷呢？這個第五遷的謎團將隨著正在考古發掘的洹北商城的重見天日而水落石出。目前能够説明問題的考古學事實是：洹北商城是毁于一場大火。這是否就是《盤庚》中所説的“殷降大虐，先王不懷”呢？

八、“汝不和吉言于百姓，惟汝自生毒。乃敗禍姦宄，以自災于其身。”是什麽含義？

這裏“汝”指公卿等朝廷高官。説明公卿們也不願意搬遷到洹河以南，所以對百姓

---

①② 《史記》第一册，第102頁。

說了一些不吉之言，意在煽動百姓抵制搬遷。盤庚說，你們這是自生毒害，最後衹能給你們自己帶來災難。這是在逼迫公卿協調百官，動員民衆共同遷邑。

盤庚給諸位公卿的要求是“汝無侮老成人，無弱孤有幼，各長于其居，勉出乃力，聽予一人之作猷”，萬衆一心以完成遷邑。

九、“惟涉河以民遷。”這裏的“河”究竟是黄河還是洹河？這裏是整個盤庚遷殷歷史事實的核心所在。有關盤庚遷殷的所有攻訐，誤解以及綿延幾千年歷史的學術争論全部維繫在這一個“河”字之上。

必須承認：先秦典籍尤其是夏代口傳文獻《山海經》中的河一般情况下是特指黄河。但是，如果確實是渡黄河，用“惟涉河以民遷”這一句型的準確表達應該是“惟渡南河以民遷”。而從殷地遷往西亳（二里頭附近的河南偃師）絶不是僅僅“涉河以遷”，而是六百里的長途跋涉。在《十三經注疏》的正義和注疏裏，提到黄河一般是説“西河”“南河”和“東河”，而且不用黄河兩字。説明當時大家對黄河所分成的三段已經習以爲常了。

我認爲：有關“河”這個問題不能形而上學地理解。盤庚對于屬下公卿民衆説的河類似一種口語，它應該是指洹河，民衆眼下的河一定是洹河，也就是當地的母親河。卜辭有曰：“河壱雨。”（2920）可見殷商統者心目中的河衹是洹河。每一個地理區域的民衆對于他們地理區域的河流一般都是稱之爲河或者大河。洹河南北的人民所稱呼的河應該是眼下要搬遷的洹河而不會是黄河。黄河西距洹北最近的地方也有300里以上。這個問題的理解是解開全部盤庚遷殷這一歷史事件以及前後相關事件的鑰匙。

“惟涉河以民遷”盤庚用涉河的方法把民衆遷過洹河。黄河是不可涉衹能渡過的。

至此，衹剩下一個謎團没有解開，就是我們在第七問裏所提出的：爲什麽盤庚執意要從洹北遷往洹南的亳殷呢？這裏一定是有一個契機的，而不會是無緣無故地搬遷。

十、“殷降大虐，先王不懷。”是一句隱語，其中隱含了什麽？

“殷降大虐”，是説盤庚帶領的人民在定居洹河北畔時遇到了一次大虐。這個大虐到底是什麽呢？盤庚避諱不説，而當時殷地的臣民當然知道，所以心照不宣。孔穎達疏：“水泉鹹鹵。”我認爲不是正確答案。“水泉鹹鹵”，不是需要隱諱的事情。即使“水泉鹹鹵”，民衆還可以飲用洹河之水。再説，既然是“水泉鹹鹵”，公卿百姓當然應該樂于南渡洹河尋求新的優質水源纔是。結合下半句“先王不懷”可以揣測當時洹北可能發生了一件可以視作“先祖不保佑我們”的較大的天災或者人禍。

據2001年安陽考古工作隊初步勘查：洹北商城宫殿區在中商三期早段突然衰落，而且，發現“宫殿區内夯土基址普遍毁于大火的現象”。這是不是“殷降大虐”，以致盤庚認爲是“先王不懷”呢？這是不是盤庚尋求遷往洹河南側之邑（亦即後來的殷墟）的原因呢？我國民間對火災一向忌諱。民間談及火災時總是以“走水”的隱語代替。盤庚説“殷降大虐，先王不懷”，是符合這個民俗的。

宫殿被燒，祖宗不佑，或者風水不好，所以盤庚急于遷邑。但是這個時候公卿群臣，黎民百姓搬遷到洹河北岸兹新邑不久，剛剛建好新房，種熟了土地，結束了幾十年顛沛流離的生活。所以他們不願意再折騰到河的南邊去。這就是第六問所涉及的搬遷難度很大的原因。這個理由很充分，也可以順理成章地解釋所有問題。盤庚遷殷應當具備中商三期的種種特徵。當然，具體到洹北商城是不是盤庚所建的宫殿，其失火原因還有待考古學的進一步的證據。

十一、“失于政，陳于兹，高后丕乃崇降罪疾。曰：何虐朕民?”

這是從先王角度爲自己渡河南遷做辯護，意思是説：“（殷降大虐，先王不懷），我已經失于政，而仍然居住北岸，先王就會重重降罪于我，譴責我‘你爲什麽虐待我的子民不讓他們遷徙’?”説明了這次定居洹北不久的又一次搬遷是以“殷降大虐，先王不懷”爲前提和原因的。從這一點可以看出盤庚確實是一個很有思辨能力的君王。

十二、“無胥絶遠，汝分猷念以相從”中“無胥絶遠”是指君臣關係還是地理距離?

這裏的“無胥絶遠”語含雙關，似乎用來暗示君臣關係和表示地理距離都很合適。衹是如果是指君臣關係而言，那個“絶”字用得有點過火了。一河之遷，盤庚不至于以斷絶君臣關係相威脅吧。如果用于地理距離倒也很通順：（一河之隔）又不是讓你們搬遷到很遠的地方，你們就幫我分擔一下，和我一起搬到河對岸去吧。話語中葉隱含著對臣屬的威脅：你們不要和我的大政方針距離太遠，否則……

十三、“適于山，用降我凶德。”這裏的山是指太行山還是邙山?

從地理環境看，西亳偃師和洹南殷墟非常相似：偃師北依邙山，殷墟西北依太行山；偃師面向洛河，殷墟濱臨洹河；偃師是夏商兩代的舊都邑，殷墟的洹北經考古證明曾經有中商三期文化遺存。所以説適于山，可以是邙山，也可以是太行山。這可以作爲盤庚遷西亳説的依據之一，但是它也絲毫不能否認盤庚遷居洹河南畔的觀點。故“徙必依山之險，無城郭之勞下，去凶惡之德，立善功於我國”①。這句話暗寓盤庚此番從洹北遷洹南的真正原因。局外人可能不能理解，相信殷人臣民可能心照不宣。

十四、“今我民用蕩析離居，罔有定極。”應該是盤庚遷殷一路遷徙坎坷經歷的寫照。孔穎達的疏謂：今我民“播蕩分析離其居宅，無有安定之極”。②可見小序裏“盤庚五遷”是指盤庚在“永地于新邑”以前確實經歷了一段“無有安定之極”的顛沛流離的過程。這就是“盤庚五次遷邑”，而不是商湯以後第五次遷都。

十五，“爾謂朕曷震動萬民以遷……”的深層含義是什麽?《盤庚》的這句話意思是含混不清的。直譯爲：“你們問我爲什麽震動所有的民衆搬遷?”言下之意是本來可以不這樣做的。也就是説，它隱含著“衹要把宫殿祀廟區遷往河對岸就可以了”的意思。結果盤庚説了一番爲國爲民的大道理：“肆上帝將復我高祖之德，亂越我家，朕及篤敬，恭承民命，用永地于新邑。”即上承高祖之德，下應百姓之命，爲了治理我家，爲了建立一個永久性的新的城邑。看來盤庚遷殷之初是有一個城市規劃的。所以，盤庚遷殷最終是將所有臣民都遷往了對岸的亳殷——安陽殷墟。

十六、遷邑與遷都的區别。

《史記·五帝本紀》裏説：“一年成聚，二年成邑，三年成都。”可見聚落是人群聚集某地之初，邑是漸成城市的雛形，都是定型的國都。《盤庚》中記載的這次自洹北到洹南的搬遷到底是遷都還是遷邑呢?我認爲是遷邑。《左傳·莊公二十八年》對那個時代的都和邑作了細緻的區别：“邑有宗廟先君之主曰都，無曰邑。”整個殷地是都，而從

①② 《十三經注疏》，第172頁。

洹河北岸遷往洹河南岸“都”没有改變，衹是城邑變大了。宗廟先君之主並没有變化，祖墳也没有變動，這一點有洹北十二座王者大墓爲證。

這就是在《盤庚》裏始終衹説盤庚遷殷，盤庚五遷而從來不説盤庚遷都的根本原因。盤庚從洹河北遷到洹河南衹能稱遷邑，不能稱遷都。設想如果盤庚渡河而南，將都邑定在西亳，那麽無論它在河南的偃師還是在鄭州，都必然是遷都，不會是遷邑。

談“亳”

夏商之際，九州大地上有很多地方以亳命名，一般説大的氏族居住地，大的邑都建有亳。西漢以後在官道所經之處以驛亭代之。這是爲什麽？在這些以亳命名的地方哪一個亳纔是商湯建立商朝並長期居住的亳呢？

夏商之際的亳地很多，流傳至今依然名氣很大的有：河南商丘之南亳、山東曹縣之北亳、河南偃師之西亳、安陽殷墟之盤庚之亳殷、有肅慎之亳、有京兆之亳、有衛地之亳、契、湯之亳。

爲什麽在夏商之際會有這麽多地方叫亳呢？回答這個問題首先必須搞清楚亳在甲骨卜辭中的本義。

甲骨文（亳），卜辭中上從京字，下從丰字，也有從草字，從麥穗象形的。我的解釋是它是商代一種用來儲藏糧食和柴草的亭狀建築物。無論亳字的下部從丰、從中或從麥穗象形。總歸是用來儲藏的建築物，或是用來儲藏作爲燃料和飼料的草，或是作爲儲藏食物和糧食的。

《説文》：“亳，京兆杜陵亭也。從高省，乇聲。”前一半確定了亭是一種建築物。後一半是存在問題的：最早的甲骨文亭字下部並不從乇，在甲骨卜辭中“乇”没有這種寫法，甲骨文的亳下從中。西周以後因字形變化漸漸訛變爲這個乇。《説文》中小篆亳用乇作爲聲符是隸書發明以後的事情。衹要比較一下甲骨文“宅”字和“亳”字就可以明白這一點。顯然漢字亳的造字從甲骨文到小篆出現了字形訛變：甲骨文亳是會意造字，小篆的亳是形聲造字，以乇爲聲符。形聲造字法是在西周金文中纔出現的造字方法。我認爲在周朝以後的文字使用中，人們以聲符乇代替了甲骨文亳字中的意符中。談及音訓這裏必須補充一個重要的方言例證，山西臨汾網友告訴我，山西臨汾地區至今在該地方言中，糧倉的發音仍然叫作亳。臨汾是堯的聚邑，可見亳爲糧倉由來已久。

研究商代史，首先必須把亳和商兩個概念區分開來。史學界古今亳、商常常被混爲一談，以致越辯越亂。

夏商之際最大的民生問題就是糧食和草料。殷商人大多生活在平原地區，草料既是燃料又是飼料。所以亳就是用來儲藏人的食物和牲畜的食物的。當時的最主要燃料來源是麥秸、黍秸和稻草，從商代遺址發掘出的大量灰坑和殷墟大灰溝可以證明這一點，糧食收穫以後的秸稈作爲飼料和燃料爲商人重視。

中國各地都有習慣用的地名命名方式。例如，在歷史上常以兵營命名所在地：綠柳營、後標營、江北大營、江南大營等等。殷商人則是以糧倉命名地名。建邑必先建亳，建都也必先建亳。盤庚定居洹河以南首先治于亳殷。我們就應該確定，某地考古發掘出的文物有亳字，此地不一定就是亳地；某亳地考古發掘出的文物也不必一定要有亳字。

有都城必有亳，有邑必有亳。這是夏商之際亳名衆多的根本的原因。王玉哲將原因歸結于"這是由于商族在古時頻繁遷徙造成的"① 是看見了表象而忽視了本質。本質是商代統治者在中原各地本王朝的邑建設了多處糧草儲備庫，目的是爲了戰略儲備、對外擴張和戰争。

很多專家把薄、蒲、蕃、蒲姑、番吾認爲是"亳"的一音之轉。首先這些字和亳是聲通韻不通的，説它是各地方言不同産生的發音的混淆似乎更符合殷商時期的歷史。其次，我認爲：亳字的産生早在薄、蒲、蕃、蒲姑、番吾之前。現在已經辨認出的甲骨文中，爲大家公認的並没有薄、蒲、蕃、蒲姑、番吾這些字。亳字很早就産生了，被當作一個專用名詞在商代卜辭中得到使用，它不需要用其他同音字來假借。第三，亳是糧草倉庫，百姓用來做地名衹是一種約定俗成，因爲糧倉是當地的地標建築物，不能據此就判定亳全都是都城的所在地。可以預見，在殷墟洹河以北的洹北商城遺址某處也一定有這樣一個亳。

還有一個誤區："湯所居"的地點未必都是湯都。舉一個例子：

《史記·殷本紀》："殷契……封于商。……成湯，自契至湯八遷。湯始居亳，從先王居，作帝誥。"

《孟子·滕文公下》："湯居亳，與葛爲鄰，葛伯不祀，湯使亳衆往爲之耕。"

兩者均指今河南濮陽的商（是帝丘而不是商丘）。因爲討伐夏桀，商湯一定還居住過河南的偃師之亳。我們能够認定這些地方都是商湯的湯都嗎？夏桀被商湯消滅敗走鳴條死于南巢以前一直居住在河南洛汭的二里頭（三朡，即三鄩地區），所以商湯在此之前不會久居偃師的西亳，西亳衹是商湯爲了滅夏方便而建立的一個軍需倉庫和橋頭堡而已。假定商湯確實曾經定都于西亳，那也一定是滅夏桀以後的事情。

從商湯討伐夏桀的路綫分析考證。商湯之所以選擇在景亳（今山東曹縣南）會盟，是因爲景亳以西就是三鄩、葛、韋、顧、昆吾等夏人居住區域。更加重要的是景亳當時是屬于岳石文化的勢力範圍。下七垣文化的商湯此舉意在安撫並聯合岳石文化共同消滅二里頭文化的夏桀勢力。在商湯景亳會盟後自東向西依次討伐了葛、韋、顧、昆吾、鳴條，最後是夏桀的大本營——三㚇（即三鄩），夏商之間此前幾乎没有過大的戰争。所以夏都邑爲二里頭地區，湯都邑爲亳（應該是濮陽到安陽一帶的亳地）。

迄今爲止的考古學證據證明，山東曹縣—河南商丘—惠濟河中下游地區是岳石文化遺址密集分布區。

剩下來的問題就是湯冢的問題。我們來仔細閲讀清朝孫星衍的《曹縣重修成湯陵廟碑》："古者墓而不墳，故劉向稱'殷湯無葬處'。至漢建平元年，大司空史郗長卿按行

① 王玉哲著《中華遠古史》，第 179 頁。

水災，因行湯冢，事具《皇覽》，以爲在亳。其時詔稱：河南潁川郡水出，大司空史按部所至，宜于濟陰得見湯陵。自薛瓚、杜預、伏滔、劉昭皆以爲在濟陰亳縣，未有異辭。今曹縣左山之陽，是古濟陰郡治。縣南二十里土山集，是古亳湯都地。北陟淇，南跨睢，西至衛國，東盡濮陽，皆千里畿内。故太甲陵在濮州之歷山，微子、箕子陵亦在東方也。曹縣湯陵列于祀典，明置守冢户，陵前有碑。在宋皇、元延間皆重修。陵上有廟，像設猶存。"

成湯疑冢之一出現在山東曹縣城南二十里没有疑問。但是孫星衍的碑文有三個問題存疑：一是成湯墓一定不會在都邑裏；二是孫星衍説得明明白白，"曹縣湯陵列于祀典，明置守冢户，陵前有碑。在宋皇、元延間皆重修。陵上有廟，像設猶存"。曹縣湯冢是始于明代。三是史學界和民間有"商湯十八冢"之説。説明商湯疑冢衆多，漢代劉向父子尚且不能論定，所以曹縣的湯冢是權勢者所定，是個禮儀性的墳冢，其實大有可疑之處。所以湯冢的歷史證明要留待今後的考古發現。

但是，這些疑點都不妨礙上述地點：河南商丘穀熟—南亳，山東曹縣—景亳，河南偃師—西亳，河南安陽殷墟—盤庚之亳，肅慎之亳，京兆之亳，衛地之亳作爲大邑的糧草倉庫的存在。

疑問：這些叫作亳的地方哪一個纔是商契、商湯、盤庚曾經定都的亳呢？確立了商都之亳，我們就可以進一步論證商代先祖契所封的商的具體地點——契、湯之亳。而在解決湯都這個問題以前，我們必須首先澄清有關三亳的歷史疑問。

從《尚書·立政》考三亳

三亳之説開始于《尚書·立政》，原意非常明確。但是在後來幾千年的不斷的注疏和學術討論中，這個三亳變得越來越複雜多解，以致今天見解紛然。

《尚書·立政》是周代的一篇真實的國家文件，是今天研究夏商兩代嬗替的重要文獻資料。關于立政，孔氏傳説："周公既致政成王，恐其怠忽，故以君臣立政爲戒。"在《尚書·立政》中涉及怎樣統治那些周公鎮壓商民叛亂以後所收容的殷商民衆祇有一句話："夷、微盧烝、三亳阪尹。"意思是把蠻夷、微盧和三亳各自設立一個長官（尹）以便統一管理。蠻夷和微盧是指周滅商時的其他兩個國家，烝是大衆，這好懂。不好懂的是《尚書》把當時歸順周的一部分原商朝領地叫作：三亳。所以三亳既是指原來商朝所有統治的疆域，也是指從商朝歸順周文王的全體民衆（烝）。這個三亳是怎樣産生的呢？這就要從武王伐紂開始梳理。

周武王滅商之後，面臨著"封商紂子禄父殷之餘民。武王爲殷初定未集，乃使其弟管叔鮮、蔡叔度相禄父治殷"①。《地理志》云："河内，殷之舊都。周既滅殷，分其畿

① 《史記》第一册，第126頁。

内爲三國，《詩》邶鄘衛是。邶以封紂子武庚；鄘，管叔尹之；衛，蔡叔尹之；以監殷民，謂之三監。"①《帝王世紀》云："自殷都以東爲衛，管叔監之；殷都以西爲鄘，蔡叔監之；殷都以北爲邶，霍叔監之。"②

周武王用意是善良的，仿效商湯"夏人治夏"的統治手法，實行"殷人治殷"。他把原屬于商朝王畿（大邑商）的土地劃分成三塊，他衹是派出兩個弟弟監督一下。這個三監並不是後來的三亳，因爲這個區域内衹是原來的殷地，即南爲黄河南河、東爲黄河東河、北爲洹河兩岸之間、西爲太行山東麓的朝歌地區。這樣的分割是有道理的。因爲周自認是夏代的後世子孫。所以滅紂之後"武王追思先聖王，乃褒封神農之後于焦，黄帝之後于祝，帝堯之後于薊，帝舜之後于陳，大禹之後于杞"（《史記・周本紀》）。大致的意思是物歸原主，以夷制夷。

本來這是一個很公平的做法，大家各安其分，可以相安無事。但是這個時候周武王病死了。《史記・周本紀》載："成王少，周初定天下，周公恐諸侯畔周，公乃設行政當國。管叔、蔡叔群弟疑周公，與武庚作亂，畔周。周公奉成王命，誅伐武庚、管叔，放蔡叔。"

這場叛亂的主謀是周武王的兩個弟弟，但是藉助的基本力量卻是集中居住在商京畿原地的商紂的舊臣和臣民。周武王"殷人治殷"的方法顯露出統治上的弊病。長此以往，則叛亂仍將會發生。于是周公采取了嚴厲的控制措施：將上述王畿地區的商紂舊衆收回到東都洛陽附近，又將商朝老臣微子代替武庚，封于宋國（今河南商丘）以管理原先居住在那裏的商朝民衆。將商朝剩餘散落在各地的舊衆遷徙到上述王畿地區，封周武王的小弟弟衛康叔管理他們，是爲衛國。

據《元和姓纂》及《通志・氏族略》等所載，周武王滅商後，封其最小的弟弟于康邑，世稱康叔。後周公又將原來商都周圍地區和殷民七族封給康叔，建立了衛國，定都在原殷商的國都大邑商區域。這樣，前商的整個國土和民衆就被分成三個部分：以洛陽爲中心的成周地區；以商丘爲中心的宋國，以商舊都朝歌爲中心的衛地。這件事情在《史記・周本紀》中記載得很清楚："周公行政七年，成王長，周公反政成王，北面就君臣之位。"這是中國遠古史上的一段佳話：周公輔成王。在《尚書・立政》全篇中周公對怎樣治理歸順周朝的少數民族和商朝臣民衹有一句話："夷、微廬烝、三亳阪尹。"所以，三亳的原始意義是西亳偃師（周稱成周），南亳商丘（周稱宋國），亳地朝歌（洹河兩岸的大邑商，周後稱衛國）。這三個亳地是對商朝民衆最爲重要也是最有凝聚力的地方。所謂西亳和南亳是相對于商朝發祥地殷墟的亳地而言的。

如果説有一個北亳的話，那也應該是殷墟的殷亳，因爲它位于朝歌的北部。但是，在商紂王時朝歌的規模已經將整個殷墟合併在内了，形成了"邦畿千里"的規模。在殷墟的洹河以北至今依然存留著十二座王者大墓。

其實，亳的甲骨文本義是指糧倉，最早就是一個有特指的地名。《史記・六國表》將"湯起于亳"和"禹興于西羌；周之王也，以豐、鎬伐殷；秦之帝，用雍州興；漢之興，自蜀漢"相提並論，説明亳在商湯之時是一個非常具體的地點，後來被商人泛化

①② 《史記》第一冊，第127頁。

了。所以亳有廣義和狹義兩種用法。亳地是商人自稱的先王居，就是自從商的開山祖先帝嚳就居住在這裏，商契也是被封于此地的。

通過對後來偃師商城遺址分析可以知道，商人的亳實際上是一個有城垣的小邑，其中除了糧倉以外還有很多民居。商湯和隨遷的移民就住在位于今天河南濮陽到殷墟之間的亳。以後，商人不管遷徙到什麼地方，都把自己的城邑及糧倉叫作亳。這也許是一種對原生地和對祖宗的思念。

商人的青銅器方彝爲什麽是商人糧倉的模型？就是祖傳作爲糧倉的亳的建築原型。這個代代相傳的模型就是後代子孫建造糧倉的歷史檔案。在祭祀儀式上，方彝也是用來盛放五穀獻祀用的。

自盤庚始，商代一共十二王，始終沒有遷都。其祖墳一直在殷墟的洹河以北。所謂西亳、南亳和北亳的三亳之説是周公平叛商衆以後的事情。歷史事實是：大邑商的亳地、南亳商丘和西亳偃師是謂三亳。

在我們今天破譯甲骨文本訓的時候，這一點就非常重要。因爲甲骨文是爲了記錄殷商方言而創造的現存第一個漢字系統，所以這三地的方言（尤其是南亳和亳地的方言）就是我們研究甲骨文音訓的遠古聲音材料。當然，如果其中有些文字是夏人創造的，那麼它們的注音一定使用的是夏方言。

河南因爲黄河泛濫是災民輸出大省。我們在研究夏商方言的時候，必須注意到嵩山以南，荆山武當以東，河南東境和商京畿舊地居民自古以來方言發音變化不大。而洛陽地區的方言發音因爲其重要的戰略地位和數朝舊都變化較大。此外，河南流民的遷徙一般是聚族而居，所以遠古的夏商方言在很多河南流民的遷入地還集中保留著。由于方言的保守性，這些閉塞地區的夏商方言更接近古夏商的方言。

亳是殷商糧倉的證據

有關古代青銅器的器型形制争議最大的要數彝。學界占上風的觀點是彝是商周青銅禮器的總稱。這是基于《左傳・襄公十九年》中的一個記載："且夫大伐小，取其所得以作彝器。"注："彝，常也。謂鐘鼎爲宗廟之常器。"這個做法是商朝人的一貫做法。晚商人在鎮壓一地的反抗之後，會將收繳的所有青銅器鑄成鐘鼎等禮器，上刻寫銘文以記錄戰争功績。其實這些收繳的青銅器大多是武器，這樣做的潛在目的是化干戈爲玉帛，削弱對方的武力而已。

所以鐘鼎銘文又被稱之爲鐘鼎彝文。但是在文獻和考古中常見冠以彝或者銘文中自稱彝的商周青銅器。例如《博古圖》就收集了父丁彝、虎彝、方彝等的白描圖像。自宋代以後的學者認定彝是青銅器的一種，以侈口圈足兩耳者爲彝，以斂口，口有蓋，兩耳或有方座者爲敦。（侈口就是器口大于器身的直徑，所謂斂口就是器口小于器身的直徑。）所以王國維説尊彝有禮器全部的"大共名"和僅僅指壺、卣、罍等的"小共名"

之説。這大概是源于《爾雅》："彝、卣、罍，器也。" 也有人不認同的。比如清朝的陳介祺的《簠齋尺牘》就説古無彝名，彝即是敦。

確實，進入周代以後青銅器中很多商代的彝，都會在銘文中被稱爲敦的。王國維在他的《説彝》一文中例舉了三個例子（《觀堂集林》卷三）。王國維在此基礎上得出結論："可知凡彝皆敦也。第世所謂彝，以商器爲多，而敦則大半周器。"① 就是説彝和敦是商、周的不同説法而已。

至于彝和敦的用途絶大多數研究者認同是酒器，用來盛酒以祭祀的。這一點王國維提出懷疑："曩竊疑諸家所謂彝之形制與尊、壺、卣等絶不類，當爲盛黍稷之器。而非盛酒之器，苦不得其證。" 我贊成王國維的懷疑。我認爲彝和敦是用來盛黍稷的禮器。我找到《禮記・小宰職》有"王婦執一金敦黍"的記載。説明商彝周敦功用確實是曾經被用于盛黍的禮器。

商代的彝和周代的敦在禮器中是用來盛糧食的。這一點對我下面的論證很有幫助。

在這裏我要提出的一個問題是："爲什麽用彝或者後來用敦來盛黍稷以祭祀?" 所以，彝的造型在商代很可能與儲藏糧食有關。假設一下：彝的原始造型很可能就是商代的糧倉。帶著這個問題我翻閱了有關考古資料，取得了一個關鍵性的突破。如圖一。

圖一　左爲圖甲，右爲圖乙

圖甲是 1983 年殷墟大司空村 663 號商墓出土的青銅方彝。

圖乙是 1995 年殷墟郭家店 M26 商墓出土的青銅方彝。

圖丙是著名的商王武丁妃婦好商墓出土的青銅偶方彝，是兩個方彝并聯而成的。該偶方彝從造型上看已在向周敦的造型演化。

比較總結一下，他們有共同的結構特點：青銅鑄造，長方體形的器身，都有提耳和"五脊四面坡"的可以取下的頂蓋。（這是晚商屋頂的最常見形式。）它們的製造年代都是在盤庚遷殷以後的晚商。所以它們都被考古學專家命名爲方彝。

圖二　圖丙

它們之所以都出自商墓，是因爲商代統治者有"率天下而葬"的習俗。塵世間所享受的一切，他們都會"備份"並帶著一起下葬。因爲靈魂不死，在陰間這些都還用得著。所以《詩經・黃鳥》中秦穆公把子車奄息兄弟仨都帶著殉葬，爲的是在陰間有人保衛自己。

從甲骨文的"亳"字我們看到，它的上部是一個京字頭，所以它應該是一個亭狀的建築物。亳的下面是什麽呢？是一個屮，或者説是小麥麥穗的象形。引申爲糧食。所以，亳的本義是：糧倉。此後直至漢朝墓葬中出土的糧倉都沿用了商代方彝的形象，陶器的冥器糧倉考古中很常見，有關照片也很容易找到，這裏就不再一一列舉了。據《周禮・天官・冪人》注疏，彝爲西周宗廟地位較高的禮器。基本形制是：有流，有鋬，

---

① 姚淦銘、王燕主編《王國維文集》（下部），第 352 頁。

或有可把握之提梁，四足或圈足，一般爲圓造型。從《周禮・司尊彝》看，周代的六彝都是圓形造型的，所以商代的這個没有流、鋬和提梁的方彝能不能叫作彝尚待商榷。我認爲它就是一尊商代糧倉的模型，作爲冥器是用來爲死者儲藏糧食的。這很符合殷商"率天下而葬"的喪葬習俗。西周以後彝的形制、用途、名稱都發生了變化。商彝是長方體，周彝形制有了變化，這可能是商周糧倉形制不同所致。

亳最早如《説文》所説：也許是京兆杜陵的一個糧食倉庫，後來其他糧食倉庫就都被叫作某某亳。商朝在本朝的主要糧食産地有三個大的糧食倉庫，分别叫作北亳，南亳和西亳。後來，盤庚遷往殷地，也曾經把殷地的洹河以南稱爲亳殷也是因爲這樣的道理。所以《尚書・盤庚》開篇就是："盤庚五遷，將治亳殷。"盤庚要將民衆遷往殷地，第一件事當然是建造糧倉。這就是兵馬未動，糧草先行的道理。無論大國小國，都有自己的糧食倉庫，可以説有大邑必有亳，建都必先建亳。所以王國維説："古地以亳名者，甚多。"① 地以亳爲名是因爲亳是當地的地標性建築，也是和國家命運休慼相關的建築——糧食倉庫。山西臨汾方言至今糧倉仍叫作亳。

讓我們仔細比較一下上述三尊晚商墓出土的方彝和亳的關係。他們的共同點是：

一、都是亭狀（長方體）的建築物；二、都是用來盛糧食的。

由此可知：這樣的方彝是一個實際上是縮小的的建築物模型。這種建築物在至少在晚商時期是用來儲存糧食的糧倉，所以當它被用作禮器的時候，功能就是盛黍稷以祭祀。這個糧食倉庫的模型的名字很可能叫彝。而糧食倉庫真正的名字叫亳。帝王和貴族帶著這樣的方彝下葬是爲了滿足禮儀的需要，也是爲了死者在陰間吃的需要。其實一直到了漢朝，許多冥器中的糧倉仍然沿用了這種方彝的器形，衹不過漢墓中發掘出來的不是青銅器而是陶器而已。這是一種歷史的傳承。

因此，按照這個推理，從理論上説，晚商的每一座帝王或者貴族墓裏都應該有一尊這樣的方彝。并且在今後的考古中不能排除繼續有偶方彝甚至三聯方彝出現的可能性。

商都五遷，盤庚也有五遷

自商湯滅夏桀後，商的國都曾先後五次遷徙。《史記・殷本紀》中載："仲丁自亳遷于囂"、"河亶甲自囂遷于相"、"祖乙居庇"、"南庚自庇于奄"、"盤庚旬自奄遷于北蒙，曰殷"。張衡的《西京賦》也説："殷人屢遷，前八而後五，居相圮耿，不常其土。"就是説，商湯以後至商紂滅亡以前商除了開國之時的亳地以外，先後遷都囂、相、庇、奄、殷五處。按照張衡的記載，在居相之後還有一個"圮耿"，地點尚有争議，但是商都曾經五遷卻是不争的歷史事實。

① 姚淦銘、王燕主編《王國維文集》（下部），第322頁。

注家皆謂盤庚遷殷爲商湯以後第五次遷都："自湯至盤庚凡五遷都。"① 這五次遷都按照《史記》正義是："湯自南亳遷西亳，仲丁遷隞，河亶甲居相，祖乙居耿（或稱庇，待考)，盤庚渡河，南居西亳，是五遷也。"②大多數學者都認定盤庚遷殷就是第五次遷都，原因是商湯以後衹有五遷，所以盤庚衹能有一次遷都的機會。史學界就盤庚是遷殷還是遷西亳，或者是先遷殷再遷西亳争論不休。這個問題在殷商研究中確實非常重要，如果按照上述説法，盤庚應該曾經在河南偃師附近的西亳定都。此後的殷商史應該遵循另一條綫路。但是這個問題與本案無關。本文要探討的是這個五遷到底是商朝曾五次遷都還是盤庚有五次遷徙？

《尚書序》和《史記》的記載與上述觀點出入很大，兩書認定僅僅盤庚一人在爲商王前後就有過五次遷徙。記載爲"五遷"而不是"遷都"。

《尚書序》："盤庚五遷，將治亳殷。民咨胥怨，作《盤庚》三篇。"

《史記·殷本紀》曰："帝盤庚之時，殷已都河北，盤庚渡河南，復居成湯之故居。乃五遷，無定處，殷民咨胥皆怨，不欲徙。盤庚乃告諭諸侯大臣曰：'昔高後成湯與爾之先祖俱定天下，法則可修，舍而弗免，何以成德？'乃遂涉河南，治亳，行湯之政。然後百姓由寧，殷道復興，諸侯來朝，以其遵成湯之德也。在位二十八年。崩，弟小辛立。"

儘管上述兩書在歷史上很權威，但是懷疑者也大有人在：

元代董鼎《書傳輯録纂注》(尚書)："《序》遂謂盤庚五遷……而作《序》者考之不詳。謬云爾也。""《序》與經文既已差謬，《史記》遂謂盤庚自有五遷，誤人甚矣。"③董鼎的意思是，《尚書序》因爲考之不詳首先産生了"盤庚五遷"是"盤庚一身而五遷"的錯誤，司馬遷照抄《尚書》，所以"盤庚一身五遷"遂成定論，所以誤人太甚。

丁山《由三代都邑論其民族文化》曰：《史記》"以五遷爲盤庚一身之事"。顧頡剛等也以爲盤庚五遷並非盤庚一身五遷。

其實如果是四遷、六遷甚至七遷都是没有問題的，偏偏它是五遷。恰與商湯以後五次遷都巧合了。

翻閲清阮元的《十三經注疏》相關章節，你可以看見很長的一段有關盤庚遷殷到底是有商第五次遷都還是盤庚一身有五次遷徙的各家疏證。其實上述引用的所有先秦歷史文獻在記載盤庚遷殷的問題上是一致的，衹是所有的參與討論者分處不同的歷史年代，没有透徹地闡明自己的本義也無法直接溝通意見，而後來人又没有搞清楚前人的真實意思。盲人摸象，各執一是，這種情況在歷史研究中屢有所見。

我是這場學術争執中的旁觀者，俗話説旁觀者清。我是這樣看這個問題的：

因爲歷史上商湯之後的商朝確實有五次遷都，而第五次由奄都遷往殷墟的過程是在盤庚領導下經歷多年遷徙多地纔完成的。但是，在盤庚的一生中也確實存在五次遷徙。這場學術争論中所有的"争吵者"都忽視了這兩個"五次"被大家混爲一談了。閲讀先秦有關盤庚的歷史記載，從來没有一本書上記載著：盤庚五次遷都。而衹是寫著：盤庚

①② 《史記》第一冊，第102頁。

③ 王春林著《〈書集傳〉研究與校注》，人民文學出版社2012年版，第3頁。

五遷。五遷和五次遷都是有本質的區别的。

盤庚五遷依據文獻可能有三種歧義的理解：一種觀點是盤庚在繼承王位以後完成了將商朝都邑由奄地遷往殷地。這次遷都是商代自商湯立國以來的第五次遷都。第二種觀點認爲商王朝的最後一次遷都是在盤庚率領下分爲五站完成的。目前可考的有自奄遷内黄，自内黄遷洹北，自洹北涉河遷洹南三次。看來這一次遷都的歷程是充滿艱辛的。第三種觀點就是："盤庚五遷"的意思是盤庚一生中遷徙過五次，這五次遷徙包括了盤庚繼承王位以前的遷徙（四次遷邑），加上繼承王位以後的遷徙（一次遷都）。史傳盤庚有前十四後十四的說法。也就是說盤庚五遷發生在這二十八年中，而自奄遷殷纔是遷都。這就是說盤庚繼位商王王位以前曾"遷邑"四次，而在他繼位商王以後"遷都"一次。《尚書序》和《史記》的"五遷"是一種不嚴謹的作法。但是盤庚的五遷既包括了遷都，也包括了遷邑，這就是史家記載時很爲難，也衹能以五遷概括之。

需要强調的是：盤庚的最後一次遷徙是由洹河北岸的洹北商城"涉河而遷"遷往洹南的亳殷。這是一次遷邑，不是遷都。因爲兩地同屬殷地。祖墳未遷，祭祀區王陵區仍在洹北。所以衹能叫作遷邑。

《尚書・盤庚》："先王有服，恪謹天命，兹猶不常寧，不常其邑，于今五邦。"《盤庚》中對祖上的稱呼有好幾種，有先王、古后、先神后、高后和高祖等等，可能不同的稱呼有具體的所指。不知道先王的提法是盤庚之前的商王陽甲呢還是之前所有的王。從"于今五邦"判斷，先王應該是商湯以後盤庚以前的所有曾經即位的商王。孔傳爲："先王有所服行，敬謹天命，如此尚不常安，有可遷輒遷。"① 所以"于今五邦"。正因爲這裏的五邦和"盤庚五遷"的數目巧合，以致後世將"于今五邦"和"盤庚五遷"混爲一談。在先秦"邦"與"國"是共同的概念，而"盤庚五遷"未必是遷"邦"或者遷"國"，衹能說明他終其一生中一共領導子民搬遷過五次，至于遷居的地點可能是新邑，也可能是舊邦。這是有本質區别的。以後我們會搞清楚，盤庚執政以前衹能叫遷邑，執政以後纔能叫遷都。而從洹河以北涉河而遷到了洹河以南這一次也不能叫作"遷都"，而衹能叫作"遷邑"。

按照這個思路回到本文開始，我們重新審視《尚書・盤庚序》和《史記》就會發現在這場争論中的新的問題：

《尚書・盤庚序》："盤庚五遷，將治亳殷。民咨胥怨，作《盤庚》三篇。"

這裏是盤庚在最後一次由洹北殷地涉河前往洹南亳殷之前的全民總動員，注意這是盤庚一生中的"第五次遷徙"（此時商都已經在殷地的洹河北岸，所以不是他的"第五次遷都"）的意思。那麼盤庚的這個總動員的地點是在哪裏？

《史記・殷本紀》曰："帝盤庚之時，殷已都河北，盤庚渡河南，復居成湯之故居。乃五遷，無定處，殷民咨胥皆怨，不欲徙。盤庚乃告諭諸侯大臣曰：'昔高后成湯與爾之先祖俱定天下，法則可修，舍而弗免，何以成德？'乃遂涉河南，治亳，行湯之政。然後百姓由寧，殷道復興，諸侯來朝，以其遵成湯之德也。在位二十八年。"

這裏"帝盤庚之時，殷已都河北"，此時的黄河下游水利依然保持了大禹治水後的

① 《十三經注疏》，第168頁。

格局，即使盤庚在初即王位的山東奄地，也是位于黄河的東南面。所以這裏的“殷已都河北”無論從名號殷還是從“都河北”看，商都已經遷到了洹河以北。“盤庚渡河南，復居成湯之故居”從洹北渡河而南，而且是“復居成湯之故居”，這個故居衹能是今天洹南的亳殷。這一點也得到了史學家們的贊成。

但是接下去的内容顯然是史學界産生混亂的關鍵：“乃遂涉河南，治亳，行湯之政。然後百姓由寧，殷道復興，諸侯來朝，以其遵成湯之德也。在位二十八年。”《史記》的這一段理解上要緊扣這樣幾個關鍵詞：

一、“乃五遷”意思是盤庚“一共遷徙五次”，這説明從洹北到洹南這是盤庚第五次遷徙而不是第五次遷都。所以盤庚衹能是“五次遷邑”，不可能“五次遷都”。但是在《尚書・盤庚》中盤庚説：“不常其邑，于今五邦。”這裏是“遷邦”，也就是遷都的意思。遷都意味著祖宗宗廟的遷徙。所以當盤庚説出這句話的時候，其祖廟已經從山東奄地遷到了北蒙殷地。這一點可以充分證明《盤庚》一文記載的是發生在殷墟洹河北岸的事情。因爲涉及了盤庚五次遷徙既有遷都也有遷邑，所以衹能以“乃五遷”記之。

二、“遂涉河南，治亳”中的河是黄河還是洹河？《盤庚》中也説到“惟涉河以民遷”。這裏的“河”究竟是黄河還是洹河？這裏是整個盤庚遷殷歷史事實的核心所在。有關盤庚遷殷的所有攻訐，誤解以及綿延幾千年歷史的學術争論全部維繫在這一個“河”字之上。

先秦的“河”是一個特指：黄河。但是，在具體到如果是渡黄河，則“惟涉河以民遷”的準確提法應該是“惟涉（黄河）南河以民遷”。在《十三經注疏》的正義和注疏裏，提到黄河一般是説“西河”“南河”和“東河”，而且不加解釋，也從未有過“河西”“河南”和“河東”的記載。説明當時大家對黄河所分成的三段已經習以爲常了。但是我發現如果盤庚是從奄地遷往西亳偃師，兩地同在黄河之南，則無需渡河；如果盤庚是從洹北遷往西亳偃師，則需要同時渡過洹河和黄河的南河這兩條河流。則應爲“惟渡兩河（洹、黄）以民遷”了。“惟涉河以民遷”一句中涉字是涉水過河的意思，不能用于渡黄河的字義。

盤庚對于洹河兩岸的公卿民衆説“河”類似一種口語，它是指眼下要渡的洹河，民衆眼中的河一定是洹河。也就是當地的母親河。每一個地理區域的民衆對于他們地理區域的河流一般都是稱之爲河或者大河。洹河南北的人民所稱呼的“河”應該是洹河而不會是黄河。這個問題的理解是解開全部盤庚遷殷這一歷史事件以及前後相關事件的鑰匙。

“惟涉河以民遷”，盤庚用涉河的方法把民衆由洹北遷往洹南。請思考盤庚説這些話的地點，盤庚是在洹河北岸説這一番話的。也就是説盤庚應該指的是眼下的這一條河——洹河。

三、在這一次遷徙以後，盤庚就没有再遷徙了，殷商也就没有再遷徙。就是説他遷到了他一生中的最後一個“新邑”，顯然，這個邑就是現在的殷墟（當時叫亳殷）。而且，此後二百七十三年，也一直定都在這裏。這二百七十三年的起點就是盤庚離開奄地前往殷墟這一年，也就是盤庚繼商王位的十四年之後。即使按照史書記載有商紂王“稍大其邑”，也是在亳殷的基礎上擴大了都城，這個都城就是殷商人自稱大邑商的京畿地區。

盤庚自洹北遷往洹南到底是遷都還是遷邑呢？我認爲是遷邑。《左傳·莊公二十八年》對那個時代的都和邑作了細緻的區别："邑有宗廟先君之主曰都，無曰邑。"整個殷地包括先期定居的洹北和後來擴建的洹南是一個不斷拓展的國都，而從洹河北岸遷往洹河南岸，邑已經變换了。宗廟先君之主並没有變化也没有變動，祖墳也依然在洹河北岸。

這就是在《尚書·盤庚》裏始終衹説盤庚遷殷，盤庚五遷而從來不説盤庚遷都的根本原因。設想如果盤庚渡河而南，將都邑定在西亳偃師，那麽遷回到殷墟安陽也衹能是遷都，不能説是遷邑。那麽就會出現"前八後七"的情况，因爲最終商都還必須回到其末代帝王商紂王的京畿大邑商。這顯然與歷史記載不符。

儘管盤庚將洹河南北視作一體，其實洹河的南北在後來歷史上可能分屬齊魯兩國。

盤庚從洹河北岸遷往洹河南岸不能叫作遷都的一個最關鍵的也是最本質的考古證據是：晚商的王陵區一直是在洹河北岸，直至商朝滅亡時也没有搬遷過。即使是死于牧野的商紂王也爲自己在洹北王陵區修建了一座規制很大的陵墓。這一點也是盤庚並没有遷往黄河以南的西亳偃師的證明。

綜上所述：歷史上商朝確實有五次遷都，而第五次由奄都遷往殷墟的過程是在商王盤庚領導下完成的。但是，在盤庚的一生中也確實有五次遷徙。現在已經明確知道的盤庚即位以後的遷徙有自奄遷相（内黄），自相遷北蒙（洹河以北，是今天的洹北商城遺址還是邢臺某地有待考古學證據），自洹北遷洹南等三遷。至于盤庚即位以前還有那些遷徙？盤庚遷往洹北爲什麽命名其地爲北蒙，他和盤庚的"南蒙情節"（山東蒙地）有怎樣的聯係，還需做深入研究。

畢竟在《史記》中司馬遷給我們留下了這樣的一個疑問："帝盤庚之時，殷已都河北，盤庚渡河南，復居成湯之故居。"這裏的成湯之故居顯然是指亳殷。所以我們隱約看見盤庚五遷有一條若即若離的路綫：

南蒙（山東蒙地）——奄（盤庚在此繼承王位並定居十四年）——内黄（相）——耿——北蒙（洹河以北）——亳殷（洹河以南）。這是盤庚五遷，也是盤庚作爲商王歷史上第五次遷商都的完整過程。

盤庚遷往洹南的卜辭證據

今天的安陽河在盤庚時期叫洹河。它的北岸現在被京廣綫一分爲二：東邊是正在考古發掘洹北商城遺址，西邊是殷商的陵墓區。洹河的南岸是殷墟宫殿區，作坊區和部分墓地。在卜辭中我找到了這樣幾條關于洹河的記載：

一、"戊子貞：其尞于洹泉……三宰宜牢。"（甲 903）

二、"……東洹弗……"（粹 1061）

以上兩條均與洹水相關，其中洹泉要作一些解釋。馬如森將洹泉解釋爲"疑爲洹水之源，也可能是水神”[1]。徐中舒也將泉字本義釋爲“水源也[2]。這是二位先生對洹水相關地理情況不瞭解的緣故。洹水從河南林縣隆慮山向東流，在太行山東麓一個叫善應村的地方由地下河滲流出地面成爲今天的安陽河。洹的甲骨文從水從亘，應該是它在善應村的洹水源頭出水的泉湧之狀。尞是一種祭祀名，在洹水源頭問卜祭祀應該是和生活用水，水旱水災，或者豐收有關的祭祀。夏、商、周三代每年都要在水邊、水中祭祀泉源、河流、淵澤等，祈求豐收和平安。

後三條是武丁時期的卜辭：

三、“……□貞：洹其乍茲邑。占……”（續 4・28・4）

四、“貞：洹弗乍此邑。”（同上）

五、“……卜，争貞：洹其乍茲邑。［占］……”（掇二 476）

從文中可以看出，“乍”（讀音作）在晚商甲骨文裏我理解可以是“起來”或者“漲水”的意思。也有甲骨文專家解作“作”即“建造”的意思。我的認定有一個重要的依據是上面的第三第四兩條卜辭内容。根據專家意見作“建造”解釋的話，第三條應該解釋爲“某人卜問，結果是在洹水邊建造城邑，凶”，這樣的解釋當然是可以的，但是它無法繼續解釋第四條卜辭，因爲第四條卜辭的内容是“弗乍茲邑”，按照上述解釋就是“不建造茲邑”，既然不建造茲邑就根本不需要問卜，從而也就不會出現這樣一條卜辭。卜辭是因事問卜。因此可以反證卜辭“乍”的意思不是“建造”，而是我所説的“發作”。

所以我認爲，第三條直譯是：某人卜問：（結果是）洹水淹此邑，占卜吉凶。第四條直譯爲：某人問卜：洹水不會淹到此邑，（當爲吉）。這就説明武丁時期的商都仍在洹河兩岸的殷地。

還有兩條卜辭可以間接證明盤庚所遷之亳殷是在洹水的南岸：

六、“昃亦有設，有出虹自北飲于河。”（叕 35）

七、“王占曰：有祟，八日庚戌，有各雲自東□母，昃，亦有出虹，自北飲于河。”（菁 4）

我已經論證了昃在殷商時期是時間詞，昃具體指的時間是午後。這兩條卜辭都是記録午後有彩虹出現。

注意這兩條卜辭中都提到了“有出虹自北飲于河”的現象。卜辭的占卜地點一般是在殷墟，占卜有了應驗以後就地窖藏。“有虹自北”當然是自殷墟的北邊，從河北到北京都是可以的。但是“飲于河”，就很值得分析一番。有相當一部分史家是贊成《盤庚》“涉河以民遷”是南渡黄河，遷往西亳河南偃師的。這兩條卜辭中兩處提到的“河”應該是什麽河呢？有一點地理學和氣象學常識的人都會判斷，這裏的“河”不是黄河。因爲如果有這樣一道虹它從殷墟的北面跨過天際直到殷墟南面 200 公里的黄河，那該是怎樣的一道“奇異的彩虹”啊！一是跨度這樣大的彩虹在氣象學裏根本不存在。二是卜辭裏説得很清楚：飲于河。殷墟的人們是看見它一頭在北邊一頭扎進了河裏喝水（飲于

① 馬如森著《殷墟甲骨學：帶你走進甲骨文的世界》，第 438 頁。

② 徐中舒主編《甲骨文字典》，第 1231 頁。

河）。這條河就衹能是洹河，要知道飲于黃河在距離黃河南河 600 里之外的殷地是看不見這種“飲于河”的現象的，殷墟的人們在亳殷所能看見的衹能是有虹“飲于洹河”。這樣纔符合地理學和氣象學的常識。

以上七條卜辭均出自洹水南岸的亳殷之地，時間跨度一直到武丁時期。説明自盤庚到武丁殷都不在偃師而在亳殷。可以初步判定：盤庚時代的卜辭甲骨在洹水兩岸的殷地都不會有發現。因爲系統的甲骨文字在盤庚時期還沒有被創造出來，也就不會被用于占卜和刻辭。

殷墟十二王陵

殷墟王陵遺址位于洹河北岸。自 1934 年以來一共發掘出十二座王陵大墓（除器物墓以外）。王陵大墓十二座，2000 餘座陪葬墓，和累計 8000 餘座墓葬。請你想一想這意味著什麼？

一座未完成大墓，顯然這是商紂王爲自己建造的，但是他沒有福氣，在大墓建造未完時，周武王的軍隊就在牧野徹底顛覆了殷商王朝。這不是巧合：正好商紂王死于牧野，不遠的晚商都邑殷墟正在建造他的王陵。

其餘還有十一座王陵是誰的？不是帝王是不能享受王陵之制的。這些帝王是誰？從商紂王向他的祖先數一數，前十一個商代帝王分別是：盤庚、小辛、小乙、武丁、祖庚、祖甲、廩辛、康丁、武乙、文丁和帝乙。這也不是巧合：正好十一座王陵埋葬著盤庚遷殷以後的十一代晚商帝王。雖然由于這些大墓歷史上屢遭盜掘，考古界至今還沒有能够完全對號入座，但是殷墟十二王陵的規制正好對應十二晚商商王，這也不是巧合！

這一切説明什麼？

首先，它説明盤庚遷殷首先的居住地是洹河以北。見《水經・濁水注》：“陽渠水（洹河安陽段）又東徑亳殷南，昔盤庚所遷。改商曰殷，始此也”，所以他把自己的陵墓建造在了洹河以北的侯家莊和武官村的某地。後來他遷邑到了洹河以南治亳殷，但是王陵已經開始建造，他被安葬在洹河北的王陵。以後這裏就成爲晚商殷墟帝王的祖墳了。盤庚起的十二代商王陸續被安葬在這裏。王陵區的西面正是洹北商城的遺址。

其次，它説明盤庚沒有遷往西亳（偃師或者鄭州）。所謂盤庚遷殷衹是盤庚將城邑從洹河北遷到了洹河南。因爲王陵沒有搬遷，宗廟還在殷地，所以衹能被叫作遷邑而不能叫作遷都。如果盤庚確實去了西亳，那就應該叫作遷都而不是遷邑。如果盤庚確實去了西亳那商朝的遷都就應該是“前八後七”（還應包括從偃師回遷殷墟的最後一次）纔是。如果存在著武丁自西亳遷都返回殷地的歷史事實，那就不是“自盤庚徙殷，至紂之滅，二百七十三年更不徙都”（《史記》引《竹書紀年》）了。

第三，它證明了“自盤庚徙殷，至紂之滅，二百七十三年更不徙都”。這個記載是真實可信的。事實也應該如此，歷史上絕不會出現這樣一種不合理的做法：盤庚自殷遷往西亳以後，盤庚和他的後代商王死後把靈柩一次又一次地運回六百里之外的殷墟安葬。既然盤庚已經遷往西亳，當然應該安葬在西亳。祖宗葬在西亳。後面十一代帝王有什麼理由在其他什麼地方安葬呢？殷墟也就斷無有十二座晚商王陵的情况出現。

第四，殷墟十二王陵還説明，在洹北一定曾經存在一個萬人以上的城邑，因爲盤庚曾經"震動萬民以遷"。盤庚初期在洹北必定會有一個有晚商三期文化遺存的遺址。這個遺址在項羽的時代就已經被人遺忘了。《漢書·項羽傳》："洹水南，殷墟上。今安陽西有殷。束晳以殷在河北，與亳異也。"其實正是束晳爲我們留下了寶貴的歷史文獻——盤庚遷殷最初是在洹河之北，後來搬遷到洹河以南，在洹南建立了亳殷，這就是今天安陽西纔能有亳殷之舊墟的緣故。

第五，殷墟十二王陵的存在還提示我們：在洹北的考古中應該出土和晚商盤庚到武丁時文化相銜接的：帶白灰墻皮的草拌的泥塊，用于蓋房子的完整的或者半截的土坯，用泥巴糊封的蘆葦房頂，應該有比殷墟卜辭更簡單的卜辭文字或者根本没有卜辭衹有占卜裂紋的龜甲。這些都在洹北商城遺址的考古發掘中被證實了。

第六，在洹北考古的中商三期（僅限三期）文化遺存中應該没有成組的青銅禮器出現。原因很簡單，就是盤庚是"震動萬民以遷"的傾城搬遷，所有的完好的成組的青銅禮器都應該搬遷到了洹河南岸的亳殷。但是應該有一個例外——用于商王祭祀的祭祀坑裏的青銅禮器窖藏不在此例，因爲隨著南岸的晚商帝王們死後，在洹北王陵區會形成祭祀用的埋有青銅禮器的祭祀坑。這就是《禮記·孔子閒居》中説的"殷人吊于壙"是也。殷商有"諒陰"的守制習俗，後代商王必須爲其亡父守喪三年。守喪期間住在洹北王陵旁邊的草廬裏。這就産生了商代歷史研究中的一個誤解：武丁遷洹北。

這十二座晚商王陵向史學家和考古學家們提出了一個新的問題：《史記》所記載的武乙時期"殷復去亳，徙河北"，是遷都還是遷邑？是徙洹河北還是徙黄河北？

從洹北遷邑洹南，是盤庚還是武丁？

商代的殷墟遺址分成洹河南區（即亳殷）和洹河北區（即殷地或者北蒙）兩個部分，史學界没有争議。後來歷史中洹河北古屬齊國，洹河南古屬魯國，似乎也没有什麼争議。所以洹北和洹南極有可能在盤庚遷殷之前是分屬于兩個不同的氏族分支，就像伊洛地區的上鄩和下鄩在夏代分屬于斟鄩氏和斟灌氏一樣。

盤庚遷殷最終是遷到洹河北的殷墟呢，還是遷到洹河南的殷墟呢？討論武丁的都邑問題根子還是在盤庚這裏。

《水經·濁水注》："陽渠水（洹河安陽段）又東徑亳殷南，昔盤庚所遷。改商曰殷，始此也。"（亳疑爲衍字或後加）意爲安陽河從亳殷的南邊流過，酈道元認爲亳殷應該是在洹河的北邊。這正是今天考古已經發掘出的洹北商城的遺址所在的地區。"昔盤庚所遷。改商曰殷，始此也。"説明盤庚遷殷的第一落腳點是洹河北岸的洹北商城而不是洹河南岸的亳殷。盤庚正是在這裏改商曰殷的。此後纔有殷商一説。殷商的本義就是新生的商。《史記》的集解和索隱所引汲冢古文有："盤庚自奄遷于北蒙，曰殷墟，南去鄴三十里。"① 這就是指今天殷地在洹河北邊的地理區域。這一地區正是盤庚遷殷最先到達的居留地——北蒙。酈道元犯了一個錯誤，這一地區並不是亳殷，而是殷或者北蒙。《尚書・盤庚》中"將治亳殷"所指的亳殷是在洹河的南岸——今天在安陽以西的殷墟。

盤庚定居洹北的時間並不長，也許是發生了一次重大的天災，也許是爲環境所逼，盤庚決定把這個邑從洹河北岸搬遷到洹河南岸。這是盤庚的第五次遷邑，他的臣民已經厭倦透了搬遷。這一次又没有正當理由，所以引起了包括朝廷高官在内的多數人不滿，他們希望過安逸的生活。《尚書・盤庚》就是記録這一歷史事實的，但是文中並没有披露盤庚自洹北遷往洹南的真實的動機。過去史學界習慣地認爲，《尚書・盤庚》一文記録的是盤庚動員全民從奄地（山東曲阜）搬遷到洹河北岸的殷地的第五次遷都之前。其實它記載的卻是盤庚從洹北到洹南的這一段歷史。至于這次搬遷的動機，始終未見相關典籍。衹是在《尚書・盤庚》中有八個字的記載："殷降大虐"和"先王不懷"。《盤庚》全篇中，隻字未提遷都。

武丁是小乙的兒子盤庚的侄子，子承父位在殷商時期是新生事物，儘管以前也有，但是有商一代以"兄終弟及"爲正統。《史記・殷本紀》："帝小乙崩，子帝武丁立。"説此前武丁一直在外征戰不息，所以《尚書・無逸》稱"高宗舊勞于外"。武丁回國既是奔喪又是即位，但是武丁時期的卜辭不支持這種説法。這個説法的成立與否非常重要，對于武丁居洹北還是洹南有重要的史證價值。

《史記・殷本紀》説：因爲"帝小辛立，殷復衰"，所以"帝武丁即位，思復興殷，而未得其佐。三年不言，政事決定于冢宰，以觀國風"。武丁即位後首先面臨的是爲帝小乙守喪三年（實際時間兩年零一個月）。這三年本就應該住在洹河北邊的王陵區爲他專門搭建的守喪草廬裏。守喪其間一般不説話，定期哭靈，以示悲痛。《禮記・檀弓》："斬衰，苴杖，居倚廬，食粥、寢苫、枕塊，所以爲至痛飾也。"所以，武丁一定在洹北居廬守喪過三年。三年諒陰結束後，武丁要親政。如果殷商的都邑還在洹河南的殷墟，武丁一定有一次莊嚴隆重的祭祀隨後有南渡洹河回宫的行動。這裏很容易產生是武丁遷邑洹南的誤解。既然有武丁遷往洹南亳殷的誤解，也就會被認爲殷商是從武丁開始纔遷往洹南亳殷的。這個結論如果成立的話，就無法解釋盤庚，小辛，小乙連續三朝的卜辭都是在安陽小屯村被發現的考古事實。也無法解釋洹北考古僅僅發現無字甲骨的事實。

除了這些行動之外，没有看見史書有明確的武丁遷邑洹北的記載。

引起學術界分歧的還有《國語・楚語》中的一段話："白公子張曰：'昔殷武丁能聳其德，至于神明，以入于河，自河徂亳。'"王國維認爲，武丁在長期征戰中功德昭昭，繼承小乙的王位時，渡過黄河向北前往殷墟。但是我認爲應該解作"南渡洹河，前往亳殷"也是通順的。因爲不知道武丁是從什麽方向回國的，我們衹好從别的考古物證或者文獻資料來論定這個問題了。

首先，大多數專家是贊成從盤庚到武丁爲甲骨文一期的分期的。至少説明這個期間

① 《史記》第一册，第102頁。

卜辭文化是没有中斷過。如果武丁在59年的執政中，實行了從洹河北岸遷往洹河南岸的遷邑行動，卜辭考古中應該分别出現兩個不同時期的窖藏甲骨。即使説南岸的甲骨遭到毁滅性采集的破壞的話，其北岸的考古應該發現盤庚直至武丁前期的甲骨窖藏。遺憾的是北岸至今衹找到了有鑽無字甲骨，説明洹北甲骨和占卜的歷史要早于南岸。這個問題也許洹北商城的考古會提供正確的答案的。既然卜辭一期是連貫的，那麽衹有一種可能，就是盤庚時期已經遷邑到了洹河以南，並在那裏建成了新邑（宫殿和居民區）。

甲骨卜辭是每年集中掩埋一次。所以甲骨的集中出土很能説明問題。

例如，后上25："父甲一牡，父庚一牡，父辛一牡。"應該是小乙在世（有武丁的可能）時所卜，至少可以説明小乙之時就已經住在洹南殷墟了。

後三條都是武丁時期的卜辭：一、"……□貞：洹其乍兹邑，占……"（續4·28·4）二、"貞：洹弗乍此邑。"（同上）三、"……卜，争貞：洹其乍兹邑。占……"（掇二476）上述三條卜辭都是在洹南發現的卜辭，説明卜辭考古不支持武丁遷邑洹南的設想。武丁時期的卜辭出土最多，多出自洹南殷墟，至少説明武丁在此定居。上文説到有一種可能是武丁回國既是奔喪又是即位。我之所以説"武丁時期卜辭不支持這種説法"就是在武丁卜辭中多次出現"父乙斂"的提法，説明小乙在世的時候就住在洹南殷墟。即便是在武丁三年守喪期間，占卜也應該是在洹南由專人在特定場所完成的。

設想，如果武丁時期纔將國都到洹南亳殷，那麽盤庚，小辛，小乙的三朝卜辭就應該或者出現在西亳偃師，或者出現在洹北殷地。而亳殷（即現在的河南安陽殷墟）的這一段三代歷史應該是考古空白纔相符合。

再回到盤庚遷殷。對于《尚書序》"盤庚五遷，將治亳殷"，束皙説孔子壁中《尚書》原文是"將始宅殷"，就是説將在殷地興建宫殿房屋。王國維説束皙不是在壞孔子壁之後看見的，而是在朝廷秘府早就看見這個記載的，因爲當時還没有經過永嘉之亂。

盤庚已經留下祖訓：永命于新邑。武丁可能不敢擅自變動祖訓，所以纔會"二百七十三年更不徙都"。

如果説要考證是武丁從洹北遷邑到洹南，面臨的歷史疑點更多，需要澄清的歷史事實也更多。

首先，如果是武丁遷邑洹南。就必須提供自盤庚到武丁諒陰這段時間（前1385—前1336）殷商王朝生活于洹北的考古學依據。就是公元前1336年左右的武丁卜辭應該在洹北出土，而前1336年以後的卜辭在洹南出土。夏商周斷代研究用碳十四測定表明商人在洹北活動了百年以上，但是它無法證明這百餘年中，是誰生活在洹北。它也無法證明這百餘年商人是連續的生活在洹北的。事實上碳測定證明商人在洹北活動了百餘年幾乎没有意義。史書記載和考古都能够證明早在祖乙時代商人就已經在邢地活動了。到盤庚遷殷的前1385年左右已經有了近250年的活動史。更何況當盤庚遷往洹南的亳殷以後，洹河兩岸均有晚商人連續的生産、生活和祭祀活動。洹北考古發掘的十二座王者大墓，2000餘座陪葬墓和8000餘座平民墓葬便是這段歷史的證明。所以洹北出現中商三期至晚商初期的考古特徵是合情合理的。

如果是武丁遷邑洹南，那麽在洹北的考古發掘中應該出現盤庚小辛小乙武丁四王時期的批量的和連續的窖藏甲骨卜辭和其他相關文物。同時一個無法迴避的問題是：怎樣解釋出土在洹河南岸的武丁以前盤庚等三王的卜辭？例如在洹南出土的武丁卜辭中多次出現“父乙斂”的提法，説明小乙在世的時候就住在洹南亳殷。這些卜辭出土于洹河南岸本身也説明武丁時期殷商的政治中心仍然在洹南。北岸考證的找不到，南岸的現有考證又解釋不了。武丁遷邑洹南就淪爲歷史懸案。

如果是武丁遷邑洹南，那麽洹北商城就應該是盤庚到武丁四王時期的宮城。怎樣纔能解釋洹北商城被焚于一場大火的歷史事實？怎樣解釋洹北城墻突然停建的考古事實？用武丁時期的歷史很難解釋，但是用盤庚遷邑洹南就很好解釋。《尚書·盤庚》裏有“殷降大虐”，是説盤庚帶領的人民在定居洹河北畔時遇到了一次大虐。這個大虐到底是什麽呢？盤庚避諱不説，而當地的臣民當然知道，所以心照不宣。孔穎達疏：“水泉鹹鹵。”我認爲不是正確答案。“水泉鹹鹵”，不是需要隱諱的事情。“水泉鹹鹵”，民衆還可以飲用洹河之水。再説，既然是“水泉鹹鹵”，公卿百姓當然應該樂于南渡洹河纔能改變飲用水現狀。結合下半句“先王不懷”可以揣測可能發生了一件可以視作“先祖不保佑我們”的天災。那麽，這場天災是什麽呢？

據 2001 年安陽考古工作隊初步勘查：洹北商城宮殿區在中商三期早段（早段存疑）突然衰落，而且，發現“宮殿區内夯土基址普遍毁于大火的現象”。這是不是“殷降大虐”，以致盤庚認爲是“先王不懷”呢？這是不是盤庚尋求遷往洹河南側之邑（後來成爲殷墟）的原因呢？因爲盤庚此次遷邑是突然遷邑，所以在建的洹北商城的城墻工程就突然停止了。除此事件以外，盤庚時期還有什麽大虐呢？史書上没有其他的記載，這次大火是目前考古學能够提供的唯一原因。

宮殿被燒，祖宗不佑，或者風水不好，所以盤庚急于遷邑。但是公卿群臣，黎民百姓搬遷到洹河北岸不久，剛剛建好新房，種熟了土地，穩定了生活。所以他們不願意搬遷到河的南邊去。這就是盤庚遷邑洹南時遭遇到民衆抵制的原因。這個理由很充分，也可以順理成章地解釋所有問題。盤庚遷殷的初期的洹北商城應當具備中商三期的種種特徵。當然，洹北商城是不是盤庚所建的宮殿，以及其失火原因還有待進一步的考古學證據。

如果是武丁遷邑洹南，那麽“盤庚五遷，將治亳殷”這個第五遷又應該作何解釋？是從奄遷到洹北嗎？肯定不是！因爲《尚書·盤庚》裏説得很清楚，這次遷邑是從“茲新邑”搬遷到“新邑”。奄顯然不是茲新邑也不是新邑。南庚時期就遷奄了，至盤庚遷殷已經過去了五十多年，能説奄是新邑嗎？如果説盤庚此次是遷往西亳（我認爲盤庚没有去過西亳），那麽是誰又遷都回了洹北呢？從盤庚到小乙三代商王又安葬在哪裏呢？是在西亳還是在洹北王陵？洹北爲什麽會出現十二座王者大墓呢？它們與自盤庚開始的晚商十二王僅僅是巧合嗎？

如果是武丁遷邑洹南，那麽盤庚到武丁初五十年間在洹北就應該有足够的時間形成晚商初期的文化，但是從洹北商城發現的出土文物看，以中商末期最有説服力。這一段持續四個商王共五十年的歷史在洹北的考古中幾乎没有發現任何的文化遺存。這又如何能够證明中商三期和晚商初期文化在洹北的存在？

在殷商甲骨文系統中我發現了這樣兩個字：一個是宮殿的五脊四面坡的屋頂上長出了一棵周人崇拜的栗樹，音訓爲咎；另一個是這座長有栗樹的宮殿起了大火。也可以算作洹北商城可能突然毁于一場大火的文字記録吧。

參考書目

《説文解字注》，（清）段玉裁注，成都古籍書店 1981 年版
《諸子集成》，河北人民出版社 1986 年版
《十三經注疏》，（清）阮元刻本，中華書局 1980 年影印版
《大戴禮記彙校集注》，黄淮信等注，三秦出版社 2005 年版
《廣雅疏證》，（清）王念孫注，江蘇古籍出版社 1984 年版
《詩經選注》，蔣立甫注，北京出版社 1981 年版
《詩經索引》，陳宏天、吕嵐合編，書目文獻出版社 1984 年版
《二十五史》，上海古籍上海書店 1986 年版
《禹貢錐指》，（清）胡渭著，上海古籍出版社 2013 年版
《經籍纂詁》，（清）阮元編，中華書局 1982 年版
《史記》，（漢）司馬遷著，中華書局 1982 年版
《繹史》，（清）馬驌撰，中華書局 2002 年版
《水經注》，（北魏）酈道元注，華夏出版社 2006 年版
《王國維文集》，姚淦銘、王燕主編，中國文史出版社 2007 年版
《中華遠古史》，王玉哲著，上海人民出版社 2003 年版
《伏羲考》，聞一多著，上海古籍出版社 2006 年版
《世本八種》，（漢）宋衷等注，中華書局 2008 年版
《甲金篆隸大字典》，徐無聞編，四川辭書出版社 1991 年版
《甲骨文精粹釋譯》，王宇信等編譯，雲南人民出版社 2004 年版
《文字聲韻訓詁筆記》，黄侃著，黄焯編，上海古籍出版社 1983 年版
《古文字學》，姜亮夫著，浙江人民出版社 1984 年版
《訓詁通論》，吴孟復著，安徽教育出版社 1983 年版
《夢溪筆談選讀》（自然科學部分），李群注釋，科學出版社 1975 年版
《中國上古史研究講義》，顧頡剛著，中華書局 1988 年版
《先秦史》，吕思勉著，上海古籍出版社 2005 年版
《中國民族史兩種》，吕思勉著，上海古籍出版社 2008 年版
《符號·初文與字母——漢字樹》，饒宗頤著，上海書店 2000 年版
《古神話選釋》，袁珂釋，人民文學出版社 1979 年版
《山海經》，（晋）郭璞注，上海古籍出版社 1989 年版
《山海經注證》，郭郛注，中國社科出版社 2004 年版
《楚辭集注》，朱熹注，上海古籍出版社 1979 年版

《楚辭今繹講録》，姜亮夫著，雲南人民出版社 1999 年版
《中國神話哲學》，葉舒憲著，中國社會科學出版社 1992 年版
《方言校箋》，周祖謨箋注，中華書局 1993 年版
《殷墟甲骨學：帶你走進甲骨文的世界》，馬如森著，上海大學出版社 2008 年版
《中國現代學術經典·董作賓卷》，劉夢溪主編，河北教育出版社 1996 年版
《南山谷口考校注》，魏全瑞主編，三秦出版社
《龍：神話與真相》，何新著，時事出版社 2002 年版
《宇宙的起源——〈楚帛書〉與〈夏小正〉新考》，何新著，中國民主法制出版社 2008 年版
《諸神的起源》，何新著，北京工業大學出版社 2007 年版
《中國古代民族史講義》，蒙文通著，天津古籍出版社 2008 年版
《出土文物二三事》，郭沫若著，人民出版社 1972 年版
《奴隸制時代》，郭沫若著，人民出版社 1954 年版
《中國古代社會研究》，郭沫若著，河北教育出版社 2004 年版
《中國古代社會史論》，侯外廬著，河北教育出版社 2000 年版
《中國史探研》，齊思和著，河北教育出版社 2000 年版
《中國古代文明研究》，李學勤著，華東師大出版社 2005 年版
《基礎漢字形義釋源》，鄒曉麗著，中華書局 2007 年版
《甲骨金文與商周史研究》，張政烺著，中華書局 2012 年版
《中國文字學》，陳夢家著，中華書局 2006 年版
《古代文字音韻論文集》，趙誠著，中華書局 1991 年版
《漢語語音史》，王力著，中國社會科學出版社 1985 年版
《馮蒸音韻論集》，馮蒸著，學苑出版社 2006 年版
《切韻研究》（校訂本），紹榮芬著，中華書局 2008 年版
《上古音手冊》（增訂本），唐作藩編著，中華書局 2013 年版
《語言論》，[美] 布隆菲爾德，商務印書館 1980 年版
《語言論》，[美] 愛德華·薩丕爾，商務印書館 1985 年版
《普通語言學教程》，[瑞士] 索緒爾，商務印書館 1980 年版
《現代語言學教程》，[美] 霍凱特，北大出版社 1986 年版
《圖騰與禁忌》，[奥地利] 佛羅伊德，中國民間文藝出版 1986 年版
《原始思維》，[法] 列維-布留爾，商務印書館 1981 年版
《殷墟甲骨刻辭類纂》，姚孝遂主編，中華書局 1989 年版
《西周金文詞彙研究》，楊懷源著，巴蜀書社 2007 年版
《馬王堆漢墓帛書五行研究》，[日] 池田之久著，綫裝書局 2007 年版

圖片引用

《殷墟甲骨學：帶你走進甲骨文的世界》，馬如森著，上海大學出版社 2008 年版
《甲骨文字典》，徐中舒主編，四川辭書出版社 1988 年版
《甲金篆隸大字典》，徐中舒主編，四川辭書出版社 1991 年版
《古文字類編》（增訂本），高明、涂白奎編著，上海古籍出版社 2008 年版
《甲骨文精粹釋譯》，王宇信等主編，雲南人民出版社 2004 年版
《金文編》，容庚主編，中華書局 1985 年版

漢語拼音索引

A

B

C

D

E

F

G

H

J

K

L

M

N

P

Q

R

S

T

W

X

Y

Z

其他

後　記

少年經受的磨難是人生的寶貴財富，但是磨難中的少年根本意識不到這一點。

我的童年不幸趕上一個動亂年代，飢不擇食地看了很多“掃四舊”運動的劫後閑書，也養成了我興趣廣泛、雜覽群書的閱讀習慣。

1969 年和 1976 年我先後八年下放到地處皖、蘇、浙交界，素有“小河南”之稱的安徽省廣德縣。在一個極爲閉塞的山坴裏，我認識了一方真正的中國農村和農民，耳濡目染了古老的河南南部的民俗和方言。

1978 年高考，十分喜愛文字和文科的我偏偏被錄取後學了化學，結果是歪打正著，我的自然科學知識因此也大大豐富。

1983 年我參加了全國研究生考試，立志以訓詁學終此一生，未料想卻是名落孫山。

1986 年我考上了某省級電視媒體，此後經年我便浸淫在主流意識形態和古今的歷史人文中。這看似坎坷而雜亂的人生磨難意外地在甲骨文研究上成全了我。

這本書花費了我三十二年的業餘時間，我也享受了三十二年的研究樂趣。啓發我對甲骨文産生興趣的是一本叫作《出土文物二三事》的小册子，出版於 1972 年，價格是 0.43 元人民幣。而促成這本《殷商甲骨文本訓》極早問世的則是我的一位摯友。

1978 年我認識了一同插隊在安徽省廣德縣獨山公社的這位摯友。近乎原始的農耕生産、生活的磨煉，使我倆深深地瞭解并且融入了中國的農村、農業和農民。那時我們和普通農民没什麽兩樣：皮膚黝黑，身板結實，雙手老繭，兩腳泥土，操著一口熟練的方言和大家交流。更重要的收獲是我們養成了堅韌的意志和優秀的品質。這些意志和品質在我們兩人後來人生的奮斗歷程中發揮了至關重要的作用。

恢復高考後我倆先後被錄取，我學了化學，畢業當了教師；他學的經濟，畢業後在某機關當公務員。我在業餘時間開始了我的甲骨文研究；他不願在機關苦熬資歷，在鄧小平南方視察的前一年先知先覺，選擇了辭職，去南方的一家製衣廠打工。

記得當年我倆常常彼此這樣勉勵：“你我這一生，即使當個清潔工，掃馬路我們也要掃出花來。”一晃數十年過去了，他已是一個成功的企業家，我則完成了這本百萬字的《殷商甲骨文本訓》。眼下我倆都已是鬢有二毛，五十奔六，能够齊心促成這朵唐棣奇葩的開放也算是人生中的一件幸事。我用的是知識積累和思考，他則貢獻了無私的友情——贊助了本書出版的全部費用。所以這本書的出版客觀上也凸顯了民間企業家參與中華民族文化的發掘和保護的重要作用。

我自喻爲夏商時期的一頭墾荒牛，用四條腿默默地走在甲骨文研究的野甸之上。這四條腿就是：傳統農村的生産、生活經驗；殷商甲骨文賴以創造的河南南部方言；龐雜的社會科學和自然科學知識；堅持自學不輟三十餘年的小學素養。似乎一切都是歪打正著，並非刻意爲之，然而看似毫不相干的人生磨難因爲對甲骨文的執著而形成了一個和諧共濟的知識結構。

命運對我真的不薄，《殷商甲骨文本訓》終於如願付梓。

感謝生我養我的父母，他們的在天之靈看到了這本書一定會很高興。因爲我遺傳了他倆的硬件和素質軟件。

感謝我的愛人劉敏，她的勤於家務使我可以集中精力研究學術；她的喋喋不休使我少抽了很多的香煙。因爲延年益壽，我也就會有更多的時間將中國遠古史的研究進行下去。

感謝我的女兒華夏，她在學習上非常自覺和努力，從小學到大學没有讓父母操太多的心。遺憾的是自小極有語言天賦的她選擇了金融學作爲自己的志向。這隻在父母精心呵護中長大的雛燕没有經歷過人生的暴風驟雨，我衷心地希望她將會擁有一片自由翱翔的天空。我戲稱《殷商甲骨文本訓》是一本“前無古人，後無來者”的著作。説它前無古人是因爲殷商甲骨文是目前已經發現的漢字中最早的文字體系，而説它後無來者則是因爲我已經離開教師的講臺二十八年了。

但是我由衷地希望我國的甲骨文研究事業後賢輩出，星光璀璨。

華　强

2014 年 12 月